Droit du dommage corporel

Systèmes d'indemnisation

Droit du dommage corporel

Systèmes d'indemnisation

8e édition

2016

Yvonne Lambert-Faivre

Professeur émérite à l'Université Jean Moulin (Lyon III)
Directeur honoraire de l'Institut des assurances de Lyon

Stéphanie Porchy-Simon

Professeur à l'Université Jean Moulin (Lyon III)
Directrice de l'équipe de Recherche de droit privé (EA n° 3707)

DALLOZ

DALLOZ

31-35 rue Froidevaux, 75685 Paris cedex 14

ISBN 978-2-247-15423-4

SOMMAIRE

(Une table des matières détaillée figure à la fin de l'ouvrage)

ABRÉVIATIONS

AJDA	Actualité juridique Droit administratif
ALD	Actualité législative Dalloz
Ass. plén.	Assemblée plénière de la Cour de cassation
BEH	Bulletin épidémiologique hebdomadaire
BOCC	Bulletin officiel de la concurrence, de la consommation et de la répression des fraudes
Bull. civ.	Bulletin des arrêts de la Cour de cassation, chambres civiles
Bull. CNEMAC	Bulletin de la Compagnie nationale des experts médecins et des professions de santé agrées par la Cour de cassation
Bull. crim.	Bulletin des arrêts de la Cour de cassation, chambre criminelle
C. assur.	Code des assurances
CA	Cour d'appel
CASF	Code de l'action sociale et des familles
CE	Conseil d'État
CEDH	Cour européenne des droits de l'homme
C. com.	Code de commerce
C. consom.	Code de la consommation
C. envir.	Code de l'environnement
C. pén.	Code pénal
C. pr. civ.	Code procédure civile
C. pr. pén.	Code de procédure pénale
CGCT	Code général des collectivités territoriales
CGI	Code général des impôts
chron.	chronique
Civ.	Cour de cassation, chambre civile
CJUE	Cour de justice de l'Union européenne
CM	Concours médical
COJ	Code de l'organisation judiciaire
Cons. const.	Conseil constitutionnel
CCC	Contrats, concurrence, consommation
Conv. EDH	Convention européenne des droits de l'homme
Crim.	Cour de cassation, chambre criminelle
CSP	Code de la santé publique
CSS	Code la sécurité sociale
D.	Dalloz
D. Affaires	Dalloz Affaires
DA	Dalloz analytique

DC	Dalloz critique
Décr.	Décret
DH	Dalloz hebdomadaire
DMF	Droit maritime français
DP	Dalloz périodique
Dr. adm.	Droit administratif
Dr. soc.	Droit social
DS	Recueil Dalloz-Sirey
Gaz. Pal.	Gazette du Palais
J.-Cl.	Juris-Classeur
JCP	Juris-Classeur périodique
JDI	Journal de droit international (Clunet)
JML-DM	Journal de médecine légale - droit médical
JO	Journal officiel
JOAN	Journal officiel, Assemblée nationale
JOCE	Journal officiel des communautés européennes
LPA	Les petites Affiches
Méd. et dr.	Médecine et droit
Observ. OCDE	Observateur de l'OCDE (Organisation de coopération et de développement économiques)
Questions SS	Questions de sécurité sociale
RCA	Responsabilité civile et assurance
RDC	Revue des contrats
RDI	Revue de droit immobilier
RDP	Revue de droit public
RDSS	Revue de droit sanitaire et sociale
Rec. CE	Recueil des arrêts du Conseil d'État (Lebon)
Rev. belge DC	Revue belge de dommage corporel
Rev. crit. DIP	Revue critique de droit international privé
Req.	Cour de cassation, chambre des requêtes
RF aff. soc.	Revue française des affaires sociales
RFD aérien	Revue française de droit aérien et spatial
RFDC	Revue française de dommage corporel
RGAT	Revue générale des assurances terrestres (devenue RGDA en 1996)
RGDA	Revue générale du droit des assurances
RGDM	Revue générale de droit médical
RID comp.	Revue internationale de droit comparé
RJDA	Revue de jurisprudence de droit des affaires
RJS	Revue de jurisprudence sociale
RLDA	Revue Lamy droit des affaires
RLDC	Revue Lamy droit civil
RO	Recueil officiel de la jurisprudence fiscale (DGI)
RPDP	Revue pénitentiaire et de droit pénal

RPDS	Revue pratique de droit social
RRJ	Revue de recherche juridique - Droit prospectif
RSC	Revue de sciences criminelles
RTD civ.	Revue trimestrielle de droit civil
S.	Recueil Sirey
Soc.	Cour de cassation, chambre sociale
SSL	Semaine sociale Lamy
TASS	Tribunal des affaires de sécurité sociale
T. confl.	Tribunal des conflits
TGI	Tribunal de grande instance
TI	Tribunal d'instance
V. ss	Voir sous le numéro de paragraphe indiqué, à l'intérieur du présent ouvrage

AVANT-PROPOS

Le **Droit du dommage corporel** présente un caractère fondamental, car la sécurité et l'intégrité de la personne humaine sont reconnues comme des droits fondamentaux dans les démocraties modernes.

Les risques d'accidents sont l'inévitable contrepartie d'un mode de vie où les progrès scientifique et technologique ont pris une place omniprésente. Dès lors le Droit du dommage corporel, s'il ne constitue pas une branche autonome du droit, est devenu une spécialité à la convergence multidisciplinaire du droit des obligations, du droit de la santé, du droit médical et la médecine légale, du droit des assurances, du droit social, de droit de la consommation, du droit pénal, du droit de l'environnement, du droit de la circulation, etc.

Il suppose une nécessaire compréhension entre disciplines juridiques et médico-légales, une éthique, un raisonnement, voire un vocabulaire convergents pour collaborer à l'œuvre commune d'indemnisation des victimes de dommages corporels

L'étude du *droit du dommage corporel* poursuit un triple objectif :

- Il constitue d'abord un *exposé théorique et pratique du droit positif* en la matière : il offre au praticien, aussi bien juriste que médecin, les règles, les barèmes, les textes, les statistiques qui permettent à chacun de remplir sa mission de manière éclairée, et de mieux comprendre la démarche des autres participants à l'œuvre commune d'indemnisation des victimes de dommages corporels accidentels. Pour remplir cette fonction, chaque chapitre de cet ouvrage est complété par de très nombreuses références jurisprudentielles, documentaires et statistiques.

- Il constitue une *étude doctrinale du dommage corporel*, conduite par définition et par hypothèse dans le champ de *la victime*. C'est la raison pour laquelle le droit pénal, sanctionnateur d'un responsable-coupable, n'est évoqué que lorsqu'il constitue une pierre de touche de l'indemnisation.

Consacré à la victime, cet ouvrage a pour but d'analyser ses droits dans toute la diversité des situations de fait : qu'un traumatisme identique soit causé par une chute à domicile, un accident du travail, un accident de la circulation, un accident thérapeutique ou un attentat, les règles de la réparation changent et le statut de la victime est ici très protégé, là très précaire ; ni l'équité ni le bon sens ne sont au rendez-vous.

L'*étude critique* du droit positif souligne les incohérences d'un droit en miettes, les avancées heureuses, mais aussi les blocages de la jurisprudence, les réformes bienvenues mais aussi les timidités, les insuffisances et les maladresses d'une législation pléthorique.

Yvonne Lambert-Faivre
Professeur émérite à l'Université Jean Moulin

Stéphanie Porchy-Simon
Professeur à l'Université Jean Moulin Lyon III,
Directrice de l'équipe de recherche de droit privé

PRÉFACE DE LA HUITIÈME ÉDITION

Le droit du dommage corporel est en perpétuelle et nécessaire évolution, et l'indemnisation des victimes paraît aujourd'hui au cœur des préoccupations fondamentales du législateur. La huitième édition de cet ouvrage rend compte des multiples adaptations de la règle juridique aux défis du monde moderne.

• L'introduction générale (v. ss 1-57) tente de démontrer comment un droit du dommage corporel a progressivement émergé par l'action combinée d'une reconnaissance d'un statut spécifique du corps humain, et d'une aspiration toujours croissante du droit de la responsabilité civile à l'indemnisation des atteintes qui y sont portées. Ce droit n'a pu cependant connaître une réelle spécificité que par la mise en place progressive d'une méthodologie particulière de l'évaluation du dommage corporel, concrétisée, en droit privé, par l'adoption de la nomenclature proposée par le rapport réalisé par Mme Le Professeur Lambert-Faivre au nom du CNAV et entérinée par le groupe de travail Dintilhac, et dont la consécration par un texte légal qui en imposerait le recours généralisé est envisagée par le ministère de la Justice.

• Le chapitre consacré à l'expertise médicale (v. ss 61-154) consacre de nombreux développements nécessaires à la bonne compréhension des opérations d'expertise qui sont à la base de tout processus d'indemnisation. Ici encore la vigilance s'impose pour le nécessaire respect des règles éthiques : indépendance des experts, principe du contradictoire, secret médical...

• Les chapitres consacrés à l'indemnisation des préjudices de la victime directe (v. ss 155-230) et des victimes par ricochet (v. ss 231-276) témoignent de l'immense travail méthodologique opéré depuis quelques années en ce qui concerne l'évaluation des différents chefs de préjudices nés du dommage corporel : la méthodologie européenne soutenue par l'ensemble de la doctrine, présentée dans le rapport du groupe de travail du CNAV (Conseil national d'aide aux victimes) au ministère de la Justice en juin 2003, et celui de la Cour de cassation présidé par J. P. Dintilhac en juillet 2005, distingue en effet désormais les préjudices économiques, patrimoniaux, et les préjudices non économiques, personnels, extrapatrimoniaux et est désormais appliquée de manière constante par les juridictions judiciaires et commence à l'être par le juge administratif ; cette analyse est fondamentale pour préserver les droits de la victime face aux recours des tiers-payeurs. Son ancrage apparaît aujourd'hui acquis même si certaines améliorations paraissent devoir encore être apportées (v. ss 276).

• Le titre 2 de la première partie consacré au régime juridique des indemnités (v. ss 277-382) tente de synthétiser le statut juridique de la créance de dommages et intérêts accordée en réparation des différents chefs de préjudice corporel. En son sein, une large place est accordée au recours des tiers-payeurs (v. ss 325-381) et à la réforme majeure opérée par l'article 25 de la loi du 21 décembre 2006, qui a consacré le principe d'un recours « poste par poste » ainsi que la règle, longtemps réclamée par la doctrine, de préférence de la victime. Cette partie met toutefois en relief les graves difficultés d'interprétation de ces textes, liées notamment à l'absence de tables de concordance, qui a permis à la Cour de cassation de développer une jurisprudence relative à l'imputation de certaines prestations, qui apparaît *contra legem*, très défavorable aux victimes et en opposition avec l'interprétation retenue des mêmes textes par le Conseil d'État (v. ss 378).

• Le chapitre consacré à la sécurité sociale (v. ss 402-496) rend compte de l'ensemble des prestations sociales pouvant être accordées à la victime en cas de survenance d'un dommage corporel. En ce qui concerne les prestations aux handicapés, la loi du 11 février 2005, en créant la prestation de compensation (v. ss 433 s.) a profondément réformé la prise en charge des personnes handicapées, et au-delà, la définition même du handicap.

• Le chapitre sur la responsabilité civile (v. ss 561-619) rend compte d'une jurisprudence toujours pléthorique, et celui sur les assurances de responsabilité (v. ss 620 s.) analyse notamment la loi du 1er août 2003 relative à la sécurité financière (qui a ruiné la jurisprudence conjointe de la Cour de cassation et du Conseil d'État en réhabilitant les « clauses réclamation », aussi dangereuses pour les responsables-souscripteurs que pour les victimes-bénéficiaires, malgré quelques garde-fous bienvenus).

• L'indemnisation des victimes d'accidents de la circulation (v. ss 686-736) souligne la carence du système lorsque la victime est un conducteur de véhicule terrestre à moteur : une réforme est toujours espérée.

• L'indemnisation des victimes d'accidents médicaux (v. ss 780-893) est marquée par la loi du 4 mars 2002 dont les rouages, après plus de dix ans d'application, sont aujourd'hui connus, et dont les difficultés de fonctionnement apparaissent clairement. Dans ces conditions, les voies traditionnelles d'indemnisation (action en justice ou transaction avec l'assureur du responsable) conservent toute leur importance ; mais les facultés d'adaptation souple et d'évolution réformatrice ouvertes par une jurisprudence audacieuse sont désormais limitées.

• L'indemnisation des victimes de risques technologiques (v. ss 894-999) comporte trois thèmes :

– L'indemnisation des victimes de produits défectueux (v. ss 895-957) s'articule autour de trois axes : précaution, sécurité, garantie pour une étude aux références très médiatiques : de l'affaire du sang contaminé à la vache folle et la maladie de Creutzfeldt-Jacob, de l'amiante et à l'hépatite C ou B, en passant par le médiator. Des fonds spécifiques (amiante : FIVA - sang contaminé : ONIAM) confortent la Directive européenne du 25 juillet 1985 et la loi française du 19 mai 1998 ; mais, de façon contestable, la Cour de Justice des communautés européennes fait prévaloir la position selon laquelle la loi nationale ne doit pas aller au-delà de la norme européenne, privilégiant une logique d'unification du marché économique à une logique de dynamisme juridique et de faveur envers les victimes.

- L'indemnisation des victimes de catastrophes industrielles (v. ss 958-987) est encore aujourd'hui dominée par le souvenir de l'explosion de l'usine AZF à Toulouse le 21 septembre 2001. Si la « Charte de l'environnement » adoptée par le Parlement en juin 2004, et qui a aujourd'hui valeur constitutionnelle, conforte le principe de précaution, les lois récentes (loi du 30 juillet 2003 relative à la prévention des risques technologiques et à la réparation des dommages, loi du 1er août 2008 relative à la responsabilité environnementale) n'envisagent, de façon très critiquable, que la réparation des dommages aux biens, en oubliant totalement les dommages corporels, les morts et les blessés : les biens à l'exclusion des personnes !..

- L'indemnisation des victimes de transports collectifs (v. ss 988-1009) demeure toujours axée sur le principe de l'obligation de sécurité du transporteur, que ce soit par terre (trains), mer ou air. En ce sens, la Cour de cassation, par un arrêt du 13 mars 2008, réitérant le scénario de la jurisprudence *Desmares*, refuse aujourd'hui l'exonération partielle du transporteur tenu d'une obligation de sécurité de résultat (v. ss 999).

Dans toutes les catégories de risques technologiques, la prise en charge rapide et efficace des victimes d'accidents collectifs s'impose : les conclusions du rapport Lienhard sur le sujet (v. ss 1010, 1011) auraient mérité une application diligente.

- L'indemnisation des victimes de la violence (v. ss 1012-1063), victimes d'infractions (v. ss 1013-1039) et du terrorisme (v. ss 1040-1051) mérite une attention particulière à notre époque de criminalité et de terrorisme international particulièrement odieux, ainsi qu'en atteste notamment la récente loi du 1er juillet 2008 créant de « nouveaux droits pour les victimes ». Le « Fonds de garantie des victimes d'actes de terrorisme et d'autres infractions », dont la compétence a été élargie par la loi du 1er juillet 2008 (v. ss 1052-1062) doit pourvoir dans les meilleures conditions possibles à leur indemnisation efficace et rapide, à l'heure où l'indemnisation des victimes s'affirme comme un point central des politiques pénales.

Ce rapide tour d'inventaire de quelques-uns des chapitres de cet ouvrage montre à la fois son actualité et sa diversité. Reste à prendre la mesure chiffrée du nombre de victimes des différents secteurs, et des montants d'indemnités qui leur sont allouées. À cet égard de nombreuses annexes statistiques complètent les analyses juridiques des différents chapitres.

Yvonne Lambert-Faivre
Professeur émérite à l'Université Jean Moulin (Lyon III)

Stéphanie Porchy-Simon
Professeur à l'Université Jean Moulin (Lyon III)
Directrice de l'équipe de recherche de droit privé

INTRODUCTION GÉNÉRALE
LE DROIT DU DOMMAGE CORPOREL ET LA PERSONNE HUMAINE

1 ***L'intégrité physique de la personne humaine est une valeur universellement reconnue dans le temps et dans l'espace*** ◊ Le respect du corps, médiateur de l'âme et truchement nécessaire de toute vie spirituelle, intellectuelle, affective, artistique, sensorielle, professionnelle ou matérielle, a en effet des racines ontologiques profondément ancrées dans toutes les civilisations.

En ce début du XXIe siècle, l'intégrité du corps humain est particulièrement menacée par des dérives scientistes et technologiques ; dès lors le droit a dû établir des règles juridiques propres à protéger la personne humaine, notamment lorsque l'intégrité de cette dernière est atteinte par les tiers. Dans une optique d'indemnisation, un droit du dommage corporel a donc progressivement émergé (section 1), dont la méthodologie s'est progressivement affinée (section 2).

SECTION 1. L'ÉMERGENCE D'UN « DROIT » DU DOMMAGE CORPOREL

2 ***Facteurs ayant conduit à l'émergence de ce droit*** ◊ L'émergence d'un droit du dommage corporel est une idée récente, qui semble s'être imposée sous l'influence de deux facteurs : la reconnaissance d'un statut particulier du corps humain et du droit à la protection de l'intégrité physique (§1) et l'orientation du droit de la responsabilité civile vers une indemnisation toujours plus grande de ce type de dommage, qui est ainsi devenu un objet spécifique d'étude au sein de cette matière (§2).

§ 1. Le statut spécifique du corps humain

3 ***L'éminente dignité de la personne humaine*** [1] ◊ Elle ne s'est dégagée que lentement d'une longue histoire des philosophies, des religions et des

1. **Dignité de la personne humaine / éthique et droit** : D. Folscheid, B. Feuillet-Le Mintier, J.-F. Matte, *Philosophie, éthique et droit de la médecine*, PUF, 1997 ; R. Andorno, *La bioéthique et la*

civilisations marquée par l'esclavage, l'infanticide, la torture et toutes les barbaries primitives ou totalitaires que le XXe siècle a encore tant illustrées.

Pour autant, les philosophies et les religions ont su souligner la spécificité de la personne humaine (A) que le droit protège par un certain nombre de principes fondamentaux (B).

A. La spécificité de la personne humaine

4 ***La personne humaine*** [1] ◊ Que l'être humain appartienne au vivant ne saurait, quelles que soient les querelles sur ses origines, le réduire aux composantes chimiques qu'il partage avec le règne végétal et le règne animal. En effet depuis la plus haute antiquité les religions et les philosophies l'ont reconnu animé par ce « souffle » (*anima*) de l'esprit que l'on appelle l'âme ; c'est cette mystérieuse fusion de deux principes, le spirituel et le corporel, qui compose la nature humaine irréductible à toute autre ; c'est cette ambivalence qui fonde à la fois sa richesse et ses contradictions.

1. Les caractères fondamentaux de la personne humaine

5 ***Ils ont été dégagés depuis des siècles par la philosophie*** ◊

- C'est d'abord la *conscience de soi*, cette pensée réflexive sur soi-même, ce « *cogito ergo sum* », « je pense donc je suis » énoncé par Descartes comme preuve ontologique de l'être, qui consacre le primat de la pensée humaine.
- C'est, très tôt dans l'histoire de l'humanité, *le sens du temps et de l'immortalité* qui fonde les premiers rites de sépulture et les cultes des morts si prégnants dans les religions les plus anciennes et dont les Livres des Morts Égyptien ou Tibétain constituent des témoignages particulièrement éclairants.

Le sens du temps relie le fugace présent au passé et à l'avenir ; il fonde la continuité de l'histoire des hommes et la transmission de générations en

---

dignité de la personne, PUF, 1997 ; C. Labrusse-Riou (dir.), *Le droit saisi par la biologie*, LGDJ, 1996 ; R. Draï et M. Harichaux (dir.), *Bioéthique et droit*, PUF, 1988 ; dossier « Le corps humain saisi par la Justice », hors série *Justices*, mai 2001 ; F. Quéré, *L'éthique et la vie*, éd. O. Jacob, 2006 ; F. Quéré, *L'homme maître de l'homme*, éd. Bayard, 2001 ; J. Bernard, *De la biologie à l'éthique*, Buchet-Chastel, 1990 ; N. Lenoir, *Aux frontières de la vie : une éthique biomédicale à la française*, Doc. fr. 2 vol. 1991 ; T. Pech, « La dignité humaine : du droit à l'éthique de la relation », *Justices*, hors série mai 2001, p. 90.

1. **Personne humaine :** G. Flécheux, J.-M. Lustiger, « La personne humaine », *D.* 1995. Chron. 5 ; P. Bourdieu, « Le corps et le sacré » in *Actes de la recherche en sciences Sociales*, sept. 1994 ; Paul VI, Encyclique « Humanae Vitae », 25 juill. 1968 ; *Le corps humain et le droit*, travaux Ass. H. Capitant, t. XXVI, 1975 ; J.-M. Trigeaud, « Personne humaine et droit », *Archives de Philosophie du droit*, 1991, Tome 36, p. 227 ; C. Labrusse-Riou, « Le corps à l'épreuve des biotechnologies », *in* « Le corps : sujet ou objet », *Cahiers de l'École des Sciences philosophiques et religieuses* (CESPR) n° 18, 1995, p. 13.

générations de leurs connaissances et de leur savoir-faire qui seule permet le progrès des sciences et des techniques.

– C'est surtout *la conscience morale*, c'est-à-dire le sens du bien et du mal, cette faculté de discernement qui permet de qualifier une action bonne ou mauvaise : la loi morale qui ordonne le bien, prohibe le mal et impose le devoir constitue cette loi naturelle qui sous-tend le droit et qu'on préfère souvent aujourd'hui désigner sous l'expression sécularisée de « valeurs » en un temps où l'on se défie de la morale et de ses sources spiritualistes.

– C'est enfin la *liberté de l'être* qui n'est pas la liberté purement physique d'aller n'importe où et de faire n'importe quoi ; c'est la faculté de se déterminer librement selon le bien ou le mal que la conscience morale a discerné ; c'est la libre volonté d'agir selon le bien ou le mal.

Ce *libre-arbitre*, très intériorisé, ne dépend pas de la liberté physique purement extérieure : il peut se vivre même dans les conditions de contraintes carcérales ou concentrationnaires les plus extrêmes, car il ne relève que de l'esprit.

2. Le fondement de la dignité humaine

6 La distinction entre le libre-arbitre de la personne et la liberté d'aller et de venir manifeste une analyse de la dignité de la personne qui ne saurait se limiter à l'énoncé d'une liberté publique, mais doit s'ancrer sur l'affirmation ontologique de la spécificité humaine.

• *Dignité humaine et droits de l'homme* [1] : les diverses proclamations des droits de l'homme ont essentiellement pour objet les relations des hommes entre eux, des citoyens face à l'État, voire de la Communauté internationale face aux États. Il est symptomatique que leur étude relève du droit public et que leur domaine s'analyse en termes de libertés publiques : il est clair que ce niveau d'analyse demeure le plus souvent étranger à notre étude sur le droit du dommage corporel, sauf lorsque les atteintes aux droits de l'homme se traduisent par des violences physiques telles que sévices et tortures ou s'expriment par des atteintes au corps. De façon assez étonnante, le droit à la dignité n'a d'ailleurs fait son entrée en droit interne français qu'en 1994, à l'occasion du vote des premières lois bioéthiques. L'article 16 C. civ. interdit en effet toute atteinte à la dignité de la personne, principe de valeur constitutionnel selon la décision du Conseil constitutionnel du 27 juillet 1994.

• *La nature ontologique de la dignité humaine* : Seule la réflexion philosophique peut éclairer le sens de la dignité humaine et orienter les règles

---

1. **Droits de l'homme et dignité humaine** : E. Dreyer, « La dignité opposée à la personne », *D.* 2008. Chron. 2730. B. Edelman, « La dignité de la personne, un concept nouveau », *D.* 1997 chron. p. 187. B. Mathieu, « La dignité de la personne humaine : quel droit, quel titulaire, », *D.* 1996, doct. 283. « La dignité de la personne humaine », *Mélanges Bolze*, Economica, 1999. Cons. const. 27 juill. 1994, *D.* 1995. 237. D. Roman, « *A corps défendant*, la protection de l'individu contre lui-même », *D.* 2007. Chron. 1284. V. Saint-James, « Réflexions sur la dignité de l'être humain en tant que concept juridique en droit français », *D.* 1997. Chron. 61.

juridiques par une recherche de la « sagesse » à l'heure où le troisième millénaire s'ouvre devant les gouffres scientistes du clonage, les manipulations génétiques de l'espèce selon un protocole de science-fiction que nos pires cauchemars n'auraient pu croire réels il y a seulement quelques décennies.

• Tout le débat part de la *notion du corps* [1] : si le corps n'est qu'un principe matériel, une glaise sans valeur, une « chose » charnelle dont la brève traversée du monde dans le temps s'épuise dans le néant de la mort, alors il est licite de penser que ce *corps-chose, corps-objet* sans valeur intrinsèque peut seulement acquérir une valeur sociale par son utilité. Cette *conception utilitariste du corps* accepte que l'homme charnel devienne un simple *moyen* au bénéfice de fins scientifiques, sociales ou étatiques qui lui sont extérieures. Le régime nazi a illustré de manière très concrète cette conception.

• Si en revanche la nature humaine ne se comprend que comme la fusion d'un principe spirituel et d'un principe matériel, cette communion de l'âme et du corps fonde l'irréductible dignité humaine, car le corps de l'homme est en quelque sort un corps spirituel dans lequel l'âme s'est incarnée. Dès lors le corps charnel n'est pas seulement partie intégrante de la personne : *il « est » la personne*, signe visible de l'invisible.

Cette conception ontologique du *corps-personne* ou *corps-sujet* constitue le vrai fondement de la dignité humaine, dont les droits de l'homme sont la traduction juridique. La dignité ontologique de la personne humaine, inhérente à son humanité est intangible du commencement de sa vie (art. 16 C. civ.) à sa mort.

Cette conception spiritualiste du *corps-personne* interdit de manière absolue qu'il soit utilisé comme un « moyen », bannissant tout utilitarisme fut-il présenté sous des alibis humanitaires, thérapeutiques altruistes ou scientifiques. Avec la conception personnaliste du corps, corps-personne, corps-sujet, les choix bioéthiques du siècle et du millénaire qui s'ouvrent prennent un sens : la grandeur de la dignité humaine pourra alors imposer des limites infranchissables aux délires prométhéens des scientistes. Sinon ?

B. Les principes juridiques fondamentaux protecteurs de la personne humaine

1. Les moyens : l'émergence de la bioéthique

7 ***La bioéthique*** [2] ◊ La préoccupation bioéthique (de *bio* : la vie, et *ethos* : la morale) est née des révélations terrifiantes relatives aux « expérimentations

1. **Notion du corps** : *Le corps : sujet ou objet ?*, ouvrage collectif, CESPR-18-1995, notam. C. Labrusse-Riou, « Le corps à l'épreuve des biotechnologies » précité p. 13 ; G. Vigarello, V. Descombes, « Peut-on séparer le corps de la personne ? » in *Justices*, hors série, mai 2001, p. 2.

2. **Éthique et bioéthique** : H. Küng, *Projet d'éthique planétaire*, Seuil, 1991 ; N° spécial « Éthique médicale et biomédicale », *Rev. fr. aff. soc.* juill.-sept. 2002 ; A. Fagot-Largeault, *L'homme bioéthique*, Maloine, 1984 ; D. Thouvenin, « De l'éthique biomédicale aux lois bioéthiques », *RTD civ.* 1994. 717 ; G. Lipovestsky, *Le crépuscule du devoir, l'éthiqueindolore des*

médicales » nazies effectuées dans les camps de concentration et elle a trouvé sa première expression dans le Code de Nuremberg de 1947. Ultérieurement l'Association médicale mondiale (AMM) a énoncé à diverses reprises le principe solennel selon lequel l'être humain ne saurait être un simple objet pour la science (Déclarations d'Helsinki en 1964, de Tokyo en 1975, de Manille en 1980...).

L'éthique fait référence à des *valeurs* que la conscience individuelle et la conscience universelle considèrent comme le Bien. La bioéthique entend donc orienter la science, notamment la biologie et la médecine, vers le bien de l'humanité dans sa spécificité irréductible à tout autre vivant et de l'homme dans sa singularité individuelle irréductible à toute autre personne.

Cependant les progrès des sciences biologiques suscitent de plus en plus d'inquiétudes et il est dès lors apparu nécessaire que le droit puisse arbitrer entre scientisme et humanisme, en donnant à la science les moyens de poursuivre ses recherches pour une meilleure connaissance de la biologie moléculaire et génique, tout en régulant ses méthodes d'investigations et ses applications dans le nécessaire respect de la personne humaine.

La réflexion éthique a suscité la création d'organismes spécifiques où scientifiques, philosophes de divers courants de pensée et juristes peuvent confronter leurs points de vue sur les sujets les plus difficiles. En France le *Comité consultatif national d'éthique* (CCNE), créé par décret du 23 février 1983 et consacré par la loi n° 94-654 du 29 juillet 1994 a rendu plus de cent « *avis* », qui ne lient ni le gouvernement, ni le Parlement, mais qui sont très attentivement suivis par ces pouvoirs.

8 ***a) Les lois françaises de bioéthique de 1994 et les réformes postérieures*** [1] ◊ Précédées par deux textes, la loi Caillavet n° 76-1181 du

nouveaux temps démocratiques, Gallimard, 1992 ; C. Bruaire, *Une éthique pour la médecine*, Fayard, 1978 ; D. Thouvenin, « Éthique et droit en matière biomédicale », *D.* 1985, chron., p. 21 ; J.-B. D'Onorio, « Biologie, morale et droit », *JCP* 1986.I.3261 ; C. Labrusse-Riou, « La maîtrise du vivant : matière à procès », *Pouvoirs*, 1991, p. 87 ; J. Bernard, *De la biologie à l'éthique*, Buchet-Chastel, 1989 ; R. Géraud, C. Merger, *Procréatique et société*, Medsi/McGraw-Hill, 1989 ; A. Badiou, *L'éthique ; essai sur la conscience du mal*, Hatier, 1993 ; N° spécial « Bioéthique », *LPA*, 14 déc. 1994 ; R. Draï, M. Harichaux (études rassemblées par –), *Bioéthique et droit*, PUF, coll. Curapp, 1988 ; G. Mémeteau, « La place des normes éthiques en droit médical », *RRJ* 1988.2.391 ; G. Mémeteau, « Recherches irrévérencieuses sur l'autorité juridique du comité d'éthique », *RRJ* 1989.1.59 ; A. Prothais, « Tribulations d'un pénaliste au royaume de l'éthique biomédicale » *JCP* 1999.I-129 ; C. Labrusse-Riou, « Pouvoirs scientifiques sur la vie et Justice », *Justices* n° 3 janv. 1996, p. 133 ; G. Mémeteau, « Quelle bioéthique ? », *Méd. et dr.* 2001 p. 15 ; J. Michaud, « Le temps de l'éthique », *Mélanges J.H. Sotoul*, éd. Études Hospitaliers 2000, p. 185, et « La pénétration du droit par la science », *Mélanges Lambert*, Dalloz, 2002, p. 311. Ch. Byk, « Bioéthique et question prioritaire de constitutionnalité », *Droit, santé, société* 2014, n° 1-2, p. 97 – **Comité consultatif national d'éthique pour les sciences de la vie et de la santé** (CCNE) : www.ccne-ethique.fr.

1. **Lois bioéthiques de 1994 ;** rapports : G. Braibant, « Avant-projet de loi sur les sciences de la vie et les droits de l'homme », Conseil d'État, 1989 ; N. Lenoir et B. Sturlese, *Aux frontières de la vie*, vol. 1, « Une éthique biomédicale à la française », vol. 2, « Paroles d'éthique », Doc. fr.,

22 décembre 1976 relative aux prélèvements d'organes, et la loi Huriet-Sérusclat n° 88-1138 du 20 décembre 1988 relative à la protection des personnes qui se prêtent à des recherches biomédicales, les trois lois bioéthiques de juillet 1994 forment un corpus qui a donné lieu à maints commentaires plus ou moins critiques. Ainsi que le principe en avait été décidé dès l'origine, celles-ci ont été révisées par les lois n° 2004-800 du 6 août 2004 et 7 juillet 2011 relatives à la bioéthique [1] et par la loi n° 2013-715 du 6 août 2013 autorisant les recherches sur l'embryon et les cellules-souches embryonnaires [2].

Les lois n° 94-548 du 1er juillet 1994 relative au traitement des données nominatives ayant pour fin la recherche dans le domaine de la santé et n° 94-654 du 29 juillet 1994 relative au don et à l'utilisation des éléments et produits du corps humain, à l'assistance médicale à la procréation et au diagnostic prénatal ne concernent pas notre propos et ne seront donc citées ici que pour mémoire.

La loi n° 94-653 du 29 juillet 1994 relative au respect du corps humain [3] insérée aux articles 16 et suivants du Code civil dont elle constitue le chapitre II est quant à elle primordiale ; car elle fonde désormais les principes essentiels de l'atteinte à l'intégrité physique des personnes et sous-tend donc toute notre étude sur le droit du dommage

---

1991 ; J.-F. Mattei, *La vie en questions : pour une éthique biomédicale*, Doc. fr., 1993 ; F. Sérusclat, *Bouleversement sans contrôle ou législation à la française*, Economica, 1992. – **Commentaires** : D. Thouvenin, « Les lois n° 94-548 du 1er juill. 1994, n° 94-653 et n° 94-654 du 29 juill. 1994 ou comment construire un droit de la bioéthique », *ALD* 1995, p. 149 à 216 ; J.-C. Galloux (dir.), « Bioéthique : les lois du 29 juillet 1994 », n° spécial des *LPA*, n° 149 du 14 déc. 1994 ; M. Farag, « Commentaire des dispositions civiles des lois du 29 juill. 1994 », *Méd. et dr.* sept.-oct. 1995, p. 10 ; J. Karila De Van, « Le corps et la morale ; réflexions sur trois lois récentes », *LPA* n° 72, 16 juin 1995.

1. **Loi n° 2004.800 du 6 août 2004 relative à la bioéthique** : *JO* n° 182 du 7 août 2004 p. 14040, *D.* 2004. 2089, *Gaz. Pal.* 18-19 août 2004, p. 249 ; Conseil d'État, « Les lois de bioéthiques : cinq ans après », Doc. fr., 1999 ; G. Mémeteau, « Les lois de bioéthiques cinq ans après... » *Méd. et dr.* 2000, n° 41 p. 1 ; B. Charles et A. Clayes, « Réviser les lois bioéthique... » Rapport Ass. nat. n° 3.208 ; Comité Consultatif National d'Éthique, « Avis n° 67 sur l'avant-projet de révision des lois de bioéthique », janv. 2001 ; M.I. Malauzat, « Le projet de loi bioéthique », *D.* 2002 chron. p. 2688. J. Binet « La loi relative à la bioéthique », *Dr. fam.* 2004, chron. n° 24, 26, 28. A. Dorsner-Dolivet, « De l'interdiction du clonage à la réification de l'être humain », *JCP* 2004. I. 172. G. Fauré *et alii*, « Révision des lois bioéthique : à propos de la loi n° 2004-800 du 6 août 2004 », *LPA* 18 févr. 2005. D. Thouvenin, « La loi relative à la bioéthique ou comment augmenter l'accès aux éléments biologiques d'origine humaine », *D.* 2005. Chron. 116. **Loi n° 2011-814 du 7 juillet 2011 relative à la bioéthique** : *JO* 8 juill. 2011, p. 11826. Ch. Byk, « Prévoir le changement pour que rien ne change ? », *JCP* 2011, doctr., 844. J. R. Binet, « La bioéthique à l'épreuve du temps », *JCP* 2011, doctr., 846.

2. Loi n° 2013-715 du 6 août 2013 tendant à modifier la loi n° 2011-814 du 7 juillet 2011 relative à la bioéthique en autorisant sous certaines conditions la recherche sur l'embryon et les cellules-souches embryonnaires.

3. **Loi n° 94-653 du 29 juill. 1994 relative au respect du corps humain**, in C. civ. n° 16 à 16-12 : J. Massip, « L'insertion dans le Code civil des dispositions relatives au corps humain, à l'identification génétique et à la procréation médicalement assistée », *Gaz. Pal.* 5-6 avr. 1995, p. 2 à 19 ; C. Byk, « La loi relative au respect du corps humain », *JCP* 1994.I.3788 et 3802 *bis* ; Ch. Jamin, commentaire *RTD civ.* 1994. 934 ; M. Olivier, « L'identification des personnes par les empreintes génétiques », *Gaz. Pal.* 9/11 mars 1997, p. 2.

corporel. En reconnaissant un droit intangible à la protection de l'intégrité physique, elle justifie en effet, pour certains, une sorte de droit « supérieur » à l'indemnisation en cas d'atteinte [1], ou pour le moins, un droit à indemnisation prioritaire, ainsi que le reconnaissent par exemple les Principes de droit européen de la responsabilité qui énoncent, en leur article 2 que « La vie, l'intégrité corporelle ou mentale et la liberté jouissent de la protection la plus étendue ».

9 ***b) Les textes internationaux en bioéthique*** ◊ Plusieurs textes fondamentaux ont été adoptés au niveau européen qu'international, dans le domaine de la bioéthique.

Parmi les principaux textes européens, on, peut ainsi citer *la convention sur les droits de l'homme et la biomédecine, dite convention d'Oviedo* [2], *dont la ratification a été autorisée par la loi n° 2011-814 du 7 juillet 2011*, ou *la Charte des droits fondamentaux de l'Union européenne* [3] qui a été solennellement adoptée à Nice, le 7 décembre 2000 par le Conseil, la Commission et le Parlement européen. Elle recense les droits fondamentaux fondés sur les valeurs communes des pays membres de l'Union européenne. « Consciente de son patrimoine spirituel et moral, l'Union se fonde sur les valeurs indivisibles et universelles de dignité humaine, de liberté et de solidarité ; elle repose sur le principe de l'État de droit. Elle place la personne au cœur de son action en instituant la citoyenneté de l'Union et en créant un espace de liberté, de sécurité et de justice » : ce préambule montre que l'objet de cette Charte n'est pas limité à la bioéthique, mais comprend tous les droits politiques, économiques et sociaux. Le Chapitre I intitulé sobrement « Dignité », met en exergue le caractère inviolable de la *dignité humaine* qui doit être respectée et protégée (art. 1) ; l'article 2 souligne le *droit à la vie*, et l'article 3 est consacré au « *droit à l'intégrité de la personne* » en proclamant notamment que : « 1. Toute personne a droit à son intégrité physique et mentale ».

Les Nations Unies se sont également intéressées aux problèmes posés par la bioéthique. Une « *Déclaration universelle sur le génome humain et les*

---

1. **Lien entre droit à l'intégrité corporelle et droit à réparation** : en ce sens, v. par exemple, J. Bourdoiseau, « L'influence perturbatrice du dommage corporel en droit des obligations », préc., spéc. n° 226. M. Bacache, *Droit civil, les obligations*, T. V, *La responsabilité civile extracontractuelle*, Economica, n° 353 s.

2. **Convention européenne sur la biomédecine** : J. Michaud, « Des textes européens en bioéthique », *Méd. et dr.* n° 33, nov-déc. 1998 p. 23. – **Convention sur les Droits de l'Homme et la biomédecine** : cf. site : conventions. coe. int. ; L. Dubouis, « La Convention sur les droits de l'homme et la biomédecine », *RDSS* 1998, p. 211. Résolution du 16 mars 1989 sur les problèmes éthiques et juridiques de la manipulation génétique, *JOCE* n° C 96 du 17 avr. 1989.

3. **Charte n° 2000/C-634/01 du 18 décembre 2000, des droits fondamentaux de l'Union européenne**, *JOCE-C* 364, 18 déc. 2000 p. 1. http:/europa. eu. int/comm/justice_home/unit/charte/fr ; G. Lebreton, « Critique de la Charte européenne des droits fondamentaux », *D.* 2003. 2319 ; F. Benoît-Romer, « La Charte des droits fondamentaux de l'Union européenne », *D.* 2001. 1483. La CEDH a d'ailleurs récemment souligné le caractère fondamental de l'article 2 de la Charte, qui, avec l'article 3, préserve « l'une des valeurs de base des sociétés démocratiques qui font le Conseil de l'Europe », CEDH 18 juin 2013, n° 14326/11, *Banel c/ Lituanie*.

droits de l'Homme »[1], a ainsi été signée à Paris le 11 novembre 1997 dans le cadre de l'Unesco, et adoptée à l'unanimité le 9 décembre 1998 par l'Assemblée Générale des Nations Unies. Ce texte est le premier de portée générale et universelle sur la bioéthique : il conforte de manière solennelle la prééminence de la Communauté internationale des États, responsable du devenir de l'humanité, sur les aspirations irresponsables de démiurges scientistes. Le Comité International de Bioéthique de l'Unesco est chargé du suivi de la Déclaration dont les principes doivent être mis en œuvre dans les législations étatiques. Cette déclaration a été complétée par une « Déclaration universelle sur la bioéthique et les droits de l'homme », adoptée le 19 octobre 2005, dont l'un des objectifs est « de contribuer au respect de la dignité humaine et de protéger les droits de l'homme », et qui entérine certains principes éthiques fondamentaux, tels la dignité ou le consentement libre et éclairé de la personne soignée.

2. Les règles juridiques fondamentales assurant la protection du corps humain

10 **L'intégrité de la personne humaine**, sujet de droit de son commencement à sa fin, induit deux principes fondamentaux proclamés par les lois bioéthiques, malgré les compromis utilitaristes de notre temps : l'inviolabilité et l'indisponibilité.

11 ***L'inviolabilité ou la protection de l'intégrité physique de la personne***[2] ◊ L'article 16-1 du Code civil énonce : « Chacun a droit au respect de son corps : le corps humain est inviolable ». Cependant le Code civil apporte un bémol à cette inviolabilité à l'art. 16-3 al. 1 : « Il ne peut être porté atteinte à l'intégrité du corps humain qu'en cas de nécessité médicale pour la personne *ou à titre exceptionnel dans l'intérêt thérapeutique d'autrui* ». En rupture avec le principe d'inviolabilité, les lois bioéthiques ont ainsi autorisé les prélèvements d'organes ou de cellules sur le vivant[3].

12 ***L'indisponibilité et non patrimonialité du corps humain***[4] ◊ À la suite du droit romain qui avait opéré une *summa divisio* entre les personnes

---

1. **Nations Unies : Déclaration universelle sur le génome humain et les droits de l'Homme :** cf. site : www.unesco.ch/biblio.f/desk-genom-frame.htm ; J.-S. Cayla, « La déclaration universelle sur le génome humain et les droits de l'homme du 11 nov. 1997 et la législation française sur le respect du corps humain », *RDSS* 1998 p. 46 ; J.-C. Galloux, « Les enjeux d'une déclaration universelle sur la protection du génome humain », *D.* 1996. Chron. 14. L. Azoux-Bacrie, « La déclaration universelle... les droits de l'homme à l'aube du XXIe siècle », *Gaz. Pal.* 21-23 mai 2000, p. 6. Déclaration universelle sur la bioéthique et les droits de l'homme : C. Byck, « Note sur la déclaration universelle sur le génome humain et les droits de l'homme », *JDI* 2007, 3, 863.

2. **Inviolabilité du corps humain,** « *Noli me tangere* », *in* H. Roland et L. Boyer, *Adages du droit français*, Litec, 4e éd., 1999, p. 526, n° 265. – **Sur l'inviolabilité du corps humain et le consentement du patient**, v. ss 833.

3. **Prélèvement d'organes sur donneur vivant :** art. L. 1231-1 s. CSP.

4. **Non patrimonialité du corps humain :** sur le caractère extrapatrimonial du droit à réparation des atteintes à l'intégrité physique, v. ss 315 s.

et les choses, l'art. 1128 du Code civil énonce : « il n'y a que les choses qui sont dans le commerce qui puissent être l'objet des conventions ». Ce texte fonde déjà l'indisponibilité du corps humain et les droits de la personnalité.

L'art. 16-1 al. 3 C. civ. est encore plus explicite : « Le corps humain, ses éléments et ses produits ne peuvent faire l'objet d'un droit patrimonial ». Ce texte fondamental exclut d'abord toute réification de la personne humaine dans le statut d'esclave, ce qui va sans dire. Il explicite le caractère extrapatrimonial du droit à réparation des atteintes à l'intégrité physique, que nous approfondirons ultérieurement. De manière plus circonscrite, il pose les règles juridiques fondamentales applicables aux éléments et produits du corps [1], ainsi qu'aux gamètes, qui doivent rester en dehors du commerce.

Les textes dits bioéthiques, pour imparfaits qu'ils soient, apportent donc un plus de conscience à la science en édictant de nécessaires garde-fous à la volonté prométhéenne de modernes démiurges. Ils ont par ailleurs mis en place un statut particulier du corps humain, qui doit être protégé de toute atteinte, et ont fondé la reconnaissance d'un statut spécifique du droit à l'intégrité corporelle. Celui-ci est ainsi le premier des droits de la personnalité ; il conditionne tous les autres. *Le droit à la vie* est ainsi un droit fondamental affirmé notamment par la Convention de sauvegarde des droits de l'homme et des libertés fondamentales du 4 novembre 1950 : « Le droit de toute personne à la vie est protégé par la loi » (art. 2 § 1), et par la Déclaration universelle des droits de l'homme (art. 3). *Le droit à l'intégrité physique* et psychique protège la personne non seulement contre les tortures, violences et blessures volontaires, mais aussi contre toutes les atteintes involontaires, dont la réparation doit alors être assurée par notre système juridique.

13 ***Influence de ces règles sur le droit à réparation*** [2] ◊ La fondamentalisation du droit à la protection de l'intégrité corporelle a nécessairement

---

1. **Non patrimonialité des éléments et produits** : J.-P. Baud, *L'affaire de la main volée : une histoire juridique du corps*, Seuil, 1993 ; B. Edelman, « L'homme aux cellules d'or », *D.* 1989. Chron. 225 ; M.-A. Hermitte, « Le corps hors du commerce, hors du marché », Archives de philosophie du droit, Sirey, 1988, t. 33, p. 323 ; F. Granet-Lambrechts, « Les dons d'organes, de tissus, de cellules et de produits du corps humain : de la loi Caillavet aux lois de bioéthique », *RDSS* 1995, p. 1 ; L. Josserand, « La personne humaine dans le commerce juridique », *DH* 1932.1 ; M. Gobert, « Réflexions sur les sources du droit et les principes d'indisponibilité du corps humain et de l'état des personnes... », *RTD civ.* 1992. 489 ; F. Bellivier et L. Brunet, « Ressources génétiques et concepts juridiques de patrimoine » *in Le droit saisi par la biologie*, LGDJ, 1996, p. 179 ; J.-C. Honlet, « Adaptation et résistance de catégories substantielles de droit privé aux sciences de la vie », *ibidem*, p. 223 ; M. Harichaux, « Le corps-objet » *in Bioéthique et Droit*, PUF, 1988, p. 130. S. Pessina-Dassonville, « L'utilisation du corps, de ses éléments et produits à fins patrimoniales » *RGDM* 2008, n° 27, p. 109.

2. **Droits fondamentaux et réparation** : Pour une synthèse de ces questions, B. Girard, « Responsabilité civile extracontractuelle et droits fondamentaux », *LGDJ* 2015. V. également, M. Bacache, A. Guégan et S. Porchy-Simon, Chronique dommage corporel *D.* 2013. 2658. Y. Lambert-Faivre, « L'éthique de la responsabilité », *RTD civ.* 1998. 1 ; C. Radé, « Réflexions sur les fondements de la responsabilité civile, Les voies de la réforme : la promotion du droit à la sûreté », *D.* 1999. 323 ; O. Lucas, « La CEDH et les fondements de la responsabilité civile », *JCP* 2002. 286.

eu des répercussions sur le droit à réparation lorsque ce dernier est violé. Par une sorte de mécanisme novatoire, ne pourrait-on en effet considérer que le droit atteint doit conférer une part de son statut dans la hiérarchie des normes au droit à indemnisation qui en découle ? Si cette idée paraît assez présente en doctrine, elle n'a toutefois pas clairement, pour l'heure, eu de prolongements directs en droit positif. Le droit à réparation en cas de faute est certes reconnu par le Conseil constitutionnel comme un principe de valeur constitutionnel mais tel n'est pas le cas du principe de la réparation intégrale [1]. De même, la Cour européenne des droits de l'homme, même si certaines de ses décisions ont pu intéresser le droit du dommage corporel, ne dispose pas des instruments juridiques nécessaires pour opérer une fondamentalisation de ce droit [2]. Le bilan jurisprudentiel reste donc modeste, mais l'idée d'une élévation de ce droit dans la hiérarchie des normes fait toutefois doucement son chemin dans les esprits.

§ 2. L'évolution du droit de la responsabilité civile vers une réparation toujours plus large du dommage corporel

14 En synthétisant à gros traits l'évolution historique gouvernant la matière, on constate que l'accent s'est déplacé d'une volonté de vengeance qui exige la punition du coupable sur le terrain pénal à une recherche de sa responsabilité sur le terrain civil, pour se concentrer enfin sur l'efficacité des réparations grâce à la solvabilité des assurances ou des Fonds de garantie.

A. La punition du coupable

15 La demande des victimes [3] d'un dommage corporel est multiple, et de plus en plus écoutée et entendue avec une prise en compte sociale, économique et psychologique ; alors que naguère la victime apparaissait comme la cible d'une fatalité, ou l'entité sacrificielle d'une catastrophe, aujourd'hui elle est un citoyen titulaire d'un droit à la sécurité qui a été transgressé. L'auteur de la transgression doit être puni, mais si l'instinct ancestral de *vengeance* demeure très vif, si la demande de *réparation* se durcit, il ne faut pas négliger une composante très importante de la demande des victimes qui est la recherche angoissée de la *vérité*.

---

1. V. ss 31 s.
2. Pour des exemples de cette jurisprudence, V. obs. M. Bacache, A. Guégan et S. Porchy-Simon, Chronique de dommage corporel, *D.* 2013. 2658 et 2014, 2362.
3. **Victimes** : G. Lopez, *Victimologie*, Dalloz, 1997 ; G. Courtois, « L'impératif pénal selon Paul Fauconnet » *in Droit et cultures*, 1996.1 « Métamorphoses de la responsabilité », éd. L'Harmattan ; R. Merle, « La distinction entre le droit de se constituer partie civile et le droit d'obtenir réparation du dommage causé par l'infraction », *Mélanges en l'honneur d'A. Vitu*, Cujas 1989, p. 387 ; F. Boulan, « Le double visage de l'action civile exercée devant la juridiction répressive », *JCP* 1973.I.2563.

16 ***L'instinct de vengeance*** [1] ◊ Le besoin de vengeance, primitif et instinctif, est au cœur de l'homme ; l'atteinte à l'intégrité corporelle a de tout temps constitué « *le* » dommage suprême dont la punition devait être à la hauteur du trouble social et du préjudice individuel causé. La *loi du Talion*, « œil pour œil, dent pour dent », demeure le symbole archaïque de l'*équilibre* mythique et quasi-religieux ainsi rétabli entre la victime et le responsable.

Les textes bibliques expriment l'évolution de la conscience morale : aux origines, la vengeance du sang de la dure descendance de Caïn implique une surenchère de vendetta (« ... Caïn est vengé sept fois, mais Lamek septante sept fois » Genèse *4*-23). La loi du Talion limite alors les excès de cette vengeance ancestrale en imposant un châtiment égal à l'offense « vie pour vie, œil pour œil, dent pour dent, main pour main, pied pour pied, brûlure pour brûlure, meurtrissure pour meurtrissure, plaie pour plaie » (Exode *21*-23-Deuteronome *19*-21).

Cependant l'antique loi mosaïque du Talion devait être expressément abolie par le Christ : « Vous avez appris qu'il a été dit "Œil pour œil, dent pour dent". Eh bien moi je vous dis de ne pas tenir tête au méchant : au contraire, quelqu'un te donne-t-il un soufflet sur la joue droite, tends-lui encore l'autre... » (Matthieu 5-38).

La règle morale appelle au pardon en sublimant la loi civile, pourtant il faut bien constater qu'aujourd'hui encore l'instinct de vengeance demeure toujours aussi vivace. Certes la vengeance ne répare rien, mais elle joue un rôle de catharsis que les revendications des associations de victimes traduisent avec éloquence. Les victimes ne peuvent oublier le mal qui leur a été fait par désinvolture, imprudence ou pire méchanceté et intention criminelle ; leur compréhensible rancune ne peut s'exprimer dans un procès civil impersonnel, désincarné et abstrait.

17 ***L'émergence des amendes de composition*** ◊ Les amendes de composition ont constitué une étape importante dans la pacification des mœurs : c'est la Loi Salique qui, à la fin du règne de Clovis au début du VIe siècle, a substitué à l'archaïque vengeance un tarif pénal de composition pécuniaire : ce système de pardon tarifé constitue un pacte de paix qui met fin à la perpétuelle vendetta. Désormais l'« équilibre » exigé par l'inconscient collectif de justice peut être réalisé en imposant au coupable une réparation par équivalent envers la victime ; l'argent devient alors la mesure du dommage, ainsi que la *guel* de germanique en offre l'exemple : tant pour un œil,

1. **Évolution d'un instinct de vengeance à la réparation des préjudices** : D. Deroussin, *Histoire du droit des obligations*, Economica, 2007, p. 642 s. ; R. Draï, *Le Mythe de la loi du Talion*, éd. Alinéa, 1991 ; J.-L. Gazzaniga, *Introduction historique au droit des obligations*, PUF, Droit fondamental, 1992, spéc. n° 208 s. ; A. Geerts, *L'indemnisation des lésions corporelles à travers les siècles*, Librairic tcchn., 1982 ; P.H. Muller, « Œil pour œil, dent pour dent », *RFDC* 1983.17 ; S. Carval, *La responsabilité civile dans sa fonction de peine privée*, LGDJ, 1995 ; F. Casorla, « Les victimes, de la réparation à la vengeance ? », *RPDP* 2002, p. 161. G. Viney, *Introduction à la responsabilité civile*, LGDJ, 3e éd., 2008, n° 4 s.

tant pour un bras ; son truchement humanise la loi du Talion. Bien entendu cette « réparation » forfaitaire de la victime ne constitue une « punition » du coupable que si celui-ci doit la payer sur son propre patrimoine.

Aujourd'hui, la compensation financière des dommages corporels paraît l'objectif déterminant dans toute procédure d'indemnisation.

18 ***La recherche de la vérité*** ◊ L'approche souvent bouleversante des victimes de dommages corporels graves, de leurs proches et de leurs associations, révèle l'appauvrissement humain, affectif et moral de la seule compensation en argent. La victime n'est pas « réparée » par l'indemnisation ; elle ne sort pas indemne de l'accident ; elle ressent douloureusement un projet de vie brisé, des liens affectifs souvent meurtris, une révolte devant la souffrance, un irrémédiable sentiment d'injustice, l'impression d'abandon dans le malheur qui l'accable et une amertume poignante devant une solitude nouvelle.

On doit comprendre l'exaspération de la victime encore davantage traumatisée par la froide technicité d'un médecin-expert, le juridisme hermétique d'un juge, la comptabilité minutieuse d'un assureur et, pire que tout, l'indifférence d'un responsable absent et détaché de tout le mal causé. Dès lors le recours à la justice pénale par la constitution de partie civile traduit sans doute ce besoin instinctif de vengeance que tous les progrès de l'indemnisation civile n'ont pu ou n'ont su apaiser, mais surtout la recherche d'un dialogue jusque-là éludé.

La recherche de la vérité pour comprendre est une exigence profonde de la victime : connaître l'enchaînement des faits et tenter de comprendre pourquoi le coupable lui a fait tant de mal.

La difficile mais nécessaire confrontation avec le coupable, ce face-à-face dramatique qu'illustrent tant de procès au pénal, permet enfin à la personne-victime d'affronter la personne-coupable et de lui crier sa révolte et sa peine. Seule cette confrontation permet cette démarche émotionnelle liée à l'extériorisation du souvenir d'événements traumatisants et encore refoulés. Alors seulement viendront, sinon l'oubli, du moins l'apaisement, et peut-être le pardon.

Ainsi depuis les temps les plus reculés constate-t-on une ambivalence et une ambiguïté du droit du dommage corporel : *punir un coupable*, et *indemniser une victime*. Il s'agit cependant de deux finalités distinctes qui relèvent respectivement de la responsabilité pénale et de la responsabilité civile.

19 ***La distinction de la responsabilité pénale et de la responsabilité civile*** ◊ Malgré les évolutions dont il a été l'objet, notre droit moderne ne s'est pas encore dégagé de l'ambivalence punition-réparation dont la justification exigerait une parfaite *corrélation entre l'importance d'un dommage à réparer et la gravité d'une faute à punir*. Or si cette adéquation pouvait être présumée dans des sociétés archaïques où des choses simples obéissaient à la main de l'homme, elle s'est assurément effritée dans nos sociétés mécaniques et technologiques.

Dès lors qu'existe aujourd'hui une responsabilité civile sans faute dont l'objet est de garantir l'indemnisation des victimes des risques de la vie moderne, le droit devait consacrer la séparation complète du droit pénal et du droit civil en matière de dommage corporel :

- au *droit pénal* il revient de *punir les coupables* de comportements antisociaux, même s'ils n'ont causé aucun dommage (ex. : conduite en état d'ivresse ou excès de vitesse sans qu'un accident s'ensuive) ;
- au *droit civil* il revient d'*indemniser des victimes*, même si le responsable qui a « causé » le dommage socialement injustifié, n'a commis aucune faute.

Cette séparation des rôles du civil et du pénal devrait imposer deux conséquences :

a) D'une part, *en droit civil, l'indemnisation de la victime doit être à la seule mesure du préjudice subi*, sans aucune référence à l'existence ou à la gravité de la faute du responsable : c'est en effet le cas dans notre droit qui ne connaît pas, en principe, de « dommages-intérêts punitifs » et a ainsi abandonné toute institutionnalisation de la vengeance privée archaïque ; la règle de la réparation intégrale du préjudice subi s'impose dans notre droit commun de la responsabilité civile, aussi bien dans la responsabilité pour faute - de la plus légère, à la plus lourde - que dans la responsabilité sans faute. Les propositions de réforme du droit de la responsabilité [1] envisagent toutefois d'introduire, à titre exceptionnel dans notre droit des dommages et intérêts punitifs (art. 1371 de l'avant-projet Catala ; art. 1386-25 proposition Béteille ; art. 54 de l'avant-projet Terré). Ceux-ci devront faire l'objet d'une décision spécialement motivée du juge, dans l'hypothèse d'une faute manifestement délibérée, notamment une faute lucrative, et ne pourront être pris en charge par les assurances de responsabilité civile. Malgré la prudence de ces propositions, la pertinence de cette innovation peut être discutée, car elle risque de brouiller les fonctions respectives des responsabilités civile et pénale.

b) D'autre part, en droit pénal, la qualification de l'infraction et l'échelle des peines devraient avoir comme seul critère la gravité de la faute du coupable, sans qu'interfère l'importance du préjudice qui peut être involontairement causé ; or cette césure-là n'est pas encore réalisée, et une même faute d'imprudence est différemment sanctionnée, selon ses conséquences sur l'intégrité physique de la victime : sans aucun dommage, il peut néanmoins y avoir délit de mise en danger (art. 223.1 C. pén.) ; les atteintes involontaires à l'intégrité de la personne sont à géométrie variable selon que l'incapacité de travail subie par la victime est supérieure ou inférieure à trois mois (art. 222-19 et 20 C. pén.), cette échelle d'incapacité de travail

1. **Consécration des dommages et intérêts punitifs dans les projets de réforme du droit de la responsabilité :** *Avant projet de réforme du droit des obligations et de la prescription*, Doc. fr., 2006 ; *RDC* 2007, n° 1 : Acte du Colloque « L'avant-projet de réforme du droit de la responsabilité », spéc. P. Jourdain, « Présentation des dispositions de l'avant-projet sur les effets de la responsabilité », p. 141, Y. Lambert-Faivre, « Les effets de la responsabilité », p. 163. Proposition de loi portant réforme de la responsabilité civile, Sénat 9 juillet 2010, texte n° 657 (2009-2010). F. Terré (dir.), *Pour une réforme de la responsabilité civile*, Dalloz, 2011.

n'ayant d'ailleurs aucun sens pour toutes les victimes qui sont des personnes humaines, qu'elles aient ou non une activité professionnelle ; l'homicide involontaire (art. 221-6 C. pén.) est le plus lourdement puni, la prise en compte du résultat de l'infraction sur sa qualification étant supposée jouer un rôle de prévention.

Il demeure qu'au-delà des aspects purement procéduraux de la matière, le rôle dévolu à la victime dans le procès pénal a surtout pour objet de remplir cette fonction de catharsis reconnue comme indispensable par tous ceux qui cheminent aux côtés des victimes dans le long « travail de deuil » qu'imposent des traumatismes graves.

20 ***Du principe de l'autorité de la chose jugée au pénal à l'abandon de l'identité des fautes civiles et pénales par la loi du 10 juillet 2000*** [1] ◊ Le lien entre le pénal et le civil s'est concrétisé pendant presque un siècle par le « principe de l'identité des fautes civiles et pénales » exprimé par un arrêt de la Cour de cassation du 12 décembre 1912. Très critiquable, ce principe ne laissait au juge pénal qu'une alternative malheureuse : soit prononcer une condamnation pénale, toujours douloureuse, pour une faute fort ténue à seule fin de sauvegarder la possibilité d'une indemnisation civile des victimes, soit ne pas reconnaître la faute pour éluder une sanction pénale inadéquate, mais en privant alors les victimes de toute indemnisation pour faute civile.

Désormais, la loi n° 2000-647 du 10 juillet 2000 a rompu ce lien en insérant dans le Code de procédure pénale un nouvel art. 4-1 qui dispose : « L'absence de faute pénale non intentionnelle au sens de l'art. 121-3 C. pén. ne fait pas obstacle à l'exercice d'une action devant les juridictions civiles afin d'obtenir la réparation d'un dommage sur le fondement de l'art. 1383 C. civ. si l'existence de la faute civile prévue par cet article est établie... ». La Cour de cassation a définitivement consacré cette dualité par un arrêt du 20 janvier

1. **Abandon de l'identité des fautes civiles et pénales ; loi n° 2000-647 du 10 juillet 2000 :** P. Jourdain, « La nouvelle définition des délits non-intentionnels par la loi du 10 juillet 2000. Les conséquences de la loi en droit civil » *RSC* 2001, 748. Y. Mayaud, *Violences involontaires et responsabilité pénale*, éd. Dalloz-Référence, « Retour sur la culpabilité non intentionnelle en droit pénal », *D.* 2000. Chron. 603 et « la loi du 10 juillet 2000 tendant à préciser la définition des délits non intentionnels », *Gaz. Pal.* 29-31 juill. 2001, p. 6 ; P. Mistreta, « La responsabilité pénale médicale à l'aune de la loi du 10 juillet 2000 », *JCP* 2002.I.149 ; J.-D. Nuttens, « La loi Fauchon du 10 juill. 2000 ou la fin de la confusion de la faute civile et de la faute pénale d'imprudence », *Gaz. Pal.* 4-5 oct. 2000 p. 7 ; S. Petit, « À propos de la loi du 10 juill. 2000 relative à la définition des délits non intentionnels », *Gaz. Pal.* 22-23 déc. 2000 p. 2295 ; C. Roca, « Nouvelle définition de l'infraction non intentionnelle... », *LPA* n° 214, 26 oct. 2000 p. 4 ; C. Ruet, « La responsabilité pénale pour faute d'imprudence après la loi du 10 juillet 2000 tendant à préciser la définition des délits non intentionnels », *Dr. pénal* janv. 2001 p. 4 ; Ph. Salvage « La loi n° 2000-647 du 10 juillet 2000. Retour sur l'imprudence pénale », *JCP* 2000, I, 281. M. Tapia, « Décadence et fin éventuelle du principe d'identité des fautes pénale et civile », *Gaz. Pal.* 7-8 mars 2003 p. 2 ; D.N. Commaret, « La loi du 10 juillet 2000 et sa mise en œuvre par la chambre criminelle », *Gaz. Pal.* 12-13 avr. 2002 p. 3 ; M. Truchet, « Les transformations de la notion de responsabilité civile et pénale depuis quarante ans », *Gaz. Pal.* 5-6 juillet 2002 p. 2. - sur la faute civile, v. ss 565 s. - sur la loi du 10 juillet 2000 et la responsabilité de fait d'autrui, v. ss 589 s. - sur la loi du 10 juillet 2000 et la responsabilité médicale, v. ss 810 s.

2001 en affirmant que « la déclaration par le juge répressif de l'absence de faute pénale non-intentionnelle ne fait pas obstacle à ce que le juge civil retienne une faute civile d'imprudence ou de négligence » [1].

B. L'indemnisation des victimes

21 ***La responsabilité civile et l'indemnisation des victimes*** [2] ◊ Si l'on considère le seul volet civil du droit du dommage corporel - qui est l'objet de cet ouvrage consacré aux divers systèmes d'indemnisation —, une césure importante apparaît à la fin du XIXe siècle avec la découverte d'une responsabilité sans faute.

22 ***1°) La responsabilité pour faute du XIXe siècle*** ◊ Il faut rappeler ici le *contexte juridique du XIXe siècle* : le droit de la responsabilité civile repose alors sur l'article 1382 du Code civil, qui laisse à la victime la charge de la preuve d'une faute du responsable. Obligatoirement fautif, le responsable est donc un coupable ; la réparation civile doit dès lors être payée sur son propre patrimoine et conserve ainsi un caractère punitif ; aussi l'assurance de responsabilité en transférant la dette de réparation du responsable-coupable à son assureur apparaît-elle immorale, et elle ne connaît au XIXe siècle que des débuts timides en cas d'incendie, d'accidents de la circulation (en voiture à chevaux...) et d'accidents du travail.

23 ***2°) L'essor de la responsabilité sans faute au XXe siècle*** [3] ◊ Dans notre histoire de la responsabilité civile, l'arrêt fondamental est l'arrêt *Teffaine* rendu par la chambre civile de la Cour de cassation du 16 juin 1896 à propos de la mort accidentelle d'un ouvrier blessé par l'explosion d'une chaudière : à cette occasion, la Haute Juridiction a conféré une portée autonome à l'article 1384, al. 1 du Code civil, en posant les fondements, d'une responsabilité du fait des choses, sans faute prouvée. Peu après, la loi du 9 avril 1898 confirmait le mouvement amorcé par la jurisprudence en instituant un régime particulier de responsabilité sans faute en faveur des ouvriers salariés victimes d'accidents du travail.

---

1. **Consécration jurisprudentielle de la dualité des fautes civile et pénale :** Civ. 1re, 30 janv. 2001, *D.* 2002, somm., 1320 obs. Ph. Delebecque ; *RTD civ.* 2001. 376, obs. P. Jourdain.

2. **Responsabilité civile et indemnisation des victimes :** Ph. Brun, *Responsabilité civile extracontractuelle,* Litec, 3e éd., 2014, spéc. n° 9 s. G. Viney, *Le déclin de la responsabilité individuelle,* thèse Paris, 1963 et *Introduction à la responsabilité,* LGDJ, 3e éd., 2008 ; G. Viney et P. Jourdain, *Les conditions de la responsabilité,* LGDJ, 4e éd., 2013, *Les effets de la responsabilité,* LGDJ, 3e éd., 2011 ; Ph. Le Tourneau, *Droit de la responsabilité et des contrats,* Dalloz-action 2014-2015 ; Y. Lambert-Faivre, « L'évolution de la responsabilité civile d'une dette de responsabilité à une créance d'indemnisation », *RTD civ.* 1987.1 ; « L'éthique de la responsabilité », *RTD civ.* 1998. 1.

3. **Responsabilité sans faute :** Arrêt *Teffaine,* Civ. 16 juin 1896, *S.* 1897.I.17, note Esmein, *D.* 1897.I.433, note Saleilles et concl. avocat général Sarrut ; B. Starck, « Domaine et fondement de la responsabilité sans faute », *RTD civ.* 1958.475 ; F. Chabas, « Cent ans de responsabilité civile », *Gaz. Pal.* 23-24 août 2000 p. 2 ; L. Cadiet, « Sur les faits et méfaits de l'idéologie de la réparation », in *Mélanges offerts à P. Drai,* Dalloz, 2000, p. 495.

L'extension de la responsabilité civile au XXe siècle est ensuite un phénomène bien connu : avec la mécanisation, les accidents sont devenus de plus en plus nombreux, et le fléau que représentent les accidents de la circulation sévit dans tous les pays à niveau de vie élevé. Les risques et les dangers de la vie moderne multiplient les actions en responsabilité civile, qui sont largement accueillies par les tribunaux, notamment sur la base de l'article 1384, al. 1 du Code civil.

Dès lors coexistent deux types de responsabilité civile : l'une, classique, est fondée sur la faute prouvée de l'auteur responsable, soit sur la base délictuelle de l'article 1382 C. civ., soit sur le terrain contractuel de l'inexécution d'une obligation de moyens ; l'autre, plus moderne, consacre une responsabilité sans faute (*no-fault* disent les Anglo-Saxons) soit sur la base délictuelle de l'article 1384 C. civ., soit sur le terrain contractuel de l'inexécution d'une obligation déterminée, dite de résultat.

Cependant la ligne de partage entre responsabilité pour faute et responsabilité sans faute demeure fluctuante et ambiguë ; la clarté du droit impose alors la recherche d'une clé de répartition satisfaisante entre les deux domaines.

24 ***3°) L'atteinte à l'intégrité physique, critère de distinction entre responsabilité objective et responsabilité subjective ?*** [1] ◊ À notre sens, *la clé de répartition pourrait être recherchée dans la nature même des dommages subis.*

• *Tout dommage corporel, atteinte à l'intégrité physique des personnes*, constitue une atteinte au droit de la personnalité le plus inviolable, à la sécurité publique et à la paix sociale : corrélativement tout individu a droit au respect de sa personne. Il en résulte une *exigence de sécurité* particulièrement impérieuse en matière d'intégrité des personnes et de dommages corporels. Elle relève du droit naturel comme Grotius le soulignait déjà. La Déclaration universelle des droits de l'homme qui en est l'héritière proclame que « tout individu a droit à la vie, à la liberté et à la sûreté des personnes » (art. 3).

Dès lors on comprend mieux le leitmotiv qui court tout au long de cet ouvrage consacré au dommage corporel, et qui scande une hégémonie nouvelle de la responsabilité sans faute dans toutes les activités étudiées : la *sécurité des personnes est devenue un impératif catégorique* de droit positif qui constitue le socle d'une responsabilité objective fondée sur le risque.

---

1. **Responsabilité objective, dommage corporel, sûreté et sécurité** : v. ss 563 s. ; A. Tunc, « Responsabilité civile et droit des accidents », *Mélanges Werner Lorenz*, éd. Mohr ; Y. Lambert-Faivre, « Fondement et régime de l'obligation de sécurité », *D.* 1994. Chron. 81 ; J. Karila De Van, « Le droit de nuire », *RTD civ.* 1995. 533 ; X. Dijon, *Droit naturel : questions du droit*, PUF, 1998 ; D. Thouvenin, « La construction juridique d'une atteinte légitime du corps humain », *Justices* hors série, mai 2001 ; H. Moutouh, « La loi et l'ordre », *D.* 2000 chron. p. 163 ; F. Luchaire, « La sûreté : droit de l'homme ou sabre de M. Prud'homme ? », *RDP* 1989.609 ; C. Radé, « Réflexion sur les fondements de la responsabilité civile… la promotion du droit à la sûreté », *D.* 1999, chron. p. 323 ; H. Causse, « Le principe de sûreté et le droit à la sécurité », *Gaz. Pal.* 19/20 déc. 2001 p. 2 ; O. Lucas, « La convention européenne des droits de l'homme et les fondements de la responsabilité civile », *JCP* 2002.I.111.

• *Les dommages matériels et immatériels* relèvent de fondements moins absolus. Les *dommages matériels*, constitués par l'atteinte à l'intégrité physique du bien d'autrui, endommagé ou détruit, violent son droit de propriété. Quant aux *dommages immatériels*, purement moraux ou financiers, sans substrat physique, ils peuvent relever d'activités parfaitement licites, notamment de l'exercice normal de la concurrence commerciale, du droit de critique littéraire et artistique, de la mise en œuvre d'une action judiciaire, de l'exercice d'un droit légalement réglementé comme le droit de grève, etc. Dans ces hypothèses, l'activité légitime comporte le *droit virtuel de nuire à autrui* en causant un dommage financier, économique, intellectuel ou moral : ici seul un comportement fautif peut fonder la responsabilité civile.

Il est normal que la *responsabilité pour faute demeure la règle dans les responsabilités professionnelles* qui sanctionnent des activités intellectuelles, dès lors qu'elles n'engendrent point d'atteintes à l'intégrité physique des personnes, voire des biens ; en revanche il est de principe qu'on ne saurait de manière licite causer un dommage corporel à autrui, sauf exceptions très limitatives (pratique d'un sport, opération chirurgicale...).

C. La solvabilité des responsables par l'assurance et le développement des fonds de garantie

25 ***1°) La garantie de l'indemnisation par l'assurance*** [1] ◊ L'arrêt *Teffaine* du 16 juin 1896 est venu établir que l'on peut être un « bon père de famille » et responsable d'un dommage causé à autrui. Dès lors la substitution d'un assureur de responsabilité au débiteur de la dette de réparation perdait son caractère immoral.

La loi du 9 avril 1898 sur les accidents du travail a confirmé le mouvement amorcé par la jurisprudence de 1896 en instituant un régime particulier de responsabilité sans faute en faveur des ouvriers salariés victimes d'accidents du travail. Les employeurs dès lors légalement tenus d'une responsabilité individuelle forfaitaire mais automatique, fondée sur un risque professionnel, se sont rapidement et massivement assurés. Bientôt une loi du 31 mars 1905 édicte la substitution de l'assureur de responsabilité à l'employeur légalement responsable dans l'instance en vue de l'indemnisation. Un peu plus

---

1. **Garantie de l'indemnisation par l'assurance** : Y. Lambert-Faivre, « Réflexions sur la nature juridique des assurances de responsabilité », in *Mélanges Vincent*, Dalloz, 1981, p. 193 ; « Le sinistre en assurance de responsabilité et la garantie de l'indemnisation des victimes », *RGAT* 1987.193 ; *Droit des assurances*, Dalloz, 2011, n° 630 à 706 et v. ss 620 s. ; A. Comte-Sponville, « Philosophie de l'assurance », *Risques* n° 32, déc. 1997, p. 19. **Non-souscription fautive d'une assurance non-obligatoire, V. par ex.** Civ. 3e, 8 juin 1982, *RTD civ.* 1983.537, obs. Durry (faute de n'avoir pas souscrit une assurance, pourtant non obligatoire) ; Civ. 13 juill. 1982, *D.* 1983.IR.257, obs. Alaphilippe et Karaquillo et *RTD. civ.* 1983.344, obs. Durry (obligation d'informer d'une absence d'assurance) ; Versailles, 29 juin 1984, *Gaz. Pal.*, 3 avril 1985, p. 10, note H. Margeat et C. Marchand (faute d'avoir souscrit une assurance réduite aux garanties légales d'un montant dérisoire) ; Civ. 1re, 13 févr. 1996, *RCA* 1996, n° 196 et chron. Courtieu, n° 25 (garanties forfaitaires insuffisantes, responsabilité).

tard, la loi fondamentale du 13 juillet 1930 sur le contrat d'assurance marque déjà l'aboutissement d'une évolution constante en faveur des victimes en disposant que « l'assureur ne peut payer, à un autre que le tiers lésé, tout ou partie de la somme due par lui, tant que ce tiers n'a pas été désintéressé, jusqu'à concurrence de ladite somme, des conséquences pécuniaires du fait dommageable ayant entraîné la responsabilité de l'assuré » (art. 53 loi 13 juillet 1930, devenu l'art. L. 124-3 C. assur.).

Ce texte qui édicte impérativement une attribution exclusive de l'indemnité d'assurance de responsabilité aux tiers victimes, sans jamais transiter par le patrimoine de l'assuré-responsable, constitue le fondement de l'« action directe » des victimes contre l'assureur de responsabilité, et marque ainsi une évolution de la nature même de l'assurance de responsabilité : classiquement analysée comme la garantie de la « *dette de responsabilité* » du responsable assuré, elle est désormais perçue comme la garantie de la « *créance d'indemnisation* » de la victime, pourtant tiers par rapport au contrat d'assurance.

Cette nouvelle analyse inverse totalement le sentiment collectif porté sur les assurances de responsabilité : naguère perçues comme immorales, c'est désormais la non-assurance de responsables potentiels qui paraît socialement inadmissible, et pour garantir l'équitable indemnisation des victimes, le législateur édicte désormais de nombreuses *obligations d'assurances* dont le prototype demeure l'assurance automobile obligatoire instaurée par la loi du 27 février 1958.

Plus symptomatique encore, certains arrêts de jurisprudence vont jusqu'à déclarer « fautif » le responsable qui n'a pas eu la sagesse de souscrire une assurance de responsabilité non obligatoire.

L'évolution de la responsabilité civile et celle de l'assurance de responsabilité sont allées de pair tout au long du XXe siècle, et constituent un phénomène d'entraînement réciproque bien connu : avec la mécanisation, les accidents sont devenus de plus en plus nombreux et le fléau que représentent les accidents de la route est un problème qui se pose dans tous les pays à niveau de vie élevé. Les risques et les dangers de la vie moderne multiplient les actions en responsabilité civile largement accueillies par les tribunaux, notamment sur la base de l'article 1384 al. 1 du Code civil. Or l'équitable souci de protection des victimes eût entraîné de nouvelles injustices en condamnant à de lourdes et ruineuses condamnations des « responsables » peu ou pas « coupables » : seule l'assurance de responsabilité a permis de concilier l'indemnisation des victimes et la sauvegarde du patrimoine du « responsable », souvent non-fautif.

Assumée par un assureur, l'obligation de réparer le dommage perd définitivement tout caractère punitif, et l'indemnisation civile devient une pure opération d'équilibre financier avec le préjudice subi.

Ce glissement de la charge de la réparation du responsable à l'assureur de responsabilité a parfois suscité quelques réticences, l'assurance pouvant obérer le sens des responsabilités d'individus que la mécanisation rend dangereux (« l'assurance paiera ! »). Néanmoins il suffit de souligner ici que si le responsable d'un dommage a eu une conduite répréhensible (conduite en état d'ivresse, excès de vitesse, etc.), *il appartient à la responsabilité pénale de punir* ses fautes prouvées, qu'elles soient délibérées ou de simple imprudence.

En revanche le rôle de la *responsabilité civile*, efficacement confortée par l'assurance de responsabilité, est d'*indemniser la victime* de son dommage. Il est d'ailleurs vrai que l'existence même d'une assurance de responsabilité donne aux tribunaux la tentation d'alourdir la condamnation à réparation, tant l'appréciation d'une « réparation intégrale de tout le préjudice » comporte une confortable marge d'appréciation et de souplesse, et que la lourde condamnation d'un responsable insolvable et non assuré est parfaitement inefficace.

26 ***2°) La garantie de l'indemnisation par le développement des fonds d'indemnisation*** ◊ Le recours à l'assurance en garantie de l'indemnisation de la victime présente nécessairement des limites. Ainsi, tous les risques ne sont pas assurables, le Code des assurances lui-même reconnaissant des causes d'exclusions légales ou conventionnelles de risque. Par ailleurs, même dans l'hypothèse où le législateur a posé une obligation d'assurance, tous les responsables ne sont pas assurés. Dès lors, la tendance contemporaine du législateur a été de créer, le plus généralement en complément d'une garantie par l'assurance, des fonds d'indemnisation. Leur mise en place est révélatrice d'une idée de socialisation des risques : la survenance d'un dommage corporel apparaît en effet comme un risque social qui doit, dans toutes les hypothèses, être pris en charge par la collectivité.

Ces fonds d'indemnisation se sont mis en place sans véritable réflexion d'ensemble et leur champ de compétence est le plus généralement déterminé par la cause du dommage : intervention de l'ONIAM en cas d'accidents médicaux [1], du FGAO pour les accidents de la circulation ou de chasse [2], du FGTI pour les victimes d'actes de terrorisme ou d'infraction [3], du FIVA pour les victimes de l'amiante. L'éclatement du droit est ainsi très regrettable [4].

La création de tous ces Fonds démontre l'impérieuse nécessité sociale de la protection des victimes de dommages corporels, mais révèle aussi l'anarchie de règles non harmonisées : les barèmes d'évaluation médicale peuvent être différents, nonobstant les récentes volontés d'harmonisation affichées par le législateur, les critères d'admission à l'indemnisation contradictoires, les évaluations des préjudices hétérogènes.

Un exemple : les Fonds qui expriment une solidarité nationale peuvent avoir un seuil d'indemnisation défini par un seuil de gravité de dommage corporel ; du moins, pour être cohérent, celui-ci doit-il être homogène ; or :

- pour les victimes d'infractions : est grave l'infraction ayant causé le décès, l'incapacité temporaire égale ou supérieure à un mois, et toute incapacité permanente sans plancher (art. 706-3 2° C. pr. pén.) ;

---

1. **Rôlc dc l'ONIAM** : v. ss 884 s.
2. **Rôle du FGAO** : v. ss 750 s
3. **Rôle du FGTI** : v. ss 1052 s.
4. **Hétérogénéité des systèmes d'indemnisation** : v. ss 49 s.

– pour les victimes d'accidents médicaux : est grave le déficit fonctionnel temporaire d'au moins 50 % ou l'arrêt temporaire des activités professionnelles sur une période de six mois consécutifs ou non sur une période d'un an, l'invalidité définitive d'un taux supérieure à 24 %, l'inaptitude professionnelle définitive à l'activité exercée antérieurement ou les troubles particulièrement graves dans les conditions d'existence (art. D. 1142-1 CSP) ;

– pour les victimes d'accidents de la circulation causés par un animal sauvage : est grave le décès, ou une hospitalisation d'au moins sept jours suivie d'une incapacité temporaire égale ou supérieure à un mois ou d'une incapacité permanente d'au moins 10 % (art. L. 421-1, II, 2, b C. assur.).

– pour les victimes de catastrophes technologiques ou naturelles, aucun dommage corporel n'est grave, même pas le décès ou une incapacité permanente de 100 %, puisque la loi du 30 juillet 2003 « relative à la prévention des risques technologiques et naturels et à la réparation des dommages » ne vise... que les dommages aux biens !

Il est justifié d'avoir des modes de financement et d'organisation diversifiés selon les secteurs d'activité couverts par les Fonds d'indemnisation ; en revanche une harmonisation des conditions d'évaluation médicale du dommage corporel et d'évaluation juridique et monétaire s'impose absolument, si l'on entend faire œuvre de justice.

La généralisation de ce système a parfois été proposée. Dans le prolongement de l'idée d'une vocation en quelque sorte « naturelle » du dommage corporel à la réparation, certains auteurs défendent en effet la thèse selon laquelle ce dernier devrait, quelle qu'en soit la source, faire l'objet d'une réparation systématique par un mécanisme généralement trouvé hors des techniques de la responsabilité civile. On peut ainsi en ce sens citer la thèse défendue depuis déjà longtemps par Ph. Le Tourneau, qui propose la mise en place d'un droit spécifique aux dommages corporels, qui seraient indemnisés forfaitairement par la sécurité sociale, dont les prestations pourraient être complétées par une assurance personnelle facultative [1]. La possibilité concrète de mise en œuvre d'une telle proposition est cependant fort incertaine du fait des difficultés de financement auxquelles elle se heurterait très certainement.

SECTION 2. LA NÉCESSITÉ D'UNE MÉTHODOLOGIE DU DROIT DU DOMMAGE CORPOREL

27 À travers les exemples ci-dessus évoqués, il apparaît clairement que le dommage corporel a fait l'objet d'un traitement spécifique au sein du droit

1. **Création d'un mécanisme général d'indemnisation des dommages corporels** : Ph. Le Tourneau, *Droit de la responsabilité et des contrats*, Dalloz action, 2009-2010, n° 90 s. Dans le même sens, J. Bourdoiseau, *L'influence perturbatrice du dommage corporel en droit des obligations*, LGDJ, 2010, n° 226 s. Ch. Radé, « Réflexions sur les fondements de la responsabilité civile, 2 : les voies de la réforme : la promotion du droit à la sûreté », *D.* 1999. 232 s.

positif de la responsabilité civile des dernières décennies. Il est devenu un sujet particulier d'étude justifiant l'émergence d'une nouvelle discipline, désignée sous le nom de droit du dommage corporel. Or, cette discipline, dont l'autonomie n'est en aucun cas revendiquée, si elle se distingue par son objet spécifique, ne fait pour l'heure l'objet que de règles incomplètes dont l'amélioration doit être affirmée comme une absolue nécessité tant au niveau de la méthodologie de l'évaluation (§1) que de la cohérence des régimes d'indemnisation (§2).

§ 1. La nécessité d'une méthodologie de l'évaluation

28 La cohérence du droit du dommage corporel repose en tout premier lieu sur la mise en place d'une méthodologie claire et unifiée de son évaluation. On ne saurait en effet à l'évidence prétendre à la réparation d'un préjudice s'il n'a été préalablement et rigoureusement déterminé dans son existence et son *quantum*.

29 ***La distinction du dommage corporel et des préjudices réparables*** ◊ La première nécessité méthodologique est celle d'une clarification sémantique. Le vocabulaire juridique énonce volontiers comme synonymes « dommage » et « préjudice ». Cependant cette assimilation nous paraît particulièrement regrettable en matière de « dommage corporel », car elle vicie toute méthodologie cohérente de l'indemnisation.

a) Les dommages relèvent de l'ordre des faits ; judicieusement les assureurs en opèrent la classification en trois grandes catégories :

– *les dommages corporels* sont définis comme l'atteinte à l'intégrité physique et/ou/psychique de la personne humaine,

– *les dommages matériels* s'entendent de l'atteinte à l'intégrité d'un bien matériel ou à la substance d'une chose,

– *les dommages immatériels*, dits « purs » s'ils ne résultent ni de l'un ni de l'autre, visent notamment les affaires économiques et financières.

Le dommage corporel, objet de cet ouvrage, s'analyse donc comme un fait ; mais ce fait est la source de multiples préjudices indemnisables.

b) Les préjudices [1] **relèvent de l'ordre du droit** et expriment l'atteinte aux droits subjectifs, patrimoniaux ou extrapatrimoniaux, de la personne juridique ; le langage juridique emploie l'expression un peu obscure de « chef » ou de « poste » de préjudices pour en opérer une catégorisation et une nomenclature susceptible d'en éviter une atomisation ingérable en droit. À cet égard, l'art. R. 211.40 C. assur. qui réglemente la procédure

1. **Préjudice** : Y. Chartier, *La réparation du préjudice*, Dalloz, 1983. X. Pradel, *Le préjudice dans le droit civil de la responsabilité*, LGDJ 2004 (Tome 415). C. Cormier, *Le préjudice en droit administratif français*, Thèse Paris II, LGDJ, 2002.

d'offre de l'assureur automobile, dispose que celui-ci doit indiquer « *l'évaluation de chaque chef de préjudice* » ; la même règle a été édictée par la loi du 4 mars 2002 en matière d'accidents médicaux (art. L. 1142.14 CSP). Enfin, l'article 31 de la loi du 5 juillet 1985, modifié par la loi du 21 décembre 2006, dispose que « les recours subrogatoires des tiers payeurs s'exercent *poste par poste* ».

Cette distinction ne doit jamais être perdue de vue. Cette rigueur terminologique est en effet essentielle dans la recherche d'une méthodologie cohérente de l'indemnisation (B), qui doit être encadrée par les principes juridiques gouvernant l'indemnisation en droit positif (A).

A. Les principes de l'indemnisation en droit civil

30 ***Les trois principes généraux de la responsabilité civile*** ◊ On peut résumer le droit de la responsabilité civile en trois axiomes : tout le préjudice ; rien que le préjudice ; le préjudice réel.

1. Le principe de la réparation intégrale des préjudices

31 ***Tout le préjudice ; tous les préjudices***[1] ◊ La Cour de cassation affirme de matière constante que « *le propre de la responsabilité civile est de rétablir aussi exactement que possible l'équilibre détruit par le dommage et de replacer la victime dans la situation où elle se serait trouvée si l'acte dommageable n'avait pas eu lieu* ». Le responsable doit réparer donc « tout le préjudice subi » par la victime. La Résolution 75 du Conseil de l'Europe rappelle ce principe dans son article 1. Cependant, quoique de portée quasi universelle cet énoncé incantatoire suscite des sarcasmes de la part de tous ceux qui préféreraient ramener l'évaluation du dommage corporel à une barémisation forfaitaire, aussi simple à mettre en œuvre qu'économique pour les responsables. Il est en effet facile d'ironiser sur le principe de la « réparation intégrale » de l'amputé, du paraplégique ou du traumatisé crânien.

Certes l'argent, commune mesure de toute indemnisation, paraît bien impuissant à assumer la « réparation intégrale » d'un dommage corporel. Cependant, ce principe, dont la mise en œuvre exige des avocats la rédaction de conclusions exhaustives sur chaque chef de préjudice, doit être compris en lui donnant un sens fort, au-delà d'un énoncé littéral emblématique.

---

1. **Réparation intégrale** : Principe constant depuis Civ. 2e, 28 oct. 1954, *JCP* 1955.II.8765, note Savatier, *D.* 1954 somm. 32. Sur la réalité de ce principe, « Réparation intégrale : mythe ou réalité », Colloque du CNB, *Gaz. Pal.* 2010, 1198 s. Pour une étude comparative, « La réparation intégrale en Europe » : étude effectuée par l'Iode de Rennes et le centre de recherche en droit privé de Tours sous la direction des Professeurs Ph. Pierre et F. Leduc, Larcier, 2012.

32 ***La victime n'est pas tenue de limiter son préjudice*** [1] ◊ Deux arrêts de la 2e chambre civile de la Cour de cassation du 19 juin 2003, rendus au visa de l'art. 1382 C. civ. ont posé comme règle que *« l'auteur d'un dommage est tenu d'en réparer toutes les conséquences dommageables »*, et que *« la victime n'est pas tenu de limiter son préjudice dans l'intérêt du responsable »*. Ces décisions sont justifiées dans le cadre de dommages corporels : en effet, il nous paraît que le refus d'un patient d'accepter des soins, fût-ce une rééducation orthophonique et psychologique, relève d'une liberté absolue, consacrée par la loi du 4 mars 2002. Rien n'est anodin en matière médicale : on doit se souvenir que de simples transfusions sanguines ont été le vecteur des virus du sida et de l'hépatite C. La contrainte en matière psychologique et psychique ne saurait davantage être admise. La jurisprudence ultérieure a d'ailleurs confirmé cette solution [2]. De même, l'autre affaire ne relevait pas du refus de soins, mais de la dépréciation de valeur de l'entreprise de la victime qui ne l'avait pas mise en gérance pendant son incapacité : ici encore on voit mal comment le responsable de l'accident pourrait se plaindre que la victime a, du fait de cet accident, laissé péricliter son commerce. Dans le même esprit, imposer à la victime le recours à des aides matérielles pour diminuer ses besoins en tierce personne nous semble contraire à ce refus de la *mitigation*. Dans cette optique, le principe de hiérarchie des aides qu'entend imposer la récente mission AREDOC consacrée aux handicaps graves doit donc être envisagé avec la plus grande réserve [3].

Les projets de réforme de la responsabilité consacrent une solution identique en cas d'atteinte corporelle, puisque, s'ils retiennent d'une manière générale une certaine obligation de *mitigation*, l'avant-projet Catala l'écarte en revanche lorsque la mesure serait de nature à porter atteinte à l'intégrité physique de la victime (art. 1373 avant-projet Catala) et la proposition de loi Béteille et l'avant-projet Terré ne l'envisagent que pour les dommages non corporels (art. 1386-26 proposition Béteille et 53 de l'avant-projet Terré).

33 ***a) Le caractère compensatoire de l'indemnisation des préjudices économiques*** ◊ Tous les préjudices économiques peuvent être réparés en argent sans trop de problèmes : l'argent est la mesure normale de

1. **Limiter son préjudice** : J. Kullmann, « Minimiser son dommage », *Mélanges Y. Lambert-Faivre et D.C. Lambert*, Dalloz, 2002 p. 243 ; M. A. Agard, « Ne t'aide pas, le ciel t'aidera quand même », *RCA* 2004 chron. n° 2 ; S. Reifegerste, « Pour une obligation de minimiser le dommage », PUAM 2002 ; Rapports A. Laude, G. Viney, P. Jourdain in Colloque « Faut-il moraliser le droit français de la réparation du dommage ? », *LPA* 20 nov. 2002 ; D. Gency-Tandonnet, « L'obligation de modérer son préjudice... », *Gaz. Pal.* 5-6 mai 2004 p. 27. - Civ. 2e, 19 juin 2003, deux arrêts, *D.* 2003. 2336, note J.-P. Chazal, *Gaz. Pal.* 8-9 oct. 2003, note E. Rosenfeld et C. Bouche (« la victime n'est pas tenue de limiter son préjudice ») ; *RTD civ.* 2003. 716, obs. Jourdain ; 22 janvier 2009, *D.* 2009. 1114.

2. Pour une illustration récente : Civ. 1re, 15 janv. 2015, n° 13-21180, *Gaz. Pal.* 17 févr. 2015, 26.

3. **Principe de hiérarchie des aides** : v. ss 130.

l'économique, même si certaines évaluations peuvent être plus ou moins délicates. Le caractère compensatoire des dommages-intérêts (« *compensatory damages* ») est ici bien admis.

Le principe de la réparation intégrale (« full compensation ») des préjudices économiques implique d'abord que *tous* les préjudices subis par la victime soient correctement inventoriés : il appartient à l'avocat, conseil des victimes même en cas de transaction, de faire la liste intégrale de toutes les dépenses et frais exposés du fait de l'accident, sans rien oublier même pas ses propres honoraires. Il faut noter que tous les frais médicaux, chirurgicaux et de rééducation, d'un coût qui peut être considérable à la charge du responsable, ont pour but si possible de guérir la victime sans séquelles : on peut alors estimer qu'effectivement, selon l'axiome habituel la victime a été replacée dans la situation où elle eut été si l'accident ne se fut pas produit.

Le principe de la réparation intégrale doit aussi s'appliquer aux pertes de revenus professionnels, par un effort de calcul aussi exhaustif que possible de la réalité de ses pertes, aussi bien pendant la maladie traumatique que pour l'avenir.

34 ***b) Le caractère satisfactoire de l'indemnisation des préjudices non économiques*** ◊ Les préjudices non économiques, physiologiques et moraux, sont absolument étrangers à toute mercuriale. À vrai dire il est impossible de « réparer » l'irréparable : quelle est la valeur en soi d'une amputation, d'une paralysie, d'une cécité, d'une souffrance ? Ici l'argent ne « répare » rien, mais il constitue le seul moyen de donner à la victime d'une *indemnisation satisfactoire*.

– Ce caractère satisfactoire a plusieurs connotations très importantes pour la victime : c'est d'abord la *reconnaissance* de sa dignité d'être humain, non pas déchu par les séquelles invalidantes de l'accident, mais respecté dans l'exigence de son intégrité physique auquel on confère une « valeur ». C'est la reconnaissance de sa souffrance qui n'est pas niée ni occultée, mais qui, au-delà de la prise en charge par les établissements de santé, est officiellement respectée. C'est en bref la reconnaissance de sa « personne », corps et âme, dans toute son identité et son individualité irréductible à toute autre. La psychologie des victimes témoigne de la pérennité des représentations anthropologiques ancestrales.

Les médecins témoignent que la reconnaissance sociale du « prix du sang », qui, loin d'enfermer les victimes dans leur statut de victime, a un effet libérateur de catharsis qui leur permet de tourner enfin la page pour réintégrer leur place dans la société.

– Sur un plan plus matériel, cette indemnisation satisfactoire permettra à la victime de s'offrir quelques plaisirs ou quelques joies conformes à ses goûts et à sa personnalité, petits bonheurs pour oublier les mauvais jours.

Dans cette analyse humaniste de l'indemnisation des préjudices personnels non économiques, le concept de « réparation intégrale » s'oppose à toute évaluation forfaitaire qui nie l'irréductibilité de la personne de la victime à une autre, dans une évaluation dépréciative.

2. Le principe indemnitaire

35 ***« Rien que le préjudice »*** ◊ Le principe indemnitaire apporte sa limite au principe de la réparation intégrale : tout le préjudice, mais rien que le préjudice. En effet, la victime ne doit pas s'enrichir à l'occasion de l'indemnisation. Bien entendu, il serait contraire au principe indemnitaire que la victime soit indemnisée pour un préjudice qui n'existe pas : tout préjudice invoqué doit être prouvé. Au-delà de cette évidence, ce principe entraîne deux conséquences :

a) Le cumul des indemnisations est illicite

Dès lors qu'une victime a reçu la réparation intégrale de tous ses préjudices prouvés, elle n'a plus d'intérêt pour agir. La Cour de cassation l'a confirmé pour les victimes post-transfusionnelles du sida qui, intégralement indemnisées par le Fonds ad hoc, tentaient d'obtenir un surcroît d'indemnisation par le biais d'actions judiciaires. Cependant l'imbroglio des juridictions compétentes en la matière a curieusement ouvert la voie à certaines surenchères auxquelles la Cour européenne des droits de l'homme et le Conseil d'État ont prêté une oreille plus complaisante.

En revanche le risque du cumul entre les prestations indemnitaires des tiers payeurs et des assureurs de responsabilité est réglé par la technique des recours subrogatoires.

b) L'interdiction des dommages-intérêts punitifs [1]

Les dommages-intérêts doivent être à la mesure des préjudices réellement subis, sans en surajouter pour punir le responsable fautif : il faut strictement limiter le rôle punitif aux amendes pénales. L'intrusion de la peine privée dans le droit de la responsabilité civile doit être appréhendée avec prudence ; l'exemple américain des dommages-intérêts punitifs constitue l'une des causes de la « dérive » de son système de responsabilité civile. Les avant-projets Catala et Terré de réforme du droit des obligations vont toutefois dans un sens différent, en reconnaissant l'introduction à titre exceptionnel, des dommages et intérêts punitifs, notamment dans l'hypothèse d'une faute lucrative commise par l'auteur du dommage [2].

Pour éviter tout amalgame, il faut enfin rappeler que l'indemnisation des préjudices personnels extrapatrimoniaux n'a pas un caractère « punitif »,

1. **Dommages-intérêts punitifs :** S. Carval, *La responsabilité civile dans sa fonction de peine privée*, LGDJ, 1995 ; G. Viney, Rapport de synthèse au colloque de Chambéry, « La responsabilité civile à l'aube du XXIe siècle », *RCA* juin 2001, p. 86, n° 30 s. V. également, C. Grare, « Recherche sur la cohérence de la responsabilité délictuelle », coll. Thèses Dalloz, 2005, spéc. n° 362 s.

2. V. ss 619.

parce que ces préjudices existent dans leur réalité corporelle la plus évidente, parce que leur indemnisation ne dépend nullement d'une « faute » du responsable, et parce qu'au surplus elle est effectivement prise en charge par un assureur.

3. Le principe de l'évaluation *in concreto* des préjudices

36 ***Le pouvoir souverain d'appréciation du juge du fond*** [1] ◊ « Tout le préjudice, rien que le préjudice » : le principe de la réparation intégrale et le principe indemnitaire ont pour corollaire une étroite *personnalisation* de l'indemnisation à la fois dans la stricte détermination des préjudices subis et dans leur évaluation. L'évaluation *in concreto* des préjudices s'oppose à toute évaluation *in abstracto* et forfaitaire ; les juges du fond doivent donc éviter de se référer à des règles préétablies pour justifier leur décision (Crim. 4 février 1970). Évaluer *in concreto* les préjudices, c'est donc analyser et évaluer des éléments de *faits :* après avoir résumé les données concrètes du préjudice invoqué (par ex. pertes de revenus, ou préjudice d'agrément...), le dispositif des arrêts énonce souvent de manière lapidaire : « La Cour possède des éléments d'appréciation suffisants pour fixer à... € ce poste de préjudice » : formule qui permet d'échapper à tout contrôle de la Cour de cassation. Celle-ci rappelle constamment ce pouvoir souverain des juges du fond. Cet abandon de l'évaluation des dommages corporels aux juges du fond, même si elle est conforme au rôle assigné à la Cour de cassation par notre organisation judiciaire, peut être regretté. Il interdit en effet toute unification des pratiques, et permet de laisser subsister des disparités parfois non justifiables entre les niveaux d'indemnisation pratiqués par les différentes juridictions [2].

---

1. **Pouvoir souverain d'appréciation du juge du fond dans la limite des conclusions :** T. Ivainer, « Le pouvoir souverain du juge dans l'appréciation des indemnités », *DS* 1972, chron. 1 ; E. Severin, « L'accident corporel de la circulation entre transactionnel et juridictionnel », enquête Université de St.-Étienne, CNRS 1997 (cf. notam. p. 86, 164, 169, 173, 177, 197). – **Jurisprudence :** la jurisprudence est constante, V. par ex. Civ. 2e, 3 oct. 1990, *RCA* 1990, n° 400 ; Crim., 14 juin 1990, *RCA* 1990, n° 32 ; Civ. 2e, 8 oct. et 11 oct. 1989, *RCA* 1989, n° 406 et chron. Groutel, n° 36 ; Civ. 2e, 8 juin 1994, *JCP* 1994.IV.2016 et obs. Viney, *JCP* 1994.I.3809, n° 14 ; Crim., 4 févr. 1970, *D.* 1970. 333 (les juges « ne sauraient se référer, dans une espèce déterminée, à des règles établies à l'avance pour justifier leur décision » ; les juges du fond ne doivent pas se déterminer par voie générale et réglementaire) ; Crim., 1er oct. 1997, *Gaz. Pal.*, 22-24 févr. 1998, p. 26 (les juges du fond doivent se prononcer dans les limites des conclusions dont ils sont saisis) ; Ass. plén. 26 mars 1999, *JCP* 1999.IV.1917, obs. G. Viney, *JCP* 2000.I.1999 (« la cour d'appel a apprécié souverainement le montant du préjudice dont elle a justifié l'existence par l'évaluation qu'elle en a faite, sans être tenue d'en préciser les divers éléments »). Civ. 2e, 30 juin 2005, *RCA* 2005, comm. n° 316. Civ. 2e, 7 févr. 2008, *RCA* 2008, comm. n° 120 (obligation pour les juges du fond d'évaluer les préjudices dont ils ont constaté l'existence). Civ. 2e, 12 mai 2010, *Gaz. Pal.* 10 aout 2010, p. 39 (impossibilité de se référer à un forfait établi découlant de sa propre jurisprudence).

2. **Disparités des niveaux d'indemnisation :** M. Quenillet-Bourrie, « L'évaluation monétaire du préjudice corporel : pratique judiciaire et données transactionnelles », *JCP* 1995, I, 3818.

Ce « *pouvoir souverain* » des juges du fond leur confère dès lors un rôle de *référence normative* très importante, que les assureurs auraient tort de dénier en invoquant la prééminence de la procédure transactionnelle en matière d'accident de la circulation. En effet il apparaît que la transaction finale a été précédée d'une procédure qui a permis de mettre en place le dossier de sinistres dans 63 % des dossiers graves et 15 % des dossiers légers (rapport Séverin, 1997). La transaction se situe donc dans un contexte judiciaire qui constitue une norme de référence pour les victimes.

37 ***Le refus de la barémisation*** [1] ◊ La barémisation peut être définie comme la technique « qui attribue une valeur monétaire, déterminée par un barème, à un étalonnage médical des préjudices » [2]. Ainsi à un taux de déficit physiologique donné, ou un même degré de préjudice sexuel, une valeur financière identique serait attribuée, aux termes d'une grille prédéterminée qui s'imposerait au régleur. Une telle technique a été suggérée par les assureurs au nom d'une prétendue plus grande égalité des victimes. Ainsi dans le livre blanc sur l'indemnisation du dommage corporel paru en avril 2008, l'Association française de l'assurance a proposé la mise en place de « référentiels indemnitaires officiels pour les préjudices non économiques » qui serait, selon elle, « une source d'équité entre toutes les victimes » [3]. Malgré l'affichage de bonnes intentions, cette technique nous paraît totalement exclue, car elle est absolument contraire au principe de l'appréciation *in concreto* des préjudices. Elle repose en effet sur un postulat erroné selon lequel à un étalonnage médical équivalent des préjudices devrait correspondre un montant identique d'indemnisation, ce qui ne correspond nullement à la réalité. Même à se limiter aux préjudices extrapatrimoniaux,

---

1. **Barémisation et réparation du dommage corporel :** S. Bouvet, « L'équité dans la réparation du préjudice : de quelle équité me parlez-vous ? », *RCA* 2007, chron. n° 10. A. Boyer, « Référentiel d'indemnisation : des mines anti-personnel : discours sur la méthode », *Gaz. Pal.* 10 aout 2010, p. 5. C. Corgas-Bernard, « Les barèmes, un instrument pertinent d'harmonisation du droit de la réparation du dommage corporel ? », *RGDM* 2009, n° 3, p. 171. G. Moore, « Enjeux national et européen » in L'indemnisation du dommage corporel, Colloque du Conseil national des Barreaux, 2005, p 94 s. B. Mornet, « Pour un référentiel national d'indemnisation du dommage corporel », *Gaz. Pal.* 3 juin 2010, p. 8. S. Porchy-Simon, « La nécessaire réforme du droit du dommage corporel », Études offertes à H. Groutel, Litec 2006, p. 359 s., spéc. p. 367. « L'équité dans la réparation du dommage corporel » *Risques*, déc. 2006, p. 83 s. V. également, G. Defrance « Pourquoi les assureurs rêvent d'un référentiel », L'argus 26 janv. 2007, p. 32. Livre blanc sur l'indemnisation du dommage corporel, Association française de l'assurance, avril 2008, spéc. p. 8. L. Neyret, « La normalisation, entre référentiels et barèmes », *Gaz. Pal.* 16 juin 2011, p. 40 s. V. également « Le droit mis en barème », Thèmes et commentaires Dalloz 2014, et not. L. Cadiet « Introduction », p. 185. J.-B. Prevost, « L'évaluation du préjudice en droit du dommage corporel : entre décision et calcul », p. 189 s. St. Porchy-Simon, « L'utilisation des barèmes en droit du dommage corporel au regard des principes fondamentaux du droit de la responsabilité civile », p. 202 ; B. Mornet, « Le référentiel indicatif régional d'indemnisation du préjudice corporel », p. 214.
2. **Définition de la barémisation**, Rapport Lambert-Faivre, préc.
3. Livre blanc sur l'indemnisation du dommage corporel, Association française de l'assurance, avril 2008, p. 9, consultable notamment sur le site de la FFSA, www.ffsa.fr/

une individualisation apparaît indispensable. Ainsi une telle proposition a-t-elle suscité la très forte hostilité des avocats, qui ont souligné les dangers d'une telle pratique, notamment pour les victimes.

Si la barémisation semble exclue, la publication d'un référentiel indicatif du montant moyen des sommes attribuées par poste de préjudices a en revanche pu être proposée par le Rapport Lambert-Faivre, ainsi que par le Rapport Guinchard du 30 juin 2008 [1]. Certains fonds d'indemnisation, comme le FIVA ou l'ONIAM ont au demeurant déjà publié de tels référentiels [2]. Ce sont toutefois surtout les Cours d'appel qui sont à l'origine du développement de cette pratique. Il est ainsi de notoriété publique que des référentiels internes à chaque cour existent depuis fort longtemps notamment pour le chiffrage des postes de préjudices qui peuvent sembler les plus difficilement quantifiables, tel, par exemple, le préjudice d'affection. Mais les choses se sont davantage structurées depuis quelques années. Ainsi, un groupe de travail ayant associé plusieurs Cours d'appel, réuni une première fois en 2010 sous l'égide de M. Le Conseiller Mornet, a conduit à l'adoption d'un « référentiel indicatif régional de l'indemnisation du dommage corporel » appliqué par plus d'une dizaine de Cours d'appel. Plus récemment, en 2013, a été mis en place un « recueil méthodologique commun » auquel ont adhéré plus d'une vingtaine de Cours d'appel dont notamment celle de Paris, dont la mise à jour est assurée annuellement [3]. Ces outils proposent ainsi un référentiel d'indemnisation ainsi qu'une méthode commune d'évaluation des chefs de préjudice. Enfin, l'avant-projet Terré de réforme du droit de la responsabilité prévoit une disposition, qui a été vivement contestée, selon laquelle « le juge évalue les préjudices extrapatrimoniaux selon un référentiel d'indemnisation prévu par voie réglementaire » (art. 58).

On peut apprécier diversement ces initiatives. On peut bien entendu comprendre les raisons ayant présidé à la mise en place de tels outils, liées au constat opéré par les régleurs de l'extrême difficulté face à laquelle ils se trouvent placés lorsqu'ils sont saisis d'une question d'évaluation du dommage corporel, spécifiquement à l'égard des préjudices extrapatrimoniaux, difficulté accrue pour ceux d'entre eux qui n'ont pas une pratique courante de ce contentieux. Ainsi que le remarquait en effet M. Mornet, alors Conseiller à la Cour d'appel de Bordeaux, et qui a présidé l'un des premiers groupes de travail de magistrats consacré à ces questions, « le juge n'évalue pas les préjudices en lisant dans une

1. **Rapport de la Commission Guinchard** : consultable sur le site du ministère de la Justice : www.presse.justice.gouv.fr/art_pix/1_Synthesedespropositions.pdf.

2. **Référentiels d'indemnisation et fonds d'indemnisation** : Le référentiel de l'ONIAM est disponible sur le site : www.oniam.fr, celui du FIVA : www.fiva.fr. A. Guegan-Lecuyer, « À propos de la confrontation des offres d'indemnisation du fonds d'indemnisation des victimes de l'amiante au pouvoir judiciaire », *D.* 2006, doct. 531. « Les rapports entre le droit des fonds d'indemnisation et le droit commun » (plusieurs articles), in L'indemnisation du dommage corporel : une réparation à géométrie variable, CNB 28 nov. 2007, *Gaz. Pal.* 18 avr. 2008, spéc. p. 37 s.

3. Ce recueil sera désigné par la suite sous le nom de « Référentiel intercours ».

boule de cristal ; confronté à l'indemnisation du préjudice, le juge cherche des précédents. Et la recherche de précédents nous conduit naturellement vers la notion de référentiel » [1]. On doit toutefois dans le même temps souligner le danger de telles pratiques qui, opérant une rupture sans doute téméraire avec le principe de l'évaluation *in concreto* par le juge et plus indirectement avec celui de la réparation intégrale, portent en elles des risques de stagnation et de standardisation de l'indemnisation [2], ce qui explique que la Cour de cassation en condamne par principe l'utilisation [3]. On doit également souligner que, si de telles pratiques sont retenues, le choix des données sur lesquelles reposent les statistiques conduisant à la mise en place des fourchettes d'indemnisation pour chaque poste, est essentiel. Ainsi, les chiffres ne seront pas les mêmes selon que les montants moyens issus des transactions seront ou non intégrés, ou que seront pris en compte les chiffres issus des décisions judiciaires ou administratives.

Plutôt qu'un référentiel, on peut donc préférer, pour satisfaire le besoin de précédents des régleurs lors de la fixation du montant des dommages et intérêts, la mise en place de banque de données « regroupant l'ensemble des décisions de justice, accessible à tous et fonctionnant grâce à un moteur de recherche construit à partir des différents postes de préjudices » [4], formule d'ailleurs beaucoup plus proche du RINSE prôné par Mme Lambert-Faivre que les actuels référentiels [5].

B. Le choix d'une méthodologie de l'indemnisation

38 ***La lente mise en place d'une méthodologie cohérente de l'indemnisation des dommages corporels*** ◊ Du fait de l'absence de règles légales imposant une méthodologie de l'indemnisation du dommage corporel, les pratiques judiciaires ont appréhendé pendant longtemps, et encore jusqu'à une période récente, l'indemnisation du dommage corporel sur des bases erronées, que le droit positif, au terme d'une longue évolution, a pour une large part abandonné.

---

1. B. Mornet, préc., *Gaz. Pal.* 23 déc. 2011, p. 37 s.
2. Pour une analyse détaillée de ces risques, V. notre article « L'utilisation des barèmes en droit du dommage corporel au regard des principes fondamentaux de la responsabilité civile » in Le droit mis en barème, Thème et commentaires, Dalloz, 2014.
3. V. not. Crim. 3 nov. 1955, *D.* 1956. 557 note R. Savatier ; Civ. 2e, 27 janv. 1965, *Bull.* p. 55. Crim. 4 févr. 1970, *D.* 1970. 333. Pour des rappels récents de cette solution : Civ. 2e, 7 avril 2011, n° 10-15.918 ; 22 nov. 2012, n° 11-25.988. La Cour autorise en revanche l'utilisation des référentiels s'ils ne sont qu'un élément de la décision du juge : Civ. 2e, 11 juill. 1963, *Bull*, n° 388 ; Crim. 13 avr. 1976, *D.* 1976. IR. 141 ; Crim. 26 juin 1984, *Bull.* n° 243 ; Civ. 2e, 10 sept. 2015, n° 14-24447.
4. G. Mor in « Entre référentiel et barémisation », États généraux du dommage corporel 2012, table rondc sur La normalisation, synthèse par L. Neyret, *Gaz. Pal.* 15 juin 2012, p. 40 s. Dans le même sens : F. Bibal, « La modification des instruments de chiffrage des indemnités : réelle urgence ou panique des assureurs », *Gaz. Pal.* 23 déc. 2011, p. 44 s.
5. Sur cette question, v. ss 208.

1. L'analyse traditionnelle de la Cour de cassation

39 ***L'essor du concept globalisant d'IPP*** [1] ◊ L'origine de *l'incapacité permanente partielle*, dite IPP, peut être fixée au tournant du XIXe et du XXe siècles avec la législation sur les *accidents du travail* de 1898, puis la création de « l'assurance contre les accidents du travail ». Cette législation de l'ère industrielle était conçue pour les travailleurs manuels de l'industrie ; compte tenu du caractère « manuel » de l'activité, une incapacité née d'un accident du travail privait en effet l'ouvrier de son emploi, donc de ses ressources. Il y avait bien une corrélation – approximative peut-être, mais exacte pour la généralité des cas – entre le taux d'incapacité de travail et la perte de ressources. C'est sur cette corrélation qu'a été établi le régime de réparation des accidents du travail, avec ses *barèmes médicaux d'incapacité de travail* et un système légal de réparation forfaitaire proportionnelle au taux d'incapacité ainsi établi.

Faute de règles juridiques propres au droit commun, l'habitude a été prise, *en droit civil*, d'adopter les mêmes références et les mêmes corrélations qu'en droit du travail ; dès lors l'IPP est devenue la référence abstraite d'une *indemnisation globale* du dommage corporel, incapacité physiologique et pertes de ressources professionnelles induites. C'est ainsi qu'avant 1973, la pratique judiciaire en matière de règlement de dommage corporel était simplifiée par des condamnations globales *« tous chefs de préjudices confondus »*, sur la base du taux d'incapacité établi : cette réparation globalisée faisait un amalgame de l'économique et du physiologique, des préjudices professionnels et des préjudices moraux, sanctifiés par les « pouvoirs souverains d'appréciation du juge du fond » que la Cour de cassation se refusait à contrôler.

La loi du 27 décembre 1973 a eu pour objet de *« cantonner » les recours subrogatoires de la Sécurité sociale* sur les seuls chefs de préjudices considérés comme économiques *en excluant les préjudices moraux* (notamment pretium doloris, préjudice esthétique, préjudice d'agrément) *de l'assiette de ses recours*. On aurait alors pu espérer une clarification des concepts. Mais une formulation ambiguë confortée par la loi du 5 juillet 1985 a conduit au maintien de l'IPP comprise comme une incapacité de travail dans la catégorie des préjudices économiques subissant les recours de la Sécurité sociale. Or, ce concept a été la source de difficultés multiples :

40 ***a) L'évaluation mathématique de l'indemnisation par le calcul au point*** [2] ◊ Depuis longtemps des disparités dans les niveaux d'indemnisation

---

1. **IPP** : M. Larche-Mochel, J. Doignor, T. Belossoff, « Incapacité totale de travail personnel et incapacité totale de travail », *JML/DM* 1997, n° 5, p. 404 ; Table ronde, « L'incapacité permanente partielle... qu'inclure dans l'IPP ? », *RFDC* 1998.1, p. 39 ; colloque Angers 1998 « L'incapacité permanente partielle : contenu et limites de la notion », rapports de A. Lorieux, Y. Lambert-Faivre, M. Legueut, L. Barret, M. Penneau, B. Cordier, M. Sabourault in *JML/DM* 1999, vol. 42, n° 4.

2. **Valeur du point d'incapacité** : M., JD le Roy et F. Bibal, « L'évaluation du préjudice corporel », Litec, 20 éd. 2015 ; J.-M. Moore, « Indemnités », brochure *Gazette du Palais*, 2010 ; « Régime de la réparation », *J.-Cl. Resp. civ.*, art. 1382 à 1386, Fasc. 202.4 et 202.5.

entre les différentes Cours d'appel étaient dénoncées ; pour en prendre la mesure, on a alors imaginé de comparer les valeurs respectives accordées pour 1 % d'IPP : le « point » d'IPP constituait donc une mesure de comparaison, d'ailleurs contestable compte tenu de la diversité des situations de fait. La publication de la valeur statistique du « point » d'incapacité a dès lors permis d'effectuer une évaluation simpliste de l'indemnisation en multipliant le taux d'IPP retenu par le médecin expert, par la valeur du point. La validité de ce calcul mathématique a été admise par la Cour de cassation dès 1953, à une époque où les juges du fond statuaient « tous chefs de préjudices confondus » dans leurs décisions d'évaluation des dommages corporels.

41 ***b) La critique de l'amalgame d'un paramètre physiologique pour l'évaluation d'un préjudice économique*** ◊ Le calcul au point a érigé le taux d'incapacité physiologique (aujourd'hui reconnu comme une notion physiologique, le déficit fonctionnel) en paramètre déterminant dans l'indemnisation des préjudices professionnels. Or la confusion du physiologique et de l'économique dans le calcul au point procédait d'un *postulat faux* selon lequel une même lésion traumatique aurait des conséquences semblables pour toutes les victimes, et *le préjudice économique professionnel serait proportionnel au taux d'incapacité fonctionnelle.*

Cette corrélation, approximative pour les travailleurs manuels de l'industrie à l'origine des « accidents du travail », était évidemment totalement erronée en droit commun ; les *conséquences économiques d'une même lésion traumatique sont fort différentes selon les activités professionnelles* : ainsi la perte d'un œil prive le pilote de ligne de sa situation, mais demeure sans incidence sur le salaire du facteur ; de même l'amputation d'une jambe contraint le travailleur du bâtiment à changer de métier alors que le fonctionnaire poursuivra sa carrière administrative, une fois la consolidation acquise et la rééducation terminée.

42 ***c) Une pratique ambiguë*** ◊ Devant l'évidence, la pratique assurantielle et jurisprudentielle a admis de notables accommodements qui démontraient la fausseté du concept et la confusion entre le physiologique et le professionnel : d'une part, elle a dû faire une évaluation distincte et spécifique des très graves préjudices économico-professionnels, hors de proportion avec le faible taux d'IPP retenu (tel le violoniste concertiste amputé du petit doigt, ou la ravissante vedette de cinéma défigurée) ; d'autre part elle a toujours indemnisé, par le fameux calcul au point, la victime dont l'incapacité physiologique n'avait eu aucun impact économique : le retraité, le rentier, la femme au foyer, ou la victime qui a pu poursuivre son activité professionnelle antérieure à l'accident sans perte de ressources.

L'évidence aurait alors dû conduire le droit positif à reconnaître beaucoup plus tôt le caractère non économique et personnel de telles indemnisations. La Cour de cassation a toutefois beaucoup tardé à admettre une telle qualification. Avant la réforme du recours des tiers payeurs opéré par la loi du 21 décembre 2006, la haute juridiction a en effet refusé fermement de retenir la qualification extrapatrimoniale du préjudice fonctionnel, solution notamment affirmée en termes de principe dans son arrêt d'Assemblée plénière du 19 décembre 2003 [1], qui fut en son temps vivement critiqué.

On retiendra donc une réticence traditionnelle de la haute juridiction à adopter clairement, et dans toutes ces conséquences, la *summa divisio* des préjudices économiques et non-économiques. Or ce raisonnement est inadéquat.

Certes le « *dommage corporel* » [2], précisément défini comme « *l'atteinte à l'intégrité physique et psychique de la victime* », constatée par le médecin expert, est bien un fait objectif. Mais il s'agit ici de l'indemnisation de « *préjudices* » qui, définis comme l'atteinte à des *droits subjectifs* patrimoniaux ou extrapatrimoniaux, sont tous subjectifs par nature. Peut-on ainsi distinguer le corps et la personne ? Si le corps « est » la personne, la dignité de ce corps-personne humaine ne permet pas de la considérer comme un bien économique, et le préjudice, atteinte à l'intégrité physique de la personne, ne saurait être un préjudice économique. C'est tout le problème de l'« être » et de l'« avoir »... Pour notre part, il n'y a aucune hésitation : le corps participe de la nature et de la dignité de la personne humaine. Il est hors du domaine économique comme l'affirme l'article 16-1 al. 3 C. civ. : « *Le corps humain, ses éléments et ses produits ne peuvent faire l'objet d'un droit patrimonial* ».

Le déficit fonctionnel, atteinte à l'intégrité physique, ne peut donc être qu'un préjudice extrapatrimonial, strictement personnel, inséparable de la « personne-sujet », ainsi que tend aujourd'hui à le reconnaître la méthodologie progressivement mise en place dans le cadre de l'évaluation des préjudices découlant du dommage corporel.

2. Une méthodologie pour le droit commun : la distinction entre les préjudices économiques et non économiques et la mise en place d'une nomenclature des chefs de préjudices réparables [3]

43 Les trois principes fondamentaux du droit commun, principe de la réparation intégrale, principe indemnitaire et appréciation *in concreto* des

---

1. **Ass. plénière, 19 déc. 2003**, cf. n° 96-135-141/142-156-461, *D.* 2004 p. 161, note Y. Lambert-Faivre, *JCP* 2004.II.10008 note P. Jourdain, *Gaz. Pal.* 7-9 mars 2004 p. 6, note A. Boyer, et chron. C. Bernfeld p. 3 ; *RCA* 2004, chron. Groutel, n° 4 ; *RFDC* 2004, p. 47 obs. Bessières Roques ; *RTD civ.* 2004. 300 obs. Jourdain. Cf. Rapport de M. Lesueur de Givry, conseiller rapporteur, et avis de M. de Gouttes, premier Avocat Général : www.cour-de-cassation.fr.

2. **Sur le dommage corporel**, fait objectif constaté par le médecin expert, v. ss 61 ; Sur la distinction du « dommage » initial et des « préjudices » indemnisables, v. ss 29.

3. **Méthodologie de la réparation du dommage corporel** : H. Margeat, « Réflexions à propos d'une méthode cohérente en matière de réparation de préjudices corporels », *Gaz. Pal.*, 24 oct. 1979 ; R. Barrot, « De la responsabilité à l'indemnisation du dommage corporel », *Gaz. Pal.*, 24 mars 1982 et 6 juin 1982 ; R. Barrot, « Projet de loi sur l'indemnisation du dommage

préjudices étaient allégrement violés par le concept d'IPP et le calcul au point, forfaitaire et abstrait, qui tantôt conduisait à surévaluer (notamment pour les personnes âgées), tantôt à sous-évaluer (notamment pour les enfants et les grands handicapés) les indemnisations.

Une méthodologie cohérente devait donc être mise en place qui s'est progressivement imposée, en plusieurs étapes : projets européens, rapports au ministère de la Justice, propositions du Médiateur de la République, adoption de l'article 25 de la loi n° 2006-1640 du 21 décembre 2006 puis d'une nomenclature des postes de préjudices. Toutes ces avancées pourraient, à plus ou moins long terme, être entérinées par le législateur.

44 ***a) Du Conseil de l'Europe à la Recommandation de Trêves*** [1] ◊ Dès 1975, la Recommandation du Conseil de l'Europe proposait la distinction *entre les préjudices économiques* (« Special damage » ou « Economic loss ») *et non économiques* (« General damage » ou « Non economic loss ») dont la nature totalement différente justifie des régimes juridiques différents.

En 2000, la Recommandation de Trêves est toujours fondée sur la distinction entre les préjudices économiques, évaluables *in concreto*, et les préjudices non économiques ou « moraux ».

L'utilisation du taux d'IPP comme paramètre commun de l'évaluation du préjudice économique professionnel et du préjudice personnel est une invention française que nous avons exportée en Belgique, au Luxembourg et dans les pays du Sud : Espagne, Portugal, Italie.

En revanche les pays anglo-saxons et nordiques se sont bien gardés d'adopter une méthode aussi aberrante : l'Allemagne, l'Autriche, la Grande-Bretagne, l'Irlande, la Hollande et la Suède, font une évaluation *in concreto* des préjudices professionnels, et ignorent même toute notion

---

corporel », *RFDC* 1985.51 ; J.-B. Cassagne et B. Nicourt, « Commission de réflexion sur la doctrine et la méthodologie de l'évaluation du dommage corporel en droit commun », *RFDC* 1987.179 ; Commission de réflexion sur la doctrine et la méthodologie, « Évaluation du dommage corporel en droit commun », J.M.L. 1987.343 ; M. Le Roy et C. Fournier, « Réparation de l'atteinte à l'intégrité physique », *RFDC* 1985.227 ; C. Rousseau, « L'évolution de la doctrine en matière d'évaluation du dommage corporel en droit commun », *RFDC* 1983, p. 237 et « La doctrine de l'évaluation du dommage corporel évolue-t-elle ? », *RFDC* 1985, p. 39 ; C. Rousseau et A. Rogier, « De la nécessité de définir une doctrine cohérente de l'indemnisation du dommage corporel en droit commun », *RFDC* 1990, p. 3 ; actes du colloque de Paris du 18 nov. 1988, s. dir. Dessertine, « L'évaluation du préjudice corporel dans les pays de la CEE », éd. Litec, 1990 ; Y. Lambert-Faivre, « Méthodologie d'évaluation du dommage corporel », *Gaz. Pal.*, 3 juill. 1991, p. 16 et « Méthodologie de l'indemnisation du dommage corporel en droit commun : aspects juridiques », *RFDC* 1992, p. 5 ; M. Bourrié-Quenillet, « L'évaluation monétaire du préjudice corporel : pratique judiciaire et données transactionnelles », *JCP* 1995.I.3818 ; M. Bourrié-Quenillet, « Pour une réforme conférant un statut juridique à la réparation du préjudice corporel », *JCP* 1996.1.3919 ; M. Bourrié-Quenillet, « Dérives conceptuelles et complexification du droit du dommage corporel » *RFDC* 2000.2 p. 149. – **Distinction des préjudices économiques et non économiques :** Rapport Y. Lambert-Faivre, sur l'indemnisation du dommage corporel (www. justice.gouv.fr/publicat/syntheseindemcorp.pdf).

1. **Droit européen en matière de dommage corporel :** Comparaisons internationales : APSAD, circulaire 12 mai 1997 « Dommage corporel, Union européenne » ; Comité européen des assurances (CEA), « L'indemnisation du dommage corporel en Europe ; essai comparatif » févr. 1999.

d'IPP ; la Grèce et le Danemark connaissent un barème d'IPP, mais apprécient *in concreto* les préjudices économiques. L'exception française est minoritaire en Europe.

45 ***b) Le rapport 2003 au ministère de la Justice sur « l'indemnisation du dommage corporel » et le rapport 2005 du groupe de travail Dintilhac chargé d'élaborer une nomenclature des préjudices corporels*** [1] ◊ Depuis 2003, deux groupes de travail ont été réunis sous l'impulsion du gouvernement afin de clarifier la méthodologie de l'indemnisation du dommage corporel.

Le Premier, constitué dans le cadre du Conseil national d'aide aux victimes (CNAV), a réuni en 2002-2003 un groupe de travail présidé par le Professeur Y. Lambert-Faivre, chargé de réfléchir sur l'indemnisation du dommage corporel. Il répondait au « Programme d'action en faveur des victimes » présenté par M. Perben, garde des Sceaux, en Conseil des ministres le 18 septembre 2002, visant à la recherche de « *modalités d'indemnisation de la victime plus justes et plus transparentes* », *et* devait être conduit « *en distinguant précisément les préjudices strictement personnels qui reviennent à la victime, et ceux sur lesquels les organismes de sécurité sociale peuvent exercer leur recours* ». Au surplus, le programme proposé au groupe était de centrer sa réflexion « *en vue d'aboutir à des propositions d'ordre législatif ou réglementaire* ».

Le second groupe de travail, présidé par J. P. Dintilhac, a été mis en place par N. Guedj, alors secrétaire d'État aux droits des victimes, qui a demandé au Premier Président de la Cour de cassation, au début de l'année 2005, de constituer un groupe de réflexion afin de procéder à « l'établissement d'une nomenclature des chefs de préjudices corporels cohérente, reposant sur une distinction claire entre les préjudices économiques et non économiques ».

Ces deux groupes de travail ont rendu leur rapport respectivement en octobre 2003 et juillet 2005, adoptant des conclusions quasi-identiques. Ils comportent tous deux une nouvelle nomenclature des chefs de préjudices réparables, fondée sur la double distinction des préjudices patrimoniaux et extrapatrimoniaux d'une part, et des préjudices temporaires et permanents d'autre part [2]. Une des principales innovations de ces nomenclatures est de reconnaître le caractère extrapatrimonial du déficit fonctionnel temporaire ou permanent, en rupture avec la position controversée adoptée par l'Assemblée plénière de la Cour de cassation dans sa décision du 19 décembre 2003. Ils reconnaissent par ailleurs l'autonomie de certains préjudices extrapatrimoniaux, tel, par exemple, le préjudice sexuel.

---

1. **Ministère de la Justice**, Conseil national d'aide aux victimes (CNAV), Rapport Y. Lambert-Faivre, « L'indemnisation du dommage corporel », (www.justice.gouv.fr/publicat/synthesein-demcrop.pdf) ; cf. en annexe 2, *infra*, p. 370, la table de concordance des prestations des tiers payeurs et des chefs de préjudices. Rapport du groupe de travail chargé d'élaborer une nomenclature des préjudices corporels, dirigé par J. P. Dintilhac, Cour de cassation, 2005 (http://les-rapports.ladocumentationfrancaise.fr/BRP/064000217/0000.pdf). Circulaire n° civ/05/07 du ministère de la Justice du 22 février 2007.

2. **Nomenclature Lambert-Faivre et Dintilhac** : v. ss 155 s. la présentation détaillée de la nomenclature.

46 ***c) Les propositions de réforme du Médiateur de la République et de la Cour de cassation*** [1] ◊ Les conclusions du rapport rédigé par Mme le Professeur Lambert-Faivre, ainsi que les très vives critiques adressées à l'arrêt d'Assemblée plénière de la Cour de cassation du 19 décembre 2003, ont conduit à des propositions de réforme.

La première émane du Médiateur de la République. Ces propositions, datées du 31 mars 2003 opèrent ainsi une critique de l'amalgame des chefs de préjudices économiques et non économiques dans l'exercice du recours des tiers payeurs, et demandent une définition législative de chaque catégorie de préjudices, en incluant dans les préjudices personnels le *préjudice fonctionnel* qui reconnaît la perte de qualité de la vie entraînée par le handicap et la *perte d'autonomie* qui est perte de la liberté.

Cette proposition de réforme a été rejointe par la Cour de cassation, dans son rapport annuel pour 2004, démontrant ainsi que la position adoptée dans l'arrêt du 19 décembre 2003 avait sans doute été imposée davantage par une lecture stricte de l'article 31 de la loi Badinter, que par des considérations d'opportunité. Dans ses conclusions précédant l'arrêt d'Assemblée plénière de 2003, l'Avocat général avait d'ailleurs lui-même souligné l'opportunité « d'une remise en ordre générale par le législateur du système d'indemnisation des dommages corporels, dans le cadre de laquelle il pourrait être tenu compte du rapport du groupe d'experts du Conseil national d'aide aux victimes ». Le rapport annuel de 2004 proposait donc une réforme des articles 31 de la loi du 5 juillet 1985 et L. 376-1 CSS en proposant de consacrer le principe de l'exercice du recours des tiers payeurs poste par poste et en retenant la règle de préférence de la victime, notamment en cas de partage de responsabilité [2].

Ces propositions ont en partie été concrétisées par la réforme attendue du recours des tiers payeurs par l'article 25 de la loi du 21 décembre 2006.

47 ***d) L'article 25 de la loi n° 2006-1640 du 21 décembre 2006*** [3] ◊ L'article 25 de la loi du 21 décembre 2006 a opéré une profonde réforme du recours des tiers payeurs. Modifiant les articles 31 de la loi Badinter et 376-1 CSS, celui-ci dispose :

« Les recours subrogatoires des tiers payeurs s'exercent poste par poste sur les seules indemnités qui réparent des préjudices qu'elles ont pris en charge, à l'exclusion des préjudices à caractère personnel.

Conformément à l'article 1252 du code civil, la subrogation ne peut nuire à la victime subrogeante, créancière de l'indemnisation, lorsqu'elle n'a été

---

1. **Médiateur de la République :** Proposition de réforme 03-R10, « Définition des préjudices des victimes d'infractions pénales à l'égard du recours subrogatoire des assurances sociales », Rapport annuel 2003 du Médiateur. Rapport annuel de la Cour de cassation 2004, p. 12.

2. Pour une étude détaillée de ces règles : v. ss 325 s.

3. **Article 25 de la loi n° 2006-1640 du 21 décembre 2006 :** C. Bernfeld, « La réforme du recours des tiers payeurs, Lettre ouverte aux praticiens du dommage corporel » : *Gaz. Pal.* 2006, doct. 3874. H. Groutel, « Le recours des tiers payeurs : une réforme bâclée », Resp. civ. et assur. 2007, chron. n° 1 ; « Le recours des tiers payeurs : on recolle les morceaux », *Resp. civ. et assur.* 2007,

indemnisée qu'en partie ; en ce cas, elle peut exercer ses droits contre le responsable, pour ce qui lui reste dû, par préférence au tiers payeur dont elle n'a reçu qu'une indemnisation partielle.

Cependant, si le tiers payeur établit qu'il a effectivement et préalablement versé à la victime une prestation indemnisant de manière incontestable un poste de préjudice personnel, son recours peut s'exercer sur ce poste de préjudice ».

Ce texte modifie donc fondamentalement les modalités concrètes du recours des tiers payeurs, tant au regard de son assiette que de l'incidence d'un partage de responsabilité à l'égard de la victime [1]. Mais il a produit également des effets plus larges sur le droit du dommage corporel.

Cette nouvelle disposition a ainsi eu une influence sur l'adoption d'une nomenclature des postes de préjudices nés d'un dommage corporel. Imposant en effet un recours *poste par poste*, elle a obligé les différents acteurs du dommage corporel (avocat, juge, assureur) à ventiler précisément les chefs de préjudice réparés, afin de pouvoir imputer clairement le recours des tiers payeurs.

La modification des règles du recours imposait en effet quasi-inéluctablement l'utilisation d'une nomenclature précise des chefs de préjudices, qui est en droit privé, la nomenclature dite « Dintilhac ». Ainsi, dans une circulaire du 22 février 2007 relative à l'application de la loi du 21 décembre 2006, le ministère de la Justice a invité les magistrats à se référer à cette nomenclature, et la Cour de cassation en fait aujourd'hui une large application. La FFSA s'y est également ralliée, et divers fonds d'indemnisation, tel par exemple l'ONIAM, l'utilisent [2]. Celle-ci opère ainsi une ventilation très claire des postes de préjudices selon leur nature patrimoniale ou extrapatrimoniale, et a réalisé une importante avancée méthodologique qui devrait être entérinée par le législateur.

Le Conseil d'État ne s'est toutefois que tardivement rallié à cette nomenclature, et de manière seulement partielle.

La haute juridiction administrative a en effet pris parti, dans un premier temps, pour une nomenclature différente, dans un avis du 4 juin

---

chron. n° 4. « Le recours des tiers payeurs : rapport d'étape », *RCA* 2008, chron. n° 2. C. Lienhard, « Recours des tiers payeurs : une avancée législative significative », *D.* 2007, doct, 452. P. Jourdain, « La réforme du recours des tiers payeurs : des victimes favorisées », *D.* 2007, doct. 454. D. Arcadio et J. M. Grandguillote, « Vent de réforme sur le dommage corporel », *Gaz. Pal.* 2007, doct. 775. Ph. Casson, « Le recours des tiers payeurs : une réforme en demi-teinte », *JCP* 2007, I, 144. Circulaire n° Civ./05/07 du ministère de la Justice du 22 février 2007. « Recours des tiers payeurs : premier bilan d'une réforme », in L'indemnisation du dommage corporel : une réparation à géométrie variable, CNB 28 nov. 2007, *Gaz. Pal.* 18 avr. 2008, spéc. p. 59 s. Y. Lambert-Faivre, « Dommage corporel. Mieux réparer l'irréparable. L'article 25 de la loi du 21 déc. 2006 », *Études offertes à G. Viney*, LGDJ, 2008, p. 567. S. Porchy-Simon, « Le recours des tiers payeurs à l'aune de la politique jurisprudentielle de la Cour de cassation », *D.* 2010. 593.

1. Pour une étude détaillée de ces règles, v. ss 325 s.

2. **Valeur de la nomenclature Dintilhac** : H. Adida-Canac, « Le contrôle de la nomenclature Dintilhac par la Cour de cassation », *D.* 2011. 1497. M. Robineau, « Le statut normatif de la nomenclature Dintilhac », *JCP* 2010, 612. Sur l'application par la Cour de cassation, v. ss 155 s.

2007, dit « avis Lagier » [1]. Considérant en effet que la présentation opérée par la nomenclature Dintilhac était trop complexe, la haute juridiction administrative a retenu sa propre typologie. Ainsi, pour le juge administratif, les préjudices patrimoniaux devaient être décomposés entre dépenses de santé, frais liés au handicap, pertes de revenus, incidence professionnelle et scolaire, et autres frais. Les préjudices extrapatrimoniaux pouvaient quant à eux être évalués *globalement*, une distinction entre les souffrances physiques et morales, le préjudice esthétique, et les troubles dans les conditions d'existence pouvant toutefois être opérée en cas de besoin. Il en est donc résulté une différence de pratiques peu justifiable entre les deux ordres de juridictions.

Plus récemment, le Conseil d'État a toutefois amendé sa position en admettant, à partir de la fin de l'année 2013 et tout spécialement de deux décisions du 7 octobre et 16 décembre 2013, que le juge administratif peut désormais utiliser la nomenclature Dintilhac, sans que cela ne soit toutefois une obligation [2]. Ainsi que le souligne en effet. F. Lambolez, rapporteur de ces arrêts, « *L'utilisation de la nomenclature Dintilhac reste une faculté pour le juge administratif : Comme en 2007, le Conseil d'État se refuse à l'imposer de manière prétorienne, en l'absence de disposition réglementaire en ce sens. Mais le signal (...) se veut clair : c'est bien une orientation générale que le Conseil d'État souhaite voir mis en œuvre par les juges du fond et non un emprunt ponctuel dicté par les circonstances* » [3]. Si le rapprochement doit être salué, on ne peut que regretter que l'application de la nomenclature Dintilhac ne soit pas une obligation, car cela laisse subsister des divergences de pratiques peu justifiables.

48 ***e) La consécration réglementaire ou législative ?*** ◊ Même si la réforme du recours des tiers payeurs par la loi du 21 décembre 2006 a contribué à une nette amélioration méthodologique du droit du dommage corporel, beaucoup de problèmes demeurent.

Les pratiques des juges des deux ordres de juridiction se sont certes rapprochées mais des divergences subsistent.

1. **Nomenclature du juge administratif :** CE, avis 4 juin 2007, *JCP adm.* 2007, 1897, note Ch. Guettier ; *RTD civ.* 2007. 577, obs. P. Jourdain. CE 5 mars 2008, *Gaz. Pal.* 2 avr. 2008, 8, note C. Bernfeld et F. Bibal, *AJDA* 2008, 941, concl. J-Ph. Thiellay. V. ss 374.

2. **Possibilité pour le juge administratif d'utiliser la nomenclature Dintilhac** : CE 7 oct. 2013, n° 337851 et 338532, *AJDA* 2014, 295 note T. Leleu ; *RTD civ.* 2014. 131, obs. P. Jourdain. CE 6 nov. 2013, n° 345696, *AJDA* 2014, 141. CE 16 déc. 2014, n° 346575, *AJDA* 2014, 524, concl. F. Lambolez, *RFDA* 2014, 317 note C. Lantero, *D.* 2014. 2365 obs. A. Guégan-Lécuyer. V. également, F. Lambolez et M. Deguergue, « La nomenclature : un outil d'uniformisation des jurisprudences civile et administrative ? », *Gaz. Pal.* 24 déc. 2014, p. 16 s., n° spécial *AJDA* 2014, n° 32 « La réparation des préjudices en droit administratif » : Hafida Belrhali-Bernard, « Pour une étude des réalités de la responsabilité administrative », p. 1805 ; Hugo-Bernard Pouillaude, « Les chefs de préjudice en droit de la responsabilité administrative », p. 1809, Anne Jacquemet-Gauché, « La jurisprudence Couitéas : du mythe doctrinal à la réalité indemnitaire », p. 1821 ; Charles Froger, « Le coût budgétaire, obstacle à la réparation des préjudices ? », p. 1825.

3. F. Lambolez, « La nomenclature : un outil d'uniformisation des jurisprudences civile et administrative ? », préc., p. 16 s.

De plus, les autres instruments d'évaluation des préjudices corporels (missions d'expertise, barèmes médicaux) ne sont, quant à eux, pas unifiés [1], ce qui pose des problèmes d'égalité entre victimes, dont le dommage corporel n'est pas indemnisé à l'aune des mêmes paramètres, selon la source de l'accident.

Afin de lutter contre ces lacunes, une proposition de loi votée en première lecture à l'Assemblée nationale le 16 février 2010 relative « à l'indemnisation des dommages corporels à la suite d'un accident de la circulation », contenait un certain nombre de dispositions visant à unifier les pratiques (établissement par décret d'une nomenclature des chefs de préjudices, d'un barème médical unique d'évaluation, d'une table de capitalisation, etc.) [2]. Cette proposition n'avait toutefois jamais été inscrite à l'ordre du jour du Sénat et l'adoption du texte était bloquée. Les choses ont semblé prendre un jour nouveau à l'occasion du vote de la loi n° 2011-940 du 10 août 2011 modifiant certaines dispositions de la loi HPST portant réforme de l'hôpital. Alors que l'objet de ce texte était tout autre, un article 56-II a été rajouté en son sein, prévoyant l'adoption *par décret* :

- d'une nomenclature non limitative des postes de préjudices patrimoniaux et extrapatrimoniaux nés d'un dommage corporel ;
- d'une table de capitalisation [3] ;
- de missions types d'expertises pouvant être utilisées par les juridictions [4],
- d'un « barème médical unique d'évaluation des atteintes à l'intégrité physique et psychique applicable à tout régime d'indemnisation intégrale au titre de la responsabilité civile » [5].

La portée de cette disposition était donc considérable, même si son contenu concret était suspendu à l'adoption de futurs décrets d'application. Elle manifestait en effet, pour la première fois, une volonté d'unification des outils de l'évaluation, que l'on ne peut en soi qu'approuver tant les disparités de traitements entre les victimes ne peuvent trouver aucune justification.

Cette disposition restait toutefois très imprécise *puisqu'elle ne prévoyait en elle-même que le principe d'unification*, sans définir le contenu des règles applicables. Elle présentait surtout un lien très éloigné de l'objet principal de la loi qui visait à une réforme de l'hôpital. C'est pourquoi l'article 56 de la proposition de loi a été annulé par le Conseil constitutionnel dans une décision n° 2011-640 du 4 août 2011 car cette disposition, constitutive d'un « cavalier législatif », ne présentait, selon les termes du Conseil, aucun lien direct avec la proposition de loi initiale.

---

1. V. ss 76 s., 122 s.
2. Proposition de loi relative à l'indemnisation des victimes de dommages corporels à la suite d'un accident de la circulation adoptée en première lecture le 16 févr. 2010, Ass. Nationale, TA n° 419. P. Sargos, « L'amélioration de l'indemnisation des victimes d'un accident de la circulation », *D.* 2010. 273.
3. V. ss 283.
4. V. ss 77 s.
5. V. ss 122 s.

Plus récemment, à la fin de l'année 2014, la chancellerie a soumis à consultation un projet de décret « instaurant une nomenclature des postes de préjudices résultant d'un dommage corporel » qui vise à imposer une nomenclature unique, inspirée très largement de la nomenclature Dintilhac, et applicable selon son article 3 « *aux décisions des juridictions judiciaires et administratives ainsi qu'aux transactions ayant pour objet l'indemnisation des victimes d'un dommage corporel* ». Ce projet prévoit par ailleurs certaines modifications dans la liste de postes réparables, pour corriger les principaux défauts apparus dans l'application de la nomenclature depuis quelques années [1]. Ce décret devait être publié au début de l'année 2015, mais ne l'a pas été pour l'heure du fait des oppositions conjuguées, mais selon nous peu justifiées, des assureurs, qui craignaient un renchérissement du coût de l'indemnisation et, de manière beaucoup plus surprenante, des avocats de victimes [2].

Ce fut, à chaque fois, des occasions manquées, de manière extrêmement regrettable car il semble nécessaire que ces modifications fondamentales pour le droit du dommage corporel soient adoptées afin de garantir une égale indemnisation des victimes, quel que soit le cadre de l'indemnisation.

Si une amélioration semble donc se faire jour, de façon parfois chaotique, mais certaine, sur le terrain de l'évaluation du dommage corporel, dont les outils méthodologiques se sont renforcés et unifiés depuis une période récente même s'ils demeurent perfectibles, une grande hétérogénéité subsiste en revanche quant aux différents régimes pouvant conduire à l'indemnisation de ces préjudices.

§ 2. La nécessité d'une cohérence des régimes d'indemnisation

49 ***L'hétérogénéité des régimes*** [3] ◊ Le dommage corporel, avec son cortège de souffrances physiques et morales et d'incidences économiques et finan-

---

1. V. ss 155 s.

2. Les réponses à l'appel à concertation n'ont pas été rendues publiques par le ministère de la Justice : pour un aperçu de la position des assureurs : www.argusdelassurance.com/institutions/prejudices-corporels-la-reforme-taubira-couterait-1-md-denoncent-les-assureurs.88891; de l'ANADAVI : V. le site de l'association : www.anadavi.org/. Plus généralement, V. O. Gout et S. Porchy-Simon, « Plaidoyer pour la défense des nomenclatures », *D.* 2015. 1499.

3. Hétérogénéité des régimes : L. Melennec, *L'indemnisation du handicap : pour l'instauration d'un régime unique de l'invalidité et de la dépendance*, éd. Desclée de Brouwer, 1997 ; Y. Lambert-Faivre, « De l'hétérogénéité des systèmes de réparation à l'unicité d'une méthodologie de l'indemnisation », in *Mélanges R.O. Dalcq*, éd. Larcier, 1996, p. 349 ; F. Leduc, « L'œuvre du législateur : vices et vertus des régimes spéciaux », *RCA* 2001, n° 6 bis, p. 50 s. ; C. Lienhard « Réparation intégrale des préjudices en cas de dommage corporel : la nécessité d'un nouvel équilibre indemnitaire », *D.* 2006, doct. 2485. L Morlet-Haïdara, « Un droit en miette ou le mille-feuille de la réparation du dommage corporel », *RGDM* 2009, n° 31. V. Mikalef-Toudic, « Réflexions critiques sur les systèmes spéciaux de responsabilité et d'indemnisation », *RGDA* 2001 p. 268 s. S. Porchy-Simon, « La nécessaire réforme du droit du dommage corporel », *Études offertes à Hubert Groutel*, Litec, 2006 p. 359. « L'indemnisation du dommage corporel : de la disparité à l'harmonisation » Colloque de l'Université Jules Verne, *RGDM* 2009, n° 31.

cières, est d'une profonde *unité de nature*. Pourtant, les régimes de réparation présentent une *hétérogénéité* déconcertante selon que la victime bénéficie ou non de la présence d'un « responsable ».

A. Le dommage corporel sans responsable

50 ***Les discriminations juridiques*** ◊ Selon le statut de la victime elles sont multiples, traditionnelles, universelles, et cependant assez peu justifiables sur le terrain de la seule équité.

51 ***1°) Les discriminations entre la maladie et l'accident*** ◊ Il est des maladies graves, invalidantes et mortelles, dont les répercussions à la fois financières et personnelles sur la vie du malade peuvent être infiniment plus importantes que celles d'un accident bénin. Pourtant aucune règle juridique du droit social ne pose le principe d'une compensation intégrale des préjudices causés par la maladie. Si la maladie n'a pas de « responsable », ce qui est le cas général hors des maladies professionnelles ou transfusionnelles, quelle que soit la détresse du malade, il demeure seul face aux prestations très partielles de la Sécurité sociale.

52 ***2°) Les discriminations selon les sources d'accidents***[1] ◊ La *seconde discrimination* s'opère *entre les accidents selon leur origine exogène*. Certes une fracture du bassin est soufferte exactement de la même manière que l'accident soit survenu à la victime en tombant de son escabeau à la maison, en chutant d'un échafaudage sur son chantier de travail ou d'une table d'opération à l'hôpital, en étant renversée par une voiture sur la chaussée ou en étant attaquée par un voyou : humainement, le résultat est le même ; juridiquement, la situation de la victime est des plus contrastée.

Les Anglo-Saxons évoquent avec humour le « bathtub argument » : ce « paradoxe de la baignoire » illustre le piètre statut de la victime d'un accident domestique dû à sa seule maladresse ; sa « maladie traumatique » n'a alors comme seule compensation que les prestations partielles de Sécurité sociale comme dans la maladie ordinaire : en effet la confusion des qualités d'auteur responsable et de victime rend impossible tout mécanisme de responsabilité civile, et la maladie traumatique ne peut relever que de la seule Sécurité sociale ou des assurances accidents corporels.

La *Sécurité sociale* généralisée en France après 1945 constitue une institution fondamentale de la seconde moitié du XXe siècle. Certes, la maladie, l'invalidité, la mort même reculent devant les avancées de la science médicale ; mais si celle-ci gagne des batailles, elle ne gagne pas la guerre : la maladie, l'invalidité, la mort frapperont toujours l'homme vulnérable, et la Sécurité sociale constitue toujours une indispensable et irremplaçable institution de soutien dans les épreuves physiques de la vie.

---

1. **Discrimination selon les accidents** : P. Esmein, « La chute dans l'escalier », *JCP* 1956.I.1321 ; Vennel, « L'indemnisation des dommages corporels par l'État : les résultats d'une expérience d'indemnisation automatique en Nouvelle-Zélande », *RID comp.* 1976, p. 73.

Les *assurances accidents corporels* constituent aussi un moyen de prévoyance personnelle dont le rôle important permet de compléter des prestations sociales insuffisantes. La mutation actuelle des assurances corporelles, de prestations forfaitaires limitées à des prestations indemnitaires plus compréhensives peuvent manifester un dynamisme nouveau.

En effet des modalités forfaitaires et limitées de réparation ne satisfont plus les intéressés : un sentiment d'injustice les étreint alors et alerte même l'opinion publique ; de nos jours toute victime tente de trouver un bouc émissaire (si possible solvable) des malheurs dont elle eût jadis accusé la seule fatalité.

B. Le dommage corporel causé par un tiers responsable

53 ***L'indemnisation des dommages corporels par la responsabilité civile*** ◊ Les victimes n'acceptent plus la fatalité, car dès qu'un tiers responsable peut être déterminé, tout change avec la mise en jeu de la responsabilité civile et son corollaire : *le principe de la réparation intégrale du préjudice subi.*

Ce principe, admis par la plupart des États, est rappelé par l'article 1 de la Résolution du Conseil de l'Europe relative à la réparation des dommages en cas de lésions corporelles et adoptée en 1975 : « Compte tenu des règles concernant la responsabilité, la personne qui a subi un préjudice a droit à la réparation de celui-ci, en ce sens qu'elle doit être replacée dans une situation aussi proche que possible de celle qui aurait été la sienne si le fait dommageable ne s'était pas produit ».

Le principe de la réparation intégrale des préjudices subis constitue l'un des principes fondamentaux de notre droit de la responsabilité civile et l'une des revendications essentielles de toutes les victimes de dommages corporels.

54 ***L'hétérogénéité de systèmes légaux circonstanciels*** [1] ◊ Le généreux principe de la réparation intégrale laisse supposer que toutes les victimes d'accidents corporels sont dans la même situation favorable. Cependant ici encore les discriminations réapparaissent et dans tous les pays, il y a des victimes juridiquement plus favorisées que d'autres au gré de législations soucieuses de refléter la sensibilité collective : l'industrialisation et la mécanisation font-elles des ravages dans la population ouvrière laissée

1. **Régimes légaux circonstanciels :** – sur la réparation des accidents du travail, v. ss 445 s. – sur l'indemnisation des victimes d'accidents de la circulation, v. ss 686 s. – sur l'indemnisation des victimes de la violence, v. ss 1013 s. – sur les conventions internationales et les lois nationales dans le domaine de la responsabilité des fabricants du fait des produits, v. ss 911 s. – sur les conventions internationales et les lois nationales en matière de pollution, v. ss 958 s. – sur l'indemnisation des victimes du Sida post-transfusionnel, v. ss 223 s. V également pour une remarquable synthèse des différents régimes, J. Knetsch, *Le droit de la responsabilité et les fonds d'indemnisation*, LGDJ, 2013.

dans un abandon scandaleux ? Bientôt s'égrènent dans les différents pays industrialisés des législations spécifiques pour indemniser les accidentés du travail ; l'automobile est-elle devenue une redoutable divinité vorace en morts d'hommes et en blessés graves ? Voici que fleurissent partout des lois d'indemnisation spécifiques pour les accidents de la circulation ; le terrorisme international accumule-t-il les innocentes victimes de conflits auxquels elles sont étrangères ? Dès lors sont organisés des systèmes d'indemnisation des victimes du terrorisme ou d'infractions violentes ; s'émeut-on des dommages causés par les produits de l'industrialisation ? On réglemente la responsabilité des fabricants et distributeurs de produits ; la pollution chimique ou nucléaire peut-elle générer des cataclysmes sans précédent ? On met en place des conventions internationales pour organiser des régimes complexes d'indemnisations ; le scandale de la contamination post-transfusionnelle du sida éclate-t-il ? Un Fonds d'indemnisation *ad hoc* est hâtivement mis en place...

Ainsi va l'émotion collective, et au coup par coup les conventions internationales et les lois nationales tissent un habit d'arlequin de la responsabilité civile. Le droit commun de la réparation des dommages corporels se déchire, et au lieu d'adopter un régime univoque et objectif d'indemnisation de tous les dommages corporels, quelle qu'en soit la cause, un droit en miettes sanctionne des systèmes disparates où le principe de l'égalité devant la loi se dilue en régimes inégaux, ici de faveur illimitée, là chichement mesurée, ici moderne et performante, là vieillie et sclérosée...

Sans doute la Justice exigerait-elle que tous les dommages corporels soient traités de la même manière ; mais la justice des hommes doit simplement appliquer la législation de leur pays et de leur temps, même si elle constitue un droit éclaté...

C. Pour un droit européen du dommage corporel

55 Tous les pays sont confrontés aux mêmes difficultés d'indemnisation des dommages corporels, et leur approche du problème reflète la diversité de leurs traditions juridiques ; cependant il est réconfortant de constater que leurs divergences s'atténuent dans des perspectives d'avenir communes.

56 ***1°) La diversité des systèmes juridiques nationaux*** [1] ◊ Alors que l'Europe est encore à la recherche de son identité, il faut bien constater que

1. **Diversité des systèmes nationaux de réparation du dommage corporel** ; G. Viney, B. Markesinis, *La réparation du dommage corporel, essai de comparaison des droits anglais et français*, Economica, 1985 ; H. Margeat, S. Frédéricq, *Risques modernes et indemnisation des victimes de lésions corporelles*, Bruylant, 1990 ; A. Dessertine, *Évaluation du préjudice corporel dans les pays de la CEE*, Litec, 1990 ; B. Legrand, « Les critères d'indemnisation dans les pays de la Communauté européenne », in Colloque *Problèmes actuels de la réparation du dommage corporel*, Bruylant, 1993 ; Mrs B.A. Koch et H. Koziol (dir.), *Analyse comparative de l'indemnisation du dommage corporel*, European Center of Tort and Insurance Law, Springer, 2003 ; G. Viney, « L'harmonisation des droits de la responsabilité civile en Europe », in *Mélanges Y. Lambert-Faivre et D.C. Lambert*,

les différents pays de l'Union européenne ont des systèmes juridiques de tradition fort différente, issus ici du droit romain ou coutumier, là de la Common Law. Il en résulte des divergences notables en matière de dommage corporel, et singulièrement dans les méthodes d'évaluation et d'indemnisation des préjudices. La présente étude ne saurait se disperser dans des comparaisons entre systèmes nationaux, comparaisons d'autant plus délicates et aléatoires que le sens des mots ou des formules divergent selon les traductions, que les catégories sont différentes, les jurisprudences spécifiques et les mentalités souvent encore plus nationalistes que les lois.

Nous pensons cependant que les problèmes posés en matière de dommage corporel étant partout les mêmes, clarifier les règles de chacun des droits nationaux - pour nous le droit français - est une opération préalable indispensable à un nécessaire rapprochement, voire à une véritable harmonisation du droit du dommage corporel dans le cadre européen.

57 2°) *La recherche d'une évolution convergente* ◊

a) La Résolution 75-7 du Conseil de l'Europe [1]

Face à des systèmes nationaux figés dans leurs différences, l'évolution commune des mentalités se manifeste dans les innombrables colloques sur la réparation du dommage corporel, qui recherchent la convergence d'une méthodologie de l'évaluation des préjudices applicable à tous.

Ces convergences s'ancrent sur une Résolution fondamentale (75-7) relative à la réparation des dommages en cas de lésions corporelles et de décès, adoptée le 14 mars 1975 par le Comité des ministres du Conseil de l'Europe. Cette Résolution commune tente de remédier aux disparités des systèmes nationaux de réparation des dommages corporels ; considérant cependant que la grande diversité des solutions nationales ne permettait pas de procéder à une harmonisation immédiate des régimes juridiques, la « *Résolution 75-7* » a procédé de manière très pragmatique en énonçant un certain nombre de « *principes concernant la réparation des dommages en cas de lésions corporelles et de décès* ».

Marquée par la distinction fondamentale entre les préjudices économiques patrimoniaux (dits « matériels » dans la Résolution) et les préjudices

---

Dalloz, 2002, p. 417. « L'influence de la résolution du Conseil de l'Europe de 1975 sur la pratique européenne, analyse de droit comparé », (plusieurs articles), *Gaz. Pal.* 10 avr. 2010, p. 1204 s. J. Pechinot, « Qu'en est-il des pratiques étrangères d'indemnisation ? », *RGDM* 2009, n° 31, 107. V. également actes du colloque du Grerca, Paris 13 mai 2011, « Droit français et projets européens en matière de responsabilité civile », à paraître. **Comité européen des assurances,** « Les grands principes de l'indemnisation du dommage corporel en Europe » ; étude comparative dans neuf pays d'Europe, avr. 1997, et essai comparatif sept. 1999.

1. Conseil de l'Europe, Résolution (75) « relative à la réparation des dommages en cas de lésions corporelles et de décès », adoptée par le Comité des ministres le 14 mars 1975 lors de la 243e réunion des Délégués des ministres ; cf. *infra*, annexe 1, p. 46. - **Colloque Paris, novembre 1988 :** A. Dessertine, *L'évaluation du préjudice corporel dans les pays de la CEE* (avec notamment les rapports de A. Dessertine, B. Markesinis, M. Le Roy, C. Rousseau, H. Margeat, G. Viney, rapport de synthèse A. Tunc), Litec, 1990.

moraux, non économiques, extrapatrimoniaux, cette Résolution, sans doute trop moderne par rapport à nos routines juridiques, n'a pas eu immédiatement en France l'impact jurisprudentiel concret attendu.

Ces conclusions ont été largement reprises par un colloque européen tenu à Paris en 1988.

b) La Recommandation de Trêves [1]

En juin 2000 s'est tenu à Trêves, à l'Académie européenne de droit, un congrès organisé sous l'égide du Parlement européen en vue d'une éventuelle directive tendant à harmoniser les règles d'évaluation du dommage corporel, dans le cadre des accidents de la circulation. Cette étude prospective est basée sur la distinction fondamentale entre les préjudices économiques, évalués *in concreto*, et les préjudices non économiques, « moraux », pour lesquels les assureurs sont à la recherche d'une évaluation barêmisée plus contestée.

c) Perspectives d'harmonisation européennes [2]

Ces propositions relatives à l'harmonisation des indemnisations s'insèrent dans le cadre plus large de réflexions relatives à un Code européen des obligations, voire même à un Code civil européen. Si les projets paraissent avancer sur une harmonisation du droit des contrats, notamment à la suite de la mise en place, sous l'égide du Conseil de l'Europe, d'un cadre commun de référence, les évolutions semblent plus timides dans le domaine du droit de la responsabilité et plus encore dans celui de la réparation du dommage corporel. Certes, les Principes de droit européen de la responsabilité, élaborés sous l'égide de l'*European group on tort law* ou le projet de cadre commun de référence (DCFR) ont consacré un certain nombre de leurs dispositions au dommage corporel. À leur suite, un groupe de recherche européen du droit la responsabilité civile et des assurances (GRERCA) a réfléchi à la pertinence de règles unifiées régissant la matière. Mais il ne s'agit pour l'instant que de pures initiatives doctrinales, sans aucune portée contraignante. L'éclatement des droits

---

1. **Recommandation de Trêves** : J.-L. Fagnart, « Vers un droit européen du dommage corporel ? », in *Droit et économie de l'assurance et de la santé : Mélanges en l'honneur de Y. Lambert-Faivre et D.C. Lambert*, Dalloz, 2002, p. 187 ; F.D. Busnelli, « Perspectives européennes d'harmonisation de l'indemnisation des préjudices non économiques » : de l'expérience italienne du « dommage biologique à la Recommandation de Trêves » - Universidade de Coïmbra 2000 ; H. Groutel, « La rationalisation de l'appréciation médico-légale des préjudices non économiques », *RCA* sept. 2000, Repères.

2. **Harmonisation européenne du droit de la responsabilité** : Principles of european tort of law, (EGTL) accessibles sur le site internet http://civil.udg.es. Sur cette question, Ph. Brun, « Regards hexagonaux sur les principes du droit européen de la responsabilité civile », Études offertes à G. Viney, LGDJ 2008, p. 187. G. Viney, « L'harmonisation des droits de la responsabilité civile en Europe », *Mélanges Lambert*, Dalloz, 2002, p. 417. *La responsabilité civile européenne de demain, Projets de révisions nationaux et principes européens*, Colloque de l'Université de Genève, Bruylant, 2008. V. également actes du colloque du Grerca, Paris 13 mai 2011, « Droit français et projets européens en matière de responsabilité civile », Bibliothèque de l'IRJS, 2012. V. également les rapports consultables sur le site du GRERCA : http://grerca.univ-rennes1.fr

nationaux reste donc pour l'heure encore vivace et l'harmonisation européenne de droit du dommage corporel semble bien lointaine, ce qui ne saurait au demeurant étonner lorsqu'on voit avec quelle difficulté un tel droit se construit en droit interne.

La mosaïque des systèmes légaux est déconcertante et notre « *société assurantielle* » n'a pas encore su en assembler les fragments dispersés pour construire un droit unifié et global du dommage corporel. Du moins une étude aussi complète que possible des régimes éclatés permettra-t-elle d'en souligner les incohérences et les lacunes pour tenter de mieux y remédier.

ANNEXE 1

CONSEIL DE L'EUROPE

RÉSOLUTION (75-7) du 14 mars 1975 relative à la réparation des dommages en cas de lésions corporelles et de décès

1) Dispositions générales

1. Compte tenu des règles concernant la responsabilité, la personne qui a subi un préjudice a droit à la réparation de celui-ci, en ce sens qu'elle doit être replacée dans une situation aussi proche que possible de celle qui aurait été la sienne si le fait dommageable ne s'était pas produit.
2. L'indemnité réparant le préjudice est calculée selon la valeur du dommage au jour du jugement, sous réserve des dispositions des principes n°s 8, 9 et 17.
3. Dans la mesure du possible, le jugement doit mentionner le détail des indemnités accordées au titre des différents chefs de préjudice subis par la victime.

2) Réparation en cas de lésions corporelles

4. Les frais occasionnés à la victime par le fait dommageable doivent être remboursés. Il en va de même des frais entraînés par un accroissement des besoins de la victime.
5. Le fait pour la victime de ne plus pouvoir effectuer dans son foyer le travail qu'elle y accomplissait avant le fait dommageable, constitue un préjudice ouvrant droit à réparation, même lorsque la victime n'est pas remplacée pour ce travail par une autre personne. Ce droit à réparation appartient personnellement à la victime.
6. L'évaluation du gain manqué doit être faite aussi bien pour la période antérieure au jugement que pour le futur. À cette fin, il doit être tenu compte de tous les éléments connus ou prévisibles, notamment du degré de l'incapacité, du genre d'activité déployée par la victime, de ses revenus après l'accident comparés à ceux qu'elle aurait obtenus si le fait dommageable ne s'était pas produit, ainsi que de la durée probable de ses activités professionnelles et de sa vie.
7. La réparation du gain manqué peut s'effectuer soit par l'allocation d'une rente, soit par l'attribution d'un capital, selon les critères déterminés par le droit national. En cas d'allocation d'une rente, il serait souhaitable que celle-ci soit assortie de mesures destinées à assurer qu'en dépit des dépréciations monétaires, la valeur des versements corresponde constamment à la valeur du dommage.
8. Lorsque le gain manqué a été réparé par l'allocation d'une rente, le montant de celle-ci peut être augmenté ou diminué par la suite, en cas de réduction ou d'accroissement des capacités de travail de la victime dû à une aggravation ou à une amélioration de son état de santé, ainsi qu'en cas de modification de la valeur monétaire ou du niveau des revenus. Ces changements de situation ne sont toutefois pas pris en considération lorsque le juge en avait déjà tenu compte lors de l'évaluation initiale du dommage.
9. Lorsque le gain manqué a été réparé par l'attribution d'un capital, une augmentation postérieure n'est admise que s'il apparaît un préjudice nouveau, né d'une

aggravation de l'état de santé de la victime, et dont il n'avait pas pu être tenu compte lors de l'évaluation initiale du dommage. La réduction d'un capital déjà attribué n'est pas admise.

10. Le fait pour la victime de devoir fournir des efforts accrus afin d'obtenir dans son travail le même résultat constitue un préjudice ouvrant droit à réparation.
11. La victime doit être indemnisée du préjudice esthétique, des douleurs physiques et des souffrances psychiques. Cette dernière catégorie comprend en ce qui concerne la victime divers troubles et désagréments tels que des malaises, des insomnies, un sentiment d'infériorité, une diminution des plaisirs de la vie causée notamment par l'impossibilité de se livrer à certaines activités d'agrément.
12. Les douleurs physiques et les souffrances psychiques sont indemnisées en fonction de leur intensité et de leur durée. Le calcul de l'indemnité doit s'effectuer sans égard à l'état de la fortune de la victime.
13. Le père, la mère et le conjoint de la victime qui, en raison d'une atteinte à l'intégrité physique ou mentale de celle-ci, subissent des souffrances psychiques, ne peuvent obtenir réparation de ce préjudice qu'en présence de souffrances d'un caractère exceptionnel ; d'autres personnes ne peuvent prétendre à une telle réparation.

3) *Réparation en cas de décès*

14. Les frais occasionnés par le décès de la victime, et notamment les frais funéraires, doivent être remboursés.
15. Le décès de la victime ouvre un droit à réparation du préjudice patrimonial :

a. aux personnes envers lesquelles la victime avait ou aurait eu une obligation alimentaire légale ;

b. aux personnes dont la victime assumait ou aurait assumé l'entretien, en tout ou en partie, même sans y être tenu par la loi. Ce droit appartient à la personne qui vivait en concubinage avec la victime si leurs relations étaient stables ; il peut toutefois être refusé si les relations étaient adultères.

16. La réparation du préjudice patrimonial causé par le décès de la victime aux personnes visées au principe n° 15 peut s'effectuer soit par l'allocation d'une rente, soit par l'attribution d'un capital, selon les critères déterminés par le droit national. En cas d'allocation d'une rente, il est souhaitable que celle-ci soit assortie de mesures destinées à assurer qu'en dépit des dépréciations monétaires, la valeur des versements corresponde constamment à la valeur du dommage.
17. Lorsque le préjudice patrimonial causé par le décès de la victime aux personnes visées au principe n° 15 a été réparé par l'allocation d'une rente, le montant de celle-ci peut être révisé lorsque les circonstances ayant servi de base à l'évaluation du montant initial se trouvent modifiées. Les critères d'une telle révision sont déterminés par le droit national.
18. Lorsque le préjudice patrimonial causé par le décès de la victime aux personnes visées au principe n° 15 a été réparé par l'attribution d'un capital, aucune révision postérieure du montant de celui-ci n'est admise.
19. Les systèmes juridiques qui, actuellement, n'accordent pas un droit à réparation pour souffrances psychiques subies par un tiers à la suite du décès de la victime ne devraient pas accorder une telle réparation à des personnes autres que les père et mère, le conjoint, le fiancé et les enfants de la victime ; même dans ces cas, la réparation devrait être soumise à la condition que ces personnes aient eu des liens d'affection étroits avec la victime au moment du décès.

Dans les systèmes juridiques qui, actuellement, accordent à certaines personnes un tel droit à réparation, celui-ci ne doit pas être élargi ni quant aux ayants droit, ni quant à l'étendue de l'indemnisation.

EXPOSÉ DES MOTIFS

Généralités

1. Le but du Conseil de l'Europe qui est de réaliser une union plus étroite parmi les États membres, peut être notamment atteint par l'unification ou l'harmonisation des règles juridiques. Cette œuvre peut être réalisée par l'élaboration et la mise en vigueur d'instruments prévoyant l'application de dispositions identiques, ou tout au moins similaires à des cas concrets. Des réglementations de cette nature se trouvent déjà dans toute une série de conventions et recommandations du Conseil de l'Europe.

Il a été reconnu par la IIe Conférence des Ministres européens de la Justice (Rome, 1962, voir Résolution n° 9, alinéa *c* de cette conférence), par le Comité européen de Coopération juridique et finalement par le Comité des Ministres du Conseil de l'Europe, qu'il importait également d'unifier ou d'harmoniser les notions qui sont à la base de tous les systèmes juridiques. C'est dans cet ordre d'idées que la Résolution (72) 1 préconise l'unification des concepts juridiques de « domicile » et de « résidence ».

2. Parmi les notions choisies dans le cadre de l'unification des concepts juridiques de base figurent notamment la responsabilité civile ainsi que des notions connexes. Au point de vue de la pratique, il aurait été surtout souhaitable de pouvoir unifier ou harmoniser, dans ce contexte, les concepts de « dommage matériel » et « dommage moral », pour lesquels une responsabilité civile peut être engagée.

Alors que, dans le cadre de la responsabilité civile extra-contractuelle, il y a peu de différences entre les systèmes juridiques en ce qui concerne l'indemnisation du dommage causé aux choses, la question de savoir, en cas de lésions corporelles ou de décès, quels chefs de préjudice devraient être indemnisés et de quelle manière, varie très fortement de pays en pays. Au surplus, certaines catégories de préjudices sont considérées tantôt comme matériels, tantôt comme moraux.

Une tentative d'harmonisation en ce qui concerne la classification en dommages matériels et dommages moraux aurait été extrêmement difficile et n'aurait mené à aucun effet pratique, car les tribunaux des États membres auraient continué à allouer ou à refuser l'allocation d'indemnités pour les mêmes préjudices qu'auparavant, qu'on les appelle dommages matériels au lieu de dommages moraux ou inversement.

3. Pour ces motifs, la meilleure voie pour atteindre une plus grande unité en matière de responsabilité civile extra-contractuelle pour lésions corporelles et décès était de proposer des principes pour l'indemnisation de différentes espèces de préjudices, sans tenir compte de leur caractère de préjudice, matériel ou moral.

4. Étant donné qu'actuellement les activités de la vie moderne créent de plus en plus de risques pour la vie et la santé humaines, le droit de la responsabilité civile, notamment extra-contractuelle, est en pleine évolution. Des principes européens communs pourront dès lors exercer une influence unificatrice sur le développement des droits nationaux.

5. Un très grand nombre de lésions corporelles est dû aux accidents de la circulation routière. Au sein du Conseil de l'Europe, ont été élaborées d'abord la Convention européenne du 20 avril 1959 relative à l'assurance obligatoire des véhicules automoteurs, puis la Convention européenne du 14 mai 1973 sur la responsabilité civile en cas de dommages causés par des véhicules automoteurs. Ce dernier

instrument règle la question de savoir dans quels cas la responsabilité des détenteurs de véhicules automoteurs est engagée, mais non celle de l'étendue de la réparation.

6. Prenant en considération la grande diversité des solutions actuellement prévues dans les législations nationales, quant aux questions touchant l'indemnisation en cas de lésions corporelles ou de décès, il serait à craindre que l'harmonisation des législations à cet égard au moyen d'un engagement formel, notamment d'une convention, pourrait encore, à l'heure actuelle, se heurter à des difficultés d'acceptation qui seraient susceptibles de compromettre les chances d'une harmonisation pourtant utile, voire nécessaire.

Il paraît plus approprié de procéder pas à pas et de s'en tenir pour le moment à des recommandations. On verra alors dans quelle mesure il sera possible aux États de s'en inspirer dans leur droit respectif et en connaître le résultat d'une telle expérience. Il n'en est pas exclu qu'on pourra, à un stade ultérieur, parvenir à une plus grande unité, au moyen d'un engagement plus formel.

7. Pour ces raisons, la résolution recommande aux gouvernements des États membres du Conseil de l'Europe de prendre en considération dans leur droit respectif les principes qui figurent à l'Annexe.

8. Le droit évolue non seulement par l'activité législative, mais aussi par celle de la jurisprudence et de la doctrine. Il convient de constater que justement les détails concernant l'indemnisation des lésions corporelles, dans beaucoup de pays, sont basés plus sur la tradition jurisprudentielle et scientifique que sur des règles de droit émanant du législateur. La Résolution ne demande aucun engagement formel des États allant dans le sens de mesures législatives par lesquelles seraient liées les autorités et devant lesquelles devrait s'incliner la doctrine. Elle ne veut même pas forcer le législateur à intervenir.

La Résolution formule des principes qui peuvent constituer une harmonisation du droit actuel des États membres en matière de réparation des dommages en cas de lésions corporelles ou de décès. Afin de réaliser cette harmonisation, on peut estimer que la Résolution contribuera à canaliser les courants d'idées et l'évolution législative et jurisprudentielle en la matière. Elle tend notamment à éviter que les États, sans motifs particuliers, ne s'éloignent, dans des réformes législatives des principes qu'elle énonce. À l'égard du droit existant, bien qu'elle n'ait pas d'effet contraignant, elle pourra être un guide pour déterminer et apprécier le dommage dans le cadre de la législation en vigueur. Ces faisceaux d'influence rapprocheront ainsi progressivement les droits des États membres afin de les rendre prêts à toute unification plus poussée.

La Résolution doit exercer son influence et son autorité directement sur tous les milieux intéressés et dont l'opinion compte dans l'évolution du droit. C'est pour cette raison que les principes recommandés et le présent exposé des motifs doivent avoir une diffusion aussi large que possible, si l'on veut que ces principes deviennent un instrument efficace.

9. Les principes annexés à la Recommandation ont pour seul objet l'indemnisation, en vertu d'une responsabilité extra-contractuelle, du préjudice résultant de lésions corporelles ou de décès. De ce fait, ils ne veulent pas porter atteinte aux dispositions concernant la responsabilité elle-même, y compris celles qui prévoient une modification de la réparation en raison d'une faute concomitante de la victime ou d'autres raisons analogues.

Il n'a pas été possible de trouver une solution acceptable pour tous les systèmes juridiques européens sur la question de savoir dans quelles conditions certains dommages indirects non expressément visés par les principes peuvent être indemnisés. L'exemple le plus souvent cité est celui du dommage indirect subi par un employeur du fait de la mort ou de la maladie d'un employé dont les services ne peuvent pas être remplacés à temps ou d'une manière équivalente.

COMMENTAIRES

Principe n° 1

10. Il s'agit d'une déclaration de portée générale qui doit aussi tracer une ligne conductrice pour l'interprétation des principes subséquents.

En préconisant un rétablissement de la situation aussi proche que possible de celle dans laquelle la victime se serait trouvée sans l'intervention du fait dommageable, le principe part de l'idée de la réparation intégrale. Il n'exclut toutefois pas la possibilité, prévue dans certains régimes juridiques, de tenir compte exceptionnellement des circonstances particulières du cas concret, notamment en proportionnant l'indemnité à la gravité de la faute ou à l'étendue du risque.

11. Le terme « fait dommageable » englobe tout fait qui est la cause du dommage corporel subi. Il va sans dire que les principes s'appliquent également lorsque le devoir de réparer le préjudice résulte d'une responsabilité dite objective qui ne présuppose aucune faute de la part de la personne responsable.

Principe n° 2

12. Il se peut que la décision judiciaire soit rendue assez longtemps après le moment où le dommage a été causé. Il serait inéquitable et contraire à l'esprit du principe n° 1 de ne pas tenir compte, dans le jugement, en ce qui concerne la valeur du préjudice, des faits intervenus dans cet intervalle et qui sont connus du tribunal.

13. Le principe n'est pas contraire à certains systèmes où le moment décisif n'est pas le jour du jugement, mais celui de la clôture des débats en première instance. En effet, après ce moment, selon le droit procédural des pays en question, il n'est - tout au moins légalement - plus possible au tribunal de prendre connaissance de « faits nouveaux », c'est-à-dire de faits qui n'ont pas été invoqués avant la clôture des débats, qu'il s'agisse de faits antérieurs ou postérieurs audit moment. Les faits antérieurs peuvent d'ailleurs, le cas échéant, servir de base à une requête civile.

14. S'il est fait mention des principes n°s 8, 9 et 17, c'est parce que lesdits principes pour des situations spéciales, vont plus loin et permettent de tenir compte, dans une nouvelle décision, des circonstances qui se sont produites après le jour du premier jugement et que le tribunal, lorsqu'il a rendu celui-ci, ne pouvait pas prendre en considération. En ce qui concerne le principe n° 8, il faut d'ailleurs noter que celui-ci n'est pas exhaustif et que les droits nationaux peuvent prévoir d'autres faits motivant une augmentation ou une diminution de la rente. L'exception pour le principe n° 8 figurant au principe n° 2 tend à couvrir également cette éventualité.

Principe n° 3

15. Le rapprochement auquel tend la Recommandation serait facilité par la possibilité de constater quel montant a été alloué pour chaque chef de demande (ventilation). Déjà à cette fin, il serait donc hautement désirable que la décision puisse refléter l'appréciation du tribunal pour chacun de ces chefs. Le principe implique également que le jugement précise pour chaque personne les indemnités qui lui sont allouées. Il devrait en être notamment ainsi lorsqu'il s'agit de réparer le préjudice subi par la mère ou le père et les enfants mineurs. De même, l'application des principes n°s 8, 9 et 17 semble présupposer ventilation

permettant d'augmenter ou, dans les cas des principes n°s 8 et 17 de diminuer le montant alloué pour un chef de dommage précis.

16. En outre, en donnant le détail des sommes allouées pour chaque chef de préjudice, les juges rendent leur décision plus explicite. Il devient plus facile, par l'examen des précédents, de prévoir quel sera, dans chaque cas d'espèce, le montant vraisemblable de leurs estimations. Le règlement amiable des indemnités s'en trouve facilité, spécialement pour les compagnies d'assurances. Les frais et les lenteurs de procès inutiles peuvent ainsi être évités.

Principe n° 4

17. Les frais occasionnés à la victime sont notamment ceux exposés pour le rétablissement de la santé et qui peuvent être de nature variée ; il s'agit notamment des frais médicaux et pharmaceutiques, des frais de transport de la victime, d'hospitalisation, de prothèse, d'assistance d'une tierce personne lorsqu'elle s'avère nécessaire ainsi que de frais d'une convalescence ou d'une rééducation éventuelle. Cette énumération n'est nullement exhaustive et il appartient aux tribunaux d'apprécier quels frais peuvent encore être pris en considération dans le cadre du dommage réparable. Il en est ainsi par exemple, des frais occasionnés par des visites rendues à la personne lésée par les membres de sa famille et dont on peut douter qu'ils tombent vraiment dans la catégorie des frais encourus pour le rétablissement de la santé de la victime.

18. La seconde phase du principe est une application de l'idée de la réparation intégrale du préjudice posé par le principe n° 1. Les frais entraînés par un accroissement des besoins de la victime peuvent comporter, notamment, ceux occasionnés par la nécessité de l'assistance d'une tierce personne, par une difficulté accrue dans les déplacements, par des précautions particulières rendues nécessaires dans la vie quotidienne en raison d'une santé chancelante ou encore par la nécessité d'un remplacement dans les travaux ménagers dont il est question au principe n° 5.

19. Les frais dont il est question au principe n° 4 visent non seulement ceux déjà exposés mais aussi les frais futurs qui devront l'être vraisemblablement.

20. Une autre question qui semble se poser est celle de savoir si l'importance des frais exposés doit être en relation avec la condition sociale de la victime. Cette question pourrait concerner les États où le traitement médical est administré par les soins d'un organisme d'assurance sociale, mais aussi dans une moindre mesure, les États où la victime, supporte d'abord les frais de traitement qui lui sont par la suite remboursés, ou encore les États dans lesquels l'organisme d'assurance sociale et la victime peuvent prétendre ensemble au remboursement des frais auprès de l'auteur du dommage. Bien qu'on puisse déceler une certaine tendance à évaluer l'importance de ces frais par rapport à la condition sociale de la victime, le problème ne semble pas avoir suscité de grandes difficultés et les tribunaux accordent, en général, assez largement à toute victime les frais exposés lorsque ceux-ci restent dans des limites raisonnables.

Il n'a donc pas été jugé nécessaire d'imposer dans la Recommandation une solution à cette question assez délicate.

21. Les droits des divers organismes ou compagnies d'assurance sociale à l'encontre de l'auteur du dommage sont parfois considérés comme étant des droits appartenant à un tiers, mais parfois aussi comme des droits propres à la victime qui, par voie de subrogation, peuvent être exercés par des compagnies d'assurances. Dans certains pays, lorsque la responsabilité est limitée quant au montant et que la somme des créances à recouvrer dépasse le plafond de la responsabilité, l'organisme d'assurance procède un privilège sur la somme disponible,

de sorte que parfois la victime elle-même ne pourra rien percevoir de cette somme limitée qui est mise à la disposition des créanciers. L'étendue exacte et le mode de réparation ainsi que tout ce qui a trait aux droits préférentiels lorsque les sommes disponibles sont limitées, diffèrent d'un État à l'autre ; dans certains d'entre eux, ces divers éléments varient encore en fonction du système d'assurance sociale applicable.

Lors des travaux ayant abouti à la conclusion de la Convention européenne du 20 avril 1959 relative à l'assurance obligatoire de la responsabilité civile en matière de véhicules automobiles, il avait été envisagé d'imposer aux États contractants en ce domaine un régime unique et favorable à la victime, mais on a dû y renoncer (voir l'article 5 de cette Convention) pour des raisons financières, car les sommes ainsi soustraites aux organismes de Sécurité sociale auraient dû être supportées soit par tous les assurés, soit par l'État. Comme les systèmes d'assurance sociale sont fort différents, les rédacteurs de la Recommandation n'ont pas estimé devoir en tenir compte, laissant ainsi à chaque État membre la possibilité d'opérer les ajustements jugés nécessaires.

Principe n° 5

22. Le principe n° 5 confère expressément à la victime un droit au remboursement des frais engagés pour son remplacement dans les travaux ménagers. La question s'est posée de savoir s'il fallait prévoir une telle indemnisation uniquement lorsqu'il est prouvé que des frais ont effectivement été engagés à cette fin. Les droits européens divergent sur ce point. Il y a pourtant des raisons pertinentes qui militent en faveur d'une indemnisation due sans égard au fait que la victime (dans notre cas, il s'agira presque toujours d'une femme) ait été remplacée ou non.

En effet, que la victime soit remplacée ou non, elle subit un dommage qui doit être évalué au montant des frais qu'elle aurait engagés pour que son ménage soit tenu de la même façon qu'avant le fait dommageable.

23. Il existe aussi des divergences parmi les droits européens, sur le point de savoir qui est titulaire de la créance de ce chef. Selon les uns, c'est toujours la femme elle-même qui en est titulaire. Ce système repose peut-être sur une fiction selon laquelle on veut en faire une personne directement lésée, puisque le dédommagement des victimes indirectes, dans les droits en question, n'est généralement pas prévu. On peut aussi considérer que la femme, qu'elle exerce une profession ou qu'elle reste à son foyer, a droit à une rémunération.

Selon d'autres droits, la créance doit être exercée par la personne qui a véritablement subi le dommage, que ce soit en rémunérant l'aide ménagère, ou bien en fournissant elle-même, en remplacement, certaines prestations ou en ne jouissant plus des mêmes avantages qu'avant. Cette personne peut être en premier lieu le mari, mais aussi les enfants ou d'autres membres du ménage ou même toute la famille en tant que telle.

24. Pour des raisons de simplicité et surtout pour ne pas multiplier les créanciers pour le même fait dommageable, la préférence est donnée à la première solution.

Principe n° 6

25. Tous les droits européens prévoient le dédommagement pour gain manqué, non seulement en faveur des victimes qui reçoivent un salaire ou un traitement, mais aussi en faveur des personnes qui exercent des professions libérales et dont les revenus professionnels doivent être évalués par voie d'appréciation générale, en tenant compte des preuves fournies.

26. Le dommage est toujours évalué pour la période antérieure au jugement sur la base des revenus qui ont été effectivement perdus et, pour la période postérieure, d'après la perte prévisible de revenus.

Dans certains droits, outre la possibilité de recourir au mode d'évaluation mentionné ci-dessus, il existe un autre mode qui se réfère à l'incapacité telle qu'elle est fixée lors de la consolidation.

Par consolidation, on entend le moment où la victime se trouve dans un état qui n'est plus susceptible d'amélioration. Jusqu'à la date de consolidation, le gain manqué est évalué sur la base de la perte réelle de revenus. En ce qui concerne la période postérieure à la consolidation, le dommage est évalué d'après un système qui tient compte du pourcentage d'incapacité de travail en recourant éventuellement, dans certains droits, à la méthode dite « du point ». Cette méthode consiste à multiplier le pourcentage d'incapacité par une somme variable adaptée aux circonstances du cas et appréciée par le juge.

27. Le principe recommandé est compatible avec les deux méthodes. Il traite de la période antérieure au jugement ainsi que de la période postérieure à celui-ci. Pour cette dernière période, il y a lieu de tenir compte de tous faits connus ou prévisibles ayant trait notamment au degré d'incapacité et aux revenus que la victime aurait réalisés si le fait dommageable ne s'était pas produit et de ceux qu'elle réalise après celui-ci.

L'énumération des éléments dont il est tenu compte pour évaluer le gain manqué n'est pas limitative. On peut encore songer à d'autres éléments tels que la diminution de la capacité de travail de la victime.

Principe n° 7

28. La réparation du gain manqué sous forme de rente a l'avantage de permettre une adaptation plus facile à des changements ultérieurs de la situation, notamment à une dépréciation monétaire (cf. le principe, n° 8). Par contre, le paiement d'un capital pourra, dans de nombreux cas, permettre à la victime un nouveau départ professionnel. Il n'a pas été possible d'exprimer, dans ce principe, une préférence pour l'une ou l'autre forme ni même de fixer le droit d'une des parties (notamment du créancier) d'opérer un choix entre elles.

29. Le principe ne vise donc à modifier ni les droits qui, actuellement, prévoient, en règle générale, la réparation sous forme de rente et seulement à titre d'exception celle sous forme de capital, ni les droits qui adoptent une position inverse. Toutefois, selon la règle, aucun droit ne pourra exclure totalement l'une ou l'autre forme. Par ailleurs, le principe n'exclut pas la réparation du dommage par une combinaison des deux systèmes.

30. Les changements économiques et en particulier les incidences de l'inflation tendent à rendre moins attrayante l'allocation d'une rente, bien qu'à d'autres égards elle soit plus équitable pour les parties. Le principe a pour but d'atténuer cet inconvénient. Il est de nature à assurer que la valeur d'une rente demeure constante mais il n'est pas destiné à placer la victime dans une meilleure situation que celle qu'elle aurait eue si le fait dommageable ne s'était pas produit. Par exemple, la victime ne devrait pas être mieux traitée qu'elle ne l'aurait été si elle avait continué à percevoir son salaire avec des ajustements successifs, mais en dessous de l'augmentation du coût de la vie.

Toutefois, il va de soi que la Recommandation, sur ce point, s'adresse en premier lieu aux États où il sera fait couramment usage de la possibilité d'accorder l'indemnisation sous forme de rente. Là où cette forme ne sera utilisée que dans des cas vraiment exceptionnels, on ne peut pas s'attendre à ce que même les effets modestes envisagés au paragraphe 8 ci-dessus se produisent dans un bref délai.

Principe n° 8

31. Comme il a déjà été dit à propos du principe n° 7, le système de la rente permet une adaptation assez facile en cas de changements de circonstances. Pour certains motifs importants et qui touchent aux fondements de la décision initiale par laquelle une rente d'un certain montant a été allouée, une telle modification – dans les deux sens – devrait être accordée, en principe, dans tous les États membres du Conseil de l'Europe. Le deuxième alinéa du n° 30 ci-dessus est également applicable pour le principe n° 8.

32. Il n'a pas été possible d'énumérer de manière exhaustive les motifs pour une modification de la rente. Le principe doit donc être compris dans le sens que les motifs qui y sont cités expressément devraient être admis sans restriction mais que les droits des États membres sont libres d'admettre d'autres circonstances justifiant une demande en augmentation ou en diminution de la rente.

33. La disposition du principe concernant les modifications de la valeur monétaire ou du niveau des prix ou des salaires a été insérée afin qu'un ajustement de la rente soit possible pour assurer une protection de la victime dans les cas où les mesures visées dans la deuxième phrase du principe n° 7 se seraient révélées insuffisantes pour préserver la valeur réelle des paiements.

Principe n° 9

34. À l'inverse du cas où la réparation est assurée sous forme de rente, les sommes allouées en capital ne sont, en principe, pas sujettes à révision. Dans ce cas, en effet, la victime reçoit en une seule fois la somme d'argent qui, au jour du jugement, correspond à la valeur du préjudice qu'elle a subi. La créance d'indemnisations est définitivement éteinte et il appartient à la victime de faire de son capital l'usage qui lui convient.

35. Il a toutefois été jugé opportun de prévoir une exception dans le cas où un nouveau préjudice naît d'une aggravation de l'état de la victime, qui n'avait pas été envisagée lors du calcul de l'indemnité initiale. Il s'agit par exemple du cas d'une personne qui, diminuée dans sa capacité de travail par des fractures, perd la vue à un moment ultérieur, à cause du même accident. Dans une telle situation, ce préjudice nouveau doit être réparé comme s'il s'agissait d'un nouvel accident, par l'allocation d'une indemnité supplémentaire.

36. En revanche, il ne serait pas opportun, notamment pour des raisons sociales, de prévoir, dans l'hypothèse inverse d'évolution favorable à la victime, le remboursement par celle-ci d'une partie du capital qu'elle a perçu.

37. Au contraire du principe n° 8, le principe n° 9 ne permet pas aux droits nationaux de prévoir une augmentation dans un cas autre que celui expressément cité par le principe, ni une exception au principe selon lequel le capital ne peut pas être diminué ultérieurement à cause d'un changement quelconque des circonstances.

Principe n° 10

38. Une diminution de la capacité de travail de la victime à la suite de ses blessures, se traduit normalement par une diminution de son activité professionnelle, donc par une diminution de ses revenus. L'équilibre est alors rétabli au moyen d'une indemnisation pour gain manqué.

39. Il arrive toutefois que la victime, au prix d'efforts et de gêne supplémentaires, parvienne à maintenir le niveau antérieur de son activité, donc de ses revenus. Il paraît équitable dans ce cas, de lui allouer une indemnité.

Pour la même raison, il paraît équitable d'indemniser la ménagère qui continue, au prix d'efforts accrus, de tenir son ménage comme avant le fait dommageable ou l'étudiant qui, bien qu'atteint d'une infirmité, réussit cependant à poursuivre ses études.

40. Ce préjudice est déjà indemnisé dans la plupart des systèmes juridiques des États membres, tantôt comme gain manqué, tantôt comme poste de capacité, tantôt comme souffrance physique ou psychique. Toutefois, le principe ne tranche ni la question de la nature des chefs de préjudice, ni celle du montant des indemnités.

Principe n° 11

41. Le préjudice esthétique, tel par exemple, le dommage résultant de cicatrices au visage de la victime, est considéré tantôt comme préjudice matériel, tantôt comme préjudice moral, soit sui generis, soit rentrant dans le cadre du pretium doloris, tantôt comme formant une catégorie totalement à part. D'après les droits européens actuels, il doit, en général, être réparé. Le principe retient cette idée sans prendre parti sur ce problème de classification d'ailleurs plutôt théorique.

42. Une situation semblable se présente pour les souffrances psychiques qui, dans certains droits, sont considérées dans le contexte du pretium doloris. Un choc nerveux subi à la suite d'un événement devra éventuellement être dédommagé au titre de souffrances psychiques.

43. Le sens du terme « souffrances psychiques » dans ce contexte est nécessairement différent de celui qu'il faut attribuer à ce terme dans le cadre des principes n°s 13 et 19 où il s'agit des souffrances d'affection.

44. Selon certains droits, il existe, pour des cas de responsabilité objective, des exceptions quant au principe de l'indemnisation des douleurs physiques et, de ce fait aussi du préjudice esthétique et des souffrances psychiques, lorsque ceux-ci sont assimilés aux douleurs physiques. Il serait souhaitable que ces exceptions soient abolies.

Principe n° 12

45. Il est évidemment impossible d'établir des barèmes internationaux en ce qui concerne le pretium doloris. La diversité des atteintes qui peuvent être portées à l'intégrité physique ou mentale d'une personne est si grande que les sommes allouées ne peuvent pas être unifiées à l'intérieur d'un État. Dans certains États, on se sert néanmoins de barèmes officieux qui, soit mentionnent des cas précis, soit par exemple indiquent le nombre des jours de douleurs habituellement liés à certaines lésions que l'on retrouve fréquemment ainsi que les sommes allouées par la jurisprudence par jour de douleurs graves, moyennes ou légères. Dans ce domaine, les conditions économiques et sociales de chaque État exercent une influence considérable.

Les rédacteurs de la Recommandation ont néanmoins espéré qu'une publicité accrue, parmi les États membres du Conseil de l'Europe, des décisions judiciaires rendues en la matière, pourrait contribuer à un rapprochement des pratiques en ce qui concerne les montants alloués.

46. Le pretium doloris doit constituer pour la victime une compensation pour ses souffrances. Dans certains systèmes juridiques, il a parfois été soutenu que la situation de fortune de la victime pourrait avoir une influence sur le montant de l'indemnité. Toutefois, l'équité semble exiger qu'une même souffrance soit indemnisée par le même montant sans égard à la situation financière de la victime.

47. La Recommandation n'indique pas si d'autres éléments doivent ou peuvent être considérés lors de l'évaluation des indemnités – par exemple la situation de fortune du responsable ou la gravité de la faute.

48. Ce principe, tout en traçant une ligne de conduite pour l'évaluation des indemnités, n'a pas pu trancher la question si celles-ci devraient se transmettre à cause de mort sans restriction aucune ou si, au contraire, cette transmission ne devrait avoir lieu que sous certaines conditions. Dans un certain nombre de législations, il est, en effet, exigé que l'action devrait avoir été intentée du vivant de la victime.

Principe n° 13

49. La Recommandation ne traite pas du dommage patrimonial subi par de tierces personnes à cause de la lésion corporelle causée à la victime. Cette matière est d'ailleurs étroitement liée au problème du préjudice indirect (voir le § 9 ci-dessus).

50. Quelques législations admettent actuellement la réparation d'un dommage extra-patrimonial subi par une tierce personne en raison de l'atteinte à l'intégrité physique de la victime. Selon les décisions intervenues dans les États en question, il faut que la souffrance de la victime ait été très importante et que son état de santé, à la suite de l'accident, soit irréparablement diminué. Dans ces conditions, les personnes qui ont un lien d'affection très étroit avec la victime (époux, père et mère) peuvent se voir allouer des sommes parfois assez importantes.

51. Dans ce contexte, sans chercher à déterminer s'il s'agit de l'indemnisation d'un préjudice direct ou indirect, les rédacteurs de la Recommandation ont pensé qu'il s'agissait d'une divergence qui, dans l'éventualité d'une aggravation, risquerait de compromettre l'œuvre d'harmonisation poursuivie par la Recommandation.

52. On a donc tenu à éviter que des réparations ne soient allouées de ce chef en dehors de certains cas. D'autre part, on n'a pas voulu prohiber absolument une évolution dans les régimes juridiques qui, jusqu'à présent, n'accordaient pas d'indemnisation aux tiers.

53. Ces deux exigences sont conciliées dans le principe n° 13 qui ne contient aucune obligation à l'égard des États ne pratiquant pas ce genre de réparation et qui pose des limites pour ceux qui auraient l'intention d'évoluer dans le sens d'un élargissement. Ces limites correspondent dans les grandes lignes à celles citées au paragraphe 50 ci-dessus.

Principe n° 14

54. En ce qui concerne les dommages matériels occasionnés par le décès de la victime, on peut, en général, se référer à ce qui a été dit précédemment au sujet de la règle sur la réparation du préjudice résultant des lésions corporelles. Bien entendu, la liquidation de ces frais peut incomber aux héritiers de la victime qui auront droit au remboursement par le responsable du fait dommageable.

55. Toutes les législations prévoient que les frais effectifs causés par le décès, à savoir notamment le constat du décès, le transport de la dépouille, les frais funéraires et le cas échéant les frais de la tombe doivent être remboursés par le responsable du fait dommageable. Il existe peut-être certaines petites divergences quant aux frais accessoires, à savoir par exemple les frais pour l'entretien d'une tombe ou les frais des personnes qui se rendent à l'enterrement mais ces différences sont sans importance pratique.

Il convient de préciser que l'indemnisation des frais s'entend des frais raisonnables, compte tenu des circonstances et des habitudes sociales du milieu auquel appartient la victime.

56. Dans au moins un droit européen, on part, toutefois, de l'idée que la victime du fait dommageable serait quand même morte un jour et, de ce fait, les frais de funérailles ne sont pas remboursés, à proprement parler, mais seulement les intérêts de la somme dépensée pour l'enterrement pour la période que, selon les prévisions normales, la victime aurait encore eu à vivre si l'accident n'était pas intervenu. Il est bien entendu que ces intérêts, lorsqu'il s'agit d'une personne relativement jeune, pourraient dépasser les frais funéraires ; dans ce cas, on ne rembourse que ceux-ci proprement dits. Mais pour des personnes plus âgées, il se peut que le remboursement reste donc en deçà des frais funéraires. Cette règle ne joue pas lorsque les personnes qui doivent débourser les frais d'enterrement sont plus âgées que la victime, car on considère alors que ces frais n'auraient pas été mis à leur charge durant leur vie.

Bien que ce système soit fort logique, son extension dans le cadre européen, ne semble pas devoir être recommandée.

Principe n° 15

57. En ce qui concerne le droit des personnes à la réparation du préjudice patrimonial qu'elles ont subi par le décès de la victime, il existe deux tendances différentes. Dans certains systèmes juridiques les personnes qui ont droit à réparation sont celles qui avaient ou qui auraient eu des créances alimentaires envers la personne décédée. Le plus souvent, la mesure de la réparation sera également fixée sur le montant de la créance alimentaire, c'est-à-dire eu égard aux besoins du titulaire de la créance alimentaire et des moyens du débiteur de cette créance. Ainsi, si le défunt avait subvenu volontairement aux besoins d'une certaine personne d'une façon durable, mais en dehors de tout devoir alimentaire, cette personne n'a pas droit à réparation.

Par contre, les suppléments volontaires qui ont été régulièrement fournis par le débiteur d'aliments sont pris en considération et entrent dans le calcul de la réparation.

58. Au contraire, dans la plupart des droits, toute personne doit être dédommagée de la perte de la jouissance de la partie des revenus du défunt qui lui était accordée du vivant de celui-ci. Le cercle de ces personnes ne se limite pas à celles envers lesquelles la victime avait une obligation alimentaire ; le seul critère est celui de la situation concrète existant avant le décès de la victime ainsi que de la situation concrète que l'on pouvait prévoir pour l'avenir. Ainsi, le droit des personnes dépendant du défunt se mesure indépendamment des critères qui seraient retenus pour le calcul d'une pension alimentaire. La notion de personne dépendant du défunt se réfère à une situation d'une certaine stabilité évoquant l'existence d'un cadre de type familial (par exemple enfant recueilli au foyer de la personne décédée).

Les parents ont également droit à réparation s'il était prévisible que plus tard les enfants auraient subvenu à leurs besoins.

59. Le principe n° 15 tient compte des deux points de vue ; il est d'ailleurs à l'avantage des personnes lésées. Les personnes visées à l'alinéa *a* sont celles qui avaient droit à des aliments de la victime selon le système exposé au paragraphe 57. Peu importe si, du vivant de celle-ci, ces personnes n'avaient pas fait valoir ce droit pour quelque motif que ce soit. Il s'agit également des personnes qui auraient pu ultérieurement réclamer des aliments à la victime si celle-ci n'était pas décédée. Les personnes visées à l'alinéa *b* sont celles dont le droit à indemnisation est reconnu dans le système décrit au paragraphe 58.

L'idée, exprimée au principe n° 1 s'applique aussi bien aux personnes tombant dans la catégorie *b* qu'à celles tombant dans la catégorie *a*. Ces dernières pourraient même se voir allouer une réparation dépassant ce qu'elles obtenaient en fait, avant le décès de la victime ; il s'agit du cas où elles n'avaient pas fait valoir leur créance alimentaire avant ce moment ou bien du cas où le débiteur alimentaire, de son vivant, avait réussi à se soustraire, en tout ou en partie, à ses obligations.

60. Le principe n° 15 couvre le cas des concubins par la disposition de l'alinéa *a* si ceux-ci ont droit à des aliments et par la disposition de l'alinéa *b* en tant que personnes dont la victime assumait l'entretien. Cependant, dans cette dernière éventualité, et en l'absence d'une disposition expresse, les États auraient pu soit invoquer la notion d'ordre public pour refuser l'indemnisation dans les cas de concubinage, soit au contraire étendre cette indemnisation à des cas de cohabitations passagères et à des cas d'autres libéralités envers une personne de l'autre sexe. Dans cette éventualité seulement, le principe considère qu'il y a conflit avec l'ordre public. Au contraire, la question de savoir s'il y a un tel conflit lorsqu'il s'agit de relations adultères est laissée entièrement à l'appréciation des législateurs et des juridictions.

Principe n° 16

61. Il convient de se référer à ce qui a été dit, aux paragraphes 28, 29 et 30 au sujet du principe n° 7.

Principe n° 17

62. Contrairement au principe n° 8 qui constitue un début d'unification (voir § 31), le principe n° 17 ne fait que mentionner le problème de la révision (augmentation ou diminution) d'une rente accordée à une personne ayant subi un dommage patrimonial à la suite du décès de la victime, mais laisse les législations nationales entièrement libres de déterminer les conditions d'une telle révision.

Principe n° 18

63. Ce principe est en harmonie avec le principe n° 9 (voir § 36). L'unique cas permettant une augmentation postérieure du capital alloué, prévu au principe n° 9, ne peut avoir de parallèle en ce qui concerne l'indemnisation en cas de décès.

Principe n° 19

64. En dehors des créanciers dont la victime assumait l'entretien ou dont elle était le débiteur alimentaire, la Recommandation ne traite pas du dommage patrimonial subi par des tierces personnes en raison du décès de la victime. Cette matière est d'ailleurs étroitement liée au problème du préjudice direct (voir § 9 ci-dessus).

65. En ce qui concerne la réparation d'un dommage extra-patrimonial subi par une tierce personne en raison du décès de la victime, la situation actuelle en Europe est très proche de celle décrite à propos du principe n° 13, au § 50 ci-dessus. Parmi les États qui prévoient ce genre de réparation, certains exigent que le décès entraîne une lésion certaine d'un intérêt juridiquement protégé, ce qui exclut l'indemnisation de la concubine. Toutefois, en général, il n'y a pas de limitation quant aux personnes qui peuvent se prévaloir de ces chefs de dédommagement mais dans le cours normal des choses, il s'agit du conjoint et de proches parents : théoriquement, il pourrait s'agir également d'amis ou d'autres personnes qui, malgré l'absence d'un lien de parenté, avaient un lien d'affection avec le défunt, pourvu que ce lien d'affectation puisse être solidement prouvé.

66. Compte tenu de la différence des situations envisagées aux principes n° 13 et n° 19, il n'a pas été possible de tracer une limite commune pour la réparation

du préjudice causé aux tiers par le décès de la victime ; le principe n° 19 prévoit donc un système entièrement différent. Toutefois, ce système tend également à empêcher qu'à tout le moins, les divergences existant actuellement ne s'aggravent davantage.

67. La première partie du principe laisse aux États qui ne reconnaissent pas la réparation du préjudice extra-patrimonial subi par des tiers à la suite du décès de la victime la possibilité soit de maintenir cette position, soit de se rapprocher des États qui admettent la réparation d'un tel préjudice. Le principe recommande cependant qu'une telle évolution se fasse dans les limites actuellement admises dans ceux des États qui appartiennent à l'autre groupe et qui restreignent le plus le cercle des ayants droit. À ce propos, le principe tend à décrire ces limites.

68. Parallèlement, les rédacteurs du principe ont voulu éviter un élargissement des divergences existantes en proposant aux États où la réparation dudit préjudice est prévue par la législation ou la jurisprudence de ne pas dépasser les limites actuelles. Il va de soi qu'une restriction par rapport à celles-ci serait non seulement conforme à l'esprit de la Recommandation, mais constituerait un pas en avant vers une harmonisation en la matière.

ANNEXE 2

EXTRAIT DES PRINCIPES DE DROIT EUROPÉEN DE LA RESPONSABILITÉ CIVILE EUROPEAN GROUP ON TORT LAW

Version française réalisée sous la direction du Professeur Olivier Moréteau par l'équipe de recherche de l'Institut de droit comparé Édouard Lambert (Université Jean Moulin Lyon 3) (www.egtl.org)

Chapter 2. Damage	Chapitre 2. Le préjudice
Art. 2:101. Recoverable damage	**Art. 2:101. Préjudice réparable**
Damage requires material or immaterial harm to a legally protected interest.	Le préjudice consiste en une atteinte matérielle ou immatérielle à un intérêt juridiquement protégé.
Art. 2:102. Protected interests	**Art. 2:102. Intérêts protégés**
(1) The scope of protection of an interest depends on its nature ; the higher its value, the precision of its definition and its obviousness, the more extensive is its protection.	(1) L'étendue de la protection d'un intérêt dépend de sa nature ; plus sa valeur est élevée, sa définition précise et la nécessité de le protéger évidente, plus sa protection sera étendue.
(2) Life, bodily or mental integrity, human dignity and liberty enjoy the most extensive protection.	**(2) La vie, l'intégrité corporelle ou mentale et la liberté jouissent de la protection la plus étendue.**
(3) Extensive protection is granted to property rights, including those in intangible property.	(3) Les droits de propriété se voient accorder une protection étendue, y compris en matière de droits portant sur des biens incorporels.
(4) Protection of pure economic interests or contractual relationships may be more limited in scope. In such cases, due regard must be had especially to the proximity btween the actor and the	(4) La protection des intérêts économiques ou des relations contractu-elles pourra être d'étendue plus limitée, en considération notamment de la proximité entre l'auteur et la personne menacée ou du fait que

Chapter 2. Damage	Chapitre 2. Le préjudice
endangered person, or to the fact that the actor is aware of the fact that he will cause damage even though his interests are necessarily valued lower than those of the victim.	l'auteur avait conscience de causer un dommage, alors que ses intérêts sont nécessairement de valeur inférieure à ceux de la victime.
(5) The scope of protection may also be affected by the nature of liability, so that an interest may receive more extensive protection against intentional harm than in other cases.	(5) L'étendue de la protection pourra également être affectée par la nature de la responsabilité, de telle sorte qu'un intérêt pourra recevoir une protection plus étendue en cas d'atteinte intentionnelle que dans les autres cas.
(6) In determining the scope of protection, the interests of the actor, especially in liberty of action and in exercising his rights, as well as public interests also have to be taken into consideration (...).	(6) Afin de déterminer le champ de la protection, les intérêts de l'auteur, notamment dans sa liberté d'action et dans l'exercice de ses droits, ainsi que l'intérêt général, devront également être pris en considération. (...)
Section 2. Le préjudice matériel	
Art. 10:201. Nature and determination of pecuniary damage	**Art. 10:201. Nature et détermination du préjudice matériel**
Recoverable pecuniary damage is a diminution of the victim's patrimony caused by the damaging event. Such damage is generally determined as concretely as possible but it may be determined abstractly when appropriate, for example by reference to a market value.	Le préjudice matériel susceptible d'être réparé consiste en une diminution du patrimoine de la victime causée par l'événement dommageable. Un tel préjudice est en général déterminé aussi concrètement que possible mais il peut aussi être déterminé abstraitement si nécessaire, par exemple par référence à la valeur marchande.
Art. 10:202. Personal injury and death	**Art. 10:202. Préjudice corporel et décès**
(1) In the case of personal injury, which includes injury to bodily health and to mental health amounting to a recognised illness, pecuniary damage includes loss of income, impairment of earning capacity (even if unaccompanied by any loss of income) and reasonable expenses, such as the cost of medical care.	**(1) En cas de préjudice corporel, lequel inclut une atteinte à l'intégrité physique et à la santé mentale conduisant à une maladie reconnue, le préjudice matériel doit inclure la perte de revenu, la détérioration de la capacité de gagner sa vie (même si elle n'est pas accompagnée d'une perte de revenu) et les dépenses raisonnables, telles que le coût des soins médicaux.**

Chapter 2. Damage	Chapitre 2. Le préjudice
(2) In the case of death, persons such as family members whom the deceased maintained or would have maintained if death had not occurred are treated as having suffered recoverable damage to the extent of loss of that support.	**(2) En cas de décès, les personnes telles que les membres de la famille qui étaient entretenues par le défunt ou qui l'auraient été si le décès n'était pas survenu, sont traités comme ayant subi un préjudice réparable à hauteur de la perte de ce soutien.**
Section 3. Le préjudice extra-patrimonial	
Art. 10:301. Non-pecuniary damage	Art. 10:301. Préjudice extra-patrimonial
(1) Considering the scope of its protection (Article 2:102), the violation of an interest may justify compensation of non-pecuniary damage. **This is the case in particular where the victim has suffered personal injury ; or injury to human dignity, liberty, or other personality rights. Non-pecuniary damage can also be the subject of compensation for persons having a close relationship with a victim suffering a fatal or very serious non-fatal injury.**	(1) Selon l'étendue de sa protection (Art. 2:102), la violation d'un intérêt peut justifier la compensation d'un dommage extra-patrimonial. **Il s'agit notamment des cas où la victime a souffert d'un préjudice corporel** ou encore d'une atteinte à la dignité humaine, la liberté ou à d'autres droits de la personnalité. Un préjudice extra-patrimonial peut également ouvrir droit à compensation aux proches d'une victime ayant subi une atteinte mortelle ou non mortelle mais très sérieuse.
(2) In general, in the assessment of such damages, all circumstances of the case, including the gravity, duration and consequences of the grievance, have to be taken into account. The degree of the tortfeasor's fault is to be taken into account only where it significantly contributes to the grievance of the victim.	(2) En général, l'évaluation de tels dommages et intérêts implique que toutes les circonstances de l'affaire, incluant notamment la gravité, la durée et les conséquences du grief, soient prises en considération. Le degré de la faute de l'auteur ne sera pris en compte que s'il a significativement contribué au grief de la victime.
(3) In cases of personal injury, non-pecuniary damage corresponds to the suffering of the victim and the impairment of his bodily or mental health. In assessing damages (including damages for persons having a close relationship to deceased or seriously injured victims) similar sums should be awarded for objectively similar losses.	**(3) En cas d'atteintes physiques, le préjudice extra-patrimonial correspond à la souffrance de la victime ou à la détérioration de sa santé physique ou mentale. Dans l'octroi des dommages et intérêts (incluant ceux alloués aux personnes entretenant de proches relations avec le défunt ou la victime sérieusement blessée), les pertes objectivement identiques devront se voir attribuer les mêmes sommes.**

PLAN DE L'OUVRAGE

58 Cet ouvrage consacré au « droit du dommage corporel » est axé sur l'élément « dommage » de la responsabilité civile, c'est-à-dire sur la situation de la victime qui demande réparation, alors que, comme la terminologie habituelle l'indique, le droit de la responsabilité civile classique est axé sur le responsable lui-même, auteur du fait dommageable. C'est dire que dans le diptyque classique de l'étude de la responsabilité civile, ce sont les « effets » plus que les « conditions » qui sont ici au premier plan.

Sous cet aspect, le droit du « dommage corporel » se caractérise par sa nature spécifique dont l'analyse et l'évaluation font l'objet de la première partie ; mais cette unicité de nature se disloque ensuite en une hétérogénéité de régimes juridiques de réparation dont la mosaïque dessine la seconde partie.

• *La première partie est consacrée au « statut juridique des préjudices nés du dommage corporel »*

Il faut en effet bien clarifier le vocabulaire juridique, et distinguer le dommage corporel des préjudices réparables qu'il induit.

– Le « dommage corporel » est constitué par toute atteinte à l'intégrité physique d'une personne ; l'expression est d'ailleurs comprise par l'homme de la rue comme par le juriste. Cette atteinte corporelle est l'événement initial qui suscite en conséquence certains préjudices ; c'est le fait dommageable.

– Les « préjudices » entraînés par le dommage corporel sont divers. Avant la loi du 27 décembre 1973 qui a exclu les « préjudices moraux » de l'assiette des recours intentés par la Sécurité sociale, les juges du fond avaient la fâcheuse habitude de prononcer des condamnations globales, « tous chefs de préjudices confondus ». Une telle globalisation des préjudices a créé un amalgame qui perdurait encore jusqu'à une époque récente, entre des « préjudices » aussi différents que la perte des revenus du travail et l'invalidité elle-même. L'article 25 de la loi n° 2006-1640 du 21 décembre 2006, qui a instauré le principe d'un recours des tiers payeurs poste par poste, a obligé les juges à une distinction précise des différents chefs de préjudice réparables, qui a grandement amélioré la méthodologie de l'indemnisation [1]. Même si celle-ci n'a pas de réelle valeur officielle, c'est toutefois à l'aune de ses catégories que le droit du dommage corporel sera ici présenté.

Le « droit du dommage corporel » ne peut en effet trouver son identité et développer la spécificité de ses règles que dans la clarté des notions fondamentales : la distinction des *préjudices économiques à caractère*

---

1. Sur l'influence de la loi du 21 décembre 2006, v. ss 47 et sur le contenu des dispositions au sujet du recours des tiers payeurs, v. ss 325 s.

patrimonial, et des *préjudices non économiques, attachés à la personne, à caractère extrapatrimonial* constitue donc un aspect fondamental de la réparation de tout dommage corporel, quel qu'en soit par ailleurs le régime.

• *La deuxième partie analyse « les divers systèmes d'indemnisation des dommages corporels »*

Après l'unicité de la notion même de *dommage corporel* et son contenu de préjudices spécifiques, nous étudierons la diversité des régimes d'indemnisation.

PREMIÈRE PARTIE

LE STATUT JURIDIQUE DES PRÉJUDICES NÉS DU DOMMAGE CORPOREL

59 ***Plan de la première partie*** ◊ Une fois le dommage corporel survenu, et une procédure d'indemnisation engagée, le régleur doit tout d'abord déterminer et évaluer les préjudices nés du dommage corporel, dans toutes leurs composantes. Cette phase est essentielle pour traduire monétairement les préjudices subis par la victime, et lui attribuer une créance de dommages et intérêts. Une fois ces sommes fixées, le régime juridique auquel sont soumises ces indemnités doit être précisé, car son étude détermine de façon pratiquement très importante la nature des droits que peut réellement exercer la victime sur les sommes en cause.

Titre 1 – *La détermination et l'évaluation des préjudices nés d'un dommage corporel*

Titre 2 – *Le régime juridique des indemnités réparatrices des préjudices nés du dommage corporel*

TITRE 1

LA DÉTERMINATION ET L'ÉVALUATION DES PRÉJUDICES NÉS D'UN DOMMAGE CORPOREL

60 ***Plan du Titre 1*** ◊ Tout système d'indemnisation du dommage corporel repose sur un préalable : *la preuve* de l'atteinte à l'intégrité physique invoquée. Cette preuve est apportée par *l'expertise médicale* qui relève de la compétence de médecins : ils procèdent à une *évaluation purement médicale des lésions*.

Il appartient ensuite aux juristes de traduire les constatations médicales sur le terrain du droit en opérant *une qualification et une évaluation monétaire des divers préjudices*, afin de préciser le montant des droits et des obligations suscités par le dommage corporel.

Cependant, lorsque l'accident conduit à la mort de la victime directe, ou à des conditions d'existence tellement altérées que la vie des proches s'en trouve profondément perturbée, le dommage corporel de la victime directe induit un « *dommage par ricochet* » subi par ces victimes médiates, dont l'indemnisation pose des problèmes spécifiques.

Chapitre 1 – *L'expertise médicale du dommage corporel* et son évaluation médico-légale.

Chapitre 2 – *La détermination des préjudices de la victime principale.*

Chapitre 3 – *La détermination des préjudices de la victime par ricochet*, notamment en cas de décès de la victime directe.

Bibliographie indicative pour le Titre 1

R. Barrot, *Le dommage corporel et sa compensation*, Litec, 1988.

A.-M. Bégué-Simon, *De l'évaluation du préjudice à l'évaluation du handicap*, Masson, 1987 (coll. Méd. lég. et toxico. méd., n° 134).

H. Bejui-Hugues et I. Bessière-Roque, *Précis d'évaluation du dommage corporel*, Argus, 5e éd., 2013.

CEREDOC (ouvrage collectif), *Guide barème européen d'évaluation médicale des atteintes à l'intégrité physique et psychique*, Anthemis, 2006.

C. Carbonnie, G. Creusot, G. Dumasdelage, D. Rouge, *Expertises médicales*, Masson 2006

Y. Chartier, *La réparation du préjudice*, Dalloz, 1983.

G. Creusot, *Expertises médicales : dommage corporel, assurances de personnes, organismes sociaux*, Masson, 6e éd., 2006.

L. Daligand, D. Loriferne, C.A. Reynaud, L. Roche, *L'évaluation du dommage corporel*, Masson, 3e éd., 1992.

L. Derobert et autres, *Droit médical et Déontologie médicale*, Flammarion.

A. Dessertine, *L'évaluation du préjudice corporel dans les pays de la CEE*, Litec, 1990.

P. Dreyfus, M. Olivier, *IVe Journées d'expertise et de responsabilité médicale de Bobigny*, Masson, 1988 (coll. Méd. lég. et toxico. méd., n° 141).

B. Dreyfus, *Le médecin-conseil de blessé*, éd. EAL/ESKA, 2003.

C. Hamonet, *Accidents, droit et handicaps*, éd. A. Lacassagne, 1992.

J. Hureau, *L'expertise médicale*, Masson, 3e éd. 2010.

M. et JD Le Roy, F. Bibal, *L'évaluation du préjudice corporel*, Litec, 20e éd., 2015.

Ph. le Tourneau, *Droit de la responsabilité et des contrats*, Dalloz Action, 8e éd., 2010-2011.

M. Lorifène, *Droit de l'expertise*, Dalloz Action, 2e éd., 2011-2012

L. Melennec, *L'évaluation du handicap et du dommage corporel*, Masson, 2000.

J.-G. Moore, *Indemnisation du dommage corporel*, Gazette du Palais, 3e éd., 2005.

G. Mor, *Évaluation du préjudice corporel : stratégies d'indemnisation, méthodes d'évaluation*, Delmas, 2e éd., 2014.

M. Olivier, *De l'expertise civile et des experts*, éd. Berger-Levrault, 1990.

OMS, *Classification internationale des déficiences, incapacités et désavantages*, CTNERHI, PUF diffusion, 1989.

R. Pellet, *Responsabilité, assurance et expertise médicale*, Dalloz, Thèmes et commentaires, 2008.

D. Poitont, J. Hureau, *L'expertise en responsabilité médicale et en réparation du préjudice corporel*, Masson, 2e éd., 2005.

S. Portelli, G. Lopez, S. Clément, *Les droits des victimes*, Dalloz (coll. États des droits), 2007.

A. Rogier, *Dommage corporel : éléments médicaux-légaux à l'usage du juriste et du médecin*, éd. ESKA, 2005.

A. Rogier, *Dommage professionnel : éléments médicaux-légaux à l'usage du juriste et du médecin*, éd. ESKA, 2002.

A. Rogier (dir.), *Les frais futurs*, éd. EAL/ESKA, 2001.

A. Rogier (dir.), *Handicap : éléments médico-légaux*, éd. ESKA, 2001.

F. Rodet, *L'enfant traumatisé crânien grave*, éd. EAL/ESKA, 2001.

Société de médecine légale et de criminologie de France, *Barème d'évaluation médico-légale*, Eska, 2000.

G. Viney, B. Markesinis, *La réparation du dommage corporel*, Économica, 1986.

Liber amicorum Pierre Lucas. *Le dommage corporel et l'expertise*, Anthemis, 2010.

L'expertise et l'indemnisation des préjudices corporels, VIIe colloque d'Aix en Provence, 29 et 30 nov. 2009, *Les études hospitalières*, coll. Droit de la santé, 2009.

Revues et périodiques

Bull. CNEMAC : Bulletin de la Compagnie nationale des experts médecins et des professions de santé agréés par la Cour de cassation.

JML-DM : *Journal de médecine légale - droit médical*, bimestriel ; éd. Lacassagne et éd. Eska

Méd. et dr. : *Médecine et Droit*, éd. Elsevier,

RFDC : *Revue française de dommage corporel*, trimestriel, éd. Baillère,

RGDM : *Revue générale de droit médical*, semestrielle, éd. du Juris classeur

RDSS : *Revue de droit sanitaire et social*, trimestriel, éd. Sirey,

CM : *Concours médical.*

Documentation sur le dommage corporel

AREDOC : *Association pour l'étude de la réparation du dommage corporel*, 11-13, rue de la Rochefaucauld, 75009 Paris. Site internet : www.aredoc.com.

CHAPITRE 1
L'EXPERTISE MÉDICALE DU DOMMAGE CORPOREL

61 ***L'expertise médicale*** [1] ◊ Quelles que soient l'origine et la cause de l'accident, le dommage corporel lui-même, c'est-à-dire l'atteinte à l'intégrité physique et psychique de la personne, doit être analysé dans toutes ses composantes pour permettre l'application du système d'indemnisation adéquat.

Cette analyse du dommage corporel comporte un aspect médical par son objet qui est le corps humain, un aspect juridique par son régime d'indemnisation et un aspect économique par son évaluation. *L'expertise médicale* constitue l'acte initial de tout système de réparation d'un dommage corporel, qu'il y ait ou non un tiers responsable : en effet, tous les « payeurs » en cas de dommage, des organismes de Sécurité sociale aux assureurs-responsabilité ou accidents corporels, ne régleront leurs prestations que si la victime apporte la justification de ses prétentions.

62 ***La preuve du dommage corporel*** ◊ La preuve du dommage corporel constitue toujours un préalable à sa réparation, car en droit commun : « celui qui réclame l'exécution d'une obligation doit la prouver » (art. 1315, al. 1, C. civ.). Il faut bien comprendre que cette *preuve du dommage corporel* doit toujours être apportée par la victime, même si par ailleurs une responsabilité de plein droit pèse sur le responsable, et dispense la victime de la preuve difficile de la faute du responsable : la faute ou la responsabilité de l'auteur du dommage peuvent être présumées, mais le dommage de la victime doit toujours être prouvé. En matière de dommage corporel, cette preuve nécessaire est apportée par l'expertise médicale.

---

1. **Expertise médicale** : L. Daligand, D. Loriferne, C.A. Reynaud, L. Roche, *L'évaluation du dommage corporel*, Masson, 3ᵉ éd. 1992 ; G. Creusot, *Dommage corporel et expertise médicale*, Masson, 1989 ; H. Bejui-Hugues et I. Bessière-Roque, *Précis d'évaluation du dommage corporel*, L'argus, 4ᵉ éd., 2009 ; C. Hamonet, « Pour une nouvelle méthodologie et une humanisation de l'expertise médicale », *Gaz. Pal.* 18 avr. 2008, p. 62. M. Lorifène, *Droit de l'expertise*, Dalloz action, 2ᵉ éd., 2011-2012. M. Margeat, « La place de l'expertise médicale dans l'indemnisation », *RFDC* 1983, p. 1 ; R. Barrot, « La place de l'expertise médicale dans l'indemnisation du préjudice corporel », *JML/DM* 1983, p. 315 ; C. Fournier et M. Olivier, « L'expertise du dommage corporel », *RFDC* 1989, p. 5 ; C. Rousseau, « Le respect du contradictoire dans l'expertise », *RFDC* 1991, p. 365 ; *Liber amicorum Pierre Lucas. Le dommage corporel et l'expertise*, Anthemis, 2010. *L'expertise et l'indemnisation des préjudices corporels*, VIIᵉ colloque d'Aix en Provence, 29 et 30 nov. 2009, Les études hospitalières, coll. Droit de la santé, 2009. C. Rousseau, « L'expertise médicale dans les différents pays de la CEE » *in* Colloque Bruxelles, *Les problèmes actuels de la réparation du dommage corporel*, Bruylant, 1993. « L'expertise médicale : un regard sur demain (42° congrès de la FFAMCE) », *RFDC* 2006, 4, p. 259 s.

SECTION 1. LES MODALITÉS DE L'EXPERTISE MÉDICALE

63 L'expertise médicale constitue une procédure de recherche d'une réalité médicale en vue de déterminer une obligation juridique d'indemnisation : la *procédure d'expertise* (§ 1) doit donc s'exercer dans le nécessaire respect d'une *déontologie* (§ 2).

§ 1. Le déroulement de l'expertise

64 ***La désignation et le choix d'un expert compétent sont essentiels*** ◊ La procédure d'expertise est différente selon le *cadre juridique* dans lequel elle s'exerce *et le statut des experts* (A) ; la *mission* d'expertise (B) précise l'objet des investigations médicales mises en jeu par des *opérations techniques* spécifiques (C) ; un *rapport d'expertise* (D) constitue enfin l'aboutissement de cette procédure.

A. L'expertise et le statut des experts

65 ***La désignation de l'expert*** [1] ◊ Quel que soit le cadre juridique de l'expertise, le choix de l'expert est en principe libre sous la seule réserve évidente de la qualité de docteur en médecine pour l'expertise médicale. Cependant, la seule compétence médicale ne garantit pas une compétence expertale corrélative, à la fois technique et procédurale ; aujourd'hui la justification d'un diplôme d'études médicales relatives à la réparation du dommage corporel constitue la garantie d'une *formation spécifique* qui paraît indispensable dans un domaine particulièrement complexe.

- **La responsabilité professionnelle de l'expert** [2]

La désignation d'un expert compétent est d'autant plus importante que celui-ci engage sa *responsabilité professionnelle* en cas de *faute* dans l'exécution de sa mission, qu'elle soit technique, déontologique ou procédurale.

1. **Compétence et choix de l'expert** : C. Rousseau, « Choix des experts pour l'évaluation des dommages corporels », *RFDC* 1983.249 ; C. Fournier et C. Rousseau, « Qualification et formation des experts dommage corporel », *RFDC* 1986.343 ; J.-J. Gomez, G. Regnault, F. Muller et P. Dreyfus, *IVe Journées d'expertise et de responsabilité médicale*, Masson, 1988 ; G. Memeteau, « La nomination de l'expert par la commission nationale des accidents médicaux », in *L'expertise médicale et l'indemnisation des préjudices corporels*, Les études hospitalières, 2009, p. 19. G. Mor « Évaluation du préjudice corporel, stratégies d'évaluation », Delmas, 2e, éd. spéc. p. 270 s. M. Olivier, « La liste nationale des experts : son origine, son établissement, son usage », *Bull. CNEMAC*, n° 2, juin 1992.

2. **Responsabilité de l'expert** : H. Bejui-Hugues, « À propos de la responsabilité de l'expert : quelques éléments de réflexion à destination des médecins conseils ou experts », *RFDC* 2010, p. 241. I. Bessieres-Roques, « La responsabilité professionnelle de l'expert », *RFDC* 1994.2, p. 181. D. Giocanti, « Les responsabilités du médecin expert judiciaire », in l'expertise médicale et l'indemnisation des préjudices corporels, préc, p. 57 L. Melennec, « La responsabilité civile des experts judiciaires et des médecins experts en particulier », *RDSS*, 1972, p. 1.

• **Les différentes catégories d'expertises** [1]

– *L'expertise* est dite *« officieuse »* ou *« privée »* lorsqu'elle est diligentée par une seule personne pour connaître l'étendue d'un dommage corporel, qu'elle soit demandée par la victime ou son avocat à un médecin de son choix, ou par une société d'assurances à son médecin-conseil ; cette expertise privée, unilatérale, n'a pas de caractère contradictoire.

– *L'expertise contradictoire amiable* est décidée par accord entre les parties qui déterminent dans leur convention le choix de l'expert, l'étendue de sa mission et la charge de ses honoraires. Les conclusions de l'expert ne lient pas les parties car l'expertise médicale n'est jamais un arbitrage : elle constitue cependant un élément essentiel d'appréciation pour le tribunal. Dans un tel cas, le terme d'« expertise » peut être jugé trompeur du fait de l'absence de garanties procédurales entourant l'examen de la victime [2].

– *L'expertise judiciaire*, ordonnée par une juridiction, constitue une mesure d'instruction soumise à des règles procédurales précises.

– En matière *d'accidents de la circulation, l'examen médical* prévu par la loi du 5 juillet 1985 constitue une modalité spécifique qui emprunte aux caractères traditionnels de l'expertise.

Au-delà de cette classification générale de l'expertise, il convient ici de s'attacher aux différences qui se manifestent dans les règles de l'expertise médicale selon le *cadre juridique* dans lequel elle s'exerce : cadre judiciaire, d'assurance, ou de Sécurité sociale.

1. L'expertise judiciaire [3]

66 ***Principes généraux de l'expertise judiciaire*** ◊ L'expertise judiciaire constitue une mesure d'instruction par laquelle le juge confie à des techniciens le soin de l'*informer sur des questions purement techniques* qui excèdent ses propres connaissances. Ce caractère strictement technique de l'expertise doit être souligné : en aucun cas le juge ne saurait déléguer à l'expert la charge de « dire le droit » : c'est le juge seul qui, éclairé par le rapport d'expertise, doit tirer les conclusions juridiques de l'affaire. Présentant en principe un caractère subsidiaire, le juge ne devant en effet y

---

1. **Catégories d'expertises** : Y. Lambert-Faivre, « Unité et diversité de l'expertise du dommage corporel », *J. Readapt. méd.* 1999-4, p. 118.

2. En ce sens, G. Mor, « Évaluation du préjudice corporel, stratégies d'évaluation », préc. spéc. p. 272 s.

3. **Expertise judiciaire** : J. Lorifène, « Droit de l'expertise », Dalloz action, 2e éd., 2011-2012. T. Moussa, « Expertise, matières civile et pénale ; dictionnaire juridique », éd. Dalloz ; M. Olivier, « L'expert judiciaire et le droit », *RFDC* 1992, p. 169 ; J. Mouralis, « Le juge et l'expert », in l'expertise médicale et l'indemnisation des préjudices corporels, préc, p. 9 s. ; M. Olivier, « Libres propos sur l'établissement des listes d'experts près les Cours d'appel », *Bull. CNEMAC*, n° 4, janv. 1994 ; G. Rousseau, « Variations sur l'inscription des experts judiciaires », *Gaz. Pal.*, 30-31 oct. 1992, B. Cherigny, « L'expert médical auxiliaire de justice » in *Mélanges J.H. Soutoul*, éd. Études Hospitalières, 2000, p. 57 ; M. Olivier et P. Dreyfus, « Les observations et les remarques en expertise judiciaire », in *Mélanges Y. Lambert-Faivre et D.C. Lambert*, Dalloz, 2002, p. 319.

recourir que dans la mesure où la victime ne dispose pas d'éléments de preuve suffisants, l'expertise est, dans les faits, systématique en cas de dommage corporel.

Le choix de l'expert est libre ; cependant pour guider le choix des juges, et conformément à la loi du 29 juin 1971, modifiée par la loi n° 2004.130 du 11 février 2004 [1], il est établi chaque année une liste nationale dressée par le Bureau de la Cour de cassation (« experts agréés par la Cour de cassation ») et une liste dressée par chaque Cour d'appel (« experts près la Cour d'appel de... »). Après une période probatoire de deux ans, la loi prévoit une procédure de contrôle des pratiques et connaissances de l'expert, qui doit solliciter sa réinscription tous les cinq ans.

Le même principe est retenu devant le juge administratif depuis le 1er janvier 2014 puisque selon l'article R. 2219 CJA, « Il est établi, chaque année, par le président de la cour administrative d'appel, un tableau des experts auprès de la cour et des tribunaux administratifs du ressort, selon une nomenclature arrêtée par le vice-président du Conseil d'État correspondant aux domaines d'activité dans lesquels les juridictions administratives sont susceptibles de recourir à une expertise ». Le juge doit en principe choisir un expert sur cette liste, même si l'article R. 621-2 CJA tempère la portée de cette obligation en indiquant qu'« il peut, le cas échéant, désigner toute autre personne de son choix » [2].

Le Médiateur de la République a toutefois jugé, notamment dans ses rapports annuels pour 2007 et 2009, ces modalités peu satisfaisantes, et a formulé une proposition de réforme visant notamment à améliorer le processus d'établissement des listes et d'inscription des experts, ainsi que leurs modes de désignation par le juge [3].

La procédure de l'expertise présente certaines différences, selon qu'elle est diligentée en matière civile, pénale ou administrative.

67 ***a) L'expertise judiciaire médicale en matière civile*** [4] ◊ L'expertise civile est réglementée par les articles 263 à 284 du Code de procédure

---

1. **Loi n° 2004-130 du 11 février 2004 réformant le statut de certaines professions judiciaires...**, *JO* 12 février 2004 (Titre VII : les dispositions relatives aux experts judiciaires modifient certaines dispositions de la loi du 29 juin 1971) : Décret n° 2004-1493 du 23 décembre 2004 relatif aux experts judiciaires, *JO* 30 déc. 2004. M. Olivier, « Le nouveau statut des experts judiciaires résultant de la loi du 11 février 2004 », *Gaz. Pal.* 13-15 juin 2004, p. 2.

2. **Expertise du dommage corporel devant le juge administratif** : Th. Leleu, « Les outils d'appréciation médico-légaux dans le contentieux de la responsabilité publique », *AJDA* 2014, 1816.

3. **Proposition de réforme de l'expertise :** Rapport annuel du Médiateur de la République 2007, p. 59 s. 2009, p. 55 s. www.mediateur-republique.fr/fr-citoyen-05-66. Pour une réaction des médecins experts : P. H. Landrieau, « Vers une crise de l'expertise médicale », *RFDC* 2010, p. 257.

4. **Expertise judiciaire médicale en matière civile** : J. Lorifène, « Droit de l'expertise », Dalloz action, préc., spéc. n° 511 s. M. Olivier, P. Dreyfus, « De la conduite des opérations de l'expertise judiciaire médicale en matière civile », *Gaz. Pal.*, 29-30 mars 1995 p. 2 ; M. Olivier, « De quelques modalités nouvelles d'application de l'art. 278 du NCPC », *Gaz. Pal.*, 8-12 mai 1998, p. 2, et *Gaz. Pal.* 17-18 mai 2000, p. 11 ; C. Panetta, « Réflexions du Juge civil dans le domaine de l'expertise médicale », *JML-DM* 2000, n° 4/295.

civile qui précise les règles relatives à la désignation de l'expert, aux opérations d'expertise et à l'avis de l'expert.

L'expertise médicale demeure toujours facultative pour le juge, même en matière d'indemnisation d'un dommage corporel, conformément à l'article 263 C. pr. civ. : « L'expertise n'a lieu d'être ordonnée que dans le cas où des constatations ou une consultation ne pourraient suffire à éclairer le juge ». Le technicien peut à tout moment demander au juge de l'entendre, et le juge peut toujours inviter le technicien à compléter, préciser ou expliquer, soit par écrit, soit à l'audience, ses constatations ou ses conclusions, mais « le juge ne peut, sans avoir préalablement recueilli les observations du technicien commis, étendre la mission de celui-ci ou confier une mission complémentaire à un autre technicien » (art. 245 C. pr. civ.).

Le décret n° 98.1231 du 28 décembre 1998 a apporté au Code de procédure civile un certain nombre de modifications en la matière : ainsi l'art. 155-1 C. pr. civ. crée un juge nouveau, spécialisé dans le contrôle de l'exécution des missions judiciaires confiées aux techniciens en matière civile ; en outre l'expert doit désormais informer le juge de l'avancement de ses travaux et diligences (art. 273 C. pr. civ.) ; enfin, les parties doivent remettre sans délai à l'expert tous les documents nécessaires à l'accomplissement de sa mission, et en cas de carence le juge peut ordonner la production des documents demandés et la juridiction de jugement peut tirer les conséquences du défaut de documents (art. 275 C. pr. civ.).

68 ***b) L'expertise judiciaire médicale en matière pénale*** [1] ◊ L'expertise pénale, en principe facultative comme l'expertise civile, constitue un élément fondamental de l'instruction préparatoire au procès pénal. Elle est réglementée par les articles 156 et suivants du Code de procédure pénale.

Lorsque l'expertise n'est ordonnée par la juridiction pénale que pour fixer les dommages-intérêts civils, c'est, conformément à l'article 10 al. 2 du C. pr. pén., la procédure civile qui s'applique.

Mais lorsque la juridiction pénale ordonne une expertise médicale avant toute décision sur l'action publique, certaines règles spécifiques doivent être observées. En particulier le choix de l'expert est en principe limité aux *« experts judiciaires »* dûment inscrits soit sur la liste nationale dressée annuellement par la Cour de cassation, soit sur les listes dressées par l'Assemblée générale de chaque Cour d'appel.

Notons que la loi n° 85-1407 du 30 décembre 1985 a remplacé la règle antérieure de la dualité des experts en matière pénale par celle de l'unicité de l'expert : bien entendu, comme en matière civile, le juge conserve cependant la faculté de désigner deux ou plusieurs experts si cela lui paraît nécessaire en la cause.

1. **Expertise médicale en matière pénale** : T. Moussa, « À propos des nouvelles règles de l'expertise en matière pénale », *ALD* 1986.69 ; P. Leporc, D. Ducoudray, « Expertise médicale en matière pénale », *Méd. et dr.* 1999, n° 37, p. 14 ; M. Penneau, « Plaidoyer pour une médecine légale moderne », *Gaz. Pal.* 4/6 mai 2003. G. Mor « Évaluation du préjudice corporel, stratégies d'évaluation », préc., spéc. n° 117-18.

69 ***c) L'expertise médicale devant le tribunal administratif*** [1] ◊ L'expertise médicale peut être ordonnée par un tribunal administratif, et parmi les cas de dommages corporels mettant en jeu la responsabilité de l'administration, on peut notamment évoquer celle des hôpitaux publics. En revanche, il convient de rappeler que tous les accidents de la circulation, y compris ceux causés par un véhicule de l'administration, relèvent de la compétence judiciaire depuis la loi du 31 décembre 1957 qui a ainsi permis l'unicité de l'interprétation juridictionnelle des règles d'indemnisation en la matière.

Notons seulement ici que le choix des experts est libre, même s'il existe depuis le 1er janvier 2014 une liste d'experts dans chaque ressort de Cour d'appel ; en principe un seul expert est désigné (art. R. 621-2 CJA). L'expertise a un caractère contradictoire.

70 ***d) Le cas particulier de l'expertise en matière de responsabilité médicale*** [2] ◊ Lorsque le dommage corporel invoqué par la victime est causé par un accident mettant en jeu une responsabilité médicale, l'expertise médicale présente un double aspect : du côté de la victime demandeur au procès, l'expertise médicale a toujours pour objet la preuve du dommage corporel invoqué ; mais à cette expertise du côté actif se superpose une expertise encore plus délicate du côté passif du médecin ou de l'établissement médical défendeur : il appartient en effet au médecin expert d'analyser les éléments médicaux de l'accident pour se prononcer d'une part sur le lien de causalité entre le dommage invoqué et l'acte médical, et d'autre part sur l'existence d'une faute médicale imputable du défendeur, ou d'un accident médical ouvrant droit à indemnisation au titre de la solidarité nationale.

Aussi la loi a-t-elle institué des règles précises de nomination des experts : la Commission nationale des accidents médicaux (CNAMed) prononce leur inscription sur une liste nationale des experts en accidents médicaux, après avoir procédé à une évaluation de leurs connaissances, et elle contribue à leur formation (art. L. 1142-10 CSP).

2. L'expertise d'assurance et les médecins-conseils d'assurance

71 Les entreprises d'assurances sont très fréquemment impliquées dans des sinistres de dommages corporels, soit que leur assuré en responsabilité civile

---

1. **Spécificité de l'expertise de dommage corporel en droit administratif** : G. Mor « Évaluation du préjudice corporel, stratégies d'évaluation », préc. spéc. n° 117-20 s. Th. Leleu, « Les outils d'appréciation medico-légaux dans le contentieux de la responsabilité publique », *AJDA* 2014. 1816.

2. **Expertise en matière de responsabilité médicale** : sur la responsabilité médicale, v. ss 796 ; J. Guigue, « Loi du 4 mars 2002. Retentissement en matière de responsabilité médicale, d'assurance et d'expertise » *RFDC* 2006, n° 2, p. 81 ; G. Memeteau, « La nomination de l'expert par la commission nationale des accidents médicaux », in L'expertise médicale et l'indemnisation des préjudices corporels, Les études hospitalières, 2009, p. 19 ; D. Rouge et autres, « À propos de l'expertise en responsabilité médicale », *JML-DM* 2000, n° 4, p. 273 ; P. et F. Vayre, « Le médecin-expert judiciaire : mission pour responsabilité professionnelle », *Gaz. Pal.* 22 mars 2001, p. 24 ; M. Olivier, « La liste nationale des experts en accidents médicaux » (loi 4 mars 2002), *Gaz. Pal.*, 10-11 avr. 2002, p. 2 et *Gaz. Pal.*, 14-15 févr. 2003, p. 3.

ait causé un dommage à un tiers victime (assurance responsabilité civile), soit qu'une assurance ait été souscrite par l'assuré-victime d'un dommage corporel pour obtenir directement de son propre assureur une prestation en cas de sinistre (assurance accident corporel), soit enfin que l'assuré victime d'un dommage corporel ait souscrit une assurance de Protection Juridique afin d'être assisté dans le recours qu'il entend exercer contre le responsable.

Les entreprises d'assurances, payeurs de prestations souvent considérables en la matière, ont particulièrement besoin d'être éclairées sur la réalité des dommages corporels invoqués par les victimes, et ont recours à des *« médecins-conseils d'assurance »* dont la formation, la compétence, le rôle, l'indépendance et la déontologie ont suscité de nombreuses réflexions.

72 ***a) Les fonctions des médecins d'assurance*** [1] ◊ Le terme de « médecin-conseil » habituellement utilisé pour désigner les conseillers techniques des entreprises d'assurances dans le domaine médical, est ambigu et réducteur. En effet ces médecins peuvent, en pratique, remplir plusieurs fonctions différentes :

1) *une fonction d'examen* par laquelle le médecin examinateur procède à l'examen médical des candidats à un contrat d'assurance de personnes, notamment en assurance-vie ou invalidité ;

2) *une fonction d'expertise* privée ou légale, dans le cadre d'une assurance de responsabilité civile ou d'application de garanties en assurance de personnes : « expert », le médecin-conseil d'assurance doit alors observer une parfaite impartialité ;

3) *une fonction de contrôle* lorsque l'assureur le demande, de manière à vrai dire assez exceptionnelle, dans le cadre des assurances de personnes, par exemple pour vérifier la conformité d'un état de l'assuré avec les garanties accordées ;

4) *une fonction de conseil-technique* pour informer l'assureur sur des questions nécessitant une compétence médicale : avis sur pièces, modalités de la sélection médicale en assurance-vie, organisation d'un réseau d'experts médicaux.

– *La fonction d'assistance technique de l'assureur* [2] partie à un procès est particulièrement révélatrice du rôle du médecin-conseil dans la pratique

1. **Médecin-conseil d'assurance** : M. Harichaux, « Le médecin-conseil d'assurance et la réparation du préjudice corporel à l'horizon 92 : bilan et perspectives », *RFDC* 1988.391 ; G. Mor « Évaluation du préjudice corporel, stratégies d'évaluation », préc. spéc. n° 111-18 ; M. Robineau, « Le médecin conseil de l'assureur entre paradoxe et incertitudes », in l'expertise médicale et l'indemnisation des préjudices corporels, préc. p. 95. C. Rousseau, « L'examen médical dans le cadre des assurances », *RFDC* 1995, p. 93 – FFAMCE : Fédération française des associations de médecins-conseils experts en évaluation du dommage corporel, *www.ffamce.org* – AREDOC : Association pour l'étude de la réparation du dommage corporel, www.aredoc.com.

2. **Assistance technique** : H. Hugues, « Le rôle du médecin conseil lors de l'assistance à expertise judiciaire dans le cadre de la responsabilité professionnelle d'un médecin », *RFDC* 1997.2, p. 149 ; L. Gard et Y. Tabutin, « L'assistance technique et le « dire » du médecin-conseil », *RFDC* 1991, p. 352. G. Mor, « L'assistance à l'expertise : utilité et mode d'emploi », *Gaz. Pal.* 18 avr. 2009, p. 32.

judiciaire : les médecins-conseils d'assurance reçoivent alors une « mission d'assistance » de leur compagnie qui se résume en fait à « la défense des intérêts » de la société d'assurance ou de son assuré responsable. Le contrat d'assistance a pour objet l'aide de la compétence technique du médecin pour soutenir le point de vue de l'assureur partie au procès. Il n'y aurait là rien de choquant si de son côté la victime était « assistée » avec la même efficacité : or la pratique démontre que, hors les cas où la victime est éventuellement assistée d'un médecin dit « de recours » dans le cadre d'une assurance Protection Juridique, elle se retrouve le plus souvent seule à l'expertise judiciaire, sans médecin-conseil personnel pour « l'assister », et sans même son avocat qui est encore trop souvent absent lors de cette étape pourtant essentielle de la procédure. Il y a là, *de facto*, un élément de disparité grave entre les deux parties.

73 ***b) L'indépendance juridique présumée par le statut libéral des médecins d'assurance*** [1] ◊ La très grande majorité des médecins experts exercent ces diverses fonctions auprès des compagnies d'assurances dans un *cadre libéral* : ils reçoivent les assurés à leur cabinet, sont libres de l'organisation de leur travail, fixent théoriquement leurs honoraires selon la difficulté de leur mission et doivent en principe arrêter leurs conclusions en toute objectivité et liberté. La Cour de cassation a établi que, n'étant tenus par aucun lien de subordination juridique, ils ne sont pas assujettis au régime général de la Sécurité sociale.

En France, il est rare qu'un médecin-conseil, jouant un rôle de conseiller technique auprès du siège ou du centre régional d'une société, exerce une *activité salariée*. Le statut salarié existe cependant pour les médecins de siège, mais il est plus fréquent dans certains pays étrangers.

74 ***c) La dépendance économique des médecins d'assurance*** [2] ◊ Nul ne conteste la compétence et l'expérience professionnelle des médecins d'assurance, ni leur volonté d'indépendance. Néanmoins les liens institutionnels entre les compagnies d'assurances et leurs « réseaux » de médecins experts, dont la dénomination usuelle de « médecin-conseil d'assurance » traduit l'appartenance, pose question.

---

1. **Statut libéral des médecins-conseils** : Versailles, 31 mai 1988, Argus, 1988.3239, et sur pourvoi Soc., 20 déc. 1990, *Bull. civ.* V, n° 703 (les médecins-conseils de compagnies d'assurances ne sont pas assujettis au régime général de la Sécurité sociale).

2. **Liens entre médecins d'assurance et compagnies d'assurances** : S. Ben Hadj Yahia, « Qualités et effets de l'expertise dans le contentieux de l'assurance », *RCA* 2010, chron. n° 7. N. Gemsa et J. Rossant, « Le conflit d'intérêts dans l'expertise médico-légale », *Gaz. Pal.* 6 juin 2014, p. 41. L. Melennec, « Les médecins-conseils des compagnies d'assurances sont juridiquement dépendants de leurs employeurs », Victimologie, déc. 1995, p. 20 ; B. Dreyfus, « De l'indépendance et du rôle des médecins conseils spécialisé dans l'évaluation du dommage corporel », *Gaz. Pal.*, n° 296 du 23 oct. 1998 ; Cl. Fournier, H. Hugues, « Grand billet d'humeur », *RFDC* 1999.1, p. 107 ; B. Dreyfus, « Réponse au billet d'humeur », *RFDC* 1999.2.223. M. Robineau, « Le médecin conseil de l'assureur entre paradoxe et incertitudes », in l'expertise médicale et l'indemnisation des préjudices corporels, préc. p. 95.

En effet les cabinets de médecins-conseil d'assurance sont dans l'étroite dépendance économique des groupes de compagnies d'assurances qui constituent parfois leurs clients exclusifs. Ils en reçoivent formation, missions, voire directives, qui tendent à infléchir l'indépendance juridique de principe en une subordination professionnelle de fait dont la presse spécialisée se fait l'écho. Cette situation ne peut manquer d'alimenter de sérieuses réticences dans l'éventualité de la nomination d'un médecin-conseil d'assurance en qualité de médecin expert judiciaire. [1]

En théorie, les deux qualités ne semblent pas cumulables. Il faut rappeler que l'art. 2, 6° du décret du 23 décembre 2004 dispose que pour être inscrit sur une liste d'experts il faut « n'exercer aucune activité incompatible avec l'indépendance nécessaire à l'exercice de missions judiciaires d'expertises », ce qui devrait exclure les médecins-conseils d'assurance intégrés à des réseaux étroitement liés aux sociétés d'assurance-payeurs des indemnités dues aux victimes. De même, l'article 105 du code de déontologie médicale, aujourd'hui codifié à l'article R. 4127-105 CSP dispose qu'« un médecin ne doit pas accepter une mission d'expertise dans laquelle sont en jeu ses propres intérêts, ceux d'un de ses patients... ou d'un groupement qui fait habituellement appel à ses services ». Il ne s'agit pas d'une suspicion personnelle envers ces médecins-conseils, *dont nul ne conteste la compétence et l'expérience professionnelle, ni leur volonté d'indépendance* mais d'une transparence objective de statut : le médecin-expert judiciaire, doit être personnellement indépendant, et son activité professionnelle habituelle doit aussi être objectivement insoupçonnable pour sa mission. La Cour de cassation a d'ailleurs eu l'occasion, dans un arrêt du 14 mai 2009, de poser les limites à la comptabilité des fonctions en affirmant que « le fait qu'un expert ait exercé une activité professionnelle d'expert privé à titre quasi exclusif pour le compte d'assureurs caractérise un lien de subordination et constitue par conséquent une activité incompatible avec l'indépendance nécessaire à l'exercice de missions judiciaires d'expertise ». L'exercice de missions plus occasionnelles n'est en revanche par une cause d'incompatibilité [2].

---

1. **Médecin-conseil d'assurance, expert judiciaire** : S. Ben Hadj Yahia, « Qualités et effets de l'expertise dans le contentieux de l'assurance », *RCA* 2010, chron. n° 7 ; H. Causse, « L'indépendance des experts judiciaires, une actualité brulante », *D.* 2010. 242 ; P. Lucas, « Un médecin-conseil d'assurance peut-il être expert judiciaire ? » *RFDC* 1980.1, p. 53 ; G. Mor « Évaluation du préjudice corporel, stratégies d'évaluation », préc. n° 118-18 s. ; L. Morlet-Haïdara, « L'indépendance de l'expert judiciaire en question », *D.* 2008. 2635 ; M. Olivier, « Médecins-conseils... et experts judiciaires », *Méd. et dr.* n° 16, 1996, p. 5. V. également les rapports annuels du Médiateur de la République 2007 et 2009, préc. note 9. V. également, Proposition de loi visant à améliorer l'indemnisation des victimes de dommages corporels à la suite d'un accident de la circulation, votée par l'Assemblée nationale le 16 février 2010, Sénat, n° 301.

2. **Jurisprudence sur l'incompatibilité des fonctions d'experts d'assurance et judiciaire** : Civ. 2e, 22 mai 2008, *Gaz. Pal.* 11 juill. 2009, p. 9 (comptabilité entre la qualité d'expert judiciaire et la réalisation de missions occasionnelles pour le compte de sociétés d'assurance). Dans le même sens, Civ. 2e, 22 oct. 2009, *RCA* 2010, comm. n° 30 Civ. 2e, 16 mai 2013, n° 12-60578, *Gaz. Pal.* 21 juin 2013, 33. Civ. 2e, 29 janv. 2015, n° 14-10400 *contra* : Civ. 2e, 14 mai 2009, *Gaz. Pal.* 11 juill. 2009, p. 9 (incompatibilité en cas d'activité à titre quasi exclusif au profit de l'assureur).

Dans le doute, une demande de récusation de l'expert peut certes être formée, mais celle-ci doit être formulée avant le dépôt du rapport alors que « le défaut d'objectivité, comme le défaut de conscience, n'apparaissent souvent qu'*a posteriori*, à la lecture du rapport d'expertise » [1].

Compte tenu de ces doutes sur l'impartialité, l'idée d'une incompatibilité juridique entre les qualités d'expert judiciaire et d'assurance a pu être avancée. Dans son rapport *sur « l'expertise dans l'évaluation du dommage corporel »* [2], le Conseil national d'aide aux victimes a prôné la nécessaire distinction des qualités d'experts judiciaires et des médecins-conseils d'assurance ou de victimes, par l'édiction de listes séparées. Cette proposition n'a toutefois pour l'heure pas été suivie, sans doute du fait d'un manque de volonté politique, et de considérations matérielles : à l'heure où, notamment du fait de la pyramide des âges, les experts se font rares, puisque plus de 85 % d'entre eux ont plus de 50 ans, il apparaît difficile d'un point de vue pratique de poser une réelle incompatibilité des fonctions.

Les propositions plus récentes se sont donc orientées dans une autre direction, en recommandant que l'expert fasse une déclaration de conflits d'intérêts, préalablement à chaque nomination, afin que les parties puissent appréhender l'existence éventuelle de liens avec les personnes mises en jeu dans la procédure [3]. Cette solution a notamment été entérinée au sein du régime spécifique d'indemnisation des victimes du Benfluorex où l'article L. 1142-24-3 al. 3 CSP imposent aux membres du collège d'experts instauré par ce texte de faire « une déclaration mentionnant leurs liens, directs ou indirects, avec les entreprises, établissements ou organismes dont l'activité entre dans le champ de compétence de l'office. Cette déclaration est actualisée à leur initiative dès qu'une modification intervient concernant ces liens ou que de nouveaux liens sont noués. Elle est rendue publique ». De même, l'article L 1451-1-1 CSP issu de la loi du 29 décembre 2011 prévoit l'obligation pour tous les experts intervenant dans des organismes tels que l'ASM, l'ONIAM, les ARS, etc., d'établir, au moment de leur prise de fonctions, une déclaration d'intérêts.

Dans le même esprit, la CNAMed, demande aux experts désirant être inscrits sur la liste prévue à l'article L 1142-10 CSP, de fournir une déclaration sur

---

1. G. Mor « Évaluation du préjudice corporel, stratégies d'évaluation », préc. p. 277.

2. **Rapport du CNAV, «** L'expertise dans l'évaluation du dommage corporel », ministère de la Justice, févr. 2002 ; cf. les Propositions du groupe de travail en annexe, *infra*, p. 136 ; B. Dreyfus, « Évolutions en cours et propositions nouvelles dans l'évaluation médico-légale des séquelles d'un dommage corporel », *Gaz. Pal.* 17-19 mars 2002, p. 4 ; H. Roland et L. Boyer, « Adages du droit français », Litec 4 éd., cf. p. 156, n° 87. **Jurisprudence :** Civ. 2e, 5 déc. 2002, *D.* 2003 note A. Penneau, *Gaz. Pal.*, 6-7 août 2003, p. 18.

3. **Proposition d'une déclaration de conflits d'intérêts de l'expert** : Rapport annuel du Médiateur de la République 2008, préc. p. 59, et 2009, p. 56. V. également, Proposition de loi visant à améliorer l'indemnisation des victimes de dommages corporels à la suite d'un accident de la circulation, votée par l'Assemblée nationale le 16 février 2010, Sénat, n° 301, article 3 prévoyant quant à lui une déclaration au conseil de l'ordre du nom des compagnies d'assurances auxquelles les médecins prêtent habituellement leur concours, et qui serait accessible au public. B. Gachot, « Critère de qualité pour une expertise civile réussie : le point de vue de l'expert médecin », *Méd. et dr.* 2011, n° 108, p. 143.

l'honneur mentionnant tout lien direct ou indirect que le candidat pourrait avoir avec différents organismes (établissements de soins, producteurs de produits de santé, organismes intervenant dans l'assurance, etc.). Le candidat doit par ailleurs s'engager à ne pas effectuer, pendant la durée de son inscription sur la liste, d'activités incompatibles avec l'indépendance et l'impartialité nécessaires à l'exercice de missions d'expertise [1].

Cette solution peut sembler un compromis acceptable puisqu'elle permet d'apprécier dans chaque cas d'espèce la réalité des liens entre l'expert et les parties, *à la condition toutefois essentielle que des contrôles sur la sincérité de la déclaration puissent être opérés.*

3. L'expertise médicale de Sécurité sociale [2]

75 L'expertise médicale en matière de Sécurité sociale est tout à fait spécifique et relève de deux procédures différentes.

1) La procédure d'expertise (art. L. 141-1 CSS), dit « avis technique » a pour objet de trancher les contestations d'ordre médical opposant éventuellement l'assuré à sa Caisse ; elle est applicable aussi bien en matière d'assurance maladie qu'en matière d'accidents du travail et maladies professionnelles. Les conclusions du médecin expert, qui doivent être claires et précises, s'imposent à l'assuré et à la caisse de Sécurité sociale ; jusqu'en 1990, elles s'imposaient également au juge, ce qui était totalement exorbitant des principes généraux du droit : depuis une loi du 23 janvier 1990, le juge du tribunal des affaires de Sécurité sociale peut enfin remettre en cause les conclusions de l'expert qui ne le lient plus. En outre un décret du 19 mai 1992 permet au Tribunal d'ordonner une nouvelle expertise, avec un nouvel expert.

2) La procédure relevant du contentieux technique médical de la Sécurité sociale (art. L. 143-1 s CSS) est applicable pour les litiges d'ordre médical portés devant les commissions régionales du contentieux technique compétentes en cas de contestations sur :

- l'existence ou la gravité d'une *invalidité*,
- le taux d'*incapacité permanente* en accident du travail,
- l'état d'inaptitude au travail.

B. La mission d'expertise médicale

76 ***L'importance de la mission d'expertise, amiable ou judiciaire*** [3] ◊ Mesure d'instruction confiée à un technicien, l'expertise judiciaire a pour but

---

1. **Pour plus de détails** : V. le site internet de la CNAMed : www.sante.gouv.fr/liste-des-pieces-a-fournir.html

2. **Expertise médicale de Sécurité sociale :** art. L. 141.1 CSS, « Les contestations d'ordre médical relatives à l'état du malade ou à l'état de la victime, et notamment à la date de consolidation en cas d'accident du travail et de maladie professionnelle, à l'exclusion des contestations régies par l'art. L. 143.1 CSS donnent lieu à une procédure d'expertise médicale dans les conditions fixées par décret en Conseil d'État. » ; Pour une étude détaillée de cette question : J.-J. Dupeyroux, M. Borgetto et R. Lafore, « Droit de la Sécurité sociale », Dalloz, 18 éd., 2015, n° 731 s. ;

3. **Mission d'expertise** : H. Margeat, « La mission d'expertise médicale », *RFDC* 1985.139 ; Confluences juridiques « La mission confiée à l'expert judiciaire », *Gaz. Pal.*, 11-12 déc. 1998, p. 13.

d'éclairer le juge sur des « questions de fait » ; qu'elle soit judiciaire ou amiable, l'expertise médicale a pour objet d'éclairer le « décideur », magistrat ou régleur de compagnie d'assurances, sur des questions scientifiques et médicales, à l'exclusion de toute considération juridique (détermination et qualification des chefs de préjudices) ou économique (évaluation des préjudices).

Conformément à l'art. 265 C. pr. civ. la décision qui ordonne l'expertise judiciaire « énonce les chefs de la mission de l'expert » : complète et explicite, elle a donc pour objet de fixer l'étendue exacte de la mesure d'instruction confiée à l'expert. Le Code de justice administratif est quant à lui moins exigeant puisqu'il se contente d'indiquer en son article R. 621-2 que « la juridiction peut, soit d'office, soit sur la demande des parties ou de l'une d'elles, ordonner, avant dire droit, qu'il soit procédé à une expertise sur les points déterminés par sa décision ».

La qualité de sa formulation est toutefois le gage de la qualité du rapport d'expertise qui la conclura, en répondant précisément à tous les chefs de la mission.

1. L'évolution de la mission d'expertise médicale : de la diversité à la standardisation ?

77 En matière de dommage corporel, l'évolution des concepts de préjudices réparables s'est traduite corrélativement par l'évolution du libellé des « missions d'expertise ».

Il y a quelques décennies, il n'était guère demandé à l'expert que de fixer la durée d'incapacité temporaire totale (ITT), de déterminer un taux d'incapacité permanente partielle (IPP), et de situer la gravité des souffrances (*pretium doloris*) et du préjudice esthétique.

Depuis une trentaine d'années, divers schémas de *« missions d'expertise médicale »* ont eu le souci de coller à la réalité médicale et de la « traduire » le plus fidèlement possible pour permettre l'indemnisation la plus équitable. À défaut de mission type obligatoire, diverses formules existent à l'heure actuelle, dont un compte rendu non exhaustif sera ici présenté.

78 ***1) Les missions AREDOC*** ◊ La loi Badinter du 5 juillet 1985 a confié aux assureurs le règlement des dossiers corporels sur la base d'examens médicaux effectués par les médecins qu'ils désignent librement dans le cadre de leurs réseaux. On estime ainsi que les missions d'expertise en matière de dommages corporels émanent pour 75 % des assureurs, et en matière d'accidents de la circulation pour 95 %. Ces missions d'expertise médicale sont donc d'une importance pratique considérable et ont été pour la plupart rédigées sous l'égide de l'AREDOC.

Une des premières fut élaborée sous la direction de C. Rousseau en 1994 [1], mais les nombreux changements intervenus dans la réparation du dommage corporel, dont principalement, l'adoption de la nomenclature Dintilhac, supposaient sa mise à jour. L'AREDOC a donc adapté sa mission type à la nouvelle typologie des préjudices, une première fois en 2006, puis une seconde en 2009 [2] afin d'entrer en meilleure adéquation avec les chefs de préjudices reconnus par la nomenclature Dintilhac. Depuis, des mises à jour régulières sont opérées, la dernière ayant été réalisée en 2014. Cette mission est la plus couramment utilisée dans le cadre transactionnel. Toutefois, les avocats de victimes lui reprochent une approche trop « lésionnelle », qui ne prend pas assez en compte les séquelles de la victime en situation [3].

En 2014, l'AREDOC a également publié une mission spécifique aux handicaps graves générant une perte d'autonomie qui comporte certaines spécificités tenant principalement dans le fait que l'expert est invité à réaliser son expertise sur le lieu de vie habituel du blessé et dans la mise en place du principe, très fortement controversé, de la « hiérarchie des aides » [4]

79 ***2) Les missions utilisées par les magistrats*** ◊ Lorsque l'expertise a lieu dans un cadre judiciaire, le juge reste libre de déterminer la mission de l'expert. Dans un effort d'harmonisation des pratiques, l'expertise étant la base de la décision du juge, un travail d'unification a toutefois été entrepris. Dès les années soixante-dix, la chancellerie avait ainsi, par une circulaire de du 19 avril 1972, diffusé une mission type rédigée par une Commission sous l'égide du Premier Président Aydalot [5]. De même, en 1987, une mission type a été élaborée par la Commission de réflexion sur l'évaluation du dommage corporel placée sous la présidence de M. Olivier et recommandée aux chefs de Cours par circulaire de la Chancellerie. Celles-ci sont bien entendu devenues obsolètes avec l'adoption de la nomenclature Dintilhac mais la volonté d'unification a perduré. Ainsi, le groupe de travail ayant élaboré un référentiel d'indemnisation des chefs de préjudices corporels réuni sous l'égide de M. le Président Mornet [6] propose, en préambule de son référentiel, une

1. **Mission-type Rousseau :** C. Rousseau, « La mission d'expertise droit commun, 1994 », *RFDC* 1995, p. 45 et *Gaz. Pal.*, 19-21 févr. 1995, p. 2 ; AREDOC, « Missions d'expertise médicale ; textes et commentaires », oct. 1997.

2. **Mission type AREDOC 2006 et 2009, «** La mission droit commun 2009, mise à jour en 2014. Textes et commentaires », consultable sur le site de l'AREDOC. H. Hugues-Bejui, « La mission d'expertise droit commun » 2006, *RFDC* 2006, 2, p. 113, P. Hivert et D. Arcadio, « Regards croisés pour une nouvelle expertise médicale issue de la nomenclature Dintilhac », *Gaz. Pal.* 17, 19 juin 2007, p. 2.

3. **Pour une synthèse de ces critiques** ; G. Mor « Évaluation du préjudice corporel, stratégies d'évaluation », Delmas, 2e, éd., n° 117-13.

4. **Mission AREDOC spécifique aux handicaps graves 2014**. Pour le texte de la mission : Lettre de l'AREDOC, déc. 2014, www.aredoc.com/publication_list. Sur le principe de la hiérarchie des aides : v. ss 130. F. Bibal, entretien au *JCP* 2015, 348.

5. **Mission-type Aydalot 1971-1972 :** cf. ce texte in *Gaz. Pal.*, 1er sept. 1971.

6. V. ss 37.

mission type. Certaines cours ont également rédigé des missions dont elles recommandent l'utilisation, telle par exemple la Cour d'appel de Lyon qui a publié un guide de « recommandation de bonnes pratiques en matière de réparation des dommages corporels », dans lequel figure un exemple de mission accessible sur le site internet de la Cour.

Devant le juge administratif, la standardisation des missions apparaît moins systématique. Longtemps fondées sur la typologie retenue par l'avis Lagier, celles-ci se fondent aujourd'hui de plus en plus sur les catégories de la nomenclature Dintilhac [1].

80 ***3) Autres missions*** ◊ La multiplicité des missions ne s'arrêtent pas là. Certaines sont ainsi proposées par des associations de défense des droits des victimes, telles par exemple l'ANADAVI [2].

D'autres sont particulières à certains types de handicap, telles par exemple, les personnes victimes de traumatismes crâniens [3]. La situation particulière de ces victimes appelle en effet la mise en place d'une mission type d'expertise spécifique. En effet, ainsi que le soulignait le Groupe de travail sur les traumatisés crâniens qui a rendu son rapport au garde des Sceaux le 24 avril 2002, « le traumatisme crânien tire sa singularité de l'atteinte de l'encéphale, dont dépendent, entre autres, notre personnalité et notre comportement. Il peut faire de nous un "étranger", quelqu'un "qui n'est plus le même" et dont la vie et celle de sa famille vont basculer (...). Parfois, l'atteinte physique est majeure, évidente (état végétatif, état pauci-relationnel, hémiplégie) et durable. En revanche, assez souvent l'atteinte physique disparaît ou régresse fortement et rapidement. Le patient peut avoir alors une apparence normale ou subnormale pouvant laisser penser à une absence de séquelles. Les atteintes intellectuelles et comportementales restantes constituent alors le "handicap invisible" qui empêchent ou gênent considérablement la réinsertion familiale, professionnelle et sociale du blessé ». On conçoit bien dans un tel contexte que l'approche purement lésionnelle de la mission AREDOC ne puisse suffire. C'est pourquoi un certain nombre de magistrats recourent à cette mission spécifique, parfois désignée sous le nom de la présidente du groupe de travail qui en est à l'origine, Mme Elisabeth Vieux, au profit des personnes traumatisées crâniennes, adultes ou enfants.

81 ***La nécessité d'une unification*** ◊ La diversité de ces missions types peut surprendre. À l'heure actuelle, le juge reste libre de choisir la mission qu'il souhaite et une unification des pratiques semble donc souhaitable. La

1. En ce sens, Th. Leleu, art. préc. Sur le ralliement du Conseil d'État à la nomenclature Dintilhac : v. ss 47.

2. Mission « ANADAVI » *in* M. et JD Le Roy, F. Bibal, *op. cit.*, p. 351.

3. **Mission « traumatisés crâniens »** : Groupe de travail sur les traumatisés crâniens dirigé par E. Vieux, 24 avril 2002, http://lesrapports.ladocumentationfrancaise.fr/BRP/024000398/0000.pdf. **Pour la problématique spécifique des enfants**, v. intervention d'A. Laurent-Vannier, « Age et évaluation », colloque national des Barreaux du 4 février 2011, *Gaz. Pal.* 2011, 8 avr. 2011, p. 36.

proposition de loi votée par l'Assemblée nationale le 16 février 2010 visant à améliorer l'indemnisation des victimes de dommages corporels à la suite d'un accident de la circulation, prévoyait déjà la définition unitaire de missions d'expertises types [1], et cette solution a été reprise par l'article 56-II, 4° de la proposition de loi votée en dernière lecture à l'Assemblée nationale le 13 juillet 2011, qui, avant d'être censuré par le Conseil constitutionnel dans sa décision n° 2011-640 du 4 août 2001, ajoutait un article 45-1 à la loi du 5 juillet 1985, qui disposait :

« En vue de concourir à la présentation poste par poste des éléments de préjudice corporel prévue à l'article 31, des missions types adaptables d'expertise médicale, pouvant être retenues par les juridictions saisies de demandes de réparation de préjudices corporels, sont établies par voie réglementaire ».

L'avancée était louable mais toutefois timide. Ainsi, ces missions types n'étaient pas obligatoires pour le juge, qui pouvait y recourir *sans qu'il lui en soit fait obligation*. Leur champ d'application était par ailleurs limité aux seules indemnisations diligentées devant un juge, *à l'exclusion du cadre amiable*. Dans un tel contexte, on pouvait craindre que la diversité ci-dessus exposée des missions demeure. Le point positif était toutefois la nécessité affirmée par le texte que les missions-types, proposées par voie de décret, soient en adéquation avec la nomenclature des postes de préjudices réparables, ce qui n'est pas aujourd'hui sans poser des difficultés [2].

Malgré sa censure, cette disposition met clairement en exergue la nécessité d'unification des missions types d'expertise. On peut espérer qu'une future loi sera adoptée en ce sens, en des termes peut être plus appropriés que ceux de l'article ci-dessus visé.

2. Le contenu de la mission d'expertise

82 L'expert doit répondre à toutes les questions de la mission, et seulement aux questions de la mission : la rédaction de la mission d'expertise conditionne souvent l'indemnisation de la victime. En particulier lorsque certains chefs de préjudices n'ont fait l'objet d'aucune demande de la victime, la mission d'expertise en élude la formulation et la réparation se révèle *in fine* incomplète.

On ne saurait trop souligner le rôle initial et fondamental des avocats de la victime qui doivent l'assister avec compétence aussi bien pour les règlements transactionnels que judiciaires. Il leur appartient, par le libellé

1. **Nécessité d'une unification des missions d'expertise,** « Livre blanc sur l'indemnisation du dommage corporel », Association française de l'assurance, avril 2008, spéc. p. 6 s., consultable notamment sur le site de la FFSA, www.ffsa.fr. Proposition de loi visant à améliorer l'indemnisation des victimes de dommages corporels à la suite d'un accident de la circulation, votée par l'Assemblée nationale le 16 février 2010, Sénat, n° 301, article 2. Y. Hartemann, « L'unification des outils médico-légaux : la mission d'expertise », *In* « La réparation du dommage corporel à l'épreuve de l'unification des pratiques », *Gaz. Pal.* 23 déc. 2011, p. 33.

2. Ainsi en est-il par exemple en ce qui concerne le déficit fonctionnel permanent où la définition jurisprudentielle de ce poste de préjudice ne correspond pas aux éléments de son évaluation dans les missions d'expertise : v. ss 134, 207 s. Pour l'ATP, v. ss 181.

de leurs conclusions, de suggérer les vérifications expertales induites par les demandes de la victime. À cet égard il nous paraît que le contenu de la mission d'expertise peut s'analyser en deux types de rubriques : d'une part celles relatives à la conduite des investigations nécessaires, et d'autre part *celles spécifiques à chaque demande de la victime* pour lesquels le régleur doit disposer d'éléments médicaux précis.

83 ***a) L'énoncé des méthodes d'investigations*** ◊ L'énoncé des méthodes d'investigations et des prémisses de toute évaluation se retrouve assez proche dans la plupart des missions, notamment :

• *Convoquer les parties* : c'est-à-dire la victime, et toutes les parties en cause qui doivent avoir la possibilité de se faire représenter. Les conseils et assistants techniques des parties doivent en être informés ; il faut ici souligner la très souhaitable présence de l'avocat et du médecin-conseil de la victime.

• *Se faire communiquer le dossier* : avec l'accord de la victime, son dossier médical complet doit être communiqué au médecin expert, en particulier le certificat médical initial et tous les documents relatifs à l'état antérieur.

• *Faire la constatation médicale de toutes les lésions* rattachées à l'accident.

• *Rechercher l'état antérieur* de la victime et l'*imputabilité* des lésions à l'accident.

84 ***b) Les questions relatives à la preuve médicale des objets de la demande*** ◊ Le médecin expert n'a pas pour rôle de déterminer les chefs de préjudices ; mais le régleur doit lui poser les questions médicales qui lui permettront d'apprécier correctement les demandes qui lui sont présentées. On peut proposer les formulations suivantes :

• *Déterminer la durée de l'incapacité traumatique temporaire* période pendant laquelle, pour des raisons médicales en relation certaine, directe et exclusive avec l'accident, la victime a dû interrompre totalement ou partiellement d'une part ses activités personnelles (déficit fonctionnel temporaire), d'autre part ses activités professionnelles (en lien avec la perte de gains professionnels actuels).

• *Fixer la date de consolidation*, qui est le moment où les lésions se fixent et prennent un caractère permanent tel qu'un traitement n'est plus nécessaire, si ce n'est pour éviter une aggravation.

• Chiffrer, par référence au « Barème médical d'évaluation de droit commun » [1], le taux éventuel d'*atteinte permanente à l'intégrité physique et psychique (APIPP)* imputable à l'accident, résultant de l'atteinte permanente d'une ou plusieurs fonctions persistant au moment de la consolidation

• Lorsque la victime allègue une répercussion dans l'*exercice futur de ses activités professionnelles*, recueillir les doléances, les analyser, les confronter avec les séquelles retenues ; dire si les séquelles imputables à l'accident peuvent avoir une incidence sur l'activité professionnelle exercée par la victime avant l'accident ; si oui préciser lesquelles.

1. V. ss 134 s.

• Préciser la nature, la quantité et l'imputabilité à l'accident des *frais médicaux et paramédicaux* antérieurs à la consolidation (dépenses de santé actuelles), et, si besoin est, postérieurs à la consolidation (dépenses de santé futures).

• Lorsqu'un taux d'incapacité permanente physiologique (déficit fonctionnel permanent) imputable à l'accident a été retenu, décrire l'ensemble des *troubles dans les conditions d'existence causés par le handicap* dans les actes essentiels de la vie courante, dans les activités familiales et sociales de la victime, dans ses activités de loisirs et dans ses activités professionnelles ou scolaires.

• Décrire les *souffrances physiques, psychiques ou morales endurées* notamment pendant toute la durée de la maladie traumatique (hospitalisation, opérations chirurgicales, traitements douloureux, rééducation...) ; les qualifier et les évaluer selon l'échelle habituelle de 0 à 7/7. Indiquer les séquelles douloureuses postérieures à la consolidation.

• *Décrire le préjudice esthétique*, s'il y a lieu, avec évaluation selon une échelle de 0 à *7/7* tant pour le préjudice esthétique antérieur à consolidation, que pour celui subsistant après cette date (préjudice esthétique permanent).

• *Décrire le préjudice sexuel*, et s'il y a lieu, le *préjudice d'établissement, ou les préjudices permanents exceptionnels*

Des questions précises doivent en outre porter sur :

- la nécessité d'une *tierce personne*, sa qualification, son rôle, son temps de travail ; il apparaît utile de prévoir une révision de cette rubrique par exemple au terme d'un an, puis ensuite à échéance régulière, par exemple tous les cinq ans ;

- la description des *appareillages, prothèses* et autres *aides techniques* nécessaires à la personne handicapée ;

- les *conditions matérielles de sa survie*, soit en milieu hospitalier, soit à domicile avec tous les aménagements que cela peut impliquer (aménagement du logement, véhicule adapté, etc.), l'ergothérapeute est ici d'un conseil particulièrement utile.

C. Les opérations de l'expertise médicale civile

85 ***Le déroulement des opérations d'expertise*** [1] ◊ Si le Code de procédure civile enserre l'expertise judiciaire dans des règles très strictes, la loi Badinter du 5 juillet 1985 a confié aux assureurs l'examen médical des victimes d'accidents de la circulation en se contentant de brèves indications relatives à son caractère contradictoire : ainsi la convocation adressée à la

1. **Déroulement des opérations d'expertise** : M. Olivier et P. Dreyfus, « De la conduite des opérations de l'expertise judiciaire médicale en matière civile », *Gaz. Pal.*, 29-30 mars 1995, p. 2 ; A.H. Dreyfus « Indemnisation des dommages corporels : une évaluation sujette à caution », Ass. fr., nov. 1995, p. 18 ; C. Hamonet, « La conduite pratique de l'expertise médicale médico-légale dans l'évaluation du dommage corporel », J. Réadapt. méd. 1999.4, p. 129. G. Mor, « Évaluation du préjudice corporel, stratégies d'indemnisation », préc., n° 113-11 s.

victime doit obligatoirement porter une mention précisant qu'elle a le droit de se faire assister par un médecin de son choix ; en outre le médecin d'assurance qui a effectué cet examen doit adresser un exemplaire de son rapport à la victime dans un délai de 20 jours à compter de son expertise.

En fait, au-delà de règles procédurales plus ou moins formalistes, toutes les expertises médicales civiles, amiables ou judiciaires, suivent un même schéma et suscitent quelques réflexions.

86 ***1°) La constitution et l'étude du dossier de la victime*** [1] ◊ La communication des pièces et documents à l'expert est indispensable à sa mission, que ces pièces soient juridiques (dossier transmis par le Greffe du Tribunal, procès-verbal de gendarmerie, « mission » d'expertise qui délimite le mandat donné à l'expert) ou médicales (rapports et certificats médicaux, radiographies, analyses...).

Les pièces du dossier médical sont afférentes à trois périodes distinctes :

1) Le dossier médical antérieur à l'accident doit permettre au médecin expert d'évaluer l'*état antérieur* du patient ; celui-ci peut en demander les éléments à son médecin traitant.

2) Le certificat initial comporte des informations sur la nature des lésions constatées immédiatement après l'accident par le SAMU, le service d'urgence ou le médecin qui a reçu le blessé. Ce certificat initial est précieux pour établir l'*imputabilité* des lésions à l'accident.

3) Le dossier afférent à la maladie traumatique comporte les informations diagnostique et thérapeutique des médecins consultants ou hospitaliers, les comptes rendus opératoires et le compte rendu d'hospitalisation. La communication du dossier hospitalier peut, depuis la loi du 4 mars 2002, être opérée directement au patient, mais celui-ci peut également mandater un tiers (art. L. 1117 CSP). La victime peut ainsi désigner le médecin expert, ou son propre médecin traitant ou son médecin « assistant technique ».

87 ***2°) Les conseils et assistants techniques de la victime*** [2] ◊ Les victimes se plaignent souvent du caractère traumatisant de l'expertise médicale

1. **Dossier médical et expertise :** Ch. Bartoli, « L'accès au dossier hospitalier par l'expert d'une CRCI » ; *RGDM* 2010, n° 37, p. 239. F. Cianfarani, « L'accès au dossier médical par l'expert judiciaire », *RGDM* 2010, n° 37, p. 235. M. Olivier, H. Margeat, C. Rousseau, « Le certificat médical initial », Argus, 1981, p. 2374 ; V. Sahuc, « L'accès au dossier médical hospitalier dans le cadre de l'expertise », *RFDC* 1991.371 ; C. Koenig et L. Beaulieu, « Le certificat médical initial en évaluation du dommage corporel », *RFDC* 1992.36 ; B. Nicourt, « Le recueil des documents médicaux en expertise », *RFDC* 1995-2, p. 247.

2. **Conseils et assistants techniques des victimes :** sur le médecin-conseil assistant technique de l'assureur, v. ss 72 ; A.H. Dreyfus, « Il est absolument nécessaire que les victimes soient assistées par un médecin-conseil lors de toutes les expertises », *Gaz. Pal.* 16-17 juin 1999, p. 105 ; N. Gmati, « L'expertise et l'assistance aux victimes », *Gaz. Pal.* 17 avr. 2009, p. 27 ; Y. Lambert-Faivre, « La victime d'un dommage corporel et son avocat », *Gaz. Pal.*, 3-7 sept 1999, p. 3 ; G. Mor, « L'assistance à l'expertise : utilité et mode d'emploi », *Gaz. Pal.* 18 avr. 2009, p. 32, M. Olivier, « Les relations entre les médecins experts et les parties et leurs représentants et assistants techniques au cours des opérations d'expertise », *Dommage corporel-Expertise médicale* 2001, n° 2, p. 46 ; M. Olivier et P. Dreyfus, « Les observations et les remarques en expertise judiciaire »

qu'elles doivent subir. Le déséquilibre est en effet grand entre d'un côté la compagnie d'assurances du responsable défendeur, avec ses avocats et médecins-conseils qui l'assistent avec toute leur compétence et leur expérience, et de l'autre la victime qui néglige souvent de prendre un avocat en cas de règlement amiable ou transactionnel, ou dont l'avocat se dispense de l'accompagner lors d'une expertise judiciaire. En cas « d'examen médical » de la loi Badinter, elle se fie au médecin d'assurance qui est mandaté par la compagnie d'assurances en négligeant souvent le secours d'un médecin-conseil pour elle-même, et dans les expertises judiciaires, alors que l'assureur-défendeur envoie son médecin-conseil comme « assistant technique », elle-même demeure isolée.

Cet état de fait est injustifiable en droit et en fait.

En effet, même pour les expertises judiciaires qui présentent toute garantie d'impartialité, *l'avocat*, qui représente ou assiste une partie devant la juridiction qui a ordonné une mesure d'instruction peut en suivre l'exécution, formuler des observations et présenter des demandes relatives à cette exécution (art. 162 C. pr. civ.). Il est regrettable que les avocats des victimes, invoquant leur ignorance en matière médicale, soient encore trop souvent absents des opérations d'expertise où ils ont pourtant un rôle fondamental à jouer. En outre les parties, et plus particulièrement la victime a toujours pouvoir et intérêt à se faire assister par un « *assistant technique* » prévu à l'art. 161 C. pr. civ. : ce peut être son médecin traitant, notamment s'il a une compétence expertale et un diplôme universitaire d'expertise médicale en réparation du dommage corporel ou un médecin-conseil de victimes.

Le médecin qui a reçu un « mandat d'assistant technique » (art. 416 C. pr. civ.) peut poser des questions ou présenter des observations orales au médecin expert avec lequel un dialogue peut s'engager. Il peut même présenter des observations écrites, qui seront signées par la victime ou son conseil ; la présence d'un médecin-conseil de la victime peut considérablement diminuer le caractère stressant de l'expertise médicale, et rétablir l'équilibre des parties en présence.

88 ***3°) L'« interrogatoire » du blessé***[1] ◊ Toutes les études relatives à l'expertise médicale insistent sur le caractère « humain » que doit présenter cet « interrogatoire » pour une victime qui a souffert et souffre encore.

---

in *Mélanges Y. Lambert-Faivre et D.C. Lambert*, Dalloz, 2002, p. 319 ; P. De La Grange, « L'accès au dossier et le déroulement de l'expertise », *D.* 2003, interview p. 699. – **ANAMEVA** : Association nationale des médecins de victimes d'accident avec dommage corporel : *www.anameva.com* « Charte déontologique du médecin-conseil de blessé », consultable sur le site de l'anameva ; B. Dreyfus (dir.), *Le médecin-conseil de blessé*, éd. ESKA 2004. V. également, sur un mode plus anecdotique : B. Dreyfus, *Souvenirs d'un médecin conseil*, Eska 2009.

1. **Interrogatoire du blessé** : G. Pralong-Bone, « Le point de vue de la victime d'un dommage corporel et ses réactions après expertise médicale », *RFDC* 1985, p. 47 ; J. Vedrinne, « La rencontre » in *Paroles de victimes*, n° 11, oct. 2000. C. Hamonet, « Pour une nouvelle méthodologie et une humanisation de l'expertise médicale », *Gaz. Pal.* 18 avr. 2008, p. 62.

Au mot « interrogatoire » utilisé en la matière, on devrait substituer un terme plus bienveillant de la langue française ; en effet il est clair que cet « entretien » avec la victime ne doit en rien évoquer l'interrogatoire policier d'un délinquant. En particulier, la réalité de l'accident étant établie, il est inadmissible qu'il soit conduit de manière agressive envers la victime, trop souvent suspectée de « simulation » par les payeurs d'indemnisation. Il faut rappeler que la bonne foi se présume, et que la victime mérite des égards que toutes les études sur l'expertise médicale recommandent à juste titre, notamment de la part du médecin-conseil de la compagnie d'assurances RC adverse.

89 ***4°) L'examen clinique du blessé*** ◊ Pratiqué le plus souvent au cabinet de l'expert, il relève de la stricte science médicale. Des examens complémentaires peuvent parfois être nécessaires pour établir avec le maximum d'exactitude l'état du blessé : radiographies, imagerie médico-légale, analyses biologiques, etc.

L'avis d'un autre spécialiste [1] : en principe le médecin expert doit remplir personnellement la mission qui lui est confiée (art. 233 C. pr. civ. et art. 166 C. pén.). Cependant « *l'expert peut prendre l'initiative de recueillir l'avis d'un autre technicien mais seulement dans une spécialité* autre que la sienne » (art. 278 C. pr. civ.). Ce « spécialiste » ou « technicien spécialisé » est souvent appelé des termes anciens de « sachant » ou de « sapiteur ». Alors que le médecin expert est un généraliste, l'adjonction d'un médecin spécialiste paraît en effet nécessaire dans des domaines très spécifiques tels que l'ophtalmologie, la neuropsychiatrie, la gynécologie, l'odon-stomatologie, etc. De même, l'avis d'un ergothérapeute peut parfois s'avérer nécessaire. Cet examen spécialisé peut être demandé par la victime ou son avocat si l'expert missionné n'en prend pas l'initiative. Cependant l'expert n'est pas lié par l'avis du spécialiste qu'il a sollicité.

D. Le rapport d'expertise

90 ***Pré rapport ou réunion terminale de synthèse*** [2] ◊ L'usage d'un « pré rapport » communiqué aux parties, afin de recueillir leurs observa-

---

1. **Avis du technicien spécialiste** : F. Fiechter-Boulvard et V. Scolan, « La question de la tierce personne et du "grand handicap" : les limites actuelles de l'expertise médicale », *RCA* 2010, chron. n° 10, spéc. n° 16 s. P. Menard, « L'expertise de l'ergothérapie » *Gaz. Pal.* 18 avr. 2009, p. 19 ; A. Papelard, « L'expertise médico-légale et l'avis du spécialiste », *RFDC* 1986.449 ; Confluences juridiques, « Le Technicien assistant et l'expert judiciaire », *Gaz. Pal.* 20-24 août 1999, p. 20 ; M. Olivier, « L'avis du spécialiste en matière d'expertise judiciaire civile et le principe du contradictoire », *Gaz. Pal.* 1987.1 doc, p. 57. « ... les mesures d'instruction confiées par le juge à un technicien », *Gaz. Pal.* 17-18 mai 2000, p. 3, et « Le sapiteur et la cour de cassation », *Gaz. Pal.* 4-5 mai 2001, p. 3.

2. **Pré rapport** : M. Olivier, « Du pré rapport et de son usage en expertise judiciaire », *Gaz. Pal.* nov. 1994, p. 151. G. Mor, « Évaluation du préjudice corporel, stratégies d'indemnisation », préc., n° 114-11 s.

tions avant le dépôt du rapport définitif, s'est répandu en expertise médicale en dehors de toute disposition légale ou réglementaire. Cependant l'accord des parties peut également être mis en œuvre par la pratique d'une réunion terminale de synthèse au cours de laquelle l'expert peut faire part de ses pré-conclusions en présence de tous (les parties, leurs représentants, leurs conseils-assistants) afin d'en préserver le caractère contradictoire ; les « dires » et observations de chaque partie peuvent ainsi être utilement relevés.

Le rapport d'expertise définitif, rédigé de manière aussi claire et explicite que possible pour le magistrat - juriste non-médecin - doit répondre avec précision à toutes les questions posées par la « mission d'expertise ». Sa communication doit être précisée.

91 ***1°) La rédaction du rapport*** [1] ◊ L'objet de l'expertise est de donner au régleur tous les éléments qui lui permettront de prendre une décision juridique. Le rapport doit donc expliciter l'enchaînement des causes et des effets avec le maximum de clarté, et lorsqu'il y a doute, en exposer toutes les raisons sans ambiguïté. Bien entendu l'impartialité est de rigueur et l'art. 28 du Code de déontologie médicale dispose que la délivrance d'un rapport tendancieux est interdite.

• Le rapport d'expertise médicale est généralement divisé en six parties :

1) *le préambule* précise le contexte juridique de l'expertise (identité de l'expert, des parties, mission d'expertise...) ; il est suivi par l'énoncé du déroulement des opérations effectuées ;

2) le compte rendu des *déclarations de la victime* (ses « dires ») avec un *exposé des faits ;* il est important que les observations des parties et de leurs assistants techniques soient consignées ;

3) *la mention de tous les documents* versés au débat ;

4) *le compte rendu de l'examen clinique* du blessé ;

5) *la discussion médicale* et médico-légale des éléments du rapport ; notamment en cas de doute sur l'état antérieur et la relation de cause à effet entre l'accident et certaines lésions ;

6) *enfin les conclusions* de l'expert, qui doivent en principe répondre point par point aux questions posées dans la mission d'expertise.

• Le rapport est *daté* et *signé* par l'expert.

En cas de pluralité d'experts, ils doivent rédiger un rapport commun qui exprime leur collaboration, leurs conclusions communes, voire leurs divergences ; en effet des rapports séparés et différents pourraient être difficiles à

1. **Rapport d'expertise :** B. Barrot, « La critique judiciaire des rapports d'expertise médicale concernant les blessés par accident », *RFDC* 1984, p. 7 ; M. Klein et Y. Grall, « Doute scientifique et doute juridique dans les expertises médicales », *RFDC* 1988.557 ; M. Klein, « À propos de la fiabilité des informations nécessaires aux rapports d'expertise médicale », *RFDC* 1991.379 J. Lorifène, « Droit de l'expertise » préc., n° 244-51 s. A. Papelard, « Le rapport médical dans le cadre de la loi Badinter et de la mission-type 1994 », *RFDC* 2001-2, p. 103. M. Olivier et P. Dreyffus, « Les observations et les remarques en expertise judiciaire », *Mélanges Lambert*, Dalloz, 2002, p. 319.

interpréter pour le magistrat. C'est pourquoi l'article 282 C. pr. civ. dispose qu'« Il n'est rédigé qu'un seul rapport, même s'il y a plusieurs experts ; en cas de divergence, chacun indique son opinion ». Selon le même article, l'avis des techniciens spécialistes consultés est également intégré au rapport.

92 ***2°) Le dépôt et la communication du rapport d'expertise*** [1] ◊ Le rapport rédigé sur papier libre est déposé au greffe du tribunal lorsqu'il s'agit d'une *expertise judiciaire*, avec mention de la remise d'une copie à toutes les parties conformément à l'art. 173 C. pr. civ.

• Dans « *l'examen médical* » prévu par la loi Badinter en cas d'accident de la circulation, l'art. 17 du décret du 6 janvier 1986 dispose : « Dans un délai de vingt jours à compter de l'examen médical, le médecin adresse un exemplaire de son rapport à l'assureur, à la victime et le cas échéant au médecin qui a assisté celle-ci ». Cependant il faut souligner que la note technique contenant les conclusions médico-légales de l'expert n'est pas communiquée à la victime, ce qui est totalement contraire à l'esprit du texte. Enfin les méthodes de communication de l'examen médical aux services administratifs de la compagnie d'assurances ne sont pas conformes aux règles du secret médical.

• Dans l'expertise privée parfois demandée par l'assureur lors de la *souscription d'une assurance de personnes*, le rapport médical n'est pas transmis à l'intéressé, ce qui est totalement inadmissible.

§ 2. Les règles juridiques gouvernant l'expertise médicale

93 ***L'éthique de l'expertise médicale*** [2] ◊ L'expertise constitue un acte médical particulier par lequel le rôle du médecin n'est ni de soigner, ni de tenter de guérir le malade, mais seulement de faire des constatations médicales en vue de l'établissement d'une *preuve*. Cette finalité particulière exige une éthique rigoureuse d'humanité et d'impartialité, et le strict respect des règles juridiques gouvernant l'expertise, imposés tant par le droit processuel que par la déontologie médicale.

A. Le respect des règles du droit processuel

1. La limite de la mission expertale

94 ***a) Dans l'expertise judiciaire*** ◊ Le médecin n'est pas un juriste ; même si un diplôme de « médecine légale » ou de « réparation de dommage corporel » lui permet de comprendre les implications juridiques de

1. **Communication du rapport d'expertise :** M. Le Gueut, « Communication du dossier et du rapport », Colloque AREDOC, Le Mans 1995. Également, v. ss 96 s. les applications du principe du contradictoire.
2. **Éthique :** M. Olivier, « L'éthique et l'expertise médico-légale », *JML/DM* 1983.301.

ses constatations, en aucun cas il ne lui appartient de « dire le droit ». Son appréciation ne doit jamais se substituer à celle du juge : il doit seulement lui fournir toutes informations médicales, sans en tirer les conséquences juridiques dont seul le magistrat a la responsabilité : selon les termes de l'art. 238 C. pr. civ., « il ne doit jamais porter d'appréciation juridique ».

La rédaction de plus en plus précise des « missions-types » d'expertise traduit d'ailleurs le souci de mieux éclairer le magistrat sur la situation médicale concrète du blessé afin de lui permettre de prendre ses décisions. Naguère l'énoncé brut d'un taux d'incapacité ne lui donnait pas les instruments suffisants d'une autodétermination personnelle sur le dommage à réparer. Or les magistrats sont à juste titre soucieux de préserver leur fonction spécifique qui est de « dire le droit ».

À cet égard certaines pratiques étrangères qui donneraient à l'expert et plus particulièrement au médecin expert un rôle d'arbitre n'est pas transposable dans notre tradition juridique : d'ailleurs ni les magistrats, ni les médecins experts, ni les victimes ne le souhaitent. Au surplus, il est clair que si le médecin a le devoir de se tenir au courant des progrès de la science médicale, il peut difficilement connaître tous les méandres légaux et jurisprudentiels de la responsabilité civile.

La mission de l'expert se termine donc où commence le juridique ; même si les problèmes de frontières sont toujours délicats, on doit tenter de les résoudre en distinguant les questions techniques et les questions de droit.

Il convient enfin de rappeler qu'il est interdit au magistrat de déléguer les pouvoirs qu'il tient de la loi.

Cette frontière entre l'avis technique demandé à l'expert et les conséquences juridiques qui en sont tirées par le magistrat trouve une illustration particulière dans les procès relatifs à la responsabilité médicale : les médecins experts demeurent trop souvent élusifs, se refusant dans leur rapport à reconnaître la faute médicale commise par le médecin. Or la faute médicale, diagnostique, thérapeutique ou technique, relève de l'application technique demandée à l'expert et il est dans sa mission de la relever expressément. En revanche il ne doit rien en déduire sur la responsabilité juridique qui relève de la seule appréciation du juge.

95 ***b) Dans l'expertise d'assurance*** ◊ La question est beaucoup plus confuse dans la pratique de l'expertise d'assurance où les conclusions relatives à l'indemnisation de la victime, à la responsabilité de l'assuré, ou à l'assurabilité du souscripteur sont plus clairement induites par le rapport d'expertise. C'est qu'ici l'expert n'est pas neutre entre deux parties ; il est mandaté par l'assureur auprès duquel il a explicitement un rôle de « médecin-conseil » selon la terminologie usuelle ; or son « conseil » a pour objet les conséquences juridiques d'assurance tirées de ses conclusions médicales ; elles se présentent souvent sous la forme d'une « note technique » disjointe du corps du rapport et non communiquée à la victime ; en toute hypothèse tout rapport formel d'expertise comme toute note informelle

d'examen médical devraient toujours être obligatoirement communiqués à la victime : le principe du contradictoire l'impose.

2. Le principe du contradictoire [1]

96 Le principe du contradictoire est inhérent à la dialectique juridique et judiciaire ; il sauvegarde l'égalité des parties dans la recherche d'une solution juste et équitable à un différend en les obligeant à se faire connaître mutuellement leurs moyens et leurs preuves ; chaque prétention et argument sont ainsi soumis à la critique et à une saine « contradiction ».

Étape souvent déterminante dans la solution amiable ou judiciaire d'un litige, l'expertise doit impérativement être soumise au principe du contradictoire, qui constitue un élément essentiel de tout procès équitable.

C'est ainsi que la Cour européenne des droits de l'homme (CEDH) a rendu le 18 mars 1997 une décision importante en condamnant la France dans l'affaire *Mantovanelli* où une expertise en responsabilité médicale, après le décès d'une patiente, avait été entachée d'irrégularité, toutes les opérations expertales s'étant déroulées à l'insu des demandeurs et de leur avocat, que l'expert avait omis d'informer.

Cette décision a été prise sur la base de l'article 6, § 1 de la Convention européenne des droits de l'homme qui dispose : « Toute personne a droit à ce que sa cause soit entendue équitablement... par un Tribunal... qui décidera... des contestations sur ses droits et obligations de caractère civil... ».

Ce principe général de droit processuel ne paraît pas encore parfaitement assimilé dans le domaine de l'expertise de dommage corporel, car si les dispositions du Code de procédure civile garantissent le principe du contradictoire en matière contentieuse, les pratiques assurantielles, demeurant encore trop souvent secrètes et unilatérales.

97 ***a) Le principe du contradictoire dans l'expertise judiciaire*** [2] ◊ L'art. 16 C. pr. civ. énonce :

« Le juge doit en toutes circonstances faire observer et observer lui-même le principe de la contradiction.

---

1. **Principe du contradictoire et procès équitable** : H. Motulsky, « Le droit naturel dans la pratique jurisprudentielle ; le respect des droits de la défense en procédure civile », in *Mélanges Roubier*, t. 2, p. 175 ; R. Martin, « Principes directeurs du procès », sect 7 Contradiction 176.224 in *Recueil Dalloz, Procédure civile* (avr. 1992) ; F. Baude, « Le contentieux administratif français de l'expertise médicale et l'exigence du procès équitable de l'art. 6, § 1 de la CEDH », *LPA* 2002, n° 50, p. 4. **Jurisprudence : Affaire Mantovanelli** : CEDH 18 mars 1997, *Gaz. Pal.* 1997, 2e sem. som. p. 411 ; S. Gromb, A. Miras, A. Garay, « L'expertise médicale devant les juges des droits de l'Homme », *Méd. et dr.* 1996, n° 20, p. 30 ; A. Garay, « Le contrôle des expertises judiciaires médicales par le juge européen des droits de l'homme », *Gaz. Pal.*, 2e sem., p. 1408. **Affaire Poitout**, Civ. 1re, 1er juin 1999, *RCA* 1999, n° 253 (radiation de la liste des experts de la C. Cass, « attendu qu'un médecin expert est tenu de respecter le principe de la contradiction pendant la totalité de ses opérations d'expertise, y compris après la phase de l'examen clinique ; qu'en faisant participer, après cette phase, à sa réflexion le seul médecin qui avait été désigné par l'une des parties, M. Poitout a commis une faute professionnelle grave au sens de l'art. 5 de la loi du 29 juin 1971 »).

2. **Principe du contradictoire dans l'expertise judiciaire** : S. Ben Hadj Yahia, « Qualités et effets de l'expertise dans le contentieux de l'assurance », *RCA* 2010, et. n° 7 ; M. Olivier,

Il ne peut retenir, dans sa décision, les moyens, les explications et les documents invoqués ou produits par les parties que si celles-ci ont été à même d'en débattre contradictoirement... ».

Le principe du contradictoire qui s'impose en matière d'expertise judiciaire donne à chacune des parties la possibilité de contredire tout argument invoqué par une autre partie : la transparence et la loyauté des débats exigent le respect absolu de ce principe fondamental.

Toutes les mesures d'instruction doivent respecter le principe du contradictoire qui constitue le pivot de la liberté de la défense ; un certain nombre de conséquences en découlent dans la conduite de l'expertise médicale judiciaire : l'expert doit d'abord *convoquer toutes les parties* (art. 160 C. pr. civ.) [1] et il doit mener les *opérations d'expertise elles-mêmes* en présence des parties ou de leurs représentants, une exception étant toutefois admise dans le domaine de l'examen médical du blessé où l'expert peut refuser la présence des tiers, même s'ils sont eux-mêmes médecins [2]. Si en pratique, la victime est évidemment présente à l'examen clinique, on observe qu'elle n'est assistée d'un médecin traitant ou spécialiste que dans moins de 23 % et d'un avocat que dans moins de 6 % des expertises ; enfin, on note la participation d'un médecin-conseil de la société d'assurances de la victime ou d'un organisme de recours dans 21 % des cas, mais celle d'un médecin-conseil de la société d'assurances du responsable de l'accident dans 71 % des expertises médicales judiciaires.

Sans porter formellement atteinte au principe du contradictoire, ces statistiques traduisent néanmoins un déséquilibre dans l'assistance aux victimes, dont les avocats devraient prendre conscience : nul doute qu'en pratique la victime isolée, délaissée par son avocat, sans médecin-conseil personnel, ou assistée seulement par le « médecin de recours » de sa propre compagnie d'assurances se trouve dans une situation d'infériorité de fait, fort regrettable.

Tous les *documents* utilisés et tous les éléments qui découlent de l'interrogatoire, de l'examen clinique et des éventuels examens complémentaires sont soumis au contradictoire, sous réserve des modalités qu'exigent le tact et la discrétion en matière médicale. Dans l'hypothèse où l'expert a recueilli l'avis technique d'un tiers, ainsi que l'y autorise l'article 233 C. pr.

« L'avis du spécialiste en matière d'expertise judiciaire civile et le principe du contradictoire », *Gaz. Pal.* 1987.23, doc. 2 ; J. Lorifène, « Droit de l'expertise », Dalloz action, préc ; spéc. n° 231.18 s. ; J.-P. Marguenaud, « Le droit à l'expertise équitable », *D.* 2000. Chron. 111 ; M. Penneau, « Indépendance et expertise médicale », in *Mélanges Y. Lambert-Faivre et D.C. Lambert*, Dalloz, 2002, p. 347 ; Confluences juridiques, « Du contradictoire de l'expertise en matière pénale », *Gaz. Pal.* 13-17 août 2004, p. 2. C. Rousseau, « Le respect du contradictoire dans l'expertise », *RFDC* 1991.365. Civ 1re, 1er juin 1999, *RCA* 1999, comm. n° 253 (obligation de respecter le contradictoire tout au long de l'expertise).

1. **Obligation de convoquer toutes les parties** : Civ. 2e, 11 mai 2006, n° 04-15074 (obligation de convoquer dans un délai suffisant) ; Crim 23 mars 2010, *RCA* 2010, n° 149 (obligation de convocation à toutes les opérations d'expertise).

2. **Refus d'admettre la présence de tiers à l'examen clinique** : Civ. 1re, 25 avr. 1989, n° 87-19253.

civ., celui-ci doit informer les parties du contenu de cet avis, et permettre une discussion sur les points évoqués [1].

Le rapport lui-même, comme le pré-rapport, doit être adressé à chacune des parties et faire l'objet d'un débat contradictoire ; conformément à l'art. 276 C. pr. civ., l'expert doit prendre en considération les *observations des parties*, les mentionner dans son rapport et indiquer la suite qu'il leur a donnée [2].

98 ***b) Le principe du contradictoire dans l'expertise d'assurance*** [3] ◊ Le contradictoire est un principe du droit processuel qui n'a de réelle valeur légale que dans le cadre d'une instance, et donc d'une expertise judiciaire. Il est toutefois vivement souhaitable, dans le cadre d'une exigence de transparence, qu'il soit également appliqué dans les expertises amiables. Sa mise en œuvre, notamment en matière d'« examen médical » prévu par la loi Badinter pour l'indemnisation des victimes d'accidents de la circulation est toutefois très préoccupante. Aussi compétents, expérimentés et honnêtes soient-ils, et nul ne leur conteste ces qualités, les médecins-conseils examinateurs sont mandatés par la compagnie d'assurances *adverse* ; certes la victime peut en contester le choix, certes elle peut se faire assister de son propre médecin-conseil indépendant, mais la pratique en est rare et alimente une suspicion récurrente et croissante à l'égard de ces expertises. Il est contraire à l'esprit d'une expertise indépendante que le médecin-conseil de l'assurance du débiteur obtienne de la victime créancière d'être l'intermédiaire mandaté pour obtenir le dossier hospitalier qui pourra être utilisé contre elle ; il est regrettable qu'elle n'ait aucune assistance technique pour faire certaines observations médicales ou pour amorcer une discussion technique ; il est anormal que, comme il arrive, ses timides observations personnelles ne soient ni rapportées, ni discutées dans le rapport.

Si la lettre de la loi Badinter se trouve respectée, tous ces reproches, parfois justifiés, parfois excessifs, seraient apaisés par une réglementation plus précise relative aux droits des victimes, notamment la prise en charge de tous les frais d'assistance expertale de la victime par le responsable.

---

1. **Nécessaire discussion sur l'avis du technicien** : V. par exemple, dans la jurisprudence récente, Civ. 2e, 21 janv. 2010, n° 07-13552 ; 15 avr. 2010, *D.* 2010. 1223. Civ. 2e, 7 avr. 2011, n° 10-17348, *Gaz. Pal.* 13 juillet 2011, 29.

2. **Communication du rapport et du pré-rapport** : Civ. 2e, 14 sept. 2006, *Procédures* 2006, comm. n° 265 ; CEDH 18 févr. 2010, *Procédures* 2010, comm. n° 119.

3. **Principe du contradictoire dans l'expertise d'assurance** : A.H. Dreyfus, « Réflexions sur l'évolution des techniques d'évaluation du dommage corporel 10 ans après la promulgation de la loi Badinter », *Gaz. Pal.*, 20-21 oct. 1995, p. 5 ; J.-P. Cassagne, « Les modalités pratiques de l'examen conjoint et contradictoire amiable », *RFDC* 1996.2, p. 189 ; Y. Seydoux, « Examen d'un blessé victime d'un dommage corporel : colloque singulier ou expertise contradictoire », *Gaz. Pal.* 16-17 juin 1999, p. 106 ; J.-P. Marguénaud, « Le droit à l'expertise équitable », *D.* 2000 Chron. p. 111 ; M. Penneau, « Indépendance et expertise médicale », in *Mélanges Y. Lambert-Faivre et D.C. Lambert*, Dalloz, 2002, p. 347 ; G. Steinbach, « La pudeur psychique, le contradictoire et le secret professionnel du psychiatre », *RFDC* 2002-1, p. 27.

B. Le respect de la déontologie médicale

99 ***Le secret médical*** [1] ◊ Le « *secret médical* » est à la fois un secret professionnel des plus nécessaires et souvent mal compris. Son application en matière d'expertise médicale n'est possible que si on lui restitue son véritable sens, à la lumière des divers textes qui le régissent.

a) Le Code pénal. L'ancien article 378 du Code pénal a été remplacé par les articles 226-13 et 226-14 du Code pénal sur l'*atteinte au secret professionnel.*

Art. 226-13. « La révélation d'une information à caractère secret par une personne qui en est dépositaire soit par état ou par profession, soit en raison d'une fonction ou d'une mission temporaire, est punie d'un an d'emprisonnement et de 15 000 euros d'amende. »

Art. 226-14. « L'article 226-13 n'est pas applicable dans les cas où la loi impose ou autorise la révélation du secret. En outre, il n'est pas applicable :

1° À celui qui informe les autorités judiciaires, médicales ou administratives de privations ou de sévices, y compris lorsqu'il s'agit d'atteintes ou mutilations sexuelles, dont il a eu connaissance et qui ont été infligées à un mineur ou à une personne qui n'est pas en mesure de se protéger en raison de son âge ou de son incapacité physique ou psychique ;

2° Au médecin qui, avec l'accord de la victime, porte à la connaissance du procureur de la République les sévices ou privations qu'il a constatés, sur le plan physique ou psychique, dans l'exercice de sa profession et qui lui permettent de présumer que des violences physiques, sexuelles ou psychiques de toute nature

1. **Secret médical : – ouvrages :** « Secret médical et expertise : 10e colloque de la SFME », dossier *RFDC* 2014, T. 3 (plusieurs articles). A.M. Larguier, *Certificats médicaux et secret professionnel*, Dalloz. 1963 ; D. Thouvenin, *Le secret médical et l'information du malade*, Presses universitaires, Lyon, 1982 ; R. Floriot et C. Combaldieu, *Le secret professionnel*, Flammarion, 1973 ; P. Loiret, *La théorie du secret médical*, éd. Masson, 1988 ; Derobert, *Droit médical et déontologie médicale*, 1974. – **Articles :** M. Bacache, « Le secret médical partagé », *Gaz. Pal.* 28 déc. 2008, p. 44 ; Ph. Biclet, « Respect du contrat ou respect du secret, un dilemme », Médecine et droit 1995, n° 10, p. 2 ; Ch. Byk, « Indemnisation, expertise et secret médical : le principe de légitimité proportionnée », in *L'expertise médical et l'indemnisation des préjudices corporels*, Les études hospitalières, 2009, p. 45 ; M. Contis, « La nature du secret médical », *Médecine et droit* 2000, n° 42, p. 22 ; A. Credeville, « Le secret médical et la preuve judiciaire », *D.* 2009. 2645 ; P. Decheix, « Le secret professionnel : un droit de l'homme mis à mal », *D.* 1983. Chron. 133 ; M. Delmas-Marty, « À propos du secret professionnel », *D.* 1982. Chron. 268 ; C. Esper, « La confidentialité des informations de santé peut-elle tenir face à la protection d'autres intérêts légitimes ? Le respect du secret médical dans la législation de notre pays : réalité ou illusion ? », *D.* 2008. 1918 ; J. Honorat et L. Melennec, « Vers une relativisation du secret médical », *JCP* 1979, I, 2936 ; D. Houissin, « Le secret médical dans les nouvelles pratiques et les nouveaux champs de la médecine », *D.* 2009. 2619, C. Jonas, « Protéger ou trahir ? », *Mélanges J.-H Soutoul*, éd. Hospitalières, 2000 ; F. Moderne, « Le secret professionnel devant les juridictions administratives et fiscales » *AJDA* 1973. 404 ; P. Monzein, « Réflexions sur le secret médical », *D.* 1984. Chron. 9 ; J. Penneau, « Le secret médical et la preuve (ou l'introuvable solution) », *Mélanges Holleaux*, p. 345 ; M.-L. Rassat, « La révélation médicale », *D.* 1989. Chron. 107 ; C. Rey-Salmon, « Secret médical et personne vulnérable : le cas du mineur », *D.* 2009. 2651 ; J.-D. Sarcelet, « La confidentialité des informations de santé peut-elle tenir face à la protection d'autres intérêts légitimes ? Le rôle du juge dans la confrontation des intérêts légitimes en présence », *D.* 2008. 1921 ; D. Thouvenin, « Le secret médical : droit ou devoir professionnel », *RDSS* 1982, p. 586. – F. Warembourg-Auque, « Réflexions sur le secret professionnel », *RSC* 1978, p. 1.

ont été commises. Lorsque la victime est un mineur ou une personne qui n'est pas en mesure de se protéger en raison de son âge ou de son incapacité physique ou psychique, son accord n'est pas nécessaire ;

3° Aux professionnels de la santé ou de l'action sociale qui informent le préfet et, à Paris, le préfet de police du caractère dangereux pour elles-mêmes ou pour autrui des personnes qui les consultent et dont ils savent qu'elles détiennent une arme ou qu'elles ont manifesté leur intention d'en acquérir une.

Le signalement aux autorités compétentes effectué dans les conditions prévues au présent article ne peut faire l'objet d'aucune sanction disciplinaire. »

b) Le Code de déontologie médicale [1]. Le Code de déontologie médicale (décret n° 95-1000 du 6 septembre 1995, aujourd'hui codifié aux articles R. 4127-1 s. CSP) dispose :

Art. R. 4127-4. « Le secret professionnel, institué dans l'intérêt des patients, s'impose à tout médecin dans les conditions établies par la loi.

Le secret couvre tout ce qui est venu à la connaissance du médecin dans l'exercice de sa profession, c'est-à-dire non seulement ce qui lui a été confié, mais aussi ce qu'il a vu, entendu ou compris. »

Art. R. 4127-72. « Le médecin doit veiller à ce que les personnes qui l'assistent dans son exercice soient instruites de leurs obligations en matière de secret professionnel et s'y conforment.

Il doit veiller à ce qu'aucune atteinte ne soit portée par son entourage au secret qui s'attache à sa correspondance professionnelle. »

Art. R. 4127-73. « Le médecin doit protéger contre toute indiscrétion les documents médicaux concernant les personnes qu'il a soignées ou examinées, quels que soient le contenu et le support de ces documents.

Il en va de même des informations médicales dont il peut être le détenteur.

Le médecin doit faire en sorte, lorsqu'il utilise son expérience ou ses documents à des fins de publication scientifique ou d'enseignement, que l'identification des personnes ne soit pas possible. À défaut, leur accord doit être obtenu. »

c) Le Code de la santé publique. La loi du 4 mars 2002 a créé un art. 1110-4 CSP qui dispose : « Toute personne prise en charge par un professionnel, un établissement, un réseau de santé ou tout autre organisme participant à la prévention et aux soins, a droit au respect de sa vie privée et au secret des informations la concernant... ». Le décret n° 2002-637 du 29 avril 2002 précise les modalités d'accès des patients ou de leurs ayants droit aux informations médicales détenues par les professionnels et établissements de santé.

1. La nature du secret médical

100 Le secret médical s'analyse en termes de « droit » et de « devoir » : il est un *droit du patient* et un *devoir du médecin*.

1. **Code de déontologie médicale,** décret n° 95-1000 du 6 sept. 1995, *JO*, 8 sept. 1995, p. 13305 ; A. Dorsner-Dolivet, « Aperçu rapide sur le nouveau Code de déontologie médicale », *JCP* 1995, Actu., 18 oct. 1995.

a. Droit du patient

101 ***Le secret médical, droit du patient qui en est le maître*** ◊ La finalité du secret médical est la protection du *patient dans l'intérêt duquel il est institué ;* il est une *prérogative du malade* qui en est et doit en demeurer le maître ; en ce sens le secret a donc un *caractère relatif*, ainsi que le reconnaissent la plupart des pays européens.

Que le patient lui-même soit le maître du secret entraîne deux conséquences corrélatives dans les relations malade/médecin : le malade a le droit d'accéder aux informations le concernant contenues notamment dans son dossier médical, et il a seul le droit de transmettre ces informations à des tiers.

102 ***1) Le droit d'accès du patient au dossier médical*** ◊ L'article L. 1111-2 CSP reconnaît au patient un large droit à l'information [1], dont le corollaire immédiat est le libre accès au dossier médical contenant ces informations [2]. La reconnaissance pleine et entière de ce droit ne s'est toutefois opérée que tardivement. La loi hospitalière du 31 juillet 1991 n'organisait en effet que de manière restrictive la communication du dossier hospitalier au malade : celui-ci ne pouvait obtenir les informations médicales contenues dans son dossier médical que par l'intermédiaire du praticien qu'il désignait.

Depuis *la loi du 4 mars 2002* relative aux droits des malades et le décret du 29 avril 2002 relatif à l'accès aux informations personnelles détenues par les établissements de santé, le verrou d'un accès indirect du patient à son dossier médical a enfin sauté : c'est bien le patient qui est « maître » de ces informations, et son droit à y accéder *directement* est reconnu : la médiation obligatoire d'un médecin est supprimée (art. L. 1111-7 CSP). Lorsque le dossier concerne une personne hospitalisée à la demande d'un tiers ou d'office, la consultation des informations peut toutefois être subordonnée, à titre exceptionnel, à la présence d'un médecin désigné par le demandeur, ce qui est une mesure psychologiquement souhaitable. Dans les autres cas, la présence d'un tiers peut seulement être recommandée par le médecin dépositaire des informations, sans que le refus de la personne concernée ne puisse faire obstacle à leur communication.

La consultation sur place est gratuite ; les frais de reproduction et d'envoi des documents sont supportés par le demandeur, ce qui est normal.

103 ***Cas particulier des ayants droit du patient*** [3] ◊ Les ayants droit d'une personne décédée peuvent, dans certaines circonstances, souhaiter

---

1. **Droit du malade aux informations le concernant :** v. ss 836 s.
2. **Accès au dossier médical :** Th. Cassagrande, « L'accès direct au dossier médical : principes juridiques et réalités pratiques », *Méd. et dr.* 2005, p. 52 ; F. Trovero, L. Bestard, « L'accès libre au dossier médical : une vraie-fausse réforme... », *Méd. et dr.* 2001, p. 14 ; O. Dupuy, *Le dossier médical*, éd. Études hospitalières, 2002. V. actes du colloque « Le dossier médical : questions éthiques et juridiques », *RGDM* 2010, n° 37.
3. **Accès aux informations par les ayants droits :** B. Belleil et L. Melennec, « Le secret professionnel médical à l'égard de la famille », *Gaz. Pal.* 1974.II, doc. 832 ; Civ. 1re, 12 févr. 1963,

accéder aux informations médicales concernant leur auteur, pour faire valoir leur droit, ou tout simplement pour connaître les causes du décès.

Avant la loi du 4 mars 2002, la jurisprudence avait tenté d'imposer une solution nuancée. Ainsi, lorsque les droits des héritiers étaient subordonnés à l'obtention de renseignements intéressant le défunt, une exception au secret médical pouvait être reconnue à leur profit, sauf lorsque la nature des faits permettait de présumer que le défunt n'en aurait pas souhaité la révélation (faits relatifs à sa vie sexuelle ou sa santé mentale, par exemple) ou lorsque celui-ci avait exprimé clairement une opposition à l'information de ses proches avant son décès.

Désormais l'art. L. 1110-4 CSP, al. 7 dispose : « Le secret médical ne fait pas obstacle à ce que les informations concernant la personne décédée soient délivrées à ses ayants droit dans la mesure où elles sont nécessaires pour connaître les causes de la mort, de défendre le mémoire du défunt ou de faire valoir leurs droits, sauf volonté contraire exprimée par la personne avant son décès ». Les ayants droit du défunt peuvent donc avoir accès aux informations concernant le défunt, et contenues dans son dossier, dans l'une de ces trois hypothèses. La loi opère une clarification en désignant précisément les cas dans lesquels le médecin est autorisé à lever le secret du défunt, en rupture avec le critère trop subjectif mis en œuvre antérieurement par la jurisprudence.

104 ***2) Le droit du malade de transmettre lui-même les informations le concernant*** ◊ Maître du secret, il appartient au malade d'en opérer la divulgation. Cette démarche, qui relève du droit et de la liberté du malade, ne saurait être entravée par le médecin. Les applications en sont nombreuses, de la diversité des certificats médicaux exigés par notre civilisation paperassière, à la transparence politique naguère prônée.

Maître du secret, le patient peut aussi en délier le médecin ; il arrive que les médecins traitant les grands de ce monde diffusent des bulletins de santé, (d'ailleurs véridiques ou faux comme l'affaire *Gubler-Mitterand* l'a révélé) ; l'accord présumé du patient peut seul légitimer ces pratiques.

Les recommandations déontologiques faites au médecin traitant doivent donc être très précises :

• il ne doit jamais transmettre directement d'informations médicales à un tiers, une compagnie d'assurances ou un médecin-conseil ; en effet celui-ci n'ayant aucun rôle thérapeutique ne bénéficie pas du « secret partagé » entre médecins co-soignants d'un malade. La loi du 4 mars 2002 est d'ailleurs venue heureusement clarifier cette notion de « *secret partagé* » : le médecin qui détient les informations personnelles n'a nullement le

---

JCP 1963.II.13107, concl. Lindon. *D.* 1963.471, note Le Bris ; Civ. 1re, 26 mai 1964, *JCP* 1964. II.13751, note R. Lindon ; Civ. 1re, 13 oct. 1970, D 1970.765, concl. Lindon. CAA Paris, 7 oct. 1999, *AJDA* 2000, n° 4, p. 353, *RFDC* 2000-2, p. 177, obs. Bessieres-Roques et rejet pourvoi par CE 29 janv. 2003, *D.* 2003 IR p. 50 (opposition à communications exprimée par le de cujus). CE, 26 sept. 2005, *D.* 2005. 2545 (communication des seules informations en lien avec la cause autorisant la levée du secret).

droit de les communiquer à un autre médecin, même si celui-ci est lui-même tenu au secret professionnel. La notion de « secret partagé » est limitée aux échanges d'informations médicales entre les seuls médecins et personnels médicaux qui coopèrent au traitement du patient (art. L. 1110-4 al. 3 CSP). Il ne peut donc y avoir de secret partagé entre médecin traitant et médecin de la compagnie d'assurances.

• En revanche le médecin traitant peut soit aider le patient à remplir le questionnaire médical, soit lui remettre personnellement le certificat médical comprenant les informations demandées ; dans ce cas il est recommandé de mettre sur le certificat médical « certificat remis en main propre à l'intéressé ». À celui-ci de transmettre le certificat le concernant aux organismes demandeurs.

Cette procédure de la transmission des informations le concernant par le seul patient trouve cependant une limite lorsque celui-ci ignore la gravité de son état (art. R. 4127-35, al. 2, CSP), encore que nous estimions que ce secret à l'égard du malade devrait en tout état de cause être exceptionnel. Dans ce cas la difficulté nous semble d'autant plus insurmontable qu'il faut bien comprendre que le secret porte sur des informations médicales personnelles, et non sur un support formel papier ou informatique ; dès lors l'envoi direct, même sous pli confidentiel, du certificat par le médecin traitant à quelque tiers que ce soit paraît difficile : comment le patient pourrait-il délier son médecin du secret portant sur des informations qu'il ignore ? La remise au patient d'un certificat rédigé en jargon médical, et donné scellé sous pli noté confidentiel pour transmission n'est qu'un piètre subterfuge.

b. Devoir du médecin [1]

105 Le secret professionnel n'est pas une prérogative du médecin mais un impérieux *devoir*, car la nécessaire confiance du malade exige cette totale *discrétion à l'égard des tiers*. La jurisprudence y veille strictement.

Il faut rappeler que ce « devoir », cette impérieuse « obligation » du médecin est sanctionnée par le Code pénal (art. 226-13), sauf dans les cas où la loi elle-même l'oblige ou l'autorise à divulguer les informations médicales à des autorités publiques (maladies contagieuses, sévices à l'encontre de personnes faibles...). La jurisprudence en admet également la divulgation pour les besoins de la défense du médecin.

Édicté dans l'intérêt des patients (art. 4, Code déontologie), *le secret médical est donc un secret d'intérêt privé*. Dès lors sa divulgation devrait logiquement constituer une *« infraction d'intérêt privé »* susceptible de n'être poursuivie

1. **Le secret médical, devoir du médecin :** arrêts de principe de la Cour de cassation : Crim., 19 déc. 1885, arrêt Watelot, *DP* 1886.1.347 (conception absolutiste, « Silence toujours et quand même ») ; Crim., 8 mai 1947, arrêt Decraene ; *D.* 1947.109, note Gulphe, *JCP* 1948. II.4141, note Legal (le secret médical est une obligation absolue dont personne ne peut affranchir le médecin) ; Crim., 20 déc. 1967, aff. dite du Roi des gitans : *D.* 1969. 309 (levée possible du secret pour respecter les droits de la défense du médecin mis en cause dans la procédure). Crim., 24 avr. 2007, *RSC* 2007, p. 815, obs. Y. Mayaud.

que sur la demande de la personne dans l'intérêt de laquelle elle a été instituée : le patient, ses proches ou ses héritiers et personne d'autre.

2. Le secret médical et la réparation du dommage corporel

106 La réparation d'un dommage corporel met généralement en œuvre l'intervention des assurances à l'égard desquelles le problème du secret médical a parfois été soulevé. Cependant la compréhension de la nature réelle du secret médical, droit du malade, marginalise la plupart des objections faites à l'application des règles juridiques en la matière, qu'il s'agisse de l'indemnisation d'un dommage corporel en *assurances de responsabilité*, ou des prestations dues par l'assureur en *assurances de personnes*.

a. Secret médical et responsabilité civile

107 On sait que la victime d'un dommage corporel qui réclame la réparation d'un préjudice, doit se conformer à l'article 1315, al. 1, C. civ. : « Celui qui réclame l'exécution d'une obligation doit la prouver ».

Cette preuve est apportée par l'expertise médicale, soit par un expert judiciaire dans le cadre d'une procédure, soit par un médecin-conseil d'assurance dans le cadre d'une expertise amiable.

1. L'expert judiciaire et le secret médical [1]

108 L'expert judiciaire est mandaté pour établir la véracité des faits allégués dans l'action en justice qui établira la responsabilité de l'auteur du dommage la nature des préjudices et le montant de l'indemnité due par l'assureur de responsabilité. Conformément à l'article 108 du Code de déontologie, le médecin expert ne doit révéler dans son rapport que les éléments de réponse aux questions posées par la mission d'expertise. Hors de ces limites il doit taire ce qu'il a pu apprendre lors de sa mission : il est lui-même tenu au secret.

– Pour son expertise, le médecin expert judiciaire doit obtenir des informations médicales sur les antécédents de la victime, et il peut parfois se heurter au refus de cette dernière de lui communiquer des informations. Ce refus peut également être opposé par un tiers et notamment un médecin détenant à un titre quelconque des documents la concernant.

1. **Expert judiciaire et secret médical** : Ch. Byk, « Indemnisation, expertise et secret médical : le principe de légitimité proportionnée », in L'expertise médical et l'indemnisation des préjudices corporels : Les études hospitalières, 2009, p. 45 ; J.-D. Sarcelet, « La confidentialité des informations de santé peut-elle tenir face à la protection d'autres intérêts légitimes ? Le rôle du juge dans la confrontation des intérêts légitimes en présence », *D.* 2008. 1921 ; E. Crédeville, « Le secret médical et la preuve judiciaire ou le secret médical mis en perspective » *D.* 2009. 2645. L. Davenas, « Le secret médical et la preuve judiciaire », *D.* 2009. 2642. « Secret professionnel et rapport d'expertise », *RFDC* 2008, n° 1 (plusieurs articles).

Or, en droit commun, aucune disposition légale n'autorise le médecin expert désigné dans le cadre d'un procès civil à exiger la révélation de faits couverts par le secret. Deux situations doivent toutefois être distinguées.

109 ***Personne concernée par le secret, partie à la procédure*** [1] ◊ Lorsque la personne au sujet de laquelle les informations couvertes par le secret est partie à la procédure, celle-ci peut refuser de communiquer à l'expert des renseignements confidentiels, ainsi que le prévoit l'article 11 du Code de procédure civile par la référence faite à la notion « d'empêchement légitime ». Ce refus sera toutefois consigné par l'expert, et le tribunal en tirera toutes les conclusions nécessaires. Cette solution résulte notamment d'un arrêt du 15 juin 2004 au terme duquel la Cour de cassation a affirmé « si le juge civil a le pouvoir d'ordonner à un tiers de communiquer à l'expert les documents nécessaires à l'accomplissement de sa mission, il ne peut, en l'absence de disposition législative spécifique, contraindre un médecin à lui transmettre des informations couvertes par le secret lorsque la personne concernée ou ses ayants droit s'y sont opposés ; qu'il appartient alors au juge saisi sur le fond d'apprécier si cette opposition tend à faire respecter un intérêt légitime ou à faire écarter un élément de preuve et d'en tirer toute conséquence quant à l'exécution du contrat d'assurance ». La Cour de cassation avait pu sembler adopter une position plus restrictive dans un arrêt du 22 novembre 2007 où celle-ci avait retenu, dans le domaine du contentieux des prestations sociales, l'inopposabilité de principe du secret médical au médecin expert. Cette solution est toutefois aujourd'hui abandonnée, le secret ne pouvant être levé sans accord du patient. La question centrale est donc aujourd'hui de savoir si le refus de lever le secret correspond à la défense d'un « intérêt légitime ».

110 ***Personne concernée par le secret, tiers au procès*** [2] ◊ Lorsque la personne concernée par les informations secrètes n'est en revanche pas partie à la procédure, la Cour de cassation considère que les dispositions relatives au secret médical ne peuvent faire obstacle à la possibilité de chacun de faire valoir ses droits en justice, le juge devant alors « prescrire les mesures efficaces pour éviter la divulgation de l'identité des malades », une juste proportionnalité devant être assurée entre les droits des parties et les exigences liées au secret professionnel.

111 ***Exceptions*** ◊ L'opposabilité de principe du secret médical à l'expert connaît quelques exceptions, qui doivent impérativement être prévues par un texte spécial. Ainsi en est-il par exemple en matière pénale (en raison

---

1. **Opposabilité du secret à l'expert par la victime** : Civ. 1re, 15 juin 2004, *RTD civ.* 2005. 99, obs. J. Hauser ; Civ. 2e, 22 nov. 2007, *D.* 2008, somm. p. 509, obs. J. Penneau ; Civ. 1re, 18 nov. 2008, *D.* 2009. 1302 ; *RDSS* 2009. 185 exigeant une renonciation explicite. Civ. 2e, 19 févr. 2009, n° 08-11.959 ; Civ. 1re, 25 nov. 2010, n° 09-69721.

2. **Partie concernée par le secret, tiers à la procédure** : Civ. 1re, 18 mars 1997, *JCP* 1997, II, 22829, rapp. P. Sargos ; *D.* 1997, somm. 315 ; Crim., 24 avr. 2007, *RSC* 2007, p. 815, obs. Y. Mayaud ; V. également, Com., 15 mai 2007, n° 06-10606.

du caractère inquisitoire de la procédure pénale), ou au profit des médecins experts nommés dans le cadre de la procédure amiable d'indemnisation des accidents médicaux (art. L. 1142-12 al. 5 CSP).

2. Le médecin-conseil d'assurance et le secret médical [1]

112 Si l'expert judiciaire apparaît neutre, le médecin-conseil mandaté par la compagnie d'assurances du responsable peut sembler moins impartial envers la victime « adversaire ». Cependant sa mission consiste également à établir la preuve du dommage subi par la victime afin de permettre son indemnisation ; au surplus, aux termes de l'article 107 du Code de déontologie « le médecin expert doit, avant d'entreprendre toute opération d'expertise, informer la personne qu'il doit examiner de sa mission et du cadre juridique dans lequel son avis est demandé ».

• *Du côté du médecin d'assurance*, le respect des règles de la déontologie médicale doit être particulièrement scrupuleux, et toute fraude, toute manœuvre occulte pour se procurer des informations médicales à l'insu et contre la volonté du patient doit être sanctionnée. À cet égard la chambre criminelle de la Cour de cassation a rendu un arrêt célèbre le 17 mai 1973, dans une affaire où, l'expert avait commis une triple faute : il n'avait pas demandé l'autorisation du blessé, ou de ses proches, pour consulter son dossier hospitalier ; il avait obtenu ce dossier par des relations officieuses et personnelles ; enfin il avait mentionné dans son rapport des faits étrangers à l'accident.

Plus absolue encore est la protection du secret médical à l'égard de l'entreprise d'assurances par laquelle le médecin-conseil est mandaté.

Le problème a notamment été soulevé à propos du rapport d'« examen médical » mis en œuvre selon la loi Badinter dans la procédure d'indemnisation des victimes d'accidents de la circulation : le médecin-conseil mandaté par la compagnie d'assurances peut-il adresser son rapport intégral aux services administratifs de règlement, ou doit-il l'adresser à un « service médical » qui ne transmettrait au service administratif que la note technique médico-légale ?

Pour le Conseil de l'Ordre, le médecin peut transmettre aux services de règlement les seules conclusions expertales relatives aux différentes

---

1. **Le médecin d'assurance et le secret médical :** G. Courtieu, « Secret médical : secret-défense ou secret de polichinelle ? » *RCA* 1999, chron. n° 13 ; A. Credeville, « Le secret médical et la preuve judiciaire », *D.* 2009. 2645 ; G. Durry, « Secret médical et preuve d'une fausse déclaration du risque », *Risques* sept. 1999, p. 120 ; L. Melennec, « Le médecin-traitant est-il tenu au secret à l'égard du médecin expert des compagnies d'assurances ? », *RFDC* 1980, p. 193 ; A. Rogier, « Transmission du dossier médical, du rapport d'expertise, et secret médical », *RFDC* 1996-4, p. 349 ; J. Landel, « Secret médical et assurance : comment débusquer la mauvaise foi », Trib. ass., n° 25, juin 1999, p. 50 ; – **Jurisprudence :** Crim., 17 mai 1973, *D.* 1973.583, note P.J. Doll, (condamnation pénale du médecin expert d'assurance pour violation du secret médical) ; Civ. 1re 12 janvier 1999 et Crim. 8 avr. 1998, *D.* 1999. Somm. 381, obs. Penneau (obligation au secret professionnel est générale et absolue ; la remise de la lettre du médecin traitant à la compagnie d'assurances procède d'une violation du secret médical commise par son médecin conseil, de sorte que cette lettre devait être écartée des débats).

questions de la mission ; en revanche toutes les informations relatives à l'examen clinique sont couvertes par le secret professionnel médical.

• *Du côté du malade* [1], maître du secret médical, la transmission de ses dossiers médicaux doit permettre l'établissement de ses droits ; le médecin traitant ne saurait y faire obstacle en invoquant à tort un secret médical dont il n'est que le dépositaire, mais non le maître.

Cependant les droits du malade doivent évidemment être établis dans la clarté et la *bonne foi* nécessaires à la vie juridique : or, de la réticence à la dissimulation, il n'y a souvent que des différences de degré.

Le malade doit transmettre au médecin d'assurance l'intégralité de son dossier médical utile à l'affaire, faute de quoi il n'établit pas la preuve requise pour l'établissement de ses droits ; il n'est pas admissible qu'il opère un tri dans son dossier médical, ne transmettant que les certificats favorables à sa cause et scellant ceux qui lui sont défavorables ; un dossier tronqué, partiel et partial constitue une fraude évidente ou un abus de droit. A fortiori le secret médical ne doit pas servir de couverture à de véritables escroqueries, et la célèbre « affaire des Gitans » a trouvé sa légitime sanction par un arrêt de la Cour de cassation du 20 décembre 1967.

b. Secret médical et assurances de personnes [2]

113 Dans les assurances des personnes, le médecin-conseil de la compagnie d'assurances peut avoir un rôle *d'expertise* et de *contrôle* de la santé de l'assuré, soit lors de la souscription du contrat (assurance-maladie, assurance-décès...), soit lors du sinistre lui-même (assurance accident corporel, assurance-maladie...).

---

1. **Bonne foi du malade :** Affaire des Gitans, Cass., 20 déc. 1967, *D.* 1969.309 (simulation de démence post-traumatique et d'états végétatifs après des accidents bénins ; démasqués les « blessés » avaient en vain invoqué le secret professionnel à l'égard du médecin !).

2. **Secret médical et assurances de personnes :** B. Beignier, « Secret médical et assurance de personnes », *D.* 1999, chron. p. 496 ; M. Cauchy et Dionisi, « Le droit au secret médical et son application en matière médicale », *D.* 2005. 1313. J.-P. Moreau, « Secret médical et assurance », *Risques*, n° 18, juin 1994, p. 183 ; P. Biclet, « Respect du contrat ou respect du secret, un dilemme », *Méd. et dr.* n° 10, janv. 1995, p. 6 ; Civ. 1re, 18 mars 1986, *JCP* 1986.II.20629, concl. Gulphe (certificat médical demandé par une agence de voyages ; illiceïté des questions portant sur la nature et la gravité de la maladie) ; Civ. 1re, 3 janv. 1991, *RCA* 1991.11 (assurance sur la vie ; déclaration inexacte du risque ; médecin-conseil non tenu par le secret médical pour les renseignements que lui a donnés l'assuré) ; Civ. 1re, 9 juin 1993, Aff. Queroy-Troalen, *RCA* 1993, n° 321 et 348 ; M.A. Peano, « Le secret médical et les exigences de la preuve en matière d'assurance », *RCA* 1993, chron., n° 34 ; I. Bessieres-Roques, « La Cour de cassation et le secret médical », *RFDC* 1993.4, p. 418 ; Civ. 1re, 10 déc. 1996, *D.* 1998 note S. Choisez (nullité du contrat pour fausse déclaration sur la base de documents obtenus par le médecin conseil, les faits n'étant pas contestés) ; Civ. 1re, 6 janv. 1998, *Bull. civ.* I, n° 3 (lettre du médecin traitant transmise à l'assureur retirée des débats) ; Civ. 1re, 12 janv. 1999, *JCP* 1999.II.10025 rapport Sargos (lettre « confidentielle » du médecin traitant retirée des débats) ; G. Durry, « Secret médical et preuve d'une fausse déclaration du risque » *Risques* n° 39, sept. 1999, p. 120 ; S. Gromb, « Le secret médical et la transmission de la vérité », *Méd. et Dr.* 2000, n° 41, p. 13 ; Civ. 1re, 29 oct. 2002, affaire Toussaint, *RCA* 2003, n° 56, M. Perier, « Le secret médical à l'épreuve de la loyauté contractuelle en assurances de personnes », *Gaz. Pal.* 20-22 juill. 2003, p. 2. Civ. 1re, 15 juin 2004, *RTD civ.* 2005. 99, obs. J. Hauser. *RCA* 2004, chron. H. Groutel n° 18.

La transmission de pièces médicales par l'assuré au médecin-conseil d'assurance ne préjuge cependant pas du sort du secret médical dans le cadre de la compagnie d'assurances : à cet égard les articles R. 4127-100 à 104 CSP applicables à la *médecine de contrôle* prévoient que le médecin contrôleur ne doit répondre que de manière administrative à la question administrative qui lui a été posée, sans révéler les motivations médicales de sa décision à l'administration. Cette règle applicable aux médecins contrôleurs de la sécurité sociale doit l'être a fortiori aux services administratifs des compagnies d'assurances : le médecin d'assurance est tenu au secret envers l'organisme qui fait appel à ses services (art. 104 Code déontologie). La jurisprudence la plus récente semble de plus en plus sévère devant les pratiques de compagnies d'assurances dont l'organisation et les procédures ne paraissent pas conformes aux exigences déontologiques.

– Dans l'affaire *Queroy-Troalen*, la Cour de cassation a rendu le *9 juin 1993 un arrêt* qui tente difficilement de trancher entre secret médical et assurance : un assuré avait adhéré à un contrat d'assurance de groupe pour garantir le remboursement d'un emprunt, en déclarant lors de son adhésion ne faire l'objet d'aucun traitement médical ; après son décès, l'assureur, se fondant sur un certificat médical établi par le médecin traitant *à la demande directe de la compagnie d'assurances*, refusa sa garantie en invoquant une fausse déclaration de la part de l'assuré qui suivait un traitement médical depuis plusieurs années : la première chambre civile estima que sa veuve ne pouvait pas s'opposer à la production de ce certificat, car elle ne défendait pas un intérêt légitime.

À notre sens le secret médical ne peut être levé que par ou avec l'autorisation du patient ou de ses ayants droit. Il était justifié que l'assureur demande à la veuve de lui produire un certificat médical établissant la véracité de la déclaration faite à la souscription, et de tirer les conséquences de son éventuel refus. En revanche la demande directe au médecin traitant, et la délivrance directe de celui-ci à l'assureur d'un certificat médical sans autorisation du patient ou de sa veuve nous paraissent enfreindre les règles déontologiques. Il en va d'ailleurs selon nous de même lorsqu'une clause du contrat d'assurance autorise par avance la compagnie à demander directement au médecin traitant de l'assuré la production d'un certificat médical. Nonobstant l'éventuelle discussion sur la validité d'une telle clause, le médecin traitant ne devrait pas satisfaire à la demande de l'assureur, car la déontologie médicale enjoint au médecin de ne remettre de tels certificats qu'au seul patient, *en mains propres*.

– Un arrêt de la *première chambre civile du 10 décembre 1996* (affaire *Cournet*) poursuit la même voie en sanctionnant la fausse déclaration médicale lors de la souscription sur la base de documents médicaux obtenus par le médecin-conseil de la compagnie ; la Cour de cassation rejette le pourvoi fondé sur la violation du secret médical en soulignant que les faits révélés par ces documents n'étaient pas contestés : le secret médical ne doit pas couvrir des intérêts illégitimes et une fraude à l'assurance.

– Cependant la première chambre civile faisait déjà évoluer sa position dans un *arrêt du 6 janvier 1998* où l'assureur avait produit un rapport de son médecin-conseil qui avait directement demandé des renseignements médicaux au médecin traitant de l'assuré : la Cour de cassation approuve la Cour d'appel d'avoir ordonné la suppression des débats de cette lettre pour violation du secret médical.

– *Un arrêt du 12 janvier 1999* rendu au rapport du Conseiller Sargos confirme cette jurisprudence dans une affaire où pourtant la veuve bénéficiaire du contrat, sollicitée de donner « confidentiellement » des informations médicales, avait autorisé le médecin traitant à faire une lettre « confidentielle » au médecin-conseil qui l'a transmise aux services administratifs. Une fois de plus la lettre du médecin traitant est écartée des débats.

Cette affaire a provoqué de vives réactions dans le milieu des assurances qui doivent légitimement disposer de moyens légaux pour établir la fraude d'assurés peu scrupuleux. Or ces moyens existent : le médecin-conseil doit demander au médecin traitant, *par l'intermédiaire de l'assuré* ou du bénéficiaire le document médical nécessaire ; celui-ci, tenu de ne faire aucun certificat de complaisance par la déontologie (art. 28 Code déontologie) doit établir la vérité médicale. À l'assuré ou au bénéficiaire de transmettre lui-même le document (intégral, cela va de soi) au médecin-conseil, qui doit alors informer les services administratifs de ses conclusions : par exemple la non-conformité des déclarations souscrites et du constat médical (sans préciser les informations proprement médicales sur les maladies). Sur la base de ce document, l'assureur peut alors refuser sa garantie et, soit l'assuré, conscient de sa mauvaise cause, s'incline, soit il intente une action en justice : la juridiction peut alors donner mission à l'expert judiciaire désigné de se faire communiquer le dossier médical.

Ici le décret n° 98.1231 du 28 décembre 1998, complétant l'art. 275 C. pr. civ. permet de décourager la mauvaise foi, car il dispose : « la juridiction de jugement peut tirer toute conséquence de droit du défaut de communication des documents à l'expert ». Ainsi, dans l'hypothèse où l'assuré ou ses ayants droit refuseraient de communiquer les documents à l'expert, le juge doit apprécier la légitimité du motif d'opposition, et si celle-ci ne vise pas à faire respecter un intérêt légitime, peut en tirer toutes conséquences, ainsi qu'en dispose l'arrêt de la première chambre civile du 15 juin 2004 [1].

SECTION 2. L'OBJET DE L'EXPERTISE MÉDICALE

114 ***La distinction entre l'évaluation médicale du dommage corporel et l'évaluation juridique des préjudices*** [2] ◊ L'« évaluation » du dommage

---

1. **Opposabilité du secret à l'expert judiciaire** : v. ss 108.
2. **Évaluation médicale et évaluation juridique** : R. Barrot, « La place de l'expertise médicale dans l'indemnisation du préjudice corporel », *JML/DM* 1983, p. 317 ; H. Margeat, « La

corporel suppose l'intervention successive de deux disciplines : ce sont d'abord des médecins qui apprécient et qualifient l'importance des atteintes à l'intégrité physique ; ce sont ensuite des juristes qui traduisent dans le domaine du droit les préjudices subis, et en font une évaluation monétaire.

L'expertise médicale a pour objet *l'évaluation médicale du dommage corporel* défini comme l'atteinte à l'intégrité physique et psychique de la personne. L'évaluation médicale peut certes être quantifiée par des données chiffrées de déficit fonctionnel et de dommage moral (« barèmes » d'incapacité ou d'« échelles » de préjudices moraux). Mais en aucun cas le médecin expert ne doit passer de cette évaluation médicale à une évaluation monétaire qui est l'objet du seul « règlement » de l'indemnité.

On appelle « *règlement* », en matière d'indemnisation et d'assurance, *l'évaluation monétaire de l'obligation*, qu'il ne faut pas confondre avec le « paiement » par lequel le débiteur s'acquitte de sa dette.

La détermination juridique et l'évaluation monétaire des préjudices induits par le dommage corporel relèvent des pouvoirs du décideur : magistrat qui « dit le droit » en cas d'expertise judiciaire, ou « régleur de sinistre » de la compagnie d'assurances.

Dans ce chapitre consacré à l'expertise médicale, cette section sera donc toujours limitée à l'aspect médical qui est seul de la compétence de l'expert. Si l'on rassemble des données de sa mission, on peut les ordonner autour de deux pôles : établir d'une part *la preuve de la réalité du dommage corporel*, et d'autre part *la preuve de l'imputabilité du dommage corporel à l'accident*.

§ 1. La preuve de la réalité du dommage corporel

115 Le dommage corporel relève d'une constatation médicalement évaluable des lésions qui se traduisent pour le blessé en divers préjudices spécifiques. Il convient de connaître les repères médico-légaux d'évaluation utilisés par le médecin expert avant d'analyser la constatation médico-légale du dommage corporel.

A. Les repères médico-légaux d'évaluation

116 Pour conduire sa mission d'évaluation médicale du dommage corporel au service du régleur, le médecin expert a lui-même besoin de repères et d'outils qui apparaissent souvent très imparfaits, voire même inadaptés aux handicaps les plus graves, mais dont l'usage traditionnel est aujourd'hui modernisé. Nous envisagerons ici d'une part la *consolidation*, d'autre part les *barèmes médicaux d'évaluation des incapacités*.

---

place de l'expertise médicale dans l'indemnisation », *RFDC* 1983, p. 1 ; C. Rousseau, « Le médecin et l'évaluation du dommage ; perspectives européennes », *Revista española de seguros*, avril 1989 ; R. Barrot, « Le rôle du médecin et le rôle du juge dans l'indemnisation du dommage corporel », *RFDC* 1983, p. 24.

1. La consolidation [1]

117 Le dommage corporel indemnisable ne se réduit pas à un instantané au moment de l'accident constaté par un examen initial soit lors de l'hospitalisation, soit par un médecin traitant. Celui-ci établit le « *certificat initial* » précieux pour reconstituer la genèse de l'accident et son impact immédiat sur le blessé.

Cependant l'état traumatique de la victime évolue dans le temps, soit en s'aggravant - voire jusqu'au décès -, soit plus souvent en s'améliorant pour parvenir à une *stabilisation* qu'on appelle la *consolidation*.

Il faut bien comprendre que le processus d'indemnisation d'un dommage corporel comporte trois jalons : la date de l'*expertise* médicale, la date de *consolidation* fixée par celle-ci, et enfin la date du *règlement* ou évaluation juridique et monétaire des divers préjudices par accord amiable, transaction ou décision judiciaire.

118 ***a) Définition*** ◊ Le texte de la « Mission d'expertise 2006 mise à jour en 2009 » définit *la date de consolidation* comme « le moment où les lésions se sont fixées et ont pris un caractère permanent, tel qu'un traitement n'est plus nécessaire, si ce n'est pour éviter une aggravation, et qu'il est possible d'apprécier l'existence éventuelle d'une Atteinte Permanente à l'Intégrité Physique et Psychique » : la consolidation avec séquelles n'est donc pas guérison. Naguère, la consolidation marquait la fin des soins nécessités par l'accident. Mais cette notion simpliste se trouve remise en cause par l'évolution juridique de la Cour de cassation dont un arrêt du 9 juin 1978 a autorisé les *tiers payeurs* à exercer leur recours subrogatoire pour les « *frais futurs* ».

Dès lors ni le dossier médical, ni le dossier juridique ne sont plus forcément clos avec la consolidation. Bien plus, les médecins experts font part de leur perplexité lorsqu'ils doivent fixer une date de consolidation dans les cas graves de lésions traumatiques multiples, orthopédiques, viscérales ou neuropsychologiques : la stabilisation n'est jamais soudaine et on ne passe pas du jour au lendemain d'un état temporaire évolutif à un état permanent stabilisé. Au surplus certaines contaminations à virus (hépatite C, sida) sont des maladies évolutives sans consolidation.

---

1. **Consolidation :** États généraux du dommage corporel, Conseil national des barreaux, 4 février 2010 sur le thème du « dommage corporel conjugué à tous les temps », Table ronde « autour de la consolidation : enjeux et implications », *Gaz. Pal.* 4 avr. 2011, p. 31 s. Travaux du congrès de l'AMEDOC de mars 1992, « Autour de la consolidation », in *RFDC* 1992, p. 361 à 434 (C. Fournier, « Introduction et historique » ; B. Proust, « Définitions » ; J.-M. Lief, « Stabilisation fonctionnelle et situationnelle ; alternative ou nécessité » ; A. Papelard, « La notion de permanence » ; J. Lamarque et P. Guillot, « Consolidation des blessés graves » ; J.-P. Feschotte et autres, « Consolidation et assurances de personnes ») ; A. Papelard, « Réflexions sur la consolidation », *RFDC* 2003, 1, p. 47 ; C. Rousseau, « Incapacité temporaire totale et incapacité temporaire partielle dans la réparation du dommage corporel en droit commun », *RFDC* 1991.167 ; Y. Lambert-Faivre, « La consolidation fonctionnelle et la consolidation situationnelle », *Rev. belge domm. corp.*, 1994, p. 15 ; AREDOC, « La Consolidation : un concept fragile mais nécessaire », in Lettre de l'AREDOC n° 17, avril 2003. - **Frais futurs et consolidation :** v. ss 173 s., 352 ; Ass. plén, 9 juin 1978, *JCP* 1978.IV.242.

119 ***b) Consolidation fonctionnelle et situationnelle*** ◊ Les médecins experts, confrontés à des situations concrètes complexes apportent une distinction qui peut trouver des prolongements féconds dans l'analyse juridique du régleur.

La *consolidation fonctionnelle* rend compte du « déficit fonctionnel » qui résulte notamment des lésions organiques et physiologiques.

La *consolidation situationnelle* rend compte des conséquences du handicap pour la victime « en situation » dans son environnement.

La mission d'expertise devrait ainsi demander au médecin expert de faire une description situationnelle du blessé dans des environnements différents : les activités élémentaires de la vie quotidienne, les activités socio-professionnelles, les activités affectives ou familiales, les activités de loisirs, les activités scolaires et de formation.

120 ***c) L'utilité actuelle de la notion de consolidation*** ◊ Le concept de consolidation a perdu son illusoire simplicité : la permanence et la stabilité auxquelles il se réfère doivent être relativisées. Son utilité est par ailleurs discutée, notamment en ce qui concerne les préjudices patrimoniaux où la vraie ligne de fracture ne semble pas être la date de consolidation, mais celle du règlement [1]. Ce n'est pas pour autant un élément de l'expertise médico-légale à rejeter, car son utilité demeure incontestable.

Pour le régleur, la consolidation marque la frontière entre les préjudices personnels à caractère temporaire et à caractère permanent ; la date fixée par le médecin expert (et qui n'est pas celle de l'expertise médico-légale) facilite la détermination des différents préjudices dans tous les cas (et ils sont heureusement les plus nombreux) où consolidation signifie guérison de traumatismes modérés : c'est un feu vert donné par le médecin expert au régleur pour procéder au « règlement » qui est l'évaluation monétaire de la réparation du dommage corporel. Mais il faut savoir que pour les traumatismes graves et multiples, la consolidation est à la fois lente et fragile, et devrait parfois être différenciée selon les postes de préjudices envisagés.

Pour le malade, la consolidation a l'effet thérapeutique d'une déclaration de guérison, lorsqu'aucune séquelle ne demeure, dont les médecins soulignent l'importance psychologique. Elle ouvre le règlement définitif de l'indemnisation par lequel on espère mettre un terme à une période douloureuse : la vie reprend. Dans le cas où un handicap demeure, la consolidation marque la permanence de l'état séquellaire et le début du difficile processus psychologique conduisant à l'intégration du handicap.

---

1. **Remise en cause de la référence à la date de consolidation** : V. interventions de F. Bibal et E. De La Lance, à la table ronde « Autour de la consolidation ; enjeux et implications », colloque du CNB du 4 février 2011, préc, p. 31 s. A. Guegan-Lécuyer, « La distinction des préjudices temporaires et définitifs : l'exemple du déficit fonctionnel », in *« Autour de la nomenclature des préjudices corporels »*, *Gaz. Pal.* 24 déc. 2014, p. 28. M. Le Roy et F. Bibal, *op. cit.* n° 35 s. ; S. Porchy-Simon, « Quelles améliorations pour la nomenclature Dintilhac ? Le point de vue de l'universitaire », in *La réparation du dommage corporel à l'épreuve de l'unification des pratiques*, *Gaz. Pal.* 23 déc. 2011, p. 19.

Il faut cependant préciser que la consolidation ne coïncide pas nécessairement avec la reprise d'une activité professionnelle, ce qui traduit la distinction du professionnel-économique et du médical-physiologique pour l'indemnisation en droit commun : la victime peut très bien soit reprendre son travail avant la consolidation, en poursuivant les traitements nécessaires, soit être consolidée sans pouvoir reprendre ses anciennes activités professionnelles.

En assurances de personnes et en accidents du travail, le concept de consolidation se réfère à des normes conventionnelles ou légales abstraites, qui ne doivent pas être transposées en droit commun.

121 ***La consolidation et la prescription*** [1] ◊ Jusqu'à la loi n° 2008-561 du 17 juin 2008 portant réforme de la prescription en matière civile, le point de départ de la prescription des actions en responsabilité extra-contractuelle, alors décennale, était fixé par l'ancien art. 2270-1 du Code civil « à compter de la manifestation du dommage ou de son aggravation ». Or la manifestation et la connaissance de son dommage corporel par la victime étaient très antérieures à la consolidation. Cependant par deux arrêts du 4 mai 2000, puis du 11 juillet 2002, la deuxième chambre civile de la Cour de cassation avait fixé le point de départ de la prescription décennale en matière de dommage corporel à la date de la consolidation.

Cette solution a été consacrée par le législateur, tout d'abord dans le cas particulier de l'indemnisation des accidents médicaux, puisque l'article L. 1142-28 CSP issu de la loi du 4 mars 2002, dispose que « les actions tendant à mettre en cause la responsabilité des professionnels de santé (...) se prescrivent par dix ans *à compter de la consolidation du dommage* ».

Cette solution a été reprise par la loi du 17 juin 2008, qui instaure un nouvel article 2226 C. civ. aux termes duquel :

« L'action en responsabilité née à raison d'un événement ayant entraîné un dommage corporel, engagée par la victime directe ou indirecte des préjudices qui en résultent, se prescrit par dix ans à compter de la date de la consolidation du dommage initial ou aggravé.

Toutefois, en cas de préjudice causé par des tortures ou des actes de barbarie, ou par des violences ou des agressions sexuelles commises contre un mineur, l'action en responsabilité civile est prescrite par vingt ans ».

Cette disposition entérine donc, en en élargissant le champ, les apports de la jurisprudence antérieure, et crée un régime autonome de la prescription en matière de dommage corporel. Le délai de prescription est en effet plus long que celui de droit commun, fixé par le nouvel article 2224 C. civ. à cinq ans, et le dommage corporel échappe au délai butoir de vingt ans instauré par le nouvel article 2232 C. civ. L'innovation la plus remarquable, et qui mérite une totale approbation, est toutefois la mise en place d'un délai unitaire de prescription pour toutes les victimes de dommages

---

1. **Consolidation et prescription** : Loi n° 2008-561 du 17 juin 2008 portant réforme de la prescription en matière civile, *JO* du 18 juin 2008 p. 9856. Civ. 2e, 4 mai 2000, *RCA* 2000, n° 221, obs. Groutel, *RTD civ.* 2000. 851, obs. Jourdain ; Civ. 2e, 11 juill. 2002, *RCA* 2002, n° 328.

corporels, indépendamment de la nature contractuelle ou délictuelle de l'action. Dans tous les cas, le délai d'action sera donc de dix ans, à partir de la consolidation du dommage.

2. Les barèmes médicaux d'évaluation des incapacités [1]

122 Un barème médical d'évaluation est une échelle de mesure dont la rigidité arithmétique semble très réductrice de la complexité du corps humain qui détermine toute la richesse spirituelle, intellectuelle, sensorielle, affective, professionnelle, ou simplement matérielle et ludique de la vie d'un individu. Celle-ci ne se découpe pas en tranches de centièmes ; c'est vrai. C'est tellement vrai que de nombreux pays, notamment la Grande-Bretagne ignorent tout système de barème et semblent ne pas s'en porter plus mal alors que la Common Law et la consultation des recueils de jurisprudence favorisent tous les flous artistiques.

Cependant un barème médical d'évaluation, aussi imparfait et approximatif soit-il, demeure un précieux outil de référence et d'harmonisation. Il fait partie de notre tradition juridique et il conserve une *valeur indicative*. Encore faut-il savoir ce qu'on mesure et comment on le mesure, car tout instrument a son mode d'emploi ; or la notion d'incapacité est polysémique, donc ambiguë. Quelques points doivent donc être rappelés.

• ***L'incapacité médicalement mesurable ne peut être que physiologique :*** elle traduit les déficits fonctionnels du corps consécutifs à un accident. À cette fin, la classification internationale du fonctionnement du handicap et de la santé proposée par l'OMS permet de clarifier un certain nombre de concepts [2]. Dans le cadre de la classification internationale des maladies (CIM) de 1980, l'OMS avait en effet établi une première classification

1. **Barèmes d'évaluation médico-légale des incapacités :** C. Fournier, « Histoire des barèmes », *l'Assurance mutuelle* 1985.107 ; Piganiol, Anciaux, Cabassu, Chiris, Fevrier, Lamarque et Rogier, « Barèmes d'incapacité en droit commun dans les pays de la CEE », *JML/DM* 1990, p. 83 ; H. Groutel et C. Lienhard, « Les barèmes d'indemnisation », *Gaz. Pal.* 2010, 1217 ; C. Hamonet, J.-M. Brugere, H. Margeat, « Étude comparée des résultats obtenus avec une nouvelle méthode tridimensionnelle d'évaluation et le barème du concours médical dans 124 cas d'expertises judiciaires », *Gaz. Pal.*, 24 juill. 1991, p. 15. M.T. Criado Del Rio, « Recommandations lors de l'utilisation de barèmes dans l'évaluation de l'incapacité permanente partielle fonctionnelle ou psychophysique », *RFDC* 2000-2, p. 165. M. Le Roy et F. Bibal, *op. cit.* n° 49 s. G. Mor, « Évaluation du préjudice corporel, stratégies d'indemnisation », *op. cit.* p. 338 s. ; C. Pichon, « L'unification des outils médico-légaux de l'évaluation : le barème médical », In *La réparation du dommage corporel à l'épreuve de l'unification des pratiques, Gaz. Pal.* 23 déc. 2011, p. 32. Livre blanc sur l'indemnisation du dommage corporel, Association française de l'assurance, avril 2008, spéc. p. 7 s., consultable notamment sur le site de la FFSA, www.ffsa.fr.

2. **OMS-CIH 1981,** « International classification of impairments, disabilities and handicaps. A manual of classification relating to the consequences of disease », 1980 ; P.H.N. Wood, « Comment mesurer les conséquences de la maladie : la classification internationale des infirmités, incapacités et handicaps », chron., OMS 1980, n° 34, p. 400 ; INSERM, « Classification internationale des handicaps : déficiences, incapacités et désavantages », diffusion PUF1988 ; J.-M. Mazaux, « L'incapacité fonctionnelle », *JML-DM* 1998, n° 5, p. 373.

internationale des handicaps (CIH) en 1981, qui distinguait « les déficiences, les incapacités et les désavantages ». Cette classification est explicitée par l'analyse de Wood qui distingue trois stades : le *stade lésionnel* initial du traumatisme physiologique, le *stade fonctionnel* des séquelles permanentes et le *stade situationnel* du retentissement de ces séquelles dans l'environnement propre à la victime.

La nouvelle « classification internationale du fonctionnement, du handicap et de la santé » de 2001 (CIH 2) entend dépasser l'analyse strictement anatomique et fonctionnelle pour y intégrer des facteurs contextuels et environnementaux de la vie de l'individu. Ainsi la *déficience* est une perte ou une anomalie d'une partie du corps ou d'une fonction physiologique de l'organisme, y compris les fonctions mentales. Le *fonctionnement* se réfère à l'activité de l'individu, ses facultés individuelles d'exécution d'une tâche ou d'une action. Ses « limitations d'activités », tant quantitatives que qualitatives, s'apprécient par rapport aux capacités moyennes. Cette activité de l'individu doit être analysée en prenant en compte le contexte global de la vie de l'individu dans lequel les facteurs environnementaux sont importants.

La notion globale de *handicap* est donc la synthèse des *déficiences* anatomiques ou physiologiques, des *incapacités* fonctionnelles qui rendent difficiles ou impossibles de réaliser des actes élémentaires de la vie courante, et des *désavantages* induits dans la vie sociale et situationnelle. Cette analyse non seulement fonctionnelle, mais sociale du handicap est la plus moderne et compréhensive. Elle a au demeurant été entérinée par la loi n° 2005-102 du 11 février 2005 relative aux personnes handicapées, dont l'article 2 dispose que « Constitue un handicap, au sens de la présente loi, toute limitation d'activité ou restriction de participation à la vie en société subie dans son environnement par une personne en raison d'une altération substantielle, durable ou définitive d'une ou plusieurs fonctions physiques, sensorielles, mentales, cognitives ou psychiques, d'un polyhandicap ou d'un trouble de santé invalidant. » [1]. Cette définition est sans doute trop complexe pour être mise en œuvre dans une barémisation *médicale* du dommage corporel, mais doit être totalement intégrée à l'indemnisation *juridique* des préjudices. Les associations d'handicapés y sont très attentives.

• ***L'incapacité de travail ou professionnelle*** ne peut en être qu'un *produit dérivé* parce qu'elle procède des déficits fonctionnels constatés, et *composite* parce que l'élément physiologique n'y intervient qu'en corrélation avec la profession exercée et les aptitudes physiques, intellectuelles ou sensorielles qu'elle requiert.

---

1. **Loi du 11 février 2005 et définition du handicap** : Loi n° 2005-102 du 11 février 2005 pour l'égalité des droits et des chances, la participation et la citoyenneté des personnes handicapées, *JO* n° 36 du 12 février 2005 p. 2353. « La loi sur les personnes handicapées », n° spécial de la *RDSS* 2005, 361 s. S. Douay, « La loi pour l'égalité des droits et des chances, la participation et la citoyenneté des personnes handicapées », *JCP* 2005, act. 132. Ch. Herve et ML Delprat, « Chronique de droit du handicap », *LPA* 17 sept. 2007, n° 186, p. 7 s.

Cependant, hors le droit particulier des pensions militaires, l'histoire juridique des barèmes d'incapacités s'est ancrée sur le droit du travail entraînant des incohérences conceptuelles dont nous avons peine à sortir.

123 ***a) Les barèmes légaux d'invalidité en accidents du travail*** [1] ◊ L'introduction de la référence à un *taux d'incapacité* remonte au XIXe siècle et notamment à la loi du 9 avril 1898, par laquelle les *victimes d'accidents du travail* étaient indemnisées forfaitairement de la réduction de leur *capacité de travail* au prorata du « taux d'incapacité » qui leur était reconnu. L'incapacité de travailler était donc définie médicalement en appréciant l'impact de l'atteinte corporelle sur l'activité salariée de la victime. Le « Barème Mayet » date de 1925 ; puis le premier barème officiel accident du travail a été publié en 1939 : diverses éditions commentées successives sont dues à Mayet, Rey, Mathieu puis Padovani (1983). Le barème légal a été revu en 1982 et la 3e édition publiée par l'UNCANSS (Union des caisses nationales de sécurité sociale) date de 1996.

Le barème officiel d'évaluation des incapacités en accident du travail avait été élaboré en prenant comme référence et paradigme la perte de capacité de gains d'un ouvrier de l'industrie accidenté, et le régime de réparation était et demeure forfaitaire. Le système est donc basé sur le postulat selon lequel la perte de gain est proportionnelle à l'incapacité physiologique.

Ce postulat, approximativement exact pour une activité professionnelle donnée et supposée homogène (manœuvre de l'industrie) est évidemment totalement faux s'il est transposé à la diversité des activités professionnelles en droit commun : en effet la perte d'un œil met fin à la carrière du pilote de ligne, pas à celle du facteur, et l'amputation d'une jambe est incompatible avec le travail du maçon-couvreur, pas avec celui du professeur d'Université : en bref, il n'y a aucune corrélation mathématique entre des lésions physiologiques mesurées par un barème médical et les préjudices professionnels qui peuvent en résulter pour telle victime.

Cependant pendant des décennies, le barème accident du travail étant sans concurrent, il a été pris comme référence en droit commun par tous les régleurs, magistrats et assureurs : le « taux d'IPP » (incapacité permanente partielle) déterminé par ce barème inadéquat était multiplié par une « valeur du point » (1 % d'IPP) inversement proportionnelle à l'âge mais proportionnelle au taux ; cette indemnisation par un « calcul au point » était alors censée réparer tout le préjudice subi, classé parmi les préjudices économiques patrimoniaux.

---

1. **Barèmes accidents du travail** : Barème des invalidités en accidents du travail, *JO.*, 30 déc. 1982 ; v. ss 463 ; Padovani, « Barème accidents du travail et maladies professionnelles ; commentaires sur l'indemnisation du préjudice corporel », éd. Lamarre-Poinat, 1983 ; L. Melennec, « Étude critique et analytique du nouveau barème des accidents du travail », *Gaz. Pal.*, 29-30 avr., p. 2 et 1er-3 mai 1983, p. 2, 2e éd. UNCASS 1996.

124 ***b) La multiplication des barèmes des déficits fonctionnels en droit commun*** [1] ◊ Un barème médical ne peut à l'évidence constituer un instrument de mesure que pour des *déficits physiologiques*, à l'exclusion de tout autre. En particulier il est totalement inapte à mesurer des préjudices professionnels qui ne sont pas mathématiquement corrélés aux incapacités fonctionnelles. Aussi la transposition abusive d'un barème accident du travail au droit commun, induisant une identité d'évaluation et une unicité des normes d'indemnisation des préjudices économiques et non économiques, au surplus contraire aux Recommandations du Conseil de l'Europe, suscitait de vives critiques. Il est dès lors apparu nécessaire de rédiger un outil de référence propre au droit commun, étalonnant l'incapacité personnelle ou déficit physiologique, et dès 1980 le « Concours médical » avait publié un barème indicatif des incapacités en droit commun, inspiré du barème de l'American Medical Association.

Puis, au fil des années, les nouveaux barèmes se sont succédé, dont il semble que les initiateurs principaux aient été tantôt les médecins de médecine légale, tantôt les médecins d'assurances.

La situation s'est dégradée en une guerre picrocholine avec la publication en octobre 2000 d'un « Barème d'évaluation médico-légale » sous l'égide de la société de médecine légale et de criminologie de France et de l'Association des médecins-experts en dommage corporel (AMEDOC) publié par les éditions ESKA/EAL, suivie dès février 2001 par un « Barème indicatif d'évaluation des taux d'incapacité en droit commun », sous l'égide de l'AREDOC qui en a coordonné les travaux, et publié par Le Concours médical. Le Barème AREDOC du Concours Médical a d'ailleurs été retenu par le Décret n° 2003-314 du 4 avril 2003 relatif au caractère de gravité des accidents médicaux, dont il est l'instrument de référence réglementaire.

Au-delà des regrettables dissensions personnelles, le barème du Concours médical s'attache à une analyse plus anatomique et le barème d'évaluation médico-légale à une analyse plus fonctionnelle des séquelles : il en résulte une évaluation des taux d'incapacités souvent plus faible dans le barème du Concours médical que dans le barème médico-légal, notamment dans les séquelles neuro-psychiques des traumatisés crâniens.

---

1. **Barèmes des déficits fonctionnels en droit commun, évolution historique** : – 1982, « Barème fonctionnel indicatif des incapacités en droit commun », élaboré par O. Diamant-Berger, C. Fournier, R. Loeb, P. Muller, B. Nicourt, L. Roche et Cl. Rousseau, publié par le « Concours Médical » du 19 juin 1982. – 1991, « Les séquelles traumatiques : évaluation médico-légale des incapacités permanentes en droit commun ; déficits fonctionnels séquellaires », éd. A. Lacassagne et le Concours médical, 1991, élaboré sous la direction des professeurs Marin et Muller. – 1993, « Barème indicatif des déficits fonctionnels séquellaires en droit commun », publié par le Concours médical, mai 1993 ; C. Rousseau, « Commentaires sur le barème droit commun du Concours médical », *Gaz. Pal.*, 17-19 avr. 1994, p. 29, *RFDC* 1993.4, p. 383. – 2000, « Barème d'évaluation médico-légale », éd. ESKA/EAL : SMLCF et AMEDOC, Congrès d'Angers du 17 oct. 1998, n° 5, p. 368 à 406 et 1999, n° 4, p. 312 à 350 ; B. Ludes, B. Proust, M. Penneau et A. Rogier, « Approche fonctionnelle, Grille de référence et Commentaires du Barème », *JML-DM* 1998, n° 5, 375-406. – 2001, « Barème indicatif d'évaluation des taux d'incapacité en droit commun », Concours Médical 2001. – 2005 : Barème d'évaluation médico-légale, Société de médecine légale et de criminologie de France, Eska 2005.

125 ***c) Les tentatives avortées d'unification*** ◊ La rationalisation de l'évaluation médico-légale du dommage corporel est utile et doit être approuvée ; néanmoins elle ne peut être pleinement satisfaisante que si elle remplit un certain nombre de conditions impératives, dont l'une est l'adoption d'un barème médical unique [1]. Le dommage corporel, atteinte à l'intégrité anatomique, physiologique, fonctionnelle et psychique de la personne est médicalement constatable ou explicable : un barème médical est un instrument objectif d'évaluation. Mais il est un élément d'incohérence et d'incompréhension pour les victimes dès lors qu'existe une pluralité de barèmes médicaux différents et inconciliables : barèmes de droit commun, barèmes de la sécurité sociale (assurance maladie-invalidité et accidents du travail), barèmes contractuels des assurances de personnes, barèmes de la fonction publique, guide-barème pour les pensions militaires d'invalidité et les victimes de guerre, etc.

Un barème médical unique peut très bien être l'instrument commun de systèmes légaux d'indemnisation différents. Il est donc urgent de s'attaquer à ce problème aussi artificiel qu'irritant. La FFSA et le GEMA, dans le « livre blanc sur l'indemnisation du dommage corporel » publié en avril 2008 avaient ainsi clairement pris parti en faveur d'un barème médical unique s'imposant à tous, soulignant que la multiplicité des barèmes était la source d'une incompréhension des victimes et d'un manque de transparence. De même, l'article 2 de la proposition de loi relative à l'amélioration des victimes d'accidents de la circulation votée par l'Assemblée nationale le 16 février 2010 prévoyait la réunion d'une commission *ad hoc* devant contribuer à élaborer un barème médical unique, dans le seul domaine des accidents de la circulation. Enfin, l'article 56-II, 4° de la proposition de loi votée en dernière lecture à l'Assemblée nationale le 13 juillet 2011, avant d'être annulé par le Conseil constitutionnel dans sa décision n° 2011-640 du 4 août 2011, avait tenté d'achever ce mouvement. Selon ce texte en effet :

« *Sous réserve des dispositions des articles L. 28 à L. 30 du code des pensions civiles et militaires de retraite, des articles L. 9 à L. 13 bis du code des pensions militaires d'invalidité et des victimes de la guerre, des articles L. 341-1, L. 434-2, L. 635-5, L. 644-2 et L. 723-6 du code de la sécurité sociale, des articles L. 732-8 et*

1. **Pour un barème médical unique :** J. Aubijoux, « Accidents et handicaps : le maquis des barèmes d'indemnisation », Le Concours-professions, 12 févr. 2003, p. 304 ; A. Dreyfus, « La guerre des barèmes », *Gaz. Pal.*, 6-7 juillet 2000, p. 5. Livre blanc sur l'indemnisation du dommage corporel, Association française de l'assurance, avril 2008, spéc. p. 7 s. consultable notamment sur le site de la FFSA, www.ffsa.fr. B. Rajot, « Livre blanc sur l'indemnisation du dommage corporel présenté par l'Association Française de l'Assurance : les assureurs parviendront-ils à se faire entendre ? » *RCA* 2008. Focus n° 25. C. Pichon, « L'unification des outils médico-légaux de l'évaluation : le barème médical », préc. p. 32. S. Porchy-Simon, « Plaidoyer pour une construction rationnelle du droit du dommage corporel », *D.* 2011. 2742. Proposition de loi visant à améliorer l'indemnisation des victimes de dommages corporels à la suite d'un accident de la circulation, Sénat n° 301, article 2. Voir également en ce sens, le guide barème européen : document disponible sur le site de l'Institut pour le droit européen de la circulation : Anthémis, 2006. www.eu-verkehrsrecht.org. H. Groutel, « Un guide barème européen », *RCA* 2005, chron. n° 10. *RCA* 2005, alertes, n° 76.

L. 752-6 du code rural et de la pêche maritime, de l'article L. 146-8 du code de l'action sociale et des familles et de l'article 53 de la loi de financement de la sécurité sociale pour 2001 (n° 2000-1257 du 23 décembre 2000), un barème médical unique d'évaluation des atteintes à l'intégrité physique et psychique applicable à tout régime d'indemnisation intégrale au titre de la responsabilité civile est fixé par décret ».

Ce barème devait être choisi par une commission *ad hoc*, elle-même nommée par décret, et composée « des médecins exerçant les fonctions d'expert judiciaire, des médecins assistant des victimes et des médecins prêtant habituellement leur concours à des assureurs, des représentants des associations de victimes agréées, un conseiller d'État et un conseiller à la Cour de cassation ».

126 Cette solution, dont l'adoption est encore retardée du fait des erreurs de procédure commise par le législateur et ayant entraîné l'annulation dudit article, doit être approuvée dans son principe, bien que sa mise en œuvre concrète soit de nature à poser des difficultés qu'il convient de souligner.

- La mise en place du futur barème « unique » doit tout d'abord être commune à toutes les victimes de dommages corporels. Or tel n'était pas le cas dans l'ex article 56 de la proposition précitée. Ce dernier ne devait en effet s'appliquer qu'au « *régime d'indemnisation intégrale au titre de la responsabilité civile* », à l'exclusion notamment du régime des pensions civiles et militaires de retraite, de celui des pensions d'invalidité ou des accidents du travail, de certaines assurances invalidité-décès prévues par le Code de la sécurité sociale ou le Code rural, et de celui de l'indemnisation des victimes de l'amiante par le FIVA [1]. L'unification n'était donc que très limitée, alors qu'en droit commun, toutes les victimes devraient voir leurs préjudices évalués à l'aune du même instrument.

- Le choix du barème unique apparaît *par ailleurs absolument crucial* et il faut souhaiter qu'un un accord s'opère sur le choix d'un barème respectueux des droits de victimes, dans un esprit d'indépendance et d'objectivité. Trois principes fondamentaux nous semblent ainsi devoir être rappelés :

1) L'évaluation médicale ne peut et ne doit être que physiologique [2]

Toute considération économico-professionnelle démontre une dérive conceptuelle. Or le préjudice spécifique appréhendé par un taux d'incapacité physiologique fonctionnel ne peut lui-même être que de nature physiologique, donc attaché à l'*être* même de la personne humaine en son corps : dès lors comment comprendre que le préjudice physiologique ait été si longtemps classé avec les préjudices économiques, et que son caractère « personnel » ait été dévié à seule fin de sauvegarder le recours subrogatoire de la sécurité sociale sur des chefs de préjudices qu'elle n'indemnise pas (Ass. plén., 19 décembre 2003) ? La généralisation de la nomenclature

1. V. ss 936.
2. **Nature physiologique de l'instrument de mesure barémique :** Y. Lambert-Faivre, « La place de l'IPP dans le droit à réparation », *JML-DM* 1999, n° 4, p. 313 ; L. Barret, « L'existence juridique », *ibid.*, p. 324 ; M. Penneau, « Les limites », *ibid.*, p. 329.

Dintilhac a fort heureusement mis fin à ces dérives. La perte de gains professionnels est en effet aujourd'hui clairement distinguée de l'incidence fonctionnelle des blessures.

2) Un barème médical ne peut être qu'indicatif

L'évaluation barémique n'est pas une science exacte. L'automatisme d'un taux d'incapacité appliqué à une lésion anatomique donnée est heureusement rare. Le barème, par nature arbitraire et abstrait, ne peut donner qu'une référence indicative que le médecin expert adapte au concret de son expertise : le barème médical devrait être établi non seulement en moyenne, mais aussi en fourchettes.

Cependant le taux d'incapacité retenu par l'expert est rarement suffisant : il doit être complété par une description précise des séquelles qui complète la simpliste mesure arithmétique par des données personnalisées et concrètes.

3) L'évolution technique des barèmes médicaux ne doit pas nuire aux victimes [1]

L'effort de rationalisation de l'évaluation médico-légale peut avoir des conséquences importantes sur l'indemnisation. On constate une baisse considérable du taux d'incapacité affecté à une même lésion selon la philosophie des barèmes : l'amputation d'une main entraînait un taux d'incapacité de 100 % dans les barèmes d'accident du travail (perte totale de la capacité d'un travail manuel) ; celui-ci est descendu à 70 %, voire 40 % dans les barèmes de déficit fonctionnel. La splénectomie (ablation de la rate) naguère systématiquement évaluée à 10 % peut tomber à 0 % si aucune anomalie clinique ni hématologique n'est constatée ; la néphrectomie (ablation d'un rein) justifiait un taux de 30 % il y a une vingtaine d'années, descendu à 20 %, il est tombé à une moyenne de 13 % et pourrait chuter à moins de 10 % ; les amputations des membres inférieurs bénéficient d'appareillages de plus en plus performants dont la bonne adaptation diminue le déficit fonctionnel ; naguère évaluées à plus de 60 %, elles peuvent tomber à moins de 30 %.

Dès lors deux discours simplistes doivent être évités :

• Le premier, constatant que la valeur monétaire du point d'incapacité n'a cessé de croître, en conclut que nos normes d'indemnisation ont dérapé. Bien entendu c'est totalement faux puisque le paramètre du taux d'incapacité a baissé.

• Le deuxième consiste au contraire à déplorer une constante dépréciation de l'indemnisation du dommage corporel, et il est vrai que la baisse du taux d'incapacité n'a pas été compensée par une hausse corrélative de sa valeur. Mais si, en revanche l'évaluation de l'incapacité est totalement dépouillée de tout élément professionnel, les incidences professionnelles en étant spécifiées et indemnisées séparément donnent à la victime une indemnisation totale cohérente.

1. **Évolution des Barèmes médicaux et niveau d'indemnisation** : L. Melennec, « Étude critique et analytique du nouveau barème des accidents du travail », *Gaz. Pal.*, 29-30 avr. 1983, p. 2 ; A. Rogier, « La fixation du taux par les médecins-experts », *JML-DM* 1998, n° 5, p. 369.

B. Les données médico-légales du dommage corporel

127 ***Du dommage corporel, fait médico-légal, aux préjudices indemnisables, faits juridiques*** [1] ◊ Le vocabulaire courant emploie volontiers comme synonymes les mots « dommage » et « préjudices ». Or les médecins ont raison de proclamer qu'ils ne connaissent que le « dommage corporel », et les juristes soulignent que la détermination et l'évaluation monétaire des différents « chefs de préjudices » sont de leur compétence exclusive.

Il faut donc tenter d'expliquer le rôle de chacun avec une certaine rigueur sémantique. Pourtant les choses ne sont pas si simples, car tout le processus d'indemnisation part des doléances des victimes traduites en demandes d'indemnisation de préjudices par leur conseil. Le magistrat ou le régleur de compagnie d'assurances rédige alors une mission d'expertise qui constitue une interface entre le juridique du règlement et le médical de l'expertise : on comprend que dans ces conditions dommage médico-légal et préjudices juridiques s'entremêlent souvent : dans les deux domaines, il est pertinent de distinguer l'économique du non-économique [2].

1. La constatation médico-légale des doléances économiques

128 Les préjudices économiques se traduisent en *pertes subies et gains manqués* pour la victime. Pertes et gains relèvent de constats *in concreto*, quasi comptables, pour lesquels le rôle du médecin expert consiste surtout en un contrôle de l'imputabilité à l'accident.

129 ***a) Les dépenses de santé*** [3] ◊ Ce sont d'abord les *dépenses déjà effectuées* qui relèvent de l'activité médicale, et qui sont qualifiées, dans la nomenclature Dintilhac, de dépenses de santé actuelles (DSA) : frais médicaux et paramédicaux, hospitalisation, rééducation, etc. Le médecin expert peut être amené à vérifier l'imputabilité à l'accident si la victime était soignée pour un état antérieur.

Le médecin expert doit surtout prévoir les *dépenses de santé futures (DSF)* : conformément à la mission d'expertise, le médecin expert doit dire si des soins postérieurs à la consolidation seront nécessaires, et dans l'affirmative en indiquer la nature, la quantité, et la périodicité de leur éventuel renouvellement.

---

1. **Fait médico-légal et fait juridique :** S. Brousseau, C. Fournier, « De l'évaluation médico-légale à l'indemnisation juridico-économique du dommage corporel », *RFDC* 1999-4, p. 443.

2. Sur cette distinction, V. également, n° 127 s.

3. **Dépenses de santé :** cf. Colloque Toulouse, 1984 in *RFDC* 1984, p. 203 à 259 ; H.J. Lazarini, J. Doignon, J.-M. De Casamayor, « Méthode d'évaluation des frais futurs », coéd. A. Lacassagne, *Gaz. Pal.*, 1988 ; J.-M. Bonhomme, « Les frais futurs », *RFDC* 1982, p. 9 ; A. Rogier (dir.), « Les frais futurs », éd. EAL/ESKA 2002.

130 ***b) Les besoins liés à la dépendance*** [1] ◊ Lorsque le déficit fonctionnel est important et conduit à une *réduction d'autonomie*, il appartient au médecin expert d'indiquer les moyens palliatifs matériels et humains susceptibles de compenser partiellement le handicap : tierce personne, appareillage, aménagement de l'habitation et du véhicule, etc.

L'évaluation des besoins en tierce personne apparaît particulièrement complexe, notamment à la suite de la nomenclature Dintilhac, qui définit ce poste de préjudice comme englobant « le coût pour la victime de la présence nécessaire (...) d'une tierce personne à ses côtés pour l'assister dans les actes de la vie quotidienne, *préserver sa sécurité, contribuer à restaurer sa dignité* et suppléer sa perte d'autonomie ». [2] Or l'expert n'est pas toujours apte à apprécier l'ensemble de ces critères qui dépassent une pure analyse médicale.

Par ailleurs, les protocoles d'expertise présentent encore beaucoup d'insuffisances : l'évaluation se fait à un moment et dans un lieu précis, en présence le plus souvent du seul expert médical, alors que la présence d'un ergothérapeute pourrait, par exemple, être parfois souhaitable. Ces éléments ne permettent souvent pas d'apprécier les réels besoins de la victime [3]. De ce point de vue, la mission AREDOC de 2014 spécifique aux handicaps graves apporte certaines améliorations en invitant le médecin à se déplacer sur le lieu de vie habituel de la victime (point 2) et en affinant les modes de détermination des besoins réels de l'intéressé (point 17).

Cette même mission introduit toutefois un principe très contestable de hiérarchie des aides [4], puisqu'il est demandé au médecin expert de « déterminer..., *en tenant compte des aides matérielles ci-dessus désignées*, les

---

1. **Évaluation des besoins en aide humaine** : États généraux du dommage corporel 2009, table ronde sur « La tierce personne » : E. Vieux, « Les critères de détermination des besoins en tierce personne », *Gaz. Pal.* 2010, 1225. F. Fietcher-Boulvard et V. Scolan, « La question de la tierce personne et du « grand handicapé » : les limites actuelles de l'expertise médicale », *RCA* 2010, et. n° 10. A. Papelard, A. Rogier, « Évaluation concrète des besoins en tierce personne », *RFDC* 1993.2, p. 129 ; F. Danzé, « Les besoins des états végétatifs chroniques », *RFDC* 1993-2, p. 115. D. Yacouben et E. Schortgen, « Les besoins en tierce personne en matière psychique », *Gaz. Pal.* 30 juin 2015, p. 16.

2. Pour une étude détaillée du contenu de ce poste de préjudice, v. ss 181 s.

3. **Pour une synthèse de ces critiques**, V. la très intéressante chronique de F. Fietcher-Boulvard et V. Scolan, « La question de la tierce personne et du « grand handicapé » : les limites actuelles de l'expertise médicale », *RCA* 2010, et. n° 10, spéc. n° 17 s.

4. **Mise en place d'un principe de hiérarchie des aides** : Mission droit commun spécifique aux handicaps graves générant une perte d'autonomie (AREDOC 2014), spéc. point 17. Numéro spécial de la *RFDC* 2015, T. 1, « Mission droit commun spécifique aux handicaps graves générant une perte d'autonomie » (plusieurs articles). H. Bejui-Hugues, « Mission d'expertise médicale spécifique aux handicaps graves générant une perte d'autonomie : quelques points spécifiques » : *Gaz. Pal.* 7 août 2014, p. 5 ; F. Bibal « Grand handicap : vers une nouvelle méthodologie », *Gaz. Pal.* 7 août 2014, p. 15 ; I. Bessière-Roque « L'état des lieux. Le point de vue de l'assureur » in « De l'indemnisation à la réparation : comment favoriser la réinsertion des grands blessés », *Gaz. Pal.* 5 août 2015, p. 12.

Pour un regard critique : M. Bacache, Rapport de synthèse du Colloque « De l'indemnisation à la réparation : comment favoriser la réinsertion des grands blessés », préc., p. 34. F. Bibal, intervention à la table ronde, « Recherche des points d'amélioration : comment faire sauter les verrous ? », *in* « De l'indemnisation à la réparation : comment favoriser la réinsertion des grands blessés », préc., p. 25 s.

besoins en aide humaine ». L'assistance tierce personne n'est donc plus évaluée au regard des besoins complets de la victime en aide humaine, *mais seulement en fonction des besoins restant une fois les aides matérielles utilisées* (aides techniques, adaptation du logement ou du véhicule). Or, ce procédé nous semble critiquable car il impose à la victime l'utilisation d'aides matérielles dont l'expert est le seul à décider de l'opportunité, contrairement à la liberté de la victime, et aux principes de non-affectation des dommages et intérêt et du refus de l'obligation de minimiser le dommage. *Via* ce mode d'évaluation de la tierce personne, l'expert impose, en amont même de la décision d'indemnisation, un mode de réparation. Une fois l'expertise réalisée sur cette base, la victime se trouve alors obligée de recourir aux aides matérielles que l'expert aura retenues car à défaut, ses besoins en tierce personne ne seront pas pris en charge intégralement. Le procédé est pernicieux car il lui impose, en amont de la transaction, un mode de réparation qu'elle n'aura plus aucun moyen de contester par la suite.

131 ***c) Le retentissement professionnel du dommage corporel***[1] ◊ Il relève d'un *constat in concreto* effectué par le régleur, qui n'est pas corrélé à un taux d'incapacité comme en accident du travail : le constat du retentissement professionnel par le médecin expert est donc limité en droit commun.

• Il doit cependant indiquer la *durée de la maladie traumatique imputable à l'accident*, et pendant laquelle la victime n'a pu avoir aucune activité professionnelle et ou personnelle ou qu'une activité réduite. L'incapacité temporaire a donc une double nature qui est trop souvent occultée : elle est économique lorsqu'elle entrave la vie professionnelle, elle est non économique et personnelle en ce qu'elle affecte la qualité de la vie quotidienne de la victime. Notons que l'incapacité temporaire totale est importante en droit pénal où la peine encourue est différente selon que la durée de l'incapacité subie par la victime est supérieure ou non à trois mois (art. 222-19 et 222-20 C. pén.)

• En ce qui concerne le volet économique de l'incapacité permanente, le rôle de l'expert est de donner des précisions sur le *retentissement du déficit fonctionnel permanent sur les activités professionnelles de la victime* : pertes de revenus, incidence professionnelle, préjudice scolaire, universitaire ou de formation. C'est une simple question de fait, qui doit très nettement s'affranchir de la fausse corrélation taux d'incapacité/préjudice professionnel, ainsi que le démontre l'exemple fameux du petit doigt du violoniste.

---

1. **Retentissement professionnel** : v. ss 170 s., 185 s. ; P. Donnou, « L'incidence professionnelle dans divers contentieux – Réflexions et témoignage d'un médecin-conseil de victimes », *Dr. soc.* 2015, p. 307. B. Nicourt et C. Fournier, « Le préjudice professionnel dans le cadre du droit commun », *RFDC* 1984, p. 361 ; H. Ring, S. Melamed et T. Najenson, « L'évaluation de la capacité de gain des personnes dites handicapées ; approche scientifique », *RFDC* 1985, p. 29. « Le retentissement professionnel », 43e congrès de la FFAMCE, *RFDC* 2007, n° 3, p. 119 s.

2. La constatation médico-légale des doléances non-économiques (« *general damage* »)

132 Les doléances qui ont pour objet le corps de la victime blessée, dont l'intégrité physique est constitutive de la personne humaine, sont au cœur de la compétence médico-légale.

a. Le déficit fonctionnel et le handicap corrélatif

133 Le déficit fonctionnel et le handicap sont étroitement corrélés, mais le premier est généralement quantifié par un taux, et le deuxième qualitativement décrit.

134 ***1) La mesure quantitative du déficit fonctionnel permanent*** [1] ◊ L'analyse des barèmes nous a familiarisés avec la notion de déficit fonctionnel consécutif à un traumatisme : l'incapacité permanente évaluée par un médecin-expert ne peut être que physiologique et fonctionnelle, à l'exclusion de toute interférence d'incapacité de travail, ici hors sujet. Le barème utilisé est le plus souvent, dans l'attente du barème médical unique, soit celui des déficits fonctionnels séquellaires en droit commun (Concours médical), soit le « Barème d'évaluation médico-légale » de la Société de médecine légale. *Il faut toutefois bien garder à l'esprit que les atteintes physiologiques ne sont aujourd'hui qu'une des composantes du déficit fonctionnel, qu'il soit temporaire et permanent. Sa mesure sous la forme d'un taux d'incapacité ou d'atteinte à l'intégrité physique et psychique (APIPP) n'en opère donc qu'une évaluation partielle.* Les autres composantes du DFP, dont les souffrances postérieures à consolidation, devront donc nécessairement faire l'objet d'une évaluation séparée, ce qui n'est pas nécessairement le cas en pratique et explique notamment que le projet de décret de la chancellerie portant adoption d'une nomenclature des préjudices résultant d'une atteinte à la personne prévoit de consacrer les souffrances endurées postérieures à consolidation dans un poste autonome [2].

135 ***Le calcul du déficit fonctionnel global en cas d'infirmités multiples*** ◊ Si le barème médical de référence était fondé sur une analyse intégrée de toutes les fonctions organiques pour un total de 100, de sorte que le déficit fonctionnel indemnisable soit toujours de 100 moins la capacité personnelle restante, il n'y aurait pas de problème.

Cependant ce n'est pas le cas actuellement, et par exemple la tétraplégie est évaluée à 95 %, la fonction visuelle à 85 %, la fonction auditive à 60 %, etc. En cas de lésions multiples, l'addition des taux de déficit fonctionnel

---

1. **IPP :** R. Barrot, « La valeur probante du taux d'incapacité permanente » in « La preuve du dommage corporel », Masson, 1985, p. 91 ; L. Cotte, « La notion d'incapacité permanente en droit commun », JML/DM 1988.2, p. 97. « Travaux sur l'incapacité », 5ᵉ colloque de la SFME, *RFDC* 2010, p. 97 s.
2. **Sur les différentes composantes du DFT**, v. ss 199 ; **du DFP**, v. ss 207.

conduit très souvent à un total supérieur à 100 % ce qui est absurde. Dès lors, en cas d'infirmités multiples, il convient de toujours tenir compte de la capacité restante du polytraumatisé. Deux méthodes sont possibles : soit un mode de calcul arithmétique assez rigide, soit une appréciation globale plus souple.

• La « *règle de Balthazard* » permet d'opérer une synthèse de l'incapacité globale résultant de plusieurs lésions dues à un même événement ; elle consiste à prendre les taux de déficit fonctionnel dans leur ordre décroissant et en calculant toujours le taux d'incapacité suivant sur la capacité restante des précédents.

> *Exemple :* Une victime présente trois lésions affectées des taux respectifs de 60 %, 40 % et 10 %.
>
> • 1er taux : 60 % → Capacité restante : 40 %
> • 2e taux : 40 % de 40 = 16 %
> 1er taux + 2e taux : 60 % + 16 % = 76 % → Capacité restante : 24 %
> • 3e taux : 10 % de 24 = 2,4 %
> 1er taux + 2e taux + 3e taux : 60 % + 16 % + 2,4 % = 78,4 %.

• Cependant aujourd'hui la méthode arithmétique du calcul dégressif d'infirmités multiples, ou le recours à une « table d'infirmités multiples », semble abandonnée en droit commun français au profit de l'appréciation plus souple d'un *taux global de déficit fonctionnel*. La synthèse consécutive à l'analyse des diverses séquelles permet au médecin-expert d'apprécier avec prudence et bon sens la *capacité restante* de la victime pour déterminer ce taux global de déficit fonctionnel.

136 ***La difficile quantification médico-légale des troubles neuro-psychiques*** [1] ◊ Il faut d'abord accorder une place particulière aux *grands traumatisés crâniens* [2] dont l'apparente capacité locomotrice peut cacher une inaptitude totale, non seulement à toute vie professionnelle, mais

---

1. « Le dommage psychique », dossier *Gaz. Pal.* 30 juin 2015, not. A. Renelier et C. Wong « Souffrances psychiques : un déni médico-légal ».

2. Traumatisés crâniens : Colloque FFAM-CSA Rouen 1988, « Les séquelles des traumatisés crâniens graves », *RFDC* 1988, p. 103 à 328 ; Congrès European Brain Injury Society, « L'évaluation des traumatisés crâniens graves », *RFDC* 1993.2, p. 113 ; M. de Jouvencel, C. Hamonet, « L'expertise médico-légale du traumatisé cérébral grave... », *RFDC* 1999, n° 4, p. 417 ; Congrès FFAMCE, « Le Cerveau : Actualités médicales et problèmes médicaux légaux », *RFDC* 2000, p. 213 s. ; M. Daveral, « Traumatisés crâniens et dépendance », *RFDC* 2008, n° 107 s. F. Fietcher-Boulvard et V. Scolan, « La question de la tierce personne et du « grand handicapé » : les limites actuelles de l'expertise médicale », *RCA* 2010, et. n° 10. G. Mor, « Évaluation du préjudice », spéc. p. 536. JL Truelle « A propos des outils d'évaluation dans l'expertise des traumatismes craniens », *Gaz. Pal.* 10 nov. 2012, p. 13. JL Truelle, M. Montreuil et P. North, « Quelle qualité de vie après un traumatisme cranien ? » *Gaz. Pal.* 3 déc. 2011, p. 17. **Rapports** : H.J. Lebeau : Rapport d'enquête sur les traumatisés crâniens, Rapport I. GAS, n° 95075, mai 1995 ; Mme Vieux : Rapport sur les Conditions d'Amélioration de l'indemnisation des traumatisés crâniens, ministère de la Justice 2002.

encore à toute vie personnelle et familiale « normale » : ils relèvent de très grandes incapacités avec perte d'autonomie, et la situation de ces grands handicapés doit être mieux reconnue.

• En ce qui concerne les *séquelles psychiques post-traumatiques* [1], stress post-traumatique, voire névroses et psychoses, la littérature médico-légale sur le sujet manifeste parfois une suspicion à l'égard de la victime dont les maux (céphalées, vertiges, insomnies, irritabilité, dépression) apparaissent souvent « subjectifs », donc dénués de réalité objective déterminable. Certes, la personnalité du blessé est sûrement un facteur important, mais la réalité de la « *blessure psychique* » renvoie à la définition même du « dommage corporel » qui est « l'atteinte à l'intégrité physique *ou psychique* » de la victime. Aussi le juriste ne peut que rappeler deux règles fondamentales :

– la bonne foi se présume, et il n'est pas convenable de suspecter *a priori* une simulation après un traumatisme crânien ou la confrontation avec un événement violent et traumatisant dont la réalité, est avérée ;

– l'imputabilité à l'accident semble établie par le caractère déclenchant du traumatisme ou du choc émotionnel sur le syndrome post-commotionnel, même lorsque la victime présentait un terrain fragile.

• Ces troubles neuro-psychiques constituent aujourd'hui clairement une composante du déficit fonctionnel permanent puisque celui-ci inclut, au-delà de la simple atteinte aux fonctions physiologiques, tous les troubles dans les conditions d'existence de la victime [2].

137 ***La spécificité des troubles sensoriels*** ◊ Les *séquelles sensorielles* semblent peu affecter les fonctions organiques vitales de la personne, et de fait les taux retenus sont modestes : par exemple 5 % pour l'anosmie ou perte de l'odorat et l'agueusie ou perte du goût, 15 % pour une surdité unilatérale totale, 5 % pour une dysphonie de la voix et une paralysie récurentielle des cordes vocales, et seulement 15 % pour une aphonie complète.

---

1. **Troubles psychiques traumatiques** : E. Caillon, « Les troubles psycho-traumatiques chez l'adulte : aspects cliniques et réflexions médico-légales », *Gaz. Pal.* 15 févr. 2015, p. 14. L. Daligand, D. Loriferne, C.A. Raynaud, L. Roche, « L'évaluation du dommage corporel », éd. Masson, 1988, p. 85 s. ; C. Fournier et H. Margeat, « Le syndrome subjectif post-traumatique », *RFDC* 1989, p. 17 ; J. Vedrinne et L. Daligand, « L'évaluation des troubles psychiques traumatiques », Les cahiers de l'expertise judiciaire, 1992, vol. 4, n° 5 ; T. Dionot, « L'expertise psychiatrique en réparation du dommage corporel », *RFDC* 1993.2, p. 157 ; L. Crocq, « Les victimes psychiques », Victimologie, nov. 1994, p. 25 ; A. Chalumeau, « Les conséquences psychiatriques des traumatismes », *RFDC* 1992.3, p. 295 ; L. Crocq, « Les victimes psychiques », Victimologie, 1994, p. 25 ; M.T. Criado del Rio, « Le syndrome subjectif post-traumatique : aspects médicaux et médico-légaux », *RFDC* 1996.2, p. 161 ; J. Lebaud, E. Escard, N. Poggi, L. Barret, « L'évaluation des séquelles et la réparation ; le point de vue des associations de victimes », *Rev. fr. psychiatrie et psycho-médicale*, n° 10, sept. 1997, p. 56 ; J. Védrinne, « L'expert et le travail de l'expertise », *ibid.*, p. 70 ; G. Steinbach, « État antérieur en psychiatrie », *RFDC* 1999, n° 4, p. 397 ; F. Lebigot, « Le traumatisme psychique » ; JML/DM 2000, n° 4, p. 347 ; G. Cannavo, « Les dommages psychiques... », *RFDC* 2001.2, p. 131 ; J. De Mol, « Les phobies post-traumatiques », *RFDC* 2002.4, p. 367 ; Table ronde « Souffrances et stress post-traumatique », États généraux du dommage corporel 2009, *Gaz. Pal.* 9 avril 2010, p. 1229 s. V. plus généralement, « L'évaluation du dommage psychique », n° spécial *Gaz. Pal.* 15 févr. 2015.

2. V. ss 210.

Toutes les facultés sensorielles sont le sel de la vie et les indispensables vecteurs de la communication avec autrui et l'environnement. Elles s'apprécient davantage en termes qualitatifs qu'en termes quantitatifs. Elles affectent *la qualité de la vie* et sont donc également incluses dans le déficit fonctionnel permanent, puisqu'elles sont la source de troubles dans les conditions d'existence de la victime.

138 ***2) La description qualitative du handicap*** ◊ Le taux de déficit fonctionnel ou d'APIPP n'est qu'une quantification bien abstraite du vécu de la victime. Aussi depuis une vingtaine d'années, à l'exemple de la pratique anglo-saxonne, il est demandé à l'expert de compléter, de personnaliser, voire d'humaniser ses conclusions par une description très concrète des « désavantages » de la vie de la victime. Le *handicap* (« *disability* ») est révélé par une *description des « déficiences » de la victime « en situation »*, qui est un élément important du rapport d'expertise :

• *Handicap dans les actes essentiels de la vie courante :* se mettre au lit et se lever ; s'habiller ; préparer ses repas ; faire sa toilette, se laver, se coiffer, se raser ; aller aux toilettes ; boire et manger ; se déplacer à l'intérieur de son logement ; entrer et sortir du logement et faire ses courses ; faire son ménage et sa vaisselle ; pouvoir communiquer avec l'extérieur en cas de détresse...

• *Handicap dans les activités affectives et familiales* : dans la vie conjugale affective, dans l'éducation des enfants, dans les relations avec les autres proches...

• *Handicap et fatigabilité dans les activités professionnelles* nécessitant un aménagement ou un changement du poste de travail ou une réadaptation professionnelle ; cette appréciation demeure indépendante des conséquences purement économiques de l'accident sur les gains de la victime.

• *Handicap dans les activités scolaires et de formation*, dû à l'environnement physique du lieu de formation, à l'utilisation de l'outil pédagogique et aux difficultés de la vie relationnelle en groupe.

• La spécificité des dommages corporels graves [1]. Si les séquelles évaluées à plus de 50 % d'APIPP ne représentent que 0,8 % des dommages corporels, la gravité de l'état de ces victimes (amputés, para ou tétraplégiques, grands traumatisés crâniens...) nécessite une approche médico-légale particulièrement attentive : une mission d'expertise spécifique a été élaborée par les assureurs afin de mieux cerner les besoins de ces victimes dont l'indemnisation exige la collaboration de nombreux partenaires très qualifiés.

---

1. **Dommages corporels graves** : FFSA-AREDOC 1997, « Dossiers corporels graves : Mission d'expertise médicale pour troubles locomoteurs ; et mission d'expertise médicale pour traumatismes crâniens graves » ; B. Serny, « Le rôle du médecin expert dans l'examen des grands blessés », *Risques* n° 35, juill.-août 1998, p. 57. - **Statistiques** : cf. annexe 2, V, p. 218.

b. L'appréciation médico-légale des souffrances endurées [1]

139 La souffrance est très subjective et se quantifie difficilement. Cependant les missions d'expertise enjoignent les plus généralement au médecin expert de « décrire les souffrances physiques et psychiques ou morales liées à l'accident... selon l'échelle habituelle de 7 degrés ». Cette échelle est celle qui figure au barème d'incapacité fonctionnelle, quantifiant les qualificatifs classiques et plus expressifs de très léger, léger, modéré, moyen, assez important, important, très important.

140 ***1) La nature des souffrances endurées*** ◊

• Les *souffrances physiques* subies lors de l'accident, pendant l'hospitalisation, après les interventions chirurgicales et au cours de la rééducation sont bien déterminables, et ce sont celles spontanément exprimées par tous les souffrants.

• Les *souffrances psychiques*, parfois plus intériorisées, sont souvent considérables : souffrance-haine envers l'auteur d'une atteinte volontaire à la personne (violeur), souffrance-peur devant un événement incompréhensible (terrorisme, accident d'avion), souffrance-rancune envers tous ceux qu'on tient à tort ou à raison comme responsables de l'accident (employeur, autorité politique), souffrance-révolte contre le monde des bien portants, souffrance-repliement sur soi devant un handicap dont on ne peut accepter la réalité. Le syndrome psycho-traumatique peut même affecter des personnes qui n'ont pas été physiquement blessées dans un accident collectif particulièrement terrifiant (bombardement, tremblement de terre, attentat terroriste, accident de train ou d'avion, naufrage...).

• Le *traumatisme psychique* (« *trauma* ») naît de la rencontre brutale avec la mort qui, d'entité jusque-là abstraite, désincarnée et quasi mythique, devient une réalité imminente, envahissante et sensoriellement éprouvée non seulement par le choc du traumatisme corporel, mais par le fracas de l'accident ou des bombes, par le spectacle du sang, par l'odeur de l'incendie... Les psychiatres décrivent fort bien cet effroi, cette sidération devant une mort violente et hideuse, puis le syndrome psycho-traumatique qui au long des semaines, des mois, voire des années, va perdurer en angoisse, honte de la déshumanisation vécue, et se traduire par un syndrome de

1. **Souffrances endurées :** v. ss 201 s. ; M. Thierry et B. Nicourt, « Réflexions sur les souffrances endurées », *Gaz. Pal.*, 28 oct. 1981 ; Colloque de la Société française de la douleur et de la Société de Médecine légale et de Criminologie de France, Paris, 18 nov. 1994 et de l'AMEDOC, Deauville, 19 nov. 1994, « La douleur, approche médicale et médico-légale » n° spécial, *RFDC* 1995.2, p. 121 à 235 ; J. Pintoda Costa, M.J. Carneroi de Sousa, T. Magalhaes, J. Amado, E. Matos, « L'évaluation du *quantum doloris* », *RFDC* 1993.2, p. 181 ; Y. Attal, A. Rogier, C. Rousseau, « Évaluation médico-légale des souffrances endurées », *RFDC* 1990.2, p. 229 ; V. Sahuc, C. Carbonne, « Cotation des souffrances endurées... » *RFDC* 2000 p. 59 ; J. Cardona, P. Lamothe, L. Daligand, « Évaluation médico-légale de la douleur » in « Douleurs » 2000-1-2, L. Daligand, J. Cardona, « Les souffrances endurées », in « Confrontations psychiatriques », n° 42-2001, p. 189 ; F. Bolot, « La prise en charge de la douleur, des souffrances en fin de vie et le droit », *Gaz. Pal.* 19-20 mars 2003, p. 7. M. Graber, « La douleur en expertise », *RFDC* 2005-1, p. 63. F. Bibal « Fiche pratique 13 : les souffrances endurées », *Gaz. Pal.* 31 janv. 2009, p. 41.

répétition du trauma dont l'intensité est obsessionnellement revécue en angoisses et cauchemars ; dépression, troubles du caractère et du comportement, alcoolisme, drogues, tentation du suicide...

Ces souffrances psychiques qui peuvent évoluer en stress, dépression voire névrose post-traumatique peuvent aussi s'émousser au terme de la période de « deuil » par l'acceptation et l'intégration de la réalité du handicap dans la nouvelle personnalité qu'il faut se construire, et par l'apaisement du pardon... qui sera plus facile à accorder si le responsable-coupable reconnaît ses fautes et sollicite ce pardon.

141 ***2) La détermination temporelle des souffrances endurées*** ◊ Traditionnellement, les souffrances prises en compte n'étaient que celles antérieures à la consolidation, celles postérieures à la consolidation étant incluses dans la globalisation de l'incapacité permanente. Cependant lorsque la loi du 27 décembre 1973 relative aux recours de la Sécurité sociale a curieusement dissocié l'incapacité permanente des préjudices personnels exclus du recours, les missions d'expertise ont demandé aux médecins experts de tenir compte non seulement des douleurs physiques et des souffrances psychiques subies pendant la maladie traumatique, mais encore des douleurs postérieures récurrentes, à l'exclusion cependant des douleurs chroniques dont la permanence relèverait de l'incapacité permanente. En fait il ne semblait pas que cette casuistique ait été appliquée. Les médecins experts déterminaient les souffrances passées, mais pour l'avenir ils ne pouvaient guère prévoir les douleurs récurrentes.

Cet état de fait a été entériné par la nomenclature Dintilhac. Les souffrances endurées constituent actuellement un poste de préjudice extrapatrimonial *antérieur à la consolidation*, les souffrances postérieures à cette date étant englobées dans le déficit fonctionnel permanent, précision étant faite qu'il convient toutefois d'en faire une évaluation autonome [1]. Cette solution n'est guère satisfaisante.

Cette globalisation des souffrances postérieures à consolidation ne permet pas toujours leur réelle reconnaissance, et on peut ainsi remarquer à titre d'exemple que la mission AREDOC ne les prend en compte que par le biais du taux d'APIPP. C'est pourquoi le projet de décret de la Chancellerie qui prévoit de les reconnaître dans un poste autonome « souffrances endurées permanentes » doit être approuvé puisqu'il conduira à leur évaluation indépendante et effective par l'expert.

142 ***3) La quantification et la description des souffrances endurées*** ◊ La quantification sur une échelle de 1 à 7, moins transparente pour le patient que les adjectifs progressifs de « très léger » à « très important », doit rendre compte de deux paramètres, *la durée* (quelques semaines, quelques mois, voire plusieurs années) et *l'intensité* des souffrances subies.

1. C. Bernfeld et F. Bibal, « Douleurs permanentes : pistes de travail pour les reconnaitre et les évaluer », *Gaz. Pal.* 3 déc. 2011, p. 16.

Cependant cette sèche quantification serait peu explicite pour le régleur si elle n'était accompagnée d'une *description* des souffrances subies qui constitue le support justificatif du chiffre retenu.

Il faut noter que si, dans les statistiques on trouve une corrélation globale entre le taux de déficit fonctionnel et les souffrances endurées, *cette corrélation n'est pas exacte ut singuli* : ainsi le grand brûlé a subi des souffrances atroces, mais peut récupérer une capacité à peu près entière ; et de même le vécu du tétraplégique douloureux et non douloureux est fort différent.

c. L'appréciation médico-légale de l'atteinte esthétique [1]

143 Les missions types demandent le plus souvent au médecin expert de « donner un avis sur l'existence, la nature et l'importance du dommage esthétique imputable à l'accident. L'évaluer selon l'échelle habituelle de 7 degrés, indépendamment de l'éventuelle atteinte physiologique déjà prise en compte au titre de l'APIPP ». Lorsqu'il existe un préjudice esthétique permanent « en décrire la nature, la localisation, l'étendue et l'intensité et en déterminer la durée ».

Certes magistrat ou régleur pourraient, en faisant comparaître la victime, apprécier *de visu* les atteintes esthétiques apparentes causées par les blessures. Mais la description et l'évaluation médicale par l'expert constituent à l'évidence une appréciation à la fois plus complète et plus argumentée et moins déplaisante de ce type de dommage : description minutieuse des cicatrices, modifications morphologiques avec perte de substance, d'organe, de membre, port d'une prothèse, etc.

Le préjudice esthétique est apprécié *in abstracto* par le médecin expert sans tenir compte de l'âge, du sexe et de la profession de la victime : c'est le régleur qui, ultérieurement dans son évaluation de l'indemnisation, prendra en compte ces paramètres. La nomenclature Dintilhac invite désormais à distinguer entre le préjudice esthétique provisoire et permanent. Le médecin expert peut donc être amené à se prononcer sur ces deux aspects.

Il est évident que *l'atteinte esthétique ne présente aucune proportionnalité avec le déficit fonctionnel.*

d. L'appréciation médico-légale de l'atteinte sexuelle [2]

144 La mission AREDOC 2014, actuellement la plus utilisée dans l'attente de missions types d'expertise proposées par décret, enjoint par exemple à

1. **Préjudice esthétique** : Dossier « Le préjudice esthétique », *Gaz. Pal.* 21 juin 2013. C. Bernfeld, « Le préjudice esthétique temporaire », *Gaz. Pal.* 31 janv. 2009, p. 42 ; « Le préjudice esthétique permanent », *Gaz. Pal.* 31 janv. 2009, p. 46. L. Melennec, « L'indemnisation du préjudice esthétique », *Gaz. Pal.*, 5-6 nov. 1976 ; P. Muller, « Évaluation médico-légale du préjudice esthétique et du *quantum doloris* », éd. A. Lacassagne, 1988 ; R. Casey, V. Darsonval, « Le droit et la chirurgie esthétique », éd. Masson, 1988 ; P. Lucas, « Le préjudice esthétique », *Rev. belge domm. corp.* 1987.4, p. 15. « Nouvelle échelle d'évaluation médico-légale des préjudices etsthétiques : propositions de l'ANAMEVA », *Gaz. Pal.* 21 juin 2013, p. 17

2. **Troubles sexuels** : v. ss 216 ; « Traumatismes et fonction de reproduction », XIe Congrès, FFAM CSA, avec les rapports de G. Raymond, J.-Y. Gillet, N. François, A. Papelard, H. Margeat,

l'expert « lorsque la victime fait état d'une répercussion dans sa vie sexuelle, d'émettre un avis motivé en discutant son imputabilité à l'accident, aux lésions et aux séquelles retenues. Se prononcer sur son caractère direct et certain et son aspect définitif ». Celle incluse dans le rapport du groupe de travail Mornet demande quant à elle à l'expert de « dire s'il existe un préjudice sexuel ; le décrire en précisant s'il recouvre l'un ou plusieurs des trois aspects pouvant être altérés séparément ou cumulativement, partiellement ou totalement : la morphologie, l'acte sexuel (libido, impuissance ou frigidité) et la fertilité (fonction de reproduction) ».

Les séquelles sexuelles sont évaluées selon le degré de perte de la fonction sexuelle (stérilité et impuissance ou frigidité) ; l'âge de la victime, évidemment prépondérant, pouvant bien entendu infléchir l'évaluation. Rappelons que le préjudice sexuel est aujourd'hui un préjudice autonome qui doit être évalué en tenant compte de ses trois composantes telles qu'énumérées par la nomenclature Dintilhac : préjudice morphologique, préjudice lié à l'impossibilité d'accomplir l'acte sexuel, ou lié à une impossibilité de procréer [1].

e. L'appréciation médico-légale du préjudice d'agrément [2]

145 À la suite de l'adoption de la nomenclature Dintilhac, la Cour de cassation est, en droit commun, revenue à une conception stricte du préjudice d'agrément, en définissant celui-ci comme la perte d'une activité de loisirs pratiquée avant l'accident [3]. Le rôle du médecin expert apparaît donc plus limité que dans la conception antérieure. Celui-ci doit ainsi seulement se prononcer, lorsqu'un tel préjudice est invoqué par la victime, sur l'impossibilité réelle de pratiquer les activités de loisir antérieures, sur son imputabilité aux lésions constatées et son éventuelle durée temporelle.

§ 2. La preuve de l'imputabilité du dommage

146 ***Imputabilité médicale et causalité juridique*** ◊ Les règles de la *causalité juridique* applicables à l'indemnisation du dommage corporel exigent non seulement la preuve de la réalité du dommage corporel lui-même,

---

C. Rousseau, C. Fournier, M. Blanc-Mollet et C. Carbonnié in *RFDC* 1986, p. 3 à 94 ; M. Bourrié-Quenillet, « Le préjudice sexuel : preuve, nature juridique et indemnisation », *Méd. et dr.* 1997.23, p. 3 et *JCP* 1996.I.3986 ; D. Yacouben, « Le préjudice sexuel », *Gaz. Pal.* 31 janv. 2009, p. 47 ; AMEDOC, « Le préjudice sexuel », éd. EAL/ESKA 2001. « Le préjudice sexuel : 49e congrès de la FFAMCE », *RFDC* 2014, n° 1, dont not. H. Bejui-Hugues, « Le préjudice sexuel en quelques nuances », p. 53 ; J. Buvat, « Dysfonctionnements sexuels : principaux facteurs organiques, explorations hormonales, vécu psychologique », p. 9. B. Mauroy, « Modalités d'indemnisation du préjudice sexuel et critères d'appréciaiton », p. 35 ; T. Sulman, « Préjudice sexuel : le rôle de l'expert », p. 45.

1. V. ss 216 s.
2. **Préjudice d'agrément :** v. ss 212 s.
3. **Sur l'évolution de la notion de préjudice d'agrément,** v. ss 213.

mais aussi la preuve que ce dommage est bien imputable à tel événement, d'autant plus que les systèmes d'indemnisation varient souvent en fonction de la nature de l'événement originel.

Les problèmes de *causalité juridique* sont déterminés par l'*imputabilité médicale* du dommage à l'accident, question posée dans la mission d'expertise et à laquelle le médecin expert doit toujours répondre : selon que le dommage corporel est imputable à l'accident lui-même, à un état antérieur ou à une pluralité d'accidents, la charge de la réparation ne pèsera évidemment pas sur les mêmes responsables.

A. L'imputabilité du dommage corporel à l'accident

147 ***L'imputabilité médicale*** [1] ◊ Il appartient à la victime non seulement d'apporter la preuve de la réalité de son dommage corporel, mais encore la preuve de l'imputabilité des lésions au fait dommageable.

Le rôle du médecin expert est ici encore fondamental et l'étude du dossier médical complet, notamment du « certificat initial », lui permet dans un premier temps d'apprécier ce lien de causalité entre le fait dommageable et les lésions constatées.

Dans la plupart des missions types, il est demandé au médecin expert d'une part de décrire en détail *les différentes lésions que la victime rattache à l'accident* et d'autre part de *se prononcer sur leur caractère direct* : c'est établir une nette hiérarchie entre les allégations de la victime et la réalité médico-légale de l'expertise qui seule permet, dans un deuxième temps, d'établir le lien entre les lésions et l'atteinte physiologique imputable à l'accident.

• L'imputabilité médicale des dommages invoqués à l'accident peut s'exprimer par une réponse qui conduira le régleur-décideur à une indemnisation totale, partielle, ou à un refus d'indemnisation :

– *réponse affirmative :* l'enchaînement des causes [accident, lésions traumatiques, et handicap] est certain et exclusif ;

– *réponse négative :* le handicap invoqué ne peut pas, scientifiquement, avoir une origine traumatique, ou avoir pour origine un traumatisme tel que celui qui résulte de l'accident.

• Mais l'expertise médicale peut conduire à des conclusions beaucoup plus nuancées de causalité douteuse ou de causalité partielle :

– *causalité douteuse :* l'atteinte physiologique et le handicap peuvent être des conséquences du traumatisme, mais l'analyse scientifique apporte des arguments pour, et des arguments contre, qu'il appartient au médecin

---

1. **Imputabilité :** C. Rousseau, « De l'imputabilité à la causalité », *RFDC* 1984, p. 111 ; J.-C. Mortiaux, « La causalité entre l'événement accidentel et l'étendue du dommage corporel réparable en droit commun », *RFDC* 1985, p. 403 ; G. Defrance, « Imputabilité médicale et causalité juridique », Argus 1990.2249 ; M. Klein, « Difficultés concernant, le diagnostic, l'état antérieur et l'imputabilité en médecine d'assurance », *RFDC* 1993.49 ; C. Rousseau, « Différence entre imputabilité médicale et causalité juridique », *RFDC* 1991.2, p. 115 ; M. Klein, Y. Grall, « Doute scientifique et doute juridique dans les expertises médicales », *RFDC* 1988.4, p. 557 ; C. Fournier, H. Hugues-Béjui, « L'imputabilité médicale en droit commun… », *RFDC* 2003, p. 277.

expert d'analyser. Le régleur-décideur tranchera en considérant que si le principe juridique de la charge de la preuve de la causalité pesant sur la victime demeure toujours présent, il existe une sorte de présomption d'imputabilité de fait dès lors que l'accident est avéré et des lésions corrélatives constatées. Au doute médical répond l'appréciation souveraine que le juge du fond tire de son intime conviction ;

– *causalité partielle :* le médecin expert peut démontrer que l'accident et les lésions traumatiques sont une cause parmi une pluralité de facteurs ayant contribué aux atteintes physiologiques et au handicap de la victime : le cumul causal de plusieurs facteurs trouve ses illustrations les plus connues dans l'état antérieur pathologique de la victime et dans les accidents successifs.

B. L'imputabilité du dommage corporel à un état antérieur

148 ***L'état antérieur à l'accident*** ◊ L'accident peut saisir une victime déjà atteinte de certains troubles. C'est pourquoi, les missions-types demandent au médecin expert de retranscrire le certificat médical initial et les différents documents médicaux permettant de connaître les lésions initiales, et « d'analyser dans une discussion précise et synthétique l'imputabilité à l'accident des lésions initiales, de leur évolution, et des séquelles en prenant en compte, notamment, les doléances de la victime et les données de l'examen clinique ; se prononcer sur le caractère direct et certain de cette imputabilité et indiquer l'incidence éventuelle d'un état antérieur » [1].

En fait la notion d'état antérieur renvoie à des situations différentes : prédispositions pathologiques latentes ou capacité antérieure réduite.

149 ***1°) L'état antérieur et les prédispositions pathologiques*** [2] ◊ Le 0 % d'incapacité représente la *norme* théorique ; tout le monde, ou presque, se sent et se dit « normal », mais ce sentiment psychologique de normalité

1. Mission AREDOC 2009 mise à jour en 2014, préc. point 11.

2. **État antérieur et prédispositions de la victime :** J.-C. Montanier, « L'incidence des prédispositions de la victime sur la causalité du dommage », Thèse Grenoble, 1981 ; J. Nguyen Thann Nha, « L'influence des prédispositions de la victime sur l'obligation à réparation du défendeur à l'action en responsabilité », *RTD civ.* 1976.1 ; JL Fagnard, P. Lucas et E. Rixhon, « Prédispositions et état antérieur » in Nouvelles approches des préjudices corporel : Evolution ! Révolution ? Résolutions..., Liège, Jeune Barreau, 2009, 35. D. Gonin, « État antérieur et névrose post-traumatique », *RFDC* 1981, n° 3 ; E. Anossof-Baudoin et B. Estenne, « L'état antérieur », *RFDC* 1996.22.4, p. 3, XXXVe Congrès FFAMCE, « L'état antérieur », *RFDC* 1999.4, p. 347 à 389 ; G. Steinbach, « L'état antérieur en psychiatrie », *RFDC* 1999.4, p. 397 ; M. de Jouvencel et C. Hamonet, « L'expertise médicale du traumatisé cérébral grave ; origine des troubles neuropsychologiques et psychopathologiques », *RFDC* 1999.4, p. 417 ; Y. Lambert-Faivre, « Etat antérieur et prédispositions individuelles : analyse juridique », JML/DM 2000-4, p. 343. N. Martial, « L'indifférence des prédispositions de la victime dans l'indemnisation du préjudice : appréciation critique » *RCA* 2010, et. n° 3. FJ Pansier, « Etat antérieur, confidentialité et secret médical », *RFDC* 2014, n° 3, p. 245. Ph. Pierre, « Le passé de la victime : l'influence de l'état antérieur », États généraux du dommage corporel 2010, *Gaz. Pal.* 4 avr. 2011, p. 15.

n'est qu'un 0 % subjectif, alors que chacun a de légères déficiences ou pathologies, souvent méconnues ou inconnues, car parfaitement compensées ou surmontées dans le cadre d'une vie « normale » : l'état antérieur 0 de la victime est donc surtout un sentiment individuel de normalité. Mais de même qu'existe une présomption d'innocence en matière pénale, on doit admettre une *présomption de pleine capacité* en matière d'expertise médicale.

La recherche de l'état antérieur est notamment effectuée lorsque les conséquences de l'accident paraissent d'une gravité disproportionnée par rapport au traumatisme subi : infirmités préexistantes, maladies ignorées ou cachées, prédispositions pathologiques peuvent alors expliquer une évolution dramatique. Le silence de la victime et le secret médical invoqué par le médecin traitant peuvent rendre encore plus difficiles les investigations du médecin expert.

Le médecin expert peut établir les prédispositions de la victime et la conjonction synergique des causes qui ont provoqué le dommage final : insuffisance cardiaque, hémophilie, épilepsie latente, etc. peuvent aggraver considérablement les conséquences de l'accident, voire provoquer le décès.

Sur le terrain juridique, lorsque l'accident a été l'élément déclenchant d'une pathologie antérieure latente, souvent inconnue parce qu'encore asymptomatique et « *muette* », ou lorsque le traumatisme a entraîné la « décompensation » d'un équilibre jusque-là maintenu par une compensation naturelle, l'événement traumatique est considéré comme la cause de l'entier dommage et son auteur doit assumer la réparation intégrale des préjudices subis. Ainsi, la Cour de cassation a rappelé dans un récent arrêt du 8 juillet 2010 que « le droit de la victime à obtenir indemnisation de son préjudice corporel ne saurait être réduit en raison d'une prédisposition pathologique, lorsque l'affection qui en est issue n'a été provoquée ou révélée que par le fait dommageable » [1].

150 *2°) L'état antérieur avec capacité antérieure réduite ◊*

a) La règle de l'indemnisation limitée à la seule incapacité imputable à l'accident [2]

Dès lors que l'accident n'a fait qu'aggraver une incapacité fonctionnelle antérieure déterminée et avérée, le responsable ne doit réparer que le

1. **Prédispositions de la victime et réparation intégrale du dommage** : N. Martial, « L'indifférence des prédispositions de la victime dans l'indemnisation du préjudice : appréciation critique » *RCA* 2010, et. n° 3. – Juris. constante, V. parmi les illustrations récentes : Civ. 2e, 10 nov. 2009, *RCA* 2009, comm. n° 34 (absence de réduction du droit à indemnisation en raison d'une prédisposition pathologique quand l'affection qui en est issue n'a été provoquée ou révélée que par le fait dommageable). 28 janvier 2010, *Gaz. Pal.* 6 aout 2010, p. 37 (même solution concernant une indemnisation par l'ONIAM) ; 1er juill. 2010, n° 09-15404 (droit à réparation intégrale malgré des antécédents psychiatriques remontant à l'enfance, mais qui ne s'étaient pas traduits par des troubles du comportement) ; 8 juill. 2010, *RCA* 2010, comm. n° 269 (même attendu) ; Crim, 11 janv. 2011, n° 10-81716 (*idem*).

2. **Capacité antérieure et indemnisation réduites :**

– **formule de « Gabrielli »** : S. Brousseau et C. Rousseau, « La réparation du dommage corporel », éd. Argus, 1983, p. 62-63 ;

nouveau préjudice qui seul lui est imputable : le médecin expert devra chiffrer le *taux du déficit imputable à l'accident*, qui correspond « *à la différence entre la capacité antérieure et la capacité actuelle* ».

Il peut le faire soit par le calcul arithmétique de la formule de Gabrielli, soit par une évaluation globale plus souple.

La « *formule de Gabrielli* » permet de calculer le taux d'incapacité imputé à l'accident, en tenant compte d'une capacité initiale réduite (C 1) et de la capacité restante après le deuxième accident (C 2) :

$$\text{Incapacité imputée à l'accident} = \frac{C\,1 - C\,2}{C\,1}$$

L'incapacité finalement imputée à l'accident, 33 % au lieu de 20 %, se trouve ainsi majorée par la formule de Gabrielli, afin de tenir compte du fait qu'une deuxième infirmité aggrave davantage la situation concrète de la victime que si son état antérieur était normal.

Cependant aucune « formule » n'est « imposée », ni au médecin expert, ni au juge, et tout autre mode de calcul, ou d'évaluation, de l'incapacité imputable à l'accident compte tenu de l'état antérieur est possible. La pratique expertale du médecin et le bon sens du juge servent souvent mieux la vérité et la justice que des théorèmes abstraits.

b) L'exception : la réparation intégrale lorsque l'accident a changé la nature de l'invalidité [1]

Lorsque l'accident a totalement transformé les conditions de vie de la victime, cette sorte de novation de son handicap par changement de nature justifie une réparation intégrale. C'est le cas emblématique du borgne, qui menait une vie professionnelle et personnelle normale, devenu aveugle ; un arrêt du 28 octobre 1997 rappelle cette jurisprudence classique et justifiée.

C. Imputabilité et aggravation

151 ***L'aggravation*** [2] ◊ La victime dont l'état s'est aggravé *après* un premier règlement, peut demander une indemnisation pour aggravation, qui pose

---

Exemple : Si l'incapacité initiale était de 40 % et l'incapacité causée par l'accident de 20 % :
C 1 = 100 - 40 = 60 %
C 2 = 100 - (40 + 20) = 40 %
C 1 - C 2 = 60 - 40 = 0,33 = 33 %

- indemnisation de la seule incapacité imputable à l'accident : Ass. plén., 27 nov 1970, *D.* 1970.181, note R. Lindon (arrêt Billy, « la victime ne doit être indemnisée que dans la mesure de son état imputable à l'accident » ; accident du travail) ; Civ., 14 déc. 1972, *Gaz. Pal.* 1973.2.587 ; Crim., 10 févr. 1976, *D.* 1976.297, rapport Robert ; Civ. 2e, 11 oct. 1989, *Bull. civ.* II, n° 178 ; Civ. 2e, 8 fév. 1989, *JCP* 1990.II.21544.

1. **Changement de nature de l'invalidité ; réparation intégrale :** Civ. 2e, 19 juill. 1966, *JCP* 1966.II.14902, note Meurisse, *D.* 1966.598, note Le Roy, *RTD civ.* 1967.154 obs. Durry (borgne devenu aveugle) ; Crim., 15 déc. 1966, *JCP* 1967.II.15162, note Meurisse, *D.* 1967 somm. 46 (idem) ; Civ. 2e, 6 mai 1987 *Bull. civ.* II n° 107 (idem) ; Civ. 1re, 28 oct. 1997, *D.* 1998.I.R.8, *RTD civ.* 1998. 123 obs. Jourdain (*idem*).

2. **Aggravation :** sur le terrain juridique, v. ss 291 s.

au médecin-expert divers problèmes délicats, ce qui explique que des missions spécifiques à cette question de l'aggravation existent [1].

152 ***a) L'évolution des barèmes médicaux de référence*** ◊ Les taux énoncés il y a une dizaine d'années par référence aux barèmes accidents du travail étaient surévalués par rapport aux barèmes des déficits fonctionnels en droit commun. Dans ce cas, il convient d'abord de mettre en conformité les deux taux en chiffrant le déficit fonctionnel initial par référence au barème actuel, ce qui permet une mesure correcte de l'aggravation. À cet égard la mission d'expertise pour aggravation énonce généralement : « préciser quel aurait été le taux d'incapacité fonctionnelle lors de l'indemnisation initiale en application du barème et des paramètres médicaux actuellement utilisés ».

153 ***b) Les hypothèses d'aggravation et de diminution corrélatives d'états pathologiques*** ◊ Le problème posé ici relève de l'hypothèse où l'état de la victime polytraumatisée s'est amélioré pour certaines lésions et s'est aggravé pour d'autres. La solution n'est évidente ni en doctrine, ni en jurisprudence. Pour certains il y aurait une sorte de compensation qui s'opérerait entre aggravations et diminutions ; pour d'autres, l'amélioration n'étant susceptible d'aucune diminution d'indemnisation, seule l'aggravation devrait être prise en compte et faire l'objet d'un complément d'indemnisation.

Cependant la question est généralement posée dans le cadre du déficit fonctionnel dont on sait que le calcul est effectué non par simple addition des taux afférents aux différentes lésions subies par la victime, mais d'une manière plus synthétique et globale (ex. : règle de Balthazard). Dès lors si les lésions multiples d'un polytraumatisé ont été évaluées de manière différente, il semble juste d'opérer une nouvelle évaluation globale du taux d'APIPP, et c'est ce résultat qui doit être comparé au taux initial pour savoir si en définitive le préjudice physique invoqué s'est aggravé et dans quelles proportions.

154 ***c) L'imputabilité de l'aggravation à l'accident initial*** ◊ Cette imputabilité des préjudices nouveaux au dommage corporel initial est essentielle. En effet toute victime est mortelle comme chacun d'entre nous. Sous couvert de préjudices nouveaux, il convient donc d'éviter d'imputer abusivement à l'accident tous les avatars de l'existence postérieurs à la décision initiale. Le problème de l'imputabilité est d'autant plus délicat que l'aggravation peut relever de plusieurs causes concurrentes ; deux exemples illustrent ces difficultés :

• **L'aggravation et le vieillissement** [2]. En principe, l'évaluation du « préjudice futur » doit tenir compte du vieillissement qui est une donnée

1. **Missions spécifiques aux hypothèses d'aggravation,** « Aggravation, mission d'expertise médicale », AREDOC oct. 2011. C. Bernfeld et F. Bibal « Proposition de mission adpatée aux aggravations médciales », *Gaz. Pal.* 15 fév. 2013, p. 14.

2. L. Aour et E. Guillermou « L'avancée en âge peut-elle justifier une action en aggravation ? », *Gaz. Pal.* 6 juin 2014, p. 34

inéluctable de la condition humaine. Cependant si la victime fragilisée par l'accident initial perd toute autonomie et devient grabataire, est-ce dû à l'âge, à une aggravation des lésions initiales, ou plus vraisemblablement à une conjugaison des deux facteurs ?

La comparaison de l'état de la victime avec celui de personnes non accidentées du même âge, et compte tenu de ses antécédents, devrait permettre d'éclairer le problème de l'imputabilité de cette aggravation, et d'en fixer l'indemnisation complémentaire s'il y a lieu.

• **Les hypothèses de pluralité d'accidents** [1]. Il est possible qu'après l'accident initial, un nouvel accident survienne qui modifie et aggrave l'état de la victime. Ici encore des causalités différentielles ou conjuguées doivent être distinguées.

1) *Les accidents successifs indépendants :* un accident ultérieur peut survenir sans lien avec le premier accident : accident initial et accident postérieur étant dus à des causes distinctes, l'évaluation différentielle des incapacités est effectuée comme il a été vu dans l'état antérieur.

2) *L'accident subséquent :* l'accident ultérieur peut avoir parmi ses causes l'état fragilisé de la victime du fait du premier accident. La chute subséquente d'une personne handicapée après un premier accident en est l'exemple classique : le rôle du médecin expert est ici de préciser l'enchaînement médical des causes et des effets ; le juge du fond en tire généralement de façon assez empirique les conséquences juridiques sur le plan de la causalité.

Avec l'expertise médicale se termine la première et indispensable opération dans le processus complexe de réparation d'un dommage corporel. Il convient alors de traduire le médical en juridique et de transposer l'évaluation médicale du dommage corporel en termes d'évaluation monétaire, de droits et d'obligations corrélatifs et chiffrés.

---

1. **Accident subséquent :** v. ss 297.

ANNEXE

L'EXPERTISE MÉDICALE DANS L'ÉVALUATION DU DOMMAGE CORPOREL [1]

Propositions du groupe de travail du CNAV *(Conseil national d'aide aux victimes)* *Ministère de la Justice 2002*

I. Propositions relatives à l'évaluation médicale du dommage corporel

– Préambule

Ces propositions ont pour objet l'expertise médicale et les examens médicaux non judiciaires pour la réparation du dommage corporel, quelle qu'en soit la cause. Elles ont pour but d'offrir aux victimes d'un dommage corporel des garanties d'impartialité dans le respect du principe du contradictoire ainsi qu'un soutien psychologique et technique.

– Première proposition :

La compatibilité entre les fonctions de médecin-conseil d'assurance, de médecin-conseil de victime et de médecin-expert judiciaire est vivement mise en cause. Pour clarifier une situation ambiguë, source de confusion, et dénoncée tant par les victimes que par de nombreux professionnels du droit et de la médecine, il est proposé de créer trois catégories de médecins chargés de l'évaluation médicale du dommage corporel :

1. les médecins-conseils de compagnies d'assurance (assurance de responsabilité civile ou assurances de dommages corporels), dont la liste pourrait être établie et publiée par l'AREDOC, sur proposition des entreprises d'assurance ;
2. les médecins-conseils de victimes, dont la liste pourrait être établie et publiée par le CNAV, sur proposition des associations de victimes et d'aide aux victimes ;
3. les médecins experts judiciaires, inscrits sur les listes des cours d'appel ou agréés par la Cour de cassation.

Un médecin ne pourrait désormais être candidat et figurer que sur une seule catégorie de liste.

Les compagnies d'assurance Protection Juridique devraient permettre à leurs assurés victimes de choisir librement le médecin qui les assiste, sur la liste des médecins conseils de victimes.

– Deuxième proposition :

Le groupe de travail préconise la mise en place :

- d'un agrément temporaire pour les candidats à l'inscription sur chacune des listes, assorti d'une obligation de formation initiale ;

---

1. Source : Rapport Y. Lambert-Faivre, présidente du groupe de travail du CNAV, février 2002 (extraits).

- après la période probatoire, d'une inscription sur les listes pour une durée renouvelable sous condition d'une formation continue.

À titre exceptionnel, des médecins ne figurant sur aucune liste, ne pourraient se voir confier des missions d'examen ou d'expertise médicale que sur une motivation explicite. Ces dispositions pourraient être étudiées par le groupe de travail missionné par le CNAV en 2002, qui en précisera les modalités.

- Troisième proposition :

La multiplicité des expertises ou examens médicaux requis en cas de dommage corporel constitue une plainte récurrente des victimes. Conformément à l'expérience d'une seule expertise, contradictoire et opposable à toutes les parties, diligentée pour les victimes d'actes de terrorisme ou d'accidents collectifs, le groupe de travail recommande l'extension d'une procédure simplifiée qui serait mise en œuvre par l'ensemble des organismes et institutions impliqués dans l'indemnisation des victimes.

- Quatrième proposition :

Dans toutes les procédures amiables, notamment dans le cadre de l'indemnisation des accidents de la circulation, pour garantir l'équité et respecter le principe du contradictoire, le groupe de travail recommande que tous les examens médicaux pratiqués en vue de la réparation d'un dommage corporel soient conduits conjointement par le médecin-conseil d'assurance et le médecin-conseil choisi par la victime.

S'ils ne peuvent se mettre d'accord sur les conclusions de l'examen, ils devront rédiger un rapport précisant leurs points d'accord et de désaccord, document qui devra être remis aux parties et soumis à la juridiction éventuellement saisie.

Les textes du Code des assurances relatifs aux procédures d'indemnisation des victimes d'accidents de la circulation et les textes d'information des victimes devront tenir compte de ces modifications, notamment l'article R-211 du Code des assurances.

- Cinquième proposition :

Dans toute expertise médicale judiciaire d'un dommage corporel de quelque nature qu'il soit, la victime a le droit d'être assistée par un médecin-conseil de victime qu'elle a librement choisi.

- Sixième proposition :

Le médecin-conseil de la victime a notamment pour rôle de l'informer sur les modalités et les enjeux de l'expertise ou de l'examen médical, de rassembler l'ensemble de son dossier médical et de ses annexes, et de le communiquer dès que possible à l'expert judiciaire ou au médecin-conseil de la compagnie d'assurance, afin que celui-ci puisse l'étudier avant le jour de l'expertise ou de l'examen médical.

Il devra rédiger un rapport et l'adresser aux parties qui le mandatent. À chaque étape de la procédure, il doit informer et conseiller les victimes.

- Septième proposition :

On constate dans la pratique que des formules relatives à l'exercice expertal sont très fréquemment utilisées et de souvent de manière ambiguë sur les papiers à en-tête des praticiens, en violation de l'article 79 du Code de déontologie médicale.

Le groupe de travail souhaite, qu'en liaison avec le Conseil national de l'ordre, une réglementation plus précise n'autorise la mention d'une qualité d'expert ou de médecin-conseil que précisée par la référence à l'une des trois catégories ci-dessus définies.

Cette qualification devrait figurer obligatoirement sur les convocations aux examens médicaux et expertises, ainsi que sur les rapports.

II. Propositions relatives à l'assistance juridique de la victime par un avocat dans la phase d'évaluation médicale du dommage corporel

- Préambule :

Si l'avocat apparaît comme un défenseur nécessaire des victimes d'accidents corporels, l'absence d'une spécialisation reconnue, les carences de formation qu'elle induit, le désarroi des victimes qui ne savent à qui s'adresser et le faible engagement des avocats dans la phase d'évaluation médicale, essentielle pour une juste évaluation de l'indemnisation, fondent les propositions suivantes :

- Première proposition :

Le groupe de travail recommande à l'unanimité la création d'une spécialisation droit du dommage corporel dans les spécialisations réglementairement reconnues. Il souhaite vivement que le Conseil National des Barreaux adopte cette mesure dans le cadre de la révision des spécialisations en cours.

- Deuxième proposition :

La compétence des avocats dans le domaine complexe du droit du dommage corporel et de la détermination et l'évaluation des préjudices subis serait naturellement induite par la reconnaissance de cette spécialisation. Les formations universitaires (maîtrise, DEA, DESS, Institut d'études judiciaires...) et les formations continues organisées ou validées par les barreaux devront conforter cette nouvelle spécialisation par l'organisation d'enseignements spécifiques.

- Troisième proposition :

La reconnaissance officielle d'une spécialisation doit favoriser une meilleure orientation des victimes. Le groupe de travail rappelle la liberté de choix des conseils par les victimes.

- Quatrième proposition :

Dans la phase d'évaluation médicale d'un dommage corporel, l'assistance juridique de la victime par un avocat, en liaison avec le médecin-conseil de victime, constitue une meilleure garantie du contradictoire.

L'avocat doit en effet aider la victime à établir la réalité des dommages qu'elle invoque et leur imputabilité au fait générateur, ceci en vue de permettre au régleur ou à la juridiction saisie d'apprécier la causalité, de déterminer les chefs de préjudices indemnisables et d'évaluer le montant de la réparation.

- Cinquième proposition :

Les honoraires des conseils de la victime, avocat comme médecin-conseil, sont une conséquence de l'accident et conformément au principe de la réparation intégrale doivent être à la charge du responsable et le cas échéant de son assureur

RC La convention d'honoraires doit permettre d'intégrer ce poste de préjudice dans l'évaluation du dommage corporel.

Le groupe de travail souhaite approfondir les questions des honoraires d'avocats – notamment celle des honoraires de résultats – et de l'application des articles 700 C. PR. CIV. et 475-1 C. PÉN., qui se posent avec une acuité particulière s'agissant des victimes de dommage corporel.

- Sixième proposition :

Conformément à la Directive européenne du 22 juin 1987 intégrée en droit français par la loi du 31 décembre 1989, les contrats d'assurance Protection Juridique doivent garantir aux assurés le libre choix de leur avocat. Les clauses des contrats d'assurance P.J. français comportent de nombreuses dispositions qui contreviennent à cette règle, notamment, une limitation différentielle des honoraires d'avocats, ou l'interdiction de saisir librement un avocat avant l'accord de l'assureur : aux motifs d'éviter un « sinistre » unilatéralement déterminé par l'assuré, la pratique a créé une garantie potestative de l'assureur. Ces clauses doivent être profondément modifiées pour redonner aux assurés-victimes le libre choix que le droit européen a consacré.

- Huitième proposition :

La convocation adressée à la victime et au médecin-conseil qu'elle déclare avoir choisi doit comporter :

- une copie de la mission d'expertise ;
- un rappel de la nécessité pour la victime et son médecin-conseil de constituer un dossier médical aussi complet que possible et de le transmettre à l'expert judiciaire ou au médecin-conseil de la compagnie d'assurance avant le jour de l'expertise ou de l'examen médical.

- Neuvième proposition :

La qualité de l'accueil de certains médecins experts ou médecins-conseil est trop souvent mise en cause. Lors de tout examen ou expertise médical, la victime a le droit d'être assistée, si elle le souhaite, par la présence d'un proche. Les plaintes récurrentes des victimes à l'encontre du comportement d'un expert ou d'un médecin-conseil devraient conduire à sa radiation de la liste dont il relève.

- Dixième proposition :

Dans le cadre de la responsabilité civile encourue du fait d'un dommage corporel, les honoraires du médecin-conseil de victime sont une conséquence de l'accident ; ils doivent être intégralement à la charge du responsable de l'accident et le cas échéant de son assureur RC Dans le cadre des assurances de dommages corporels, les honoraires de médecin-conseil de l'assuré-victime devraient systématiquement être inclus dans les garanties contractuelles. Le groupe de travail souhaite que la FFSA et la GEMA recommandent une telle clause aux entreprises de leur groupe.

- Onzième proposition :

Tout rapport d'expertise ou d'examen médical devrait clairement rappeler toutes les doléances exprimées par la victime et y répondre dans la limite de la mission, en rendant compte des arguments contradictoirement débattus.

- Douzième proposition :

Tout rapport d'expertise ou d'examen médical en vue de l'indemnisation d'un dommage corporel, quelle que soit sa nature, devrait être intégralement transmis à la victime, sous réserves des dispositions du Code de déontologie médicale (article 35). Dans le cadre des expertises ordonnées en matière pénale, le groupe de travail recommande que la victime puisse obtenir le rapport la concernant, pour en faire tout usage.

- Treizième proposition :

Il est souhaité que les propositions ici présentées soient étendues à tous les types d'expertises et d'examens médicaux (sécurité sociale, accidents du travail, mutuelles

CHAPITRE 2

LA DÉTERMINATION DES PRÉJUDICES DE LA VICTIME DIRECTE

155 ***Le choix des méthodes d'indemnisation*** ◊ Ainsi que cela a déjà été évoqué [1], le dommage corporel n'était, jusqu'à une époque récente, soumis en droit commun à aucune détermination légale des préjudices subis : depuis le début du XIXe siècle, c'est la jurisprudence qui a tracé pour l'essentiel les grands traits de l'indemnisation. Une telle situation a connu une première évolution à la suite de l'adoption de l'article 25 de la loi du 21 décembre 2006 ayant opéré une réforme des tiers payeurs. La mise en place d'un modèle de recours devant impérativement s'opérer poste par poste a en effet imposé l'utilisation d'une nomenclature commune, qui est aujourd'hui, au moins devant le juge judiciaire, celle initiée par le Groupe de travail présidé par Mme Le Professeur Lambert-Faivre et proposée par M. Dintilhac [2].

Cette nomenclature dite « Dintilhac » repose sur deux principes fondamentaux : le premier est la distinction claire des préjudices patrimoniaux et extrapatrimoniaux pour mieux séparer ce qui relève de l'« être » et de l'« avoir » ; le second est l'articulation de la distinction des préjudices autour de la date de consolidation, qui conduit à différencier les préjudices temporaires et permanents. Cette nomenclature reconnaît donc à la victime directe vingt chefs potentiels de préjudices, ce qui peut paraître un nombre élevé, mais qui, ainsi que nous le verrons, ne permet pourtant pas toujours une parfaite identification de l'ensemble des préjudices subis par cette dernière. C'est pourquoi le projet de nomenclature des préjudices résultant d'une atteinte à la personne présenté par la Chancellerie en décembre 2014 corrige certaines imperfections dans la typologie des postes [3].

Dans l'attente de l'adoption de ce décret, la nomenclature Dintilhac étant aujourd'hui devenue l'outil incontournable de détermination des préjudices nés du dommage corporel, c'est donc à l'aune de sa classification que seront présentés les différents chefs de préjudices dont la victime

1. V. ss 38 s.
2. **Sur la valeur de la nomenclature Dintilhac**, v. ss 48. V. également H. Adida-Canac, « Le contrôle de la nomenclature Dintilhac par la Cour de cassation », *D.* 2011. 1497. M. Bacache, « La nomenclature : une norme ? », *in* « Autour de la nomenclatures des préjudices corporels : hommage au Président Dintilhac », *Gaz. Pal.* 24 déc. 2014, p. 7.
3. S. Porchy-Simon, « L'articulation des postes de préjudices », in « Autour de la nomenclature Dintilhac », préc., p. 24.

peut espérer obtenir réparation, en distinguant donc, selon la *summa division* régnant désormais dans cette matière, entre préjudices patrimoniaux (Section 1) et extrapatrimoniaux (Section 2).

SECTION 1. LES PRÉJUDICES PATRIMONIAUX DE LA VICTIME DIRECTE

156 ***Les préjudices économiques patrimoniaux (« Special damage » ou « Economic loss »)*** ◊ Il faut rappeler que cette étude est limitée au droit du « dommage corporel » qui est une atteinte à l'intégrité physique de la personne ; or il convient d'opposer ces « *dommages corporels* » aux « *dommages matériels* » qui sont constitués par l'atteinte à l'intégrité des choses matérielles (voitures, vêtements, etc.) ; l'évaluation de celles-ci vient éventuellement s'ajouter à celle des préjudices nés du dommage corporel, mais demeure hors de notre propos [1].

En revanche les *« préjudices patrimoniaux ou économiques » étudiés ici ont leur cause dans le dommage corporel lui-même.*

157 ***Le rôle de l'avocat dans l'évaluation des préjudices économiques*** [2] ◊ Le rôle de l'avocat dans la rédaction des conclusions définitives est fondamental dans la procédure judiciaire, mais sa compétence vigilante est aussi importante en cas de transaction amiable.

Jusqu'à récemment, beaucoup d'avocats, mal formés au droit du dommage corporel, méconnaissaient souvent les enjeux de l'expertise médicale et la spécificité des préjudices générés par un dommage corporel. En 2003, un « champ de compétence » dénommé « réparation du préjudice corporel » (« dommage corporel » eût été plus adéquat), a été adopté par le CNB, tandis que la loi n° 2004-130 du 11 février 2004 a renforcé leurs obligations de formation, avant que la jurisprudence ne vienne leur imposer un réel « devoir de compétence ». Cette évolution a contribué à une plus grande spécialisation des avocats dans cette matière, dans l'intérêt évident des victimes. Elle a été confirmée par la loi n° 2011-331 du 28 mars 2011 relative à la modernisation des professions judiciaires et juridiques, dont l'article 2 a réformé le fonctionnement des mentions de

---

1. **Préjudices économiques ≠ dommages matériels :** Civ. 2e, 24 janv. 1990, *JCP* 1990. II.21581, note J.-F. Barbieri.

2. **Importance du rôle de l'avocat de la rédaction des dernières conclusions :** Avis de la Cour de cassation, 10 juillet 2000, *Gaz. Pal.* 18-19 juillet 2001 p. 5 note J. Barberis ; Y. Lambert-Faivre, « Le rôle de l'avocat dans l'indemnisation du dommage corporel », *Dr. et patrimoine*, avr. 1994, et « La victime d'un dommage corporel et son avocat », *Gaz. Pal.* 3-7 sept. 1999 p. 3.V. également, « Droit de la santé-droit du dommage corporel : l'avocat : une plus-value ! » États généraux du dommage corporel 2007, *Gaz. Pal.* 18 avr. 2009, p. 3 s. **Devoir de conseil et de compétence de l'avocat – Jurisprudence :** Civ. 1re, 9 mai 1996, *RCA* 1996, n° 254 ; Civ. 1re, 27 févr. 2001, *RCA* 2001, n° 151 (l'avocat doit prouver qu'il a exécuté son obligation d'information et de conseil) ; Civ. 1re, 14 mai 2009, *RTD civ.* 2009. 493 et 744 ; *RCA* 2009, comm. n° 219.

spécialisation. À la suite de cette loi, l'Assemblée générale du CNB, en date des 13 et 14 mai 2011, a adopté une nouvelle liste des mentions entérinée par un arrêté du 28 décembre 2011, dans laquelle figure expressément le droit du dommage corporel, ce dont on ne saurait que se féliciter, dans l'intérêt des victimes.

Il est important que, conformément au principe du dispositif imposé par l'article 4 C. pr. civ. et au principe de concentration des moyens imposé par la Cour de cassation depuis l'arrêt *Cesareo* [1], les dernières conclusions rédigées par les avocats des victimes récapitulent de manière complète et exhaustive la liste *intégrale* de leurs préjudices économiques : cette évaluation implique *l'addition* de la part prise en charge par les prestations des tiers payeurs (qui feront l'objet d'un recours subrogatoire) *et* de la part restée à la charge de la victime. En effet, dans le passé, on a trop souvent vu des demandes qui ne prenaient en compte *que* la part restée à la charge de la victime, ou *que* la part prise en charge par les tiers payeurs. Le juge ne pouvant pas statuer *ultra petita*, l'indemnité dite « complémentaire » revenant effectivement à la victime était quasi-nulle. L'important travail méthodologique réalisé par la nomenclature Dintilhac, relayé par divers outils mis en place au sein des cours d'appel, est toutefois de nature à faciliter le travail de l'avocat qui dispose aujourd'hui d'une grille de lecture précise.

158 ***La date du règlement*** [2] ◊ C'est à la date de l'évaluation judiciaire ou transactionnelle que, d'une part, sont recensés les *frais actuels*, d'ores et déjà engagés, et que, d'autre part, sont évalués les *frais futurs*, pour l'avenir. Un tel état de fait revient donc à distinguer les préjudices temporaires des préjudices permanents. Si cette distinction semble aujourd'hui admise par tous, encore faut-il s'accorder sur la date permettant ainsi de ventiler les préjudices en deux catégories. La nomenclature Dintilhac, et la pratique majoritaire, font reposer la distinction sur la date de *consolidation*, critère dont la pertinence est fort discutable. En matière de préjudices patrimoniaux, cette notion a en effet pour seule utilité de donner le feu vert pour l'ouverture des opérations de règlement et de constituer le point de départ du délai de prescription. En revanche il est totalement inutile de fractionner l'évaluation de préjudices économiques en séquences

1. **Obligation de concentration des moyens** : Ass. plén, 7 juill. 2006, *Cesareo, D.* 2006. 2135, *RTD civ.* 2006. 815 (obligation de concentration des moyens). Civ. 1re, 28 mai 2008, *JCP* 2008. II. 10170, note G. Bolard (obligation de concentration des demandes). V. C. Blery, « Des effets dévastateurs du principe de concentration », *Procédures*, janv. 2010, alerte 1.

2. **Évaluation au jour du règlement judiciaire** : Y. Chartier, « La date de l'évaluation du préjudice », *RCA* n° spécial, mai 1998, p. 24 ; Civ. 2e, 4 oct. 1995, *RCA* 1995, n° 354 (décès de la victime en cours d'instance, pas de préjudice postérieur au décès) ; *contra* Civ. 2e, 4 déc. 1996, *RCA* 1997, n° 89, *RTD civ.* 1997. 677, obs. Jourdain (décès pendant l'instance non notifié ; évaluation des préjudices futurs y compris assistance d'une tierce personne !) ; Civ. 2e, 11 oct. 2001, *RCA* 2001, n° 357 (le préjudice économique de la victime par ricochet doit être évalué au jour de la décision judiciaire en tenant compte de tous les éléments connus à cette date). Civ. 2e, 12 mai 2010, *RCA* 2010, comm. n° 221 (rappel du principe de l'évaluation à la date du jugement pour une atteinte aux biens).

temporelles de l'accident à la consolidation, puis de la consolidation au jour du règlement. La date du règlement est sans doute plus pertinente pour chiffrer les préjudices économiques antérieurs, « *actuels* », sur la base des justificatifs précis qui sont apportés (factures, relevés de prestations, bulletins de salaires, etc.), et les préjudices économiques postérieurs au règlement, « *futurs* » dont l'évaluation procède d'une extrapolation forcément plus approximative. L'utilisation de la date du règlement, et non de la consolidation, permettrait donc d'éviter des pratiques complexes visant, par exemple, dans le cas des pertes de revenus définitives à distinguer la période allant de la consolidation au règlement, puis celle postérieure à la décision.

Pour autant, la pratique actuelle est différente, puisque la nomenclature Dintilhac articule sa classification des préjudices patrimoniaux autour de la date de consolidation, distinguant donc ainsi les préjudices temporaires (§ 1) et permanents (§ 2).

§ 1. Les préjudices patrimoniaux temporaires de la victime principale

159 ***Postes de préjudices de la nomenclature Dintilhac*** ◊ La nomenclature Dintilhac reconnaît trois postes de préjudices patrimoniaux temporaires : les dépenses de santé actuelles (DSA), les frais divers (FD) et les pertes de gains professionnels actuels (PGPA) qui seront étudiés successivement.

A. Les dépenses de santé actuelles (DSA)

160 ***Choix d'une articulation autour de la consolidation*** ◊ Conformément au choix opéré par la nomenclature Dintilhac, le poste des dépenses de santé actuelles regroupe l'ensemble des frais médicaux et paramédicaux « réalisés durant la phase temporaire d'évolution de la pathologie traumatique » [1]. Ce choix peut être contesté, car il aurait semblé plus logique d'opérer une distinction entre les frais déjà engagés au jour du règlement et les frais futurs, le recours à la date de consolidation n'ayant ici guère d'intérêt. Une modification de la nomenclature pourrait être envisagée, dans la perspective de sa légalisation mais tel n'est toutefois pas le parti pris par le projet de décret de la Chancellerie qui continue à articuler classiquement les postes patrimoniaux autour de la date de consolidation en précisant seulement leur nom, les dépenses de santé actuelles deviennent, dans ce texte, dépenses de santé *avant consolidation* (DSAC).

Quoi qu'il en soit, il est très important que *tous* les frais médicaux et paramédicaux soient correctement recensés, qu'ils soient ou non pris en charge par un organisme social, Sécurité sociale ou mutuelle tiers payeur.

---

1. Rapport Dintilhac, préc. p. 31.

161 ***1°) Les frais médicaux et paramédicaux pris en charge par des organismes sociaux tiers payeurs*** [1] ◊ Au jour du « règlement », c'est-à-dire de l'évaluation des préjudices, la maladie traumatique a entraîné divers frais chirurgicaux, médicaux et paramédicaux, des frais pharmaceutiques, des frais d'hospitalisation, des frais de rééducation, prothèses, etc.

Ce poste est particulièrement lourd, si l'on considère qu'à Lyon, en 2015, le prix de la journée d'hospitalisation est de l'ordre 3 472 euros pour les spécialités coûteuses, de 5 261 euros pour les spécialités très coûteuses, de 1 793 euros pour la chirurgie et les urgences, ou de 1 470 euros en médecine ou maternité.

Toutes ces dépenses sont directement prises en charge par la Sécurité sociale (à l'exclusion du ticket modérateur, du forfait hospitalier, etc.) dont la garantie est souvent complétée par des mutuelles. Bien entendu le cumul des prestations serait contraire au principe indemnitaire qui interdit à la victime de s'enrichir du fait de l'accident : les prestations directement payées ou remboursées par la Sécurité sociale seront donc imputées sur l'indemnité due par le tiers responsable ou son assureur au titre des dépenses de santé. Même si la victime ne l'a pas directement assumée, l'intégralité de ces frais doit être recensée par son conseil, qui doit en demander réparation afin que le recours des tiers puisse s'exercer normalement. Les conséquences d'un oubli apparaissent toutefois moins gênantes pour la victime que par le passé. Avant la loi du 21 décembre 2006, l'absence de demande relative aux dépenses de santé lui était extrêmement préjudiciable, puisque la créance du tiers payeur étant acquise, ce dernier pouvait l'imputer sur l'intégralité des dommages et intérêts attribués au titre des préjudices patrimoniaux, par hypothèse amputés des sommes qui auraient dû être allouées au titre des dépenses de santé, réduisant d'autant la part revenant à la victime. Le recours se faisant désormais poste par poste, l'absence d'une demande de la victime quant aux dépenses de santé aura pour seul effet l'impossibilité pour le tiers payeur d'exercer son recours. La situation sera donc neutre pour la victime, mais en revanche fort préjudiciable au tiers payeur, dont on voit que le recours peut en fait être conditionné par les demandes de la victime.

162 ***2°) Les frais médicaux et paramédicaux non pris en charge par les organismes sociaux*** ◊ Le rôle de la Sécurité sociale dans la prise en charge immédiate de la majeure partie des frais médicaux occasionnés par un dommage corporel est considérable. Il n'est cependant pas absolu.

En effet la logique juridique de la Sécurité sociale et celle de l'indemnisation sont différentes. Ainsi la Sécurité sociale peut imposer une procédure d'« *entente préalable* » pour la prise en charge de certains frais médicaux et paramédicaux ; en revanche il ne saurait être question d'obliger de quelque manière que ce soit la victime à demander une « *autorisation préalable* » au responsable ou à son assureur de responsabilité pour se faire soigner,

---

1. **Sécurité sociale** : sur les prestations versées, v. ss 402 s. ; sur les recours de la Sécurité sociale contre le responsable, v. ss 325 s.

opérer ou rééduquer. Elle peut également laisser à la charge de l'assuré une certaine participation forfaitaire, par le biais de franchises, de forfaits ou de tickets modérateurs [1].

La victime doit totalement bénéficier du principe fondamental en matière médicale du *libre choix du médecin par le malade* : elle peut donc choisir un médecin conventionné de « *secteur 1* » (avec respect des tarifs conventionnels) ; de « *secteur 2* » (avec possibilité de dépassement des tarifs conventionnels) ou bénéficiaire d'un droit permanent à dépassement, voire un médecin non conventionné. De même elle peut et doit librement choisir son chirurgien et décider elle-même des opérations à subir, que la Sécurité sociale ait donné ou non une « *entente préalable* ». Enfin elle peut et doit pouvoir choisir son Centre de rééducation et bénéficier des prothèses et appareillages les plus performants selon la science médicale actuelle pour surmonter son handicap.

Or si la Sécurité sociale est souvent réticente pour les prothèses et appareillages les plus sophistiqués en raison de leur coût, il ne faut pas oublier que l'obligation d'indemnisation du responsable vise non seulement à réparer tout le préjudice subi, mais encore à effacer dans la mesure du possible les conséquences de l'accident.

Dès lors, en présence d'un refus de prise en charge, ou d'une prise en charge très limitée de la Sécurité sociale, les frais médicaux et paramédicaux doivent néanmoins être assumés par le responsable. Il est nécessaire que les avocats des victimes n'oublient pas ce poste de dépenses dans leurs conclusions.

Bien entendu ici, comme dans toute matière, la *limite* nécessaire est celle de l'*abus* : le juge en décidera. Compte tenu de la haute qualité de la médecine française, on peut penser que le recours à des soins médicaux à l'étranger (sauf bien sûr si l'accident a eu lieu à l'étranger) est inutile ; de même un luxe hors des normes de la vie habituelle de la victime n'a pas à être pris en charge.

Le tiers responsable ou son assureur doit donc prendre en charge l'intégralité des dépenses médicales ou paramédicales raisonnablement engagées par la victime et non remboursées par les organismes sociaux : ticket modérateur, participation forfaitaire sur les actes médicaux, franchises, dépassements médicaux, chambre individuelle, etc. L'évaluation sur facture de tous ces frais antérieurs au règlement ne devrait théoriquement pas poser de problèmes.

163 ***Le forfait hospitalier*** [2] ◊ Fixé à 13,50 euros pour les établissements psychiatriques et les établissements de santé et 18 euros pour les hôpitaux ou cliniques depuis le 1er janvier 2010, le forfait hospitalier est cependant contesté par la jurisprudence sous le prétexte qu'il correspond aux frais

---

1. **Technique du forfait, de la franchise et du ticket modérateur**, v. ss 412.
2. **Forfait hospitalier :** v. ss 418. Crim. 23 janv. 1992, *Bull. crim.* 1er mai 1992, n° 750 (appréciation souveraine de la Cour d'appel qui a estimé que la victime n'a pas subi de préjudice du fait du paiement de forfait hospitalier). Civ. 2e, 3 mai 2006, n° 05-12617 (pouvoir souverain des juges du fond pour décider de l'indemnisation du forfait hospitalier. Ceux-ci refusent majoritairement sa prise en charge au titre des dépenses de santé). – **Garantie du forfait hospitalier en assurance maladie complémentaire :** v. ss 547 s.

d'entretien que la victime aurait dû supporter en dehors de toute hospitalisation. Or cela n'est vrai que pour la nourriture, dont le coût par personne dans le cadre familial, est le plus souvent bien inférieur à ce « forfait » ; en revanche tous les frais généraux de la vie courante continuent à courir pour la maisonnée. En outre ces sommes n'ont été mises à la charge du patient hospitalisé que dans le but d'alléger les dépenses de la sécurité sociale : on comprend mal quel principe juridique du droit civil l'exclurait de l'indemnisation, d'autant qu'il est parfaitement admis qu'il entre dans les prestations de l'assurance-maladie complémentaire. Toutefois, si l'indemnisation du forfait hospitalier ne peut être opérée au titre des dépenses de santé, il peut sans doute l'être aujourd'hui sous le poste des frais divers.

B. Les frais divers (FD)

164 ***Caractère hétéroclite du poste de « Frais divers »*** ◊ À côté des dépenses de santé actuelles, la nomenclature Dintilhac a retenu un poste dit « frais divers », dont la définition, aux termes même du rapport Dintilhac, apparaît extrêmement éclatée. Ce poste regroupe en effet tous les frais exposés par la victime du fait du dommage corporel et antérieurs à la consolidation : honoraires de médecin, frais de transport, frais de tierce personne temporaire, d'adaptation temporaire du véhicule ou du logement, frais exposés par certaines professions pour un personnel de remplacement, etc. La catégorie apparaît donc extrêmement hétérogène, loin des ambitions premières du groupe de travail Dintilhac qui visait à définir une nomenclature où chaque poste de préjudice correspondrait à un dommage clairement identifié. Cette hétérogénéité doit être regrettée car au-delà de l'imperfection méthodologique qu'elle révèle, elle peut être la source d'une méconnaissance du principe de la réparation intégrale. Une nomenclature, si elle est à la base un seul recensement indicatif des postes de préjudices, devient en effet rapidement une sorte de liste des préjudices réparables, au risque d'un défaut d'indemnisation de ceux qui n'y sont pas expressément mentionnés. Dans la perspective d'officialisation de la nomenclature, une amélioration méthodologique devrait donc, sur ce point, être apportée. Dans ce sens, le projet de décret imposant une nomenclature officielle des postes de préjudices retient l'autonomie du poste « assistance temporaire par tierce personne ».

Si tous les frais liés à l'accident peuvent donc être indemnisés, deux catégories appellent cependant une étude particulière : les frais liés à la dépendance et ceux relatifs aux conseils dont s'entoure la victime.

1. Les frais temporaires liés à la dépendance

165 ***Tierce personne temporaire*** [1] ◊ La survenance de l'accident et d'un déficit fonctionnel temporaire entraînent souvent, lorsque la victime est

1. **Tierce personne temporaire** : Civ. 2° 15 avr. 2010, *Gaz. Pal.* 6 août 2010, p. 41, *RCA* 2010, comm. n° 174 (arrêt rappelant la règle de non prise en charge de l'aide familiale pour

revenue à son domicile, un besoin provisoire en aide humaine. Ainsi en est-il par exemple du recours à une aide-ménagère, à une personne chargée de garder les enfants, etc. Même si ce poste de préjudice n'est pas encore expressément mentionné dans la nomenclature, il doit bien entendu être indemnisé par le responsable, *sur la base des besoins de la personne* et non sur la preuve des seules dépenses. Ainsi, même si l'aide est apportée par la famille, la prise en compte de ce poste demeure possible.

166 ***Frais d'adaptation du logement ou du véhicule temporaire*** ◊ De même, l'état de la victime peut rendre nécessaire, avant même toute consolidation, certains aménagements du domicile ou du véhicule. Le principe de la réparation intégrale impose donc leur prise en charge dès que la victime peut en apporter la preuve. Aucune raison ne paraît en effet imposer le report de ces dépenses à la période postérieure à la consolidation.

2. Les honoraires des techniciens et conseils de la victime

167 Il est important pour la victime d'être assistée et conseillée par des « techniciens », que ce soit dans une procédure contentieuse ou un règlement transactionnel, et en particulier par son propre médecin-conseil compétent en matière de dommage corporel [1].

Si elle dispose d'une garantie d'assurance de défense-recours ou de protection juridique, les honoraires du « médecin de recours » seront pris en charge par son assureur ; il serait d'ailleurs opportun qu'elle dispose alors du libre choix du médecin qui l'assistera.

Lorsqu'elle n'est pas couverte par une garantie spécifique, les frais engagés ayant, ici encore, leur cause dans l'accident devraient donc toujours être répertoriés dans la liste des « frais divers » par la victime, et leur montant intégré dans la demande de réparation due par le tiers responsable.

Parmi les frais et dépenses occasionnées à la victime par l'accident, il y a tous les *frais et dépens judiciaires et parajudiciaires*. Sur le terrain de l'indemnisation il convient de faire une distinction sur la base des règles de notre procédure civile.

Les dépens énumérés par l'art. 695 du Code de procédure civile sont en principe à la charge de la partie perdante, donc du responsable et de son assureur condamnés à indemniser la victime (art. 696 C. pr. civ.). Cependant cette règle comporte un certain nombre d'exceptions, et d'autre

---

une ATP à partir du retour au domicile, antérieur à la consolidation). CE. 2e, 17 avr. 2013, n° 34-6334, *Gaz. Pal.* 21 juin 2013, p. 42 (même solution). Civ. 2e, 20 juin 2013, n° 12-21548, *Gaz. Pal.* 6 oct. 2013, p. 24 (indemnisation de l'assistance tierce personne temporaire sur la seule preuve des besoins et non des dépenses).

1. **Honoraires du médecin de la victime :** CE, 27 févr. 2004 ; *D.* 2004. IR p. 1122 (aide juridictionnelle : l'État ne prend pas en charge les frais d'un conseil, autre que l'avocat, auquel la partie décide d'avoir recours de sa propre initiative).

part le tribunal peut répartir les dépens entre les deux parties si elles succombent partiellement sur certains chefs de leurs prétentions.

Parmi les *frais exposés non compris dans les dépens*, on retiendra notamment les honoraires de plaidoirie et les « peines et soins » de l'avocat. Encore que l'art. 700 C. pr. civ. ait donné une certaine marge de souplesse au juge, en principe ces frais demeurent à la charge de la victime.

Le problème très sensible des *honoraires d'avocat* se révèle en deux temps aux victimes d'un dommage corporel, d'abord dans la fixation du montant des honoraires, ensuite dans les modalités de leur imputation au tiers responsable.

168 ***a) La fixation des honoraires d'avocat*** ◊ Sur ce problème sensible, une remarque préalable : la défense de la victime d'un dommage corporel grave est d'une nature fort différente de celle des affaires économiques et financières ou immobilières. Il y a ici une charge émotionnelle et humaine qui donne au « devoir de délicatesse » de la déontologie de l'avocat son sens le plus exigeant.

Par principe, l'avocat a toute liberté statutaire et réglementaire pour déterminer ses honoraires. En effet, aux termes de l'article 10 de la loi du 31 décembre 1971 modifié par la loi n° 91-647 du 10 juillet 1991 :

> « Les honoraires de consultation, d'assistance, de conseil, de rédaction d'actes juridiques sous seing privé et de plaidoirie sont fixés en accord avec le client.
>
> À défaut de convention entre l'avocat et son client, l'honoraire est fixé selon les usages, en fonction de la fortune du client, de la difficulté de l'affaire, des frais exposés par l'avocat, de sa notoriété et de la diligence de celui-ci.
>
> Toute fixation d'honoraires, qui ne le serait qu'en fonction du résultat judiciaire, est interdite. Est licite la convention qui, outre la rémunération des prestations effectuées, prévoit la fixation d'un honoraire complémentaire en fonction du résultat obtenu ou du service rendu. »

De ce texte, on retiendra la **prohibition du « pacte de *quota litis* »**, pur et dur, tel qu'il est pratiqué par les avocats américains dans la pratique des « *contingency fees* », où les honoraires sont une part souvent considérable, 30 %, 40 %, 50 %, de l'indemnité obtenue. Mais en revanche le texte légalise un pacte de *quota litis* atténué, complément des honoraires de base, et calculé en fonction du résultat obtenu : la **licéité de ces « honoraires de résultat »** ne fait que reconnaître un état de fait antérieur et généralisé par la pratique. Quatre conditions doivent cependant être réunies pour que ces « honoraires de résultat » soient justifiés.

• ***La première condition***, est l'existence d'**une convention d'honoraires préalable.**

• ***La deuxième condition***, traditionnelle, se rapporte aux « **diligences particulières** » récompensées par des honoraires complémentaires. Ainsi la Cour de cassation estimait, dans un arrêt du 7 mars 1995 que : « il n'y a pas lieu à honoraire de résultat dès lors que l'avocat ne justifie pas que ses interventions, par leur ampleur, ou par l'ingéniosité des moyens mis en œuvre, aient permis d'obtenir... ».

En matière de dommage corporel, cela suppose une assistance effective dans la phase cruciale de l'expertise médico-légale, une recension attentive et méticuleuse de tous les frais médicaux, paramédicaux et extra-médicaux engagés par la victime du fait de l'accident, une classification correcte des chefs de préjudices invoqués, une détermination et une évaluation *in concreto* des préjudices subis, une qualification et une répartition judicieuse des préjudices économiques distincts des préjudices personnels non soumis à recours.

• ***La troisième condition*** suppose l'obtention d'un « **résultat** » : en effet la convention d'honoraires complémentaires est fondée sur le « résultat obtenu », qui est généralement lié au service rendu.

• ***La quatrième condition***, la plus sensible, est celle relative au **caractère mesuré des honoraires de résultat**, sous le contrôle éventuel du Bâtonnier et de la Cour d'appel en cas d'honoraires excessifs.

Ici c'est toute la « délicatesse » de la déontologie de la profession qui est en question... Devant les risques d'abus, l'exigence légale d'une convention préalable qui détermine clairement le mode de calcul des honoraires de résultat apparaît particulièrement bienvenue : elle doit en effet permettre le contrôle déontologique qui relève d'abord de la juridiction du Bâtonnier, puis, sur recours, du Premier président de la Cour d'appel (art. 175 du décret du 27 novembre 1991).

169 ***b) L'imputation des honoraires d'avocat*** [1] ◊ Le principe fondamental de l'indemnisation du dommage corporel est celui de la réparation intégrale des préjudices dont la cause réside dans l'accident. Il est clair que les honoraires d'avocat ont leur cause dans l'accident sans lequel aucune responsabilité n'aurait été mise en jeu et aucune indemnisation réglée par contentieux ou par transaction. Le prélèvement du montant des honoraires sur le montant de l'indemnité est donc totalement injustifié. L'imputation de la charge des honoraires au défendeur reconnu responsable et débiteur de la dette de réparation est donc conforme aux principes juridiques. C'est d'ailleurs le régime juridique d'autres pays européens tels que l'Allemagne [2].

Pour avoir une vue générale du problème il faut envisager l'hypothèse de la protection juridique, le jeu de l'art. 700 du Code de procédure civile et enfin l'imputation comme dette de responsabilité.

• **Honoraires de l'avocat et protection juridique de la victime** [3]. La victime qui bénéficie d'un contrat de protection juridique (PJ) devrait être

---

1. **Imputation des honoraires d'avocat :** Civ. 1re, 26 mai 1993, *D.* 1994.59, note P. Laroche de Roussane (prélèvement des honoraires d'un avocat commis au titre de l'aide judiciaire sur le montant de l'indemnité corporelle) ; Civ. 2e, 18 déc. 2003, *D.* 2004 I.R. p. 393 (annulation d'une convention d'honoraire pour contrainte morale ; la cliente n'y a souscrit que parce qu'ils étaient la condition posée par l'avocate pour faire obtenir à sa cliente les sommes allouées en exécution de l'arrêt...).

2. J.-G. Recq, « Les honoraires d'avocat et les frais de justice en Allemagne » *Gaz. Pal.* 20-21 nov. 1998.

3. **Honoraires de l'avocat et protection juridique :** B. Cerveau, « La rémunération de l'avocat et l'assurance de protection juridique », *Gaz. Pal.* 25-26 sept. 1991, p. 4 ; B. Cerveau, « La

dans une situation favorable. Cependant ici encore bien des bémols sont à apporter, et le premier est à la clé de la saisine même de l'avocat. Certes la Directive européenne du 22 juin 1987 et la loi du 31 décembre 1989 ont posé le principe fondamental de la liberté de choix de l'avocat par l'assuré. Mais ce droit était, jusqu'à la loi du 19 février 2007, singulièrement rétréci par les différentes clauses des contrats de protection juridique qui exigeaient l'accord de l'assureur PJ préalablement à la saisine de l'avocat, ou qui limitaient le choix de l'avocat au sein du Barreau du tribunal compétent, ou enfin qui limitaient le libre choix de l'avocat à la phase judiciaire du règlement du litige. Les dispositions de la loi du 19 février 2007 paraissent de nature à améliorer la situation de la victime, notamment par la possibilité désormais offerte par l'article L. 127-2-3 C. assur. d'être représentée, dès la phase de règlement amiable, si la partie adverse l'est aussi, mais aussi par l'interdiction faite aux compagnies d'assurances de proposer le nom d'un avocat, sauf demande écrite expresse de l'assuré.

Sur le problème particulier des honoraires, conformément au droit des assurances, les assureurs P.J. inséraient généralement dans les contrats une clause de limitation de garantie des honoraires ; celle-ci pouvait avoir été négociée avec le réseau de leurs avocats « recommandés », en étant inférieure aux honoraires normaux des avocats hors réseau : l'assuré victime qui en avait fait le choix personnel supportait alors la différence. La loi du 19 février 2007 a, là encore, tenté de remédier à ces difficultés. Désormais en effet, le nouvel article L. 127-5-1 C. assur. dispose que « Les honoraires de l'avocat sont déterminés entre ce dernier et son client, *sans pouvoir faire l'objet d'un accord avec l'assureur de protection juridique* ». Une telle réforme suffira-t-elle à briser les pratiques antérieures ? Cela n'est pas certain, d'autant plus que la possibilité d'un plafond de garantie stipulé dans l'assurance PJ reste parfaitement licite, et qu'une telle clause limitera le plus souvent la *réelle* liberté de choix de l'assuré.

• **Honoraires de l'avocat et art. 700 C. pr. civ.** [1]. Le mode procédural le mieux adapté à la prise en charge des honoraires de l'avocat de la victime

---

position de l'assureur de protection juridique face à l'application des art. 700 NCPC 475.1 C. pén. et L. 8.1 C. trib. admin. », *Gaz. Pal.* 6-7 août 1993 ; J. Courrouy, « Réflexions sur quelques aspects de l'assurance de protection juridique », *Gaz. Pal.* 15-16 janv. 1993 ; Charte Assurances (FFSA-GSPJ)/Avocats (Ordre des Avocats à la Cour de Paris) du 23 nov. 1995, Circulaire APSAD 96/01. Réforme par la loi n° 2007-210 du 19 février 2007 : B. Cerveau, « Commentaire de la loi n° 2007-210 du 19 février 2007 portant réforme de l'assurance de protection juridique », *RGDA* 2007, 547. H. Groutel, « La réforme de l'assurance de protection juridique : une affaire (trop) rondement menée », *RCA* 2007,chron. n° 7. Ch. Jamin, « La réforme de l'assurance de protection juridique, l'aide juridictionnelle des classes moyennes et des petites entreprises » *D.* 2007, Actu. p. 565.

1. **Honoraires de l'avocat et art. 700** : J.-C. Woog, « L'indemnité de l'art. 700 du NCPC, indicateur sociologique », *Gaz. Pal.* 1-2 juillet 1998, p. 6 ; B. Boccara, « La condamnation aux honoraires », *JCP* 1976.I.2828 ; S. Davy, « La répétibilité », *Gaz. Pal.* 10-11 sept. 1999, p. 49 ; A. Perdriau, « Les condamnations aux frais irrépétibles prononcées par la Cour de cassation », *LPA* 28 juin 2000 p. 15. – Civ. 2e, 10 oct. 2002, *D.* 2002 I.R. p. 2916 (pouvoir discrétionnaire du juge en matière de frais irrépétibles).

créancière par le responsable débiteur de l'indemnité est l'application de l'article 700 C. pr. civ. (art. 75 de la loi du 10 juillet 1991 et décret du 19 décembre 1991) en vertu duquel « Dans toutes les instances, le juge condamne la partie tenue aux dépens ou, à défaut, la partie perdante, à payer à l'autre partie la somme qu'il détermine, au titre des frais exposés et non compris dans les dépens. Le juge tient compte de l'équité ou de la situation économique de la partie condamnée. Il peut, même d'office, pour des raisons tirées des mêmes considérations, dire qu'il n'y a pas lieu à cette condamnation ». Ainsi les dépens, frais répétibles énumérés par l'article 695 C. pr. civ., et qui comprennent de manière restrictive « la rémunération des avocats seulement dans la mesure où elle est réglementée, y compris les droits de plaidoirie », sont en principe, sauf décision contraire du juge, supportés par la partie perdante (art. 696 C. pr. civ.) ; en revanche les honoraires, frais irrépétibles, relèvent d'une décision du juge qui paraît assez discrétionnaire. C'est dire que la répétitibilité des honoraires de l'avocat de la victime est toujours incertaine et peut demeurer incomplète.

L'art. 700 C. pr. civ. est donc un instrument utile pour faire supporter les honoraires de l'avocat par le responsable (ou son assureur RC) condamné à une indemnisation. Mais ce n'est pas un instrument sûr et parfaitement efficace. En outre il est d'un champ d'application très partiel, puisqu'il ne saurait concerner que les condamnations judiciaires à des dommages-intérêts, donc un règlement contentieux.

On voit donc que si l'on plaide pour une assistance de la victime même dans les règlements amiables, il faut trouver une modalité générale de transfert de la charge des honoraires au responsable, applicable aux règlements transactionnels comme aux règlements judiciaires. Cependant la nature de la condamnation prononcée par l'art. 700, qui est de l'ordre d'une « indemnité » à payer à la victime, ouvre la voie à une analyse plus large.

• **Les honoraires de l'avocat de la victime inclus dans les dépenses causées par l'accident**. Que ce soit à titre principal, ou à titre subsidiaire d'une garantie protection juridique ou du jeu de l'art. 700 C. pr. civ., le droit et l'équité exigent que, lorsqu'il n'y a aucun partage de responsabilité, le principe de la réparation intégrale couvre l'intégralité de toutes les pertes et les frais dont la cause juridique réside dans l'accident, et ceci **dans le cadre de l'indemnité de réparation**.

L'exigence d'une convention d'honoraires préalable comportant évidemment le mode de calcul de tous ses éléments y compris les honoraires de résultat, permet de l'intégrer dans la recension des préjudices économiques subis, y compris dans une transaction.

La nomenclature Dintilhac, à la différence de celle proposée par le groupe de travail présidé par Mme Le Professeur Lambert-Faivre, *a toutefois exclu du champ de l'indemnisation les honoraires d'avocat*, en considérant qu'ils ne sont pas unis par un lien de causalité direct avec l'accident. Cette position doit être critiquée, car il est évident que la survenance du dommage corporel est la seule cause du recours à l'avocat, et la source directe et inéluctable des frais ainsi engagés.

C. Les gains manqués : la perte de gains professionnels actuels (PGPA)

170 ***Date d'évaluation*** ◊ À côté des différents frais, la nomenclature Dintilhac admet l'indemnisation, au titre des préjudices patrimoniaux temporaires de la victime directe, des pertes de gains professionnels actuels (PGPA), qui visent les pertes de revenus subies par la victime, *antérieurement à la consolidation*. Le choix de cette date charnière peut là encore être discuté : celle-ci n'est que le feu vert donné aux opérations de « règlement », c'est-à-dire d'évaluation judiciaire ou transactionnelle des préjudices, mais n'a pas de réel sens en ce qui concerne la perte de revenus. La *date du règlement*, distincte de la date de consolidation, paraîtrait en effet une référence plus pertinente car elle permettrait de distinguer de manière beaucoup plus réaliste et pratique les pertes de gains passés et futurs. Tel n'est toutefois pas le choix opéré par le projet de décret de la chancellerie, celui-ci opérant juste une modification terminologique en désignant ce poste sous le terme de « pertes de gains professionnels avant consolidation » (PGPAC).

171 ***Contenu des PGPA*** [1] ◊ *L'incapacité temporaire* se caractérise par l'impossibilité transitoire dans laquelle se trouve la victime d'utiliser ses facultés physiques antérieures à un accident. La perte d'autonomie souvent totale, parfois partielle, de la victime a des conséquences légales en *droit pénal* où sa durée qualifie les infractions d'atteintes involontaires à l'intégrité de la personne (art. 222-19 et 222-20 C. pén.), ou en *droit social* où l'inaptitude temporaire à exercer l'activité professionnelle donne lieu au versement d'indemnités journalières.

Cependant, *en droit civil*, la notion d'*incapacité temporaire* a pendant longtemps été ambiguë. Avant l'adoption des nomenclatures des chefs de

1. **Perte de revenus professionnels antérieurs au règlement** : F. Bibal, « Incapacité temporaire partielle : la grande oubliée » *Gaz. Pal.* 13 juill.2006, p. 23. « Perte de gains professionnels actuels : fiche pratique » *Gaz. Pal.* 31 janv. 2009, p. 27 ; H. Groutel, « Quelques aspects de l'indemnisation des atteintes à la personne », *RCA* 1989, chron. n° 36 ; Civ. 2e, 18 et 25 oct. 1989, *RCA* 1989, n° 405 (respect du montant nominal des gains manqués sans actualisation) ; Revirement avec : Civ. 2e, 12 mai 2010, *D.* 2010. 1346, *RTD civ.* 2010,577, note P. Jourdain (actualisation nécessaire par les juges du fond, si la victime en fait la demande) ; Dans un sens voisin, pour l'évaluation des pertes de revenus d'une victime principale, servant de base de calcul des préjudices de la victime par ricochet : Crim. 8 mars 2011, n° 10-81741. Crim., 8 août 1995, *RCA* 1995, n° 358 et chron. n° 49 (accident survenu pendant un congé de longue durée pour maladie dépressive ; problème d'imputabilité) ; Crim., 18 mai 1993, *RCA* 1994, n° 75 ; Civ. 2e, 28 févr. 1996, *RCA* 1996, n° 164 (sinistrose et refus de travailler ; décision personnelle non imputable à l'accident) ; Crim. 2 nov. 2005, *RCA* 2006, comm. n° 265 (nécessité de prendre en charge au titre du préjudice professionnel temporaire les primes et indemnités habituellement versées par l'employeur à la victime). Civ. 2e, 22 fev. 2007, *D.* 2007. 798 (impossibilité d'indemniser une perte de gains professionnels illicites).

préjudices réparables, étaient en effet indemnisées sous ce vocable à la fois la gêne causée à la victime dans les actes de la vie courante, et les pertes de gains professionnels consécutives à la cessation temporaire d'activité [1].

Cette confusion est aujourd'hui abandonnée, puisque la classification du déficit fonctionnel temporaire, volet personnel de l'incapacité temporaire, au sein des préjudices extrapatrimoniaux, est aujourd'hui acquise [2]. C'est d'ailleurs pourquoi la nomenclature Dintilhac abandonne la notion d'ITT au profit du terme de « perte de gains professionnels actuels ». Seule doit donc être prise en compte, dans ce poste de préjudice, la *perte de revenus professionnels* prouvée et chiffrée *in concreto*, de manière quasi comptable, entre le jour de l'accident et le jour de la consolidation. Plusieurs situations peuvent donc se présenter :

- Si les revenus professionnels ont continué à être payés par un employeur « tiers payeur » en vertu d'un statut, d'une convention collective ou d'un contrat de travail, celui-ci disposera d'un recours subrogatoire contre le tiers responsable ; le salaire ainsi versé sans contrepartie de travail prend donc un caractère indemnitaire qui doit également être chiffré. Quoi qu'il en soit, il appartient à la victime d'établir par tous moyens la réalité des pertes de salaires. Si tel est le cas, le responsable sera alors condamné à l'indemnisation de l'intégralité des pertes subies : salaires, primes, et indemnités éventuelles. Abandonnant une solution contraire vivement critiquée, la jurisprudence admet, depuis un arrêt du 12 mai 2010, que les juges doivent procéder à *l'actualisation de ce préjudice* en cas de dépréciation monétaire, lorsque la victime le demande. Il convient enfin de noter que selon la nature de l'invalidité, la perte de revenus peut être totale ou seulement partielle.
- Lorsque la victime est un travailleur indépendant, commerçant, artisan, ou membre d'une profession libérale, les frais généraux continuent à courir pendant la période d'inactivité : ce ne sont donc pas les seuls bénéfices qui doivent être pris en compte, mais le montant du chiffre d'affaires, diminué des charges variables économisées.

§ 2. Les préjudices patrimoniaux permanents de la victime principale

172 ***Présentation de la nomenclature Dintilhac*** ◊ La nomenclature Dintilhac reconnaît au titre des préjudices patrimoniaux permanents de la victime principale sept postes qu'il est possible de regrouper autour de trois pôles : les dépenses de santé futures (A), l'ensemble des dépenses liées à la dépendance (B), ainsi que les répercussions professionnelles de l'incapacité (C). Leur point commun est d'englober des préjudices permanents c'est-à-dire, conformément au parti pris adopté par la nomenclature,

1. V. ss 198.
2. **Qualification du déficit fonctionnel temporaire** : v. ss 199.

postérieurs à la consolidation. Cette dernière étant toutefois par nature antérieure à la date de l'indemnisation, *le régleur doit constamment garder à l'esprit le fait que certains de ces préjudices permanents sont, au jour du règlement, déjà constitués et devront, le cas échéant, être pris en compte et indemnisés en tant qu'arrérages échus* [1].

A. Les dépenses de santé futures (DSF)

173 Selon le rapport Dintilhac, les dépenses de santé futures sont constituées par les « frais hospitaliers, médicaux, paramédicaux, pharmaceutiques et assimilés, même occasionnels mais médicalement prévisibles, rendus nécessaires par l'état pathologique de la victime après consolidation ». Deux situations concrètes doivent toutefois être distinguées :

- *Dépenses déjà engagées au jour du règlement :* Au jour du règlement, certaines de ces dépenses de santé, postérieures à la consolidation, ont d'ors déjà été exposées par la victime, qui doit alors en apporter la preuve. Elles seront dès lors indemnisées comme des arrérages échus.

- *Dépenses de santé constitutives de frais futurs* [2] : La plupart des dépenses de santé constituent toutefois des frais futurs, qui seront évalués et capitalisés afin d'en permettre le versement ultérieur. Tel n'a toutefois pas toujours été le cas. Avant 1978, les droits de la victime étaient définitivement fixés dans la transaction ou le jugement qui déterminaient l'indemnisation. Cependant un important arrêt rendu par l'Assemblée plénière de la Cour de cassation le 9 juin 1978 a autorisé les organismes sociaux à exercer leur recours subrogatoire contre le responsable pour le remboursement des frais médicaux engagés *après le règlement transactionnel ou judiciaire,* qui perdaient ainsi son caractère définitif. Un arrêt rendu par la chambre sociale le 25 mai 1982 a précisé la portée de cette jurisprudence à l'égard des assureurs de responsabilité : ceux-ci peuvent désormais opérer une *évaluation forfaitaire des frais prévisibles et futurs,* temporaires ou viagers, en même temps que l'évaluation normale, judiciaire ou amiable, des préjudices actuels.

Cette jurisprudence s'est traduite par un élargissement de l'activité des médecins experts dont la formulation dans la Mission d'expertise AREDOC 2009 est le reflet puisqu'elle demande à l'expert de « se prononcer sur la nécessité de soins médicaux, paramédicaux, d'appareillage ou de prothèse,

---

1. Sur cette question : M., JD Le Roy, F. Bibal, « L'évaluation du préjudice corporel », préc., n° 39.

2. **Frais futurs :** H.J. Lazarini, J. Doignon, J.-M. de Casamayor, « Méthode d'évaluation des frais futurs », éd. A. Lacassagne/Gazette du Palais, 1988 - **Jurisprudence :** Ass. plén. 9 juin 1978, *Bull. civ.*, n° 3, *Gaz. Pal.* 1978.II.557, *JCP* 1978.IV.242 ; H. Groutel, « Le recours des organismes sociaux contre le tiers responsable postérieurement à la décision fixant le préjudice global de la victime », *D.* 1979. Chron. 149 ; Soc. 25 mai 1982, *D.* 1982.II.610, note H. Groutel ; Soc. 3 mai 1978, *Bull. civ.* V, n° 325, p. 246 ; Soc. 30 mai 1973, *Bull. civ.* V, n° 354, p. 17 ; Civ. 2e, 20 juin 1990, *Gaz. Pal.*, 28 déc. 1990, p. 19. Crim. 2 juin 2015, n° 14-83967 (rappel du principe de libre disposition). Sur les recours des tiers payeurs sur les dépenses de santé, v. ss 343 s.

nécessaires après consolidation... Justifier l'imputabilité des soins à l'accident en cause en précisant s'il s'agit de frais occasionnels, c'est-à-dire limités dans le temps ou de frais viagers, c'est-à-dire engagés la vie durant ».

174 ***La définition et les caractères des « frais futurs »*** ◊ Les frais futurs sont ceux dont *la charge est certaine ou prévisible* selon l'avis du médecin et pour la durée indiquée par celui-ci. Plus précisément, les « frais futurs » visent les dépenses pour des *soins médicaux* ou *paramédicaux* qui sont prévisibles et *répétitifs* en raison de la permanence d'états pathologiques chroniques après consolidation définitive.

Pour la clarté des concepts, il convient donc de bien distinguer les *« frais futurs »*, répétitifs, prévisibles et prévus, qui constituent un « préjudice certain », des *« prestations nouvelles »* occasionnées par une aggravation ultérieure imprévue des préjudices de la victime.

175 ***Le contenu des « dépenses de santé futures »*** ◊ Les dépenses de santé futures sont constituées par des *prestations occasionnelles ou continues, et généralement viagères*, qui couvrent les besoins suivants :

- *hospitalisation* permanente ou avec une certaine périodicité annuelle ;
- *actes médicaux, paramédicaux et de médicaments :* suivi médical, examens, analyses et radiographies périodiques, soins infirmiers, séances de kinésithérapie, médicaments, etc. Les temps d'hospitalisation prévus sont déduits ;
- *prothèses* (membres, dents, yeux, oreilles) et *appareillages* (fauteuil roulant, etc.) nécessaires pour suppléer la fonction physiologique atteinte ; ils doivent être évalués en tenant compte de la fréquence de renouvellement et des frais d'entretien.

Il faut souligner que la Sécurité sociale ne prend toutefois pas en charge, ou pour une très faible part, toutes ces dépenses si importantes pour la survie de l'handicapé. Dès lors il était inadmissible, avant la réforme du recours des tiers payeurs, que les organismes sociaux exercent leur recours sur l'intégralité de ces postes, empêchant ainsi, en cas de partage de responsabilité, la réalisation de cette « réparation en nature » programmée par les assureurs. La Cour de cassation aurait pu éviter de tels détournements par la stricte application des règles relatives à la subrogation. La reconnaissance d'un recours poste par poste a toutefois désormais remédié à ces difficultés.

B. Les dépenses liées à la dépendance

176 ***Les grands handicapés et la dépendance*** [1] ◊ Les très grandes incapacités posent des problèmes humains, médicaux, sociaux et économiques

1. **Grands handicapés :** Colloque « De l'indemnisation à la réparation : comment favoriser la réinsertion des grands blessés ? », *Gaz. Pal.* 5 août 2015. N° spécial « Le grand handicap », *Gaz. Pal.* 7 aout 2014 (plusieurs articles). Colloque, *Handicap et Droit*, éd. CTNERHI-PUF, 1984 ; Forum SCOR sur « Les blessés graves », *Gaz. Pal.*, 6 juill. 1988 ; « Étude sur la réinsertion

difficiles, notamment lorsque la victime est dans l'impossibilité d'assurer sa propre subsistance et que *la perte d'autonomie* définitive entraîne le recours à des moyens palliatifs, matériels ou humains, toujours très onéreux. Elles sont dues aux accidents de la circulation, mais aussi de la chasse, des sports, des loisirs, du travail, aux accidents thérapeutiques, aux infractions, etc.

S'il n'y a pas de statistiques précises sur le nombre annuel des grandes incapacités, les assureurs évoquent le chiffre de 400 cas par an de tétraplégiques, paraplégiques, amputés, grands traumatisés crâniens, états végétatifs chroniques. Mais par ailleurs l'incidence annuelle de traumatisés crâniens graves serait d'environ 1 800... on évoque même le chiffre de 3 000... D'une manière plus générale, on estime de 75 à 80 % le taux d'APIPP au-delà duquel la perte d'autonomie entraîne des problèmes particulièrement difficiles pour la vie quotidienne de la victime.

Les grandes incapacités posent des problèmes multiples qui ne s'arrêtent ni à la consolidation, ni au jour du « règlement » du dommage par une décision de justice ou une transaction : au-delà des « frais futurs » à caractère strictement médical, les multiples dépenses matérielles occasionnées par les grandes invalidités doivent recevoir une prise en charge adéquate. Est-ce à dire que l'indemnisation des grands handicapés doit faire l'objet d'un droit spécifique ? Nous ne le pensons pas : notre droit est suffisamment éclaté en de multiples régimes sans y surajouter des discriminations supplémentaires en fonction du degré de handicap. Il faut, et il suffit seulement, d'analyser dans tous les cas les divers postes de préjudices, de les évaluer correctement et d'en organiser la prise en charge selon les modalités les plus efficaces : tout ceci est parfaitement possible dans le cadre du droit commun. Par ailleurs, il faut rappeler l'organisation de la mise en tutelle des incapables majeurs en cas de handicap mental.

L'analyse des besoins des grands handicapés peut conduire à l'indemnisation de plusieurs postes : frais de logement ou de véhicule adaptés, assistance permanente par tierce personne.

1. Les moyens palliatifs matériels : les frais de logement et de véhicule adaptés (FLA et FVA)

177 ***Frais de logement adapté*** [1] ◊ La survie de la personne handicapée à domicile n'est souvent guère possible dans le logement qu'elle occupait

---

sociale et professionnelle des personnes sortant d'établissements ou services sanitaires de MPR », CREDOC, 2007. H. Margeat, « L'indemnisation des victimes gravement handicapées », *Gaz. Pal.*, 24 juill. 1991 ; PJ.J. Arvieu et autres, « La dépendance », in *Risques*, juill.-sept. 2001 p. 29 à 66 ; FFSA –. – **Statistiques**, cf. *infra*, annexe 2, p. 207 s. « Livre blanc sur l'indemnisation du dommage corporel », Association française de l'assurance, avril 2008, spéc. p. 12 s.

1. **Moyens palliatifs matériels et logement** : B. Andre et S. Portailler « Fiche pratique 6 : le logement adapté », *Gaz. Pal.* 30 janv. 2009. M., JD Le Roy et F. Bibal, « L'évaluation du préjudice corporel », préc. n° 100 s. G. Mor, « Évaluation du préjudice corporel », préc. n° 163-14 s.

antérieurement sans procéder *a minima* à des aménagements. Deux hypothèses doivent être distinguées.

- *1re hypothèse : la victime peut rester dans son logement en l'aménageant.* Dans le cas de maintien possible dans les mêmes lieux, le domicile doit le plus souvent être aménagé pour répondre aux besoins de la victime : circulation d'un fauteuil roulant, élargissement des portes, adaptation des sanitaires et de la cuisine, accessibilité des installations électriques, etc. L'ensemble de ses dépenses doit être supporté par le responsable, sans qu'il ne puisse exiger un déménagement qui diminuerait ces frais, puisque la jurisprudence refuse d'imposer à la victime une obligation de minimiser le dommage [1].

- *2e hypothèse : la victime ne peut rester dans son logement* [2]. Il arrive assez fréquemment, notamment dans le cas des handicaps lourds, que la victime ne puisse simplement aménager son logement. Tel est notamment le cas lorsqu'elle est en location puisque les travaux nécessaires ne sont pas toujours possibles dans un immeuble qui n'appartient pas à la victime. La question se pose alors de savoir si elle peut obtenir l'indemnisation *du coût de l'acquisition d'un nouveau logement ?* Cette possibilité est combattue par les assureurs qui arguent d'un enrichissement de la victime en considérant qu'il ne conviendrait d'indemniser que les frais d'adaptation ou de se limiter *au surcoût* de l'acquisition due au handicap, puisque seule cette part serait, selon eux, réellement imputable à l'accident. Tel n'est toutefois pas la position de la jurisprudence de la Cour de cassation. Celle-ci affirme en effet clairement que le responsable peut être tenu de financer l'achat d'un logement « lorsque le handicap rend nécessaire des aménagements incompatibles avec le caractère provisoire d'une location, dès lors que l'acquisition ne procède alors pas d'un choix mais d'une nécessité » [3]. Dans un arrêt du 5 février 2015, la deuxième chambre civile a ainsi affirmé que « les frais d'acquisition et d'aménagements de la maison exposés par la victime étaient en relation directe avec l'accident et devaient être pris en charge en totalité par M. Y..., indépendamment de l'économie réalisée par le non-paiement d'un loyer et de la réalisation d'un placement immobilier ». *C'est donc en pratique le critère de la nécessité de l'acquisition, au regard de la situation de la victime, qui détermine la décision du juge.*

---

1. V. ss 32.

2. **Nécessité d'acquisition du logement : possibilité de financement de l'acquisition** : Civ. 2e, 9 oct. 1996, *RCA* 1996, n° 383 (l'usage d'un fauteuil roulant exigeant un changement de domicile et l'acquisition d'une habitation de plain-pied, avec rez-de-chaussée aménageable comportant des accès sanitaires, le coût de l'acquisition et de l'aménagement d'un tel logement doit être à la charge du responsable de l'accident). *Dans le même sens* : Civ. 2e, 11 juin 2009, *RCA* 2009, comm. n° 237 ; Civ. 2e, 15 avr. 2010, n° 09-14137. Crim, 21 sept. 2010, n° 09-85937.Civ. 2e, 28 févr. 2013, n° 12-13816, *Gaz. Pal.* 21 juin 2013, p. 40 ; Civ. 2e, 3 nov. 2011, n° 10-26997 ; Civ. 2e, 5 févr. 2015, n° 14-16015, *RCA* 2015, n° 143. **Possibilité de financement d'un agrandissement** : Civ. 2e, 13 juin 2013, n° 10-11834, *Gaz. Pal.* 6 oct. 2013, p. 23. **FLA : poste de la victime principale** : Civ. 2e, 19 mars 1997, *RCA* 1997, n° 186 (la nécessité d'une tierce personne et l'aménagement d'un logement dans un sens plus adopté au handicap constituent des préjudices propres à la victime directe, et non aux proches victimes par ricochet) ; Crim. 3 janv. 2012, n° 09-87288, *D.*2014, p. 2261.

3. L. Lazerge, « Le grand handicap dans la jurisprudence de la Cour de cassation », *Gaz. Pal.* 5 août 2015, p. 8.

Une fois cette nécessité constatée, les indemnités peuvent alors couvrir l'acquisition d'un logement, voir la construction d'un logement neuf avec tous les frais qui y sont afférents (acquisition du terrain, construction, honoraire de l'agent immobilier...), ainsi que les frais de déménagement. La jurisprudence considère même que la victime peut obtenir le financement d'un logement plus grand que celui occupé antérieurement, notamment lorsque cette augmentation de surface est rendue nécessaire par l'hébergement de la tierce personne. Notons toutefois que cette indemnisation ne peut être demandée que par la victime principale, même dans la mesure où il s'agit d'aménager le domicile d'un proche chez qui elle réside.

178 ***Frais de véhicule adapté*** [1] ◊ Parmi les moyens matériels d'aide à l'autonomie, il faut citer l'aménagement spécial de véhicules pour la conduite ou l'utilisation par un invalide. Ces frais de véhicule adapté peuvent comprendre le simple aménagement d'un véhicule existant ou l'acquisition d'un autre véhicule si celui détenu par la victime se révèle inadapté. Ils doivent également englober le nécessaire renouvellement du véhicule calculé sur la base d'une période d'amortissement, les sommes nécessaires devant être capitalisées.

179 ***Autres frais d'adaptation*** ◊ Pour les très grands handicapés notamment tétraplégiques, la domotique permet la commande automatique à distance des portes, fenêtres... C'est en fait toute une équipe de spécialistes qui doit collaborer, du médecin rééducateur au médecin traitant, de l'architecte à l'ergothérapeute, de l'informaticien au domoticien...

Le patient lui-même devrait en être le chef, ou s'il n'est pas en mesure de l'assumer l'un de ses proches, ou son conseil. Certaines compagnies d'assurances mettent directement et rapidement en œuvre ces modes de « réparation en nature », avant même tout règlement transactionnel ou judiciaire, souvent sous la houlette de leur médecin-conseil. C'est une excellente solution, à condition que ces avances en nature ne préjugent en rien du règlement à venir, que le patient, principal intéressé, ne soit pas dessaisi de décisions qui le concernent au premier chef, et que dûment conseillé, il puisse déterminer lui-même ses choix, s'il en a la capacité. À cet égard, on peut s'inquiéter de la règle de la hiérarchie des aides retenue dans la nouvelle mission Aredoc de 2014 qui confère au médecin expert un rôle selon nous exorbitant dans un choix de recours aux aides matérielles qui doit demeurer de la seule décision de la victime [2]

Enfin, c'est parfois un animal spécialement dressé qui sera l'aide fidèle de l'handicapé : le cas des chiens d'aveugle est bien connu.

---

1. **Frais de véhicule adapté** : M., JD Le Roy et F. Bibal, « L'évaluation du préjudice corporel », préc. n° 104 s. G. Mor, « Évaluation du préjudice corporel », préc. n° 163-22 s. **Financement du véhicule adapté pour le transport sécurisé d'une personne invalide ne pouvant plus conduire** : Civ. 2e, 15 janv. 2015, n° 13-27761, *Gaz. Pal.* 15 févr. 2015, p. 30.
2. Sur cette question, v. ss 130.

180 Toutes ces dépenses coûtent très cher et c'est le rôle de l'avocat-conseil de la victime de les prévoir. Leur utilité étant définie par le médecin expert, elles doivent être prises en charge ou remboursées par le responsable, et comptabilisées dans le coût économique de l'accident.

2. Les moyens palliatifs humains : l'assistance d'une tierce personne (ATP) [1]

181 Le contenu du poste assistance tierce personne a été défini par un arrêt de principe de la Cour de cassation du 28 février 2013 comme visant l'indemnisation de « *la perte d'autonomie de la victime restant atteinte, à la suite du fait dommageable, d'un déficit fonctionnel permanent la mettant dans l'obligation de recourir à un tiers pour l'assister dans les actes de la vie quotidienne* » [2]. Ce poste, dont l'incidence financière est souvent très lourde dans le cas des handicaps graves, fait l'objet d'une jurisprudence assez abondante.

182 ***a) La détermination des besoins en tierce personne*** ◊

– Au jour de l'expertise, *la victime moyennement handicapée* est sans doute proche de la date de consolidation fonctionnelle, mais pas de la consolidation situationnelle : elle n'a pas encore appris à « faire avec » son handicap dans les circonstances répétitives de la vie courante ; elle est encore hésitante, peureuse et maladroite ; une aide constante lui paraît nécessaire. Mais quelques mois ou quelques années plus tard, un proche ou une femme de ménage peut parfois suffire à apporter une aide journalière de quelques heures alors qu'une assistance continue jour et nuit avait été décidée par le juge.

---

1. **Assistance d'une tierce personne** : M., JD Le Roy et F. Bibal, « L'évaluation du préjudice corporel », préc. n° 110 s. G. Mor, « Évaluation du préjudice corporel », préc. n° 163-27 s. « Tierce personne et dépendance », *RFDC* 1994.1, p. 3 à 10 ; G. Bremond, M. Alguerola, JM Guirandy, « Démarche d'indemnisation dans les dossiers graves : la tierce personne », *RFDC* 2007, n° 1, p. 39 ; M. Ceccaldi, « Fiche pratique 8 : la tierce personne », *Gaz. Pal.* 30 janv. 2009. A. Papelard, A. Rogier, « Évaluation concrète des besoins en tierce personne », *RFDC* 1993.2, p. 129 ; A. Rogier (dir.), « La Tierce personne ; échange multidisciplinaire sur les besoins », éd. ESKA 2000 ; J. Cardona, N. d'Arbigny, P. Lamothe, D. Malicier, « Le grand handicap : réparation et indemnisation dans le respect et la dignité de la personne », *JML/DM* 2000, n° 5 p. 367 ; J.A. Preziosi, « L'indemnisation des traumatisés crâniens graves : Tierce personne », in *Résurgence*, revue de l'UNAFTC, déc. 2000 p. 11. Ph. Hingray, « Réflexions concernant la tierce personne et le projet de vie », *RFDC* 2006, n° 1, p. 35. D. Philopoulos et C. Hamonet, « Méthodologie de l'estimation du besoin en tierce personne en pratique médico-légale », *Gaz. Pal.* 13 juill. 2006, p. 16. États généraux du dommage corporel 2009, table ronde sur « La tierce personne » : E. Vieux, « Les critères de détermination des besoins en tierce personne », *Gaz. Pal.* 2010, 1225. F. Fietcher-Boulvard et V. Scolan, « La question de la tierce personne et du "grand handicapé" : les limites actuelles de l'expertise médicale », *RCA* 2010, ét. n° 10. S. Vernassière, « L'évaluation des besoins en tierce personne de l'enfant », *Gaz. Pal.* 9 mars 2012, p. 17 ; « L'évaluation des besoins en tierce personne de la personne âgée », *Gaz. Pal.* 6 juin 2014, p. 23. – **Prestations sociales, perte d'autonomie** : v. ss 433 s.

2. **Définition du poste assistance tierce personne** : Civ. 2e, 28 févr. 2013, n° 11-25446, *D.* 2013. 705 ; *RTD civ.* 2013. 612, obs. P. Jourdain.

Le caractère généralement dégressif des besoins en tierce personne pour les handicapés moyens pourrait justifier un règlement révisable par exemple au bout de trois mois, puis d'un an, puis de cinq ans.

– La situation de la *victime gravement handicapée*, notamment des paras ou tétraplégiques et des traumatisés crâniens, est totalement différente. C'est dès le retour à domicile (avant même la consolidation) que la présence continue d'une tierce personne est indispensable, ce qui explique que le projet de décret de la Chancellerie reconnaisse l'autonomie de ce poste dans la phase antérieure à consolidation [1]. Dans la phase postérieure, ce poste englobe non seulement l'aide nécessaire pour les actes de la vie courante (se laver, s'habiller, manger, se lever, se coucher etc.), mais aussi pour assurer à tout moment la sécurité de la personne handicapée en cas de malaise ou de chute, l'aider dans des tâches administratives, ses déplacements, ses activités diverses de toute nature. La tierce personne n'est en effet pas seulement une aide à la survie matérielle, mais une assistance humaine qui assure en permanence la dignité, la liberté et la sécurité du grand handicapé, ainsi que le souligne clairement le rapport Dintilhac qui englobe dans ce poste le coût de la présence nécessaire d'une personne pour assister la victime « dans les actes de la vie courante, préserver sa sécurité, contribuer à restaurer sa dignité et suppléer sa perte d'autonomie » [2].

– *Préservation de la liberté de la victime.* Quel que soit son objet, ce poste doit, *au terme d'une jurisprudence absolument constante de la Cour de cassation*, être indemnisé sur la base des besoins de la victime et non des dépenses. Celle-ci ne doit donc pas produire des factures ou autres justificatifs établissant qu'elle rémunère un tiers dès l'instant où les besoins en aide humaine ont été reconnus. Dès lors, le fait que le rôle de tierce personne soit assuré par un proche non rémunéré doit rester sans incidence sur le montant des dommages et intérêts. En effet, ainsi que le répète inlassablement la Cour de cassation, *le montant de l'indemnité pour assistance d'une tierce personne ne peut être réduit en cas d'assistance familiale* [3] et peut d'ailleurs être cumulé avec la perte de revenus subis par ces proches [4].

Cette jurisprudence, fondée sur le principe de non-affectation des dommages et intérêts laisse donc à la victime le choix de l'organisation des moyens palliatifs humains : recourir ou non à une aide extérieure, mais

1. Sur cette question, v. ss 164.

2. Rapport Dintilhac, préc., p. 35. V. not. Civ. 2e, 24 nov. 2011, n° 10-25133 accordant une tierce personne pour des taches admnistratives ; Crim 23 sept. 2014, n° 13-85053 (besoin de surveillance de la personne).

3. Indemnisation en fonction des besoins et non des dépenses : La jurisprudence est absolument constante : pour des dernière illustrations : Civ. 2e, 15 avr. 2010, *RCA* 2010, comm. n° 174. CE 22 févr. 2010, *Gaz. Pal.* 6 août 2010, p. 42. Civ. 2e, 24 nov. 2011, n° 10-25133 ; Civ. 2e, 4 oct. 2012, n° 11-24789. Civ. 2e, 11 sept. 2014, n° 13-20998 ; CE 12 déc. 2014, n° 364171, *Gaz. Pal* ; 15 févr. 2015 ; Civ. 2e, 15 janv. 2015, n° 13-27761, *RCA* 2015, comm. n° 112 (pas de justificatifs des dépenses effectuées).

V. également l'indemnisation de la perte d'un proche qui assurait avant l'accident le rôle de tierce personne sur le fondement de la perte de chance : Crim. 27 mai 2014, n° 13-82116, *D.* 2014. 2367, obs. S. Porchy-Simon ; *RTD civ.* 2014. 659, obs. P. Jourdain.

4. Sur cette question, v. ss 259.

également choix d'utiliser un mode prestataire ou mandataire [1], choix de rester à son domicile en demandant l'indemnisation de ce poste même s'il s'avère plus coûteux pour le responsable qu'un éventuel placement en milieu adapté puisqu'aucune obligation de minimiser son dommage n'existe en droit français [2].

183 ***b) Les modalités d'indemnisation de la tierce personne*** ◊ Le coût de la tierce personne est l'un des postes les plus lourds de l'indemnisation du dommage corporel : la simple aide-ménagère sans autres compétences coûte environ 10 euros/heure hors charges sociales. Certaines associations proposent des services prestataires spécialisés : l'association est employeur et adresse sa facture en fin de mois : le coût horaire est de l'ordre de 18 à 22 euros/heure. L'indemnisation doit être calculée en tenant compte du nombre d'heures d'assistance, de la qualification de la personne. Il conviendra également de prendre compte le coût des remplacements pour jours de congé ou jours fériés, et bien entendu des charges [3].

Le *règlement de la tierce personne devrait être opéré sous forme de rente* au terme d'un impératif d'efficacité et de justice, et sera donc soumis aux règles de calcul de cette dernière [4]. La pratique dominante en matière de dommage corporel est certes la *réparation en capital*. La capitalisation du coût d'une ou plusieurs tierces personnes pendant des décennies (60 % des grands handicapés ont entre 18 et 30 ans !) pèse lourd dans les charges des assureurs pour une garantie parfois illusoire des victimes. Fort heureusement un arrêt de la deuxième chambre civile de la Cour de cassation, rendu le 29 avril 1994, a décidé que, pour ce chef de préjudice, les juges du fond peuvent allouer une rente à la victime alors même qu'aucune des parties n'a opté pour cette modalité d'indemnisation. L'assureur RC doit alors provisionner le capital constitutif de la rente. L'indemnisation sous forme de rente permet en outre une meilleure adaptation aux besoins de la personne handicapée.

Le groupe de travail ministériel sur l'indemnisation du dommage corporel a émis la « Recommandation » suivante : « *Le besoin d'une tierce personne est toujours évolutif ; en conséquence l'indemnisation la mieux adaptée est sous forme de rente indexée, avec une faculté de révision périodique, par exemple quinquennale* ». L'Association française de l'assurance, à travers le livre blanc sur l'indemnisation du dommage corporel publié en avril 2008, a adopté une position semblable, en prônant l'indemnisation des besoins en aide humaine sous forme de rente, révisable en cas d'aggravation de l'état de la victime [5].

---

1. **Impossibilité d'imposer à la victime le mode prestataire ou** mandataire : Civ. 2e, 22 nov. 2012, n° 11-25494, Gaz. Pal ; 15 janv. 2013, p. 34 (pas d'obligation pour la victime de devenir employeur).
2. V. ss 32.
3. **Étude détaillée du calcul du cout de la tierce personne** : G. Mor, « Évaluation du préjudice corporel », n° 163-46 s. V. également Référentiel indicatif de l'indemnisation du dommage corporel des cours d'appel d'Agen, Bordeaux, etc., p. 8 s.
4. V. ss 279 s.
5. **« Livre blanc sur l'indemnisation du dommage corporel »**, Association française de l'assurance, avril 2008, spéc. p. 15 s.

C. Les conséquences professionnelles de l'incapacité permanente [1]

184 ***Diversité des conséquences professionnelles de l'incapacité permanente*** ◊ Lorsque la victime accidentée conserve des séquelles définitives après consolidation, des retentissements peuvent, indépendamment des conséquences personnelles du déficit fonctionnel, se produire dans la sphère professionnelle du demandeur. Avant l'adoption de la nomenclature Dintilhac, de telles répercussions, saisies par le biais du concept trompeur d'IPP, étaient essentiellement appréhendées sous l'angle des pertes de revenus professionnels. La nomenclature Dintilhac a affiné l'évaluation puisque les conséquences professionnelles de l'invalidité peuvent aujourd'hui être indemnisées sous trois chefs de préjudices différents : les pertes de gains professionnels futurs (1), l'incidence professionnelle (2) et le préjudice scolaire, universitaire ou de formation (3)

1. Les pertes de gains professionnels futurs (PGPF)

185 ***Les préjudices économiques professionnels*** ◊ Toutes les sources de revenus de la victime ne sont pas affectées par l'accident : le rentier et le retraité continuent de recevoir rentes et retraites quel que soit le traumatisme subi, et la très grande majorité des victimes de dommages corporels reprennent leur activité antérieure sans diminution de revenus, après consolidation. Cependant, dans les accidents graves, les revenus professionnels, dus à l'activité de la victime, peuvent se voir atteints, amputés, diminués, voire supprimés. Ils doivent alors faire l'objet d'une indemnisation qui pourra être réalisée sous forme de rente ou de capital, les méthodes de calcul de ce dernier devant dès lors être suivie avec vigilance [2].

Le problème se pose toutefois en des termes différents selon que la victime avait, ou n'avait pas, d'activité professionnelle au jour de l'accident.

a. PGPF et victime en activité avant l'accident

186 Pour évaluer les pertes de gains professionnels futurs, les données concrètes de la vie du blessé, avec ses reconversions difficiles, voire impossibles, doivent être les principaux axes de recherche du « régleur ». Deux concepts doivent en effet être distingués :

Le droit du travail prend en compte une perte abstraite de *« capacité de travail »* par un calcul forfaitaire basé sur le barème accident du travail, système dont s'était malencontreusement inspiré en droit civil le « calcul au point d'IPP » détaché de toute réalité.

---

1. **Incidences professionnelles du handicap,** « Les contours du préjudice à caractère professionnel », n° spécial *RCA* 2013, dossier n° 2 à 10. J. Bourdoiseau, « Les préjudices professionnels », *Gaz. Pal.* 24 déc. 2014, p. 32. M., JD Le Roy et F. Bibal, « L'évaluation du préjudice corporel », préc. n° 122 s. G. Mor, « Évaluation du préjudice corporel », préc. n° 163-58 et s
2. **Indemnisation sous forme de capital ou de rente** : v. ss 279 s.

Le droit commun de la responsabilité civile doit indemniser des *préjudices concrets de pertes de revenus*, par une appréciation *in concreto.*

Si le médecin-expert indique l'existence d'une répercussion des séquelles sur l'activité professionnelle en raison des conditions de travail de la victime, il ne peut ni ne doit empiéter sur le rôle du régleur qui est de déterminer le préjudice professionnel : cela suppose une analyse de la situation professionnelle de la victime qui tient compte de facteurs externes qui dépassent les données physiologiques. Ici le rôle de l'avocat de la victime est très important, car le juge ne peut se prononcer que dans le cadre des conclusions qui lui sont présentées. Si celles-ci n'apportent aucun élément professionnel concret, le juge ne pourra statuer.

Concrètement, la victime peut se trouver, après consolidation, dans l'une des trois situations suivantes :

1) *Si le blessé reprend ses activités sans diminution de revenus professionnels*, il n'y a alors *aucune perte de gains professionnels futurs, mais une incidence professionnelle pourra parfois être retenue* [1].

2) En revanche, *si une activité diminuée entraîne une baisse de revenus professionnels* de quelque nature qu'ils soient (salaires, commissions, honoraires, etc.), il convient de chiffrer la perte subie pendant la vie active de la victime [2], abstraction faite de la perte des droits à la retraite qui doit en principe désormais prise en compte au titre de l'incidence professionnelle [3].

Les situations concrètes sont très diverses : tantôt la victime poursuit son activité antérieure, mais avec une fatigabilité qui diminue ses revenus professionnels, notamment dans les activités indépendantes ; tantôt la victime ne peut poursuivre son métier antérieur, mais son état physique et mental lui permet certaines possibilités de reconversion professionnelle. Si la diminution de revenus peut être chiffrée *in concreto* (ex. changement de poste dans l'entreprise, assorti d'une diminution de salaire), l'évaluation du préjudice professionnel est quasi-comptable. Le conseil des victimes doit alors dans tous les cas tenter une véritable « reconstitution de carrière ».

3) Il se peut enfin que, compte tenu de ses qualifications antérieures, les *possibilités de reconversion professionnelle de la victime accidentellement handicapée soient quasi-nulles* en raison du contexte économique et social de l'emploi : *la perte totale des revenus professionnels antérieurs* doit alors être prise en compte [4].

---

1. **Sur l'incidence professionnelle**, v. ss 190 s.
2. **Évaluation de la perte de gains professionnels futurs :** Y. Chartier, « L'évaluation du préjudice en cas de perte de gains », *RID comp.* 1986, p. 441. M. Gras et B. Guillon « Fiche pratique : Perte de gains professionnels futurs » *Gaz. Pal.* 30 janv. 2009, 36. Civ. 2e, 13 nov. 1985, *Bull. civ.*, II, n° 172 ; Crim., 18 mars 1986, *JCP* 1986, IV, 154 (impossibilité d'indemniser la perte effective d'un emploi sur la base d'une simple perte de chance). Crim 5 avril 2007, *RCA* 2007, comm. n° 210 (victime en période d'essai n'ayant pas encore pris effet au jour de l'accident : indemnisation de la seule perte de chance professionnelle). Civ. 2e, 13 sept. 2012, n° 11-13139, *Gaz. Pal.* 9 nov. 2012, p. 39 (inclusion de la perte d'exploitation et des charges fixes d'une entreprise dans les PGPF).
3. **Sur la prise en compte de la perte de droits à la retraite**, v. ss 190.
4. Cette impossibilité de reprise d'activité doit être évaluée *in concreto* et non en fonction d'une reprise théorique de l'activité professionnelle : Civ. 1re, 14 oct. 2010, *Gaz. Pal.* 21 déc. 2010, 39. Dans le même sens : Civ. 1re, 13 nov. 2014, n° 13-25709, *RCA* 2015, comm. n° 43.

b. PGPF et victime sans activité professionnelle au jour de l'accident [1]

187 Lorsque la victime directe n'avait pas d'activité professionnelle au moment de l'accident, il serait hâtif d'en conclure qu'elle ne subit aucune perte de revenus car elle aurait pu travailler dans l'avenir, ainsi que l'illustre l'exemple de la victime en arrêt temporaire d'activité ou de l'enfant.

188 ***1°) Cas de la victime en arrêt d'activité*** ◊ Il peut arriver que la victime soit au moment de l'accident en arrêt temporaire d'activité. Tel est par exemple le cas du chômeur, ou de la personne ayant arrêté son activité professionnelle pour élever ses enfants.

Dans ce dernier cas, deux types de préjudices doivent être distingués.

– L'invalidité peut tout d'abord empêcher la victime d'accomplir les activités qu'elle réalisait au sein de son foyer : il convient donc ici de calculer le coût de l'aide-ménagère et familiale rendue nécessaire par l'indisponibilité de la femme au foyer, *au titre de l'assistance tierce personne temporaire ou définitive.*

– Il est par ailleurs possible que la victime ait envisagé de reprendre une activité professionnelle, devenue impossible du fait de l'accident. Si ce projet n'était qu'hypothétique, le préjudice économique éventuel et incertain ne saurait être chiffré comme tel [2]. Mais il y a peut-être « perte d'une chance » de reprendre une telle activité, qui sera prise en charge au titre de l'incidence professionnelle, surtout si la formation et le passé professionnel de la victime rendaient probable un tel choix futur. Si ce projet était en revanche certain (par l'exemple dans le cas d'une personne en congé parental), une indemnisation de la perte de gains professionnels futurs paraît possible, sur la base des salaires antérieurement perçus revalorisés pour tenir compte de leur évolution dans la branche professionnelle envisagée.

189 ***2°) Cas de l'enfant*** [3] ◊ Évaluer le préjudice professionnel futur de l'enfant handicapé plus ou moins gravement par un accident constitue sans doute le problème le plus insoluble posé aux « régleurs » de dommage corporel.

---

1. **Problèmes particuliers de l'évaluation des PGPF des victimes sans activité** : G. Mor, « Évaluation du préjudice corporel », n° 163-63. États généraux du dommage corporel 2010, Table ronde « Age et évaluation », A. Laurent-Vannier, D. Arcadio et AM Esparbès, *Gaz. Pal.* 4 avr. 2011, p. 36 s. Plus largement, V. « l'indemnisation du préjudice de l'enfant », n° spécial *Gaz. Pal.* 9 mars 2012.
2. En ce sens : Civ ; 2e, 23 oct. 2014, n° 13-23481, *Gaz. Pal.* 15 janv. 2015, p. 31.
3. **Indemnisation du dommage corporel chez l'enfant** : Travaux de la Table Ronde sur « La réparation du dommage chez l'enfant », in *RFDC* 1979, notamment : R. Saury, « Aspects juridiques particuliers de la réparation du dommage chez l'enfant », *RFDC* 1979, p. 181 ; G. Fontes, « Le juge et la réparation du préjudice corporel chez l'enfant », *RFDC* 1979, p. 188 ; H. Margeat, « L'assureur et la réparation du dommage chez l'enfant », *RFDC* 1979, p. 191 ; G. Creusot, « L'expertise du dommage corporel subi par l'enfant », *RFDC* 1986, p. 233 ; Congrès FFAMCE, Montpellier, 1994, « L'enfant et le traumatisme : aspects médicaux, sociaux et juridiques », *RFDC* 1994.4, p. 315 à 354 ; A. Lamboley, « La protection juridique de l'enfant traumatisé », *RFDC* 1994.4, p. 337.

Certes, une incapacité temporaire qui entraîne le redoublement d'une année scolaire peut sans doute faire l'objet d'une évaluation approximative.

Mais pour le jeune enfant paraplégique ou tétraplégique, pour celui qui est handicapé à vie, ou dont l'intelligence a été profondément atteinte, qui dira quel eut été son avenir professionnel si l'accident n'avait pas eu lieu ? Célèbre chirurgien ou manœuvre ? Star du show-biz ou chômeur ? Cadre ou ouvrier ? Toutes les références possibles sont arbitraires. Les dés sont pipés, et *aucun calcul in concreto des pertes de gains professionnels futurs n'est possible*. Cette perte ne pourra pas réellement être évaluée mais tout au plus, ainsi que le souligne le rapport Dintilhac, « estimée ».

Dès lors, pour ce cas, et pour ce cas seulement, on peut admettre que toute évaluation *in concreto* étant impossible, une *évaluation in abstracto de la perte de gains* par référence à la valeur statistique du salaire médian peut être retenue. Celle-ci pourra éventuellement être amendée par la prise en compte du niveau d'études de l'enfant, voire pour certains, et même si ce critère peut sembler beaucoup plus contestable, par une prise en compte du milieu familial dont l'enfant est issu [1].

La perte de gains professionnels futurs peut être complétée par l'évaluation, au titre de l'incidence professionnel, d'une « perte de chance » de faire une carrière avantageuse si la victime était déjà engagée dans des études prometteuses et d'un préjudice scolaire, universitaire ou de formation [2].

2. L'incidence professionnelle (IP) [3]

190 L'incidence professionnelle est un concept nouveau, issu de la nomenclature Dintilhac, qui regroupe toutes les répercussions professionnelles du handicap, indépendamment de la perte de revenus, déjà prise en compte au titre des pertes de gains professionnels futurs. Il s'agit donc d'un poste de préjudice extrêmement large puisqu'il inclut tout à la fois la dévalorisation sur le marché du travail, la pénibilité accrue, la perte de chance professionnelle ou des droits à la retraite, les frais de reclassement, la perte d'intérêt pour le travail, etc. C'est donc ainsi que le soulignait le rapport Dintilhac toutes « les incidences périphériques du dommage touchant à la sphère professionnelle » qui sont prises en compte. Elle se distingue donc de la perte de revenus, et doit donc être évaluée de manière autonome et non forfaitaire [4].

---

1. En ce sens, V. not. M. JD Le Roy et F. Bibal, *op. cit.* n° 136. G. Mor, *op. cit.* n° 163-62.
2. V. ss 194 s.
3. **Incidence professionnelle** : Rapport Dintilhac, préc, p. 36 ; G. Mor, *op. cit.* n° 163-66 s. ; n° spécial *Gaz. Pal.* 6 août 2010, « L'incidence professionnelle » ; P. Donnou, « L'incidence professionnelle dans divers contentieux – Réflexions et témoignage d'un médecin-conseil de victimes », *Dr. Soc.* 2015, p. 307. M. Gras et B. Guilloin, « Fiche pratique : l'incidence professionnelle » *Gaz. Pal.* 31 janv. 2009, p. 37 ; États généraux du dommage corporel 2009, Atelier sur « La nomenclature Dintilhac, trois ans après », *Gaz. Pal.* 2010, 1234.
4. **Nécessité d'une indemnisation autonome et non forfaitaire de l'incidence professionnelle** : Civ. 2e, 13 déc. 2012, n° 11-26852, *Gaz. Pal.* 15 févr. 2013, p. 35. Civ. 2e, 20 nov. 2014, n° 13-21250. Civ. 2e, 21 mai 2015, n° 14-18199.V. également : Civ. 2e, 16 janv. 2014, n° 12-35355 (possibilité de cumul de la perte de gains de la société unipersonnelle et de l'incidence professionnelle de la gérante). Dans le même sens : Civ ; 2e, 15 déc. 2011, n° 11-11159.

Un tel caractère hétéroclite suscite des difficultés. On peut ainsi observer que les préjudices indemnisés au titre de l'incidence professionnelle sont de nature extrêmement variés : certains sont ainsi éminemment subjectifs (perte d'intérêt pour le travail) ; d'autres sont très objectifs (perte de droits à la retraite), pouvant faire l'objet d'une évaluation quasi-comptable. Dans un tel contexte, on conçoit que l'évaluation de ce préjudice soit source de grandes difficultés et que son contenu soit à géométrie variable selon la pertinence des demandes de l'avocat qui saura ou non en valoriser tel ou tel aspect, les juges n'expliquant au demeurant pas leur méthode de calcul [1]. Cette indétermination explique sans doute que ce poste ne soit, à l'heure actuelle, pas suffisamment exploité, ainsi que le déplorent certains magistrats ou avocats [2]. Cette carence est d'autant plus regrettable qu'elle explique pour une large part les difficultés rencontrées en matière de recours des tiers payeurs dans la jurisprudence récente. Au-delà de l'interprétation discutable des textes opérée par la Cour de cassation, c'est en effet l'absence de demande d'indemnisation au titre de l'incidence professionnelle qui a conduit les juges à admettre l'imputation de la rente accident du travail sur le déficit fonctionnel permanent [3]. *Une meilleure valorisation de ce poste de préjudice apparaît donc nécessaire, ce qui serait sans doute rendu plus aisé par la clarification de son contenu, voire par une redistribution des différents préjudices qui le composent en postes autonomes.* Telle est d'ailleurs la solution retenue par le projet de décret de la Chancellerie puisque celui-ci prévoit de scinder l'incidence professionnelle en deux postes : l'incidence professionnelle *économique*, comprenant perte de chance professionnelle, frais de reclassement, de formation, de changement de poste et pertes de droit à la retraite et l'incidence professionnelle *extrapatrimoniale* qui englobe les conséquences morales de ce poste (augmentation de la pénibilité, préjudice lié à la nécessité d'abandonner sa profession).

En l'état actuel, le contenu de l'incidence professionnelle peut être regroupé autour de trois axes : incidence du handicap sur le travail effectué, perte de chance professionnelle et perte des droits à la retraite.

191 ***a) Incidence du handicap sur le travail effectué*** [4] ◊ La victime souffrant d'un déficit fonctionnel permanent peut, dans un certain nombre d'hypothèses, continuer à avoir une activité professionnelle.

---

1. C. Bernfeld et JG Moore, « Panorama de jurisprudence sur l'incidence professionnelle », *Gaz. Pal.* 6 août 2010, p. 21.

2. **Appel à une valorisation meilleure du poste incidence professionnelle** : C. Bernfeld et F. Bibal, « Regards sur l'incidence professionnel », *Gaz. Pal.* 6 aout 2010, p. 7. E. Vieux, États généraux du dommage corporel 2009, Atelier sur « La nomenclature Dintilhac, trois ans après », *Gaz. Pal.* 2010, 1234.

3. V. ss 377.

4. **Évaluation des différents aspects de l'incidence professionnelle** : S. Bercovici, « Réinsertion professionnelle et incidence professionnelle », *Gaz. Pal.* 6 aout 2010, p. 17 ; C. Bernfeld, « L'incidence professionnelle en cas d'impossibilité de travailler : le corps désœuvré », *ibid.*, p. 30, F. Bibal, « L'incidence professionnelle en cas de reprise du travail : pourquoi ce poste doit être chiffré d'après le salaire », *ibid.*, p. 25 ; V. Wehbi, « Inaptitude médicale au poste de travail et incidence professionnelle », *ibid.*, p. 15.

Toutefois, celle-ci peut parfois être rendue plus difficile du fait du handicap, nécessitant de la part de la victime des efforts supplémentaires pour conserver son poste ou un travail de nature équivalente. Cette « *pénibilité accrue* », que la résolution du Conseil de l'Europe de 1975 visait déjà, est donc aujourd'hui prise en charge au titre de l'incidence professionnelle.

Dans d'autres cas, la victime peut continuer à travailler mais au prix d'un changement de poste, voire de profession. Cette *reconversion professionnelle* peut être source de frais (frais de formation, de changement ou d'adaptation de poste), qui doivent être pris en charge par le responsable. Il en va de même de la perte *d'intérêt pour le travail* qui peut survenir lorsque la victime a dû changer d'activité professionnelle à la suite de l'accident pour adopter un poste dépourvu pour elle de tout attrait [1].

Enfin, la reconversion professionnelle, théoriquement possible, est souvent rendue beaucoup plus difficile du fait du handicap : on utilise alors la notion de *« dévalorisation sur le marché du travail »* [2] ; cette expression marchande, humainement déplaisante, permet d'évaluer la perte de revenus prévisible ou potentielle de la victime pour l'avenir du fait d'une situation professionnelle rendue beaucoup plus précaire.

Ces différents aspects de l'incidence professionnelle sont particulièrement importants pour les traumatisés crâniens dont les séquelles rendent difficiles, voire impossible, une vie professionnelle réussie, même si le taux de déficit fonctionnel est modéré pour la vie courante. On voit toutefois qu'il recouvre des réalités très différentes : entre le préjudice quasi moral lié à la perte d'intérêt pour le poste au remboursement comptable des frais de reclassement, quoi en effet de commun ? L'avocat devra donc être particulièrement vigilant dans la motivation de ce poste, en veillant à en exploiter tous les aspects.

192 ***b) Perte de chance dans le domaine professionnel*** [3] ◇ L'incidence professionnelle permet également d'indemniser les pertes de chance causées par le handicap du fait de l'existence d'un état séquellaire.

Ainsi en est-il principalement de la *perte de chance de promotion*. Si la victime n'avait en effet pas été accidentée, elle aurait selon toute probabilité connu une évolution de sa carrière, se traduisant par une augmentation de sa rémunération. La preuve n'en est cependant pas toujours aisée car il convient de démontrer que la victime avait réellement une chance de promotion, et que cette dernière a été perdue du fait du handicap. Or, cette preuve peut être difficile à apporter notamment dans le cas des victimes

---

1. **V. pour le cas du renoncement à un projet professionnel** : Civ. 2e, 16 janv. 2014, n° 13-10566, *D.* 2014. 571 chronique L. Lazerges et N. Touati, *D.* 2014. 2367, obs. S. Porchy-Simon ; Civ. 2e, 25 juin 2015, n° 14-21972.

2. **Dévalorisation sur le marché du travail** : CEA (Comité européen des assurances), AREDOC, « Les grands principes de l'indemnisation du dommage corporel en Europe ». **Perte de chance professionnelle** : v. ss 192 (jurisprudence).

3. **Perte de chance professionnelle** : G. Mor, préc, spéc. n° 163-70. Civ. 2e, 11 mars 2010, *RCA* 2010, comm. n° 141 (nécessité de démontrer le réel et le sérieux de la chance perdue) ; 9 déc. 2010, n° 09-72393 (même solution). Civ. 2e, 21 déc. 2006, n° 03-20421 (réparation de la perte de chance uniquement à la mesure de la chance perdue) ; 9 avr. 2009, *RCA* 2009, comm. n° 164 (*idem*).

jeunes, ou lorsque celle-ci a conservé son emploi antérieur, même si l'on sait que les chances de promotion des victimes handicapées sont en général moindres que celle des personnes valides

Il convient par ailleurs de rappeler qu'aux termes d'une jurisprudence constante de la Cour de cassation, l'indemnisation de la perte de chance ne peut constituer *qu'une fraction du préjudice final*, et ne saurait donc être évaluée à la hauteur de la perte totale de l'avantage espéré.

193 ***c) Perte des droits à la retraite*** ◊ La cessation, ou la diminution d'activité ou de salaires, liée au handicap entraîne enfin corrélativement une diminution des droits à la retraite. Lorsque l'existence de ce préjudice est acquise, la jurisprudence des juges du fond laisse apparaître des modes de calcul, et des qualifications qui ne sont pas homogènes. Dans l'état actuel de sa jurisprudence, la Cour de cassation accepte ces différentes pratiques, sa seule exigence étant, conformément au principe de réparation intégrale, que ce préjudice soit effectivement indemnisé [1]. Deux hypothèses doivent toutefois être distinguées.

– *1re technique : indemnisation au titre des PGPF* : dans un tel cas, la perte de droit à la retraite n'est pas saisie par le biais de l'incidence professionnelle mais de la perte de gains futurs. Cette dernière est alors calculée sur un mode viager, ce qui inclut la perte de revenus postérieurs à la retraite. Cette méthode est notamment utilisée lorsque la reconstitution des droits à la retraite est impossible, par exemple pour une victime jeune.

– *2e technique : indemnisation au titre de l'incidence professionnelle.* Cette deuxième technique est utilisée lorsqu'une reconstitution des droits à la retraite est possible. Dans ce cas, la perte de gains professionnels futurs est calculée, seulement jusqu'à l'âge prévisible de la retraite (PGPF) puis la perte de revenus postérieure est indemnisée sous la qualification de l'incidence professionnelle. Celle-ci sera évaluée en comparant quels auraient été les droits à la retraite si la personne avait travaillé de façon normale et continue, et ceux auxquels elle peut prétendre aujourd'hui. Il s'agit donc d'un calcul quasi mathématique, toutefois exigeant au niveau probatoire.

3. Le préjudice scolaire, universitaire et de formation (PSU)

194 Le préjudice scolaire, universitaire ou de formation a, selon le rapport Dintilhac, un double contenu. En effet, il intègre « non seulement le retard scolaire ou de formation subi, mais aussi une possible modification

1. **Indemnisation de la perte des droits à la retraite** : Civ. 2e, 22 nov. 2012, n° 11-30078, *Gaz. Pal.* 15 févr. 2013, p. 37 (obligation pour le juge d'indemniser le préjudice lié à une perte de droit à la retraite une fois celui-ci constaté : impossibilité de réserver le poste) ; Civ. 15 janv. 2015, n° 13-27761, *Gaz. Pal.* 15 févr. 2015, p. 33. **Pour une explication technique des modes de calcul** : M. JD Le Roy, F. Bibal, préc. n° 128 s.

d'orientation, voire une renonciation à toute formation qui obère ainsi l'intégration de cette victime dans le monde du travail »[1].

Il englobe donc tout d'abord *la perte d'une ou plusieurs années d'étude*, qui est le plus souvent évaluée de façon forfaitaire. Ainsi, selon un référentiel indicatif régional mis en place par certaines cours d'appel, la perte d'une année scolaire pour un écolier est évaluée à 5 000 euros, 8 000 pour un collégien, 10 000 pour un lycéen et 12 000 pour un étudiant[2]. Cette évaluation forfaitaire peut être critiquée car il n'est pas certain que l'incidence de la perte d'une année d'étude soit la même pour une catégorie donnée de victimes. Ces chiffres doivent donc sans doute être davantage considérés comme une base qu'il appartient au juge d'adapter en fonction des circonstances de la cause.

Peut venir s'y ajouter *le préjudice lié à un changement d'orientation* à la suite du handicap qui doit quant à lui nécessairement être indemnisé *in concreto*, puisqu'il semble étroitement lié à la situation subjective de la victime.

La Cour de cassation a par ailleurs inclus dans le préjudice scolaire le remboursement de l'emprunt contracté pour régler le coût de la scolarité, et qui n'a pu être menée à son terme en vue de l'obtention du diplôme[3].

SECTION 2. LA DÉTERMINATION DES PRÉJUDICES EXTRA-PATRIMONIAUX DE LA VICTIME DIRECTE

195 ***Les préjudices non économiques extrapatrimoniaux (General damage ou Non economic loss)***[4] ◊ Les préjudices économiques se conjuguent au verbe *avoir* et relèvent du droit patrimonial. Mais l'atteinte

1. Rapport Dintilhac, préc, p. 37.
2. **Chiffres du référentiel indicatif régional de l'indemnisation du dommage corporel**, sept. 2014.
3. **Préjudice scolaire, universitaire et de formation** : C. Bernfeld, « Fiche pratique 9 : préjudice scolaire », *Gaz. Pal.* 30 janv. 2009 ; « L'autonomie des postes préjudice scolaire et incidence professionnelle chez les jeunes enfants », *Gaz. Pal.* 9 mars 2012, p. 22. Civ. 2e, 9 avr. 2009, *RCA* 2009, comm. n° 164 (prise en charge du remboursement de l'emprunt ayant servi au financement des études interrompues). 8 juill. 2010, n° 09-69119 (inclusion du PSU dans l'incidence professionnelle).
4. **Droits extrapatrimoniaux attachés à la personne** : sur le respect de la personne humaine, v. ss 4 s. ; sur le caractère extrapatrimonial, v. ss 311 ; R. Nerson, *Les droits extrapatrimoniaux*, LGDJ, 1939 ; R. Savatier, « Le dommage et la Personne », *D.* 1955. Chron. 5 ; H. Margeat, « La réparation des préjudices non économiques en droit commune », *RGAT* 1973, p. 595 ; Y. Lambert-Faivre, « Méthodologie d'évaluation des préjudices extrapatrimoniaux en droit commun », *JML-DM* 1996, vol. 39, p. 590 ; Y. Lambert-Faivre, « Le dommage corporel entre l'être et l'avoir », *RCA* 1997, chron. n° 31 ; Y. Lambert-Faivre, « L'indemnisation des victimes de préjudices non économiques », *Les Cahiers de Droit*, Université Laval, Québec, n° spécial, p. 323 ; C. Hamonet et T. Magalhaes, « De la réparation des dommages subis par le corps humain et la réparation des dommages subis par la personne », in *Mélanges Y. Lambert-Faivre et D.-C. Lambert*, Dalloz, 2002, p. 209.

à l'intégrité physique de la personne se conjugue au verbe *être*. C'est l'essence même de la personne victime, corps et âme, qui est atteinte par des préjudices que l'on appelle non économiques, moraux, personnels ou extrapatrimoniaux. Ils relèvent de ces droits de la personne réaffirmés par les lois bioéthiques du 29 juillet 1994, et notamment par l'art. 16.1 C. civ. : « Chacun a droit au respect de son corps. Le corps humain est inviolable. Le corps humain, ses éléments et ses produits ne peuvent faire l'objet d'un droit patrimonial » ; ou encore l'art. 16.3 : « Il ne peut être porté atteinte à l'intégrité du corps humain qu'en cas de nécessité médicale pour la personne... ».

L'indemnisation des préjudices personnels, extrapatrimoniaux, ne constitue pas la compensation économique d'une valeur patrimoniale, mais la réparation *satisfactoire* de l'atteinte à un droit de la personnalité fondamental : *l'intégrité de l'être.*

L'analyse de ces préjudices est délicate, parce que le droit de la responsabilité civile a eu de la peine à se dégager d'un amalgame entre les préjudices économiques et non économiques hérité du droit du travail. Il a ainsi fallu délimiter la sphère de chacun, préciser les concepts, clarifier les chefs de préjudices, rationaliser leur évaluation, normaliser leur régime juridique, quitte à bousculer quelques idées reçues.

• **La nomenclature des préjudices non économiques** dans les principaux pays européens [1] est ainsi recensée par le Comité européen des assurances en six chefs de préjudices.

1. *Atteinte à l'intégrité corporelle* : c'est « le déficit fonctionnel » ou physiologique pendant longtemps désigné en France par l'IPP.
2. *Douleurs physiques* : en France les « souffrances endurées » sont physiques ou morales.
3. *Atteinte à la qualité et aux plaisirs de la vie* : c'est notre « préjudice d'agrément » dans sa conception large, aujourd'hui inclus, en droit commun, dans le déficit fonctionnel.
4. *Atteinte aux activités spécifiques de loisirs* : c'est notre « préjudice d'agrément spécifique » notamment pour le sport.
5. *Atteints d'ordre esthétique* : ou « préjudice esthétique ».
6. *Troubles sexuels* : ou « préjudice sexuel ».

• **Les divergences françaises** [2] : l'arrêt de l'Assemblée plénière de la Cour de cassation du 19 décembre 2003 avait souligné le désaccord entre deux conceptions antinomiques du déficit fonctionnel. Pour la Cour de cassation et les organismes de sécurité sociale, le déficit fonctionnel n'était

1. **Classification européenne des préjudices non économiques** : CEA-AREDOC, « Les grands principes de l'indemnisation du dommage corporel en Europe » p. 13-14.

2. **Divergences françaises** : Ass. plén. 19 déc. 2003, v. ss 42 s., 198 s., 207 s., *D.* 2004 p. 161 note Y. Lambert-Faivre, *JCP* 2004.II.10008 note P. Jourdain, *Gaz. Pal.* 7-9 mars 2004 p. 6 note A. Boyer et p. 3 chron. C. Bennfeld, *RCA* 2004 chron. Groutel n° 9 ; Y. Lambert-Faivre, rapport 2003 au ministère de la Justice, « L'indemnisation du dommage corporel » ; Médiateur de la République : Proposition de Réforme 03.R10 du Médiateur de la République du 31 mars 2003 (Définition des préjudices des victimes d'infractions à l'égard du recours subrogatoire des assurances sociales) ; sur les travaux de l'Académie de droit européen de Trèves, v. ss 57.

pas un préjudice « personnel », mais un préjudice « objectif » classé avec les préjudices économiques qui supportent les recours des tiers payeurs. En revanche pour la majorité de la doctrine spécialisée, pour le groupe de travail du ministère de la Justice sur l'Indemnisation du dommage corporel, et celui de la Cour de cassation dirigé par J.-P. Dintilhac, pour toutes les associations de victimes appuyées par la demande de réforme du Médiateur de la République, le déficit fonctionnel devait être affirmé, à l'égal des travaux européens, comme le plus emblématique des préjudices personnels, non économique.

Après une longue évolution, cette qualification est aujourd'hui celle du droit positif puisque le recours à la nomenclature Dintilhac a définitivement ancré le déficit fonctionnel temporaire ou permanent au sein des préjudices extrapatrimoniaux, bien que l'incidence concrète de cette qualification ait été fortement amoindrie par l'interprétation opérée par la Cour de cassation des règles régissant le recours des tiers payeurs [1]. L'existence d'une nomenclature officielle des postes de préjudice réparables, que le législateur adoptera très certainement à plus ou moins court terme, permettra d'entériner définitivement cette évolution.

196 ***La consolidation, césure temporelle des préjudices personnels*** [2] ◊ La consolidation, définie comme « le moment où les lésions se fixent et prennent un caractère permanent... tel qu'il est possible d'apprécier l'existence éventuelle d'une atteinte permanente à l'intégrité physique et psychique » (mission d'expertise, 2006 mise à jour en 2009) n'a guère d'utilité pour l'étude des préjudices économiques. En revanche elle est déterminante pour les préjudices personnels extrapatrimoniaux en marquant une séparation très réaliste entre la période évolutive, temporaire et provisoire de la maladie traumatique (§ 1) et la période stabilisée et définitive des séquelles permanentes (§ 2), alors que l'absence de consolidation conduit à retenir, à titre exceptionnel, des préjudices extrapatrimoniaux évolutifs, comme par exemple pour les victimes post-transfusionnelles du Sida ou de l'hépatite C (§ 3).

§ 1. Les préjudices extrapatrimoniaux temporaires

197 ***Détermination des préjudices extrapatrimoniaux temporaires dans la nomenclature Dintilhac*** ◊ La nomenclature Dintilhac reconnaît trois postes de préjudices extrapatrimoniaux temporaires : le déficit fonctionnel temporaire (A), les souffrances endurées (B) et le préjudice esthétique temporaire (C).

---

1. V. ss 377.
2. **Consolidation, césure temporelle des préjudices personnels** : Y. Lambert-Faivre, « La détermination temporelle des préjudices personnels », *Méd. et dr.* 1996, p. 3.

A. Le déficit fonctionnel temporaire (DFT)

198 ***1°) L'évolution vers l'autonomie du déficit fonctionnel temporaire*** [1] ◊ L'évolution vers l'autonomie du déficit fonctionnel temporaire a été longue et complexe.

Pendant très longtemps, les gênes temporaires liées à la maladie traumatique ont en effet été appréhendées par le concept unique et ambivalent d'ITT (incapacité temporaire totale) qui englobait l'incapacité temporaire de travail, partie émergée purement économique et professionnelle, et l'incapacité fonctionnelle temporaire, partie immergée totalement personnelle et extrapatrimoniale de l'iceberg ; la victime y subit la déréliction de tous les préjudices personnels possibles : du lieu de l'accident à la salle de réanimation, de la salle d'opération à la chambre d'hôpital et au centre de rééducation il y a toutes les souffrances physiques, tout le désespoir moral, tous les « désagréments » de l'enfermement, toute la désintégration de la vie familiale et sociale, toutes les disgrâces esthétiques des visages émaciés et des corps pantelants.

Or ce concept d'ITT a été la source de graves confusions. Celui-ci n'était en effet traditionnellement pris en compte que dans son volet *économique* d'incapacité temporaire de travail et de perte de revenus professionnels, le volet préjudice *personnel* corrélatif étant alors occulté. Dans le même temps, lorsque la victime n'avait pas d'activité professionnelle, le déficit fonctionnel temporaire, personnel, était souvent reconnu par la prise en considération de la durée d'hospitalisation ou des conséquences de l'immobilisation dans le cadre de la vie courante. La Cour de cassation admettait en effet depuis longtemps que les troubles physiologiques subis par la victime pendant la période d'incapacité temporaire, et détachés de toute incidence sur une éventuelle perte de revenus, fassent l'objet d'une indemnisation. Elle acceptait ainsi d'indemniser les troubles dans les conditions d'existence pendant la période d'invalidité temporaire.

La jurisprudence de la Cour de cassation était toutefois contradictoire : celle-ci admettait en effet clairement que le préjudice subi par une victime du fait de la *gêne dans les actes usuels de la vie courante durant la période d'ITT* était distinct de celui constitué par la perte de revenus : c'était donc

1. **L'ITT – Incapacité temporaire à caractère personnel** : M. Bourrie-Quenillet, « L'évaluation monétaire du préjudice corporel : pratique judiciaire et données transactionnelles », *JCP* 1995.I.3818 ; AREDOC, « Incapacité temporaire et souffrances endurées », *RFDC* 1993.3, p. 283 ; M. Bourrie-Quenillet, « Pour une réforme conférant un statut juridique à la réparation du préjudice corporel », *JCP* 1996.I.3919. **Jurisprudence** : Civ. 2e, 30 sept. 1998, deux arrêts, *RCA* 1998, n° 373 et 379 (indemnisation des troubles physiologiques pendant la période d'incapacité temporaire) ; Civ. 2e, 20 avr. 2000, *Gaz. Pal.* 17-19 fév. 2002 p. 18, *RCA* 2000, n° 227, obs. Groutel (ITT personnel, perte des joies usuelles de la vie courante, préjudice d'agrément avant consolidation, exclu recours tiers payeurs) ; Civ. 2e, 29 nov. 2001, aff. Gabes, *Gaz. Pal.* 2002, n° 118, *Bull. civ.* 2002, n° 3 (indemnité accordée à victime hémiplégique pour troubles dans les conditions d'existence pendant l'ITT, mais soumise au recours tiers payeurs). Ass. plén. 19 déc. 2003, préc. Civ. 2e, 8 août 2004, *Bull. civ.* n° 193. Civ 2e, 3 juin 2004, *Bull. civ.* n° 276. Civ. 2e, 26 avril 2007, Legifrance, arrêt 06-10287.

reconnaître l'évidence du préjudice *personnel* de la victime pendant la période particulièrement difficile de la maladie traumatique. Cependant, dans le même temps, la Cour de cassation avait clairement affirmé, notamment dans son arrêt d'Assemblée plénière du 19 décembre 2003, que l'indemnisation de la gêne dans les actes de vie courante réparait « l'atteinte objective à l'intégrité corporelle », et devait dès lors être classée dans la catégorie des préjudices patrimoniaux soumis au recours des tiers payeurs.

Une telle confusion avait été unanimement critiquée par la doctrine, et les groupes de travail Lambert-Faivre et Dintilhac avaient clairement pris parti en faveur d'une autre solution, en classant le déficit fonctionnel temporaire dans la catégorie des préjudices extrapatrimoniaux temporaires. Le recours à la nomenclature Dintilhac a permis une nette clarification méthodologique : le DFT est aujourd'hui clairement un préjudice extrapatrimonial, totalement indépendant de l'incidence professionnelle de la maladie traumatique. Le contenu de ce poste de préjudice n'en reste pas moins complexe.

199 ***2°) Le contenu actuel du déficit fonctionnel temporaire*** [1] ◊ Le déficit fonctionnel temporaire a été défini par un arrêt de principe de la Cour de cassation du 28 mai 2009 comme incluant « l'incapacité fonctionnelle totale ou partielle ainsi que le temps d'hospitalisation et les pertes de qualité de vie et des joies usuelles de la vie courante durant la maladie traumatique ». Cet arrêt reprend, en les mélangeant, les définitions de la nomenclature Dintilhac et celle du groupe de travail Lambert-Faivre, et vise donc à indemniser les conséquences de l'invalidité subie par la victime dans sa sphère personnelle, pendant la maladie traumatique. Cette définition appelle un certain nombre de remarques.

Le déficit fonctionnel temporaire est tout d'abord une notion protéiforme, qui doit donc englober l'ensemble des incidences personnelles de l'invalidité, bien entendu détachées de toute incidence professionnelle.

Doit ainsi être indemnisée à ce titre l'incidence fonctionnelle elle-même, qui selon les cas va être totale ou partielle, et que la mission AREDOC saisie par le biais de la notion de gênes temporaires totales ou partielles [2].

Ce chef de préjudice ne se limite toutefois pas à cet aspect puisqu'il englobe également l'indemnisation de la période d'hospitalisation avec ce qu'elle peut induire comme préjudices, notamment au regard de la séparation de la victime de son environnement. L'hospitalisation est donc une

---

1. **Contenu contemporain du DFT** : Rapport Dintilhac, préc. p. 38. C. Bernfeld, « Le déficit fonctionnel temporaire », *Gaz. Pal.* 30 janv. 2009, p. 39. F. Bibal, intervention à la table ronde « Discussion autour de la consolidation : enjeux et implications », États généraux du dommage corporel 2010, *Gaz. Pal.* 4 avr. 2011, p. 31 s. A. Guégan-Lécuyer, « La distinction des préjudices temporaires et permanents : l'exemple du déficit fonctionnel », *Gaz. Pal.* 27 déc. 2014, p. 28. M, JD Le Roy et F. Bibal, ouvrage préc. n° 141 s. ; G. Mor, préc. n° 164-12 s. Civ. 2e, 28 mai 2009, *RTD civ.* 2009. 534 note P. Jourdain ; *RCA* 2009, comm. n° 202 (définition du DFT) ; Dossier « Le déficit fonctionnel temporaire », *Gaz. Pal.* 16 juill. 2011, p. 12 s.

2. **Gênes temporaires partielles** : V. « Classification des gênes temporaires partielles constitutives d'un déficit fonctionnel temporaire partiel », Lettre de l'Aredoc, décembre 2010.

composante du DFT, mais n'en est pas la condition d'indemnisation, contrairement à la position que tentent d'imposer certains assureurs.

La victime doit enfin être indemnisée de la perte de la qualité de vie et des joies usuelles de la vie courante pendant la période d'invalidité temporaire, ce qui permet d'inclure au sein du DFT toute privation temporaire des activités personnelles auxquelles la victime se livrait avant l'accident. Le DFT comprend donc :

- *La privation temporaire des activités privées* c'est-à-dire l'ensemble des actions réalisées habituellement par la victime avant l'accident (se déplacer, se livrer à ses activités quotidiennes, mener une vie sociale, etc.),

- *La perte temporaire des activités de loisirs*, qui nous semble naturellement rentrer dans le cadre de la qualité de vie. Ainsi, après avoir semblé admettre que le préjudice d'agrément temporaire, puisse dans certaines hypothèses être indemnisé à titre autonome, la Cour de cassation a, par un arrêt du 5 mars 2015, sans doute fermé la porte à une telle possibilité en considérant qu'il devait être englobé dans le DFT, ce qui est conforme à la position adoptée par le rapport Dintilhac [1].

- *Le préjudice sexuel temporaire*, qui fait évidemment partie de la qualité de vie, ce qui rejoint d'ailleurs les solutions de la nomenclature Dintilhac qui envisage le préjudice sexuel au sein des seuls préjudices extrapatrimoniaux *permanents* [2].

On voit donc à travers cet exemple que le déficit fonctionnel temporaire n'est pas la simple version temporaire du déficit fonctionnel permanent, puisque précisément, ce dernier n'inclut pas le préjudice d'agrément et le préjudice sexuel [3], et comprend à l'inverse les souffrances endurées. La notion de déficit fonctionnel n'est donc pas homogène dans le temps, ce qui constitue une source de complexité regrettable.

200 ***3°) L'évaluation du déficit fonctionnel temporaire*** ◊ L'évaluation du DFT pose actuellement des questions qui sont en partie liées à la pluralité des éléments qui le compose. Si l'on peut admettre que l'incidence purement fonctionnelle de l'invalidité temporaire soit indemnisée de manière relativement standardisée en fonction de la gravité objective de l'atteinte, ses autres composantes supposent une appréciation éminemment *in concreto*. À titre d'exemple, on comprend aisément que le préjudice sexuel temporaire varie de façon considérable selon l'âge de la victime.

Sous l'influence de l'AREDOC, s'est développé un système d'évaluation du DFP par un système de classe auquel correspond un degré d'invalidité

1. **Inclusion du préjudice d'agrément temporaire dans le DFT** : Rapport Dintilhac, préc. p. 38. Civ. 2e, 5 mars 2015, n° 14-10758, *Gaz. Pal.* 16 avr. 2015, p. 17 note A. Guégan-Lécuyer. V. ant. les arrêts de la Cour qui avaient semblé admettre une solution contraire : Civ. 2e, 3 juin 2010, n° 09-13246 et 4 nov. 2010, n° 09-69918, *Gaz. Pal.* 16 juill. 2011, p. 20, note A. Renelier.

2. **Intégration du préjudice sexuel temporaire dans le DFT** : Civ. 2e, 11 déc. 2014, n° 13-28774, *Gaz. Pal.* 15 févr. 2015, p. 34 ; *D.* 2015. 469 note A. Guegan-Lecuyer. **Sur le préjudice sexuel postérieur à consolidation** : v. ss 216.

3. **Contenu du DFP**, v. ss 207 s.

temporaire [1]. Après une éventuelle période d'invalidité totale, la victime va en effet reprendre peu à peu toute ou partie de ses activités, et il convient donc de quantifier la gêne partielle qui peut aller *decrescendo* au fil du temps. Ainsi, selon la technique retenue par l'AREDOC, la classe IV correspond-elle à un indice de gravité de 75 % de la gêne totale, la classe III à 50 %, la classe II à 25 %, la classe I à 10 %. Cette technique a pu être critiquée car elle ne prend en compte que la part physiologique du DFT et non la part variable selon la situation de la victime constituée par les autres composantes de ce poste (préjudice d'agrément temporaire, sexuel temporaire, etc.). Cette méthode peut donc être acceptée pour la part « objective » du DFT *mais l'évaluation devra être adaptée en fonction d'une étude de la situation particulière de la victime pour ses autres composantes*, que l'avocat de la victime devra mettre en exergue avec précision.

Dans le référentiel intercours de septembre 2014, le montant d'évaluation du DFT, pour une gêne totale, est situé dans une fourchette allant de 500 à 900 euros par mois.

B. Les souffrances endurées (SE) [2]

201 Le poste de « souffrances endurées » est défini par la nomenclature Dintilhac comme englobant « toutes les souffrances physiques et psychiques, ainsi que les troubles associés que doit endurer la victime durant la maladie traumatique ».

202 ***1°) La détermination temporelle des souffrances endurées*** ◊ Certaines blessures peuvent laisser des douleurs séquellaires après la consolidation, et la plupart des grandes incapacités fonctionnelles s'accompagnent d'importantes douleurs : pour les douleurs chroniques et les douleurs corrélatives au déficit fonctionnel séquellaire, il était admis, et il demeure admis, qu'elles constituent un élément constitutif du déficit fonctionnel permanent.

1. **Évaluation du DFT sous forme de classe** : Mission Aredoc 2009 mise à jour en 2014, Point 12, « Gênes temporaires constitutives du DFT », consultable sur le site de l'AREDOC. **Pour une critique de cette technique d'évaluation** : D. Arcadio et Ch. Tardy, « Dure rentrée des classes pour le DFT », *Gaz. Pal.* 13 juill. 2013, p. 14. F. Bibal, « L'introduction d'un taux de DFT : une regrettable source de contentieux », *Gaz. Pal.* 24 févr. 2011, p. 7. MC Gras-Borret et B. Guillon, « Propositions pour une indemnisation concrète du DFP », *Gaz. Pal.* 13 juill. 2013, p. 16. V. également, Anne-Guegan-Lecuyer, note sous Civ. 2e, 11 déc. 2014, *D.* 2015. 469.

2. **Souffrances endurées** : Sur l'expertise médicale de la douleur, v. ss 139 ; *RFDC* 2009-3, « Grille indicative d'évaluation des souffrances endurées ». F. Bibal, « Fiche pratique : les souffrances endurées », *Gaz. Pal.* 31 janv. 2009, p. 41 ; E. Caillon, « Les troubles psycho-traumlatiques chez l'adulte », *Gaz. Pal.* 15 févr. 2015, p. 14. Y. Lambert-Faivre, « Douleur et traumatisme, le point de vue du juriste », Doul. et analg. 1997.3, p. 91 ; M. J. D Le Roy et F. Bibal, *op. cit.* n° 149. G. Mor, *op. cit.* n° 164-26. JB Prevost, « L'évaluation de la souffrance psychique et ses obstacles », *Gaz. Pal.* 55 févr. 2015, p. 22. - Civ. 2e, 5 janv. 1994, *RCA* 1994, n° 117 (le *pretium doloris* répare non seulement les souffrances physiques, mais aussi les souffrances morales). Dans le même sens : Civ. 2e, 9 déc. 2004, *RCA* 2004, comm. n° 50. Civ. 2e, 11 oct. 2005, *Bull. civ.* n° 242. 9 février 2006, Legifrance n° 04-30392, 14 févr. 2007, Légifrance n° 05-11819. Moyennes statistiques d'indemnisation du *pretium doloris*, cf. annexe 2, III, p. 213. V. Plus largement, dossier spécial *Gaz. Pal.* 30 juin 2015, « le dommage psychique ».

Cependant la loi de 1973, puis la loi Badinter de 1985 n'ayant appréhendé le déficit fonctionnel qu'en termes d'incapacité de travail (incapacité permanente professionnelle) et non en termes d'incapacité fonctionnelle, il était apparu nécessaire d'en dissocier les souffrances endurées pour les sortir de l'assiette du recours des tiers payeurs. C'est ainsi qu'avant l'utilisation de la nomenclature Dintilhac les missions d'expertise demandaient au médecin expert d'indiquer les douleurs postérieures à la consolidation à caractère récurrent, les douleurs chroniques et fonctionnelles demeurant dans le concept d'IPP. En fait, il est apparu que les médecins experts ne prenaient guère en compte les douleurs postérieures à la consolidation dans l'échelle des souffrances endurées, car s'ils pouvaient prévoir les douleurs chroniques séquellaires qui demeuraient partie intégrante de l'IPP, ils n'étaient pas devins pour prévoir des douleurs erratiques et récurrentes qui seraient rattachées au chef de préjudice autonome des souffrances endurées.

Tirant parti de cette situation, la nomenclature Dintilhac, reprenant sur ce point les solutions adoptées par le groupe de travail présidé par Mme Lambert-Faivre, a cantonné le poste des souffrances endurées à la période antérieure à la consolidation [1]. Les douleurs récurrentes postérieures sont quant à elles indemnisées au titre du déficit fonctionnel permanent [2].

203 ***2°) La nature des souffrances indemnisées*** ◊ La douleur indemnisable est d'abord *physique*, expérience sensorielle désagréable ou épouvantable ; mais la jurisprudence intègre dans le même chef de préjudice les *souffrances morales* post-traumatiques de toute nature qui sont l'expression d'une détresse psychologique qui prend sa source dans l'accident : syndromes subjectifs post-traumatiques, peurs, névroses post-traumatiques anxio-dépressives, dépressions post-traumatiques. Même si un terrain psychologique fragile favorise ces complications psychiatriques, le rôle déclenchant de l'accident en fait une cause juridique du préjudice. La deuxième chambre civile englobe également dans ce poste l'angoisse de mort imminente qui peut être indemnisée lorsque, en fonction des circonstances de l'accident, la victime a pris conscience du caractère inéluctable de son décès, mais refuse en revanche d'indemniser, quelle qu'en soit la qualification, le préjudice lié à l'abrégement de la vie [3].

Aussi importantes soient elles et quelle qu'en soit la cause, ces souffrances doivent être indemnisées *via* le poste souffrances endurées (ou le DFP si elles sont postérieures à la consolidation), dont l'évaluation peut le

1. **Détermination temporelle des souffrances endurées** : Civ. 2e, 16 sept. 2010, n° 09-69433.
2. V. ss 209.
3. **Indemnisation de l'angoisse de mort imminente au titre des souffrances endurées** : Civ. 1re, 13 mars 2007, n° 05-19.020, *D.* 2007. 1015 ; *RTD* civ. 2007. 785, obs. P. Jourdain. Civ. 2e, 18 avril 2013, n° 12-18199, *RCA* 2013, com. 167, L. Bloch ; *D.* 2013. 2658, obs. S. Porchy-Simon. V. également, Crim. 23 oct. 2012, n° 11-83.770, *D.* 2012. 2659, et 2013. 1995, obs. J. Pradel ; *AJ pénal* 2012. 657, obs. P. de Combles de Nayves ; *RTD* civ. 2013. 125, obs. P. Jourdain indemnisant ce poste à titre autonome. **Refus du préjudice de vie abrégée** : Crim. 26 mars 2013, n° 12-82.600, *D.* 2013. 1064, et 1996, obs. J. Pradel ; *RTD* civ. 2013. 614, obs. P. Jourdain ; *JCP* 2013. 675, note D. Bakouche

cas échéant être majorée, et non à titre autonome par le biais du poste préjudices permanents exceptionnels ou la notion de préjudice d'anxiété Ainsi l'angoisse liée à une agression violente, aussi spéciales en soit les circonstances, relèvent du poste souffrances endurées ou du DFP si elles sont postérieures à la consolidation [1]. *Le préjudice d'angoisse, en dehors du cas particulier des victimes de l'exposition à l'amiante, ne paraît donc pas doté d'autonomie dans le droit positif actuel* [2].

Les médecins soulignent d'ailleurs le rôle de la réparation dans un processus de guérison : pour la victime, le « prix de la douleur » manifeste la reconnaissance sociale de l'agression subie et lui donne la *satisfaction* de voir son bon droit de victime officiellement constaté. Le caractère satisfactoire de l'indemnisation juridique a souvent un effet d'apaisement, voire de guérison, de douleurs qui, pour être psychiques, n'en sont pas moins réelles. *A contrario* la négation du préjudice, les contestations juridiques et les litiges contentieux constituent souvent des causes aggravantes des souffrances endurées, physiques et morales (stress du litige).

204 ***3°) L'évaluation des souffrances endurées*** ◊ Les souffrances endurées sont le plus souvent évaluées par le médecin expert sur la base d'une échelle graduée de 1 (souffrances très légères) à 7 (souffrances très importantes). Leur indemnisation demeure modeste malgré son importance dans le vécu des victimes, avec des moyennes statistiques qui oscillent de 1 500 à 45 000 euros de très léger à très important ; l'appréciation souveraine du juge du fond lui permet cependant d'aller bien au-delà de ce dernier chiffre pour des souffrances particulièrement longues et importantes, ou subies dans des circonstances particulièrement traumatisantes [3]. Enfin on peut observer que si, statistiquement, les traumatismes les plus graves sont source à la fois de grandes douleurs et d'un déficit fonctionnel important, il n'y a pas, individuellement, de corrélation obligée entre ces deux chefs de préjudices.

C. Le préjudice esthétique temporaire (PET)

205 De façon traditionnelle, le préjudice esthétique n'englobait que les atteintes définitives au physique de la victime, donc postérieures à la phase de consolidation. La nomenclature Dintilhac a toutefois innové en proposant la

---

1. **Sur cette question** : v. ss 209.

2. **Absence d'autonomie de l'indemnisation de l'angoisse** : C. Corgas-Bernard, « Le préjudice d'angoisse consécutif à un dommage corporel : quel avenir ? », *RCA* 2010, ét. n° 4. P. Jourdain, « Les préjudices d'angoisse », *JCP* 2015, 739. Civ. 2e, 11 sept. 2014, n° 13-10691, *D.* 2014. 2367, obs. S. Porchy-Simon (violences intra-familiales). Civ. 11 déc. 2014, n° 13-27440 *RCA* 2015, comm. n° 74, obs. S. Hocquet-Berg (préjudice d'anxiété lié au distilbène). Dans le même sens : Civ. 2e, 2 juill. 2015, n° 14-19481. Crim. 5 févr. 2015, n° 14-10097, *Gaz. Pal.* 15 févr. 2015, note A. Guégan-Lécuyer (agression dans des circonstances très violentes). Sur le lien avec la qualification de PPE, v. ss 220. Préjudice d'anxiété dans le cadre des victimes de l'amiante : v. ss 934.

3. **Majoration de l'indemnisation en fonction des circonstances** V. la jurisprudence citée ci-dessus en note.

reconnaissance d'un « préjudice esthétique temporaire » (PET) visant à indemniser les atteintes à l'aspect physique de la victime, *pendant la maladie traumatique*. La Cour de cassation a clairement reconnu l'autonomie de ce poste dans un arrêt du 3 juin 2010, dont elle adopte une conception très large puisqu'elle a pu accepter qu'y soit englobé un préjudice vocal temporaire [1].

Contrairement à la position soutenue par certains médecins experts, ce préjudice temporaire ne doit pas être réservé aux grands brûlés ou traumatisés de la face mais peut être accordé à toute personne ayant subi une altération de son apparence physique. La mission type Aredoc dans sa version 2009 mise à jour en 2014 tient d'ailleurs compte de cet élément, et on peut espérer qu'une telle conception sera clairement admise dans l'avenir par les médecins experts.

§ 2. Les préjudices extrapatrimoniaux permanents

206 ***Les préjudices séquellaires permanents après la consolidation*** ◊ La consolidation marque la fin de la maladie traumatique pendant laquelle les soins ont fait évoluer l'état de la victime soit vers une guérison sans séquelles, ce qui est heureusement le cas le plus fréquent, soit vers une stabilisation au-delà de laquelle les séquelles permanentes peuvent être analysées en « chefs de préjudices » juridiques indemnisables : ce sont le déficit fonctionnel permanent (A), le préjudice d'agrément (B), le préjudice sexuel (C), le préjudice esthétique (D) le préjudice d'établissement (E), et les préjudices permanents exceptionnels (F).

A. Le déficit fonctionnel permanent (DFP)

207 Le déficit fonctionnel permanent [2] a été défini par la Cour de cassation dans un arrêt de principe du 28 mai 2009 comme comprenant, pour la période postérieure à la consolidation, « les atteintes aux fonctions physiologiques, la perte de la qualité de vie et les troubles ressentis par la victime dans ses conditions d'existence personnelles, familiales et sociales ».

---

1. **Préjudice esthétique temporaire** : Civ. 2e, 3 juin 2010, n° 09-15730. Civ. 2e, 22 nov. 2012, n° 11-25661 (bégaiement temporaire admis au titre du PET). Civ. 2e, 7 mai 2014, n° 13-16204, *D.* 2014. 2366, obs. S. Porchy-Simon (nécessité d'une indemnisation séparée des PET et PEP). *Contra* : Crim. 18 févr. 2014, n° 12-87629, *D.* 2014réc. *Dr. Soc.* 2014, 859, note J. Mouly. P. Corman, « Réflexions sur le préjudice esthétique temporaire après quelques années de recul », *Gaz. Pal.* 21 juin 2013, p. 13. C. Bernflerd « Fiche pratique XIV : le préjudice esthétique tempoiraire » *Gaz. Pal.* 30 janv. 2009. M., JD Le Roy et F. Bibal, *op. cit.* n° 164 s. G. Mor, *op. cit.* n° 164-34. F. J Pansier, « Point de vue du magistrat sur l'évaluation du dommage esthétique temporaire, défintif et sur son mode d'évaluation », *RFDC* 2011-2, p. 127.

2. **Généralités sur le DFP,** « Le déficit fonctionnel permanent », Dossier *Gaz. Pal.* 2 déc. 2011 (plusieurs articles). C. Bernfeld « Fiche pratique XV : défcit fonctionnel permanent », *Gaz. Pal.* 30 janv. 2009. A. Guegan-Lécuyer « La distinction des préjurices temporaires et permanents : l'exemple du dfiti fonctionnel », *Gaz. Pal.* 24 déc. 2015, p. 28. S. M., JD Le Roy et F. Bibal, *op. cit.* n° 169 s. G. Mor, *op. cit.* n° 165-11 s. S. Porchy-Simon « L'articulation des postes de préjudice » *Gaz. Pal.* 24 déc. 2014, p. 24.

Il s'agit donc ici de réparer les incidences du dommage qui touchent exclusivement à la sphère personnelle de la victime, détachées de toute question liée à la perte de revenus. Ce déficit fonctionnel permanent doit être clairement distingué de l'ancienne notion d'IPP, puisque s'il inclut l'incapacité fonctionnelle, il comprend également toutes ses incidences sur la vie personnelle de la victime, parfois désignées sous le terme de « retentissement situationnel ».

Le DFP comprend donc désormais trois éléments : atteintes aux fonctions physiologiques, douleurs postérieures à la consolidation, et troubles dans les conditions d'existence, dont les modes d'évaluation apparaissent pourtant fort divers. La globalisation de ces trois préjudices sous un même poste est aujourd'hui source de confusion et d'un risque d'un appauvrissement du concept de DFP. Ceci explique que le projet de décret de la Chancellerie en ait prévu la scission en trois postes autonomes : le déficit fonctionnel au sens strict, les souffrances endurées permanentes et un préjudice d'agrément remanié qui inclurait non seulement la perte d'une activité spécifique de loisirs mais aussi l'ensemble des troubles dans les conditions d'existence [1].

208 *1°) L'atteinte aux fonctions physiologiques* ◊

• **L'atteinte aux fonctions physiologiques, composante du DFP.** Le DFP, selon la définition donnée par la Cour de cassation, reprenant pour partie les apports de la nomenclature Dintilhac, doit en premier lieu indemniser *l'atteinte aux fonctions physiologiques de la victime.* Il s'agit là d'une des composantes du DFP, *qui ne saurait toutefois être limité à ce seul élément.* À cet égard, la présentation adoptée par l'Aredoc, notamment par le biais de sa mission type d'expertise, est trompeuse puisque celle-ci semble restreindre le DFP à sa seule composante physiologique en invitant le médecin expert à déterminer l'APIPP « ***constitutive*** du DFP », ajoutant que « Cette approche objective, pragmatique et médicale du taux d'AIPP implique que l'adage « à déficit égal, AIPP égale » soit toujours d'actualité » [2]. Or, l'APIPP, en ce qu'elle évalue l'atteinte à l'intégrité physique de la victime, n'est qu'un des aspects du déficit fonctionnel, et n'est pas à elle seule *constitutive* de celui-ci.

• **Évaluation des atteintes physiologiques.** Pour évaluer l'atteinte aux fonctions physiologiques, et seulement pour celle-ci, le médecin expert doit donner la mesure quantitative du taux d'APIPP qui est le plus généralement fixé par référence à un barème [3]. Sur la base du taux d'APIPP, le régleur doit alors chiffrer le montant des dommages et intérêts.

• **Méthode de calcul.** Pour cela la méthode la plus utilisée est celle du calcul au point, le point d'incapacité étant « la somme obtenue en divisant le montant allouée en réparation du préjudice résultant de l'incapacité

---

1. **Sur cette nouvelle définition du préjudice d'agrément** : v. ss 213.
2. Mission médicale 2009 mise à jour en 2014, www.aredoc.com, p. 39
3. **Évaluation de l'APIPP** *:* v. ss 134.

physiologique ou psychique par le taux d'incapacité » [1]. La valeur du point augmente donc avec le taux d'invalidité et varie en fonction de l'âge de la victime, étant à son maximum pour les victimes les plus jeunes.

Cette méthode était une absurdité quand elle prétendait évaluer des préjudices économiques car il n'y a aucune corrélation mathématique entre le taux d'invalidité et la perte de revenus professionnels. En revanche il existe une corrélation essentielle entre le taux d'APIPP et le préjudice physiologique personnel, subi par toute victime, quelle qu'elle soit. La référence statistique présente le double avantage de traduire l'égalité ontologique de toutes les victimes d'un dommage corporel tout en évitant la rigidité et la sclérose d'un barème réglementaire, qui nous ramènerait aux vieilles compositions pécuniaires des lois franques. C'est au demeurant la méthode aujourd'hui systématiquement utilisée par les régleurs bien que la détermination de la valeur du point reste pour l'heure officieuse.

La publication de statistiques fiables est toutefois prévue depuis longtemps par la loi, car l'art. 26 de la loi du 5 juillet 1985 disposait déjà : « Sous le contrôle de l'autorité publique, une publication périodique rend compte des indemnités fixées par les jugements et les transactions ». Malheureusement la transparence de ces statistiques n'était contrôlée par aucune autorité publique, leur caractère partiel était reconnu, aussi bien de la part des juridictions qui négligeaient de transmettre systématiquement leurs décisions, que de la part des assureurs qui évitaient d'y inclure les transactions d'un montant élevé considérées comme « non significatives ». Enfin les praticiens, magistrats et avocats, se plaignaient du caractère confidentiel et obscur de la publication de données brutes par l'AGIRA. Le législateur avait semblé prendre conscience de ces carences trop nombreuses, puisque l'article 56-V de la loi n° 2011-940 du 10 août 2011 prévoyait, avant d'être censuré par le Conseil constitutionnel dans sa décision n° 2011-640 du 4 août 2011 sur la base de la prohibition des cavaliers législatifs, l'obligation pour le gouvernement de présenter « dans un délai de six mois à compter de la promulgation de la présente loi, un rapport sur l'opportunité et les modalités de mise en œuvre d'une ou plusieurs bases de données en matière d'indemnisation du préjudice corporel, accessibles au public et placées sous le contrôle de l'État, recensant toutes les transactions conclues entre les assureurs et les victimes ainsi que les décisions définitives des cours d'appel des juridictions civiles et administratives et du Conseil d'État ». L'initiative était positive, mais timide. La loi n'imposait en effet pas la mise en place d'une banque de données *mais seulement la réalisation d'un rapport sur son existence et ses modalités*. On peut d'ailleurs être dubitatif sur l'intérêt même de ces banques de données si, comme dans l'actuel fichier AGIRA, elles ne contiennent que des données brutes, totalement inexploitables. Plutôt qu'une banque de données, notre préférence se porte donc vers la mise en place d'un référentiel indicatif statistique.

1. M, JD Le Roy et F. Bibal, *op. cit.* n° 172.

• **L'utilité d'un référentiel statistique indicatif : la proposition de mise en place du RINSE** [1]. La possible mise en place d'un référentiel national indicatif statistique des postes de préjudices corporels est une idée déjà ancienne. Elle avait en effet déjà été proposée par le groupe de travail du ministère de la Justice sur l'indemnisation du dommage corporel, qui avait recommandé l'élaboration d'un « Référentiel indicatif national statistique et évolutif » (RINSE), dont le cahier de charges comportait les règles suivantes :

« 1. Les références communes devront y être énoncées sous les dénominations de chefs de préjudices dont la nomenclature est officiellement reconnue.

2. Le champ d'application devra être élargi à toutes les sources d'accidents (et non aux seuls accidents de la circulation comme l'AGIRA) : accidents médicaux, infractions, accidents de sport, dommages corporels du fait d'un produit défectueux, environnement (amiante, FIVA) etc.

3. Pour les dommages corporels évalués judiciairement, seules seront retenues les évaluations des Cours d'Appel, et non la masse des décisions du premier degré. Pour les transactions, les modalités d'une sélection parallèle sont à étudier.

4. Le RINSE devra être établi en fourchettes et en moyennes.

5. Un contrôle effectif devra être organisé et opérationnel ; à cet égard un arrêté du 6 janvier 1988 avait prévu la nomination de deux commissaires du gouvernement, nommés par le directeur des assurances (ministères des Finances) et le directeur des affaires civiles et du sceau (ministère de la Justice), auprès de l'organisme devenu l'AGIRA Cette double tutelle effective et officielle donnerait au RINSE la crédibilité nécessaire au système.

6. Le RINSE devra faire l'objet d'une publication annuelle et d'une large diffusion, notamment auprès de toutes les cours d'appel. »

Ce RINSE, indicatif et publié en fourchettes, serait un utile instrument d'harmonisation des indemnités, tout en sauvegardant la marge de souplesse qu'exige la personnalisation de tout « préjudice personnel » : il éviterait la rigidité et la sclérose d'un barème indemnitaire réglementaire. Les services statistiques et informatiques du ministère de la Justice (décisions judiciaires et administratives) et du ministère des Finances (assurance) devraient y travailler en commun.

Depuis la proposition émise par le groupe de travail présidé par Mme Lambert-Faivre, certains référentiels se sont mis en place [2]. Ainsi, un groupe de travail ayant associé plusieurs Cours d'appel, réuni sous l'égide de M. Le Conseiller Mornet a conduit à l'adoption d'un « référentiel indicatif

---

1. **Évaluation du déficit fonctionnel : - Statistiques** : Fichier des victimes indemnisées : www.victimesindemnisees-fvi.fr/.- **RINSE** : Sur l'élaboration d'un nouveau « Référentiel indicatif national statistique et évolutif » cf. Y. Lambert-Faivre, « Rapport sur l'indemnisation du dommage corporel » (www.justice.gouv.fr/publicat/syntheseindemcorp.pdf), v. ss 37. V. également annexe p. 207 s.

2. **Mise en place d'un référentiel indicatif** : V. Référentiel indicatif régional de l'indemnisation du dommage corporel, Cours d'appel d'Agen, Angers, Bordeaux, Limoges, Nimes, etc., Nov. 2010. V. également, Référentiel indicatif d'indemnisation par l'ONIAM, www.oniam.fr/textes/referentiel_oniam_20090701.pdf. B. Mornet, « Pour un référentiel national de l'indemnisation », *Gaz. Pal.* 3 juin 2010, p. 8. G. Mor, préc, n° 165-20 s. Proposition de loi visant à améliorer l'indemnisation des victimes de dommages corporels à la suite d'un accident de la circulation, Sénat, n° 310. V. ss 37.

régional de l'indemnisation du dommage corporel » appliqué aujourd'hui par une part importante des Cours d'appel, dont la Cour d'appel de Paris. Il propose un référentiel d'indemnisation avec des données variant selon l'âge de la victime et le taux d'atteinte fonctionnelle. De même, l'ONIAM a mis en place, dans le cadre de l'indemnisation des accidents médicaux, un « référentiel indicatif d'indemnisation » modulant la réparation du DFP selon la gravité de l'état de la victime, son âge et son sexe.

Ces référentiels constituent des bases intéressantes. Deux remarques doivent toutefois être faites à leur sujet.

Bien qu'ils se présentent comme de simples outils *indicatifs*, il est d'abord à craindre que ces référentiels ne deviennent dans les faits, ainsi que le démontre l'exemple de l'ONIAM, de véritables *barèmes*, en contrariété avec le principe de l'évaluation *in concreto* du dommage. Ils doivent donc être utilisés avec prudence et toujours adaptés à la situation de la victime.

Leur champ d'application doit par ailleurs être bien précisé. *Il convient en effet de rappeler que l'atteinte aux fonctions physiologiques de la victime n'est qu'un des éléments du DFP.* Ce dernier en comprend deux autres, douleurs et troubles dans les conditions d'existence, qui ne peuvent quant à eux relever d'une appréciation abstraite. Or, le référentiel de l'ONIAM semble éluder ces composantes en réduisant le déficit fonctionnel permanent à sa stricte part physiologique, amputant donc celui-ci de certains de ses éléments constitutifs, au terme d'une approche trompeuse pour les victimes. Le référentiel utilisé par les Cours d'appel intègre quant à lui ces éléments dans le DFP tout en se référant à une évaluation médico-légale réalisée sur la seule base d'un taux d'APIPP.

209 ***2°) Les douleurs endurées par la victime postérieurement à la consolidation*** ◊ Au-delà de la pure atteinte aux fonctions physiologiques, le DFP doit, selon la définition de la Cour de cassation, indemniser les souffrances postérieures à la consolidation, qui ne peuvent normalement, en l'état actuel du droit positif, l'être séparément [1]. Une telle solution semble logique, puisque le poste « souffrances endurées » n'englobe désormais que les seules souffrances antérieures à celle-ci [2].

L'évaluation de ces souffrances est toutefois susceptible de poser problème. Les souffrances endurées doivent en effet selon nous être appréciées au cas par cas, la corrélation entre le taux d'APIPP et celles-ci n'étant pas inéluctable. Or, la pratique est sur ce point confuse. La mission type Aredoc ne prend ainsi pas directement en compte cet aspect du DFP. Dans la mission type 2009, mise à jour en 2014, il est en effet seulement demandé au médecin expert de fixer un taux d'APIPP, par référence à un barème, qui est on le sait, essentiellement physiologique. Dans un tel contexte, les douleurs

---

1. **Impossibilité d'une indemnisation autonome des souffrances endurées post-consolidation ?** : Civ. 28 févr. 2013, n° 11-21015, *RTD civ.* 2013. 383 obs. P. Jourdain (arrêt semblant admettre implicitementla possibilité d'une indemnisation séparée). Civ. 2e, 5 févr. 2012, n° 14-10091 à 14-10097, *Gaz. Pal.* 9 avr. 2015, p. 5, note A. Guegan-Lecuyer

2. V. ss 201.

ne sont pas identifiées de manière autonome, sauf sans doute par une majoration du taux d'APIPP. De même, dans la mission type issue du référentiel indicatif régional utilisé par certaines Cours d'appel, il est demandé à l'expert de chiffrer un taux de déficit fonctionnel, par référence au même barème, en prenant en compte l'atteinte aux fonctions physiologiques, mais « aussi les douleurs physiques et morales permanentes ». On voit donc que, dans les deux cas, l'évaluation des souffrances postérieures à la consolidation n'est pas autonome mais est incluse dans le taux d'APIPP ou de DFP.

Cette globalisation est critiquable, car elle ne semble pas permettre une réelle prise en compte des souffrances dont l'évaluation est insérée dans celle des atteintes physiologiques, alors qu'il s'agit de préjudices de nature différente, dont l'évaluation devrait être opérée séparément. Ce défaut explique que le projet de décret de la Chancellerie prévoit la création d'un poste autonome « Souffrances endurées permanentes », ce qui permettrait d'en réaliser une évaluation plus précise et autonome.

210 ***3°) La perte générale de la qualité de vie*** ◇ Aux termes de la jurisprudence de la Cour de cassation, la perte de la qualité de vie et les troubles ressentis par la victime dans ses conditions d'existence personnelles, familiales et sociales doivent également, en droit commun, être indemnisés au titre du DFP. Cet aspect qui était autrefois pris en charge au titre du préjudice d'agrément [1], est ainsi réintégré dans le déficit fonctionnel.

Désormais, ce sont donc tous les troubles généraux dans les conditions d'existence qui doivent être indemnisés au titre de ce préjudice. Sont en revanche exclus du DFP les troubles particuliers ***faisant l'objet d'une indemnisation autonome*** : préjudice spécifique d'agrément, préjudice esthétique, sexuel et d'établissement.

Les difficultés d'évaluation doivent encore être soulignées car là, plus encore que dans l'hypothèse des douleurs postérieures à consolidation, une évaluation de ces troubles dans les conditions d'existence englobée dans un taux d'APIPP ou de DFP est un non-sens. Les répercussions du déficit sur la vie de l'intéressé sont en effet nécessairement variables d'une victime à l'autre, compte tenu de sa situation familiale, de son âge, de la nature des lésions. La corrélation au taux d'APIPP ne saurait donc à l'évidence être retenue, sauf à méconnaître le principe de la réparation intégrale. Cette solution présente de plus l'inconvénient d'inclure cette partie du poste dans l'assiette du recours des tiers payeurs puisque la Cour de cassation accepte l'imputation de certaines prestations, dont la rente accident du travail, sur le DFP, alors qu'il semble plus qu'improbable que cette dernière indemnise les troubles dans les conditions d'existence personnelle [2]. Pour pallier ces difficultés, le projet de décret de la chancellerie prévoit d'inclure cette perte générale de la qualité de vie dans le préjudice d'agrément, dont les contours seraient donc corrélativement réaménagés.

1. V. ss 212 s.
2. Pour une étude détaillée de cette question : v. ss 376 s.

211 ***Conclusion sur le déficit fonctionnel permanent*** ◊ La mise en exergue du poste de déficit fonctionnel permanent, poste de préjudice de nature extrapatrimoniale, a constitué un progrès réel au regard des pratiques antérieures, qui opéraient un amalgame entre les aspects professionnels et personnels des atteintes physiologiques par le biais de la critiquable notion d'IPP. Le DFP, tel qu'il est pour l'heure envisagé par la jurisprudence, encourt toutefois encore la critique. Il apparaît en effet comme un poste de préjudice hétérogène, mêlant des aspects objectifs (atteintes aux fonctions physiologiques) et d'autres beaucoup plus subjectifs (douleurs, troubles dans les conditions d'existence). Or, il s'agit là de deux aspects distincts, dont les modes d'évaluation ne sont pas les mêmes, et qu'il conviendrait donc sans doute de séparer [1], ainsi que le prévoit selon nous avec raison le projet de décret de la chancellerie. Plus encore, la terminologie apparaît extrêmement confuse puisque le DFP est souvent réduit à sa seule composante physiologique alors que, répétons-le, cette dernière n'en est qu'un des éléments. Une clarification apparaît donc nécessaire, à l'heure où l'adoption d'une nomenclature par voie réglementaire paraît probable à courte échéance.

B. Le préjudice d'agrément [2]

212 La notion et l'évaluation du concept classique de préjudice d'agrément ont considérablement évolué ces deux dernières décennies. Alors qu'en droit commun la jurisprudence est revenue à une conception stricte de cette notion, une solution différente a été retenue, de façon totalement opportuniste et injustifiable, dans le cadre des accidents du travail avant que la jurisprudence n'opère un revirement opérant une unification de cette notion.

1. Le préjudice d'agrément en droit commun

213 ***a) Conception fluctuante du préjudice d'agrément*** ◊ La définition du préjudice d'agrément a fait, en droit commun, l'objet d'une évolution quelque peu chaotique, fortement influencée par le statut juridique de ce préjudice dans le cadre du recours des tiers payeurs.

• **Conception originaire du préjudice d'agrément** [3]. Le préjudice d'agrément a tout d'abord été défini comme l'impossibilité, pour la victime

1. Dans ce sens, A. Guégan-Lecuyer, art. préc., *Gaz. Pal.* 24 déc. 2014, p. 21. G. Mor, préc, n° 165-19. S. Porchy-Simon, art. préc., *Gaz. Pal.* 24 déc. 2014, p. 24 ; P. Sargos, « L'amélioration de l'indemnisation des victimes d'accidents de la circulation », *D.* 2010. 273.

2. Sur la possibilité pour une victime privée de conscience d'invoquer un tel préjudice : v. ss 312 s.

3. **Conception restrictive du préjudice d'agrément ; Doctrine :** J. Bedoura, « Les incidences de la loi du 27 décembre 1973 sur les concepts relatifs au préjudice », *D.* 1980, chron. 139 ; L. Melennec, « L'indemnisation du préjudice d'agrément », *Gaz. Pal.* 1976.I.272 ; M. Ruault et M. Dangibaud, « Les désagréments du préjudice d'agrément », *D.* 1981, chron., p. 157 ; P. Van Ecloo et P. Vignolet, « Le préjudice d'agrément : à propos d'attendus récents en

d'un dommage corporel, de se livrer à une activité sportive, ludique ou culturelle déterminée à laquelle elle s'adonnait régulièrement avant l'accident : la victime devait donc apporter d'une part la preuve qu'elle se livrait à cette activité spécifique avant l'accident, et d'autre part celle de l'impossibilité de s'y livrer dorénavant. Cette conception restrictive semble avoir dominé la jurisprudence avant 1973 ; ensuite, en excluant le préjudice d'agrément de l'assiette du recours de la Sécurité sociale, la loi du 27 décembre 1973 en a fait un chef d'indemnisation affecté à la seule victime et exempt du recours des tiers-payeurs ; dès lors l'élargissement de la notion de préjudice d'agrément s'est peu à peu affirmé en doctrine et en jurisprudence.

• **Conception large du préjudice d'agrément**[1]. Déjà avant 1973, certains arrêts donnaient du préjudice d'agrément une conception extensive, comprenant « l'atteinte aux habitudes de la vie sociale et aux joies usuelles de la vie courante ». Après la loi du 27 décembre 1973, l'intérêt de la victime a conduit la jurisprudence à consacrer définitivement la conception extensive du préjudice d'agrément, défini par un arrêt de la Cour de Paris du 2 décembre 1977 comme « la diminution des plaisirs de la vie, causée notamment par l'impossibilité ou la difficulté de se livrer à certaines activités normales d'agrément ». Une telle définition était évidemment très proche de celle donnée du déficit fonctionnel, et pouvait être source de confusions. Toute invalidité constitue en effet une source de gêne et de « désagréments » plus ou moins graves dans la vie quotidienne. Le tétraplégique, qui a perdu toute autonomie et dont la survie ne peut être assurée que par l'aide d'une tierce personne, subit une perte dramatique de *« qualité de vie »*. Ces troubles dans les conditions d'existence affectent tous les actes de la vie courante, le lever, l'habillement, le manger, la faculté d'aller et de venir, le travail, le sommeil, les loisirs qui peuvent être affectés par l'invalidité avec son cortège de frustrations, d'impossibilités, de difficultés, de

---

permettant une meilleure approche », *RFDC* 1976, chron. 264. – **Jurisprudence** : Soc. 9 nov. 1976, *Bull. civ.* V, n° 573 ; Soc., 13 déc. 1979, *Bull. civ.* V, n° 997, *D.* 1980.IR.137 ; Soc., 20 mai 1980, *Bull. civ.* V, n° 444 ; Soc., 21 oct. 1985 ; *Bull. civ.* V, n° 478.

1. **Conception extensive du préjudice d'agrément** : P. Jourdain, « Le préjudice d'agrément », *RCA* n° spécial de mai 1998 sur « Le préjudice » p. 11. – **Jurisprudence** : Paris, 13 déc. 1956, *Gaz. Pal.* 1957.J.85 ; T. civ. Cahors, 14 nov. 1957, *D.* 1958.194, note M. Le Roy ; Paris, 9 avr. 1965, *Gaz. Pal.* 1965, 394 ; Paris, 2 déc. 1977, *D.* 1978.285, note Y. Lambert-Faivre, *RTD civ.* 1978.357, obs. Durry ; Paris, 22 juin 1979, *Gaz. Pal.* 1979.2, somm. 445 111 s. – **Jurisprudence** : Civ. 2e, 20 mai 1978, *Bull. civ.* II, n° 131 ; Crim., 3 avr. 1978, *JCP* 1979.II.19168, note S. Brousseau, *D.* 1973.IR.64, obs. Larroumet ; Crim., 26 mai 1992, *RCA* 1992, n° 301 ; Civ. 2e, 25 févr. 1981, *Bull. civ.* II, n° 43 ; Civ. 2e, 23 oct. 1985, *Bull. civ.* II, n° 163 ; Crim., 5 mars 1985, *Bull. crim.*, n° 105, *D.* 1985.445, note Groutel ; Préjudice fonctionnel d'agrément : arrêts Lledo : Paris, 3 mai 1994, *D.* 1994.516, note Y. Lambert-Faivre, *Gaz. Pal.*, 13-17 mai 1994, p 16 et rejet du pourvoi par Civ. 2e, 19 mars 1997, *D.* 1998.59, note Y. Lambert-Faivre, *Gaz. Pal.* 10-11 déc. 1999, p. 11 (consécration jurisprudentielle de la notion de préjudice fonctionnel d'agrément) ; Soc., 5 janv. 1995, *JCP* 1995.I.3853, obs. G. Viney, *RTD civ.* 1995. 892, obs. P. Jourdain (préjudice d'agrément reconnu par la chambre sociale comme la privation des agréments d'une vie normale.) ; Paris, 7 avr. 1999, *Gaz. Pal.* 10-11 déc. 1999, p. 11 (définition retenue du « préjudice fonctionnel d'agrément »), Paris, 17 sept. 2001, *D.* 2001.IR.2948, *RTD civ.* 2002 p. 113 obs. P. Jourdain.

lenteurs ou de gênes. Or, cette incidence personnelle du handicap aurait en principe dû être indemnisée par le biais du déficit fonctionnel. Mais, du fait du refus traditionnel de la Cour de cassation de reconnaître l'autonomie de ce concept, une partie de la doctrine avait proposé une conception élargie du préjudice d'agrément, englobant la perte de qualité de vie et l'ensemble des troubles dans les conditions d'existence causés par le handicap dans les actes essentiels de la vie courante, dans les activités affectives et familiales, dans les activités de loisirs et dans les activités professionnelles ou scolaires. Une telle extension apparaissait essentiellement motivée par un souci de protection des intérêts de la victime, puisque si elle avait été acceptée par la jurisprudence, elle aurait permis, par un jeu de qualification, de soumettre le déficit fonctionnel au régime des préjudices extra-patrimoniaux. La Cour de cassation avait toutefois, dans son arrêt d'Assemblée plénière du 19 décembre 2003 [1] totalement refusé une telle extension.

• **Conception actuelle du préjudice d'agrément** [2]. Le problème a été totalement renouvelé à la suite de la mise en œuvre de la nomenclature Dintilhac et de la jurisprudence subséquente. En effet, dès l'instant où le droit positif a admis l'autonomie conceptuelle du déficit fonctionnel et son rattachement à la catégorie des préjudices extrapatrimoniaux [3], un retour à une conception stricte du préjudice d'agrément a semblé devoir s'imposer. Dans la mesure où les incidences strictement personnelles du handicap sont en effet indemnisées au titre du déficit fonctionnel, le préjudice d'agrément n'a plus vocation à indemniser qu'« une perte de loisirs spécifiques auxquels la victime ne peut s'adonner » [4]. La gêne globale liée à l'impossibilité de mener une vie normale du fait du handicap relève en effet désormais du déficit fonctionnel, le préjudice d'agrément ayant vocation à réparer, par une sorte de retour aux conceptions originaires, la seule perte d'activités spécialement pratiquées par la victime avant l'accident. C'est en ce sens que s'est prononcée la Cour de cassation dans un arrêt de principe du 28 mai 2009, aux termes duquel « la réparation d'un poste de préjudice personnel distinct dénommé préjudice d'agrément vise exclusivement à l'indemnisation du préjudice lié à l'impossibilité pour la victime de pratiquer régulièrement une activité spécifique sportive ou de loisirs ».

---

1. **Ass. plén. 19 déc. 2003** : *D.* 2004.161 note Lambert-Faivre, *JCP* 2004.II.10008 note Jourdain, *RCA* 2004, chron. Groutel, n° 9, *RTD civ.* 2004. 300, obs. Jourdain ; *idem* : Crim. 6 avr. 2004, *D.* 2004. IR. 1645 ; Crim. 9 mars 2004, *RCA* 2004, n° 176-177 ; Civ. 2e, 8 avr. 2004 et 29 avr. 2004, *RCA* 2004, n° 218-219 (retour à une conception restrictive du préjudice d'agrément excluant l'incapacité physiologique objective).

2. **Conception contemporaine du préjudice d'agrément** : Civ. 2e, 28 mai 2009, *D.* 2009. 1606, *RTD civ.* 2009. 534. 1er juill. 2010, n° 09-68003 ; 4 nov. 2010, *RCA* 2011, comm. n° 5. F. Bibal, « Fiche pratique XVI : préjudice d'agrément », *Gaz. Pal.* 20 janv. 2009. H. Groutel, « Lutte armée contre l'article L. 452-3 du code de la sécurité sociale », *RCA* 2010, ét. n° 8. D. Tapinos, « Les vicissitudes du préjudice d'agrément », *Med. et Droit* 2014, 153. V. également, M, JD Le Roy et F. Bibal, *op. cit.* n° 176 s. G. Mor, *op. cit.* n° 165-27

3. V. ss 198 s., 207.

4. **Retour à une conception stricte du préjudice d'agrément** : Rapport Lambert-Faivre, p. 182. Rapport Dintilhac, p. 40. V. également : Civ. 2e, 5 juin 2008 *RCA* 2008, comm. n° 257.

Rappelons, de plus, que ce préjudice n'est indemnisé à titre autonome que dans la phase postérieure à la consolidation, le préjudice d'agrément temporaire dont la Cour de cassation avait pu sembler admettre l'autonomie, étant nécessairement inclus aujourd'hui dans le DFT dans sa jurisprudence la plus récente [1].

• **Retour à une conception élargie du préjudice d'agrément ?** La définition actuelle du préjudice d'agrément est toutefois remise en cause dans le projet de décret de la chancellerie, qui revient à une conception élargie de ce poste en le définissant comme réparant « *la perte de la qualité de vie et les troubles dans les conditions d'existence que la victime rencontre au quotidien après la consolidation, la perte d'autonomie personnelle que subit la victime dans ses activités journalières, ainsi que le préjudice d'agrément spécifique lié à la gêne ou l'impossibilité pour la victime de pratiquer régulièrement une activité sportive ou de loisirs* ». Si ce texte est adopté, le préjudice d'agrément aurait donc une double composante : troubles dans les conditions d'existence (pour l'heure indemnisés au titre du DFP) et perte spécifique d'une activité de loisirs.

Cette solution qui opère un retour à la conception ayant prévalu entre le milieu des années 1970 jusqu'en 2006 s'explique par les inconvénients constatés d'un rattachement de l'indemnisation des troubles dans les conditions d'existence au DFP. Ainsi que nous l'avons déjà évoqué, cette solution ne permet tout d'abord pas de valoriser à sa juste mesure cette composante du DFP [2] puisque l'évaluation de ce poste *via* la technique du taux d'APIPP, dont les critères sont essentiellement physiologiques, n'en permet pas une réelle prise en compte. Cette solution présente par ailleurs des inconvénients au regard du recours des tiers payeurs. En imputant ce recours sur le DFP, dont la définition actuelle englobe les troubles dans les conditions d'existence, la Cour de cassation a consacré une régression des droits des victimes puisqu'avant même la réforme du recours par la loi du 21 décembre 2006, cet aspect du dommage, alors indemnisé par le biais d'un préjudice d'agrément élargi, n'avait jamais été inclus dans l'assiette de ce recours [3].

Même si la solution consacrée par le décret consacre une valse-hésitation de la définition du préjudice d'agrément à laquelle conviendrait sans doute un jour de mettre fin, elle nous semble globalement devoir être approuvée car ses avantages (une réelle indemnisation des troubles dans les conditions d'existence) nous semblent supérieurs à ses inconvénients (instabilité de la notion, hétérogénéité de la nouvelle définition du poste).

214 ***b) L'évaluation du préjudice d'agrément en droit commun*** ◊ La définition actuelle du préjudice d'agrément donnée par la Cour de cassation implique une appréciation purement *in concreto*. La victime doit donc

---

1. V. ss 199.
2. V. ss 209.
3. Pour une étude de l'ensemble de cette question, v. ss 376 s.

apporter une double preuve : celle de la pratique **effective** et **régulière** d'une activité sportive, par exemple par la production d'attestations, de factures de matériel, d'adhésion à un club, etc. À défaut, aucune indemnisation au titre du préjudice d'agrément ne pourra être accordée, la jurisprudence apparaissant sur ce point assez rigoureuse [1]. On peut ainsi estimer que la nécessité que la pratique de l'activité soit *antérieure* empêchera désormais l'indemnisation de ce poste de préjudice au profit de personnes qui n'avaient pu se livrer à telle ou telle activité avant l'accident, compte tenu de leur mode de vie. On pense ainsi tout particulièrement aux enfants ou aux personnes dont le niveau de vie ne permettait pas la pratique de ces activités.

2. **Le préjudice d'agrément dans le cadre des accidents du travail**

215 Alors que la nomenclature Dintilhac n'a envisagé qu'une seule définition du préjudice d'agrément, correspondant à la conception stricte adoptée par la Cour de cassation à la suite de son arrêt de principe du 28 mai 2009, la haute juridiction a consacré, pendant une certaine période, un éclatement de cette notion selon le cadre juridique dans lequel ce poste était invoqué.

• **Dualité de définitions** [2]. À la suite de deux arrêts rendus par sa deuxième chambre civile le 8 avril 2010, la Cour de cassation a en effet affirmé : « Au sens de l'article L. 452-3 du Code de la sécurité sociale, le préjudice d'agrément est celui qui résulte des troubles ressentis dans les conditions d'existence » et qu'il convenait d'y inclure le préjudice sexuel. Cette décision n'opérait pas un revirement de jurisprudence par rapport à l'arrêt de 2009 mais consacrait une définition duale du préjudice d'agrément selon le domaine dans lequel il est indemnisé :

– *Dans le cadre du droit commun*, celui-ci correspondait à la perte d'une activité spécifique de loisir, les troubles généraux dans les conditions d'existence restant rattachés au DFP.

– *Dans le cadre des accidents du travail*, la Cour de cassation revenait en revanche à une définition très proche de celle adoptée par son Assemblée plénière dans l'arrêt précité du 19 décembre 2003, en englobant dans le préjudice d'agrément tous les troubles dans les conditions d'existence, y compris d'ailleurs de nature sexuelle.

---

1. **Preuve nécessaire de la pratique effective d'une activité antérieure** : Civ. 2e, 5 juin 2008 *RCA* 2008 comm. n° 257 (absence de preuve de la pratique de l'équitation pour un éleveur de chevaux) ; Civ. 2e, 10 juill. 2010, n° 09-68003 (absence de preuve d'une activité spécifique et régulière) ; 4 nov. 2010, *RCA* 2011, comm. n° 5 (absence de preuve effective d'une activité antérieure). Civ. 2e, 28 févr. 2013, n° 11-21015. Civ. 2e, 18 sept. 2014, n° 13-20400. Pour un exemple original (abandon d'un projet de tour du monde à vélo) : Crim. 5 mai 2015, n° 14-82002.

2. **Autonomie du préjudice d'agrément dans le cadre des accidents du travail** : Civ. 2e, 8 avr. 2010, *D.* 2010. 1089 ; point de vue P. Sargos ; *D.* 2011. 35, obs. O. Gout, *RTD civ.* 2010. 1559 obs. P. Jourdain. D. Asquinazi-Bailleux, « Réparation du préjudice corporel et définition du préjudice d'agrément », *JCP* (E) 2010, n° 49, p. 38.

Un tel éclatement des définitions était totalement injustifiable. On ne pouvait en effet admettre qu'un poste de préjudice puisse avoir une définition à géométrie variable selon le cadre dans lequel il est appréhendé. Cette solution était purement opportuniste. Elle ne visait qu'à compenser la très contestable jurisprudence mise en place notamment par la deuxième chambre civile dans le domaine du recours des tiers payeurs autorisant ce recours sur le DFP [1] et à améliorer, par ce biais, l'indemnisation des victimes d'accident du travail. Or, la situation de ces dernières a en partie été modifiée par la décision QPC du Conseil constitutionnel du 18 juin 2010 [2]. qui ouvrant la voie à une indemnisation plus large dans les hypothèses de faute inexcusable, rendait beaucoup moins opportun cette dualité des définitions. La Cour de cassation a tiré les conclusions de cette évolution en abandonnant la jurisprudence résultant des arrêts du 8 avril 2010.

• **Unité de définition** [3]. C'est par une décision du 28 juin 2012, confirmée le 28 février 2013, que la Cour de cassation est revenue à une définition unitaire du préjudice d'agrément en considérant, sous le visa des articles L. 434-1 s. CSS, que « le préjudice d'agrément réparable en application du quatrième de ces textes est constitué par l'impossibilité pour la victime de continuer à pratiquer régulièrement une activité spécifique sportive ou de loisir ». L'harmonisation est la bienvenue car la conception duale était pour reprendre les termes de P. Jourdain « une injure au bon sens » [4].

C. Le préjudice sexuel [5]

216 ***Autonomie du préjudice sexuel*** ◊ Le préjudice sexuel n'a, en droit commun, gagné son autonomie que de façon relativement récente, puisqu'il

1. V. ss 377.
2. Cons. const. 18 juin 2010, n° 2010-8 QPC, *Cahiers du Cons. constit.* n° 29, 1 ; *JCP* (S) n° 37, 1361, note G. Vachet ; H. Groutel, « Lutte armée contre l'article L. 452-3 du Code de la sécurité sociale », *Resp. civ. et assur.* 2010, chron. n° 8. G. Pignarre, « Simple réserve, mais grands effets... », *Droit du travail* 2011, p. 186. S. Porchy-Simon, « L'indemnisation des préjudices des victimes de faute inexcusable à la suite de la décision du Conseil constitutionnel du 18 juin 2010 : réelle avancée ou espoir déçu ? », *D.* 2010. 459. Colloque « Faute inexcusable de l'employeur : vers une réparation intégrale ? », *Gaz. Pal.* 21 déc. 2010, p. 9 s. Pour de plus amples développements : v. ss 482 s.
3. **Retour à une définition unitaire du préjudice d'agrément** : Civ. 2e, 28 juin 2012, *RCA* 2012. comm. 294. Civ. 2e, 28 févr. 2013, n° 11-21.015, *D.* 2013. 646 ; *Dr. soc.* 2013. 658, obs. S. Hocquet-Berg ; *RDSS* 2013. 359, obs. M. Badel ; *RCA* 2013. comm. 142, obs. H. Groutel
4. P. Jourdain, obs. *RTD civ.* 2013. 383.
5. **Préjudice sexuel** : v. ss 144 ; L. Melennec, « Le préjudice sexuel », *Gaz. Pal.*, 2-3 nov. 1977, p. 1 ; C. Rousseau, C. Fournier, « L'évaluation du dommage atteignant la fonction de reproduction », *RFDC* 1986.1.87 ; M. Bourrie-Quenillet, « Le préjudice sexuel : preuve, nature juridique et indemnisation » *JCP* 1996.I.3986. D. Yacouben, « Fiche pratique XVIII : le préjudice sexuel », *Gaz. Pal.* 30 janv. 2009. M, JD Le Roy et F. Bibal, *op. cit.*, 182 s. G. Mor, *op. cit.* n° 165-51 s. – **Jurisprudence** : Crim., 3 mai 1989, *RCA* 1989, n° 299 (préjudice d'agrément) ; Crim., 14 juin 1990, *RCA* 1990, n° 320 (préjudice d'agrément) ; Crim., 14 juin 1990, *RCA* 1990, n° 32 (préjudice sexuel distinct du préjudice d'agrément) ; Civ. 2e, 6 janv. 1993 et Crim., 18 nov. 1992, *RCA* 1993, n° 75 et chron. Groutel, n° 7, *RTD civ.* 1993.587, obs. Jourdain (autonomie du préjudice sexuel par rapport au préjudice d'agrément). Civ. 2e, 5 janv. 1994, *RCA* 1994, n° 117 ;

fallut attendre le milieu des années 1990 pour que la Cour de cassation en reconnaisse le particularisme, et en admette une indemnisation autonome de celle du déficit fonctionnel. La nomenclature Dintilhac a logiquement repris cette évolution en l'érigeant en poste de préjudice autonome. Une solution différente a existé jusqu'en 2012 dans le cadre de l'indemnisation des accidents du travail où la Cour de cassation inclut, pour des raisons d'opportunité, le préjudice sexuel au sein du préjudice d'agrément, mais cette solution a depuis été abandonnée [1]. Celui-ci est donc un poste à part entière distinct du DFP ou du préjudice d'établissement.

• **Définition du préjudice sexuel.** La Cour de cassation a défini le préjudice sexuel, dans un arrêt du 17 juin 2010, comme comprenant « tous les préjudices touchant à la sphère sexuelle à savoir : le préjudice morphologique lié à l'atteinte aux organes sexuels primaires et secondaires résultant du dommage subi, le préjudice lié à l'acte sexuel lui-même qui repose sur la perte du plaisir lié à l'accomplissement de l'acte sexuel, qu'il s'agisse de la perte de l'envie ou de la libido, de la perte de la capacité physique de réaliser l'acte ou de la perte de capacité à accéder au plaisir, le préjudice lié à une impossibilité ou une difficulté à procréer ». C'est donc toutes les incidences du dommage dans la sphère sexuelle qui doivent être réparées.

• **Évaluation du préjudice sexuel.** Cette évaluation doit se faire en deux temps. Le premier réside dans l'évaluation medico-légale de ce préjudice : les séquelles génito-sexuelles d'un traumatisme concernent d'une part la fonction sexuelle proprement dite (atteinte morphologique aux organes sexuels), d'autre part la pratique liée à l'acte sexuel (perte de désir) et enfin la fonction de reproduction (stérilité). Le barème des déficits fonctionnels séquellaires en droit commun évalue de 5 % à 40 % les séquelles génito-sexuelles selon leur spécificité organique et fonctionnelle, mais cette quantification objective du taux d'incapacité n'est nullement modulée en fonction du retentissement subjectif de la fonction sexuelle selon l'âge et la situation familiale de la victime ; or pour un taux identique de 30 % afférent à l'impuissance sexuelle totale, quoi de commun entre un homme de vingt ans et un de quatre-vingts ans ? Pour une stérilité totale évaluée à 30 %, quoi de commun entre la jeune femme de vingt-cinq ans qui n'a pas encore procréé et la femme de cinquante ans à la tête d'une abondante progéniture ?

Civ. 2e, 21 mai 1997 et 18 juin 1997, *RCA* 1997, n° 288, 2e espèces (le préjudice sexuel constitue un préjudice personnel distinct de l'IPP) ; Civ. 2e, 19 nov. 1998, *RCA* 1999, n° 1 et 8 (le préjudice sexuel subi par une victime d'accident constitue un préjudice distinct de l'IPP et non soumis au recours des organismes sociaux). Dans le même sens : Civ. 2e, 12 mai 2005, n° 04-14018, *D.* 2005. 1451. Civ. 2e, 17 juin 2010, *RTD civ.* 2010. 562, *D.* 2011. 36, obs. O. Gout (définition et reconnaissance de l'autonomie du préjudice sexuel en droit commun). Civ. 2e, 13 janv. 2012, n° 11-10.224, *D.* 2012. 281, obs. V. Da Silva, *RTD civ.* 2013. 316 (autonomie par rapport au DFP). Civ. 2e, 12 mai 2011, n° 10-17148, *Gaz. Pal.* 13 juill. 2011, p. 3 (autonomie par rapport au préjudice d'établissement) : sur ce point v. ss 219.

1. V. ss 215.

Au-delà du caractère physiologique du constat médical, il appartient donc au juriste de personnaliser le préjudice sexuel, notamment en fonction de l'âge et de la situation de la victime. On conviendra qu'un tel chef de préjudice ne saurait être évalué en fonction d'une mercuriale statistique, compte tenu de son caractère très personnalisé, et doit bien au contraire faire l'objet d'une appréciation purement *in concreto*. Le référentiel intercours indique que ce poste peut être indemnisé jusqu'à 50 000 euros pour une personne jeune dont les trois aspects de la fonction sexuelle sont atteints.

Ce préjudice peut également être reconnu pour le conjoint de la victime principale, bien que ce poste ne soit alors, dans cette hypothèse, pas reconnu de manière autonome [1].

D. Le préjudice esthétique [2]

217 Le préjudice esthétique est défini dans le rapport Dintilhac comme visant à réparer « les atteintes physiques et plus généralement les éléments de nature à altérer l'apparence physique de la victime » [3]. Il peut intégrer tant le regard préjudiciable d'autrui sur la victime que celui que cette dernière porte sur elle-même. Il est doublement pris en compte dans la nomenclature puisqu'il constitue l'un des rares postes indemnisé tant dans la phase antérieure [4] que postérieure à la consolidation.

Dans sa version permanente, ce poste indemnise donc toutes les atteintes à l'apparence physique de la victime, que le médecin expert évalue le plus souvent sous la forme d'une cotation sur une échelle de 1 à 7 [5].

Le magistrat ou le régleur de compagnie d'assurances peut également avoir une opinion personnelle, par exemple sur la base de clichés photographiques. Bien entendu le sexe et l'âge de la victime sont des éléments importants à prendre en considération dans l'évaluation *monétaire* du préjudice esthétique, qui est totalement indépendant du taux de déficit fonctionnel ou d'APIPP. Les échelles d'évaluation médico-légales et juridiques qui prétendent étalonner le préjudice esthétique en faisant abstraction de l'âge et du sexe de la victime nous paraissent comme pour le préjudice sexuel, dénuées de toute pertinence. Description médicale *et* personnalisation juridique sont seules recevables en la matière.

---

1. **Préjudice sexuel par ricochet** : v. ss 268.
2. **Préjudice esthétique permanent,** « Le préjudice esthétique », dossier spécial, *Gaz. Pal.* 21 juin 2013, plusieurs articles dont D. Arcadio, « Préjudice esthétique : une photographie vaut mille mots », p. 9. C. Bernfeld et F. Bibal, « *Pretium pulchritudinis* : de la disgrâce du dommage à l'inesthétique du préjudice », p. 5. MC Lagrange « Le préjudice esthétique : un poste de préjudice en évolution », p. 19. C. Bernfled, « Fiche pratique XVII : préjudice esthétique permanent », *Gaz. Pal.* 30 janv. 2009. M. JD Le Roy et F. Bibal, *op. cit.* n° 179 s. G. Mor, *op. cit.* n° 165-39L. Melennec, « L'indemnisation du préjudice esthétique », *Gaz. Pal.*, 5 nov. 1976, p. 2. **Statistiques** : cf. annexe 2, IV, p. 216.
3. Rapport Dintilhac, préc., p. 40.
4. V. ss 205.
5. V. pour une proposition d'évolution des pratiques expertales, « Nouvelle échelle d'évaluation medico-légale des préjudices esthétiques : proposition de l'ANAMEVA », *Gaz. Pal.* 21 juin 2013, p. 17.

Lorsque l'aspect esthétique de la victime a des conséquences sur sa carrière professionnelle (mannequin, actrice, hôtesse...), le préjudice économique qui en résulte est distinct du préjudice esthétique personnel, et sera indemnisé soit au titre des pertes de gains professionnels, soit au titre de l'incidence professionnelle.

Le référentiel intercours indique des valeurs moyennes d'indemnisation de ce poste allant de 1 500 euros pour un préjudice côté 1 à plus de 45 000 euros pour celui coté 7.

E. Le préjudice d'établissement

218 ***Situation antérieure à la nomenclature Dintilhac*** ◊ Dans le saucissonnage des préjudices personnels antérieurs à la nomenclature Dintilhac, un préjudice juvénile était parfois invoqué pour réparer les frustrations et privations d'un enfant qui ne peut participer aux jeux et à la joie de vivre de son âge et ne pourra jamais mener une vie personnelle normale. Cet avatar du déficit fonctionnel, dans le giron duquel le préjudice juvénile devait rester, n'était en fait qu'une très médiocre compensation pour pallier le curieux déséquilibre que l'on constatait alors entre les jeunes et les personnes âgées dans l'évaluation statistique du point d'IPP au détriment assez scandaleux des jeunes. En effet si l'on calculait le rapport statistique de la valeur du point d'IPP par âge sur le nombre d'années de suivi de la victime, on s'apercevait que l'indemnisation annuelle du retraité de 60 ans est d'environ 60 % plus élevée que celle d'un enfant de 10 ans.

Avec l'abandon de la notion d'IPP, et l'intégration des troubles dans les conditions d'existence au sein du DFP, ce poste de préjudice a perdu toute raison d'être et n'a donc pas été repris au sein des nomenclatures Lambert-Faivre et Dintilhac.

219 ***Le préjudice d'établissement***[1] ◊ Le « préjudice juvénile » a en effet cédé la place à un préjudice mieux cerné, non nécessairement spécifique de la situation des jeunes victimes gravement handicapées avant d'être pleinement entrées dans leur vie adulte, et qui vise à réparer la perte d'espoir de mener une vie familiale : le préjudice d'établissement. En effet les paraplégiques, les tétraplégiques et les grands traumatisés crâniens se trouvent de facto dans la quasi-impossibilité de réaliser un projet de vie personnelle « normale », et perdent tout espoir de pouvoir se marier et fonder une famille. Il est donc logique de retenir un préjudice spécifique qui a été défini par la Cour de cassation comme consiste « en la perte d'espoir et de chance de réaliser un projet de vie familiale en raison de la gravité du handicap »[2]. Ce poste n'est pas nécessairement réservé aux

1. **Préjudice d'établissement** : M. JD Le Roy et F. Bibal, *op. cit.* n° 185 s. G. Mor, *op. cit.* n° 165-67. D. Yacouben « Fiche pratique XIX : le préjudice d'établissement », *Gaz. Pal.* 30 janv. 2009.

2. **Définition du préjudice d'établissement par la Cour de cassation** : Civ. 2e, 30 juin 2005, *RCA* 2005, comm. n° 316 (distinction du préjudice d'agrément et du préjudice d'établissement). Civ. 2e, 12 mai 2011, n° 10-17148, *Gaz. Pal.* 13 juill. 2011, p. 34 (poste autonome du

personnes n'ayant pas encore fondé une famille, un arrêt de la deuxième chambre civile de la Cour de cassation du 15 janvier 2015 ayant précisé qu'il « recouvre, en cas de séparation ou de dissolution d'une précédente union, la perte de chance pour la victime handicapée de réaliser un nouveau projet de vie familiale » [1].

Ce « préjudice d'établissement » est autonome : il n'est pas assimilable au « préjudice sexuel », ni au déficit fonctionnel car il caractérise notamment le triste devenir des traumatisés crâniens dont les troubles neuropsychiatriques rendent la vie si difficile pour leur entourage. Il n'est pas non plus réductible au « préjudice d'agrément », dont il dépasse la portée de manière absolue, ainsi que l'a d'ailleurs retenu la Cour de cassation dès un arrêt du 30 juin 2005.

Son évaluation ne peut se faire que de manière totalement *in concreto* en fonction des atteintes séquellaires de la victime et de sa situation personnelle (âge, situation familiale antérieure).

F. Les préjudices permanents exceptionnels [2]

220 Le risque de toute nomenclature est celui d'une certaine rigidité. Si celle-ci constitue en effet intrinsèquement une liste seulement indicative des postes de préjudices réparables, elle s'apparente vite, dans la pratique, à une liste « officielle », dont tout préjudice absent pourrait se voir refuser l'indemnisation. Ainsi, la possibilité que la situation particulière d'une victime soit génératrice d'un préjudice, notamment de nature extrapatrimoniale, non visé dans la nomenclature, existe. Pour éviter ces difficultés, le rapport rédigé sous l'égide du Professeur Lambert-Faivre avait souligné le caractère non fermé de la nomenclature. Mais des risques de mauvaise compréhension demeuraient toutefois. C'est pourquoi la nomenclature Dintilhac a inclus, dans la catégorie des préjudices extrapatrimoniaux, un chef de préjudice spécifique visant « les préjudices permanents exceptionnels », catégorie justifiée par le fait qu'« il existe des préjudices atypiques qui sont directement liés aux handicaps permanents, dont reste atteint la victime après sa consolidation » [3] et qui ne seraient pas indemnisables par un autre biais. Une telle solution permet donc d'assouplir la rigidité éventuelle d'une

---

préjudice d'agrément et sexuel). Civ. 2e, 12 mai 2011, n° 10-20590 (préjudice d'établissement distinct du préjudice sexuel et du préjudice d'agrément) Civ. 2e, 4 oct. 2012, n° 11-24789. Civ. 2e, 13 janv. 2012, n° 11-10224, *Gaz. Pal.* 9 mars 2012, p. 45, *RTD civ.* 2012. 316 obs. P. Jourdain (poste autonome du DFP). Civ. 1re, 15 janv. 2015, n° 13-27761, *Gaz. Pal.* 15 févr. 2015, p. 36, *RCA* 2015, comm. n° 112. *RTD civ.* 2015. 366 obs. J. Hauser (reconnaissance possible pour une personne ayant déjà une famille).

1. Civ. 2e, 15 janv. 2015, préc.

2. Préjudices permanents exceptionnels, « Les préjudices exceptionnels des victimes directes », Dossier *Gaz. Pal.* 23 févr. 2014 (plusieurs articles). M. JD Le Roy et F. Bibal, *op. cit.* n° 188 s. G. Mor, *op. cit.* n° 165-77. C. Lienhard « Fiche pratique XX : le préjudice permanent exceptionnel », *Gaz. Pal.* 30 janv. 2009

3. Préjudices permanents exceptionnels : Rapport Dintilhac, préc, p. 41. Civ. 2e, 10 déc. 2009, n° 08-17756 distinguant ce poste du préjudice spécifique de contamination.

nomenclature en reconnaissant un préjudice, dont le caractère un peu fourre-tout peut certes être concédé, mais qui est susceptible d'englober les dommages spécifiques ne pouvant trouver une juste qualification dans la nomenclature préétablie soit du fait d'une spécificité de la victime (tel le cas cité par le rapport Dintilhac d'une victime japonaise devenue incapable de s'incliner du fait d'une atteinte à la colonne vertébrale, signe d'extrême impolitesse dans sa culture), ou des circonstances de l'accident, notamment dans les hypothèses de catastrophes collectives.

221 La Cour de cassation a eu l'occasion de se prononcer à plusieurs reprises sur ce poste de manière récente et il en ressort une définition très restrictive, exprimée notamment dans une décision de principe du 16 janvier 2014 [1]. À son terme, « le poste des préjudices permanents exceptionnels indemnise des préjudices extrapatrimoniaux atypiques, directement liés au handicap permanent qui prend une résonance particulière pour certaines victimes en raison soit de leur personne, soit des circonstances et de la nature du fait dommageable ». La Cour de cassation a donc cassé, sous le visa du principe de la réparation intégrale, une décision de cour d'appel qui avait retenu l'existence d'un tel poste au profit d'une victime d'agression conservant des séquelles visibles ayant un impact psychologique sur sa vie familiale et affective, en reprochant à la cour de n'avoir pas caractérisé en quoi cet aspect du dommage se distingue du déficit fonctionnel permanent ou du préjudice esthétique. Cette solution a été réitérée dans des arrêts plus récents dans le cas d'une victime d'agression intra-familiale ou d'une agression particulièrement violente de policiers lors d'une émeute.

L'intérêt principal de ces décisions est de souligner très nettement le caractère résiduel de ce poste, qui ne semble avoir vocation à être indemnisé *que si aucune autre catégorie de la nomenclature Dintilhac n'est apte à saisir la souffrance subie*, justifiant le terme de préjudice « atypique » repris dans les différents arrêts. Si une qualification est possible en fonction des catégories de la nomenclature, elle devra être donc préférée et le poste sera seulement majoré dans son évaluation [2]. Cette solution consacre l'étroitesse extrême des contours de ce poste. Si l'on se réfère en effet aux termes utilisés par la deuxième chambre – « résonance particulière du préjudice moral en raison de la personne de la victime ou des circonstances » – ces conséquences pourront, dans la plupart des cas, être indemnisées par le biais d'autres postes, dont le plus souvent le DFP *via* ses composantes telles que souffrances endurées ou troubles dans les conditions d'existence,

---

1. Définition jurisprudentielle du préjudice permanent exceptionnel : Civ. 1re 28 juin 2012, n° 11-19265 (préjudice hypothétique). Civ. 2e, 16 janv. 2014, n° 13-10566, *D.* 2014. 571 chronique L. Lazerges, *D.* 2014. 2366, obs. S. Porchy-Simon (préjudice non indemnisé pour une victime d'agression conservant des séquelles esthétiques). Civ. 2e, 11 sept. 2014, n° 13-10691, *D.* 2014, préc. (violences intrafamiliales) Crim. 5 févr. 2015, (5 arrêts), *Gaz. Pal.* 9 avr. 2015, note A. Guegan-Lécuyer (agressions violentes). Crim 5 mai 2015, n° 14-82002 (abandon d'un projet de tour du monde à vélo : rattachement au préjudice d'agrément).

2. En ce sens, L. Lazerges, « Le grand handicap dans la jurisprudence de la deuxième chambre civile », *Gaz. Pal.* 5 août 2015, p. 8.

diminuant d'autant les possibilités de voir consacrer, dans les faits, l'existence d'un préjudice exceptionnel. Ce préjudice « atypique » risque donc de devenir, de fait, totalement introuvable.

§ 3. Les préjudices extra-patrimoniaux évolutifs

222 La présentation des préjudices, notamment extrapatrimoniaux, s'articule traditionnellement autour de la date de consolidation. Certaines maladies (Sida, hépatite C, pathologies liées à l'amiante, etc.) se caractérisent toutefois par une lente et inexorable évolution, sans que n'intervienne jamais une consolidation au sens médico-légal du terme. La jurisprudence a donc dû faire preuve d'imagination en définissant, originellement dans le cas du Sida et de l'hépatite C, un nouveau préjudice : le préjudice de contamination, résultant pour une victime de la connaissance de sa contamination par un agent exogène, quelle que soit sa nature (biologique, physique ou chimique), qui comporte le risque d'apparition à plus ou moins brève échéance, d'une pathologie mettant en jeu le pronostic vital (A). Ce préjudice spécifique de contamination a en partie inspiré le poste « préjudices liés à des pathologies évolutives » reconnu dans la nomenclature Dintilhac qui s'en écarte toutefois assez substantiellement sur des points essentiels et dont les contours restent très incertains (B).

A. Le préjudice spécifique de contamination

223 ***Application initiale aux victimes de contamination par le virus du Sida (VIH)*** [1] ◊ La loi n° 91-1406 du 31 décembre 1991 avait créé un Fonds d'indemnisation spécifique pour indemniser les hémophiles et transfusés victimes de contamination par le VIH (FITH) ; on estimait alors à quelque 5 000 le nombre de victimes potentielles susceptibles d'introduire une demande d'indemnisation : c'est dire que le Fonds devait élaborer rapidement une définition du préjudice de contamination. Il a, à juste titre, considéré que le préjudice était né et actuel dès la contamination et la

1. **Préjudice spécifique de contamination par le VIH :** Y. Lambert-Faivre, « Principes d'indemnisation des victimes post-transfusionnelles du sida » (à propos des 20 arrêts rendus par la Cour d'appel de Paris, le 27 nov. 1992), *D.* 1993, chron., p. 67 ; Y. Lambert-Faivre, « L'indemnisation des victimes post-transfusionnelles du sida, hier, aujourd'hui et demain... », *RTD civ.* 1995. 1 ; I. Bessieres-Roques, « Le préjudice spécifique de contamination ; un nouveau préjudice ? », *RFDC* 1993, p. 79 ; C. Moniolle, « Responsabilité et indemnisation à l'égard des personnes contaminées par le virus du sida lors de transfusions sanguines », *RDSS* 1999, p. 91 ; F. Chabas, « La notion de préjudice de contamination », *RCA* n° spécial mai 1998 p. 20 – **Jurisprudence** : Civ. 2e, 20 juill. 1993, *RTD civ.* 1994. 107, obs. Jourdain, *D.* 1993. 526, note Chartier, *RCA* 1993, n° 378 ; Civ. 2e, 1er févr. 1995, *RCA* 1995, n° 126, *RTD civ.* 1995. 626, obs. Jourdain (sous la qualification de préjudice spécifique de contamination, l'indemnisation couvre l'ensemble des préjudices d'ordre physiologique, psychologique et moral évalués compte tenu de la situation concrète, personnelle et individuelle de la victime) ; Civ. 2e, 2 avr. 1996, *RCA* 1996, n° 215 (caractère personnel du préjudice spécifique de contamination) – **Sur l'affaire du sang contaminé**, v. ss 942 s.

longue période de séropositivité asymptomatique, dont la phase de maladie déclarée n'était que l'aboutissement. Il a donc adopté une définition globale qui intègre l'ensemble des éléments constitutifs du préjudice personnel de la victime :

« Le préjudice personnel et non économique de contamination par le VIH recouvre l'ensemble des troubles dans les conditions d'existence entraînés par la séropositivité et la survenance de la maladie déclarée. Le préjudice spécifique inclut ainsi, dès la phase de séropositivité, tous les troubles psychiques subis du fait de la contamination par le VIH : réduction de l'espérance de vie, incertitude quant à l'avenir, crainte d'éventuelles souffrances physiques et morales, isolement, perturbations de la vie familiale et sociale, préjudice sexuel et le cas échéant de procréation.

Il inclut en outre, les différents préjudices personnels apparus ou qui apparaîtraient en phase de maladie avérée : souffrances endurées, préjudice esthétique et l'ensemble des préjudices d'agrément consécutifs. »

Cette définition du préjudice spécifique de contamination, qui fut entériné par la Cour de cassation dès un arrêt de la deuxième chambre civile du 20 juillet 1993, prend en compte les aspects multiformes de l'incommensurable et indescriptible souffrance des victimes de la contamination transfusionnelle.

224 ***Extension aux victimes de contamination par le virus de l'hépatite C (VHC)*** [1] ◊ Un arrêt de la 1re chambre civile de la Cour de cassation du 1er avril 2003 a appliqué la définition globale du « préjudice spécifique de contamination » au VHC à la suite d'une transfusion de 1983 et d'une hépatite C diagnostiquée en 1993. En effet au stade chronique, l'hépatite C présente des risques graves et vitaux de cirrhose et de cancer ; la Cour en a déduit que « les différents éléments constitutifs d'un préjudice spécifique de contamination étaient réunis en l'espèce ». Puis un arrêt de la Cour de cassation du 24 septembre 2009 l'a défini comme comprenant « l'ensemble des préjudices de caractère personnel tant physiques que psychiques résultant de la contamination, notamment les perturbations et craintes éprouvées, toujours latentes, concernant l'espérance de vie et la crainte des souffrances ; qu'il comprend aussi le risque de toutes les affections opportunistes consécutives à la découverte de la contamination, les perturbations de la vie sociale, familiale et sexuelle et les dommages esthétiques et d'agrément générés par les traitements et soins subis ».

225 ***Précisions ultérieures de la jurisprudence*** ◊ La jurisprudence contemporaine a eu l'occasion d'apporter quelques précisions complémentaires concernant les contours de ce poste. Ainsi a-t-elle pu considérer que la guérison ne fait pas obstacle à son indemnisation « pendant la

1. **Préjudice spécifique de contamination – hépatite C** : Civ. 1re, 1er avril 2003, *RTD civ.* 2003. 506 obs. Jourdain. Civ. 1re, 3 mai 2006 (deux espèces), *Bull. civ.* n° 214 et 215 : absorption des souffrances endurées par le préjudice spécifique de contamination – Civ. 2e, 24 sept. 2009, *RTD civ.* 2009. 117 obs. P. Jourdain. Sur l'hépatite C post-transfusionnelle, v. ss 950 s.

période au cours de laquelle la victime a subi des angoisses et perturbations liées à la maladie »[1]. Par ailleurs, dans un arrêt vivement critiqué par la doctrine, la deuxième chambre civile a, le 22 novembre 2012, subordonné l'indemnisation de ce poste à la connaissance par la victime de la nature exacte de son affection[2]. En l'espèce, cette dernière, contaminée par le VIH et le VHC à la suite de transfusion, avait été tenue par son entourage dans l'ignorance de la nature de ses affections, malgré 146 hospitalisations subies pendant l'évolution de sa maladie.

La solution consistant à exiger la conscience de l'intéressé comme condition d'indemnisation du préjudice de contamination pourrait se comprendre si ce dernier n'indemnisait que les seuls effets psychologiques de la connaissance de la maladie, comme par exemple la réduction de l'espérance de vie ou les perturbations de la vie personnelle qui y sont associées. Mais, ainsi que le rappelle elle-même la deuxième chambre civile dans sa décision du 22 novembre 2012, ce préjudice a aujourd'hui un contenu beaucoup plus large, englobant notamment au terme d'une jurisprudence aujourd'hui bien fixée[3], les souffrances endurées, le préjudice esthétique et d'agrément, qui, autonomes dans la nomenclature Dintilhac, sont ici rassemblés dans le préjudice spécifique de contamination. En exigeant la conscience de la victime comme condition d'indemnisation de ce dernier, la Cour l'impose donc nécessairement, non seulement pour la compensation des effets spécifiques de cette transmission, mais également pour tous les autres préjudices beaucoup moins particuliers englobés dans ce poste, solution inopportune, qui montre les limites de l'approche globalisante de ce poste[4].

226 ***Les évaluations exceptionnelles d'un préjudice hors norme***[5] ◊ Le préjudice spécifique de contamination étant défini, restait à chiffrer l'inchiffrable, à évaluer l'inévaluable.

La première décision ayant retenu son indemnisation, l'arrêt *Courtellemont* rendu par la Cour d'appel de Paris le 7 juillet 1989, avait accordé 2 300 000 F à une victime âgée de 62 ans devenue séropositive après une transfusion sanguine subie à la suite d'un accident de la circulation : chiffre totalement hors des normes de l'époque.

Le FITH, auquel est aujourd'hui substitué l'ONIAM, avait adopté le chiffre de référence de 2 millions de francs (environ 300 000 euros) pour les victimes de moins de 20 ans pour l'ensemble des préjudices personnels

---

1. **Préjudice de contamination et guérison** : Civ. 2e, 19 nov. 2009, n° 08-15853, *RDSS* 2010, 156 note D. Cristol, *RTD civ.* 2010. 117, note P. Jourdain. Civ. 2e, 4 juill. 2013, n° 12-23915, *D.* 2013. 1745 et 2664, obs. A. Guegan-Lecuyer, *RTD civ.* 2014.846, note P. Jourdain.

2. **Préjudice de contamination et connaissance de la nature de la maladie** : Civ. 2e, 22 nov. 2012, n° 11-21031, *D.* 2013. 346, note S. Porchy-Simon, et 604 note H. Adida-Canac ; *RTD civ.* 2013. 123 note P. Jourdain.

3. V. ss 223.

4. V. ss 229.

5. **Évaluation et modalités de versement** : Civ. 2e, 20 juill. 1993, *D.* 1993.526, note Y. Chartier, *RTD civ.* 1994. 107, obs. Jourdain (indemnisation des trois-quarts dès la séropositivité et le dernier quart au sida déclaré ; approbation) ; Civ. 2e, 1er févr. 1995, *RCA* 1995, n° 126.

rassemblés dans la notion globale de « préjudice spécifique de contamination » ; et comme la composante essentielle en est la perte d'espérance de vie ou « vie abrégée », il a justement adopté une dégressivité en fonction de l'âge atteint par la victime au jour de la contamination, dégressivité calculée par référence aux tables de mortalité nationales. Les chiffres actuels semblent plus faibles (de 50 000 à 300 000 euros [1]) notamment du fait de la compétence du juge administratif dans un certain nombre d'hypothèses et sans doute, de la transformation des effets de la contamination du fait des progrès thérapeutiques.

B. Les liens du préjudice spécifique de contamination avec le préjudice lié à des pathologies évolutives

227 ***L'opportunité d'une reconnaissance générale des préjudices extra-patrimoniaux évolutifs*** ◊ Le préjudice spécifique de contamination a été étendu par la jurisprudence de l'hypothèse des victimes du sida à celles de l'hépatite C, afin de répondre au caractère fondamentalement évolutif de ces affections. Mais d'autres maladies, telle la maladie de Creutzfeldt-Jakob, ou les pathologies liées à l'amiante, entrent dans la même problématique. Le Rapport Dintilhac a donc proposé de créer une nouvelle catégorie de préjudice extrapatrimonial évolutif, défini comme « le préjudice résultant pour la victime de la connaissance de sa contamination par un agent exogène (...), qui comporte le risque d'apparition à plus ou moins brève échéance d'une pathologie mettant en jeu le pronostic vital ». Cette notion a été conçue de façon abstraite sans référence à une maladie donnée, afin de constituer une catégorie ouverte dans l'hypothèse d'apparition de maladies non encore connues aujourd'hui. Plus encore, cette définition apparaît beaucoup plus étroite que celle du préjudice de contamination retenue par la jurisprudence qui mêle des aspects fort divers et opère une globalisation des postes. La définition des préjudices évolutifs est en effet, dans le rapport Dintilhac, beaucoup plus stricte car elle limite finalement l'indemnisation *au seul préjudice d'angoisse*. Or, assez étrangement la Cour de cassation n'a jusqu'alors pas retenu cette définition puisqu'elle a continué à appliquer les solutions antérieures à la nomenclature en faisant perdurer une approche globalisante du préjudice de contamination, notion pourtant absente de la nomenclature. Cette solution nous semble devoir être abandonnée car elle a suscité une jurisprudence complexe relative aux relations du préjudice de contamination avec les autres postes de la nomenclature, alors qu'une indemnisation poste par poste des victimes semble devoir aujourd'hui s'imposer.

---

1. Chiffres cités par M. JD Le Roy et F. Bibal, *op. cit.*, p. 215.

228 ***Relation du préjudice spécifique de contamination avec les autres chefs de préjudice de la nomenclature Dintilhac*** [1] ◊ Bien que la nomenclature Dintilhac n'ait pas entériné la conception globalisante du préjudice de contamination mis en place par la jurisprudence antérieure, celle-ci a continué à utiliser très largement cette technique. Or, cette solution a donné naissance à un important contentieux portant sur l'articulation du préjudice spécifique de contamination avec les autres postes de la nomenclature, afin d'éviter des recoupements attentatoires au principe de la réparation intégrale. Au terme de cette jurisprudence, le préjudice de contamination inclut les préjudices esthétique et d'agrément, les souffrances endurées, mais ne se recoupe pas avec les déficits fonctionnels temporaire ou permanent. La distinction ici opérée peut surprendre puisque le déficit fonctionnel indemnise, aux termes d'une jurisprudence aujourd'hui constante, les troubles dans les conditions d'existence, alors que le préjudice de contamination englobe quant à lui « les perturbations de la vie sociale, familiale ».

229 ***Abandon nécessaire de la notion globalisante du préjudice spécifique de contamination*** [2] ◊ On peut qu'être étonné que la Cour de cassation continue aujourd'hui à utiliser une notion globalisante du préjudice de contamination. Cette solution est tout d'abord contraire à la nomenclature Dintilhac, puisque celle-ci limite le préjudice lié à des pathologies évolutives à la seule angoisse née de la connaissance du caractère évolutif de la maladie. La nomenclature n'est certes pas pour l'heure d'application impérative mais, en dehors de cette hypothèse, la Cour en a quand même fait une application assez scrupuleuse et on comprend mal pourquoi elle y déroge dans ce cas particulier. Le préjudice de contamination comprend en effet deux aspects dont les enjeux ne sont actuellement pas du tout les mêmes. Le premier vise à indemniser tous les troubles psychiques spécifiques subis du fait de la contamination par le VIH : réduction de l'espérance de vie, incertitude quant à l'avenir, crainte d'éventuelles souffrances physiques et morales. Dans ce premier aspect, le préjudice a une véritable originalité, dont le contenu est repris par le poste « préjudices liés à des pathologies évolutives » de la nomenclature.

Le contenu du préjudice de contamination n'est toutefois pas restreint à cette seule dimension, car il comprend également un second aspect quant à

---

1. **Relation du préjudice de contamination avec les autres chefs de préjudices** : Civ. 1re, 3 mai 2006, *RTD civ.* 2006. 562 (inclusion des souffrances endurées) ; 24 sept. 2009, *D.* 2009. 2489, *RCA* 2009, comm. n° 345 (distinction avec le DFP) ; 19 nov. 2009, *RCA* 2009, comm. n° 345, *RTD civ.* 2010. 117 (distinction avec le DFT). Civ. 2e, 12 déc. 2013, n° 12-27292, *Gaz. Pal.* 23 févr. 2014, p. 37 (inclusion des souffrances endurées et du préjudice d'agrément). Civ. 2e, 26 mars 2015, n° 13-26346, *Gaz. Pal.* 30 juin 2015, p. 24 s. (inclusion des souffrances endurées et des perturbations de la vie familiale).

2. En ce sens ; A. Guegan-Lecuyer, obs. *D.* 2013. 2664, L. Morlet-Haidara, « Le préjudice de contamination de nouveau sur le métier », *RCA* 2013, ét. 11. S. Porchy-Simon, note sous Civ. 2e, 22 nov. 2012, préc. B. Waltz, « Réflexions autour de la notion de préjudice spécifique de contamination », *RCA* 2013, et. 5.

lui beaucoup moins spécifiques. Selon la définition originaire du FITH, que la Cour a repris à de multiples reprises, ce préjudice inclut en effet, « les perturbations de la vie familiale et sociale, préjudice sexuel et le cas échéant de procréation » et « les différents préjudices personnels apparus ou qui apparaîtraient en phase de maladie avérée : souffrances endurées, préjudice esthétique et l'ensemble des préjudices d'agrément consécutifs ». Dans cette seconde dimension, ce préjudice perd alors toute spécificité puisqu'il n'indemnise que des préjudices aujourd'hui pris en compte de manière autonome en droit commun et spécifiquement visés dans la nomenclature Dintilhac, dont l'inclusion dans le préjudice spécifique de contamination avait à l'origine comme seul but de faciliter, par leur regroupement, l'indemnisation de la victime. Or, l'amalgame de préjudices si divers au sein du préjudice spécifique de contamination, s'il se justifiait lors de la création de ce poste, nous semble aujourd'hui source de difficultés majeures et devrait être abandonné au profit d'une liquidation classiquement établie sur la base du poste par poste. Ainsi, les perturbations de la vie sociale et familiale peuvent être indemnisées par le biais du déficit fonctionnel puisqu'elles en sont une des composantes en droit commun, évitant d'ailleurs un risque de recoupement entre ces deux postes. Celles de la vie sexuelle pourraient l'être sous l'angle du préjudice du même nom. Les souffrances endurées, le préjudice esthétique et d'agrément sont des catégories connues de la nomenclature et il suffirait de les adapter, si besoin, à la spécificité de la situation de la victime contaminée pour que cette dernière soit indemnisée de manière adéquate.

230 ***Application du poste par poste pour les victimes de contamination*** ◊ La globalisation opérée par le préjudice spécifique de contamination doit aujourd'hui être abandonnée au profit d'une indemnisation poste par poste, jointe à la reconnaissance d'un préjudice lié aux pathologies évolutives limité à l'indemnisation des seules angoisses consécutives au caractère évolutif de la maladie. C'est d'ailleurs en ce sens que se prononce le projet de décret de la Chancellerie puisque celui-ci après avoir défini le préjudice lié à des pathologies évolutives comme devant réparer « les troubles psychologiques spécifiques résultant de la connaissance du caractère évolutif de la maladie, tels que la réduction de l'espérance de vie, les incertitudes quant à son avenir, la crainte d'éventuelles souffrances à venir, ou encore les perturbations dans la vie personnelle qui y sont associées » précise que « *les autres préjudices résultant d'une pathologie évolutive sont appréhendés par les différents postes de préjudice de la nomenclature* ».

ANNEXE 1

CONCLUSIONS DU GROUPE DE TRAVAIL SUR L'INDEMNISATION DU DOMMAGE CORPOREL [1]

Au terme de ce rapport, il est utile de présenter sous forme de synthèse les conclusions et recommandations du groupe de travail.

Pour répondre au souhait exprimé par le Garde des Sceaux, le groupe de travail a voulu établir une méthodologie de l'indemnisation juste et claire, reposant sur des analyses juridiques rigoureuses.

En effet, l'indemnisation du dommage corporel résulte d'évaluations médicales et juridiques mal comprises des victimes, et dont la genèse empirique et complexe est souvent mal interprétée et mal appliquée par tous les acteurs de l'indemnisation eux-mêmes, notamment les avocats et les magistrats. La réflexion du groupe de travail présente donc une double finalité :

- **à l'égard des victimes**, établir une méthodologie d'indemnisation claire et transparente, qui ne tende pas à indemniser « plus », mais à indemniser « mieux », avec une cohérence qui évite les disparités d'évaluation ; celles-ci choquent l'équité et la justice ;
- **à l'égard des acteurs juristes de l'indemnisation** (magistrats, avocats, régleurs) la méthodologie proposée ne tend pas à limiter leur pouvoir d'appréciation en leur imposant des normes uniformes, forfaitaires et rigides, mais à leur donner des instruments d'évaluation à la fois objectifs et souples : l'objectivité est nécessaire à la justice, la souplesse à la personnalisation.

La victime d'un dommage corporel est en effet une « personne » irréductible à toute autre ; la « personnalisation » de l'indemnisation est l'indispensable garantie d'un humanisme revendiqué par tous.

I. – Le groupe de travail recommande la distinction entre le dommage corporel, fait dommageable initial et « les préjudices » juridiquement indemnisables

En France, comme au niveau européen, il existe une ambiguïté de vocabulaire entre les mots « dommage corporel » et « préjudices ». Le groupe de travail a entériné la distinction suivante qui devrait clarifier la méthodologie de l'indemnisation.

1° – le dommage corporel est un fait : l'atteinte à l'intégrité physique et psychique de la personne

Il s'oppose au « dommage matériel » qui est l'atteinte à l'intégrité physique d'une chose, et au « dommage immatériel pur » par exemple financier.

2° – Les préjudices relèvent du droit : ils traduisent l'atteinte à un droit subjectif patrimonial ou extrapatrimonial.

---

1. Groupe de travail du Conseil national d'aide aux victimes, ministère de la Justice : Rapport Y. Lambert-Faivre, « L'indemnisation du dommage corporel », 2003, www.justice.gouv.fr/publicat/syntheseindemcorp.pdf

II. - Le groupe de travail souhaite l'élaboration d'un barème médical unique pour tous les systèmes d'indemnisation

Le « dommage corporel », atteinte à l'intégrité anatomique, physique et psychique de la personne, est médicalement constatable ou explicable : un « **barème médical** » est un instrument objectif **d'évaluation médicale.** Mais, il est un élément d'incohérence pour les victimes dès lors qu'il existe une pluralité de barèmes médicaux différents et inconciliables : barèmes de droit commun, barèmes de la sécurité sociale (assurance maladie-invalidité, et accidents du travail), barèmes contractuels des assurances de personne, barèmes pour les victimes de guerre, etc. Il est évident qu'il ne devrait exister qu'un seul et unique barème médical d'invalidité sur le plan national, voire au niveau européen.

Cependant, le groupe de travail ne pouvait que faire le constat de cette incohérence et la déplorer. Sa mission, limitée aux problèmes juridiques, ne lui permet que de **souhaiter l'élaboration d'un barème médical unique auquel tous les systèmes d'indemnisation, aussi hétérogènes soient-ils, devraient être rattachés.**

III. - Le groupe de travail recommande la distinction entre les préjudices économiques et les préjudices non économiques

Les préjudices économiques et professionnels regroupent traditionnellement les « **pertes subies** » (damnum emergens) et les « **gains manqués** » (lucrum cessans). Ils sont le plus souvent évaluables in concreto. Ils incluent tous les préjudices subis par la victime dans son contexte socio-professionnel particulier.

Les préjudices non économiques et personnels sont souvent dénaturés en France par l'inclusion de l'IPP dans les préjudices à caractère économique. En harmonie avec les analyses européennes, à l'unanimité le groupe de travail du CNAV a reconnu le caractère personnel, en principe exclusif de tout recours des tiers payeurs du **préjudice fonctionnel temporaire ou permanent**, induit par l'incapacité fonctionnelle.

IV. - L'adoption d'une nomenclature des chefs de préjudices

Pour clarifier les concepts, le groupe de travail a établi une nomenclature aussi exhaustive que possible des chefs de préjudices. Cependant, il a été décidé que cette liste ne serait pas « limitative », afin de pouvoir y intégrer d'éventuelles hypothèses inconnues ou exceptionnelles. Dans toute la mesure du possible, la nomenclature proposée devrait cependant couvrir la quasi-totalité des préjudices aujourd'hui répertoriés.

Cette nomenclature des chefs de préjudices est d'autant plus importante que de nombreux textes législatifs, notamment la loi Badinter du 5 juillet 1985 en matière d'accidents de la circulation, ou la loi du 4 mai 2002 en matière d'accidents médicaux impose que l'indemnisation soit calculée et ventilée par « **chef de préjudice** ».

Dès lors, pour qu'une harmonisation nationale de l'indemnisation du dommage corporel soit rapidement effective, le groupe de travail souhaite et recommande qu'un texte édicte cette nomenclature, en application des lois précitées et soit très largement diffusée.

V. - L'indemnisation de la tierce personne

La présence humaine d'une tierce personne est une exigence de sécurité pour les victimes les plus gravement handicapées. Le besoin en est le plus souvent évolutif.

Le groupe de travail estime que la modalité d'indemnisation la mieux adaptée est sous forme de rente indexée, avec une faculté de révision périodique, par exemple quinquennale.

VI. - L'évaluation indemnitaire des préjudices : l'élaboration d'un RINSE (Référentiel Indicatif National Statistique Et Évolutif)

Le groupe de travail a rejeté à l'unanimité l'hypothèse d'un « barème d'indemnisation ». Cependant, si l'uniformité d'indemnisations forfaitaires n'est pas acceptable, **l'harmonisation des méthodes d'indemnisations** est très souhaitable.

Dans cette perspective, le groupe de travail recommande l'élaboration d'un « **Référentiel Indicatif National Statistique et Évolutif (RINSE)** », qui devrait répondre aux principes suivants :

1. - les références devront y être énoncées par les dénominations et sigles des chefs de préjudices, dont la nomenclature a été adoptée à l'unanimité par le groupe de travail,
2. - le champ d'application devrait couvrir tous les types d'accidents de dommage corporel,
3. - les statistiques judiciaires référencées seront celles des cours d'appel,
4. - le RINSE sera établi en fourchettes et en moyennes,
5. - un contrôle effectif et officiel des pouvoirs publics sera mis en place,
6. - le RINSE sera l'objet d'une publication annuelle largement diffusée notamment auprès de toutes les cours d'appel.

VII. - La capitalisation des indemnités

Les barèmes de capitalisation reposent sur deux paramètres : le taux d'intérêt et les tables de mortalité. Actuellement, le barème annexé au décret du 8 août 1986 est totalement obsolète et lèse gravement les victimes.

Le groupe de travail souhaite et recommande la publication annuelle d'un barème de capitalisation indemnitaire, sur la base d'un taux d'intérêt officiel actualisé et des dernières évaluations statistiques d'espérance de vie publiée par l'INSEE

ANNEXE 2

STATISTIQUES D'ÉVALUATION DU DOMMAGE CORPOREL

I – Données générales 2012 [1]

1-1 – Répartition des victimes selon la gravité

	Répartition en nombre	Répartition en montant
Blessés légers sans AIPP	71 %	5 %
Blessés avec AIPP	28 %	89 %
dont : 1 à 5 %	18 %	9 %
6 à 19 %	8 %	22 %
20 % et plus	2 %	58 %
Décès	1 %	6 %
Ensemble	**100 %**	**100 %**

AIPP : Atteinte permanente à l'intégrité physique et/ou psychique.

1-2 – Évolution de l'indemnité totale moyenne

	2011®	2012	Variation en 2012	Variation moyenne annuelle 2007-2012
Blessés avec AIPP	63 500 €	66 500 €	+ 5,0 %	+ 6,5 %
Décédés	98 000 €	100 400 €	+ 2,5 %	+ 2,6 %

® Données revues

1. Source : FFSA/GEMA : Assurances automobiles : les sinistres corporels en 2012.

1-3 – Évolution des indemnités des blessés avec APIPP des principaux postes de préjudice

	Coût moyen 2011	Coût moyen 2012	Variation du coût moyen de 2011 à 2012	Variation moyenne annuelle	
				Sur la période 2007 à 2012	Sur la période 2002 à 2012
Ensemble des indemnités	63 500 €	66 500 €	+ 5,0 %	+ 6,5 %	+ 7,0 %
Dont :	-	-	-	-	-
Dépenses de santé actuelles et futures	16 200 €	16 900 €	+ 3,9 %	+ 4,6 %	+ 4,7 %
Indemnités professionnelles (1)	12 400 €	13 700 €	+ 10,6 %	+ 12,9 %	+ 13,4 %
Déficit Fonctionnel Permanent	11 500 €	11 700 €	+ 1,8 %	+ 1,9 %	+ 2,4 %
Préjudices personnels (2)	6 100 €	6 150 €	+ 1,0 %	+ 0,4 %	+ 2,5 %
Assistance par tierce personne	9 500 €	9 900 €	+ 4,5 %	+ 8,8 %	+ 9,6 %
Autres indemnités (*)	7 800 €	8 200 €	+ 5,2 %	+ 14,5 %	+ 19,6 %

(1) Pertes de gains professionnels actuelles et futures, Incapacité professionnelle et Préjudice scolaire & universitaire.

(2) Souffrances endurées, préjudice esthétique temporaire et permanent et préjudice d'agrément.

(*) Les autres indemnités comportent les postes de préjudice non détaillés ci-dessus.

II – Indemnisation du DFP (Donnée 2013) [1]

2-1 – Valeur de l'indemnité du déficit fonctionnel permanent (DFP) par taux d'AIPP

Taux d'AIPP	Nombre de victimes avec AIPP	% de victimes avec AIPP	Élément de dispersion du DFP		
			1er quartile	Médiane	3e quartile
1	3 572	13,0 %	850	950	1 060
2	9 732	35,5 %	1 770	2 000	2 200
3	5 791	21,1 %	2 700	3 000	3 600
4	2 178	7,9 %	3 600	4 060	4 800
5	2 155	7,9 %	4 500	5 100	6 000
6 à 9	1 831	6,7 %	6 000	7 320	9 000
10 à 14	1 097	4,0 %	10 000	12 100	15 400
15 à 19	491	1,8 %	16 000	20 400	25 005
20 à 29	341	1,2 %	23 750	31 250	41 800
30 à 49	165	0,6 %	50 000	69 000	88 000
50 et plus	92	0,3 %	105 962	182 000	238 000
Ensemble	**27 445**	**100,0 %**	–	–	–

1. Les données sont extraites, sauf exceptions mentionnées du Fichier des indemnités allouées aux victimes d'accidents de la circulation AGIRA 2014.

2-2 – Valeur moyenne du point d'AIPP [1] accordée au titre du DFP par taux d'AIPP

Taux d'AIPP	Nombre de victimes avec AIPP	% de victimes avec AIPP	Âge moyen des victimes avec AIPP	Élément de dispersion de la valeur du point d'AIPP		
				1er quartile	Médiane	3e quartile
1	3 572	13,0 %	41	850	950	1 060
2	9 732	35,5 %	43	885	1 000	1 100
3	5 791	21,1 %	43	900	1 000	1 200
4	2 178	7,9 %	46	900	1 015	1 200
5	2 155	7,9 %	46	900	1 020	1 200
6 à 9	1 831	6,7 %	49	900	1 090	1 250
10 à 14	1 097	4,0 %	52	915	1 128	1 360
15 à 19	491	1,8 %	52	1 000	1 300	1 550
20 à 29	341	1,2 %	52	1 100	1 500	1 900
30 à 49 (1)	165	0,6 %	43	1 500	2 000	2 500
50 et plus (1)	92	0,3 %	44	1 800	2 830	3 500

(1) Population hétérogène

1. Valeur de l'indemnité du déficit fonctionnel permanent (DFP) divisée par le taux d'AIPP

2-3 – Valeur du point du DFP des transactions par taux d'AIPP

Taux d'AIPP	Victimes avec AIPP		Élément de dispersion du point de DFP		
	Nb transactions	% transactions	1er quartile	Médiane	3e quartile
1	3 525	13,3 %	850	950	1 060
2	9 596	36,3 %	885	1 000	1 100
3	5 649	21,4 %	900	1 000	1 200
4	2 106	8,0 %	900	1 000	1 200
5	2 054	7,8 %	900	1 000	1 200
6 à 9	1 647	6,2 %	900	1 050	1 200
10 à 14	963	3,6 %	900	1 100	1 345
15 à 19	410	1,6 %	1 000	1 236	1 500
20 à 29	284	1,1 %	1 050	1 414	1 800
30 à 49	133	0,5 %	1 466	2 000	2 500
50 et plus	67	0,3 %	1 710	2 500	3 500
Ensemble	**26 434**	**100,0 %**	–	–	–

2-4 – Valeur du point du DFP des affaires jugées par taux d'AIPP

Taux d'AIPP	Victimes avec AIPP		Élément de dispersion du point de DFP		
	Nb décisions judiciaires	% décisions judiciaires	1er quartile	Médiane	3e quartile
1	47	4,6 %	960	1 200	1 400
2	136	13,5 %	1 000	1 250	1 500
3	142	14,0 %	1 000	1 268	1 420
4	72	7,1 %	1 000	1 250	1 500
5	101	10,0 %	900	1 140	1 400
6 à 9	184	18,2 %	1 000	1 250	1 477
10 à 14	134	13,3 %	1 106	1 300	1 500
15 à 19	81	8,0 %	1 300	1 400	1 780
20 à 29	57	5,6 %	1 500	2 000	2 100
30 à 49	32	3,2 %	1 625	2 287	2 600
50 et plus	25	2,5 %	2 333	3 000	4 000
Ensemble	**1 011**	**100,0 %**	–	–	–

2-5 – Valeur du point de DFP

2-5-1 – Répartition du nombre de victimes

Taux d'AIPP	Age à la consolidation					
	< 20 ans	20 – 39 ans	40 – 49 ans	50 – 59 ans	60 – 69 ans	> 69 ans
1	343	1 409	719	608	315	178
2	714	3 770	2 034	1 655	944	615
3	442	2 172	1 168	998	590	421
4	163	721	437	388	255	214
5	183	662	395	357	284	274
6 à 9	131	480	331	317	244	328
10 à 14	57	280	168	176	160	256
15 à 19	24	126	60	92	81	108
20 à 29	18	96	51	47	40	89
30 à 49	18	53	22	28	21	23
50 et plus	9	33	17	14	8	11

2-5-2 – Médiane (*) de la valeur du point du DFP

Taux d'AIPP	Age à la consolidation					
	< 20 ans	20 – 39 ans	40 – 49 ans	50 – 59 ans	60 – 69 ans	> 69 ans
1	1 100	1 000	900	850	800	790
2	1 100	1 050	1 000	900	800	750
3	1 200	1 160	1 000	950	850	800
4	1 200	1 200	1 036	1 000	900	790
5	1 250	1 200	1 050	1 000	900	800
6 à 9	1 300	1 200	1 142	1 000	900	800
10 à 14	1 500	1 370	1 250	1 115	1 000	800
15 à 19	–	1 600	1 425	1 250	1 100	950
20 à 29	–	1 937	1 658	1 400	1 225	1 000
30 à 49	–	2 390	–	–	–	–
50 et plus	–	3 500	–	–	–	–

2-5-3 – Valeur du point de DFP selon le référentiel inter-cours (sept. 2014)

	0 à 10 ans	11 à 20 ans	21 à 30 ans	31 à 40 ans	41 à 50 ans	51 à 60 ans	61 à 70 ans	71 à 80 ans	81 ans et plus
1 à 5 %	2 100	1 950	1 780	1 610	1 440	1 270	1 100	950	800
6 à 10 %	2 425	2 250	2 050	1 850	1 640	1 420	1 200	1 025	850
11 à 15 %	2 750	2 550	2 320	2 090	1 840	1 570	1 300	1 100	900
16 à 20 %	3 075	2 850	2 590	2 330	2 040	1 720	1 400	1 175	950
21 à 25 %	3 400	3 150	2 860	2 570	2 240	1 870	1 500	1 250	1 000
26 à 30 %	3 725	3 450	3 130	2 810	2 440	2 020	1 600	1 325	1 050
31 à 35 %	4 050	3 750	3 400	3 050	2 640	2 170	1 700	1 400	1 100
36 à 40 %	4 375	4 050	3 670	3 290	2 840	2 320	1 800	1 475	1 150

	0 à 10 ans	11 à 20 ans	21 à 30 ans	31 à 40 ans	41 à 50 ans	51 à 60 ans	61 à 70 ans	71 à 80 ans	81 ans et plus
41 à 45 %	4 700	4 350	3 940	3 530	3 040	2 470	1 900	1 550	1 200
46 à 50 %	5 025	4 650	4 210	3 770	3 240	2 620	2 000	1 625	1 250
51 à 55 %	5 350	4 950	4 480	4 010	3 440	2 770	2 100	1 700	1 300
56 à 60 %	5 675	5 250	4 750	4 250	3 640	2 920	2 200	1 775	1 350
61 à 65 %	6 000	5 550	5 020	4 490	3 840	3 070	2 300	1 850	1 400
66 à 70 %	6 325	5 850	5 290	4 730	4 040	3 220	2 400	1 925	1 450
71 à 75 %	6 650	6 150	5 560	4 970	4 240	3 370	2 500	2 000	1 500
76 à 80 %	6 975	6 450	5 830	5 210	4 440	3 520	2 600	2 075	1 550
81 à 85 %	7 300	6 750	6 100	5 450	4 640	3 670	2 700	2 150	1 600
86 à 90 %	7 625	7 050	6 370	5 690	4 840	3 820	2 800	2 225	1 650
91 à 95 %	7 950	7 350	6 640	5 930	5 040	3 970	2 900	2 300	1 700
96 % et plus	8 200	7 650	6 910	6 170	5 240	4 120	3 000	2 375	1 750

III – Souffrances endurées (2013)

3-1 – Souffrances endurées par degré

Degré de souffrances endurées	Nombre de victimes avec AIPP	% de victimes avec degré de souffrances endurées non nul	Âge moyen	Élément de dispersion de l'indemnité des souffrances endurées		
				1er quartile	Médiane	3e quartile
nul ou non précisé	361	-	-	-	-	-
0,5/ 7	55	0,2 %	48	300	400	500
1 / 7	1 570	5,8 %	45	700	800	900
1,5 / 7	6 079	22,4 %	44	1 000	1 200	1 370
2 / 7	8 778	32,4 %	44	1 632	2 000	2 500
2,5 / 7	4 546	16,8 %	45	2 340	2 800	3 300
3 / 7	2 955	10,9 %	46	3 000	3 700	4 500
3,5 / 7	1 493	5,5 %	45	4 000	5 000	6 000
4 / 7	827	3,1 %	45	6 000	8 000	10 000
4,5 / 7	382	1,4 %	42	9 500	11 000	13 000
5 / 7	252	0,9 %	41	15 000	17 000	20 000
5,5 / 7	73	0,3 %	39	20 000	22 000	25 000
6/7 6,5/7 et 7/7	74	0,3 %	42	28 000	35 000	40 000

Note : les quartiles et médianes sont calculés uniquement sur des populations d'au moins 30 victimes.

3-2 – Souffrances endurées par taux d'APIPP × degré de souffrances endurées

- Nombre de dossiers

Taux d'AIPP	Degré de souffrances endurées									
	nul ou non précisé	0,5 / 7	1 / 7	1,5 / 7	2 / 7	2,5 / 7	3 / 7	3,5 / 7	4 / 7	> 4 / 7
1	39	28	635	1 540	968	251	87	21	3	-
2	129	20	733	3 302	3 869	1 125	403	119	25	7
3	58	4	146	926	2 540	1 310	584	160	54	9
4	30	-	20	168	689	713	374	145	29	10
5	26	1	27	104	487	633	533	228	83	33
6 à 9	35	-	5	34	164	358	588	398	166	83
10 à 14	19	2	2	5	38	117	279	274	227	134
15 à 19	10	-	1	-	12	24	73	94	131	146
20 à 29	8	-	-	-	10	11	28	45	85	154
30 à 49	3	-	1	-	-	3	4	8	20	126
50 et plus	4	-	-	-	1	1	2	1	4	79

• Médiane de l'indemnité des souffrances endurées

Taux d'AIPP	Degré de souffrances endurées									
	nul ou non précisé	0,5 / 7	1 / 7	1,5 / 7	2 / 7	2,5 / 7	3 / 7	3,5 / 7	4 / 7	> 4 / 7
1	–	–	800	1 200	2 000	2 782	3 500	–	–	–
2	–	–	800	1 200	2 000	2 600	3 500	4 200	–	–
3	–	–	800	1 200	2 100	2 800	3 500	4 500	6 000	–
4	–	–	–	1 200	2 000	2 893	3 585	4 600	6 000	–
5	–	–	–	1 233	2 000	2 800	3 800	5 000	7 000	10 000
6 à 9	–	–	–	1 300	2 000	3 000	4 000	5 000	8 000	10 056
10 à 14	–	–	–	–	2 000	2 999	4 000	5 000	8 000	13 000
15 à 19	–	–	–	–	–	–	4 000	6 000	8 500	12 500
20 à 29	–	–	–	–	–	–	–	6 000	8 000	16 000
30 à 49	–	–	–	–	–	–	–	–	–	19 500
50 et plus	–	–	–	–	–	–	–	–	–	27 000

3-3 – Chiffres du référentiel intercours

1/7 très léger	jusqu'à 1 500 €
2/7 léger	1 500 à 3 000 €
3/7 modéré	3 000 à 6 000 €
4/7 moyen	6 000 à 15 000 €
5/7 assez important	15 000 à 30 000 €
6/7 important	30 000 à 45 000 €
7/7 très important	45 000 € et plus

IV – Préjudice esthétique (données 2013)

4-1 – Préjudice esthétique permanent par degré

Degré de préjudice esthétique	Nombre de victimes avec AIPP	% de victimes à préjudice esthétique non nul	Âge moyen	Élément de dispersion de l'indemnité du préjudice esthétique		
				1er quartile	Médiane	3e quartile
Nul ou non précisé	19 181	-	-	-	-	-
0,5 / 7	2 652	32,1 %	45	400	500	600
1 / 7	2 386	28,9 %	44	800	950	1 000
1,5 / 7	1 314	15,9 %	42	1 200	1 500	1 700
2 / 7	1 067	12,9 %	42	1 800	2 000	2 700
2,5 / 7	424	5,1 %	39	2 600	3 000	4 000
3 / 7	273	3,3 %	39	4 000	5 000	6 000
Plus de 3/7	148	1,8 %	38	6 000	8 000	15 000

4-2 – Médiane de l'indemnité du préjudice esthétique permanent

Taux d'AIPP	Degré de préjudice esthétique permanent							
	nul ou non précisé	0,5 / 7	1 / 7	1,5 / 7	2 / 7	2,5 / 7	3 / 7	> 3 / 7
1	-	500	815	1 300	-	-	-	-
2	-	500	800	1 334	2 000	-	-	-
3	-	500	900	1 335	2 200	2 800	-	-
4	-	500	950	1 500	2 000	-	-	-
5	-	500	925	1 500	2 000	3 000	-	-
6 à 9	-	500	1 000	1 500	2 050	3 000	4 650	-
10 à 14	-	500	1 000	1 500	2 000	3 055	5 000	-
15 à 19	-	500	1 000	1 500	2 500	3 000	4 500	-
20 à 29	-	-	1 000	2 000	2 300	3 500	5 000	-
30 à 49	-	-	-	-	-	-	5 000	9 750
50 et plus	-	-	-	-	-	-	-	15 000

4-3 – Chiffres du référentiel intercours

1/7 très léger	jusqu'à 1 500 €
2/7 léger	1 500 à 3 000 €
3/7 modéré	3 000 à 6 000 €
4/7 moyen	6 000 à 15 000 €
5/7 assez important	15 000 à 30 000 €
6/7 important	30 000 à 45 000 €
7/7 très important	45 000 € et plus

V – Dommages corporels graves [1]

Évolution moyenne annuelle de l'indemnité moyenne des différents postes de préjudice (Cas d'AIPP ≥ 50 %)

	Coût moyen 2012	Variation moyenne annuelle	
		Sur les 5 dernières années (2007-2012)	Sur les 10 dernières années (2002-2012)
Indemnité totale	1 459 500 €	+ 7 %	+ 9 %
Dépenses de santé actuelles et futures	325 300 €	+ 6 %	+ 7 %
Incidence professionnelle	213 000 €	+ 12 %	+ 23 %
Déficit fonctionnel permanent	209 300 €	+ 2 %	+ 2 %
Préjudices personnels	59 100 €	0	+ 1 %
Assistance par tierce personne	430 000 €	+ 6 %	+ 8 %
Autres indemnités	222 900 €	+ 16 %	+ 21 %

1. FFSA/GEMA = Assurances automobiles = les sinistres corporels en 2012

CHAPITRE 3
L'INDEMNISATION DES PRÉJUDICES DE LA VICTIME PAR RICOCHET

231 ***La notion de « dommage par ricochet »*** [1] ◊ On appelle généralement dommage par ricochet l'ensemble des *préjudices subis par un tiers victime du fait du dommage corporel initial* dont est directement atteinte la victime immédiate. L'exemple-type est celui des préjudices subis par le conjoint et les enfants mineurs lorsque leur époux et père est tué dans un accident. On notera que, selon la distinction entre le *dommage corporel* initial et les *préjudices* qui en découlent, que nous avons présentée dès le début de cette étude, l'expression *« préjudices par ricochet »* est plus exacte.

L'indemnisation du dommage par ricochet pose trois problèmes essentiels :

- la détermination des *victimes* par ricochet (Section 1),
- la détermination et l'évaluation des *préjudices* réfléchis (Section 2),
- *l'opposabilité* à la victime médiate *des exceptions* opposables par le responsable à la victime directe (Section 3).

SECTION 1. LA DÉTERMINATION DES VICTIMES PAR RICOCHET

232 ***Les critères jurisprudentiels de sélection*** ◊

• *Les critères passés* [2] : si la détermination de la victime directe d'un dommage corporel ne pose aucun problème, il n'en est pas de même pour le cercle des « victimes par ricochet », dont l'élargissement est à la mesure des intérêts financiers en jeu. La jurisprudence a donc reçu la

---

1. **Dommage par ricochet :** J. Dupichot, *Les préjudices réfléchis nés de l'atteinte à la vie ou à l'intégrité corporelle*, LGDJ, 1969 ; Y. Lambert-Faivre, *Le dommage par ricochet*, thèse dactyl., Lyon, 1959 ; M. Périer, « Régime de la réparation ; évaluation du dommage corporel : dommages à la personne en cas de décès », *J.-Cl. Responsabilité civile*, Fasc. 202-2.

2. **Critères anciens de sélection : – Exigence d'un lien de parenté ou d'alliance :** Req., 2 févr. 1931, *DP* 1931.1.38, rapport M. Pilon. – **Exigence de la lésion d'un intérêt légitime juridiquement protégé :** Crim., 3 févr. 1937 (trois arrêts) et Civ., 27 juill. 1937, *DP* 1938.5, note Savatier ; Civ., 21 oct. 1952, *JCP* 1952.II.5792, note Rodière ; CE 21 oct. 1955, DS 1956.139 ; Civ. 2e, 10 janv. 1963, *JCP* 1963.IV.18 ; H. Mazeaud, « La lésion d'un intérêt juridiquement protégé, condition de la responsabilité civile », *D.* 1954, chron. p. 36 ; Gomaa, « La réparation du dommage et l'exigence d'un intérêt légitime juridiquement protégé », *D.* 1970, chron. p. 145.

difficile mission d'endiguer l'afflux de demandes abusives : elle a d'abord exigé *« l'existence d'un lien de parenté ou d'alliance »* pour écarter les tiers, puis la *« lésion d'un intérêt légitime juridiquement protégé »* pour évincer la concubine, ou encore la preuve d'un droit préexistant à une « créance alimentaire ».

• *Les critères actuels* [1] : depuis un arrêt rendu par la chambre mixte le 27 février 1970, la jurisprudence a renoncé à des critères trop rigides pour rechercher, dans chaque cas, si la demande en réparation était juridiquement recevable : désormais les quatre critères retenus par la Cour de cassation pour admettre l'indemnisation des victimes par ricochet sont les caractères exigés en droit commun : le préjudice par ricochet doit ainsi être *personnel* et *direct*, *certain* et *licite*. La réunion de ces quatre critères suffit à caractériser la qualité de victime par ricochet qui peut donc être accordée à la famille, aux proches du défunt mais aussi à la société du fait de la mort de son gérant... ou à des fans du fait du décès de leur idole [2].

§ 1. Le caractère personnel des préjudices par ricochet

233 Le caractère personnel à la victime médiate des préjudices réfléchis permet de distinguer l'action en réparation de la victime par ricochet de l'action successorale des héritiers ; cela est d'autant plus utile que souvent les proches de la victime directe cumulent les deux qualités ; mais selon le préjudice invoqué, le titre auquel ils agissent est différent.

L'hypothèse la plus classique de dommage par ricochet est celle du décès de la victime directe de l'accident dont les proches, et notamment les enfants, sont à la fois les héritiers et les victimes par ricochet. Depuis la loi n° 2001-1135 du 3 décembre 2001, la situation successible du conjoint survivant, victime par ricochet exemplaire, a été profondément modifiée ; désormais « est conjoint successible le conjoint survivant non divorcé » (art. 732 C. civ.) ; comme les enfants, le conjoint survivant peut donc cumuler la double qualité d'héritier et de victime par ricochet.

234 ***1°) L'action successorale des héritiers*** [3] ◊ Nous avons antérieurement déterminé et tenté d'évaluer les préjudices de la victime directe de

1. **Réparation du dommage par ricochet personnel, certain et licite :** Cass. ch. mixte, 27 févr. 1970, *JCP* 1970.II.16305, concl. Lindon, Civ. 2e, 5 janv. 1972, *Gaz. Pal.* 1975.I.304, note H.M. ; Crim., 14 juin 1973, *JCP* 1973.IV.290. Civ. 2e, 23 oct. 2003, *RCA* 2004, comm. n° 25 (absence de nécessité de démontrer un préjudice de caractère exceptionnel).

2. **Diversité de la qualité de victime par ricochet :** Civ. 2e, 15 déc. 2011, n° 11-11159, *Gaz. Pal.* 9 mars 2012, p. 46 (préjudice par ricochet de la société du fait du décès de son gérant). J. prox. Orléans, 14 févr. 2014, *RCA* 2014, comm. n° 140 S. Hocquet-Berg (indemnisation des fans de Michael Jackson du fait de son décès).

3. **Action successorale des héritiers :** Civ. 2e, 27 févr. 1991, *RCA* 199e, 1, n° 173 (décès de la victime en cours d'instance, action poursuivie par les héritiers) ; Civ. 2e, 19 févr. 1992, *RCA* 1992, n° 163 (idem) ; Civ. 2e, 18 nov. 1992, *RCA* 1993, n° 35 (évaluation du préjudice subi par

l'accident. Si elle décède avant d'avoir obtenu réparation, en principe ses droits et actions sont transmis à ses héritiers.

En effet, dès le décès de la victime directe, il y a extinction de la personnalité juridique. En revanche les héritiers sont censés continuer la personne du défunt ; ils recueillent son patrimoine, et notamment les créances de réparation nées en la personne du *de cujus* pour les préjudices soufferts entre le moment de l'accident et le moment de sa mort.

• *La transmissibilité successorale du droit à réparation des préjudices économiques* [1]. Elle ne pose aucun problème de principe : tous les frais médicaux et paramédicaux engagés par la victime, toutes les dépenses rattachées à l'accident, toutes les pertes de revenus subies font l'objet d'une créance de réparation qui doit combler l'appauvrissement causé par le responsable au patrimoine du *de cujus*.

• *La transmissibilité successorale du droit à réparation des préjudices non économiques, extrapatrimoniaux* [2]. Ainsi que nous le verrons, la transmissibilité successorale des préjudices extra-patrimoniaux a pu susciter des réserves [3]. Quoi qu'il en soit, depuis deux arrêts rendus par la chambre mixte de la Cour de cassation le 30 avril 1976, l'action en réparation de ces préjudices est clairement transmissible aux héritiers. Ceux-ci ne disposent toutefois pas du droit de déclencher l'action publique en raison d'un préjudice subi par le seul défunt. Selon deux arrêts d'Assemblée plénière de la Cour de cassation du 9 mai 2008, si la victime principale n'a pas agi de son vivant, les héritiers ne peuvent demander réparation du préjudice du défunt que devant le juge civil, à moins que le ministère public ne déclenche lui-même l'action publique [4].

235 ***2°) L'action personnelle des victimes par ricochet*** ◊ En qualité de victimes par ricochet, les proches ne demandent pas réparation des préjudices du *de cujus*, mais de leurs *préjudices personnels* induits par le décès : préjudice économique du fait de la perte du soutien de famille, préjudice

---

la victime avant son décès) ; Civ. 2e, 27 janv. 1965, *D.* 1965.619, note Y. Lambert-Faivre (le *de cujus* n'est pas responsable de sa propre mort à l'égard de ses proches) ; Civ. 2e, 28 juin 1995, *RCA* 1995, n° 317 et chron. n° 39 (idem).

1. **Transmissibilité successorale des préjudices économiques** : v. ss 309 ; Civ. 2e, 12 déc. 1994, *RCA* 1995, n° 49 (décès ultérieur de la veuve victime par ricochet ; transmission à ses propres héritiers de son droit à réparation évalué au jour de son propre décès).

2. **Transmissibilité successorale de l'action en réparation des préjudices extrapatrimoniaux** : v. ss 321 s. ; Y. Lambert-Faivre, « Le droit et la morale dans la réparation du dommage corporel », *D.* 1992, chron. 135 ; P. Esmein, « La commercialisation du dommage moral », *D.* 1954, chron. 113 ; A. Charaf-Edline, « Le droit à réparation de dommages corporels résultant d'accident mortel et sa transmission », *JCP* 1974.I.2647 ; R. Savatier, « Le dommage et la personne », *D.* 1955, chron. 1 ; V. Haim, « De l'information du patient à l'indemnisation de la victime par ricochet », *D.* 1997 chron., p. 125 – **Jurisprudence** : Ch. mixte, 30 avr. 1976, *Gaz. Pal.*, 4 juill. 1976 (2 arrêts) : (pour le *pretium doloris*, affaire *Wattelet c/ Petitcorps*, pour le préjudice d'affection, affaire *Goubeau c/ Alizan*).

3. V. ss 321 s.

4. **Impossibilité pour les héritiers de mettre en mouvement l'action publique** : Crim. 27 avr. 2004, *JCP* 2004, II, 10157 note L. Bore. Ass. plén. 9 mai 2008 (deux arrêts), *JCP* 2008, Actu, n° 344. S. Hocquet-Berg, « La transmission de l'action civile de la victime d'une infraction ». *RLDC* oct. 2008, n° 3141, p. 19 s.

d'affection ou d'accompagnement, etc. L'objet de la demande est donc totalement différent puisqu'ici les préjudices réfléchis sont ceux qui naissent en la personne même de la victime par ricochet.

236 ***Les victimes par ricochet et l'action civile devant les juridictions répressives*** [1] ◊ L'article 2 du Code de procédure pénale ne confère le droit d'exercer l'action civile devant les juridictions répressives qu'à ceux qui ont « *personnellement* » souffert du dommage causé par l'infraction. Or c'est la victime directe qui est « personnellement » victime du délit de blessures ou d'homicide par imprudence poursuivie. Aussi un important arrêt rendu par l'assemblée plénière de la Cour de cassation le 12 janvier 1979 avait-il considéré que la victime par ricochet n'était pas « personnellement » victime du délit et n'était donc pas admise à porter son action devant les juridictions répressives. Cependant, le 9 février 1989, la chambre criminelle est revenue sur cette jurisprudence contestable : le caractère « personnel » du préjudice souffert par la victime par ricochet lui permet désormais, sans violer les articles 2 et 3 du Code de procédure pénale, d'exercer l'action civile devant les juridictions répressives. Les arrêts de l'Assemblée plénière du 9 mai 2008 ne remettent pas en cause cette solution, puisqu'ils envisagent le cas d'héritiers demandant réparation d'un dommage atteignant le seul défunt, et n'ayant donc pas la qualité de victimes par ricochet.

§ 2. Le caractère direct des préjudices par ricochet

237 ***Préjudice direct et préjudice indirect : le lien de causalité*** [2] ◊ Il y a apparemment une contradiction sémantique entre « caractère direct » et « dommage par ricochet » qui semble donc par essence... indirect.

Dans notre langage juridique, le caractère *direct* marque le *lien de causalité* entre le dommage invoqué et l'accident. En d'autres termes, si la victime invoque un préjudice dont la « cause » est extérieure à l'accident, mais réside notamment dans des engagements contractuels ou statutaires, la victime ne peut invoquer « un dommage par ricochet ».

---

1. **Action civile des victimes par ricochet devant les juridictions répressives :** Assemblée plénière, 12 janv. 1979, *JCP* 1980.II.19335, note M.E. Cartier ; Crim., 22 juin 1988, Argus, 1988, p. 2379 (seul un préjudice direct résultant de l'infraction peut servir de base à l'action civile devant la juridiction répressive ; action civile irrecevable) ; Crim., 9 févr. 1989, *Gaz. Pal.*, 24 mai 1989, p. 8, note Doucet, *D.* 1989.614, note C. Bruneau (action civile recevable devant les juridictions répressives) ; Crim., 25 mai 1991, *RCA* 1991, n° 327 ; Crim., 24 juin 1992, *RCA* 1992, n° 354 ; Crim., 4 févr. 1998, *D.* 1999.445, note D. Bourgault-Coudevylle (constitution de partie civile de la mère au nom de son enfant né d'un viol incestueux ; celui-ci, victime par ricochet du viol commis sur sa mère, souffre du préjudice d'avoir été conçu à la suite d'un viol).

2. **Préjudice indirect :** Civ. 2e, 28 avr. 1982, *D.* 1982.576, concl. Charbonnier, *RTD civ.* 1983.136, obs. Durry (préjudice indirect des Assedic obligées de verser des prestations à un accidenté qui n'a pas retrouvé de travail) ; Civ. 2e, 3 oct. 1990, *RCA* 1990, n° 398 (préjudice indirect du père travaillant à l'étranger, obligé de résilier son emploi après décès accidentel de la mère) ; Crim., 9 oct. 1996, *RTD civ.* 1997. 398, obs. Hauser et p. 946, obs. critiques Jourdain (les charges de la tutelle consécutives à un accident ayant provoqué le décès des parents d'un mineur ne sont pas considérées comme un préjudice indemnisable).

Deux illustrations peuvent en être données : celle du créancier et celle des « tiers payeurs ».

238 ***a) Le préjudice subi par un créancier du fait du décès de son débiteur*** [1] ◊ Lorsqu'un emprunteur rembourse sa dette sur les revenus de son travail, il est vrai que son décès accidentel peut mettre en péril la situation du créancier. Mais le décès par maladie ou le chômage aurait eu les mêmes conséquences, et il existe non seulement de nombreuses modalités de garanties (cautions, hypothèques), mais surtout des assurances de personnes spécifiques pour couvrir ce risque (assurances de groupe en garantie de prêts). Aussi la Cour de cassation a-t-elle justement estimé que le préjudice subi par un créancier du fait du décès accidentel de son débiteur avait un caractère indirect.

239 ***b) L'action subrogatoire des tiers payeurs*** [2] ◊

• La règle : les tiers payeurs ne sont pas des victimes par ricochet

En cas de dommage corporel, un certain nombre de « tiers payeurs » sont tenus de verser diverses prestations à la victime, en vertu de la loi, d'un statut, ou d'un contrat. À l'exemple de la Sécurité sociale dont le recours subrogatoire était légalement institué par l'article L. 397 du Code de Sécurité sociale, des organismes divers ont tenté d'invoquer un recours subrogatoire, ou si cela leur était impossible, d'introduire une « action personnelle » contre le tiers responsable en réparation du « préjudice propre » prétendument subi du fait de leurs paiements.

La loi Badinter du 5 juillet 1985 a heureusement réglé ce problème complexe en limitant de manière impérative les organismes et les prestations ouvrant droit à recours, en précisant le caractère subrogatoire d'un tel recours, et surtout en interdisant dorénavant toute action propre d'un « tiers payeur » : hormis les recours subrogatoires limitativement énumérés, « aucun versement effectué au profit d'une victime en vertu d'une obligation légale, conventionnelle ou statutaire n'ouvre droit à une action contre la personne tenue à réparation du dommage ou son assureur » (art. 33, loi 5 juillet 1985).

En effet les « tiers payeurs » ont reçu des cotisations en contrepartie des prestations de prévoyance qu'ils versent ; ces cotisations constituent en principe la seule cause juridique des prestations corrélativement versées.

• L'exception : l'action personnelle des employeurs pour les charges sociales

L'article 32 de la loi du 5 juillet 1985 apporte une seule exception, en donnant aux employeurs une action personnelle contre le responsable ou

---

1. **Caractère indirect du préjudice subi par le créancier du fait du décès accidentel de son débiteur** ; aff. de Bougues-Montès : Civ. 2e, 25 juin 1975, *RTD civ.* 1976.134, obs. Durry ; sur renvoi, Bordeaux, 17 mai 1977, *D.* 1978.IR 34, obs. Larroumet ; sur nouveau pourvoi, Civ. 2e, 21 févr. 1979, *JCP* 1979.IV.145 et *RTD civ.* 1979.612, obs. Durry.

2. **Recours subrogatoire des tiers payeurs** : v. ss 325 s. ; Y. Lambert-Faivre et L. Leveneur, *Droit des assurances*, Dalloz, 2011, n° 615 à 629 ; Y. Lambert-Faivre, « Le lien entre la subrogation et le caractère indemnitaire des prestations des tiers payeurs », *D.* 1987, chron. p. 97.

son assureur en « remboursement des charges patronales afférentes aux rémunérations maintenues ou versées à la victime pendant la période d'indisponibilité de celle-ci ». En effet l'employeur qui, en vertu de conventions collectives ou d'un contrat de travail, continue de verser le salaire de son employé pendant la période d'indisponibilité due à l'accident, est tenu de verser les « charges patronales » corrélatives aux organismes sociaux. Or ces charges n'étant pas dues à la victime elle-même, *n'ont pas le caractère indemnitaire des prestations ouvrant un recours subrogatoire* [1].

§ 3. Le caractère certain des préjudices par ricochet

240 ***Le préjudice certain et non hypothétique*** [2] ◊ C'est sur le terrain de la *certitude* du préjudice économique invoqué par les proches de la victime que la jurisprudence a trouvé son meilleur critère pour décourager sans arbitraire les demandes abusives.

Ainsi ceux qui ne peuvent invoquer une créance alimentaire ne sont pas écartés s'ils peuvent cependant établir qu'ils étaient en fait régulièrement entretenus par le défunt : frère infirme, filleul, orphelin, etc. Dans notre société de type industriel, urbain, constitué de familles conjugales voire monoparentales étroites dont les revenus sont essentiellement salariaux, le nombre des personnes qui peuvent prétendre tirer leurs moyens d'existence des ressources professionnelles du défunt est en fait très limité.

La certitude du préjudice est une question de fait, souverainement appréciée par le juge du fond.

241 ***La certitude du préjudice en matière de concubinage : l'exigence d'un concubinage stable*** [3] ◊ C'est par référence à la certitude du préjudice que la jurisprudence exige de la concubine la preuve d'un *concubinage stable* que l'on pouvait présumer durable si l'accident n'était venu le rompre. Cette preuve est d'autant plus nécessaire que la jurisprudence, de moins

1. **Absence de caractère subrogatoire de l'action :** Civ. 2e, 24 janv. 2002, *Dr. et patrimoine*, avr. 2002, p. 91, obs. F. Chabas.

2. **Certitude du préjudice ; situation de fait :** Civ. 2e, 4 juill. 1990, *RCA* 1990, n° 357 (préjudice allégué non justifié) ; Civ. 2e, 29 janv. 1997, *RCA* 1997, n° 119, *RTD civ.* 1997.955 obs. Jourdain (la veuve, demeurée au Maroc et séparée de fait de son époux qui vivait en France, n'établit pas l'existence d'un préjudice) ; Crim. 17 oct. 2000, *RCA* 2001, n° 1, *RTD civ.* 2001,p. 379, obs. Jourdain (préjudice économique par ricochet de l'enfant naturel de la veuve qui vivait au foyer du défunt et était à sa charge) ; Crim. 25 oct. 2000, *JCP* 2001.I.338, n° 3, obs. Viney, *D.* 2001. Somm. 2233, obs. Jourdain (séparation de fait des époux ne met pas fin à leurs obligations de secours et d'assistance nées du mariage ; préjudice par ricochet de la veuve non exclu). Crim 29 juin 2010, *RCA* 2010, comm. n° 268 (le fait que le survivant vive avec un tiers n'interdit pas l'indemnisation du préjudice par ricochet).

3. **Stabilité du concubinage :** Crim., 8 janv. 1985, *JCP* 1986.II.20588, note Endréo ; Crim., 2 mars 1982, *RTD civ.* 1983.341, obs. Durry, *JCP* 1983.II.19972, note Le Tourneau (concubinage sans communauté de résidence considéré comme stable) ; Crim., 28 mars 1991, *RCA* 1991, n° 323 (cessation de la communauté de vie, mais le concubin continuait à subvenir aux besoins de la concubine et de son enfant) ; Crim., 10 nov. 1992, *RCA* 1993, n° 222. TGI Belfort, 15 juill 1995, *JCP* 1996, II, 22724 (indemnisation en cas de décès de la concubine homosexuelle).

en moins exigeante, ne lie même plus le concubinage à la communauté de résidence qui en paraît pourtant le seul critère objectif. Lorsque ce critère est présent, tout concubinage peut ouvrir droit à indemnisation.

§ 4. Le caractère « licite » des préjudices par ricochet

242 ***Intérêt légitime et licéité des préjudices invoqués*** [1] ◊ C'est à propos des actions en indemnisation intentées par des concubines du fait de la mort de leur concubin que le caractère « licite » de leur demande a été l'objet d'une importante évolution jurisprudentielle.

243 ***a) Le concubinage simple*** [2] ◊ Jusqu'en 1966, la jurisprudence française rejetait l'action de la concubine qui ne pouvait exciper d'un « intérêt légitime juridiquement protégé ». La chambre criminelle de la Cour de cassation renonça la première à cette exigence par un arrêt remarqué du 20 janvier 1966, tandis que les réticences de la chambre civile étaient enfin vaincues par une décision importante de la chambre mixte du 27 février 1970 : désormais l'action de la concubine était recevable pourvu cependant que le concubinage soit *stable* et ne soit pas *« illicite »*, c'est-à-dire qu'aucun des concubins ne soit marié, l'adultère constituant encore un délit pénal en 1970. Cependant aucune règle de droit n'impose le mariage, et le concubinage est aujourd'hui une situation parfaitement licite, qu'il réunisse des personnes de sexes différents ou de même sexe. Aussi le Conseil d'État jusqu'alors soucieux des « situations juridiquement protégées », a-t-il également admis le droit pour une concubine de demander réparation de la mort de son compagnon par un arrêt du 3 mars 1978.

244 ***b) Le concubinage adultère*** [3] ◊ On sait que l'article 17 de la loi du 11 juillet 1975 a supprimé le *délit pénal* d'adultère.

Dès lors une jurisprudence déjà amorcée par un arrêt d'espèce de la chambre criminelle du 20 avril 1972 (concubine infirme dont le mari était parti 36 ans plus tôt sans laisser d'adresse...) accorde-t-elle parfois réparation

---

1. **Intérêt légitime** : Civ. 2e, 27 mai 1999, *RCA* 1999, n° 246, *RTD civ.* 1999. 637, obs. Jourdain ; G. Viney, obs. *JCP* 5 janv. 2000, chron. I.197, p. 25 (épouse de l'associé-cogérant d'un magasin victime d'un accident ; mais du fait de la non déclaration de la victime à l'Urssaf, la société ne justifiait pas d'un intérêt légitime à agir en réparation du préjudice subi du fait de son absence).

2. **Concubinage simple : Licéité reconnue** : Crim., 20 janv. 1966, *D.* 1966.184, rapp. Combaldieu ; Ch. mixte, 27 févr. 1970, *JCP* 1970.II.16305, concl. Lindon, note Parlange, *D.* 1970.201, note Combaldieu ; CE 3 mars 1978, *JCP* 1978.II.18986, concl. Dondoux.

3. **Concubinage adultère : Jurisprudence** : Crim., 20 avr. 1972, *D.* 1972, somm. 129, *RGAT* 1973.241, note Besson, *JCP* 1972.II.17278, note Vidal ; F. Chabas, « Le cœur de la Cour de cassation », *D.* 1973, chron. 211 ; Crim., 19 juin 1975, arrêt Toros, *Gaz. Pal.* 1975.566, note R.C., *D.* 1975.679, note Tunc, *RTD civ.* 1975.709, obs. Durry ; Riom, 9 nov. 1978, *JCP* 1979.II.19107, note Almairac (demandes simultanées de la veuve et de la concubine) ; Civ. 2e, 4 mai 2000, *JCP* 2000, II, 10356 (le fait d'entretenir une relation adultère n'est pas fautif).

à la concubine du préjudice que lui cause le décès de son concubin, même si le concubinage est entaché d'adultère.

Une telle jurisprudence qui permet à la fois à l'épouse et à la concubine de se retrouver au prétoire pour demander réparation du décès du même homme est parfois contestée car elle reconnaît une sorte de bigamie de fait contraire à notre ordre public français. C'est en outre oublier que la fidélité demeure un devoir du mariage conformément à l'article 212 du Code civil. De plus, on peut dans une telle hypothèse, douter fortement du caractère de stabilité du concubinage, pourtant exigé par la jurisprudence pour l'indemnisation du préjudice par ricochet. Le texte adopté par la Résolution du Comité des ministres du Conseil de l'Europe le 14 mars 1975 sur le droit à réparation du « dommage par ricochet » subi par la concubine dispose d'ailleurs que : « ... Ce droit appartient à la personne qui vivait en concubinage si leurs relations étaient stables ; il peut toutefois être refusé si les relations étaient adultères ». Mais les mœurs ont depuis, il est vrai, évolué.

Cette solution est révélatrice de la démarche de la jurisprudence qui retient le préjudice des victimes par ricochet sur la seule preuve de la réalité des liens affectifs, détachée de tout jugement de valeur sur la situation leur ayant donné naissance.

SECTION 2. LA DÉTERMINATION ET L'ÉVALUATION DES PRÉJUDICES RÉFLÉCHIS

245 ***Les préjudices réfléchis de la victime par ricochet*** [1] ◊ La victime par ricochet doit prouver la réalité de ses préjudices ; la distinction entre préjudices économiques et préjudices non économiques est plus claire pour elle que pour la victime directe.

Exceptionnellement, il peut cependant arriver que le décès ou l'infirmité de la victime directe suscite des réactions pathologiques des proches, notamment des états dépressifs permanents et profonds, source éventuellement de nouveaux préjudices économiques (pertes d'emploi) ou moraux (souffrances morales), dont le proche demandera l'indemnisation propre. La réparation de ces troubles physiologiques, et les divers préjudices qui en résultent, est justifiée dans la mesure où la preuve est apportée qu'ils sont bien la conséquence de l'accident et non d'états pathologiques antérieurs. C'est donc sur le plan de la causalité que la preuve sera la plus difficile [2].

---

1. **Évaluation des préjudices par ricochet,** « Indemnisation et décès », n° spécial *Gaz. Pal.* 2009, 3731 s. Dossier spécial « L'indemnisation des victimes par ricochet en cas de survie de la victime directe », C. Bernfeld et F. Bibal (dir.), *Gaz. Pal.* 19 mars 2011. A. Renelier « L'indemnisation des proches de la victime âgée victime directe », *Gaz. Pal.* 7 juin 2014, p. 31.
2. Sur cette question, v. ss 146 s.

En tout état de cause, les préjudices de la victime par ricochet doivent toujours être classés en *préjudices économiques patrimoniaux*, et *préjudices non économiques extrapatrimoniaux*. La nomenclature de ces chefs de préjudice apparaît assez consensuelle. Sa distinction fondamentale repose sur un événement factuel : le décès ou la survie de la victime principale. Les chefs de préjudices reconnus dans l'une et l'autre des hypothèses étant toutefois très voisins, ces préjudices seront étudiés en distinguant les préjudices patrimoniaux et extrapatrimoniaux de la victime par ricochet.

§ 1. Les préjudices patrimoniaux des victimes par ricochet

246 Les préjudices économiques de la victime par ricochet s'analysent, comme pour la victime directe, en « *pertes subies* » de frais et dépenses diverses *(damnum emergens)*, et en « *gains manqués* » de pertes de ressources *(lucrum cessans)*.

A. Les pertes subies : les frais exposés par les victimes par ricochet

247 L'accident survenu à la victime directe peut entraîner un certain nombre de dépenses pour ses proches, dont le caractère réparable est fonction du lien de causalité avec l'accident, reconnu par les juges du fond. La possibilité de prise en compte de ces frais est retenue dans la nomenclature Dintilhac que la victime principale survive ou soit décédée.

1) Frais divers. La nomenclature Dintilhac prévoit au titre des frais divers les *frais de voyage et de séjour des proches* au chevet de la victime pendant la durée de la maladie traumatique ou liés à son décès. Bien entendu le demandeur doit apporter la preuve des dépenses engagées ; il est donc particulièrement utile qu'il conserve tous les justificatifs de ses frais (billets de train ou d'avion, notes d'hôtels...). *Ce poste ne saurait toutefois se limiter à ce seul élément* et la jurisprudence récente démontre que d'autres types de frais exposés par les victimes indirectes peuvent être mis à la charge du responsable [1]. Tel est par exemple le cas de l'achat d'un véhicule par un proche pour rendre visite à la victime. Tel est également le cas des frais que doit exposer la victime par ricochet pour rémunérer un tiers qui doit accomplir certaines tâches effectuées avant l'accident par la victime principale et qu'elle n'est plus à même d'assumer du fait de son handicap (par exemple tâches de jardinage ou de bricolage effectués par le conjoint). Dans ces dernières hypothèses, la jurisprudence retient le plus souvent l'indemnisation du préjudice sans en opérer une qualification formelle par

1. **Autres hypothèses de frais divers** : Civ. 2e 4 juill. 2013, n° 12-24164 (achat d'un véhicule). Civ. 2e, 13 juin 2013, n° 12-15632, *Gaz. Pal.* 8 oct. 2013, p. 27 (perte de l'aide apporté par le mari).

un rattachement à l'un des postes de la nomenclature. Concernant la perte d'industrie du défunt, il est également possible, à certaines conditions, de la prendre en compte au titre de la perte de revenus du défunt [1] Sa valorisation au titre des frais nous paraît toutefois peut-être plus adéquate car c'est souvent sous la forme de prise en charge de frais de garde d'enfant, d'aide-ménagère, de jardinage, etc. que la demande est présentée.

2) Frais d'obsèques et de sépulture [2]. Ces frais sont à la charge des héritiers ; ils peuvent de ce chef en demander réparation au responsable, y compris de l'éventuel rapatriement du corps. Ils font l'objet d'une évaluation *in concreto*, les victimes par ricochet devant donc en apporter la preuve, notamment par la production d'une facture. En revanche les *droits de mutation* [3], s'ils constituent aussi une charge de la succession payée sur l'actif successoral, ne peuvent pas faire l'objet d'une indemnisation.

B. Les gains manqués : la perte de revenus des proches

248 ***Les pertes de ressources consécutives à l'accident de la victime directe*** ◊ Si le principe de la réparation du préjudice économique subi du fait de la perte du salaire de la victime directe est acquis depuis longtemps, il peut aussi arriver que ce soient les ressources professionnelles de la victime par ricochet elle-même qui soient atteintes par l'accident.

1. La perte de revenus des proches en cas de décès de la victime principale [4]

249 C'est sur le terrain économique de la perte du salaire du chef de famille que le principe de la réparation du « dommage par ricochet » a été immédiatement

---

1. V. par exemple : M. JD Le Roy et F. Bibal, *op. cit.* n° 245 s.

2. **Frais d'obsèques, constituant un préjudice par ricochet** : Req. 10 avr. 1922, *DP* 1923.1.52, note Lalou ; T. corr., Lille, 28 mars 1962, *D.* 1962.431, note Le Roy ; Crim., 11 oct. 1988, Argus, 1989, p. 11 ; Crim., 20 juin 1989, Argus, 1989, p. 2157 ; Crim., 5 déc. 1991, *RCA*, 1992, n° 87 ; Civ. 1re, 14 mai 1992, *D.* 1993.247, note J.-F. Eschylle (nature juridique des frais d'obsèques). A. Coviaux « Fiche pratique II : Frais d'obsèques » *Gaz. Pal.* 2009, 3737. Civ. 2e, 12 févr. 2009, n° 08-11080 (frais d'acquisition du caveau).

3. **Les droits de mutation ne sont pas indemnisables** : Crim., 8 juill. 1936, DH 1936.525 (l'ouverture de la succession ne constitue pas un préjudice économique) ; Crim., 30 janv. 1984, Argus, 1985, p. 1170 ; Crim., 17 mai 1988, Argus, 1988, p. 1973 ; Civ. 2e, 8 nov. 1995, *RCA*, 1996, n° 6 ; Civ. 2e, 8 nov. 1995, *D.* 1996.360, note D. Roets ; Crim., 18 nov. 1998, *D.* 1999.I.R., p. 36, G. Viney *JCP* 1999.I.147, n° 4 (les charges de la succession ne sont pas un préjudice dont la victime par ricochet peut demander réparation). Civ. 2e, 17 févr. 2011, *Gaz. Pal.* 19 mars 2011, p. 42 (indemnisation de la perte d'un avantage fiscal lié au décès). Crim. 29 avr. 2014, n° 13-80693, *Gaz. Pal.* 7 juin 2014, p. 57.

4. **Indemnisation des pertes de ressources de la victime par ricochet ; arrêts fondamentaux** : Arrêt Teffaine : Civ., 16 juin 1896, *S.* 1897.1.17, note Esmein, *D.* 1897.1.433, note Saleilles et concl. Sarrut ; Arrêt Franck : Ch. réunies, 2 déc. 1941, *DC* 1942.25, rapp. Lagarde et note Ripert, *S.* 1941.1.217, note H. Mazeaud, *JCP* 1942.II.1766, note Mihura ; Arrêt Grebet, Req., 16 juill. 1928, *DP* 1929.1.33, note Savatier, *Gaz. Pal.* 1928.2.370 ; Civ., 24 juin 1930, *S.* 1931.1.121, note Esmein, *D.* 1930.1.137, note Savatier.

admis comme une nécessaire évidence, d'autant que d'une part le décès en soi n'est pas un préjudice réparable en la personne de la victime dont la personnalité juridique s'éteint précisément à l'instant de la mort [1], et que d'autre part le travail des femmes était exceptionnel dans les classes moyennes et les prestations sociales inexistantes : la veuve et les enfants se retrouvaient sans ressource. Il est intéressant de noter que notre droit de la responsabilité civile a été souvent forgé par des grands arrêts de principe à propos de demandes en réparation de proches à la suite du décès accidentel d'un époux, d'un père ou d'un enfant : arrêt *Teffaine* du 16 juin 1896 qui a « découvert » l'article 1384, al. 1 du Code civil à l'occasion de l'accident mortel survenu à un mécanicien du fait de l'explosion d'une chaudière ; arrêt Franck du 2 décembre 1941 sur la définition de la « garde » constituée par « l'usage, le contrôle et la direction » de la chose ; arrêt *Grebet* du 16 juillet 1928 sur l'autorité de la chose jugée au criminel sur le civil ; arrêt du 24 juin 1930 sur l'« application réciproque » de l'article 1384, C. civ. en cas de collision de véhicules pour une cause inconnue, etc.

Dans toutes ces affaires, le principe de la réparation du « dommage par ricochet » est tellement acquis qu'il n'est même pas soulevé par les responsables.

250 ***Le décès de la victime directe, point de départ de l'évaluation*** [2] ◊ Tant que la victime directe survit, entre l'accident et son décès, elle est elle-même indemnisée pour ses préjudices professionnels et ses propres pertes de revenus : s'ils sont convenablement évalués, il lui appartient de continuer à entretenir sa famille sur le montant des indemnisations reçues.

Une difficulté peut cependant surgir pour le droit à réparation afférent à cette perte de revenus non réglée et non payée avant la date du décès du *de cujus* : la créance de réparation est alors dévolue aux héritiers avec l'ensemble du patrimoine successoral, même si c'était un proche non-héritier, qui était entretenu sur ces ressources. Il revient alors au magistrat ou au régleur d'effectuer une répartition entre la part affectée à la victime par ricochet non-héritière, et la part affectée du vivant du *de cujus* à lui-même et ses proches héritiers.

Sous cette réserve, l'évaluation du préjudice économique propre à la victime par ricochet a donc pour point de départ le décès de la victime initiale.

251 ***Le pouvoir souverain du juge du fond dans l'évaluation du préjudice économique de la victime par ricochet*** ◊ De nombreuses *considérations de fait* guident le *juge du fond* pour évaluer le montant du

1. **Pour une discussion sur la possible prise en charge du « prix de la mort ».** A. Boyer, « Le prix du mort, inversion des valeurs », *Gaz. Pal.* 2009, 3726 ; J. B. Prevost, « La perte de vie », *Gaz. Pal.* 2009, 3734.

2. **Pertes de gains de la victime directe antérieures à son décès :** Civ. 2e, 3 oct. 1990, *RCA* 1990, n° 401 (grand handicapé indemnisé pour ses pertes de ressources ; pas de préjudice patrimonial distinct des proches) ; Crim., 12 avr. 1994, *RCA* 1994, n° 244, *JCP* 1994.I.3809, chron., G. Viney, n° 5 (idem).S. Beynet et A. Bernard, « Fiche pratique : Préjudices ante *mortem* », *Gaz. Pal.* 2009, 3732.

préjudice économique subi par les proches du fait du décès de la victime initiale ; comme pour les préjudices de la victime directe, la Cour de cassation refuse de s'immiscer dans les mécanismes d'évaluation, mais veille cependant au respect du principe d'une *évaluation in concreto* pour une *réparation intégrale*. Les juges du fond doivent rechercher des méthodes permettant d'éviter l'arbitraire pour coller le plus près possible à la réalité concrète.

Deux situations différentes peuvent se présenter : tantôt la victime initiale exerçait une activité professionnelle au moment de l'accident, tantôt elle n'avait pas d'activité professionnelle rémunérée, mais pouvait participer différemment aux charges du ménage.

a. Le préjudice économique des victimes par ricochet par la perte des revenus professionnels de la victime initiale

252 Pour préciser les paramètres essentiels de l'indemnisation du préjudice économique des victimes par ricochet, nous prendrons les deux hypothèses les plus banales : celles des préjudices subis par le conjoint et par les enfants mineurs. Dans les deux cas, le processus de l'évaluation est le même : il consiste à déterminer le calcul de la perte annuelle de la famille puis à répartir, selon des méthodes variables, cette perte entre les différentes victimes par ricochet.

1. 1re étape : calcul de la perte annuelle de la famille

253 Ce calcul suppose de prendre en compte divers éléments.

• **1er élément : Détermination des revenus de référence de la victime initiale** [1]. Le point de départ de toute l'évaluation repose sur la détermination

---

1. **Détermination des revenus de référence** : Crim., 9 févr. 1982, Argus 1982.1247 ; Civ. 2e, 27 juin 1984 et Crim., 9 oct. 1984, *D.* 1985.321, note Y. Chartier ; Crim., 13 juin 1989, *RCA* 1989, n° 332. La jurisprudence est constante sur deux points : la reprise de l'activité de la veuve ne doit pas être prise en compte : Crim., 3 mars 1993, *RTD civ.*, 1995, obs. Jourdain, *RCA* 1993, n° 357 ; Civ. 2e, 2 nov. 1994, *RCA* 1995, n° 50 et chron. Peano, n° 8 ; Civ. 2e, 21 déc. 2006, *RCA* 2007, comm. n° 80, 12 févr. 2009, *Gaz. Pal.* 25 déc. 2009. La pension de reversion touchée par la veuve, qui constitue une part des revenus du défunt doit quant à elle être prise en compte par le juge : Crim., 15 févr. 1995 ; *RTD civ.*, 1995, p. 907, obs. Jourdain, *RCA* 1995, n° 255 et chron. Groutel, n° 33 ; Crim. 16 juin 2009, n° 08-86-404 ; Civ. 2e, 19 février 2009, n° 08-11639 (même solution pour la rente décès versée en application de l'article L. 434-8 CSS). La situation doit en revanche être appréciée au cas par cas, dans le cas des rentes éducations, selon la nature de la rente : Crim. 27 nov. 2007, *RCA* 2008, comm. n° 14 ; Civ. 2e, 17 avr. 2008, *RCA* 2008, comm. n° 236. Crim. 8 mars 2011, n° 10-81741 (nécessité de prendre en compte l'évolution prévisible des revenus entre le décès et le jour de la décision). Dans le même sens : Crim. 8 mars 2011, n° 10-81741. Civ. 2e, 20 nov. 2014, n° 13-25564 (prise en compte de tous les éléments connus au jour de la décision). Civ. 2e, 5 mars 2015, n° 14-14198 (nécessité de prendre en compte les revenus globaux du foyer comme élément de référence et non les seuls revenus du défunt).

Solutions diverses : Crim., 24 févr. 1970, *JCP* 1970.I.4456, note Le Tourneau (perte de chances qu'aurait eu la victime d'accéder à une situation meilleure) ; Civ. 2e, 10 mai 1989, *RCA*, n° 257 (réévaluation du salaire au jour de la décision) ; Civ. 2e, 27 juin 1984, *D.* 1985.321, note Y. Chartier ; Crim., 30 janv. 1992, *RCA* 1992, n° 308 (actualisation des revenus du défunt) ;

des revenus professionnels de la victime initiale décédée, en tenant compte de tous les ajustements nécessaires : réévaluation du salaire passé en fonction de l'inflation, chances de promotion ou au contraire chômage passé, revenus occasionnels ou intermittents, difficultés particulières d'évaluation de l'activité artistique (écrivain, peintre, comédien, etc.).

La victime par ricochet aura à payer des impôts sur les revenus du capital ou sur l'indemnisation sous forme de rente, aussi la jurisprudence prend comme référence le salaire perçu par la victime, donc charges sociales précomptées *(salaire net)*, mais n'en déduit pas le montant des impôts sur le revenu y afférent *(revenu brut)*.

• **2e élément : Détermination des revenus de référence du conjoint.** À cela doivent venir s'ajouter les revenus du conjoint qui étaient disponibles avant l'accident. Deux hypothèses doivent être distinguées.

1) Le conjoint survivant n'a aucune ressource personnelle : La situation du conjoint survivant doit être appréciée *au jour du décès* de la victime, sans opérer de douteuses extrapolations sur son hypothétique remariage ou d'une reprise d'activité après le décès [1].

2) La prise en compte des revenus propres au survivant : lorsque le conjoint survivant travaillait avant l'accident, ses revenus, tels qu'ils existaient alors doivent être pris en compte pour calculer les revenus globaux du couple [2]. La jurisprudence impose en outre de prendre en compte la pension de réversion de la veuve pour calculer sa perte de revenus réelle [3].

Crim, 19 mars 1992, 2 arrêts, *RCA* 1992, n° 219 et n° 309 (assiette des revenus servant de base de calcul ; pas de déduction des impôts) ; Civ. 2e, 5 févr. 1992, *RCA* 1992, n° 173 (déduction des impôts du salaire de la victime ; pouvoir souverain du juge du fond) ; Crim., 25 mai 1992 et Civ. 2e, 28 oct. 1992, *RCA*, n° 441 et chron. M.A. Peano, n° 42 (pas de déduction des impôts) ; Civ. 2e, 7 oct. 1992, *RCA* 1992, n° 433, *RTD civ.* 1993.148, obs. Jourdain (perte d'une chance de promotion) ; Crim., 10 nov. 1992, *RCA* 1993, n° 222 (union libre durable et sérieuse, évaluation comme pour conjoints) ; Crim., 8 déc. 1993, *RCA* 1994, n° 168 (prise en compte du seul salaire net) ; Civ. 2e, 6 juill. 1994, *RCA* 1994, n° 361 (perte d'une chance de promotion) ; Civ. 2e, 16 nov. 1994, *RCA* 1995, n° 13, *D.* 1995.220, note Chartier (pas de déduction des impôts). Crim., 29 juin 1999, *RCA* 2000, n° 6 (préjudice économique de la veuve ne peut être établi que par référence aux revenus globaux antérieurs du couple, tous deux contribuant aux besoins du ménage). Civ. 2e, 25 oct. 2007, *RCA* 2008, comm. n° 14 (erreur d'imputation des frais fixes du ménage). Civ. 2e, 7 avr. 2011, n° 10-15918 (pas de prise en compte de la perte d'industrie dans le calcul de la perte de revenus du conjoint).

1. **Absence de prise en compte de la reprise d'activité professionnelle du conjoint survivant :** Crim., 3 mars 1993, *RTD civ.*, 1995, obs. Jourdain, *RCA* 1993, n° 357 ; Civ. 2e, 2 nov. 1994, *RCA* 1995, n° 50 et chron. Peano, n° 8 ; Civ. 2e, 21 déc. 2006, *RCA* 2007, comm. n° 80, 12 févr. 2009, *Gaz. Pal.* 25 déc. 2009. Crim. 29 juin 2010, *JCP* 2011, 435, n° 3 (absence de prise en compte du fait que la victime par ricochet ait reconstitué un foyer avec un tiers, circonstance n'étant pas la conséquence nécessaire du fait dommageable).

2. **Obligation de prendre en compte les revenus cumulés du couple antérieurs à l'accident :** Crim. 13 juin 2006, *RCA* 2006, comm. n° 334. Civ. 2e, 3 oct. 2013, n° 12-23377, *Gaz. Pal.* 23 févr. 2014, p. 38.

3. **Prise en compte de la pension de réversion de la veuve :** Jurisprudence constante : Crim., 15 févr. 1995, *RCA* 1995, n° 255 et chron. n° 33 (prise en compte de la pension de réversion substituée à la pension de vieillesse de la victime directe pour évaluer le préjudice

254 Une fois additionnés les revenus du défunt et de son conjoint, reste à retrancher la part que le défunt utilisait pour son propre entretien. Cette part dépend de plusieurs éléments tels que le niveau de vie de la famille et le montant des charges fixes ; sa composition et notamment le nombre d'enfants mineurs, etc. On s'accorde en général pour considérer que cette part est de 30 à 40 % pour un couple sans enfant, de 25 à 30 % pour un couple avec un enfant, de 20 à 25 % pour un couple avec deux enfants, et de 15 à 20 % pour trois et plus.

Exemple de calcul de la perte annuelle de la famille sur la base d'un couple avec deux enfants, les deux conjoints étant âgés de 40 ans, et ayant 2 enfants à charge de 12 ans (fille) et 8 ans (garçon)

- Revenus professionnels du mari décédé : 40 000 €/an
- Revenus professionnels de la femme survivante : 30 000 €/an

Revenus globaux du ménage : 70 000 €/an
- Déduction de la part d'auto-consommation du défunt (20 %) : 70 000 × 20 % = 14 000 €/an
- Déduction des revenus conservés par l'épouse : – 30 000 €/an.

Perte annuelle de la famille : 70 000 – (14 000 + 30 000) = 26 000 €/an.

2. 2e étape : Répartition de cette perte entre les différents membres de la famille

255 Pour ce calcul, plusieurs méthodes sont utilisées. Leur diversité s'explique par la difficulté de déterminer la part qu'il convient d'attribuer à chacun des membres de la famille sachant notamment que le départ progressif des enfants au fur et à mesure de leur autonomie aurait entraîné, si la victime principale avait survécu, une réaffectation progressive des ressources consacrées à l'entretien des enfants au seul couple. Il peut donc sembler logique que le conjoint survivant bénéficie de cette réaffectation et certaines méthodes de calcul essaient d'intégrer cet élément qui ne peut bien sûr reposer que sur des estimations fictives. Les cours d'appel ayant toutefois des pratiques différentes, que la Cour de cassation valide sous la seule réserve du respect du principe

de la veuve) ; Civ. 2e, 28 févr. 1996, *RCA* 1996, n° 116 (idem) ; Civ. 2e, 21 mai 1997, *RCA* 1997, n° 257 (prise en compte de la pension de réversion de la veuve, pour déterminer la perte de ses revenus) ; Crim., 5 nov. 1997, *RCA* 1998, n° 80 (idem) ; Civ. 2e, 1er avr. 1998, *RCA* 1998, n° 231 (prise en compte de la pension de réversion) ; Civ. 2e, 31 mai 2000, *RCA* 2000, n° 293 (la pension de réversion de la veuve doit être prise en compte) Civ. 2e, 7 juin 2001, *RCA* 2001, n° 288 (prise en compte de la pension de réversion) ; Crim., 13 mai 2003, *RCA* 2003, n° 257 (allocation de veuvage et pension de réversion doivent être pris en compte pour calculer préjudice de la veuve). Crim. 18 oct. 2005 et Civ. 2e, 10 nov. 2005, *RCA* 2006, comm. n° 14. Crim. 27 nov. 2007, *RCA* 2008, comm. n° 54.

de la réparation intégrale, seule sera exposée dans le cadre de cet ouvrage la méthode la plus classique qui est dans le même temps la plus utilisée et qui n'opère pas de réaffectation des ressources après le départ des enfants [1]. Cette méthode implique de calculer, sur la base de la perte annuelle de la famille, la part de chacune des victimes par ricochet, puis, si nécessaire, de capitaliser la somme ainsi obtenue.

256 *Calcul du préjudice économique du conjoint survivant* [2] ◊

• **Détermination du préjudice du conjoint.** Dans une famille de deux enfants, le conjoint se voit le plus souvent attribuer 70 % de la perte patrimoniale subie car au-delà de sa consommation personnelle, il supporte l'ensemble des charges fixes du foyer.

> Dans l'exemple chiffré ci-dessus exposé, son préjudice est donc de : 26 000 euros × 70 % = **18 200 euros.**

• **Capitalisation.** Cette somme devra ensuite être capitalisée [3]. Comme pour les victimes directes, c'est le plus souvent sous forme de capital que les victimes par ricochet sont indemnisées. Lorsque tel est le cas, la capitalisation de l'indemnisation doit être effectuée comme à l'ordinaire par référence à un barème de capitalisation des rentes viagères [4]. Le problème se pose toutefois de savoir si le calcul de la capitalisation doit être basé sur

---

1. **Pour une explication détaillée des différentes méthodes,** « La nomenclature des postes de préjudice des victimes indirectes en cas de décès de la victime directe », Étude de la COREIDOC, juin 2013. G. Mor, *op. cit.* n° 172-14 s.

2. **Préjudice économique du conjoint survivant :** Crim., 7 juill. 1966, *JCP* 1967.14943, note P.L. (remariage hypothétique non pris en compte) ; Civ. 1re, 30 juin 1987, Argus, 1987, p. 1841 ; Crim., 11 oct. 1988, *Gaz. Pal.*, 29 janv. 1989, p. 8, *RTD civ.* 1989. 337, obs. P. Jourdain ; Civ. 2e, 3 oct. 1990 ; *RCA* 1990, n° 365 (époux en instance de divorce ; appréciation souveraine des juges du fond) ; Civ. 1re, 7 oct. 1992, *RCA*, n° 434 (époux séparés de fait) ; Crim., 29 janv. 1991, *RCA* 1991, n° 133 (prise en compte d'une rente d'invalidité perçue par la victime par ricochet) ; Crim., 12 mars 1992, *RCA* 1992, n° 439 Crim., 13 déc. 1995, *RCA* 1996, n° 117 (non prise en compte de l'activité rémunérée de la victime par ricochet exercée après le décès de la victime directe) ; Civ. 2e, 25 mars 1998, *RCA* 1998, n° 230, *RTD civ.* 1998.691, obs. Jourdain (primes volontairement versées pour rentes temporaires ; celles-ci doivent être exclues du calcul des revenus des ayants droits) ; Crim. 2 mai 2001, *RCA* 2001, n° 257, *D.* 2002. Somm. 1313, obs. Jourdain (le préjudice total doit être apprécié dans tous ses éléments, même s'il est en tout ou en partie réparé par des prestations tiers payeurs) ; Civ. 2e, 11 oct. 2001, *RCA* 2001, n° 357 (le préjudice éco. de l'ayant-droit du fait du décès doit être évalué au jour de la décision qui le fixe en tenant compte de tous les éléments connus à cette date) ; Civ. 2e, 21 févr. 2002, *RCA* 2002, n° 168 (capitalisation de la perte annuelle subie par la veuve par le franc de rente correspondant à son âge).

3. **Barèmes de capitalisation :** v. ss 280 et annexe, p. 274 s. – **Jurisprudence :** Civ. 2e, 10 avr. 1991, *RCA* 1991, n° 200 (prix du franc de rente en fonction de l'âge de la mère, victime par ricochet) ; Crim., 12 mars 1992, *RCA* 1992, n° 348 (prix du franc de rente en fonction de l'âge de la veuve plus âgée que son mari décédé). Civ. 2e, 12 mai 2011, n° 10-20392 (prix de l'euro de rente de la veuve plus jeune que le défunt)

4. V. ss 280 s.

l'âge de la victime directe ou de la victime par ricochet. En principe, cela devrait être l'âge de la victime directe qui est pris en référence, car le capital remplace les revenus du travail de cette victime initiale. Cependant la jurisprudence prend en compte l'âge de la victime par ricochet indemnisée lorsqu'elle est plus âgée que la victime initiale. Cela semble justifier quand la différence d'âge est importante (mère de la victime initiale) ; en revanche s'il advient que la veuve est un peu plus âgée que son mari, il ne faut pas oublier que les tables de mortalité confèrent aux femmes une longévité supérieure...

> Dans l'exemple chiffré, le préjudice économique annuel du conjoint étant de 18 200 €, et l'âge du mari au jour de l'accident étant de 40 ans, suivant le barème de capitalisation de la Gazette du Palais de novembre 2013 :
> - valeur de l'euro de rente, M. 40 ans : 30,028
> - somme capitalisée : 18 200 € × 30,028 = **546 509** €

257 ***Calcul du préjudice économique des enfants survivants*** [1] ◊ Bien entendu, si la composition de la famille comprend un ou plusieurs enfants, la répartition fictive de la part des revenus professionnels du chef de famille à chacune des victimes par ricochet est fort différente. Le pourcentage attribué à chaque enfant change donc en fonction de la composition de la famille. La durée temporelle de l'aide est également différente selon les cas. Le préjudice économique des enfants mineurs cesse normalement lorsque le jeune termine ses études et entre dans la vie active. L'indemnisation est donc au minimum calculée jusqu'à 18 ans, âge de la majorité, mais le sera le plus couramment jusqu'à l'âge de 25 ans.

- **Détermination du préjudice économique des enfants**

> Dans notre exemple, la famille étant constituée de deux enfants, la part de chacun est de 15 % de la perte totale du foyer, soit
> 26 000 × 15 % = **3 900** euros par an.

- **Capitalisation.**

Une fois ces sommes fixées, celles-ci devront être capitalisées sur la base d'un euro de rente temporaire jusqu'à l'âge de l'autonomie des enfants, fixée ici à 25 ans.

---

1. **Calcul du préjudice économique des enfants survivants** : Crim., 17 mai 1988, Argus 1988.1937 (cassation de l'arrêt qui avait calculé le préjudice économique des enfants sur le prix du franc de rente, hors des conclusions des parties) ; Crim., 13 juin 1989, *RCA* 1989, n° 332 (pouvoir souverain du juge du fond sur le choix des modalités de calcul) ; Crim., 1er oct. 1990, *RCA* 1990, n° 403 (cas particulier d'un enfant trisomique qui ne pourra jamais subvenir à ses besoins).

– Pour la fille âgée de 12 ans :
valeur de l'euro de rente, F. 12 ans jusqu'à 25 ans : 11,957
3 900 × 11,957 = **46 632 euros**

– Pour le fils âgé de 8 ans :
valeur de l'euro de rente, M. 8 ans jusqu'à 25 ans : 15,261
3 900 × 15,261 = **59 517 euros.**

b. Le préjudice économique de la victime par ricochet pour perte d'une activité non rémunérée de la victime initiale [1]

258 L'hypothèse visée ici, déjà évoquée, concerne la victime initiale qui exerçait une activité non rémunérée dont la perte entraîne des conséquences économiques pour la victime par ricochet : c'est par exemple le cas de la mère de famille tuée dans un accident et dont le mari survivant devra désormais assumer des frais de garde des enfants. Il y a là un chef de préjudices évident qui peut être pris en compte soit au titre des *dépenses* entraînées par l'accident, soit au titre de la *valeur d'une activité familiale* non rémunérée, mais qui a néanmoins une valeur économique.

En revanche le décès d'un enfant jeune n'est pas considéré comme la source d'un préjudice économique futur pour ses parents ; il s'agit là d'un préjudice purement hypothétique donc non indemnisable.

2. La perte des ressources professionnelles de la victime par ricochet [2]

259 Il peut arriver que l'accident de la victime directe entraîne la diminution ou la perte des revenus professionnels de la victime par ricochet elle-même. Deux hypothèses doivent être distinguées.

1) Lorsque la victime initiale survit avec un grave handicap, le conjoint ou un proche victime par ricochet peut devoir abandonner son activité professionnelle personnelle pour soigner ou s'occuper de la victime.

Même si le devoir d'assistance s'impose dans certains cas (par exemple entre époux : art. 212, C. civ.), le bouleversement économique dûment

1. **Perte d'une activité non rémunérée :** Civ. 2e, 27 févr. 1991, *RCA* 1991, n° 172 (décès de la grand-mère qui assumait la garde de ses petits-enfants : préjudice de la mère obligée de quitter son emploi) ; Civ. 2e, 13 avr. 1992, *RCA* 1992, n° 264 (veuf qui doit assumer les frais de garde et d'entretien de deux enfants en bas âge). Également v. ss 274.

2. **Pertes des ressources professionnelles de la victime par ricochet :** Civ. 2e, 13 déc. 1978, *RTD civ.* 1979.619, obs. Durry (femme tenue de prêter assistance à son mari) ; Civ. 2e, 15 janv. 1997, *RCA* 1997, n° 118 (la mère de la victime déjà indemnisée pour l'assistance d'une tierce personne, qui cesse ses activités à la suite d'une option personnelle ne subit pas de préjudice) ; Civ. 2e, 14 nov. 2002, *RCA* 2003, n° 26 (lien de causalité non établi entre l'accident de l'époux et la cessation d'activité de l'épouse).

établi en fonction de la gravité de l'état de la victime peut être indemnisé selon deux modalités différentes :

- par allocation à la victime directe de l'indemnisation spécifique pour « assistance d'une tierce personne », sans qu'il y ait à considérer que la « tierce personne » soit en fait le conjoint ou un autre membre de la famille *mais il s'agit alors d'un poste qui ne peut être réclamé que par la victime directe* ;
- par l'indemnisation de la victime par ricochet elle-même dont les revenus professionnels antérieurs ont diminué, de manière temporaire ou définitive, du fait de cette prise en charge. C'est cet aspect que vise en fait le poste « perte de revenus des proches » dans la nomenclature qui y englobe « la perte ou la diminution de revenus subie par les proches de la victime directe lorsqu'ils sont obligés... d'abandonner temporairement, voire définitivement, leur emploi » [1].

La jurisprudence récente de la Cour de cassation considère toutefois que ces deux postes peuvent faire l'objet d'une indemnisation cumulée, contrairement à ce qu'indiquait le rapport Dintilhac [2]. La solution de la Cour repose sur une logique simple. Elle constate l'existence non contestée de deux préjudices : pertes de revenus du proche et besoins en tierce personne pour la victime principale, et leur applique le principe de la réparation intégrale, en refusant, contrairement au rapport Dintilhac, toute fongibilité entre eux. Cette solution nous semble inéluctable en l'état de la jurisprudence de la Cour. Le lien établi entre les deux postes ne peut en effet être opéré qu'en admettant l'affectation des sommes allouées à la victime principale à la rémunération du proche remplissant le rôle de tierce personne, qui ne subirait, si l'on admet un tel raisonnement, aucune perte de revenus. Or cette solution est à l'évidence contraire à la jurisprudence de la Cour qui a toujours refusé, avec raison, de rentrer dans l'engrenage du principe d'affectation, et on ne saurait donc être surpris qu'elle en déduise ici les conséquences ultimes. Le refus du cumul implique en effet d'admettre une affectation impérative des dommages et intérêts qui nous semble être une voie dangereuse, et suppose d'apprécier la réparation intégrale en globalisant les postes de la victime principale et ceux de la victime par ricochet. Or, il y a dans ces situations deux victimes autonomes du point de vue des préjudices subis et il nous semble dès lors logique qu'ils soient indemnisés cumulativement.

2) Il est également possible que l'accident brutal de la victime directe entraîne un traumatisme tel chez la victime par ricochet (dépression, maladie cardiaque...) qu'elle doive suspendre voire interrompre ses activités professionnelles. C'est alors un « dommage corporel » nouveau dont l'ensemble

---

1. Rapport Dintilhac, *op. cit.* p. 45. Civ. 2e, 13 juin 2013, n° 12-14685, *RCA* 2013, comm. n° 285 (exigence de la preuve que l'arrêt des activités de la victime par ricochet procédait d'une nécessité compte tenu de l'état de la victime première et non d'un choix personnel de la victime).

2. **Cumul possible des postes assistance tierce personne et pertes de revenus des proches** : Civ. 2e, 24 octobre 2013, n° 12-26102, *Gaz. Pal.* 6-7 juin 2014, p. 52, note C. Bernfeld. *D.* 2014. 2368, obs. S. Porchy-Simon. Dans le même sens : Civ. 2e, 4 juill. 2013, n° 12-24164, *JCP* 2014, 568 note C. Bloch.

de l'indemnisation s'impose, non en tant que dommage par ricochet mais comme un dommage principal. La jurisprudence récente va en ce sens, au moins pour les pertes de revenus consécutives à ce retentissement pathologiques, [1], les conséquences extrapatrimoniales de cette dépression devant en principe être indemnisées *via* le préjudice d'affection.

§ 2. Les préjudices extrapatrimoniaux des victimes par ricochet

260 ***Le préjudice moral des proches*** [2] ◊ Le préjudice moral des victimes par ricochet s'analyse en souffrances lors de la perte d'un être cher ou au seul spectacle de sa survie diminuée et gravement handicapée. La dénomination classique est celle du « *préjudice d'affection* » pour la perte d'un être cher, ou de « *préjudice d'accompagnement* » pour les proches qui partagent la vie d'un grand handicapé. L'application doit en demeurer restreinte pour éviter une impudente commercialisation de la douleur.

Pour mieux en cerner les contours et les éventuelles justifications, il faut distinguer les deux situations assez différentes de décès ou de survie de la victime initiale.

A. Les préjudices extrapatrimoniaux en cas de décès de la victime principale

261 Deux préjudices sont indemnisables au terme de la nomenclature Dintilhac : le préjudice d'affection et celui d'accompagnement.

1. Le préjudice d'affection en cas de décès de la victime principale [3]

262 Toutes les souffrances morales relèvent des sentiments les plus intimes et ne sont évidemment pas « réparées » par une somme d'argent. Aussi,

1. Civ. 2e, 28 avr. 2011, n° 10-17380, *D.* 2011. 2150, note H. Adida-Canac ; *RTD civ.* 2011. 538, obs. P. Jourdain. Dans un sens voisin : Crim. 16 nov. 2010, *RCA* 2010, comm. 42.

2. **Préjudice moral des proches** : G. Ripert, « Le prix de la douleur », *D.* 1948. Chron. 1 ; P. Esmein, « La commercialisation de la douleur morale », *D.* 1954. Chron. 113 ; G. Memeteau, « La réparation du préjudice d'affection ou la pierre philosophale », *Gaz. Pal.*, 30 juill. 1978 ; Y. Lambert-Faivre, « Le droit et la morale dans la réparation du dommage corporel », *D.* 1992. Chron. 135.

3. **Indemnisation du préjudice d'affection** : Civ., 13 févr. 1923, *DP* 1923.1.52, note Lalou (admise) ; Crim. 15 mai 1957, *D.* 1957. 530 (*idem*) ; CE 29 oct. 1954, *D.* 1954.767, concl. contraires Fougères et note critique Laubadère (refus) ; CE 24 nov. 1961, *Rec. CE*, p. 661 (admise) ; Civ. 2e, 16 avr. 1996, *D.* 1997. Somm. 30, obs. Jourdain (cassation d'un arrêt qui déboutait oncles et tantes) ; Civ. 2e, 23 oct. 2003, *RCA* 2004, n° 25 (« le préjudice moral par ricochet doit être intégralement réparé, dès lors qu'il est en relation directe et certaine avec le dommage corporel subi par la victime »). Civ. 2e, 4 nov. 2010, *JCP* 2011, n° 435, n° 4 (impossibilité d'indemnisation du préjudice d'affection pour le décès d'un parent antérieur à la naissance de l'enfant demandeur).

tandis que, depuis 1923, la Cour de cassation se fondait sur l'article 1382 du Code civil pour accorder une indemnisation pour le « dommage moral » comme pour le « dommage matériel », le Conseil d'État n'en a admis le principe que par un arrêt du 24 novembre 1961.

263 ***Controverses sur l'indemnisation du préjudice d'affection*** ◊ En *jurisprudence*, le principe de la réparation du préjudice d'affection est aujourd'hui incontesté. Cependant la *doctrine* est parfois réticente : si les « souffrances physiques » de la victime directe semblent à juste titre pouvoir être « compensées » par des plaisirs ultérieurs (voyages, etc.), en revanche l'argent « compensant » la perte d'un époux, d'un enfant ou d'un parent peut paraître choquant : la perte d'un être cher non seulement n'est pas « réparable », mais elle semble difficilement « compensable » par l'argent. La *Résolution du Comité des Ministres du Conseil de l'Europe* adoptée le 14 mars 1975 en matière de dommage corporel est d'ailleurs très restrictive [1] : à son terme, *en cas de décès*, une réparation pour préjudice d'affection ne devrait pas être accordée « à des personnes autres que les père et mère, le conjoint, le fiancé et les enfants de la victime ; même dans ces cas, la réparation devrait être soumise à la condition que ces personnes aient eu des liens d'affection étroits avec la victime au moment du décès ». La Résolution recommande enfin aux systèmes juridiques nationaux de ne pas élargir ce type de réparation. De même, l'avant-projet Terré de réforme du droit de la responsabilité limite l'indemnisation du préjudice d'affection, sauf circonstances particulières, au profit des conjoints, parents, enfants ou proches cohabitant avec le défunt au moment du dommage [2].

À l'inverse, d'autres dénoncent le caractère selon eux dérisoire des sommes attribués en cas de décès d'un proche [3].

La juste mesure semble difficile à trouver. Une somme d'argent ne compensera jamais la douleur liée à la perte d'un proche. Sans nier la réalité douloureuse des préjudices d'affection, on peut ainsi se demander si le marchandage des sentiments familiaux ne pourrait pas être opportunément remplacé par un hommage moral à la douleur des proches, sous la forme d'une réparation dont le caractère symbolique pourrait être ici reconnu comme *adéquat* par la Cour de cassation, malgré son hostilité à toute « condamnation de principe », considérée comme contraire au principe de la réparation intégrale des préjudices. Il pourrait en effet sembler que 1 € de dommages et intérêts préserve la dignité de l'affection de grands-parents ou de collatéraux, alors qu'évaluer leur chagrin à tant de milliers d'euros peut apparaître dérisoire. Dans le même temps, « Nous ne pouvons nous borner au constat que l'atteinte à la vie est irréparable tant son prix est infini ou nul (...) Les réparations sont donc nécessaires parce

---

1. **Application restrictive du préjudice d'affection :** cf. le texte de la Résolution du Conseil de l'Europe en annexe, *supra*, p. 46.
2. F. Terré, « Pour une réforme du droit de la responsabilité civile », préc. art. 63 et 64.
3. En ce sens, V. par exemple A. Boyer, « Le prix du mort : inversion des valeurs », *Gaz. Pal.* 2009, 3726.

qu'elles permettent de dissocier l'irréparable et de distinguer entre le « sans prix » de ce qui a été perdu et ce qui a un prix possible, une mesure qui aide à retrouver un sentiment que l'on est dans une société humaine faite de réciprocité » [1]. Le principe même de l'indemnisation marquant la reconnaissance sociale de la douleur des proches semble donc nécessaire, l'essentiel étant de rester dans une juste mesure de la réparation.

264 ***L'évaluation du préjudice d'affection*** [2] ◊ Le préjudice d'affection est celui dont le principe même de la réparation en argent paraît le plus impropre, et dont l'évaluation est donc la plus difficile. Ce préjudice étant difficilement quantifiable, la plupart des juridictions utilisent des échelles de références internes, qui peuvent être infléchies compte tenu des circonstances.

À titre d'exemple, le référentiel indicatif intercours évalue à une somme :

- de 20 000 à 30 000 euros la perte d'un conjoint ou d'un de ses parents par un enfant mineur (de 11 000 à 15 000 € pour un enfant majeur vivant hors du foyer), ou encore d'un enfant pour chacun de ses parents ;
- de 9 000 à 14 000 euros la perte d'un frère ou d'une sœur lorsque les enfants vivaient dans le même foyer (6 000 à 9 000 euros dans le cas contraire) ;
- de 7 000 à 10 000 euros la perte d'un petit-enfant par les grands-parents (11 000 à 14 000 s'ils vivent ensemble) [3].

On voit donc que le montant de la réparation dépend de la proximité du lien familial mais également de l'existence ou non d'une cohabitation effective entre la victime décédée et les victimes par ricochet [4]. Cette distinction est logique puisqu'on conçoit bien que l'intensité du lien affectif puisse dépendre de la cohabitation avec le défunt, ceci expliquant également la jurisprudence refusant d'en reconnaître l'existence pour les enfants nés après le décès de la victime principale [5].

265 ***Les surévaluations dans les circonstances exceptionnelles*** ◊ On constate que lorsque l'accident mortel a été particulièrement traumatisant, les évaluations du préjudice d'affection des proches sont souvent surévaluées. Cependant la douleur de perdre un être cher dans le fracas médiatique des grandes catastrophes ou dans la discrétion d'une crise cardiaque ne paraît pas être très différente. On évoque alors volontiers l'aspect punitif de ces indemnisations exceptionnelles : mais on oublie alors que les indemnités sont versées par un assureur ou un Fonds totalement « innocent »... L'esprit de vengeance ne devrait jamais majorer l'évaluation de la

---

1. O. Abel « Le prix de la vie », *Gaz. Pal.* 11 févr. 2007, p. 27, n° 42 s.
2. **Évaluation du préjudice d'affection** : Crim., 15 mai 1957, *D.* 1957.530 et Civ. 2e, 28 nov. 1962, *D.* 1963.77 (pas de « condamnation de principe »).
3. Référentiel indicatif régional de l'indemnisation du dommage corporel, Cours d'appel d'Angers, Agen, Bordeaux, Grenoble, Limoges, etc., nov. 2010.
4. Cet élément influence le montant mais non le principe de l'évaluation : Civ. 2e, 4 juill. 2013, *RCA* 2014, comm. n° 333.
5. **Exclusion du préjudice d'affection pour les enfants nés après le décès de la victime principale** : Civ. 2e, 4 nov. 2010, n° 09-68903.

réparation civile dans notre droit ; les résurgences de la peine privée ne sont que des archaïsmes d'un système juridique immature.

2. Le préjudice d'accompagnement en cas de décès de la victime principale [1]

266 Il est toujours cruel de voir souffrir ceux que l'on aime. Vivre au jour le jour le calvaire des souffrances physiques de la personne dont on partage la vie quotidienne, bouleverser ses jours pour aller le voir à l'hôpital, l'accompagner jusqu'à l'issue fatale, bref avoir, du fait de l'accident, sa propre vie engloutie avec celle de l'accidenté constitue un « *trouble dans les conditions d'existence* » véritable et profond. La nomenclature Dintilhac définit de poste de manière un peu confuse, et sans doute duale. Il indique en effet tout d'abord que son objet est « de réparer un préjudice moral, dont sont victimes les proches de la victime directe pendant la maladie traumatique jusqu'à son décès », ce qui en limite donc les applications au strict accompagnement du défunt et en opère une limite temporelle puisque ce dernier prend par hypothèse fin avec la mort du celui-ci. Puis elle précise ensuite également que ce poste « a pour objet d'indemniser les bouleversements que le décès entraîne sur le mode de vie de ses proches au quotidien », ce qui indique plutôt ici la volonté de saisir les troubles dans les conditions d'existence subies postérieurement au décès et liés à ce dernier, ce qui expliquerait d'ailleurs sa place au sein de la catégorie des préjudices « en cas de décès de la victime directe ». On pense à cet égard au deuil pathologique, mais, dans cette deuxième acception, la distinction avec le préjudice d'affection serait toutefois peut-être délicate à mettre en œuvre.

Dans la plupart des cas, c'est toutefois le préjudice d'accompagnement au sens strict dont il est demandé réparation. La Cour de cassation le désigne d'ailleurs sous le nom de « préjudice d'accompagnement de fin de vie », et en limite le champ très étroit à ceux qui partagent concrètement la vie de la victime. Dans un arrêt de principe du 21 novembre 2013, celle-ci a en effet affirmé que « *le préjudice spécifique d'accompagnement de fin de vie a pour objet d'indemniser les troubles et perturbations dans les conditions d'existence d'un proche qui partageait habituellement une communauté de vie*

1. **Préjudice d'accompagnement :** V. dossier spécial « Les victimes par ricochet en cas de survie de la victime directe », C. Bernfeld et F. Bibal (dir.), *Gaz. Pal.* 19 mars 2011. M., JD Le Roy et F. Bibal, *op. cit.* n° 250 s. G. Mor, op. cit. 173-21 ; Civ. 2e, 8 déc. 1971, *RTD civ.* 1972.595 ; Civ. 2e, 23 mai 1977, *Gaz. Pal.*, 29 nov. 1977, *D.* 1977.IR.441, obs. Larroumet, *RTD civ.* 1977.768, obs. Durry Civ. 2e, 14 janv. 1998, *RCA* 1998, n° 92 (angoisse et souffrances des parents d'une victime enlevée et violée ; indemnisation) ; Civ. 2e, 14 janv. 1999, *RCA* 1999, n° 69 (idem ; préjudice propre des parents de la victime). Civ. 2e, 1er juill. 2010, *RCA* 2010, comm n° 241 (cassation de l'arrêt ayant subordonné l'indemnisation du préjudice d'accompagnement à un handicap d'une exceptionnelle gravité). Civ. 2e, 7 avr. 2011, n° 10-19423 (nécessité d'une indemnisation séparée du préjudice d'affection et d'accompagnement). Civ. 2e, 21 nov. 2013, n° 12-28168, *D.* 2014. 571, note L. Lazerges, et 2268, obs. S. Porchy-Simon, *Gaz. Pal.* 23-25 févr. 2014, p. 39 note M. Mekki – **Résolution 75 du Conseil de l'Europe** : cf. texte en annexe, *supra*, p. 46.

affective et effective avec la victime » [1], cassant une décision de Cour d'appel qui avait accepté d'indemniser d'un tel préjudice le beau-frère et les nièces mineures d'une victime d'une agression particulièrement violente. Les juges du fond avaient pourtant motivé finement leur décision en relevant les circonstances très particulières de l'espèce (proximité affective très forte entre la victime principale et les victimes par ricochet ; réalité des répercussions psychologiques subies par ces dernières), mais l'inexistence d'une communauté de vie effective, en décalage avec la définition donnée du préjudice d'accompagnement, rendait la cassation inévitable.

Cette décision a pu être critiquée pour son excessive rigueur. La définition du préjudice d'accompagnement retenue par la Cour apparaît pourtant conforme à celle donnée dans le rapport Dintilhac et cette exigence nous semble s'imposer car l'indemnisation des troubles dans les conditions d'existence, qui est au cœur de ce poste, nous paraît devoir être limitée à ceux qui partagent concrètement la vie de la victime et subissent donc plus frontalement les perturbations de leur vie quotidienne.

267 ***L'évaluation du préjudice d'accompagnement*** [2] ◊ L'évaluation du préjudice moral personnel de proches de la victime principale est généralement assez modique. À titre d'exemple, et même si les sommes qui peuvent être obtenues devant les tribunaux sont en général supérieures, le référentiel de l'ONIAM a fixé l'indemnisation de ce préjudice dans une fourchette de 300 à 500 euros par mois.

Cette évaluation ne peut quoi qu'il en soit s'accommoder d'un quelconque barème car ce préjudice paraît étroitement lié aux circonstances particulières de l'espèce et tout particulièrement les circonstances qui ont conduit à son décès, le degré de souffrances de la victime première, la possibilité de communiquer avec elle, son âge, le contexte familial, etc. Il convient donc de prendre en compte *in concreto* la réalité et la gravité des perturbations apportées dans la vie des proches d'un malade ou d'un accidenté grave : il y a là un contrôle des faits qui appartient aux seuls juges du fond.

B. Les préjudices extrapatrimoniaux en cas de survie de la victime principale

La nomenclature Dintilhac distingue, en cas de survie de la victime principale, deux postes de préjudices extrapatrimoniaux, dont les contours semblent un peu confus.

---

1. **Définition du préjudice d'accompagnement** : Civ. 2e, 21 nov. 2013, n° 12-28168, *D.* 2014. 571, note L. Lazerges, et 2268, obs. S. Porchy-Simon ; *Gaz. Pal.* 23-25 févr. 2014, p. 39, note M. Mekki.

2. **Évaluation du préjudice d'accompagnement des victimes du Sida** : Y. Lambert-Faivre, « L'indemnisation des victimes post-transfusionnelles du sida », *RTD civ.* 1993. 1 et les références citées ; « Principes d'indemnisation des victimes post-transfusionnelles du sida » (Paris, 27 nov. 1992, 20 arrêts), *D.* 1993, chron., p. 67.

268 *Présentation des postes « préjudice d'affection » et « préjudices extra-patrimoniaux exceptionnels » en cas de survie de la victime principale* ◊

• ***Préjudice d'affection.*** Selon les termes du rapport Dintilhac, ce poste répare le préjudice « que subissent certains proches à la suite de la survie de la personne handicapée... à la vue de la douleur, de la déchéance et de la souffrance de la victime directe » [1]. Cette définition inclut donc toute la douleur morale causée par la dégradation de l'état de santé de la victime première : angoisse quant à l'évolution de son état, désarroi face à son handicap, etc. Le rapport Dintilhac ajoute qu'il convient d'inclure à ce premier aspect le retentissement pathologique causé chez le proche par la survenance du handicap de la victime. On exprimera, avec d'autres, quelques réserves par rapport à cette affirmation puisque si le préjudice d'affection nous semble pouvoir appréhender les conséquences morales de la dépression, qui pourront d'ailleurs certainement donner lieu à une évaluation majorée, les autres conséquences, notamment patrimoniales, nous semblent devoir être évaluées de manière autonome [2].

Ce préjudice sera le plus souvent reconnu au profit du cercle affectif le plus proche, le rapport Dintilhac admettant d'ailleurs, dans ce cas, une quasi-présomption d'existence du préjudice mais son indemnisation pourra être étendue au-delà si la preuve d'un lien affectif fort avec le défunt est établie. L'évaluation de ce poste ne peut bien entendu se faire qu'au regard d'une appréciation *in concreto*, le référentiel intercours indiquant toutefois que les sommes retenues pour l'indemnisation du préjudice d'affection en cas de décès pourront servir de référence.

• ***Préjudices extra-patrimoniaux exceptionnels*** [3]. À côté de l'indemnisation du préjudice d'affection, la nomenclature Dintilhac reconnaît également, en cas de survie de la victime principale, un poste autonome dont l'objet est d'indemniser le « changement dans les conditions d'existence dont sont victimes les proches de la victime directe pendant sa survie handicapée ». C'est donc, à la différence du préjudice d'affection, non la douleur morale intrinsèquement causée par le handicap de la victime principale qui doit ici être prise en compte, mais les changements que ce handicap cause dans la vie quotidienne des proches : bouleversement du mode de vie,

---

1. **Préjudice d'affection en cas de survie de la victime principale** : Rapport Dintilhac, préc. p. 46. F. Delbez, « Fiche pratique 1 : préjudice extra-patrimonial en cas de survie de la victime directe : le préjudice d'affection », *Gaz. Pal.* 18 mars 2011. M. JD Le Roy et F. Bibal, *op. cit.*, n° 213 s. G. Mor, *op. cit.*, n° 173-17.

2. **Sur cette question**, v. ss 246 s. Dans le même sens, M. JD Le Roy, *op. cit.* n° 184 s.. G. Mor, *op. cit.*, n° 173-18.

3. **Préjudices extrapatrimoniaux exceptionnels** : M. JD Le Roy, *op. cit.* n° 181. G. Mor, *op. cit.* n° 173-25 S. Portailler, « Fiche pratique 2, Préjudices extrapatrimonial en cas de survie de la victime directe : les troubles dans les conditions d'existence », *Gaz. Pal.* 18 mars 2011. Civ. 2ᵉ, 15 sept. 2011, n° 10-16840, *Gaz. Pal.* 3 déc. 2011, p. 36 (troubles dans les conditions d'existence causées par l'hébergement de la victime durant 13 ans). V. également la jurisprudence des Cours d'appel citée *in* « La nomenclature des postes de préjudice des victimes indirectes », Étude de la COREIDOC, préc. p. 33.

absence du conjoint ou du parent à ses côtés, etc. À l'égal du préjudice d'accompagnement [1], ce poste ne peut donc en principe être retenu qu'au profit des personnes qui cohabitaient avec la victime avant l'accident.

Ce poste inclut également le préjudice sexuel subi par le conjoint de la victime, parfois appelé préjudice sexuel par ricochet, et qui doit être évalué sur les mêmes bases que celui de la victime principale [2].

269 ***Relations entre les postes « préjudice d'affection » et « préjudices extra-patrimoniaux exceptionnels » en cas de survie de la victime principale*** ◊ La différence entre le préjudice d'affection et les préjudices extra-patrimoniaux exceptionnels peut sembler extrêmement ténue puisqu'il s'agit dans les deux cas d'indemniser les troubles dans les conditions d'existence causés par la dégradation de l'état de santé de la victime principale, le premier englobant le pur ressenti moral de cette atteinte alors que le second en envisage l'impact sur la vie quotidienne de la victime par ricochet. On peut toutefois se demander si la nomenclature n'est pas ici excessivement subtile, et s'il est possible tant sur le terrain conceptuel que sur celui de la quantification monétaire, de les distinguer. Ces postes pourraient certainement être fusionnés sans inconvénients majeurs, notamment à l'occasion d'une éventuelle légalisation d'une nomenclature unique des postes de préjudices réparables. Tel n'est toutefois pas le parti pris par le projet de décret de la chancellerie qui maintient, à l'heure actuelle, leur dualité.

SECTION 3. L'OPPOSABILITÉ DES EXCEPTIONS À LA VICTIME PAR RICOCHET

270 ***Le principe de l'opposabilité*** [3] ◊ Cette question de *l'opposabilité à la victime par ricochet des exceptions opposables à la victime directe* a fait l'objet de certaines hésitations doctrinales et jurisprudentielles. Elle est aujourd'hui réglée par l'article 6 de la loi Badinter du 5 juillet 1985 : « Le préjudice subi par un tiers du fait des dommages causés à la victime directe d'un accident de la circulation est réparé en tenant compte des limitations ou exclusions applicables à l'indemnisation de ces dommages ».

Cette solution s'impose dans l'analyse même du « *dommage par ricochet* », que l'on devrait appeler « *préjudices par ricochet* » et dans lequel il y a le fait générateur unique d'un « *dommage corporel* » initial, qui engendre les « *préjudices* » des victimes directes et par ricochet. Or s'il y a *dualité de*

1. V. ss 266.
2. V. ss 216.
3. **Opposabilité des exceptions ou autonomie ?** : G. Viney, « L'autonomie du droit à réparation de la victime par ricochet par rapport à celui de la victime initiale », *D.* 1974, chron., p. 3.

préjudices – direct et par ricochet –, *l'unicité du fait générateur* et du dommage corporel initial suppose que *les conditions de la responsabilité du défendeur* soient appréciées de la même manière à l'égard des victimes par ricochet et des victimes directes : en d'autres termes, le défendeur responsable doit pouvoir opposer aux victimes médiates toutes les exceptions qu'il aurait pu opposer à la victime directe.

Cette règle avait été tacitement reconnue par tous les arrêts fondamentaux qui ont construit notre droit prétorien de la responsabilité du fait des choses dans des espèces où, à la suite du décès de la victime directe, l'action est intentée par ses proches, victimes médiates.

Les exceptions nées en la personne de la victime directe, et opposables à la victime par ricochet, sont de deux ordres : la faute de la victime et les clauses du contrat passé par la victime directe.

§ 1. L'opposabilité de la faute de la victime directe

271 ***La faute dans le fait générateur du dommage corporel initial*** [1] ◊ Lorsque, dans la genèse de l'accident – fait générateur de son dommage corporel – la victime initiale a commis une faute qui, selon les règles juridiques applicables, entraîne un *partage de responsabilité*, donc une *limitation de son indemnisation*, le problème se pose de savoir si ce même partage, cette même limitation de l'indemnisation, doit être projeté sur la victime par ricochet pour la réparation de ses propres préjudices.

Cette opposabilité avait été proclamée par un arrêt de principe des *chambres réunies du 25 novembre 1964*.

Cependant, par deux arrêts des *7 juin et 25 octobre 1978*, la *deuxième chambre civile* avait opéré un revirement important et inattendu : elle analysait la situation du responsable de l'accident et de la victime immédiate fautive comme celle de deux coauteurs tenus *in solidum* envers la victime par ricochet : le responsable était ainsi condamné à indemniser l'entier « dommage » de la victime par ricochet, sans pouvoir lui opposer la faute de la victime directe.

Le fondement et les conséquences de cette analyse étaient également critiquables. En effet, dans le « dommage par ricochet », il n'y a qu'un responsable et deux victimes, et non pas deux coauteurs responsables d'une seule victime ; il faut en effet se souvenir que, dans notre droit, le de cujus ne saurait être « responsable » de sa propre mort à l'égard de ses proches.

---

1. **Opposabilité de la faute de la victime initiale ; hésitations jurisprudentielles :** Ch. réunies, 25 nov. 1964, *D.* 1964.733, concl. Aydalot, *JCP* 1964.II.13972, note Esmein ; Civ. 2e, 27 janv. 1965, *D.* 1965.619, note Y. Lambert-Faivre (opposabilité), Dijon, 4 avr. 1980 et Pau, 22 juill. 1980, *D.* 1981.159, note Larroumet ; J. Fossereau, « L'incidence de la faute de la victime sur le droit de ses ayants cause agissant à titre personnel », *RTD civ.* 1963.9 ; Civ. 2e, 7 juin et 25 oct. 1978, *D.* 1979.114, note critique Larroumet, *Gaz. Pal.*, 13 mai 1979, note Plancqueel, *JCP* 1979.II.19193, note Chabas, *RTD civ.* 1980.112, obs. Durry (inopposabilité).

272 ***La consécration jurisprudentielle et légale de l'opposabilité*** [1] ◊ Le nouveau revirement consacré par deux arrêts de *l'Assemblée plénière de la Cour de cassation* rendus le *19 juin 1981* était particulièrement opportun, en consacrant le *principe de l'opposabilité aux victimes par ricochet des causes d'exclusions de responsabilité opposables à la victime originaire.* Ces décisions ont été prises sur la base de l'article 1382 du Code civil : « Attendu que celui dont la faute a causé un dommage est déchargé en partie de la responsabilité mise à sa charge s'il prouve qu'une faute de la victime a concouru à la production du dommage ; qu'il en est ainsi, non seulement lorsque la demande d'indemnité est formée par la victime elle-même, mais encore lorsqu'elle l'est par un tiers qui, agissant de son propre chef, demande réparation du *préjudice personnel* dont il a souffert du fait du décès de la victime ou de l'atteinte corporelle subie par celle-ci ; *que, si l'action de ce tiers est distincte par son objet de celle que la victime a pu exercer, elle n'en procède pas moins du même fait originaire considéré dans toutes ses circonstances* ».

Cependant cette analyse, juridiquement exacte, posait un problème d'équité à une époque où le rôle de la faute de la victime dans les accidents de la circulation était encore une cause regrettable de partage de responsabilité : le champ des victimes non indemnisées était encore élargi aux victimes par ricochet.

La loi Badinter du 5 juillet 1985 a consacré le principe de l'opposabilité, en limitant ses inconvénients par la restriction considérable du rôle de la faute de la victime dans les accidents de la circulation. Cependant le maintien légal du rôle de la faute des conducteurs victimes constitue un problème grave pour leur indemnisation et celle de leurs proches, victimes par ricochet.

§ 2. L'opposabilité des dispositions contractuelles

273 ***a) En matière de contrat de transports de personnes*** [2] ◊ Il existe de nombreux textes et conventions internationales applicables aux contrats de transports, qui édictent une *limitation de responsabilité* et qui visent non seulement les personnes transportées - partie au contrat de transport - qui seraient victimes d'un accident, mais aussi - et expressément - les victimes par ricochet : la Convention de Varsovie de 1929 pour les transports aériens internationaux, la Convention de Bruxelles de 1961 pour les transports maritimes internationaux, la loi du 2 mars 1957 pour les transports aériens

1. **Consécration de l'opposabilité à la victime par ricochet de la faute de la victime initiale :** Ass. plén. 19 juin 1981 (deux arrêts), *Gaz. Pal.*, 26 août 1981, note J. Boré, *RGAT* 1981.388, obs. A.B., *D.* 1981.641, note Larroumet et *D.* 1982, concl. Cabannes, note Chabas, *RTD civ.* 1981.857, obs. Durry, *JCP* 1982.II.19712, rapp. Ponsard ; Civ. 1re, 11 janv. 1983, *JCP* 1983.IV.95 ; Civ. 2e, 19 févr. 1986, *RTD civ.* 1987.353, obs. Huet (opposabilité de la faute de la victime directe aux victimes par ricochet). La solution est depuis constante : pour des rappels récents : Civ. 2e, 16 janv. 2014, n° 13-1113. Crim. 5 mai 2015, n° 13-88124. - **Sur la faute dans la loi Badinter :** v. ss 723, la faute intentionnelle des victimes « surprotégées » ; v. ss 726, la faute inexcusable de la victime non conducteur ; v. ss 735 s., la faute du conducteur.

2. **Sur l'indemnisation des victimes de transports de personnes :** v. ss 988 s.

internes, la loi du 18 juin 1966 pour les transports maritimes internes soumettent les proches au même régime de réparation que les victimes directes, quel que soit le titre auquel elles agissent (action successorale ou action personnelle par ricochet).

274 ***b) En matière d'accident du travail*** [1] ◊ Le salarié victime d'un accident du travail ne disposant d'aucun recours de droit commun contre l'employeur ou ses préposés (art. L. 451 CSS), sa veuve agissant en son nom personnel peut-elle exercer un tel recours ?

En principe les victimes par ricochet sont soumises au même régime juridique d'indemnisation que la victime initiale, et la jurisprudence a d'abord appliqué cette solution très classique (Soc., 19 mars 1986).

Cependant un arrêt très remarqué rendu par l'Assemblée plénière de la Cour de cassation le 2 février 1990 avait minimisé la portée des restrictions légales : « le conjoint de la victime d'un accident du travail, *lorsque la victime a survécu*, n'a pas la qualité d'ayant droit au sens de l'article L. 451-1 précité et peut dès lors être indemnisé de son préjudice personnel selon les règles du droit commun ». Cette importante décision dissocie, en cas de survie de l'accidenté, le système juridique de la victime par ricochet qui demande réparation de son préjudice personnel du fait de l'accident du travail, de celui de la victime initiale. Peu justifiée sur le plan de l'analyse des préjudices réfléchis qui émanent du même fait dommageable que les préjudices directs, cette jurisprudence manifeste, sur le plan de l'équité, les réticences de la haute juridiction devant les restrictions légales, aujourd'hui fort injustes, applicables à l'indemnisation des accidentés du travail.

275 ***c) En matière de contrat d'assurance*** ◊

1) Le paradoxe : l'exclusion d'une victime initiale et la garantie de ses proches victimes par ricochet [2]

L'assurance joue un rôle fondamental dans l'indemnisation des dommages corporels. Dès lors le problème de l'opposabilité de l'exclusion de

1. **Sur l'indemnisation des victimes d'accidents du travail :** v. ss 445 s. : Soc., 19 mars 1986, *D.* 1986.557, note Y. Saint-Jours (opposabilité de la faute de la victime initiale) ; Ass. plén., 2 févr. 1990, affaire Carlat, (la victime par ricochet n'est pas un « ayant droit » et n'est pas soumise aux restrictions du droit du travail). Solution confirmée, dans le cas de l'accident du travail constitutif d'une infraction pénale, par Civ. 2e, 7 mai 2009, *JCP (S)* 2009, 1410, note G. Vachet. Civ. 2e, 28 avr. 2011, n° 10-17717. V. ss 495.

2. **Décisions n'opposant pas à la victime par ricochet les exclusions de garantie applicables à la victime directe :** Civ., 21 févr. 1968, *RGAT* 1968.404, *D.* 1968. 361 ; TGI Paris, 8 juin 1971, *RGAT* 1972.251, note Besson ; TGI Orléans, 15 mai 1970, *JCP* 1972.II.17042, note Bigot ; Civ., 12 mars 1970 et Paris, 29 oct. 1970, *RGAT* 1971.107, note Besson ; Lyon, 23 nov. 1971, *RGAT* 1972.565, note Besson ; Civ., 7 juin 1974, *D.* 1975.425, note Berr et Groutel, *RTD civ.* 1975.551, obs. Durry ; Civ., 18 nov. 1975, *RTD civ.* 1976. 568, obs. Durry ; Civ., 9 janv. 1973, *Gaz. Pal.* 1973.1.303, note H.M., *D.* 1973.553, note Berr et Groutel, *RGAT* 973.545, note A.B., *RTD civ.* 1974.626, n° 21, obs. Durry ; Rouen, 10 avr. 1973, *Gaz. Pal.*, 2 mai 1974, note H.M. ; Civ., 20 oct. 1976, *Gaz. Pal.*, 11 févr. 1977, 2e espèce, note Margeat, et Ass. fr. 1977.101, note Margeat ; Civ. 1re, 3 juill. 1979, *RGAT* 1980.236, *D.* 1980.73, note Berr et Groutel ; Civ. 2e, 14 févr. 1979, *RGAT* 1980.88 ; Civ., 1er avr. 1981, *D.* 1982.I.R.101, obs. Berr et Groutel.

garantie d'assurance à la victime par ricochet est lourd de conséquences. C'est pourquoi certaines décisions ont fait aux victimes par ricochet un sort meilleur qu'aux victimes initiales exclues, dont leur préjudice procède cependant. Elles se fondent généralement sur l'interprétation restrictive des exclusions de risque et sur la lettre de l'article R. 211-8 du Code des assurances qui, en matière d'assurance automobile, exclut la réparation « des dommages *subis* par la personne »..., seule la victime directe « subit » un « dommage corporel ».

2) La cohérence retrouvée : l'opposabilité à la victime par ricochet des exceptions opposables à la victime initiale [1]

Les Conventions internationales précitées en matière de transport de personnes ont une rédaction nette : les limitations de responsabilité qu'elles édictent sont opposables non seulement aux voyageurs transportés, mais encore à leurs proches « agissant à quelque titre que ce soit », c'est-à-dire à titre successoral, ou à titre de victimes par ricochet pour les préjudices subis personnellement du fait de l'accident.

De même la majorité de la doctrine et un important courant jurisprudentiel opposent les exclusions éditées pour les victimes directes aux victimes par ricochet qui réclament réparation de leurs préjudices personnels.

Aujourd'hui, en matière de responsabilité civile (art. 6, loi 5 juillet 1985) comme en matière d'assurance automobile (art. R. 211-8), il apparaît acquis que les victimes par ricochet d'un accident de la circulation peuvent se voir opposer les limitations ou exclusions de responsabilité ou de garantie applicables à la victime directe d'un accident de la circulation. Il faut seulement souligner que le champ de ces exclusions étant désormais très réduit, le problème a perdu beaucoup de son acuité.

276 ***Conclusion générale sur la présentation des préjudices dans la nomenclature Dintilhac dans la perspective de sa légalisation*** ◊ La nomenclature Dintilhac est aujourd'hui devenue la référence incontournable de l'évaluation du dommage corporel en droit privé. Elle a ainsi été à l'origine d'une nette amélioration de la situation des victimes car elle a permis, ce qui est d'ailleurs la vertu propre d'une nomenclature, d'édicter une liste des préjudices invocables à laquelle chacun des acteurs de la réparation du dommage corporel peut désormais se référer. Elle a par ailleurs permis à la Cour de cassation d'entrer résolument dans le champ de cette matière en définissant certains chefs de préjudices (déficit fonctionnel, préjudice d'agrément, préjudice sexuel, d'accompagnement, etc.) aux termes de jurisprudences certes parfois critiquées, mais qui marquent la fin d'une époque où la question du dommage corporel était totalement

1. **Décisions opposant à la victime par ricochet les exclusions de garantie applicables à la victime directe** : H. Margeat, « Comment détecter les personnes exclues ? », Ass. fr. 1974.261, *Gaz. Pal.* 1974.1.328 ; Civ., 21 déc. 1965, *RGAT* 1966.395 ; Civ., 2 mai 1967, *RGAT* 1967.517 ; Pau, 29 oct. 1970, *D.* 1971.233, note Berr et Groutel ; Civ., 3 févr. 1971, *RGAT* 1972.95, note Besson ; Civ. 1re, 1er avr. 1981, *D.* 1982.I.R.101, obs. Berr et Groutel ; Civ. 2e, 7 nov. 1985, *JCP* 1986.II.20588, note F. Chabas (opposabilité loi Badinter aux victimes par ricochet).

abandonnée au pouvoir des juges du fond, avec les risques d'interprétations divergentes et d'inégalité entre victimes qui en découlaient [1].

Après environ dix ans d'application, et à l'heure où cette nomenclature pourrait être choisie comme base pour l'imposition d'une nomenclature unique par voie réglementaire, certaines de ses principales imperfections doivent toutefois être mises en exergue.

La première nous semble résider dans la distinction de principe opérée entre les préjudices permanents et temporaires, *autour de la date de consolidation*. Or, ainsi que nous l'avons à plusieurs reprises souligné, cette distinction est source de difficultés, d'abord car cette notion est incertaine dans son contenu, mais surtout car elle apparaît inadaptée dans son application aux préjudices patrimoniaux. À leur égard, la vraie distinction semble en effet davantage se situer entre les préjudices déjà nés au jour du règlement et les préjudices futurs.

La seconde imperfection, plus fondamentale, consiste dans l'hétérogénéité de certains postes de préjudices, dont à titre principal, les déficits fonctionnels provisoire et permanent et l'incidence professionnelle [2]. Or, ce mélange, sous un même chef, de préjudices de nature distincte est très perturbant. Perturbant tout d'abord sur le terrain de la méthode, puisque la maîtrise de la subtilité de la composition de ces postes risque de n'être guère accessible qu'à quelques spécialistes de la matière. Perturbant aussi sur le terrain de l'évaluation puisque la diversité des préjudices réparés sous chaque poste implique un mode d'évaluation différent, ce qui, on l'a vu notamment dans le cas du DFP, est source de grandes confusions. Perturbant enfin pour les victimes dont on peut craindre que le droit à réparation intégrale ne soit pas, devant une telle complexité, réellement respecté.

La Nomenclature Dintilhac, notamment si elle doit être imposée à tous par voie de règlement, doit donc sans doute aujourd'hui encore être améliorée sur un certain nombre de points afin que la détermination et l'évaluation des préjudices nés du dommage corporel puissent assurer au mieux le principe de la réparation intégrale. Le projet de décret présenté par la Chancellerie à la fin de l'année 2014 semblait, pour la plupart des critiques exprimées, aller dans le bon sens en les corrigeant. Puisse ce décret être enfin adopté [3] !

---

1. En ce sens : H. Adida-Canac, « Le contrôle de la nomenclature Dintilhac par la Cour de cassation », *D.* 2011. 1497.
2. Sur l'incidence professionnelle, v. ss 190 s. ; sur le DFT, v. ss 198 s. ; sur le DFP, v. ss 207 s.
3. O. Gout et S. Porchy-Simon, « Plaidoyer pour la défense des nomenclatures dans le droit du dommage corporel », *D* 2015. 1499.

ANNEXE

STATISTIQUES D'INDEMNISATION EN CAS DE DÉCÈS

I – Évolution des coûts moyens des différents préjudices des ayants droit depuis 2012 [1]

	Coût moyen 2012	Effectifs 2012	Variation moyenne annuelle de 2007 à 2012	Variation moyenne annuelle de 2002 à 2012
Préjudice d'affection et d'accompagnement	12 400 €		+ 2 %	+ 3 %
dont conjoints	*24 300 €*	*6 %*	*+ 4 %*	*+ 3 %*
dont enfants	*15 000 €*	*19 %*	*+ 1 %*	*+ 3 %*
dont parents	*19 300 €*	*18 %*	*+ 2 %*	*+ 3 %*
dont frères et sœurs	*9 200 €*	*28 %*	*+ 2 %*	*+ 4 %*
dont autres membres famille	*7 500 €*	*25 %*	*+ 4 %*	*+ 6 %*
dont tiers	*6 500 €*	*4 %*	*- 1 %*	*- 4 %*
Perte de revenus	52 400 €		+ 3 %	+ 3 %
dont conjoints	*98 400 €*		*+ 5 %*	*+ 5 %*
dont enfants	*23 700 €*		*+ 2 %*	*+ 3 %*

1. Source = FFSA/GEMA = Assurances automobiles = les sinistres corporels en 2012 (2014).

II – Coût moyen des différents postes de préjudice en 2012 (rapport FFSA/GEMA) [1]

	Coût moyen* 2012	Variation moyenne annuelle de 2007 à 2012	Variation moyenne annuelle de 2002 à 2012
Ensemble des indemnités d'un décès	100 400 €	+ 3 %	+ 5 %
par victime décédée	-	-	-
Frais d'obsèques	5 400 €	0 %	+ 2 %
Préjudice d'affection	70 200 €	+ 3 %	+ 5 %
Perte de revenus	91 900 €	+ 3 %	+ 4 %
par ayant droit	-	-	-
Préjudice d'affection	12 400 €	+ 2 %	+ 3 %
Perte de revenus	52 400 €	+ 3 %	+ 3 %

III – Valeur indicative des préjudices selon le référentiel intercours (sept. 2014) = cas du préjudice d'affection

Préjudice du conjoint (ou concubin) en cas de décès de l'autre conjoint	20 000 € à 30 000 €
Préjudice de l'enfant en cas de décès du père ou de la mère :	-
- enfant mineur	25 000 € à 30 000 €
- enfant mineur déjà orphelin	Majoration de 40 % à 60 %
- enfant majeur vivant au foyer	15 000 € à 25 000 €
- enfant majeur vivant hors du foyer	11 000 € à 15 000 €
Préjudice du parent pour la perte d'un enfant	20 000 € à 30 000 €
Préjudices des frères et sœurs :	-
- vivant au sein du même foyer	9 000 € à 14 000 €
- ne vivant pas au même foyer	6 000 € à 9 000 €
Préjudice du grand-parent pour la perte d'un petit-enfant :	-
- relations fréquentes	11 000 € à 14 000 €
- relations peu fréquentes	7 000 € à 10 000 €
Préjudice du petit-enfant pour la perte d'un grand-parent :	-
- relations fréquentes	6 000 € à 10 000 €
- relations peu fréquentes	3 000 € à 7 000 €

1. Source = FFSA/GEMA = Assurances automobiles = les sinistres corporels en 2012 (2014).

TITRE 2

LE RÉGIME JURIDIQUE DES INDEMNITÉS RÉPARATRICES DES PRÉJUDICES NÉS DU DOMMAGE CORPOREL

277 ***Plan du titre 2*** ◊ Une fois identifiés et évalués par le régleur, les préjudices subis par la victime s'expriment sous la forme d'une créance de dommage et intérêts, créance monétaire qui obéit à un certain nombre de règles juridiques. Ainsi convient-il de voir selon quelles modalités ces dommages et intérêts sont versés à la victime, avant de s'intéresser aux droits concrets que cette dernière peut exercer sur cette créance.

Chapitre 1 – *Les modalités des dommages et intérêts*
Chapitre 2 – *Les droits de la victime sur la créance de réparation*

CHAPITRE 1
LES MODALITÉS DES DOMMAGES ET INTÉRÊTS

278 Le rôle du régleur ne s'arrête pas à la simple fixation du montant monétaire de la créance de dommages et intérêts. Celui-ci doit en effet, lors de *l'indemnisation initiale*, déterminer sous quelle forme - capital ou rente - celle-ci sera effectivement servie à la victime (section 1), la variation des éléments du préjudice pouvant l'obliger à réviser, dans un deuxième temps, le montant de cette dernière (section 2).

SECTION 1. LE CHOIX INITIAL : CAPITAL OU RENTE ?

279 La créance de réparation ayant été fixée poste par poste par le régleur, une question demeure en suspens : celle des modalités concrètes selon lesquelles les dommages et intérêts seront versés à la victime. Deux possibilités existent en effet, qui peuvent d'ailleurs être combinées : l'indemnisation sous forme de capital ou de rente. Ce choix se pose théoriquement dans toutes les hypothèses de dommage corporel, mais il s'avère plus crucial dans les cas de préjudices les plus lourds (déficit fonctionnel permanent important, victimes de traumatisme crânien), où la victime peut avoir des difficultés à gérer un important capital. Les incidences de ce choix sur les prestations sociales que la victime peut percevoir ainsi que sur le régime fiscal de l'indemnité peuvent également interférer dans cette décision.

Il ne se présente par ailleurs pas de la même façon selon le poste envisagé. Ainsi l'attribution d'une rente peut sembler logique pour indemniser une perte de revenus ou une assistance tierce personne, puisqu'elle vient pallier une perte ou une dépense périodique, alors que le capital pourra s'imposer dans d'autres cas. Le choix appartient dans tous les cas au juge, et l'avocat doit veiller à adapter sa demande à la situation particulière de la victime.

§ 1. L'indemnisation sous forme de capital

280 Le principe du règlement en capital présente théoriquement des avantages pour tout le monde :

– la victime dispose d'une somme importante dont elle dispose comme bon lui semble. Sa liberté personnelle est sauvegardée puisqu'elle peut librement investir ou placer ce capital pour en tirer les revenus qui lui sont nécessaires ;

– l'assureur-payeur peut clore son dossier et apurer ses comptes relatifs à l'accident.

Le règlement en capital va de soi pour tous les chefs de préjudices antérieurs à l'évaluation : tous les frais déjà exposés, toutes les pertes de revenus déjà subies, ainsi que pour tous les préjudices extra-patrimoniaux pour lesquels le choix de la rente apparaîtrait inadéquat. En revanche lorsqu'il s'agit de préjudices économiques futurs (perte de revenus, ATP, etc.), le choix du capital apparaît moins adapté. Il pose par ailleurs des difficultés de calcul, au regard du principe de la réparation intégrale.

281 ***Les difficultés d'application du principe indemnitaire*** [1] ◊ Celui-ci impose une indemnisation totale de la victime, mais sans enrichissement. Il en résulte que le capital ne doit pas être calculé pour que ses seuls intérêts compensent la perte subie : en effet les seuls produits du capital couvriraient alors tout le préjudice, et le capital lui-même constituerait un « enrichissement ». Théoriquement, au terme de la vie de la victime, c'est donc le capital lui-même qui doit être consommé avec ses produits.

Dans le cas de la perte de revenus, l'institution des retraites complique encore les calculs : il n'est pas possible en effet de s'en tenir à une évaluation qui prendrait l'âge de la retraite pour terme de l'indemnisation, si précisément l'arrêt prématuré de toute activité professionnelle a diminué, voire supprimé, les droits à la retraite dont aurait bénéficié la victime sans l'accident. Il convient cependant de tenir compte des droits à la retraite déjà acquis et de la diminution normale des revenus à l'âge de la retraite pour évaluer le préjudice économique viager subi par la victime, notamment par le biais du poste d'incidence professionnelle [2].

L'attribution immédiate d'un capital paraissant avantageux pour la victime, certains ont proposé de frapper le capital d'un abattement du tiers ou du quart : cependant cette prétention sans aucun fondement juridique a été heureusement repoussée par la jurisprudence.

282 ***Les paramètres du calcul du capital*** ◊ Afin d'éviter un enrichissement de la victime, le capital doit être calculé afin qu'à la fin de la vie de l'intéressé, ou de la période d'indemnisation, le capital et ses intérêts soient consommés. Il convient donc souvent de convertir une perte de revenus ou une dépense périodiques en un capital en tenant compte de cet impératif. Pour cela, le régleur utilise des barèmes dits de « capitalisation » ou encore table de conversion. Un « *barème de capitalisation* » [3] est en effet

---

1. **Application du principe indemnitaire ; pas d'abattement sur le capital** : CE 16 avril 1948, Rec. CE 1948, p. 167 ; Crim., 12 mars 1959, *Bull. crim.*, n° 173, p. 346 ; Civ. 2e, 20 déc. 1966, *D.* 1967.669, note M. Le Roy ; Civ. 2e, 27 nov. 1991, *RCA* 1992, n° 46.

2. *Sur cette question*, v. ss 190.

3. **Barèmes de capitalisation** : cf. annexe, *infra*, p. 274 s. ; P. Abram, J. A. Preziosi, « De quelques réflexions sur les inconvénients de la multiplicité des barèmes de capitalisation et les moyens d'y pallier », *Gaz. Pal.* 6-7 juill. 2001 p. 2 ; A. Coviaux, F. Bibal, « Barèmes de capitalisation : le test comparatif », *Gaz. Pal.* 2006, doct., 2213. G. Defrance « Quel barème choisir pour capitaliser les rentes », L'argus 14 déc. 2007. J. Grimald, « Réparation du dommage corporel :

nécessaire pour convertir en capital des revenus périodiques ou rentes et vice-versa. Ici il s'agit d'évaluer en capital une perte de revenus temporaire (jusqu'à la retraite) ou viagère, des besoins en assistance tierce personne, ou de renouvellement de matériel. Le « barème de capitalisation » donne la valeur de *« l'euro de rente »* défini comme la somme nécessaire à un organisme de capitalisation pour obtenir une rente annuelle de 1 euro. Or, le choix du barème de capitalisation s'avère absolument crucial, car il modifie concrètement, dans une très importante proportion, le montant du capital effectivement affecté à la victime. Sa construction prend en compte deux données essentielles :

- *Les tables de mortalité*, qui sont nécessaires pour déterminer le temps pendant lequel la rente sera servie. Il paraît à cet égard indispensable de prendre en compte les tables de mortalité les plus récentes. Cette question n'est toutefois plus guère discutée. Les barèmes actuels prennent en effet tous en compte les tables de l'INSEE 2006-2008.
- *Les taux d'intérêt* : à travers eux, il s'agit d'anticiper les rendements qui pourront être espérés avec le placement des sommes obtenues par la victime. Celle-ci est bien entendu libre de gérer le capital comme elle le souhaite mais aucun calcul ne peut être opéré sur la base d'une évaluation *in concreto* car il est totalement impossible d'anticiper, au jour du règlement, les rendements qui pourront être obtenus sur une longue période. Tous les barèmes sont donc fondés sur les taux d'intérêt des titres financiers émis par l'État [1]. Demeurent toutefois deux questions, inégalement prises en compte par les différents barèmes. Doit-on, d'une part, prendre en compte un taux à court terme en partant du postulat que les sommes doivent être constamment disponibles pour les victimes ou un taux à long terme plus conforme à la durée pour laquelle l'indemnisation est envisagée ? Doit-on, d'autre part, déduire du taux la charge prévisible de l'inflation en considérant que « la

obsolescence des barèmes de capitalisation et liberté du juge », *Gaz. Pal.* 15-17 juin 2003 p. 10 ; P. Bourdier, « Sur l'application du barème TD 88/90 quant au calcul du préjudice économique des victimes d'accidents et de leurs ayants droit » *Gaz. Pal.* 24-27 déc. 2003. C. Kleitz, « Barème de capitalisation : le millésime 2013 est arrivé », *Gaz. Pal.* 28 mars 2013, p. 3. G. Mor, « Le temps et l'évaluation des préjudices », *Gaz. Pal.* 13 février 2007, p. 206. • Décret n° 86-973 du 8 août 1986 fixant les modalités de conversion en capital d'une rente consécutive à un accident, *JO*, 22 août 1986, p. 10195, *D.* 1986, L. 461. Barème de la Gazette du Palais : *Gaz. Pal.* 2004, doct. 3463. « Livre blanc sur l'indemnisation du dommage corporel », Association française de l'assurance, avril 2008, spéc. p. 9 s. ; Barème de capitalisation 2011, *Gaz. Pal.* 5 mai 2011, p. 7. Barème de la Gazette du Palais 2013, *Gaz. Pal.* 28 mars 2013, p. 3 – **Jurisprudence** : Crim., 11 oct. 1988, *Gaz. Pal.*, 29 janv. 1989 (validité de la référence à un barème de capitalisation) ; Civ. 2e, 18 oct. 1995, *RCA* 1995, n° 355 (le barème annexé du Décr. 8 août 1986 ne s'impose pas au juge du fond ; liberté d'appréciation) ; Crim. 19 sept. 2000, *RCA* 2001, n° 79 (le juge est libre de se référer au barème qu'il estime le plus adéquat) ; Civ. 2e, 7 juin 2001, *RCA* 2001, n° 286 (conversion inverse d'un capital en rente : les juges du fond sont souverains pour choisir un prix de franc de rente). CE, 4 déc. 2009, *Gaz. Pal.* 10 aout 2010, p. 42 (même solution). Civ. 2e, 4 oct 2012, n° 11-23426 et 11-23908, *Gaz. Pal.* 9 nov. 2012, p. 38 (application de l'interdiction de statuer *ultra petita* et du principe du contradictoire dans le choix du barème).

1. Pour une explication détaillée de ces questions : JD Le Roy, « Présentation des barèmes de capitalisation », in M, JD Le Roy et F. Bibal, *op. cit.*, p. 325.

rente allouée étant censée permettre à la victime de supporter les charges périodiques futures régulières liées à sa survie, il convient logiquement de prévoir l'évolution présumée du coût de la vie ou une certaine indexation représentative de cette évolution qui est en principe un renchérissement annuel de l'ordre de grandeur de l'inflation » [1] ? Ces deux questions sont essentielles pour les droits des victimes car plus le taux est bas, plus le capital sera élevé.

283 ***Le choix du barème de capitalisation*** ◊ Plusieurs barèmes existent car le choix appartient au régleur (juge ou assureur en cas de transaction) sans que le législateur n'ait cru bon d'intervenir sur une question qui détermine pourtant en pratique de manière absolument essentielle l'indemnisation de la victime. De son côté, la Cour de cassation n'impose pas de barème précis, renvoyant la question à l'appréciation souveraine des juges du fond, sous la seule limite du principe de la réparation intégrale.

On peut ainsi citer en premier lieu le barème de capitalisation annexé au décret du 8 août 1986 qui fixe les modalités de conversion en capital d'une rente consécutive à un accident. Il ne s'imposait pas réglementairement au régleur, d'autant qu'il est constitué de deux paramètres vieillis : les tables de mortalité INSEE 1960-1964 qui sous-estimaient l'espérance de survie à un âge donné, et un taux d'intérêt élevé qui diminuait la valeur du franc de rente et du capital corrélatif : l'espérance de vie était en 1986 de 67,0 années pour les hommes et 73,6 pour les femmes ; elle est passée fin 2010 à 78,1 pour les hommes et 84,8 pour les femmes ; le taux d'intérêt légal était de 6,50 % en 1986, il est fixé à 0.38 % pour 2011. Il n'est aujourd'hui plus utilisé par les juges, le Conseil d'État ayant en effet lui-même renoncé à son utilisation par un arrêt du 4 décembre 2009 [2].

En pratique, aujourd'hui, deux principaux types de barème sont utilisés.

Le premier est celui de l'Association française des assurances. Dès mai 2004, la Fédération française des sociétés d'assurances a en effet adopté un « Barème de capitalisation pour l'indemnisation des victimes » (BCIV), qui est depuis réévalué chaque année. Pour 2015, celui-ci est basé sur les tables de mortalité de l'INSEE 2006-2008 et un taux d'actualisation de 1,97 % (moyenne du TEC10 entre 30/11/12 et 28/11/14). Ce barème est utilisé de manière systématique dans les transactions.

Le second est le barème dit « Gazette du Palais ». En 2004, la *Gazette du Palais* a en effet pris l'initiative de publier un barème de capitalisation fondé sur les tables de mortalité 2001, et sur un taux d'intérêt de 3,20 %. Celui-ci a ensuite été actualisé en 2011 prenant en compte un taux d'intérêt de 2,35 % et les tables de modalité 2008, puis en 2013. Cette dernière version apparaît très favorable aux victimes. Non seulement les tables de

---

1. M. Bareire, « Barème de capitalisation 2013 », *Gaz. Pal.* 28 mars 2013, p. 21.
2. **Abandon du recours à la table du décret du 8 aout 1986** : Civ. 2e, 7 juin 2001, *Bull. civ.* n° 116 (pouvoir souverain des juges du fond pour choisir la table de capitalisation). CE, 4 déc. 2009, *Gaz. Pal.* 10 août 2010, 42 (même solution).

mortalité utilisées sont celles de 2006-2008, mais surtout ce barème repose, dans l'une de ses deux versions, sur un taux d'intérêt qui opère une déduction du taux de l'inflation et qui est donc de 1,20 % (2,35 % dans les autres cas). Les juges du fond appliquent le plus généralement l'un ou l'autre de ces barèmes. Le référentiel intercours dans sa dernière version prône ainsi l'utilisation du barème de la Gazette du Palais de 2013. Dans une étude réalisée par la Coreidoc en septembre 2014, celle-ci indique toutefois que les cours d'appel sont partagées [1]. Si elles appliquent très majoritairement les barèmes de la Gazette du Palais, 9 d'entre elles appliqueraient la version de 2013 [2], 10 celui de 2004 [3] et 7 celui de 2011 [4].

284 Cette diversité des pratiques surprend, car le choix du barème est déterminant pour les victimes, ainsi qu'un bref exemple chiffré permet de le démontrer. Le montant effectif du capital attribué à la victime peut en effet, sur la base d'une même évaluation d'un poste de préjudice, varier quasiment du simple au double selon le barème utilisé.

Exemple d'une femme de 40 ans à qui il est alloué une rente annuelle viagère de 50 000 euros par an

Table utilisée	Prix de l'euro de rente	Calcul	Capital (en euros)
Table TD 88/90	17,298	50 000 x 17,298	864 900
Gazette du Palais 2004	23,653	50 000 x 23,653	1 182 650
Barème AFA 2015	28,939	50 000 x 28,939	1 446 950
Gazette du Palais 2011	27,858	50 000 x 27,858	1 392 900
Gazette du Palais 2013 1re version (taux d'intérêt hors inflation)	26, 871	50 000 x 26,871	1 343 550
Gazette du Palais 2013 2e version (taux d'intérêt intégrant l'inflation)	33,949	50 000 x 33,949	1 697 450

285 ***La nécessité d'une table de conversion unique*** ◊ Cette multiplicité des tables de conversion, avec la totale liberté accordée au régleur pour en appliquer l'une ou l'autre n'est pas acceptable, notamment car elle introduit

---

1. « Recueil méthodologique intercours : Analyse et commentaires de la COREIDOC », sept. 2014, p. 4, consultable sur le site de l'AREDOC.

2. CA d'Angers (ch. corr.), Rouen (ch. des urgences), Versailles (5e chambre), Orléans (ch. correc.), Chambéry, Caen, Amiens, Toulouse, Paris.

3. CA de Rennes, Lyon, Montpellier, Colmar, Bordeaux, Aix-en-Provence, Versailles (3e chambre), Grenoble, Nancy.

4. CA de Pau (2e ch.), Agen, Fort-de-France, Dijon (1re chambre), Versailles (8e chambre), Reims, Bourges, Besançon, Metz.

une grave inégalité entre victimes ainsi que l'exemple ci-dessus l'établit. En outre, une étude réalisée en 2006 avait pu démontrer que, quel que soit le barème utilisé parmi ceux alors en vigueur, le principe de la réparation intégrale du préjudice n'était pas respecté, dans des proportions toutefois très variables d'un cas à l'autre. Ainsi, même le barème de la *Gazette du Palais 2004*, pourtant le plus favorable aux victimes, bien que d'ores et déjà dépassé, laissait subsister au détriment de celles-ci un déficit de – 5,15 % par rapport à la réparation intégrale de leurs préjudices, quand les autres barèmes portaient cette différence à – 48,66 % pour le barème de 1986, et – 41,24 % pour le barème TD88/90 [1].

La situation paraît donc totalement inacceptable, et cela d'autant plus que le problème pourrait être aisément résolu par le choix d'un barème imposé par les pouvoirs publics et sa réévaluation annuelle fondée sur des données actualisées de l'espérance de vie et du taux d'intérêt.

Dans ses conclusions, le groupe de travail du ministère de la Justice sur l'indemnisation du dommage corporel avait proposé, dès 2003, « la publication annuelle d'un barème de capitalisation indemnitaire, sur la base d'un taux d'intérêt officiel actualisé et des dernières évaluations statistiques d'espérance de vie publiées par l'INSEE ». L'Association française de l'assurance, à travers son livre blanc sur l'indemnisation du dommage corporel avait également, en avril 2008, pris parti en faveur d'un « barème de capitalisation officiel commun et révisable périodiquement, dont les composantes correspondent mieux à la réalité économique » [2].

Cette proposition avait été entérinée par l'article 56-II, 3° de la proposition de loi votée en dernière lecture à l'Assemblée nationale le 13 juillet 2011 et modifiant la loi HPST, qui prévoyait d'introduire un nouvel alinéa à l'article 44 de la loi du 5 juillet 1985 selon lequel :

« Les préjudices futurs de victimes d'accident, quel que soit leur mode de liquidation, ainsi que les prestations futures à la charge des organismes mentionnées à l'article 29 sont calculés, conventionnellement comme judiciairement, *suivant une table de conversion fixée par décret, basée sur un taux d'intérêt révisé au moins une fois par an. La table de conversion est actualisée tous les trois ans suivant les dernières évaluations statistiques de l'espérance de vie publiées par l'Institut national de la statistique et des études économiques.* »

Cette avancée devait être approuvée dans le principe car elle permettait enfin à toutes les victimes, qu'elles soient indemnisées dans un cadre transactionnel ou contentieux, de voir leurs indemnisations calculées à l'aune des mêmes paramètres. On sait toutefois que cette disposition a été annulée par le Conseil constitutionnel dans sa décision n° 2011-640 du 4 août 2011 car cette dernière, sans rapport avec la loi qui la contenait, était « un cavalier législatif ». On peut toutefois espérer que ce n'est que partie remise…

---

1. A. Coviaux et F. Bibal « Barème de capitalisation : le test comparatif », *Gaz. Pal.* 2006, doct. 2213.
2. « Livre blanc sur l'indemnisation du dommage corporel », Association française de l'assurance, avril 2008, p. 10.

Si cette disposition devait être reprise dans une autre loi, *la plus grande vigilance devra toutefois être observée quant à la méthodologie utilisée pour élaborer cette table de conversion* lorsque l'on constate les incidences concrètes que peut avoir l'application de tels ou tels barèmes sur le montant effectif des dommages et intérêts attribués.

§ 2. L'indemnisation sous forme de rente indexée

286 ***La nécessaire protection patrimoniale des victimes*** ◊ Lorsque la victime se trouve désormais dans l'impossibilité de subvenir à ses besoins, c'est-à-dire lorsque son incapacité fonctionnelle entraîne une totale incapacité professionnelle, et implique même parfois l'assistance d'une tierce personne, la réparation en capital peut être dangereuse : en effet de mauvais placements, de mauvais conseils, voire la cupidité de l'entourage ou d'aigrefins, peuvent conduire à la dilapidation du capital d'indemnisation et laisser la victime totalement démunie : l'expérience montre en effet les carences de la tutelle des majeurs handicapés, ou de mineurs, dans le contrôle d'un capital d'indemnisation. Pour les grands handicapés, l'indemnisation a un *caractère alimentaire* que la rente viagère sauvegarde mieux.

Les associations de personnes handicapées soulèvent toutefois un problème mal cerné, qui peut influencer le choix de la rente : les handicapés qui en sont titulaires, fût-ce au titre de la tierce personne, peuvent perdre leur droit à l'AAH (allocation aux adultes handicapés), et par extension leur droit à la couverture maladie universelle gratuite (CMU) [1]. Cet élément doit donc être pris en compte dans le choix d'une indemnisation sous forme de rente.

287 ***L'indexation des rentes*** [2] ◊ bien entendu, en période d'inflation, la rente viagère est un leurre si elle n'est pas indexée. Or la validité de l'indexation des

1. V. ss 307.

2. **Rentes indemnitaires indexées :** P. Esmein, « Des indemnités variables suivant un indice économique ». *JCP* 1949.I.781 ; H. Mazeaud, « Des rentes flottantes et la réparation des accidents », *D.* 1951, chron., p. 17 ; G.-L. Pierre-François, « L'indexation judiciaire des rentes viagères allouées en réparation d'un préjudice de responsabilité délictuelle », *D.* 1972, chron., p. 229 ; J. Savatier, « Les indemnités allouées aux victimes d'accidents corporels ne peuvent-elles depuis la loi du 13 juillet 1963, consister en une rente viagère indexée ? », *JCP* 1972.I.2443 ; M. Mignon, « La révision des rentes indemnitaires à durée indéterminée », *D.* 1973, chron. 129 ; S. Brousseau, « L'indexation des rentes indemnitaires », *JCP* 1973.I.2562 ; H. Cachin, « L'indemnisation des victimes d'accidents sous forme de rentes indexées », La Réassurance, 1973, p. 247 ; H. Margeat, « Indexation et revalorisation des rentes droit commun », *RGAT* 1975.5 et les nombreuses références citées ; E. S. De La Marniere ; « Observations sur l'indexation comme mesure de valeur », *RTD civ.* 1977.54 ; M. Le Roy et H. Margeat, « Indexation et revalorisation des rentes droit commun allouées en réparation d'un accident », *Gaz. Pal.* 1975. I.131 ; S. Brousseau, « Le point sur l'indemnisation par rentes indexées », L'assurance mutuelle, 1976, p. 171. C. Bernfeld et A. Coviaux, « Rentes : leur trop faible revalorisation interdit la réparation intégrale », *Gaz. Pal.* 13 juill. 2007, p. 2219. G. Mor, « Le temps et l'évaluation des préjudices », *Gaz. Pal.* 13 févr. 2006, doct. p. 206 – **Jurisprudence** : Ch. mixte, 6 nov. 1974 (2 arrêts), *Gaz. Pal.*, 4 et 5 décembre 1974, *JCP* 1975.II.17978, concl. M. Gegout, note Savatier, *RGAT* 1974.506, obs. Besson, *RTD civ.* 1975. 114 et 549, obs. Durry.

rentes indemnitaires a d'abord été admise par deux arrêts de la chambre mixte de la Cour de cassation du 6 novembre 1974, puis rapidement confirmée par la loi du 27 décembre 1974 modifiée par les articles 43 et 44 de la loi du 5 juillet 1985 en matière d'accidents de la circulation. Il convient d'étudier l'indexation des rentes indemnitaires d'une part dans le cadre des lois de 1974-1985, d'autre part hors de leur champ d'application spécifique, en notant que le calcul de la rente doit, dans le cas de la perte de revenus, être effectué sur la base des *revenus professionnels* nets de cotisations sociales, mais sans déduction de l'impôt sur le revenu, car les rentes indemnitaires elles-mêmes constitueront des revenus assujettis à l'impôt.

A. La revalorisation légale des rentes indemnitaires dans le cadre des accidents de la circulation

288 C'est dans le seul cadre des accidents de la circulation que le législateur a imposé et organisé l'indexation des rentes indemnitaires par la loi du 27 décembre 1974 complétée par le décret du 20 février 1975. La loi « Badinter » du 5 juillet 1985 a conforté le système mis en place en 1974, mais ne l'a malheureusement pas généralisé pour toutes les rentes indemnitaires quelle que soit la cause de l'accident.

1) Le champ d'application du régime légal de revalorisation

L'article 43 de la loi Badinter du 5 juillet 1985 a élargi le champ d'application de l'indexation légale à toutes « les rentes allouées soit conventionnellement, soit judiciairement en réparation du préjudice causé *du fait d'un accident de la circulation*, à la victime ou, en cas de décès, aux personnes qui étaient à charge ». Elle a donc abrogé le taux d'incapacité minimum de 75 % requis par la loi de 1974, et a élargi son application aux victimes par ricochet.

Il faut cependant souligner que même dans le cadre des accidents de la circulation, et même si la victime a une incapacité de 100 %, *la condamnation sous forme de rente demeure toujours facultative.*

Bien plus, si l'indemnisation a été calculée sous forme de rente, l'article 44 de la loi du 5 juillet 1985 permet au crédit-rentier « de demander au juge, lorsque sa situation personnelle le justifie, que les arrérages à échoir soient remplacés en tout ou en partie par un capital suivant une table de conversion fixée par décret » : c'est encore aujourd'hui le Décret du 8 août 1986 qui, nous l'avons vu, contient ces tables de capitalisation réglementaires dont les paramètres vieillis sont très défavorables aux victimes.

2) L'indice légal de revalorisation [1]

Si le choix d'une indemnisation sous forme de rente demeure toujours facultatif, en revanche le *choix* de *l'indice de référence est imposé* : l'indexation

1. **Cassation pour choix d'un indice autre que l'indice légal :** Civ., 12 mai 1976, *JCP* 1976. II.18436, note Voulet (indice trimestriel des salaires horaires) ; Crim. 22 janv. 1976, *JCP* 1976. II.18413, note Savatier (SMIC) ; Civ. 2e, 28 avril 1986, *JCP* 1986.IV.191 (indice des prix).

doit être effectuée d'après les coefficients de revalorisation prévus à l'article L. 434-17 CSS, c'est-à-dire conformément au taux de majoration annuelle des rentes accidents du travail (art. L. 341-6 CSS).

L'indice légal s'impose dans le champ d'application prévu par la loi, et les décisions judiciaires qui choisiraient un autre indice (SMIC, indice mensuel des prix à la consommation, indice des salaires horaires toute activité, prix de journée d'hospitalisation, etc.) encourraient la cassation.

La loi du 27 décembre 1974 avait créé un « Fonds de revalorisation des rentes ». Mais le faible nombre des rentes indexées et la baisse du taux d'inflation ont conduit à sa dissolution au 1er janvier 1990, et c'est alors l'État qui avait repris la charge financière de la revalorisation des rentes. Cependant l'article 82 de la loi de Sécurité financière n° 2003-706 du 1er août 2003 a désormais confié au Fonds de Garantie des Assurances obligatoires de Dommages la gestion et le financement de ces majorations de rentes : c'est le Fonds de Garantie qui désormais rembourse aux sociétés d'assurances la charge de ces revalorisations.

B. L'utilité des rentes indemnitaires indexées hors accidents de la circulation [1]

289 La modalité d'une réparation sous forme de rente est la mieux adaptée à l'indemnisation d'un préjudice futur, car elle accompagne la survie de la victime jusqu'à son terme en évitant que celle-ci ne se trouve démunie à la suite d'une erreur de gestion. Elle devrait être conseillée par l'avocat et décidée par le régleur dans tous les cas où il apparaît qu'une victime gravement handicapée ne peut avoir une activité professionnelle, lorsqu'elle a besoin d'assistance pour sa survie (financement de la tierce personne), et lorsque ses compétences (enfant) ou son état mental (grand traumatisé crânien) font douter de ses capacités à gérer un capital important.

Il existe certes des mesures juridiques de protection des intérêts des incapables, et en matière d'accident de la circulation l'art. 18 de la loi Badinter impose à l'assureur l'obligation d'aviser le conseil de famille ou le juge des tutelles avant tout paiement ; mais on note que pour les traumatisés crâniens majeurs, les familles hésitent à imposer à la victime l'humiliation de l'un des régimes de protection prévus par la loi (art. 425 s. C. civ.).

Les avocats qui devraient être libérés du souci de leurs honoraires par leur production au titre des dépenses engagées imputables à l'accident, les magistrats et les régleurs devraient tous être sensibilisés à ce problème.

1. **Rentes indexées hors accident de la circulation :** R.O. Dalcq, « L'indemnisation sous forme de rentes indexées », *in* J.-L. Fagnart et A. Pire (dir.), *Problèmes actuels de la réparation du dommage corporel*, Bruylant, 1993 ; G. Fougère et J. Landel, « De l'intérêt d'indemniser sous forme de rente », Ass. fr. 1990.326 ; TGI Paris, 6 juill. 1983, *D.* 1984.10, note Y. Chartier, et sur appel Paris, 10 nov. 1983, *D.* 1984.214, note Y. Chartier (indemnisation partie en capital, partie en rente pour un grand handicapé) ; Civ. 2e, 25 mai 1993, *RCA* 1993, n° 262 (le choix de l'indice relève du pouvoir souverain des juges du fond) ; Crim. 19 juin 1996, *RCA* 1996, n° 301 (les juges du fond sont souverains pour le mode d'indemnisation du dommage).

À cet égard il faut souligner le pouvoir souverain des juges du fond qui, dans l'intérêt de la victime, peuvent imposer une indemnisation sous forme de rente viagère, alors même que la demande portait sur un capital.

Le Conseil de l'Europe, dans sa Résolution du 14 mars 1975 sur les principes concernant la réparation des dommages en cas de lésions corporelles et de décès, précise que : « en cas d'allocation d'une rente, il serait souhaitable que celle-ci soit assortie de mesures destinées à assurer qu'en dépit des dépréciations monétaires, la valeur des versements corresponde constamment à la valeur du dommage ».

Le problème est donc général, et se pose également lorsqu'un dommage corporel grave a une autre cause qu'un accident de la circulation, notamment dans le domaine de la responsabilité médicale. Mais hors accident de la circulation, aucun cadre légal ne s'applique plus : l'indice de référence est libre, et surtout il n'y a plus de modalité légale de financement. La revalorisation des rentes pose toutefois aujourd'hui de graves problèmes, et le choix de l'indice de revalorisation apparaît alors tout particulièrement crucial.

SECTION 2. LA RÉVISION DES ÉVALUATIONS

290 ***L'évaluation des préjudices au jour du règlement*** [1] ◊ Au jour de l'évaluation des préjudices par une décision judiciaire de responsabilité civile ou une transaction, le devenir du dommage corporel a normalement été pris en compte, que ce soit dans l'évaluation des « *frais futurs* » médicaux ou paramédicaux, dans celle des *pertes de revenus professionnels futurs* ou du *déficit fonctionnel permanent*, ou de tout autre préjudice permanent.

Cependant l'avenir est toujours incertain et l'état de la victime peut soit s'aggraver, soit s'améliorer au-delà des prévisions les plus pessimistes ou les plus optimistes faites au moment de la consolidation théoriquement stabilisée. Si une décision judiciaire ou une transaction avait antérieurement fixé le montant de la réparation, les difficultés juridiques relatives à l'autorité de la chose jugée doivent être d'abord résolues.

Il faut enfin évoquer la modification judiciaire de l'évaluation après l'exercice d'une voie de recours.

§ 1. L'aggravation des préjudices

291 ***La notion d'aggravation du préjudice*** [2] ◊ Pour bien situer le problème, il convient de distinguer l'aggravation de préjudice assimilée à un préjudice nouveau et la variation de la valeur monétaire du préjudice.

---

1. **Évaluation au jour de la décision judiciaire :** J. Derrida, « L'évaluation du préjudice au jour de sa réparation », *JCP* 1951.I.918 et « La date d'évaluation d'une créance de réparation », *Rec. gén. lois et jur.*, 1956, p. 225 ; Y. Chartier, « La réparation du préjudice », *D.* 1983, n° 457 s. et « La date de l'évaluation du préjudice », *RCA* n° spécial mai 1998 sur l'indemnisation du préjudice, p. 28. – **Jurisprudence :** Req., 23 mars 1942, DA 1942.118 ; Civ. 2e, 4 oct. 1989, *RCA* 1989, n° 40.

2. **Aggravation des préjudices :** Aggravation médico-légale, v. ss 151 ; « Dommage corporel et aggravation », Dossier *Gaz. Pal.* 16 févr. 2013, v. not. L. Clerc-Renaud, « Questions clés

La *variation de la valeur monétaire du préjudice* est une conséquence classique de l'inflation : en cas d'indemnisation en capital, il appartenait à la victime de le placer judicieusement et l'autorité de la chose jugée s'oppose à une révision de la réparation. En cas d'indemnisation sous forme de rente, nous avons vu que l'indexation des rentes indemnitaires permet d'adapter la réparation du dommage à l'évolution de son expression monétaire.

Le *préjudice nouveau* est celui qui n'a fait l'objet d'aucune évaluation et d'aucune réparation antérieure : il était peut-être latent, mais dès lors que la victime n'en avait pas demandé réparation, aucune « autorité de la chose jugée » d'une décision antérieure portant sur le même objet ne s'oppose à la demande différée de la victime. Il peut résulter soit d'une aggravation de l'état médical de la victime, qui peut notamment se traduire par une réévaluation du taux d'APIPP, soit par une aggravation dite « situationnelle » où l'invalidité physiologique ne s'aggrave pas, mais où l'évolution de la situation de la victime fait naître des besoins nouveaux [1].

L'*aggravation des préjudices* pose des problèmes tant au regard du principe de l'autorité de la chose jugée qu'à celui de la technique de l'assurance RC.

A. L'aggravation des préjudices et l'autorité de la chose jugée

292 *Portée actuelle de l'autorité de la chose jugée* [2] ◊

- **Art. 1351 Code civil :** « L'autorité de la chose jugée n'a lieu qu'à l'égard de ce qui a fait l'objet du jugement. Il faut que la chose demandée soit la même ; que la demande soit fondée sur la même cause ; que la demande soit entre les mêmes parties, et formées par elles et contre elles en la même qualité ».
- **Art. 2052 Code civil :** « Les transactions ont, entre les parties, l'autorité de la chose jugée en dernier ressort ».

Dans son sens classique, l'autorité de la chose jugée interdit de revenir sur des demandes antérieurement jugées ; en revanche toute *demande nouvelle* qui n'avait donc été ni examinée, ni jugée lors du premier règlement, n'était pas couverte par l'autorité de la chose jugée. On peut toutefois se demander si cette solution traditionnelle n'est pas aujourd'hui en partie affectée par

---

autour de l'aggravation du dommage corporel », p. 7, E. Guillermou, « L'aggravation sociologique », p. 16. O. Gout, « Le futur du dommage : aggravation et amélioration », *Gaz. Pal.* 4 avr. 2011, p. 21 ; B. Heurton et G. Mor, préc., n° 122-11 s. ; H. Margeat, « Rechute, aggravation et accident subséquent », Ass. fr. 1980.471 ; Y. Lambert-Faivre, « L'évaluation du dommage après le jugement », *RCA* n° spécial sur l'indemnisation du préjudice mai 1998, p. 28 ; Crim., 9 juill. 1996, *RCA* 1996, n° 11-14 et 351, obs. Viney, chron. *JCP* 1997.I.4025, n° 23 (la circonstance qu'une victime soit atteinte d'une incapacité permanente de 100 % n'exclut pas la possibilité d'aggravation de son dommage) ; Civ. 2e, 3 févr. 2000, *RCA* 2000, n° 114 (en cas d'aggravation donnant lieu à indemnisation complémentaire, les évaluations du préjudice originaire ne peuvent être remises en cause).

1. Aggravation dite « situationnelle » : L. Clerc-Renaud, art. préc., E. Guillermiou, art. préc. G. Mor, ouvrage préc. n° 122-22 s.

2. **Autorité de la chose jugée et refus passé de toute nouvelle évaluation pour aggravation de préjudice :** Req., 15 juill. 1947, *S.* 1949.1.106 ; Civ. 2e, 12 oct. 1972, *D.* 1974.536, note Malaurie, *JCP* 1974.II.17609, note Brousseau.

l'évolution dont la notion d'autorité de chose jugée a été l'objet en droit commun de la procédure civile. En effet depuis un célèbre arrêt, l'affaire *Cesareo*, rendu par l'Assemblée plénière de la cour de cassation du 7 juillet 2006, *« il incombe au demandeur de présenter dès l'instance relative à la première demande l'ensemble des moyens qu'il estime de nature à fonder celle-ci »* [1].

Cette décision a posé le principe dit de « concentration des moyens », le demandeur, comme le défendeur, devant en effet présenter l'ensemble des moyens de nature à soutenir leur prétention dès la première instance. Cette solution a, dans l'ensemble, été vivement critiquée par la doctrine processualiste puisqu'elle modifie assez fondamentalement la définition de l'autorité de chose jugée, telle que définie par l'article 1351 C. civ. en semblant occulter l'identité de cause requise par ce texte. Son influence sur le droit du dommage corporel, et notamment sur la faculté de demander la réparation d'un préjudice nouveau, doit donc être étudiée.

Si on limite le sens de l'arrêt *Cesareo* à un principe de concentration *des moyens*, la possibilité de demander la réparation des préjudices nouveaux après une première décision s'étant prononcée sur le principe de la réparation ne paraît pas directement remise en cause. La demande d'indemnisation d'un préjudice non précédemment indemnisé est en effet non un nouveau *moyen*, mais une *demande nouvelle*. Or, l'arrêt d'Assemblée plénière du 7 juillet 2006 a posé ***une règle de concentration des moyens et non des demandes***.

Certains arrêts ultérieurs sont toutefois venus semer le trouble, et tout particulièrement, un arrêt de la première chambre civile du 28 mai 2008 [2]. Cet arrêt opérait en effet un glissement puisqu'il imposait au demandeur de présenter dans la même instance *toutes les demandes* fondées sur la même cause. Il renforçait donc l'obligation de concentration des moyens *en obligation de concentration des demandes*, solution qui aurait pu affecter, à terme, le droit à réparation d'un préjudice nouveau. Toutefois il n'apparaît pas clairement que cette solution soit retenue dans la jurisprudence récente concernant le droit de la responsabilité, car l'autorité de chose jugée ne semble en effet retenue par la Cour de cassation qu'au regard de ce qui a été tranché dans le dispositif. Un arrêt du 26 mai 2011, rendu sous le visa de l'article 1351 C. civ. a d'ailleurs affirmé « que, s'il incombe au demandeur de présenter dès l'instance relative à la première demande l'ensemble des moyens qu'il estime de nature à fonder celle-ci, il n'est pas tenu de présenter dans la même instance toutes les demandes fondées sur les mêmes faits » [3]. La solution doit être approuvée car on voit difficilement comment

---

1. **Principe de concentration des moyens** : Arrêt de principe : Ass. Plén. 7 juill. 2006, *D.* 2006. 2135, note L. Weiller, *JCP* 2007, II, 1007, note G. Bollard.

2. **Obligation de concentration des demandes ?** : Civ. 1re, 28 mai 2008, *JCP* 2008, II, 10170 note G. Bollard. *Contra* : Civ. 1re, 7 mai 2009, *RTD civ.* 2009. 731 note P. Jourdain, (acceptation d'une demande nouvelle au titre d'une aggravation du préjudice économique). Ass. plén. 13 mars 2009, *JCP* 2009, II, 10077 (l'autorité de chose jugée n'a lieu qu'à l'égard de ce qui fait l'objet d'un jugement et a été tranché dans son dispositif).

3. Civ. 2e, 26 mai 2011, n° 10-16735.V. également, Civ. 2e, 29 mars 2012, *RTD civ.* 2012. 535 obs. P. Jourdain.

une position contraire pourrait concrètement s'appliquer dans le cas du dommage corporel où il paraîtrait inopportun et irréaliste de figer l'instance en prohibant toute demande nouvelle. Une telle solution semblerait par ailleurs méconnaître le réel objet de l'instance qui n'est en effet pas la réparation globale du dommage corporel (c'est-à-dire de tous les chefs de préjudices rattachables d'une manière ou d'une autre à l'atteinte physique), mais seulement l'indemnisation des chefs de préjudices en découlant, effectivement soumis au juge [1]. Cela impose de bien faire la distinction, que nous avons toujours soulignée, entre le *dommage corporel* proprement dit, défini comme *l'atteinte à l'intégrité physique et psychique de la personne,* et les différents *chefs de préjudices* que ce dommage corporel induit. Dans le doute toutefois, et par précaution, on ne saurait trop conseiller aux plaideurs de multiplier les moyens et les demandes dès la première instance.

Sous réserve des évolutions récentes de la jurisprudence, et afin de bien comprendre comment le droit commun tente de concilier deux principes fondamentaux apparemment contradictoires, celui de la réparation intégrale des préjudices et celui de l'autorité de la chose jugée, il faut clarifier la notion de demande nouvelle.

293 ***1°) La demande nouvelle pour un préjudice préexistant non indemnisé*** [2] ◊ L'hypothèse visée est celle d'un état médical de la victime non modifié ; mais le règlement initial n'a porté que sur certains chefs de préjudices, d'autres ayant été oubliés dans la demande. Ici il convient de souligner le rôle de l'avocat de la victime dont les conclusions doivent recenser tous les chefs de préjudices subis par la victime : le juge ne doit pas statuer *ultra petita* (art. 5 C. pr. civ. : « le juge doit se prononcer sur tout ce qui est demandé et seulement sur ce qui est demandé ») ; c'est le *principe de l'immutabilité du litige* qui enferme le juge dans le cadre de l'instance tracé par les plaideurs.

Sous réserve des évolutions jurisprudentielles récentes concernant l'obligation de concentration des moyens, voire des demandes, la Cour de cassation admet comme recevable l'action tendant à la réparation d'un chef de préjudice qui n'a pas été inclus dans la demande initiale (Assemblée

1. Sur ce point, v. l'analyse différente de la Cour de cassation : Civ. 2e, 21 mai 2015, n° 14-17530 et 14-18522, *Gaz. Pal.* 30 juin 2015, p. 24 s.

2. **Préjudice préexistant non indemnisé :** Ass. plén., 9 juin 1978, *Gaz. Pal.* 1978.2.557, rapport Viatte ; Civ. 2e, 5 janv. 1994 ; *RTD civ.* 1994. 619, obs. Jourdain (frais d'aménagement d'un appartement et d'acquisition de matériel spécialisé) ; Civ. 2e, 24 janv. 1979, *Bull. civ.*, II, n° 29, p. 21 (frais engagés à la suite d'escarres) ; Crim. 23 juin 1995, *Bull. crim.* n° 219, p. 550 (préjudice économique de l'incapacité permanente professionnelle réparée dans une première demande ; préjudice strictement physiologique réparable par une demande nouvelle) ; Civ. 2e, 6 janv. 1993, *RTD civ.* 1993.587, obs. Jourdain (préjudice sexuel et d'établissement distinct du préjudice d'agrément) ; Civ. 2e, 28 mars 2002, *RCA* 2002, n° 224 (« l'autorité de la chose jugée ne peut être opposée à une nouvelle action tendant à la réparation d'un préjudice inconnu au moment de la demande initiale et sur lequel il n'avait pu être statué »). Civ. 20 juin 2005, n° 03-19917 (l'autorité de la chose jugée ne pouvait être opposée à une réclamation qui, tendant à la réparation d'un élément du préjudice non inclus dans la demande initiale, avait un objet différent de celle ayant donné lieu au premier arrêt). Civ. 2e, 21 nov. 2013, n° 12-19000, *Gaz. Pal.* 23 févr. 2014, p. 54.

plénière, 9 juin 1978) : ce peut être la perte de revenus professionnels ou les frais d'aménagement d'un appartement et l'acquisition d'un matériel spécialisé, ou encore certains préjudices personnels tels que le préjudice sexuel. Il faut souligner combien la clarté des demandes formulées par les avocats et la clarté des règlements d'indemnisation pour chaque chef de préjudices est importante ; rappelons qu'en matière d'accident de la circulation, l'offre d'indemnité faite par l'assureur doit indiquer *l'évaluation de chaque chef de préjudice* (art. R. 211.40 C. assur.) : cette exigence s'est d'ailleurs progressivement imposée dans tout règlement de dommage corporel avec la généralisation de la nomenclature Dintilhac.

294 ***2°) La demande nouvelle pour aggravation*** [1] ◊ L'aggravation de l'état de la victime quelle qu'en soit la cause – médicale ou situationnelle – entraîne de nouveaux préjudices économiques et non économiques. La principale difficulté est en fait en termes de causalité car ne peut évidemment être prise en compte que la seule l'aggravation *réellement imputable au fait générateur initial.*

Notons que les demandes en aggravation sont prescrites dans un délai de 10 ans à partir de la consolidation, non du dommage initial, mais du dommage aggravé (art. 2226 C. civ.) [2].

295 ***a) Les préjudices économiques nouveaux*** ◊ Ces préjudices économiques nouveaux peuvent être de toute nature. On peut citer à titre d'exemple :

- **Les prestations nouvelles** [3]

Il faut bien distinguer les « prestations nouvelles » des « frais futurs », prévus et chiffrés lors de l'évaluation initiale. Ici il s'agit de prestations qui

1. **Aggravation médicale :** v. ss 151. Travaux Congrès FFAMCE, Monaco, mars 1995, « L'aggravation ; approche médicale et médico-légale », *RFDC* 1995.3, p. 278 à 368 ; cf. notamment : L. Cotte, « Doctrine médico-légale et méthodologie expertale de l'aggravation », *RFDC* 1995, p. 279 ; H. Hugues, « Spécificités de la rédaction d'un rapport d'expertise en aggravation », *RFDC* 1995, p. 285 ; Y. Lambert-Faivre, « L'aggravation et l'autorité de la chose jugée », *RFDC* 1995, p. 295 ; A. Giustiniani, « L'aggravation : définition, méthodologie et mission », *ibidem* ; B. Nicourt, « La consolidation ; l'aggravation », *Méd. et dr.* mai 1995, p. 7. O. Gout, « Le futur du dommage : aggravation et amélioration », *Gaz. Pal.* 4 avr. 2011, p. 21.

2. **Point de départ du délai de prescription de la demande fondée sur l'aggravation** : Civ. 2e, 16 sept. 2010, n° 09-15391 (solution applicable même aux actions antérieures à la réforme du 17 juin 2008). Civ. 2e, 13 déc. 2012, n° 11-13104, *Gaz. Pal.* 15 févr. 2013, p. 32.

3. **Prestations nouvelles :** Ass. plén., 9 juin 1978, Ville de Bordeaux, *Gaz. Pal.* 1978.2.557, rapport Viatte, *JCP* 1978.IV.242 ; Civ. 2e, 17 janv. 1979, 24 janv. 1979, 21 févr. 1979, 4 avril 1979, *RGAT* 1980.224 ; A. Favre-Rochex, « Le recours des organismes sociaux en cas de prestations nouvelles servies postérieurement à l'attribution de l'indemnité », *RGAT* 1980.161. Cf. les nombreuses études de H. Groutel, « Le recours des organismes sociaux contre le tiers responsable postérieurement à la décision fixant le préjudice global de la victime », *D.* 1979. Chron. 149 ; « Le recours de la Sécurité sociale contre le tiers responsable pour des prestations nouvelles », *JCP* 1976.I.2815 ; « La créance prioritaire de la Sécurité sociale », *D.* 1980, chron. 221 ; « Prestations sociales nouvelles et recours contre le tiers responsable : la poursuite de l'escalade (Soc. 13 et 26 mai 1981) », *D.* 1982. 193 ; « Les rapports de la victime et du tiers responsable en cas de suspension ou de suppression d'une pension de Sécurité sociale », note s/Soc., 15 oct. 1981, *D.* 1 982,407 ; « Prestations sociales nouvelles et recours contre le tiers responsable : une nouvelle étape », note s/Soc., 25 mai 1982, *D.* 1982.610 ; « Préjudice de droit commun et étendue des

n'avaient pas été envisagées lors de la décision initiale, et qui sont nécessitées par l'aggravation de l'état de la victime. On pense par exemple à des besoins en tierce personne apparus du fait d'une dégradation de l'état de santé de la victime.

La jurisprudence ancienne refusait toute remise en question d'une décision définitive même au cas d'aggravation du préjudice ; puis elle a évolué sous la pression de la Sécurité sociale exerçant une nouvelle action subrogatoire pour obtenir le remboursement de ses nouveaux débours ; l'arrêt *Ville de Bordeaux* rendu par l'Assemblée plénière de la Cour de cassation le 9 juin 1978 a en effet posé le principe de la validité du recours de la Sécurité sociale pour remboursement des « prestations nouvelles », qu'elles aient été prévisibles ou imprévisibles lors de la décision judiciaire initiale. Cette solution est la même lorsque la demande est présentée par la victime.

• **Les pertes de revenus professionnels**

L'aggravation de l'état de la victime peut l'empêcher de poursuivre le travail qu'elle avait repris, et peut la contraindre soit à une diminution d'activité, soit même à un arrêt d'activité professionnelle. Ces préjudices professionnels nouveaux doivent alors être pris en compte, à la double condition que la décision initiale ne les ait pas envisagés, et que le nouveau préjudice invoqué soit bien la conséquence du dommage corporel.

296 ***b) Les préjudices non économiques nouveaux*** ◊ Le problème le plus difficile est celui de l'indemnisation d'un déficit fonctionnel nouveau, qui suppose la mesure de l'aggravation de l'incapacité permanente personnelle. C'est pourquoi des missions d'expertise spécifiques existent pour ce problème particulier [1]. Deux difficultés doivent notamment être résolues.

• **Les cas d'aggravation et de diminution corrélatives de certains préjudices**

Dans l'hypothèse où l'état de la victime s'est amélioré pour certains préjudices et s'est aggravé pour d'autres, pour les uns il y aurait une sorte de compensation qui s'opérerait entre aggravations et diminutions, pour les autres, l'amélioration n'étant susceptible d'aucune diminution d'indemnisation, seule l'aggravation devrait être prise en compte et faire l'objet d'un complément d'indemnisation.

Il nous semble que dans ce problème délicat, le raisonnement juridique doit être conduit *par chef de préjudice :* un préjudice économique et un préjudice moral ne peuvent se compenser ; la perte des revenus

---

recours de la Sécurité sociale : l'heure du bilan », *D.* 1983, chron. 123 ; Soc. 25 oct. 1990, *RCA* 1991, n° 98 ; Soc. 17 janv. 1991, *RCA* 1991, n° 208 (étendue du recours pour prestations nouvelles ; majoration d'une rente de veuve à 55 ans : pas d'action en remboursement complémentaire) ; Civ. 2e, 9 déc. 1999, *RCA* 2000, n° 47 (une nouvelle demande au titre du même fait ne peut être formée que dans le cas où l'état de la victime s'est aggravé). Civ. 2e, 16 janv. 2014, n° 13-11353, *Gaz. Pal.* 7 juin 2014, p. 50 (Possibilité d'indemniser la perte d'autonomie apparue après la première indemnisation, sans nécessairement réévaluer le taux d'APIPP). Dans le même sens : CE, 4 et 5e ss, 22 avr. 2013, *Gaz. Pal.* 21 juin 2013, p. 38 (même solution avec admission d'une preuve audiovisuelle).

1. V. ss 151.

professionnels et la tierce personne ne peuvent se compenser ; le déficit fonctionnel et les souffrances endurées ne peuvent se compenser : l'aggravation invoquée doit dès lors faire l'objet d'une indemnisation complémentaire poste par poste sans tenir compte de la diminution d'un autre chef de préjudice.

• **L'évaluation monétaire de l'indemnité pour aggravation** [1]

Le règlement de l'aggravation ne doit pas remettre indirectement en cause le règlement initial que l'autorité de la chose jugée rend intangible.

C'est ainsi qu'ont été cassés plusieurs arrêts de Cours d'appel dont le calcul de la réparation complémentaire se bornait de manière simpliste à calculer l'indemnisation afférente à l'état actuel aggravé de la victime, et à en déduire le montant réglé lors de la première indemnisation. En effet le différentiel correspond non seulement à l'aggravation (demande nouvelle), mais encore à l'inflation (révision monétaire du règlement initial contraire à l'autorité de la chose jugée). L'indemnité doit être calculée directement par référence à la seule aggravation.

297 ***3°) La demande nouvelle pour aggravation consécutive à un accident subséquent*** [2] ◊ L'hypothèse de l'accident subséquent imputable à l'état fragilisé de la victime est classique ; les solutions jurisprudentielles sont empiriques et le lien de causalité n'est pas retenu lorsque l'accident subséquent est dû à la faute de la victime qui n'a pas utilisé un moyen de prévention pour lequel elle avait reçu une indemnisation.

• **L'accident médical subséquent** [3]

L'accident médical constitue un cas particulier d'accident subséquent, lorsque la victime voit son état aggravé, ou décède des suites d'un traitement médical ou chirurgical imposé par l'accident initial. C'est alors

1. **Indemnité pour aggravation ; pas de réévaluation globale de toute l'incapacité :** Civ. 2e, 29 oct. 1968, *RTD civ.* 1969. 342, obs. Durry ; Civ. 2e, 22 avr. 1971, *RTD civ.* 1972. 144, obs. Durry ; Civ. 2e, 7 juill. 1993, *RCA* 1993, n° 333, obs. Groutel ; Civ. 2e, 8 juin 1994, *RCA* 1994, n° 326 ; Civ. 2e, 11 janv. 1995, *RCA* 1995, n° 94 ; Crim. 20 nov. 1996, *RCA* 1996, n° 45.

2. **Accident subséquent :** aspect médico-légal, v. ss 151.

3. **Accident médical subséquent :** sur la responsabilité médicale, v. ss 780 s. ; O. Rodat et G. Nicolas, « Accident thérapeutique, faits postérieurs et responsabilité médicale », *RFDC* 1983, p. 271. – **Accident de la route et sida transfusionnel subséquent :** Paris, 7 juill. 1989, affaire *Courtellemont*, *Gaz. Pal.*, 29 sept. 1989, p. 22, concl. Pichot ; Rennes, 23 oct. 1990, *Gaz. Pal.* 1991.1.232 ; TGI Bobigny, 19 déc. 1990, *Gaz. Pal.* 1991.1.233 ; TGI Bordeaux, 17 févr. 1992, *RCA* 1992, n° 198 ; TGI Bordeaux, 24 avril 1992, *RCA* 1992, n° 177 ; Paris, 26 nov. 1991, *Gaz. Pal.*, 27 sept. 1991, p. 9 ; Dijon, 16 mai 1991, *D.* 1993.242, note Kerckhove ; Civ. 1re, 17 févr. 1993, *JCP* 1994.II.22226, note Dorsner-Dolivet, *RTD civ.* 1993.589, n° 607, obs. Jourdain, *Gaz. Pal.*, 2-3 févr. 1994, p. 15, note F. Memmi (imputabilité de la contamination à l'accident) ; TGI Paris, 27 janv. 1993, n° 93-416 (affaire *Courtellemont* ; recours de l'assureur automobile contre le centre de transfusion sanguine). – **Accident de la route et accident médical subséquent :** Civ. 2e, 24 juin 1998, *RCA* 1998, n° 338 (accident initial, IPP 26 % aggravée de 10 points par faute chirurgicale subséquente ; perte de l'aptitude au travail rattachable pour partie à l'accident initial ; imputabilité) ; Civ. 2e, 27 janv. 2000, *RCA* 2000, n° 109 ; *D.* 2001. 2073, note L. Chakirian ; *JCP* 2000.10363, note P. Conte ; *RTD civ.* 2000. 335, obs. Jourdain ; *JCP* 2000.I.241, n° 4, obs. Viney (atteinte oculaire due à un accident thérapeutique, suite d'un accident de la circulation ; imputabilité).

un problème de responsabilité médicale qui se greffe sur la réparation du dommage corporel initial : celui-ci est bien la « *cause* » de l'accident thérapeutique ultérieur, car sans le premier, le second ne se fut pas produit. Une illustration dramatique de cette situation est offerte par les transfusions sanguines consécutives à un accident de la circulation et qui ont entraîné la contamination de la victime par le virus du sida, ou de l'hépatite C.

• **Accident subséquent et recours entre coauteurs** [1]

Si la *théorie de l'équivalence des conditions* permet à la victime d'agir contre tous les coauteurs, ceux de l'accident de circulation initial et/ou ceux de l'accident médical subséquent, c'est normalement la *théorie de la causalité adéquate* qui reprend ses droits dans les recours entre coauteurs : ainsi l'assureur auto peut se retourner contre le centre de transfusion sanguine pour le préjudice spécifique de contamination.

B. L'aggravation des préjudices et la technique de l'assurance

298 ***La règle de l'annualité des comptes*** [2] ◊ La règle de l'*annualité des comptes*, selon laquelle les assureurs doivent « régler » le sinistre sur le montant des primes afférentes à l'année de survenance, leur impose d'évaluer de manière exacte le montant des sinistres pour constituer les « *provisions pour sinistres restant à payer* » nécessaires. Si l'évaluation de « *frais futurs* » certains leur permet une telle démarche, en revanche les « *prestations nouvelles* » pour aggravation imprévue (qu'elle ait été thé oriquement « prévisible » ou « imprévisible ») des préjudices pose donc aux assureurs des problèmes du même ordre que l'indexation des rentes indemnitaires hors accidents de la circulation.

299 ***L'aggravation du préjudice après transaction*** [3] ◊ Les assureurs ont tenté de limiter ce danger lorsque l'indemnisation ne résulte pas d'une condamnation judiciaire mais d'une *transaction*.

---

1. **Accident subséquent et recours entre coauteurs :** Y. Lambert-Faivre, « De la poursuite à la contribution : quelques arcanes de la causalité », *D.* 1992. Chron. 311 ; Civ. 1re, 4 déc. 2001, *D.* 2002. 3044, note M.C. De Lambertye-Autrand (recours atypique du CTS contre l'assureur auto initial). V. ss 947.

2. **Règle de l'annualité des comptes et provision pour sinistres restant à payer :** Y. Lambert-Faivre et L. Leveneur, *Droit des assurances*, 13e éd., 2011, n° 450-451. J. Bigot, J.-L. Bellando, M. Hagopian, J. Moreau, G. Parleani, *Droit des assurances. Entreprises et organismes d'assurances*, LGDJ, 2e éd., 1996, n° 632 s.

3. **Aggravation du préjudice après transaction :** J. Chauchard, « La transaction dans l'indemnisation du préjudice corporel », *RTD civ.* 1989. 1, notam. n° 52 s – **Jurisprudence refusant une réparation complémentaire :** Civ. 1re, 24 mai 1966, *JCP* 1966.II.14846, note R.L. ; Civ. 1re, 27 févr. 1967, *D.* 1967.246, note G.C.M (l'erreur sur la gravité de l'état de la victime n'est pas une erreur sur la substance de la transaction) ; Civ. 1re, 21 févr. 1979, *Bull. civ.* I, n° 72, p. 58 – **Jurisprudence admettant une demande pour préjudice nouveau :** Civ. 1re, 29 oct. 1963, *D.* 1964.467, note F. Boulanger, *S.* 1964.311, note Brunet ; Civ. 1re, 8 mars 1966, *JCP* 1966.II.14664, concl.

Cependant l'article 2052 C. civ. prévoit que « les transactions ont, entre les parties, l'autorité de la chose jugée en dernier ressort ». Les transactions à forfait n'étant plus pratiquées aujourd'hui par les assureurs, le problème est le même que l'évaluation initiale des préjudices ait été fixée par une décision judiciaire ou par une transaction : d'abord réticente à l'égard de toute demande complémentaire pour aggravation de préjudice, la jurisprudence tend aujourd'hui à l'admettre dès lors qu'il n'avait pas été expressément transigé sur les conséquences futures et prévisibles de l'accident. Lorsque celles-ci sont prévisibles, l'avocat de la victime doit demander que des « *réserves* » soient expressément exprimées pour l'avenir.

La solution de ces problèmes de gestion comptable semble l'imputation des demandes nouvelles à l'année de l'aggravation.

§ 2. La diminution des préjudices

300 ***La diminution des préjudices et la Sécurité sociale*** [1] ◊ Heureusement les progrès de la science médicale et de la chirurgie conduisent souvent la victime à une amélioration de son état qui progresse encore avec la rééducation et l'adaptation naturelle. La diminution corrélative des préjudices pose moins de problèmes que leur aggravation, encore que les solutions juridiques ne soient pas toujours parfaitement équilibrées. En principe la victime n'intervient pas lorsque son état s'améliore et il semble que le responsable et son assureur ayant clos le dossier, la situation demeure en l'état.

Cependant les choses ne sont pas aussi simples en raison de l'intervention de la Sécurité sociale dont les prestations sont toujours révisables dans le cadre du régime général de la Sécurité sociale : l'art. L. 324-1 CSS prévoit qu'en cas d'affection de longue durée, la caisse doit faire procéder périodiquement à un examen spécial de la victime, et l'art. L. 341-11 que la pension d'invalidité peut être révisée en raison d'une modification de l'état de la victime. Dès lors l'assureur du responsable aura à effectuer des débours inférieurs à ceux qu'il avait prévus en capitalisant à cet effet une provision pour « frais futurs ».

La situation de la victime est alors paradoxale car :

– d'une part il est possible que la diminution des prestations sociales ampute son indemnisation globale depuis qu'un arrêt de la chambre mixte

Lindon, *D.* 1966. Somm. 87 (erreur sur la substance de la transaction) ; Civ. 1re, 11 oct. 1967, *D.* 1968.135 ; Civ. 1re, 27 janv. 1971, *D.* 1971. Somm. 112, *RTD civ.* 1971. 639, obs. Durry ; Civ. 1re, 17 janv. 1973, *Bull. civ.*, I, n° 26, p. 24. Civ 1re ; 9 déc. 1999, n° 98-10416.

1. **Révision des prestations Sécurité sociale** : Ch. mixte, 22 juin 1973, *Bull. civ.*, n° 3 ; J.-P. Brunet, « Les difficultés relatives au montant du recours de la victime contre le tiers responsable en cas de modification des prestations de la Sécurité sociale », *Gaz. Pal.* 1974.I, Doct. 1 ; H. Groutel, « La situation postérieure à la fixation du préjudice global de la victime », rapport précité Colloque Tours, oct. 1979.

du 22 juin 1973 lui a interdit de demander au responsable le paiement des arrérages que la Sécurité sociale cesse de lui servir ;

- mais d'autre part la victime bénéficie à l'égard du tiers responsable de l'amélioration de son état que l'indemnisation ait été prévue sous forme de capital ou de rente.

1) L'indemnisation a été effectuée sous forme de capital [1]

Dans ce cas, la solution est claire et absolue : il n'y a lieu à *aucune révision même partielle du capital évalué.*

Les fondements de l'absence de révision sont au nombre de trois :

- l'autorité de la chose jugée,
- le caractère forfaitaire, exclusif de toute révision, d'une réparation en capital (Req. 30 décembre 1946),
- l'équité et le réalisme : la victime peut en avoir fait l'usage qui lui plaisait ; elle peut l'avoir épargné, investi, dilapidé...

Certes cette solution peut avantager considérablement la victime ou ses proches - par exemple si la victime décède fortuitement peu après l'évaluation effectuée sur la base d'une longue survie et alors que le capital n'était pas encore versé - mais ces hypothèses marginales ne sauraient remettre en cause un principe bien acquis.

2) L'indemnisation a été effectuée sous forme de rente [2]

L'absence de révision qui s'impose en cas d'évaluation sous forme de capital laisse plus perplexe lorsque l'évaluation est faite sous forme de rente, donc pour des échéances postérieures à l'éventuelle diminution des préjudices de la victime.

En principe cependant l'autorité de la chose jugée ou le caractère définitif de la transaction s'opposent ici encore à toute révision, sauf si la décision judiciaire ou la transaction avaient *expressément* formulé des réserves sur l'hypothèse d'une amélioration de la victime. Celles-ci sont parfaitement normales lorsque la diminution des besoins de la victime est prévisible, notamment pour les dépenses de tierce personne.

Il convient toutefois de noter que la pérennité de cette solution pourrait être remise en cause car l'avant-projet Catala comme la proposition de loi « Béteille » du 9 juillet 2010 prévoient la possibilité d'une modification de la rente en cas d'amélioration de l'état de la victime. Ainsi, selon l'article 1386-30 de la proposition Béteille, « Lorsque l'indemnité est versée sous la forme d'une rente, le juge peut décider que celle-ci sera

1. **Indemnisation sous forme de capital ; pas de remise en cause :** Civ. 2e, 12 oct. 1972, *D.* 1974.536, note Malaurie, *JCP* 1974.II.17609 ; Req., 30 déc. 1946, *D.* 1947.II.178, *JCP* 1947. II.3500 ; Civ. 2e, 18 déc. 1996, *RCA* 1997, n° 89 (le décès de la victime survenu quelques jours après une transaction ne permet pas de remettre celle-ci en cause).

2. **Révision des rentes en cas d'amélioration de la victime :** M.O. Gout, « Le futur du dommage : aggravation et amélioration », *Gaz. Pal.* 4 avr. 2011, p. 21 ; M. Mignon, « La révision des rentes indemnitaires à durée indéterminée », *D.* 1973, chron., p. 129 ; Civ. 2e, 12 oct. 1972, *JCP* 1974.II.17609, *D.* 1974.536, note Malaurie.

indexée à un indice et *des conditions dans lesquelles elle sera révisée en cas d'aggravation ou de diminution du dommage* ».

§ 3. La modification judiciaire de l'évaluation de préjudices inchangés

301 Il ne faut pas confondre l'aggravation ou la diminution des préjudices eux-mêmes, des *modifications judiciaires de l'évaluation* après exécution provisoire ou exercice d'une voie de recours ; celles-ci peuvent être en hausse ou en baisse :

1) L'augmentation de l'évaluation définitive des préjudices [1]

Lorsqu'un jugement est annulé ou réformé, l'indemnité précédemment versée s'impute sur l'indemnité définitive accrue. Le problème s'est posé de savoir si la juridiction devait réévaluer les sommes précédemment allouées avant de les imputer. La solution semble l'imputation sans réévaluation.

2) La diminution de l'évaluation définitive des préjudices

Il peut arriver que les victimes d'importants dommages corporels aient obtenu de grosses indemnisations par des décisions judiciaires (ou administratives) immédiatement exécutoires, mais que, à la suite de recours exercés par les perdants (appel judiciaire, ou recours devant le Conseil d'État), les premières décisions aient été réformées, voire annulées (annulation par le Conseil d'État), et la victime se trouve dès lors obligée de rembourser des sommes considérables, alors que le montant de l'indemnisation peut avoir été dépensé dans divers aménagements de l'habitation ou dans des appareils coûteux.

302 ***a) L'exécution provisoire d'une décision exécutoire*** [2] ◊ Le Code de procédure civile n'apporte que des solutions partielles au difficile problème

1. **Imputabilité de l'indemnité reçue sur l'indemnité définitive (sans réévaluation) :** Civ. 2e, 25 mars 1991, *RCA* 1991, n° 209, *RTD civ.* 1991.547, obs. Jourdain.

2. **Exécution provisoire et référé provision :** S. Guinchard, F. Ferrand et C. Chainais, *Procédure civile*, Dalloz, 29e éd., 2008, n° 1554 s. ; G. Rossinyol, « Bilan jurisprudentiel de l'utilisation du référé provision de 1991 à 1997 », *Gaz. Pal.* 29-31 mars 1998, p. 2 ; A. Boujeka, « La provision : essai d'une théorie générale du droit français », Bib. dr. privé 2001 ; Entretiens du Palais, « Le souci d'efficacité de la justice », *Gaz. Pal.* 28-29 janv. 2004 p. 55. - Civ. 2e, 7 oct. 1998, *RCA* 1998, n° 380 (l'assureur du responsable qui avait exécuté la condamnation prononcée par un jugement annulé, peut agir en répétition de l'indu contre la victime) ; Civ. 1er, 9 mai 2001, *RCA* 2001, n° 253 (le juge des référés ne peut accorder une provision que si l'obligation n'est pas sérieusement contestable : art. 809 al. 2 C. pr. civ.) ; Civ. 1re, 4 oct. 2000, *D.* 2001 p. 1580 note A. Boujeka, *RCA* 2000 chron. Groutel n° 27 (l'existence d'une contestation sérieuse au sens de l'art. 809 al. 2 NCPC ne relève pas du contrôle de la Cour de cassation) ; Ass. plén. 16 nov. 2001, *RCA* 2002, n° 93 obs. Groutel, *D.* 2002 p. 598 note C. Puigelier (en statuant par des motifs qui ne mettent pas la Cour de cassation d'exercer son contrôle sur l'existence d'une obligation non sérieusement contestable, la Cour d'appel n'a pas donné de base légale à sa décision). **Exécution provisoire et référé provision :** pour une étude détaillée : S. Guinchard, F. Ferrand et C. Chainais, *Procédure civile*, Dalloz, 30e éd., 2010, n° 1554 s. ; S. Guinchard (dir.), « Droit et pratique de la procédure civile », Dalloz action, 2010-2011, n° 43 s.

posé par les *exécutions provisoires*. Il faut notamment rappeler que l'exécution provisoire est de droit pour les ordonnances du juge de la mise en état ou du juge des référés qui accordent une provision au créancier ; certes les provisions ne doivent être accordées que dans les cas où l'existence de l'obligation n'est pas sérieusement contestable (art. 809 al. 2 et art. 849 al. 2 C. pr. civ.). Cependant ces provisions constituent aujourd'hui le moyen courant et efficace de donner une indemnisation rapide à la victime d'un dommage corporel, sans attendre les délais interminables d'un contentieux éventuellement complexe.

En principe *l'appel est suspensif* (art. 539 C. pr. civ.), mais cependant l'exécution provisoire judiciaire peut ici encore être ordonnée lorsque le juge l'estime nécessaire.

Les dangers d'une réformation de la décision sont cependant importants, tant pour le « perdant » qui risque de ne jamais pouvoir se faire restituer ses fonds (ici, les compagnies d'assurances) que pour le « gagnant » exposé à une restitution très difficile (ici, les victimes de dommages corporels).

Aussi le Code de procédure civile prévoit-il un certain nombre de mesures de protection du « perdant » par la constitution de garanties réelles ou personnelles (ex. : consignation ou caution) : mais le « gagnant » perd alors les avantages réels d'une exécution effective. C'est pourquoi l'art. 521 C. pr. civ. refuse au perdant la possibilité de « consigner » lorsqu'il s'agit d'une dette de caractère alimentaire, de *rentes indemnitaires* ou de *provisions*...

Cependant, l'art. 521 al. 2 C. pr. civ. dispose : « En cas de *condamnation au versement d'un capital en réparation d'un dommage corporel*, le juge peut aussi ordonner que ce capital sera confié à un *séquestre* à charge d'en verser périodiquement à la victime la part que le juge détermine ».

Ces dispositions traduisent le difficile équilibre à maintenir entre les intérêts contradictoires de la victime et du responsable, tant que le jugement n'est pas passé en force de chose jugée.

303 ***b) Les pourvois devant la Cour de cassation ou le Conseil d'État*** ◊ Le *pourvoi en cassation* n'est pas suspensif d'exécution. Si la décision judiciaire, et notamment l'arrêt de Cour d'appel, est cassé par la Cour de cassation, et que la Cour de renvoi diminue, ou supprime, le droit à indemnisation antérieurement exécuté au profit de la victime, il n'existe aucun palliatif au problème posé. Il faut reconnaître qu'il est à peu près impossible de concilier le jeu normal – à qui perd, gagne – des voies de recours et les intérêts particulièrement sensibles des victimes de dommages corporels.

Le problème se pose dans des termes semblables lorsqu'un arrêt du Conseil d'État annule une décision d'une juridiction administrative, compétente notamment pour les accidents médicaux qui mettent en jeu la responsabilité d'un hôpital public.

ANNEXE

BARÈMES DE CAPITALISATION

I – Barème présenté par la Fédération française de sociétés d'assurances (version 2015)

Barème de capitalisation pour l'indemnisation des victimes (BCIV) (Taux : 1,97 %) [1]

Hommes																
Capitalisation d'une rente définitive annuelle à terme échu pour un arrérage annuel de 1																
–	Définitive	Jusqu'à 16 ans	Jusqu'à 18 ans	Jusqu'à 20 ans	Jusqu'à 21 ans	Jusqu'à 25 ans	Jusqu'à 55 ans	Jusqu'à 60 ans	Jusqu'à 61 ans	Jusqu'à 62 ans	Jusqu'à 63 ans	Jusqu'à 64 ans	Jusqu'à 65 ans	Jusqu'à 66 ans	Jusqu'à 67 ans	Jusqu'à 68 ans
Age	+∞	16	18	20	21	25	55	60	61	62	63	64	65	66	67	68
0	38,771	13,535	14,947	16,303	16,960	19,461	32,801	34,236	34,499	34,754	35,001	35,240	35,471	35,694	35,910	36,118
1	38,706	12,862	14,307	15,696	16,369	18,930	32,592	34,062	34,331	34,592	34,845	35,089	35,326	35,555	35,776	35,989
2	38,483	12,120	13,595	15,011	15,698	18,311	32,246	33,746	34,020	34,287	34,545	34,794	35,036	35,269	35,495	35,712
3	38,250	11,362	12,866	14,310	15,011	17,675	31,889	33,418	33,698	33,970	34,233	34,487	34,734	34,972	35,202	35,423
4	38,010	10,588	12,121	13,595	14,309	17,027	31,523	33,082	33,368	33,645	33,913	34,173	34,424	34,667	34,901	35,127
5	37,764	9,798	11,362	12,864	13,593	16,364	31,148	32,739	33,030	33,312	33,586	33,851	34,107	34,355	34,594	34,824
6	37,512	8,992	10,587	12,119	12,862	15,688	30,765	32,387	32,684	32,972	33,251	33,521	33,782	34,035	34,279	34,514

1. Table de mortalité : INSEE 2006-2008 et moyenne du TEC 10 entre le 30 novembre 2012 et le 28 novembre 2014 arrondie à la deuxième décimale.

Hommes															
Capitalisation d'une rente définitive annuelle à terme échu pour un arrérage annuel de 1															
–	Défini-tive	Jusqu'à 16 ans	Jusqu'à 18 ans	Jusqu'à 20 ans	Jusqu'à 21 ans	Jusqu'à 25 ans	Jusqu'à 55 ans	Jusqu'à 60 ans	Jusqu'à 61 ans	Jusqu'à 62 ans	Jusqu'à 63 ans	Jusqu'à 64 ans	Jusqu'à 65 ans	Jusqu'à 66 ans	Jusqu'à 67 ans	Jusqu'à 68 ans
Age	+∞	16	18	20	21	25	55	60	61	62	63	64	65	66	67	68
7	37,255	8,170	9,797	11,359	12,117	14,999	30,374	32,028	32,331	32,625	32,910	33,185	33,452	33,709	33,958	34,198
8	36,993	7,331	8,990	10,584	11,357	14,296	29,975	31,662	31,971	32,271	32,561	32,842	33,114	33,376	33,630	33,874
9	36,725	6,477	8,168	9,794	10,582	13,579	29,569	31,289	31,604	31,910	32,206	32,492	32,769	33,037	33,296	33,545
10	36,452	5,605	7,330	8,987	9,791	12,848	29,154	30,908	31,230	31,541	31,843	32,135	32,418	32,691	32,955	33,209
11	36,173	4,716	6,475	8,165	8,985	12,102	28,730	30,520	30,847	31,165	31,473	31,771	32,059	32,338	32,606	32,866
12	35,890	3,809	5,603	7,327	8,163	11,342	28,300	30,124	30,459	30,782	31,096	31,400	31,694	31,978	32,252	32,517
13	35,601	2,885	4,714	6,472	7,325	10,567	27,861	29,722	30,063	30,393	30,713	31,023	31,323	31,612	31,892	32,162
14	35,308	1,942	3,808	5,601	6,470	9,776	27,414	29,312	29,659	29,996	30,323	30,639	30,944	31,240	31,525	31,800
15	35,010	0,980	2,884	4,712	5,599	8,971	26,959	28,895	29,249	29,593	29,926	30,248	30,560	30,861	31,152	31,433
16	34,709	–	1,941	3,806	4,711	8,150	26,498	28,472	28,833	29,184	29,523	29,852	30,170	30,477	30,774	31,060
17	34,404		0,980	2,882	3,805	7,313	26,028	28,042	28,411	28,768	29,115	29,450	29,774	30,088	30,391	30,682
18	34,099	–	–	1,941	2,882	6,461	25,554	27,608	27,984	28,349	28,702	29,044	29,375	29,695	30,004	30,302
19	33,792	–	–	0,980	1,940	5,592	25,073	27,170	27,553	27,925	28,286	28,635	28,973	29,299	29,614	29,918
20	33,482	–	–	–	0,980	4,706	24,585	26,724	27,116	27,495	27,863	28,220	28,564	28,897	29,219	29,529
21	33,167	–	–	–	–	3,803	24,088	26,271	26,671	27,058	27,434	27,797	28,149	28,489	28,817	29,133
22	32,847	–	–	–	–	2,881	23,582	25,810	26,218	26,613	26,996	27,367	27,726	28,073	28,408	28,730
23	32,522	–	–	–	–	1,940	23,066	25,340	25,756	26,159	26,550	26,929	27,295	27,649	27,991	28,320
24	32,192	–	–	–	–	0,980	22,542	24,862	25,286	25,698	26,098	26,484	26,858	27,219	27,567	27,904
25	31,855	–	–	–	–	–	22,006	24,374	24,807	25,228	25,635	26,029	26,411	26,779	27,135	27,479
26	31,511	–	–	–	–	–	21,459	23,875	24,318	24,747	25,163	25,565	25,954	26,331	26,694	27,044

Hommes																
Capitalisation d'une rente définitive annuelle à terme échu pour un arrérage annuel de 1																
–	Défini-tive	Jusqu'à 16 ans	Jusqu'à 18 ans	Jusqu'à 20 ans	Jusqu'à 21 ans	Jusqu'à 25 ans	Jusqu'à 55 ans	Jusqu'à 60 ans	Jusqu'à 61 ans	Jusqu'à 62 ans	Jusqu'à 63 ans	Jusqu'à 64 ans	Jusqu'à 65 ans	Jusqu'à 66 ans	Jusqu'à 67 ans	Jusqu'à 68 ans
Age	+∞	16	18	20	21	25	55	60	61	62	63	64	65	66	67	68
27	31,160	–	–	–	–	–	20,901	23,368	23,819	24,257	24,681	25,092	25,439	25,873	26,244	26,601
28	30,802	–	–	–	–	–	20,332	22,849	23,310	23,757	24,190	24,609	25,014	25,406	25,785	26,149
29	30,438	–	–	–	–	–	19,751	22,321	22,791	23,247	23,689	24,117	24,531	24,931	25,317	25,689
30	30,065	–	–	–	–	–	19,158	21,781	22,261	22,726	23,177	23,614	24,036	24,445	24,839	25,219
31	29,685	–	–	–	–	–	18,554	21,230	21,720	22,195	22,655	23,101	23,532	23,949	24,351	24,739
32	29,299	–	–	–	–	–	17,937	20,669	21,169	21,654	22,124	22,579	23,019	23,444	23,855	24,251
33	28,907	–	–	–	–	–	17,310	20,098	20,608	21,103	21,583	22,047	22,497	22,931	23,350	23,754
34	28,508	–	–	–	–	–	16,669	19,515	20,036	20,542	21,031	21,505	21,964	22,407	22,835	23,247
35	28,103	–	–	–	–	–	16,017	18,923	19,455	19,971	20,470	20,954	21,422	21,875	22,311	22,732
36	27,691	–	–	–	–	–	15,352	18,319	18,862	19,389	19,899	20,393	20,871	21,332	21,778	22,208
37	27,277	–	–	–	–	–	14,677	17,707	18,261	18,799	19,320	19,824	20,312	20,784	21,239	21,678
38	26,855	–	–	–	–	–	13,988	17,081	17,648	18,197	18,729	19,244	19,743	20,224	20,689	21,137
39	26,427	–	–	–	–	–	13,286	16,445	17,024	17,585	18,128	18,654	19,163	19,655	20,130	20,588
40	25,992	–	–	–	–	–	12,570	15,797	16,388	16,960	17,516	18,053	18,573	19,075	19,560	20,028
41	25,554	–	–	–	–	–	11,842	15,138	15,742	16,327	16,894	17,443	17,974	18,487	18,983	19,461
42	25,111	–	–	–	–	–	11,100	14,469	15,086	15,684	16,263	16,824	17,367	17,891	18,397	18,886
43	24,665	–	–	–	–	–	10,345	13,788	14,418	15,029	15,621	16,195	16,749	17,285	17,803	18,302
44	24,212	–	–	–	–	–	9,574	13,094	13,738	14,363	14,968	15,554	16,121	16,669	17,198	17,708
45	23,759	–	–	–	–	–	8,791	12,389	13,048	13,687	14,306	14,905	15,485	16,045	16,586	17,107
46	23,302	–	–	–	–	–	7,991	11,672	12,346	13,000	13,633	14,246	14,839	15,412	15,965	16,498

Hommes																
Capitalisation d'une rente définitive annuelle à terme échu pour un arrérage annuel de 1																
–	Défini-tive	Jusqu'à 16 ans	Jusqu'à 18 ans	Jusqu'à 20 ans	Jusqu'à 21 ans	Jusqu'à 25 ans	Jusqu'à 55 ans	Jusqu'à 60 ans	Jusqu'à 61 ans	Jusqu'à 62 ans	Jusqu'à 63 ans	Jusqu'à 64 ans	Jusqu'à 65 ans	Jusqu'à 66 ans	Jusqu'à 67 ans	Jusqu'à 68 ans
Age	+∞	**16**	**18**	**20**	**21**	**25**	**55**	**60**	**61**	**62**	**63**	**64**	**65**	**66**	**67**	**68**
47	22,844	-	-	-	-	-	7,177	10,944	11,633	12,302	12,950	13,577	14,184	14,770	15,336	15,882
48	22,384	-	-	-	-	-	6,347	10,203	10,909	11,593	12,257	12,899	13,520	14,120	14,699	15,258
49	21,923	-	-	-	-	-	5,500	9,448	10,171	10,872	11,551	12,209	12,845	13,460	14,053	14,625
50	21,463	-	-	-	-	-	4,635	8,681	9,422	10,140	10,836	11,510	12,161	12,791	13,399	13,986
51	21,002	-	-	-	-	-	3,752	7,899	8,658	9,395	10,108	10,799	11,467	12,112	12,736	13,337
52	20,541	-	-	-	-	-	2,848	7,102	7,881	8,636	9,367	10,076	10,761	11,423	12,062	12,679
53	20,077	-	-	-	-	-	1,922	6,287	7,086	7,861	8,612	9,339	10,042	10,721	11,377	12,010
54	19,612	-	-	-	-	-	0,974	5,455	6,275	7,071	7,841	8,588	9,309	10,007	10,680	11,330
55	19,142	-	-	-	-	-	-	4,602	5,445	6,262	7,053	7,820	8,561	9,277	9,969	10,636
56	18,670	-	-	-	-	-	-	3,729	4,595	5,434	6,248	7,035	7,797	8,533	9,244	9,929
57	18,195	-	-	-	-	-	-	2,834	3,724	4,587	5,424	6,233	7,017	7,774	8,504	9,209
58	17,717	-	-	-	-	-	-	1,915	2,831	3,719	4,579	5,412	6,218	6,996	7,748	8,473
59	17,233	-	-	-	-	-	-	0,971	1,913	2,827	3,713	4,570	5,399	6,200	6,974	7,720
60	16,746	-	-	-	-	-	-	-	0,970	1,911	2,823	3,706	4,560	5,385	6,181	6,950
61	16,257	-	-	-	-	-	-	-	-	0,970	1,909	2,819	3,699	4,549	5,370	6,162
62	15,764	-	-	-	-	-	-	-	-	-	0,969	1,907	2,814	3,691	4,538	5,354
63	15,270	-	-	-	-	-	-	-	-	-	-	0,968	1,904	2,809	3,683	4,526
64	14,775	-	-	-	-	-	-	-	-	-	-	-	0,967	1,902	2,805	3,675
65	14,273	-	-	-	-	-	-	-	-	-	-	-	-	0,966	1,899	2,799
66	13,770	-	-	-	-	-	-	-	-	-	-	-	-	-	0,966	1,897

Hommes																
	Capitalisation d'une rente définitive annuelle à terme échu pour un arrérage annuel de 1															
–	Défini-tive	Jusqu'à 16 ans	Jusqu'à 18 ans	Jusqu'à 20 ans	Jusqu'à 21 ans	Jusqu'à 25 ans	Jusqu'à 55 ans	Jusqu'à 60 ans	Jusqu'à 61 ans	Jusqu'à 62 ans	Jusqu'à 63 ans	Jusqu'à 64 ans	Jusqu'à 65 ans	Jusqu'à 66 ans	Jusqu'à 67 ans	Jusqu'à 68 ans
Age	+∞	16	18	20	21	25	55	60	61	62	63	64	65	66	67	68
67	13,262	-	-	-	-	-	-	-	-	-	-	-	-	-	-	0,964
68	12,752	-	-	-	-	-	-	-	-	-	-	-	-	-	-	-
69	12,246	-	-	-	-	-	-	-	-	-	-	-	-	-	-	-
70	11,737	-	-	-	-	-	-	-	-	-	-	-	-	-	-	-
71	11,225	-	-	-	-	-	-	-	-	-	-	-	-	-	-	-
72	10,719	-	-	-	-	-	-	-	-	-	-	-	-	-	-	-
73	10,219	-	-	-	-	-	-	-	-	-	-	-	-	-	-	-
74	9,720	-	-	-	-	-	-	-	-	-	-	-	-	-	-	-
75	9,228	-	-	-	-	-	-	-	-	-	-	-	-	-	-	-
76	8,742	-	-	-	-	-	-	-	-	-	-	-	-	-	-	-
77	8,264	-	-	-	-	-	-	-	-	-	-	-	-	-	-	-
78	7,793	-	-	-	-	-	-	-	-	-	-	-	-	-	-	-
79	7,334	-	-	-	-	-	-	-	-	-	-	-	-	-	-	-
80	6,886	-	-	-	-	-	-	-	-	-	-	-	-	-	-	-
81	6,455	-	-	-	-	-	-	-	-	-	-	-	-	-	-	-
82	6,034	-	-	-	-	-	-	-	-	-	-	-	-	-	-	-
83	5,627	-	-	-	-	-	-	-	-	-	-	-	-	-	-	-
84	5,233	-	-	-	-	-	-	-	-	-	-	-	-	-	-	-
85	4,854	-	-	-	-	-	-	-	-	-	-	-	-	-	-	-
86	4,495	-	-	-	-	-	-	-	-	-	-	-	-	-	-	-
87	4,157	-	-	-	-	-	-	-	-	-	-	-	-	-	-	-

Hommes																
Capitalisation d'une rente définitive annuelle à terme échu pour un arrérage annuel de 1																
–	Défini-tive	Jusqu'à 16 ans	Jusqu'à 18 ans	Jusqu'à 20 ans	Jusqu'à 21 ans	Jusqu'à 25 ans	Jusqu'à 55 ans	Jusqu'à 60 ans	Jusqu'à 61 ans	Jusqu'à 62 ans	Jusqu'à 63 ans	Jusqu'à 64 ans	Jusqu'à 65 ans	Jusqu'à 66 ans	Jusqu'à 67 ans	Jusqu'à 68 ans
Age	+∞	16	18	20	21	25	55	60	61	62	63	64	65	66	67	68
88	3,837	–	–	–	–	–	–	–	–	–	–	–	–	–	–	–
89	3,537	–	–	–	–	–	–	–	–	–	–	–	–	–	–	–
90	3,253	–	–	–	–	–	–	–	–	–	–	–	–	–	–	–
91	2,988	–	–	–	–	–	–	–	–	–	–	–	–	–	–	–
92	2,756	–	–	–	–	–	–	–	–	–	–	–	–	–	–	–
93	2,529	–	–	–	–	–	–	–	–	–	–	–	–	–	–	–
94	2,317	–	–	–	–	–	–	–	–	–	–	–	–	–	–	–
95	2,144	–	–	–	–	–	–	–	–	–	–	–	–	–	–	–
96	1,991	–	–	–	–	–	–	–	–	–	–	–	–	–	–	–
97	1,845	–	–	–	–	–	–	–	–	–	–	–	–	–	–	–
98	1,724	–	–	–	–	–	–	–	–	–	–	–	–	–	–	–
99	1,654	–	–	–	–	–	–	–	–	–	–	–	–	–	–	–
100	1,363	–	–	–	–	–	–	–	–	–	–	–	–	–	–	–
101	1,061	–	–	–	–	–	–	–	–	–	–	–	–	–	–	–
102	0,912	–	–	–	–	–	–	–	–	–	–	–	–	–	–	–
103	0,580	–	–	–	–	–	–	–	–	–	–	–	–	–	–	–
104	–	–	–	–	–	–	–	–	–	–	–	–	–	–	–	–
105	–	–	–	–	–	–	–	–	–	–	–	–	–	–	–	–
106	–	–	–	–	–	–	–	–	–	–	–	–	–	–	–	–

Femmes																
Capitalisation d'une rente définitive annuelle à terme échu pour un arrérage annuel de 1																
–	Défini-tive	Jusqu'à 16 ans	Jusqu'à 18 ans	Jusqu'à 20 ans	Jusqu'à 21 ans	Jusqu'à 25 ans	Jusqu'à 55 ans	Jusqu'à 60 ans	Jusqu'à 61 ans	Jusqu'à 62 ans	Jusqu'à 63 ans	Jusqu'à 64 ans	Jusqu'à 65 ans	Jusqu'à 66 ans	Jusqu'à 67 ans	Jusqu'à 68 ans
Age	+	16	18	20	21	25	55	60	61	62	63	64	65	66	67	68
0	40,394	13,551	14,964	16,324	16,983	19,496	33,072	34,600	34,885	35,163	35,434	35,698	35,956	36,207	36,451	36,689
1	40,331	12,865	14,311	15,702	16,377	18,948	32,839	34,403	34,694	34,978	35,255	35,526	35,789	36,046	36,297	36,540
2	40,138	12,122	13,598	15,016	15,705	18,327	32,496	34,091	34,388	34,678	34,961	35,237	35,505	35,767	36,023	36,271
3	39,935	11,363	12,868	14,315	15,017	17,691	32,142	33,768	34,071	34,367	34,656	34,937	35,211	35,478	35,739	35,992
4	39,728	10,589	12,124	13,599	14,315	17,042	31,780	33,439	33,748	34,049	34,344	34,630	34,910	35,183	35,448	35,707
5	39,516	9,799	11,364	12,869	13,599	16,380	31,410	33,102	33,417	33,724	34,024	34,317	34,602	34,880	35,151	35,415
6	39,298	8,993	10,589	12,123	12,868	15,705	31,032	32,757	33,079	33,392	33,698	33,996	34,287	34,571	34,847	35,116
7	39,076	8,171	9,798	11,363	12,123	15,015	30,646	32,406	32,733	33,053	33,365	33,669	33,966	34,255	34,537	34,811
8	38,849	7,332	8,992	10,588	11,363	14,312	30,252	32,047	32,381	32,707	33,025	33,335	33,638	33,933	34,220	34,500
9	38,617	6,477	8,170	9,798	10,588	13,596	29,851	31,681	32,021	32,354	32,678	32,995	33,303	33,604	33,897	34,182
10	38,381	5,605	7,332	8,991	9,797	12,864	29,441	31,307	31,655	31,994	32,325	32,647	32,962	33,269	33,567	33,858
11	38,141	4,716	6,477	8,169	8,991	12,119	29,023	30,927	31,281	31,627	31,964	32,293	32,614	32,927	33,231	33,528
12	37,895	3,810	5,605	7,331	8,169	11,359	28,598	30,538	30,900	31,252	31,597	31,932	32,259	32,578	32,889	33,191
13	37,645	2,885	4,716	6,476	7,330	10,583	28,163	30,142	30,511	30,871	31,222	31,564	31,897	32,223	32,539	32,848
14	37,390	1,942	3,809	5,604	6,475	9,793	27,721	29,739	30,115	30,482	30,840	31,189	31,529	31,861	32,184	32,498
15	37,131	0,981	2,885	4,715	5,604	8,987	27,270	29,329	29,712	30,086	30,451	30,807	31,154	31,492	31,821	32,142
16	36,867	-	1,942	3,809	4,715	8,165	26,811	28,910	29,301	29,682	30,055	30,417	30,771	31,116	31,452	31,779
17	36,600	-	0,980	2,884	3,808	7,327	26,344	28,484	28,883	29,272	29,652	30,022	30,383	30,735	31,077	31,411
18	36,328	-	-	1,942	2,884	6,473	25,868	28,051	28,458	28,855	29,242	29,619	29,987	30,346	30,696	31,036
19	36,052	-	-	0,980	1,942	5,602	25,383	27,610	28,025	28,430	28,824	29,209	29,585	29,951	30,307	30,654
20	35,771	-	-	-	0,980	4,714	24,889	27,161	27,584	27,997	28,399	28,792	29,175	29,548	29,912	30,266

Femmes																
Capitalisation d'une rente définitive annuelle à terme échu pour un arrérage annuel de 1																
–	Définitive	Jusqu'à 16 ans	Jusqu'à 18 ans	Jusqu'à 20 ans	Jusqu'à 21 ans	Jusqu'à 25 ans	Jusqu'à 55 ans	Jusqu'à 60 ans	Jusqu'à 61 ans	Jusqu'à 62 ans	Jusqu'à 63 ans	Jusqu'à 64 ans	Jusqu'à 65 ans	Jusqu'à 66 ans	Jusqu'à 67 ans	Jusqu'à 68 ans
Age	+	**16**	**18**	**20**	**21**	**25**	**55**	**60**	**61**	**62**	**63**	**64**	**65**	**66**	**67**	**68**
21	35,485	–	–	–	–	3,808	24,386	26,703	27,134	27,555	27,966	28,367	28,757	29,138	29,509	29,870
22	35,194	–	–	–	–	2,884	23,873	26,236	26,676	27,106	27,525	27,933	28,332	28,720	29,098	29,466
23	34,896	–	–	–	–	1,942	23,350	25,760	26,208	26,646	27,074	27,491	27,897	28,293	28,679	29,054
24	34,593	–	–	–	–	0,980	22,816	25,274	25,732	26,179	26,615	27,040	27,454	27,858	28,251	28,635
25	34,284	–	–	–	–	–	22,272	24,779	25,246	25,702	26,146	26,580	27,003	27,415	27,816	28,207
26	33,968	–	–	–	–	–	21,717	24,274	24,750	25,215	25,668	26,111	26,542	26,962	27,371	27,770
27	33,648	–	–	–	–	–	21,151	23,760	24,245	24,720	25,182	25,633	26,073	26,501	26,919	27,325
28	33,321	–	–	–	–	–	20,574	23,235	23,730	24,214	24,686	25,146	25,594	26,031	26,457	26,872
29	32,988	–	–	–	–	–	19,986	22,700	23,205	23,699	24,180	24,649	25,107	25,553	25,987	26,410
30	32,649	–	–	–	–	–	19,386	22,155	22,670	23,173	23,664	24,143	24,610	25,065	25,508	25,939
31	32,304	–	–	–	–	–	18,775	21,599	22,125	22,638	23,139	23,627	24,103	24,567	25,019	25,459
32	31,953	–	–	–	–	–	18,152	21,033	21,570	22,093	22,604	23,102	23,588	24,061	24,522	24,971
33	31,596	–	–	–	–	–	17,518	20,456	21,003	21,538	22,059	22,567	23,062	23,545	24,015	24,473
34	31,232	–	–	–	–	–	16,871	19,868	20,427	20,972	21,503	22,021	22,527	23,019	23,499	23,966
35	30,865	–	–	–	–	–	16,212	19,271	19,840	20,396	20,938	21,467	21,983	22,485	22,975	23,452
36	30,491	–	–	–	–	–	15,541	18,662	19,243	19,810	20,363	20,903	21,429	21,942	22,441	22,928
37	30,110	–	–	–	–	–	14,857	18,041	18,634	19,212	19,777	20,327	20,864	21,387	21,897	22,393
38	29,725	–	–	–	–	–	14,160	17,409	18,014	18,604	19,181	19,742	20,290	20,824	21,344	21,850
39	29,335	–	–	–	–	–	13,450	16,766	17,384	17,986	18,574	19,147	19,706	20,251	20,782	21,298
40	28,939	–	–	–	–	–	12,728	16,112	16,742	17,357	17,957	18,542	19,112	19,668	20,210	20,737
41	28,537	–	–	–	–	–	11,990	15,444	16,087	16,715	17,328	17,925	18,507	19,074	19,627	20,165

Femmes																
Capitalisation d'une rente définitive annuelle à terme échu pour un arrérage annuel de 1																
–	Défini-tive	Jusqu'à 16 ans	Jusqu'à 18 ans	Jusqu'à 20 ans	Jusqu'à 21 ans	Jusqu'à 25 ans	Jusqu'à 55 ans	Jusqu'à 60 ans	Jusqu'à 61 ans	Jusqu'à 62 ans	Jusqu'à 63 ans	Jusqu'à 64 ans	Jusqu'à 65 ans	Jusqu'à 66 ans	Jusqu'à 67 ans	Jusqu'à 68 ans
Age	+	16	18	20	21	25	55	60	61	62	63	64	65	66	67	68
42	28,129	–	–	–	–	–	11,239	14,765	15,421	16,062	16,687	17,297	17,891	18,470	19,035	19,584
43	27,716	–	–	–	–	–	10,474	14,073	14,743	15,398	16,036	16,658	17,265	17,856	18,432	18,993
44	27,298	–	–	–	–	–	9,694	13,369	14,053	14,721	15,372	16,008	16,627	17,231	17,819	18,392
45	26,874	–	–	–	–	–	8,899	12,651	13,350	14,032	14,697	15,346	15,978	16,595	17,195	17,780
46	26,447	–	–	–	–	–	8,088	11,920	12,634	13,331	14,010	14,673	15,319	15,948	16,562	17,159
47	26,014	–	–	–	–	–	7,262	11,176	11,905	12,616	13,311	13,987	14,647	15,290	15,917	16,527
48	25,576	–	–	–	–	–	6,418	10,417	11,162	11,889	12,598	13,289	13,963	14,620	15,260	15,884
49	25,133	–	–	–	–	–	5,558	9,644	10,405	11,148	11,872	12,579	13,268	13,939	14,593	15,230
50	24,686	–	–	–	–	–	4,681	8,857	9,634	10,393	11,134	11,856	12,560	13,246	13,914	14,565
51	24,233	–	–	–	–	–	3,784	8,053	8,848	9,623	10,380	11,118	11,838	12,539	13,222	13,887
52	23,777	–	–	–	–	–	2,869	7,233	8,046	8,839	9,613	10,368	11,103	11,820	12,519	13,199
53	23,312	–	–	–	–	–	1,934	6,396	7,227	8,038	8,830	9,601	10,354	11,087	11,801	12,496
54	22,841	–	–	–	–	–	0,978	5,541	6,391	7,221	8,030	8,819	9,588	10,338	11,069	11,780
55	22,363	–	–	–	–	–	–	4,668	5,537	6,386	7,213	8,021	8,808	9,575	10,322	11,049
56	21,879	–	–	–	–	–	–	3,776	4,665	5,533	6,380	7,206	8,011	8,795	9,560	10,304
57	21,387	–	–	–	–	–	–	2,863	3,773	4,661	5,528	6,373	7,197	7,999	8,782	9,543
58	20,891	–	–	–	–	–	–	1,931	2,862	3,771	4,658	5,523	6,366	7,188	7,989	8,768
59	20,386	–	–	–	–	–	–	0,977	1,930	2,861	3,769	4,654	5,517	6,358	7,178	7,976
60	19,874	–	–	–	–	–	–	–	0,976	1,929	2,859	3,765	4,649	5,511	6,350	7,167
61	19,356	–	–	–	–	–	–	–	–	0,976	1,928	2,857	3,762	4,644	5,504	6,340
62	18,832	–	–	–	–	–	–	–	–	–	0,976	1,927	2,854	3,758	4,639	5,496

Femmes																
Capitalisation d'une rente définitive annuelle à terme échu pour un arrérage annuel de 1																
–	Défini-tive	Jusqu'à 16 ans	Jusqu'à 18 ans	Jusqu'à 20 ans	Jusqu'à 21 ans	Jusqu'à 25 ans	Jusqu'à 55 ans	Jusqu'à 60 ans	Jusqu'à 61 ans	Jusqu'à 62 ans	Jusqu'à 63 ans	Jusqu'à 64 ans	Jusqu'à 65 ans	Jusqu'à 66 ans	Jusqu'à 67 ans	Jusqu'à 68 ans
Age	+	16	18	20	21	25	55	60	61	62	63	64	65	66	67	68
63	18,304	–	–	–	–	–	–	–	–	–	–	0,975	1,926	2,853	3,755	4,634
64	17,769	–	–	–	–	–	–	–	–	–	–	–	0,975	1,925	2,851	3,752
65	17,226	–	–	–	–	–	–	–	–	–	–	–	–	0,975	1,924	2,848
66	16,674	–	–	–	–	–	–	–	–	–	–	–	–	–	0,974	1,923
67	16,118	–	–	–	–	–	–	–	–	–	–	–	–	–	–	0,974
68	15,554	–	–	–	–	–	–	–	–	–	–	–	–	–	–	–
69	14,988	–	–	–	–	–	–	–	–	–	–	–	–	–	–	–
70	14,419	–	–	–	–	–	–	–	–	–	–	–	–	–	–	–
71	13,846	–	–	–	–	–	–	–	–	–	–	–	–	–	–	–
72	13,270	–	–	–	–	–	–	–	–	–	–	–	–	–	–	–
73	12,692	–	–	–	–	–	–	–	–	–	–	–	–	–	–	–
74	12,113	–	–	–	–	–	–	–	–	–	–	–	–	–	–	–
75	11,536	–	–	–	–	–	–	–	–	–	–	–	–	–	–	–
76	10,960	–	–	–	–	–	–	–	–	–	–	–	–	–	–	–
77	10,391	–	–	–	–	–	–	–	–	–	–	–	–	–	–	–
78	9,826	–	–	–	–	–	–	–	–	–	–	–	–	–	–	–
79	9,265	–	–	–	–	–	–	–	–	–	–	–	–	–	–	–
80	8,715	–	–	–	–	–	–	–	–	–	–	–	–	–	–	–
81	8,171	–	–	–	–	–	–	–	–	–	–	–	–	–	–	–
82	7,641	–	–	–	–	–	–	–	–	–	–	–	–	–	–	–
83	7,125	–	–	–	–	–	–	–	–	–	–	–	–	–	–	–

Femmes																
Capitalisation d'une rente définitive annuelle à terme échu pour un arrérage annuel de 1																
–	Défini-tive	Jusqu'à 16 ans	Jusqu'à 18 ans	Jusqu'à 20 ans	Jusqu'à 21 ans	Jusqu'à 25 ans	Jusqu'à 55 ans	Jusqu'à 60 ans	Jusqu'à 61 ans	Jusqu'à 62 ans	Jusqu'à 63 ans	Jusqu'à 64 ans	Jusqu'à 65 ans	Jusqu'à 66 ans	Jusqu'à 67 ans	Jusqu'à 68 ans
Age	+	16	18	20	21	25	55	60	61	62	63	64	65	66	67	68
84	6,625	–	–	–	–	–	–	–	–	–	–	–	–	–	–	–
85	6,143	–	–	–	–	–	–	–	–	–	–	–	–	–	–	–
86	5,686	–	–	–	–	–	–	–	–	–	–	–	–	–	–	–
87	5,247	–	–	–	–	–	–	–	–	–	–	–	–	–	–	–
88	4,834	–	–	–	–	–	–	–	–	–	–	–	–	–	–	–
89	4,445	–	–	–	–	–	–	–	–	–	–	–	–	–	–	–
90	4,071	–	–	–	–	–	–	–	–	–	–	–	–	–	–	–
91	3,716	–	–	–	–	–	–	–	–	–	–	–	–	–	–	–
92	3,394	–	–	–	–	–	–	–	–	–	–	–	–	–	–	–
93	3,093	–	–	–	–	–	–	–	–	–	–	–	–	–	–	–
94	2,813	–	–	–	–	–	–	–	–	–	–	–	–	–	–	–
95	2,557	–	–	–	–	–	–	–	–	–	–	–	–	–	–	–
96	2,313	–	–	–	–	–	–	–	–	–	–	–	–	–	–	–
97	2,075	–	–	–	–	–	–	–	–	–	–	–	–	–	–	–
98	1,838	–	–	–	–	–	–	–	–	–	–	–	–	–	–	–
99	1,615	–	–	–	–	–	–	–	–	–	–	–	–	–	–	–
100	1,383	–	–	–	–	–	–	–	–	–	–	–	–	–	–	–
101	1,147	–	–	–	–	–	–	–	–	–	–	–	–	–	–	–
102	0,906	–	–	–	–	–	–	–	–	–	–	–	–	–	–	–
103	0,576	–	–	–	–	–	–	–	–	–	–	–	–	–	–	–
104	–	–	–	–	–	–	–	–	–	–	–	–	–	–	–	–

II – Barème présenté par la Gazette du Palais en novembre 2013 [1]

Hommes / Taux d'intérêt : 1,2 %																				
Capital constitutif d'une rente payable à terme échu																				
–	Âge du bénéficiaire au dernier arrérage																			
Âge du bénéficiaire à la date d'attribution	viagère	69 ans	68 ans	67 ans	66 ans	65 ans	64 ans	63 ans	62 ans	61 ans	60 ans	59 ans	55 ans	50 ans	29 ans	25 ans	21 ans	20 ans	18 ans	16 ans
0	49,356	44,921	44,583	44,235	43,876	43,508	43,129	42,741	42,343	41,935	41,518	41,091	39,291	36,834	24,180	21,342	18,354	17,583	16,011	14,399
1	49,165	44,657	44,313	43,959	43,595	43,220	42,836	42,441	42,036	41,622	41,198	40,764	38,934	36,437	23,576	20,691	17,655	16,871	15,273	13,635
2	48,774	44,210	43,862	43,504	43,135	42,756	42,366	41,967	41,557	41,138	40,708	40,269	38,417	35,889	22,868	19,948	16,873	16,080	14,463	12,804
3	48,370	43,750	43,398	43,035	42,662	42,278	41,884	41,480	41,065	40,640	40,206	39,761	37,886	35,327	22,148	19,191	16,079	15,276	13,639	11,961
4	47,959	43,283	42,927	42,559	42,181	41,793	41,394	40,985	40,565	40,135	39,695	39,245	37,347	34,757	21,417	18,425	15,275	14,462	12,805	11,106
5	47,541	42,808	42,447	42,076	41,693	41,300	40,896	40,482	40,057	39,622	39,177	38,722	36,801	34,179	20,677	17,648	14,461	13,638	11,961	10,241
6	47,116	42,326	41,961	41,585	41,198	40,800	40,391	39,972	39,542	39,102	38,651	38,190	36,246	33,593	19,928	16,862	13,636	12,803	11,105	9,365
7	46,687	41,839	41,469	41,089	40,697	40,294	39,880	39,456	39,021	38,575	38,119	37,653	35,685	32,999	19,169	16,066	12,801	11,958	10,240	8,478
8	46,251	41,344	40,971	40,585	40,189	39,781	39,363	38,933	38,493	38,042	37,580	37,108	35,116	32,398	18,401	15,261	11,955	11,102	9,364	7,581
9	45,811	40,845	40,467	40,076	39,675	39,263	38,839	38,404	37,959	37,502	37,035	36,557	34,541	31,791	17,623	14,445	11,100	10,237	8,477	6,673
10	45,364	40,338	39,955	39,561	39,154	38,737	38,308	37,868	37,417	36,955	36,482	35,999	33,959	31,175	16,836	13,620	10,234	9,361	7,580	5,753
11	44,912	39,826	39,438	39,039	38,628	38,205	37,771	37,326	36,869	36,402	35,923	35,434	33,369	30,551	16,040	12,784	9,358	8,474	6,671	4,823
12	44,456	39,308	38,916	38,511	38,095	37,668	37,228	36,778	36,316	35,842	35,358	34,863	32,773	29,921	15,234	11,939	8,471	7,576	5,752	3,881
13	43,996	38,785	38,388	37,979	37,558	37,125	36,680	36,224	35,756	35,277	34,787	34,286	32,171	29,284	14,419	11,084	7,574	6,668	4,822	2,928
14	43,530	38,256	37,854	37,440	37,014	36,575	36,125	35,664	35,190	34,706	34,210	33,702	31,561	28,640	13,594	10,219	6,666	5,749	3,880	1,964
15	43,061	37,722	37,316	36,896	36,465	36,021	35,566	35,099	34,620	34,129	33,627	33,113	30,946	27,989	12,760	9,343	5,747	4,819	2,928	0,988
16	42,589	37,185	36,773	36,349	35,912	35,463	35,002	34,529	34,044	33,547	33,039	32,519	30,326	27,332	11,916	8,458	4,818	3,878	1,963	–

1. *Gazette du Palais*, 28 mars 2013, n° 87, p. 22. Tables de survie de référence : INSEEH 2006-2008 (France entière) et INSEEF 2006-2008 (France entière).

Hommes / Taux d'intérêt : 1,2 %																				
Capital constitutif d'une rente payable à terme échu																				
–	Âge du bénéficiaire au dernier arrérage																			
Âge du bénéficiaire à la date d'attribution	viagère	69 ans	68 ans	67 ans	66 ans	65 ans	64 ans	63 ans	62 ans	61 ans	60 ans	59 ans	55 ans	50 ans	29 ans	25 ans	21 ans	20 ans	18 ans	16 ans
17	42,114	36,643	36,227	35,797	35,355	34,900	34,434	33,955	33,464	32,961	32,446	31,920	29,700	26,669	11,063	7,552	3,877	2,926	0,988	–
18	41,639	36,101	35,679	35,244	34,796	34,336	33,863	33,378	32,881	32,372	31,851	31,318	29,070	26,002	10,201	6,656	2,926	1,963	–	–
19	41,165	35,557	35,129	34,689	34,236	33,770	33,291	32,800	32,297	31,781	31,254	30,714	28,437	25,331	9,330	5,741	1,962	0,987	–	–
20	40,688	35,008	34,576	34,130	33,671	33,199	32,714	32,217	31,707	31,185	30,651	30,104	27,799	24,652	8,448	4,813	0,987	–	–	–
21	40,208	34,455	34,017	33,565	33,100	32,622	32,132	31,628	31,112	30,583	30,042	29,488	27,154	23,967	7,556	3,875	–	–	–	–
22	39,722	33,896	33,452	32,995	32,524	32,040	31,543	31,033	30,510	29,974	29,426	28,866	26,501	23,274	6,653	2,924	–	–	–	–
23	39,231	33,331	32,881	32,418	31,941	31,451	30,947	30,431	29,901	29,359	28,804	28,236	25,841	22,572	5,738	1,952	–	–	–	–
24	38,738	32,761	32,305	31,836	31,353	30,856	30,346	29,823	29,287	28,737	28,175	27,600	25,174	21,863	4,812	0,937	–	–	–	–
25	38,237	32,183	31,722	31,246	30,757	30,254	29,738	29,208	28,664	28,108	27,538	26,956	24,499	21,145	3,874	–	–	–	–	–
26	37,729	31,597	31,130	30,649	30,153	29,644	29,120	28,584	28,033	27,470	26,893	26,303	23,814	20,417	2,924	–	–	–	–	–
27	37,216	31,005	30,532	30,044	29,542	29,026	28,496	27,953	27,395	26,824	26,240	25,642	23,121	19,681	1,962	–	–	–	–	–
28	36,696	30,405	29,926	29,432	28,923	28,400	27,864	27,313	26,748	26,170	25,578	24,973	22,419	18,935	0,987	–	–	–	–	–
29	36,171	29,798	29,313	28,812	28,297	27,768	27,224	26,666	26,094	25,509	24,909	24,296	21,709	18,180	–	–	–	–	–	–
30	35,637	29,183	28,691	28,184	27,662	27,126	26,575	26,010	25,431	24,838	24,231	23,610	20,990	17,414	–	–	–	–	–	–
31	35,098	28,560	28,062	27,548	27,020	26,477	25,919	25,346	24,760	24,159	23,544	22,915	20,261	16,639	–	–	–	–	–	–
32	34,553	27,930	27,426	26,906	26,370	25,820	25,255	24,675	24,081	23,472	22,849	22,212	19,524	15,855	–	–	–	–	–	–
33	34,004	27,295	26,784	26,257	25,714	25,157	24,585	23,997	23,395	22,778	22,147	21,502	18,778	15,062	–	–	–	–	–	–
34	33,448	26,651	26,133	25,599	25,050	24,485	23,906	23,311	22,701	22,076	21,436	20,782	18,024	14,259	–	–	–	–	–	–
35	32,888	26,002	25,477	24,937	24,380	23,808	23,220	22,618	22,000	21,367	20,719	20,056	17,261	13,446	–	–	–	–	–	–
36	32,323	25,346	24,814	24,266	23,702	23,123	22,527	21,917	21,290	20,649	19,993	19,321	16,489	12,624	–	–	–	–	–	–
37	31,758	24,687	24,148	23,593	23,021	22,434	21,830	21,211	20,577	19,927	19,262	18,581	15,711	11,794	–	–	–	–	–	–
38	31,186	24,019	23,473	22,910	22,331	21,736	21,124	20,497	19,854	19,195	18,521	17,831	14,923	10,953	–	–	–	–	–	–

Hommes / Taux d'intérêt : 1,2 %																			
Capital constitutif d'une rente payable à terme échu																			
–	Âge du bénéficiaire au dernier arrérage																		
Âge du bénéficiaire à la date d'attribution	viagère	69 ans	68 ans	67 ans	66 ans	65 ans	64 ans	63 ans	62 ans	61 ans	60 ans	59 ans	55 ans	50 ans	29 ans	25 ans	21 ans	20 ans	18 ans	16 ans
39	30,610	23,346	22,792	22,222	21,635	21,031	20,412	19,776	19,124	18,456	17,773	17,074	14,125	10,102	–	–	–	–	–	–
40	30,028	22,665	22,104	21,525	20,930	20,319	19,690	19,046	18,385	17,708	17,015	16,307	13,318	9,240	–	–	–	–	–	–
41	29,445	21,980	21,411	20,825	20,221	19,601	18,964	18,311	17,641	16,954	16,252	15,534	12,504	8,368	–	–	–	–	–	–
42	28,861	21,290	20,713	20,119	19,507	18,878	18,232	17,569	16,890	16,194	15,482	14,753	11,680	7,486	–	–	–	–	–	–
43	28,274	20,595	20,010	19,407	18,786	18,148	17,493	16,821	16,131	15,425	14,703	13,964	10,847	6,593	–	–	–	–	–	–
44	27,683	19,893	19,299	18,687	18,058	17,411	16,746	16,064	15,365	14,649	13,916	13,166	10,004	5,689	–	–	–	–	–	–
45	27,094	19,188	18,586	17,965	17,326	16,669	15,995	15,303	14,593	13,866	13,123	12,362	9,153	4,773	–	–	–	–	–	–
46	26,504	18,479	17,867	17,237	16,588	15,921	15,237	14,534	13,814	13,076	12,321	11,549	8,291	3,845	–	–	–	–	–	–
47	25,916	17,766	17,145	16,505	15,846	15,169	14,473	13,760	13,029	12,279	11,513	10,728	7,420	2,905	–	–	–	–	–	–
48	25,329	17,049	16,418	15,768	15,099	14,411	13,704	12,979	12,236	11,475	10,696	9,899	6,538	1,952	–	–	–	–	–	–
49	24,743	16,327	15,686	15,025	14,345	13,646	12,928	12,191	11,436	10,662	9,871	9,061	5,645	0,983	–	–	–	–	–	–
50	24,161	15,603	14,951	14,279	13,587	12,876	12,146	11,397	10,629	9,843	9,037	8,214	4,740	–	–	–	–	–	–	–
51	23,581	14,874	14,211	13,527	12,823	12,100	11,357	10,595	9,814	9,014	8,194	7,357	3,823	–	–	–	–	–	–	–
52	23,003	14,141	13,465	12,769	12,053	11,317	10,561	9,785	8,990	8,175	7,341	6,489	2,891	–	–	–	–	–	–	–
53	22,425	13,400	12,713	12,004	11,274	10,525	9,755	8,965	8,155	7,325	6,476	5,608	1,944	–	–	–	–	–	–	–
54	21,849	12,653	11,953	11,231	10,487	9,723	8,939	8,134	7,309	6,463	5,598	4,714	0,981	–	–	–	–	–	–	–
55	21,270	11,897	11,183	10,447	9,689	8,911	8,111	7,291	6,449	5,588	4,706	3,804	–	–	–	–	–	–	–	–
56	20,691	11,133	10,405	9,654	8,881	8,087	7,272	6,435	5,577	4,699	3,799	2,880	–	–	–	–	–	–	–	–
57	20,113	10,360	9,617	8,851	8,063	7,252	6,420	5,566	4,691	3,795	2,877	1,939	–	–	–	–	–	–	–	–
58	19,533	9,576	8,818	8,036	7,231	6,404	5,554	4,683	3,789	2,874	1,937	0,979	–	–	–	–	–	–	–	–
59	18,951	8,781	8,006	7,208	6,386	5,541	4,673	3,783	2,870	1,935	0,979	–	–	–	–	–	–	–	–	–
60	18,368	7,974	7,182	6,366	5,526	4,662	3,776	2,866	1,933	0,978	–	–	–	–	–	–	–	–	–	–

Hommes / Taux d'intérêt : 1,2 %																				
Capital constitutif d'une rente payable à terme échu																				
–	Âge du bénéficiaire au dernier arrérage																			
Âge du bénéficiaire à la date d'attribution	viagère	69 ans	68 ans	67 ans	66 ans	65 ans	64 ans	63 ans	62 ans	61 ans	60 ans	59 ans	55 ans	50 ans	29 ans	25 ans	21 ans	20 ans	18 ans	16 ans
61	17,785	7,156	6,346	5,511	4,652	3,769	2,862	1,931	0,977	–	–	–	–	–	–	–	–	–	–	–
62	17,202	6,323	5,494	4,640	3,761	2,857	1,929	0,976	–	–	–	–	–	–	–	–	–	–	–	–
63	16,619	5,48	4,63	3,75	2,85	1,93	0,98	–	–	–	–	–	–	–	–	–	–	–	–	–
64	16,039	4,61	3,74	2,85	1,92	0,97	–	–	–	–	–	–	–	–	–	–	–	–	–	–
65	15,455	3,73	2,84	1,92	0,97	–	–	–	–	–	–	–	–	–	–	–	–	–	–	–
66	14,872	2,84	1,92	0,97	–	–	–	–	–	–	–	–	–	–	–	–	–	–	–	–
67	14,287	1,91	0,97	–	–	–	–	–	–	–	–	–	–	–	–	–	–	–	–	–
68	13,703	0,97	–	–	–	–	–	–	–	–	–	–	–	–	–	–	–	–	–	–
69	13,126	–	–	–	–	–	–	–	–	–	–	–	–	–	–	–	–	–	–	–
70	12,549	–	–	–	–	–	–	–	–	–	–	–	–	–	–	–	–	–	–	–
71	11,973	–	–	–	–	–	–	–	–	–	–	–	–	–	–	–	–	–	–	–
72	11,406	–	–	–	–	–	–	–	–	–	–	–	–	–	–	–	–	–	–	–
73	10,848	–	–	–	–	–	–	–	–	–	–	–	–	–	–	–	–	–	–	–
74	10,293	–	–	–	–	–	–	–	–	–	–	–	–	–	–	–	–	–	–	–
75	9,749	–	–	–	–	–	–	–	–	–	–	–	–	–	–	–	–	–	–	–
76	9,214	–	–	–	–	–	–	–	–	–	–	–	–	–	–	–	–	–	–	–
77	8,690	–	–	–	–	–	–	–	–	–	–	–	–	–	–	–	–	–	–	–
78	8,177	–	–	–	–	–	–	–	–	–	–	–	–	–	–	–	–	–	–	–
79	7,679	–	–	–	–	–	–	–	–	–	–	–	–	–	–	–	–	–	–	–
80	7,195	–	–	–	–	–	–	–	–	–	–	–	–	–	–	–	–	–	–	–
81	6,730	–	–	–	–	–	–	–	–	–	–	–	–	–	–	–	–	–	–	–
82	6,279	–	–	–	–	–	–	–	–	–	–	–	–	–	–	–	–	–	–	–

Hommes / Taux d'intérêt : 1,2 %																				
Capital constitutif d'une rente payable à terme échu																				
–	Âge du bénéficiaire au dernier arrérage																			
Âge du bénéficiaire à la date d'attribution	viagère	69 ans	68 ans	67 ans	66 ans	65 ans	64 ans	63 ans	62 ans	61 ans	60 ans	59 ans	55 ans	50 ans	29 ans	25 ans	21 ans	20 ans	18 ans	16 ans
83	5,844	–	–	–	–	–	–	–	–	–	–	–	–	–	–	–	–	–	–	–
84	5,424	–	–	–	–	–	–	–	–	–	–	–	–	–	–	–	–	–	–	–
85	5,022	–	–	–	–	–	–	–	–	–	–	–	–	–	–	–	–	–	–	–
86	4,643	–	–	–	–	–	–	–	–	–	–	–	–	–	–	–	–	–	–	–
87	4,285	–	–	–	–	–	–	–	–	–	–	–	–	–	–	–	–	–	–	–
88	3,949	–	–	–	–	–	–	–	–	–	–	–	–	–	–	–	–	–	–	–
89	3,634	–	–	–	–	–	–	–	–	–	–	–	–	–	–	–	–	–	–	–
90	3,337	–	–	–	–	–	–	–	–	–	–	–	–	–	–	–	–	–	–	–
91	3,061	–	–	–	–	–	–	–	–	–	–	–	–	–	–	–	–	–	–	–
92	2,818	–	–	–	–	–	–	–	–	–	–	–	–	–	–	–	–	–	–	–
93	2,581	–	–	–	–	–	–	–	–	–	–	–	–	–	–	–	–	–	–	–
94	2,359	–	–	–	–	–	–	–	–	–	–	–	–	–	–	–	–	–	–	–
95	2,177	–	–	–	–	–	–	–	–	–	–	–	–	–	–	–	–	–	–	–
96	2,014	–	–	–	–	–	–	–	–	–	–	–	–	–	–	–	–	–	–	–
97	1,857	–	–	–	–	–	–	–	–	–	–	–	–	–	–	–	–	–	–	–
98	1,720	–	–	–	–	–	–	–	–	–	–	–	–	–	–	–	–	–	–	–
99	1,629	–	–	–	–	–	–	–	–	–	–	–	–	–	–	–	–	–	–	–
100	1,487	–	–	–	–	–	–	–	–	–	–	–	–	–	–	–	–	–	–	–
101	1,272	–	–	–	–	–	–	–	–	–	–	–	–	–	–	–	–	–	–	–
102	1,024	–	–	–	–	–	–	–	–	–	–	–	–	–	–	–	–	–	–	–
103	0,641	–	–	–	–	–	–	–	–	–	–	–	–	–	–	–	–	–	–	–

Femmes / Taux d'intérêt : 1,2 %																				
Capital constitutif d'une rente payable à terme échu																				
–	Âge du bénéficiaire au dernier arrérage																			
Âge du bénéficiaire à la date d'attribution	viagère	69 ans	68 ans	67 ans	66 ans	65 ans	64 ans	63 ans	62 ans	61 ans	60 ans	59 ans	55 ans	50 ans	29 ans	25 ans	21 ans	20 ans	18 ans	16 ans
0	52,174	45,827	45,436	45,037	44,631	44,217	43,795	43,366	42,929	42,484	42,032	41,573	39,661	37,101	24,240	21,381	18,379	17,606	16,030	14,416
1	51,981	45,535	45,139	44,734	44,321	43,900	43,472	43,036	42,593	42,141	41,682	41,216	39,274	36,675	23,614	20,712	17,663	16,878	15,278	13,639
2	51,620	45,096	44,694	44,284	43,866	43,440	43,007	42,566	42,117	41,660	41,195	40,723	38,757	36,126	22,905	19,966	16,881	16,086	14,466	12,806
3	51,249	44,645	44,238	43,823	43,400	42,969	42,530	42,084	41,629	41,167	40,697	40,219	38,229	35,566	22,184	19,209	16,086	15,281	13,642	11,962
4	50,872	44,187	43,776	43,356	42,928	42,491	42,047	41,595	41,135	40,667	40,191	39,707	37,694	34,998	21,453	18,443	15,282	14,467	12,808	11,108
5	50,488	43,723	43,306	42,881	42,448	42,007	41,557	41,099	40,634	40,160	39,678	39,189	37,151	34,423	20,713	17,666	14,467	13,643	11,963	10,242
6	50,099	43,252	42,830	42,400	41,962	41,515	41,060	40,597	40,126	39,646	39,159	38,663	36,600	33,839	19,964	16,880	13,642	12,808	11,108	9,366
7	49,705	42,775	42,348	41,913	41,469	41,017	40,556	40,088	39,611	39,125	38,632	38,130	36,043	33,248	19,206	16,084	12,807	11,962	10,242	8,479
8	49,306	42,292	41,860	41,419	40,970	40,512	40,046	39,572	39,089	38,598	38,099	37,591	35,478	32,650	18,438	15,279	11,962	11,107	9,366	7,582
9	48,901	41,803	41,366	40,920	40,465	40,002	39,530	39,050	38,562	38,064	37,559	37,045	34,907	32,044	17,660	14,463	11,106	10,241	8,479	6,673
10	48,492	41,308	40,865	40,414	39,954	39,485	39,008	38,522	38,027	37,524	37,013	36,493	34,328	31,432	16,874	13,638	10,241	9,365	7,581	5,754
11	48,078	40,807	40,359	39,902	39,437	38,962	38,479	37,987	37,487	36,978	36,460	35,934	33,743	30,811	16,077	12,803	9,364	8,478	6,673	4,824
12	47,659	40,300	39,847	39,384	38,913	38,433	37,944	37,446	36,940	36,424	35,900	35,368	33,151	30,184	15,272	11,957	8,477	7,580	5,754	3,882
13	47,235	39,787	39,328	38,860	38,383	37,897	37,402	36,899	36,386	35,864	35,334	34,795	32,551	29,548	14,456	11,102	7,580	6,672	4,823	2,929
14	46,806	39,268	38,804	38,330	37,848	37,356	36,855	36,345	35,826	35,299	34,762	34,216	31,945	28,906	13,631	10,236	6,672	5,753	3,882	1,964
15	46,373	38,744	38,274	37,795	37,306	36,808	36,301	35,785	35,260	34,726	34,183	33,631	31,332	28,256	12,796	9,360	5,752	4,822	2,929	0,988
16	45,935	38,213	37,738	37,253	36,758	36,254	35,741	35,219	34,688	34,147	33,597	33,038	30,712	27,598	11,951	8,474	4,822	3,881	1,964	-
17	45,494	37,679	37,197	36,706	36,206	35,696	35,176	34,648	34,110	33,563	33,006	32,440	30,086	26,934	11,097	7,577	3,881	2,928	0,988	-
18	45,049	37,138	36,651	36,154	35,647	35,131	34,605	34,070	33,526	32,972	32,409	31,836	29,453	26,263	10,232	6,669	2,928	1,964	-	-
19	44,600	36,592	36,099	35,596	35,083	34,560	34,028	33,487	32,936	32,375	31,805	31,225	28,813	25,584	9,357	5,751	1,964	0,988	-	-
20	44,146	36,040	35,541	35,032	34,512	33,984	33,445	32,897	32,339	31,771	31,194	30,608	28,166	24,897	8,472	4,821	0,988	-	-	-

Femmes / Taux d'intérêt : 1,2 %																				
Capital constitutif d'une rente payable à terme échu																				
–	Âge du bénéficiaire au dernier arrérage																			
Âge du bénéficiaire à la date d'attribution	viagère	69 ans	68 ans	67 ans	66 ans	65 ans	64 ans	63 ans	62 ans	61 ans	60 ans	59 ans	55 ans	50 ans	29 ans	25 ans	21 ans	20 ans	18 ans	16 ans
21	43,687	35,482	34,976	34,461	33,935	33,400	32,855	32,300	31,735	31,161	30,576	29,983	27,511	24,202	7,576	3,880	–	–	–	–
22	43,223	34,917	34,406	33,884	33,352	32,810	32,258	31,696	31,125	30,543	29,952	29,351	26,848	23,499	6,669	2,928	–	–	–	–
23	42,752	34,345	33,827	33,299	32,760	32,212	31,653	31,085	30,506	29,917	29,319	28,710	26,177	22,787	5,750	1,964	–	–	–	–
24	42,277	33,766	33,242	32,708	32,163	31,607	31,042	30,466	29,880	29,284	28,678	28,062	25,498	22,067	4,821	0,988	–	–	–	–
25	41,796	33,181	32,650	32,109	31,557	30,995	30,423	29,840	29,247	28,644	28,030	27,407	24,811	21,338	3,880	–	–	–	–	–
26	41,309	32,588	32,051	31,503	30,944	30,375	29,796	29,206	28,606	27,995	27,374	26,743	24,116	20,599	2,928	–	–	–	–	–
27	40,817	31,989	31,445	30,891	30,325	29,749	29,163	28,566	27,958	27,340	26,711	26,072	23,413	19,853	1,964	–	–	–	–	–
28	40,319	31,382	30,832	30,270	29,698	29,115	28,521	27,917	27,302	26,676	26,040	25,393	22,700	19,097	0,988	–	–	–	–	–
29	39,816	30,769	30,212	29,643	29,064	28,474	27,872	27,261	26,638	26,004	25,360	24,706	21,980	18,332	–	–	–	–	–	–
30	39,307	30,148	29,584	29,009	28,422	27,825	27,216	26,597	25,967	25,325	24,673	24,010	21,251	17,558	–	–	–	–	–	–
31	38,792	29,521	28,950	28,367	27,774	27,169	26,553	25,926	25,287	24,638	23,978	23,307	20,514	16,775	–	–	–	–	–	–
32	38,273	28,887	28,308	27,719	27,118	26,505	25,882	25,247	24,601	23,943	23,275	22,596	19,768	15,983	–	–	–	–	–	–
33	37,748	28,245	27,660	27,063	26,454	25,834	25,203	24,560	23,906	23,241	22,564	21,876	19,013	15,181	–	–	–	–	–	–
34	37,218	27,597	27,004	26,400	25,784	25,156	24,517	23,866	23,204	22,530	21,845	21,148	18,250	14,370	–	–	–	–	–	–
35	36,685	26,943	26,343	25,731	25,107	24,471	23,824	23,165	22,495	21,812	21,119	20,414	17,479	13,551	–	–	–	–	–	–
36	36,147	26,282	25,675	25,055	24,423	23,779	23,124	22,457	21,778	21,087	20,385	19,671	16,699	12,721	–	–	–	–	–	–
37	35,602	25,613	24,998	24,370	23,731	23,079	22,415	21,740	21,052	20,353	19,642	18,919	15,909	11,882	–	–	–	–	–	–
38	35,054	24,939	24,316	23,680	23,032	22,372	21,700	21,016	20,320	19,611	18,891	18,159	15,111	11,033	–	–	–	–	–	–
39	34,503	24,258	23,627	22,983	22,327	21,659	20,978	20,285	19,580	18,863	18,133	17,392	14,305	10,174	–	–	–	–	–	–
40	33,949	23,571	22,932	22,280	21,615	20,938	20,249	19,547	18,833	18,106	17,367	16,616	13,490	9,305	–	–	–	–	–	–
41	33,388	22,876	22,229	21,568	20,895	20,209	19,511	18,800	18,076	17,340	16,592	15,831	12,664	8,426	–	–	–	–	–	–

Femmes / Taux d'intérêt : 1,2 %																				
Capital constitutif d'une rente payable à terme échu																				
–	Âge du bénéficiaire au dernier arrérage																			
Âge du bénéficiaire à la date d'attribution	viagère	69 ans	68 ans	67 ans	66 ans	65 ans	64 ans	63 ans	62 ans	61 ans	60 ans	59 ans	55 ans	50 ans	29 ans	25 ans	21 ans	20 ans	18 ans	16 ans
42	32,823	22,174	21,519	20,850	20,168	19,473	18,765	18,045	17,312	16,566	15,808	15,038	11,829	7,535	–	–	–	–	–	–
43	32,256	21,467	20,802	20,124	19,433	18,729	18,013	17,283	16,540	15,785	15,017	14,236	10,985	6,635	–	–	–	–	–	–
44	31,684	20,752	20,078	19,392	18,691	17,978	17,252	16,512	15,760	14,994	14,216	13,425	10,131	5,723	–	–	–	–	–	–
45	31,109	20,030	19,348	18,651	17,942	17,219	16,483	15,734	14,971	14,195	13,406	12,605	9,267	4,800	–	–	–	–	–	–
46	30,532	19,302	18,611	17,905	17,186	16,453	15,707	14,948	14,175	13,388	12,589	11,776	8,393	3,865	–	–	–	–	–	–
47	29,951	18,567	17,866	17,151	16,422	15,679	14,923	14,153	13,369	12,572	11,762	10,938	7,508	2,918	–	–	–	–	–	–
48	29,367	17,825	17,114	16,389	15,650	14,897	14,130	13,349	12,555	11,747	10,925	10,089	6,612	1,958	–	–	–	–	–	–
49	28,780	17,076	16,355	15,619	14,870	14,106	13,329	12,537	11,731	10,912	10,079	9,231	5,705	0,986	–	–	–	–	–	–
50	28,191	16,320	15,589	14,843	14,082	13,308	12,519	11,716	10,899	10,068	9,223	8,363	4,787	–	–	–	–	–	–	–
51	27,598	15,555	14,814	14,057	13,286	12,500	11,700	10,885	10,056	9,213	8,356	7,484	3,856	–	–	–	–	–	–	–
52	27,004	14,784	14,031	13,264	12,481	11,684	10,872	10,045	9,204	8,349	7,479	6,594	2,913	–	–	–	–	–	–	–
53	26,404	14,003	13,239	12,460	11,666	10,857	10,033	9,194	8,341	7,472	6,589	5,692	1,956	–	–	–	–	–	–	–
54	25,799	13,213	12,437	11,647	10,841	10,019	9,183	8,332	7,465	6,584	5,688	4,777	0,985	–	–	–	–	–	–	–
55	25,189	12,412	11,626	10,823	10,005	9,171	8,322	7,458	6,578	5,684	4,774	3,849	–	–	–	–	–	–	–	–
56	24,576	11,603	10,804	9,989	9,158	8,311	7,450	6,572	5,679	4,771	3,847	2,908	–	–	–	–	–	–	–	–
57	23,956	10,782	9,971	9,143	8,300	7,440	6,565	5,674	4,767	3,845	2,907	1,953	–	–	–	–	–	–	–	–
58	23,336	9,954	9,129	8,288	7,431	6,558	5,669	4,764	3,843	2,906	1,953	0,984	–	–	–	–	–	–	–	–
59	22,709	9,112	8,275	7,421	6,550	5,663	4,760	3,840	2,904	1,952	0,984	–	–	–	–	–	–	–	–	–
60	22,076	8,260	7,409	6,541	5,656	4,755	3,837	2,902	1,951	0,984	–	–	–	–	–	–	–	–	–	–
61	21,441	7,396	6,531	5,649	4,749	3,833	2,900	1,950	0,983	–	–	–	–	–	–	–	–	–	–	–
62	20,803	6,521	5,641	4,744	3,830	2,898	1,949	0,983	–	–	–	–	–	–	–	–	–	–	–	–

Femmes / Taux d'intérêt : 1,2 %																				
Capital constitutif d'une rente payable à terme échu																				
–	Âge du bénéficiaire au dernier arrérage																			
Âge du bénéficiaire à la date d'attribution	viagère	69 ans	68 ans	67 ans	66 ans	65 ans	64 ans	63 ans	62 ans	61 ans	60 ans	59 ans	55 ans	50 ans	29 ans	25 ans	21 ans	20 ans	18 ans	16 ans
63	20,163	5,63	4,74	3,83	2,90	1,95	0,98	–	–	–	–	–	–	–	–	–	–	–	–	–
64	19,519	4,73	3,82	2,89	1,95	0,98	–	–	–	–	–	–	–	–	–	–	–	–	–	–
65	18,869	3,82	2,89	1,95	0,98	–	–	–	–	–	–	–	–	–	–	–	–	–	–	–
66	18,215	2,89	1,94	0,98	–	–	–	–	–	–	–	–	–	–	–	–	–	–	–	–
67	17,558	1,94	0,98	–	–	–	–	–	–	–	–	–	–	–	–	–	–	–	–	–
68	16,897	0,98	–	–	–	–	–	–	–	–	–	–	–	–	–	–	–	–	–	–
69	16,237	–	–	–	–	–	–	–	–	–	–	–	–	–	–	–	–	–	–	–
70	15,578	–	–	–	–	–	–	–	–	–	–	–	–	–	–	–	–	–	–	–
71	14,918	–	–	–	–	–	–	–	–	–	–	–	–	–	–	–	–	–	–	–
72	14,259	–	–	–	–	–	–	–	–	–	–	–	–	–	–	–	–	–	–	–
73	13,601	–	–	–	–	–	–	–	–	–	–	–	–	–	–	–	–	–	–	–
74	12,947	–	–	–	–	–	–	–	–	–	–	–	–	–	–	–	–	–	–	–
75	12,297	–	–	–	–	–	–	–	–	–	–	–	–	–	–	–	–	–	–	–
76	11,654	–	–	–	–	–	–	–	–	–	–	–	–	–	–	–	–	–	–	–
77	11,020	–	–	–	–	–	–	–	–	–	–	–	–	–	–	–	–	–	–	–
78	10,394	–	–	–	–	–	–	–	–	–	–	–	–	–	–	–	–	–	–	–
79	9,777	–	–	–	–	–	–	–	–	–	–	–	–	–	–	–	–	–	–	–
80	9,174	–	–	–	–	–	–	–	–	–	–	–	–	–	–	–	–	–	–	–
81	8,582	–	–	–	–	–	–	–	–	–	–	–	–	–	–	–	–	–	–	–
82	8,007	–	–	–	–	–	–	–	–	–	–	–	–	–	–	–	–	–	–	–
83	7,450	–	–	–	–	–	–	–	–	–	–	–	–	–	–	–	–	–	–	–

Femmes / Taux d'intérêt : 1,2 %																				
Capital constitutif d'une rente payable à terme échu																				
–	Âge du bénéficiaire au dernier arrérage																			
Âge du bénéficiaire à la date d'attribution	viagère	69 ans	68 ans	67 ans	66 ans	65 ans	64 ans	63 ans	62 ans	61 ans	60 ans	59 ans	55 ans	50 ans	29 ans	25 ans	21 ans	20 ans	18 ans	16 ans
84	6,912	–	–	–	–	–	–	–	–	–	–	–	–	–	–	–	–	–	–	–
85	6,396	–	–	–	–	–	–	–	–	–	–	–	–	–	–	–	–	–	–	–
86	5,909	–	–	–	–	–	–	–	–	–	–	–	–	–	–	–	–	–	–	–
87	5,443	–	–	–	–	–	–	–	–	–	–	–	–	–	–	–	–	–	–	–
88	5,006	–	–	–	–	–	–	–	–	–	–	–	–	–	–	–	–	–	–	–
89	4,596	–	–	–	–	–	–	–	–	–	–	–	–	–	–	–	–	–	–	–
90	4,204	–	–	–	–	–	–	–	–	–	–	–	–	–	–	–	–	–	–	–
91	3,833	–	–	–	–	–	–	–	–	–	–	–	–	–	–	–	–	–	–	–
92	3,498	–	–	–	–	–	–	–	–	–	–	–	–	–	–	–	–	–	–	–
93	3,187	–	–	–	–	–	–	–	–	–	–	–	–	–	–	–	–	–	–	–
94	2,899	–	–	–	–	–	–	–	–	–	–	–	–	–	–	–	–	–	–	–
95	2,639	–	–	–	–	–	–	–	–	–	–	–	–	–	–	–	–	–	–	–
96	2,393	–	–	–	–	–	–	–	–	–	–	–	–	–	–	–	–	–	–	–
97	2,157	–	–	–	–	–	–	–	–	–	–	–	–	–	–	–	–	–	–	–
98	1,928	–	–	–	–	–	–	–	–	–	–	–	–	–	–	–	–	–	–	–
99	1,723	–	–	–	–	–	–	–	–	–	–	–	–	–	–	–	–	–	–	–
100	1,504	–	–	–	–	–	–	–	–	–	–	–	–	–	–	–	–	–	–	–
101	1,267	–	–	–	–	–	–	–	–	–	–	–	–	–	–	–	–	–	–	–
102	0,986	–	–	–	–	–	–	–	–	–	–	–	–	–	–	–	–	–	–	–
103	0,606	–	–	–	–	–	–	–	–	–	–	–	–	–	–	–	–	–	–	–

Hommes / Taux d'intérêt : 2,35 %																				
Capital constitutif d'une rente payable à terme échu																				
–	Âge du bénéficiaire au dernier arrérage																			
Âge du bénéficiaire à la date d'attribution	viagère	69 ans	68 ans	67 ans	66 ans	65 ans	64 ans	63 ans	62 ans	61 ans	60 ans	59 ans	55 ans	50 ans	29 ans	25 ans	21 ans	20 ans	18 ans	16 ans
0	34,798	32,963	32,808	32,646	32,478	32,303	32,122	31,933	31,738	31,536	31,326	31,109	30,169	28,818	20,701	18,620	16,328	15,720	14,459	13,136
1	34,770	32,883	32,724	32,558	32,385	32,205	32,019	31,825	31,624	31,416	31,201	30,978	30,012	28,623	20,279	18,140	15,784	15,159	13,863	12,503
2	34,601	32,669	32,506	32,336	32,159	31,975	31,784	31,585	31,380	31,167	30,946	30,718	29,729	28,307	19,763	17,573	15,161	14,521	13,194	11,802
3	34,421	32,444	32,277	32,103	31,922	31,733	31,538	31,335	31,124	30,906	30,681	30,447	29,434	27,979	19,232	16,990	14,521	13,866	12,507	11,082
4	34,236	32,212	32,041	31,863	31,678	31,485	31,285	31,077	30,861	30,638	30,407	30,168	29,131	27,641	18,688	16,392	13,865	13,194	11,803	10,344
5	34,046	31,973	31,798	31,616	31,426	31,229	31,024	30,811	30,591	30,362	30,126	29,881	28,819	27,294	18,129	15,780	13,192	12,506	11,082	9,589
6	33,849	31,728	31,549	31,362	31,168	30,966	30,756	30,538	30,313	30,079	29,837	29,586	28,500	26,939	17,557	15,152	12,504	11,801	10,344	8,815
7	33,648	31,477	31,294	31,103	30,904	30,697	30,482	30,260	30,028	29,789	29,541	29,285	28,172	26,575	16,972	14,510	11,799	11,080	9,588	8,023
8	33,442	31,220	31,032	30,837	30,633	30,421	30,202	29,973	29,737	29,492	29,238	28,976	27,837	26,202	16,372	13,852	11,077	10,341	8,814	7,213
9	33,232	30,957	30,765	30,564	30,356	30,139	29,914	29,681	29,439	29,188	28,928	28,660	27,494	25,820	15,759	13,179	10,339	9,585	8,022	6,383
10	33,015	30,687	30,490	30,285	30,072	29,850	29,620	29,381	29,133	28,876	28,611	28,336	27,143	25,429	15,130	12,490	9,583	8,811	7,211	5,534
11	32,794	30,410	30,209	29,999	29,781	29,554	29,318	29,074	28,820	28,557	28,285	28,004	26,783	25,029	14,487	11,785	8,809	8,019	6,381	4,664
12	32,568	30,129	29,923	29,708	29,484	29,252	29,011	28,760	28,501	28,232	27,953	27,665	26,415	24,620	13,829	11,063	8,017	7,208	5,532	3,774
13	32,338	29,841	29,630	29,410	29,181	28,943	28,696	28,440	28,174	27,899	27,614	27,319	26,039	24,202	13,156	10,324	7,206	6,379	4,663	2,863
14	32,103	29,546	29,330	29,105	28,871	28,628	28,375	28,112	27,840	27,558	27,267	26,965	25,655	23,774	12,467	9,568	6,377	5,529	3,773	1,931
15	31,863	29,246	29,025	28,795	28,555	28,306	28,047	27,779	27,500	27,211	26,913	26,604	25,263	23,337	11,762	8,795	5,528	4,661	2,863	0,977
16	31,621	28,941	28,715	28,479	28,234	27,979	27,714	27,439	27,154	26,858	26,553	26,236	24,863	22,892	11,042	8,004	4,659	3,771	1,931	–
17	31,374	28,631	28,400	28,158	27,907	27,646	27,374	27,093	26,801	26,498	26,185	25,861	24,456	22,437	10,305	7,195	3,770	2,861	0,977	–
18	31,127	28,318	28,081	27,833	27,576	27,309	27,031	26,742	26,443	26,134	25,813	25,482	24,042	21,975	9,552	6,368	2,861	1,930	–	–
19	30,878	28,001	27,759	27,505	27,242	26,968	26,683	26,388	26,082	25,765	25,436	25,097	23,623	21,506	8,783	5,521	1,930	0,976	–	–
20	30,626	27,679	27,431	27,171	26,901	26,621	26,329	26,027	25,713	25,389	25,052	24,705	23,195	21,027	7,995	4,655	0,976	–	–	–

Hommes / Taux d'intérêt : 2,35 %																				
Capital constitutif d'une rente payable à terme échu																				
–	Âge du bénéficiaire au dernier arrérage																			
Âge du bénéficiaire à la date d'attribution	viagère	69 ans	68 ans	67 ans	66 ans	65 ans	64 ans	63 ans	62 ans	61 ans	60 ans	59 ans	55 ans	50 ans	29 ans	25 ans	21 ans	20 ans	18 ans	16 ans
21	30,369	27,351	27,096	26,831	26,554	26,267	25,968	25,659	25,338	25,005	24,660	24,304	22,758	20,537	7,190	3,768	–	–	–	–
22	30,107	27,016	26,755	26,483	26,200	25,905	25,600	25,282	24,953	24,613	24,260	23,895	22,311	20,036	6,364	2,860	–	–	–	–
23	29,840	26,673	26,406	26,127	25,837	25,536	25,222	24,897	24,560	24,211	23,850	23,476	21,854	19,524	5,519	1,929	–	–	–	–
24	29,568	26,324	26,051	25,765	25,468	25,159	24,838	24,505	24,160	23,802	23,432	23,049	21,387	19,000	4,654	0,976	–	–	–	–
25	29,290	25,967	25,686	25,394	25,089	24,773	24,444	24,103	23,750	23,383	23,004	22,612	20,909	18,464	3,767	–	–	–	–	–
26	29,004	25,600	25,313	25,013	24,701	24,377	24,040	23,691	23,329	22,953	22,565	22,163	20,419	17,914	2,859	–	–	–	–	–
27	28,712	25,225	24,931	24,624	24,304	23,972	23,627	23,269	22,898	22,514	22,116	21,704	19,917	17,351	1,929	–	–	–	–	–
28	28,412	24,841	24,539	24,225	23,897	23,557	23,204	22,837	22,457	22,063	21,656	21,234	19,404	16,775	0,976	–	–	–	–	–
29	28,107	24,448	24,139	23,817	23,482	23,133	22,771	22,395	22,006	21,603	21,185	20,753	18,878	16,185	–	–	–	–	–	–
30	27,793	24,045	23,728	23,398	23,055	22,698	22,327	21,942	21,543	21,130	20,702	20,260	18,339	15,580	–	–	–	–	–	–
31	27,472	23,632	23,308	22,970	22,618	22,252	21,872	21,478	21,070	20,646	20,208	19,755	17,787	14,961	–	–	–	–	–	–
32	27,145	23,211	22,879	22,532	22,172	21,797	21,408	21,004	20,586	20,152	19,703	19,238	17,222	14,327	–	–	–	–	–	–
33	26,812	22,781	22,441	22,086	21,716	21,333	20,934	20,520	20,091	19,647	19,187	18,711	16,645	13,679	–	–	–	–	–	–
34	26,470	22,340	21,992	21,628	21,250	20,857	20,448	20,024	19,585	19,129	18,658	18,171	16,054	13,015	–	–	–	–	–	–
35	26,124	21,892	21,535	21,162	20,774	20,371	19,953	19,518	19,068	18,601	18,119	17,619	15,451	12,336	–	–	–	–	–	–
36	25,770	21,433	21,067	20,686	20,288	19,875	19,446	19,001	18,540	18,062	17,567	17,055	14,833	11,641	–	–	–	–	–	–
37	25,413	20,969	20,593	20,202	19,795	19,372	18,932	18,476	18,003	17,513	17,005	16,481	14,203	10,932	–	–	–	–	–	–
38	25,048	20,492	20,108	19,707	19,289	18,856	18,405	17,937	17,452	16,950	16,430	15,892	13,558	10,205	–	–	–	–	–	–
39	24,677	20,007	19,613	19,202	18,774	18,329	17,867	17,388	16,891	16,376	15,843	15,291	12,898	9,461	–	–	–	–	–	–
40	24,298	19,511	19,107	18,685	18,246	17,790	17,317	16,825	16,316	15,788	15,242	14,676	12,223	8,700	–	–	–	–	–	–
41	23,916	19,007	18,592	18,160	17,711	17,243	16,757	16,253	15,731	15,190	14,629	14,050	11,534	7,921	–	–	–	–	–	–

Hommes / Taux d'intérêt : 2,35 %																				
Capital constitutif d'une rente payable à terme échu																				
–	Âge du bénéficiaire au dernier arrérage																			
Âge du bénéficiaire à la date d'attribution	viagère	69 ans	68 ans	67 ans	66 ans	65 ans	64 ans	63 ans	62 ans	61 ans	60 ans	59 ans	55 ans	50 ans	29 ans	25 ans	21 ans	20 ans	18 ans	16 ans
42	23,530	18,494	18,069	17,626	17,165	16,685	16,187	15,670	15,134	14,579	14,004	13,410	10,830	7,124	–	–	–	–	–	–
43	23,137	17,972	17,536	17,081	16,608	16,116	15,605	15,075	14,525	13,956	13,366	12,756	10,109	6,308	–	–	–	–	–	–
44	22,739	17,439	16,992	16,525	16,040	15,535	15,011	14,467	13,903	13,318	12,714	12,088	9,372	5,472	–	–	–	–	–	–
45	22,339	16,900	16,440	15,961	15,463	14,945	14,407	13,849	13,270	12,670	12,049	11,407	8,620	4,616	–	–	–	–	–	–
46	21,935	16,350	15,879	15,387	14,875	14,344	13,791	13,218	12,623	12,008	11,370	10,711	7,849	3,740	–	–	–	–	–	–
47	21,529	15,793	15,309	14,804	14,278	13,732	13,164	12,576	11,965	11,333	10,678	10,001	7,062	2,841	–	–	–	–	–	–
48	21,121	15,227	14,729	14,211	13,671	13,109	12,526	11,921	11,294	10,644	9,972	9,276	6,256	1,919	–	–	–	–	–	–
49	20,709	14,651	14,140	13,607	13,052	12,475	11,876	11,254	10,609	9,941	9,250	8,535	5,430	0,972	–	–	–	–	–	–
50	20,298	14,068	13,542	12,994	12,423	11,830	11,213	10,574	9,911	9,224	8,513	7,778	4,585	–	–	–	–	–	–	–
51	19,886	13,475	12,934	12,370	11,782	11,172	10,538	9,880	9,198	8,491	7,759	7,003	3,718	–	–	–	–	–	–	–
52	19,472	12,873	12,315	11,734	11,130	10,501	9,848	9,171	8,469	7,741	6,988	6,209	2,827	–	–	–	–	–	–	–
53	19,055	12,258	11,684	11,086	10,463	9,816	9,143	8,446	7,722	6,973	6,197	5,395	1,912	–	–	–	–	–	–	–
54	18,635	11,631	11,040	10,423	9,782	9,115	8,422	7,703	6,957	6,185	5,386	4,559	0,970	–	–	–	–	–	–	–
55	18,210	10,990	10,380	9,745	9,083	8,396	7,682	6,940	6,172	5,376	4,552	3,700	–	–	–	–	–	–	–	–
56	17,782	10,335	9,707	9,051	8,369	7,660	6,923	6,158	5,366	4,545	3,695	2,816	–	–	–	–	–	–	–	–
57	17,351	9,666	9,017	8,341	7,637	6,905	6,144	5,356	4,538	3,690	2,813	1,906	–	–	–	–	–	–	–	–
58	16,915	8,980	8,310	7,612	6,885	6,129	5,344	4,529	3,685	2,810	1,905	0,968	–	–	–	–	–	–	–	–
59	16,473	8,276	7,584	6,863	6,112	5,331	4,520	3,679	2,807	1,903	0,968	–	–	–	–	–	–	–	–	–
60	16,026	7,554	6,839	6,093	5,317	4,510	3,672	2,802	1,901	0,967	–	–	–	–	–	–	–	–	–	–
61	15,577	6,814	6,074	5,303	4,500	3,665	2,798	1,899	0,966	–	–	–	–	–	–	–	–	–	–	–
62	15,122	6,052	5,287	4,488	3,657	2,794	1,896	0,965	–	–	–	–	–	–	–	–	–	–	–	–
63	14,665	5,27	4,48	3,65	2,79	1,89	0,96	–	–	–	–	–	–	–	–	–	–	–	–	–

Hommes / Taux d'intérêt : 2,35 %																				
Capital constitutif d'une rente payable à terme échu																				
–	Âge du bénéficiaire au dernier arrérage																			
Âge du bénéficiaire à la date d'attribution	viagère	69 ans	68 ans	67 ans	66 ans	65 ans	64 ans	63 ans	62 ans	61 ans	60 ans	59 ans	55 ans	50 ans	29 ans	25 ans	21 ans	20 ans	18 ans	16 ans
64	14,207	4,46	3,64	2,78	1,89	0,96	-	-	-	-	-	-	-	-	-	-	-	-	-	-
65	13,741	3,63	2,78	1,89	0,96	-	-	-	-	-	-	-	-	-	-	-	-	-	-	-
66	13,272	2,77	1,89	0,96	-	-	-	-	-	-	-	-	-	-	-	-	-	-	-	-
67	12,797	1,88	0,96	-	-	-	-	-	-	-	-	-	-	-	-	-	-	-	-	-
68	12,320	0,96	-	-	-	-	-	-	-	-	-	-	-	-	-	-	-	-	-	-
69	11,845	-	-	-	-	-	-	-	-	-	-	-	-	-	-	-	-	-	-	-
70	11,365	-	-	-	-	-	-	-	-	-	-	-	-	-	-	-	-	-	-	-
71	10,882	-	-	-	-	-	-	-	-	-	-	-	-	-	-	-	-	-	-	-
72	10,404	-	-	-	-	-	-	-	-	-	-	-	-	-	-	-	-	-	-	-
73	9,930	-	-	-	-	-	-	-	-	-	-	-	-	-	-	-	-	-	-	-
74	9,455	-	-	-	-	-	-	-	-	-	-	-	-	-	-	-	-	-	-	-
75	8,986	-	-	-	-	-	-	-	-	-	-	-	-	-	-	-	-	-	-	-
76	8,522	-	-	-	-	-	-	-	-	-	-	-	-	-	-	-	-	-	-	-
77	8,064	-	-	-	-	-	-	-	-	-	-	-	-	-	-	-	-	-	-	-
78	7,613	-	-	-	-	-	-	-	-	-	-	-	-	-	-	-	-	-	-	-
79	7,172	-	-	-	-	-	-	-	-	-	-	-	-	-	-	-	-	-	-	-
80	6,741	-	-	-	-	-	-	-	-	-	-	-	-	-	-	-	-	-	-	-
81	6,324	-	-	-	-	-	-	-	-	-	-	-	-	-	-	-	-	-	-	-
82	5,918	-	-	-	-	-	-	-	-	-	-	-	-	-	-	-	-	-	-	-
83	5,523	-	-	-	-	-	-	-	-	-	-	-	-	-	-	-	-	-	-	-
84	5,141	-	-	-	-	-	-	-	-	-	-	-	-	-	-	-	-	-	-	-

Hommes / Taux d'intérêt : 2,35 %																				
Capital constitutif d'une rente payable à terme échu																				
–	Âge du bénéficiaire au dernier arrérage																			
Âge du bénéficiaire à la date d'attribution	viagère	69 ans	68 ans	67 ans	66 ans	65 ans	64 ans	63 ans	62 ans	61 ans	60 ans	59 ans	55 ans	50 ans	29 ans	25 ans	21 ans	20 ans	18 ans	16 ans
85	4,772	–	–	–	–	–	–	–	–	–	–	–	–	–	–	–	–	–	–	–
86	4,423	–	–	–	–	–	–	–	–	–	–	–	–	–	–	–	–	–	–	–
87	4,093	–	–	–	–	–	–	–	–	–	–	–	–	–	–	–	–	–	–	–
88	3,781	–	–	–	–	–	–	–	–	–	–	–	–	–	–	–	–	–	–	–
89	3,487	–	–	–	–	–	–	–	–	–	–	–	–	–	–	–	–	–	–	–
90	3,208	–	–	–	–	–	–	–	–	–	–	–	–	–	–	–	–	–	–	–
91	2,948	–	–	–	–	–	–	–	–	–	–	–	–	–	–	–	–	–	–	–
92	2,719	–	–	–	–	–	–	–	–	–	–	–	–	–	–	–	–	–	–	–
93	2,495	–	–	–	–	–	–	–	–	–	–	–	–	–	–	–	–	–	–	–
94	2,284	–	–	–	–	–	–	–	–	–	–	–	–	–	–	–	–	–	–	–
95	2,111	–	–	–	–	–	–	–	–	–	–	–	–	–	–	–	–	–	–	–
96	1,956	–	–	–	–	–	–	–	–	–	–	–	–	–	–	–	–	–	–	–
97	1,806	–	–	–	–	–	–	–	–	–	–	–	–	–	–	–	–	–	–	–
98	1,676	–	–	–	–	–	–	–	–	–	–	–	–	–	–	–	–	–	–	–
99	1,590	–	–	–	–	–	–	–	–	–	–	–	–	–	–	–	–	–	–	–
100	1,454	–	–	–	–	–	–	–	–	–	–	–	–	–	–	–	–	–	–	–
101	1,247	–	–	–	–	–	–	–	–	–	–	–	–	–	–	–	–	–	–	–
102	1,008	–	–	–	–	–	–	–	–	–	–	–	–	–	–	–	–	–	–	–
103	0,634	–	–	–	–	–	–	–	–	–	–	–	–	–	–	–	–	–	–	–

Femmes / Taux d'intérêt : 2,35 %																				
Capital constitutif d'une rente payable à terme échu																				
–	Âge du bénéficiaire au dernier arrérage																			
Âge du bénéficiaire à la date d'attribution	viagère	69 ans	68 ans	67 ans	66 ans	65 ans	64 ans	63 ans	62 ans	61 ans	60 ans	59 ans	55 ans	50 ans	29 ans	25 ans	21 ans	20 ans	18 ans	16 ans
0	36,045	33,458	33,279	33,094	32,904	32,707	32,505	32,297	32,082	31,862	31,635	31,402	30,403	28,996	20,748	18,652	16,350	15,740	14,476	13,151
1	36,018	33,362	33,178	32,988	32,792	32,590	32,383	32,169	31,948	31,722	31,489	31,249	30,224	28,779	20,308	18,156	15,792	15,165	13,867	12,506
2	35,876	33,156	32,968	32,773	32,573	32,366	32,154	31,935	31,709	31,477	31,239	30,993	29,943	28,464	19,792	17,588	15,168	14,526	13,197	11,804
3	35,725	32,941	32,748	32,549	32,344	32,133	31,915	31,691	31,460	31,222	30,978	30,727	29,652	28,138	19,260	17,005	14,527	13,870	12,509	11,083
4	35,570	32,720	32,523	32,319	32,109	31,893	31,670	31,440	31,204	30,961	30,711	30,454	29,354	27,803	18,716	16,407	13,870	13,198	11,805	10,346
5	35,410	32,493	32,291	32,083	31,868	31,646	31,418	31,183	30,941	30,692	30,436	30,173	29,047	27,460	18,158	15,795	13,198	12,510	11,084	9,590
6	35,246	32,260	32,053	31,840	31,620	31,393	31,159	30,919	30,671	30,417	30,155	29,886	28,733	27,108	17,587	15,167	12,510	11,805	10,346	8,816
7	35,078	32,021	31,810	31,591	31,366	31,134	30,894	30,648	30,395	30,134	29,866	29,591	28,410	26,748	17,002	14,525	11,805	11,084	9,590	8,024
8	34,905	31,777	31,560	31,336	31,105	30,868	30,623	30,371	30,112	29,845	29,571	29,289	28,080	26,379	16,403	13,868	11,083	10,345	8,816	7,214
9	34,728	31,526	31,304	31,075	30,839	30,596	30,345	30,087	29,822	29,549	29,268	28,979	27,743	26,001	15,789	13,195	10,344	9,589	8,024	6,384
10	34,547	31,269	31,042	30,808	30,566	30,317	30,061	29,797	29,525	29,246	28,958	28,663	27,397	25,614	15,162	12,506	9,588	8,815	7,213	5,534
11	34,362	31,007	30,774	30,534	30,287	30,032	29,770	29,500	29,221	28,935	28,641	28,339	27,043	25,218	14,519	11,801	8,815	8,023	6,383	4,665
12	34,172	30,738	30,500	30,254	30,001	29,740	29,472	29,195	28,911	28,618	28,316	28,007	26,681	24,813	13,862	11,079	8,022	7,212	5,534	3,775
13	33,978	30,463	30,219	29,968	29,709	29,442	29,167	28,884	28,592	28,293	27,984	27,667	26,310	24,398	13,189	10,340	7,212	6,382	4,664	2,864
14	33,780	30,182	29,932	29,675	29,410	29,137	28,855	28,565	28,267	27,960	27,645	27,320	25,931	23,974	12,500	9,585	6,382	5,533	3,774	1,931
15	33,578	29,894	29,639	29,376	29,104	28,825	28,537	28,240	27,935	27,621	27,298	26,965	25,543	23,540	11,795	8,811	5,532	4,664	2,863	0,977
16	33,371	29,601	29,339	29,070	28,792	28,506	28,211	27,907	27,595	27,273	26,942	26,602	25,147	23,096	11,074	8,019	4,663	3,774	1,931	-
17	33,161	29,301	29,034	28,758	28,474	28,180	27,879	27,568	27,248	26,919	26,580	26,232	24,742	22,643	10,336	7,209	3,774	2,863	0,977	-
18	32,947	28,996	28,722	28,440	28,148	27,848	27,539	27,221	26,894	26,557	26,210	25,854	24,328	22,179	9,581	6,380	2,863	1,931	-	-
19	32,728	28,684	28,403	28,114	27,816	27,509	27,193	26,867	26,532	26,187	25,832	25,467	23,905	21,705	8,808	5,531	1,931	0,977	-	-
20	32,506	28,365	28,078	27,782	27,477	27,162	26,838	26,505	26,162	25,809	25,445	25,072	23,473	21,221	8,017	4,662	0,977	-	-	-

Femmes / Taux d'intérêt : 2,35 %																				
Capital constitutif d'une rente payable à terme échu																				
–	Âge du bénéficiaire au dernier arrérage																			
Âge du bénéficiaire à la date d'attribution	viagère	69 ans	68 ans	67 ans	66 ans	65 ans	64 ans	63 ans	62 ans	61 ans	60 ans	59 ans	55 ans	50 ans	29 ans	25 ans	21 ans	20 ans	18 ans	16 ans
21	32,278	28,039	27,745	27,442	27,129	26,808	26,476	26,135	25,783	25,422	25,050	24,668	23,031	20,725	7,208	3,773	–	–	–	–
22	32,045	27,706	27,405	27,094	26,775	26,445	26,105	25,756	25,396	25,026	24,646	24,254	22,578	20,218	6,379	2,863	–	–	–	–
23	31,806	27,363	27,056	26,738	26,410	26,073	25,725	25,368	24,999	24,620	24,231	23,830	22,115	19,698	5,531	1,931	–	–	–	–
24	31,563	27,014	26,699	26,374	26,038	25,693	25,337	24,971	24,594	24,206	23,807	23,397	21,640	19,166	4,662	0,977	–	–	–	–
25	31,313	26,656	26,334	26,001	25,658	25,304	24,940	24,565	24,179	23,781	23,373	22,953	21,155	18,622	3,773	–	–	–	–	–
26	31,057	26,290	25,960	25,619	25,267	24,905	24,532	24,148	23,753	23,347	22,929	22,499	20,658	18,065	2,863	–	–	–	–	–
27	30,797	25,916	25,578	25,229	24,869	24,498	24,116	23,723	23,319	22,903	22,475	22,034	20,150	17,495	1,931	–	–	–	–	–
28	30,530	25,533	25,186	24,829	24,461	24,081	23,690	23,288	22,874	22,448	22,009	21,559	19,629	16,911	0,977	–	–	–	–	–
29	30,257	25,141	24,786	24,421	24,043	23,655	23,255	22,843	22,419	21,982	21,534	21,072	19,097	16,314	–	–	–	–	–	–
30	29,978	24,740	24,377	24,003	23,617	23,219	22,809	22,387	21,953	21,506	21,047	20,575	18,552	15,703	–	–	–	–	–	–
31	29,694	24,331	23,959	23,576	23,180	22,773	22,353	21,921	21,477	21,020	20,549	20,066	17,995	15,078	–	–	–	–	–	–
32	29,403	23,912	23,531	23,139	22,734	22,317	21,887	21,445	20,990	20,522	20,040	19,545	17,425	14,438	–	–	–	–	–	–
33	29,106	23,484	23,094	22,692	22,278	21,851	21,411	20,958	20,492	20,013	19,519	19,013	16,841	13,783	–	–	–	–	–	–
34	28,803	23,046	22,647	22,236	21,811	21,374	20,924	20,460	19,983	19,492	18,987	18,468	16,245	13,113	–	–	–	–	–	–
35	28,496	22,601	22,192	21,770	21,336	20,888	20,427	19,952	19,464	18,961	18,444	17,912	15,635	12,429	–	–	–	–	–	–
36	28,183	22,145	21,727	21,295	20,850	20,392	19,919	19,433	18,933	18,418	17,888	17,344	15,012	11,728	–	–	–	–	–	–
37	27,862	21,679	21,251	20,808	20,353	19,883	19,399	18,901	18,389	17,862	17,319	16,762	14,374	11,011	–	–	–	–	–	–
38	27,537	21,204	20,765	20,312	19,845	19,364	18,869	18,359	17,834	17,294	16,739	16,168	13,722	10,278	–	–	–	–	–	–
39	27,207	20,720	20,270	19,806	19,328	18,835	18,328	17,806	17,268	16,715	16,146	15,561	13,056	9,527	–	–	–	–	–	–
40	26,871	20,226	19,765	19,290	18,800	18,295	17,775	17,240	16,689	16,123	15,540	14,941	12,375	8,760	–	–	–	–	–	–
41	26,528	19,720	19,248	18,761	18,260	17,742	17,210	16,662	16,097	15,517	14,920	14,306	11,677	7,974	–	–	–	–	–	–

Femmes / Taux d'intérêt : 2,35 %																			
Capital constitutif d'une rente payable à terme échu																			
–	Âge du bénéficiaire au dernier arrérage																		
Âge du bénéficiaire à la date d'attribution	viagère	69 ans	68 ans	67 ans	66 ans	65 ans	64 ans	63 ans	62 ans	61 ans	60 ans	59 ans	55 ans	50 ans	29 ans	25 ans	21 ans	20 ans	18 ans	16 ans
42	26,179	19,204	18,721	18,222	17,708	17,178	16,633	16,071	15,493	14,898	14,286	13,657	10,964	7,170	–	–	–	–	–	–
43	25,825	18,678	18,183	17,672	17,145	16,602	16,043	15,468	14,875	14,266	13,639	12,995	10,235	6,347	–	–	–	–	–	–
44	25,466	18,141	17,634	17,110	16,570	16,014	15,441	14,851	14,244	13,620	12,977	12,317	9,488	5,504	–	–	–	–	–	–
45	25,100	17,594	17,073	16,537	15,983	15,413	14,826	14,221	13,599	12,959	12,301	11,624	8,725	4,642	–	–	–	–	–	–
46	24,731	17,036	16,502	15,952	15,385	14,800	14,198	13,579	12,941	12,284	11,610	10,916	7,944	3,758	–	–	–	–	–	–
47	24,355	16,466	15,919	15,355	14,773	14,174	13,557	12,921	12,267	11,595	10,903	10,191	7,144	2,853	–	–	–	–	–	–
48	23,974	15,884	15,323	14,745	14,148	13,534	12,901	12,249	11,579	10,889	10,179	9,450	6,326	1,926	–	–	–	–	–	–
49	23,587	15,290	14,715	14,122	13,510	12,880	12,231	11,563	10,875	10,168	9,440	8,692	5,488	0,975	–	–	–	–	–	–
50	23,196	14,685	14,095	13,487	12,859	12,213	11,547	10,862	10,156	9,430	8,684	7,916	4,629	–	–	–	–	–	–	–
51	22,799	14,066	13,461	12,837	12,193	11,530	10,847	10,144	9,420	8,675	7,909	7,122	3,750	–	–	–	–	–	–	–
52	22,397	13,435	12,814	12,174	11,513	10,832	10,131	9,410	8,667	7,903	7,117	6,309	2,848	–	–	–	–	–	–	–
53	21,987	12,789	12,152	11,494	10,816	10,118	9,398	8,658	7,895	7,111	6,304	5,475	1,923	–	–	–	–	–	–	–
54	21,569	12,128	11,474	10,799	10,103	9,386	8,647	7,887	7,104	6,299	5,471	4,620	0,974	–	–	–	–	–	–	–
55	21,145	11,452	10,780	10,087	9,372	8,636	7,878	7,097	6,294	5,467	4,617	3,743	–	–	–	–	–	–	–	–
56	20,713	10,759	10,069	9,358	8,624	7,868	7,089	6,288	5,463	4,614	3,741	2,844	–	–	–	–	–	–	–	–
57	20,272	10,050	9,342	8,611	7,857	7,081	6,281	5,458	4,611	3,739	2,842	1,921	–	–	–	–	–	–	–	–
58	19,828	9,326	8,598	7,847	7,073	6,275	5,453	4,608	3,737	2,841	1,920	0,973	–	–	–	–	–	–	–	–
59	19,373	8,582	7,834	7,062	6,267	5,447	4,603	3,734	2,840	1,919	0,973	–	–	–	–	–	–	–	–	–
60	18,911	7,820	7,051	6,258	5,441	4,598	3,731	2,838	1,919	0,973	–	–	–	–	–	–	–	–	–	–
61	18,442	7,040	6,249	5,434	4,594	3,728	2,836	1,917	0,972	–	–	–	–	–	–	–	–	–	–	–
62	17,966	6,240	5,427	4,588	3,724	2,833	1,916	0,972	–	–	–	–	–	–	–	–	–	–	–	–

Femmes / Taux d'intérêt : 2,35 %																				
Capital constitutif d'une rente payable à terme échu																				
–	Âge du bénéficiaire au dernier arrérage																			
Âge du bénéficiaire à la date d'attribution	viagère	69 ans	68 ans	67 ans	66 ans	65 ans	64 ans	63 ans	62 ans	61 ans	60 ans	59 ans	55 ans	50 ans	29 ans	25 ans	21 ans	20 ans	18 ans	16 ans
63	17,485	5,42	4,58	3,72	2,83	1,92	0,97	–	–	–	–	–	–	–	–	–	–	–	–	–
64	16,996	4,58	3,72	2,83	1,91	0,97	–	–	–	–	–	–	–	–	–	–	–	–	–	–
65	16,497	3,71	2,83	1,91	0,97	–	–	–	–	–	–	–	–	–	–	–	–	–	–	–
66	15,990	2,82	1,91	0,97	–	–	–	–	–	–	–	–	–	–	–	–	–	–	–	–
67	15,477	1,91	0,97	–	–	–	–	–	–	–	–	–	–	–	–	–	–	–	–	–
68	14,955	0,97	–	–	–	–	–	–	–	–	–	–	–	–	–	–	–	–	–	–
69	14,429	–	–	–	–	–	–	–	–	–	–	–	–	–	–	–	–	–	–	–
70	13,899	–	–	–	–	–	–	–	–	–	–	–	–	–	–	–	–	–	–	–
71	13,364	–	–	–	–	–	–	–	–	–	–	–	–	–	–	–	–	–	–	–
72	12,825	–	–	–	–	–	–	–	–	–	–	–	–	–	–	–	–	–	–	–
73	12,282	–	–	–	–	–	–	–	–	–	–	–	–	–	–	–	–	–	–	–
74	11,737	–	–	–	–	–	–	–	–	–	–	–	–	–	–	–	–	–	–	–
75	11,192	–	–	–	–	–	–	–	–	–	–	–	–	–	–	–	–	–	–	–
76	10,647	–	–	–	–	–	–	–	–	–	–	–	–	–	–	–	–	–	–	–
77	10,106	–	–	–	–	–	–	–	–	–	–	–	–	–	–	–	–	–	–	–
78	9,569	–	–	–	–	–	–	–	–	–	–	–	–	–	–	–	–	–	–	–
79	9,034	–	–	–	–	–	–	–	–	–	–	–	–	–	–	–	–	–	–	–
80	8,507	–	–	–	–	–	–	–	–	–	–	–	–	–	–	–	–	–	–	–
81	7,986	–	–	–	–	–	–	–	–	–	–	–	–	–	–	–	–	–	–	–
82	7,477	–	–	–	–	–	–	–	–	–	–	–	–	–	–	–	–	–	–	–
83	6,980	–	–	–	–	–	–	–	–	–	–	–	–	–	–	–	–	–	–	–

Femmes / Taux d'intérêt : 2,35 %																			
Capital constitutif d'une rente payable à terme échu																			
–	Âge du bénéficiaire au dernier arrérage																		
Âge du bénéficiaire à la date d'attribution	viagère	69 ans	68 ans	67 ans	66 ans	65 ans	64 ans	63 ans	62 ans	61 ans	60 ans	59 ans	55 ans	50 ans	29 ans	25 ans	21 ans	20 ans	18 ans	16 ans
84	6,498	–	–	–	–	–	–	–	–	–	–	–	–	–	–	–	–	–	–	–
85	6,032	–	–	–	–	–	–	–	–	–	–	–	–	–	–	–	–	–	–	–
86	5,589	–	–	–	–	–	–	–	–	–	–	–	–	–	–	–	–	–	–	–
87	5,164	–	–	–	–	–	–	–	–	–	–	–	–	–	–	–	–	–	–	–
88	4,763	–	–	–	–	–	–	–	–	–	–	–	–	–	–	–	–	–	–	–
89	4,385	–	–	–	–	–	–	–	–	–	–	–	–	–	–	–	–	–	–	–
90	4,022	–	–	–	–	–	–	–	–	–	–	–	–	–	–	–	–	–	–	–
91	3,676	–	–	–	–	–	–	–	–	–	–	–	–	–	–	–	–	–	–	–
92	3,363	–	–	–	–	–	–	–	–	–	–	–	–	–	–	–	–	–	–	–
93	3,070	–	–	–	–	–	–	–	–	–	–	–	–	–	–	–	–	–	–	–
94	2,799	–	–	–	–	–	–	–	–	–	–	–	–	–	–	–	–	–	–	–
95	2,553	–	–	–	–	–	–	–	–	–	–	–	–	–	–	–	–	–	–	–
96	2,320	–	–	–	–	–	–	–	–	–	–	–	–	–	–	–	–	–	–	–
97	2,096	–	–	–	–	–	–	–	–	–	–	–	–	–	–	–	–	–	–	–
98	1,878	–	–	–	–	–	–	–	–	–	–	–	–	–	–	–	–	–	–	–
99	1,682	–	–	–	–	–	–	–	–	–	–	–	–	–	–	–	–	–	–	–
100	1,472	–	–	–	–	–	–	–	–	–	–	–	–	–	–	–	–	–	–	–
101	1,243	–	–	–	–	–	–	–	–	–	–	–	–	–	–	–	–	–	–	–
102	0,970	–	–	–	–	–	–	–	–	–	–	–	–	–	–	–	–	–	–	–
103	0,599	–	–	–	–	–	–	–	–	–	–	–	–	–	–	–	–	–	–	–

CHAPITRE 2

LES DROITS DE LA VICTIME SUR LA CRÉANCE D'INDEMNISATION

304 Les droits concrets de la victime sur la créance d'indemnisation dépendent de deux facteurs. Le premier est étroitement lié à la nature juridique de cette créance (section 1). Le second dépend de la manière dont les tiers payeurs pourront exercer leur recours sur la créance d'indemnisation (section 2).

SECTION 1. LES DROITS DE LA VICTIME ET LA NATURE DE LA CRÉANCE DE RÉPARATION

305 Une fois la créance d'indemnisation perçue par la victime, les droits concrets de cette dernière sur les sommes versées dépendent du régime juridique reconnu, en droit positif, à l'indemnisation. Selon la nature octroyée à la créance, les droits que les tiers peuvent être amenés à exercer sur elle ne doivent en effet pas être reconnus de la même façon. Le régime juridique patrimonial de l'indemnisation des préjudices économiques (§1) s'oppose ainsi à celui extrapatrimonial des préjudices non économiques (§2).

§ 1. Le régime juridique patrimonial de l'indemnisation des préjudices économiques

306 ***Le caractère patrimonial des préjudices économiques*** ◊ On appelle droits patrimoniaux les droits subjectifs qui ont une valeur pécuniaire et *qui sont dans le commerce juridique* : ils sont transmissibles et peuvent être l'objet de diverses opérations juridiques. Ils font partie du *patrimoine* défini comme l'universalité de droit qui rassemble tous les droits et obligations de leur titulaire ayant une valeur économique et qui se trouvent dans le commerce juridique.

Les chefs de préjudices classés, dans le cadre de la nomenclature Dintilhac dans le cadre des préjudices patrimoniaux [1] constituent des préjudices

1. v. ss 159 s.

économiques dont la compensation en argent s'effectue dans le cadre classique du droit patrimonial : l'argent reçu en indemnité remplace dans le patrimoine de la victime l'argent dépensé ou non perçu du fait de l'accident et l'action en réparation est elle-même sans conteste patrimoniale.

Cependant la spécificité du dommage corporel impose quelques précisions notamment pour le sort de l'indemnisation des préjudices patrimoniaux au regard des droits des créanciers, des époux, des héritiers et du fisc.

A. Les préjudices économiques et les droits des créanciers [1]

307 Il est tout d'abord admis que les *actions en réparation d'un dommage corporel* appartiennent à la seule victime et échappent donc à l'action oblique comme au dessaisissement en cas de « faillite ». Quant aux *indemnités réparatrices* elles-mêmes, leur régime juridique doit être précisé.

1) Le principe de la saisissabilité des indemnisations

L'art. 2284 C. civ. dispose : « Quiconque s'est obligé personnellement est tenu de remplir son engagement sur tous ses biens mobiliers et immobiliers, présents et à venir » ; et l'art. 2285 poursuit : « Les biens du débiteur sont le gage commun de ses créanciers... ». Le produit de l'indemnisation tombe dans le patrimoine de la victime, et elle est donc en principe saisissable selon les règles prévues par la loi n° 91-650 du 9 juillet 1991 portant réforme des procédures civiles d'exécution, aujourd'hui codifiées dans le Code des procédures civiles d'exécution.

2) Les biens insaisissables

En principe les saisies peuvent porter sur tous les biens appartenant au débiteur ; cependant l'art. L. 112-2 C. pr. exéc. énonce notamment parmi les biens insaisissables :

– Les provisions, sommes et pensions à caractère alimentaire...

– Les biens mobiliers nécessaires à la vie et au travail du saisi et de sa famille...

---

1. **Saisissabilité des indemnités réparatrices d'un préjudice corporel :** M. Breton, « De la saisissabilité des indemnités en réparation d'accidents », thèse Paris, 1953 ; R. Meurisse, « Le sort des dommages et intérêts alloués en réparation des préjudices matériels et moraux vis-à-vis de la faillite, des créanciers et de la communauté », *Gaz. Pal.* 1965.2, doct. 21, Civ., 29 juin 1948 (2 arrêts), *D.* 1949.129, note Ponsard ; G. Durry, « Les dommages-intérêts alloués en réparation de dommages corporels sont-ils saisissables ? », *RTD civ.* 1974. 614 ; Ass. plén. 15 avril 1983, *Gaz. Pal.*, 1er sept. 1985, *D.* 1985. 461, concl. Dontenwille et note F. Derrida ; M. Veron, « La saisie des indemnités réparatrices d'un préjudice corporel », *Gaz. Pal.*, 18 janvier 1984 ; Civ. 2e, 22 mars 1995, *RCA* 1995, n° 201 (victime déclarée en liquidation de biens ; somme représentative d'un préjudice économique n'a pas de caractère alimentaire) ; Com. 5 févr. 2002, *D.* 2002 p. 887 (entreprise individuelle en liquidation judiciaire ; sur les indemnités accordées au débiteur victime d'un accident de la circulation, pour compenser ses atteintes corporelles, seules, les sommes ayant un caractère alimentaire sont insaisissables : solution d'autant plus sévère et inéquitable que c'est ce même accident qui a entraîné la cessation d'activité et la faillite). – Sur la saisissabilité des indemnités réparatrices de préjudices extrapatrimoniaux, v. ss 319.

– Les objets indispensables aux personnes handicapées ou destinés au soin des personnes malades.

L'application de ces textes renforce la nécessité de clairement distinguer les chefs d'indemnisation notamment ceux qui compensent la perte de revenus professionnels et dont le régime juridique peut être assimilé au salaire dont il est le substitut. Quant à l'appréciation du *« caractère alimentaire »*, elle dépend moins du montant des indemnisations que des besoins concrets de la victime : incontestablement les fortes indemnisations de grands handicapés ont un « caractère alimentaire » en ce qu'elles couvrent des besoins vitaux (palliatifs matériels et humains de la perte d'autonomie). Il paraît au surplus que l'indemnisation des *préjudices futurs* (frais futurs et pertes de gains destinés à la survie de la victime) peut relever de l'insaisissabilité au titre des « créances à caractère alimentaire ».

On notera que l'insaisissabilité est totale pour les rentes allouées par la Sécurité sociale en réparation d'accidents du travail (art. L. 434-18 CSS).

B. Les préjudices économiques et les régimes matrimoniaux

308 ***Droit patrimonial et régime matrimonial entre époux***[1] ◊ Le régime matrimonial de la communauté légale (art. 1400 s. C. civ.) se traduit par trois masses patrimoniales : la communauté et le patrimoine propre de chacun des époux. Il convient donc de préciser quel est le sort des droits et actions en réparation du dommage corporel subi par l'un des époux.

L'article 1404, alinéa 1 du Code civil dispose que « *les actions en réparation* d'un dommage corporel ou moral... » forment des *propres par leur nature*. En résulte-t-il que les *indemnisations* pour préjudices économiques, y compris pour pertes de revenus professionnels sont « propres », même pour les salaires auxquels elles se substituent ?

La Cour de cassation avait fixé le *caractère propre de l'indemnité* réparatrice d'un dommage corporel par un arrêt ancien de 1897. On pourrait penser que, comme les produits du travail, l'indemnité compensatrice de la perte de revenus tombe en communauté. Cependant l'idée fondamentale en la matière est que l'objet réel de l'indemnisation est la *capacité physiologique de gains professionnels* de la victime qui doit lui demeurer propre en toutes circonstances (divorce, décès du conjoint, etc.).

---

1. **Caractère propre de l'action et de la réparation du dommage corporel** : S. David, « L'indemnisation du dommage corporel à l'aune du droit patrimonial de la famille », *Gaz. Pal.* 19 mars 2011, p. 34. Ph. Pierre, « Bénéfice d'une assurance invalidité et régime de communauté : quelle qualification matrimoniale ? », *RCA* 2011, ét. n° 4. Civ., 23 févr. 1897, *DP* 1898.1., note Capitant. Civ. 1re, 28 févr. 2006, *RTD civ.* 2006. 364 (caractère propre d'une pension indemnisant l'IPP). 8 juill. 2009, *JCP* 2009, I, 391, n° 13 obs. Ph. Simler (caractère propre d'une pension de guerre et de ses arrérages, réparant l'atteinte à l'intégrité physique de la victime). 17 nov. 2010, *JCP* 2011, 340, note Ph. Pierre (caractère propre du bénéfice d'une assurance invalidité). Civ. 1re, 9 mars 2011, n° 09-70263, *Dr. fam.* 2011, comm. n° 75.

Cependant les revenus des capitaux propres alloués à la victime tombent en communauté conformément à l'article 1403 du Code civil.

Le sort des rentes indexées n'est pas précisé. On peut estimer que les rentes échues tombent en communauté, mais que les droits de la victime sur les rentes futures à échoir, ou sur le capital (si la rente indemnitaire est convertie en capital) demeurent propres.

C. Les préjudices économiques et le droit des successions

309 ***La transmissibilité successorale du patrimoine aux héritiers*** [1] ◊ Le caractère patrimonial des préjudices économiques a pour conséquence la transmissibilité successorale des actions en réparation des pertes subies et des gains manqués. Mais, les *indemnités réparatrices* perçues par le *de cujus* en réparation d'un dommage corporel ou d'une maladie sont déductibles, pour leur valeur nominale, de l'actif de la succession (art. 775 bis CGI).

D. Le régime fiscal des indemnisations

310 ***Fiscalité sur le capital et fiscalité sur les revenus*** ◊ On sait que parmi les principaux impôts auxquels sont soumises les personnes physiques, il faut distinguer l'impôt de solidarité sur la fortune (ISF) qui frappe le patrimoine lui-même s'il est important, et l'impôt sur le revenu des personnes physiques (IRPP). D'où la nécessité de distinguer le régime fiscal applicable aux indemnisations selon qu'elles sont fixées en capital ou sous forme de rentes.

a) La fiscalité de l'indemnisation en capital

• ***L'impôt de solidarité sur la fortune*** [2] **:** l'indemnisation en réparation d'un dommage corporel est exclue du patrimoine des personnes bénéficiaires,

---

1. **Transmissibilité successorale :** Crim., 15 juin 1994, *RCA* 1994, n° 324 (décès de la victime en cours d'instance, action poursuivie par les héritiers, transmission successorale, indemnisation IPP limitée au temps écoulé jusqu'au décès) ; Civ. 2e, 4 oct. 1995, *RCA* 1995, n° 354 (idem) ; Civ. 2e, 4 déc. 1996, *RCA* 1997, n° 89, *RTD civ.* 1997.677, obs. Jourdain (décès de la victime non notifié en cours d'instance ; action transmissible pour préjudices futurs) ; Civ. 2e, 18 déc. 1996, *RCA* 1997, n° 89, 2e espèce (le décès de la victime survenu quelques jours après une transaction ne permet pas de remettre celle-ci en cause). – **Exemption des droits de succession**, cf. art. 775 bis CGI *infra* annexe 1, p. 369.

2. **Fiscalité des indemnisations en capital ; impôt de solidarité sur la fortune :** Pour une étude détaillée, G. Mor, préc. n° 142-114 – **Exemption fiscale ISF :** Com, 16 nov. 1999, n° 1802 P+B (l'art. 885 K. CGI n'exclut pas de l'assiette de ISF que les indemnités en réparation de dommages corporels, et non pas les contrats d'assurances de personnes en cas de décès qui ont un caractère forfaitaire non pas indemnitaire) ; Com. 27 juin 2000, *Bull. civ.* IV n° 133 p. 121 (l'exemption de l'art. 885 K. CGI s'applique aux indemnités des victimes par ricochet comme à celles des victimes directes). Com, 6 nov. 2007, L'argus 7 déc. 2007, p. 45 (les indemnités perçues en réparation d'un dommage corporel ne sont exclues de l'ISF que si elles revêtent un caractère indemnitaire, ce qui n'est pas le cas d'un capital décès versé en vertu d'une assurance de groupe souscrite par l'employeur du défunt).

ou, en cas de transmission à titre gratuit par décès, du patrimoine du conjoint survivant (art. 885 K. CGI). Cependant les biens acquis avec le capital indemnitaire doivent être déclarés selon le droit commun, mais sous déduction du montant actualisé de l'indemnité.

• ***L'impôt sur le revenu des personnes physiques (IRPP) :*** le capital d'indemnisation n'étant pas un « revenu », n'est pas soumis à l'IRPP Cependant, lorsque le capital est investi, les revenus qu'il produit sont assujettis à l'impôt, comme toutes les autres sources de revenus. Il en va de même, depuis la loi de finance pour 2010 en ce qui concerne les indemnités journalières servies dans le cadre de la législation des accidents du travail qui ne sont exonérées de l'impôt sur le revenu qu'à hauteur de 50% [1].

b) La fiscalité de l'indemnisation sous forme de rente [2]

• ***Le principe de l'imposition au titre de l'IRPP :*** la rente indemnitaire est imposable au titre de l'impôt sur le revenu des personnes physiques, ainsi que l'ont précisé deux arrêts déjà anciens du Conseil d'État.

• ***Une exception pour les grands handicapés*** est apportée expressément par l'art. 81.9° *bis* CGI en vertu duquel sont affranchies de l'impôt : « ... les rentes viagères servies en représentation de dommages-intérêts en vertu d'une condamnation prononcée *judiciairement* pour la réparation d'un dommage corporel ayant entraîné pour la victime une *incapacité permanente totale* l'obligeant à avoir *recours à l'assistance d'une tierce personne* pour effectuer les actes ordinaires de la vie ». Ce texte semble restrictif à un triple égard : d'une part il ne vise que les condamnations *« judiciaires »*, excluant donc les transactions de l'exemption fiscale, ce qui constituerait un curieux encouragement à la litigation ; d'autre part la référence à une *« incapacité permanente totale »* ne semble inclure que le 100 % d'incapacité, ce qui serait inique pour les très grands handicapés qui peuvent avoir recours à l'*assistance d'une tierce personne*, remplissant ainsi la troisième condition. Cependant une circulaire administrative (5 F 1263) du ministère des Finances en date du 1/12/1988 a apporté un assouplissement bienvenu en estimant que cette exonération s'applique dans le cas d'une rente versée à la victime d'un accident de la circulation en exécution d'une *transaction* intervenue entre la victime et la compagnie d'assurances en application de la loi Badinter du 5 juillet 1985. Par ailleurs l'administration fiscale admet que les conditions de ce texte sont remplies lorsque la victime se trouve dans un état de dépendance nécessitant la présence d'une tierce personne pour effectuer les actes ordinaires de la vie, quel que soit le « taux » de déficit fonctionnel retenu [3]. Il en va de même pour les victimes ayant un taux d'invalidité d'au moins 80 %.

---

1. V. ss 471.
2. **Fiscalité des rentes indemnitaires :** G. Mor, préc. n° 142-15. Lefebvre fiscal, « Traitements, salaires, pensions et rentes viagères », T.S. III, § 1100 et 1108. Imposition des rentes indemnitaires : CE 18 mai 1936, n° 48-287, RO6456 ; CE 10 déc. 1943, n° 72-089, RO, p. 394.
3. Rép. Min. n° 54758, *JOAN* 5 mars 2001, p. 1390.

De même, l'article 81, 8° CGI exonère de l'impôt sur le revenu « *les indemnités temporaires, à hauteur de 50 % de leur montant, ainsi que les prestations et rentes viagères, servies aux victimes d'accidents du travail ou à leurs ayants droit* » [1].

Malgré ces assouplissements indispensables, cette exemption fiscale des rentes indemnitaires demeure beaucoup trop restrictive.

Ces dispositions fiscales révèlent une *distorsion d'imposition* assez méconnue et injustifiable selon que l'indemnité est versée sous la forme d'un capital ou sous forme de rente. Alors que la rente indemnitaire indexée apparaît comme la modalité la plus efficace pour assurer la survie matérielle des victimes gravement handicapées, l'équité exigerait que cette modalité soit la plus largement exemptée d'impôts. Le livre blanc sur l'indemnisation du dommage corporel, publié par l'Association française de l'assurance en avril 2008, est parvenu à une conclusion identique en soulignant la « contradiction entre la volonté de la société de privilégier l'indemnisation sous forme de rentes et la sanction qui consiste à la soumettre à l'impôt, créant ainsi une inégalité de traitement fiscal entre les victimes » [2].

§ 2. Le régime juridique de l'indemnisation des préjudices non économiques

311 ***Le principe de l'évaluation en capital des préjudices non économiques*** ◊ Les préjudices extrapatrimoniaux, tels que définis par la nomenclature Dintilhac [3], viennent indemniser, conformément à leur nature de préjudices moraux, la lésion des sentiments de la victime causée par l'atteinte à l'intégrité corporelle. Le droit lésé est donc par nature extrapatrimoniale, correspondant donc, non à l'« avoir », mais à l'« être » même. Il apparaîtrait donc logique que les sommes compensant tous ces préjudices non économiques soient soumises à un régime juridique commun, justifié par leur commune nature.

À cet égard deux problèmes doivent être examinés : celui de l'indemnisation des victimes inconscientes (A) et celui du caractère extrapatrimonial des préjudices personnels (B).

A. L'indemnisation des préjudices personnels des victimes privées de conscience

312 ***L'exemple des victimes en état végétatif chronique*** [4] ◊ Pour prendre l'exacte mesure du problème posé à la jurisprudence, il faut d'abord bien comprendre la définition médicale des états végétatifs chroniques.

1. V. ss 446 s.
2. « **Livre blanc sur l'indemnisation du dommage corporel** », Association française de l'assurance, avril 2008, p. 15.
3. v. ss 195 s.
4. **Définition médicale de l'état végétatif chronique** : Jennet et Plum, « Persistent vegetative state after brain damage, a syndrome in search of a name », *in* The Lancet, 1972 ;

Parmi les victimes de traumatismes crâniens graves, certaines, après la sortie du coma, restent lourdement handicapées et ne conservent qu'une vie végétative, sans conscience. Trois critères semblent pouvoir être retenus :

1. l'absence apparente de conscience chez la victime de son état de dégradation physique et psychique (on n'a aucun renseignement sur sa vie intrapsychique) ;
2. l'absence de toute communication avec le monde extérieur ;
3. l'irréversibilité de l'état végétatif chronique.

Ces victimes peuvent survivre indéfiniment après avoir émergé du coma qui a l'apparence du sommeil ; elles ne manifestent jamais une fonction cérébrale identifiable, ne parlent jamais, mais ont des périodes d'éveil avec ouverture des yeux, mouvements posturaux élémentaires et réflexes des membres. Le siège et la nature exacts de la lésion traumatique demeurent encore inconnus, mais l'absence de fonction du cortex cérébral appréciable sur le plan comportemental est le critère clinique des états végétatifs chroniques. Cependant ces patients ont conservé une autonomie végétative complète ; la respiration est spontanée et l'alimentation se fait par sonde nasogastrique.

Alors que la mort est actuellement déterminée par un électro-encéphalogramme plat, l'électro-encéphalogramme de la victime en état végétatif chronique est le plus souvent composé d'ondes lentes.

On estime que l'état végétatif chronique devient irréversible et sans aucun espoir de récupération ultérieure lorsqu'il se maintient au moins un an après le traumatisme crânien initial.

Il n'existe actuellement aucune statistique globale fiable mais seulement des évaluations approximatives ; on estime qu'au seul titre d'un accident mettant en cause une responsabilité civile, il y a chaque année 2 000 traumatisés crâniens graves, dont 40 états végétatifs chroniques ; parmi ceux-ci 20 sont dus à un accident de la circulation. Toutes origines confondues (maladie et accident), il y aurait actuellement en France environ 20 000 handicapés cérébraux dont plus de 1 200 en état végétatif chronique à la suite d'un accident.

Les états végétatifs chroniques posent au juriste deux types de problèmes : celui de *la réalité des préjudices personnels* indemnisables, et celui de la *finalité de leur indemnisation*.

C. Fournier, « Aspects médico-légaux des états végétatifs chroniques », *RFDC* 1993.2, p. 120 ; E.J.J. Berard, « Les états végétatifs chroniques » *in* « Resurgences », n° 2, juin 1990 ; F. Tasseau, M.H. Boucaud, J.-R. Le Gall, P. Verspieren, « États végétatifs chroniques », éd. ENSP 1991 ; P. Augustin et autres, « Les états végétatifs chroniques post-traumatiques », *RFDC* 1992.161 ; AREDOC, « États végétatifs chroniques », févr. 1993 ; F. Cohadon et E. Richer, « États végétatifs chroniques post-traumatiques », *RFDC* 1993.3, p. 229 ; F. Danze, « Les besoins des états végétatifs chroniques », *RFDC* 1993.2, p. 115 ; L. Ravillon, « Le statut juridique de la personne en état végétatif chronique », *RDSS* 1999, p. 191 ; R. Gil, « Handicaps de conscience (comas...) et personne humaine ; réflexions neuro philosophiques », in *Mélanges J.H. Soutoul*, éd. Études Hospitalières 2000, p. 125 ; Ph. Marrimpoey et B. Soudrie, « ... patients en état végétatif chronique : soins palliatifs et accompagnement », *RFDC* 2004-2, p. 93.

313 ***1°) La réalité des préjudices personnels de la victime privée de conscience*** [1] ◊ Il faut ici bien délimiter le sujet : d'abord le problème ne se pose que pour les préjudices personnels et moraux, et non pour les préjudices économiques dont la réalité n'a rien à voir avec le psychisme d'une victime vivante, donc sujet de droit ; ensuite il doit être circonscrit à l'hypothèse de personnes privées de conscience, dont les états végétatifs chroniques sont l'exemple typique : il ne concerne le plus généralement pas les grands handicapés moteurs, ni même les grands traumatismes psychiques ou psychiatriques où souffrances et préjudice d'agrément sont évidents. Dans ce contexte, *la question se pose de savoir si la conscience est un élément constitutif du préjudice invoqué.* En vérité, pour savoir si une victime, notamment dans les hypothèses d'état végétatif chronique, souffre et a conscience de sa déréliction, le juriste ignorant consulte le médecin prudent : la conscience de soi avec soi demeure un mystère, même si la communication paraît nulle. Des victimes sorties d'un coma profond au terme de nombreuses semaines ont pu témoigner de ce qu'elles avaient entendu et souffert, et il est toujours recommandé aux soignants et aux proches de parler *au* malade, et non pas parler *du* malade en sa présence.

Dans ce contexte, si le principe demeure qu'une victime qui demande réparation d'un préjudice doit le prouver on peut juridiquement admettre que la gravité même de l'état végétatif chronique implique la réalité des dommages personnels invoqués.

La jurisprudence avait parfois hésité. Après la chambre criminelle qui, à propos d'un état de démence totale, avait énoncé le principe selon lequel : « l'indemnisation d'un dommage n'est pas fonction de la représentation

---

1. **Réalité des préjudices personnels des victimes en état végétatif chronique** : S. Gromb, « De la conscience dans les états végétatifs et de l'indemnisation », *Gaz. Pal.*, 3 juill. 1991, p. 7 ; M.A. Peano, « Victimes en état végétatif chronique ; une étape décisive », *Méd. et dr.* n° 15, nov. 1995, p. 10. – **Jurisprudence** : Crim., 3 avr. 1978, *JCP* 1979.II.19168, note S. Brousseau, *D.* 1979.I.R.64, note Larroumet, *RTD civ.* 1979. 801 (l'indemnisation d'un dommage n'est pas fonction de la représentation que s'en fait la victime en état de démence totale) ; Crim., 11 oct. 1988, *RTD civ.* 1989. 324, obs. P. Jourdain ; affaire Malagane, Civ. 2e, 21 juin 1989 et sur renvoi Bordeaux, 18 avr. 1991, *RCA* 1991, n° 174, *D.* 1992.14, note Gromb, *Gaz. Pal.*, 25 avr. 1993, p. 18, note Piedelievre (indemnisation IPP malgré un état d'inconscience) ; Civ. 2e, 20 janv. 1993, *RCA* 1993, n° 108, *Gaz. Pal.*, 5-6 nov. 1993, note Evade (décès après deux mois de coma, appréciation souveraine des juges du fond, preuve des souffrances non rapportée) ; Crim., 5 janv. 1994, *RCA* 1994, n° 166, *JCP* 1994.I.3773, n° 20, obs. Viney (l'indemnisation d'un dommage n'est pas fonction de la représentation que s'en fait la victime) ; Civ. 2e, 22 févr. 1995, *RCA* n° 90 et n° 125 et chron. Peano, n° 13, *D.* 1995, obs. Mazeaud, *Gaz. Pal.*, 20-21 mars 1996, note Evade, *RTD civ.* 1995.629, obs. P. Jourdain, *D.* 1996.69, note Y. Chartier, *JCP* 1996.II.22570, note Y. Dagorne-Labbe (« L'état végétatif d'une personne humaine n'excluant aucun chef d'indemnisation, son préjudice doit être réparé dans tous ses éléments »). CE 24 nov. 2004, *Gaz. Pal.* 18 juin 2005, 28. Crim 5 oct. 2010, *JCP* 2011, 435, n° 1 (refus d'indemnisation du préjudice moral lié à la perte de l'espérance de vie pour des victimes en état d'inconscience totale du jour de l'accident à leur décès ; indemnisation acceptée des souffrances endurées). *Contra*, Crim., 5 oct. 2010, n° 10-81.743, *D.* 2011. 1040, obs. J.-J. Lemouland et D. Vigneau ; *RTD civ.* 2011. 353, obs. P. Jourdain (absence de preuve de la réalité du préjudice) et dans le contexte très particulier du préjudice spécifique de contamination : Civ. 1re, 21 nov. 2012, *D.* 2013. 346 note S. Porchy-Simon, *RCA* 2013, ét. 1 S. Hocquet-Berg, *RTD civ.* 2013. 123 obs. P. Jourdain. Sur cette dernière question, v. ss 225.

que s'en fait la victime, mais de sa constatation par les juges et de son évaluation objective dans la limite de la demande dont ils sont saisis » (Crim., 3 avril 1978), la deuxième chambre civile a proclamé, dans deux arrêts largement commentés du 22 février 1995 : « que l'état végétatif d'une personne humaine n'excluant aucun chef d'indemnisation, son préjudice doit être réparé dans tous ses éléments ».

314 ***2°) La finalité de l'indemnisation des préjudices personnels de la victime privée de conscience*** [1] ◊ L'indemnisation des préjudices économiques considérables d'une victime qui a perdu toute autonomie de manière absolue et irréversible, se traduit par sa prise en charge matérielle totale, notamment pour les frais de séjour dans un centre de soins spécialisé. De même la compensation des pertes de gains professionnels qui permettaient à sa famille de vivre, peut correctement être évaluée.

– Lorsque *la victime* est plongée dans un état de coma temporaire, dont elle peut émerger au bout de plusieurs semaines, voire de plusieurs mois, il est juste qu'à la sortie de ce long tunnel, elle soit indemnisée de ce temps de vie suspendu pendant lequel elle a été privée de toutes les joies et de tous les plaisirs. En revanche l'indemnisation des préjudices personnels d'une victime en état végétatif chronique, qui par définition n'en sortira que par la mort, pose inévitablement la question de sa finalité. L'indemnisation d'un préjudice moral ne tend pas à une pure compensation économique en argent ; elle a pour seul sens de *donner à la victime elle-même la reconnaissance morale et satisfactoire de ses préjudices*, et de lui permettre de s'offrir des joies, des plaisirs et des petits bonheurs pour tenter d'oublier ses malheurs. Qu'une victime handicapée s'offre un voyage ou qu'un tétraplégique trouve sa joie dans la contemplation d'un tableau de maître, c'est leur affaire, et le juge n'a nullement à s'immiscer dans ce libre choix d'une indemnisation sans affectation économique. Mais la victime en état végétatif chronique n'est d'aucune manière susceptible de réaliser elle-même la *compensation satisfactoire* de son malheur et l'indemnisation ne bénéficie qu'à ses proches, et après sa mort à ses héritiers.

– Certes *les proches* souffrent eux-mêmes un insupportable calvaire, mais sur le plan juridique c'est par leur action personnelle qu'ils ont droit à la juste indemnisation du « *dommage par ricochet* » qu'ils subissent.

1. **Finalité de l'indemnisation des états végétatifs chroniques** : A. Tomadini, « La finalité de la réparation », *RFDC* 1993.2, p. 134 ; Rapport Cour cassation, 1989, Doc. fr., p. 69 ; Y. Lambert-Faivre, « Le droit et la morale dans l'indemnisation des dommages corporels », *D.* 1992, chron. 165 ; C. Chambonnaud, « L'indemnisation des victimes inconscientes », *Gaz. Pal.*, 3-4 juill. 1991, p. 13 ; J.-L. Evade, « La réparation du préjudice résultant de l'état végétatif du blessé », *Gaz. Pal.*, 1991, doc. p. 339 ; M. Perier, « Réflexions sur l'indemnisation des victimes en état végétatif chronique », Ass. fr., 1990, p. 1150 ; – **Jurisprudence** : Civ. 2e, 1er avr. 1992, *Gaz. Pal.*, 5 août 1992, p. 7, note J.-L. Evade, *RCA* 1992, n° 217 et chron. Groutel, n° 25, *RTD civ.* 1992.565, obs. P. Jourdain ; Civ. 2e, 2 nov. 1994, *RCA* 1994, n° 396 (réparation de tous les préjudices économiques) ; Civ. 2e, 28 juin 1995 et Crim., 14 juin 1995, *RCA* 1995, n° 294 et chron. Groutel, n° 40 (pouvoirs du juge du fond et contrôle de la Cour de cassation).

– Quant aux *héritiers*, parfois lointains et totalement indifférents, est-il convenable qu'ils reçoivent un pactole grâce à l'état végétatif chronique du *de cujus* victime ? Le droit hésite, l'éthique balbutie et la morale réprouve.

La Cour de cassation a parfaitement analysé le problème dans son rapport pour l'année 1989 : « ... il est fort douteux que les malades en état végétatif chronique soient en état de bénéficier personnellement des compensations qu'une réparation pécuniaire est de nature à apporter à la perte d'un certain aspect physique ou à la possibilité de profiter de certains agréments de la vie. Les sommes accordées au titre des préjudices esthétiques et d'agrément constitueraient alors en fait bien souvent des compléments d'indemnisation pour la famille ».

Pour éviter ce détournement juridique, nous pensons qu'en cas de coma prolongé en état végétatif chronique, l'indemnisation des préjudices personnels pourrait être suspendue : si la victime reprend conscience, tous ses droits doivent alors être respectés, y compris la réparation du préjudice d'agrément subi pendant la période d'inconscience, en revanche si le coma et l'état végétatif se terminent par la mort, l'intransmissibilité d'un tel chef de réparation devrait être opposée aux héritiers. C'est en effet le régime juridique de la réparation des préjudices extrapatrimoniaux qui est en cause.

B. Le caractère extrapatrimonial des préjudices personnels en question

315 ***Le principe du caractère extrapatrimonial des préjudices personnels*** [1] ◊ La distinction des droits subjectifs en droits patrimoniaux et droits extrapatrimoniaux est fondamentale dans notre tradition juridique. Les droits patrimoniaux sont ceux qui, étant dans le commerce juridique, peuvent être transmis d'une personne à une autre et peuvent changer de titulaire. En revanche les *droits extrapatrimoniaux sont strictement attachés à la personne de leur titulaire* ; ils ne sont pas dans le commerce juridique et ne peuvent changer de titulaire. Parmi les droits extrapatrimoniaux figurent notamment les droits sur le corps humain, et de manière plus spécifique se pose le problème des préjudices extrapatrimoniaux nés d'un dommage corporel.

La loi « bioéthique » n° 94-653 du 29 juillet 1994 a conforté cette *distinction entre ce qui relève de « l'avoir », patrimonial, et ce qui relève de « l'être »,*

1. **Caractère extrapatrimonial des préjudices non économiques** : R. Nerson, « Les droits extrapatrimoniaux », LGDJ 1939, notamment n° 203 ; Kayser, « Les droits de la personnalité : aspects théoriques et pratiques », *RTD civ.* 1971.455 ; Givord, « La réparation du préjudice moral », thèse Grenoble, 1938 ; R. Savatier, « Le dommage moral et ses conséquences au point de vue de la responsabilité civile », *RTD civ.* 1938.194 ; R. Lindon, « Dictionnaire juridique des droits de la personnalité », 1983 ; Y. Lambert-Faivre, « Le droit et la morale dans l'indemnisation des dommages corporels », *D.* 1992, chron. 165 ; B. Beignier, « Les droits de la personnalité » in « Droits et libertés fondamentaux », éd. Dalloz, 1994 ; R. Cabrillac, « Le principe d'indisponibilité du corps humain », *ibid.* ; M. Fabre-Magnan, « Propriété, patrimoine et lien social », *RTD civ.* 1997.607 ; G. Loiseau, « Typologie des choses hors du commerce », *RTD civ.* 2000 p. 47.

extrapatrimonial : le corps humain ne peut faire l'objet d'un droit patrimonial (art. 16.1 C. civ.), et les conventions ayant pour effet de conférer une valeur patrimoniale au corps humain sont nulles (art. 16.5 C. civ.). Encore que ces textes n'aient pas pour objet la réparation du dommage corporel, ils relèvent d'une philosophie juridique de l'être humain applicable en la matière.

316 ***La distinction de l'action en réparation et de l'indemnité*** ◊ Il faut bien comprendre la distinction entre l'action en réparation et l'indemnité perçue. En effet la condamnation du responsable rend la victime créancière d'une somme d'argent qui tombe alors dans son patrimoine. La difficulté réside dans cette sorte de novation d'une action en réparation de préjudices extrapatrimoniaux, créances virtuelles extrapatrimoniales, en un élément du patrimoine. Elle existe pour tous les droits extrapatrimoniaux et il faut l'affronter sans biaiser, c'est-à-dire sans escamoter la nature extrapatrimoniale des préjudices non économiques causés par une atteinte à la personne physique : qu'y a-t-il de plus étroitement attachés à la personne que le handicap et la souffrance ?

Le Doyen Nerson, dans son ouvrage fondamental sur les droits extrapatrimoniaux soulignait déjà que l'objet de l'action en réparation des préjudices extrapatrimoniaux est de fournir une satisfaction à la victime elle-même, et que tout droit donné à un tiers ou à un héritier d'exercer une action en réparation d'un préjudice d'ordre extrapatrimonial leur permet de monnayer, de manière qui peut être contestée, en dommages-intérêts les souffrances physiques ou morales de leur débiteur ou de leur auteur.

Or on constate curieusement que la jurisprudence a peu à peu abandonné les conséquences du caractère extrapatrimonial des préjudices moraux, encore que personne n'en nie la nature. Les solutions admises sont dès lors des plus contestables sur le terrain même du droit et de l'équité. C'est pourquoi *il faut rappeler les conséquences du caractère extrapatrimonial des préjudices non économiques sur les droits des créanciers, du conjoint et des héritiers, si l'on veut éviter une inacceptable patrimonialisation des droits de la personne.*

1. Les droits des créanciers et les préjudices personnels de la victime

317 Les préjudices moraux devraient être soumis au régime des droits exclusivement attachés à la personne aussi bien en matière de faillite et de saisie que de recours subrogatoire. La réalité juridique est plus nuancée.

318 ***a) La victime soumise à une procédure collective*** [1] ◊ Il était traditionnellement admis que les *actions en réparation d'un dommage corporel*, et

1. **Droits des créanciers sur l'indemnisation des préjudices personnels de la victime faillie :** PM Le Corre, « Droits et pratique des procédures collectives ». Dalloz action, 2010-2011, n° 312-41. Ripert et Roblot, « Traité élémentaire de droit commercial », LGDJ 1981,

plus particulièrement d'un préjudice moral, appartiennent à la seule victime et échappent donc au dessaisissement. Cette solution est aujourd'hui confirmée par l'article L. 641-9-I al. 3 C. com. selon lequel « Le débiteur accomplit également les actes et exerce les droits et actions qui ne sont pas compris dans la mission du liquidateur ou de l'administrateur lorsqu'il en a été désigné », ce qui semble englober dans la plupart des cas l'action en réparation du dommage corporel. L'alinéa 2 du même texte autorise également le débiteur à se constituer partie civile, s'il est victime d'un crime ou délit.

Mais demeure la question de savoir si l'indemnisation pécuniaire, *produit de l'action* intentée par la victime et tombé dans son patrimoine, fait partie de l'actif du débiteur : un important arrêt rendu par la chambre commerciale de la Cour de cassation le 28 avril 1978 a cassé l'arrêt d'appel qui avait frappé de dessaisissement le produit pécuniaire des réparations pour défaut de base légale car il n'avait pas recherché « pour chacune des indemnités allouées à la victime en réparation de son préjudice corporel si elle est, ou non, *en raison de sa nature, exclusivement attachée à sa personne* ».

Cependant la Cour de renvoi ne s'étant pas inclinée, c'est l'Assemblée plénière qui a rendu sa décision par un arrêt surprenant du 15 avril 1983 ; celui-ci, revenant à une jurisprudence antérieure, désavoue la chambre commerciale en invoquant l'article 15 de la loi du 13 juillet 1967 : « Attendu... que le dessaisissement est général et embrasse l'intégralité du patrimoine sans considération de l'origine des biens... », la seule exception admise par l'Assemblée plénière est celle des créances à caractère alimentaire, disposition confirmée par l'art. 14-2° de la loi n° 91-650 du 9 juillet 1991.

Ainsi cet arrêt très critiquable soumet les indemnités perçues en réparation des préjudices moraux – déficit fonctionnel, souffrances endurées, préjudice esthétique, préjudice d'agrément, préjudice sexuel, préjudice d'établissement, etc. – au dessaisissement en cas de faillite et à la saisie des créanciers. Cette solution est inadmissible et constitue une régression archaïque de notre droit d'autant plus étonnante que depuis longtemps les créanciers n'ont plus d'action sur la *personne physique* de leur débiteur.

Voici une victime commerçante atteinte par une grave incapacité dans un accident ; ses affaires s'en ressentent et il faut procéder à la liquidation judiciaire de son entreprise. Dans le désastre, seront englouties même les indemnités perçues au titre des préjudices personnels, y compris des souffrances endurées, du préjudice d'agrément ou du déficit fonctionnel permanent qui est pourtant *évalué pour toute la durée de sa survie*. Car il faut bien souligner que le versement immédiat en *capital* de l'indemnisation pour les préjudices patrimoniaux et extrapatrimoniaux compense en fait des *préjudices postérieurs à la liquidation judiciaire* et qui se poursuivront pendant des années, voire des décennies.

9e éd., n° 3023 ; Com., 28 avr. 1978, *D.* 1978.562, note Derrida ; Ass. plén. 15 avr. 1983, *D.* 1983.461, concl. Dontenwille et note critique Derrida, *Gaz. Pal.*, 31 août 1983, note Dupichot ; M. Veron, « La saisie des indemnités réparatrices d'un préjudice corporel », *Gaz. Pal.*, 18 janv. 1984, doct. p. 5.

On peut toutefois penser que la loi du 25 juillet 2005 relative à la sauvegarde des entreprises permet désormais de fonder une analyse contraire. Par exception à la règle générale du dessaisissement, l'article L. 641-9 C. com. semble en effet autoriser désormais le débiteur à exercer seul les actions en réparations du dommage corporel. Même s'il ne se prononce pas explicitement sur le sort des dommages et intérêts attribués, on peut penser que ceux-ci devront, par une sorte de parallélisme échapper, également au dessaisissement. C'est d'ailleurs en ce sens que s'était prononcé le Sénat lors de la discussion du texte [1].

319 ***b) La victime saisie*** [2] ◊ L'arrêt rendu le 28 avril 1978 par la chambre commerciale en matière de procédure collective devait évidemment trouver son prolongement en cas de saisie-arrêt individuelle des dommages-intérêts : dès lors que la victime a effectivement perçu l'argent de son indemnisation, même pour des préjudices futurs, et en raison de la théorie de l'unité du patrimoine, la solution très contestable de l'arrêt rendu par l'Assemblée plénière le 15 avril 1983 s'applique. La réforme des voies d'exécution par la loi du 9 juillet 1991 ne change pas le fond du problème.

Nous avons démontré qu'une claire ventilation des chefs de préjudices était indispensable pour séparer les indemnités afférentes aux préjudices économiques patrimoniaux, et aux préjudices personnels : pour ceux-ci seule la *nécessaire reconnaissance de leur caractère extrapatrimonial* permettrait de sauvegarder les droits de la victime, y compris sur l'indemnité qui y est afférente.

2. Les droits des époux et les préjudices personnels [3]

320 Depuis la fin du XIXᵉ siècle, la Cour de cassation avait admis qu'en régime de communauté, l'indemnité réparatrice du dommage corporel a le caractère d'un propre.

La loi du 13 juillet 1965 portant réforme des régimes matrimoniaux a entériné cette solution, et désormais l'article 1404, al. 1 du Code civil précise : « Forment des propres par leur nature, quand même ils auraient été acquis pendant le mariage... *les actions en réparation d'un dommage corporel ou moral*... et plus généralement tous les biens qui ont un caractère personnel et *tous les droits exclusivement attachés à la personne* ».

---

1. **Exception au dessaisissement pour les dommages et intérêts réparant le dommage corporel :** Rapp. J. J. Hyest, n° 335, p. 374. Dans le même sens : Mémento Lefèvre Procédure collective, n° 572-34.

2. **Droits des créanciers en cas de saisie :** G. Durry, « Les dommages-intérêts alloués en réparation de dommages corporels sont-ils saisissables ? », *RTD civ.*, 1974, p. 615 ; Mazeaud et Chabas, « Traité théorique et pratique de la responsabilité civile », tome III, 1er vol., 6e éd., 1978, n° 2511 ; Y. Chartier, « La réparation du préjudice », éd. Dalloz, 1983, n° 824 à 829 ; Derrida, note précitée, *D.* 1978.562 ; Ass. plén., 15 avr. 1983 précité, *D.* 1983.461, concl. Dontenwille et note critique Derrida.

3. **Caractère propre de l'indemnité réparatrice du dommage corporel :** Civ., 23 févr. 1897, *DP* 1898.1.121, note Capitant; Req., 13 avr. 1921, *DP* 1922.1.5, note Capitant, *S.* 1922.1.257, note Demogue ; Aix-en-Provence, 19 déc. 1963, *D.* 1964.295, note Borricand.

Il faut noter que le caractère de propre est reconnu aussi bien à l'indemnisation des préjudices économiques que non économiques.

Ce sont seulement les revenus des capitaux propres alloués à la victime à titre de dommages-intérêts qui tombent en communauté, conformément à l'article 1403 du Code civil. C'est ici la simple application du droit commun.

3. Les droits des héritiers et les préjudices personnels [1]

321 Le principe même de la réparation en argent d'un préjudice moral, préjudice extrapatrimonial non économique, a suscité naguère certaines réserves. Cependant aujourd'hui, en droit français, la réparation des préjudices moraux de la victime directe n'est plus contestée par personne. Reste à savoir si, et dans quelle mesure, ce droit à une réparation en argent d'un préjudice extrapatrimonial est transmissible dans la dévolution successorale du patrimoine. Trois positions sont possibles :

322 ***a) L'intransmissibilité successorale du droit à réparation des préjudices personnels*** [2] ◊ Pour le Doyen Nerson l'intransmissibilité est absolue. Il remarque à juste titre qu'après la mort du *de cujus*, la défense des droits extrapatrimoniaux n'est pas dévolue aux héritiers avec la transmission successorale des biens mais revient à la famille, aux proches ou à la veuve même non-héritiers notamment en cas de renonciation à la succession ou de désignation d'un légataire universel. En bref *les droits extrapatrimoniaux devraient être affranchis de la dévolution successorale patrimoniale des biens* ; l'action en réparation du préjudice extrapatrimonial proprement dite s'éteint donc avec la personne du titulaire et est intransmissible. Certes les proches peuvent invoquer l'intimité pour poursuivre leur propre action, mais c'est alors un problème que nous retrouverons avec l'action personnelle des victimes par ricochet. En revanche les héritiers, successeurs du *patrimoine*, ne devraient avoir le droit ni d'exercer, ni même de poursuivre une action en réparation d'un dommage d'ordre *extrapatrimonial*, en monnayant ainsi le malheur du *de cujus*.

323 ***b) La pleine transmissibilité successorale du droit à réparation des préjudices personnels*** ◊ La position soutenue ici souligne que les

---

1. **Réparation en argent d'un préjudice moral :** Mazeaud et Tunc, *Traité de la responsabilité civile*, 6e éd., tome 1, n° 292 s. ; Y. Chartier, *La réparation du préjudice*, Dalloz, 1983, n° 114 ; Ph. Le Tourneau, *La responsabilité civile*, Dalloz, 1982, n° 570 s. ; G. Viney, *La responsabilité ; conditions*, LGDJ 1982, n° 253 ; Esmein, « La commercialisation du préjudice moral », *D.* 1954, chron. 113 ; P. Kayser, « Remarques sur l'indemnisation du dommage moral dans le droit contemporain », in *Mélanges J. Macquerou*, p. 410 ; Savatier, « Le dommage mortel et ses conséquences au point de vue de la responsabilité civile », *RTD civ.* 1938.194 ; Y. Lambert-Faivre, « Le droit et la morale dans la réparation du dommage corporel », *D.* 1992. Chron. 165.

2. **Intransmissibilité successorale :** R. Nerson, *Les droits extrapatrimoniaux*, LGDJ 1939, n° 203 et 204.

héritiers sont les continuateurs de la personne et du patrimoine du défunt : ils doivent donc pleinement succéder au droit à réparation des préjudices extrapatrimoniaux comme patrimoniaux.

À cet argument s'ajoute une considération résurgente de peine privée : le dommage corporel accidentel est toujours dramatique et la transmission successorale des préjudices extrapatrimoniaux apparaît comme une sorte de droit de vengeance privée donnée aux continuateurs de la personne du défunt contre le responsable d'une tragédie. Mais il faut rappeler que la peine privée n'est pas un mode adéquat d'exprimer cet instinct de vengeance alors que les dommages et intérêts civils sont pris en charge par un assureur ou un Fonds de garantie. La punition du coupable relève de la poursuite pénale et d'elle seule.

• **Jurisprudence judiciaire : principe de la transmissibilité successorale** [1]

La Cour de cassation a d'abord admis que, lorsque le *de cujus* avait lui-même intenté l'action en réparation de son vivant, ses héritiers pouvaient la continuer après sa mort (Civ., 2 août 1933 et Req. 8 mars 1937). Puis elle a clairement affirmé le principe de la transmission successorale de l'action en réparation des préjudices moraux du *de cujus*, alors même que celui-ci n'avait pas encore introduit l'action en réparation, par deux arrêts rendus par la chambre mixte le 30 avril 1976. Depuis, l'application de cette jurisprudence ne s'est jamais démentie, et a été confirmée par deux arrêts d'Assemblée plénière de la Cour de cassation du 9 mai 2008, qui retient la transmissibilité de l'action aux héritiers.

Le droit à l'indemnisation transmis aux héritiers a pour objet tous les préjudices économiques et non économiques subis par la victime du jour de l'accident jusqu'à son décès. Lorsque le décès de la victime survient après la transaction ou la décision judiciaire, il ne remet pas en cause l'indemnisation définitivement fixée des préjudices futurs qui ne se réaliseront pas.

1. **Transmissibilité successorale** : Blondel, « La dévolution successorale des droits extrapatrimoniaux », LGDJ 1969 ; A. Charaf Eldine, « Le droit à réparation de dommages corporels *stricto sensu* résultant d'accident mortel et sa transmissibilité », *JCP* 1974.I.2647 ; **Jurisprudence judiciaire** : Civ. 2 août 1933, *S.* 1933.1.365 (continuation par les héritiers de l'action intentée par le *de cujus*) ; Req. 8 mars 1937, *DP* 1938.1.76 note Savatier (*idem*) ; Civ. 18 janv. 1943, *DC* 1943.45, note L. Mazeaud (introduction par les héritiers de l'action en réparation des préjudices personnels du *de cujus*) ; Ch. mixte 30 avr. 1976, deux arrêts, *D.* 1977.185, note M. Contamine-Raynaud, *RTD civ.* 1976.556, obs. Durry (*idem*) ; Civ. 2e, 4 déc. 1996, *RCA* 1997, n° 89, *RTD civ.* 1997.677, obs. Jourdain (curieux arrêt où le décès de la victime survient en cours d'instance mais n'est pas notifiée avant l'ouverture des débats ; pas d'incidence sur le cours de l'instance ; action transmissible ; évaluation des préjudices calculés sur la vie durant de la victime) ; Civ. 2e, 18 déc. 1996, *RCA* 1997, n° 89, 2e espèce (le décès de la victime, survenu quelques jours après une transaction, ne permet pas de remettre celle-ci en cause) ; Civ. 2e, 24 juin 1998, *RCA* 1998, n° 302 (du fait du décès, les héritiers ne sont fondés à réclamer l'indemnisation du préjudice subi par la victime que pour la période écoulée jusqu'à son décès) ; Crim., 28 juin 2000, *D.* 2000 IR. p. 227 (le droit à réparation du préjudice moral d'une victime décédée se transmet à ses héritiers). Ass. plén. 9 mai 2008, arrêt n° 05-873, Légifrance.

• **Jurisprudence administrative** [1]

La position traditionnelle du Conseil d'État était restrictive : il considérait que la créance relative à ces préjudices strictement attachés à la personne que sont les souffrances physiques, les troubles dans les conditions d'existence de la victime directe ou le préjudice d'affection des victimes par ricochet ne sont pas transmissibles et que le droit à réparation s'éteint avec le décès de la victime. La jurisprudence administrative admettait seulement que les héritiers puissent continuer à leur profit l'exercice de l'action en réparation des préjudices personnels, dès lors que le *de cujus* avait déjà engagé l'action avant son décès.

Cependant par un arrêt *Assistance publique - Hôpitaux de Paris* du 29 mars 2000, le Conseil d'État a rejoint la position de la Cour de cassation en adoptant le principe de la transmissibilité successorale : « le droit à réparation d'un dommage, quelle que soit sa nature, s'ouvre à la date à laquelle se produit le fait qui en est directement la cause ; si la victime du dommage décède avant d'avoir elle-même introduit une action en réparation, ce droit, entré dans son patrimoine, est transmis à ses héritiers ».

324 ***c) Réflexion sur une transmissibilité limitée et spécifique du droit à réparation des préjudices personnels*** ◊ Nous pensons que la situation actuelle n'est satisfaisante ni en droit, ni en fait : une position à la fois claire et équitable pourrait se résumer en trois propositions.

1) Une transmissibilité post-mortem limitée : le principe devrait être affirmé du caractère très personnel des préjudices extrapatrimoniaux. Attachés à la personne même de la victime, ils s'éteignent normalement à son décès. Cependant l'intransigeance d'une intransmissibilité absolue entraîne une difficulté pratique : dès lors qu'une demande en réparation a été introduite auprès de l'assureur du responsable ou devant le juge, subordonner le régime juridique de la réparation aux dates respectives du décès et de la décision amiable ou contentieuse aboutit à minimiser la dette du responsable au gré des lenteurs de la justice, ou des manœuvres dilatoires de l'assureur.

Cette considération conduit donc à admettre la solution médiane d'une intransmissibilité de l'action en réparation des préjudices

---

1. **Jurisprudence administrative ; intransmissibilité successorale :** V. Haïm, « De l'information du patient à l'indemnisation des victimes par ricochet », not. n° 3 « la transmission des droits personnels de la victime à ses héritiers », *D.* 1997, chron. p. 127 ; CE, 29 janv. 1971, *AJDA* 1971.279, chron. D. Labetoulle et P. Cabanes ; *RDP* 1971.1473, note Waline ; CE 1er juin 1973, *Dr. adm.*, 1973, n° 214. – **Poursuite par les héritiers de l'action déjà engagée :** CE, 8 nov. 1968, Rec. CE, p. 563 (souffrances physiques) ; 9 juill. 1969, Rec. CE, p. 371 (préjudice d'affection) ; 2 juill. 1972, Rec. CE, p. 504 ; *Dr. soc.* 1972.50, note F. Moderne (préjudice d'affection). – **Transmissibilité :** CA Nantes, 22 févr. 1989, *AJDA* 1989.276, obs. J. Arrighi De Casanova ; CE, 29 mars 2000, Assistance publique - Hôpitaux de Paris, *JCP* 2000. II.10360 note A. Derrien, *D.* 2000 p. 563 note A. Bourrel, *JCP* 2000.I.280, p. 2288 obs. Viney n° 6 ; CE 15 janv. 2001, *RCA* 2002, n° 3 note Guettier.

extrapatrimoniaux, limitée au cas où aucune demande amiable ou contentieuse, n'a été introduite par la victime de son vivant.

2) Une transmissibilité post-mortem spécifique aux seuls proches : la transmissibilité des droits extrapatrimoniaux devrait en tout état de cause s'effectuer de manière distincte de la dévolution successorale d'un patrimoine auquel ils n'appartiennent pas. En bref la transmissibilité ne devrait pas être dévolue aux héritiers du patrimoine en tant que tels, mais aux successeurs spécifiques des droits extrapatrimoniaux : en la matière, des proches, comme le conjoint survivant qui a partagé les malheurs et les souffrances du défunt, doivent être préférés au lointain collatéral héritier. La détermination spécifique de cette dévolution conduirait à ériger en *continuateurs des droits extrapatrimoniaux nés d'un dommage corporel le seul cercle restreint du conjoint, des enfants ou ascendants qui vivaient avec le défunt* et ont partagé effectivement ses peines, ce sont le plus souvent les proches « victimes par ricochet ».

3) Une évaluation ex aequo et bono des préjudices extrapatrimoniaux post-mortem [1] ***:*** l'affirmation du principe de transmissibilité successorale absolue laisse place à quelques doutes lorsqu'on analyse la jurisprudence des juges du fond et leur évaluation du préjudice successoral transmis.

Comme le notait déjà Givord il y a un demi-siècle, les héritiers étant souvent (mais pas toujours) les proches, les tribunaux sont alors saisis de la double action successorale (préjudices du *de cujus*) et personnelle (dommage par ricochet). En fait, sous couvert de transmission successorale, les tribunaux arbitrent alors *ex aequo et bono*, en équité, le montant de la réparation globale qu'ils estiment due au proche héritier.

Cette pratique n'est pas explicitement avouée, mais elle est générale : en effet si la transmission d'une valeur patrimoniale peut être objectivement fixée, la valeur des préjudices extrapatrimoniaux n'obéit à aucune mercuriale et le pouvoir souverain du juge du fond lui permet d'arbitrer librement l'appréciation du montant du dommage. On constate alors que la « valeur successorale » transmise de ce chef est en réalité beaucoup plus faible que la valeur qu'elle aurait normalement atteinte du vivant du *de cujus*. Cette « décote » apportée par la jurisprudence à la valeur héréditairement transmise des préjudices extrapatrimoniaux nous paraît pleinement justifiée en équité. Elle devrait être explicitement avouée et justifiée en droit, car il ne s'agit nullement de la transmission héréditaire totale d'une créance patrimoniale, mais de l'évaluation globale spécifique des préjudices extrapatrimoniaux nés d'un dommage corporel. On doit alors admettre que les proches en devenant titulaires, l'indemnisation leur est personnelle et non soumise aux droits de succession, comme le reconnaît aujourd'hui l'article 775 bis CGI.

---

1. **Évaluation post-mortem** ***ex aequo et bono*** : R. Nerson, « Les droits extrapatrimoniaux », LGDJ 1939, n° 203-204 ; G. Viney et P. Jourdain, « La responsabilité, Effets », LGDJ 3e éd. 2011, n° 170 s., et obs. s/Crim., 5 janv. 1994, *JCP* 1994.I.3773, n° 21.

SECTION 2. LES DROITS DE LA VICTIME ET LE RECOURS DES TIERS PAYEURS

325 ***La victime entre tiers payeurs et tiers responsable*** ◊ Un accident corporel entraîne le versement de prestations à la victime notamment par un certain nombre d'organismes sociaux appelés « tiers payeurs » ; le type en est la Sécurité sociale dont les caisses d'assurance maladie prennent en charge, souvent en tiers payant, la majeure partie des frais médicaux et hospitaliers ou « *prestations en nature* », et verse en outre certaines « *prestations en espèces* » en compensation des revenus du travail perdus. On peut également citer les prestations (salaires et accessoires du salaire) maintenues par l'employeur public ou privé pendant la période d'inactivité consécutive à l'accident, en vertu de stipulations d'un contrat de travail, de conventions collectives ou d'un statut.

Toutes ces prestations ont un *caractère indemnitaire* lorsqu'elles ont pour objet et pour but de compenser, fût-ce partiellement, certains préjudices nés d'un dommage corporel. Le principe indemnitaire suppose que la victime soit indemnisée de l'intégralité des préjudices subis, mais pas davantage. Dès lors les cumuls d'indemnités qui conduiraient à un enrichissement seraient illicites. En revanche le responsable (ou son assureur de responsabilité) demeure bien tenu de toute l'indemnité, et n'en est pas déchargé sous prétexte que certains organismes ont immédiatement assumé une charge de réparation qui lui incombait. En d'autres termes les tiers payeurs n'ont versé leurs prestations indemnitaires qu'en avance sur recours, et par une action subrogatoire ultérieure, ils peuvent se faire rembourser par le responsable (ou son assureur RC) le montant des prestations indemnitaires versées.

Il en résulte qu'après avoir calculé le montant total des préjudices dont il doit réparation à la victime, le *responsable* (ou son assureur RC) qui en assume la charge globale, doit rembourser aux tiers payeurs leurs prestations indemnitaires : *il ne verse effectivement à la victime que la différence entre l'indemnité qui lui est due et les prestations indemnitaires qui lui ont déjà été payées par les tiers payeurs ; la créance de la victime contre le responsable se réduit en pratique à un solde*, souvent dénommé « *indemnité complémentaire* ».

C'est le calcul de ce solde, auquel se réduisent en fait les droits de la victime à l'égard du responsable, qui fait l'objet de cette section.

326 ***Les recours des tiers payeurs et la loi du 5 juillet 1985*** [1] ◊ Le problème des recours des tiers payeurs est l'un des plus complexes qui soit,

1. **Recours des tiers payeurs ; loi du 5 juillet 1985 :** H. Groutel, « Le recours des organismes sociaux contre le responsable d'un accident », éd. Litec, 1988 ; Y. Saint-Jours, « La nouvelle configuration des recours des tiers payeurs contre les tiers responsables d'un accident », *RDSS*, 1986, p. 258 ; H. Margeat, « Le recours des tiers payeurs depuis la loi du 5 juillet 1985 », *Gaz. Pal.*, 1985, Doc. 489 ; L. Topor, « Le sort de l'indemnité due en réparation du préjudice moral au regard du recours exercé par les organismes de Sécurité sociale contre le tiers responsable », *ALD* 1986, p. 1 ; H. Groutel, « Le recours des tiers payeurs, cet inconnu », *RCA* 1992,

et il a donné lieu à une jurisprudence abondante et une doctrine prolixe. Cependant la loi Badinter du 5 juillet 1985 sur l'indemnisation des victimes d'accidents de la circulation a édicté en la matière un certain nombre de dispositions générales, notamment les articles 28 à 34, qui « s'appliquent aux relations entre le tiers payeur et la personne tenue à réparation d'un dommage résultant d'une atteinte à la personne, *quelle que soit la nature de l'événement ayant occasionné ce dommage* ». Ainsi le régime juridique du recours des tiers payeurs a été clarifié, simplifié et unifié.

Certes, en théorie, ces recours exercés entre tiers sont étrangers à la victime ; cependant ils sont, en pratique, d'une importance considérable pour déterminer l'« indemnité complémentaire » qui lui revient. Le législateur de 1985 avait bien compris que ces recours pouvaient amputer considérablement les droits de la victime, et c'est pourquoi il a tenté de les endiguer et de les limiter : cependant on devait constater, après le recul, que « l'indemnité complémentaire » de la victime se trouvait le plus souvent réduite comme peau de chagrin. Deux principales critiques étaient donc adressées aux règles gouvernant le recours.

La première portait sur *l'objet du recours*, puisque la loi du 5 juillet 1985 avait retenu la possibilité de son imputation *sur toutes les indemnités réparant l'atteinte à l'intégrité physique de la victime, exclusion faite d'un certain nombre de préjudices extrapatrimoniaux que le texte énumérait*. Or, cette règle posait de graves difficultés d'application : dans la détermination, d'une part, des chefs de préjudices soumis ou exclus du recours [1] ; dans son fonctionnement même, d'autre part, puisque les règles alors en vigueur autorisaient les tiers payeurs à recourir sur des chefs de préjudices pour lesquels ils n'avaient, de fait, versé aucune indemnité.

Or, une telle situation était depuis longtemps dénoncée comme contraire aux règles de la subrogation, et une doctrine autorisée prônait une modification des règles du recours. La formulation la plus aboutie de cette critique a été exprimée dans le rapport rédigé par Mme le professeur Y. Lambert-Faivre en 2003, pour le compte du ministère de la Justice. Elle a été reprise dans le rapport annuel du Médiateur de la République pour 2003, ainsi que dans celui de la Cour de cassation pour 2004, qui proposaient tous une modification des textes alors en vigueur.

La seconde critique majeure portait sur les règles applicables *en cas de partage de responsabilité*. La jurisprudence de la Cour de cassation avait en effet retenu l'opposabilité du partage de responsabilité à la victime, dans le calcul des recours [2]. Dans un tel cas, celle-ci se trouvait donc souvent privée d'une

---

chron. n° 1 ; Y. Lambert-Faivre, « Le droit et la morale dans l'indemnisation des dommages corporels », *D.* 1992, chron., p. 165 ; Ph. Hingray, « Le recours des organismes sociaux », *RFDC* 1993.55 ; G. Defrance, « Le recours des tiers payeurs : égalité entre organismes assureurs », Argus juridique, 30 sept. 1994, p. 1 ; Y. Lambert-Faivre, « Les droits de la victime et les recours de la Sécurité sociale », *JCP* 1998.I.110.

1. Sur les difficultés de qualification de certains préjudices, dont le déficit fonctionnel : v. ss 198, 207.

2. V. ss 354 s.

large part de son indemnité, alors que les règles de la subrogation imposent qu'elle ne nuise pas au créancier subrogeant.

Une réforme était donc attendue, et est intervenue par le biais de l'article 25 de la loi n° 2006-1640 du 21 décembre 2006.

327 ***Le recours des tiers payeurs et l'article 25 de la loi du 21 décembre 2006*** [1] ◊ L'article 25 de la loi du 21 décembre 2006 a opéré une profonde réforme du recours des tiers payeurs. Modifiant les articles 31 de la loi Badinter et 376-1 CSS, celui-ci dispose que :

« Les recours subrogatoires des tiers payeurs s'exercent poste par poste sur les seules indemnités qui réparent des préjudices qu'elles ont pris en charge, à l'exclusion des préjudices à caractère personnel.

Conformément à l'article 1252 du Code civil, la subrogation ne peut nuire à la victime subrogeante, créancière de l'indemnisation, lorsqu'elle n'a été indemnisée qu'en partie ; en ce cas, elle peut exercer ses droits contre le responsable, pour ce qui lui reste dû, par préférence au tiers payeur dont elle n'a reçu qu'une indemnisation partielle.

Cependant, si le tiers payeur établit qu'il a effectivement et préalablement versé à la victime une prestation indemnisant de manière incontestable un poste de préjudice personnel, son recours peut s'exercer sur ce poste de préjudice ».

Ce texte modifie donc les modalités concrètes du recours des tiers payeurs, sur deux points fondamentaux : il impose désormais *un recours poste par poste* [2], et consacre la règle dite de *préférence de la victime*, réformant donc totalement les règles applicables notamment dans l'hypothèse d'un partage de responsabilité [3]. Les droits des victimes en paraissaient donc grandement améliorés, avant que la Cour de cassation ne vienne pour une large part en neutraliser la portée aux termes de jurisprudences contestables [4].

---

1. **Article 25 de la loi n° 2006-1640 du 21 décembre 2006, «** Recours des tiers payeurs. Premier bilan d'une réforme » (plusieurs articles) in L'indemnisation du dommage corporel : une réparation à géométrie variable, CNB, *Gaz. Pal.* 18 avr. 2008, p. 59 s. C. Bernfeld, « La réforme du recours des tiers payeurs, Lettre ouverte aux praticiens du dommage corporel » : *Gaz. Pal.* 2006, doct. 3874. H. Groutel, « Le recours des tiers payeurs : une réforme bâclée », *RCA* 2007, chron. n° 1 ; « Le recours des tiers payeurs : on recolle les morceaux » : *RCA* 2007, chron. n° 4. « Le recours des tiers payeurs : rapport d'étape (déc. 2006-févr. 2008) », *RCA* 2008, chron. n° 2. Y. Lambert-Faivre, « Dommage corporel. Mieux réparer l'irréparable », *Études offertes à G. Viney*, LGDJ, 2008, p. 567. C. Lienhard, « Recours des tiers payeurs : une avancée législative significative », *D.* 2007, doct, 452. P. Jourdain, « La réforme du recours des tiers payeurs : des victimes favorisées », *D.* 2007, doct. 454. D. Arcadio et J. M. Grandguillote, « Vent de réforme sur le dommage corporel », *Gaz. Pal.* 2007, doct. 775. Ph. Casson, « Le recours des tiers payeurs : une réforme en demi-teinte », *JCP* 2007, I, 144. Circulaire n° Civ. / 05/07 du ministère de la Justice du 22 février 2007. S. Porchy-Simon, « Le recours des tiers payeurs à l'épreuve de la politique jurisprudentielle de la Cour de cassation » *D.* 2010. 593. P. Sargos, « L'erreur de droit permanente en matière de recours des tiers payeurs d'une rente accident du travail », *Gaz. Pal.* 25 nov. 2010, p. 5.

Application de la loi dans l'espace : Civ. 1re, 24 juin 2015, n° 13-21468 (application de la loi de l'accident pour déterminer le recours des tiers-payeurs).

2. **Principe du recours poste par poste :** v. ss 367.
3. **Consécration du principe de préférence de la victime :** v. ss 357.
4. **Sur les difficultés d'application du recours :** v. ss 373 s.

328 ***Le principe de la nature subrogatoire des recours*** [1] ◊ L'article 30 de la loi du 5 juillet 1985 est lapidaire : « *Les recours mentionnés à l'article 29 ont un caractère subrogatoire* ».

Cette disposition constitue une extension légale de l'article 1251 C. civ. sur la subrogation qui vise ceux qui paient « avec d'autres », ou « pour d'autres », mais que la jurisprudence tend à appliquer de manière extensive dès lors que la dette du débiteur principal se trouve réglée par le *solvens*.

En l'espèce, les « tiers payeurs » acquittent certes leurs propres prestations. Mais, *dans la mesure où celles-ci ont un caractère indemnitaire*, c'est-à-dire ont précisément pour objet d'indemniser le dommage corporel causé par un tiers, elles s'imputent sur la dette de responsabilité de celui-ci, et le mécanisme de la subrogation, déjà invoqué par la jurisprudence, est désormais consacré par la loi de la manière la plus nette.

C'est sur la base de cette nature juridique subrogatoire, qu'il convient d'interpréter les textes et de vérifier l'orthodoxie de la jurisprudence et la pertinence, voire la licéité, de certaines pratiques professionnelles qui conduisent à minimiser les droits de la victime.

329 ***Le cas particulier de l'imputation des prestations indemnitaires versées par certains fonds d'indemnisation*** ◊ Au-delà du recours subrogatoire au sens strict, divers textes imposent aux fonds d'indemnisation d'opérer, dans l'offre faite à la victime, une déduction des prestations énumérées par l'article 29 de la loi du 5 juillet 1985 ainsi que « *des indemnités de toute nature reçues ou à recevoir d'autres débiteurs du chef du même préjudice* ». Tel est notamment le cas pour l'ONIAM (art. L. 3122-5 et L. 1142-17 CSP), le FGTI (art. 706-9 C. pr. pén.), et le FIVA (art. 53 L. n° 2000-1257, 23 déc. 2000). Si la première hypothèse (déduction des prestations de l'article 29) ne constitue qu'une application des dispositions de droit commun du recours, la situation est différente dans la seconde (indemnités de toute nature reçues des débiteurs). Dans ce dernier cas, le fonds doit en effet, avant de déduire les sommes, analyser leur caractère indemnitaire. Il en résulte donc une jurisprudence complexe pouvant conduire à des solutions opposées quant à l'imputation d'une même prestation selon le cadre dans lequel elle doit être opérée [2].

Pour prendre la mesure du fonctionnement de ce recours des tiers payeurs, il faut examiner quelques aspects relatifs tant à **son objet** (§ 1) qu'à **son assiette** (§ 2).

---

1. **Recours subrogatoire** : J. Mestre, « La subrogation personnelle », LGDJ 1976, notamment n° 162 s ; Y. Lambert-Faivre, « Le lien entre la subrogation et le caractère indemnitaire des prestations des tiers payeurs », *D.* 1987, chron. p. 97. H. Groutel, « Subrogation des tiers payeurs = caractère indemnitaire des prestations, l'équation reconnue », *RCA* 1990, chron. 12.
2. V. not. dans le cas de la PCH : v. ss 348 s.

§ 1. L'objet du recours subrogatoire

330 ***L'objet du recours, côté actif de la subrogation*** ◊ L'objet est le côté actif de la subrogation, constitué par l'ensemble des prestations versées directement à la victime par les *tiers payeurs*, institués par la subrogation légale *créanciers* du débiteur de l'indemnité : le responsable, ou plus généralement son assureur de responsabilité. Préciser ce côté actif de la subrogation revient donc d'abord à déterminer les tiers payeurs habilités à exercer cette subrogation en qualité de *créanciers* (A) puis à préciser leur *créance* subrogatoire (B).

A. Les tiers payeurs

331 ***Les organismes débiteurs de prestations envers la victime*** ◊ Avant la loi du 5 juillet 1985, à côté des caisses de Sécurité sociale dont l'action subrogatoire était légalement instituée par l'article L. 397 du Code de sécurité sociale, des organismes divers et multiples tenus d'apporter des prestations contractuelles ou statutaires à la victime, avaient pris l'habitude d'exciper soit d'un recours subrogatoire, soit d'une action personnelle en réparation du préjudice propre prétendument subi du fait de leurs paiements, pour se retourner contre le tiers responsable.

L'article 29 de la loi du 5 juillet 1985 a mis fin à un contentieux inutile en procédant à un verrouillage du champ d'application des recours par une énumération limitative des organismes ayant droit à recours ; quoique les lois ultérieures du 12 juillet 1992 et du 8 août 1994 aient un peu obscurci le problème avec l'irruption des entreprises d'assurances, on peut tenter une certaine dichotomie entre les organismes habilités à exercer un recours (1) et ceux qui ne le sont pas (2).

1. Les tiers payeurs habilités à exercer un recours

332 ***La liste limitative des tiers payeurs subrogés*** ◊ On appelle *sujets de la subrogation* les organismes habilités à exercer un recours subrogatoire après avoir versé des prestations à la victime, qui doivent avoir la qualité de tiers par rapport aux parties en cause [1].

333 ***a) Les organismes de Sécurité sociale*** [2] ◊ Ils constituent évidemment le paradigme des organismes disposant d'un recours. Le principe du transfert

1. **Nécessaire qualité de tiers** : Civ. 2e, 17 juin 2010, n° 09-67792.

2. **Organismes Sécurité sociale habilités à exercer recours** : Crim., 24 sept. 1991, *RGAT* 1991.578, *RCA* 1991, n° 413 et chron. n° 29 (SNCF ; recours pour toutes les prestations du régime spécial Séc. soc. y compris capital-décès) ; Crim., 12 janv. 1994, *RCA* 1994, n° 173 (Caisses artisanales d'assurance vieillesse ; oui) ; Crim., 16 févr. 1994, *RCA* 1994, n° 251 (Établissement national des invalides de la marine ; oui) ; Crim., 12 avr. 1994, *RCA* 1994, n° 245 (Caisse autonome de retraite des chirurgiens-dentistes ; oui) ; Crim., 12 avr. 1994, n° 286 et chron. n° 23 (toute prestation même « statutaire », et non édictée par le régime obligatoire de Séc. soc., donne lieu à recours dès lors que l'organisme lui-même gère un régime obligatoire SS) ; Civ. 2e, 26 juin 1996, *RCA* 1996, n° 249, chron. n° 30 (idem) ; Ass. plén., 7 févr. 1997, *RCA* 1997, n° 90

final du coût des accidents des organismes sociaux au tiers responsable semble équitable et unanimement admis ; en revanche des doutes peuvent exister sur le lien de causalité entre certaines prestations dites statutaires et l'accident. Aux organismes du régime général sont assimilés tous les organismes particuliers gérant un régime obligatoire de Sécurité sociale (statuts de la SNCF, de la RATP, de l'EDF...).

334 ***b) Les mutuelles*** [1] ◊ Selon le Code de la mutualité, les mutuelles ont la *faculté*, de déterminer dans leurs statuts si elles entendent ou non exercer une action subrogatoire contre le tiers responsable ; elles peuvent ainsi donner à leurs prestations soit un caractère indemnitaire (avec subrogation), soit un caractère de prévoyance (sans subrogation).

335 ***c) L'employeur public ou privé*** ◊

1) L'État et certaines autres personnes publiques versent à leurs salariés victimes d'accidents des prestations énumérées dans l'ordonnance du 7 janvier 1959 : frais médicaux et pharmaceutiques, capital-décès, arrérages des pensions et rentes viagères d'invalidité ainsi que les allocations et majorations accessoires.

2) L'employeur privé peut être tenu de maintenir les « *salaires et accessoires du salaire* » pendant la période d'incapacité temporaire, en vertu des conventions collectives ou du contrat de travail.

Ces diverses prestations, versées à la victime salariée sans contrepartie du travail, peuvent faire l'objet d'un recours subrogatoire contre le tiers responsable de l'accident.

336 ***d) Les sociétés d'assurances*** [2] ◊ L'art. 15 de la loi du 8 août 1994 a complété l'article 23 de la loi du 16 juillet 1992 qui octroyait à l'assureur dommages corporels la faculté de se réserver *conventionnellement*, par une clause du contrat, le droit d'exercer un recours subrogatoire contre le tiers responsable pour les prestations indemnitaires versées à la victime.

La loi du 8 août 1994 fait entrer les sociétés d'assurances dans la liste limitative *légale* des tiers payeurs habilités à exercer un recours subrogatoire ; cette subrogation est de droit pour les prestations énumérées à l'article 29-5° de la loi Badinter, leur caractère indemnitaire étant considéré,

(Caisse générale de prévoyance des marins gère un régime obligatoire S.S. ; toutes ses prestations ouvrent droit à un recours subrogatoire lorsqu'elles ont un lien direct avec le fait dommageable) ; Civ. 2e, 2 avr. 1997, deux arrêts, *RCA* 1997, n° 224 (idem pour SNCF et Caisse SS) ; Civ. 1re, 28 avr. 1998, *RCA* 1998, n° 233 (SNCF, gestionnaire régime spécial SS) ; Civ. 2e, 12 déc. 2002, *RCA* 2003, n° 65 (pension d'invalidité versée par un organisme gérant un régime obligatoire).

1. **Mutuelles :** Civ. 2e, 29 avr. 1997, *RCA* 1997, n° 225 (groupement mutualiste régi par Code mutualité) ; Civ. 2e, 19 févr. 1997, *RCA* 1997, n° 159 (prestations mutualité française : contrôle par juge du fond).

2. **Sociétés d'assurances, tiers payeurs :** v. ss 524 (loi n° 92-665 du 16 juill. 1992, art. 23 et loi n° 94-678 du 8 août 1994) ; H. Groutel, « Le recours des tiers payeurs : évolutions récentes », *RCA* 1994, chron. n° 33, et « À la recherche du caractère indemnitaire des assurances de personnes », *RCA* 1997, chron. n° 2. Pour un rappel récent de cette qualité : Civ. 2e, 7 févr. 2013, n° 12-13643, *Gaz. Pal.* 21 juin 2013, p. 38.

depuis une décision de la Cour de cassation du 12 juillet 2007, comme acquis par détermination de la loi [1].

2. Les tiers payeurs exclus du recours

337 ***L'exclusion des caisses de retraite*** [2] ◊ La liste légale étant limitative, il convient de souligner l'*exclusion des caisses de retraite* de la liste des organismes admis à subrogation.

De nombreux arrêts de la 2e chambre civile de la Cour de cassation rendus en 1979 avaient affirmé le droit propre des caisses de retraite à être indemnisées par l'auteur d'un accident mortel qui les a contraintes à verser prématurément une pension de réversion.

Cette jurisprudence repose cependant sur une base et une analyse erronées ; en effet le « préjudice personnel » subi par la caisse est très contestable, car la cause juridique de la prestation versée par la caisse est bien la convention statutaire passée avec ses affiliés et non l'accident. De telles pensions n'ont pas un caractère indemnitaire, mais constituent des obligations contractuelles dont tous les aléas ont été pris en compte lors de la fixation des cotisations demandées aux adhérents ; ces organismes ne subissent donc aucun préjudice personnel du fait de l'accident dont un de leurs adhérents a pu être victime.

Désormais la loi du 5 juillet 1985 exclut tout recours des caisses de retraite, quelle que soit la nature juridique invoquée, et ceux de tous les autres organismes exclus de la liste légale : en effet leurs prestations ne sont pas indemnitaires.

338 ***Autres exclusions*** ◊ En application du caractère fermé de la liste de l'article 29, la qualité de tiers payeurs est également refusée à tout autre payeur de prestations qui ne figure pas sur cette liste. Tel est notamment le cas du département lorsqu'il sert la prestation de compensation du handicap [3].

B. Les prestations, objet du recours subrogatoire

339 ***Principe : nécessité du caractère indemnitaire de la prestation*** [4] ◊ *L'objet du recours subrogatoire* est la prestation du tiers payeur dont

1. **Sur le recours des sociétés d'assurance**, v. ss 346.
2. **Caisses de retraite** : H. Groutel, « Le recours des caisses de retraite contre le tiers responsable », *D.* 1981, chron., p. 191 ; H. Margeat, « Le recours des tiers payeurs depuis la loi du 5 juillet 1985 », *Gaz. Pal.* 1985.2, Doc. 489, note p. 494. – **Jurisprudence ancienne sur les « droits propres » des caisses de retraite** : Civ. 2e, 2 oct. 1980 et 22 oct. 1980, *RGAT* 1981.386 ; Civ. 2e, 17 févr. 1983, *D.* 1983.389, concl. Charbonnier, *D.* 1983.594, note Y. Chartier ; Ass. plén., 9 mai 1980, *Gaz. Pal.* 1980.2.488 ; *RTD civ.* 1980.574, obs. G. Durry (veuve ; non-cumul indemnité et pension de réversion) ; Ass. plén., 23 mai 1986, *D.* 1986.341, concl. Marcelli, *Gaz. Pal.*, 30 juill. 1986 (recours encore admis, mais sur la base de faits antérieurs à la loi de 1985). – **Exclusion des caisses de retraite** : Civ. 2e, 14 oct. 1992, *RCA* 1992, n° 439.
3. Sur cette question, v. ss 348 s. Civ. 2e, 2 juill. 2015, n° 14-19797.
4. **Contrôle du caractère indemnitaire des prestations, objets du recours** : Y. Lambert-Faivre, « Le lien entre la subrogation et le caractère indemnitaire des prestations des tiers

le paiement a pour effet de transférer la *créance indemnitaire* du subrogeant (la victime) au *solvens* (le tiers payeur). Il n'y a effet subrogatoire que si cette prestation a couvert un préjudice de la victime et que dans cette mesure. En d'autres termes, le tiers payeur ne peut exciper d'un recours subrogatoire que dans la mesure des seules prestations indemnitaires effectuées, et pour éviter un enrichissement de la victime. *L'exercice d'une subrogation exige et implique le caractère indemnitaire de la prestation* : en effet, par la subrogation, le tiers payeur *solvens* prend la place de la victime dans son action indemnitaire en responsabilité contre le tiers responsable. Il ne le peut que parce que la prestation qu'il a lui-même versée à la victime avait un caractère indemnitaire, c'est-à-dire avait pour objet d'indemniser cette victime des préjudices causés par ce tiers responsable. Cela implique que la prestation versée ne puisse faire l'objet d'une subrogation que si elle est en relation de causalité avec le dommage imputé au tiers responsable ; un arrêt de la chambre criminelle du 1er juin 1994 l'exprimait clairement : « le recours subrogatoire des tiers payeurs prévu à l'article 29 de la loi du 5 juillet 1985 ne peut avoir pour objet que les prestations consécutives à l'accident ».

340 ***Corollaire : exclusion des prestations de prévoyance*** ◊ Lors des travaux préparatoires à la loi du 5 juillet 1985, le garde des Sceaux Robert Badinter avait souligné qu'il est injuste de priver les victimes d'un avantage pour lequel elles ont cotisé en supprimant le cumul des prestations corrélatives et de l'indemnité versée par l'assureur de responsabilité. Puisque ces prestations ne sont pas des indemnitaires, on voit mal à quel titre le responsable ou son assureur pourrait les imputer en diminution de la réparation qui leur incombe. Le caractère de prévoyance, aujourd'hui largement reconnu par la jurisprudence, entraîne donc deux conséquences essentielles : l'absence d'imputation de la prestation de prévoyance en déduction de l'indemnisation totale due par l'assureur à la victime ; corrélativement le cumul par la victime des prestations de prévoyance et des prestations indemnitaires.

341 ***Détermination du caractère indemnitaire*** ◊ Le système imposé par la loi du 5 juillet 1985 s'est éloigné, sans doute par souci de simplicité, d'un contrôle *in concreto* du caractère indemnitaire des prestations. Deux hypothèses doivent en effet être distinguées : celle des prestations visées par l'article 29 de la loi du 5 juillet 1985 qui sont indemnitaires *par détermination de la loi* à condition qu'elles soient versées par le tiers payeur visé par le texte ; celle des autres prestations où le caractère indemnitaire peut

payeurs », *D.* 1987, chron. 97 ; H. Groutel, « Subrogation du tiers payeur = caractère indemnitaire des prestations : l'équation reconnue », *RCA* 1990, chron. n° 12 ; Ch. mixte, 15 oct. 1982, *D.* 1983.II.557, note Y. Chartier, *JCP* 1982.II.19910, conclusions P.-A. Sadon ; Soc. 6 juill. 1979, *Bull. civ.* V, n° 629 (preuve exigée du lien de causalité entre l'accident et les prestations réclamées) ; Crim., 1er juin 1994, *RCA* 1994, n° 373 et chron. Groutel, n° 33 (idem ; « le recours subrogatoire des tiers payeurs ne peut avoir pour objet que les prestations consécutives à l'accident ») ; Crim., 1er juin 1994, *RTD civ.* 1995.379, obs. Jourdain (contrôle du lien de causalité avec dommage). La jurisprudence est depuis constante.

faire l'objet d'un contentieux, principalement dans le cadre de leur déduction par les fonds à l'occasion de leur offre d'indemnisation.

1. Les prestations indemnitaires par détermination de la loi

342 ***La liste légale limitative*** ◊ L'article 29 de la loi du 5 juillet 1985 précise que *seules* les prestations suivantes ouvrent droit à un recours contre le responsable du dommage ou son assureur. Celles-ci, à la condition qu'elles présentent un lien de causalité avec l'accident, sont alors présumées comme étant de nature indemnitaire.

343 ***a) Les prestations de Sécurité sociale*** [1] ◊ Toutes les prestations versées par ces organismes, « *prestations en nature* » en remboursement des frais médicaux et hospitaliers, et « *prestations en espèces* » d'indemnités journalières de maladie ou de prestations d'invalidité, ont un caractère indemnitaire et donnent lieu à recours *dès lors qu'elles trouvent leur cause dans l'accident* : le recours ne peut porter que sur les prestations dont l'obligation de paiement a été déclenchée par l'accident.

Quel que soit l'organisme payeur, « les sommes versées en remboursement de frais de traitement médical et de rééducation » (art. 29-3°, loi 5 juill. 1985) font toujours l'objet d'un recours : leur caractère d'indemnisation du dommage corporel est en effet évident. En pratique ce sont essentiellement les caisses de Sécurité sociale et les mutuelles complémentaires qui sont visées, mais aussi les assureurs maladie, dont les « *remboursements* » de frais sont indemnitaires, car ils sont à la mesure du dommage subi, à l'exclusion de toutes les « prestations forfaitaires » dont la définition demeure extra-indemnitaire.

344 ***b) Les prestations de l'employeur public ou privé*** ◊

1) Les prestations de l'État [2] **:** L'article 29-3° vise « les prestations énumérées au II de l'art. 1er de l'ordonnance n° 59-76 du 7 janvier 1959 relative aux actions en réparation civile de l'État et de certaines autres personnes

---

1. **Sécurité sociale – A.A.H. (allocation adulte handicapé) :** Civ. 2e, 14 mars 2002, *D.* 2002. 1241, *JCP* 2002.IV.1718 (AAH est une prestation d'assistance dépourvu de caractère indemnitaire). Civ. 2e, 10 juill. 2008, *D.* 2008. Actu, p. 2226 (même solution).

2. **Prestations de l'État employeur :** Civ. 2e, 24 mai 1991, *RCA* 1991, n° 330 ; Crim., 4 juill. 1990, *RCA* 1990, n° 369 (instituteur ; salaire perçu fait partie de l'objet du recours) ; CE 19 févr. 1992, *RCA* 1992, n° 266 (obligation de mettre l'État en cause en vue de l'exercice par celui-ci de son recours subrogatoire) ; Civ. 2e, 23 mars 1994, *RCA* 1994, n° 206 (État, salaires versés pendant l'incapacité temporaire) ; Civ. 2e, 25 janv. 1995, *RCA* 1995, n° 97 (idem) ; Crim., 9 nov. 1994, *RCA* 1995, n° 159 (capital représentatif de la majoration d'une pension d'invalidité et des frais futurs) ; Civ. 2e, 6 déc. 1995, *RCA* 1996, n° 85, *RTD civ.* 1996.406, obs. Jourdain (indemnités journalières versées pendant les vacances scolaires) ; Crim., 8 août 1995, *RTD civ.* 1996.404, obs. Jourdain, *RCA* 1995, n° 358 et chron. Groutel, n° 49 (le juge du fond doit rechercher si le traitement versé pour congé de maladie a un caractère indemnitaire) ; Civ. 2e, 25 juin 1998, *RCA* 1998, n° 303 (recours de l'État pour les prestations ayant un lien avec le fait dommageable).

publiques » : il s'agit des prestations versées par l'État employeur, ou certaines autres personnes publiques, aux fonctionnaires victimes d'un accident : frais médicaux et pharmaceutiques, capital-décès, arrérages des pensions et rentes viagères d'invalidité ainsi que les allocations et majorations accessoires, dont le paiement est occasionné par l'accident.

2) Les salaires et accessoires du salaire de l'employeur privé[1] : « Les salaires et les accessoires du salaire maintenus par l'employeur pendant la période d'inactivité consécutive à l'événement qui a occasionné le dommage » (art. 29-4°, loi 5 juill. 1985) : l'employeur privé peut, en effet, être tenu de maintenir le salaire de la victime accidentée et ses accessoires pendant la période d'incapacité temporaire ou pendant une certaine durée, et ceci sans contrepartie de travail ; ces avantages sont généralement dus en application de clauses des conventions collectives ou du contrat de travail. Les *charges salariales* considérées comme un accessoire du salaire entrent également dans le recours subrogatoire à ce titre.

3) L'action personnelle des employeurs pour le recouvrement des charges patronales[2] : en principe toutes les prestations indemnitaires des tiers payeurs donnent lieu à un *recours de nature subrogatoire*, et l'article 33 de la loi de 1985 exclut de manière explicite toute action propre d'un *tiers payeur* se prétendant personnellement atteint d'un dommage par ricochet du fait du versement de ses prestations : hormis les recours subrogatoires limitativement énumérés, « aucun versement effectué au profit d'une victime en vertu d'une obligation légale, conventionnelle ou statutaire, n'ouvre droit à une action contre la personne tenue à réparation du dommage ou son assureur ».

L'article 32 de la loi apporte une seule exception en précisant que les employeurs sont admis à poursuivre directement (et non par subrogation)

---

1. **Accessoires du salaire et charges salariales de l'employeur :** Ch. réunies, 8 juill. 1953, *D.* 1953.627 (salaire brut, recouvrement charges salariales) ; Ass. plén., 30 avr. 1964, *JCP* 1964. II.13733 (charges sociales sont accessoires du salaire) ; Crim., 18 sept. 1990, *RCA* 1990, n° 384 et chron. n° 22 (assurance de groupe souscrite par l'employeur, caractère indemnitaire des indemnités journalières pendant l'incapacité de travail) ; Civ. 2e, 22 janv. 1992, *RCA* 1992, n° 131 ; Civ. 2e, 19 févr. 1992, *RCA* 1992, n° 174, *RTD civ.* 1996.184, obs. Jourdain (exclusion des charges salariales du recours subrogatoire car elles ne constituent pas un élément de préjudice pour la victime) ; *contra* Crim., 23 mai 1995, *RCA* 1995, n° 174, *RTD civ.* 1996.184, obs. Jourdain (le recours subrogatoire inclut l'ensemble des sommes versées directement ou à titre de précompte par l'employeur, y compris les charges salariales) ; Crim., 25 sept. 1995, *RCA* 1996, n° 49 et chron. n° 9 (idem) ; Civ. 2e, 19 juin 1996, *RCA* 1996, n° 250 (idem) ; Civ. 2e, 4 juin 1997, *RCA* 1997, n° 259 (idem) ; Civ. 2e, 13 mai 1998, *RCA* 1998, n° 269 (recours comprend les cotisations salariales précomptées par l'État) ; Civ. 1re, 6 janv. 1998, *RCA* 1998, n° 136 (club sportif qui a continué à verser salaire au joueur après accident).

2. **Recouvrement par une action propre des « charges patronales » afférentes au salaire :** Ass. plén., 2 arrêts, 30 avr. 1964, *JCP* 1964.II.13734, note Esmein, *D.* 1965.149, note Bredin, *S.* 1964.273, note Blaenoet ; Ass. plén., 19 juin 1981, *D.* 1981.641, note Larroumet ; Soc., 15 déc. 1982, *Bull. soc.*, n° 703 ; Civ. 2e, 19 févr. 1992 (le recours subrogatoire exclut les charges patronales qui ne constituent pas un élément de préjudice pour la victime) ; Crim., 22 oct. 1997, *RCA* 1998, n° 13 (le montant des charges patronales exclu du recours subrogatoire) ; Civ. 2e, 25 mars 1998, *RCA* 1998, n° 236 (charges patronales pour salaires versés pendant incapacité temporaire totale) ; Civ. 2e, 27 févr. 2003, *RCA* 2003, n° 131 (charges patronales imputables seulement pendant la période d'incapacité temporaire totale).

contre le responsable des dommages ou son assureur le remboursement des charges patronales afférentes aux rémunérations maintenues et versées à la victime pendant son indisponibilité et qui, elles, peuvent faire l'objet d'un recours subrogatoire.

En effet, les charges patronales, et notamment les cotisations de Sécurité sociale, ne sont pas versées à la victime elle-même et n'ont pas pour objet la réparation du dommage corporel subi. Elles ne peuvent donc pas entrer dans le mécanisme de la subrogation et seule l'action propre est ici possible.

345 ***c) Les prestations des mutuelles*** [1] ◊ Les mutuelles ont la *faculté* de déterminer dans leurs statuts, si elles entendent ou non exercer une action subrogatoire contre le tiers responsable. Mais même lorsque les statuts prévoient la subrogation, le législateur en a limité l'exercice aux *indemnités journalières de maladie* et aux *prestations d'invalidité* versées par les groupements mutualistes régis par le Code de la mutualité (art. 29-5° de la loi du 5 juillet 1985).

Ainsi le capital-décès versé par une mutuelle est-il exclu de tout recours subrogatoire, à la différence de celui versée par les caisses de sécurité sociale en application de l'article L. 361-1 CSS [2]. Il en va de même pour le forfait hospitalier [3].

346 ***d) Les prestations des sociétés d'assurances*** ◊ La situation des sociétés d'assurance doit être distinguée selon la nature des prestations versées.

• ***Recours pour les indemnités journalières de maladie et les prestations d'invalidité****.* *La loi du 5 juillet 1985* (art. 29) n'a expressément admis le recours subrogatoire des assureurs que pour les *indemnités journalières de maladie et les prestations d'invalidité.* Pour ces indemnités, le recours est alors *de droit*, ainsi que l'a affirmé la Cour de cassation dans un arrêt de principe du 12 juillet 2007, [4]. qui considère que les indemnités journalières de maladie et les prestations d'invalidité versées par les mutuelles ou

---

1. **Prestations mutuelles :** Civ. 2e, 10 juin 1998, *RCA* 1998, n° 342 et chron. Groutel, n° 24 (qualification de prestation d'invalidité au sens de l'art. 29 de la loi 5 juillet 1985 refusée à la prestation litigieuse) ; Civ. 1re, 9 avr. 2002, *RCA* 2002, n° 226 (caractère prédéterminé des prestations n'empêche pas de les soumettre statutairement au recours subrogatoire).

2. **Exclusion du recours des mutuelles ou des assurances de personne pour le versement du capital décès** : Civ. 2e, 28 mars 1994, n° 92-19897. Civ. 2e, 6 nov. 1996, n° 94-14709. Civ. 2e, 11 juin 2015, n° 14-21867 (imputation par le FIVA uniquement si démonstration du caractère indemnitaire de la prestation) *Contra* pour un organisme de sécurité sociale : Civ. 2e, 28 mars 2013, n° 12-14465 (imputation sur le préjudice économique des victimes par ricochet).

3. **Exclusion du forfait hospitalier** : Civ. 2e, 3 juill. 2014, n° 13-23104, *RCA* 2014, comm. n° 333.

4. **Recours de droit pour les indemnités journalières de maladie et prestations d'invalidité versées par les assureurs** : Civ. 2e, 12 juill. 2007, *RGDA* 2007, 830, note L. Mayaux. H. Groutel, « L'assureur de personnes, tiers payeur à part entière », *RCA* 2007, chron. n° 18. Civ. 2e, 8 nov. 2007, *RGDA* 2008, 159 note J. Landel. V. ss 532 s. Dans le même sens dans la jurisprudence récente : Civ. 2e, 7 févr. 2013, *Gaz. Pal.* 21 juin 2013, p. 38. Civ. 2e, 23 oct. 2014, n° 13-11612 (assurance agricole).

les sociétés d'assurance ont un caractère indemnitaire *par détermination de la loi*, et doivent, en toute hypothèse, être soumises au recours [1]. Cette solution simplifie le contentieux, qui s'essoufflait quelque peu dans la recherche des critères des prestations indemnitaires.

• ***Autres prestations.*** Il en va toutefois différemment pour les autres prestations, notamment celles servies en cas de décès. Ces prestations ne bénéficient en effet pas de la subrogation de plein droit, mais une subrogation conventionnelle paraît envisageable, et est d'ailleurs mentionnée à l'article 33 al. 3 L. 5 juillet 1985. Le recours est toutefois subordonné à l'existence d'une clause du contrat prévoyant la subrogation, ainsi qu'à la nature indemnitaire des prestations. Or, cette qualification peut être source de difficultés [2]. La loi du 16 juillet 1992, loi fourre-tout en matière d'assurance, dont l'objet était notamment d'intégrer certaines dispositions communautaires, comprend en effet un article 23, nullement imposé par les directives CEE et qui présente un certain danger pour les victimes d'accidents corporels. Il modifie l'article L. 131-2 du Code des assurances dont l'alinéa 1 pose le principe selon lequel « dans l'assurance de personnes, l'assureur, après paiement de la somme assurée, ne peut être subrogé aux droits du contractant ou du bénéficiaire contre les tiers à raison du sinistre ». Or la loi du 16 juillet 1992 apporte une exception importante dans un nouvel alinéa 2 : « Toutefois, dans les contrats garantissant l'indemnisation des préjudices résultant d'une atteinte à la personne, l'assureur peut être subrogé dans les droits du contractant ou des ayants droit contre le tiers responsable, pour le *remboursement des prestations à caractère indemnitaire prévues au contrat* ».

L'assurance de personnes en *avance sur recours* (ou *avance sur indemnité*) peut être utile pour accélérer le paiement de certaines prestations. Mais elle peut aussi être dangereuse si l'indemnisation prévue est tronquée et non intégrale et si elle est mal expliquée aux assurés qui croiront avoir souscrit une assurance forfaitaire de prévoyance, et découvriront avoir cotisé sans améliorer leur indemnisation.

---

1. V. ss 530.
2. **Indemnités des assureurs ; incertitude du caractère indemnitaire :** v. ss 523 s. et Y. Lambert-Faivre et L. Leveneur, *Droit des assurances*, Dalloz, 13e éd., 2011, n° 601, 1000,1016 ; J. Bigot, « La loi du 16 juillet 1992 sur l'assurance », *JCP* 1992.I.3622 ; H. Margeat, « La subrogation en assurances de personnes à caractère indemnitaire... », *RGAT* 1993.251 ; J.-P. Moreau, « Les apports de la loi du 16 juillet 1992 dans le domaine des assurances de personnes », *Risques* n° 10, p. 131 ; Civ. 1re, 15 déc. 1998, *RCA* 1999, chron. Groutel, n° 5 (qualification indemnitaire des prestations constituant une avance sur recours) ; Civ. 1re, 15 déc. 1998, *D.* 1999.523 note P. Fadeuilhe, *RGAT* 1999.110 obs. Landel, *RCA* 1999, chron. Groutel n° 5, *RTD civ.* 2000. 128, obs. Jourdain (capital décès versé au titre d'une « avance sur indemnité », recours) ; Civ. 2e, 23 sept. 1999, *RCA* 1999, n° 376 obs. Groutel, *RTD civ.* 2000 p. 128 obs. précitée Jourdain (caractère forfaitaire et non indemnitaire de prestations calculées en fonction d'éléments prédéterminés, sans clause d'avance sur recours) ; Ass. plén. 19 déc. 2003, *RCA* 2004 chron. Groutel n° 7 *RTD civ.* 2004. 303 obs. Jourdain (contrat de prévoyance de groupe ; si le calcul des prestations versées à la victime en fonction d'éléments prédéterminés n'est pas seul de nature à exclure un caractère indemnitaire ; en l'espèce rien ne conférait un caractère indemnitaire).

Il appartient à la jurisprudence de veiller à la qualification de la « *garantie en avance sur recours* » *(avance sur indemnité)*, en admettant le recours dans le seul cas où la prestation servie *est clairement de nature indemnitaire*. L'Assemblée plénière de la Cour de cassation, dans son arrêt du 19 décembre 2003 a ainsi fourni les critères permettant de retenir une telle qualification : la prestation servie doit être établie par référence au préjudice réparable, peu important que l'indemnité soit fixée en fonction d'éléments prédéterminés par le contrat [1].

L'exercice du recours doit en outre être limité par deux règles juridiques corrélatives posées à l'article 33 al. 3 de la loi Badinter : ce recours n'est possible que contre l'assureur de responsabilité, et que dans la mesure du solde subsistant.

2. Les autres prestations

347 Le système mis en place par la loi du 5 juillet 1985 repose en principe sur une détermination *a priori* des prestations imputables, *fondée sur une combinaison de la nature du payeur et de la prestation*. Il en résulte qu'une même prestation peut, selon celui qui l'a servie, faire ou non l'objet d'un recours. Tel est par exemple le cas du capital décès [2], de la pension de réversion [3] ou encore de l'allocation orphelin [4] qui sont inclus dans le cadre du recours des tiers payeurs lorsqu'ils sont versés par un organisme gérant un régime obligatoire de sécurité sociale et exclus dans les autres cas [5].

Si la prestation versée n'est pas mentionnée par l'article 29 de la loi, tout recours des tiers payeurs au sens strict est en revanche, en application des principes retenus par le législateur dans la loi du 5 juillet 1985, exclu. Tel est par exemple le cas, dans la jurisprudence récente, de l'allocation-chômage ou d'aide de retour à l'emploi [6].

La question de la nature de la prestation peut toutefois revenir par d'autres biais, notamment lorsque l'indemnisation est faite par un fonds (ONIAM, FIVA, FGTI) qui, dans son offre d'indemnisation doit, ainsi que nous l'avons indiqué ci-dessus, déduire, non seulement les prestations visées à l'article 29 mais aussi les « *indemnités de toute nature reçues ou à recevoir d'autres débiteurs du chef du même préjudice* ». Sur cette base, est donc apparu un contentieux secondaire de la qualification des

---

1. V. ss 530.
2. V. ss 354.
3. **Pension de réversion : imputation possible pour la sécurité sociale ou organismes assimilés** : Civ. 2e, 12 févr. 2009, n° 08-11080. Civ. 2e, 19 févr. 2009, n° 08-11639. Cette pension de reversion est toutefois déduite en amont lors du calcul du préjudice économique de la victime par ricochet, v. ss 253 s.
4. Sur cette question, v. G. Mor, *op. cit.*, n° 153-20.
5. Pour une expression nette de cette opposition de régime v. Civ. 2e, 11 juin 2015, n° 14-21867.
6. **Allocation chomage** : Civ. 2e, 1er juin 2012, n° 1011599 ; Crim 29 oct. 2013, n° 12-83754, *D.* 2014. 2362, obs. M. Bacache. **Allocation de retour à l'emploi** : Civ. 2e, 12 juin 2014, n° 13-18459, *D.* 2015. 1231, obs. M. Bacache, Civ. 2e, 26 mars 2015, *RCA* 2015, comm. 172 (*idem*).

prestations, qui a connu son application la plus controversée au sujet de la prestation de compensation du handicap.

348 ***Contentieux de la qualification de la prestation de compensation du handicap*** [1] ◊ La prestation de compensation du handicap, mise en place par la loi du 11 février 2005, est régie par les articles L 245-1 s. CASF [2]. Versée par les conseils généraux, qui ne font pas partie de la liste légale des tiers payeurs, *elle ne peut faire l'objet d'un recours fondé sur les articles 29 s. de la loi du 5 juillet 1985, solution qu'a expressément indiqué un arrêt de la deuxième chambre civile du 2 juillet 2015* [3].

La question de son imputation sur les sommes reçues par la victime, *soit à l'initiative du payeur, soit dans le cadre d'une indemnisation par un fonds*, et donc de son caractère indemnitaire, s'est toutefois posée dans la jurisprudence récente qui a rendu en la matière des solutions contradictoires.

Dans un premier arrêt du 28 février 2013, la deuxième chambre civile a été saisie dans le cadre d'une demande de renvoi d'une QPC formée par un MDPH qui avait refusé de verser une prestation de compensation du handicap à une personne en arguant que le préjudice pris en charge par cette prestation avait déjà été indemnisé par le poste assistance tierce personne dont la victime avait été dédommagée par l'ONIAM. La Cour refusa toutefois de transmettre la QPC en arguant du fait que la question n'est pas nouvelle, et soulignant surtout que « *la prestation compensatoire du handicap (...) est dépourvue de caractère indemnitaire* » car « *le montant est modulé en fonction des besoins et des ressources de chaque personne handicapée* ». Elle a toutefois changé de position dans un arrêt du 16 mai 2013 où elle était cette fois saisie par le FGAO qui entendait imputer les sommes reçues au titre de la PCH sur le poste assistance tierce personne. Dans cet arrêt, la Cour affirme en effet que « *la prestation de compensation du handicap, servie en exécution d'une obligation nationale de solidarité, qui est accordée sans condition de ressources, et dont le montant est fixé en fonction des besoins individualisés de l'allocataire, constitue une prestation indemnitaire* », solution au demeurant confirmée par plusieurs arrêts ultérieurs de cette même chambre. Le Conseil d'État a quant à lui retenu une solution identique à travers une décision du 23 septembre 2013.

---

1. **Nature indemnitaire de la PCH** : Civ. 2e, 28 févr. 2013, n° 12-23.706, *Gaz. Pal.* 21-22 juin 2013, obs. M.-A. Ceccaldi (caractère non indemnitaire de la PCH). Civ. 1re, 19 mars 2015, n° 14-12792, *D.* 2015. 1231, obs. M. Bacache ; *RCA* 2015, comm. 172 (*idem*). *Contra* : Civ. 2e, 16 mai 2013, n° 12-18.093, *D.* 2013. 1272 et 2668, obs. M. Bacache ; *Gaz. Pal.* 21-22 juin 2013, obs. M.-A. Ceccaldi ; *JCP* 2013, n° 886, note A. Bascoulergue ; *RTD civ.* 2013. 621, obs. P. Jourdain. Civ. 2e, 13 févr. 2014, n° 12-23706 et 12-23731, *D.* 2014, point de vue H. Adida-Canac ; *RCA* 2014, comm. 148 H. Groutel ; *D.* 2014. 2370, obs. M. Bacache. Civ. 2e, 12 juin 2014, n° 13-12185, *D.* 2014, préc. obs. M. Bacache ; *RCA* 2015, comm. 172, H. Groutel. V. également J. Péchinot, « Vous avez dit réparation intégrale ? », *RCA* 2015, étude n° 6.

Solution identique pour l'allocation éducation enfant handicapée : Civ. 1re, 18 juin 2014, n° 12-35252, *D.* 2015. 124 ; *RTD civ.* 2014. 148, obs. P. Jourdain (déduction par l'ONIAM). Civ. 2e, 11 juin 2015, n° 14-21867 (déduction par le FIVA si démonstration du caractère indemnitaire).

2. Pour une étude détaillée sur cette prestation : v. ss 434.
3. Civ. 2e, 2 juill. 2015, n° 14-19797.

Le 19 mars 2015, la première chambre civile a toutefois considéré, dans une affaire où l'imputation de la PCH était sollicitée dans le cadre d'un recours subrogatoire de droit commun, que « *la prestation de compensation du handicap à laquelle Bernard Y... pouvait prétendre ne donnait pas lieu à recours subrogatoire contre la personne tenue à réparation, de sorte qu'elle n'avait pas à être imputée sur l'indemnité réparant l'atteinte à son intégrité physique* ».

349 La confusion est donc à son comble puisque la Cour de cassation a rendu, en l'espace de quelques mois, plusieurs arrêts qui semblent *a priori* totalement contradictoires.

Une explication de la jurisprudence peut être tentée car la question se pose en des termes différents selon le cadre juridique du recours. À cet égard, deux hypothèses doivent être distinguées :

• ***1re hypothèse : l'imputation est réalisée par un fonds autorisé à déduire les prestations de nature indemnitaire*** : dans un tel cas, se pose à l'état pur la question de la nature de la prestation, puisque c'est en effet elle qui autorise ou non la déduction, « ce qui oblige le juge, au-delà du critère formel du texte, à retenir un critère matériel pour déterminer si la prestation versée par le tiers payeur revêt une nature indemnitaire » [1]. Dans ces hypothèses notamment présentes dans les arrêts de la Cour de cassation du 16 mai 2013, 13 février 2014, et 12 juin 2014 et du Conseil d'État du 23 septembre 2013, la nature indemnitaire de la prestation autorise, selon l'analyse de la jurisprudence, la déduction de la PCH.

• ***2e hypothèse : l'imputation est réalisée par un autre tiers***. Dans cette seconde hypothèse, l'imputation n'est pas possible car, au-delà de la question qui nous semble finalement ici superfétatoire de la nature de la PCH, aucun texte ne fonde une telle imputation [2]. Tel était le cas dans l'arrêt du 28 février 2013 où le département entendait déduire de la PCH certaines sommes perçues par la victime alors que rien ne l'y autorise. Tel est également le cas dans la décision du 19 mars 2015 où l'assureur prétendait opérer de même en dehors de toute source légale. Tel est enfin le cas dans l'arrêt du 2 juillet 2015 où la Cour d'appel entendait fonder l'imputation sur les règles relatives au recours des tiers payeurs, toutefois non applicables en l'espèce.

Les soubresauts de la qualification de la prestation de compensation du handicap, et les oppositions doctrinales concernant cette question, démontrent clairement que les solutions et les critères retenus par la Cour ne sont pas clairs car ils ont permis de fonder, en l'espace de quelques mois, des qualifications totalement opposées pour une même prestation. Ils consacrent de plus une solution inégalitaire selon le cadre juridique dans lequel cette PCH est en cause. Il apparaît donc souhaitable que le législateur intervienne pour clarifier les critères de l'imputation et pour compléter les textes dans les hypothèses où la jurisprudence apparaît trop instable.

1. M. Bacache, obs. *D.* 2015. 1231.
2. Pour un rappel récent de la solution : Crim. 1er sept. 2015, n° 14-82251.

3. Le calcul de l'objet du recours subrogatoire

350 ***Le Protocole assureurs-organismes sociaux du 24 mai 1983*** [1] ◊ Dans le cadre des accidents de la circulation qui constituent 85 % des dommages corporels, les assureurs et les organismes sociaux ont signé en 1983 un « Protocole » pour accélérer l'exercice de ces recours réglementés tant par les articles L. 376-1 s. et R. 376-1 s. du Code de la sécurité sociale que par la loi Badinter et ses textes d'applications codifiés aux articles L. 211-8 s. et R. 211-29 s. du Code des assurances.

Ce n'est, en principe, que dans la phase du recours entre payeurs (contribution) que le Protocole organise un code de bonne conduite non contentieuse sur la base de critères préétablis d'un commun accord de manière forfaitaire.

Le Protocole avait un triple objectif défini dans son préambule : accélérer le recouvrement des créances des organismes sociaux, simplifier les rapports assurance/Sécurité sociale en éliminant les causes de contentieux, et permettre une indemnisation plus rapide des victimes.

Pour atteindre ces objectifs, le Protocole comprend un certain nombre de règles conventionnelles de bonne conduite complétées par un « règlement d'application pratique détaillée ».

1. Une obligation réciproque d'*information* rapide, assortie de délais, est organisée.
2. La désignation d'un « *assureur-gestionnaire* » est définie en cas de pluralité d'assureurs.
3. La *détermination des responsabilités* est établie par référence au barème retenu dans la Convention IDA (Convention interprofessionnelle d'indemnisation directe des assurés).
4. Le mode de calcul retenu pour l'évaluation des préjudices.
5. Le mode de calcul du recours des organismes sociaux et leur assiette, qui était en large partie devenu obsolète depuis la réforme du recours des tiers payeurs, et qui a été l'objet d'une renégociation permettant d'intégrer le mécanisme du recours poste par poste.
6. Le *règlement par l'assureur* doit être effectué dans les deux mois suivant la demande de remboursement, sous peine d'un intérêt de 1 % par mois.
7. Les *contestations* qui peuvent survenir entre les parties sont réglées par l'application d'une « procédure d'escalade », de chefs de service à membres de la direction. En cas de désaccord persistant, une procédure d'arbitrage est prévue devant une « commission de conciliation » dont la sentence s'impose aux parties.

1. **Protocole assureurs-organismes sociaux du 24 mai 1983 :** H. Margeat et J. Landel, « Le Protocole assureurs-organismes sociaux du 24 mai 1983 », n° spécial du droit social, supplément n° 4 d'avril 1984 ; R. Barrot, « Note sur le Protocole entre les sociétés d'assurances et les organismes de Sécurité sociale », *Gaz. Pal.*, 30 oct. 1983 ; J.-J. Estéve, « Les actions récursoires des organismes sociaux dans le cadre du Protocole du 24 mai 1983 », *RFDC* 1997.367.

8. Une « *Commission d'application* » est chargée de suivre les conditions de mise en œuvre du Protocole, de veiller au respect de ses dispositions, d'étudier et de proposer toute modification de nature à en améliorer le fonctionnement et doit prévoir les études statistiques indispensables pour le suivi de l'expérience.

Théoriquement, ce « *Protocole* » passé entre assureurs et organismes sociaux n'est *pas opposable à la victime* : l'assureur l'indemnise en déduisant de l'indemnisation totale à laquelle elle a droit, les prestations indemnitaires qu'elle a effectivement perçues des tiers payeurs [1].

En pratique, avec plusieurs dizaines d'années de recul, on s'aperçoit que tant la procédure transactionnelle instituée par la loi Badinter que la procédure conventionnelle signée entre assureurs et organismes sociaux donnent aux assureurs un pouvoir hégémonique, voire même unilatéral, que la jurisprudence, quand il y a intervention judiciaire, n'a pas su endiguer : curieusement on constate que dans les dérives de la pratique, la victime est toujours perdante et ses droits laminés entre caisses de Sécurité sociale et organismes d'assurance. Le calcul du montant du recours subrogatoire illustre les difficultés de la pratique.

• *La légalisation d'une procédure d'accord assureurs-organismes sociaux par la loi n° 2003-1199 du 18 décembre 2003*, loi de financement de la sécurité sociale pour 2004 : l'article 8 de la loi, qui figure aujourd'hui à l'article L. 376-1 al. 6 CSS., dispose que « ... la demande de la caisse vis-à-vis du tiers-responsable s'exerce en priorité à titre amiable. Une convention signée par la CNAMTS... avec les organismes représentatifs des assureurs peut définir les modalités de mise en œuvre de cette procédure ».

Ainsi, contrairement à ce qui a pu être écrit, ce n'est pas le Protocole de 1983 qui est légalisé : c'est seulement une procédure conventionnelle, jugée à bon droit souhaitable ; les réformes à adopter font l'objet de discussion pour améliorer la procédure et éviter les abus qui ont jusqu'alors préjudicié tant aux intérêts de la sécurité sociale (prestations non prises en compte), qu'à ceux des victimes (imputation sur des postes de préjudices non couverts par des prestations, technique devenue au demeurant totalement contraire aux règles légales du recours des tiers payeurs).

a. La production de leur créance par les tiers payeurs [2]

351 En vertu de l'art. L. 376-1, al. 8, CSS, la victime demandeur dans une action en responsabilité civile doit indiquer sa qualité d'assuré social, indiquer

---

1. **Inopposabilité du protocole à la victime** : pour une récente illustration : Civ. 2e, 5 oct. 2006, *RCA* 2007, comm. n° 13.

2. **Production et évaluation des prestations faisant l'objet du recours** : Civ. 2e, 17 oct. 1990, *RCA* 1990, n° 409, *RTD civ.* 1991.128, obs. Jourdain ; Crim., 20 juin 1991, *RCA* 1991, n° 331 ; Ass. plén., 31 oct. 1991, *RCA* 1991, n° 417 et chron. n° 29 (en l'absence du montant chiffré des prestations de Sécurité sociale, le juge doit surseoir à statuer et ne peut verser à la victime l'intégralité de ses dommages ; le cumul serait contraire au principe indemnitaire) ; Civ. 2e, 13 nov. 1992, *RCA* 1993, n° 36 (débours de la caisse non entièrement connus ; interdiction de statuer) ;

quelles sont les caisses de Sécurité sociale auxquelles elle est affiliée pour ses différents risques et *appeler ces caisses en déclaration de jugement commun* [1] afin que soit jugée dans le même temps la part de l'indemnité que le responsable (ou son assureur RC) doit verser aux tiers payeurs en remboursement de leurs prestations et la part revenant à la victime. Depuis un arrêt rendu par l'Assemblée plénière le 31 octobre 1991, malgré la carence des caisses qui ne font parfois pas connaître le montant des prestations versées, les juges doivent néanmoins les évaluer (comment ?) et les déduire.

En fait la carence d'une caisse peut avoir pour cause : soit sa négligence, soit son préalable désintéressement par l'assureur au titre du Protocole de 1983 : la caisse doit néanmoins indiquer le décompte de ses prestations au président de la juridiction (les modalités de calcul du Protocole ne sont opposables ni au tiers responsable, ni au tiers victime).

b. **Date de consolidation et délais** [2]

352 En vertu de l'art. L. 211.9 C. assur. l'assureur doit, dans le cadre des accidents de la circulation, faire une offre au moins provisionnelle d'indemnité

Crim., 15 déc. 1993, *RCA* 1994, n° 174 et chron. n° 13 (en cas de carence des tiers payeurs, les juges sont fondés à passer outre et à statuer sur la réparation du préjudice de la partie civile) ; *contra* Crim., 26 janv. 1994, *RCA* 1994, n° 174 et chron. n° 13 (la détermination de l'indemnité différentielle revenant à la victime doit prendre en compte toutes les prestations versées, même si le tiers payeur n'exerce pas son recours) ; Crim., 3 févr. 1993, *RCA* 1993, n° 227 (les caisses de Sécurité sociale ne sont admises à poursuivre que le remboursement des sommes qu'elles ont effectivement déboursées) ; Crim., 2 mars 1994, *RCA* 1994, n° 255 (pas de sursis à statuer) ; Civ. 2e, 25 janv. 1995, deux arrêts, *RCA* 1995, nos 204 et 205 et chron. n° 23, *RTD civ.* 1995. 640, obs. Jourdain (le juge doit imputer les prestations même non produites ; la caisse peut ultérieurement intenter une action pour récupérer ses prestations) ; Crim., 11 oct. 1995, *RCA* 1996, n° 86 (Caisse peut intervenir devant la juridiction répressive saisie par la victime, pour obtenir le remboursement des prestations fournies à un assuré victime d'une infraction pénale) ; Soc., 28 mars 1996, *RCA* 1996, n° 277 (imputation de l'intégralité du capital représentatif rente, même ultérieurement supprimée) ; Crim., 4 juin 1997, *RCA* 1997, n° 15 (imputation de la totalité des prestations servies, même si le recours transactionnel des tiers payeurs est inférieur) ; Soc., 28 janv. 1998, *RCA* 1998, n° 235 (l'inaction de la victime ne peut faire obstacle à l'exercice par la caisse du droit propre qui lui appartient d'obtenir le remboursement des prestations versées à la suite d'un accident) ; Civ. 2e, 29 avr. 1997, *RCA* 1997, n° 223 (la victime doit être mise à même de débattre contradictoirement du décompte des prestations communiqué par caisse SS) ; Civ. 2e, 5 nov. 1998, *RCA* 1998, n° 381 (lorsque la caisse ne s'est pas constituée à l'instance elle doit indiquer à la juridiction le décompte des prestations versées et à verser à la victime) ; Soc. 31 mai 2001, *RCA* 2001, n° 258 obs. Groutel (l'intervention d'un tiers-payeur en cause d'appel en vue d'obtenir le remboursement des prestations qu'il a versées est recevable). Civ. 2e, 13 juin 2013, n° 12-14685, *RCA* 2013, comm. 301 (Règles du recours d'ordre public : obligation pour le juge de réaliser l'imutation même en l'absence de prétention du tiers payeur). Dans le même sens : Civ. 2e, 16 janv. 2014, n° 12-28119, *Gaz. Pal.* 23 févr. 2014, p. 33.

1. Une exception est admise par la jurisprudence pour les postes extrapatrimoniaux exclus du recours : Crim. 16 oct. 2012, n° 12-80441

2. Date de consolidation et délais : J. Cardona, P. Lamothe, D. Fasquel, J.-C. Mabriez, « Recours contre tiers : l'application du protocole du 24 mai 1983 et les névroses traumatiques », *JML-DM* 1997, vol. 40, n° 3, p. 185 et « La névrose traumatique dans le cadre du recours contre tiers », *Rev. fr. psychiatrie et psycho. méd.*, n° 10, sept. 1997, p. 61. H. Groutel, « Conditions de la déchéance des tiers payeurs », *RCA* 2006, chron. n° 7. Civ. 2e, 8 mars 2006

dans les huit mois de l'accident, et l'offre définitive doit être faite au plus tard dans les cinq mois suivant la date à laquelle l'assureur est informé de la *consolidation* : la date de consolidation est fixée par le médecin-conseil de la compagnie d'assurances mandatée, dans le cadre de l'« examen médical » prévu à l'art. R. 211-43 C. assur. Plus loin l'art. L. 211-11, al. 2 C. assur. prévoit que « le défaut de production des créances des tiers payeurs dans un délai de quatre mois à compter de la demande émanant de l'assureur entraîne déchéance de leurs droits à l'encontre de l'assureur et de l'auteur du dommage ». Par ailleurs, l'art. R. 376-1 CSS indique que les dépenses à rembourser aux caisses de Sécurité sociale en application de l'art. L. 376-1 peuvent faire l'objet d'une *évaluation forfaitaire*. Enfin l'art. 3 du Protocole du 24 mai 1983 précise que « le règlement de l'assureur est effectué pour solde de tout compte », sauf aggravation ultérieure.

Le résultat est que le médecin-conseil d'assurance fixe dès que possible la date de consolidation qui va permettre de limiter dans le temps les créances de prestations de la Sécurité sociale : toutes celles qui seraient postérieures au règlement effectué « pour solde de tout compte » par l'assureur seront donc perdues pour la Sécurité sociale, ici perdante. Les problèmes relatifs à la date de consolidation visent notamment les névroses post-traumatiques, souvent déniées par les assureurs, et qui peuvent se manifester après une certaine période de latence ; l'assureur du responsable est gagnant puisqu'il n'en assume pas la dette postérieure au règlement.

c. Le montant du recours en cas de partage de responsabilité

353 Le problème est ici de savoir si le montant du recours doit être la somme de toutes les prestations indemnitaires versées, ou si la faute de la victime qui diminue son droit à indemnisation à l'égard du tiers responsable par un partage de responsabilité, doit corrélativement diminuer le montant du recours subrogatoire afin de ne pas pénaliser la victime.

« *On ne subroge pas contre soi-même* » : l'adage doit servir de ligne directrice dans la nécessaire mise au point qu'il faut faire ici.

1. Le recours des tiers payeurs en cas de partage de responsabilité

354 L'article 25 al. 2 de la loi du 21 décembre 2006 a profondément modifié les solutions gouvernant le recours des tiers payeurs en cas de partage de

(2e esp.), *Bull. civ.* n° 64 (l'assureur ne peut opposer la déchéance aux tiers payeurs n'ayant pas produit leurs créances dans les délais, que s'il a lui-même respecté les délais de la procédure d'offre). Civ. 2e, 15 avr. 2010, *RCA*. H. Groutel (rappel d'une solution constante selon laquelle les tiers payeurs, n'ont pas, en dehors des accidents de la circulation, de délai impératif pour produire leurs créances).

responsabilité. À la solution antérieure, consacrant l'opposabilité à la victime du partage de responsabilité, qui méconnaissait les règles de la subrogation, il a en effet préféré la règle de priorité de cette dernière.

355 ***Solution antérieure à la loi du 21 décembre 2006 : opposabilité du partage de responsabilité à la victime*** [1] ◊ Jusqu'à la loi du 21 décembre 2006, il était en effet admis que les tiers payeurs, dont la Sécurité sociale, pouvaient exercer leur recours pour l'intégralité de leurs prestations indemnitaires même si la victime n'avait droit qu'à une indemnisation partielle d'un montant inférieur : le recours absorbait alors toute l'indemnité due par le tiers responsable. Ce résultat inique reposait sur une application exégétique de l'ancien article L. 376-1, al. 2 du Code de la sécurité sociale dont la rédaction remontait à la loi du 27 décembre 1973 : « Si la responsabilité du tiers est entière, ou si elle est partagée avec la victime, la caisse est admise à poursuivre le remboursement des prestations mises à sa charge... ».

Mais c'était oublier que la loi du 5 juillet 1985, *postérieure*, avait légalement consacré le *caractère subrogatoire* du recours (art. 30 de la loi), qui imposait une interprétation plus rigoureuse : en droit de la subrogation, le subrogé prend la créance du subrogeant avec toutes ses limites et exceptions : « *on ne subroge pas contre soi-même* » signifie que la victime ne subroge les tiers payeurs (par le fait de la loi) que dans la limite de ses propres droits à indemnité, en fonction de sa faute.

Le recours intégral en cas de partage de responsabilité était au surplus illogique, en ce qu'il pénalisait la victime au titre des prestations sociales, alors que celles-ci sont dues même aux victimes totalement fautives : qu'une victime se blesse gravement elle-même par sa propre imprudence, elle a néanmoins droit à l'intégralité des prestations auxquelles son statut d'assuré social lui donne droit. Or qu'intervienne un tiers, et par le jeu de la subrogation, les organismes sociaux pouvaient gravement amputer sa réparation finale et même compromettre la mise en œuvre des moyens matériels et humains palliatifs de sa perte d'autonomie en cas de handicap grave.

La difficulté était encore accrue à l'égard de certains postes de préjudices, dont principalement ceux ayant pour objet de compenser la perte d'autonomie de la victime handicapée. Ainsi, en cas de partage de responsabilité, le chef de préjudice « frais d'aménagement du domicile de l'handicapé » calculé dans l'indemnité globale de la victime se trouvait absorbé par un « recours global » de la Sécurité sociale qui pourtant ne verse aucune prestation de ce chef : les praticiens, médecins et régleurs, de l'indemnisation du dommage corporel étaient unanimes pour dénoncer

---

1. **Recours de la Sécurité sociale et faute de la victime** : Civ. 2e, 7 oct. 1992, *Bull. civ.* II, n° 230 (partage RC sur le préjudice total de la victime, puis imputation de la totalité des prestations) ; Civ. 2e, 23 juin 1993, *Bull. civ.* n° 227 (idem).

la mise en œuvre de l'indemnisation des handicapés graves, en cas de partage de responsabilité. Les indemnités prévues pour faciliter l'autonomie de la victime sont diverses : dépenses entraînées par l'assistance d'une tierce personne, dépenses d'appareillage et d'aide technique, frais d'adaptation du logement, frais d'aménagement du véhicule... Ces divers postes d'indemnisation sont essentiels pour améliorer l'existence des blessés graves, or en cas de partage de responsabilité, le recours global de la Sécurité sociale (qui peut être très important, notamment au titre des frais d'hospitalisation) absorbait le plus souvent les indemnisations évaluées de ce chef, en *interdisant de facto leur réalisation*.

Or, cette solution, vivement critiquable en opportunité, apparaissait de plus contraire aux règles de la subrogation.

356 ***Rappel du droit commun de la subrogation*** ◊ En droit, la subrogation personnelle est la substitution d'une personne à une autre ; elle se produit à l'occasion d'un paiement qui émane non du débiteur, mais d'un tiers : la dette est éteinte à l'égard du créancier primitif, mais elle survit au profit du tiers. Le créancier désintéressé « subroge » sa créance entre les mains du tiers-payeur. En cas de dommage corporel, la victime est le créancier *subrogeant*, et le tiers-payeur est *subrogé* dans ses droits contre le tiers responsable débiteur de l'indemnisation. Cependant à l'égard de la victime, les tiers-payeurs paient leur propre dette : les caisses de sécurité sociale versent à l'assuré social blessé les mêmes prestations qu'il soit le seul auteur de ses propres dommages, ou que ceux-ci soient causés par un tiers. La victime est à la fois créancière des prestations dues par les organismes sociaux, et créancière de l'indemnisation du tiers-responsable. *L'objet de la subrogation est donc limité, car son seul but est de respecter le principe indemnitaire* qui exige que la victime ne s'enrichisse pas par une double indemnisation à l'occasion de son dommage.

L'effet translatif de la subrogation, par laquelle le subrogé prend la place du subrogeant implique que le débiteur puisse opposer au subrogé les mêmes exceptions et moyens de défense qu'à l'égard du subrogeant. Le responsable débiteur doit donc pouvoir opposer au tiers-payeur subrogé le partage de responsabilité qu'il peut opposer à la victime subrogeante [1]. En effet, en droit commun la Cour de cassation déclare que « le subrogé n'a pas plus de droits que son subrogeant aux lieu et place duquel il agit » (Com. 27 juin 1989). Cela signifie que si la victime est responsable pour moitié de son dommage, le tiers-payeur ne doit pouvoir agir contre le tiers que pour moitié de ses prestations ; l'indemnité complémentaire qui reste

1. **Partage de responsabilité** : Com. 27 juin 1989, *Bull. civ.* IV, n° 205, p. 136, *RTD civ.* 1990.76, obs. Mestre (« si la subrogation investit le subrogé de la créance primitive avec tous ses avantages et accessoires, le subrogé n'a pas plus de droits que son subrogeant au lieu et place duquel il agit ») ; Civ. 2e, 23 janv. 2003, *RCA* 2003, n° 101 (partage de responsabilité non appliquée à l'objet du recours de la sécurité sociale).

due par le responsable envers la victime n'est alors amputée que de la moitié, et non du montant total des prestations.

Or, avant la loi du 21 décembre 2006, la Cour de cassation persistait à déclarer « que les prestations versées par les organismes de sécurité sociale à une victime doivent être déduites de la part d'indemnité à laquelle le tiers responsable est tenu envers celle-ci pour réparer l'atteinte à son intégrité physique » (Civ. 2e, 23 janv. 2003) : l'indemnité complémentaire due à la victime était alors de la moitié du préjudice (en cas de partage par moitié) amputée du montant total des prestations. Si ces prestations étaient importantes, notamment en raison de lourds frais d'hospitalisation, l'indemnité complémentaire était souvent réduite à rien ou presque rien. Et la victime qui engageait les frais d'un procès... n'y comprenait rien !

Selon l'article 1252 C. civ. : « La subrogation... ne peut nuire au créancier lorsqu'il n'a été payé qu'en partie ; en ce cas, il peut exercer ses droits, pour ce qui lui reste dû, par préférence à celui dont il n'a reçu qu'un paiement partiel ». Cet article traduit le vieil adage « *Nemo contra se subrogasse censetur* » (Nul n'est censé subroger contre soi). Autrement dit, dans le concours de la victime subrogeante et de la sécurité sociale subrogée contre le tiers responsable, la victime assurée sociale doit primer la caisse tiers-payeur. C'est d'autant plus justifié que les prestations reçues trouvent leur contrepartie dans les cotisations sociales versées. Il était incompréhensible que le droit préférentiel de la victime créancier sur le solvens tiers-payeur subrogé ne soit pas appliqué par les caisses de sécurité sociale, alors qu'il l'était parfaitement par les assureurs. La victime qui n'a reçu qu'un paiement partiel doit pouvoir compléter son indemnisation avec seulement deux limites :

– le principe indemnitaire qui lui interdit d'aller au-delà de la réparation intégrale,

– la limite de sa créance envers le tiers-responsable : *le partage de responsabilité doit produire ses effets à l'égard du responsable, mais ne doit avoir aucune incidence envers le tiers payeur tenu à l'intégralité de ses propres prestations même si la victime est entièrement responsable de ses propres dommages.*

Une réforme apparaissait donc nécessaire, et avait d'ailleurs été proposée par le rapport du groupe de travail dirigé par le Professeur Lambert-Faivre, par le Médiateur de la République, par la Cour de cassation, dans son rapport annuel pour 2004, ainsi que dans l'avant-projet Catala portant réforme du droit des obligations [1]. Cette réforme est survenue avec l'adoption de l'article 25 de la loi du 21 décembre 2006.

---

1. **Proposition de réforme du recours des tiers payeurs** : Rapport Lambert-Faivre, « L'indemnisation du dommage corporel », (www.justice.gouv.fr/publicat/syntheseindemcrop.pdf). Médiateur de la République : Proposition de réforme 03-R10, « Définition des préjudices des victimes d'infractions pénales à l'égard du recours subrogatoire des assurances sociales » Rapport annuel 2003 du Médiateur. Rapport annuel de la Cour de cassation 2004, p. 12.

357 ***La consécration du droit de droit de préférence de la victime créancière subrogeante par la loi du 21 décembre 2006*** [1] ◊ Aux termes de l'article 25 de la loi du 21 décembre 2006, modifiant conjointement les articles L. 376-1 CSS et 31 de la loi du 5 juillet 1985 :

« Conformément à l'article 1252 du Code civil, la subrogation ne peut nuire à la victime subrogeante, créancière de l'indemnisation, lorsqu'elle n'a été indemnisée qu'en partie ; en ce cas, elle peut exercer ses droits contre le responsable, pour ce qui lui reste dû, par préférence aux tiers payeurs dont elle n'a reçu qu'une indemnisation partielle ».

Cette loi consacre les solutions prônées depuis longtemps par la doctrine, en rétablissant le jeu des règles de la subrogation. Elle rappelle ainsi l'impossibilité que la subrogation nuise à la victime, notamment dans l'hypothèse d'un partage de responsabilité. Elle pose corrélativement le principe de préférence de la victime, qui est indemnisée prioritairement, *le tiers payeur ne pouvant exercer son recours que sur le reliquat dû par le responsable.*

Une fois cette règle posée, des difficultés d'interprétation sont toutefois apparues : quant à la mise en œuvre concrète du droit de préférence, et quant à son champ exact d'application.

358 ***Modalités de mise en œuvre du droit de préférence*** ◊ Si le droit de préférence de la victime a en effet été consacré, celui-ci doit toutefois être concilié avec le droit à réparation intégrale. Or deux conceptions se sont ici affrontées.

– *Dans une première approche*, l'atteinte à la réparation intégrale serait constituée dès que la victime reçoit une somme supérieure *à la part que lui laisse le partage de responsabilité* [2]. Ainsi, aux termes de cette interprétation, pour une créance de responsabilité de 100 qui à la suite d'un partage de responsabilité, est réduite à 50, et une créance du tiers payeur de 60, *la victime ne peut prétendre à une indemnité complémentaire.* Nonobstant le droit de préférence, elle a en effet été remplie de l'intégralité de son droit à indemnisation, qui en application des règles de la responsabilité telles

1. **Droit de préférence du subrogeant sur le subrogé : – Avant la loi du 21 décembre 2006,** « Nemo contra se subrogasse censetur ». H. Roland et L. Boyer, « Adages du droit français », Litec 4e éd. 1999 p. 495, n° 250 ; Civ. 1re, 4 juin 2002, *Bull. civ.* 2002.I., n° 157 p. 120 (en matière d'assurance, « dans le concours de l'assureur subrogé et de l'assuré subrogeant, ce dernier prime le premier jusqu'à concurrence du préjudice garanti…) ; contra Civ. 1re, 3 juill. 2001, *RCA* 2001 obs. Groutel (lorsque l'indemnité fixée par un texte pour assurer la réparation de la victime est insuffisante, elle doit être repartie au marc le franc entre la victime et les tiers-payeurs »… arrêt scandaleux !). – **Commentaires de la loi :** v. références citées v. ss 327 en note. CE Avis 4 juin 2006, *JCP adm.* 2007, 1897, note Ch. Guettier ; *RTD civ.* 2007. 577, obs. P. Jourdain (détermination de la méthode de mise en œuvre du, « Le droit de préférence de la victime). CE 5 mars 2008, arrêt n° 272447 (idem). », *RCA* 2009, chron. 3 ; S. Porchy-Simon, « Le recours des tiers payeurs à l'épreuve de la politique jurisprudentielle de la Cour de cassation » *D.* 2010. 593.

2. **Dans ce sens**, P. Jourdain, « Le droit de préférence de la victime », *op. cit.* P. Grosser, note *JCP* 2009, n° 424.

qu'appliquées en l'espèce, est de 50. Le 1/3 payeur pourra quant à lui imputer une partie de sa créance sur les 50 restants.

– *Une deuxième approche* conduit quant à elle à considérer qu'il n'y a atteinte à la réparation intégrale *que* si la victime reçoit une somme supérieure *à l'intégralité de la créance de réparation*. Dans cette limite maximum, le droit de préférence peut en revanche toujours s'exercer. Ainsi, sur la base du même exemple chiffré, la victime qui a déjà touché 60 du tiers payeurs peut encore se voir indemnisée de 40 (100 – 60 déjà perçu). Le tiers de son côté ne récupérera que 10 (50 dû par le responsable – 40 déjà versé).

La Cour de cassation a clairement opté pour cette seconde interprétation, en affirmant que : « *la subrogation ne peut nuire à la victime subrogeante, créancière de l'indemnisation, lorsqu'elle n'a été indemnisée qu'en partie ; qu'en ce cas, elle peut exercer ses droits contre le responsable, pour ce qui lui reste dû, par préférence au tiers payeur dont elle n'a reçu qu'une indemnisation partielle ; qu'il en résulte que le droit de préférence de la victime doit s'exercer, poste par poste, sur l'indemnité due par le responsable, pour la part du poste de son préjudice que ne réparent pas les prestations versées, le solde de l'indemnité étant, le cas échéant, alloué au tiers payeur* » [1].

Cette solution peut surprendre et a d'ailleurs été critiquée pour cela car le partage de responsabilité n'est, de fait, plus supporté par la victime. Le droit de préférence lui permet en effet d'être indemnisée de la totalité de son préjudice, nonobstant l'existence du partage. Plusieurs arguments peuvent toutefois être avancés au support de cette solution. Le premier repose sur la volonté du législateur : la consécration de la thèse restrictive réduirait en effet à néant le droit de préférence, pourtant clairement énoncé par la loi du 21 décembre 2006. La solution se justifie par ailleurs essentiellement en opportunité. Ainsi que le soulignait d'ailleurs le Commissaire du Gouvernement J.-P. Theillay, commentant la position identique retenue sur ce point par le Conseil d'État, « Cette solution brutale n'est pas immédiatement évidente... Le balancier s'est simplement inversé, en faveur des victimes » [2]. Cette solution peut enfin se justifier par le fait que l'indemnisation de la victime a ici en quelque sorte une double source : les règles de la responsabilité civile, mais aussi la législation sociale. Or, au regard de cette dernière, la faute de la victime n'a pas de rôle à jouer puisque son droit à prestation est le même.

La situation de la victime est quoi qu'il en soit très nettement améliorée par rapport au droit antérieur ainsi qu'un exemple chiffré permet de le montrer.

---

1. **Interprétation du droit de préférence par la jurisprudence** : CE Avis 4 juin 2006, *JCP adm.* 2007, 1897, note Ch. Guettier ; *RTD civ.* 2007. 577, obs. P. Jourdain (détermination de la méthode de mise en œuvre du droit de préférence de la victime). CE 5 mars 2008, arrêt n° 272447 (idem) Civ. 2e, 24 sept. 2009, *JCP* (S) 2009, 1542, note J. Bourdoiseau ; *JCP* 2009 (G), 424, note P. Grosser Civ. 2e, 14 janv. 2010, *RCA* 2010, comm. n° 71. Pour une confirmation plus récente : Civ. 2e, 28 juin 2012, n° 10-28423, *Gaz. Pal.* 9 nov. 2012, p. 37.

2. J. P. Thiellay, *AJDA* 2008, p. 2352.

Exemple chiffré de mise en œuvre du recours des tiers payeurs en cas de partage de responsabilité

Soit un préjudice de 100, une créance des tiers payeurs de 80, et un partage de responsabilité de moitié, le responsable n'étant donc tenu qu'à hauteur de 50 :
Avant la loi du 21 décembre 2006, les tiers payeurs pouvaient recourir sur la somme de 50, sans que le partage de responsabilité ne soit appliqué au montant de leurs créances. Leur recours absorbait donc l'intégralité des sommes dues par le responsable de l'accident. La victime n'avait droit *à rien*.
En application de la loi du 21 décembre 2006, la victime est prioritaire. Elle a déjà reçu 80 des tiers payeurs, elle peut donc demander 20 au responsable (100, correspondant à son préjudice - 80 déjà perçus). Les tiers payeurs ne peuvent exercer leur recours que sur le solde restant dû par le responsable (50 - 20 déjà perçus par la victime), soit 30.

359 ***Champ d'application du droit de préférence*** ◊ Une autre question liée au droit de préférence de la victime est apparue, celle de son champ d'application. Une partie de la doctrine avait en effet considéré que conformément au fondement du droit de préférence (la règle selon laquelle la subrogation ne doit pas nuire à la victime), celui-ci devrait essentiellement trouver à s'appliquer dans les cas d'insolvabilité du responsable [1]. Là encore, la jurisprudence s'est montrée beaucoup plus favorable aux victimes.

Elle a ainsi tout d'abord clairement accepté d'appliquer le droit de préférence à toutes les hypothèses de partage de responsabilité [2]. La solution apparaît non surprenante car c'était cette hypothèse qui était le plus généralement citée dans le cadre de la discussion sur l'admission du droit de préférence.

Elle a en revanche admis, de manière plus étonnante, son application à l'hypothèse où la victime est indemnisée *sur le terrain de la perte de chance* [3]. Or, l'application du droit de préférence dans un tel cas est audacieuse, car elle présuppose d'admettre que la réparation de ce préjudice constitue *une indemnisation partielle* de la victime. Or, une telle interprétation est incertaine. Certes, au niveau de l'indemnisation, la perte de chance ne peut, selon la jurisprudence constante de la Cour de cassation, constituer qu'une fraction du préjudice final. Si l'on raisonne donc à l'aune de cette

1. **En ce sens**, V. notamment P. Grosser, note *JCP* 2009, préc. P. Jourdain, « Le droit de préférence de la victime », préc.
2. **Application du droit de préférence aux hypothèses de partage de responsabilité** : Civ. 2e, 14 janv. 2010, *RCA* 2010, comm. n° 71. 15 avr. 2010, *RCA* 2010, comm. n° 174.
3. **Application du droit de préférence à la perte de chance** : arrêt de principe : Civ. 2e, 24 sept. 2009, *JCP* (S) 2009, 1542, note J. Bourdoiseau ; *JCP* 2009 (G), 424, note P. Grosser. Civ. 2e, 28 juin 2012, n° 10-28423, *Gaz. Pal.* 9 nov. 2012, p. 37.

dernière, la victime n'est, d'un certain point de vue, indemnisée qu'en partie. Toutefois, cette analyse doit être relativisée, car la perte de chance, de jurisprudence et de doctrine constante, est par ailleurs un préjudice *autonome* par rapport au dommage final, qui lorsqu'il est retenu par le juge, est en fait intégralement indemnisé [1]. Le droit de préférence de la victime ne devrait donc pas, d'un strict point de vue juridique, s'appliquer puisque celle-ci n'a pas, contrairement à la condition posée par le deuxième alinéa de l'article 31, reçu « une indemnisation partielle ».

La Cour de cassation a donc réalisé, en ce qui concerne le droit de préférence, une interprétation maximaliste du texte en faveur des victimes, dont seule l'opportunité peut défendre la pertinence. La position paraît donc reposer sur une politique jurisprudentielle favorable à ces dernières, solution qui vient toutefois en contradiction avec l'interprétation opérée par le Cour de cassation des règles de l'imputation des prestations versées par les tiers payeurs [2].

2. Le recours partiel des assureurs dommages corporels en cas de partage de responsabilité

360 Dans les garanties « avance *sur recours* » données aux conducteurs dans les polices d'assurance automobile conformément à l'art. 33, al. 3 de la loi du 5 juillet 1985, le recours subrogatoire de l'assureur est bien limité à la seule part de responsabilité du tiers responsable. Il est important que la généralisation apportée par la loi du 16 juillet 1992 ne modifie pas ce schéma :

- si l'assuré-victime est totalement responsable de son propre dommage, l'assureur dommages corporels indemnise son assuré conformément au contrat et ne dispose d'aucun recours, faute de tiers responsable ;
- s'il y a partage de responsabilité, l'assureur *n'exerce son recours que pour la part de responsabilité du tiers*, et conserve à sa charge le reste de l'indemnisation ;
- si le tiers est totalement responsable, l'assureur dommages corporels peut exercer son recours pour l'intégralité de ses prestations indemnitaires.

Ce schéma est aujourd'hui conforté par l'article 25 de la loi 21 décembre 2006, même si cet article ne concerne strictement que les seuls tiers payeurs.

d. La capitalisation des prestations futures : frais futurs et pensions [3]

361 ***1) En droit commun*** ◊ Tout recours subrogatoire est fondé sur le paiement préalable et effectif fait par le *solvens* au créancier subrogeant qui,

1. **En ce sens**, V. par exemple, Ph. Brun, *Responsabilité civile extracontractuelle*, Litec, 2e éd. 2009, n° 184. G. Viney et P. Jourdain (sous la dir. de J. Ghestin), *Traité de droit civil, Les conditions de la responsabilité*, 3e éd. LGDJ, 2006, n° 284.
2. V. ss 370 s.
3. **Capitalisation des prestations futures** : H.-J. Lazarini, J. Doignon et J.-M. de Casamayor, « Méthode d'évaluation des frais futurs », éd. A. Lacassagne/Gazette du Palais, 1988 ; AREDOC,

au lieu d'éteindre la dette, en opère le transfert : ce paiement préalable est donc une condition fondamentale de la subrogation (art. 1250-1251 C. civ.). Cette condition de paiement ne pose aucun problème particulier pour toutes les prestations d'ores et déjà versées à la victime lors du recours de l'organisme social. En revanche, les « *frais futurs* » afférents à des prestations prévues pour l'avenir sont évalués, capitalisés, et l'assureur en conserve le montant en « provision pour sinistre restant à payer », jusqu'aux remboursements ultérieurs après versement effectif des prestations à la victime.

Les *pensions d'invalidité* font de même l'objet d'un calcul de capitalisation, mais dont la prévision peut être modifiée par les contrôles de la caisse de Sécurité sociale : en cas d'affection de longue durée celle-ci peut procéder à des examens médicaux périodiques (art. L. 324-1 CSS), et la pension d'invalidité peut être révisée en fonction de l'état de la victime assurée-social (art. L. 341-11 CSS), voire même supprimée ; dans une telle hypothèse, l'assureur du responsable qui avait capitalisé sa dette à l'égard des tiers payeurs, effectuera des débours inférieurs au montant de l'indemnisation globale qui avait fait l'objet d'un règlement antérieur global au profit de la victime. Cependant un arrêt de la chambre mixte du 22 juin 1973 a interdit à la victime de récupérer à son profit le différentiel : cette solution remet en question le caractère définitif de l'indemnité globale réglée (*i.e.* évaluée) à son profit.

Depuis la loi du 21 décembre 2006, dans le cas exceptionnel où le tiers payeur est autorisé à exercer son recours sur un poste de préjudice personnel [1], ce recours est subordonné à la preuve qu'il a « effectivement et *préalablement* » versé à la victime une indemnisation compensant un tel type de préjudice. La référence au paiement *préalable* semblait donc interdire le recours sur les arrérages à échoir des différentes prestations prenant en compte un préjudice extrapatrimonial. La Cour de cassation a toutefois consacré une solution

« Frais futurs : Méthode indicative d'évaluation dans le Protocole d'accord organismes sociaux-assureurs », 1999 ; H. Groutel, « Réflexions sur la subrogation anticipée », *D.* 1987, chron., p. 283 et note sous Civ. 2e, 20 juill. 1987, *D.* 1987.469 ; J.-P. Brunet, « Les difficultés relatives au montant du recours de la victime contre le tiers responsable en cas de modification des prestations de Sécurité sociale », *Gaz. Pal.* 1974.1, doc. p. 1. – **Jurisprudence :** Ch. mixte, 22 juin 1973, *Bull. civ.* n° 3 (cessation du paiement de la pension ; capitalisation entre les mains de l'assureur ; pas de droit de la victime) ; Crim. 6 nov. 1975, *Gaz. Pal.* 1975, 2e sem. p. 836 note Y. M. (réparation intégrale : répartition de l'indemnité entre Caisse séc. soc. et victime ; tiers responsable doit payer à la victime les arrérages de la pension pendant suspension) ; Soc., 28 mars 1996, *RCA* 1996, n° 277 (recours sur l'intégralité du capital représentatif de la rente conservé par l'assureur, celle-ci ultérieurement supprimée) ; Soc. 7 mars 1996, *RCA* 1996, n° 277 (capital versé à la caisse ; rejet de l'action exercée par la victime sur la base d'un enrichissement sans cause de la caisse) ; Soc., 4 avr. 1996, *RCA* 1996, n° 276 (pension d'invalidité suspendue ; Caisse déboutée de sa demande de mise en réserve du capital représentatif de la rente lors de la liquidation) ; Civ. 2e, 29 avr. 1997, *RCA* 1997, n° 223 (pension invalidité accordée lors consolidation, puis suspendue ; juridiction saisie doit permettre à la victime de contrôler la réalité des prestations invoquées par la caisse ; application du contradictoire) ; Crim. 4 févr. 2003, *RCA* 2003, n° 132 obs. Groutel (capital représentatif d'une rente d'invalidité ; pouvoir souverain d'appréciation par le juge du fond de la table de capitalisation ; choix de la table annexée au décret du 8 août 1986 valable). Civ. 2e, 22 oct. 2009, *RTD civ.* 2010. 119, obs. P. Jourdain ; *RCA* 2010, comm. n° 9, H. Groutel.

1. V. ss 372.

contraire, en affirmant, à partir d'un arrêt du 22 octobre 2009, que « lorsque la décision d'attribution de la rente d'invalidité (..) est définitive, la caisse est tenue sous peine d'astreinte en cas de retard injustifié du versement de cette prestation, de sorte que tant pour les arrérages à échoir que pour les arrérages échus, la condition tenant au versement préalable et effectif de la prestation est remplie ». La haute juridiction justifie donc la possibilité d'imputer les arrérages à échoir par le fait que la décision d'attribution prise par la Caisse, et qui oblige cette dernière, équivaut au versement effectif de la rente. Or, la solution semble totalement erronée. L'article 25 de la loi du 21 décembre 2006 subordonne en effet le recours au *paiement* des sommes, alors que la Cour de cassation se contente de l'*obligation* prise par la Caisse de les verser pour permettre le recours. Or, le paiement se définit comme l'exécution de l'obligation, et ne saurait à l'évidence être assimilé à la simple existence de cette dernière, ou à sa reconnaissance par le débiteur [1]. La position adoptée a donc comme seule justification un argument de pure opportunité : la volonté de permettre l'imputation de ces arrérages à échoir, en contradiction avec les termes pourtant clairs de la loi.

362 ***2) Les prestations futures dans le Protocole*** ◊ Le « règlement d'application pratique » du Protocole prévoit que le capital représentatif de la rente ou de la pension inférieur à 28 867 (en 2010) est réglé en capital si une partie le demande, et au-dessus de ce chiffre si les deux parties sont d'accord. De même une « subrogation anticipée » peut avoir pour objet la capitalisation des frais futurs et de tierce personne. Ainsi, lorsque le règlement est effectué en capital par l'assureur à la Caisse de sécurité sociale, c'est celle-ci qui bénéficie d'un arrêt ultérieur des prestations : ici encore la victime elle-même est écartée du bénéfice de son amélioration (Ch. soc., 7 mars 1996). On doit observer que la « subrogation anticipée » est contraire à l'art. L. 124-3 C. assur. en vertu duquel l'assureur de responsabilité ne saurait payer à un autre que la victime tant que celle-ci n'a pas été indemnisée, et aurait dû être condamnée par les termes de l'article 25 de la loi du 21 décembre 2006, si la Cour de cassation n'en avait pas consacré, sur ce point, une interprétation *contra legem* [2].

e. Les « prestations nouvelles » [3]

363 Les prestations nouvelles supposent une aggravation ultérieure des préjudices et la prestation effectuée par le tiers payeur doit précéder le

1. Dans le même sens, P. Jourdain, note préc. *RTD civ.* 2010. 119, C. Bernfeld, « Candide au pays du recours des tiers payeurs », *Gaz. Pal.* 29 déc. 2009, p. 3727. *Contra*, H. Groutel, *RCA* 2010, comm. n° 9. Ch. Quezel-Ambrunaz, « Recours des tiers payeurs et prestations forfaitaires : la Cour de cassation réécrit elle la loi ? », *RLDC* 12/2009, n° 63.

2. V. ss 377.

3. **Prestations nouvelles** : v. ss 295 ; Ass. plén., 9 juin 1978, ville de Bordeaux, *Gaz. Pal.* 1978.2.557, rapport Viatte, *JCP* 1978.IV.242 ; Civ. 2e, 17 janv. 1979, 24 janv. 1979, 21 févr. 1979, 4 avr. 1979, in *RGAT* 1980.224 ; A. Favre-Rochex, « Le recours des organismes sociaux en cas de

remboursement de l'assureur : par la nature des choses il ne saurait y avoir ici de « subrogation anticipée ».

L'art. 3 du Protocole précise que lorsque l'assureur effectue le règlement de la créance des caisses, c'est pour solde de tout compte « sauf aggravation médicale ultérieure » : les prestations nouvelles ne sont donc pas gelées par le règlement intervenu.

§ 2. L'assiette du recours subrogatoire

A. La détermination de l'assiette du recours [1]

364 On appelle *« assiette » de la subrogation* les sommes sur lesquelles elle peut s'exercer : c'est le côté passif de la subrogation. Le transfert subrogatoire projette les prestations *objet* de la subrogation sur l'*assiette* de la subrogation, c'est-à-dire sur les sommes qui en sont affectées : *la subrogation ne devrait porter que sur les chefs de préjudices qui ont effectivement été indemnisés par le tiers payeur* : c'est le *« cantonnement »* de la subrogation sur une assiette bien délimitée.

Cependant, jusqu'à la loi du 21 décembre 2006, le cantonnement du recours des tiers payeurs reposait sur des règles globales et critiquées, avec lesquelles le législateur a résolument rompu par la reconnaissance d'un recours des tiers payeurs s'exerçant *poste par poste*, marginalisant, de fait, la question de l'assiette même du recours.

365 ***1°) Le droit antérieur à la loi du 21 décembre 2006 : un cantonnement global et flou du recours*** ◊

a) La subrogation non cantonnée jusqu'en 1973 : avant la loi du 27 décembre 1973, la subrogation des caisses de Sécurité sociale, prévue par le Code de sécurité sociale, était globale : le total des prestations versées s'imputait sur l'intégralité de l'indemnité due par le responsable, sans aucune exclusion ni limite ; en cas de partage de responsabilité, ce recours illimité pouvait

---

prestations nouvelles servies postérieurement à l'attribution de l'indemnité », *RGAT* 1980.161 ; cf. les nombreuses études de H. Groutel, « Le recours des organismes sociaux contre le tiers responsable postérieurement à la décision fixant le préjudice global de la victime », *D.* 1979, chron. 149 ; « Le recours de la Sécurité sociale contre le tiers responsable pour des prestations nouvelles », *JCP* 1976.I.2815 ; « La créance prioritaire de la Sécurité sociale », *D.* 1980, chron. 221 ; « Prestations sociales nouvelles et recours contre le tiers responsable : la poursuite de l'escalade (Soc., 13 et 26 mai 1981) », *D.* 1982. 193 ; « Les rapports de la victime et du tiers responsable en cas de suspension ou de suppression d'une pension de Sécurité sociale », note s/ Soc., 15 oct. 1981, *D.* 1 982,407 ; « Prestations sociales nouvelles et recours contre le tiers responsable : une nouvelle étape », note s/Soc., 25 mai 1982, *D.* 1982.610 ; « Préjudice de droit commun et étendue des recours de la Sécurité sociale : l'heure du bilan », *D.* 1983, chron. 123 ; Soc., 25 oct. 1990, *RCA* 1991, n° 98 ; Soc., 17 janv. 1991, *RCA* 1991, n° 208 (étendue du recours pour prestations nouvelles ; majoration d'une rente de veuve à 55 ans ; pas d'action en remboursement complémentaire) ; CE, 25 nov. 1988, *JCP* 1989.II.21226, conclusions B. Stirn (prise en compte du partage de responsabilité pour recours sur prestations nouvelles).

1. **Détermination de l'assiette ; évaluation préalable des préjudices** : sur les préjudices de la victime d'un dommage corporel, v. ss 155 s.

absorber l'intégralité de l'indemnisation due par le tiers responsable, même sur des chefs de préjudices que la Sécurité sociale ne réparait pas.

b) Le cantonnement partiel de 1973 [1] **:** *la loi du 27 décembre 1973* a eu pour objet de cantonner l'assiette du recours de la Sécurité sociale contre le tiers responsable en excluant la part d'indemnité à caractère personnel réparant des préjudices moraux. Cependant ce cantonnement n'était expressément édicté que pour les caisses de Sécurité sociale, et respectant plus la lettre du texte que son esprit, certaines décisions avaient admis le recours d'autres tiers payeurs - notamment de l'employeur - sur l'intégralité de la réparation.

c) Le cantonnement ambigu de la loi du 5 juillet 1985 [2] **:** *l'article 31 de la loi du 5 juillet 1985* disposait, dans sa rédaction antérieure à la loi du 21 décembre 2006, que *tous* les recours subrogatoires « s'exercent dans les limites de la part d'indemnité qui répare l'atteinte à l'intégrité physique de la victime, à l'exclusion de la part d'indemnité de caractère personnel correspondant aux souffrances physiques ou morales par elle endurées et au

---

1. **Cantonnement de la loi du 27 décembre 1973 :** Paris, 2 déc. 1977, *D.* 1978.285, note Y. Lambert-Faivre ; L. Topor, « Le sort de l'indemnité due en réparation du préjudice moral au regard du recours exercé par les organismes de Sécurité sociale contre le tiers responsable », *ALD* 1986, p. 1 et 14 ; J. Bedoura, « Les incidences de la loi du 27 décembre 1973 sur les concepts traditionnels relatifs au préjudice », *D.* 1980, chron., p. 139.

2. **Cantonnement depuis sous l'empire de la loi du 5 juillet 1985 ; assiette extensive du recours : V. par exemple**, Crim. 7 oct. 1992, *RCA* 1993, n° 35 (recours sur tous les préjudices ; victime réduite à la seule indemnisation des préjudices personnels légalement exclus) ; Crim. 2 mars 1993, *RCA* 1994, n° 126 (accident du travail ; pas de recours contre l'employeur) ; Crim. 20 mai 1992, *RCA* 1992, n° 316 (bénéficiaires victimes par ricochet ne subissant aucun préjudice économique ; pas d'assiette ; pas de recours) ; Crim. 24 févr. 1993, *RCA* 1993, n° 225 (assiette ; ensemble des indemnités accordées au titre du préjudice économique) ; Crim. 15 juin 1994, *RCA* 1994, n° 372 (préjudice vestimentaire non indemnisé par tiers-payeurs est exclu de l'assiette) ; Civ. 1re, 30 janv. 1996, *D.* 1997. somm. 31, obs. Jourdain, *RCA* 1996, n° 124 (perte de chance inclue dans assiette recours) ; Crim. 4 déc. 1996, *Gaz. Pal.* 5-6 juin 1998, p. 6 (recours du Trésor public ; assiette : l'ensemble des indemnités réparant l'atteinte à l'intégrité physique) ; Civ. 2e, 19 mars 1997, deux arrêts, *RTD civ.* 1997.662, obs. Jourdain, *RCA* 1997, n° 194, *D.* 1998.59, note Y. Lambert-Faivre (préjudice physiologique inclus et préjudice d'agrément exclu de l'assiette recours) ; Civ. 2e, 25 juin 1998, *RCA* 1998, n° 305 (indemnité allouée à la victime pour les troubles dans la vie quotidienne pendant ITT et incapacité fonctionnelle permanente maintenus dans l'assiette) ; Civ. 1re, 8 juill. 1997, *JCP* 1997.II.22921, rapport Sargos, *RTD civ.* 1998.126, obs. Jourdain (perte de chance) ; Civ. 2e, 30 sept. 1998, *RCA* 1998, n° 379 (inclusion dans l'assiette de troubles physiologiques subis pendant ITT) ; Civ. 1re, 17 déc. 1998 et 29 juin 1999, *RCA* 1999, n° 258 (perte de chance) ; Soc. 18 juill. 1997, *RCA* 1998, n° 12 (exclusion limitative des préjudices énumérés par art. L. 376-1 CSS) ; Civ. 2e, 17 déc. 1997, *RCA* 1997, n° 83 (inclusion de la totalité du préjudice réparant l'atteinte à l'intégrité physique) ; Civ. 2e, 3 févr. 2000, *RCA* 2000, n° 115 (C.A. ne peut exclure de l'assiette des recours des indemnités auxquelles ne correspondant aucune prestation versée) ; Civ. 2e, 16 sept. 2003, *RCA* 2003, n° 319, note Groutel (indemnité pour assistance d'une tierce personne dans recours) ; Civ. 2e, 21 juin 2001, arrêt n° 1241 F.D. (l'indemnisation de la gêne dans l'accomplissement des actes de la vie quotidienne pendant l'incapacité temporaire entre dans l'assiette du recours) ; Civ. 1re, 18 juill. 2000, *RCA* 2000, n° 373 obs. Groutel, *D.* 2000. 853, note Y. Chartier (perte de chance : indemnité doit correspondre à une fraction des différents préjudices ; les tiers-payeurs disposent, à l'exclusion de la part réparant le préjudice personnel, d'un recours à la mesure des prestations indemnitaires en liaison avec le fait dommageable) ; Civ. 2e, 29 nov. 2001, arrêt Gabès, *Gaz. Pal.* 2002, n° 118-120, *Bull. civ.* 2002-3, n° 47 (« troubles dans les conditions d'existence » causés par hémiplégie ; indemnisation soumise au recours des tiers-payeurs !) ; Crim. 6 avr. 2004, *D.* 2004 IR 1645 (préjudice d'agrément exclu de recours).

préjudice esthétique et d'agrément ou, s'il y a lieu, de la part d'indemnité correspondant au préjudice moral des ayants droit ». : En fait ce texte ambigu dessinait mal les contours de l'exclusion des préjudices personnels, notamment *dans le cas des atteintes à la personne* [1]

Ce texte, qui était l'écho de l'art. L. 376-1 du Code de Sécurité sociale pouvait en effet être interprété de deux manières :

– *L'interprétation restrictive* de la jurisprudence, très défavorable aux victimes, estimait que l'assiette du recours incluait « l'atteinte à l'intégrité physique » (compris comme le préjudice physiologique ou IPP) et n'excluait, par une liste limitative, que le prix de la douleur, le préjudice esthétique, et un préjudice d'agrément ridiculement réduit à l'impossibilité de pratiquer une activité de loisir.

– *L'interprétation compréhensive* du cantonnement, conforme à l'analyse du droit du dommage corporel, à l'esprit de la loi Badinter, à l'intérêt des victimes et au respect du caractère extrapatrimonial du corps humain (art. 16-1 C. civ.) prônait que le recours devait s'exercer sur l'indemnité globale du dommage corporel (« atteinte à l'intégrité physique ») *à l'exclusion des préjudices personnels extrapatrimoniaux* dont souffrances endurées, préjudice esthétique et préjudice d'agrément ne constituaient qu'une liste indicative et non limitative. Ainsi convenait-il d'exclure d'autres chefs de préjudices qualifiés de « personnels » par la Cour de cassation (préjudice sexuel, préjudice de contamination par le virus du sida), et plus généralement le déficit fonctionnel séquellaire (DFS), mesure moderne de l'atteinte physiologique au corps humain, distincte de tout préjudice économique professionnel mesuré de manière erronée par référence à un taux d'IPP.

– *L'arrêt de l'Assemblée plénière du 19 décembre 2003* [2] avait cependant refusé d'exclure le « préjudice physiologique » considéré comme « objectif » de l'assiette du recours des tiers-payeurs, solution ayant fait l'objet de vives critiques.

366 ***La nécessaire exclusion des préjudices, même patrimoniaux, non indemnisés par les tiers-payeurs*** [3] ◊ Outre une redéfinition de l'assiette

1. **Assiette du recours ; pour l'exclusion des préjudices d'atteinte à la personne :** Y. Lambert-Faivre, « Qualification et évaluation des préjudices nés d'un dommage corporel et les droits des tiers payeurs », note sous Civ. 2e, 15 déc. 1986, *D.* 1987.450, et « Le droit et la morale dans l'indemnisation des dommages corporels », *D.* 1992, chron., p. 165 ; Paris, 3 mai 1994, *D.* 1994.516, note Y. Lambert-Faivre (déficit fonctionnel séquellaire exclu de l'assiette du recours) ; Y. Lambert-Faivre, « Le dommage corporel entre l'être et l'avoir », *RCA* 1997, chron. n° 31 et « Les droits de la victime et les recours de la Sécurité sociale », *JCP* 1998.I.110 ; P. Jourdain, « Préjudice physiologique autonomie persistante et maintien de l'inclusion dans l'assiette », *RTD civ.* 1997. 662 ; Y. Lambert-Faivre, « Avancées et trébuchements de la jurisprudence sur le recours des organismes sociaux », *D.* 2001, chron. p. 248.

2. **Ass. plén. 19 décembre 2003 :** v. ss 42 et les références citées.

3. **Assiette du recours et moyens d'aide à l'autonomie. Jurisprudence :** Soc. 16 nov. 1995, *RCA* 1996, n° 125 (assistance d'une tierce personne et frais d'adaptation du logement inclus dans l'assiette du recours) ; Civ. 2e, 24 janv. 1996, *RCA* 1996, n° 125 (aménagement de l'habitat) ; Civ. 2e, 3 févr. 2000, arrêt Goffic, *RCA* 2000, n° 115 (imputation du recours sur fauteuil roulant et aménagement habitat d'une victime 100 % IPP ; victime responsable pour les trois quarts ne peut percevoir ces chefs d'indemnisation).

du recours, la doctrine sollicitait par ailleurs l'exclusion de l'assiette des recours de tous les chefs de préjudices qui, même s'ils sont de nature économique et patrimoniale, ne correspondent à aucune prestation corrélative des tiers-payeurs : en effet l'exercice de la subrogation suppose au préalable l'extinction au moins partielle de la dette du subrogeant par le subrogé.

367 ***2°) L'article 25 de la loi du 21 décembre 2006 : une amélioration théorique des règles déterminant l'assiette du recours*** ◊ Aux termes des nouvelles dispositions des articles L. 376-1 CSS et 31 de la loi Badinter :

« Les recours subrogatoires des tiers payeurs s'exercent poste par poste sur les seules indemnités qui réparent des préjudices qu'elles ont pris en charge, à l'exclusion des préjudices à caractère personnel...

Cependant, si le tiers payeur établit qu'il a effectivement et préalablement versé à la victime une prestation indemnisant de manière incontestable un poste de préjudice personnel, son recours peut s'exercer sur ce poste de préjudice ».

Le législateur a donc renoncé à la définition d'une assiette globale du recours sur laquelle les tiers payeurs pouvaient systématiquement exercer leurs droits, au profit d'une *imputation poste par poste.* Ainsi, les tiers payeurs ne peuvent désormais imputer leur créance que sur les seuls chefs de préjudices pour lesquels ils ont effectivement versé des prestations. Le problème essentiel est donc aujourd'hui un problème d'imputation [1], et non plus, à titre principal de détermination de l'assiette du recours.

Toutefois, toutes les difficultés n'en sont pas pour autant résolues, puisque le législateur a laissé subsister une différence de régime juridique entre les préjudices patrimoniaux, pour lesquels le recours est de droit, et les préjudices à caractère personnel, où le recours, admis à titre exceptionnel, supposait en principe la preuve par le tiers payeur qu'il a réellement et préalablement versé une indemnité de ce chef, avant que la Cour de cassation ne vienne très largement neutraliser la portée de cette exigence [2]. La question de la qualification des préjudices - patrimoniaux ou extra-patrimoniaux - n'est donc pas indifférente et posera encore des difficultés dans l'avenir, tant qu'une nomenclature officielle des postes de préjudices réparables, admise par les deux ordres de juridiction, ne sera pas définitivement adoptée [3].

B. L'évaluation des chefs de préjudices soumis au recours

368 ***L'évaluation judiciaire des chefs de préjudices soumis au recours*** [4] ◊ Tous les éléments de préjudice soumis au recours doivent être

---

1. **Sur l'imputation du recours depuis la loi du 21 décembre 2006 :** v. ss 370 s.
2. V. ss 377.
3. **Nécessité d'une nomenclature officielle des préjudices réparables :** v. ss 375 s.
4. **Évaluation judiciaire de l'assiette du recours :** Civ. 2e, 16 sept. 2003, *RCA* 2003, n° 320 (« le préjudice soumis à recours doit être fixé en tous ses éléments, même s'il est en totalité ou en partie réparé par le service des prestations versées par la caisse »).

soigneusement répertoriés. Bien évidemment, on doit y retrouver toutes les prestations des tiers payeurs et notamment les frais médicaux qu'ils ont pris en charge, avec un décompte pour chaque tiers-payeurs (art. R. 211-40 C. assur.).

À cet égard, les arrêts de la Cour de cassation répètent toujours la même règle : « le préjudice soumis à recours doit être fixé dans tous ses éléments, même s'il est en partie ou en totalité réparé par le service des prestations versées ». En effet on a déjà dénoncé (v. ss 157) les évaluations sont soit incomplètes (en éludant les chefs de préjudices indemnités par les tiers payeurs) soit cumulatives (en ajoutant les prestations aux préjudices totaux) trop souvent présentées dans les conclusions des avocats et reprises telles quelles par les juges du fond.

369 ***L'évaluation conventionnelle de l'assiette du recours par le Protocole de 1983*** ◊ L'une des dispositions essentielles du Protocole assureurs-organismes du 24 mai 1983 a été de simplifier les recours par des règles d'évaluation de leur assiette purement forfaitaires, et en annexant : *un barème obligatoire des responsabilités* dans l'accident de circulation, *un barème médical de référence* pour détermination du taux d'APIPP (le barème droit commun de 1993), *un barème de la valeur du « point d'IPP »* (le préjudice correspondant à l'IPP est déterminé par la valeur du point, l'âge à prendre en considération étant celui de la victime à la date de la consolidation) qui, à la suite de la réforme opérée par la loi du 21 décembre 2006, est en cours de réexamen, et *un barème de capitalisation*.

Il n'y aurait rien à reprocher à ces grilles d'évaluations conventionnelles applicables entre les deux parties signataires assureurs-organismes sociaux, mais inopposables aux victimes... si dans la pratique ce Protocole n'avait été pendant longtemps la référence commode utilisée par les assureurs pour chiffrer non pas une « *assiette globale de recours* » inopposable aux victimes, mais la valeur du « *préjudice global* » indemnisé à la victime dans le cadre des transactions instituées par la loi de 1985 pour les victimes d'accidents de la circulation. Or l'évaluation quasi-forfaitaire d'un « préjudice global » dans une « transaction globale » ne comporte pas le décompte détaillé des chefs de préjudices, requis par l'art. R. 211-40 C. assur. : « l'offre d'indemnité doit indiquer... l'évaluation de *chaque* chef de préjudice... ». Les pratiques ont depuis évolué puisque les parties signataires ont décidé, par diverses circulaires d'application, de se conformer aux règles du recours poste par poste.

Outil d'accélération du règlement des sinistres, l'opposabilité de fait du Protocole aux victimes n'en reste pas moins dénoncé comme un instrument de minoration des indemnités, puisque les assureurs peuvent imputer des dépenses dont ils ne doivent pas justifier l'existence [1]. La modification du Protocole apparaît donc une absolue nécessité [2].

1. Dans ce sens : B. Heurton et G. Mor, *op. cit.* n° 155.13.
2. **Sur la nécessaire réforme du protocole :** X. Beaudoux, « Un an après la réforme du recours des tiers payeurs, des incertitudes demeurent », in « L'indemnisation du dommage corporel : une réparation à géométrie variable », CNB, *Gaz. Pal.* 18 avr. 2008, p. 66 s. spéc. p. 72.

C. L'imputation des prestations indemnitaires

370 Avant l'adoption de l'article 25 de la loi du 21 décembre 2006, l'imputation du recours des tiers payeurs se réalisait de façon globale, tout tiers payeur admis à faire valoir sa créance pouvant en effet l'imputer sur l'intégralité de l'assiette du recours [1]. Cette solution impliquait notamment qu'un tiers payeur puisse être admis à imputer sa créance sur une somme correspondant à un chef de préjudice pour lequel il n'avait versé aucune indemnité.

Cette solution est désormais exclue. Aux termes des nouveaux articles L. 376-1 CSS et 31 de la loi Badinter, les tiers payeurs ne peuvent imputer leur créance que *sur les seuls postes de préjudices pour lesquels ils ont versé une prestation.* Cette nouvelle disposition consacre donc une règle rigoureuse d'imputation, dont la mise en œuvre a toutefois été opérée par la Cour de cassation de manière très critiquable.

1. La consécration d'un recours poste par poste

371 ***a) Imputation de principe sur les chefs de préjudices patrimoniaux*** ◊ L'article 25 de la loi du 21 décembre 2006 a profondément modifié le mécanisme de l'imputation des recours des tiers payeurs, en imposant un recours poste par poste.

Ainsi, désormais, la CPAM peut, par exemple, imputer sa créance relative à la prise en charge des frais médicaux sur le seul chef de préjudice relatif aux dépenses de santé. De même l'employeur ayant maintenu les salaires pendant la période d'incapacité temporaire peut exercer son recours sur le seul poste de préjudice correspondant aux pertes de gains professionnels actuels. Selon l'expression d'un auteur, de verticale, l'imputation est donc devenue « horizontale » [2], poste par poste.

---

1. **Imputation des prestations indemnitaires sur l'indemnité** : CE, 17 janv. 1990, Dame Grandin, *D.* 1990.254, concl. Stirn, *RCA* 1990, n° 66 (imputation des frais d'hospitalisation en établissement spécialisé d'un enfant infirme moteur-cérébral sur la rente d'invalidité versée par la caisse de Sécurité sociale) ; Crim., 19 déc. 1991, *RCA* 1992, n° 50 (imputation du capital représentatif de la rente accident du travail) ; TGI, Paris, 13 mars 1990, *RGAT* 1991.863 (décision atypique où le recours de la Sécurité sociale est affecté par le partage de responsabilité) ; Civ. 2e, 6 déc. 1991, *RCA* 1992, n° 88 ; Crim., 22 juin 1994, *RCA* 1994, n° 370 (le juge doit prendre en considération la partie du préjudice à la réparation de laquelle les prestations du tiers payeur avait contribué) ; Civ. 2e, 3 févr. 1993, *RCA* 1993, n° 158 (les prestations indemnitaires doivent être imputées sur l'indemnité) ; Civ. 2e, 11 janv. 1995, *RCA* 1995, n° 35 (nécessité de l'imputation des prestations sociales) ; Civ. 2e, 17 déc. 1997, *RCA* 1998, n° 84 (Cour d'appel doit vérifier le montant de la créance de la caisse à la date où elle statue) ; Civ. 2e, 28 janv. 1998, *RCA* 1998, n° 117 (imputation de toutes les prestations sociales, même si la caisse n'a pas comparu) ; Civ. 2e, 5 nov. 1998, *RCA* 1998, n° 381 (pour l'imputation, le président de la juridiction doit avoir le décompte des prestations versées) ; Civ. 2e, 29 avr. 1997, *RCA* 1997, n° 223 (la victime doit pouvoir débattre contradictoirement du décompte présenté par la Caisse ; pas d'imputation pour prestations supprimées) ; Crim., 4 juin 1997, *RCA* 1998, n° 15 (imputation de la totalité des prestations servies à la victime, et pas seulement du montant remboursé par l'assureur en vertu du Protocole).
2. J. Péchinot, « Le nouveau droit de recours des tiers payeurs sous le regard du praticien », *op. cit.* p. 2.

Loin de l'imputation globale pratiquée sous l'empire du droit antérieur, la nouvelle règle implique donc une fragmentation du dommage corporel dans tous ses chefs de préjudices réparables. Le tiers payeur ne pouvant en effet imputer sa créance que sur le seul chef de préjudice pour lequel il a *effectivement* versé une prestation, le recours ne peut correctement s'exercer que si le dommage a été détaillé dans toutes ses composantes.

Cette solution, conforme aux règles de la subrogation, est favorable à la victime, puisqu'elle évite qu'un tiers payeur ne puisse exercer son recours sur des sommes correspondant à un poste de préjudice pour lequel il n'a versé aucune prestation, ainsi que le démontrait avant la réforme, l'exemple de la CPAM autorisée, du fait d'un partage de responsabilité, à exercer son recours sur les sommes attribuées à la victime pour la compensation de son handicap (frais d'adaptation du logement notamment), dont elle était, de fait, privée.

372 ***b) Imputation exceptionnelle sur les chefs de préjudices extra-patrimoniaux*** ◊ Selon l'article 31 al. 3 de la loi Badinter, « ...Si le tiers payeur établit qu'il a effectivement et préalablement versé à la victime une prestation indemnisant de manière incontestable un poste de préjudice personnel, son recours peut s'exercer sur ce poste de préjudice ».

La loi du 21 décembre 2006 n'a pas donc pas totalement exclu l'imputation du recours des tiers payeurs sur les postes de préjudices personnels. Celui-ci est en effet en principe maintenu à une *double condition*. Le tiers payeur doit établir qu'il a effectivement versé une prestation de ce chef, ce qui constitue un cas exceptionnel puisque, dans la très grande majorité des cas, les tiers payeurs n'indemnisent pas de tels chefs de préjudice. Le versement du tiers payeur doit de plus avoir été *préalable au recours*, ce qui devait en principe interdire l'imputation pour des prestations futures, notamment versées sous forme de rente. On sait toutefois que la Cour de cassation a très largement neutralisé ces exigences, notamment en ce qui concerne l'imputation des rentes accidents du travail [1].

2. Les difficultés de mise en œuvre du recours poste par poste

Même si la loi du 21 décembre 2006 a réalisé une importante avancée en faveur des droits des victimes, certaines de ses dispositions sont source de difficultés, que la jurisprudence a réglées dans un sens défavorable aux victimes.

373 ***a) Difficultés relatives au champ d'application du texte*** ◊ Une des premières difficultés, aujourd'hui réglée, a porté sur l'application de la loi dans le temps, ainsi que sur les prestations concernées par la réforme.

1. V. ss 377.

• *Application de la loi dans le temps*. L'article 25 de la loi du 21 décembre 2006 ne comporte aucune disposition de droit transitoire. Les premiers commentateurs ont considéré, qu'en application des principes de droit commun gouvernant l'application de la loi dans le temps, celle-ci devait être considérée comme immédiatement applicable, y compris aux instances en cours, à l'exception de celles où le montant des dommages et intérêts a été définitivement fixé. Cette interprétation a été confirmée par un avis du Conseil d'État du 4 juin 2007, puis de la Cour de cassation du 29 octobre 2007 [1].

• *Absence de modification de l'article 454-1 CSS* [2]. L'article 25 de la loi du 21 décembre 2006 n'a prévu formellement que la seule modification des articles L. 376-1 CSS et 31 de la loi Badinter. Par un oubli du législateur, l'article 454-1 CSS. relatif aux accidents du travail et aux maladies professionnelles est demeuré dans sa rédaction antérieure à la loi, prévoyant donc une imputation globale du recours sur tous les postes de préjudices réparant l'atteinte à l'intégrité physique de la victime. Les commentateurs de la loi avaient toutefois estimé que cet oubli du législateur ne devait pas conduire à une dualité des règles du recours, l'article 31 de la loi Badinter, constituant en quelque sorte le « droit commun », devant prévaloir sur la rédaction de l'article L. 454-1 CSS. La Cour de cassation, dans son avis du 29 octobre 2007, s'est prononcée en ce sens : « Les dispositions de l'article 31 de la loi du 5 juillet 1985, modifié par l'article 25 IV de la loi du 21 décembre 2006, relatives à l'exercice des recours des tiers payeurs contre les personnes tenues à réparation d'un dommage résultant d'une atteinte à la personne, s'appliquent aux recours exercés par les caisses de sécurité sociale dans une action engagée par la victime d'un accident du travail sur le fondement des articles L. 454-1, L. 455-1 ou L. 455-1-1 du Code de la sécurité sociale ». Le Conseil d'État s'est rallié à cette position dans un arrêt du 5 mars 2008. La solution est sans doute audacieuse d'un strict point de vue légal, mais son opportunité ne saurait être remise en cause, et elle n'est d'ailleurs aujourd'hui plus discutée par quiconque.

374 ***b) Difficultés consécutives à l'absence de nomenclature officielle des chefs de préjudices lors de l'adoption de la loi*** ◊ L'absence de

1. **Application dans le temps des dispositions de l'article 25 de la loi du 21 décembre 2006 :** CE, avis 4 juin 2007, *JCP adm.* 2007, 1897, note Ch. Guettier ; *RTD civ.* 2007. 577, obs. P. Jourdain. Cass. Avis du 29 oct. 2007, *JCP* 2007, II, 10194, note P. Jourdain. Les cours d'appel se sont prononcées dans le même sens, v. par exemple, CA Paris, 19 févr. 2007, *Gaz. Pal.* 3 avr. 2007, p. 8 ; 5 mars 2007, *Gaz. Pal.* 17 juin 2007, p. 8 ; 10 sept. 2007, *D.* 2008. 269, Civ. 2e, 21 févr. 2008, *Gaz. Pal.* 10 août 2008, p. 37.

2. **Application des règles du recours poste par poste aux prestations de l'article L. 454-1 CSS : Doctrine :** C. Bernfeld, « La réforme du recours des tiers payeurs, Lettre ouverte aux praticiens du dommage corporel » : *Gaz. Pal.* 2006, doct. 3874. P. Jourdain, « La réforme du recours des tiers payeurs : des victimes favorisées », *D.* 2007, doct. 454. **Jurisprudence :** CA Paris, 10 sept. 2007, *D.* 2008. 269. Cass. Avis du 29 oct. 2007, *JCP* 2007, II, 10194, note P. Jourdain. CE, 5 mars 2008, *Gaz. Pal.* 2 avr. 2008, p. 8, note C. Bernfeld et F. Bibal, *AJDA* 2008, 941 concl. J-Ph. Thiellay. Crim. 5 févr. 2008, *D.* 2008. 1800, note Y. Saint-Jour.

nomenclature officielle des chefs de préjudice réparable a pu sembler constituer, *lors de l'adoption de la loi du 21 décembre 2006*, une de ses difficultés principales de mise en œuvre. Le recours devant en effet s'exercer « poste par poste », son fonctionnement effectif supposait une liste légale des préjudices réparables ainsi qu'une définition de leur contenu. Ces précisions étaient en effet absolument nécessaires car le fonctionnement du recours poste par poste implique une présentation « normalisée » des chefs de préjudices afin de pouvoir imputer les recours sans discussions excessives. Elle apparaissait également essentielle pour déterminer, par exemple, l'appartenance d'un chef de préjudice donné à la catégorie des préjudices patrimoniaux ou extrapatrimoniaux.

Or, lors de l'adoption de la loi de 2006, aucune nomenclature n'existait.

La situation a toutefois depuis fortement évolué.

La nomenclature Dintilhac s'est en effet imposée en pratique jusqu'à prendre, *en droit privé*, une valeur quasi-normative [1], le Conseil d'État admettant quant à lui depuis la fin de l'année 2013 son utilisation possible par les juridictions administratives, bien que dans cet ordre de juridiction, les pratiques apparaissent encore divergentes [2], dans l'attente de la publication d'un décret qui rendrait impérative une nomenclature unique.

375 ***c) Difficultés consécutives à l'absence de table de concordance légale des chefs de préjudices. Présentation du problème*** ◊ Une autre difficulté de mise en œuvre de la loi résulte de *l'absence d'une table de concordance entre les prestations versées par les organismes payeurs et les chefs de préjudices indemnisés*. Les règles nouvelles de fonctionnement du recours poste par poste impliquent en effet nécessairement qu'une corrélation soit établie entre la prestation versée par le tiers payeur et le chef de préjudice sur lequel le recours s'impute, puisqu'aux termes des nouvelles dispositions, ce recours « s'exerce *sur les seules indemnités qui réparent les préjudices qu'elles ont prises en charge* ». Or, si cette règle d'imputation ne pose pas de difficultés dans la plupart des cas, où l'on peut clairement identifier le préjudice indemnisé par la prestation du tiers payeur, certaines hypothèses se révèlent beaucoup plus difficiles à analyser.

Ainsi en est-il principalement dans trois cas :

- celui des rentes d'invalidité en cas d'accident du travail ou de maladie professionnelle (art. L. 434-1 CSS) ;
- celui de l'allocation temporaire d'invalidité des fonctionnaires (décr. n° 2005-442 du 2 mai 2005),
- celui de la pension militaire d'invalidité (art. 28 Code des pensions militaires d'invalidité et des victimes de la guerre).

---

1. **Sur la mise en œuvre de la nomenclature Dintilhac dans la pratique** : v. ss 48, 155 s.
2. **Nomenclature du juge administratif** : CE, avis 4 juin 2007, *JCP adm.* 2007, 1897, note Ch. Guettier ; *RTD civ.* 2007. 577, obs. P. Jourdain. CE, 5 mars 2008, *Gaz. Pal.* 2 avr. 2008, p. 8, note C. Bernfeld et F. Bibal, *AJDA* 2008, 941 concl. J-Ph. Thiellay.

Ces prestations apparaissent en effet de nature hybride, indemnisant parfois tout à la fois une perte de salaires et un préjudice fonctionnel [1]. Leur particularisme ne permet en tout cas que très difficilement de les mettre en correspondance avec la nomenclature des chefs de préjudices réparables utilisée en droit commun, *correspondance pourtant indispensable pour imputer les recours*.

La solution la plus raisonnable aurait donc été que le législateur édicte une table de concordance, soit dans la loi elle-même, soit dans le cadre d'un décret d'application, ainsi que le garde des Sceaux l'avait d'ailleurs reconnu dans plusieurs réponses ministérielles [2]. En ce sens, le groupe de travail dirigé par le Professeur Lambert-Faivre, et ayant donné lieu au rapport de la CNAV sur l'indemnisation du dommage corporel avait élaboré des tableaux de concordance entre l'objet des chefs de préjudices et celui des prestations, qui auraient pu servir de modèle [3]. Cependant, compte tenu de la multiplicité des tiers-payeurs et de la diversité des prestations, ce rapport avait limité son modèle aux seules prestations du risque maladie-invalidité du régime général de la sécurité sociale, démontrant la très grande difficulté d'une telle démarche.

La question demeure et devra être résolue dans l'avenir, puisque le recours des tiers payeurs ne peut sereinement s'exercer sans que soit définie une telle concordance. Son absence a en effet permis le développement de jurisprudences extrêmement contestables de la Cour de cassation, en opposition avec la solution retenue par le Conseil d'État sur ces mêmes questions. On regrette donc que le législateur n'ait pas saisi depuis l'occasion de régler cette question. Mais sans doute aurait-il fallu pour cela accepter de consacrer un peu de temps et de réflexion à ces problèmes pourtant essentiels pour les victimes.

376 ***Solutions de la jurisprudence dans le cas des rentes accident du travail et des rentes viagères d'invalidité*** [4] ◊ Les difficultés d'impu-

---

1. **Caractère hybride de certaines prestations** : Rapport Lambert-Faivre, préc. p. 39 s. Rapport Dintilhac, préc. spéc. p. 28 s. C. Bernfeld, « La réforme du recours des tiers payeurs, Lettre ouverte aux praticiens du dommage corporel » : *Gaz. Pal.* 2006, doct. 3874. H. Groutel, « Le recours des tiers payeurs : une réforme bâclée », *RCA* 2007, chron. n° 1 ; « Le recours des tiers payeurs : on recolle les morceaux » : *RCA* 2007, chron. n° 4. P. Jourdain, « La réforme du recours des tiers payeurs : des victimes favorisées », *D.* 2007, doct. 454. D. Arcadio et J. M. Grandguillote, « Vent de réforme sur le dommage corporel », *Gaz. Pal.* 2007, doct. 775.

2. **Position du gouvernement sur la nécessité d'une table de concordance** : Rép. min. n° 83913, *JO* 30 mai 2006, 5702. Rép. min. n° 94202, *JO* 29 août 2006, p. 9192.

3. **Tables de concordance** établies par le Rapport Lambert-Faivre, v. *infra* annexe n° 2, p. 370.

4. **Rente AT et rente viagère d'invalidité et et imputation du recours des tiers payeurs** : Cass. Avis du 29 oct. 2007, *JCP* 2007, II, 10194, note P. Jourdain. Revirement avec Crim. 19 mai 2009, n° 08-82666, 08-86050, 08-86485, *D.* 2009, chron. p. 1716 : et 2010, pan. 53, note O. Gout ; *RTD civ.* 2009. 545. Civ. 2e, 11 juin 2009, *JCP* 2009, 195, note S. Porchy-Simon ; *D.* 2009. 1789, note P. Jourdain ; C. Bloch, *JCP* 2009, I, 248, n° 15 ; H. Groutel, Recours des tiers payeurs : enfin des règles sur l'imputation des rentes d'accident du travail (et prestations

tation des recours se sont concentrées sur trois prestations, du fait de leur nature incertaine : les rentes accidents du travail (AT), l'allocation temporaire d'invalidité des fonctionnaires (ATI), et la pension militaire d'invalidité (PMI), où les positions respectives de la Cour de cassation et du Conseil d'État divergent pour une très large part.

377 ***Position de la Cour de cassation*** ◊ Dans ces hypothèses, la Cour de cassation a tout d'abord adopté, notamment à travers ses avis du 29 octobre 2007 [1], une interprétation tout à fait conforme des textes. Elle a en effet posé la règle selon laquelle les rentes AT (ou assimilées) devaient prioritairement s'imputer sur les préjudices patrimoniaux (pertes de gains professionnels puis incidence professionnelle). L'imputation éventuelle sur un préjudice extrapatrimonial, dont principalement le déficit fonctionnel permanent, ne pourrait être opérée, conformément à la lettre du texte, que si le tiers payeur démontrait de façon incontestable qu'il avait *préalablement* et *effectivement* indemnisé la victime de ce préjudice. Une solution identique a été adoptée, par un autre avis du 29 octobre 2007, au sujet de la rente viagère d'invalidité prévue par les articles L. 27 s. du Code des pensions militaires et civiles de retraite.

La Cour de cassation a toutefois opéré un total revirement à travers des arrêts de sa chambre criminelle du 19 mai 2009, et de sa deuxième chambre civile du 11 juin 2009, dont elle allait préciser la portée par des décisions ultérieures des 8, 22 octobre et 19 novembre 2009 [2]. Dans ces arrêts, *la haute juridiction a en effet posé une série de règles précisant la méthode d'imputation des recours qu'elle entend imposer aux juges du fond.*

Le point de départ de sa doctrine consiste dans l'affirmation du caractère hybride des prestations envisagées (rente AT, PMI, ATI), qui selon elle, indemnisent tout à la fois la perte de gains professionnels, l'incidence professionnelle, *et le déficit fonctionnel permanent*. Dès lors, en l'absence de préjudices de nature professionnelle, l'imputation sur ce dernier poste de préjudice est autorisée. En effet, aux termes d'un attendu aujourd'hui constant de la Cour de cassation la rente AT, l'ATI ou la PMI « *indemnise, d'une part, les pertes de*

---

analogues), *RCA* 2009, chron. n° 10. La jurisprudence est depuis absolument constante sur ce point. Civ. 2e, 15 déc. 2011, n° 10-23338 (la possibilité d'une imputation sur les PGPF ou l'incidence professionnelle doit être vérifiée avant l'imputation sur le DFP).

1. Cass. Avis, 29 oct. 2007, *JCP* 2007, II, 10194, note P. Jourdain.

2. **Conditions de l'imputation des rentes AT, PMI et ATI** : arrêts de principe : Crim. 19 mai 2009, préc. Civ. 2e, 11 juin 2009, préc. Civ. 2e, 24 sept. 2009, préc. Civ. 2e, 8 oct. 2009, n° 08-17884, *RDSS* 2010, 177 ; 22 oct 2009, préc. ; 19 nov. 2009, n° 08-18019 (arrêt ayant admis l'imputation de la rente AT sur le déficit fonctionnel *temporaire*, solution depuis abandonnée). Sur cette jurisprudence : C. Bernfeld, « Candide au pays du recours des tiers payeurs », *Gaz. Pal.* 29 déc. 2009, p. 3727 ; S. Porchy-Simon, « Le recours des tiers payeurs à l'épreuve de la politique jurisprudentielle de la Cour de cassation », préc. Ch. Quezel-Ambrunaz, « Recours des tiers payeurs et prestations forfaitaires : la Cour de cassation réécrie-t-elle la loi ? », préc. P. Sargos, « L'erreur de droit permanente en matière de recours des tiers payeurs d'une rente accident du travail », préc. V. également l'article très critique de F. Meyer, « Les victimes face à la redéfinition jurisprudentielle de la nature de la rente », *Dr. Soc.* 2015, 293.

gains professionnels et l'incidence professionnelle de l'incapacité et, d'autre part, le déficit fonctionnel permanent ; qu'en l'absence de perte de gains professionnels ou d'incidence professionnelle, cette rente indemnise nécessairement le poste de préjudice personnel du déficit fonctionnel permanent ». Cette solution a été récemment étendue aux pensions civiles d'invalidité [1].

Ainsi, contrairement aux termes de la loi, l'imputation n'est pas conditionnée à la preuve « effective » que le tiers payeur a indemnisé le déficit fonctionnel, puisque la Cour instaure une présomption *irréfragable* en ce sens.

L'imputation sur le DFP, pourtant clairement qualifié de poste de préjudice extrapatrimonial par la nomenclature Dintilhac et la jurisprudence de la Cour de cassation, n'est pas davantage subordonnée à la preuve du caractère *préalable* du paiement. Ainsi, que nous l'avons ci-dessus évoqué [2], la deuxième chambre civile autorise en effet celui-ci, non sur les seuls arrérages échus, mais également sur les arrérages à échoir de la rente (soit le capital représentatif), puisque, selon elle, l'engagement pris de verser la rente équivaut, au sens de la loi, *à son paiement préalable.*

L'article 26 de la loi du 21 décembre 2006 est donc interprété par la Cour de cassation, dans un sens très défavorable aux victimes, aux termes d'un raisonnement parfois ouvertement *contra legem*. Cette liberté prise avec les textes se matérialise d'un double point de vue.

La Cour de cassation méconnaît tout d'abord les exigences probatoires quant à la nature du préjudice indemnisé par la prestation du tiers payeur, telles que posées par l'article 25 de la loi du 21 décembre 2006. Cet article subordonne en effet le recours sur les chefs de préjudices extrapatrimoniaux à la preuve « *incontestable* », *effectuée par le tiers payeur*, de la prise en charge « *effective* » de ce poste de préjudice. Or, la solution de la Cour de cassation fait fi de cette charge de la preuve, puisqu'elle pose une présomption irréfragable *en faveur du tiers payeur, alors que la nature des rentes ici en cause est l'objet d'un vif débat*. Or, l'apport fondamental de l'article 25 de la loi du 21 décembre 2006 réside dans le fait que le tiers payeur n'est désormais autorisé à exercer son recours que sur les postes de préjudices *qu'il a effectivement indemnisés*. Le versement d'une prestation correspondant au chef de préjudice envisagé est donc tout à la fois *la condition et la mesure du recours*. Si un doute existe quant à la nature des prestations versées par le tiers payeur, le mécanisme même du recours mis en place par la loi de 2006 impose à celui-ci la preuve de la nature de ces prestations. Conformément en effet à l'article 1315 al. 1 C. civ « celui qui réclame l'exécution d'une obligation doit la prouver ». En cas de doute, le tiers payeur, demandeur à l'imputation du recours, doit donc établir les conditions de mise en œuvre de celui-ci, c'est-à-dire

1. **Extension de la solution aux pensions civiles** : Civ. 2e, 13 juin 2012, n° 12-10145, *D.* 2014. 2658 obs. M. Bacache, *RTD civ.* 2013. 848 obs. P. Jourdain. Crim. 18 mars 2014, n° 12-87521.

2. V. ss 361.

que la prestation servie, en vertu de laquelle il entend exercer son recours, a réparé un préjudice donné subi par la victime, qu'il lui appartient d'identifier précisément. À défaut d'une telle preuve, le recours devrait être écarté. En consacrant une solution contraire, la Cour de cassation adopte donc une jurisprudence contraire à la loi puisqu'elle opère un reversement de la charge de la preuve défavorable aux droits des victimes.

La Cour de cassation méconnaît par ailleurs gravement les règles de l'article 25, ainsi que nous l'avons précédemment évoqué, en ce qui concerne l'imputation *des arrérages à échoir* de la rente. Le législateur avait en effet rendu quasi impossible cette imputation en exigeant la preuve du versement « préalable » des prestations réparant les préjudices extrapatrimoniaux. Or, dans ses arrêts du 22 octobre 2009, la Cour de cassation a totalement contredit ce texte en assimilant, de façon juridiquement non justifiable, l'engagement pris de verser la rente, au paiement de cette dernière.

La politique jurisprudentielle suivie par la Cour de cassation apparaît donc vivement critiquable, car elle contredit une large part des avancées de la loi du 21 décembre 2006, en opposition directe tant avec la lettre que l'esprit de cette dernière. Certains auteurs justifient toutefois la solution défendue par la Haute juridiction par une nécessité de réécriture de la loi qui serait, par ses difficultés de mise en œuvre, selon eux inapplicable [1]. Cet argument nous semble toutefois totalement artificiel. L'article 25 de la loi du 21 décembre 2006 a en effet clairement posé les conditions d'imputation des recours, même si leur application conduit effectivement à en réduire la possibilité de mise en œuvre concrète. Si on peut donc combattre la solution retenue par le législateur *en opportunité*, et appeler, le cas échéant, à une réforme de ce texte, il semble très dangereux de fonder un droit de correction du juge sur cette seule inopportunité. La Cour de cassation est d'ailleurs sur ce point en opposition avec la position retenue par le Conseil d'État.

378 ***Position du Conseil d'État*** [2] ◊ À l'exception du cas de la pension militaire d'invalidité, le Conseil d'État a en effet adopté une solution résolument contraire à celle retenue par la Cour de cassation, exprimée dès deux décisions du 5 mars 2008, qui ont affirmé que la rente accident du travail devait s'imputer uniquement sur la part d'indemnité réparant l'incidence professionnelle du handicap, et ne pouvait en revanche l'être sur le DFP. Cette solution a été confirmée par un

1. **En ce sens** : H. Groutel, « Recours des tiers payeurs : enfin des règles sur l'imputation des rentes d'accident du travail (et prestations analogues) », *RCA* 2009, chron. n° 10 ; P. Quiniou, Indemnisation des victimes d'accidents corporels, *Gaz. Pal.* 29 oct. 2009, 10.

2. **Refus du CE d'une imputation sur le DFP** : CE, avis, 5 mars 2008, n° 272447, *D.* 2008. 921, *AJDA* 2008, 941 concl. J.-P. Thiellay. CE, avis, 8 mars 2013, n° 361272, *D.* 2013. 1258, note S. Porchy-Simon, 2658, obs. M. Bacache, *AJDA* 2013, 793, chron. X. Domino et A. Bretonneau. H. Groutel, « Cour de cassation et Conseil d'État : la grande discorde », *RCA* 2013, rep. 6.

important avis du Conseil d'État du 8 mars 2013, selon lequel « *Eu égard à sa finalité de réparation d'une incapacité permanente de travail, qui lui est assignée par l'article L. 431-1, et à son mode de calcul, appliquant au salaire de référence de la victime le taux d'incapacité permanente défini par l'article L. 434-2, la rente d'accident du travail doit être regardée comme ayant pour objet exclusif de réparer, sur une base forfaitaire, les préjudices subis par la victime dans sa vie professionnelle en conséquence de l'accident, c'est-à-dire ses pertes de gains professionnels et l'incidence professionnelle de l'incapacité. Dès lors, le recours exercé par la caisse au titre d'une rente d'accident du travail ne saurait s'exercer que sur ces deux postes de préjudice. En particulier, une telle rente ne saurait être imputée sur un poste de préjudice personnel* ». L'opposition avec la Cour de cassation est donc totale puisque cet avis marque un premier désaccord quant à la nature de la rente, qui ne peut selon le Conseil d'État être mixte notamment au regard de sa finalité et de ses modes de calcul. Celle-ci est en effet déterminée notamment par application du taux d'incapacité permanente au salaire de la victime. Or, si la détermination du taux d'incapacité intègre effectivement certains éléments physiologiques, son application aux revenus de la victime semble exclure définitivement la possibilité que cette rente indemnise un préjudice personnel. De cette différence naît un second désaccord portant sur l'imputation puisque, si la rente a une finalité purement professionnelle, aucune affectation sur les postes autres que les pertes de gains ou l'incidence professionnelle ne peut être envisagée.

L'opposition est donc sur ce terrain, frontale et ne saurait perdurer car elle consacre une inégalité injustifiable entre victimes, les deux ordres de juridiction appliquant ici, rappelons-le, les mêmes textes.

379 ***Cas particulier de la pension militaire d'invalidité***[1] ◊ Le Conseil d'État rejoint toutefois la position de la Cour de cassation sur le cas de la pension militaire d'invalidité. Dans un arrêt du 7 octobre 2013, la Haute juridiction administrative a en effet adopté la même solution que la Cour de cassation en considérant que « *la pension militaire d'invalidité doit être regardée comme ayant pour objet de réparer, d'une part, les pertes de revenus et l'incidence professionnelle de l'incapacité physique et, d'autre part, le déficit fonctionnel* » et peut donc être imputée sur ce dernier poste. Cet arrêt a suscité la perplexité car on s'est demandé s'il consacrait une solution particulière à la pension militaire d'invalidité du fait notamment de ses finalités et de ses modes de calcul ou si elle présageait d'un revirement plus large de la position du Conseil d'État qui amorcerait ainsi un rapprochement avec la Cour de cassation. Des arrêts ultérieurs ont toutefois démenti

---

1. **Imputation de la PMI sur le DFP** : CE, 7 octobre 2013, *D.* 2014. 2369 obs. M. Bacache, *AJDA* 2014, 295, note T. Leleu, *RTD civ.* 2014. 131, obs. P. Jourdain. CE 6 nov. 2013, n° 345696, *RCA* 2014, comm. n° 10, H. Groutel. V. également, E. Martin, « Pension militaire d'invalidité et réparation complémentaire des préjudices corporels », *AJFP* 2014, p. 220

cette seconde analyse au sujet d'une rente viagère d'invalidité et d'une allocation temporaire d'invalidité [1]. La solution du Conseil d'État est donc bien limitée à la seule pension militaire d'invalidité du fait du particularisme de son objet.

380 La position actuelle de la jurisprudence est donc peu acceptable, ne serait-ce qu'au regard de l'opposition totale des solutions retenues par les deux ordres de juridiction notamment au sujet de la rente accident du travail, la position de la Cour de cassation devant selon nous être abandonnée. Certains en appellent donc à une résistance des juges du fond afin que l'Assemblée plénière se prononce, solution toutefois aujourd'hui irréaliste au regard de la constance de la position jurisprudentielle ; d'autres pensent soumettre la difficulté à la Cour européenne des droits de l'homme [2]. Un simple retour aux textes serait pourtant suffisant, bien qu'il semble aujourd'hui illusoire tant la Cour de cassation semble fixée sur cette jurisprudence critiquable [3].

Une autre solution, qui peut permettre de contourner les effets défavorables de la jurisprudence de la Cour de cassation, consiste à mieux valoriser le poste correspondant à l'incidence professionnelle, *dans l'intégralité de ses composantes*. Dans les affaires ayant donné lieu aux jurisprudences contestables de la Cour de cassation, la victime se voyait en effet attribuer une rente AT (ou assimilée) alors qu'elle n'avait subi aucune perte de revenus, et qu'aucune somme n'avait été attribuée, *ou plus probablement demandée*, au titre de l'incidence professionnelle La possibilité d'imputer la rente sur le DFP a donc été octroyée par la Cour de cassation, à défaut de postes patrimoniaux sur lesquels procéder à l'imputation. Il est toutefois permis de remarquer que le fait qu'une rente AT ait été attribuée sous-entend qu'une certaine incidence professionnelle existait, mais que son indemnisation, compte tenu notamment du flou lié à la définition même de ce poste de préjudice, n'avait peut-être pas été demandée. *Il est donc très important que les avocats renforcent leur demande concernant l'incidence professionnelle, puisque la reconnaissance de ce poste de préjudice pourrait éviter dans un certain nombre de cas, ou pour le moins limiter, l'imputation de la rente sur le DFP.*

Au-delà, on ne peut que souhaiter une intervention du législateur pour aplanir ces difficultés, consacrant une inégalité injustifiable entre victimes.

1. CE 16 déc. 2013,n° 353798, *Gaz. Pal.* 23 févr. 2014, p. 31, *D.* 2014. 2369, obs. M. Bacache.

2. **Recours à la Cour européenne des droits de l'homme ?** : F. Bibal, « L'interprétation actuelle de la loi du 21 décembre 2006 est-elle conforme à l'article 6 de la CEDH ? À propos des arrêts de la Cour de cassation du 22 octobre 2009 », *Gaz. Pal.* 29 déc. 2009, p. 8. G. Mor, « Évaluation du préjudice corporel, stratégies d'indemnisation, méthodes d'évaluation », préc., n° 154-53.

3. Cette solution a en effet depuis les arrêts de principe de 2009, été confirmée plus d'une centaine de fois par la deuxième chambre civile, au terme d'arrêts le plus généralement non publiés.

D. Le calcul de l'indemnité complémentaire [1]

381 ***L'indemnité complémentaire avec imputation de toutes les prestations*** ◊ On appelle « indemnité complémentaire » le montant final de l'indemnité qui doit être effectivement versée à la victime par le tiers responsable, ou plus généralement son assureur de responsabilité, après déduction des prestations indemnitaires des tiers-payeurs qui leur seront remboursées sur recours subrogatoire. Le vocabulaire est significatif : les prestations des tiers-payeurs sont l'indemnité principale, et le solde dû par le tiers responsable n'en est que le « complément ». Or compte tenu des pourcentages de prise en charge des préjudices réels par les organismes sociaux, on peut s'étonner de cette inversion qui traduit une pratique de la subrogation largement défavorable aux victimes. Désormais, le calcul de cette indemnité complémentaire doit se faire poste par poste.

Si le décompte analytique de l'objet du recours est correctement vérifié ainsi que l'exige l'art. R. 211-40 C. assur. (évaluation des créances de chaque tiers payeur avec la production des décomptes), et si l'assiette du recours est correctement cantonnée, en excluant les préjudices d'atteinte à la personne et les préjudices économiques non indemnisés, par les tiers-payeurs, alors, *in fine*, l'indemnité complémentaire (IC) finale se résume, pour chaque chef de préjudice, à la soustraction :

ID = indemnité globale - imputations prestations tiers-payeurs

• **La liquidation globale**

Les mêmes équations se retrouvent au niveau analytique de l'imputation poste par poste, et au niveau final de la liquidation. En effet l'*opération juridique du règlement « poste par poste »*, c'est-à-dire l'évaluation de chaque chef de préjudice avec l'imputation des prestations corrélatives, n'empêche nullement *in fine* une *opération comptable de liquidation et de paiement globale.*

• **Exemples chiffrés d'imputation poste par poste et liquidation globale**

Un exemple simplifié d'imputation de recours des tiers payeurs en application des nouvelles règles issues de la loi du 21 décembre 2006 permettra de mieux comprendre son fonctionnement.

---

1. **Indemnité complémentaire :** Civ. 2e, 21 mai 1997. *RCA* 1997, n° 260 (déduction des prestations versées, même si la Caisse n'exerce pas de recours en vertu du Protocole) ; Soc. 12 déc. 1996, *RCA* 1997, n° 50 (indemnité complémentaire fixée par une décision rendue en présence de la caisse et passée en force de chose jugée reprise d'une pension d'invalidité non prise en compte ; double indemnisation de la victime ; appauvrissement subséquent de la Caisse sans recours), Civ. 2e, 21 juin 2001, deux arrêts *RCA* 2001, n° 293 (cassation de la décision qui ajoute les prestations sociales aux chefs de préjudices correspondants) ; Civ. 2e, 23 janv. 2003, *RCA* 2003, n° 101 (les juges du fond doivent évaluer le préjudice global et déduire les prestations versées, de la somme allouée à la victime en tenant compte de la réduction pour faute) ; Civ. 2e, 13 nov. 2003, *RCA* 2004, n° 35 (il incombait à la Cour d'appel de calculer le montant total du préjudice soumis à recours en y incluant la créance du tiers-payeur, puis de calculer, en tenant compte du partage de responsabilité, la part de l'indemnité complémentaire restant à la charge du tiers responsable et de son assureur) ; Civ. 2e, 5 févr. 2004, *RCA* 2004, n° 139 (les juges du fond doivent évaluer le préjudice global résultant de l'atteinte à la personne et en déduire, après réduction de l'indemnité en raison de la faute de la victime, les prestations versées par la caisse de sécurité sociale).

Imputation des recours sans partage de responsabilité

Postes de préjudices	Évaluation	Créance des tiers payeurs	Sommes récupérées par les tiers payeurs	Solde revenant à la victime
Dépenses de santé	20 000 €	19 000 €	19 000 €	1 000 €
Perte de gains professionnels actuels	18 000 €	10 000 €	10 000 €	8 000 €
Assistance tierce personne	120 000 €	0,00 €	0,00 €	120 000 €
Perte de gains professionnels futurs	500 000 €	600 000 €	500 000 €	0,00 €
Déficit fonctionnel permanent	150 000 €	0,00 €	0,00 €	150 000 €
Total	**808 000 €**	**629 000 €**	**529 000 €**	**279 000 €**

Avant la loi, les tiers payeurs pouvaient imputer l'intégralité de leurs créances (629 000 euros) sur les préjudices indemnisés, dans lesquels était inclus le déficit fonctionnel. La victime ne touchait donc qu'un solde de 179 000 euros (total des préjudices : 808 000 euros) – créances des tiers payeurs (629 000).

Aujourd'hui, la victime touche un solde de 279 000 euros. Les tiers payeurs ne peuvent recouvrir que 529 000 euros.

Imputation des recours avec partage de responsabilité par moitié

Postes de préjudices	Évaluation	Dont moitié	Créance des tiers payeurs	Priorité victime	Sommes récupérées par les tiers payeurs
Dépenses de santé	20 000 €	10 000 €	19 000 €	1 000 €	9 000 €
Perte de gains professionnels actuels	18 000 €	9 000 €	10 000 €	8 000 €	1 000 €
Assistance tierce personne	120 000 €	60 000 €	0,00 €	60 000 €	0,00 €
Perte de gains professionnels futurs	500 000 €	250 000 €	600 000 €	0,00 €	250 000 €

Postes de préjudices	Évaluation	Dont moitié	Créance des tiers payeurs	Priorité victime	Sommes récupérées par les tiers payeurs
Déficit fonctionnel permanent	150 000 €	75 000 €	0,00 €	75 000 €	0,00 €
Total	**808 000 €**	**404 000 €**	**629 000 €**	**144 000 €**	**260 000 €**

Avant la loi du 21 décembre 2006, les tiers payeurs étaient autorisés à recourir pour l'intégralité de leurs créances, soit 629 000 euros, ils ne récupéraient effectivement que 404 000 euros (assiette de leur recours), mais la victime n'avait droit à rien (total du préjudice (808 000)/2 – 629 000 = 0).

Dans le cadre de la loi, la victime récupère, du fait de sa priorité, 144 000 euros. Les tiers payeurs ne peuvent recourir que pour 260 000 euros.

382 ***Conclusion sur le recours des tiers payeurs*** ◊ L'article 25 de la loi du 21 décembre 2006 avait semblé globalement marquer une avancée du droit des victimes de dommage corporel. Le recours des tiers payeurs semblait en effet désormais conforme aux règles de la subrogation, et la règle de priorité de la victime garantissait enfin à celle-ci une juste indemnisation de ses préjudices, notamment dans les hypothèses de partage de responsabilité.

Le bilan apparaît toutefois aujourd'hui beaucoup plus mitigé. Cette réforme a certes réalisé des avancées considérables : sur le terrain tout d'abord du droit de préférence où la jurisprudence de la Cour de cassation et du Conseil d'État est très favorable aux victimes ; sur la méthodologie d'évaluation du dommage corporel ensuite, puisqu'il est fort probable que la nomenclature des postes de préjudices ne se serait pas imposée avec une telle rapidité dans les faits si elle n'avait été rendue inéluctable par la mise en place d'un recours poste par poste. Le bilan est toutefois lourdement assombri par la jurisprudence extrêmement contestable de la Cour de cassation concernant l'imputation des rentes accidents du travail sur le déficit fonctionnel permanent, qui repose sur un raisonnement largement *contra legem*, et qui neutralise pour une large part les avancées réalisées sur la qualification extrapatrimoniale de ce poste de préjudice, et par la complexité des règles de ce recours notamment dans la détermination des prestations imputables ou non.

Beaucoup de zones d'ombre demeurent donc, et nous pensons que l'imputation des recours poste par poste ne pourra fonctionner sereinement que lorsqu'une table de concordance entre ces derniers et les prestations servies par les tiers payeurs sera édictée. En attendant, on peut craindre le maintien de jurisprudences fluctuantes, marquant une inégalité entre victime et un manque de prévisibilité de la règle de droit.

Reste une suggestion : n'est-il pas temps de faire un pas définitif vers une forfaitairisation totale et globale du recours des organismes sociaux contre les assureurs RC ? Les éléments statistiques en ce domaine sont largement suffisants pour déterminer chaque année, de manière globale la contribution due par chaque compagnie d'assurances à chaque caisse de Sécurité sociale, soit sur la base des primes perçues, soit sur celle des véhicules assurés pour rester dans le seul champ d'application de l'assurance automobile.

Les prestations sociales seraient donc totalement indépendantes des procédures d'indemnisation en responsabilité civile.

L'abandon du recours dossier par dossier entraînerait une économie de gestion considérable pour la Sécurité sociale et pour les assureurs, et cela permettrait une indemnisation meilleure et plus rapide des victimes pour les postes de préjudices restées à leur charge.

ANNEXE 1

TEXTES FISCAUX APPLICABLES AUX INDEMNISATIONS DE DOMMAGES CORPORELS

1 – Impôt sur le revenu des personnes physiques

Article 81 du Code général des impôts :

« Sont affranchis de l'impôt : (...)

9° *bis*. Les rentes viagères servies en représentation de dommages-intérêts en vertu d'une condamnation prononcée judiciairement pour la réparation d'un préjudice corporel ayant entraîné pour la victime une incapacité permanente totale l'obligeant à avoir recours à l'assistance d'une tierce personne pour effectuer les actes ordinaires de la vie. »

2 – Impôt de solidarité sur la fortune

Article 885 K du Code général des impôts :

« La valeur de capitalisation des rentes ou indemnités perçues en réparation de dommages corporels liés à un accident ou à une maladie est exclue du patrimoine des personnes bénéficiaires ou, en cas de transmission à titre gratuit par décès, du patrimoine du conjoint survivant. »

3 – Droits de succession

Article 775 bis. du Code général des impôts :

« Sont déductibles, pour leur valeur nominale, de l'actif de succession les rentes et indemnités versées ou dues au défunt en réparation de dommages corporels liés à un accident ou à une maladie ».

ANNEXE 2

TABLES DE CONCORDANCE

Préjudices droit commun et prestations maladie Réparation du dommage corporel – victime directe

• Tableau 1 A : Préjudices économiques temporaires

Réparation en droit commun			Prestations organismes sociaux	
Principe de la réparation intégrale			Prestations risque maladie	
Chefs de préjudices		Évaluation	Prestations	Évaluation
DS	**1° dépenses de santé** : frais médicaux, paramédicaux, hospitalisation, pharmacie, appareillage...	Coût réel total à la charge victime + à la charge tiers payeurs	Remboursement partiel ou total et plafonné	selon les taux de remboursement, LPP* et NGAP*
IPT	**2° Incidence professionnelle temporaire**	Perte réelle de gains professionnels pendant la maladie traumatique	Indemnités journalières (IJ) avant consolidation	partielles et plafonnées
RP	**3° Reclassement professionnel et frais de formation**	Frais réels (total)	Frais de séjour IJ	Réels partielles et plafonnées
FD	**6° Frais divers**			
	- honoraires avocat-conseil de la victime	Frais réels (conv. honor.) sauf article 700 C. pr. pén.	Néant	0
	- honoraires médecin-conseil de la victime	Frais réels	Néant	0
	- autres frais (frais de retour à domicile)...	Justification des besoins	Néant	0

LPP* : Liste des prestations et produits (art. 165-1 Code de la sécurité sociale).

NGAP* : Nomenclature générale des actes professionnels.

Source : Rapport Y. Lambert-Faivre : « L'indemnisation du dommage corporel », ministère de la Justice 2003. (www.justice.gouv.fr/publicat/syntheseindemcorp.pdf).

• Tableau 1 B : Préjudices économiques permanents

Réparation en droit commun			Prestations organismes sociaux	
Principe de la réparation intégrale			Prestations risque maladie	
Chefs de préjudices		Évaluation	Prestations	Évaluation
FF	**1° Frais futurs** frais médicaux, paramédicaux, hospitalisation, pharmacie, appareillage...	**Coût réel total** à la charge victime + à la charge tiers payeurs (rente ou capital)	Frais futurs	**Prestation capitalisée**
TP	**2° Tierce personne**	**Frais réels** (rente ou capital)	Majoration tierce personne forfaitaire et plafonnée (930 €/mois)	**Prestation capitalisée**
IPD	**3° Incidence professionnelle définitive**	**1 – Perte de gains** *in concreto* (rente ou capital)	J après consolidation Pension invalidité	**Prestation capitalisée**
		2 – Dévalorisation sur le marché du travail	–	–
		3 – Pénibilité accrue	–	–
FLA	**4° Frais de logement adapté** (acquisition ou aménagement pour grand handicapé)	**Frais réels** (total)	Néant	0
FVA	**5° Frais de véhicule adapté**	**Frais réels** (total)	Néant	0

• Tableau 2 A : Préjudices non économiques temporaires

Réparation en droit commun			Prestations organismes sociaux	
Principe de la réparation intégrale			Prestations risque maladie	
Chefs de préjudices		Évaluation	Prestations	Évaluation
PFT	**1° Préjudice fonctionnel temporaire** Troubles dans les conditions d'existence et perte qualité de la vie pendant maladie traumatique	**Paramètres** - gravité du PFT durée - Personnalisation	Néant	0
SE	**2° Souffrances endurées** physiques, psychiques et morales pendant la maladie traumatique	Échelle SE/ RINSE* Personnalisation	Néant	0

RINSE* : Référentiel indicatif national statistique et évolutif.

• Tableau 2 B : Préjudices non économiques permanents

Réparation en droit commun			Prestations organismes sociaux	
Principe de la réparation intégrale			Prestations risque maladie	
Chefs de préjudices		Évaluation	Prestations	Évaluation
PFP	**1° Préjudice fonctionnel permanent** Troubles dans les conditions d'existence et perte qualité de la vie dus à l'incapacité fonctionnelle permanente	Taux d'IFP/âge/ RINSE personnalisation	Néant	0
PAS	**2° Préjudice d'agrément spécifique** Incidences sur activités spécifiques de loisirs	**Évaluation personnalisée**	Néant	0
PE	**3° Préjudice esthétique**	Échelle PE/RINSE selon âge et sexe Personnalisation	Néant	0
PS	**4° Préjudice sexuel** Incidences sur libido acte sexuel - procréation	Évaluation personnalisée	Néant	0
PET	**5° Préjudice d'établissement** obstacle à la réalisation de tout projet personnel de vie (notamment fonder une famille, se marier, élever des enfants) en raison de la gravité du handicap	Évaluation personnalisée	Néant	0

• Tableau 3 : Victime par ricochet

Préjudices droit commun		Prestations organismes sociaux	
Préjudices économiques		**Prestations risque maladie**	
Chefs de préjudices	**Évaluation**	**Prestations Décès**	**Évaluation**
Frais d'obsèques et de sépulture	Frais réels	Capital décès	90 fois le gain journalier servant de base au calcul des indemnités journalières
Autres frais	Frais réels	Néant	0
Pertes de ressources	Pertes réelles	Pension de réversion ou Allocation veuvage	Partielle et plafonnée
Préjudices non-économiques		**Prestations risque maladie**	
Chefs de préjudices	**Évaluation**	**Prestations**	**Évaluation**
Préjudice d'accompagnement	Évaluation personnalisée	Néant	0
Préjudice d'affection	RINSE avec personnalisation	Néant	0

ANNEXE 3

CONCLUSIONS DU GROUPE DE TRAVAIL MINISTÉRIEL SUR LE RECOURS SUBROGATOIRE DES TIERS PAYEURS [1]

Le groupe de travail souhaite que le caractère subrogatoire du recours des tiers-payeurs édicté par l'article 30 de la loi Badinter soit pleinement appliqué. Afin de mettre fin à une interprétation contraire préjudiciable aux victimes, il recommande une rédaction claire, cohérente et conforme aux définitions retenues par le groupe de travail en matière de dommage corporel de l'article 31 de la loi du 5 juillet 1985 et de l'article L. 376-1 al. 3 du Code de sécurité sociale. Il propose les textes suivants :

L'article 31 de la loi n° 85-677 du 5 juillet 1985 est remplacé par les dispositions suivantes :

« Les recours subrogatoires des tiers-payeurs s'exercent poste par poste sur les seules indemnités qui réparent les chefs de préjudices qu'ils ont pris en charge, à l'exception, en principe, des préjudices non-économiques à caractère personnel. Conformément à l'article 1252 du Code civil, la subrogation ne peut nuire à la victime, créancière de l'indemnisation, lorsqu'elle n'a été indemnisée qu'en partie ; en ce cas, elle peut exercer ses droits contre le responsable, pour ce qui lui reste dû, par préférence au tiers-payeur dont elle n'a reçu qu'une indemnisation partielle.

À titre exceptionnel, et à condition que le tiers-payeur établisse qu'il a effectivement et préalablement versé à la victime une prestation indemnisant de manière incontestable un poste de préjudice non-économique et personnel pour la même période, son recours peut s'exercer sur ce poste de préjudice. »

L'article L. 376-1 al. 3 du Code de sécurité sociale est remplacé par les dispositions suivantes :

« Les recours subrogatoires des caisses contre les tiers s'exercent poste par poste sur les seules indemnités qui réparent des préjudices qu'elles ont pris en charge pour la période considérée, à l'exclusion, en principe, des préjudices non-économiques à caractère personnel. Conformément à l'article 1252 du Code civil, la subrogation ne peut nuire à la victime subrogeante, créancière de l'indemnisation, lorsqu'elle n'a été prise en charge que partiellement par les prestations sociales ; en ce cas, l'assuré social peut exercer ses droits contre le responsable, par préférence à la caisse subrogée.

À titre exceptionnel, et à condition que le tiers-payeur établisse qu'il a effectivement et préalablement versé à la victime une prestation indemnisant de manière incontestable un poste de préjudice non-économique et personnel pour la même période, son recours peut s'exercer sur ce poste de préjudice. »

---

1. *Source* : Rapport Y. Lambert-Faivre, « L'indemnisation du dommage corporel », ministère de la Justice 2003 (www. justice. gouv. fr/publicat/syntheseindemcorp.pdf).

DEUXIÈME PARTIE

LES DIVERS SYSTÈMES D'INDEMNISATION DES DOMMAGES CORPORELS

INTRODUCTION

LES DIFFÉRENTES CAUSES D'ACCIDENTS CORPORELS

383 ***L'imputation du coût des dommages corporels accidentels*** ◊ La première Partie de cette étude était consacrée à la détermination et à l'évaluation des préjudices nés d'un dommage corporel ; elle a ainsi permis d'établir quelques paramètres de *coût du dommage corporel*, en analysant les différents chefs de préjudices.

Reste à savoir *qui va supporter ce coût*, et ici diverses situations sont possibles :

- Le coût est supporté totalement par la victime si elle n'a droit à aucune structure d'indemnisation ; c'est rare car dans l'immense majorité des cas, elle a au moins droit aux prestations de Sécurité sociale.
- Le coût est supporté totalement par le tiers responsable (ou son assureur de responsabilité) si d'une part les conditions d'une responsabilité civile sont réunies, et si d'autre part le système impose une réparation intégrale des préjudices subis par la victime.
- Le coût est réparti entre la victime et un organisme payeur ou un tiers responsable lorsque la victime n'a droit qu'à une réparation partielle et doit garder à sa charge une part des préjudices.

384 ***L'hétérogénéité des causes d'accidents et la difficulté d'un recensement statistique***[1] ◊ Les sources d'accidents sont d'une extrême diversité dans leur contexte factuel ; l'INSERM qui recense les causes de décès, publie le nombre de décès par « causes externes de blessures et empoisonnements », mais ces statistiques, aussi précieuses soient-elles, présentent trois limites pour cet ouvrage :

1) les statistiques de décès n'enregistrent que les cas mortels, et non pas les traumatismes avec survie qui demeurent au centre de notre étude sur les dommages corporels ;

2) l'INSERM souligne la sous-estimation souvent importante des statistiques officielles basées sur les déclarations du certificat médical de décès ; or celui-ci ne précise pas toujours la cause initiale de la maladie traumatique ou ne la signale que par la simple mention « accident sans autre indication » (accident SAI) ; en outre les informations disponibles demeurent souvent indéterminées quant à l'intention (accident, suicide ou homicide) ; enfin les résultats des autopsies après mort violente sont

1. **Statistiques INSERM,** « Causes externes de décès », cf. annexe, *infra*, p. 393 s.

souvent codés sous la rubrique « causes inconnues ou non précisées » du chapitre « symptômes, signes et états morbides mal définis » ;

3) enfin il faut souligner que les rubriques des causes matérielles de décès enregistrées ne correspondent pas à des rubriques de régimes juridiques : le décès par le feu peut résulter d'un accident domestique, de la foudre, événement naturel, d'un accident du travail, d'un accident de la circulation ou d'un attentat...

Ces statistiques constituent donc des repères sur les causes d'accidents ; elles ne donnent en revanche aucun fil directeur pour classer les régimes d'indemnisation.

Le juriste doit donc tenter sa propre approche de manière très pragmatique, sans pouvoir prétendre ni à l'exhaustivité, ni à la rigueur, car les interférences de régimes sont multiples. On peut néanmoins suggérer la classification suivante.

1. Les accidents de la vie courante [1]

385 Les *« accidents de la vie courante »* constituent une masse hétérogène qui regroupe les accidents domestiques, des sports et du tourisme.

- En France, on estime que 11 millions de personnes sont victimes chaque année de tels accidents et que *le nombre de décès lié est d'environ 20 000 par an, soit 3,6 % des décès*. Ces accidents touchent plus particulièrement les enfants (266 décès chez les moins de quinze ans en 2006) et les personnes âgées (13 950 décès pour les plus de 65 ans en 2006) qui représentent à eux seuls les ¾ des décès par accidents de la vie courante. C'est le quart de la mortalité européenne qui enregistre 80 000 décès dus aux accidents de la vie courante par an.

- Dans l'Union européenne, le système EHLASS (European Home and Leisure Accident Surveillance System) a été organisé pour opérer la collecte et l'enregistrement des accidents domestiques et des loisirs qui comportent le conglomérat des « accidents de la vie privée », que l'on oppose aux accidents du travail et aux accidents de la circulation. Cette collecte des données est généralement opérée auprès des services des urgences d'un échantillon d'hôpitaux-témoins représentatif de toute l'Union européenne.

Depuis 2000, le réseau de collecte a été placé sous la responsabilité de l'Institut de veille sanitaire (INVS) et déclaré au Conseil national de l'information statistique sous l'appellation EPAC (Enquête permanente sur les accidents de la vie courante). Les accidents de la vie courante sont statistiquement distincts des accidents de la circulation et des accidents du travail. Ils sont usuellement répartis selon le lieu ou l'activité : les accidents domestiques se produisant à la maison ou ses dépendances (jardin,

1. **Accidents de la vie courante** : Institut de veille sanitaire : Résultats de l'enquête permanente sur les accidents de la vie courante, années 2002-2003, réseau EPAC : www.invs.sante.fr/publications/2005/epac_2002_2003/epac_2002_2003.pdf. Voir sur le site du ministère de la santé « Accidents de la vie courante : les chiffres clés », www.santé.gouv. fr/les-chiffres-cles.html.

garage...), les accidents extérieurs survenant dans un magasin, un trottoir..., les accidents scolaires y compris les accidents de trajet scolaire et d'éducation physique, les accidents de sport, les accidents de vacances et de loisirs.

Ces accidents diffus ont pendant longtemps été sous-estimés. Aujourd'hui la prise conscience de leur importance en fait un problème majeur de santé publique.

Malgré ses imperfections, ce système a donné un certain nombre de résultats qui permettent de recouper d'autres sources statistiques.

a. Les accidents domestiques [1]

386 Parmi les accidents de la vie courante, la moitié environ sont des accidents domestiques, qui se passent à la maison *(domus)*.

1) Les statistiques : Il est difficile de cerner de manière précise la réalité statistique de la nébuleuse « *accidents domestiques* », mais les évaluations sont de *plus de* 8 000 *morts par an en France* (50 % des accidents de la vie courante selon les chiffres clés du ministère de la Santé pour 2010), soit plus du double des accidents de la circulation.

Les victimes sont d'abord les *jeunes enfants* dont la sécurité domestique est un problème constamment évoqué par les médias. Ce sont aussi les *personnes âgées* dont les chutes entraînent fréquemment des fractures : à l'intérieur de la maison, les « *instruments* » d'accidents les plus dangereux sont les escaliers, les portes, les parties vitrées, les murs, le mobilier (lit, chaise, table).

D'après les chiffres recueillis par la base EPAC, qui reçoit les données d'un certain nombre d'hôpitaux, les accidents domestiques ont causé 88 707 blessés en 2006, dont 11 % (8 274) ont nécessité une hospitalisation. Sur cette base, l'EPAC estime que ces accidents concernent chaque année plus de *onze millions de personnes*, dont 4,5 millions de recours aux urgences hospitalières.

2) Le régime d'indemnisation est très contrasté selon que la « *sécurité* » d'un produit peut être mise en jeu ou non :

– si l'accident se produit par la seule faute d'inattention ou d'imprudence de la victime elle-même, il n'y a pas de responsabilité ; seules les prestations de Sécurité sociale interviennent ou une garantie par le biais de l'assurance garantie des accidents de la vie [2] ;

– mais si l'accident est dû au *défaut de sécurité d'un produit* quelconque, alors joue la responsabilité des fabricants, tenus à l'égard des consommateurs d'une *responsabilité sans faute* du fait des produits qu'ils mettent sur le marché.

---

1. **Accidents domestiques** : site du ministère de la santé « Accidents de la vie courante : les chiffres clés », www.santé.gouv. fr/les-chiffres-cles. Enquête permanente sur les accidents de la vie courante, juill. 2006 : www. invs.sante.fr/publivation/2006/epac-fr.pdf. – **Sur les accidents domestiques causés par un produit**, v. ss 911 s., Institut de veille sanitaire : Résultats de l'enquête permanente sur les accidents de la vie courante, années 2002-2003, réseau EPAC : www.invs.sante.fr/publications/2005/epac_2002_2003/epac_2002_2003.pdf.

2. **Sur la garantie des accidents de la vie** : v. ss 527.

b. Les accidents de sport [1]

387 Ce second pôle des accidents de la vie privée représente la détente par rapport au travail, de l'activité à très faible risque au sport le plus périlleux. En fait, les accidents des sports et des loisirs sont très nombreux (plus de deux millions par an), mais sont tellement divers qu'il est impossible de les réunir dans un contexte juridique commun.

Les accidents de sport représentent un kaléidoscope de situations très différentes à partir desquelles il n'est guère possible d'établir un système juridique cohérent : quoi de commun entre la chasse et la planche à voile, la baignade et le ski, la boxe et le football, l'équitation et le rugby... la liste est indéfinie, des « sports à risques » aux activités physiques les plus paisibles.

388 ***Les accidents que le sportif se cause à lui-même*** [2] ◊
• ***Le sportif individuel***, étant à la fois auteur et victime de son propre dommage (skieur qui se casse la jambe, baigneur qui se noie, chasseur qui se blesse lui-même, etc.) ne dispose que des prestations de Sécurité sociale en cas d'accident. On ne peut que lui conseiller de souscrire une assurance accidents corporels pour améliorer sa situation.

• ***Assurance contre les accidents corporels*** [3] **:** selon l'article 38 de la loi du 16 juillet 1984 sur les activités physiques et sportives, aujourd'hui codifiée à l'article L. 321-4 C. sport, les groupements sportifs sont tenus d'informer leurs adhérents de leur intérêt à souscrire un contrat d'assurance en cas de dommage corporel et doivent tenir des formules de garantie à leur disposition. L'article L. 321-6 C. sport ajoute que lorsque les fédérations sportives proposent à un licencié de souscrire à un contrat d'assurance collectif en même temps qu'elles lui délivrent la licence, elles doivent en faire connaître le prix et lui indiquer qu'il peut refuser de souscrire au contrat.

389 ***Les accidents de sport avec responsabilité civile*** [4] ◊ En cas d'accident de sport, les responsabilités susceptibles d'être mises en jeu sont très

---

1. **Accidents de sport :** J.-P. Karaquillo, « Le droit du sport », Dalloz, 3e éd. 2011 ; « Les cahiers du droit du sport », M. Boudot, J. M. Marmayou et D. Poracchia (dir.), PUAM, P. Mistretta, « L'extension de la responsabilité civile sportive », *JCP* 1998.I.116. Institut de veille sanitaire : Résultats de l'enquête permanente sur les accidents de la vie courante : description et incidence des accidents de sport, années 2004-2005 : réseau EPAC : www.invs.sante.fr/publications/2008/accidents_sports/RAPP_SCI_Accidents_de_sports_Web.pdf. V. également, www.santé.gouv. fr/les-chiffres-cles. Enquête permanente sur les accidents de la vie courante, juill. 2006 : www.invs.sante.fr/publivation/2006/epac-fr.pdf.

2. **Accidents que le sportif se cause à lui-même :** Civ. 2e, 15 avr. 1999, *RTD civ.* 1999. 633, obs. Jourdain (chute de cheval lors d'une promenade dans une manade où taureaux vivent en liberté ; acceptation des risques ; pas de responsabilité), Civ. 2e, 4 nov. 2010, *JCP* 2011, 12 note D. Bakouche, *D.* 2011. 690 note J. Mouly (inopposabilité de l'acceptation des risques à la victime dans l'hypothèse d'une responsabilité fondée sur l'article 1384 al. 1).

3. **Assurances contre les accidents corporels :** v. ss 497 s.

4. **Responsabilité civile et pratique d'un sport :** F. Alaphilippe et J.-P. Karaquillo, « L'activité sportive dans les balances de la Justice », 1985 ; Colloque du Centre de droit du sport de

diverses. À cet égard la catastrophe du stade de Furiani (Haute-Corse) où l'effondrement d'une tribune de spectateurs a causé 17 morts et 2 357 blessés lors de la demi-finale de la coupe de France de football le 5 mai 1992 est emblématique tant par sa gravité que par le dispositif d'indemnisation mis en place : sous l'impulsion de l'INAVEM (Institut national d'aide aux victimes et de médiation), un comité de pilotage a organisé la répartition des dossiers entre les assureurs et un système d'indemnisation par transactions tel que la plupart des victimes étaient indemnisées lorsque s'est ouvert en janvier 1995 le procès en responsabilité des dirigeants sportifs, économiques (construction et contrôle technique des tribunes) et administratifs. Les médias ont largement rendu compte de cette douloureuse affaire qui a démontré que même préalablement indemnisées ou en voie de l'être, la vindicte des victimes réclamait au pénal la vérité sur les fautes commises et la sanction des coupables.

Les responsabilités civiles mises en jeu relèvent du droit commun : les articles 1382 et suivants dans le cadre de la responsabilité délictuelle et l'article 1147 en matière de responsabilité contractuelle presque toujours sous-tendue par une obligation de sécurité ; enfin la responsabilité pénale sanctionne l'homicide involontaire (art. 221.6 C. pén.), les atteintes involontaires à l'intégrité de la personne (art. 222.19 et 20 C. pén.), ou encore le délit de mise en danger (art. 223.1 C. pén.)

La théorie de l'acceptation des risques [1] *est parfois invoquée à l'encontre du sportif blessé.* Cependant la jurisprudence n'accueillait qu'avec circonspection ce motif d'exonération d'un éventuel responsable, et, le plus généralement, dans le seul cas du sport pratiqué en compétition. La Cour de cassation, dans un arrêt de principe du 4 novembre 2010, vient toutefois d'en limiter considérablement le champ d'application en excluant l'acceptation des risques lorsque la responsabilité est fondée sur le fait des choses.

---

l'Université de Nice, « Les problèmes juridiques du sport ; responsabilité et assurance », éd. Economica, 1984 ; F. Marchadier, « L'inexorable déclin de la spécificité de la responsabilité sportive », Jurisport 2011, n° 106, p. 34. J.-R. Nlend, « La responsabilité civile et pénale des associations sportives du fait de leurs athlètes », *Gaz. Pal.*, 14-16 avr. 1996, p. 7 ; N° spécial sur la Plaisance, *Gaz. Pal.* 26-27 nov. 1999 ; P. Mistretta, « L'extension de la responsabilité civile sportive », *JCP* 1998.I.116 ; M. Bodecher : ski, « Collision sur piste : l'application de la responsabilité du fait des choses », *Gaz. Pal.* 18-19 févr. 2004, p. 4. Chronique de droit du sport, *D.* 2011. 703 s.

1. **Acceptation des risques et sport :** P. Esmein, « De l'influence de l'acceptation des risques par la victime éventuelle d'un accident », *RTD civ.* 1938. 387 ; J. Honorat, « L'idée d'acceptation des risques dans la responsabilité civile », LGDJ 1969 ; S. Hocquet-Berg, « L'acceptation des risques en matière sportive enfin abandonnée ! », *RCA* 2011, chron. n° 3 ; H. Groutel, « L'acceptation des risques : dérapage ou décollage ? », *RCA*, 1999, chron. n° 6. – Civ. 2e, 28 mars 2002, *RCA* 2002, n° 192 et chron. n° 15 (théorie écartée lors d'un jeu entre mineurs) ; Civ. 2e, 4 juill. 2002, *D.* 2003. Somm. 461, obs. Jourdain ; *RCA* 2002, n° 324, note Groutel (l'acceptation des risques ne s'applique pas aux activités pédagogiques). Civ. 2e, 28 mars 2002, *D.* 2002. 3237 (limitation de l'acceptation des risques aux sports pratiqués en compétition). Civ. 2e, 8 févr. 2006, *RCA* 2006, comm. n° 130 (Absence d'acceptation des risques du fait d'un accident causé après la phase de compétition). Civ. 2e, 4 nov. 2010, *JCP* 2011, 12 note D. Bakouche, *D.* 2011. 690 note J. Mouly (inopposabilité de l'acceptation des risques à la victime dans l'hypothèse d'une responsabilité fondée sur l'article 1384 al. 1).

1) La responsabilité des organisateurs de manifestations sportives et des moniteurs de sport [1]. *Les organisateurs de spectacles sportifs et les moniteurs de sport* sont tenus d'une obligation de sécurité de résultat à l'égard des spectateurs ou des tiers (art. 1384 C. civ.) et de moyens à l'égard de leurs sportifs (art. 1147 C. civ.).

2) La responsabilité de l'exploitant d'installations sportives [2]. Les installations sportives sont des plus sommaires aux plus sophistiquées ; les exploitants peuvent être un centre sportif ou un exploitant individuel. La diversité des hypothèses permet de dégager l'idée directrice suivante : si l'accident est imputable à l'activité autonome du sportif, l'obligation de sécurité de l'exploitant est alors dite de moyens ; si en revanche l'accident

1. **Responsabilité de l'organisateur de manifestations sportives et moniteurs de sports :** E. Agostini, « La responsabilité civile de l'organisateur de spectacle sportif », Paris, 1981 ; G. Daverat, « Mort accidentelle de spectateurs pendant une course d'automobiles et responsabilité pénale des pilotes et organisateurs », *Gaz. Pal.*, 13 déc. 1989, p. 6 ; F. Rizzo, « Réflexions relatives à la responsabilité civile des clubs sportifs à l'égard des spectateurs », Petites Affiches 2002, n° 135, p. 4. **Jurisprudence** ; Civ. 1re, 7 mars 2000, *RCA* 2000, n° 194 (organisateur tenu d'une obligation de sécurité de moyens ; preuve faute incombe à la victime) ; Civ. 1re, 16 mai 2000, *RCA* 2000, n° 274 (centre équestre tenu d'une obligation de de sécurité de moyens envers cavaliers) ; Civ. 1re, 17 oct. 2000, *RCA* 2001, n° 22 (initiation au jiujitsu ; pas de faute) ; Civ. 1re, 28 nov. 2000, *RCA* 2001, n° 51 (centre équestre, obligation de moyens) ; Civ. 1re, 16 oct. 2001, *Gaz. Pal.* 29 sept.-30 oct. 2002, p. 8, note P. Polère ; *RCA* 2002, n° 33, *RTD civ.* 2002. 107, obs. Jourdain (vol à voile, sécurité des participants ; obligation de moyens du moniteur) ; Civ. 1re, 16 mai 2006, *RCA* 2006, comm. n° 239 (responsabilité pour faute de l'organisateur d'un match de hockey). Civ. 1re, 7 févr.2006, *RCA* 2006, comm. n° 129 (responsabilité pour faute de l'organisateur d'un match de football). Civ. 2e, 22 mai 2007, *RCA* 2007, comm. n° 253 (Professeur de judo soumis à une obligation de moyens pendant le cours uniquement). Civ. 1re, 22 janv. 2009, *Rev. Jur. eco. Sport* 2009, n° 90, p. 35 (obligation de moyen de l'organisateur d'un accro branche à l'égard des utilisateurs). Civ. 2e, 12 mai 2010, *RCA* 2010, comm. n° 161 (absence de faute du moniteur d'aïkido du seul fait qu'il n'a pas vu l'accident se produire).

2. **Responsabilité de l'exploitant d'installation sportive :** Y. Lambert-Faivre, « Fondement et régime de l'obligation de sécurité », *D.* 1994, chron. 81 ; S. Pautot, « Le régime juridique de la sécurité des équipements sportifs », *Gaz. Pal.*, 14-16 avr. 1996, p. 2 ; Civ. 2e, 9 mai 1990, *RTD civ.* 1990.492, obs. Jourdain (responsabilité du gardien, propriétaire skipper d'un voilier ; cause inconnue du naufrage) ; Civ. 1re, 28 oct. 1991, *RCA* 1992, n° 82 et chron. n° 8, *RTD civ.* 1992.397, obs. Jourdain (obligation de résultat de l'exploitant de toboggan aquatique) ; Grenoble, 3 janv. 1991, *JCP* 1991.II.21727, note Sarraz-Bournet (responsabilité de l'organisateur de saut à l'élastique) ; Civ. 1re, 10 mars 1992, *RCA* 1992, n° 236 (chute en alpinisme, faute technique du premier de cordée par manque d'expérience ; faute de choix de l'organisateur) ; Civ. 1re, 4 nov. 1992, *RCA* 1993, n° 32, *JCP* 1993.II.22058, note P. Sarraz-Bournet, *D.* 1994.45, note P. Brun, *RTD civ.* 1993.364, obs. Jourdain (remonte-pente, participation active du skieur ; pas de faute de l'exploitant) ; Civ. 2e, 2 nov. 1994, *RCA* 1995, n° 25 (chute d'un télésiège immobilisé à quinze mètres du sol ; pas de faute de l'exploitant qui avait interdit l'accès de l'installation) ; Civ. 1re, 4 juill. 1995, *RCA* 1995, n° 334 (télésiège ; pas de faute du skieur, obligation de sécurité de l'exploitant) ; Civ. 2e, 8 mars 1995, *JCP* 1995.II.22499, note J. Gardach (propriétaire skipper d'un voilier a les pouvoirs de contrôle et de direction du gardien lors d'une régate ; responsabilité à l'égard des membres de l'équipage noyés) ; Civ. 1re, 19 mars 1996, *RCA* 1996, n° 233 (vitesse excessive d'un skieur victime ; pas de responsabilité de l'exploitant) ; Civ. 1re, 17 juin 1997, *RCA* 1997, n° 291 (obligation de sécurité de moyens de l'exploitant d'un site naturel) ; Crim., 24 juin 1997, *Gaz. Pal.* 22 sept. 1998, note Petit (effondrements de la tribune du stade de Furiani le 5 mai 1992 : 17 morts, 2 357 blessés ; responsabilité pénale). Civ. 1re, 11 mars 2010, *RCA* 2010, comm. n° 162 (obligation de sécurité de moyens de la société d'exploitation d'un domaine skiable : responsabilité pour n'avoir pas mis de protection sur un piquet dangereux).

est imputable au fonctionnement de l'installation, même dépourvue de vice, l'obligation de sécurité de l'exploitant est alors dite de résultat, et il ne peut s'exonérer qu'en prouvant la cause étrangère. Alors que par essence toute obligation de sécurité est déterminée, la terminologie traditionnelle distinguant les obligations de moyens et de résultat voile *la causalité de l'accident* imputable soit au sportif victime de sa propre maladresse, soit à l'installation sportive défectueuse.

3) La responsabilité de l'association sportive [1]. Depuis un arrêt du 22 mai 2005, la Cour de cassation admet la possibilité d'engager la responsabilité civile de l'association du fait de ses joueurs sur la base de l'article 1384 al. 1 C. civ., durant les compétitions ou les entraînements. Cette responsabilité est toutefois subordonnée à la preuve d'une faute du joueur, ainsi que l'a exigé en termes de principe un arrêt de l'Assemblée plénière de la Cour de cassation du 27 juin 2007.

4) La responsabilité pour faute entre joueurs [2]. Il faut ici déterminer quelles sont les obligations des joueurs les uns envers les autres : la pratique collective d'un sport dangereux ne relève pas d'une responsabilité objective, qu'elle soit contractuelle ou délictuelle, mais *subjective* : seul le *comportement fautif* de l'auteur du dommage, comportement apprécié conformément aux règles spécifiques du jeu ou du sport, engage sa responsabilité envers les autres joueurs ou sportifs qu'il est susceptible de blesser. La faute la plus légère suffit. Lorsque le dommage entre sportifs est causé par une chose, l'article L. 321-3-1 du Code du sport, issu d'une loi du 12 mars 2012, exclut en revanche l'application de l'article 1384 al 1. C. civ. pour l'indemnisation des dommages matériels, cette dernière restant donc possible pour les dommages corporels.

---

1. **Responsabilité de l'association sportive du fait de ses joueurs, principales étapes de la jurisprudence** : Civ. 2e, 22 mai 1995, *JCP* 2005, II, 22550. Civ. 2e, 3 févr. 2000, *RCA* 2000, n° 110, *JCP* 2000.II.10316, note Mouly. Civ. 2e, 20 nov. 2003, *D.* 2004. 300, note N. Bouche, *Gaz. Pal.* 9-11 mai 2004 p. 5 note Dagorne-Labbé (aucune faute d'un joueur ; association sportive organisatrice de la manifestation non responsable). Civ. 2e, 21 oct. 2004, *Bull. civ.* n° 477 (application de la responsabilité à la phase d'entrainement). Ass. plén. 29 juin 2007, *D.* 2007. 2455 (responsabilité de l'association sportive engagée uniquement si faute du joueur). Civ. 2e, 8 juill. 2010, *D.* 2011. 35, obs. Ph Brun et O. Gout (idem). Civ. 2e, 16 sept. 2010, *RCA* 2010, comm. n° 277 (nécessité d'une faute du joueur constituée par la violation des règles du jeu).

2. **Responsabilité pour faute entre sportifs** : J.-Y. Lassalle, « La responsabilité civile et pénale des auteurs de violences sportives », *JCP* 2000.I.277 ; Civ. 2e, 5 juin 1985, *JCP* 1987. II.20744, note Agostini ; Civ. 2e, 4 mai 1988, *JCP* 1989.II.21306, note Agostini (distinction entre la faute de jeu et de la faute contre le jeu) ; Civ. 2e, 3 juill. 1991, *RCA* 1991, n° 391 (acte contraire aux règles du jeu) ; Civ. 1re, 15 janv. 1993, *RCA* 1993, n° 136 (lutte, prise dangereuse) ; Civ. 2e, 20 janv. 1993, *RCA* 1993, n° 137 (ski, priorité) ; Civ. 2e, 20 janv. 1993, *RCA* 1993, n° 135 (patinage, faute non établie) ; Civ. 2e, 28 févr. 1996, *D.* 1996.438 note J. Mouly, *RCA* 1996, n° 168 et chron. Groutel, n° 22 (entre concurrents d'une compétition automobile, ce n'est pas la loi du 5 juillet 1985 mais le droit commun qui s'applique) ; Civ. 2e, 18 mai 2000, *RCA* 2000, n° 273, *JCP* 2000.I.280, n° 11, obs. Viney (escalade, maladresse qui provoque la chute d'un autre grimpeur est une faute) ; Civ. 2e, 16 nov. 2000, *RCA* 2000, n° 53 (football : aucune agressivité, malveillance ou manquement aux règles du sport et de la loyauté ; pas de faute). Civ. 1re, 16 nov. 2004, *RCA* 2005, comm. n° 26 (Karaté : l'existence de contacts entre protagonistes est non fautive).

5) La responsabilité objective des joueurs à l'égard des tiers [1]. La jurisprudence retient parfois la *responsabilité collective de l'ensemble des joueurs*, selon une théorie de la « *garde en commun* », utilisée lorsqu'un ensemble de personnes ou une collectivité dépourvue de la personnalité juridique exerce sur une chose les pouvoirs qui caractérisent la « *garde* » : c'est le cas des joueurs qui se transmettent la balle ou le ballon qui va blesser un tiers. Cette théorie de la garde commune est toutefois en nette régression dans la jurisprudence contemporaine [2].

C'est donc le droit commun de la responsabilité civile qui constitue ici la référence, sans spécificité particulière vis-à-vis d'une victime passive qu'il convient de protéger.

En ce qui concerne les accidents de chasse, il faut rappeler que l'assurance-chasse est obligatoire et que le Fonds de garantie automobile, devenu le « Fonds de garanties des assurances obligatoires de dommages » (FGAO) étend sa protection aux victimes de la chasse.

6) La responsabilité administrative de la commune [3]. Il peut arriver que la sécurité de l'environnement sportif ait été défaillante, et dans ce cas la responsabilité d'un tiers peut être mise en jeu : c'est ainsi que la responsabilité administrative de la commune peut être retenue si un danger particulier n'est pas signalé sur un lieu de baignade non surveillé, ou encore si une piste de ski a été mal balisée, une telle responsabilité relevant soit des pouvoirs de police générale du maire, soit de l'obligation d'entretien d'un ouvrage public.

390 ***L'obligation d'assurance RC en matière sportive*** ◊

a) La loi n° 92-652 du 13 juillet 1992, codifiée aux articles L. 321-1 s. C. sport [4] : la loi du 13 juillet 1992 modifiant une loi antérieure du 16 juil-

---

1. **Responsabilité objective des joueurs à l'égard des tiers ; la garde en commun :** D. Mayer, « La "garde" en commun », *RTD civ.* 1975. 197 à 221 ; Caen, 20 mai 1969, *JCP* 1969. II.16040, note M.A., *Gaz. Pal.* 1969.2.171, *RTD civ.* 1970.175, obs. Durry ; TGI Bordeaux, 28 avril 1986, *JCP* 1987.II.20885, note Agostini.

2. **Régression de la notion de garde commune :** Civ. 2e, 28 mars 2002, *D.* 2002. 3237 (refus de retenir la garde commune de la balle dans un match de base-ball) ; Civ. 2e, 13 janv. 2005, *D.* 2005. 2435 (même solution pour un match de foot). En dehors du domaine sportif : Civ. 2e, 19 oct. 2006, *JCP* 2007, II, 10030, note M. Mekki (idem au sujet de torches confectionnées en commun et ayant mis le feu à une grange).

3. **Responsabilité communale :** – **Dangers non signalés sur un lieu de baignade :** CE, 5 mars 1971, Sieur le Fichaut, Rec. CE 1971, p. 185 ; CE 30 janvier 1980, consorts Quiniou, Rec. CE 1980, p. 877 ; C.E. 9 mai 1980, commune de Ladignac, *D.* 1980.I.R.501, comparer Civ. 2e, 19 févr. 2004, *RCA* 2004, n° 142 (nageur blessé en plongeant dans la mer depuis un rocher ; en la circonstance preuve d'une infraction imputable au maire non rapportée). – **Accidents de ski :** CE 28 avril 1967, Lafont, Rec. CE 1967, p. 182, *D.* 1967.434, concl. Galabert, *JCP* 1967. II.15296, note Rabinovitch ; CE 10 juill. 1981, *D.* 1982.I.R.58, obs. Moderne et Bon ; CE 27 juin 1986, *D.* 1987.113, note M. Excoffier (entretien normal de l'ouvrage public ; imprudence du skieur ; responsabilité communale rejetée) ; CE 4 mars 1991, *RCA* 1991, n° 207 ; CE 27 sept. 1991, *RCA* 1991, n° 430 ; Grenoble, Ch. corr., 5 août 1992, *JCP* 1992.II.21959, note P. Sarraz-Bournet (responsabilité pénale du maire) ; Grenoble, Ch. corr. 25 févr. 1998, *Gaz. Pal.* 24-26 mai 1998, p. 12 (avalanche, responsabilité pénale de la Société d'aménagement touristique) ; Crim. 9 oct. 2001, *D.* 2002. 2712, obs. Lacabarats (sortie de piste, décès).

4. **Assurance obligatoire en matière sportive :** H. Groutel, « Le décret d'application sur l'assurance de responsabilité en matière sportive (Décr. du 19 juin 1991) », *RCA* 1991, chron. n° 19 et

let 1984 confirme l'obligation d'assurance de responsabilité civile applicable aux groupements sportifs pour l'exercice de leur activité, aux organisateurs de manifestations sportives et aux exploitants d'un établissement sportif. Cependant certaines dispositions de ce dispositif peuvent susciter la critique :

- Ainsi, la loi du 19 juillet 1992 et le décret du 18 mars 1993 prévoient la *liberté contractuelle quant à l'étendue des garanties ;* or une assurance obligatoire sans garantie minimum obligatoire n'est qu'un leurre ;

- En revanche, la durée de la garantie dans le temps a vu ses dispositions améliorées. Sous l'empire du décret du 18 mars 1993, la garantie dans le temps pouvait en effet être limitée à six mois, ce qui était très peu protecteur des victimes. Le décret n° 2003-371 du 15 avril 2003 a toutefois abrogé ces dispositions. Les contrats d'assurance sportive sont donc désormais régis par le droit commun de la durée de la garantie dans le temps (art. L. 124-5 C. assur.), et doivent, notamment lorsqu'ils couvrent des sportifs amateurs, comporter obligatoirement une clause de garantie en base fait dommageable [1].

b) La loi n° 2000-627 du 6 juillet 2000 [2] qui a pour objet l'organisation et la promotion des activités physiques et sportives n'est pas une loi d'assurance. Cependant ses articles 30, 31 et 32, modifiant les articles 37, 38 et 38-1 de la loi primitive du 16 juillet 1984, confirment l'obligation d'assurance.

- *Les groupements sportifs* de base ne sont véritablement tenus que d'une information des adhérents sur l'obligation de souscrire une assurance accidents corporels, qui peut être simplement forfaitaire, ou plus largement à la mesure des préjudices subis. En revanche, elle n'est plus tenue de fournir à ses membres des formules de garantie leur permettant de s'assurer.

- *Les fédérations sportives* agréées peuvent proposer aux membres du groupe adhérent qui sollicite la délivrance d'une licence, d'adhérer simultanément au contrat collectif d'assurance de personnes qu'elle peut avoir souscrit, après appel à la concurrence. Cette adhésion à l'assurance collective, facultative, est distincte de la demande de licence. La fédération doit joindre pour information la notice établie par l'assurance (art. L. 141-4 C. assur.) et doit indiquer à l'adhérent qu'il peut souscrire des garanties individuelles complémentaires.

« Carton rouge », *RCA* 1992, chron. n° 30 ; H. Groutel, « Il y a étendue des garanties et étendue des garanties » (à propos décr. n° 93.392 du 18 mars 1993), *RCA* 1993, chron. n° 25 ; G. Courtieu, « Les Fédérations ne sont pas sportives », *RCA* 1999 chron. n° 26. – **Jurisprudence** : Civ. 1re, 6 juill. 1999, *RCA* 1999, n° 378 (faute d'une fédération qui avait délivré une licence « tenant lieu d'assurance », alors que l'escalade en salle n'était pas garantie) ; Civ. 2e, 19 mars 1997, *Gaz. Pal.* 9-13 nov. 1997, p. 21 (mauvaise information du groupement sportif sur la garantie d'assurance ; perte de chance d'être bien garanti) ; Civ. 2e, 21 févr. 2002, *RCA* 2002, n° 181, obs. Courtieu (la perte de chance d'être bien garanti n'est pas la réparation intégrale, information insuffisante).

1. **Durée de la garantie dans le temps et clauses « réclamations »** : v. ss 636 s.

2. **Loi du 6 juillet 2000 sur les activités physiques et sportives** : H. Groutel, « Les Fédérations sportives battues par K.O. », *RCA* 2000, chron. n° 21 ; F. Taquet, « Brève approche sur une réforme timide », *Gaz. Pal.* 15-21 août 2001, p. 2 ; S. Choisez, « L'obligation d'information en matière d'assurance sportive... », *RCA* 2003, chron. n° 3.

2. Les accidents de la vie professionnelle [1]

391 • **Les accidents du travail** représentent l'archétype des accidents de la vie professionnelle. Leur régime juridique est tout à fait spécifique et nous en développerons l'étude dans le cadre de la Sécurité sociale.

• **Les responsabilités professionnelles**, c'est-à-dire supportées par des professionnels du fait de dommages causés à des tiers dans leur activité sont aussi diverses que les branches d'activités. Cependant de nombreuses professions n'ont une réglementation spécifique que dans le cadre de leur activité intellectuelle, matérielle, financière ou commerciale, qui ne présente aucun risque particulier en matière de dommages corporels : la responsabilité des banquiers, notaires, experts-comptables, commerçants, architectes, etc. ne relève donc pas de cet ouvrage, et si quelque accident survient dans leurs locaux, le seul droit commun est alors applicable.

Il y a cependant une branche professionnelle dont l'activité a pour objet le corps humain : ce sont toutes les *professions de santé*. Les problèmes posés par leur responsabilité sont considérables et d'une actualité marquée par les difficultés d'application de la loi du 4 mars 2002 : nous consacrerons un long chapitre à l'analyse de la responsabilité médicale.

3. Les accidents de transport et les accidents technologiques [2]

392 • **Les accidents de la circulation routière** constituent le paradigme des accidents corporels, et ils justifient dans presque tous les pays un régime juridique d'indemnisation particulier ; en France ce fut la loi Badinter du 5 juillet 1985 : nous y consacrons un chapitre.

• **Les accidents de transports collectifs** sont soumis à des régimes différents selon le mode de transport utilisé : nous envisagerons chacun d'entre eux pour préciser les règles applicables à l'indemnisation des victimes.

• **Les accidents causés par des produits industriels** sont l'une des préoccupations majeures de consumérisme. La directive européenne du 25 juillet 1985 a fixé les règles applicables à la responsabilité des fabricants du fait d'un défaut de sécurité du produit ; la loi française d'intégration date du 19 mai 1998 figure aux articles 1386-1 s. C. civ. : nous en analyserons toutes les difficultés.

• **Les accidents causés par la pollution industrielle ou nucléaire** sont symbolisés par les catastrophes de Bhopal, de Tchernobyl et de Fukushima ; la France a aussi connu une catastrophe technologique majeure à Toulouse, le 21 septembre 2002.

---

1. **Accidents de la vie professionnelle** : – Sur les accidents du travail, v. ss 445 s. – Sur la responsabilité médicale, v. ss 780 s.

2. **Accidents de transport et accidents technologiques** : – Sur les accidents de la circulation, v. ss 686 s. – Sur les accidents des transports collectifs par trains, navires ou aéronefs, v. ss 988 s. – Sur les accidents du fait de produits défectueux, v. ss 895 s. – Sur les accidents du fait de pollution industrielle ou nucléaire, v. ss 958 s. ; sur la catastrophe AZF (Toulouse), v. ss 959.

4. Les accidents corporels nés de la violence [1]

393 Tout accident corporel qui meurtrit l'intégrité physique de la victime est en soi violence ; mais il s'agit ici plus particulièrement d'une violence délibérément mise en œuvre par l'auteur des dommages.

• *Les victimes d'infractions* ont commencé à être timidement protégées dès 1977 ; les *victimes d'attentats terroristes* depuis 1986 ; aujourd'hui les unes et les autres sont correctement garanties par un « Fonds de Garantie » qui leur est commun, même si les procédures d'indemnisation demeurent différentes : nous leur consacrerons un chapitre.

• En revanche nous n'avons pas intégré dans cet ouvrage le régime des *victimes de guerre* qui est très particulier ; malgré les conflits armés qui ensanglantent le monde, la France paraît actuellement à l'abri de véritables risques de guerre.

5. Les accidents dus aux éléments naturels

394 La terre, l'eau, l'air et le feu, considérés naguère comme les quatre éléments originels constitutifs de tous les corps, apparaissent très diversement dangereux. Le feu c'est l'incendie. La terre, l'eau et l'air ce sont les tremblements de terre, les cyclones et les inondations que l'on peut regrouper sous la dénomination commune de « catastrophes naturelles ». Ignorés du droit du dommage corporel, ils exigent ici quelques mises au point.

a. Les incendies

395 ***1) Appréciation statistique*** [2] ◊ Les incendies sont meurtriers en vies humaines. En *France*, les statistiques des services d'incendie et de secours donnent le nombre de 14 068 victimes d'incendie pour 2010, dont 321 décès, 1 503 victimes médicalisées, dont la plupart dans des feux d'habitation. Afin de lutter contre ce fléau, la loi n° 2010-238 du 9 mars 2010 impose l'installation de détecteurs de fumée obligatoires dans tous les lieux d'habitation à l'échéance de cinq ans.

396 ***2) Régime d'indemnisation, et garanties des victimes d'incendies*** [3] ◊

– *Responsabilités* : selon les circonstances, le sinistre peut relever soit de la législation sur les accidents du travail pour les salariés victimes d'une entreprise sinistrée, soit de la responsabilité civile édictée par le Code civil,

1. **Accidents corporels nés de la violence :** v. ss 1013 s.

2. **Incendies, statistiques :** France : Statistiques des services d'incendie et de secours pour 2013, édition 2014 : www.interieur.gouv.fr/Publications/Statistiques/Securite-civile/2013.

3. **Incendie, art. 1384 al. 2 :** Civ. 2e, 22 mai 1995, *RCA* 1995, n° 88, *RTD civ.* 1995. 902 obs. Jourdain (commune responsable du fait d'un incendie causé par des SDF qu'elle a logés dans un immeuble inoccupé) Civ. 2e, 16 avr. 1996, *RCA* 1996, chron. Groutel n° 38, « L'art. 1384 al. 2, C. civ. se porte bien » (application de l'art. 1384 al. 2 à des dommages matériels) ; Civ. 2e, 19 mars

art. 1382, art. 1384, al. 1 (responsabilité du fait des choses) ou al. 2 (communication d'incendie), soit enfin, de la seule protection de la Sécurité sociale s'il n'y a aucun tiers responsable (victime/auteur de l'incendie).

L'article 1384 al. 2 dispose que celui qui détient le bien dans lequel l'incendie a pris naissance, n'est responsable vis-à-vis des tiers des dommages causés par l'incendie « que s'il est prouvé qu'il doit être attribué à sa faute ou à la faute des personnes dont il est responsable ». Pour les dommages aux biens, le texte peut se justifier par la généralisation de l'assurance-incendie, assurance de biens. En revanche l'application de l'art. 1384 al. 2 (responsabilité pour faute prouvée) et non de l'article 1384 al. 1 (sans faute prouvée) en cas de dommages corporels paraît totalement inadaptée.

– *Assurances :* Le responsable doit veiller à ce que les dommages corporels causés par un incendie soient couverts par une extension de garantie de son contrat d'assurance responsabilité civile, que ce soit son assurance « *chef de famille* » de la vie privée, ou l'assurance « *responsabilité exploitation* » pour l'entreprise ; il faut en effet savoir que les contrats d'assurance incendie sont des assurances de biens qui excluent en principe toute garantie de dommages corporels.

b. Les catastrophes naturelles

397 Même si les statistiques démontrent, en comparaison avec d'autres zones géographiques, la situation relativement privilégiée de la France face aux catastrophes naturelles, un régime particulier d'assurance a été mis en place par la loi du 13 juillet 1982 pour les seuls dommages causés aux biens par les catastrophes naturelles.

398 ***L'absence de tout régime d'indemnisation des dommages corporels*** [1] ◊ Bien que le nombre de catastrophes climatiques augmente en France depuis quelques années, notamment liées à des inondations, on ne peut que regretter le désintérêt pour les victimes corporelles des éléments naturels. Sans doute, quelques-unes peuvent-elles trouver un « responsable », privé ou public, de leurs malheurs (éboulement d'un mur, glissement de terrain, chute de tuiles...), mais la plupart se contenteront des

---

1997, *RCA* 1997, n° 185 et *RTD civ.* 1997. 951 obs. Jourdain (application de l'art. 1384 al. 2 à des dommages corporels ; enfant brûlé dans incendie ayant pris naissance dans l'appartement des personnes qui le gardaient à titre bénévole) ; Civ. 2e, 10 juin 1999, *RCA* 1999, n° 286 (six morts et un blessé grave dans l'incendie d'un immeuble ; preuve de la faute du défendeur non rapportée) ; Crim. 29 juin 1999, *Gaz. Pal.* 26-27 janv. 2000, p. 11 (homicide involontaire ; maire négligeant son devoir de prévenir les risques d'incendie dans les ets. recevant du public) ; Crim. 9 nov. 1999, *RCA* 2000, n° 72 *Gaz. Pal.* 31 mars-1er avr. 2000, p. 13 note Petit (décès de trois victimes dans l'incendie d'une maison de retraite ; homicide involontaire retenu contre le directeur d'hôpital et le maire de la commune). Civ. 2e, 7 mai 2010 (QPC) *D.* 2010. 1280 (refus de transmettre la QPC relative à la contrariété de l'article 1384 – al. 2 C. civ. à la constitution).

1. **Indemnisation des catastrophes naturelles ; loi du 13 juillet 1982 :** cf. Y. Lambert-Faivre et L. Leveneur, *Droit des assurances*, Dalloz, 13e éd., 2011, n° 22 à 31 et les références citées.

prestations de la Sécurité sociale en cas d'accident individuel, voire des secours des organisations caritatives en cas de catastrophes collectives.

En effet le régime d'indemnisation des catastrophes naturelles mis en place par la loi du 13 juillet 1982 (art. L. 125-1 s. C. assur.), modifiée par les lois du 25 juin 1990, du 16 juillet 1992, du 5 février 1995 et 25 décembre 2007, est strictement limité à l'indemnisation des dommages aux biens.

On aurait pu penser que les morts de Vaison-la-Romaine en 1992, des tempêtes et inondations de décembre 1999 ou de la tempête Xynthia de février 2010 auraient fait prendre conscience de l'incongruité d'un régime qui faisait prévaloir les biens sur les personnes, et les assureurs eux-mêmes admettaient la faisabilité technique d'une garantie des dommages corporels par extension du champ d'application de la loi. Mais chaque automne et chaque printemps les mêmes drames se reproduisent avec la même carence : l'administration a enfoui tout projet de réforme sous prétexte que les victimes n'avaient qu'à souscrire des assurances de personnes... Une telle dérobade des pouvoirs publics est d'autant plus étonnante que le nombre annuel de victimes corporelles de catastrophes naturelles demeure relativement limité : ces drames individuels pourraient donc sans coût financier excessif être pris en charge par la collectivité avec une majoration corrélative modérée des primes d'assurances catastrophes naturelles.

Une autre voie serait d'indemniser les victimes corporelles de catastrophes naturelles par un Fonds de garantie, soit le Fonds de garantie des victimes du terrorisme et d'autres infractions ; qui pourrait sans difficulté voir sa compétence élargie à ces nouvelles victimes, soit par le Fonds de garantie des assurances obligatoires de dommages. Quelle que soit la solution technique retenue, les victimes corporelles de catastrophes naturelles ne doivent plus être renvoyées au seul bon cœur des organismes caritatifs, comme c'est le cas actuellement.

399 Le silence des lois n° 2003-699 du 30 juillet 2003 et n° 2010-788 du 12 juillet 2010 sur les victimes corporelles de catastrophes naturelles [1], codifiée dans le Code de l'environnement

La loi du 30 juillet 2003 est « relative à la prévention des risques technologiques et naturels et à la réparation des dommages ». Cependant le Titre II de la loi, codifié aux articles L. 562-3 s. C. envir., consacré aux risques naturels s'attache à l'information, à l'utilisation et l'aménagement du sol, aux travaux et leur financement, à l'Office national des forêts : bref à la nature et aux biens, mais *rien* sur les personnes victimes. De même, à la suite de la tempête Xynthia, le législateur a adopté une loi du 12 juillet 2010 codifié dans le Code de l'environnement dans un chapitre relatif aux « mesures de sauvegarde des populations menacées par certains risques naturels majeurs » (art. L. 561-1 s. C. envir.). Mais là encore, seul le sort des biens des victimes est envisagé, et non l'indemnisation des décès ou des dommages corporels causés par ces événements climatiques.

1. **Loi du 30 juillet 2003, risques technologiques et naturels :** v. ss 960.

L'attention portée à l'environnement est nécessaire, la protection des biens est souhaitable, mais le mépris des personnes victimes est inacceptable.

Conclusion

400 Cette brève énumération des diverses causes d'accidents corporels conduit à une dichotomie fondamentale dans le sort de la victime : soit celle-ci est seule face à son dommage ; soit il y a un responsable auquel elle peut demander réparation de ses préjudices, que ce soit dans le cadre du droit commun ou de régimes spécifiques de responsabilité.

• **Plan de la deuxième partie**

Titre 1 – *La réparation des dommages corporels hors responsabilité civile*

Titre 2 – *L'indemnisation des victimes dans la responsabilité civile de droit commun*

Titre 3 – *Les systèmes spécifiques d'indemnisation de dommages corporels*

ANNEXE

STATISTIQUES DES CAUSES DE DÉCÈS

I – Données générales

1 – Causes externes de décès (hors maladies) 2014

Code CIM	Libellé	Sexe	Total	< 1	1-4	5-14	15-24	25-34	35-44	45-54	55-64	65-74	75-84	85-94	95+
V01-Y89	Causes externes de blessure et d'empoisonnement	M	22 215	32	75	140	1 418	1 825	2 606	3 178	2 957	2 292	3 819	3 440	433
		F	14 703	35	65	74	338	373	694	1 134	1 271	1 154	3 033	5 013	1 519
		T	36 918	67	140	214	1 756	2 198	3 300	4 312	4 228	3 446	6 852	8 453	1 952
V01-V99	Accidents de transport	M	2 866	3	19	50	724	508	438	356	278	188	208	90	1
		F	877	1	21	27	142	92	90	101	101	96	132	74	4
		T	3 743	4	40	77	866	600	528	457	379	284	340	163	5
W00-W19	Chutes accidentelles	M	2 881	1	4	5	24	53	87	209	330	328	799	914	127
		F	3 242	1	4	5	6	7	23	57	121	191	830	1 563	434
		T	6 123	2	8	10	30	60	110	266	451	519	1 629	2 477	561
X40-X49	Intoxications accidentelles	M	1 098	0	0	1	39	115	159	187	145	95	178	166	13
		F	905	0	1	1	11	31	55	118	102	97	202	243	44
		T	2 003	0	1	2	50	146	214	305	247	192	380	409	57
V01-X59 nc précéd.	Autres accidents	M	6 348	22	46	49	206	267	363	576	763	745	1 447	1 613	251
		F	6 181	20	34	18	41	46	74	182	303	418	1 344	2 717	984
		T	12 529	42	80	67	247	313	437	758	1 066	11 633	2 791	4 330	1 235
X60-X84	Suicides	M	7 754	0	0	23	364	776	1 424	1 705	1 261	781	906	490	24
		F	2 605	0	0	13	124	169	401	607	567	274	289	248	13
		T	10 359	0	0	36	488	945	1 825	2 312	1 828	1 055	1 195	638	37

X85-Y09	Homicides	M	243	5	4	8	35	55	48	40	30	10	6	4	1
		F	138	11	5	8	10	12	25	24	14	10	13	6	0
		T	381	16	9	16	42	67	73	64	44	20	19	10	1
Y10-Y34	Événements dont l'intention n'est pas déterminée	M	317	1	0	3	19	41	59	61	50	31	38	13	1
		F	98	2	0	0	4	10	15	27	18	4	9	9	0
		T	415	3	0	3	23	51	74	88	68	35	47	22	1
V01-Y89 nc précéd.	Autres causes externes de blessure et d'empoisonnement	M	708	0	2	1	10	10	28	44	100	114	237	147	15
		F	657	0	0	2	0	6	11	18	45	64	214	257	40
		T	1 365	0	2	3	10	16	39	62	145	178	451	404	55
Total toutes causes confondues		M	272 180	1 420	268	399	2 190	3 360	7 280	18 752	38 962	44 586	80 254	66 162	8 147
		F	262 391	1 149	225	273	777	1 282	3 561	9 488	18 168	23 526	67 715	105 066	30 761
		T	534 571	2 569	493	672	2 967	4 642	10 841	28 240	57 130	68 512	147 969	171 228	38 908

Source INSERM. CepiDC 2014.

2 – Principales causes de décès (2014)

	Hommes		Femmes		Ensemble	
	Effectif	en %	Effectif	en %	Effectif	en %
Maladies infectieuses et parasitaires (1)	5 564	2	5 811	2	11 375	2
Tumeurs	92 064	34	66 829	25	158 893	30
dont tumeurs du larynx, trachées, bronches et poumon	*23 385*	*9*	*7 734*	*3*	*31 119*	*6*
dont tumeurs du côlon	*6 497*	*2*	*6 098*	*2*	*12 595*	*2*
dont tumeurs de rectum et de l'anus	*2 529*	*1*	*2 015*	*1*	*4 544*	*1*
dont tumeurs du sein	*106*	*0*	*11 517*	*4*	*11 623*	*2*
Troubles mentaux et du comportement	7 992	3	11 178	4	19 170	4
Maladie de l'appareil circulatoire	64 326	24	73 842	28	138 168	26
dont maladies cérébrovasculaires	*13 333*	*5*	*18 327*	*7*	*31 660*	*6*
dont cardiopathies ischémiques	*19 881*	*7*	*14 477*	*6*	*34 538*	*6*
Maladies de l'appareil respiratoire	17 890	7	16 106	6	33 996	6
Maladies de l'appareil digestif	12 131	4	10 286	4	22 417	4
Causes externes	22 215	8	14 703	6	36 918	7
dont accidents de transport	*2 866*	*1*	*877*	*0*	*3 743*	*1*
dont suicides	*7 754*	*3*	*2 605*	*1*	*10 359*	*2*
Autres causes	49 998	18	63 636	24	113 634	21
Ensemble	**272 180**	**100**	**262 391**	**100**	**534 571**	**100**

(1) : y compris le Sida.

Champ : France métropolitaine.

Source : Inserm-CépiDc (Centre d'épidémiologie sur les causes médicales de décès).

II – Données propres à certaines causes de décès

1 – Répartition des accidents de la vie courante selon l'âge et le sexe

		0-4 ans	5-9 ans	10-14 ans	15-24 ans	25-44 ans	45-64 ans	65-74 ans	75 ans et +	Total
Hommes	Effectif	8 346	6 534	8 133	8 325	9 481	4 620	1 139	1 446	48 024
	%	17 %	14 %	17 %	17 %	19 %	10 %	2 %	3 %	100 %
Femmes	Effectif	6 235	4 828	6 080	4 446	5 382	4 416	1 911	4 432	37 750
	%	17 %	13 %	16 %	12 %	14 %	11 %	3 %	12 %	100 %
Total	**Effectif**	**14 581**	**11 362**	**14 213**	**12 791**	**14 863**	**9 036**	**3 050**	**5 878**	**85 774**
	%	**17 %**	**13 %**	**17 %**	**15 %**	**18 %**	**11 %**	**4 %**	**7 %**	**100 %**
Sexe ratio	H/F	1,34	1,35	1,34	1,9	1,495	1,03	0,6	0,3	1,27

Source : Réseau EPAC. Enquête permanente sur les accidents de la vie courante. Résultats 2006.

2 – Accidents de sport

Estimations selon l'âge et le sexe de taux d'incidence (TI) annuels des accidents de sport

	Effectifs	Sex-ratio	TI	Effectifs nationaux estimés
0-14 ans	13 314	1,64	3,4 % [3,2 ; 3,5]	380 000 [360 000 ; 400 000]
15-24 ans	9 556	3,14	3,7 % [3,5 ; 3,9]	290 000 [270 000 ; 310 000]
25-34 ans	4 623	4,18	1,6 % [1,5 ; 1,7]	130 000 [120 000 ; 140 000]
35 ans et +	4 486	2,24	0,34 % [0,32 ; 0,37]	110 000 [100 000 ; 120 000]
Total	**31 979**	**2,32**	**1,5 % [1,4 ; 1,6]**	**910 000 [850 000 ; 970 000]**

Source : EPAC. Enquête permanente sur les accidents de la vie courante 2004-2005 : Description et incidence des accidents de sport.

3 – Incendies

Type de feux	Décès	Blessés graves	Blessés légers	Impliqués	Total
Feux habitation	308	870	8 179	7 223	13 107
Autres feux	16	137	1 623	797	2 573
Feux véhicules	31	98	772	460	1 361
Feux végétations	11	192	226	445	701
Feux voie publique	6	36	248	167	457
Feux EPR*	15	47	363	376	801
Feux locaux industriels	4	22	272	370	669
Feux locaux agricoles	1	13	130	203	348
Feux locaux artisanaux	0	6	20	2	28

* EPR : Établissement recevant du public

Source : « Les statistiques des services de secours et d'incendie », 2010. Direction de la défense et de la sécurité civile. Ministère de l'Intérieur.

TITRE 1

LA RÉPARATION DES DOMMAGES CORPORELS HORS RESPONSABILITÉ CIVILE

401 Lorsque la victime d'un dommage corporel ne peut attendre aucune indemnisation d'un tiers responsable, elle dispose cependant de certaines *prestations de Sécurité sociale* qui lui permettent notamment de recevoir les soins médicaux correspondant à son état, et éventuellement quelques subsides en espèces ; c'est aussi dans le cadre de la Sécurité sociale que la victime d'un *accident du travail* est indemnisée.

Elle peut en outre avoir veillé à sa prévoyance personnelle en ayant souscrit des « *assurances de personnes* » pour ses « *dommages corporels* » d'accident ou de maladie.

Le *plan* de ce titre sera donc le suivant :
Chapitre 1 – *Les prestations de Sécurité sociale*
Chapitre 2 – *Les assurances de dommages corporels*

CHAPITRE 1
LES PRESTATIONS DE SÉCURITÉ SOCIALE

402 ***Sécurité sociale et dommage corporel*** ◊ *Le régime de Sécurité sociale français* a été conçu au lendemain de la Libération par l'Ordonnance du 4 octobre 1945 pour garantir l'ensemble de la population contre les *risques sociaux*. Il repose sur un principe de *solidarité nationale* qui aurait dû se concrétiser par un *régime de base* unique, le « *régime général* ». En fait la pesanteur des corporatismes a jusqu'ici fait obstacle à cette souhaitable unification des régimes de protection sociale : ainsi perdure une inouïe complexité de régimes de base (régime général, régime des travailleurs indépendants créé par une ordonnance du 8 décembre 2005, régime agricole, régimes particuliers), assortis de multiples régimes complémentaires obligatoires...

L'objet de ce chapitre n'est pas d'entrer dans la réglementation inextricable et constamment évolutive de chaque régime et de chaque prestation, mais seulement de montrer *le rôle à la fois irremplaçable et limité de la Sécurité sociale dans la réparation des dommages corporels*, sur la base du « régime général » pris comme référence.

403 ***Le principe d'universalité de la protection sociale*** ◊ La loi Douste-Blazy du 13 août 2004 relative à l'assurance-maladie a inscrit la proclamation solennelle de ce principe en tête du Code de la sécurité sociale :

> « Art. L. 111-2-1. – La Nation affirme son attachement au caractère universel, obligatoire et solidaire de l'assurance-maladie.
>
> Indépendamment de son âge et de son état de santé, chaque assuré social bénéficie, contre le risque et les conséquences de la maladie, d'une protection qu'il finance selon ses ressources ».

Universelle, la Sécurité sociale a l'immense mérite d'accorder ses garanties de couverture de santé sans discrimination tenant à la nature du dommage corporel (maladie ou accident), à sa cause, ou à la faute de la victime. La seule exception, où le régime d'indemnisation par la Sécurité sociale est lié à la cause du dommage corporel, est celle des accidents du travail.

La valeur de cette *protection en principe neutre au regard de l'origine de la maladie*, pathologique ou traumatique, est d'autant plus précieuse que les accidents de toute nature, accidents de la circulation, de la vie privée et des loisirs, pèsent lourd dans le coût des dépenses de santé, notamment pour la survie de tous les blessés gravement handicapés, tétraplégiques, paraplégiques, hémiplégiques et amputés sans oublier ces véritables morts vivants que sont les blessés en état végétatif chronique.

Toute victime d'un dommage corporel - ou presque - trouve donc auprès des organismes sociaux dont elle relève une *indemnisation minimum* de ses dépenses de santé, et ceci de manière *quasi immédiate*, qu'il s'agisse de modalités en tiers payant qui tendent à se généraliser ou de remboursements généralement effectués dans les délais les plus brefs. Cette prise en charge rapide et efficace relativise les délais excessifs des règlements de préjudices dans le cadre de responsabilités litigieuses.

La Sécurité sociale n'offre cependant aux victimes de dommages corporels que des *indemnisations limitées* ; la « *protection sociale de base* » pare au plus pressé en prenant en charge de manière modulée les *dépenses de santé* et de façon très partielle les *pertes de revenus ;* mais elle néglige totalement les *préjudices personnels extrapatrimoniaux*. Malgré l'éventuel complément des systèmes mutualistes, la victime d'un dommage corporel qui ne peut compter que sur les régimes sociaux de protection devra donc souvent supporter elle-même une part importante de ses « préjudices ». Aussi, l'objet de ce bref chapitre n'est donc pas d'engager une étude approfondie de la sécurité sociale, mais beaucoup plus modestement de situer les droits médico-sociaux des victimes de dommages corporels. À cet égard il convient d'abord d'envisager les prestations du régime général de la sécurité sociale en *assurances maladie-invalidité-décès* (Section 1), puis celles plus spécifiques, d'une catégorie de victimes de dommages corporels, celles *d'accidents du travail* (Section 2).

SECTION 1. LES PRESTATIONS MALADIE-INVALIDITÉ-DÉCÈS

404 ***Les assurances sociales*** ◊ Les prestations maladie-invalidité-décès constituent le socle historique de la protection sociale dans tous les pays modernes. Cependant c'est l'assurance-maladie qui, déterminant l'accès aux soins, pose les problèmes institutionnels et économiques les plus difficiles.

§ 1. L'assurance-maladie

405 ***La couverture maladie universelle*** [1] ◊ L'assurance-maladie est fondée sur un régime contributif qui suppose donc une prise en charge indirecte des

1. – **Couverture maladie universelle (CMU) :** Loi n° 99-641 du 27 juillet 1999, *JO* 28 juillet 1999 ; Rapport Boulard, « Pour une couverture maladie universelle », Questions de S.S. sept. 1998, p. 10 ; F. Taqet, « Premières réflexions sur la loi du 27 juill. 1999... », *Gaz. Pal.*, 21-23 nov. 1999, p. 21 ; J.-S. Cayla, « L'accès aux soins et la politique de santé publique », *RDSS* 1999, p. 409 ; J.-C. Boulard, « La CMU en 29 questions », Problèmes économiques, n° 2651 du 9 février 2000 ; F. Taquet, « CMU : ultimes précisions », *Gaz. Pal.*, 9-11 avril 2000, p. 11 ; F. Bolot, « La notion de droit aux soins et la question de l'accessibilité aux soins », *Gaz. Pal.* 7-8 sept. 2001, p. 17 ; P. Le Fur et M. Peronnin, « L'état de santé des bénéficiaires de la

frais de santé par le biais de cotisations sociales. L'assuré n'a donc en principe droit à prestations que s'il justifie soit d'avoir cotisé sur la base d'un salaire au moins égal au Smic, soit d'une activité salariale minimum au cours de la période de référence (art. L. 313-1 CSS). Cependant un tel système laissait hors de sa protection divers exclus, pour lesquels la loi du 27 juillet 1999 a créé une couverture maladie universelle (CMU). Ainsi, selon l'article. L. 380-1 du Code de sécurité sociale (CSS) : « Toute personne résidant en France métropolitaine ou dans un département d'Outre-Mer de façon stable et régulière relève du régime général lorsqu'elle n'a droit à aucun autre titre aux prestations en nature d'un régime d'assurance maladie-maternité... »

Hommage au principe de l'universalité du droit aux soins de santé (et non pas d'un « droit à la santé » comme un slogan trop simpliste le clame), la CMU est accordée à toute personne résidant régulièrement en France depuis au moins trois mois, et qui ne peut bénéficier de l'assurance-maladie par une autre voie. L'affiliation à la CMU est en principe gratuite, mais une cotisation de 8 % est demandée aux assurés dépassant un certain plafond de revenus (fixé à 9 601 € par an pour l'année 2014 : art. D. 380-4 CSS).

406 ***Les prestations de l'assurance-maladie*** ◊ Les prestations du régime général de l'assurance-maladie (art. L. 321-1 et R. 321-1 s. CSS) s'articulent en prestations en nature et prestations en espèces.

Les « *prestations en nature* » ont pour objet la couverture des dépenses de santé : frais médicaux, pharmaceutiques et d'hospitalisation, appareillage, surveillance médicale pour cures thermales, frais d'analyses, examens de laboratoires, etc.

Les « *prestations en espèces* » désignent les indemnités dont l'objet est de compenser une *perte de revenus* du fait d'un arrêt de travail causé par la maladie ou l'accident. Il s'agit donc d'un *revenu de remplacement* qui n'est toujours qu'une *fraction d'un revenu de référence plafonné.*

A. Les prestations en nature

407 ***Médecine libérale et médecine hospitalière*** [1] ◊ Les réformes récurrentes de la Sécurité sociale ont souvent comme premier objet l'insaisissable médecine libérale, le bastion beaucoup plus coûteux de la médecine hospitalière relevant en priorité du Code de santé publique.

1. La médecine libérale de ville

408 *Les principes de la médecine libérale* ont une très grande importance dans le corps médical français : ils sont énoncés à l'art. L. 162-2 CSS : « Dans

---

couverture maladie universelle complémentaire », Questions d'économie de la santé, n° 76, déc. 2003, CREDES. R. Marie, « CMU et difficultés d'accès aux soins », *JCP* (S) 2009, n° 52, p. 15. – **Aide médicale :** E. Alfandari, *Action et aide sociales*, Dalloz.

1. **Médecine libérale et médecine hospitalière :** les textes référencés dans cette étude relèvent soit du Code de Sécurité sociale (CSS), soit du Code de santé publique (CSP).

l'intérêt des assurés sociaux et de la santé publique, le respect de la liberté d'exercice et de l'indépendance professionnelle et morale des médecins est assuré conformément aux principes déontologiques fondamentaux que sont le libre choix du médecin par le malade, la liberté de prescription du médecin, le secret professionnel, le paiement direct des honoraires par le malade, la liberté d'installation du médecin... »

Cependant, les nécessaires tentatives de *maîtrise des dépenses de santé* en ont altéré la rigueur.

a. L'encadrement du remboursement des honoraires médicaux et des médicaments [1]

409 Les relations entre les syndicats médicaux et la Sécurité sociale ont été organisées par un système de Conventions nationales instauré par une loi du 3 juillet 1971, modifiée à de multiples reprises, la dernière en date ayant été adoptée le 26 juillet 2011 et approuvée par un arrêté du ministère de la Santé du 22 septembre 2011.

410 ***Les médecins, le système conventionnel et le parcours de soins coordonnés*** ◊ Au terme de l'article L. 162-5-3 CSS, tout patient âgé de plus de 16 ans doit désigner un médecin traitant. Celui-ci assure les soins courants du patient, ainsi que la coordination du parcours de soins. Si le patient ne désigne pas de médecin traitant ou consulte un autre médecin, le remboursement de la consultation est amoindri, puisque le remboursement est, dans le cadre du parcours de soins de 70 % du tarif conventionné, alors qu'il n'est plus que de 30 % dans le cas contraire, outre une majoration du ticket modérateur [2]. Les honoraires pratiqués par le médecin dépendent quant à eux de la nature de son conventionnement.

---

1. **Système conventionnel :** J.-J. Dupeyroux, M. Borgetto, R. Lafore, « Droit de la Sécurité sociale », Dalloz 16e éd. 2008 ; X. Prétot, « L'évolution du régime juridique des conventions médicales : du contrat doué d'effets réglementaires au règlement à l'élaboration concertée », *Dr. soc.* 1997, p. 845 ; L. Dubouis, « Le statut constitutionnel des conventions nationales de Sec. soc. », note sous Conseil constitutionnel, 22 janv. 1990 ; *RDSS* 1990.637 ; M. Harichaux, « Vers de nouvelles règles conventionnelles » (à propos de l'arrêt du CE du 10 juill. 1992 annulant la convention médicale du 9 mars 1990), *RDSS* 1992.614 ; C. Maugüe, « La fixation des honoraires médicaux après l'annulation de la Convention médicale du 9 mars 1990 », *RDSS* janv. 1995, p. 70 ; L. Dubouis, « L'annulation des Conventions médicales de 1997 : le Conseil d'État exécuteur ou régulateur du plan Juppé », note sous CE 26 juin et 3 juill. 1998, *RDSS* 1998, p. 755 ; L. Dubouis, « L'invalidation partielle de la Convention des généralistes : la survie du plan Juppé et du système conventionnel », note s/CE 14 avr. 1999, *RDSS* 1999.511 ; V. Veillou, « La Convention des médecins généralistes : adhésion et principales incidences sociales et fiscales », L'entreprise médicale n° 177, 1er févr. 1999, p. 4 ; L. Dubouis, « À propos d'un cas : annulation partielle de la Convention des médecins généralistes par le Conseil d'État (CE 14 avr. 1999, Syndicat des médecins libéraux et autres) », *L'entreprise médicale* n° 187, 5 juill. 1999, p. 11 ; R. Marie, « Dépassement d'honoraires et accès aux soins », *RDSS* 2010, 511. D. Truchet, « Conventions médicales : une nouvelle jurisprudence du Conseil d'État : CE, 14 avril 1999 », *Dr. soc.* 1999, p. 600.
2. V. ss 412.

– *Le médecin conventionné appartenant au Secteur 1* doit respecter de façon stricte les *tarifs conventionnels* qui constituent l'assiette du remboursement de la Sécurité sociale.

Ces médecins conventionnés à part entière, bénéficient d'avantages sociaux maladie et vieillesse en partie financés par les caisses. Le Secteur 1 rassemblerait environ 70 % des médecins libéraux.

– *Le médecin conventionné appartenant au Secteur 2* a opté pour des *honoraires libres*. L'assuré conserve à sa charge non seulement le ticket modérateur sur tarif conventionnel, mais encore l'intégralité du dépassement. Cette catégorie qui avait été instituée initialement par la Convention nationale du 30 avril 1980, permet à un médecin conventionné de ne pas être tenu de respecter les tarifs conventionnels ; en contrepartie, celui-ci perd vocation aux avantages sociaux financés par le régime général dont il relève. Les médecins du Secteur 2 ne représentent qu'environ 25 % des médecins conventionnés.

– *Le médecin hors convention :* ayant choisi de rester hors du système conventionnel il est totalement libre dans la fixation de ses honoraires. Les assurés ne bénéficient alors que d'un remboursement symbolique sur la base d'un tarif d'autorité ; cette catégorie de médecins est marginale (environ 0,7 %). La mise hors convention peut aussi être une sanction prononcée par la caisse primaire d'assurance-maladie lorsque le médecin a violé ses engagements conventionnels.

411 ***Le remboursement des soins*** ◊ La Sécurité sociale tente de fixer des règles du jeu qui lui permettent sinon de maîtriser, du moins de contrôler ses coûts. Pour cela, elle utilise deux techniques qui limitent sa prise en charge : d'une part celle d'« *une participation de l'assuré* » qui limite mécaniquement la part de prise en charge de l'assurance-maladie, d'autre part la référence à des « *tarifs conventionnels* » qui en déterminent l'*assiette*.

412 ***1) La participation de l'assuré : ticket modérateur, forfait et franchise (art. L. 322-2 CSS)*** ◊ Le déficit croissant de l'assurance-maladie a conduit les lois récentes à laisser à la charge de l'assuré une part croissante des dépenses de santé, par différents mécanismes.

– *Le ticket modérateur* : La Sécurité sociale assume pour chaque dépense de santé une prise en charge qui peut aller de 0 % (pas de remboursement) à 100 % (prise en charge intégrale). Corrélativement, le pourcentage complémentaire représente le « *ticket modérateur* » laissé à la charge de l'assuré. Comme le terme l'indique, on espère que cette participation de l'assuré est susceptible de « modérer » sa propension excessive à recourir à des prescriptions médicales parfois inutiles. Le taux du ticket modérateur pour les diverses prestations est fixé par le Conseil de l'UNCAM, dans les limites prévues par décret. Il est ainsi de 15 à 25 % pour les soins dispensés au cours d'une hospitalisation et les frais d'honoraires des praticiens, de 35 à 45 % pour les frais d'honoraires des auxiliaires médicaux, de 35 à 45 % pour les frais d'analyses ou de laboratoire, etc. (art. R. 322-1 CSS). Cette somme peut être majorée si le patient consulte un médecin hors du parcours de soins coordonné. Ainsi, par exemple, en 2015, le ticket modérateur est de 6,90 euros pour la consultation du médecin traitant dans le cadre du parcours de soins, et de 16,10 euros dans les autres cas.

Il existe de nombreux *cas d'exonération du ticket modérateur* tenant au statut de l'assuré ou au type de dépense, prévus notamment par les art. R. 322-2 s. CSS. Pour certains actes, visés à l'article R. 322-8 CSS, la participation forfaitaire de l'assuré est en outre plafonnée à un montant maximum de 18 euros.

L'efficacité du ticket modérateur peut toutefois être discutée. En principe, une part de celui-ci ne devait pas pouvoir être pris en charge à titre complémentaire (par exemple par une mutuelle ou une assurance) afin de conserver son rôle de responsabilisation de l'assuré social vis-à-vis des dépenses de santé, ce qui est notamment le cas dans le cadre des contrats dits « responsables » [1]. Il est normal que le remboursement soit total pour les pathologies lourdes ; en revanche la généralisation d'une prise en charge complémentaire quasi-totale pour beaucoup de pathologies banales, en a détruit le sens, alors que paradoxalement lunettes, et prothèses dentaires ou auditives sont maintenues dans un remboursement symbolique.

– *Le forfait*. Le forfait est une participation financière du patient au coût de l'acte médical ou de l'hospitalisation. Ainsi, dans le cadre de la médecine de ville, tout patient âgé de plus de dix-huit ans garde à sa charge la somme d'un euro pour tout acte réalisé par un médecin, ou pour tout acte de biologie médicale, *dans la limite maximum de 50 euros par an* (art. L. 322-2-II CSS). Des exceptions sont prévues au profit des femmes enceintes, des mineurs, et des bénéficiaires de la CMU.

– *La franchise*. Instituées par la loi de financement de la Sécurité sociale pour 2008, les franchises sont des sommes déduites des remboursements effectués par les caisses d'assurance-maladie. Leur montant a été fixé à la somme de 0,50 euro pour les médicaments, et pour les actes paramédicaux (dans la limite de 2 euros par jour dans ce dernier cas), et à 2 euros par transport sanitaire, dans une limite annuelle de 50 euros.

413 ***2) L'assiette des remboursements : la classification commune des actes médicaux*** ◊ Il est important de déterminer sur quelle assiette est calculée la participation de la Sécurité sociale. Jusqu'à une période récente, le principe général était celui d'une *codification de chaque acte médical sous forme d'une « lettre-clé »*. Cette « *nomenclature générale des actes professionnels* » (NGAP) avait été fixée par arrêté ministériel du 27 mars 1972.

Cependant, depuis 2004, le NGAP a fait place à la CCAM : la « *Classification commune des actes médicaux* » qui s'intègre dans le contexte européen et international des codifications médicales. Cette classification concerne plus de 7 600 actes dont elle fixe la base de tarification. Elle est établie par l'UCAM, après avis de la Haute autorité de santé.

1. Sur les contrats « responsables » : v. ss 549.

Certains actes sont soumis à une *formalité d'entente préalable*, c'est-à-dire à une acceptation préalable de la caisse de Sécurité sociale après avis du contrôle médical, pour être remboursés.

414 ***Le remboursement des médicaments*** [1] ◊ Les *médicaments spécialisés* ne peuvent être remboursés que s'ils sont inscrits sur une *liste des médicaments remboursables* par les organismes de Sécurité sociale et fixée par arrêté ministériel, après évaluation du service médical rendu. Ne sont donc inscrites sur cette liste que les spécialités pharmaceutiques qui sont supposées apporter une amélioration de la santé et une économie de coûts. Ainsi sont exclus les produits d'hygiène, les produits diététiques, vins et élixirs, les produits qui font l'objet d'une publicité auprès du public, les spécialités dont le prix n'est pas justifié par la recherche ou l'état du marché, etc. Des médicaments qui n'apparaissent plus indispensables à la thérapeutique sont ainsi de plus en plus souvent rayés de la liste des médicaments remboursables.

Conformément à l'art. L. 162-17 CSS, la liste des médicaments remboursables « précise les seules indications thérapeutiques ouvrant droit à la prise en charge ou au remboursement des médicaments ».

Les médicaments génériques [2] sont définis à l'art. L. 5121-1-5° CSP. Ils doivent présenter bioéquivalence et biodisponibilité par rapport au médicament princeps, c'est-à-dire avoir le même principe actif, le même dosage et la même forme pharmaceutique. La liste des génériques de l'ANS comporte les dénominations communes internationales (DCI) : la DCI est le nom chimique de la molécule (ex. paracétamol) et non le nom commercial. En principe et sauf accords particuliers, les médicaments princeps doivent être tombés dans le domaine public après la période protégée par le brevet d'exclusivité pour être copiés en médicaments génériques.

---

1. **Remboursement des médicaments** : M. Harichaux, « Évolution du remboursement des médicaments », *RDSS* 1991.357 ; Dossier, « L'évolution des dépenses de médicaments du régime général », Questions de SS, janv. 1999, p. 21 ; M. Baumevieille et M. Lambert, « La maîtrise des dépenses pharmaceutiques ; des approches multiples », *RDSS* 1996, p. 756, J. Peigné, « Les vicissitudes de la politique du médicament remboursable », *RDSS* oct.-déc. 2003.

2. **Médicaments génériques** : D. Gloaguen, « Les médicaments génériques ont-ils de l'avenir ? », *Valeurs mutualistes* oct. 1999, p. 12 ; B. Haguet, D. Viar, « Procédure abrégée : médicaments essentiellement similaires et protection des données », *Gaz. Pal.*, 16-17 juin 1999, p. 18 (CJCE 3 déc. 1998, affaire C-368/96 : définition de la notion de « médicaments essentiellement similaires », au regard de la Directive 65/65/CEE art. 4-8 a iii relatif à la procédure abrégée d'autorisation de mise sur le marché (AMM) pour ces médicaments) ; F. Locher, « La substitution des médicaments par le pharmacien : un droit encadré », *Entrep. méd.* n° 193, 2 nov. 1999, p. 7 ; C. Royère-Meyer, « Du droit au devoir de substitution du pharmacien dans le cadre de la prescription médicale », *RDSS* 1998, p. 471 ; C. Chabert-Pelrat, M. Ruano-Circuendez, « Le droit de substitution des pharmaciens », *Gaz. Pal.*, 14-15 janv. 2000. I. Pottier, « Vers un allégement de la procédure d'inscription au répertoire des médicaments génériques », *Gaz. Pal.* 27-28 oct., p. 19 ; E. Pidoux, « Responsabilité médecin/pharmacien au regard des génériques : une substitution de responsabilité ? » *Méd. et dr.* 2001, n° 47, p. 10 ; P. Véron, « Les essais cliniques en vue de la mise sur le marché d'un médicament générique ne peuvent être conduits avant l'expiration des droits de propriété industrielle sur le médicament princeps » (art. 31, loi n° 99-1140 du 29 déc. 1999), *Gaz. Pal.* 18-19 oct. 2000, p. 9.

Le décret n° 99-486 du 11 juin 1999 confère au pharmacien le droit de substituer un médicament générique au médicament prescrit par le médecin. En effet, alors que les médicaments génériques sont moins chers que les médicaments princeps, ils demeurent très peu prescrits en France (40 % en volume en 2012 contre 60 % en Grande Bretagne et en Allemagne, et 75 % aux États-Unis [1]). Ainsi, pour favoriser leur développement, et diminuer corrélativement les dépenses de santé, l'article L. 162-16 CSS aligne le remboursement des médicaments sur celui du générique correspondant.

b. La liberté de prescription encadrée

415 ***La Haute autorité de santé et les RMO*** [2] ◊ c'est la loi n° 93-8 du 4 janvier 1993 et la sixième Convention nationale de 1993 qui avaient prévu l'institution de *références médicales opposables* (RMO), confirmée par l'art. 19 de l'ordonnance n° 93-345 du 24 avril 1996 relative à la *maîtrise médicalisée des dépenses de soins* (art. L. 162-12-15 CSS). Cette démarche d'évaluation médicale a pour but d'améliorer la qualité et l'efficacité des soins et de mettre fin à un abus d'actes et de prescriptions souvent inutiles, voire néfastes pour le patient (ex. : cumul dangereux de médicaments), tout en apportant ainsi un frein aux dépenses de santé : le but d'ordre financier et économique a un support médical et scientifique.

Pour être incontestable, la référence scientifique doit être élaborée par des organismes dont la composition garantit la compétence : les recommandations de bonne pratique sont donc établies par la Haute autorité de santé, ou l'agence du médicament.

c. Le libre choix du médecin limité par la coordination des soins

416 Bien que la liberté de choix du médecin reste un principe fondamental de notre droit, la loi du 13 août 2004 a mis en place le *parcours de soins coordonné*, censé lutter contre le « nomadisme médical » de certains patients,

1. Chiffres de la mutualité française 2012 :www.sante.gouv.fr/enjeux-des-medicaments-generiques.html

2. **Références médicales opposables (RMO)** : C. Atias, « Les références médicales opposables : révolution ou continuité ? », *RDSS* 1995.1, p. 21 ; L. Dubouis, « La sixième Convention nationale médicale : la mise en chantier de la maîtrise médicalisée des dépenses médicales », *RDSS* 1994.40 ; Y. Saint-Jours, « Aperçu rapide sur la maîtrise médicalisée des dépenses de soins : ord. n° 96-345 du 24 avr. 1996 », *JCP* 1996, Actualités du 5 juin 1996 ; S. Fournel, « Que savoir sur les prescriptions médicales ? », L'entreprise méd. n° 188, 9 juill. 1999, p. 7 ; Le Caducée, « Les R.M.O. », n° 430, mai 1997 ; P. Sargos, « Quelle est la place des RMO au regard des données acquises de la science ? », *L'entreprise méd.* n° 177, 1er févr. 1999, p. 2 ; D. Monestier-Carlus, « Régulation médicalisée des soins et responsabilité médicale… », *Méd. et dr.*, n° 33 nov. déc. 1998, p. 6 ; P. Sargos, « Références médicales opposables et responsabilité des médecins », *Méd. et dr.* n° 28, janv. févr. 1998, p. 9 ; M. et J. Penneau, « Recommandations professionnelles et responsabilité médicale », *Méd. et dr.* n° 28, janv. févr. 1998, p. 4 ; A. Laude, « La force juridique des références médicales opposables », *Méd. et dr.* n° 28, janv. févr. 1998, p. 1 ; C. Athias, « Sur les reversements et les RMO », *Dr. soc.* 1997, p. 830 ; J. Tapié, « Les recommandations de bonnes pratiques et les RMO, des outils à généraliser », *Dr. soc.* 1997, p. 828.

inquiets, voire hypocondriaques, qui errent de médecins en médecins, accumulant prestations et prescriptions médicales abusives aux frais de la Sécurité sociale. Elle instaure à cette fin l'obligation pour chaque assuré de choisir un médecin traitant, qui peut être un généraliste ou un spécialiste (art. L. 162-5-3 CSS). Ce médecin traitant doit être consulté prioritairement, sauf exceptions, et détermine l'accès à une consultation de médecin spécialiste. Le respect de ce parcours de soins est, ainsi que nous l'avons vu, assuré par des sanctions d'ordre financier [1].

417 Pour assurer cette coordination des soins, la loi du 13 août 2004 a également instauré *le dossier médical personnel* (DMP), réglementé par l'art. L. 1111-14 s. CSP. Bien que les décrets d'application du texte n'aient pas encore été pris, le DMP a été progressivement mis en place à titre expérimental. Enfin, pour les patients atteints d'une *affection de longue durée*, la coordination des soins est concrétisée par un « protocole de soins », dont les modalités sont déterminées par l'article L. 324-1 CSS.

2. La médecine hospitalière [2]

418 L'hôpital est le lieu de la médecine la plus performante. Néanmoins il a fait l'objet de critiques de plus en plus vives visant d'une part la désinvolture trop fréquente avec laquelle les patients sont traités, et le coût mal maîtrisé des dépenses hospitalières qui pèsent le plus lourd dans le budget de la Sécurité sociale. Les réformes apportées par la loi Teulade du 4 janvier 1993 et l'Ordonnance n° 96-346 du 24 avril 1996 portant réforme de l'hospitalisation publique et privée et la loi « hôpital, patient, santé et territoire » du 21 juillet 2009 ont tenté de répondre à ces deux enjeux.

• **L'hospitalisation publique** [3] : l'organisation financière du secteur public hospitalier est réglementée par les articles L. 6145-1 s. CSP.

– La *Sécurité sociale* prend en charge 80 % des frais d'hospitalisation (frais de journées et honoraires médicaux) en *tiers payant :* la caisse de Sécurité sociale en règle directement le prix à l'hôpital.

– L'*assuré* doit payer d'une part le *ticket modérateur de 20 %* sur les frais d'hospitalisation (sauf cas d'exonération du ticket modérateur), d'autre part un *« forfait hospitalier »* (art. L. 174-4 CSS) qui est laissé à la charge du

---

1. **Parcours de soins coordonné :** P. L Bras, « Le médecin traitant : raisons et déraisons d'une politique publique ». *Dr. soc.* 2006, p. 59. Pour une explication détaillée des sanctions financières en cas de non respect du parcours de soins : AS Ginon, « Le médecin traitant révélateur des nouvelles fonctions de la protection sociale complémentaire », RDSS 2005 ; 907. P. Morvan, « Droit de la protection sociale », Litec, 2007, n° 221 s. G. Rebecq, « Le parcours de soins institué par la loi du 13 aout 2004 cinq ans après », *RDSS* 2009. 610.

2. **Système hospitalier :** M. Dupont, C. Bergoignan-Esper, C. Paire, *Droit hospitalier*, Dalloz, 7e éd. 2009 ; ML Moquet-Anger, « Droit hospitalier », LGDJ 2010.

3. **Secteur public hospitalier :** v. ss 806 s. ; M. Dupont, C. Bergoignan-Esper, C. Paire, « Droit hospitalier », Dalloz, 6e éd. 2007 ; D. Truchet, « La réforme hospitalière », *AJDA* 20 févr. 1992, p. 130 ; J.-M. De Forges, « La réforme hospitalière », *RDSS* 1991.527 ; « Le rapport (Devulder) sur la réforme hospitalière », Questions S.S., janv. 1996, p. 10. – **Forfait hospitalier :** 18 € au 1er janvier 2015, v. ss 163.

malade dont la vie matérielle, et notamment la nourriture, est assumée par l'hôpital. Le forfait hospitalier fixé par arrêté ministériel, est de 18 euros depuis le 1er janvier 2010, (13,50 euros en cas d'admission dans un établissement psychiatrique) et peut être pris en charge par l'aide sociale.

• **L'hospitalisation privée** : *pour le financement des cliniques privées qui ne sont pas soumises au régime de la dotation globale, un contrat tripartite national* est conclu entre l'État, les caisses nationales d'assurance-maladie et les fédérations représentatives des cliniques privées.

La prise en charge par la Sécurité sociale des frais d'hospitalisation en clinique privée est de 80 % des tarifs de responsabilité conventionnés ; le plus souvent, les cliniques conventionnées pratiquent le tiers payant.

B. Les prestations en espèces

419 ***Définition des prestations en espèces*** [1] ◊ On appelle *prestations en espèces* les versements effectués par la Caisse à un assuré dont l'*incapacité temporaire de travail* entraîné par la maladie ou l'accident supprime les revenus y afférents : en assurance-maladie, des *« indemnités journalières »* compensent très partiellement ces pertes de revenus (art. L. 323-1 et R. 323-1 s. CSS).

420 ***a) La durée des versements*** ◊ Dans le cadre de l'assurance-maladie, l'assuré reçoit une *indemnité journalière à partir du 4e jour* qui suit la date d'arrêt du travail et pendant une durée maximale de trois ans (affections de longue durée), sous réserve qu'il n'ait pas épuisé ses droits à l'occasion d'arrêts de travail antérieurs. Dans une période quelconque de trois années consécutives, l'assuré ne doit recevoir au maximum que 360 indemnités journalières au titre d'une ou plusieurs maladies ; cependant s'il est atteint d'une des maladies visées à l'art. L. 324-1 CSS, l'indemnité journalière peut être servie pendant une période de 3 ans calculée de date à date pour chaque affection.

La loi du 13 août 2004 a tenté de limiter les interruptions de travail dépassant trois mois, notamment en instaurant des démarches de formation (art. L. 324-1-4e CSS).

421 ***b) Les indemnités journalières*** [2] ◊ Le mode de calcul des indemnités journalières a été modifié à plusieurs reprises depuis quelques années pour tenter d'en cantonner la charge financière. Les règles en sont fixées aux articles R. 323-1 s. du Code de la sécurité sociale.

1) Assiette (art. L. 323-4 CSS) : le mode de calcul des prestations en espèces est sur le gain journalier de base (GJB) celui-ci est en principe

1. **Incapacité temporaire de travail et prestations en espèces :** G. Rebecq, « L'appréciation de l'état d'incapacité temporaire de travail dans le cadre de la maladie non professionnelle », *RDSS* 1998, p. 812 ; M. Huyette, « L'activité du salaire pendant son arrêt maladie », note s/Soc. 21 mars 2000, *D.* 2000. 791. T. Tauran, « Le contentieux relatif aux indemnités journalières de l'assurance maladie », *Dr. soc.* 2009, 592.

2. **Indemnités journalières. Plafond des salaires soumis à cotisation :** en janvier 2015, le plafond annuel est fixé à 31 482,36 €.

déterminé d'après les paies des trois mois antérieurs à l'arrêt du travail selon des modulations complexes (art. R. 323-4 CSS).

L'assiette est cependant limitée au plafond des salaires soumis à cotisation.

2) *Taux :* le montant de l'indemnité journalière est en principe de *la moitié du gain journalier de base, plafonné* au 1/730e du salaire annuel soumis à cotisation de la sécurité sociale (art. R. 323-9 CSS).

3) *Plafonds pour 2015 :* le plafond mensuel des salaires soumis à cotisation est fixé à 2 623,53 € ; le plafond de l'indemnité journalière est de 43,13 € par jour pendant les six premiers mois.

Cependant si l'assuré a trois enfants ou plus à charge, l'indemnité est portée aux 2/3 de la rémunération à partir du 31e jour consécutif à l'arrêt de travail, plafonné à 1/547,5e du salaire mensuel maximum soumis à cotisations (art. R. 323-9 CSS) : pour 2015, l'indemnité majorée est de 57,50 € par jour. On remarquera que ces sommes sont en diminution depuis quelques années.

4) *Le régime juridique des indemnités journalières :* considérées comme des « indemnités » qui « n'ont pas le caractère de rémunération », les *« indemnités journalières »* sont cependant soumises dans leur intégralité, depuis 1979, à l'impôt sur le revenu comme les traitements et salaires qu'elles compensent, sauf dans le cas où elles sont allouées à des personnes atteintes d'une affection comportant un traitement prolongé et une thérapeutique particulièrement coûteuse. Lorsque, en vertu d'un contrat individuel ou collectif de travail, le salaire est maintenu en totalité ou en partie, l'employeur qui paie ces salaires sans opérer la déduction des indemnités journalières normalement à la charge de la Sécurité sociale, peut être subrogé par l'assuré dans ses droits contre les caisses.

422 ***Le contrôle des abus*** [1] ◊ Les abus en matière d'arrêts de travail sont nombreux ; les dispositions du Code de la sécurité sociale tentent de les limiter :

1) Du côté du médecin prescripteur. Lorsqu'un médecin prescrit des arrêts de travail paraissant en nombre excessivement élevé par rapport aux moyennes constatées pour une activité comparable, le service du contrôle médical de l'assurance-maladie peut exercer son contrôle sur ces prescriptions. Il peut également soumettre les arrêts de travail à une entente préalable, conformément à l'article L. 162-1-15 CSS.

2) Du côté de l'assuré-bénéficiaire. Selon l'article L. 323-6 CSS :

« Le service de l'indemnité journalière est subordonné à l'obligation pour le bénéficiaire :

1° d'observer les prescriptions du praticien ;

2° de se soumettre aux contrôles organisés par le service du contrôle médical prévus à l'article L. 315-2 ;

1. **Contrôle des arrêts de travail :** S. Beal et MN Rouspide-Katchadourian, « Contrôle des assurés sociaux en arrêt de travail pour maladie », *JCP* (S) 2007, 1742. H. Peschaud, « Contrôle médical des arrêts de travail : où en est-on ? », *JCP* (S) 2009, 1163.

3° de respecter les heures de sorties autorisées par le praticien selon des règles et des modalités prévues par décret en Conseil d'État après avis de la Haute Autorité de santé ;

4° de s'abstenir de toute activité non autorisée.

En cas d'inobservation volontaire de ces obligations, le bénéficiaire restitue à la caisse les indemnités versées correspondantes.

En outre, si l'activité mentionnée au 4° a donné lieu à une rémunération, à des revenus professionnels ou à des gains, il peut être prononcé une sanction financière dans les conditions prévues à l'article L. 162-1-14.

En cas de recours formé contre les décisions de la caisse, les juridictions visées à l'article L. 142-2 contrôlent l'adéquation du montant de la sanction prononcée par la caisse à l'importance de l'infraction commise par l'assuré ».

Le décret n° 2007-1348 du 12 septembre 2007, codifié à l'article R 323-11-1 CSS, a déterminé le régime des heures de sorties, celles-ci pouvant désormais être interdites, autorisées à des horaires donnés, ou totalement libres.

§ 2. La protection sociale des invalides et handicapés

423 ***Infirmité, invalidité, incapacité, handicap, dépendance*** [1] ◊ **Le vocabulaire** demeure flou aussi bien dans ses définitions juridiques que médicales et sociales. On ne peut donc tenter qu'une approche sémantique prudente.

– *L'infirmité*, vocabulaire traditionnel aujourd'hui délaissé en raison d'une connotation qui a trop souvent été péjorative dans le passé, désigne l'état d'une personne qui ne jouit plus de l'intégralité de toutes ses *fonctions* : cette définition renvoie à la notion de déficit fonctionnel, mesuré par un taux de déficit fonctionnel, communément appelé APIPP en droit commun.

1. **Infirmité, invalidité, incapacité, handicap** : en droit commun v. ss 123 s., 133 s., 176 ; E. Alfandari, « Réflexions sur l'absence de définition juridique du handicap », *RDSS* 1985.123 ; H. Marie, « Les handicapés » in *La protection Sociale en France*, Doc. fr., 1995, notice 5, p. 31 ; E. Alfandari, *Action et aide Sociales*, Dalloz, n° 384 à 422 ; E. Cambois, A. Desquelles, J.-F. Ravaud, « Femmes et hommes ne sont pas égaux face au handicap », *Population et Sociétés* n° 386, janv. 2003, p. 1 ; F. Bocquillon, « Les personnes handicapées : actualité juridique », *RDSS* n° 2-2002, p. 131 ; CTNERHI, *Guide Néret pour les personnes handicapées*, Liaisons éd., 2002 ; F. Bocquillon, « Les dispositions relatives aux personnes handicapées dans la loi de modernisation sociale du 17 janvier 2002 », *RDSS* n° 3-2002, p. 583 ; A. Lejeune, « La protection sociale des personnes handicapées », *RFDC* 2001-2, p. 95 ; G. Canguilhem, « Le normal et le pathologique » ; C. Hamonet, *Handicapologie et Anthroplogie*, thèse Paris V, 1992 ; C. Hamonet, *Les personnes handicapées*, PUF « Que sais-je ? » ; C. Hamonet et T. Magalhaes, *Système d'identification et de mesure du handicap (SIMH)*, éd. Eska 2000 ; C. Hamonet et T. Magalhaes, « De la réparation des dommages subis par le corps humain à la réparation des dommages subis par la personne : pour une nouvelle approche anthropologique de la réparation par la notion de handicap », in *Mélanges Y. Lambert-Faivre et D.C. Lambert*, Dalloz 2002, p. 209 ; R. Murphy, *The body silent – Vivre à corps perdu*, Terre humaine, Plon ; P. Legrand et autres, *Handicap et dépendance : l'évaluation*, éd. Berger-Levrault, 2002 ; Ph. Wintrebert, « AGGIR : un outil national d'évaluation de la dépendance », *RFDC* 2002-2, p. 159. A. Boujeka, « La définition du handicap en droit communautaire », *RDSS* 2007, 75.

Pour l'OMS, *les « déficiences »* sont les pertes ou dysfonctionnements de diverses parties du corps ou du cerveau : elles s'apprécient par rapport à la personne elle-même.

- *L'incapacité physiologique* est la réduction du potentiel physique, psychologique, sensoriel ou intellectuel dont reste atteinte une victime. Cependant la notion juridique d'incapacité s'affine en deux aspects complémentaires d'incapacité personnelle et d'incapacité professionnelle.

Pour l'OMS, les incapacités sont les difficultés ou impossibilités de réaliser des actes élémentaires comme marcher, parler, manger, s'habiller. Ces *« incapacités de faire » résultent en général d'une ou plusieurs déficiences.*

- *L'invalidité* correspond à une définition plus réglementaire et juridique : C'est la situation de l'assuré social de moins de 60 ans privé totalement ou partiellement de sa *capacité de travail*, et qui bénéficie d'une pension de la sécurité sociale.

Pour l'OMS, les *« désavantages »* désignent les difficultés ou impossibilités que rencontre une personne à remplir les rôles sociaux qui sont normalement inhérents à son statut (familial, professionnel, etc.).

- *Le handicap*, est un « désavantage » résultant d'une déficience physique ou mentale. C'est la conséquence situationnelle, personnelle et professionnelle, de l'incapacité physiologique ; et la synthèse des déficiences, des incapacités et des désavantages. La loi n° 2005-102 du 11 février 2005 pour l'égalité des droits et des chances, la participation et la citoyenneté des personnes handicapées, qui a profondément réformé le statut de ces dernières [1], donne pour la première fois une définition *légale* du handicap. À son terme, le handicap est constitué par « toute limitation d'activité ou restriction de participation à la vie en société subie dans son environnement par une personne en raison d'une altération substantielle, durable ou définitive d'une ou plusieurs fonctions physiques, sensorielles, mentales, cognitives ou psychiques, d'un polyhandicap ou d'un trouble de santé invalidant. ». Cette définition a une portée symbolique en recentrant la problématique sur la personne handicapée et « met en évidence la relativité du handicap, lequel est constitué par la relation entre une personne atteinte de déficiences génératrices d'incapacité et un environnement (physique, social, culturel) insuffisamment aménagé pour lui permettre d'évoluer avec l'autonomie dont elle est capable » [2]. Elle en élargit la définition habituelle en intégrant en son sein toutes les formes de handicaps, physiques ou mentaux.

---

1. **Loi n° 2005-102 du 11 février 2005 pour l'égalité des droits et des chances, la participation et la citoyenneté des personnes handicapées**, *JORF* n° 36 du 12 févr. 2005 p. 2353. « La loi sur les personnes handicapées », n° spécial de la *RDSS* 2005, 361 s. S. Douay, « La loi pour l'égalité des droits et des chances, la participation et la citoyenneté des personnes handicapées », *JCP* 2005, act. 132. Ch. Hervé et ML Delprat, « Chronique de droit du handicap », *LPA* 17 sept. 2007, n° 186, p. 7 s.V. également, « Victime et handicap », n° spécial *Gaz. Pal.* 14 oct. 2014.

2. S. Milano « La loi du 11 février 2005 : pourquoi avoir réformé la loi de 1975 ? », *RDSS* 2005, 361.

– *La dépendance* de l'aide d'autrui résulte du handicap : la nécessité d'une *tierce personne* pour les actes de la vie courante varie selon la gravité du handicap.

Ces définitions générales recherchent une cohérence entre le droit commun et le droit social. Cependant celle-ci disparaît dès lors que les instruments de mesure se différencient et les critères d'évaluation divergent : or les barèmes d'incapacité qui devraient être fondés sur des normes physiologiques universelles sont aussi disparates que les régimes juridiques d'une protection sociale éclatée ; l'incohérence et la confusion disqualifient un droit social où les meilleurs spécialistes se perdent : il est impossible de rendre compte d'une réglementation aussi abondante que confuse et complexe dans le cadre limité de ce chapitre. Nous n'indiquerons donc ici que les lignes générales de la protection sociale susceptible de s'appliquer aux victimes d'un dommage corporel accidentel dont l'état séquellaire les qualifie « invalides » ou « handicapés ».

424 ***Évaluation du nombre de personnes handicapées en France*** [1] ◊ D'après les derniers chiffres publiés par l'INSEE, et portant sur une enquête réalisée en 2007, la France comprendrait 9,6 millions de personnes handicapées : 1,8 million ayant une reconnaissance administrative de leur handicap, les autres déclarant avoir un problème de santé depuis plus de six mois et rencontrer d'importantes difficultés dans leur activité quotidienne.

Environ 600 000 personnes sont para, tétra ou hémiplégiques, soit 1 % de la population française ; 55 000 personnes ont une cécité complète ; 4 millions de personnes, soit environ 6,6 % de la population, souffrent de déficience intellectuelle ou mentale.

Ces incapacités se traduisent par des limitations de la mobilité : 2,6 millions de personnes ont besoin d'aide pour sortir de leur domicile ; 1,6 million de personnes ne peuvent se laver ou s'habiller seules ; 280 000 personnes (dont 11 % ont moins de 60 ans) sont confinées au lit ou au fauteuil.

Les structures d'accueil sont dramatiquement insuffisantes : seules environ 700 000 personnes vivent dans des institutions spécialisées ; la grande majorité des personnes handicapées vivent en domicile ordinaire. Environ 5 millions de personnes vivant à leur domicile ont besoin d'une aide régulière pour accomplir certaines tâches de la vie quotidienne : dans les deux tiers des cas, cette aide est apportée par la famille.

425 ***Les handicapés dans la vie sociale*** ◊ La loi du 11 février 2005 et les divers décrets d'application qui la complètent ont pour objet de faciliter la vie sociale des handicapés dans tous ses aspects. Le titre IV de la loi est ainsi consacré à l'accessibilité de la personne handicapée aux différents

1. **Évaluation nombre handicapés :** Chiffres de l'INSEE : www.insee.fr/fr/themes/document.asp?ref_id=T11F037. V. également, Pierre Morniche (INSEE) et « Handicap Incapacités Dépendance (HID) », « Le handicap se conjugue au pluriel », oct. 2000.

aspects de la vie sociale. Il est impossible d'entrer ici dans le cadre détaillé de chaque mesure, mais nous citerons seulement à titre d'exemple :

– *les dispositions relatives à l'accessibilité des constructions* (art. L. 111-7 s. CCH) : l'architecture et l'aménagement des locaux d'habitation et des installations ouvertes au public doivent permettre l'accès des handicapés. De notables progrès ont été faits en France pendant la dernière décennie... mais il reste encore beaucoup à faire...

– *les déplacements des handicapés* doivent être facilités par l'adaptation de ce que la loi du 11 février 2005 nomme « la chaîne du déplacement », comprenant les espaces publics, la voirie et les moyens de transport (art. 45, loi 11 février 2005) : les normes de construction des véhicules de transport collectif et les conditions d'accès à ces véhicules doivent être aménagées en conséquence, et dans un délai de dix ans, les transports devront être rendus accessibles aux personnes handicapées. À cet égard il semble que l'on soit très loin du compte en France. Quant aux places de parking réservées aux handicapés, elles sont encore bien souvent occupées par des conducteurs valides : le sentiment collectif d'un devoir d'attention aux problèmes des handicapés demeure encore bien inconsistant...

426 ***Prestations et allocations*** ◊ Notre droit social distingue :

– *un régime contributif de prestations d'assurance invalidité* pour ceux qui ont perdu leur *capacité de travail*, avec des prestations calculées sur la perte du salaire antérieur ; ce régime est notamment applicable aux actifs victimes d'un dommage corporel grave pour des causes non professionnelles (A) ;

– *un système d'aide sociale* qui tente de donner les moyens d'une vie décente à tous les *handicapés :* indispensable aux handicapés de naissance qui ne peuvent subvenir à leurs besoins, elle est également précieuse pour les handicapés accidentels (B).

A. Les prestations d'assurance invalidité

427 ***L'assurance invalidité (art. L. 341-1 s. et R. 341-1 s. CSS)*** ◊ Elle marque la transformation dans la durée de l'assurance-maladie : elle permet à un assuré de moins de 60 ans inapte au travail, pour des raisons non liées à un accident du travail ou une maladie professionnelle, et qui ne peut plus prétendre aux prestations de l'assurance-maladie de percevoir *une pension* en compensation de la perte de salaire qui résulte de sa perte de capacité de travail. Au-delà de 60 ans, l'assurance invalidité est relayée par l'assurance vieillesse. Liée à la perte de revenus du travail, la pension d'invalidité, comme les indemnités journalières d'assurance-maladie, n'est accordée qu'à l'assuré lui-même.

Indépendamment des conditions réglementaires d'affiliation à la Sécurité sociale et d'ouverture des droits par une certaine durée de salariat, l'assuré doit établir son invalidité qui, en droit social, est une *incapacité de travail* et non un déficit fonctionnel personnel comme en droit commun.

1. L'invalidité, incapacité de travail

428 Dans l'analyse des concepts, l'invalidité est sous-tendue par un déficit fonctionnel physiologique, donc une incapacité d'ordre médical, mais elle est analysée dans une optique strictement professionnelle : l'incapacité de travail. Pour avoir droit aux prestations, l'assuré doit présenter une *invalidité réduisant au moins des deux tiers sa capacité de travail ou de gain* (art. L 341-1 et R. 341-2 CSS). La demande doit normalement être présentée par l'assuré dans le délai de 12 mois suivant la date de consolidation des blessures en cas d'accident (ou de la fin d'attribution des indemnités journalières d'assurance-maladie...) ; elle est accompagnée d'un certificat médical du médecin traitant et suivie d'un questionnaire médical complété par tous les documents médicaux justificatifs.

429 ***a) Le contrôle médical (art. L. 315-1 s. CSS)*** [1] ◊ La décision est prise par le *contrôle médical de la caisse* dans les deux mois suivant la date de réception de la demande de l'assuré : elle reconnaît (ou non) l'état d'invalidité et le classe dans une des trois catégories suivantes (art. L. 341-4 CSS) :

- *1re catégorie :* invalides capables d'exercer une activité rémunérée,
- *2e catégorie :* invalides incapables d'exercer une activité quelconque,
- *3e catégorie :* invalides incapables d'exercer une activité professionnelle quelconque et qui se trouvent dans la nécessité d'avoir recours à l'assistance d'une tierce personne pour l'accomplissement des actes ordinaires de la vie.

Des *révisions d'ordre médical* peuvent avoir lieu, soit *en réduction*, soit *en augmentation* suivant l'évolution de l'invalidité. La reprise d'une activité salariée peut également donner lieu à une *révision administrative* (art. L. 341-10 s. CSS).

430 ***b) Les contentieux (art. L. 142-1 s. CSS)*** [2] ◊ Il existe deux types de contentieux de la sécurité sociale, selon que la décision contestée porte sur un problème d'ordre juridique ou d'ordre médical.

1) Le contentieux général (art. L. 142-1 s. CSS), d'ordre administratif, porte sur les questions relatives à l'affiliation de l'assuré et au recouvrement des cotisations de sécurité sociale, sur les décisions portant sur le droit aux prestations, notamment celles qui refusent ou suspendent une

---

1. **Contrôle médical (art. R. 315-1 s, CSS) :** F. Perdriel, « Réflexions sur le contrôle médical », *RDSS* 1984.135 ; Dr. Marty, « L'indépendance des médecins-conseils », *Rev. méd. ass.* mal., 1982-2 et « Le Service national du contrôle médical », *Rev. méd. ass.* mal., 1983-2 ; X. Prétot, « La responsabilité du contrôle médical : compétence juridictionnelle et interprétation du dommage », *Dr. soc.*, 1986, p. 817 ; P.-A. Jeanneney, « Le contentieux du contrôle médical de la Sécurité sociale », concl. sous CE, 31 janvier 1986, *RDSS* 1986, p. 459 ; P.K. Felissi, « Expertise médicale, réadaptation et système judiciaire français », J. Readapt. Med. 1999, n° 4, p. 120.

2. **Contentieux :** P. Sabre, « Sécurité sociale : les voies contentieuses de résolution des litiges médicaux en dehors de l'expertise L. 141-1 », *RFDC* 2003-3, p. 311 ; Ass. plén. 22 déc. 2000, *D.* 2001. 1652, note Y. Saint-Jours, « Contentieux technique : les incompatibilités de la Cour nationale de l'incapacité avec la Convention européenne des droits de l'homme ».

pension d'invalidité. Le différent est d'abord porté devant la *Commission de recours amiable* (CRA : art. R. 142-1 s. CSS) de la Caisse, puis, en cas de rejet, devant le *Tribunal des affaires de sécurité sociale* (TASS : art. L. 142-2 s. CSS) du domicile de l'assuré ; l'appel peut être porté devant la *Cour d'appel* (art. L. 144-1 CSS), et un pourvoi formé devant la *Cour de cassation*.

2) Le contentieux technique (art. L. 143-1 CSS) est compétent pour les différents d'ordre médical : contestations relatives à l'état ou au degré d'invalidité en cas d'accident ou de maladie, et à l'état d'inaptitude au travail ; il concerne également les litiges relatifs au taux d'incapacité permanente comme nous le verrons en accidents du travail.

• **Remarque** : il ne faut pas confondre ce « contentieux technique » avec le « contentieux du contrôle technique » (art. L. 145-1 CSS) qui a pour objet les fautes, abus, fraudes et autres faits contestés de la profession médicale.

Le contentieux technique est porté en première instance aux « *tribunaux du Contentieux de l'incapacité* » (TCI : art. L. 143-2 CSS) ; ils sont portés en appel devant la « *Cour nationale de l'incapacité et de la tarification de l'assurance des accidents du travail* » (CNITAAT : art. L. 143-3 CSS), dont les décisions peuvent, comme celles des Cours d'appel, être attaquées devant la Cour de cassation.

2. Les prestations

431 ***a) Les prestations en nature*** ◊ Le titulaire d'une pension d'invalidité a droit sans limitation de durée à toutes les *prestations en nature* de l'assurance-maladie pour lui-même et sa famille ; pour ses propres prestations il ne conserve aucun ticket modérateur à sa charge.

432 ***b) Les prestations en espèces : la pension d'invalidité (art. L 341-1 et R. 341-4 CSS)*** ◊ De manière plus spécifique, l'assuré social a droit à des *prestations en espèces*, la *pension d'invalidité* qui est un substitut de l'incapacité de travail. Le montant de la pension d'invalidité dépend de la « catégorie » de l'invalide :

1) Invalides de la 1re catégorie : le montant de la pension est en principe égal à *30 % du salaire annuel moyen* correspondant aux cotisations versées au cours des *dix meilleures années* d'assurances.

Le *plafond annuel* des salaires soumis à cotisation étant de 38 040 € pour l'an 2015, le *plafond annuel* de la pension d'invalidité de la première catégorie est de 11 412 €.

2) Invalides de la 2e catégorie : la pension est égale à 50 % du salaire de référence ; le *plafond annuel* en est donc de 19 020 € pour l'année 2015.

3) Invalides de la 3e catégorie [1] : La pension est égale à celle de la 2e catégorie, mais avec une *majoration de 40 % pour aide d'une tierce personne* (art. R. 341-6 CSS) ; cette majoration ne pouvant excéder 13 236,98 euros par an en 2015.

---

1. **Tierce personne et dépendance** : v. ss 181.

Toutefois, le service de la tierce personne devenant inutile lorsque l'assuré est hospitalisé, cette majoration est suspendue à compter du 46e jour d'hospitalisation. Pendant l'hospitalisation, l'invalide continue à percevoir sa pension, mais doit payer le forfait journalier.

– *Montant minimum des pensions d'invalidité :* les trois catégories de pensions ne doivent pas tomber en dessous d'un certain montant : ce plancher annuel des pensions d'invalidité est de 3 379,80 euros par an pour l'année 2015.

– *Révision, suspension ou suppression :* la pension d'invalidité est temporaire et peut toujours être revue en fonction de la situation de l'invalide (art. L. 341-10 s. et R. 341-14 s. CSS) il peut y avoir révision d'ordre médical en cas de changement de catégorie de l'invalide ; la pension peut également être soit diminuée, soit supprimée, en cas de reprise partielle ou totale du travail.

B. L'aide sociale aux handicapés

433 ***L'aide sociale aux handicapés*** [1] ◊ La loi d'orientation du 30 juin 1975 a constitué le premier texte fondamental d'aide matérielle et financière pour une meilleure insertion des handicapés. Elle s'appliquait aux « handicapés physiques, sensoriels et mentaux », sans définir plus précisément le handicap dont la notion était fortement médicalisée. Toutefois, elle n'avait pas résolu toutes les difficultés, laissant subsister une myriade de dispositifs, fragmentant à l'excès l'aide apportée aux personnes handicapées, dont les conditions de prise en charge étaient fort disparates. C'est dans ce contexte qu'a été adoptée la loi du 11 février 2005.

• **La loi n° 2005-102 du 11 février 2005 pour l'égalité des droits et des chances, la participation et la citoyenneté des personnes handicapées.** Cette loi, qui vise à une réforme d'ensemble de la situation des personnes handicapées, au-delà d'une nouvelle définition du handicap, affirme le droit à la compensation de celui-ci, mis en œuvre par l'intermédiaire d'une « prestation de compensation ». Elle crée en outre de nouvelles structures. Est ainsi instituée la Caisse nationale de solidarité de l'autonomie (CNSA), dont l'article L. 14-10-1 CASF fixe les missions, consistant essentiellement en un rôle de financement, de répartition des crédits, et d'expertise en matière de handicap. La loi instaure également les

---

1. **Aide sociale aux handicapés :** E. Alfandari, « Action et aide sociales », Dalloz, 5e éd., 1996 ; A. Dessertine, « Handicap et droit », colloque Créteil, PUF 1985 ; M.-J. Lévy, « Commentaire loi du 30 juin 1975 », *RDSS* 1976.108 ; J.-M. Lévy, « Exclusion sociale et handicap », *RDSS* 1986.513 ; J.-M. Lévy, « La loi d'orientation sur les handicapés a dix ans : quelles réformes pour un anniversaire ? », *RDSS* 1985.567 ; E. Aubry, « Quelle politique pour les handicapés adultes ? », *Dr. soc.* 1985.508 ; E. Alfandari, « Réflexions sur l'absence de définition juridique du handicap », *RDSS* 1985.123 ; C. Hamonet, « Les personnes handicapées », Que sais-je, n° 2556, PUF 1990 ; H. Marie, « Les handicapés » in La protection sociale en France, Doc. fr., 1995, notice 5, p. 31 ; F. Senniger, « Le droit des handicapés », *RFDC* 1987, p. 417 ; Th. Albernhe, « Psychiatrie et handicap », Masson 1997.

« maisons départementales de personnes handicapées » (art. L. 146-3 CASF), qui doivent constituer le « guichet unique » permettant aux personnes handicapées d'obtenir les aides auxquelles elles ont droit [1].

La protection des handicapés est donc aujourd'hui dominée par la prestation de compensation du handicap, à laquelle viennent s'ajouter des prestations spécifiques différentes pour les enfants, les adultes et les personnes âgées. La simplification voulue par la loi n'est donc que partielle.

1. La prestation de compensation du handicap [2]

434 Grande nouveauté de la loi du 11 février 2005, la prestation de compensation du handicap est la traduction juridique du droit à la compensation affirmé par la loi. Elle vient se substituer aux allocations compensatrices pour tierce personne et pour frais professionnels, et se caractérise par son absence de caractère forfaitaire, celle-ci étant en effet déterminée individuellement pour chaque personne handicapée en fonction de ses besoins. Elle n'est par ailleurs soumise à *aucune condition de ressources*.

• **Bénéficiaires de la prestation de compensation :** aux termes des articles L. 245-1 s. CASF, cette prestation est ouverte à toute personne handicapée résidant de manière stable et régulière en France, et dont le handicap entraîne, pour une durée d'au moins un an, soit une difficulté absolue pour réaliser une activité essentielle de la vie, soit une difficulté grave pour réaliser deux de ces activités, telles que définies dans un référentiel annexé au Code de l'action social et de la famille. La personne doit en outre être âgée de moins de soixante ans, mais l'allocation est ouverte depuis le 1er avril 2008 aux enfants handicapés, qui peuvent donc, sous certaines conditions, cumuler la prestation de compensation du handicap avec l'allocation d'éducation de l'enfant handicapé [3].

• **Instruction du dossier :** la caractéristique fondamentale de cette prestation est d'être *individualisée*, son montant et son contenu étant donc fixés au cas par cas selon les besoins de la personne. Le demandeur doit déposer sa demande auprès de la Maison départementale des personnes handicapées. Celle-ci confie à une équipe pluridisciplinaire le soin de déterminer les besoins effectifs de la personne, supposant donc la mise en place d'un « plan de compensation personnalisé ». La décision d'attribution est prise

---

1. **Maisons départementales des personnes handicapées (MDPH) :** Ch. Dupré et A. Peleran, « Les MDPH, cinq ans après la loi du 11 février 2005 » *JCP* (A) 2010, n° 6, p. 16. B. Plateaux, « Présentation des MDPH », in Journée d'étude « La dépendance, regards croisés », Amiens 8 oct. 2010, *RGDM* 2011, n° 38, p. 63.

2. **Prestation de compensation du handicap :** D. Everaert-Dumont, « Handicap, l'universalité du droit à compensation », *JCP* (S), 2006, et. 1040. A. Martin « Précisions en matière de compensation du handicap », *Gaz. Pal.* 6 avr. 2008, p. 43. A. Triomphe, « La compensation du handicap dans la loi du 11 février 2005 : du mythe à la réalité », *RDSS* 2005, 371. L. Aouar, « Le régime juridique de la prestation de compensation du handicap », *Gaz. Pal.* 12 oct. 2014, 7. J. B. Prevost, « La prestation de compensation du handicap ou la confusion des genres : enjeux politiques et techniques », *Gaz. Pal.* préc. p. 31

3. **Cumul de la prestation du handicap avec l'AEEH :** v. ss 435.

par la commission des droits et de l'autonomie des personnes handicapées (CDAPH), qui remplace notamment l'ancienne COTOREP.

• **Étendue des prestations** [1] : La prestation consiste en une aide visant à financer les besoins de la personne handicapée liés à sa perte d'autonomie, et est versée par les Conseils généraux. La somme attribuée, qui doit s'inscrire dans un plan personnalisé défini par la MDPH, sur la base du projet de vie de l'intéressé, peut couvrir des aides humaines (assistance d'une tierce personne notamment), techniques, liées à l'aménagement du logement ou du véhicule, ou encore animalières. La prise en charge est de 100 % quand les revenus de la personne sont inférieurs à un montant fixé chaque année par décret (26 473,96 € en 2015), et à des taux variables selon la nature de l'aide dans les autres cas. Les sommes ainsi attribuées ne sont pas soumises à l'impôt sur le revenu.

• **Nature de la prestation** : Un vif débat est né pour déterminer la nature forfaitaire ou indemnitaire de la PCH, la question ayant une incidence directe quant à l'imputation, ou non, de cette somme sur l'indemnisation par ailleurs reçue par la victime au titre d'un régime de responsabilité. Si la prestation est en effet indemnitaire, elle doit venir s'imputer ou se déduire des sommes reçues par la victime alors qu'elle peut se cumuler dans le cas contraire. Après certaines hésitations, on le sait [2], la jurisprudence a tranché, de manière contestée, en faveur de la nature indemnitaire de la PCH [3].

La mise en place de cette prestation de compensation est un progrès. Le dispositif est effectif depuis le 1er janvier 2006, et 206 964 personnes étaient bénéficiaires de cette prestation en 2012., ce qui marque la montée en puissance du dispositif puisque ce chiffre était seulement de 119 730 pour 2009.

2. La situation spécifique des jeunes handicapés

435 Le chapitre 1 du titre 4 de la loi du 11 février 2005 est consacré à la scolarité et l'enseignement des enfants handicapés, et crée le droit pour les parents d'inscrire leur enfant en milieu ordinaire, l'État devant mettre à disposition les moyens humains et matériels nécessaires à cette scolarisation (art. L. 112-1 C. éducation). La loi met donc un terme à l'éducation spécialisée, bien que la possibilité d'accueil dans des établissements médico-sociaux soit maintenue. Elle réalise donc un progrès, dont la réalité est toutefois incertaine, car, si elle affirme le droit pour les parents d'inscrire leur enfant dans une école non spécialisée, elle ne crée corrélativement

1. V. Tableau récapitulatif *in* annexe 4, p. 472.
2. V. ss 348.
3. **Nature indemnitaire de la PCH** : v. ss 348. Civ, 2e, 16 mai 2013, n° 12-18093, *D.* 2013. 2668, obs. M. Bacache, *RTD civ.* 2013. 621 obs. P. Jourdain. CE 23 sept. 2013, n° 350799, *AJDA* 2013, 1835. *Contra* : Civ. 2e, 28 févr. 2013, n° 12-23706, *RTD civ.* 2013. 621 ; *Gaz. Pal.* 21 juin 2013, 41. V. également, *Gaz. Pal.* 12 oct. 2014, n° spécial « Victime et handicap » (plusieurs articles sur la question de la qualification de la PCH).

aucune réelle obligation pour ladite école d'accueillir leur enfant. Ainsi, si les chiffres de scolarisation des enfants handicapés en milieu ordinaire sont en hausse (239 160 en 2013 contre 197 000 en 2010 et 155 000 en 2006), des progrès restent encore à faire. Ceux-ci ne pourront réellement être réalisés que si le droit à la scolarisation dans un milieu ordinaire est directement opposable à l'établissement choisi par les parents.

• **L'allocation d'éducation de l'enfant handicapé** (AEEH : art. L. 541-1 CSS), remplace l'ancienne allocation d'éducation spéciale, à partir du 1er janvier 2006, et est destinée à aider les familles à compenser les dépenses supplémentaires dues à l'éducation d'un enfant handicapé de moins de vingt ans. Elle est subordonnée à un taux d'invalidité, défini à l'article R. 541-1 CSS, qui doit être :

- soit de 80 %,
- soit compris entre 50 et 79 % à la condition que l'enfant fréquente un établissement d'enseignement adapté, ou que son état exige le recours à un dispositif ou des soins particuliers.

Elle est constituée d'une allocation de base (fixée à 129,99 euros par mois en 2015) à laquelle s'ajoutent des compléments dont le montant varie en fonction de la gravité du handicap de l'enfant (complément de 97,49 à 1 103,80 € par mois en 2015), et de la situation des parents (complément pour parent isolé, de 52,81 à 434,64 € par mois pour 2015).

L'AEEH peut, sous certaines conditions, se cumuler avec la prestation de compensation du handicap, qui est ouverte, depuis le 1er avril 2008 [1], aux enfants et adolescents.

3. Les prestations spécifiques des handicapés adultes

436 ***La Commission technique d'orientation et de reclassement professionnel (COTOREP)*** ◊ Cette commission était jusqu'en 2008, l'organisme compétent pour évaluer le handicap dcs adultes et statuer sur leur aptitude au travail, leur orientation, leur reclassement professionnel, et leur droit à prestations. Ce rôle est désormais assuré par les *commissions des droits et de l'autonomie des personnes handicapées* (CDAPH), constituées au sein des maisons départementales du handicap.

437 ***L'insertion par le travail des handicapés adultes*** [2] ◊ En dépit de toutes les difficultés d'insertion dans un monde du travail gangrené par le chômage, l'insertion professionnelle demeure un objectif privilégié, dont

1. **Admission des enfants à la prestation de compensation :** Décret n° 2008-451 du 7 mai 2008 relatif à l'accès des enfants à la prestation de compensation, *JO* du 11 mai 2008 p. 7832, décret n° 2008-450 du 7 mai 2008 relatif à l'accès des enfants à la prestation de compensation, *JO* du 11 mai 2008 p. 7832.

2. **Insertion par le travail :** C. Clément, « L'approche ergonomique dans l'emploi des personnes handicapées », *JML-DM* 1996, vol. 39, n° 2, p. 135 ; B. Lardy-Pélissier, « L'obligation de reclassement », *D.* 1998, chron., p. 403. JM Lattes, « Le travail de la personne handicapée », *RLDC* 2010, hors série n° 73, 28.

la priorité a été réaffirmée par la loi du 11 février 2005. Celle-ci rappelle le principe de non-discrimination et pose des règles d'insertion professionnelle et d'obligation d'emploi, en alourdissant notamment assez sévèrement les sanctions financières à l'encontre des entreprises qui n'embauchent pas de travailleurs handicapés.

438 ***a) L'allocation aux adultes handicapés (AAH : art. L. 821-1 CSS)*** [1] ◊ L'allocation aux adultes handicapés constitue un revenu minimum garanti par l'État, mais dont la gestion relève des caisses d'allocations familiales. La CDAPH qui siège au niveau départemental, en apprécie la condition d'obtention alternative :

- soit justifier d'un taux d'incapacité permanente d'au moins 80 %,
- soit, dans l'hypothèse d'un taux d'incapacité compris entre 50 et 79 %, être dans l'impossibilité de se procurer un emploi du fait de son handicap.

Il faut en outre, en principe, être âgé de plus de vingt ans, et ne pas dépasser l'âge du départ à la retraite [2], ne pas bénéficier d'un avantage de vieillesse ou d'invalidité au moins égal à l'allocation, et ne pas disposer de ressources supérieures à un plafond annuel, fixé par décret (9 605,40 € pour une personne seule en 2015, 19 210,80 pour une personne vivant en couple avec une majoration de 4 802,70 euros par enfant). Le *montant* maximum de l'allocation aux adultes handicapés est mensuellement, de 800,45 € en 2011.

- Lorsque le handicap a été causé par un accident dont un tiers est responsable, la conjonction des règles du droit de la responsabilité civile et du droit social pose divers problèmes. Pour la Cour de cassation, l'AAH n'a pas de caractère indemnitaire, donc elle ne donne pas lieu à recours de la sécurité sociale et ne doit pas être imputée en déduction de l'indemnisation (Civ. 2e, 14 mars 2002). En revanche les associations de victimes soulignent qu'en cas d'indemnisation sous forme de rentes, ces revenus indemnitaires entrent en ligne de compte dans le calcul des « conditions de

---

1. **Allocation aux adultes handicapés (AAH) :** S. Milano, « Parachever la réforme de l'AAH », *RDSS* 2008, p. 325. Soc., 18 févr. 1993, *D.* 1994. 43, note Y. Dagorne-Labbé (versement de l'AAH et paiement du forfait journalier en cas d'hospitalisation) ; Soc., 11 janvier 1996, *D.* 1997. 99 (1re espèce) note Y. Dagorne-Labbé (prise en compte de prestations sociales perçues au titre d'une législation étrangère dans le calcul des ressources) ; Soc. 21 oct. 1999, n° 98-10.030, *D.* 1999. IV (AAH attribuée sans discrimination due à nationalité en vertu art. 14 Conv. EDH du 4 nov. 1950) ; Civ. 2e, 14 mars 2002, *D.* 2002. 1241, *JCP* 2002.IV, n° 1718 (AAH est une prestation dépourvue de caractère indemnitaire) ; CEDH, 30 sept. 2003, *D.* 2004. 375, obs. F. Guiomard (discrimination AAH en raison de la nationalité ; condamnation de la France) ; Soc. 31 janv. 2002, *D.* 2002. 3039, note Dagorne-Labbé (non cumul AAH avec avantages art. 821-1 CSS). Civ. 2e, 25 oct. 2006, *RDSS* 2007, p. 149, note P. Verkindt (conditions du cumul de l'AAH et des ressources personnelles du bénéficiaire). Civ. 2e, 10 juill. 2008, *D.* 2008, actu. p. 2226 (cumul de l'AAH avec l'indemnisation du préjudice économique). Civ. 2e, 10 juill. 2008, *D.* 2008. Actu, p. 2226 (l'AAH est une prestation d'assistance dépourvue de caractère indemnitaire). Civ. 1re, 28 oct. 2009, *JCP* 2009, n° 47, p. 12 (prise en compte de l'AAH dans le calcul de la prestation compensatoire).

2. Certaines personnes âgées de plus de seize ans ou ayant atteintes l'âge légal de la retraite peuvent, sous certaines conditions, continuer à bénéficier de l'AAH : V. art. 821-1 s. CSS.

ressources » de l'AAH, qui peut ainsi leur être refusée avec tous ses avantages connexes (ex. : gratuité des prestations en nature). Il y a là des distinctions à faire selon l'objet des rentes indemnitaires : leur prise en compte est concevable si elles indemnisent des pertes professionnelles et revenus du travail, mais elle doit être totalement écartée du calcul des « ressources » lorsqu'elles servent à faire face aux frais de tierce personne.

439 ***b) Allocations complémentaires à l'AAH*** ◊ L'allocation aux adultes handicapés peut être complétée de deux manières alternatives, *au choix du bénéficiaire, les deux n'étant pas cumulables.*

– La première, dénommée « *complément de ressource* », peut être versée aux personnes atteintes d'un taux d'incapacité d'au moins 80 %, dont la capacité de travail telle qu'appréciée par la CDAPH est inférieure à 5 %, et qui n'ont reçu aucun revenu à caractère professionnel depuis un an, et qui dispose d'un logement indépendant (art. L. 821-1-1 CSS). Ce complément est fixé à 179,31 € par mois pour 2015.

– La seconde, dite « *majoration pour vie autonome* » est destinée aux personnes bénéficiaires de l'AAH, ayant un taux d'incapacité au moins égal à 80 %, et qui disposent d'un logement indépendant, pour lequel elles bénéficient d'une aide au logement, et qui ne perçoivent pas de revenus d'activité à caractère professionnel (art. L. 821-1-2 CSS). Cette aide est fixée à la somme de 104,77 € mensuels pour 2015, et a pris le relais, à partir du 1er janvier 2006, de l'ancienne aide à l'autonomie, versée en complément de l'AAH.

4. Les prestations spécifiques des handicapés âgés dépendants [1]

440 Faisant suite à l'ancienne prestation spécifique de dépendance, la loi n° 2001-647 du 20 juillet 2001 a créé une nouvelle prestation : « *l'allocation personnalisée d'autonomie* » (APA) destinée aux personnes âgées dépendantes (art. L. 232-1 s., CASF). L'APA exige des conditions d'âge (60 ans), de résidence (résider en France de manière stable et régulière) et de perte d'autonomie évaluée par référence à la grille nationale AGGIR (Autonomie, Gérontologie, Groupes Iso-Ressources) des incapacités. Cette allocation n'est pas soumise à une condition de ressources, mais elle suppose une participation à la charge du bénéficiaire de l'allocation,

1. **Handicapés âgés dépendants :** F. Kessler, « Dépendance des personnes âgées : premier commentaire de l'expérimentation », *RDSS* janv.-mars 1995, p. 216 ; N. Bourgoin et A. Nizard, « La survie des personnes âgées », Population et sociétés, juin 1995, n° 302, p. 1 ; J. Vallin et F. Meslé, « Vivre au-delà de 100 ans », Population et sociétés, n° 365, févr. 2001, p. 1 ; « La personne handicapée vieillissante ou âgée », CTNERHI, éd. 2002 ; CED, « Cesse-t-on d'être handicapé à 60 ans, », *D.* 2001. 1547 ; – **PSD :** J.-F. Inserguet, « La prestation spécifique dépendance : difficultés juridiques et enjeux financiers », *Dr. soc.* 1999, p. 42 ; J.-M. Belorgey, « Du handicap à la dépendance : la trappe ? », *Dr. soc.* 1999, p. 700 ; – **APA :** C. Valy-Duperrou, « L'APA », L'entreprise médicale 22 oct. 2001, p. 12 ; F. Fessler, « L'allocation personnalisée autonomie : une nouvelle prestation ? », *RDSS* n° 4-2001, p. 663 ; F. Taquet, « La nouvelle vogue de l'allocation d'autonomie », *Gaz. Pal.* 23-24 nov. 2001, p. 2.

dont le montant varie en fonction des ressources de l'intéressé et de la nature de son incapacité. L'APA est calculée différemment selon que la personne réside à domicile ou est hébergée en établissement.

§ 3. Les prestations en cas de décès

441 En cas de décès, les prestations offertes par la Sécurité sociale sont d'abord l'*assurance décès* qui est un *capital* destiné à faire face à l'immédiat. Par ailleurs un certain nombre de *pensions* peuvent être allouées au conjoint survivant.

442 ***1°) L'assurance décès (art. L. 361-1 s. et R. 361-1 s. CSS)*** ◊ Dans le cadre de la Sécurité sociale, l'*assurance décès* a pour objet d'aider les proches d'un assuré décédé à faire face aux problèmes financiers immédiats causés par sa disparition. Sous réserve des conditions habituelles d'affiliation à la Sécurité sociale et des conditions de travail salarié pour l'ouverture du droit à l'assurance décès, les bénéficiaires sont prioritairement les personnes à la charge effective totale et permanente de l'assuré au jour du décès et, et à défaut, par ordre décroissant, son conjoint, la personne qui était pacsée avec le défunt, ses descendants, et ses ascendants.

La prestation d'assurance décès est un *capital, qui peut se cumuler avec les sommes dues au titre des accidents du travail*. Son montant est égal aux trois derniers mois de salaire de l'assuré décédé.

- *Minimum :* le capital décès ne peut être inférieur à 1 % du plafond annuel des salaires soumis à cotisations, soit 380,40 € en 2015.

- *Maximum :* le capital décès ne peut être supérieur à 3 fois le plafond mensuel soumis à cotisations, soit 9 510 € en 2015.

443 ***2°) Les droits du conjoint survivant*** [1] ◊ Les droits du conjoint survivant se divisent en une *pension de veuf ou de veuve* (art. L. 342-1 et R. 3421 s. CSS) *si le survivant est lui-même invalide*, et en une *pension de réversion* (art. L. 353-1 et R. 351-1 s. CSS). La loi n° 2003-775 du 21 août 2003 avait modifié le régime de la pension de réversion, en abaissant notamment progressivement la condition d'âge du conjoint survivant, qui devait être ramenée à 52 ans au 1er juillet 2007, puis 51 ans au 31 décembre 2008, et 50 ans au 1er janvier 2011 avant d'être totalement supprimée. La loi de financement de la Sécurité sociale pour 2009 a toutefois rétabli cette condition *sans rétroactivité*. Ainsi, si l'assuré est décédé avant le 1er janvier 2009, le bénéficiaire doit être âgé d'au moins 51 ans pour bénéficier de la prestation. Si l'assuré est décédé à partir du 1er janvier 2009, il doit en revanche être âgé d'au moins 55 ans.

---

1. **Pension de réversion et couples non mariés :** CJCE 1er avril 2008, *D.* 2008, Jur. p. 1873, note C. Weiss-Marchal. Cons. const. 29 juill. 2011, QPC n° 2011-155, *JCP (S)*, 2011, 1458 note A. Devers (rejet confirmé du partenaire du PACS du bénéfice de la pension de reversion). Dans le même sens : Civ. 2e, 23 janv. 2014, *D.* 2014. 286. CEDH 2 nov. 2010, n° 3976/05, *Cerife Yirit c/ Turquie.*

444 ***Conclusion sur les prestations maladie-invalidité-décès*** ◊ La rapide énumération des principales prestations susceptibles d'être versées par la Sécurité sociale en cas de dommage corporel démontre le *caractère très partiel de l'indemnisation* qu'elles apportent.

Si l'on reprend les divers chefs de préjudices subis par la victime d'un accident corporel, on voit que :

- Les *dépenses de santé* sont assez bien couvertes pour les gros risques d'hospitalisation. Cependant le ticket modérateur, franchises et autres forfaits, comme les divers droits à dépassement des médecins démontrent que cette prise en charge n'est pas totale.

- Les *pertes de revenus* donnent lieu à des « prestations en espèces » qui ne constituent qu'une indemnisation très partielle et parfois symbolique. En effet non seulement *le taux* d'indemnisation (ex. : moitié du salaire de référence) indique déjà par lui-même le principe d'une indemnisation partielle, mais encore *l'assiette* est toujours plafonnée au plafond des salaires soumis à cotisations. Si l'on suppose que le salaire réel de la victime est le double du salaire plafonné, le taux réel de la prestation est du quart du salaire réel de la victime... Donc plus le revenu antérieur était élevé, plus la perte résiduelle de revenus se trouve importante.

Pour ces prestations en espèces, contributives et compensatrices d'une perte de salaires, il faut avoir antérieurement travaillé et cotisé. Pour l'enfant ou l'adolescent accidenté qui n'a jamais travaillé, son statut ultérieur d'adulte handicapé ne lui donne droit qu'à des allocations de minimum vital, sans lien avec la vie professionnelle qu'il eût pu escompter s'il n'avait pas subi un handicap traumatique.

- Enfin *aucun préjudice personnel extrapatrimonial* n'est jamais pris en compte : les prestations et allocations sont des prestations économiques de survie, mais en aucun cas elles n'ont pour objet le prix de la douleur, le désagrément du handicap, le préjudice fonctionnel séquellaire dans sa dimension personnelle.

La règle de l'indemnisation intégrale des dommages, corporels ne peut donc être véritablement obtenue par la victime que dans le cadre de la responsabilité.

Cette responsabilité civile était à l'origine de l'indemnisation des accidents du travail. Entrée dans le giron de la Sécurité sociale, leur indemnisation partielle constitue un paradoxe de notre politique sociale.

SECTION 2. L'INDEMNISATION DES VICTIMES D'ACCIDENTS DU TRAVAIL

445 ***L'évolution historique de l'indemnisation des accidents du travail*** [1] ◊ Pendant la révolution industrielle du XIXe siècle, la réparation des

1. **Évolution historique de l'indemnisation des accidents du travail :** Arrêt Teffaine, Civ., 16 juin 1896, s. 1897.1.17, note Esmein, *D.* 1897.I.433, note Saleilles et concl. Sarrut ;

accidents du travail est demeurée dans le cadre d'une responsabilité de droit commun, c'est-à-dire exigeait que la victime apporte la preuve de la faute de l'employeur responsable. Or la jurisprudence a « découvert » l'article 1384, al. 1 C. civ. et la responsabilité du fait des choses à l'occasion de la mort d'un ouvrier tué par l'explosion d'une chaudière, avec le célèbre arrêt *Teffaine* rendu par la Cour de cassation le 16 juin 1896.

Bientôt la loi du 9 avril 1898 a établi un régime spécifique de réparation des accidents du travail : le chef d'entreprise encourait une *responsabilité sans faute*, mais en contrepartie l'*indemnisation était forfaitaire* et non plus intégrale conformément au droit commun de la responsabilité civile.

La loi du 30 octobre 1946 a transféré aux caisses de Sécurité sociale la charge de l'indemnisation forfaitaire, plus avantageuse que celle de l'assurance maladie-invalidité (art. L. 411-1 s. CSS). Mais en contrepartie, en vertu de l'actuel article L. 451-1 CSS, tout rapport de responsabilité civile est désormais rompu entre la victime et l'employeur contre lequel, sauf exception, elle ne peut exercer aucune action de droit commun : la réparation des accidents du travail est spécifique et autonome dans le cadre de la Sécurité sociale.

Aujourd'hui, le régime des accidents du travail présente quelques avantages qu'il faut conserver sur le plan social, mais d'énormes désavantages qu'il faut combler sur celui de l'indemnisation : l'évolution actuelle tend vers la reconnaissance jurisprudentielle et légale d'une complémentarité d'indemnisation assurée par le droit commun. La nécessité d'une réforme semble aujourd'hui admise par tous [1].

446 ***Appréciation statistique*** ◊ Le *nombre d'accidents du travail* (AT) n'a cessé de diminuer dans le même temps où la population salariée augmentait ; cette baisse de la fréquence des accidents du travail est considérable sur une longue période :

En 1955, on comptait		120 accidents du travail pour 1 000 salariés
En 1975,	"	80 AT pour 1 000
En 2006,	"	39,4 AT pour 1 000
En 2009,	"	36 AT pour 1 000
En 2013,	"	33,8 AT pour 1 000

J.-J. Lerosier et M. Basle, « Les premières lois sociales », *Rev. aff. soc.*, janv. 1981 ; B. Mattel, « La normalisation des accidents du travail : l'invention du risque professionnel », Les temps modernes, 1976, n° 354 ; F. Eswald, « L'État-providence », Grasset, 1986, p. 229 s. ; P. Sargos, « La saga triséculaire de la faute inexcusable », *D.* 2011. 768. M. Voirin, « De la responsabilité civile à la Sécurité sociale pour la réparation des dommages corporels : extension ou disparition de la branche accidents du travail ? », *RID comp.* 1979, p. 541.

1. En ce sens, V. not. la critique très complète du système actuel opérée par Mrs. Dupeyroux, Borgetto, Lafore, « Droit de la sécurité sociale », préc. n° 814 s. et Dossier « Indemnisation des victimes d'accidents du travail : l'heure de la réforme », *Dr. Social.* 2015, p. 293 s., not. M. Del Sol, « L'indemnisation des victimes d'accidents du travail et de maladies professionnelles, scandale (persistant) de nos sociétés modernes », p. 292. V. également, JJ Dupeyroux, « Un deal en béton ? », *Dr. Soc.* 1998, 631. S. Fantoni-Quinton et B. Legros, « La logique de la réparation entrave-t-elle la démarche de prévention des lésions professionnelles ? », *RDSS*, 2010, 640.

Il existe une grande disparité des risques suivant le secteur d'activité : le Bâtiment et les Travaux Publics constituent toujours le secteur le plus dangereux. La qualification professionnelle joue également un rôle important et les travailleurs immigrés sont à cet égard particulièrement vulnérables.

Il faut noter que même quand le nombre d'accidents *(fréquence)* recule, leur gravité *(coût moyen)* reste importante. Ainsi, en 2013, sur 559 404 accidents du travail ayant entraîné un arrêt de travail de plus de quatre jours, 26 839 ont donné lieu à une incapacité permanente inférieure à 10 %, 12 239 à une incapacité supérieure à 10 %, et 541 à un décès [1].

447 ***La prévention*** ◊ Les progrès globaux réalisés sur quatre décennies s'expliquent non seulement par le contrôle continu des *mesures de prévention des accidents du travail,* mais aussi par la baisse de la durée d'exposition au risque et du temps de travail, par la modification de la structure des emplois avec la prééminence du secteur tertiaire (sans risque) sur le secteur industriel et par la robotisation qui diminue les risques que la mécanisation de naguère avait accrus.

Nous évoquerons brièvement le régime des accidents du travail en trois points [2] : les conditions d'application du régime (§ 1), les prestations (§ 2) et enfin la résurgence actuelle du droit commun en la matière (§ 3).

§ 1. Les conditions d'application du régime « accidents du travail »

448 ***Le régime des accidents du travail et maladies professionnelles (art. L. 411-1 s. et R. 412-1 s. CSS)*** [3] ◊ Définition : « Est considéré comme accident du travail, quelle qu'en soit la cause, l'accident survenu par le fait ou à l'occasion du travail à toute personne salariée, ou travaillant

1. Chiffres de la direction des risques professionnels de l'Ameli : www.risquesprofessionnels.ameli.fr/index.php?id=94
2. **Pour une étude plus détaillée** : JJ Dupeyroux, M. Borgetto, R. Lafore, *op. cit.*, n° 810 s.
3. **Système de réparation des accidents du travail :** G. Dorion, « La modernisation de la réparation des accidents du travail et des maladies professionnelles », rapport IGAS, Doc. fr., 1991 ; Y. Saint-Jours, N. Alvarez et I. Vacarie, « Les accidents du travail », tome III du *Traité de Sécurité sociale,* LGDJ, 1982 ; J.-J. Dupeyroux, M. Borgetto, R. Lafore, « Droit de la Sécurité sociale », Dalloz, 16ᵉ éd. 2008, n° 873 s. ; M. Juffé, « Les archaïsmes de la législation française des accidents du travail », *Mélanges Brethe De La Gressaye,* Bordeaux, éd. Bière, 1967 ; H. Martin, « La réparation des accidents du travail », n° spécial *RF aff. soc.*, 1980, n° 4 ; D. Andreoni, « Le coût des accidents du travail », *BIT* 1985 ; J.-M. Faverge, *Psychologie des accidents du travail,* PUF, 1967 et Jaumont, *Les droits des travailleurs à la santé,* éd. ouvrières, 2 tomes, 1981 ; Y. Saint-Jours, « De la dérive de la jurisprudence en matière de protection des victimes d'accidents du travail », *JCP,* éd. E., 1984, 14388 ; Y. Saint-Jours, « Les lacunes de la législation des accidents du travail », *Dr. soc.* 1990.692 ; L. Aquaviva, « L'accident du travail et la Sécurité sociale », « L'assuré social », n° 220, mai 1995, p. 5 ; L. Acquaviva, « Questions sur les accidents du travail », « L'assuré social », n° 224, mai 1996, p. 5 ; L. Melennec, « Pour une réforme d'un régime qui fonctionne à l'envers : les accidents du travail », *Gaz. Pal.*, 17-19 avr. 1994 ; H. Groutel, « Accidents du travail : jurisprudences diverses de la Cour de cassation », *RCA* 2003 chron. n° 23.

à quelque titre ou en quelque lieu que ce soit, pour un ou plusieurs employeurs ou chefs d'entreprise » (art. L. 411-1 CSS).

Il faut non seulement préciser le champ d'application du régime « accidents du travail », mais encore vérifier la réalité médicale de l'accident.

A. Le champ d'application du régime spécifique

449 Sous l'expression générale de « régime des accidents du travail », la loi sociale englobe trois événements assez différents : l'accident du travail proprement dit, l'accident de trajet et la maladie professionnelle.

1. L'accident du travail proprement dit

450 Le régime d'indemnisation spécifique est fondé sur la relation qui existe entre l'accident et le travail ; cette relation qui est étroite dans « l'accident du travail proprement dit » suppose l'existence de l'autorité de l'employeur : il faut donc d'abord préciser la *notion d'accident*, puis préciser le *cadre professionnel* de cet accident.

a. La notion d'accident [1]

451 Traditionnellement l'« accident » est défini comme une lésion de l'organisme provoquée par l'action violente d'une cause extérieure, avec toutes les ambiguïtés et les délimitations de frontières délicates avec la « maladie », dont l'état pathologique n'a pas une cause traumatique externe, mais une cause physiologique interne.

Cependant de nouvelles contaminations dues aux conditions du travail ont conduit la jurisprudence à apprécier parfois avec bienveillance le critère traditionnel de « soudaineté » de l'accident : ainsi un arrêt de la chambre sociale du 2 avril 2003 admet que constitue un « accident du travail » la sclérose en plaques développée après une vaccination contre l'hépatite B imposée au salarié par l'employeur en raison de son activité professionnelle. On a donc pu donner de l'accident du travail une définition plus large le désignant comme « un événement ou une série d'événements survenus

1. **Notion d'accident** : comparer avec « l'accident » en assurance accident corporel, v. ss 504 ; H. Groutel « L'accident du travail » *RCA* 2015, dossier « L'accident », n° 9. Soc., 23 nov. 1961, *Bull. civ.* IV, n° 204 (lésion causée par un agent extérieur) ; Soc., 30 oct. 1962, *Bull.* IV, n° 777 (l'effort est assimilable à un accident) ; Soc., 21 oct. 1965, *Jurisp. soc.*, 1966, n° 245 (la brusque survenance d'une lésion physique constitue un accident) ; Soc., 5 mars 1970, *D.* 1970.621, note Dupeyroux ; Soc., 8 mars 1972 et 7 févr. 1973, *JCP* 1973. II.11195, note Y. Saint-Jours ; Soc. 2 avr. 2003, *D.* 2003 p. 1724 note H. Kobina Gaba (sclérose en plaques consécutive à vaccination contre hépatite B imposée par l'employeur) – Sur ce contentieux en droit commun, v. ss 917. CA Bordeaux, 3 févr. 2011, *JCP* 2011, 291 (les conséquences d'un fait de harcèlement moral peuvent constituer un accident du travail). *Add* : Ph. Coursier et S. Leplaideur, « Risques professionnels : entre catégorisation et définition », *JCP* (S) 2010, 1157.

à des dates certaines par le fait ou à l'occasion du travail, dont il est résulté une lésion corporelle, quelle que soit la date d'apparition de celle-ci »[1].

452 ***L'imputabilité du dommage corporel à l'accident***[2] ◊ Il existe un double *problème de causalité*, lorsque les conséquences de l'accident sont aggravées par des *prédispositions pathologiques* de la victime ou lorsque l'accident *rechute en maladie*.

• **L'imputabilité de l'accident à un état pathologique préexistant :** l'état pathologique préexistant peut faciliter hernies, infarctus, etc. qui se déclenchent à l'occasion d'un effort musculaire ou d'une tension dus aux conditions de travail. Alors qu'en droit commun, l'effet déclenchant est généralement considéré comme la cause du dommage corporel (celui-ci est présumé imputable à l'accident), en droit du travail, la jurisprudence a pendant longtemps été plus restrictive en estimant que la victime d'un accident du travail atteinte d'une invalidité antérieure ne doit être indemnisée que dans la mesure de son état imputable à l'accident du travail (arrêt *Billy*, Ass. plén. 27 nov. 1970).

Cependant depuis 1995 environ la présomption d'imputabilité que les Caisses primaires d'assurance-maladie ont tendance à refuser, se trouve à juste titre réhabilitée par la jurisprudence qui estime qu'en cas de doute, c'est à la caisse de démontrer que l'état de la victime est dû à un événement « totalement étranger au travail »[3].

• **L'imputabilité de la rechute à l'accident :** l'article L. 443-1 CSS prévoit la révision des prestations en cas de rechute. Mais ici encore l'imputabilité de la rechute, voire du décès, à l'accident lui-même et non à une pathologie propre de la victime pose problème en jurisprudence dès lors que l'aggravation de la victime paraît spontanée et naturelle.

b. Le caractère professionnel de l'accident

453 ***Autorité patronale et subordination de la victime***[4] ◊ Conformément à la définition de l'accident du travail donnée par l'art. L. 411-1 CSS,

1. J.-J. Dupeyroux, M. Borgetto, R. Lafore, *op. cit.* n° 826.
2. **Imputabilité du dommage corporel à l'accident du travail :** comparer en droit commun, v. ss 146 s. ; affaire Billy : Ass. plén., 27 nov. 1970, *D.* 1971.181, concl. Lindon, *JCP* 1972. II.17063, note J.-P. Brunet ; J.-J. Dupeyroux, « Le déclin de la présomption d'imputabilité (à propos de l'affaire Billy) », *D.* 1971, chron., p. 81 ; R. Mellottée, « Les états préexistants aux accidents du travail », *D.* 1973, chron., p. 173 ; D. Erlich, « La rechute en matière d'accident du travail relève-t-elle de l'assurance maladie ou de la législation des accidents du travail ? », *RDSS* 1986, p. 317. – Y. Saint-Jours, « Accidents du travail : l'enjeu de la présomption d'imputabilité », *D.* 1995 chron. p. 13 ; Y. Saint-Jours, « Les CPAM et la présomption d'imputabilité en matière d'accidents du travail », *D.* 2000 chron. p. 652 ; Y. Saint-Jours, « La réhabilitation de la présomption d'imputabilité spécifique aux risques professionnels », *D.* 2003 chron. p. 2975.
3. Soc. 14 déc. 1995, n° 93-14133, *RJS* 1996, 2, 163.
4. **Caractère professionnel de l'accident ;** autorité et subordination : J.-J. Dupeyroux, « La notion d'accident du travail », *D.* 1964, chron., p. 23 ; J. Bordeloup, « Vers une nouvelle définition du risque professionnel », Questions S.S. 1966.174 ; J. Perotto et V. Mayer, « Réflexions sur

le *caractère professionnel de l'accident* suppose un *lien* entre *l'accident et le travail.* Un arrêt des chambres réunies du 28 juin 1962 a essentiellement retenu le *critère de l'autorité patronale :* peut être qualifié « accident du travail » tout accident survenu à un travailleur alors qu'il se trouve dans « l'aire d'autorité de l'employeur » [1], ce qui recouvre deux situations.

454 ***1) L'accident survenu au temps et au lieu du travail*** [2] ◊ L'accident survenu dans l'entreprise et pendant les horaires de travail, alors que le salarié est soumis à l'autorité ou à la surveillance de son employeur (dont la responsabilité présumée de la loi de 1898 est à l'origine du système actuel) constitue le cas le plus simple d'accident du travail, et donne lieu, conformément à l'article L. 411-1 CSS, à une présomption d'imputabilité en faveur du salarié.

Il faut cependant noter une interprétation extensive de la jurisprudence qui a tout d'abord estimé que le salarié est toujours sous la dépendance de l'employeur lorsque l'accident survient après la fin du travail sur un parc de stationnement aménagé par l'employeur à l'extérieur de l'enceinte de l'usine. Par des arrêts postérieurs, elle a également admis qu'il en allait de même pour le salarié d'astreinte dans un logement mis à disposition par son employeur. Plus encore, un arrêt de la chambre sociale du 22 février 2007 a admis que le suicide d'un salarié à son domicile, en arrêt maladie depuis plus d'un mois, lié au harcèlement moral dont celui-ci avait été l'objet dans son entreprise, pouvait être qualifié d'accident du travail, si le salarié établissait qu'il était survenu « du fait du travail ». Cet arrêt marque donc un élargissement de la notion d'accident du travail, qui semble désormais pouvoir être défini comme *tout accident lié au fait du travail,* définition marginalisant les critères de lieu et de temps. Notons toutefois que, dans de telles hypothèses, la preuve du lien avec le travail appartient encore au salarié.

---

l'appréciation de la nature professionnelle d'un accident ou d'une maladie en droit du travail et droit de la sécurité sociale » *JCP (S)* 2007, 1215. F. Taquet, « Brèves réflexions sur les nouvelles dispositions relatives à la reconnaissance des accidents du travail et maladies professionnelles » (Décr. n° 99-323 du 27 avr. 1999), *Gaz. Pal.* 9-11 avr. 2000, p. 16. – **Jurisprudence :** Ch. réunies, 28 juin 1962, *JCP* 1962.II.12822 concl. Lindon (critère de l'autorité patronale) ; Soc. 27 mars 1997, *RCA* 1998, n° 10 (la qualité de préposé occasionnel de l'employeur implique que la victime se soit trouvée dans une situation de dépendance) ; Soc. 19 nov. 1997, *RCA* 1998, n° 81 (élèves de l'enseignement technique).

1. Expression utilisée par JJ Dupeyroux, M. Borgetto et R. Lafore, *op. cit.* n° 829

2. **Accident survenu au temps et au lieu du travail :** J. Cardona et autres, « Morts subites au travail et autopsies précoces » *JML-DM* 2000-43-4 p. 309 ; N. Gaccia, « La responsabilité de l'employeur en raison du suicide du salarié », *JCP* (S) 2008, 1373. B. Joly, « La prise en compte du suicide au titre des risques professionnels : regards croisés sur la jurisprudence judiciaire et administrative », *Dr. soc.* 2010, 258. Ass. plén., 3 juillet 1987, *JCP* 1988.II.20933 (accident sur le parking extérieur de l'entreprise : accident du travail) ; Soc. 7 nov. 1997, *RCA* 1997, n° 357 (l'accident survenu dans les dépendances de l'entreprise n'est pas un accident de trajet, mais un accident du travail proprement dit ; immunité de l'employeur). Civ. 2e, 2 nov. 2004, *JCP* 2005, II, 1005, note A. Devers (accident du travail lors d'une période d'astreinte). Soc. 22 févr. 2007, *JCP* 2007, II, 10172, note J. Colonna (suicide de l'assuré : qualification d'accident de travail possible si preuve qu'il est survenu du fait du travail). L. Millet, « Accident du travail : de l'accident survenu sous la subordination de l'employeur à l'accident survenu par le fait du travail » *Dr. soc.* 2007, 836. L. Lerouge, « Le renouvellement de la définition de l'accident du travail » *RDSS* 2007, 696.

455 ***2) L'accident de mission*** [1] ◊ L'accident pendant une « mission », c'est-à-dire survenu à l'extérieur de l'entreprise, où le salarié effectue un travail pour le compte de son employeur et selon ses ordres peut survenir dans deux situations différentes :

– *L'accident sur un chantier extérieur : le lieu de la mission* peut être *un lieu d'exécution du travail à l'extérieur de l'entreprise* : l'accident survenu sur les lieux est alors bien un « accident du travail » proprement dit.

– *L'accident en déplacement professionnel* : la « mission » peut qualifier les *déplacements professionnels* qui constituent la trame même du travail du salarié : chauffeurs-livreurs, VRP, visiteurs médicaux, etc. : l'ensemble de leurs déplacements entrent dans le cadre de leur « travail » et tout accident est un « *accident de travail proprement dit* », et non un accident de trajet : « ne saurait constituer un accident de trajet le sinistre qui survient... durant la mission accomplie d'ordre et pour le compte de l'employeur et dans l'intérêt de l'entreprise... ».

Cependant dès lors que le salarié regagne son domicile, les accidents qui surviennent à son retour sont désormais qualifiés « accidents de trajet » depuis les arrêts rendus le 5 novembre 1992 par l'Assemblée plénière de la Cour de cassation. Les accidents de mission comme les accidents de trajets sont souvent des accidents de la circulation : nous verrons qu'ils en subissent l'attraction pour une meilleure indemnisation.

– Par deux arrêts du 19 juillet 2001, la chambre sociale de la Cour de cassation a élargi la notion « d'accident de mission » à tout accident survenu pendant toute la durée de la mission (par ex. pendant plusieurs jours), où qu'il survienne (ex. dans la chambre d'hôtel) : « Attendu que le salarié effectuant une mission a droit à la protection prévue par l'art. L. 411-1 CSS pendant tout le temps de la mission qu'il accomplit pour son employeur, peu important que l'accident survienne à l'occasion d'un acte professionnel ou d'un acte de la vie courante, sauf la possibilité pour l'employeur ou la Caisse de rapporter la preuve que le salarié avait interrompu sa mission pour un motif personnel. »

2. **L'accident de trajet** [2] **(art. L. 411-2 CSS)**

456 Les lois du 30 octobre 1946 et du 23 juillet 1957 ont complété la protection du salarié en intégrant dans la protection sociale spécifique « *l'accident de trajet* » subi par la victime alors qu'elle se rend à son travail ou en revient.

1. **Accident de mission ou accident de droit commun** : Soc. 29 mars 1952, *JCP* 1952.7166 (accident de fête foraine, loisir, pas AT) ; Soc. 13 févr. 1958, *D.* 1958.339 (décès de VRP lors d'un tremblement de terre, à l'hôtel ; pas AT) ; *contra* Soc. 29 janv. 1965, *D.* 1965.280 concl. Mellottée (décès lors d'un tremblement de terre ; rapport de cause à effet entre la mission et l'accident ; AT reconnu) ; Soc. 19 juill. 2001, 2 espèces, *D.* 2002 p. 28 note Y. Saint-Jours (l'accident de mission couvre les accidentes de la vie courante pendant tout le temps de la mission) solution confirmée par Civ. 2e, 20 sept. 2005, *JCP* (S) 2005, I, 1450.

2. **Accident de trajet** : J.-J. Dupeyroux, M. Borgetto, R. Lafore « Droit de la Sécurité sociale », Dalloz, 16e éd. 2008, n° 854 s. et la jurisprudence citée ; A. Rouast, « Les accidents de

Certes l'employeur ne saurait être responsable de la sécurité sur la voie publique où son « autorité » ne joue plus. Mais cette extension a été justifiée à l'époque par la nécessité pour le travailleur de se rendre à son travail (à pied, en bicyclette ou en voiture) qui l'expose d'autant plus aux accidents de la circulation que l'intensité en est accrue aux « heures de pointes ».

Cependant si en 1946 les victimes d'accidents de la circulation étaient encore assez mal protégées, il n'en est plus de même aujourd'hui : on peut regretter que la loi du 5 juillet 1985 sur l'indemnisation des victimes d'accidents de la circulation n'ait pas supprimé la catégorie bâtarde des « accidents de trajet » dans lesquels « l'autorité de l'employeur » est inexistante, et dont la casuistique byzantine décourage le droit.

457 ***a) La définition légale de l'accident de trajet*** ◊ Conformément à l'art. L. 411-2 CSS, l'accident de trajet est celui qui se produit entre :

« - la résidence principale, une résidence secondaire présentant un caractère de stabilité ou tout autre lieu où le travailleur se rend de façon habituelle pour des motifs d'ordre familial et le lieu du travail ;

- le lieu de travail et le restaurant, la cantine ou d'une manière plus générale, le lieu où le travailleur prend habituellement ses repas, et dans la mesure où le parcours n'a pas été interrompu ou détourné pour un motif dicté par l'intérêt personnel et étranger aux nécessités essentielles de la vie courante ou indépendant de l'emploi. »

458 ***b) La qualification jurisprudentielle de l'accident de trajet***[1] ◊ La notion de résidence principale ou de résidence secondaire et leur éloignement géographique, le contrôle des « motifs d'ordre familial », les détours et les interruptions, la détermination du trajet normal (telle et telle rue ou pas), tous ces éléments très concrets donnent lieu à de multiples contestations entre la victime et les caisses de Sécurité sociale ; la qualification artificielle et arbitraire qui tente de démêler l'inextricable dans une casuistique dépourvue de tout repère fiable a fini par décourager la Cour de cassation elle-même.

Par plusieurs arrêts du 16 mars 1995, la Cour de cassation a abandonné son contrôle sur la qualification de l'accident, en reconnaissant aux juges du fond un pouvoir souverain pour décider si un accident de la circulation est un accident de trajet. Cet abandon du contrôle de la qualification présente

---

trajet et la loi du 23 juillet 1957 », *Dr. soc.* 1957.639, Y. Saint-Jours, « L'accident de trajet, une création continue », *JCP* 1972.2478 ; A. Labbé, « L'accident de trajet », Questions S.S. 1975.267 ; A. Huguet, « La preuve de l'accident de trajet », *Dr. soc.* 1969.599 ; L. Milet, « La protection juridique des victimes d'accidents de trajet », LGDJ 2002.

1. **Qualification de l'accident de trajet ; pouvoir souverain des juges du fond** : Ass. plén., 13 déc. 1985, *D.* 1986.255, concl. J. Cabannes, note A. Dunes, *JCP* 1986.II.20636, note Y. Saint-Jours, *Dr. soc.* 1986.158, note Le Tallec ; Soc., 17 nov. 1987 (quatre arrêts), *Dr. soc.* 1988.356, concl. contraires H. Ecoutin ; Soc. 17 nov. 1987, 4 arrêts : *Bull. civ.* V, n° 648, p. 411 ; *Dr. soc.* 1988.356, concl. Ecoutin ; Soc., 28 juin 1989, *Bull. civ.* V, n° 479, 480, 483, 484, 487 ; *D.* 1990.85, note Y. Saint-Jours ; Soc. 13 oct. 1994, *JCP*, éd. CI 1995.II.688, note Y. Saint-Jours (enfant conduit à l'école maternelle ; accident sur le trajet ramenant au lieu de travail) ; Civ. 2e, 22 mars 2005, *D.* 2005. 2996.

certes le danger d'une jurisprudence des juges du fond encore plus incohérente en fonction d'une casuistique sans ligne directrice. En fait seul le retour des « accidents de trajet » dans le giron des « accidents de circulation » (qu'ils sont quasiment tous), pourra mettre fin aux incohérences d'un système totalement artificiel.

3. Les maladies professionnelles (art. L. 461-1 s. CSS) [1]

459 Le régime d'indemnisation des maladies professionnelles a été amélioré par la loi n° 93-121 du 27 janvier 1993, qui a complété le système de liste réglementaire fermée par la possibilité d'établir l'origine professionnelle d'une maladie hors liste.

a) Le système de liste et la présomption d'imputabilité [2]

Avant 1993, seules étaient indemnisables au titre des maladies professionnelles les maladies qui figuraient sur une liste limitative, annexée au Code de la sécurité sociale.

Il fallait en outre, dans le cadre de chacune des maladies énumérées, que le malade ait été exposé d'une façon habituelle, au cours de son travail, à l'action des agents nocifs énumérés dans ces tableaux, et qu'il ne se soit pas écoulé plus d'un certain délai entre la fin de l'exposition au risque et la constatation de la maladie.

b) Les maladies professionnelles hors liste, et la preuve de l'imputabilité au travail [3]

Le système de la liste limitative présentait le grave inconvénient d'exclure des victimes dont la maladie était à l'évidence due aux conditions du travail,

---

1. **Maladies professionnelles :** J. Netter, « Maladies professionnelles », in Rép. Dalloz « Droit social » ; J. Champeix, « Valeur et limite de la notion de maladie professionnelle », *RF aff. soc.* 1973, n° 2 ; E. Hamacher, « La réparation des maladies professionnelles en Allemagne Fédérale », RI séc. soc. 1978.53 ; L. Roche, J.-J. David, L. Cotte, A. Saury, « La médecine légale sociale », éd. Masson, 1966 ; Y. Saint-Jours, « Normaliser l'indemnisation des victimes de maladies d'origine professionnelle », *JCP* (E) 1991, chron. 208 et note *JCP* (E) 133 ; P. Leroy, « La réparation des maladies professionnelles et des maladies à caractère professionnel est-elle satisfaisante ? », *Dr. ouvr.*, janv. 1992 ; A. Thebaud-Mony, « La reconnaissance des maladies professionnelles », Doc. fr., 1991 ; G. Dorion, « La modernisation de la réparation des accidents du travail et des maladies professionnelles », Doc. fr., 1991 ; G. Dorion, « Accidents du travail et maladies professionnelles : l'adaptation aux réalités d'aujourd'hui », *Dr. soc.* n° 2 févr. 1992. – **Loi n° 93-121 du 27 janvier 1993, art. 7, *JO*, 30 janv. 1576 :** H. Seillan, « Évolution de l'indemnisation des maladies professionnelles », *ALD* 1994, p. 96 ; Y. Saint-Jours, « La reconnaissance des maladies professionnelles depuis la loi n° 93-121 du 27 janvier 1993 », *D.* 1994, chron., p. 58.

2. **Système de liste :** cf. Tableaux des maladies professionnelles prévues à l'art. R. 461-3 CSS. – **Régime particulier de la contamination à VIH en accident du travail :** Décr. n° 93-74 du 18 janv. 1993 et arrêté du 20 janv. 1993, *JO*, 20 janv. 1993, p. 1004 ; circulaire DSS/AT/95/22 du 3 mars 1995 concernant la mise en œuvre d'une indemnisation de solidarité en faveur des personnes contaminées par le VIH à l'occasion d'un accident du travail ; circulaire DH/FH 3/95-14 du 3 mars 1995 concernant les modalités de prise en charge pour le personnel hospitalier. **Sur la contamination par l'amiante :** v. ss 899.

3. **Maladies hors listes ; Jurisprudence :** comparer, affaire Dame Saulze, CE 6 nov. 1968, *JCP* 1969.II.16054, *RDP* 1969.505, concl. Bertrand (le Conseil d'État reconnaît un « accident de

mais qui ne figurait pas sur cette liste. Il apparaissait donc de plus en plus nécessaire de maintenir à la liste son rôle de présomption légale d'imputabilité de la maladie à l'activité professionnelle, mais hors de la liste, de donner en outre aux victimes la possibilité d'apporter la preuve du caractère professionnel de toute maladie. Cette disposition, qui avait fait l'objet de deux Recommandations de la CEE, le 23 juillet 1962 et le 22 mai 1990, fut enfin adoptée par l'art. 7 d'une de ces lois fourre-tout portant diverses mesures d'ordre social du 27 janvier 1993 : depuis l'art. L. 461-1 CSS comprend deux dispositions qui ont amélioré la situation des victimes :

- d'une part, (al. 3), si une ou plusieurs conditions relatives au délai de prise en charge ou de durée d'exposition pour une maladie figurant sur la liste réglementaire ne sont pas remplies, la victime qui ne bénéficie plus de la présomption légale d'imputabilité, peut néanmoins en établir la preuve ;
- d'autre part, (al. 4), elle est admise à établir le caractère professionnel d'une maladie hors liste, mais cependant à des conditions restrictives : non seulement celle-ci doit être « essentiellement et directement causée par le travail habituel de la victime », mais surtout elle doit avoir été d'une gravité importante puisqu'elle doit avoir entraîné soit une incapacité d'au moins 25 % (art. R. 461-8 CSS, Décr. du 4 avr. 2002) soit le décès de la victime.
- Enfin l'art. L. 461-1 al. 1 CSS apporte une précision : « la date à laquelle la victime est informée par un certificat médical du lien possible entre sa maladie et une activité professionnelle est assimilée à la date de l'accident. »

B. La constatation médicale de l'accident du travail

460 ***a) La déclaration d'accident*** [1] ◊ La *victime* doit informer l'employeur ou l'un de ses préposés dans la journée où l'accident s'est produit, ou au plus tard dans les 24 heures. *L'employeur*, ou l'un de ses préposés, doit dans les 48 heures déclarer tout accident du travail à la caisse primaire dont relève la victime, par lettre recommandée avec demande d'avis de réception.

---

service » dans la rubéole contractée par une institutrice enceinte) ; *contra*, affaire Gendre ; Soc., 24 juin 1964, *D.* 1964.529, note Dupeyroux et Ass. plén., 21 mars 1969, *JCP* 1971.II.16682, *D.* 1969.531 (la poliomyélite contractée par un médecin hospitalier n'est pas un « accident du travail ») ; Soc. 13 juin 1991, concl. Chauvy, *Dr. soc.*, sept. 1991 ; Soc. 11 oct. 1994, *D.* 1995.440, note C. Radé, *RTD civ.* 1995.913, obs. Jourdain (caractère contractuel de la responsabilité de l'employeur pour mauvaises conditions de travail).

1. **Déclaration de l'employeur** : Soc. 15 nov. 2001, *RCA* 2002, n° 124 ; *D.* 2002. 605, note Y. Saint-Jours (accident immédiatement porté à la connaissance de l'employeur ; celui-ci, quelle que soit son opinion sur les causes de l'accident, devait en faire la déclaration ; son omission fautive a privé la victime d'une chance de bénéficier des prestations AT ; peu importe qu'elle n'ait pas elle même fait cette déclaration à la caisse comme elle en avait la faculté). Civ. 2e, 4 juill. 2007, arrêt n° 06-17.453 (Absence de formalité obligatoire pour la déclaration de l'accident par l'employeur). Civ. 2e, 10 juill. 2008, *D.* 2008. Actu. 2229 (nature des réserves sur le caractère professionnel de l'accident).

461 ***b) L'examen médical*** [1] ◊ Une feuille d'accident est remise par la victime à son *médecin* traitant et *celui-ci adresse directement à la caisse un certificat médical* constatant l'état de la victime et les conséquences immédiates et prévisibles de l'accident avec copie à la victime. Après consolidation, il établit un certificat final descriptif. Après avis du médecin-conseil, la caisse fixe la date de guérison ou de consolidation.

Si la caisse conteste le contenu du certificat médical, un *médecin expert* examine la victime.

462 ***c) L'instruction du dossier*** ◊ La procédure d'instruction des déclarations des risques professionnels a été modifiée par un décret du 29 juillet 2009, applicable à partir du 1er janvier 2011, dont le but est de préciser la procédure et d'introduire en son sein davantage de contradictoire [2].

La CPAM dispose d'un délai de trente jours, à la date de réception de la déclaration et du certificat médical initial, pour statuer sur le caractère professionnel de l'accident du travail, délai porté à deux mois en cas de maladie professionnelle. L'absence de réponse dans les délais légaux vaut acceptation implicite (art. R. 441-10 CSS).

Le principe du contradictoire doit être respecté dans cette phase, l'article R. 441-11 al. 1 CSS prévoit ainsi une large information de l'employeur à l'occasion de chaque déclaration de la victime. De même, selon les termes de l'article R. 441-11, III, CSS « En cas de réserves motivées de la part de l'employeur ou si elle l'estime nécessaire, la caisse envoie avant décision à l'employeur et à la victime d'un accident du travail ou d'une maladie professionnelle un questionnaire portant sur les circonstances ou la cause de l'accident ou de la maladie ou procède à une enquête auprès des intéressés. Une enquête est obligatoire en cas de décès ». Enfin, si une mesure d'instruction est décidée, celle-ci étant au demeurant obligatoire en cas de décès de la victime, « la caisse communique à la victime ou à ses ayants droit et à l'employeur au moins dix jours francs avant de prendre sa décision, par tout moyen permettant d'en déterminer la date de réception, l'information sur les éléments recueillis et susceptibles de leur faire grief, ainsi que sur la possibilité de consulter le dossier mentionné à l'article R. 441-13 » (art. R. 441-14 CSS).

À l'issue de cette phase d'instruction, la CPAM doit informer la victime de sa décision et, depuis le décret du 29 juillet 2009, elle doit également notifier sa décision à l'employeur avec indication des voies et des délais de recours (art. R. 441-14 CSS).

---

1. **Examen médical en accident du travail** : J. Picard, « Le médecin traitant et les accidents du travail », Le Concours médical 1976.5978 ; J. Cardona et autres, « Morts subites au travail et autopsies précoces » *JML-DM* 2000, vol. 43, n° 4, p. 309 ; J. Cardona et autres, « Préjudice professionnel : modalités d'évaluation et de réparation », *JML-DM* 2000, vol. 43, n° 3, p. 224.

2. **Réforme de la procédure d'instruction** : D. Asquinazi-Bailleux, « Accidents du travail et maladies professionnelles : nouvelle procédure d'instruction des déclarations », *JCP* (S) 2009, act. 442. P. Baby et Ph. Coursier, « Risques professionnels : la nécessité de réformer à nouveau la procédure d'instruction des déclarations », *JCP* (S) 2010, 1158.

463 ***d) Le contrôle médical et la détermination de l'incapacité permanente*** ◊ *L'avis du contrôle médical* est nécessaire dès qu'il y a décès ou incapacité permanente probable. Le médecin du travail peut avoir à donner un avis sur les conséquences éventuelles de l'incapacité permanente : possibilité de reprendre son ancien emploi, nécessité d'une réadaptation ou inaptitude totale au travail.

- Le barème d'invalidité en accidents du travail [1] *:* le *taux d'incapacité permanente* est déterminé d'après un « *barème indicatif d'invalidité accidents du travail* », annexé au Code de Sécurité sociale (annexes I de l'article R. 434-35 CSS).

En accidents du travail, le critère de l'invalidité est l'inaptitude physique au travail pour un manœuvre ou un ouvrier manuel ; c'est pourquoi les taux d'incapacité prévus selon le type de lésion sont généralement plus lourds dans le « Barème accidents du travail » que dans les « Barèmes d'incapacité fonctionnelle » du droit commun : l'incapacité se révèle plus sévère pour effectuer un travail manuel salarié que pour la vie personnelle. Aussi faut-il souligner que le Chapitre préliminaire du Barème accidents du travail indique de manière explicite « qu'il ne saurait se référer en aucune manière aux règles d'évaluation suivies par les tribunaux dans l'appréciation des dommages du droit commun ». On ajoutera que l'inverse doit être vrai.

Pour fixer le taux d'incapacité d'accident du travail, le médecin tient compte de la nature de l'infirmité, de l'état général de santé de la victime avec ses facultés physiques et mentales, de son âge, de ses aptitudes et qualifications professionnelles. Les infirmités multiples sont évaluées selon la règle de Balthazar.

Des « *révisions* » périodiques sont prévues par l'art. L. 443-1 CSS qui permettent de fixer de nouveaux taux d'incapacité si l'état de la victime s'est modifié.

- L'incohérence de la multiplicité des barèmes : il faut, une fois de plus, souligner la confusion qui submerge certaines victimes d'accident du fait de l'application de régimes juridiques juxtaposés sans aucune harmonisation, malgré la volonté d'unification des pratiques qui se manifeste actuellement. C'est ainsi que la victime d'un accident de trajet, salarié dépendant du régime général de la sécurité sociale, devenant inapte à son poste du fait d'une incapacité de travail, et ayant par ailleurs souscrit un contrat d'assurance « accident corporel » se trouvera non seulement confrontée à des avis médicaux divergents (médecin traitant, médecin-conseil SS, médecin du travail, médecin-conseil de la

1. **Barème indicatif d'invalidité des accidents du travail :** v. ss 123 ; Padovani, *Barème accidents du travail et maladies professionnelles ; commentaires sur l'indemnisation du préjudice corporel*, éd. Lamarre-Poinat, 1983 ; UCANSS, *Barème indicatif d'invalidité : AT et maladies professionnelles et Livre IV du Code de la sécurité sociale*, UCANSS, éd. 2003. – Sur les barèmes de déficits fonctionnels en droit commun, v. ss 122 ; Assurances de personnes, v. ss 517. – Sur la règle de Balthazard en cas d'infirmités multiples, v. ss 135.

compagnie d'assurances), mais encore « étalonnée » avec des instruments de mesure médico-légaux différents ; comment peut-elle comprendre les divergences d'évaluation entre : le taux d'incapacité retenu par la sécurité sociale sur la base du Barème AT, celui du taux d'invalidité de l'ex COTOREP, celui applicable en droit commun de la responsabilité civile (Barème Concours médical), et enfin le Barème contractuel du contrat d'assurance de personnes ?

464 ***e) Le contentieux technique, médical (art. L. et R. 143-1 s. CSS)*** [1] ◊ Comme en matière d'assurance-maladie - invalidité, indépendamment du contentieux général portant sur des problèmes juridiques d'affiliation ou de prise en charge des prestations, il existe un contentieux dit technique, portant sur les appréciations médico-légales : les contestations peuvent porter notamment sur le taux d'incapacité permanente retenu à la consolidation ou après rechute, ou l'état d'inaptitude au travail. Nul doute que l'imbroglio des Barèmes ne soit une cause supplémentaire d'incompréhension des victimes à l'égard des décisions prises.

La procédure se déroule ainsi :

- contestation devant la Caisse primaire ;
- commission de recours amiable (CRA : art. R. 142-1 s. CSS) ;
- Tribunal du contentieux de l'incapacité (TCI : art. L. 142-2 CSS) ;
- Cour nationale de l'incapacité et de la tarification de l'assurance des accidents du travail (CNITAT : art. L. 143-3 et L. 143-4 CSS) ;
- Cour de cassation (art. L. 144-1 CSS).

La Cour nationale de l'incapacité et de la tarification doit appliquer les règles du « procès équitable » selon la Convention européenne des droits de l'homme (Cass. Ass. plén. 22 déc. 2000, 5 arrêts) ; son fonctionnement relève du service public judiciaire (T. confl. 8 avr. 2002).

§ 2. **Les prestations d'accidents du travail**

465 Le régime des accidents du travail comporte l'exclusion de principe de tout recours en responsabilité civile contre l'employeur (art. L. 451-1 CSS), donc la privation de la réparation intégrale des préjudices de droit commun. En contrepartie, les prestations en nature (A) et en espèces (B) de Sécurité sociale sont plus larges que dans le régime de l'assurance maladie-invalidité ; elles sont en outre confortées par une protection spécifique du statut professionnel de la victime (C).

---

1. **Contentieux technique :** J. Bing, « Le contentieux du contrôle technique », *Questions S.S.* mars 1996, p. 48, Questions SS 1968.56 ; A. Gombault, « Le contentieux du contrôle technique », Le concours méd. 1966.3157 ; H. Liffran, « Les tribunaux du contentieux de l'incapacité et la Conv. europ. de sauvegarde des droits de l'Homme… » *Dr. soc.* 1999, p. 158 ; C. Pettiti, « La Cour nationale de l'incapacité et de la tarification », *D.* 2001 Interview p. 789 - Ass. plén. 22 déc. 2000, *D.* 2001. IR. 356, et interview Pettiti précitée ; T. confl. 8 avr. 2002, *D.* 2002. 2702 note S. Petit, *Dr. soc.* 2001 p. 282 concl. Lyon-Caen.

A. Les prestations en nature

466 Le principe est la totale gratuité des soins médicaux, assortie de tous les moyens de réadaptation fonctionnelle et de rééducation professionnelle permettant à la victime de se réinsérer dans la société.

467 ***1°) Les soins médicaux (art. L. 431-1-1° CSS)*** [1] ◊

• *La gratuité des soins :* la victime est prise en charge à 100 %, en conservant le choix de son praticien ou de son établissement hospitalier. Toutefois, conformément à l'article L. 432-1 al. 2 CSS, la participation forfaitaire de l'assuré ainsi que les franchises prévues à l'article L. 322-2-II et III CSS restent à la charge de la victime de l'accident du travail.

• *Le tiers payant :* la victime n'a pas à faire l'avance des frais médicaux ; c'est la caisse qui effectue un paiement direct aux médecins, pharmaciens, auxiliaires médicaux, laboratoires d'analyses, fournisseurs d'appareillages...

En principe, le paiement des honoraires des praticiens est effectué sur la base des tarifs applicables en assurance-maladie, avec cependant quelques tarifs particuliers (art. L. 432-3 CSS).

• *Pour les appareillages*, la victime a droit à la fourniture, à la réparation et au renouvellement des appareils de prothèse et d'orthopédie qui lui sont nécessaires, mais doit s'adresser à des fournisseurs agréés (art. L. 432-5 CSS).

468 ***2°) La rééducation fonctionnelle et la réadaptation professionnelle*** ◊

• *La rééducation fonctionnelle* a pour but de faciliter la récupération de leurs fonctions normales par les membres atteints par l'accident. Elle est décidée d'un commun accord entre le médecin traitant et le médecin-conseil de la caisse, éventuellement après avis d'un médecin expert. Le traitement en établissement public ou privé agréé est pris en charge par la Sécurité sociale et la victime reçoit des indemnités journalières pour incapacité temporaire.

• *La réadaptation professionnelle* a pour but de permettre à la victime qui paraît inapte à reprendre son ancien travail soit d'en retrouver la capacité, soit de se réadapter à une nouvelle profession en rapport avec ses possibilités physiques. Décidée par la caisse éventuellement à l'initiative de la victime, cette rééducation peut être effectuée soit dans un établissement spécialisé, soit dans une entreprise.

469 ***3°) Les frais funéraires en cas d'accident mortel*** ◊ Les ayants droit peuvent demander le paiement des frais funéraires dans la limite du 1/24e du plafond annuel des cotisations (art. L. et D. 435-1 CSS) : soit 1 585 € en 2015.

---

1. **Gratuité des soins :** Soc. 14 mai 1998, *D.* 1998.533 note Y. Saint-Jours (la prise en charge des prestations en nature s'étend à toutes les conséquences directes de l'accident du travail, même après consolidation).

B. Les prestations en espèces

470 ***Le calcul des prestations en espèces*** [1] ◊ Les prestations en espèces constituent des revenus de remplacement dont les montants doivent être précisés en cas d'incapacité temporaire, d'incapacité permanente ou de décès.

471 ***1°) Les indemnités journalières d'incapacité temporaire*** ◊ Les indemnités journalières (IJ) sont servies à partir du lendemain de l'arrêt de travail consécutif à l'accident jusqu'à la guérison ou la consolidation (art. L. 433-1 s. et R. 433-1 s. CSS). Leur mode de calcul a été modifié, à partir du 1er décembre 2010, par les décrets n° 2010-1305 et 1306 du 29 oct. 2010.

- *L'assiette des indemnités journalières* est déterminée en fonction du salaire de référence qui inclut l'ensemble des rétributions perçues par la victime avant l'accident. Sur cette base est déterminé *le salaire journalier de base*, constitué par un pourcentage du salaire de référence, calculé en fonction de taux variant selon la périodicité de la paie (art. R. 433-4 CSS).

- *Le taux des indemnités journalières* est de 60 % du gain journalier de base (art. R. 433-2) jusqu'au 28e jour, et 80 % (art. R. 433-4) à compter du 29e jour.

- *Limite relative :* l'indemnité journalière ne peut excéder le montant du gain journalier net perçu par la victime avant l'accident, compte tenu des prélèvements sociaux et fiscaux (CSG).

- *Plafond :* compte tenu du plafonnement applicable au salaire journalier moyen de référence, le plafond de l'indemnité journalière est de 60 % pendant les 28 premiers jours (soit un montant maximum par jour de 190,35 euros) et de 80 % à compter 29e jour (montant maximal de 253,80 euros par jour) pour 2011.

- En cas de *rechute*, l'indemnité journalière, calculée sur le salaire avant rechute, ne peut être inférieure à l'indemnité journalière initiale.

Les indemnités journalières d'accident du travail n'étaient, jusqu'en 2010, pas soumises à l'impôt sur le revenu. La loi de finance pour 2010 (art. 85 loi n° 2009-1673 du 30 déc. 2009) a toutefois changé la donne en déclarant ces indemnités imposables au titre de l'impôt sur le revenu à hauteur de 50 % [2]. Cette solution est très défavorable aux victimes, et paraît peu justifiée.

472 ***2°) L'indemnisation de l'incapacité permanente*** ◊

a) Le capital pour incapacité inférieure à 10 % [3]

Une *indemnité en capital* est attribuée à la victime d'un accident du travail atteinte d'une *incapacité permanente inférieure à 10 %*. Le montant en

---

1. Le plafond annuel des salaires soumis à cotisations de sécurité sociale est de 38 040 € en 2015.

2. **Soumission de IJ AT et maladies professionnelles à l'impôt sur le revenu** : Instr. 26 juill. 2010, BOI F-14-10. Cons. const. 29 déc. 2009, DC n° 2009-599 (rejet du recours formé sur une inégalité entre bénéficiaires des IJ).

3. **Incapacité inférieure à 10 %** : Soc., 21 févr. 1991, *D.* 1991.541 note Y. Saint-Jours (en cas d'accidents successifs, l'incapacité prise en compte est celle propre à chaque accident, et non l'incapacité globale) ; Ass. plén., 8 févr. 1993, *JCP*, éd. CI 1993.II.455 note Y. Saint-Jours (accidents successifs ; incapacité permanente en résultant inférieure à 10 % ; rente convertie en capital).

est fixé par décret suivant le taux d'incapacité (art. L. 434-1 CSS). Il est à noter que, selon une décision de la CJUE du 3 septembre 2014, le principe d'égalité entre homme et femme interdit de prendre en compte, parmi les éléments du calcul du capital dû en cas d'accident du travail, la différence d'espérances de vie entre les deux sexes [1].

Ces montants, prévus à l'art. D. 434-1 CSS sont depuis le 1er avril 2013, de :

Taux d'IPP en %	Montants en euros
1	410,30
2	666,88
3	974,50
4	1 538,07
5	1 948,44
6	2 409,90
7	2 922,41
8	3 486,62
9	4 101,86

Il faut noter qu'en accident du travail comme en droit commun, une douleur chronique peut justifier un taux d'APIPP.

b) La rente AT pour incapacité supérieure à 10 % [2]

La rente est due à la victime dès le lendemain de la consolidation. Le calcul de cette rente (art. R. 434-26 s. CSS) est complexe ; elle est basée sur deux paramètres : la rémunération antérieure et le taux d'incapacité.

1) Le taux d'incapacité de référence : sur la base du taux réel d'incapacité, une réduction est opérée : la fraction du taux inférieure à 50 % est réduite de moitié et la fraction supérieure à 50 % est augmentée de moitié (art. R. 434-2 CSS).

Exemple : taux d'incapacité réelle 60 % = la part inférieure à 50 % est divisée par deux (50/2 soit 25 %) et celle supérieure à 5 % (ici 10) est augmentée de moitié :

(50/ 2) + (10 + 50 %) = 25 % + 15 % = 40 %.

1. CJUE, 2e ch, 3 sept. 2014, aff. C-318/13, *JCP S* 2014, act. 324. S. Moracchini-Zeidenberg, « Évaluation *in concreto versus* égalité de traitement », *RCA* 2014, alerte 32.

2. **Rentes pour incapacité > 10 % :** Soc. 26 mai 1994, *D.* 1994. IR. 151 (les cotisations patronales à un régime complémentaire de retraite entrent dans le salaire servant de base de calcul aux rentes AT) ; Ass. plén. 16 nov. 2001, *D.* 2002 p. 912 note Y. Saint-Jours (une indemnité compensatrice d'heures supplémentaire doit être prise en compte dans le calcul de la rente AT, même si elle n'a pas été déclarée par l'employeur et n'a pas donné lieu à versement de cotisations). – **Majoration pour tierce personne :** v. ss 432 ; sur la tierce personne en droit commun v. ss 181 ; Soc. 12 juill. 2001, *D.* 2002 p. 1867 note Y. Dagorne-Labbé (refus de la majoration pour recours à tierce personne : IPP 17 %, aide nécessaire pour certains gestes de la vie courante ; majorations rente accordée pour l'incapacité d'effectuer l'ensemble des actes ordinaires de la vie).

2) Le salaire de référence : est calculé à partir de la rémunération effective totale des 12 mois civils précédant l'accident (art. R. 434-30 CSS).

3) Le montant de la rente est le produit du salaire de référence ainsi calculé par le taux d'incapacité retenu. Elle peut être révisée ou convertie en capital sous certaines conditions.

• *Revalorisations* (art. L. 434-17 CSS) : les rentes AT sont revalorisées comme les pensions d'invalidité suivant la fixation d'un arrêté ministériel (art. L. 351-11).

• *Prestation complémentaire pour recours à une tierce personne* (art L. 434-2 CSS) : pour en bénéficier, la victime doit avoir un taux d'incapacité d'au moins 80 % et être dans l'incapacité d'accomplir seule les actes de la vie quotidienne. Pour 2015, le montant de la prestation est compris entre 551,55 et 1 654,63 euros en fonction du nombre d'actes que la victime ne peut accomplir.

473 ***3°) Les rentes de survivants en cas de décès*** [1] ***(art. L. 434-7 s.)*** ◊ La base de calcul des rentes accordées aux ayants droit est celle du salaire de référence de la rente pour incapacité permanente de plus de 10 %.

• *Les droits du conjoint survivant* (ou du concubin, ou du pacsé) sont acquis si la situation matrimoniale était déjà établie avant l'accident ou à défaut après deux années de vie commune ou s'il y a un enfant commun. Le taux de la rente est de 40 % du salaire du défunt.

– L'ayant droit âgé de 55 ans ou atteint d'une réduction de moitié au moins de sa capacité de travail a droit à un complément de rente de 20 %

– Le conjoint divorcé avec pension alimentaire conserve la rente mais celle-ci est plafonnée à 20 % du salaire de référence.

• *Les enfants* à la charge de la victime ont droit à une rente de 25 % pour chacun des deux premiers, 20 % pour chacun des suivants ; les orphelins de père et de mère ont droit à une rente majorée de dix points.

• *Les ascendants* ont droit à une rente viagère de 10 % du salaire de référence s'ils établissent qu'ils étaient à la charge de la victime au moment de l'accident ou auraient pu obtenir une pension alimentaire.

C. La protection du statut professionnel de l'accidenté du travail

474 ***La protection de l'emploi et le reclassement*** [2] ◊ La victime d'un dommage corporel éprouve souvent de grandes difficultés à maintenir ou

1. **Rentes de survivants en cas de décès :** Y. Gautier, « Les rentes en cas d'accident mortel du travail », *RPDS* 1978, n° 393 ; J. Bing, « L'amélioration du sort des ayants droit en cas d'accident mortel du travail », *Questions SS* 1975.9.

2. **Protection de l'emploi de l'accidenté du travail et reclassement :** H. Seillan, « La protection du devenir professionnel des salariés victimes d'un accident du travail ou d'une maladie professionnelle dans la loi du 7 janvier 1981 », RP aff. soc., 1982, n° 1, p. 39 ; B. Lardy-Pelissier, « L'obligation de reclassement », *D.* 1998 chron., p. 403 ; J. Savatier, « La visite de reprise effectuée

retrouver son activité professionnelle après consolidation. Aussi convient-il de souligner ici les dispositions de la loi n° 81-3 du 7 janvier 1981 relative à la protection de l'emploi des salariés victimes d'un accident du travail proprement dit ou d'une maladie professionnelle (art. L. 1226-7 s. C. trav.) et dont les dispositions ne sont pas applicables aux victimes d'un accident de trajet.

Si le *contrat de travail* du salarié victime d'un accident de travail *stricto sensu* est suspendu pendant la durée de l'arrêt de travail et éventuellement la durée des stages de réadaptation, de rééducation ou de formation professionnelle, *l'employeur n'a pas le droit de le résilier*, sauf s'il justifie soit une faute grave de l'intéressé, soit de l'impossibilité où il se trouve de le maintenir.

En outre, si le salarié accidenté se trouve, après consolidation, inapte à reprendre l'emploi qu'il occupait précédemment, l'employeur est tenu de lui proposer un autre emploi approprié à ses capacités et aussi comparable que possible à l'emploi occupé précédemment. L'employeur ne peut prononcer le licenciement que s'il justifie de l'impossibilité de proposer un tel emploi de remplacement ou si le salarié le refuse. Le salarié licencié a droit alors à une indemnité spécifique, sauf en cas d'abus de refus.

Ces dispositions constituent une véritable protection « en nature » du salarié accidenté du travail pour le maintien de son emploi. Cette garantie est au surplus parfaitement justifiée puisque l'accident a été causé par le travail.

Cependant si l'on compare le statut de l'accidenté du travail et celui de la victime d'un accident de droit commun avec tiers responsable, cet « avantage » doit être relativisé : la victime de droit commun qui n'a pu reprendre son emploi doit en effet être indemnisée par le tiers responsable de tous les préjudices économiques et les pertes de revenus subies du fait de l'accident.

Cette protection spécifique de l'accidenté du travail, pour souhaitable qu'elle soit, ne constitue donc pas un avantage décisif, notamment lorsque l'emploi de remplacement est moins bien rétribué que l'emploi initial.

§ 3. La résurgence de la responsabilité de droit commun en accidents du travail

475 ***Le principe de l'exclusivité de la réparation sociale et ses limites*** [1] ◊

– *Le principe de l'exclusivité de la réparation sociale* est énoncé à l'art. L. 451-1 CSS « ... aucune action en réparation des accidents et maladies mentionnés

---

par le médecin du travail à l'issue d'une absence pour maladie ou accident du travail », *Dr. soc.* 1997, p. 3 ; J. Savatier, « Examen médical de reprise et obligation de reclassement de la victime d'un accident du travail », *Dr. soc.* 1999, p. 8 ; J. Savatier, « Les effets d'un avis d'inaptitude temporaire émis par le médecin du travail », *Dr. soc.* 1997, p. 243 ; J. Savatier, « La disponibilité d'un emploi en vue d'une réintégration, d'un reclassement ou d'une priorité d'embauche », *Dr. soc.* 1999, p. 146 ; G. Couturier, « Vers un droit du reclassement ? » *Dr. soc.* 1999, p. 497 ; F. Héas, « Les obligations de reclassement en droit du travail », *Dr. soc.* 1999, p. 504 ; J. Savatier, « Médecin traitant, médecin-conseil et médecin du travail : incidences de leurs avis », *Dr. soc.* 1999, p. 562.

1. **Réparation sociale et droit commun :** Soc. 28 oct. 1997, *D.* 1998.219, note Radé (le salarié dont l'affection ne peut pas être prise en charge au titre de la législation sur les accidents du

par le présent livre ne peut être exercée conformément au droit commun, par la victime ou ses ayants droit ». Cependant, aujourd'hui le droit commun garantit aux victimes d'un dommage corporel la réparation intégrale de leurs préjudices, tout en les ayant généralement débarrassées du fardeau de la preuve d'une faute du responsable, par la reconnaissance d'une responsabilité objective. Aussi les accidentés du travail qui apparaissaient comme des victimes privilégiées en 1898, sont-ils un siècle plus tard très largement défavorisés par une législation désormais archaïque. Dès lors le retour multiforme du droit commun dans la réparation des accidents du travail était-il inéluctable, en attendant une réforme plus fondamentale.

– *Les exceptions et limites au principe sont cependant importantes ;* ainsi par un *raisonnement a contrario* la réparation sociale des accidents du travail est exclusive, mais s'il n'y a pas de réparation sociale, l'exclusivité tombe, et hors du champ d'application du droit spécifique, le droit commun retrouve son empire ; il en est par exemple ainsi lorsque la qualification de maladie professionnelle est rejetée.

De manière plus spécifique, trois situations sont susceptibles d'ouvrir aux accidentés du travail une indemnisation plus large : notamment en cas de faute intentionnelle ou inexcusable (A), lorsque l'accident du travail implique un tiers comme il est fréquent dans les accidents de la circulation (B), lorsque l'accident du travail constitue une infraction, domaine dans lequel la jurisprudence est toutefois chaotique (C).

A. La faute intentionnelle ou inexcusable

476 Encore que leur prise en compte par la jurisprudence ne soit pas comparable, il faut, conformément aux textes, distinguer les fautes commises par l'employeur, de celles commises par la victime.

1. La faute intentionnelle ou inexcusable de l'employeur

477 La *faute intentionnelle ou inexcusable de l'employeur* est prévue par les articles L. 452-1 à L. 452-5 CSS Les règles spécifiques en la matière sont sous-tendues par une triple motivation de prévention, de pénalisation du coupable et d'amélioration de l'indemnisation de la victime.

a. La faute intentionnelle de l'employeur ou de ses préposés [1]

478 ***1) Définition*** ◊ La faute intentionnelle est *la volonté de causer le dommage*, autant dire que la *« faute intentionnelle de l'employeur »* impliquant la

travail ou les maladies professionnelles, peut engager une action contre son employeur selon le droit commun, de la responsabilité civile contractuelle) ; Crim. 14 mai 1996, *RCA* 1996, n° 309 (le travail en commun, exclut la qualité de tiers ; pas de recours de droit commun).

1. **Faute intentionnelle :** Y. Saint-Jours, « La faute intentionnelle et le droit de la Sécurité sociale », *Dr. soc.* 1970.387 ; G. Brière de l'Isle, « La faute dolosive », *D.* 1980, n° 133, G. Viney,

volonté de blesser ou de tuer l'un de ses salariés est tout à fait exceptionnelle et alimente alors la chronique des faits divers.

En revanche, il arrive plus fréquemment qu'un salarié soit intentionnellement blessé par un *autre préposé*, notamment lorsque des coups et blessures volontaires sont donnés ou échangés au cours d'une rixe.

479 ***2) Indemnisation*** ◊ La faute intentionnelle restitue à la victime son *droit à une indemnisation intégrale* conformément au droit commun : le responsable sera personnellement tenu de l'intégralité des préjudices subis par la victime ; celle-ci lui réclamera donc le complément des prestations forfaitaires d'accident du travail qui lui sont versées par la caisse de Sécurité sociale, qui est en outre subrogée dans les droits de la victime pour les prestations versées. Ainsi, conformément au droit commun de la responsabilité civile, la réparation est intégralement à la charge de l'auteur de la faute intentionnelle.

b. La faute inexcusable de l'employeur ou d'un substitué dans la direction

480 La faute inexcusable de l'employeur est régie par les articles L. 452-1 s. CSS qui réintroduisent largement le droit commun dans la réparation des dommages causés.

481 ***1) La définition de la faute inexcusable*** [1] ◊ La faute inexcusable de l'employeur a fait l'objet d'une évolution considérable de la jurisprudence récente, qui a en a élargi la définition, infléchissant de ce fait une partie de la sévérité du régime d'indemnisation des accidents du travail. Ce mouvement s'est opéré en plusieurs temps.

– *1re étape : redéfinition de la faute inexcusable. La définition traditionnelle de la faute inexcusable* avait été formulée par un arrêt des chambres réunies du 16 juillet 1941 [2] : la faute inexcusable « doit s'entendre d'une faute d'une

« Remarques sur la distribution entre faute intentionnelle, faute inexcusable et faute lourde », *D.* 1975, chron. 263 ; J.-J. Dupeyroux, M. Borgetto, R. Lafore, R. Ruellan, *Droit de la Sécurité sociale*, Dalloz, 14e éd. 2001, n° 924 s., A. Besson, « Les accidents du travail causés par la faute intentionnelle d'un préposé », *RGAT* 1952.345. I. Moine-Dupuis, « L'intention en droit pénal : une notion introuvable ? », *D.* 2001. Chron. 2144. **Sur l'incidence de la faute intentionnelle sur les droits à indemnisation de la victime d'infraction pénale** : v. ss 1134 s.

1. **Évolution de la notion de faute inexcusable** : P. Sargos, « La saga triséculaire de la faute inexcusable », *D.* 2011. 768.

2. **Détermination de la faute inexcusable ; doctrine** : Ch. réunies, 16 juillet 1941, *DC* 1941.117, note Rouast ; G. Brière de l'Isle, « La faute inexcusable, bilan et perspectives », *D.* 1970, chron. 73, A. Ghafourian, *Faute lourde, faute inexcusable, dol*, thèse, Paris, 1977, P. Roux, « La faute inexcusable de l'employeur », *JCP* 1976, éd. C.I. II.12220 ; Y. Saint-Jours, « Concours de fautes dans la survenance d'un accident du travail et réalisation d'une faute inexcusable », *Dr. soc.*, 1986, p. 75 ; R. Jaillet, *La faute inexcusable en matière d'accidents du travail*, LGDJ, 1980 ; J. Wisniewski, « La faute inexcusable, une enquête sur le terrain », *Dr. soc.*, 1986, p. 546 ; Y. Saint-Jours « Variation sur la qualification de la faute inexcusable », *RDSS* 1985, p. 173 ; D. Larger et F. Miloch, « Actualité de la faute inexcusable en droit social et en droit civil », *RDSS* 1986.177 ; Y. Saint-Jours, « Du principe de l'autorité de la chose jugée au criminel en matière de faute inexcusable », *D.* 1969. Chron. 229.

gravité exceptionnelle, dérivant d'un acte ou d'une omission volontaire, de la conscience du danger que devait en avoir son auteur, de l'absence de toute cause justificative, et se distinguant par le défaut d'un élément intentionnel de la faute intentionnelle ». Une *jurisprudence considérable* [1] a appliqué cette définition désormais classique aux cas concrets les plus divers. La jurisprudence abondante retenait une conception de la « faute inexcusable » plus large que le caractère « exceptionnel » suggéré par la définition alors en vigueur ne le laissait entendre.

Le 28 février 2002, la Cour de cassation a toutefois opéré une évolution très importante de sa jurisprudence, dans des affaires de maladies professionnelles liées à l'amiante, en considérant, aux termes d'un attendu de principe maintes fois réitéré, « qu'en vertu du contrat de travail le liant à son salarié, l'employeur est tenu envers celui-ci d'une obligation de sécurité de résultat, notamment en ce qui concerne les maladies professionnelles contractées par ce salarié du fait des produits fabriqués ou utilisés par l'entreprise ; que le manquement à cette obligation a le caractère d'une faute inexcusable, au sens de l'article L. 452-1 du Code de la sécurité sociale, lorsque l'employeur avait ou aurait dû avoir conscience du danger auquel était exposé le salarié, et qu'il n'a pas pris les mesures nécessaires pour l'en préserver » [2]. Cette jurisprudence a par la suite très vite été étendue aux accidents du travail [3].

L'évolution est considérable car elle infléchit très nettement les critères traditionnels de la faute inexcusable, en marginalisant notamment la condition de gravité du comportement. Tout manquement à l'obligation de sécurité de résultat constitue en effet désormais une faute inexcusable, si l'employeur avait ou aurait dû avoir conscience du danger, et n'a pas pris les mesures nécessaires pour l'éviter. La jurisprudence n'exige toutefois pas une connaissance effective du danger, mais opère en la matière une appréciation *in abstracto* [4].

– *2e étape : inflexion du rôle causal de la faute* [5]. La jurisprudence traditionnelle de la Cour de cassation exigeait en outre que la faute inexcusable soit la *cause*

1. **Détermination de la faute inexcusable ; Jurisprudence antérieure à 2002 :** Ass. plén., 18 juillet 1980, *D.* 1980. 394, concl. Picca, note P.G. (cet arrêt n'a pas retenu la faute inexcusable de l'employeur de la victime d'un accident mortel) ; Soc. 19 mai 1994, *Gaz. Pal.*, 8-9 avr. 1998, p. 16 (exposition à l'amiante, « l'employeur pouvait, en l'état de la législation antérieure à 1997, ne pas avoir conscience du danger couru par son salarié », pas de faute inexcusable) ; Soc., 19 juill. 2000, *JCP* E 9 nov. 2000 p. 1743 (infraction aux règles de sécurité ; imprudence salarié n'exclut pas faute inexcusable employeur) ; Soc. 31 mai 2001, *RCA* 2001, n° 255 (faute inexcusable entreprise travail temporaire).

2. **Nouvelle définition de la faute inexcusable :** Soc. 28 févr. 2002, *D.* 2002. 2696, *Dr. soc.* 2002 p. 533 note R. Vatinet ; Ass. plén. 24 juin 2005, *JCP* 2005, II, 10117. G. Vachet, « Chronique sur un assassinat programmé : la jurisprudence sur la faute inexcusable », Semaine soc. Lamy 8 janv. 2007. Y. Saint-jour, « De l'obligation contractuelle de sécurité de résultat de l'employeur » *D.* 2007. 3024. Civ 2e, 7 mai 2014, n° 12-23.962, *RCA* 2014, comm. n° 221.

3. **Application aux accidents du travail :** Soc. 11 avr. 2002, *D.* 2002. 2215 note Y. Saint-Jours, et *D.* 2002. 2697 note Xavier Prévot

4. **Appréciation de l'élément de connaissance du danger par l'employeur :** Soc. 31 oct. 2002, *RJS*. 2003, n° 1, n° 86. Civ. 2e, 5 avr. 2005, *RJS* 2005, n° 7, comm. n° 775.

5. **Rattachement à la théorie de l'équivalence des conditions :** Soc. 31 oct. 2002, *D.* 2002. 644. Ass. plén. 24 juin 2005, *JCP* 2005, II, 10117.

directe et déterminante de l'accident. Un arrêt du 31 octobre 2002, dans la suite logique de la jurisprudence Amiante, a abandonné cette exigence. Dans cette décision, depuis confirmée, la Cour de cassation s'est en effet clairement rattachée à la théorie de l'équivalence des conditions, la faute inexcusable devant désormais seulement être une cause *nécessaire* de l'accident.

• *Relaxe au pénal et faute inexcusable de l'employeur* [1] : la loi du 10 juillet 2000 ayant mis fin à la théorie de l'unité des fautes pénales et civiles, la jurisprudence a pu dissocier les deux fautes, et notamment retenir la faute inexcusable de l'employeur alors qu'il y avait au pénal relaxe pour absence de faute pénale.

482 ***2) Le régime de l'indemnisation en cas de faute inexcusable*** ◊ La reconnaissance de la faute inexcusable de l'employeur entraîne une indemnisation plus importante de la victime de l'accident du travail puisque celle-ci peut obtenir une majoration de sa rente et une réparation complémentaire de certains de ses préjudices. Selon la jurisprudence de la Cour de cassation, le régime spécifique de la faute inexcusable ne s'applique toutefois qu'aux accidents du travail, *à l'exclusion des accidents de trajet*. Dans un arrêt du 8 juillet 2010, celle-ci a en effet affirmé en termes de principe que « la victime d'un accident de trajet ne peut invoquer à l'encontre de son employeur l'existence d'une faute inexcusable » [2]. Cette solution est critiquable dans sa généralité car les textes du Code de la sécurité sociale opèrent une assimilation du régime des deux accidents.

483 ***La majoration de la rente*** [3] ◊ La majoration est déterminée soit par accord entre les parties, soit par les tribunaux, mais elle ne doit pas excéder « soit la fraction du salaire annuel correspondant à la réduction de capacité, soit le montant de ce salaire dans le cas d'incapacité totale » (art. L. 452-2 CSS). Mais la jurisprudence qui établissait une relation entre l'importance de la majoration et le degré de gravité de la faute inexcusable de l'employeur, n'applique aujourd'hui cette réductibilité qu'en cas de

1. **Faute pénale et faute inexcusable :** Sur l'abandon de l'identité des fautes civiles et pénales et la loi du 10 juillet 2000, v. ss 20, 577, 810 ; Soc., 12 juill. 2001, *D.* 2002 p. 1311 obs. P. Jourdain, *D.* 2001 p. 3890 note Y. Saint-Jours, *RCA* 2001, n° 289 (la relaxe d'un employeur pour absence de faute pénale non intentionnelle n'empêche pas le juge civil de retenir la faute inexcusable) ; Civ. 2e, 16 déc. 2003, *D.* 2003 p. 2862 obs. Pretot (idem) ; Civ. 2e, 16 sept. 2003, *RCA* 2003, n° 289 (idem).

2. **Exclusion de la faute inexcusable dans le cas de l'accident de trajet :** Civ. 2e, 10 déc. 2009, n° 07-19626. Civ. 2e, 8 juill. 2010 (arrêt PBRI), *RCA* 2010, comm. n° 281.

3. **Majoration de la rente :** Soc. 17 janv. 1962, *D.* 1962.II.197, note J.-J. Dupeyroux, *Dr. soc.* 1962.318, obs. A. Brun ; Soc. 10 févr. 1966, *Bull. civ.* IV, n° 175 ; Soc. 28 mars 1984, *Bull. civ.* V, n° 131 ; Soc. 25 juill. 1984, *Bull. civ.* V, n° 323 (la majoration ne peut être maximale s'il y a eu une faute de la victime) ; Soc. 19 déc. 2002, *D.* 2003 p. 1792 note Y. Saint-Jours, confirmé not. par Ass. plén. 24 juin 2005, *JCP* 2005, II, 10117 (la majoration de la rente prévue lorsque l'accident est dû à une faute inexcusable de l'employeur, ne peut être réduite en fonction de la gravité de cette faute, mais seulement lorsque le salarié victime a lui-même commis une faute inexcusable). Civ. 2e, 14 déc. 2004, *D.* 2005. 1202 (la majoration de la rente doit suivre l'évolution du taux d'incapacité de la victime).

faute inexcusable corrélative du salarié victime (Soc. 19 déc. 2002). La rente majorée est versée par la caisse de Sécurité sociale qui récupère ensuite le montant de cette majoration d'indemnité par une cotisation complémentaire accidents du travail versée par l'employeur.

484 ***L'indemnisation complémentaire des autres préjudices*** [1] ◊ De façon traditionnelle, la victime d'une faute inexcusable de l'employeur avait le droit de demander à celui-ci, devant la juridiction de Sécurité sociale, une réparation complémentaire de certains postes de préjudices, dont les articles L. 452-1 s. CSS donnaient une liste jugée *limitative par la jurisprudence :* souffrances endurées, préjudice esthétique, préjudice d'agrément, préjudice d'affection des proches en cas de décès, perte ou diminution de ses possibilités de promotion professionnelle [2]. Si la victime était atteinte d'un taux d'IPP de 100 %, elle recevait en outre une *indemnité forfaitaire* égale au montant du salaire minimum légal pour le calcul des rentes accidents du travail (art. L. 452.3 CSS). La donne a toutefois été profondément modifiée par une décision du Conseil constitutionnel du 18 juin 2010, rendue dans le cadre d'une question prioritaire de constitutionnalité.

Celui-ci a été saisi par la Cour de cassation qui, dans une décision du 7 mai 2010 [3], lui a transmis une question prioritaire de constitutionnalité, à la requête d'une partie qui arguait, sur la base d'une rupture du principe d'égalité, de l'inconstitutionnalité des articles L. 451-1 et 452-1 à 5 CSS. *Le Conseil constitutionnel, dans sa décision du 18 juin 2010 a globalement validé le mécanisme général d'indemnisation des accidents du travail.* Il a en revanche considéré, *par le biais d'une réserve d'interprétation,* « qu'en présence d'une

1. **Faute inexcusable ; indemnisation complémentaire :** Soc., 22 nov. 1990, *JCP* 1991. II.21735, note F. Meyer, *D.* 1991.263, note Y. Saint-Jours (réparation complémentaire du préjudice moral de la veuve ; partage de responsabilité en raison de la faute concourante de la victime directe) ; Soc. 18 juill. 1997, *RCA* 1998, n° 9 (frais d'aménagement d'appartement pour fauteuil roulant et adaptation véhicule exclus de la liste limitative des préjudices de l'art. L. 452-3 CSS) ; Soc. 8 mars 2001 et 15 févr. 2001, *RCA* 2001, n° 143 (indemnité complémentaire versée directement par la caisse à la victime ; préjudice professionnel) ; Soc. 28 juin 2001, *RCA* 2001, n° 290 (la victime n'a pas justifié les chances sérieuses de promotion professionnelle qu'elle invoquait) ; Soc. 23 mai 2002, *RCA* 2002, n° 254 (indemnisation complémentaire des ascendants pour préjudice moral). Cons. const., décision n° 2010-8 QPC, *Cahiers Cons. constit.* n° 29, 1 ; *JCP* (S) n° 37, 1361, note G. Vachet ; H. Groutel, « Lutte armée contre l'article L. 452-3 du Code de la sécurité sociale », Resp. civ. et assur. 2010, chron. n° 8. G. Pignarre, « Simple réserve, mais grands effets... », Droit du travail 2011, p. 186. S. Porchy-Simon, « L'indemnisation des préjudices des victimes de faute inexcusable à la suite de la décision du Conseil constitutionnel du 18 juin 2010 : réelle avancée ou espoir déçu ? », *D.* 2010. 459. Colloque « Faute inexcusable de l'employeur : vers une réparation intégrale ? », *Gaz. Pal.* 21 déc. 2010, p. 9 s.

La Cour de cassation a en revanche a deux reprises affirmé la conventionnalité du dispositif d'indemnisation des accidents du travail : Civ. 2e, 28 mai 2014, n° 13-18509. 11 juill. 2013, n° 12-15402

2. **Caractère limitatif de la liste des articles L. 452-3 s. CSS :** V. la jurisprudence de la Cour de cassation antérieure à la décision du Conseil constitutionnel : Soc. 28 mars 1996, *D.* 1996, IR, 105 ; 18 juill. 1997, *JCP* 1998, 554, n° 14, note G. Vachet ; 9 juill. 2009, *Resp. civ. et assur.* 2009, comm. n° 318 H. Groutel : *contra* : Soc. 17 mai 2006 : *JCP* 2006, II, 10153 note J. Mouly ; *JCP* (S) 2006, 1538, note G. Vachet (admission du préjudice lié à la perte d'emploi).

3. Civ. 2e, 7 mai 2010, n° 09-87288.

faute inexcusable de l'employeur, les dispositions de ce texte ne sauraient toutefois, sans porter une atteinte disproportionnée au droit des victimes d'actes fautifs, faire obstacle à ce que ces mêmes personnes, devant les mêmes juridictions, puissent demander à l'employeur réparation de l'ensemble des dommages non couverts par le livre IV du Code de la sécurité sociale ». La portée de la décision est importante. Le Conseil constitutionnel condamne en effet explicitement le caractère limitatif de la liste de l'article L. 452-3 CSS et ouvre ainsi la voie à l'indemnisation de préjudices qui n'étaient jusqu'alors pas pris en compte en cas de faute inexcusable. Le Conseil constitutionnel ne précise toutefois pas quels postes sont concernés, et c'est donc la jurisprudence postérieure qui a dû dresser la liste des préjudices pouvant ou non ouvrir droit à réparation en cas de faute inexcusable.

• ***Préjudices réparables en cas de faute inexcusable.*** À la liste déjà dressée par l'article L. 452-3 CSS, qui impose la réparation complémentaire des souffrances physiques, des préjudices esthétique et d'agrément [1] ainsi que celle du préjudice résultant de la perte ou de la diminution de ses possibilités de promotion professionnelle, doivent être ajoutés les préjudices « non couverts » par ce même article. Tel est à l'évidence le cas des postes que le régime spécifique des accidents du travail ne répare d'aucune manière : frais divers (englobant les frais d'assistance à l'expertise et la tierce personne temporaire [2]), frais de logement et de véhicule adaptés (objet même de la question prioritaire de constitutionnalité) [3], déficit fonctionnel temporaire [4], préjudice sexuel [5], et bien que la jurisprudence n'ait pas encore eu l'occasion de se prononcer sur ces points, préjudice scolaire, universitaire et de formation, préjudice esthétique temporaire ainsi que des préjudices permanentes exceptionnels [6], puisque ceux-ci ne sont à l'évidence jamais « couverts » par le livre IV du CSS.

La question des préjudices déjà indemnisés dans le cadre du régime des accidents du travail, *mais de manière non intégrale*, a en revanche posé davantage de difficultés, et a supposé de définir ce que le Conseil constitutionnel entendait par l'expression de « dommages non couverts par le livre IV du CSS ». Celle-ci est en effet susceptible de deux interprétations. Elle peut en effet être entendue de manière extensive, comme opérant une référence aux dommages non *intégralement indemnisés par ce même livre IV*, le terme « couvert » impliquant donc une référence à une prise en charge *intégrale*. Cette première interprétation, si elle est évidemment très favorable aux victimes, ne s'imposait toutefois pas à l'évidence car le Conseil n'a

---

1. **Définition du préjudice d'agrément** : v. ss 212 s.

2. **Réparation des frais :** Civ. 2e, 18 déc. 2014, n° 13-25839 (frais d'assistance à expertise). Civ. 2e, 12 janv. 2015, n° 13-17677, *Gaz. Pal.* 30 juin 2015, p. 24 s. (tierce personne temporaire).

3. En ce sens : Civ. 2e, 20 juin 2011, n° 10-19475

4. **Indemnisation complémentaire du DFT** : Civ. 2e, 4 avr. 2012, *D.* 2012. 1014, note S. Porchy-Simon, *RTD civ.* 2012. 539. 20 juin 2013, *D.* 2013. 1630 et 2265 ; Civ. 2e, 7 mai 2014, n° 12-23.962.

5. **Indemnisation complémentaire du préjudice sexuel** : Civ. 2e, 4 avr. 2012, préc. 20 juin 2012, n° 11-16120. Sur la définition de ce poste, v. ss 216.

6. **Pour une description détaillée de ces chefs de préjudice,** v. ss 155 s.

jamais affirmé la valeur constitutionnelle du principe de réparation intégrale [1]. C'est donc une autre interprétation qui a été retenue par la Cour de cassation à partir de plusieurs décisions de principe de sa deuxième chambre civile du 4 avril 2012 [2]. Selon elle, le terme de dommage non couvert doit en effet être compris *comme renvoyant aux seuls préjudices qui ne sont pas du tout pris en charge au titre l'article L. 452-3 CSS*, interprétation qui ne condamne donc que le seul caractère limitatif de la liste instaurée par cet article, *sans permettre une indemnisation complémentaire des dommages déjà partiellement indemnisés par application du régime des accidents du travail* [3].

• ***Impossibilité d'indemnisation complémentaire des préjudices déjà « couverts » par l'article L. 452-3 CSS.*** Conformément à la jurisprudence de la Cour de cassation, les préjudices déjà indemnisés, *même partiellement*, par le régime des accidents du travail ne peuvent pas faire l'objet d'une demande d'indemnisation. Tel est notamment le cas de l'assistance tierce personne permanente [4], des pertes de revenus [5] et de droits à la retraite [6], des dépenses de santé [7], du déficit fonctionnel permanent [8] et du préjudice moral des victimes par ricochet si la victime principale survit [9].

On voit donc à travers ces exemples que si la décision du Conseil constitutionnel, et la jurisprudence afférente de la Cour de cassation, ont amélioré l'indemnisation des victimes de faute inexcusable, elle n'a nullement conduit à l'alignement de leurs droits sur les accidents relevant du droit commun de la responsabilité civile.

• ***Débiteur des indemnités*** : Au-delà de la définition des préjudices réparables en cas de faute inexcusable, la décision du Conseil constitutionnel a suscité une question complémentaire quant au rôle des caisses de sécurité

1. **Absence de valeur constitutionnelle du principe de réparation intégrale**, N. Molfessis, « Le Conseil constitutionnel et le droit privé », LGDJ 1997, n° 373 ; C. Coutant-Lapalus, « Le principe de la réparation intégrale en droit privé », PUAM, 2002, n° 186 ; Ph. Brun, « Responsabilité civile extracontractuelle » Litec, 2e éd. n° 594, G. Viney et P. Jourdain, « Traité de droit civil, Les effets de la responsabilité » 3e éd. n° 59-2. V. également, P. Deumier et O. Gout, « La constitutionnalisation de la responsabilité civile », Les nouveaux cahiers du Cons. Const. 2011, p. 21 s.

2. Civ. 2e, 4 avril 2012, préc.

3. Cette interprétation nouvelle de l'article L. 453-2 CSS suppose toutefois qu'aucune décision irrévocable de la juridiction de sécurité sociale n'ait été rendue avant lé décision du Conseil constitutionnel posant la réserve d'interprétation. En ce sens : Civ. 2e, 13 févr. 2014, n° 13-10548.

4. **Refus d'indemnisation complémentaire de l'assistance tierce personne** : Civ. 2e, 20 déc. 2012, n° 11-21518 ; 20 juin 2013, n° 12-21548., 6 nov. 2014, n° 13-21.237 ; 12 févr. 2015, n° 13-17677.

5. **Refus d'indemnisation complémentaire des pertes de revenus** : Civ. 2e, 20 sept. 2012, n° 11-20798 ; 29 déc. 2012, n° 11-25577 ; 18 sept. 2014, n° 13-17013.

6. Chbre mixte, 9 janv. 2015, n° 13-12310, *JCP S* 2015, 1082, note D. Asquinazi-Bailleux, *JCP* 2015, 186 note G. Vachet, *Procédures* 2015, comm. n° 85 A. Bugada.

7. **Refus d'indemnisation complémentaire des dépenses de santé** : Civ. 2e, 19 sept. 2013, n° 12-18074.

8. **Refus d'indemnisation complémentaire du déficit fonctionnel permanent** : jurisprudence constante depuis Civ. 2e, 4 avr. 2012, préc.

9. **Refus d'indemnisation complémentaire du préjudice moral des victimes par ricochet en cas de survie de la victime directe** : Civ. 2e, 20 sept. 2012, préc. ; 30 mai 2013, n° 12-16254.

sociale dans l'indemnisation des préjudices « non couverts », au sens de sa jurisprudence, par le livre IV CSS, le Conseil constitutionnel, dans la QPC du 18 juin 2010, ne s'étant nullement prononcé sur ce point. Dans ses décisions de principe du 4 avril 2012, la Cour de cassation a adopté une solution favorable aux victimes en affirmant qu'« il résulte du dernier alinéa de l'article L. 452-3 du Code de la sécurité sociale que la réparation des préjudices allouée à la victime d'un accident du travail ou d'une maladie professionnelle dus à la faute inexcusable de l'employeur (...) est versée directement aux bénéficiaires par la caisse qui en récupère le montant auprès de l'employeur ; (...) le bénéfice de ce versement direct s'appliquait également aux indemnités réparant les préjudices non énumérés par ce texte » [1]. La solution nous semble de bon sens car elle unifie le régime d'indemnisation des préjudices réparables en cas de faute inexcusable tout en garantissant à la victime le paiement effectif des sommes dues, sans la soumettre aux aléas d'une procédure directe contre l'employeur.

• ***L'assurance de la faute inexcusable*** [2] **:** l'employeur peut s'assurer pour la responsabilité qu'il encourt non seulement du fait de la faute inexcusable de ses substitués dans la direction, mais même pour ses propres fautes inexcusables depuis la loi du 27 janvier 1987.

• ***La prescription*** [3] : la législation du travail a réintroduit largement le droit commun dans l'indemnisation de la victime d'une faute inexcusable, qui doit agir dans le délai de deux ans (art. L. 431-2 al. 1 CSS).

2. La faute du salarié victime [4]

485 L'article L. 453-1 du Code de Sécurité sociale prévoit des sanctions en cas de faute intentionnelle ou inexcusable de la victime elle-même.

---

1. **Versement direct par la caisse** : CIv. 2e, 4 avr. 2012, préc. Dans le même sens : Civ. 2e, 7 nov. 2013, n° 12-25.744.

2. **Assurance de la faute inexcusable de l'employeur :** art. 33 de la loi du 27 janvier 1987, *JO*, 28 janvier 1987 : Y. Lambert-Faivre, *Risques et assurances des entreprises*, Dalloz, 3e éd., 1991, n° 803.

3. **Indemnisation de la victime d'une faute inexcusable ; prescription action :** O. Fardoux, « Prescription de l'action en reconnaissance de la faute inexcusable... », note s/Soc. 4 mars 1999, *JCP* 2000.II.10308 (prescription biennale interrompue par l'exercice de l'action pénale) ; Soc. 5 oct. 2000, *RCA* 2001, n° 13 (interruption prescription résulte de l'action pénale engagée pour des faits susceptibles d'entraîner la reconnaissance de la faute inexcusable) ; Civ. 2e, 3 avr. 2003, *D.* 2004 p. 457 (le délai de prescription de l'action du salarié pour faute inexcusable de l'employeur ne peut commencer à courir qu'à compter de la reconnaissance du caractère professionnel de l'accident ou de la maladie) ; Civ. 2e, 16 sept. 2003, *RCA* 2003, n° 291 (la victime saisissant la CNAMTS d'une requête tendant à la reconnaissance de la faute inexcusable de l'employeur, interrompt prescription biennale comme citation en justice art. 2244 C. civ.). Civ. 2e, 12 sept. 2013, n° 13-40.039, *RCA* 2013, comm. n° 376 (refus de transmission de la QPC formée contre cette disposition sur le fondement de la violation du principe d'égalité).

4. **Faute de la victime :** Soc. 20 déc. 2001, *RCA* 2002, n° 133 (l'imprudence du salarié commise en dépit des consignes données par le chef d'équipe, a été la cause déterminante de l'accident ; pas de faute inexcusable de l'employeur) ; Soc. 28 févr. 2002, *D.* 2002 p. 2079 note H. Kobina Gaba (art. L. 230-3 C. travail : chaque travailleur doit prendre soin de sa sécurité et

La *faute intentionnelle de la victime* (*ex.* : une tentative de suicide, ou une amputation volontaire) supprime tout droit à indemnisation. Bien entendu, le caractère intentionnel doit être prouvé, ce qui est très difficile.

La *faute inexcusable de la victime*, définie par la jurisprudence comme *« la faute volontaire d'une exceptionnelle gravité exposant sans raison valable son auteur à un danger dont il aurait dû avoir conscience »* [1] peut se traduire par une *diminution* de la rente : en fait la jurisprudence sur la faute inexcusable de la victime est cependant exceptionnelle ; les fautes de la victime, notamment la non-observation des mesures de sécurité n'annulent pas la faute inexcusable de l'*employeur* chargé de les faire appliquer.

B. Accident du travail/accident de la circulation

486 ***La complémentarité de deux régimes autonomes*** [2] ◊ Le régime des accidents du travail qui relève du Code de Sécurité sociale, et celui des accidents de la circulation régi par la loi du 5 juillet 1985, organisent l'un et l'autre des systèmes d'indemnisation autonomes dont la finalité est la protection des victimes de risques de masse, mais dont la mise en œuvre est différente : ici, une indemnisation automatique, large sur le terrain social, forfaitaire et très limitée sur celui de l'indemnisation ; là, une indemnisation un peu moins automatique, réduite à la médiocrité commune sur le terrain social, mais bénéficiant du principe de la réparation intégrale sur celui de l'indemnisation. Ces deux régimes sont des régimes légaux, d'ordre public, autonomes et qui reposent sur de solides systèmes d'assurances obligatoires.

Un texte de portée générale : l'art. L. 454-1 CSS sur la *faute d'un tiers* intervenant parmi les causes d'un accident du travail trouve notamment application en matière *d'accidents de la circulation* qui *sont aussi des accidents de travail ou de trajet :* « Si la lésion dont est atteint l'assuré social est imputable à une personne autre que l'employeur ou ses préposés, la victime ou ses ayants droit conserve contre l'auteur de l'accident le droit de demander la réparation du préjudice causé, conformément au droit commun, dans la mesure où ce préjudice n'est pas réparé par application du présent livre ».

---

de celles des autres ; alors même qu'il n'aurait pas reçu de délégation de pouvoir, il répond des fautes commises dans l'exécution du contrat de travail) ; Soc. 19 déc. 2002, *RCA* 2003 chron. Groutel n° 23, *D.* 2003 p. 1792 note Y. Saint-Jours (faute inexcusable victime) ; Civ. 2e, 27 janv. 2004 *RCA* 2004, n° 91 note Groutel, *D.* 2004 I.R. p. 393 *RTD civ.* 2004. 297 obs. Jourdain (la faute inexcusable du salarié est la faute volontaire d'une exceptionnelle gravité, exposant sans raison valable son auteur à un danger dont il aurait dû avoir conscience). Ass. Plén. 24 juin 2005, *JCP (S)* 2005, 1056 note P. Morvan.

1. **Définition de la faute inexcusable du salarié** : Civ. 2e, 27 janv. 2004 *RCA* 2004, n° 91 note Groutel, *RTD civ.* 2004. 297 obs. P. Jourdain. Ass. Plén. 24 juin 2005, *JCP (S)* 2005, 1056 note P. Morvan. On remarquera que la définition est la même que dans le domaine des accidents de la circulation : v. ss 722.

2. **Autonomie et complémentarité** : sur l'indemnisation des victimes d'accident de la circulation, v. ss 686 s. ; sur l'autonomie de la loi du 5 juillet 1985, cf. Y. Lambert-Faivre et L. Leveneur, *Droit des assurances*, Dalloz, 13e éd., 2011, n° 743 et 793 s.

Lorsqu'une victime subit un accident qui est à la fois un accident du travail et un accident de la circulation, l'un des régimes doit-il l'emporter sur l'autre et l'exclure ? Ou au contraire la complémentarité des deux régimes autonomes doit-elle permettre la meilleure indemnisation possible d'une victime que le législateur a entendu protéger sur deux fronts ?

Naguère l'exclusion l'emportait ; aujourd'hui la doctrine, la jurisprudence et enfin la loi ont opté pour la nécessaire complémentarité, d'abord pour les accidents de trajet, puis pour les accidents du travail proprement dits.

1. L'accident de trajet/accident de la circulation

487 ***a) La complémentarité légale : la loi du 6 août 1963*** [1] ◊ Lorsqu'en 1946, l'accident de trajet a été incorporé dans la législation des accidents du travail, la jurisprudence illustrée par un arrêt des chambres réunies du 27 juin 1962 a appliqué le principe d'immunité de l'employeur ou de l'un de ses préposés responsable de l'accident.

Cependant cette jurisprudence restrictive a conduit le législateur à intervenir : ce fut la loi n° 63-820 du 6 août 1963 qui légalisa le recours complémentaire contre l'employeur ou l'un de ses préposés : l'accident de trajet octroie donc à la victime à la fois la protection sociale des accidents du travail, et l'indemnisation induite par un accident de la circulation (art. 455-1 CSS).

488 ***b) L'extension jurisprudentielle à l'accident « de trajet de mission »*** [2] ◊ Pendant presque trente ans a perduré une situation paradoxale : lorsque l'accident de la circulation n'était pas l'accident de trajet au tracé strictement défini par l'art. L. 411-2 CSS mais un accident survenu à l'aller ou au retour d'une « mission », la jurisprudence persistait à qualifier cet accident d'« accident du travail » proprement dit, donc à appliquer l'exclusion de l'art. L. 451-1 CSS et non la complémentarité de la loi de 1963.

Enfin, par les arrêts *Sotome et Olives* du 5 novembre 1992, l'Assemblée plénière a considérablement élargi la qualification de l'accident de trajet, en y englobant les « accidents de trajet de mission » dans lesquels le caractère professionnel s'est estompé : en effet la victime n'est plus soumise aux instructions de l'employeur et conserve le libre choix de son mode de locomotion et de son itinéraire.

---

1. **Accident de trajet; la complémentarité légale** : Ch. réunies, 27 juin 1962, *JCP* 1962. II.12798, concl. contraires R. Lindon, *D.* 1962.717, note Rouast, *S.* 1962.313, note Meurisse (jurisprudence restrictive) ; R. Lindon, « Le nouveau régime des accidents de trajet. », *JCP* 1963.I.1788 (loi du 6 août 1963 ; art. L. 455-1 CSS) ; Civ. 2e, 9 déc. 2003, *D.* 2003 p. 1553 (l'accident survenu alors que le salarié a regagné son domicile ne constitue pas un accident de trajet).

2. **Accident de trajet de mission** : Soc., 9 mai 1967, *JCP* 1968.II. 15378, note Ghestin (accident du travail) ; Soc., 5 janv. 1968, *D.* 1968.449, note Dupeyroux (idem) ; Soc., 11 janv. 1973, *JCP* 1973.II.17460, note Saint-Jours (idem) ; Ass. plén., 5 nov. 1992, arrêts Sotome et Olives, *JCP* 1993.II.21980, note Y. Saint-Jours, *RCA* 1993, n° 6 et chron. n° 2 (accident de trajet ; indemnisation complémentaire).

2. L'accident du travail/accident de la circulation

489 L'évolution a été plus difficile pour les accidents du travail proprement dits, y compris les accidents de mission qui demeurent des « accidents du travail » *stricto sensu* dès lors que la mission est exécutée sous l'autorité de l'employeur. Le point de départ demeure toujours l'article L. 451-1 CSS qui exclut toute indemnisation complémentaire au bénéfice de la victime. Il convient ici de distinguer la complémentarité demandée à un tiers de celle demandée à l'employeur lui-même.

490 ***a) L'action de la victime contre le tiers*** [1] ◊ Jusqu'en 1988, lorsqu'un salarié était victime d'un accident du travail/accident de la circulation dans lequel il y avait partage de responsabilité entre l'employeur et un tiers coauteur, la victime avait les droits limités de la protection sociale, et ne pouvait agir contre le tiers que pour la part de responsabilité qui était imputée à celui-ci.

– En cas de collision avec un tiers, un important revirement a été opéré par trois arrêts rendus par l'Assemblée plénière le 22 décembre 1988 : désormais la victime d'un accident du travail, en cas de partage de responsabilité de cet accident entre l'employeur ou son préposé et un tiers étranger à l'entreprise, est *en droit d'obtenir de ce tiers, dans les conditions du droit commun, la réparation de son entier dommage* dans la mesure où celui-ci n'est pas indemnisé par les prestations de Sécurité sociale.

Ce revirement est notamment justifié par les dispositions de la loi du 5 juillet 1985, dont l'article 2 précise que « les victimes, y compris les conducteurs, ne peuvent se voir opposer la force majeure ou le fait d'un tiers... ».

– Cette jurisprudence se trouve élargie par l'arrêt *Richard*, rendu le 28 mars 1996, par la chambre sociale de la Cour de cassation, dans une hypothèse où un salarié avait été victime d'un accident du travail/accident de la circulation en qualité de passager alors que l'accident avait pour cause exclusive le fait du chauffeur co-préposé. Or à la contestation du tiers impliqué dans la collision, mais auquel l'accident n'était pas imputable, la chambre sociale répond en forme d'arrêt de principe : « Attendu que la victime d'un accident de la circulation constituant un accident du travail est en droit d'obtenir l'indemnisation de son entier dommage, dans

1. **Poursuite, recours intégral de la victime d'un accident du travail contre le tiers :** Ass. plén., 22 déc. 1988 (trois arrêts), *JCP* 1989.II.21236, concl. Y. Monnet et note Y. Saint-Jours, *D.* 1989. 105, concl. Y. Monnet et note G. Paire, H. Groutel, *RCA* 1989, chron. n° 7 et n° 23, Argus, 1989, p. 2032, note Lacipière, *RTD civ.* 1989. 333, obs. Jourdain ; H. Groutel, Les arrêts de l'Assemblée plénière du 22 décembre 1988, Ass. fr., 1989, p. 486 ; Civ. 2e, 1er mars 1989, *D.* 1989.I.R.93 ; G. Viney, « De l'application de la loi du 5 juillet 1985 à l'accident de la circulation qui est en même temps un accident du travail », *D.* 1989, chron., p. 231 ; N. Dejean de La Bâtie, « La responsabilité du tiers coauteur d'un accident du travail », *JCP* 1989.I.3402 ; Civ. 2e, 8 juill. 1992, *JCP* 1992 (G) IV.2598, *RCA* 1992, n° 412 et chron. Groutel, n° 34 ; Soc. 28 mars 1996, arrêt Richard, *D.* 1996.544, note Radé, *RTD civ.* 1997.151, obs. Jourdain, *RCA* 1996, n° 274 ; Civ. 2e, 3 déc. 1997, *RCA* 1998, n° 88 (indemnité complémentaire du conducteur d'un véhicule impliqué, sans qu'il puisse opposer la faute d'un autre conducteur fût-il le préposé de l'employeur).

la mesure où celui-ci n'est pas réparé par les prestations de la sécurité sociale, du conducteur d'un véhicule impliqué, sans que puisse lui être opposé le fait ou la faute d'un autre conducteur, fût-il le préposé de l'employeur ou l'employeur lui-même ».

491 ***b) L'immunité jurisprudentielle de l'employeur*** [1] ◊ La condamnation du tiers coauteur au-delà de sa propre part de responsabilité appelait un recours en contribution de ce tiers *solvens* contre l'employeur (ou son assureur) : ce recours a été refusé par un important arrêt rendu par l'Assemblée plénière le 31 octobre 1991, sauvegardant l'immunité de l'employeur : « En vertu des art. L. 451-1 et L. 452-5 CSS, sauf si la faute de l'employeur est intentionnelle, le tiers étranger à l'entreprise, condamné pour réparer l'entier dommage de la victime d'un accident du travail, n'a de recours ni contre l'employeur ou ses préposés, ni contre leur assureur ».

Le principe demeurait donc intangible de l'immunité de l'employeur à l'égard de l'un de ses salariés victime d'un accident du travail/de la circulation dont il était responsable : il a été confirmé par des arrêts de la chambre sociale du 18 avril 1991 et du 27 juin 1991.

Cependant ce principe suscitait une réprobation de plus en plus unanime ; le rapport de la Cour de cassation pour 1991 rend compte de ses regrets de devoir appliquer des exclusions légales injustes. Une modification législative était réclamée.

492 ***c) La légalisation de la réparation complémentaire par l'employeur*** [2] ◊ La loi du 27 janvier 1993 « portant diverses mesures d'ordre social », comporte un article 15 qui insère à l'art. L. 455-1-1 CSS des dispositions permettant à la victime et à la caisse de se prévaloir d'une réparation complémentaire lorsque l'accident du travail « survient sur une voie ouverte à la circulation publique et implique un véhicule terrestre à moteur conduit par l'employeur, un préposé ou une personne appartenant à la même entreprise que la victime ».

---

1. **Immunité jurisprudentielle de l'employeur** : Ass. plén., 31 oct. 1991, *JCP* II.21800, 3 arrêts, note Y. Saint-Jours, Ass. fr. 1992.397, obs. F. Couilbault, *RCA* 1991, n° 416 et chron., n° 30 (pas de recours contributif du tiers solvens contre l'employeur) ; H. Groutel, « Les recours entre coauteurs », *D.* 1992, chron., p. 19 ; Soc. 18 avr. 1991, *JCP* 1991.II.21714, note Y. Saint-Jours, *RCA* 1991, n° 322, *RTD civ.* 1991.760, obs. P. Jourdain (salarié d'une commune blessé en dégageant une route) ; Soc. 27 juin 1991, *RCA* 1991, n° 371, *D.* 1992.39, note Y. Saint-Jours, *RTD civ.* 1991.760 (salarié tombé d'un véhicule conduit par un préposé de l'employeur) ; Crim., 19 déc. 1991, *RCA* 1992, n° 44.

2. **Légalisation de la réparation complémentaire par l'employeur** : G. Defrance, « Les accidents de la circulation survenus depuis le 1er mars 1993 par le fait ou à l'occasion du travail... », Argus, 26 mars 1993, p. 22 ; H. Groutel, « L'accident du travail aux deux visages », *RCA* 1993, chron., n° 10 ; « Des victimes laissées au bord de la route », *RCA* 2010, repère 8. ; G. Viney, « L'accident de la circulation qui est en même temps un accident du travail ». *JCP* 1993.I.3727. p. 548. Pour une solution similaire dans le cadre d'une opération d'entraide agricole : Civ. 2e, 17 nov. 2005, *RTD civ.* 2006. 135, obs. P. Jourdain, *RCA* 2005, chron. n° 19, H. Groutel. Civ. 2e, 3 juin 2010, *RCA* 2010, comm. n° 213 (nécessité que l'accident ait eu lieu sur des voies ouvertes à la circulation).

L'alinéa 2 du texte précise que « la réparation complémentaire ainsi offerte à la victime est régie par les dispositions de la loi n° 85-677 du 5 juillet 1985... » ; corrélativement le décret du 7 septembre 1993 a modifié l'art. R. 211-8 C. assur.

Le champ d'application de la réparation complémentaire demeure cependant limité aux accidents du travail/accidents de la circulation « survenus sur une voie ouverte à la circulation publique », ce qui est restrictif par rapport au champ d'application de la loi du 5 juillet 1985 qui inclut les accidents sur les voies privées et l'enceinte des entreprises. Cette discrimination ne peut que générer un inutile contentieux sur la qualification des voies sur lesquelles l'accident est survenu : cette restriction seule justifie de manière marginale le maintien des préposés et salariés dans la rubrique des « exclus » énumérés par l'article R. 211-8-1° d C. assur., modifié par le décret du 7 septembre 1993 : pourquoi ne pas avoir purement et simplement soumis sans restriction tous les accidents du travail/accidents de la circulation à la loi du 5 juillet 1985, en abrogeant totalement cette exclusion ?

493 ***d) L'indemnisation de la victime par ricochet d'un accident du travail/accident de la circulation*** [1] ◊ L'opposabilité à la victime par ricochet de toutes les exceptions applicables à la victime directe d'un accident est une règle générale de notre droit qui s'impose par l'analyse juridique du dommage par ricochet : il existe un fait générateur accidentel unique dont le régime s'applique à tous les préjudices réparables directs ou réfléchis. Cette solution est confortée par maints textes :

– *en matière d'accidents de la circulation*, l'art. 6 de la loi du 5 juillet 1985 dispose : « Le préjudice subi par un tiers du fait des dommages causés par la victime directe d'un accident de la circulation est réparé en tenant compte des limitations ou exclusions applicables à l'indemnisation de ces dommages » ;

– *en matière d'accidents du travail*, l'art. L. 451-1 CSS dispose : « ... aucune action en réparation des accidents et maladies mentionnés par le présent livre ne peut être exercée conformément au droit commun, par la victime *ou ses ayants droit* ». La jurisprudence traditionnelle appliquait donc aux victimes par ricochet d'un accidenté du travail, l'exclusion légale de toute réparation complémentaire.

494 ***L'indemnisation complémentaire des victimes par ricochet*** [2] ◊

– *L'affaire Carlat* : les faits sollicitaient « le cœur » de la Cour de cassation car un mois après son mariage le jeune Patrick Rodriguez âgé de

---

1. **Opposabilité à la victime par ricochet des exceptions opposables à la victime directe :** v. ss 270 ; Ass. plén., 19 juin 1981, *D.* 1982, concl. Cabannes, note Chabas, *Gaz. Pal.*, 26 août 1981, note Boré, *D.* 1981.641, note Larroumet, *RTD civ.* 1981.857, obs. Durry, *JCP* 1982. II.19712, rapport Ponsard ; Crim., 15 janv. 1991, *RCA* 1991, n° 176 (la veuve ayant droit des prestations conjoint survivant est exclue de toute réparation complémentaire).

2. **Indemnisation complémentaire des victimes par ricochet :** Ass. plén., 2 févr. 1990, affaire Carlat, *Rapport C. Cass.*, 1990, p. 147, concl. L. Joinet, *RTD civ.* 1990. 294, obs. P. Jourdain, *RCA* 1990, n° 60 et chron. Groutel, n° 5, Argus 1991.2132, note M. Mertz, *D.* 1992.49,

20 ans était victime d'un accident de la circulation/accident du travail le laissant tétraplégique ; la jeune mariée âgée de 19 ans avait également sa vie effondrée dans ce drame. Le conducteur, M. Carlat étant co-préposé de l'entreprise pour laquelle travaillaient les deux salariés, tout recours complémentaire était théoriquement exclu.

Cependant l'Assemblée plénière, dans un arrêt remarqué du 2 février 1990, a sauvé le recours exercé par la jeune femme, victime par ricochet, en appliquant au mot « ayant droit » de l'art. L. 451-1 CSS une interprétation très restrictive : l'ayant droit est celui qui a droit aux prestations d'accidents du travail, tel le conjoint survivant en cas de décès de l'accidenté ; mais en cas de survie de la victime, le conjoint n'est pas lui-même un « ayant droit » à prestations sociales : il peut donc exercer de son chef une action de droit commun en réparation de son propre préjudice. Cette augmentation juridique hardie devait être confirmée par la loi.

– *La loi du 27 janvier 1993* ne prévoyait expressément de réparation complémentaire que pour « la victime », mais l'art. 6 de la loi du 5 juillet 1985 soumettant les victimes par ricochet aux mêmes conditions d'indemnisation que la victime directe, celles-ci bénéficiaient dès lors de la réparation complémentaire légale.

– Cependant ce qui va sans dire va encore mieux en le disant : *l'article 69 de la loi n° 94-43 du 18 janvier 1994* a étendu expressément aux ayants droit de la victime d'un accident de la circulation constituant également un accident du travail, la possibilité d'obtenir une réparation complémentaire en application de la loi du 5 juillet 1985 (art. L. 455-1-1 CSS).

C. Le problème de l'accident du travail/infraction [1]

495 L'accident du travail, atteinte à l'intégrité physique du salarié peut le plus souvent avoir une qualification pénale ; or si la loi du 6 juillet 1990 sur l'indemnisation des victimes d'infraction exclut expressément de son

note F. Chabas ; Soc., 25 oct. 1990, *D.* 1991.111, note Y. Saint-Jours, *RCA* 1991, n° 91 (action en R.C. de la concubine) ; Soc., 22 nov. 1990, *D.* 1991.263, note Y. Saint-Jours ; Soc., 10 oct. 1991, *D.* 1992.212, note Y. Saint-Jours, *RCA* 1992, n° 126 ; Crim. 3 oct. 1991, *RCA* 1992, n° 7, (idem, réparation complémentaire admise) ; Civ. 2e, 15 janv. 1997, *D.* 1997.317 note Y. Saint-Jours, *RCA* 1997.158 (idem, accident mortel dont a été victime un salarié, passager d'un véhicule appartenant à son employeur et conduit par un salarié ; action des ascendants) ; Civ. 1re 27 mai 1998, *RCA* 1998 s/chron. Groutel n° 21, « L'exclusion des dommages subis par les salariés de l'assuré » (non application de l'exclusion de garantie de l'art. R. 211-8 C. assur. « qui ne concerne que les dommages subis par des personnes bénéficiaires de la législation sur les accidents du travail, ce qui n'est pas le cas du frère et de la sœur d'un salarié accidenté »).

1. **Accident du travail-infraction** : v. ss 1028 ; Civ. 2e, 18 juin 1997, *RCA* 1997, chron. H. Groutel n° 21, G. Viney, obs. *JCP* 1997.I.4070, n° 37 (indemnisation par CIVI) ; Civ. 2e, 24 juin 1999, *RCA* 1999, n° 293 ; *RCA* 2000, chron. n 15 ; Civ. 2e, 7 mai 2003 *RCA* 2003, chron. n° 23, H. Groutel ; R. F. Rastoul « L'indemnisation des accidents du travail », *Gaz. Pal.* 8 janv. 2004, p. 3 ; F. Bibal, « Accidents du travail exclus de la CIVI... », *Gaz. Pal.*, 7-9 mars 2004, p. 2. 23 oct. 2003, *D.* 2004. 834, note Y. Saint-Jours. 16 déc. 2004, *RSC* 2005, 318. 30 juin 2005, *RCA* 2005, Chron. H. Groutel, n° 12 (application de la solution à un agent du service public). 21 déc. 2006, *RCA* 2007, chron. H. Groutel, n° 3 (exclusion visant également les ayants-droit de la

champ d'application les victimes d'accidents de la circulation soumis à la loi du 5 juillet 1985, elle ne vise pas les victimes d'accidents de travail. Pour celles-ci, le problème vient de l'interprétation combinée des articles L. 451-1 CSS et l'art. 706-3 C. pr. pén. Le premier texte interdit en effet aux victimes d'accident du travail d'intenter une action en réparation fondée sur le droit commun. La question est donc de savoir si le régime spécifique des victimes d'infractions, prévu aux articles 706-3 s. C. pr. pén., doit être intégré dans « le droit commun » visé par l'article L. 451-1 CSS.

L'interprétation de la Cour de cassation apparaît sur ce point assez chaotique.

Dans un premier temps, celle-ci a tout d'abord, par un arrêt de sa deuxième chambre du 18 juin 1997, autorisé les victimes d'accidents du travail à compléter leur indemnisation par application du régime des victimes d'infractions. Cette solution devait être approuvée quand on prend la mesure de l'injustice faite aux victimes d'un accident du travail dont les prestations normales sont partielles et plafonnées, comparée au principe de la réparation intégrale des victimes d'infractions.

Dans un deuxième temps, cette même chambre a toutefois opéré un revirement de jurisprudence par un arrêt du 7 mai 2003, en estimant que « les dispositions légales d'ordre public sur la réparation des accidents du travail excluent les dispositions propres à l'indemnisation des victimes d'infractions ». Si la référence à l'ordre public a été supprimée depuis, cette jurisprudence a été par principe maintenue par la Cour de cassation, aux termes d'une position vivement critiquée par la doctrine.

La Cour de cassation a toutefois à nouveau infléchi sa position *dans deux hypothèses, qui paraissent a priori limitatives*.

La première concerne le cas où l'employeur ou son préposé commet *une faute intentionnelle*. Dans un tel cas, rappelons que l'article L. 452-5 CSS autorise expressément la victime et ses ayants droit à demander réparation de leurs préjudices « conformément aux règles du droit commun ». Par un arrêt de principe du 7 mai 2009, la deuxième chambre civile, approuvée par la doctrine, en a donc logiquement déduit que « les dispositions propres à l'indemnisation des victimes d'infraction sont applicables aux victimes d'un accident du travail imputable à la faute intentionnelle de l'employeur ou de l'un de ses préposés » [1].

La seconde hypothèse est celle ou l'indemnisation est sollicitée par une victime qui ne peut prétendre à une indemnisation au titre des accidents du travail. La situation concerne concrètement les personnes qui n'ont pas

---

victime). 7 févr. 2008, *JCP* 2008, II, 10056, note Ch. Rade (exclusion applicable même en cas de faute intentionnelle de l'employeur). Civ. 2e, 4 juill. 2013, n° 12-18.867, *RCA* 2013, comm. n° 341 (exclusion en cas de faute involontaire de l'employeur).

1. **Possibilité d'invoquer le régime spécifiques de victimes d'infraction en cas de faute intentionnelle** : Civ. 2e, 7 mai 2009, n° 08-15.738, *JCP* 2009, 1276, note Ch. Radé ; H. Groutel « Victimes d'infractions et accidents du travail : un revirement inespéré », *RCA* 2009, ét. n° 8. Civ. 2e, 4 févr. 2010, *D.* 2010. 507. Civ. 2e, 17 févr. 2011, *RCA* 2011, 182 (extension de la solution à la faute intentionnelle du tiers).

la qualité d'ayants droit *au sens de cette législation*, qui réserve cette qualité aux seuls conjoint survivant, enfants et descendants de la victime ou ascendants à charge du défunt. Les autres proches peuvent donc être indemnisés au titre du régime spécial des victimes d'infraction [1].

Ces deux hypothèses ne sont toutefois que des exceptions à la règle, qui reste pour l'heure celle du non-recours aux règles spécifiques des victimes d'infraction, solution qui doit être regrettée du fait de son caractère très défavorable pour les intéressés.

496 ***Conclusion sur les accidents du travail*** ◊ *La réparation intégrale des accidents du travail* [2] est la finalité de maints travaux ces dernières années : articles, rapports et notes alimentent les groupes de travail ministériels sur ce sujet, sensibles aux appels de la Fédération nationale des accidentés du travail et des handicapés (FNATH).

Il apparaît cependant que, dans la situation financière dramatique de la sécurité sociale, il est vain de rechercher une solution dans le seul cadre social. Il convient au contraire de rechercher une complémentarité du social et de l'assurance.

Il est possible de suggérer l'adoption d'un texte très simple :

« L'article L. 451-1 CSS est abrogé et remplacé par les dispositions suivantes :

« Toute victime d'un accident du travail ou d'une maladie professionnelle a droit à la réparation intégrale de ses préjudices ; en complément des prestations sociales prévues au présent livre, elle peut exercer toute action en réparation conformément au droit commun.

« L'employeur doit obligatoirement souscrire une assurance de responsabilité civile pour garantir ce complément d'indemnisation. Les caisses de Sécurité sociale ne disposent d'un recours subrogatoire contre l'assureur de l'employeur que dans le respect des règles du droit civil, notamment de l'art. 1252 C. civ. »

---

1. **Possibilité d'invoquer le régime spécifiques de victimes d'infraction par les tiers :** Civ. 2e, 7 mai 2009, n° 07-19365, *JCP* (S) 2009, 1410, note G. Vachet, H. Groutel « Victimes d'infractions et accidents du travail : un revirement inespéré », *RCA* 2009, ét. n° 8. Civ. 2e, 28 avr. 2011, n° 10-17717.

2. **Nécessité d'une réforme de l'indemnisation des accidentés du travail :** Dossier spécial « Indemnisation des victimes d'accidents du travail : l'heure de la réforme » *Dt. Social* 2015, p. 293 s. Y. Saint-Jours, « De la dérive de la jurisprudence en matière de protection des victimes d'accidents du travail à la nécessité d'une intervention législative », *JCP* 1985.I.3200 : Colloque « Améliorer la législation des accidents du travail », Perpignan, juin 1990, *Dr. soc.* sept. 1990 : J.-J. Dupeyroux, « Faux problèmes et vraies impasses », p. 683 ; Y. Saint-Jours, « Une urgence pour les victimes d'accidents du travail », p. 690, et « Les lacunes de la législation des accidents du travail », p. 692 ; J. Van Langendonck, « La situation dans les autres pays communautaires », p. 699 ; P.-J. Hesse, « La rénovation des concepts juridiques », p. 708 ; F. Meyer, « La problématique de la réparation intégrale », p. 718 ; M. Royez, « Propositions d'évolution de la réparation », p. 734 ; G. Lyon-Caen, « Les victimes d'accidents du travail, victimes d'une discrimination », p. 737 ; R. Donnadieu, « Réflexions sur l'indemnisation du risque professionnel », Rapport Cour de cassation, 1990, p. 157 ; Rapport Dorion, « La modernisation de la réparation des accidents du travail », Doc. fr. 1991 : L. Melennec, « Pour la suppression pure et simple du régime des accidents du travail », *Méd. et dr.*, mars 1996, p. 1 ; M. Yahiel, « Vers la réparation intégrale des accidents du travail et des maladies professionnelles », rapport au ministre de l'emploi et de la solidarité, avril 2002. R. Pellet, « L'entreprise et la fin du régime des accidents du travail et des maladies professionnelles », *Dr. soc.* 2006, 402.

Une telle réforme ne touche en rien au volet social des accidents du travail : l'employeur paie les mêmes cotisations pour couvrir les prestations sociales qui demeurent à la charge des caisses, et la victime continue à bénéficier des avantages sociaux constitués par la prise en charge intégrale en tiers payant des « prestations en nature », et par les « prestations en espèces ».

Certes l'employeur devrait en outre payer les primes d'une assurance RC exploitation plus large : dans la mesure où il est aujourd'hui assuré pour une « faute inexcusable » de plus en plus souvent reconnue, la différence semble financièrement assurable.

ANNEXE 1

DÉPENSES DE SANTÉ

1 – Évolution de la part de la dépense totale de santé dans le PIB entre 1995 et 2008

	1995	1996	1997	1998	1999	2000	2001	2002	2003	2004	2005	2006	2007	2008
Allemagne	10,1	10,4	10,2	10,2	10,3	10,3	10,4	10,6	10,8	10,6	10,7	10,5	10,4	10,5
États-Unis	13,6	13,5	13,4	13,4	13,5	13,6	14,3	15,1	15,6	15,6	15,7	15,5	15,7	16,0
France	10,4	10,4	10,2	10,1	10,1	10,1	10,2	10,5	10,9	11,0	11,1	11,1	11,0	11,2
Japon	6,9	7,0	7,0	7,3	7,5	7,7	7,9	8,0	8,1	8,0	8,2	8,1	8,1	–
Royaume-Uni	6,8	6,8	6,6	6,7	6,9	7,0	7,3	7,6	7,8	8,1	8,2	8,5	8,4	8,7
Suisse	9,6	9,9	10,0	10,1	10,2	10,2	10,6	10,9	11,3	11,3	11,2	10,8	10,6	10,7
Canada	9,0	8,8	8,8	9,0	8,9	8,8	9,3	9,6	9,8	9,8	9,9	10,0	10,1	10,4

Sources : Eco-Santé OCDE 2010, juin 2010.

2 – Principales composantes de la consommation de soins et biens médicaux

	1995	1996	1997	1998	1999	2000	2001	2002	2003	2004	2005	2006	2007	2008	2009
Soins hospitaliers	47 625	48 990	49 551	50 576	51 313	52 669	54 763	58 024	61 502	64 390	67 580	70 035	72 471	75 133	78 002
Soins ambulatoires	26 756	27 299	27 730	28 754	29 818	31 223	32 961	35 407	37 963	39 643	40 907	42 785	45 003	46 836	48 254
Transports de malades	1 476	1 464	1 474	1 608	1 740	1 886	2 067	2 258	2 443	2 640	2 823	3 083	3 235	3 364	3 592
Médicaments	18 454	18 739	19 360	20 522	21 908	23 631	25 502	26 928	28 555	30 188	31 466	32 421	33 637	34 531	35 383
Autres biens médicaux	3 721	3 925	4 093	4 466	5 055	5 713	6 436	6 931	7 420	8 002	8 433	8 968	9 624	10 193	10 476

Sources : DREES, Comptes de la santé 2009.

3 – La Consommation de soins et biens médicaux valeur (en milliards d'euros)

				Taux d'évolution annuels moyens (en %)			
	2007	2008	2009	2000-2005	2007	2008	2009
1 – Soins hospitaliers	**72,5**	**75,1**	**78,0**	**5,1**	**3,5**	**3,7**	**3,8**
publics	56,0	57,8	60,0	5,1	3,2	3,3	3,7
privés	16,5	17,3	18,0	5,0	4,4	4,9	4,4
2 – Soins ambulatoires	**45,0**	**46,8**	**48,3**	**5,6**	**5,2**	**4,1**	**3,0**
dont médecins	20,8	21,6	22,1	4,7	4,8	3,6	2,4
dentistes	9,4	9,6	9,8	5,5	3,5	2,5	1,5
auxiliaires médicaux	10,2	11,0	11,6	7,1	8,4	7,2	5,9
analyses	4,2	4,3	4,5	7,3	3,2	2,7	2,6
cures thermales	0,3	0,3	0,3	1,1	5,0	0,4	1,0
3 – Transports de malades	**3,2**	**3,4**	**3,6**	**8,4**	**4,9**	**4,0**	**6,8**
4 – Médicaments	**33,6**	**34,5**	**35,4**	**5,9**	**3,8**	**2,7**	**2,5**
5 – Autres biens médicaux	**9,6**	**10,2**	**10,5**	**8,1**	**7,3**	**5,9**	**2,8**
CSBM (1+...+5)	**164,0**	**170,1**	**175,7**	**5,6**	**4,2**	**3,7**	**3,3**

Sources : DREES, Comptes de la santé 2009.

4 – Évolution en valeur des principaux postes de la CSBM

	Volume	Prix	Valeur															
	2000-2005	2005	2006	2007	2008	2009	2000-2005	2005	2006	2007	2008	2009	2000-2005	2005	2006	2007	2008	2009
Hôpital	1,6	2,5	2,0	1,8	2,0	2,7	3,5	2,4	1,6	1,6	1,6	1,1	5,1	5,0	3,6	3,5	3,7	3,8
Soins ambulatoires	4,0	1,7	2,1	3,0	2,5	2,2	1,5	1,5	2,5	2,1	1,5	0,8	5,6	3,2	4,6	5,2	4,1	3,0
Transports de malades	6,3	4,9	5,8	3,6	2,9	3,6	1,9	1,9	3,2	1,3	1,0	3,0	8,4	7,0	9,2	4,9	4,0	6,8
Médicaments	7,0	5,5	7,0	6,4	5,0	5,2	- 1,0	- 1,2	- 3,7	- 2,5	- 2,3	- 2,6	5,9	4,2	3,0	3,8	2,7	2,5
Autres biens médicaux	6,8	4,2	6,1	6,8	4,8	1,3	1,3	1,1	0,2	0,5	1,1	1,5	8,1	5,4	6,3	7,3	5,9	2,8
CSBM	3,8	3,1	3,3	3,4	3,0	3,0	1,8	1,3	0,7	0,8	0,7	0,3	5,6	4,4	4,0	4,2	3,7	3,3

Sources : DREES, Comptes de la santé 2009.

5 – Dépense courante de santé (en millions d'euros courants)

	2000	2001	2002	2003	2004	2005	2006	2007	2008	2009
CSBM	115 121	121 730	129 548	137 883	144 863	151 208	157 294	163 970	170 058	175 706
Soins aux personnes âgées en établissements	2 931	3 096	3 417	3 733	4 118	4 729	5 200	5 651	6 445	7 421
Indemnités Journalières	8 162	8 763	9 617	10 416	10 459	10 343	10 400	10 772	11 395	11 927

	2000	2001	2002	2003	2004	2005	2006	2007	2008	2009
Prévention	4 095	4 226	4 744	4 974	4 883	4 938	5 140	5 315	5 458	6 161
Subvention au système de soins *	1 613	1 648	1 719	1 783	1 957	2 113	2 086	1 863	1 880	1 958
Recherche	5 422	5 761	6 275	6 475	6 610	6 621	7 121	7 243	7 361	7 543
Formation	817	838	894	931	979	1 014	1 057	1 152	1 238	1 332
Coût de gestion du système de santé	11 372	11 723	12 114	12 622	12 910	13 684	14 188	14 597	14 832	15 297
Double compte (recherche pharmaceutique)	- 2 641	- 2 773	- 3 108	- 3 301	- 3 311	- 3 398	- 3 810	- 4 012	- 4 125	- 4 255
DCS	**146 893**	**155 012**	**165 220**	**175 516**	**183 468**	**191 252**	**198 592**	**206 551**	**214 542**	**223 091**
Taux de croissance annuel (%)	**5,1**	**5,5**	**6,6**	**6,2**	**4,5**	**4,2**	**3,9**	**4,0**	**3,9**	**4,0**

* Prise en charge partielle des cotisations sociales des professions de santé.

Sources : DREES, Comptes de la santé 2009.

	2008	2009	2009/2008 (en %)
Consommation de soins et de biens médicaux	170,1	175,7	3,3
Soins aux personnes âgées en établissements	6,4	7,4	15,1
Indemnités journalières	11,4	11,9	4,71
Prévention	5,5	6,2	12,9
Subvention au système de soins (1)	1,9	2,0	4,1
Recherche	7,4	7,5	2,5
Formation	1,2	1,3	7,6
Coût de gestion du système de santé	14,8	15,31	3,1
Double compte (2)	- 4,1	4,31	3,2
Dépense courante de santé	**214,5**	**223,1**	**4,0**
en % du PIB	11,0	11,7	-

(1) : prise en charge partielle des cotisations des professionnels de santé.

(2) : recherche pharmaceutique comprise dans les médicaments.

Champ : France.

Source : DREES.

6 – Structure du financement de la dépense de soins et de biens médicaux en %

	1995	2000	2004	2005	2006	2007	2008	2009
Sécurité sociale de base (1)	77,1	77,1	77,1	77,0	76,3	76,2	75,5	75,5
État et CMU-C org. de base	1,1	1,2	1,4	1,3	1,4	1,4	1,3	1,3
Organismes complémentaires (2)	12,2	12,8	13,2	13,2	13,4	13,5	13,7	13,8
dont Mutuelles (2)	7,3	7,7	7,6	7,7	7,8	7,7	7,7	7,7
Sociétés d'assurance (2)	3,3	2,7	3,1	3,1	3,2	3,3	3,5	3,6
Institutions de prévoyance (2)	1,6	2,4	2,6	2,5	2,4	2,5	2,5	2,5
Ménages	9,6	9,0	8,3	8,4	8,9	8,9	9,5	9,4
TOTAL	100,0	100,0	100,0	100,0	100,0	100,0	100,0	100,0

(1) y compris déficit des hôpitaux publics.

(2) y compris prestations CMU-C versées par ces organismes.

Sources : DREES, Comptes de la santé 2009.

ANNEXE 2

PRESTATIONS DU COMPTE SOCIAL DU HANDICAP

Catégories et listes des prestations sociales	Prestations versées en millions d'euros courants						Évolution en % par an					
							euros courants			euros constants		
	1990	1995	2000	2005	2006	2007	1990 2000	2000 2005	2005 2007	1990 2000	2000 2005	2005 2007
INVALIDITÉ	**12 901**	**16 169**	**19 675**	**25 661**	**27 205**	**28 481**	**4,3**	**5,5**	**5,4**	**2,9**	**3,8**	**3,2**
Remplacement de revenu permanent	**4 100**	**5 013**	**6 216**	**8 752**	**9 269**	**9 531**	**4,2**	**7,1**	**4,4**	**2,8**	**5,4**	**2,2**
Rentes d'invalidité (y compris charges techniques)	3 591	4 323	5 377	7 661	8 093	8 341	4,1	7,3	4,3	2,7	5,6	2,2
Garantie de ressources aux travailleurs handicapés	509	690	839	1 091	1 176	1 190	5,1	5,4	4,5	3,7	3,7	2,3
Compensation de charges sans condition de ressources	**197**	**268**	**329**	**560**	**607**	**662**	**5,3**	**11,3**	**8,7**	**3,8**	**9,5**	**6,5**
Allocation d'éducation de l'enfant handicapé (AEEH, ex-AES)	197	268	329	521	568	608	5,3	9,6	8,1	3,8	7,9	5,9
Allocation de présence parentale (APP)				39	40	54			16,8	- 1,4	- 1,6	14,4
Autres prestations en espèces sans condition de ressources périodiques	**1 945**	**1 822**	**1 535**	**1 255**	**1 190**	**1 138**	**– 2,3**	**– 3,9**	**– 4,8**	**– 3,7**	**-5,5**	**-6,7**

Catégories et listes des prestations sociales	Prestations versées en millions d'euros courants						Évolution en % par an					
							euros courants			euros constants		
	1990	1995	2000	2005	2006	2007	1990 2000	2000 2005	2005 2007	1990 2000	2000 2005	2005 2007
Congés d'invalidité, prestations d'invalidité	2	2	2	2	0	2	2,6	- 5,3	11,0	1,2	- 6,8	8,7
Allocation aux handicaps	50	66	46	68	61	64	- 1,0	8,1	- 2,9	- 2,3	6,4	- 4,9
Pensions militaires d'invalidité	1 890	1 748	1 478	1 185	1 126	1 070	- 2,4	- 4,3 -5,0	- 3,8	- 5,9	- 6,9	
Allocations spéciales	3	7	9	1	2	2	12,0	- 38,8	60,7	10,5	- 39,8	57,5
Autres prestations en espèces sans condition de ressources occasionnelles	**18**	**42**	**27**	**38**	**41**	**43**	**4,0**	**7,3**	**6,1**	**2,5**	**5,5**	**3,9**
Prestations diverses	18	42	27	38	41	43	4,0	7,3	6,1	2,5	5,5	3,9
Compensation de charges avec condition de ressources	**394**	**442**	**521**	**639**	**718**	**818**	**2,8**	**4,2**	**13,2**	**1,4**	**2,5**	**10,8**
Prestation de compensation du handicap (PCH) et allocation compensatrice pour tierce personne (ACTP) versée aux personnes de moins de 60 ans	394	442	521	639	718	818	2,8	4,2	13,2	1,4	2,5	10,8
Autres prestations en espèces avec condition de ressources périodiques	**2 632**	**3 367**	**4 223**	**5 316**	**5 522**	**5 657**	**4,8**	**4,7**	**3,2**	**3,4**	**3,0**	**1,1**

Catégories et listes des prestations sociales	Prestations versées en millions d'euros courants						Évolution en % par an					
							euros courants			euros constants		
	1990	1995	2000	2005	2006	2007	1990 2000	2000 2005	2005 2007	1990 2000	2000 2005	2005 2007
Allocation aux adultes handicapés (AH), y compris allocation forfaitaire ou complément d'AH	2 391	3 137	3 967	5 032	5 230	5 351	5,2	4,9	3,1	3,8	3,2	1,0
Allocations et prestations du Fonds de solidarité invalidité	240	230	256	284	292	306	0,6	2,1	3,9	- 0,7	0,4	1,8
Action sociale sans condition de ressources	**3 491**	**5 037**	**6 577**	**8 802**	**9 541**	**10 290**	**6,5**	**6,0**	**8,1**	**5,1**	**4,3**	**5,9**
Prestations de nature médico-sociale correspondant à l'hébergement des personnes handicapées	2 414	3 621	4 667	6 112	6 524	7 029	6,8	5,5	7,2	5,4	3,8	5,1
Frais d'hébergement et aide sociale aux personnes handicapées	1 035	1 373	1 839	2 593	2 917	3 171	5,9	7,1	10,6	4,5	5,4	8,3
Prestations extra-légales diverses des caisses de sécurité sociale	42	42	71	98	100	91	5,4	6,5	- 3,7	4,0	4,8	- 5,7
Action sociale avec condition de ressources	**55**	**84**	**155**	**240**	**257**	**279**	**10,8**	**9,1**	**7,8**	**9,3**	**7,4**	**5,6**
Prestations extra-légales diverses des caisses de sécurité sociale et des départements	55	84	155	240	257	279	10,8	9,1	7,8	9,3	7,4	5,6
Autres prestations en nature avec condition de ressources	**67**	**93**	**92**	**59**	**60**	**63**	**3,1**	**-8,6**	**3,7**	**1,7**	**-10,0**	**1,6**

Catégories et listes des prestations sociales	Prestations versées en millions d'euros courants						Évolution en % par an					
							euros courants			euros constants		
	1990	1995	2000	2005	2006	2007	1990 2000	2000 2005	2005 2007	1990 2000	2000 2005	2005 2007
Prestations diverses	67	93	92	59	60	63	3,1	- 8,6	3,7	1,7	- 10,0	1,6
ACCIDENTS DU TRAVAIL	**4 944**	**5 086**	**5 527**	**6 948**	**7 232**	**7 644**	**1,1**	**4,7**	**4,9**	**-0,3**	**3,0**	**2,7**
Remplacement de revenu permanent	**3 656**	**3 677**	**3 672**	**4 405**	**4 652**	**4 920**	**0,0**	**3,7**	**5,7**	**– 1,3**	**2,0**	**3,5**
Rentes d'accidents du travail	3 656	3 677	3 581	3 642	3 801	4 027	- 0,2	0,3	5,2	- 1,6	- 1,3	3,0
Allocations du FCAATA	-	-	91	763	851	893	-	53,1	8,2		50,6	6,0
Remplacement de revenu temporaire	**1 289**	**1 409**	**1 855**	**2 543**	**2 581**	**2 723**	**3,7**	**6,5**	**3,5**	**2,3**	**4,8**	**1,4**
Indemnités journalières	1 289	1 409	1 855	2 543	2 581	2 723	3,7	6,5	3,5	2,3	4,8	1,4
TOTAL DES PRESTATIONS HANDICAP	**17 845**	**21 255**	**25 202**	**32 608**	**34 437**	**36 124**	**3,5**	**5,3**	**5,3**	**2,1**	**3,6**	**3,1**
Ensemble des prestations de protection sociale	266 019	340 437	399 127	509 084	529 223	549 615	4,1	5,0	3,9	2,7	3,3	1,8
Part des prestations sociales "handicap"	6,7%	6,2%	6,3%	6,4%	6,5%	6,6%	nd	nd	nd	nd	nd	nd

Source : DREES, Comptes de la protection sociale.

ANNEXE 3

STATISTIQUES ACCIDENTS DU TRAVAIL ET MALADIES PROFESSIONNELLES [1]

1 – Nombre et gravité des accidents du travail

	2001	2002	2003	2004	2005	2006	2009	2013
Nombre d'accidents avec arrêt	737 499 - 0,8 %	759 980	721 227	692 004	699 217	700 772	651 453	618 263
Salariés	17 233 914 2,0 %	17 673 760	17 632 798	17 523 982	17 878 256	17 786 989	18 108 822	18 314 269
Nombre d'accidents avec IP	43 078 - 10,4 %	47 009	48 774	51 771	51 938	46 596	43 028	39 078
Nombre de décès	730 0,0 %	686	661	626	474	537	538	541
Indice de fréquence	42,8 - 2,7 %	43,0	40,9	39,5	39,1	39,4	36	33,8

1. Source : CNAMTS - Direction des risques professionnels. Statistiques technologiques.

2 – Nombre et gravité des accidents de trajet

	2005	2006	2009	2013
Accidents avec arrêt	82 965	83 022	93 840	91 234
Accidents avec IP	9 593	8 856	8 136	7 567
Décès	440	384	356	295
Jours d'incapacité temporaire	5 046 822	5 309 379	6 070 556	6 033 136

3 – Nombre et gravité des maladies professionnelles

	2005	2006	2009	2013
MP réglées	41 347	42 306	49 341	43 095
MP avec incapacité permanente (IP)	21 507	22 763	24 734	21 150
Décès	493	467	564	118
Jours d'incapacité temporaire (IT)	6 919 330	7 535 058	9 328 045	8 838 005

4 – Maladies professionnelles : indicateurs par secteur [1]

Comités techniques nationaux (CTN) ou Compte Spécial MP	Libellé des comités techniques nationaux (CTN) ou Compte spécial	MP en 1er règlement	Nouvelles IP	Décès	Journées d'IT	Somme des taux d'IP
A	**Métallurgie**	6 509	3 697	51	1 217 772	47 825
B	**Bâtiment et travaux publics**	6 546	3 511	25	1 365 488	41 408
C	**Transports, ÉTÉ, livre et communication**	3 032	1 498	7	658 966	14 655
D	**Services et commerces de l'alimentation**	10 347	4 349	1	2 248 284	34 183
E	**Chimie, caoutchouc et plasturgie**	1 816	922	17	363 247	12 572

1. Source : INRS, rapport Risque Maladie professionnelle : Sinistralité de l'année 2013 par CTN, NAF, tableau de MP et syndrome.

Comités techniques nationaux (CTN) ou Compte Spécial MP	Libellé des comités techniques nationaux (CTN) ou Compte spécial	MP en 1er règlement	Nouvelles IP	Décès	Journées d'IT	Somme des taux d'IP
F	Bois, papier, textile, cuirs et peaux, pierres et terres à feu	2 993	1 566	11	602 302	18 098
G	Commerce non alimentaire	2 574	1 293	3	525 341	11 802
H	Activités de services I	1 885	888	3	332 396	7 874
I	Activités de services II	7 393	3 426	0	1 524 209	28 223
ZA	Bureaux et sièges sociaux (hors CTN B)	29	14	0	6 452	160
ZB	Bureaux du CTN B	24	8	0	3 610	69
ZC	Compte spécial MP	7 609	5 921	312	1 231 394	156 622
ZZ	Autres catégories particulières	695	357	0	116 619	2 700
Total		51 452	27 450	430	10 196 080	376 191

Données nationales AT/MP issues des bases annuelles SGE TAPR

ANNEXE 4

MONTANTS MAXIMAUX DES PRINCIPALES AIDES PRISES EN CHARGE AU TITRE DE LA PCH (ARRÊTÉ DU 28 NOVEMBRE 2005)

• Aides humaines

Nature des aides	Prise en charge à taux plein	Prise en charge à taux réduit
Emploi direct d'une tierce personne	100 % dans la limite de 12,49 euros de l'heure	80 % dans la limite de 12,49 euros de l'heure
Emploi par l'intermédiaire d'un prestataire	100 % dans la limite de 17,77 euros de l'heure ou montant de l'accord prestataire-département	80 % dans la limite de 17,77 euros de l'heure ou montant de l'accord prestataire-département
Recours à service autorisé	montant de l'accord prestataire-département	montant de l'accord prestataire-département
Aide familiale	100 % et dédommagement à hauteur de 3,74 euros ou 5, 61 si réduction de l'activité professionnelle	100 % et dédommagement à hauteur de 3,74 euros ou 5, 61 si réduction de l'activité professionnelle

• Aides techniques

Nature de l'aide	Prise en charge à taux plein	Prise en charge à taux réduit
Aides mentionnées dans la liste des prestations remboursables	100 % dans la limite de 3 960 euros par période de 3 ans.	80 % dans la limite de 3 960 euros par période de 3 ans
Aides non mentionnées dans la liste des prestations remboursables	75 % dans la limite de 3 960 euros par période de trois ans	75 % dans la limite de 3 960 euros par période de 3 ans

• Aides à l'aménagement du logement

Nature de l'aide	Prise en charge à taux plein	Prise en charge à taux réduit
Travaux jusqu'à 1 500 euros	100 % dans la limite de 10 000 euros par période de 10 ans.	80 % dans la limite de 10 000 euros par période de 10 ans.
Travaux supérieurs à 1 500 euros	50 % dans la limite de 10 000 euros par période de 10 ans.	50 % dans la limite de 10 000 euros par période de 10 ans.
Frais de déménagement	100 % dans la limite de 3 000 euros par période de 10 ans	80 % dans la limite de 3 000 euros par période de dix ans

• Aides au transport

Nature de l'aide	Prise en charge à taux plein	Prise en charge à taux réduit
Aménagement du véhicule jusqu'à 1 500 euros	100 % dans la limite de 5 000 euros par période de 5 ans.	80 % dans la limite de 5 000 euros par période de 5 ans.
Aménagement du véhicule jusqu'à 1 500 euros	75 % dans la limite de 5 000 euros par période de 5 ans.	75 % dans la limite de 5 000 euros par période de 5 ans.
Surcoût s liés au trajet en voiture particulière	100 % dans la limite de 12 000 euros sur une période de 5 ans	80 % dans la limite de 12 000 euros sur une période de 5 ans
Surcoût s liés aux autres modes de transport	75 % dans la limite de 5 000 euros sur une période de 5 ans	75 % dans la limite de 5 000 euros sur une période de 5 ans

CHAPITRE 2

LES ASSURANCES DE DOMMAGES CORPORELS

497 ***Les assurances de personnes*** [1] ◊ La classification la plus habituelle des assurances distingue les *assurances de dommages, à caractère indemnitaire*, dont l'objet est l'*indemnisation* d'un dommage à la mesure des préjudices subis, et les *assurances de personnes, à caractère forfaitaire*, dont l'objet est le règlement de prestations forfaitaires en cas de réalisation d'un risque qui affecte la personne physique de l'assuré ; les assurances de personnes ont donc un *caractère de prévoyance* individuelle qui les fait sortir en principe du cadre strict de cette étude consacrée aux différents « systèmes d'indemnisation » ; cependant elles en sont souvent l'utile complément, ce qui justifie qu'une brève étude y soit donc consacrée.

Parmi les « assurances de personnes », on distingue les *« assurances sur la vie »* et les *« assurances de dommages corporels »*.

498 ***a) Les assurances sur la vie, gérées en capitalisation*** ◊ Le caractère de prévoyance des assurances sur la vie a pour corollaire leur mode de gestion *« en capitalisation »*, une part des primes étant capitalisée selon la méthode des intérêts composés pour former la « provision mathématique » du contrat, au bénéfice de l'assuré.

Les *assurances sur la vie*, dont les garanties dépendent de la durée de la vie humaine, se subdivisent en « assurances en cas de vie » (qui servent notamment à la constitution de retraite et sont donc totalement hors de notre sujet centré sur les dommages corporels), et les *« assurances en cas de décès »* dont le risque garanti est le « décès » de l'assuré.

Les assurances en cas de décès, dans toutes leurs modalités (décès « vie entière », « temporaire décès », « mixte »...), ont principalement un caractère de prévoyance forfaitaire au profit des « bénéficiaires » désignés au contrat (généralement les proches, conjoint survivant et enfants), et les prestations prévues au contrat sont dues par l'assureur quelle que soit la cause du décès : vieillesse (assurance décès vie entière), maladie, *ou accident* :

Il convient cependant d'apporter trois précisions sur le régime juridique des assurances en cas de décès, assurances de personnes à caractère forfaitaire.

---

1. **Assurances de personnes :** Y. Lambert-Faivre et L. Leveneur, *Droit des assurances*, Dalloz, 13e éd., 2011, n° 878 à 1050 ; J. Bigot, Ph. Baillot, J. Kullmann, L. Mayaux, *Traité de droit des assurances*, T. 4 « Les assurances de personnes », LGDJ, 2007. H. Groutel, F. Leduc, Ph. Pierre et M. Asselin, *Traité du contrat d'assurance terrestre*, Litec, 2008.

1) L'absence de recours subrogatoire : les assurances en cas de décès, forfaitaires, ne comportent *aucun droit de recours :* l'article L. 131-2, al. 1, C. assur., pose le principe général selon lequel « Dans l'assurance de personnes, l'assureur, après paiement de la somme assurée, ne peut être subrogé aux droits du contractant ou du bénéficiaire contre des tiers à raison du sinistre ».

Cette interdiction de tout recours subrogatoire est liée à l'absence de caractère indemnitaire des prestations de l'assureur.

2) Les bénéficiaires du contrat d'assurance en cas de décès sont souvent en même temps les *héritiers du de cujus*, et les *victimes par ricochet* du fait de l'accident mortel. Ces trois qualités obéissent à des règles juridiques totalement différentes : l'attribution du bénéfice de l'assurance sur la vie, la dévolution successorale et l'indemnisation du dommage par ricochet subi du fait du décès.

3) Le bénéfice de l'assurance en cas de décès est cumulable avec l'indemnisation du dommage corporel : les deux assureurs éventuellement impliqués, assureur-vie d'une part, et assureur de responsabilité de l'auteur de l'accident mortel d'autre part, règlent chacun à la victime les prestations qu'ils doivent, sans interférence entre eux.

• *Spécificité de l'assurance-vie et interférences avec les assurances de dommages corporels* [1]. L'assurance en cas de décès même accidentel, et les assurances contre les accidents, même mortels révèlent une interférence de fait, qui existe également avec l'assurance maladie complémentaire, dont la pathologie peut aussi être mortelle.

Il n'empêche que la finalité des assurances vie, mêmes en cas de décès, demeure essentiellement d'ordre patrimonial et financier, alors que les assurances de dommages corporels relèvent d'une finalité de prévoyance pour une survie affectée par l'accident ou la maladie.

499 ***b) Les assurances de dommages corporels, gérées en répartition*** ◊ Parmi les « assurances de personnes », la *branche « dommages corporels »* regroupe deux catégories d'assurances *gérées en répartition*, c'est-à-dire où le montant des primes afférentes à un exercice est « réparti » pour faire face aux sinistres survenus pendant la même période ; on sait que la « répartition » est le système de gestion de la Sécurité sociale.

La branche *« dommages corporels »* comprend, d'une part, les *« assurances accidents corporels »* et d'autre part, les *« assurances maladie »*. Leur nature juridique oscille entre un *pôle forfaitaire* qui est le caractère classique des assurances de personnes, et un *pôle indemnitaire* qui tend à garantir l'*indemnisation des préjudices* subis du fait de l'accident ou de la maladie.

Ces *assurances de dommages corporels*, dont le régime juridique nuancé doit être précisé, font évidemment partie intégrante de cet ouvrage. Elles

1. **Spécificité de l'assurance-vie :** pour l'étude générale de ces assurances, cf. Y. Lambert-Faivre et L. Leveneur, *Droit des assurances*, 13e éd., 2011, n° 886 à 993. J. Bigot, Ph. Baillot, J. Kullmann, L. Mayaux, *Traité de droit des assurances*, T. 4 « Les assurances de personnes », LGDJ, 2007, n° 59 s.

permettent à l'assuré, accidenté ou malade, de bénéficier d'une garantie – forfaitaire ou indemnitaire – en cas de dommage corporel, et ceci même *en dehors de toute intervention d'un tiers responsable.* Comme les prestations de Sécurité sociale, les prestations de « dommages corporels » sont donc particulièrement précieuses pour les victimes auteurs de leurs propres dommages, qui ne disposent pas de l'arme efficace de la responsabilité civile pour obtenir une indemnisation d'un tiers.

Cependant ici encore des interférences existent avec l'assurance-vie du fait des modalités de souscription de garanties d'assurances de dommages corporels, sous forme *« d'assurances complémentaires maladie-accident-invalidité »* insérées dans les contrats d'assurances-vie, gérées par les sociétés-vie (art. R. 321-5 C. assur.), mais conservant leur caractère juridique d'assurances de dommages gérées en répartition, qui demeurent le seul cadre de ce chapitre.

Nous étudierons d'une part, les *assurances accidents corporels* (Section 1) et d'autre part, les *assurances maladie-invalidité complémentaires* (Section 2) en montrant leur rôle social et l'évolution corrélative de leur nature juridique.

SECTION 1. L'ASSURANCE CONTRE LES ACCIDENTS CORPORELS

500 ***La souscription des assurances accidents corporels*** ◊ Comme les assurances sur la vie, les assurances contre les accidents corporels peuvent revêtir une *forme individuelle* et on l'appelle d'ailleurs « l'individuelle accident », ou une *forme collective*, souscrite par des employeurs, des établissements scolaires, des sociétés sportives, des sociétés de chasse, etc.

1) L'individuelle-accident [1]

Alors que ce type de contrat devrait avoir un très large marché avec la multiplicité des risques accidentels dans notre civilisation technologique, le succès de cette assurance se révèle limité par rapport aux autres pays. Néanmoins des garanties truffées d'exclusions et de limites se révèlent souvent décevantes le jour du sinistre. L'efficacité de toutes les nouvelles formules mises sur le marché devra être analysée au regard des différents points particulièrement critiqués : seuil d'application de la garantie, barème médical de référence, définition de l'incapacité permanente ou de l'invalidité couvertes, garantie acquise ou simple avance sur recours qui ne profite en rien à la victime en cas de responsabilité d'un tiers, mode de calcul des préjudices économiques ou moraux en cas de « prestations indemnitaires » etc.

1. **Individuelle accident :** J. A. Chahinian, D. Warzie et F. Vilnet, « Étude de la garantie des accidents de la vie », SAFR *Études et commentaires,* n° 1, 2000, p. 23 ; J. Péchinot, « La garantie des accidents de la vie », *RCA* 2000 chron. n° 10.

2) Les assurances collectives [1]

Le plus souvent les assurances contre les accidents corporels sont souscrites en assurances de groupe dans le cadre d'une activité spécifique : établissements scolaires, sociétés sportives, sociétés de chasse etc. Plus largement, les garanties complémentaires accident-maladie-invalidité peuvent être souscrites avec une assurance-vie collective, soit par les employeurs, soit par des organismes de crédit.

Les personnes morales qui ont la qualité de souscripteur ont alors un devoir d'information et de conseil à l'égard de leurs adhérents qui ont la qualité d'assuré et une « notice » émanant de l'assureur doit préciser les garanties. Cependant ici encore la souscription de garanties très insuffisantes soulève bien des difficultés lors du règlement des sinistres, notamment pour les assurances en matière de sport.

501 ***Le paiement de la prime en assurance de dommage corporel*** [2] ◊ Les assurances de dommages corporels, gérées en répartition, sont soumises à l'obligation du paiement de la prime applicable aux assurances de dommages (art. L. 113-1 s., C. assur.) et non à celui du paiement facultatif, ou plus exactement dépourvu de sanction, propre à l'assurance-vie gérée en capitalisation (art. L. 132-20, al. 2, C. assur.).

En assurance de groupe, c'est le souscripteur qui paie la prime à l'assureur, chaque adhérent étant juridiquement tenu de verser sa propre prime au souscripteur sous peine d'exclusion du groupe.

Nous limiterons ici cette étude des assurances de dommages corporels à ses deux axes principaux : la *détermination des risques garantis* (§ 1), et les *prestations de l'assureur en cas de sinistre* (§ 2).

§ 1. La détermination des risques garantis

502 ***La détermination contractuelle des risques d'accidents garantis*** ◊ Le contrat qui fait la loi des parties est particulièrement important pour déterminer les risques garantis, en donnant au mot « risque » sa double acception du droit des assurances : les événements couverts et les dommages garantis.

1. **Assurances collectives :** Y. Lambert-Faivre et L. Leveneur, *Droit des assurances*, précité, n° 917 s. J. Bigot, Ph. Baillot, J. Kullmann, L. Mayaux, *Traité de droit des assurances*, T. 4 « Les assurances de personnes », LGDJ, 2007, n° 764 s. Colloque « Les assurances collectives », *AJDA* nov. 1997, *RGDA* 1998, p. 519 à 623 ; F. Berdot « L'assurance de groupe après les réformes législatives du 31 déc. 1989 », *RGAT* 1990.775. Civ. 1re, 22 mai 2008, *RGDA* 2008, 708 (L'adhésion au contrat d'assurance de groupe, bien que constitutif d'une stipulation pour autrui, crée un lien contractuel direct entre l'adhérent et l'assureur). Com 13 avr. 2010, *RGDA* 2010, 3, 745 (même solution).

2. **Paiement de la prime :** Y. Lambert-Faivre et L. Leveneur, *Droit des assurances*, précité, n° 464 s. (ass. de dommages), n° 928 s. (ass. vie), n° 1004 s. (ass. accidents corporels), n° 1042 s. (ass. maladie complémentaire). Civ. 2e, 4 oct. 2012, n° 11-19431, *RGDA* 2013, 139.

A. L'accident corporel, événement garanti

503 ***La déclaration des risques*** [1] ◊ Pour la souscription du contrat, le questionnaire soumis au proposant porte notamment sur sa profession et ses activités sportives habituelles, les infirmités préexistantes, les accidents antérieurs, les assurances couvrant déjà le même risque ou ayant été récemment résiliées pour le même risque : toute fausse déclaration intentionnelle est sanctionnée par la nullité de l'article L. 113-8 C. assur. et toute fausse déclaration non intentionnelle par la réduction proportionnelle de l'article L. 113-9 C. assur.

La prise en charge du risque par l'assureur résulte d'une appréciation basée sur des *modes de vie normaux*. À cet égard, la pratique de certains sports (ex. : ski) ou l'utilisation de certains moyens de transport (ex. : motos) sont souvent exclues de la garantie de base, mais peuvent être couvertes moyennant surprime. Il en est de même de la limitation territoriale de la garantie édictée pour faciliter tout contrôle lors du sinistre.

504 ***1°) Les risques garantis : la notion d'accident corporel*** [2] ◊ La définition de l'accident corporel est essentielle, car elle détermine la mise en jeu des garanties dans ce contrat spécifique : l'accident corporel est constitué par toute *lésion de l'organisme provoquée par l'action soudaine et violente d'une cause extérieure* et indépendante de la volonté de l'assuré ou du bénéficiaire.

Comme en matière d'accidents du travail, de nombreux cas limites posent des problèmes de qualification. Les clauses des contrats tendent à préciser les événements extérieurs et soudains qui doivent être compris dans la garantie (Ex. : des piqûres septiques), et en cas de *sinistre*, il appartient au juge du fond de qualifier l'accident garanti.

Des difficultés particulières se présentent notamment en cas de dissociation temporelle entre le fait générateur (accident) et ses manifestations dommageables (incapacité). Dans une première hypothèse, l'assuré a pu subir un accident ou contracter une maladie avant la conclusion du contrat mais dont les manifestations dommageables ne se sont manifestées qu'une fois celui-ci souscrit. Dans un tel cas, la jurisprudence considère que les

---

1. **Déclaration des risques par l'assuré** : Y. Lambert-Faivre et L. Leveneur, *Droit des assurances*, Dalloz, 13e éd. 2011, n° 312 s. Civ. 2e, 4 févr. 2010, *RCA* 2010, comm. n° 127 (Pas de preuve du caractère intentionnel de la fausse déclaration). Civ. 2e, 7 oct. 2010, *RGDA* 2010, 333 (fausse déclaration sur les antécédents médicaux).

2. **Notion d'accident corporel ; risques inclus** : H. Houin, « La notion d'accident dans l'assurance contre les accidents corporels », *RGAT* 1947.218 ; C. Rousseau, I. Bessières-Roques, « La notion d'accident en assurance individuelle », *RDC* 1995, p. 101. L. Mayaux, « Pour en finir avec une conception étriqué de l'accident », *RGDA* 2014, 599. L. Mayaux et J. Kullmann « L'accident corporel », *in RCA* 2015, dossier « L'accident », n° 5. Civ. 1re, 18 févr. 2003, *RCA* 2003, n° 145 obs. Groutel (la cour d'appel a souverainement constaté que le choc du véhicule contre un arbre constituait un événement extérieur). Civ. 2e, 23 oct. 2008, *RGDA* 2009, 1, 196 (chute d'un balcon : absence de preuve de l'action d'une cause extérieure). Civ. 2e, 23 oct. 2014, n° 12-35306, *RGDA* 2014, 599 (renvoi au pouvoir souverain des juges du fond ayant exclu la qualification d'accident).

lésions peuvent être prises en charge si elles n'apparaissent « pas, à cette date, comme une suite normalement inéluctable de l'accident ou de la maladie, selon le cours ordinaire des choses » [1]. Dans une deuxième hypothèse, le fait générateur du sinistre survient pendant la durée du contrat mais les conséquences dommageables se concrétisent après sa résiliation. Dans une telle hypothèse, la Cour de cassation affirme depuis des arrêts de principe du 17 juin 2010 que « les prestations liées à la réalisation d'un sinistre survenu pendant la période de validité d'une police (...) ne peuvent être remises en cause par la résiliation ultérieure de celle-ci » [2]. Il suffit donc que le fait générateur (maladie, accident) ait lieu pendant la durée de validité du contrat pour que l'assureur doive sa garantie, même si l'état d'invalidité n'est constaté que postérieurement.

505 ***2°) Les risques exclus*** ◊

1) L'exclusion des lésions organiques [3] : en principe sont exclues les lésions organiques qui peuvent se révéler avec soudaineté mais dont l'origine est interne, telles les hernies, lumbagos, hémorragies cérébrales, crises cardiaques, etc. En effet, ces risques relèvent non de l'« individuelle-accident » mais de « l'assurance maladie ». Cependant l'origine pathologique constituant une exclusion de risque doit être prouvée par l'assureur.

2) L'exclusion des actes intentionnels [4] : particulièrement importante est l'exclusion de tous les risques liés à un *acte intentionnel* : rixe, duel, suicide,

1. F. Leduc, « L'existence de l'aléa : sa représentation par l'assuré », *RCA* 2014, dossier n° 5. Civ. 1re, 17 déc. 1991, n° 89-20646 ; 8 juill. 1994, n° 92-15551, *RGAT* 1994, 1089 ; 30 janv. 1996, n° 93-15168, *RGDA* 1996, 399.

2. **Durée de la garantie** : Civ. 2e, 17 juin 2010, *RGDA* 2010, 1093, *RCA* 2010, comm. n° 297. V. antérieurement, la même solution dans le cadre de la loi Evin : Civ 2e, 17 avr. 2008, *RGDA* 2008, 694, note L. Mayaux, Civ. 2e, 16 oct. 2008, *RGDA* 2009, 199.

3. **Exclusion des pathologies et lésions organiques** : Civ., 9 avril 1975, *RGAT* 1976.89 (exclusion des syncopes et des troubles psychiques) ; Soc., 5 janvier 1979, deux espèces, *RGAT* 1980.414 (ni œdème pulmonaire, ni hernie ne sont considérés comme des « accidents ») ; Civ. 1re, 15 avril 1982, *RGAT* 1983.232 (déchirure musculaire due à une prédisposition pathologique) ; Civ. 1re, 17 nov. 1987, *RGAT* 1988.82 (troubles psychiques, chute du toit non garantie) ; Civ. 1re, 14 févr. 1989, *RGAT* 1989.402 (l'assuré ne justifie pas que c'est sa chute qui a entraîné un infarctus) ; Civ. 1re, 18 avr. 1989, *RGAT* 1989.626 (réaction allergique) ; Lyon, 29 juin 1989, *RCA* 1989, n° 393 (défaillance cardiaque en poursuivant des enfants) ; Civ. 1re, 13 déc. 1989, *RCA* 1990, n° 92 ; Civ. 1re, 8 juill. 1994, *RCA* 1994, n° 392, *RGAT* 1994, p. 1194 (décès consécutif à des efforts physiques) ; Civ. 1re, 23 juin 1998, *RGDA* 1998, p. 755 (aggravation de l'état pathologique antérieur ; pas d'extériorité) ; Civ. 1re, 19 mai 1999, *RCA* 1999, n° 279, *RGDA* 1999, p. 661 (paludisme suite à piqûre d'insecte n'est pas accident). Civ.2e, 23 oct. 2008, *RGDA* 2009, 1, 196 (chute d'un balcon : absence de preuve de l'action d'une cause extérieure). Civ. 2e, 23 oct. 2014, n° 12-35306, préc (exclusion d'une lombalgie du fait de l'absence de caractère accidentel de la blessure). Civ. 2e, 26 mars 2015, n° 14-15063, *Gaz. Pal.* 15 juin 2015, p. 24 (mort subite au cours d'un match de foot lié à une pathologie latente : accident retenu).

4. **Exclusion des actes intentionnels ; charge de la preuve** : Civ. 1re, 3 févr. 1976, *Gaz. Pal.*, 12 juin 1977, Ass. fr. 1977.164, note Margeat, *D.* 1976.441, note Contamine-Raynaud (mutilation d'un pouce et acquittement en correctionnel au bénéfice du doute qui, en vertu du principe de l'autorité au civil de la chose jugée au pénal, entraîne la garantie de l'assureur accidents) ; Civ. 1re, 13 mai 1986, *RGAT* 1986.424 (accident de la route ; preuve du suicide à la

ou tentative de suicide. Il faut ici souligner que l'article L. 132-7 C. assur. sur le suicide dans l'assurance sur la vie n'est pas applicable aux accidents corporels ; la notion « d'accident », exclusive de tout caractère intentionnel, est antinomique de celle de suicide. Restent en pratique de très grandes difficultés de preuve en présence d'actes intentionnels déguisés en accidents : la preuve de l'accident incombe à l'assuré... mais celle des exclusions incombe toujours à l'assureur.

3) *L'exclusion des accidents dus à l'ivresse* [1] : on sait que l'alcoolisme est une cause très fréquente d'accidents. L'exclusion est justifiée en ce qui concerne les garanties personnelles de l'alcoolique accidenté ; en revanche, les passagers d'un conducteur ivre sont inclus dans la garantie légale depuis la loi du 5 juillet 1985.

4) *L'exclusion des guerres, émeutes et mouvements populaires* [2] : cette exclusion classique du droit des assurances est également appliquée en assurance accidents corporels.

5) *L'exclusion de certaines activités sportives* [3] : le contrat détermine les risques normaux garantis, les *risques anormaux exclus*, et les activités qui, quoique dangereuses, peuvent être garanties moyennant surprime. Les garanties des sportifs professionnels sont spécifiques.

B. Les dommages corporels accidentels garantis

506 ***La détermination contractuelle des dommages couverts*** ◊ Les prestations de l'assureur en cas d'accident corporel sont déterminées en fonction des conséquences plus ou moins graves de l'accident.

---

charge de l'assureur) ; Civ. 1re, 14 mai 1991, *RCA* 1991, n° 314 et chron. n° 21 (la preuve du suicide prévu au contrat comme une exclusion de risque incombe à l'assureur) ; Civ. 1re, 3 févr. 1993, *RCA* 1993, n° 142 et chron. n° 13 (la preuve de l'accident, donc de l'absence de suicide, incombe au demandeur bénéficiaire) ; Civ. 1re, 15 févr. 1995, *RGAT* 1995, p. 406 (capital triplé en cas de mort accidentelle de l'assuré ; art. 1315 C. civ., preuve du caractère accidentel à la charge du bénéficiaire) ; Civ. 1re, 2 juill. 1996, *RGDA* 1997.903 obs. Favre-Rochex (auto strangulation ; suicide non prouvé, accident).

1. **Exclusion de l'ivresse en assurance accident corporel :** Civ., 21 nov. 1972, *RGAT* 1973.554 (ivresse du conducteur : exclusion de garantie des personnes transportées avant la loi de 1985) ; Civ., 3 déc. 1974, *RGAT* 1975.425 (exclusion de l'accident causé par ivresse) ; Civ. 1re, 19 juin 1979 (assuré condamné pénalement pour conduite en état d'ivresse ; cependant preuve non rapportée que l'ivresse était à l'origine de l'accident causé par un excès de vitesse), *D.* 1980. IR. 177, obs. Berr et Groutel ; Civ., 9 déc. 1980, *D.* 1981. IR. 456, obs. Berr et Groutel (exclusion appelée déchéance...) ; Civ. 1re, 7 juill. 1998, *RCA* 1998, n° 362 et chron. Groutel n° 26 (l'exclusion de l'état alcoolique ne vise que les dommages subis par le conducteur, non ceux de la veuve et de l'enfant) ; Civ. 1re, 9 déc. 1997, *RGDA* 1998, p. 118 (exclusion de « l'imprégnation alcoolique » n'est pas formelle et limitée ; taux d'alcoolémie à préciser). Civ. 2e, 7 oct. 2004, *RGDA* 2005, 86 ; *RCA* 2005, comm. n° 37, H. Groutel.

2. **Exclusion des risques de guerre :** Y. Lambert-Faivre et L. Leveneur, *Droit des assurances*, 13e éd., 2011, n° 367 s.

3. **Exclusion de certaines activités sportives :** Civ., 24 juin 1969, *RGAT* 1970.74 (contrat garantissant le risque aviation sur les lignes commerciales, mais pas sur un avion d'aéro-club privé) ; Civ., 24 janv. 1973, *RGAT* 1973.554 (exclusion sport : non-garantie d'un assuré blessé au cours d'un match amical).

1. Le décès accidentel [1]

507 La prestation en cas de décès imputable à un accident n'est due que si le délai entre l'accident et le décès est limité, généralement à un ou deux ans. Il faut souligner que le décès ne peut être garanti dans le cadre d'une assurance maladie, car il s'agirait alors d'un contrat « d'assurance en cas de décès » dont la gestion relève de l'activité des seuls assureurs-vie.

Dans les garanties complémentaires à une assurance en cas de décès, on trouve souvent un doublement, voire un triplement de la somme forfaitaire fixée au contrat lorsque le *décès est accidentel*, afin de permettre aux bénéficiaires de mieux faire face aux problèmes posés par la soudaineté de l'événement.

508 ***Décès accidentel et suicide*** [2] ◊ La garantie du suicide en assurances de personnes se pose notamment dans l'assurance en cas de décès, qui est une « assurance sur la vie ». À cet égard, l'article. L. 132-7 C. assur. édicte que « l'assurance en cas de décès est de nul effet si l'assuré se donne volontairement la mort au cours de la 1re année du contrat. L'assurance en cas de décès doit couvrir le risque de suicide à compter de la 2e année du contrat… ».

En ce qui concerne l'assurance contre les accidents corporels (qui n'est pas une assurance sur la vie), le caractère accidentel du décès garanti exclut le sinistre intentionnel qu'est le suicide. La preuve de l'accident, condition de la garantie, est à la charge du bénéficiaire ; les faits rapportés sont soumis à l'appréciation souveraine des juges du fond.

2. Invalidité, incapacité ou infirmité permanentes [3]

509 Nous avons déjà souligné l'ambiguïté de ces notions qui peuvent avoir une acception purement physiologique et fonctionnelle ou être connotées de considérations professionnelles et économiques.

---

1. **Garantie du décès accidentel :** Civ. 1re, 22 mars 1977, *D.* 1978.41, note Berr et Groutel, *RGAT* 1978.76 (déclaration d'absence n'est pas preuve du décès ; garantie non due) ; Civ. 1re, 17 févr. 1981, *RGAT* 1982.98 (le décès marque le point de départ de la prescription biennale) ; Civ. 1re, 6 oct. 1993, *RCA* 1993, n° 384 (triplement du capital en cas de décès accidentel ; preuve du caractère accidentel à la charge du bénéficiaire) ; Civ. 1re, 8 juin 1994, *RCA* 1994, n° 353 (garantie complémentaire en cas de décès accidentel ; suicide allégué par l'assureur ; preuve de l'accident à la charge du bénéficiaire) ; Civ. 1re, 7 juill. 1998, *RCA* 1998, n° 365 *(idem)*. Civ. 2e, 8 mars 2006, *RGDA* 2006, 477, note S. Abravanel-Joly (absence de cause extérieure du décès causé par la chute de l'assuré). Obligation d'information sur la seule prise en charge des circonstances accidentelles : Civ. 2e, 15 mai 2008, *RGDA* 2008, 712. Civ. 2e, 8 avr. 2010, *RGDA* 2010, 756.

2. **Suicide :** cf. Y. Lambert-Faivre et L. Leveneur, *Droit des assurances*, Dalloz, 13e éd., 2011, n° 400 ; G. Courtieu, « L'assurance suicide… », *Gaz. Pal.* 17-18 mai 2002, p. 2 ; sur la preuve de l'accident v. ss 508.

3. **Invalidité, incapacité, infirmités permanentes ; notion :** v. ss 423 ; M. H. Maleville, « Vers une harmonisation du concept d'invalidité dans les contrats d'assurance collective emprunteur ? », *RGDA* 1997.956.

Lorsqu'un assuré souscrit une assurance accident corporel pour bénéficier de prestations en espèces en cas d'incapacité temporaire ou permanente, il peut désirer faire face à deux situations :

- soit pallier une perte de ressources professionnelles, préjudice qui n'est pas directement proportionnel au taux d'incapacité physiologique, mais qui résulte de l'impossibilité de poursuivre son activité antérieure spécifique du fait de la nature de son handicap : la garantie qu'il recherche est très concrète ; c'est *son* travail qui est en jeu ; et non pas une abstraite impossibilité de travailler.
- soit il désire pouvoir faire face aux surcoûts de la vie quotidienne qu'impose le handicap, et ce même s'il n'a pas d'activité professionnelle : les besoins qu'il veut garantir peuvent alors être corrélés au taux d'incapacité physiologique.

L'ambiguïté des concepts d'incapacité et d'invalidité en droit du dommage corporel a des implications particulièrement regrettables dans les « assurances de dommages corporels ».

510 ***Le contentieux relatif à la garantie de l'invalidité*** [1] ◊ Il est particulièrement abondant et irritant. En effet, alors que pour l'assuré l'invalidité

1. **Invalidité – incapacité permanente ; jurisprudence** : Civ. 1re, 12 mars 1991, *RCA* 1991, n° 267, *RGAT* 1991.897 (invalidité permanente et absolue ; caractère évolutif de l'invalidité devenue totale après cessation du contrat ; garantie due) ; Civ. 1re, 14 mai 1991, *RCA* 1991, n° 311 (invalidité absolue et définitive ; appréciation par rapport à la législation sociale) ; Civ. 1re, 26 nov. 1991, *RCA* n° 75 et chron. n° 7 (incapacité temporaire totale, définition conventionnelle, dénaturation) ; Civ. 1re, 14 janv. 1992, *RCA* 1992, n° 154 et chron. n° 13 ; Civ. 1re, 8 juill. 1994, *RCA* 1994, n° 389 (caractère fonctionnel ou professionnel de l'invalidité garantie ; interprétation du juge du fond) ; Civ. 1re, 9 mai 1996, *RCA* 1996, n° 266 (rente invalidité garantie à l'adhérent s'il « se trouvait dans l'impossibilité complète d'exercer une quelconque activité professionnelle » est une condition de la garantie : un maçon accidenté peut devenir employé sédentaire (!)) ; Civ. 1re, 28 mars 1995, *RCA* 1995, n° 220 (garantie invalidité selon clauses police) ; Riom, 14 déc. 1995, *Gaz. Pal.*, 13 juill. 1996, p. 28 (appréciation *in concreto* de l'impossibilité de reprendre une activité), cassé par Civ. 1re, 17 mars 1998 (appréciation abstraite du risque ; garantie non due) ; Civ. 1re, 26 mars 1996, *RCA* 1996, n° 241 (invalidité permanente reconnue par la Sécurité sociale) ; Paris, 14 janv. 1998, *Gaz. Pal.*, 8-9 avr. 1998, p. 21 (impossibilité de reprendre une activité établie par la mise à la retraite pour invalidité) ; Toulouse, 4 mai 1995, *RCA* 1995, n° 318 et chron. Courtieu, *RCA* 1996, n° 5 (invalidité définie comme l'incapacité d'exercer une profession quelconque ; clause abusive qui vide le contrat de tout intérêt ; définition vide de sens car le travailleur manuel a toujours la possibilité théorique de se livrer à une activité strictement intellectuelle) ; Civ. 1re, 6 janv. 1998, *RGDA* 1998.119 obs. Maleville (l'invalidité totale définie comme « l'incapacité de se livrer au moindre travail ou à la moindre occupation pouvant procurer gain ou profit à la victime » est claire et précise) ; Civ. 1re, 9 févr. 1999 (trois arrêts), *JCP* 1999.II.1047 note P. Sargos, conseiller rapporteur, *RCA* 1999 chron. Groutel n° 11, « Garantie incapacité temporaire ou invalidité : la Cour de cassation se défausse », *D.* 1999 p. 339 note M. H. Maleville (« la circonstance qu'un assuré est dans un état d'incapacité temporaire totale correspondant à la définition contractuelle qu'en donne un contrat d'assurance relève de l'appréciation souveraine des juges du fond ») ; Civ. 1re, 21 janv. 2003, *D.* 2003 p. 2600 note H. Claret, *RCA* 2003 chron. Courteur n° 13 (art. L. 133-2 C. consom : les clauses des contrats proposés par les professionnels aux consommateurs s'interprètent dans le doute, dans le sens le plus favorable au consommateur). Civ. 2e, 26 oct. 2006, *RCA* 2007, comm. n° 31 (obligation de déterminer l'indemnisation conformément aux règles du droit commun si le contrat le prévoit). Civ. 1re, 14 oct. 2010, *RCA* 2011, comm. n° 34 (nécessité d'apprécier *in concreto* les perspectives de reclassement professionnel).

est souvent comprise comme l'état accidentel ou physiologique qui l'empêche de poursuivre son activité professionnelle antérieure, elle est le plus souvent pour l'assureur l'état où toute activité lui est désormais impossible. Quand on pense au grand savant anglais Stephen Hawking qui, atteint d'une sclérose amyotrophique ne pouvait ni écrire, ni parler, mais écrivait ses livres par l'intermédiaire d'un ordinateur au rythme de 10 à 15 mots par minute, estimerait-on que ce savant qui poursuivait une activité intellectuelle n'était donc pas un « invalide » au sens du contrat d'assurance ?

En réalité la garantie de l'invalidité, définie comme « l'impossibilité de reprendre une activité professionnelle ou non professionnelle à la suite d'un accident ou d'une maladie », constitue un leurre, car les plus grands invalides peuvent avoir une activité professionnelle ou non professionnelle s'ils sont doués de courage et d'une volonté acharnée : les jeux olympiques des handicapés le démontrent avec panache.

511 ***La nécessaire distinction des préjudices garantis*** ◊ L'ambiguïté soigneusement entretenue dans les contrats relève de la confusion entre l'incapacité ou infirmité personnelle physiologique et l'incapacité ou invalidité professionnelle.

– *L'incapacité permanente physiologique personnelle* ne peut être mesurée que par un barème fonctionnel, tel celui du Concours médical. La rente déterminée par le contrat a en effet un caractère forfaitaire déterminé par la volonté des parties : elle peut objectivement être fixée en fonction du taux de déficit fonctionnel retenu.

– *L'incapacité permanente professionnelle ou incapacité de travail* n'a véritablement de sens que si elle s'applique à la profession précédemment exercée par l'assuré. Prétendre qu'un maçon accidenté qui ne peut plus exercer *sa* profession, peut toujours exercer *une* profession sédentaire est souvent un leurre. Une garantie vraiment indemnitaire devrait être fixée par référence aux revenus professionnels de l'assuré déclarés à la souscription du contrat. L'impossibilité d'exercer *telle* profession n'est pas proportionnelle à un taux d'APIPP, mais il appartient au médecin-expert de préciser si l'assuré victime peut, ou non, poursuivre son activité antérieure, compte tenu de son handicap.

La jurisprudence récente manifeste, avec raison, une réticence grandissante face à ces clauses définissant l'incapacité professionnelle de manière aussi restrictive. Elle a ainsi pu prendre parti pour une interprétation en faveur de l'assuré, imposant donc aux juges du fond de rapporter la notion d'incapacité à la profession exercée antérieurement [1], ou imposer à l'assureur une obligation d'information sur l'adéquation des garanties à la situation de l'assuré [2]. En revanche, la qualification de

---

1. **Interprétation de la clause définissant de manière ambiguë l'incapacité en faveur de l'assuré** : Civ. 1re, 20 déc. 2012, n° 11-27225, Civ. 1re, 17 janv. 2013, n° 11-24139, *RCA* 2013, comm. n° 130.

2. **Obligation d'information sur l'adéquation des garanties** : Civ. 1re, 13 déc. 2012, *RCA* 2013, comm. n° 131.

clause abusive, qui a pu être soulevée par certains plaideurs, a pu poser davantage de difficultés puisque l'article L. 132-1 C. consom. dispose que « l'appréciation du caractère abusif des clauses au sens du premier alinéa ne porte ni sur la définition de l'objet principal du contrat ni sur l'adéquation du prix ou de la rémunération au bien vendu ou au service offert pour autant que les clauses soient rédigées de façon claire et compréhensible. ». Si la clause définissant la notion d'incapacité, objet du contrat, est claire, il a donc pu sembler que la qualification de clause abusive ne pouvait donc être retenue [1]. C'est toutefois en sens contraire que la Cour de Justice de l'Union européenne s'est récemment prononcée dans une décision du 23 avril 2015, par laquelle elle a reconnu la possibilité d'englober la clause définissant l'incapacité comme l'impossibilité de reprendre une quelconque activité rémunérée ou non, parfois désignée sous le terme de « clause coma » [2], dans la catégorie des clauses abusives, renvoyant au juge national pour l'appréciation de ce caractère [3]. Cette solution doit être saluée car elle va permettre au juge français d'évincer des contrats les clauses qui réduisent la notion d'incapacité à des hypothèses plus qu'exceptionnelles.

512 ***Le problème des barèmes*** [4] ◊ Il envenime encore la situation, car dans beaucoup de contrats, il est fait allusion à un mystérieux barème contractuel que l'assuré est supposé avoir accepté sans qu'il lui soit communiqué. Curieusement il est étalonné de telle sorte que, si la garantie est prévue à partir de 20 % d'APIPP, l'assuré accidenté a toutes chances de ne se voir reconnu que 18 ou 19 %...

Il lui est en outre impossible de comprendre qu'il n'a par exemple que 18 % avec le barème contractuel de son assurance accident corporel, 25 % avec le barème droit commun employé par un expert judiciaire s'il y a un contentieux avec un tiers responsable, et 30 % avec le barème invalidité de la sécurité sociale.

À l'évidence le barème de référence est un élément essentiel du contrat ; or, il faut rappeler :

- l'art. L. 111-1 C. consom. : « Avant que le consommateur ne soit lié par un contrat de vente de biens ou de fourniture de services, le professionnel

---

1. **Exclusion de la qualification de clause abusive** : Civ. 1re, 13 déc. 2012, n° 11-27631, *RCA* 2013, comm. n° 131. Civ. 1re., 10 sept. 2014, n° 12-20.931 V. également, M. Bruschi, « La protection des consommateurs contre les clauses abusives dans le contrat d'assurance », *RGDA* 2014, 6, 364.

2. L'expression est de J. Kullman, *RGDA* 1998. 719.

3. CJUE 23 avr. 2015 C-96/14, *Van Hove c/ CNP assurance, D.* 2015. 972 ; *JCP* 2015. 808, obs. N. Sauphanor-Brouillaud. G. Parléani, « Il aura fallu 17 ans pour tuer la « clause coma » », *RGDA* 2015, 331.

4. **Barèmes médicaux** : v. ss 122 s., 463. - Civ. 1re, 7 oct. 1998, *RCA* 1998, n° 399 (« en l'absence *dans le contrat* de toute précision quant à un barème objectivement déterminable et *connu des parties* permettant la fixation du taux d'invalidité, la cour d'appel... a souverainement décidé qu'il y avait lieu de retenir le taux d'invalidité de la sécurité sociale »). Civ. 2e, 27 mars 2014, n° 13-14561, *RCA* 2014, comm. n° 210 (calcul du taux en appliquant les modalités de modulations prévues au contrat).

communique au consommateur, de manière lisible et compréhensible, les informations suivantes :

1° Les caractéristiques essentielles du bien ou du service, compte tenu du support de communication utilisé et du bien ou service concerné ; » ;

- l'article R. 132-1, 1er C. consom. qui considère comme irréfragablement abusive la clause qui constate « l'adhésion du non-professionnel ou du consommateur à des clauses qui ne figurent pas dans l'écrit qu'il accepte ou qui sont reprises dans un autre document auquel il n'est pas fait expressément référence lors de la conclusion du contrat et dont il n'a pas eu connaissance avant sa conclusion » ;

- l'art. L. 112-2 al. 2 C. assur. : « Avant la conclusion du contrat, l'assureur remet à l'assuré un exemplaire du projet de contrat et de ses pièces annexes, ou une notice d'information sur le contrat qui décrit précisément les garanties assorties des exclusions, ainsi que les obligations de l'assuré ».

Il ne serait certes pas raisonnable d'obliger l'assureur à transmettre au souscripteur l'intégralité d'un barème médical de plusieurs dizaines de pages et incompréhensibles pour le non spécialiste. Mais les médecins-experts admettent qu'un résumé condensé en quatre pages maximum du barème d'incapacité physiologique et fonctionnelle est parfaitement possible. Il est urgent de le rédiger, de le diffuser et que les assureurs-dommages corporels en fassent un élément de la notice d'information.

Dans certains contrats, le barème-invalidité de la sécurité sociale est pris en référence : mais cette référence apparemment objective est illusoire si la reconnaissance de l'invalidité de sécurité sociale n'ouvre pas alors un droit corrélé aux prestations d'invalidité du contrat d'assurance, sans divergence possible entre le médecin-conseil de la compagnie d'assurances et celui de la sécurité sociale.

513 **La date de consolidation** [1] retenue est souvent une nouvelle pomme de discorde entre médecins-experts judiciaires, médecins-conseils de sécurité sociale et médecins-conseils de la compagnie d'assurances contractante, tant la notion de consolidation peut être fuyante.

Cette date de consolidation est d'autant plus importante qu'elle permet d'établir l'état d'incapacité garanti, c'est-à-dire le sinistre garanti en assurance invalidité ; la prescription biennale de l'art. L. 114-1 C. assur. ne commence donc pas à courir du jour de l'accident, mais du jour de la consolidation. La tentation des assureurs est de fixer rapidement une date de consolidation pour apurer leurs dossiers sinistre, alors que la sécurité

1. **Infirmité permanente ; Consolidation** : v. ss 117 ; J.-P. Feschotte et autres, « Consolidation et assurances de personnes », *RFDC* 1992, p. 386 ; Civ. 1re, 1er juin 1999, Argus 27 août 1999, p. 33 (en assurance contre les accidents corporels, le sinistre est constitué par l'état d'incapacité ou d'invalidité ; la prescription ne commence donc à courir que du jour de la consolidation) ; Civ. 2e, 4 mai 2000, *RCA* 2000, n° 221 obs. Groutel, *RTD civ.* 2000 p. 851, obs. Jourdain (en cas de dommage corporel ; c'est la date de consolidation qui fait courir le délai de la prescription de l'art. 2270-1 C. civ.). Civ. 2e, 26 oct. 2006, *RCA* 2007, comm. n° 32 (sinistre constitué à partir de la consolidation, qui constitue le point de départ du délai de prescription). Civ. 2e, 2 avr. 2009, *RCA* 2009, comm. n° 200 (le sinistre ne peut être constitué que du jour de la consolidation).

sociale détermine souvent une date de consolidation plus tardive… nouveau sujet de perplexité pour l'assuré victime.

514 **Le seuil de garantie** est enfin un élément déterminant de l'efficacité du contrat. En effet il faut savoir que d'après les statistiques d'assurance-automobile qui constituent la référence la plus fiable sur la gravité des accidents :

- 99,8 % des victimes ont un taux d'APIPP inférieur à 50 %,
- 97,3 % d'entre elles, un taux d'APIPP inférieur à 30 %,
- 82,4 % d'entre elles, un taux d'APIPP inférieur à 10 %.

C'est démontrer que si un seuil contractuel de garantie est fixé à 30 % d'incapacité selon le Barème droit commun, en fait cela ne concernera que moins de 3 % des victimes d'accidents : c'est peut-être défendable afin de pouvoir fixer une prime très bon marché : encore le souscripteur doit-il le savoir.

3. L'incapacité temporaire [1]

515 Alors que l'incapacité permanente ouvre généralement droit à une rente, l'incapacité temporaire est plus spécifiquement garantie par une « indemnité journalière » ou « quotidienne ».

Cependant on retrouve avec l'incapacité temporaire les mêmes problèmes lancinants qu'en matière d'incapacité permanente, avec la confusion des concepts et la prétention contractuelle de définir l'incapacité comme l'impossibilité d'exercer quelque activité que ce soit, ce qui est sans doute le cas limite de l'état végétatif chronique.

Cette prétention est encore plus scandaleuse en matière d'incapacité temporaire qu'en matière d'incapacité permanente car imagine-t-on un travailleur manuel accidenté (ex. : un maçon), se reconvertissant en employé pendant la maladie traumatique pour redevenir travailleur manuel après la consolidation si son état séquellaire demeure compatible avec son activité antérieure ?

Une reconversion professionnelle est souhaitable, si elle est physiquement et intellectuellement possible, sur le long terme de l'incapacité permanente ; elle est à l'évidence impossible sur le plus court terme de

1. **Incapacité temporaire** : en droit commun v. ss 198 s. ; en sec. soc., v. ss 419 s. **Jurisprudence** : Riom, 14 déc. 1995, *Gaz. Pal.* 13 juill. 1996, p. 28, *RGDA* 1996.697 obs. Maleville (appréciation *in concreto* de reprendre une activité, garantie due), arrêt cassé par Civ. 1re, 17 mars 1998, *RGDA* 1998, p. 769 obs. Kullmann (clause impossibilité de reprendre quelque travail que ce soit est claire et précise ; garantie non due) ; Civ. 1re civ., 9 févr. 1999 (3 arrêts), *JCP* 1999.II.1047 note Sargos, *D.* 1999.339 note Maleville, *RCA* 1999 s/chron. Groutel n° 11 « Garanties incapacité temporaire ou invalidité : la Cour de cassation se défausse », *RGDA* 1999, p. 419 obs. Kullmann. Civ. 2e, 10 nov. 2005, *RCA* 2005, comm. n° 72 (la définition de l'incapacité ou de l'invalidité relève des pouvoirs souverains des juges du fond). Civ. 2e, 16 nov. 2006, *RGDA* 2007, 136 (contrôle de la dénaturation). Civ. 2e, 10 juill. 2008, *RGDA* 2008, 1026 (pouvoir souverain des juges du fond). Civ. 2e, 18 févr. 2010, *RCA* 2010, comm. n° 133 (idem).

l'incapacité temporaire : ces clauses sont abusives car elles vident la garantie de toute substance, et devraient dès lors être considérées comme non-écrites.

Cependant, en dépit des critiques unanimes de la doctrine sur ce sujet, la première chambre civile de la Cour de cassation, lassée des multiples pourvois qui l'engluaient, a préféré jeter l'éponge et renvoyer ce contentieux à « l'appréciation souveraine des juges du fond » par trois arrêts du 9 février 1999. Le transfert du contentieux d'assurance à la deuxième chambre civile n'a pas modifié cette jurisprudence : la Cour de cassation rejette ainsi tous les pourvois sur la validité de ces clauses, sous réserve de leur dénaturation par les juges du fond. On ne peut que regretter vivement une telle position : en effet si l'appréciation du caractère accidentel du dommage est à l'évidence une pure question de fait, en revanche la licéité d'une clause devenue de style dans des contrats de grande diffusion (ceux de la Caisse nationale de prévoyance dans les trois arrêts du 9 février 1999) n'est plus une question de fait mais un problème de droit. Aussi, on ne peut que souhaiter un revirement avec une condamnation aussi solennelle de telles clauses.

En attendant, il revient aux juges du fond d'exercer leur « pouvoir souverain », en reconnaissant qu'en la cause l'assuré se trouve bien dans un état d'incapacité temporaire totale ou d'invalidité.

516 ***Arrêt de travail et sécurité sociale*** ◊ En terminant, il convient de rappeler l'incompatibilité de ces clauses, qui sous-entendent une obligation de travailler de la victime si elle n'est pas totalement invalide, avec les dispositions de la sécurité sociale qui ne versent leurs prestations d'indemnités journalières ou de rentes d'invalidité que si l'assuré ne travaille pas, voire demeure à son domicile, et ce, sous le contrôle du médecin contrôleur de la sécurité sociale (art. L. 321-1, art. R. 323-12 CSS). Dans ces conditions prétendre que les assurances de dommages corporels sont complémentaires des prestations de la sécurité sociale est une illusion.

§ 2. Le sinistre en assurance accident corporel

A. L'ouverture des droits aux prestations garanties

517 ***1°) La déclaration du sinistre*** [1] ◊ En assurance sur la vie, l'assureur n'a guère de contrôle à effectuer et les polices n'imposent aucun délai de déclaration. En revanche, en assurance accident corporel le délai contractuel fixé par les assureurs est généralement du minimum de cinq jours ouvrés

1. **Déclaration du sinistre** : cf. Y. Lambert-Faivre et L. Leveneur, *Droit des assurances*, 13e éd., 2011, n° 483 s. ; Civ. 1re, 1er juin 1999, Argus 27 août 1999, p. 33 (en assurance contre les accidents corporels, le sinistre au sens de l'art. L. 144-1 al. 2-2° C. assur. est constitué par la survenue de l'état d'incapacité ou d'invalidité de l'assuré). Civ. 2e, 26 oct. 2006, *RCA 2007*, comm. n° 32 (sinistre constitué par la consolidation, point de départ du délai de prescription).

autorisé par l'art. L. 113-2-4° C. assur. afin de pouvoir vérifier la nature accidentelle du sinistre, notamment en cas de blessures. Le délai ne court que du moment où les conséquences de l'accident semblent devoir entraîner la garantie de l'assureur, et la force majeure peut être invoquée lorsque le bénéficiaire ignorait l'assurance souscrite à son profit par l'assuré décédé. Le délai de 5 jours peut être sanctionné par la déchéance sous réserve des conditions très restrictives posées par la loi du 31 décembre 1989.

Quant à la prescription biennale en cas d'accident mortel, elle court du décès, et en cas d'accident non mortel, elle court du jour du « sinistre », c'est-à-dire du jour où l'assuré est informé que l'accident va laisser subsister une incapacité de nature à entraîner la garantie de l'assureur, c'est-à-dire le plus souvent, du jour de la consolidation.

518 ***2°) La preuve de l'accident*** [1] ◊

1) La charge de la preuve : conformément à l'article 1315, al. 1 C. assur., il appartient au demandeur assuré ou au bénéficiaire, d'apporter la preuve que les *conditions de la garantie* sont réunies, donc du *caractère accidentel du sinistre*, exclusif de tout fait intentionnel de l'assuré (suicide ou tentative de suicide), voire du bénéficiaire (meurtre ou tentative de meurtre).

2) Le pouvoir souverain du juge du fond [2] : depuis longtemps la jurisprudence se base sur un faisceau de circonstances graves, précises et concordantes

1. **La preuve de l'accident incombe à l'assuré ou au bénéficiaire** : Notion d'accident v. ss 504 s. ; Civ., 12 nov. 1975, *D.* 1976.293, note A. Besson, *RGAT* 1976.246, *Gaz. Pal.*, 3-5 oct. 1976, note Margeat et Favre-Rochex ; Civ. 1re, 15 oct. 1975, *D.* 1976.467, note Berr et Groutel, *RGAT* 1976.395 ; Civ., 1er juin 1976, *RGAT* 1976.553 ; Paris, 12 janv. 1970, *RGAT* 258 (décès par coup de fusil tiré à travers la bouche à bout portant par l'assuré ; preuve du caractère accidentel du décès non rapportée donc assureur non tenu) ; Civ., 19 mai 1969, *RGAT* 1970.76 (accident d'automobile : suicide ou accident ?) ; Civ. 1re, 3 févr. 1993, n° 142 et chron. Groutel, n° 13 (voiture tombée dans rivière ; corps retrouvé plusieurs mois après ; suicide invoqué par l'assureur ; preuve du caractère accidentel non rapportée) ; Civ. 1re, 15 févr. 1995, *RGAT* 1995, p. 406 (capital triplé en cas de mort accidentelle de l'assuré ; art. 1315 C. civ. : preuve du caractère accidentel à la charge du bénéficiaire) ; Civ. 1re, 9 mai 1996, *RGDA* 1996, p. 702 ; Civ. 1re, 7 juill. 1998, *RCA* 1998, n° 365, *RGDA* 1998.753 (charge de la preuve au bénéficiaire) ; Civ. 1re, 9 juin 1998, *RGDA* 1998, p. 782 (défaut de preuve du caractère accidentel par l'assuré). Civ. 2e, 8 mars 2006, *RGDA* 2006, 477.

2. **Appréciation de l'« accident corporel », inclus dans la garantie** : Civ., 15 mars 1972, *RGAT* 1973.79 (tempête entraînant maladie et décès, admise dans la garantie accident) ; Civ., 30 nov. 1971, *RGAT* 1972.411 (décès dû à une affection circulatoire consécutive à un effort physique) ; Paris, 24 avril 1974, *RGAT* 1974.406 et Civ., 2 avril 1974, *RGAT* 1975.270 (noyade par hydrocution) ; TGI Paris, 7 déc. 1977, *Gaz. Pal.*, 22 nov. 1978, note H. M. et J. L., *RGAT* 1979.215, obs. A. B. (la commotion nerveuse provoquée par l'annonce du suicide d'un enfant unique constitue une cause extérieure à la personne de l'assuré, la qualification « accidentelle » du décès fondant dès lors l'obligation à garantie de l'assureur) ; Civ. 1re, 20 avril 1982, *RGAT* 1983.231 (mort subite due à un « surmenage », considérée comme accident) ; Civ. 1re, 7 avr. 1992, *RCA* 1992, n° 292 (infarctus du myocarde consécutif à un accident de la circulation) ; Civ. 1re, 22 févr. 1992, *RCA* 1992, n° 291 (infarctus dû à une température extérieure de moins 22°) ; Civ. 1re, 9 déc. 1992, *RCA* 1993, n° 62 (traumatisme crânien dû à une chute d'un vélomoteur) ; Civ., 20 janv. 1993, *RCA* 1993, n° 182 (accès de paludisme à évolution galopante) ; Civ. 1re, 2 mars 1994, *RCA* 1994, n° 230 et chron. n° 17 (chute dans un ravin de l'assuré qui se trouve sous l'empire d'un état alcoolique) ; Civ. 1re, 29 juin 1994, *RCA* 1994, n° 355 (contrat garantissant contre les conséquences directes d'accident du travail) ; Civ. 1re, 8 juill. 1994, *RCA* 1994, n° 391,

tirées d'éléments matériels ou moraux rendant la thèse de l'accident vraisemblable. Saisie de pourvois à l'encontre de ces décisions, la Cour de cassation a posé par deux arrêts de principe de 1994 (Civ. 1re, 2 mars et 8 juillet 1994) qu'il appartient aux juges du fond d'apprécier souverainement si les circonstances de l'accident correspondent bien à la définition donnée par la police d'assurance. Cette position est ici parfaitement justifiée, car il ne s'agit plus d'apprécier la licéité d'une clause mais bien d'apprécier les circonstances d'un accident, ce qui relève à l'évidence du fait.

519 ***3°) L'expertise médicale en assurance accident corporel*** [1] ◊ En assurances de personnes, l'expertise médicale est généralement prévue au contrat, et effectuée par le médecin-conseil de la compagnie d'assurance auquel il est demandé si l'état de l'assuré correspond aux définitions contractuelles de l'incapacité temporaire, de l'incapacité de travail, du déficit fonctionnel permanent, de l'invalidité, du handicap etc. sont remplies. Le médecin-conseil se trouve à l'évidence lié par les définitions, fussent-elles exorbitantes, érigées par sa compagnie.

En fait la pratique de ces « expertises » suscite trois problèmes déjà étudiés :

1) *Le principe du contradictoire* : il devrait être applicable à tout ce qui se prétend « expertise », et ici encore il est très utile à l'assuré victime d'être assisté de son propre médecin-conseil ; au surplus le rôle du médecin d'assurance semble en la matière déborder de la simple compétence médicale à un rôle de régleur-arbitre lorsqu'il détermine le droit contractuel à garantie.

2) *Le barème d'évaluation* « contractuel » occulte n'est pas acceptable en droit ; la référence aux barèmes d'invalidité de la sécurité sociale n'est objective qu'en apparence si, en fait, le médecin-conseil se permet une évaluation personnelle différente de celle de la sécurité sociale. Nous avons déjà énoncé notre préférence pour un Barème droit commun dont un condensé serait annexé au contrat.

3) *La communication du rapport d'expertise à l'assuré* constitue un problème particulièrement irritant. Il n'y a en effet aucune raison juridique valable pour que l'expertise médicale diligentée par le médecin-conseil de l'assureur ne soit pas contradictoire en assurance accident corporel comme en assurance de responsabilité : le contrat d'assurance accident corporel n'est pas un acte unilatéral mais un contrat synallagmatique dans lequel les relations réciproques des deux parties doivent être équilibrées. En se

---

RGAT 1994.1197 (accident de la circulation ; assuré sous l'empire d'un état alcoolique ; garantie due) ; Civ. 1re, 19 mai 1999, *RCA* 1999, n° 279, *RGDA* 1999, p. 661 (piqûre d'insecte, décès par paludisme ; pas accident ; appréciation souveraine juges du fond) ; Civ. 1re, 9 juin 1998, *RCA* 1998, n° 287 (crise cardiaque consécutive à une promotion n'a pas caractère accidentel).

1. **Expertise médicale et assurances de personnes** : colloque FFAMSCA, « Les assurances contractuelles de personnes », *RFDC* 1990, p. 433 à 450 ; sur l'expertise médicale, v. ss 61 s., sur les barèmes médicaux, v. ss 122 s., 463, 515 ; sur le secret médical, v. ss 99 ; sur le principe du contradictoire, v. ss 96 ; M. Reverberi et autres, « Du bon usage du rapport d'expertise en assurance de personnes » (mission du médecin-conseil en fonction des attentes… de l'assureur).

réservant le contrôle secret unilatéral de l'expertise, et en refusant la communication du rapport à l'assuré, l'assureur déséquilibre vivement la relation contractuelle. Il faut enfin rappeler que le secret médical n'est pas opposable au patient, maître du secret : pour toutes ces raisons juridiques et déontologiques, la transparence par la communication du rapport d'expertise à l'assuré est un impératif que la pratique actuelle méconnaît encore trop souvent.

520 ***4°) Les droits du bénéficiaire en cas d'accident mortel*** [1] ◊ *Le bénéficiaire* est un *tiers*, bénéficiaire d'une stipulation pour autrui faite à son profit lorsque l'accident a entraîné le décès de l'assuré.

Quoique la réglementation de l'assurance sur la vie des articles L. 132-1 s. C. assur. ne s'applique pas aux assurances contre les accidents corporels, il est admis que, en cas de décès, les règles sur la désignation du bénéficiaire (art. L. 132-8) ou les conséquences de l'absence de désignation (art. L. 132-11) leur sont étendues.

De même, si les articles L. 132-12 (droit propre du bénéficiaire, avec ses conséquences fiscales d'absence de droit de mutation), L. 132-13 (dispense du rapport et de réduction dans le droit successoral), L. 132-14 et L. 132-17 (droits des créanciers) et L. 132-16 (pas de récompense due à la communauté) ne sont édictés que pour les assurances sur la vie, la nature juridique de la stipulation pour autrui qui consacre le droit propre du bénéficiaire sur la somme assurée, conduit à consacrer les mêmes solutions dans les assurances contre les accidents corporels.

B. La nature des prestations garanties

521 ***La diversité des prestations garanties*** ◊ Il y a une grande diversité de garanties selon les compagnies d'assurances et les contrats. Il est toutefois à noter que, lorsque l'assurance est souscrite dans le but de garantir un emprunt, le banquier a une obligation d'information de l'emprunteur sur l'adéquation de l'assurance dommage corporel proposée à la situation personnelle de l'assuré [2]. Cependant on peut dresser le catalogue suivant :

1) *Décès* : le capital forfaitaire peut varier selon les contrats de mille à huit millions d'euros avec éventuellement un plein par événement (ex. 50 M€) si la garantie couvre plusieurs assurés.

2) *L'incapacité et l'invalidité permanentes et totales* peuvent être couvertes soit par un capital avec un même maximum que pour le décès, soit par une rente.

---

1. **Droits du bénéficiaire en cas d'accident mortel** : Y. Lambert-Faivre et L. Leveneur, *Droit des assurances*, 13e éd., 2011, n° 952 s. Civ. 1re, 17 nov. 2010, *JCP* 2011, 340 (bénéfice d'une assurance invalidité : propres par nature).

2. **Obligation d'information du banquier sur l'adéquation de la garantie à la situation personnelle de l'assuré** : Ass. Plén. 2 mars 2007, *RGDA* 2007, 397. Civ. 2e, 2 oct. 2008, *RGDA* 2009, 204. Civ. 2e, 2 avr. 2009, *RCA* 2009, 191. Civ. 1re, 13 déc. 2012, préc.

3) *Le déficit fonctionnel permanent (DFP)* est garanti par un capital ou une rente généralement déterminés au prorata du taux d'APIPP souvent avec un seuil d'intervention de 10 %.

4) *Le déficit fonctionnel temporaire (DFT)* donne lieu à une indemnité journalière (IJ) dont le montant varie selon les contrats. Elle est généralement payable dès le jour de l'accident, mais elle est souvent assortie d'une limite dans le temps (ex. 300 jours). Cela peut poser des problèmes si la gravité de la pathologie traumatique ne permet pas encore de prononcer une consolidation et de déterminer un taux d'APIPP

5) *La prise en charge des frais médicaux, chirurgicaux, pharmaceutiques et d'hospitalisation* : la garantie tend ici à compléter les prestations de sécurité sociale. Le régime du recours de la sécurité sociale doit alors être clairement précisé pour qu'il n'absorbe pas ce complément, ce qui viderait la garantie de son intérêt pour la victime.

6) *Les autres garanties optionnelles peuvent aller des prestations d'« assistance » lors de l'accident, au rapatriement du corps et frais funéraires, de l'aide ménagère pour la femme au foyer accidentée à l'assistance éducative pour l'enfant interrompu dans sa scolarité etc.*

On peut noter que les préjudices moraux (souffrances endurées, préjudice esthétique, préjudice d'agrément) sont généralement ignorés en tant que tels.

Bien entendu, la diversité de la nature et du montant des garanties conjuguées avec celle de leur champ d'application et leur mode de souscription (individuelle ou collective) justifient une très large fourchette de primes.

Mais un autre élément est déterminant pour apprécier le coût et la valeur des assurances contre les accidents corporels : naguère elles étaient toujours forfaitaires et pleinement acquises à l'assuré, mais deux lois du 16 juillet 1992 et du 8 août 1994 ont permis de les qualifier d'indemnitaires et soumises au recours des tiers-payeurs, entérinant donc l'existence de prestations indemnitaires, soit par détermination de la loi, soit du fait de la volonté des parties [1].

1. Les prestations à caractère forfaitaire [2]

522 Dans le cadre des assurances de personnes, les prestations versées ont, en principe, un caractère forfaitaire.

---

1. **Sur cette distinction des prestations indemnitaires par détermination de la loi ou du fait de la volonté des parties**, V. H. Groutel, « Les assurances de personnes indemnitaires : l'Assemblée plénière prend position », *RCA* 2004, chron n° 7.

2. **Caractère forfaitaire** : Civ. 1re, 17 mars 1993, *Rapport C. cass.* 1993, p. 334, *RCA* 1993, n° 283 et chron. Groutel n° 29, *RGAT* 1993.630 obs. Favre-Rochex (calcul des prestations indépendant du préjudice subi (1re espèce) et plafond de garantie (2e espèce) : caractère forfaitaire ; pas de subrogation de l'assureur) ; Civ. 1re, 16 mai 1995, deux arrêts, *RGAT* 1995, p. 645 *(idem)* ; Civ. 1re, 21 janv. 1997, *RCA* 1997, n° 138 *(idem)* ; Civ. 2e, 23 sept. 1999, *RCA* 1999, n° 376 obs. Groutel, *RTD civ.* 2000. 126 obs. Jourdain (prestations à caractère forfaitaire ; les juges ne doivent pas en tenir compte dans le calcul du préjudice éco. de la victime ; cumul). Civ. 1re, 17 avr. 2008, *D.* 2008, act. 1346 (montant d'une rente éducation fixé indépendamment du préjudice subi : caractère forfaitaire, exclusion de la subrogation).

Art. L. 131-1 C. assur. : « En matière d'assurance sur la vie et d'assurance contre les accidents atteignant les personnes, les sommes assurées sont fixées par le contrat ».

Art. L. 131-2, al. 1 C. assur. : « Dans l'assurance de personnes, l'assureur, après paiement de la somme assurée, ne peut être subrogé aux droits du contractant ou du bénéficiaire contre des tiers à raison du sinistre ».

Ce principe de la garantie d'une « somme assurée » forfaitaire et déterminée par le contrat entraîne, comme en assurance-vie, deux conséquences essentielles et corrélatives.

1) Le cumul des prestations : l'assuré qui a fait œuvre de prévoyance pour lui-même et les siens, et qui a payé des primes en contrepartie des garanties contractuelles, peut en principe cumuler les prestations accidents corporels et les prestations indemnitaires qui lui sont dues par l'auteur du dommage ou son assureur.

2) L'absence de recours subrogatoire de l'assureur : corrélativement l'assureur accident corporel ne dispose en principe d'aucun recours subrogatoire contre le tiers responsable.

2. Les prestations à caractère indemnitaires [1]

a. La licéité reconnue des assurances « avance sur recours »

523 Le principe du caractère forfaitaire des prestations dans les assurances de personnes a été battu en brèche par trois textes successifs.

524 ***1) L'assurance avance sur recours dans la loi du 5 juillet 1985*** [2] ◊ La loi Badinter du 5 juillet 1985 exclut le conducteur, responsable de ses propres dommages, de la garantie de l'assurance automobile obligatoire. Cependant l'art. 33 légitime les assurances accidents corporels avec subrogation qu'il peut avoir souscrites pour lui-même en ces termes : « Lorsqu'il est prévu par contrat, le recours subrogatoire de l'assureur qui a versé une avance sur indemnité du fait de l'accident peut être exercé

1. **Caractère indemnitaire** : Y. Lambert-Faivre et L. Leveneur, *Droit des assurances*, 13e éd., 2011, n° 601-618-791-879-1000-1016 et 1037 ; J.-P. Moreau, « Les apports de la loi du 16 juillet 1992 dans le domaine des assurances de personnes », *Risques*, n° 10, p. 131 ; A. Favre-Rochex, « La subrogation de l'assureur de personnes », *Gaz. Pal.*, doc. 23 janv. 1993 ; H. Margeat, « La subrogation en assurances de personnes à caractère indemnitaire ; art. 23 de la loi du 16 juill. 1992 », *RGAT* 1993.251 ; J. Bigot, « La loi du 16 juillet 1992 sur l'assurance », *JCP* 1992.I.3622, n° 28 ; F. Chabas, « L'assurance de personnes au secours de la responsabilité civile », *Risques*, n° 14, avr. 1993, p. 83 ; V. Salvado, « Prestations indemnitaires et recours des assureurs de personnes », *Gaz. Pal.*, 18-22 août 1995, p. 2 ; H. Groutel, « À la recherche du caractère indemnitaire des assurances de personnes », *RCA* 1997 chron. n° 2.

2. **Avance sur recours du conducteur** : v. ss 729 s. ; Crim., 22 mars 1995, *RCA* 1995, n° 248 et chron. n° 30 (avance sur recours sur l'indemnisation de l'ensemble des préjudices, même moraux) ; Civ. 1re, 15 déc. 1998, *D.* 1999.523 note P. Fadeuilhe, *RTD civ.* 2000. 128 obs. Jourdain (le caractère prédéterminé de la garantie du conducteur ne fait pas obstacle à sa nature indemnitaire d'avance sur recours ; subrogation de l'assureur).

contre l'assureur de la personne tenue à réparation dans la limite du solde subsistant après paiements aux tiers visés à l'art. 29 de la même loi du 5 juillet 1985. Il doit être exercé, s'il y a lieu, dans les délais impartis par la loi aux tiers payeurs pour produire leurs créances ».

Ces dispositions ont été unanimement approuvées ; les polices *d'avances sur recours* ont un caractère hybride : l'évaluation des préjudices devrait être effectuée conformément aux règles de droit commun de l'indemnisation d'un dommage corporel ; s'il n'y a pas de tiers responsable, l'assureur règle à son assuré cette indemnisation sans recours, mais s'il y a un tiers responsable, il peut exercer son recours subrogatoire : la prestation indemnitaire n'est alors qu'une avance sur recours. Évidemment l'existence de cette subrogation permet de rendre le taux de prime raisonnable pour une indemnisation efficace.

Le caractère indemnitaire de l'avance sur recours du conducteur est induit par tout son contexte qui est celui de l'indemnisation des victimes d'accidents de la circulation : ce n'est que l'adjuvant d'un système indemnitaire incomplet par l'exclusion des conducteurs.

Indemnitaire, la garantie devrait être libellée, non pas sous forme de somme forfaitaire (assurance de somme), mais à la mesure des préjudices subis comme pour toutes les autres victimes en assurance automobile pour lesquelles « l'assurance doit être souscrite sans limitation de somme en ce qui concerne les dommages corporels » (art. R. 211-7 C. assur.) ; en revanche le maintien des exclusions relatives aux actes intentionnels (suicide) à l'état alcoolique ou à l'usage de stupéfiants est très justifié.

525 ***2) L'exception légale apportée par la loi du 16 juillet 1992*** ◊ La loi n° 92-665 du 16 juillet 1992 sur le crédit et l'assurance est une loi fourre-tout, qui, par un article 23, non discuté au Parlement, a introduit une disposition dont la généralisation paraît redoutable dans notre droit des assurances de personnes ; il ajoute à l'art. L. 131-2 C. assur. un alinéa 2 ainsi rédigé : « Toutefois, dans les contrats garantissant l'indemnisation des préjudices résultant d'une atteinte à la personne, l'assureur peut être subrogé dans les droits du contractant ou des ayants droit contre le tiers responsable, pour le remboursement des prestations à caractère indemnitaire prévues au contrat ». La loi autorise donc une *subrogation conventionnelle*, liée au caractère indemnitaire des prestations versées.

526 ***3) La loi du 8 août 1994 et l'assureur-accident tiers-payeur*** [1] ◊ L'art. 15 de la loi du 8 août 1994 complète la loi de 1992 en faisant entrer les sociétés d'assurances dans la liste limitative légale des « tiers-payeurs » habilités à exercer un recours subrogatoire. Elle instaure donc une hypothèse de *subrogation légale*, le caractère indemnitaire des prestations résultant expressément de la volonté du législateur.

1. Assurances gérées en capitalisation ; droits de l'assuré sur la provision mathématique : Y. Lambert-Faivre et L. Leveneur, *Droit des assurances*, 13e éd., 2011, n° 53 s., n° 61 s., n° 946 s.

La subrogation en assurances de personnes est, et devrait toutefois demeurer une exception, sous peine d'en éliminer presque tout intérêt pour les souscripteurs payeurs de prime dans un souci de prévoyance personnelle. Aussi convient-il de circonscrire très précisément le champ d'application, les conditions de validité, la mise en œuvre et les conséquences de ces nouvelles hypothèses de subrogation, en soulignant qu'elles se présentent comme une exception au principe général posé par l'alinéa 1 (l'absence de subrogation dans les assurances de personnes), et que toute exception est d'interprétation stricte.

527 ***Les contrats « Garantie des accidents de la vie » (GAV)*** [1] ◊ Au cours de l'année 2000, la Fédération française des sociétés d'assurances (FFSA) a lancé un contrat « Garantie des accidents de la vie » (GAV) afin d'offrir une garantie directe indemnitaire aux assurés victimes d'un accident de la vie privée, en avance sur recours éventuel ultérieur, s'il existe un tiers responsable. Cependant le contrat-socle était trop restrictif pour emporter une large adhésion. Depuis lors les sociétés d'assurances ont toutefois proposé des produits diversifiés aux garanties plus larges.

Le contrat GAV a vocation à garantir toutes les personnes au foyer du souscripteur (conjoint, concubin ou pacsé et enfants fiscalement à charge). Cependant, des limites de garantie à partir de 65 ans sont mal adaptées à une époque où l'espérance de vie est de 78,2 ans pour les hommes et de 85,1 ans pour les femmes (en 2015), et alors que c'est précisément au-delà de 65 ans que les accidents domestiques se multiplient.

En outre le contrat-socle ne garantissait pas l'incapacité temporaire, qui est la conséquence, parfois lourde, de 65 % des blessés par accident ; enfin le contrat-socle fixe une franchise d'APIPP à 30 %, ce qui éliminait 97,3 % des blessés avec APIPP. La plupart des sociétés ont abaissé cette franchise d'APIPP à 5 %, ce qui élimine encore une large part des victimes, sans régler le problème du barème médical de référence et les modalités de l'expertise médicale. En fait le droit commun des assurances connaît des franchises et des limites de garanties en valeur monétaire, ce qui serait beaucoup moins sujet à contentieux. Le plafond de garantie du contrat-socle, fixé à 1 million d'euros, est satisfaisant.

b. Les conditions de la subrogation exercée par l'assureur

528 Ces conditions varient selon la nature des prestations en jeu. Le droit commun de la subrogation est en effet défini par l'article L. 131-2 al. 2 C. assur, qui envisage l'hypothèse des prestations indemnitaires par *détermination*

1. **Contrats GAV :** C. Russo, *De l'assurance de responsabilité à l'assurance directe*, thèse, Dalloz, 2001 ; C. Russo, « L'avance sur recours, une solution à l'indemnisation des victimes d'accidents médicaux », *D.* 2001 chron. p. 3211 ; J. Péchinot, « La garantie des accidents de la vie » *RCA* 2000 chron. n° 10 ; G. Thiry, « Garantie des accidentés de la vie » *Gaz. Pal.* 3-4 août 2001. L. Grymbaum (dir.) « Assurance », *Droit et pratique, l'argus*, 2010-2011, « La garantie des accidents de la vie », n° 4910 s.

contractuelle ; l'exception, issue de la loi du 8 août 1994, et figurant aujourd'hui à l'article 29-5° de la loi Badinter, impose quant à elle une hypothèse de subrogation légale, les prestations étant indemnitaires par *détermination de la loi.*

529 ***1) 1re hypothèse : cas des prestations indemnitaires par détermination contractuelle*** ◊ Le principe des assurances de personnes étant celui de l'absence de subrogation (art. L. 131-2, al. 1 C. assur.), celle-ci ne peut exister, à titre dérogatoire, qu'à trois conditions précisées par un arrêt d'Assemblée plénière du 19 décembre 2003 [1], et doivent être appréciées *in concreto* par le juge sans s'arrêter à la qualification affichée par le contrat [2] : la subrogation doit ainsi être prévue par le contrat ; les préjudices ainsi que les prestations contractuelles doivent obéir au principe indemnitaire.

- *1re condition : Le caractère conventionnel de la subrogation* [3]

La subrogation conventionnelle, qui déroge au principe posé par l'article L. 131-2 al. 1 C. assur., doit être expresse selon l'art. 1250, al. 1 C. civ. À notre sens, il conviendrait de prévoir la faculté de subrogation par une mention expresse en caractères très apparents et son corollaire d'absence de cumul avec l'indemnisation du tiers responsable, juste au-dessus de la signature de l'assuré : le consentement du créancier est en effet une condition de la subrogation conventionnelle en droit commun.

- *2e condition : L'évaluation indemnitaire des préjudices*

La loi s'applique aux « contrats garantissant l'*indemnisation* des préjudices résultant d'une atteinte à la personne », c'est-à-dire d'un dommage corporel. Le respect du caractère indemnitaire suppose une adhésion loyale aux règles du droit commun et l'élimination de tout aspect forfaitaire du contrat :

Le barème médical [4] ne devrait donc pas être un barème contractuel plus ou moins occulte qui peut donner des évaluations médicales d'incapacité très inférieures à celles du droit commun, mais un barème reconnu en droit commun indemnitaire tel le barème indicatif des déficits fonctionnels séquellaires.

La définition de la consolidation [5] devrait se référer au droit commun du dommage corporel, sans arbitraire contractuel.

---

1. Ass. plén. 19 déc. 2003, *RCA* 2004 chron. Groutel n° 7, *RTD civ.* 2004. 303, obs. Jourdain.

2. **Nécessité d'apprécier *in concreto* la nature des prestions :** Civ. 2e, 17 avr. 2008, *RGDA* 2008, 704 opérant un revirement par rapport à la jurisprudence antérieure : Civ. 1re, 15 déc. 1998, *RGDA* 1999, 108.

3. **Subrogation conventionnelle :** Starck, Roland et Boyer, « Obligations, 3, Régime général », n° 57 s. ; Civ. 2e, 23 sept. 1999, *RTD civ.* 2000. 128 obs. Jourdain, *RCA* 1999, n° 376 obs. Groutel (contrat de prévoyance ne comportant aucune clause de subrogation ; caractère forfaitaire ; pas de recours) ; Ass. plén. 19 déc. 2003, RGA 2004 chron. Groutel n° 7, *RTD civ.* 2004. 303, obs. Jourdain (« le contrat de prévoyance de groupe ne comporte aucune disposition spécifique »... prestations servies au titre d'une assurance de personnes n'ont pas de caractère indemnitaire). Crim. 21 févr. 2012, n° 11-84202 (exclusion du recours pour le capital décès : subrogation non prévue au contrat)

4. **Barèmes des déficits fonctionnels séquellaires en droit commun :** v. ss 122.

5. **Consolidation :** v. ss 117 ; M. Stehman, « La consolidation des affections évolutives en assurance individuelle », *Rev. belge domm. corp.*, 1994, p. 59.

La détermination et l'évaluation des préjudices [1] ne devraient comporter aucune restriction discriminatoire, telle que l'exclusion des préjudices extrapatrimoniaux ou l'exclusion des préjudices réfléchis des victimes par ricochet.

• *3e condition : L'évaluation indemnitaire des prestations contractuelles* [2]

- *Le principe* : les prestations doivent être à la mesure des préjudices subis, et non pas déterminées par des critères contractuels forfaitaires. L'arrêt rendu par l'Assemblée Plénière le 19 décembre 2003 précise que la prestation n'a pas de caractère indemnitaire lorsque ses modalités de calcul sont différentes de celles de la réparation du préjudice selon le droit commun, sans exclure toutefois totalement le recours à des éléments de calcul prédéterminé si le principe indemnitaire est par ailleurs préservé.

- *La licéité d'un plafond de garantie contractuel* [3] : en assurance automobile, pour les tiers-victimes, il n'existe ni limite de responsabilité, ni plafond de garantie.

Cependant, malgré des problèmes que cela pose aux responsables insolvables comme aux victimes, il est constant que les assurances de responsabilités peuvent comporter des plafonds de garantie, alors même que la responsabilité encourue par le responsable est illimitée.

Aussi convient-il d'admettre que l'assurance accident corporel puisse avoir un caractère indemnitaire, alors même qu'elle comporte un plafond de garantie ; mais un plafond de garantie n'est pas un forfait : aussi, à notre sens le contrat devrait ne comporter de plafond de garantie que d'un montant assez substantiel pour demeurer dans les normes habituelles d'indemnisation de dommages corporels, n'éludant ainsi que les dommages corporels exceptionnels, sinon le caractère prétendu « indemnitaire » ne serait qu'un faux-semblant.

Enfin si un plafond de garantie était établi, le contrat devrait clairement énoncer soit l'ordre des préjudices indemnisés, soit leur indemnisation au prorata, afin de permettre une correcte imputation du recours.

---

1. **Détermination et évaluation des préjudices** : v. ss 155 s.
2. **Nature forfaitaire ou indemnitaire des prestations** : Civ. 1re, 17 mars 1993, deux arrêts, *Bull. civ.*, n° 113, p. 75, *Rapport C. cass.*, 1993, p. 334, *RCA* 1993, n° 283 et chron. Groutel, n° 29, *RGAT* 1993.630, obs. Favre-Rochex (calcul des prestations indépendant du préjudice subi (1er arrêt), plafond de garantie (2e arrêt) : caractère forfaitaire ; pas de subrogation de l'assureur) ; Civ. 1re, 21 févr. 1995, *RGAT* 1995.128, obs. Kullmann (indemnisation dans la mesure du préjudice subi ; caractère indemnitaire) ; Civ. 1re, 16 mai 1995, deux arrêts, *RGAT* 1995, p. 645 (caractère forfaitaire et non indemnitaire d'une assurance « garantie de ressources » ; pas de subrogation de l'assureur) ; Civ. 1re, 15 déc. 1998, *D.* 1999. 523 note Fardeuilhe (le caractère prédéterminé de la prestation en cas de décès du conducteur ne fait pas obstacle à sa nature d'avance sur recours ; subrogation de l'assureur) ; Civ. 2e, 23 sept. 1999, *RCA* 1999, n° 376 (caractère forfaitaire, et non pas indemnitaire, des prestations calculées en fonction d'éléments prédéterminés par les parties, indépendamment du préjudice subi) ; Ass. plén. 19 déc. 2003, *RCA* 2004 chron. Groutel, n° 7, *RTD civ.* 2004. 303, obs. Jourdain ; (les prestations servies au titre des incapacités temporaires et permanentes sont indépendantes, dans leurs modalités de calcul, de celles de la réparation du préjudice selon le droit commun : pas de caractère indemnitaire). Civ. 2e, 17 avr. 2008, *RGDA* 2008, 704 (nécessité d'apprécier *in concreto* du caractère des prestations, sans s'arrêter à la qualification prévue par le contrat).
3. **Plafond de garantie en assurance de responsabilité** : v. ss 633.

530 ***2) 2e hypothèse : Les prestations indemnitaires par détermination de la loi*** [1] ◊ Au-delà des hypothèses de subrogation conventionnelle, où le caractère indemnitaire des prestations résulte de la volonté des parties, la loi du 8 août 1994 a reconnu aux sociétés d'assurance, groupements mutualistes et sociétés de prévoyance, la qualité de tiers payeurs pour les indemnités journalières de maladie et les prestations d'invalidité qu'elles versent aux victimes. Or, jusqu'en 2007, la jurisprudence n'avait pas donné à ce texte son plein effet, puisqu'elle continuait, pour ces prestations spécialement désignées par la loi, comme pour les autres, à appliquer les critères définis par l'arrêt d'Assemblée plénière du 19 décembre 2003. Un revirement important a toutefois été opéré par un arrêt de la deuxième chambre civile de la Cour de cassation du 12 juillet 2007.

531 ***L'arrêt de la deuxième chambre civile du 12 juillet 2007*** [2] ◊ Dans cet arrêt, la Cour de cassation a en effet affirmé « qu'ouvrent droit à un recours subrogatoire par détermination de la loi, contre la personne tenue à réparation ou son assureur les indemnités journalières de maladie et les prestations d'invalidité, versées à la victime d'un dommage résultant des atteintes à sa personne, par les groupements mutualistes régis par le Code de la mutualité, les institutions de prévoyance régies par le Code de la sécurité sociale ou le Code rural et par les sociétés d'assurances régies par le Code des assurances ». Elle a en conséquence cassé une décision de cour d'appel qui avait appliqué, pour déterminer le régime juridique de ces prestations, les critères énoncés par l'arrêt d'Assemble plénière du 19 décembre 2003.

La solution est donc claire : les indemnités journalières de maladie et les prestations d'invalidité sont considérées comme indemnitaires, *indépendamment de leur mode de calcul*, par détermination de la loi. Il en ressort donc une dualité de régime juridique.

Pour les prestations hors indemnités journalières de maladie et prestation d'invalidité, la subrogation de l'assureur, outre son caractère conventionnel, est subordonnée à la preuve du caractère *indemnitaire* des prestations [3].

Pour les indemnités journalières de maladie et les prestations d'invalidité, en revanche, *la subrogation est de droit*, et son régime relève alors du recours subrogatoire des tiers payeurs [4]. Le caractère indemnitaire de ces prestations

1. **Prestation indemnitaire par détermination de la loi** : v. ss 339 s. J. Bigot (dir.), *Traité de droit des assurances : les assurances de personnes*, LGDJ, 2007, n° 734. H. Groutel, « Les assurances de personnes indemnitaires : l'Assemblée Plénière prend position », *RCA* 2004, chron, n° 7 ; « L'assureur de personnes, tiers payeur à part entière », *RCA* 2007, chron. n° 18. Civ. 2e, 12 juillet 2007, *RGDA* 2007, 830, note L. Mayaux. Civ. 2e, 8 nov. 2007, *RGDA* 2008, 160, note J. Landel.

2. Civ. 2e, 12 juill. 2007, *RGDA* 2007, 830, note L. Mayaux. H. Groutel, « L'assureur de personnes, tiers payeur à part entière », *RCA* 2007, chron. n° 18. Civ. 2e, 8 nov. 2007, *RGDA* 2008, 159 note J. Landel. Pour une application récente : Civ. 2e, 7 févr. 2013, n° 12-13643

3. **En ce sens** : Civ. 2e, 17 avr. 2008, *RGDA* 2008, 704 (nécessité d'appréciation *in concreto* du caractère des prestations nées d'un contrat rente éducation).

4. **Recours subrogatoire des tiers payeurs et assureurs**, v. ss 325 s.

découle en effet de l'article 29-5° loi Badinter, sans qu'une preuve contraire ne puisse être apportée [1] Cette solution paraît logique au regard des textes, mais elle pose toutefois un certain nombre de difficultés. La principale réside dans le champ exact de la subrogation légale reconnue à l'assureur. L'article 29-5° L. Badinter se réfère en effet aux indemnités journalières *de maladie* et aux *prestations d'invalidité*. On peut dès lors se demander si une solution identique pourrait être appliquée aux indemnités journalières liées *à un accident*. La réponse nous paraît devoir être négative, car la subrogation est en effet une exception au principe posé par l'article L. 131-2 al. 1 C. assur. et doit, à ce titre, être interprétée de façon stricte.

Cette nouvelle qualification a quoi qu'il en soit un effet limité sur les assurés en ce qui concerne le recours. Depuis la loi du 21 décembre 2006, la victime bénéficiant d'un droit de préférence sur les indemnités, aura en effet, dans toutes les hypothèses, priorité sur l'assureur [2]. Cette qualification modifie toutefois fortement la nature de l'assurance, qui devient, ou du moins, fonctionne désormais, comme une assurance avance sur recours. Il est dès lors indispensable que l'assuré en soit informé, et que la prime soit calculée en fonction de ces nouveaux éléments.

C. La mise en œuvre de la subrogation conventionnelle par l'assureur [3]

532 À la suite de l'arrêt du 12 juillet 2007, la subrogation de l'assureur de personnes, quand elle est reconnue, est donc d'origine légale dans le cas des indemnités journalières de maladie et des prestations d'invalidité, et conventionnelle dans les autres cas. La mise en œuvre de la première hypothèse relève du régime juridique du recours des tiers payeurs, et a donc été évoquée à ce titre [4]. La seconde relève en revanche des présents développements.

La faculté de subrogation de l'assureur de personnes doit être limitée aux contrats qui évaluent les indemnités dues à l'assuré victime selon le droit commun du dommage corporel ; en outre l'exercice de la subrogation doit respecter le droit de la subrogation conventionnelle (art. 1252 C. civ.) sous-tendu par l'adage « *on ne subroge pas contre soi-même* » : l'absence de cumul des prestations contractuelles d'assurance et des indemnisations dues par le tiers responsable doit à tout le moins laisser à la victime l'intégralité de ses droits à indemnisation, sans les amputer d'aucune manière. Cette règle paraît aujourd'hui confortée par le nouvel article 31 al. 2 de la loi Badinter, qui pose la règle de priorité de la victime, qui, même s'il ne

1. Dans le même sens, obs. L. Mayaux, *RGDA* 2007, 830.
2. **Sur la règle de priorité de la victime :** v. ss 354 s.
3. **Mise en œuvre de la subrogation :** Y. Lambert-Faivre, « Le lien entre la subrogation et le caractère indemnitaire des prestations de tiers payeurs », *D.* 1987, chron. 197 ; Civ. 1re, 4 juin 2002, *Bull. civ.* 2002, n° 157, p. 120 (« dans le concours de l'assureur subrogé et de l'assuré subrogeant, ce dernier prime le premier jusqu'à concurrence du préjudice garanti »).
4. **Recours subrogatoire des tiers payeurs :** v. ss 325 s.

concerne formellement que le recours des tiers payeurs (et donc la subrogation légale), peut être invoqué ici par un raisonnement *a pari*.

533 ***1) L'objet de la subrogation exercée par l'assureur*** ◊ La subrogation suppose le *paiement préalable* par le débiteur des prestations faisant l'objet de la subrogation. En principe *le consentement à la subrogation* par le créancier figure dans une quittance subrogatoire : cependant, conformément à l'art. L. 131-2, al. 2, c'est ici dans le contrat d'assurance lui-même que la subrogation doit être expressément prévue.

534 ***2) L'assiette de la subrogation de l'assureur*** [1] ◊ La subrogation est cantonnée à l'indemnisation des seuls préjudices indemnisés par le contrat d'assurance de personnes et par la dette de responsabilité du tiers responsable. Dès lors trois situations peuvent se présenter :

Il n'y a pas de tiers responsable : lorsque la victime est responsable de ses propres dommages (ex : conducteur fautif, accident de sport, accident de la vie privée), ou lorsque les conditions de la responsabilité du tiers ne sont pas réunies (ex : responsabilité médicale non établie), ces assurances accidents corporels indemnitaires jouent pleinement leur rôle : la victime conserve l'indemnisation versée par son assureur, qui ne peut exercer de recours.

Il y a partage de responsabilité avec un tiers responsable : dans cette hypothèse fréquente par exemple en cas de collision entre conducteurs, la victime conserve l'intégralité de la prestation de l'assureur qui ne peut exercer de recours contre le tiers (ou son assureur de responsabilité) que dans la mesure de la responsabilité de celui-ci.

Le tiers est totalement responsable : l'assureur qui a indemnisé son assuré en avance sur recours, peut alors exercer un recours intégral contre le tiers responsable.

Dans tous les cas où le recours de l'assureur accident corporel contre le tiers responsable met en concours avec l'action en responsabilité civile exercée par l'assuré dont l'assurance était limitée (plafond de garantie), l'assuré doit être comblé de son indemnisation avant son assureur, en vertu de l'adage « *on ne subroge pas contre soi-même* ».

d. L'imputation des prestations contractuelles sur l'indemnité

535 En principe l'assurance de personnes souscrite par la victime n'a pas un caractère indemnitaire, et celle-ci peut donc cumuler la prestation assurance, en contrepartie de laquelle elle a payé des primes, et l'indemnité de réparation due par le tiers responsable ou son assureur RC.

---

1. **Assiette de la subrogation :** v. ss 364 s. - Crim., 22 mars 1995, *RCA* 1995, n° 248 et chron. n° 30 (recours de l'assureur sur le préjudice moral de la veuve, l'imputation des prestations sociales ayant pratiquement absorbé le reste de l'indemnisation ; mais l'assureur avait-il expressément indemnisé ce préjudice moral ? Que reste-t-il à la veuve ?).

Le caractère indemnitaire conféré par le contrat ou la loi à la prestation d'assurance accident corporel entraîne toutefois son imputation sur l'indemnité due par le responsable contre lequel la subrogation sera exercée. Cette modalité diminue le coût définitif de l'assurance, et doit donc se traduire par des taux de primes beaucoup plus modérés.

536 ***Conclusion sur les assurances « avance sur indemnités »*** ◊ Les assurances accidents corporels indemnitaires pourraient rendre d'incontestables services ; mais elles peuvent aussi être illusoires (ex. seuils d'APIPP ou définition de l'invalidité totale) ou lourdes de dangers pour les assurés qui croiraient avoir souscrit des assurances de personnes forfaitaires classiques. Il est donc important que les contrats d'assurance soient explicites sur la qualification de ces garanties « *avance sur indemnités* » (dénomination plus claire pour les assurés que celle d'avance sur recours), avec le respect scrupuleux du droit de l'indemnisation et du droit de la subrogation, sous le contrôle du juge.

Il serait nécessaire d'exiger la signature de l'assuré sous la clause d'avance sur indemnités du contrat, dont l'explication doit être sans ambiguïtés dans la note d'information remise avant la souscription. Mais ce n'est pas suffisant, car il faut aussi et surtout que le bénéficiaire (par ex. la veuve de l'assuré tué dans un accident) soit aussi clairement informé lorsqu'il reçoit la prestation de l'assureur, que celui-ci pourra prélever le montant de cette prestation de l'indemnité éventuellement due par un tiers-responsable, et que, s'il advenait qu'il perçoive cette indemnité intégralement, l'assureur pourra lui demander le remboursement de la prestation antérieurement perçue... et dépensée (par ex. pour un nouveau logement à l'occasion du changement de vie impliqué par le veuvage).

La liberté contractuelle des assureurs n'est pas bafouée pour autant, car dans le régime classique des assurances de personnes sans subrogation, ils demeurent libres de prévoir l'exclusion de certains préjudices et des prestations forfaitaires, conformément au principe posé par l'art. L. 131-2, al. 1, C. assur. Il appartient à la vigilance de la jurisprudence de veiller à cette loyauté contractuelle.

SECTION 2. L'ASSURANCE MALADIE-INVALIDITÉ COMPLÉMENTAIRE

537 ***Le financement des dépenses de santé*** ◊ Les problèmes financiers et les déséquilibres à la fois structurels (démographie) et conjoncturels (crise économique, chômage) qui affectent la Sécurité sociale ne peuvent être réglés que par une hausse des cotisations qui se heurte à un butoir psychologique, économique et politique, ou une baisse des prestations de santé qui alourdit la part des dépenses à la charge des ménages.

Les comptes nationaux de la santé établissaient à 190,75 milliards d'euros la consommation médicale totale en France en 2013, dont 3,5 milliards pour la médecine préventive et 186, 75 milliards s d'euros pour les soins et biens médicaux.

En 2013, la structure des dépenses de santé s'établissait ainsi :
- régimes obligatoires : 76,7 %,
- débours des ménages : 9,6 %,
- mutuelles : 7,4 %,
- assurances : 3,8 %,
- Institutions de prévoyance : 2,5 %,

La part demeurant à la charge des ménages reste stable depuis 2009 et représentait 23,77 milliards d'euros en 2013 : c'est cette charge qui peut être transférée à des institutions de protection complémentaire, assurances et mutuelles.

Il faut préciser ici que l'assurance de santé n'a pour objet contractuel que certains préjudices économiques consécutifs à un dommage corporel, à l'exclusion de tous les préjudices extrapatrimoniaux ; d'autre part les pertes de revenus professionnels ne sont prises en compte que de manière très marginale, par des prestations généralement forfaitaires et limitées : l'objet essentiel de cette assurance est en effet constitué par les *dépenses de santé*.

538 ***La complémentarité de la solidarité collective et de la prévoyance*** [1] ◊ La Sécurité sociale est un instrument indispensable de *solidarité* entre riches et pauvres, entre malades et bien portants, notamment pour tous les risques lourds de maladie ou d'accident, de faible fréquence mais de fort coût moyen : un coma prolongé en soins intensifs est hors de portée de toutes les bourses.

En revanche, pour les petits et moyens risques, la part des dépenses de santé qui demeure à la charge des assurés est naturelle comme n'importe quelle autre dépense nécessaire de la vie courante (alimentation, logement, chauffage, habillement...) ; elle peut aussi être transférée à la prévoyance complémentaire.

1. **Complémentarité Sécurité sociale/assurances :** D. C. Lambert, « Arguments pour le développement d'assurances privées complémentaires », Liaisons sociales-CNAF 1987, n° 6 ; « Faudra-t-il étendre le recours à l'assurance privée pour maîtriser durablement les dépenses de santé en France ? », Journal d'économie médicale, 1983, t. 1, p. 63 et p. 135, et « L'efficience des soins », in « Informations sociales » précitées, 1987, n° 6, p. 58 ; D. C. Lambert, « L'État-Providence en question », Economica, 1990 ; D. C. Lambert, « Économie des assurances », Colin U., 1996, p. 213 à 232 ; B. Viret, « Assurances privées et protection complémentaire en matière de Sécurité sociale », *RGAT* 1992.11 ; « Assurance et maladie », n° spécial, *Risques*, n° 21, janv. 1995 et « Santé : une réforme de plus », *Risques*, n° 39, juill.-sept. 1999 ; J. P. Moreau, « L'assurance privée dans la couverture du risque maladie », *Risques*, n° 21, janv. 1995, p. 87 ; Dossier, « Le niveau de protection sociale des Français » Questions SS., n° 3, mars 1999, p. 21 ; G. Johannet, « Les conditions de mise en œuvre de l'assurance-maladie obligatoire », in Encycl. ass. éd. Economica 1997, p. 585 ; H. Cousy, « La fin de l'assurance ? Considérations sur le domaine propre de l'assurance privée et ses frontières », *Mélanges Y. Lambert-Faivre et D. C. Lambert*, Dalloz 2002, p. 111 ; M. del Sol, « L'entreprise mutualiste d'assurance : un acteur banalisé sur le marché de la protection sociale complémentaire », *JCP* E 2002.I.413.

Trois lois marquent profondément le système des garanties complémentaires de santé : la loi Evin de 1989, la loi Aubry de 1999 et la loi n° 2013-504 du 14 juin 2013 relative à la sécurisation de l'emploi.

a) La loi Evin du 31 décembre 1989 sur la prévoyance [1]

Cette loi, qui a pour objet de renforcer les garanties offertes aux assurés, ne définit pas la Prévoyance complémentaire, et ne circonscrit son application que par référence aux entreprises visées et aux risques couverts.

1) Les *entreprises* habilitées à mettre en œuvre des garanties de prévoyance complémentaire et à ce titre soumises à la loi sont les *entreprises régies par le Code des assurances* ainsi que *les mutuelles*, institutions de retraite et de prévoyance relevant du Code de la mutualité, du Code de sécurité sociale ou du Code rural.

Ainsi les assureurs sont expressément soumis aux mêmes règles que les mutuelles et les institutions de Sécurité sociale. En effet, pour les dépenses de santé, le caractère aléatoire du risque spécifique de l'assurance, s'estompe : tous les assurés ont ou auront des frais de santé...

2) Les *risques* qui entrent dans le cadre de la loi Evin sont « les opérations ayant pour objet la prévention et la couverture du risque décès, des risques portant atteinte à l'intégrité physique de la personne, ou liés à la maternité, ou des risques d'incapacité de travail ou d'invalidité ou du risque chômage ». En termes de branches d'assurances, nous traduirons : décès, accident corporel, maladie, invalidité, chômage.

Excluant les retraites (assurances en cas de vie), et étroitement complémentaire de la Sécurité sociale, la loi Evin a son terrain d'élection en matière d'assurance de santé.

b) La loi Aubry du 27 juillet 1999 portant création d'une couverture maladie universelle (CMU) [2]

La loi n° 99-641 du 27 juillet 1999 n'a pas pour seul objet la création d'une couverture maladie universelle qui accroît le champ de la protection sociale

---

1. **Prévoyance complémentaire ; loi Evin du 31 décembre 1989 :** H. Groutel, « Les assureurs et le titre 1er de la loi du 31 décembre 1989 sur la prévoyance complémentaire », *RCA* 1990, chron. n° 4 ; F. Berdot, « L'assurance de groupe après les réformes du 31 décembre 1989 », *RGAT* 1990.775 ; Ph. Laigre et J. Barthélemy, « La loi prévoyance », *Dr. soc.* 1990, p. 370 et Sem. jur., éd. Et. et com. 1990.5725 ; J. Brouillet et B. Chardon, « Réflexions sur quelques aspects de la loi Evin », *Gaz. Pal.*, 6 sept. 1991, p. 2 ; J. Landel, « L'assurance de groupe à la lumière de la jurisprudence récente », *RGAT* 1993.9 ; A. Rudelle, *L'assurance de santé*, éd. Argus, 1991 ; CNP, « Les enjeux de la prévoyance : un défi pour demain », colloque, Paris, 1991 ; J.-J. Dupeyroux, « Les exigences de la solidarité ; observations sur la désignation d'une institution déterminée pour la gestion d'un régime complémentaire de prévoyance », *Dr. soc.*, nov. 1990, p. 741. M. Boixandier et F. Vincens, « De la nécessité de préciser la loi Evin ? » *JCP* (S), 2008, 1282. S. Millet, « La protection sociale complémentaire : entre caractère collectif, égalité et équité », *JCP* (S) 2009, n° 28, p. 17.

2. **CMU et protection complémentaire-santé** ; CMU : v. ss 405 ; R. Marié, « CMU et difficultés d'accès aux soins », *JCP* (S), 2009, n° 52, 15. F. Mercereau, « Plaidoyer pour plus d'innovation », *Risques*, n° 39, juill.-sept. 1999, p. 19 ; J. A. Cabannes, « Pour une réforme structurelle du système de santé », *ibid.* p. 16 ; Dossier, « Le plan stratégique de la CNAMTS » (Plan Johannet), *Questions SS*, avr. 1999, p. 22 ; Ph. Le Fur, M. Perronin, « L'état de santé des bénéficiaires de la couverture maladie universelle complémentaire en 2002 » in *Questions d'économie de la*

aux exclus de la sécurité sociale contributive ; elle va beaucoup plus loin puisqu'elle comporte un titre II sur les « *dispositions relatives à la protection complémentaire en matière de santé* » (art. L. 861-1 s. CSS) et que cette protection complémentaire est conférée à toutes les personnes, dont les ressources sont inférieures à un plafond déterminé annuellement par décret (7 611 € par an pour une personne seule depuis le 1er juillet 2010), soit par adhésion à un organisme de protection complémentaire, soit à la Caisse d'assurance maladie à laquelle ils sont affiliés (art. L. 861-4 CSS), et ce sans contrepartie contributive (art. L. 861-3 CSS). Au 30 juin 2010, 3,89 millions de personnes bénéficiaient de la CMU complémentaire (CMUC).

Pour les autres, le marché se partage entre mutuelles, organismes de Prévoyance et assureurs, avec l'aide d'un « Fonds de financement de la protection complémentaire de la couverture universelle du risque maladie » (art. L. 862-1, al. 2 CSS) pour ceux dont les revenus sont un peu supérieurs aux plafonds des ressources réglementaires.

c) La loi n° 2013-504 du 14 juin 2013 relative à la sécurisation de l'emploi [1]

Faisant suite à l'accord national interprofessionnel du 11 janvier 2013 « pour un nouveau modèle économique et social au service de la compétitivité des entreprises et la sécurisation de l'emploi », la loi du 14 juin 2013 a profondément bouleversé les liens entre l'assurance médicale obligatoire gérée par les régimes de sécurité sociale et les régimes d'assurances complémentaires. Désormais en effet, au terme de l'article L. 911-7 du Code de la sécurité sociale, « Les entreprises dont les salariés ne bénéficient pas d'une couverture collective à adhésion obligatoire en matière de remboursements complémentaires de frais occasionnés par une maladie, une maternité ou un accident déterminée selon l'une des modalités mentionnées à l'article L. 911-1 (...) sont tenues de faire bénéficier leurs salariés de cette couverture minimale par décision unilatérale de l'employeur », l'article précisant par ailleurs les couvertures minimales devant être obligatoirement incluses dans cette garantie.

---

santé n° 76, déc. 2003. – **Plafonds de ressources annuelles pour le CMUC depuis le 1er juillet 2010 :** 7 611 € pour une personne ; 11 417 € pour deux ; 13 700 € pour trois, 15 984 € pour quatre, et 3 044 € par personne supplémentaire.

1. **LOI n° 2013-504 du 14 juin 2013 relative à la sécurisation de l'emploi :** n° spécial *RDSS* 2014, n° 5 « La complémentaire santé : renouveau ou déclin de l'assurance maladie ? », dont not. M. Borgetto, « Les complémentaires-santé, renouveau ou déclin de l'assurance maladie ? », p. 789. B. Dormont, « La couverture de soins par les assurances-maladie obligatoire et complémentaires : quels enjeux pour le système de soins ? », p. 806 ; C. Franc, « Le partage de la couverture maladie obligatoire et assurances complémentaires : les défauts d'un système mixte », p. 820. AS Giron, « La deconnexion juridique des paniers de soins », p. 831. D. Tabuteau, « Le "new deal" des assurances maladies obligatoire et complémentaires », p. 791. N° spécial *RDSS* 2014, n° 4 « La protection sociale en question », v. not. E. Caniard, « Les limites de la généralisation de la couverure complémentaire des frais de santé », *RDSS* 2014, 616. M. Del Sol, « Généralisation de la couverture complémentaire santé des salariés : éléments de controverses », *RDSS* 2014, 165. Cons. const., 13 juin 2013, DC 2013-672, *D.* 2014. 1516. J. Beauchard « La prévoyance sociale complémentaire selon le Conseil constitutionnel », *RDSS* 2014, 601.

À partir du 1er janvier 2016, tous les salariés du secteur privés bénéficieront donc, de manière obligatoire, d'une couverture complémentaire des frais de santé.

Cette étude juridique de l'assurance maladie complémentaire comprendra deux aspects : les modalités d'accès à l'assurance maladie complémentaire (§ 1) et les prestations garanties (§ 2).

§ 1. Les modalités d'accès à l'assurance maladie complémentaire

539 ***L'assurance de santé individuelle ou collective*** ◊ L'assurance de santé se partage en deux secteurs :

Le secteur collectif de l'assurance de groupe, notamment souscrit par les entreprises, est le plus important : il représente aujourd'hui environ le quart des cotisations et les cinq sixièmes des prestations versées ; il fait l'objet des dispositions les plus protectrices, notamment lorsque l'adhésion des salariés y est *obligatoire* (A).

Le secteur individuel, beaucoup plus faible et qui le sera encore plus lorsque la loi du 14 juin 2013 déploiera ses pleins effets, relève d'une souscription facultative plus classique (B).

A. L'adhésion à une assurance collective obligatoire

540 ***Définition de l'assurance collective obligatoire*** [1] ◊ Article 2 de la loi Evin : « Lorsque des salariés sont garantis collectivement, soit sur la base d'une convention ou d'un accord collectif, soit à la suite de la ratification par la majorité des intéressés d'un projet d'accord proposé par le chef d'entreprise, soit par décision unilatérale de l'employeur... »

Ainsi le caractère obligatoire de l'adhésion s'apprécie dans le cadre de l'entreprise, en vertu des conventions collectives ou d'un accord d'entreprise ou du contrat de travail.

a) La garantie obligatoire de tous les assurés aux conditions communes

1) Le maintien de la déclaration individuelle des risques : La loi Evin évoque « les sanctions prévues en cas de fausse déclaration » (art. 2, al. 1) : donc le questionnaire médical et la déclaration des risques de santé demeurent maintenus. Bien plus, en cas de fausse déclaration intentionnelle, l'adhésion pourra être annulée, conformément à l'art. L. 113-8, C. assur.

Cependant la déclaration des risques par l'assuré perd curieusement ses deux corollaires habituels en droit des assurances, c'est-à-dire le refus de

1. **Assurance collective obligatoire** : J. Barthélemy, « Droits collectifs des salariés et nouveau droit de la prévoyance », *Dr. soc.* 1990, p. 365.

l'assureur de garantir certains risques, et la tarification à la mesure de la gravité des risques déclarés.

2) La garantie obligatoire d'assurés dont les risques sont déjà nés [1] : La loi précise que « l'organisme qui délivre sa garantie prend en charge les suites des *états pathologiques* survenus antérieurement à la souscription du contrat ou de la convention ou à l'adhésion à ceux-ci... »

Cette interdiction de sélectionner les assurés en refusant de garantir ceux dont le risque est déjà né, donc non-aléatoire, constitue la mesure la plus dérogatoire de la loi Evin au droit commun des assurances.

3) L'interdiction de toute exclusion collective d'une « pathologie » ou « affection » : La loi interdit non seulement le refus d'adhésion d'un assuré déjà atteint, mais elle interdit plus largement toute exclusion visant « une pathologie ou affection qui ouvre droit au service des prestations en nature de l'assurance maladie du régime général de Sécurité sociale ».

C'est dire que non seulement l'assureur ne peut refuser par exemple l'adhésion d'une personne séropositive, mais qu'il ne peut exclure du contrat collectif à adhésion obligatoire la garantie du sida pour l'indemnisation des frais occasionnés par la maladie.

b) Les sauvegardes de l'assureur [2]

La garantie obligatoire des risques aggravés et déjà nés ne peut donc donner lieu à une prime spécifique, car toute surprime liée à l'état de santé serait contraire à l'esprit mutualiste de la loi. Ainsi les conditions tarifaires doivent-elles être les mêmes pour un même type de garantie.

Empêché d'ajuster individuellement la garantie au risque assuré, l'assureur n'a donc le choix qu'entre deux solutions :

- soit adopter une tarification collective adaptée à la gravité des risques déclarés dans le groupe ;
- prendre une décision collective de refus d'assurer, voire de résiliation après sinistre.

La loi peut alors révéler des effets pervers où le refus d'assurance d'un groupe serait l'ultime sauvegarde de l'assureur face à des « déclarations de risques » inquiétantes.

B. La souscription d'une assurance facultative

541 ***L'assurance facultative, individuelle ou collective*** ◊ La loi Evin soumet au même régime toutes les autres opérations de prévoyance, qu'il s'agisse de contrats individuels ou d'assurances de groupe à adhésion facultative.

---

1. **Assurance de groupe ; garantie des états pathologiques antérieurs à la souscription** : J. Bigot, Ph. Baillot, J. Kullmann, L. Mayaux, *Traité de droit des assurances*, T. 4 « Les assurances de personnes », LGDJ, 2007, n° 842. Civ. 1re, 7 juill. 1998, *RCA* 1998, n° 397, *RGDA* 1998.748 (sélection médicale, silence de l'employeur pour cadre en arrêt de longue maladie, garantie due).

2. **Sauvegarde de l'assureur** : Civ. 1re, 20 janv. 1993, *RCA* 1993, n° 143 et chron. n° 12 (résiliation de l'assurance de groupe après sinistre, licéité).

542 ***1°) La déclaration des risques et l'éthique du questionnaire médical*** [1] ◊ En assurance maladie comme en assurance en cas de décès, le risque assuré dépend de l'état de santé du souscripteur. La déclaration des risques, élément fondamental de la validité de tout contrat d'assurance, met ici en jeu une éthique particulièrement délicate que les progrès de la science médicale ont rendue encore plus difficile, notamment avec les tests génétiques et la médecine prédictive. L'article 16-10 du Code civil, né des lois bioéthiques de 1994 et de 2004, dispose que : « l'examen des caractéristiques génétiques d'une personne ne peut être entrepris qu'à des fins médicales ou de recherche scientifique », et l'art. 226-26 du Code pénal réprime le fait de détourner de leur finalité médicale ou scientifique les informations recueillies sur les caractéristiques génétiques d'une personne (carte génétique). Ces dispositions visent notamment les assureurs de personnes (décès ou maladie). Cependant la distinction assez byzantine entre l'illicite « information active » demandée par l'assureur, et sa tacite utilisation d'une « information passive » spontanément donnée par l'assuré fier de sa carte génétique irréprochable montre la complexité éthique.

L'irruption de la pandémie du sida a posé des problèmes du même ordre quant aux questions relatives au mode de vie, et à l'assurabilité des séropositifs : la réponse donnée par les assureurs pour les assurances en cas de décès accessoires à un prêt n'est pas transposable à l'assurance maladie.

Ces difficultés éthiques, légitimes au regard du caractère essentiellement aléatoire du risque garanti par l'assurance illustre les difficultés techniques d'un élargissement de la protection sociale par l'assurance : de nouvelles règles du jeu doivent être inventées pour ce nouveau rôle ; la loi Evin en a été une première illustration.

543 ***2°) Les conditions de l'exclusion des maladies antérieures*** [2] ◊ La loi Evin prévoit que l'organisme d'assurances doit « prendre en charge les

---

1. **Déclaration des risques et éthique** : D. Pfeiffer, « Éthique professionnelle et assurances de personnes », *Risques*, n° 18, avr. 1994, p. 79 ; F. Ewald et J.-P. Moreau, « Génétique médicale ; confidentialité et assurance », *Risques*, n° 18, avr. 1994, p. 111 ; G. Martin, « Tests génétiques et assurances », *Rev. int. dr. éco.* 1993.53 ; J.-P. Moreau, « Secret médical et assurance », *Risques*, n° 18, avr. 1994, p. 183 ; P. Biclet, « Respect du contrat ou respect du secret : un dilemme », *Méd. et dr.* 1995, n° 10, p. 6 ; F. Bourguignon et J.-J. Duby, « Médecine prédictive », *Risques*, n° 21, janv. 1995, p. 125 ; F. Ewald, « Génétique et assurance », *RGDA* 1999, p. 539 ; F. Ewald, « À quelles conditions la sélection d'un risque constitue-t-elle « une discrimination ? », in *Mélanges Y. Lambert-Faivre et D. C. Lambert*, Dalloz, 2002 p. 167. FFSA, « Engagements déontologiques des entreprises d'assurances », brochure 2003. **– Sur le secret médical et les assurances de personnes**, v. ss 99 ; sur les lois bioéthiques, v. ss 7 s. ; sur la sélection des risques en assurance-vie, cf. Y. Lambert-Faivre et L. Leveneur, *Droit des assurances*, 13ᵉ éd., 2011, n° 912 à 916 ; B. Beignier, « Secret médical et assurance de personnes », *D.* 1999. Chron. 469 ; M. Chevillet, « Secret médical et assurance santé », *Risques* 2000, p. 30.

2. **Déclaration des risques en assurance maladie** : A. Barrau, « Les questionnaires médicaux », *RFDC* 1990.479 – J. I. Evans, « Intérêt de la connaissance de l'état antérieur pour la détermination du risque ; répercussion sur le calcul de la prime », *RFDC* 1999.4, p. 383 ; V. Sahuc, « Recherche de l'état antérieur dans le cadre de l'expertise en assurance de personnes », *RFDC* 1999.4, p. 389 ; C. Gabriel et autres, « Le bilan biologique à l'admission en

suites d'états pathologiques survenus antérieurement à l'adhésion de l'intéressé ou à la souscription du contrat ou de la convention » ; cependant l'assureur peut refuser de prendre en charge les suites d'une maladie contractée antérieurement à deux conditions (art. 3 L. Evin) :

1) « que la ou les maladies antérieures dont les suites ne sont pas prises en charge soient clairement mentionnées dans le contrat individuel ou dans le certificat d'adhésion au contrat collectif ».

Cette exigence est parfaitement conforme à l'art. L. 113-1, al. 1, C. assur. en vertu duquel l'assureur doit sa garantie « sauf exclusion formelle et limitée dans la police » ;

2) « que l'organisme apporte la preuve que la maladie était antérieure à la souscription ou à l'adhésion... ».

Ici encore cette condition est justifiée, car d'une part elle conforte l'exclusion d'un risque non aléatoire, et d'autre part elle maintient la garantie pour les risques nés au cours du contrat, ce qui constitue un impératif normal en matière d'assurance maladie.

Dès lors, l'assureur peut exclure dans ses conditions générales la garantie de maladies comme le sida, mais cette exclusion est conditionnelle et ne joue que si la contamination est antérieure à la souscription ou à l'adhésion.

544 ***3°) Les risques aggravés et l'accès à l'assurance emprunteur*** ◊ Le 19 septembre 2001, un texte dit « Convention Belorgey » a été signé par le ministère de la santé, les assureurs, les mutuelles, les banquiers et treize associations de consommateurs et de malades, afin d'améliorer par la création d'un pool de co-réassurance l'accès à l'emprunt et à l'assurance des personnes présentant un risque de santé aggravé.

---

assurance de personnes », *RFDC* 2001.4, p. 347. **Jurisprudence** : Civ. 1re, 4 avr. 1995, *RCA* 1995, n° 247 (réponse inexacte à un questionnaire médical ; absence d'effet à l'égard d'une assurance obligatoire accordée sans que l'assuré ait à répondre à un questionnaire médical) ; TGI Bayonne, 20 déc. 1994 (1re espèce) et CA Toulouse, 15 mai 1995 (2e espèce), *D.* 1996.56 note Beignier (pas d'emplacement prévu pour la déclaration d'un état morbide préexistant dans le formulaire d'adhésion, garantie due ; conducteur, non déclaration du traitement médical pour usage de stupéfiants : nullité du contrat) ; Civ. 1re, 7 oct. 1998, *RCA* 1998, n° 403, *JCP* 1998.II.10185 concl. C. Petit (la séropositivité doit être déclarée comme la phase sida de la maladie ; la réticence ou fausse déclaration intentionnelle modifie l'opinion de l'assureur sur le risque à garantir) ; Civ. 1re, 4 mai 1999, *JCP* 1999.II.10176, Rapport Sargos, *RGDA* 1999, p. 670, obs. Maleville, *RCA* 1999, n° 241 (exclusion des « maladies sexuellement transmissibles », exclusion par le mode de contamination n'est ni précise, ni limitée ; clause réputée non écrite) ; Civ. 1re, 23 sept. 2003, *RCA* 2003, n° 328 (l'art. 3 de la loi du 31 déc. 1989 sur les états pathologiques antérieurs est applicable à l'assurance-emprunteur) ; Civ. 1re, 8 juillet 2003, *Gaz. Pal.* 11-12 févr. 2004, p. 16 (fausse déclarations de l'adhérente due à une faute du préposé de l'établissement souscripteur ; responsabilité de l'assureur) ; Civ. 1re, 7 juin 2001, *RCA* 2001, n° 309 (déclaration des antécédentes médicaux ; principe de bonne foi qui s'impose en matière contractuelle) ; Civ. 1re, 28 mars 2000, *D.* 2000. 574, note Beignier (répondre avec loyauté aux questions posées relève de l'obligation de bonne foi qui s'impose en matière contractuelle). Civ. 2e, 10 juill. 2008, *RGDA* 2008, 1026 (fausse déclaration non sanctionnée du fait de l'imprécision du questionnaire). Civ. 2e, 9 avr. 2009, *RCA* 2009, comm. n° 159 (fausse déclaration non sanctionnée du fait de l'ambiguïté du questionnaire). Civ. 2e, 7 oct. 2010, *RCA* 2010, comm. n° 333 (fausse déclaration sur l'absence d'hospitalisation).

Ce dispositif a été légalisé par la loi n° 2002-303 du 4 mars 2002, modifiée par la loi n° 2007-131 du 31 janvier 2007 et l'ordonnance 2013-544 du 27 juin 2012, qui comporte des dispositions particulières pour les risques aggravés. Ainsi, selon l'article L. 1141-2 CSP, « Une convention nationale relative à l'accès au crédit des personnes présentant, du fait de leur état de santé ou de leur handicap, un risque aggravé est conclue entre l'État, les organisations professionnelles représentant les établissements de crédit, les sociétés de financement, les entreprises d'assurance, les mutuelles et les institutions de prévoyance ainsi que des organisations nationales représentant les malades et les usagers du système de santé agréées en vertu de l'article L. 1114-1 ou représentant les personnes handicapées. Cette convention a pour objet : de faciliter l'assurance des prêts demandés par les personnes présentant un risque aggravé en raison de leur état de santé ou d'un handicap ; d'assurer la prise en compte complète par les établissements de crédit des garanties alternatives à l'assurance ; de définir des modalités particulières d'information des demandeurs, d'instruction de leur dossier et de médiation. Toute personne présentant, du fait de son état de santé ou de son handicap, un risque aggravé bénéficie de plein droit de cette convention. ».

En application de cette disposition, une convention AERAS (s'Assurer et Emprunter avec un Risque Aggravé de Santé) est entrée en vigueur le 6 janvier 2007 [1], puis a été modifiée en 2011, la version actuelle étant entrée en vigueur le 1er mars 2011. Elle s'applique à l'ensemble des emprunteurs désirant contracter un prêt personnel ou professionnel, et qui présentent un risque aggravé de santé. Elle comporte notamment des dispositions afin de garantir la confidentialité des informations recueillies et met en place un dispositif pour favoriser l'assurabilité des personnes visées par la convention, notamment en limitant les surprimes au profit des personnes aux revenus les plus modestes. À cette fin, un mécanisme de mutualisation a été mis en place afin que le coût de l'assurance ne puisse dépasser 1,5 point de taux effectif global.

§ 2. Les prestations de l'assurance maladie complémentaire

545 ***La garantie des maladies pathologiques ou traumatiques*** ◊ La maladie est une altération de l'état de santé, quelle que soit son origine : à cet égard la *maladie traumatique* dont la cause est accidentelle, et la *maladie pathologique*, sont également garanties.

---

1. **Convention AERAS** : www.aeras-infos.fr/. S. Gossou, « Convention AERAS : s'assurer et emprunter avec un régime aggravé de santé », *Banque et droit* 2007, n° 115, p. 64. D. Legeais, « Convention AERAS », *RTD com.* 2007. 206. V. Ruol, « Le financement de la dépendance par l'assurance privée. Un éclairage technique », *Dr. soc.* 2011. 844. Plus généralement, D. Noguéro, « Sélection des risques, discrimination, assurance et protection des personnes vulnérables », *RGDA* 2010, 633.

Le contrôle du risque « maladie » est facilité par le caractère de la garantie « complémentaire » d'un régime obligatoire de Sécurité sociale : fréquemment les contrats maladie prévoient que la prestation complémentaire est subordonnée à l'existence de la prestation de Sécurité sociale.

L'assurance maladie est d'abord une garantie des dépenses de santé ; accessoirement elle peut donner droit à des prestations en espèces.

A. Les prestations en nature : la garantie des dépenses de santé

546 ***La détermination de l'assuré*** ◊ L'assurance maladie est d'abord souscrite par l'assuré souscripteur *pour lui-même* au cas où il serait atteint par une maladie pendant la durée du contrat, compte tenu du délai de carence. Mais l'assurance maladie peut aussi porter sur la personne de tiers, et notamment les *membres de la famille* de l'assuré : un enfant gravement handicapé qui naît au cours du contrat pourrait ainsi être garanti dès sa naissance.

Il faut noter que l'expression « assurance maladie » est souvent employée dans ce *sens restrictif de la seule garantie des remboursements complémentaires de frais de santé*, appelés *« prestations en nature »* par les assureurs comme par la Sécurité sociale.

1. La garantie indemnitaire des dépenses de santé [1]

547 L'assurance maladie est essentiellement une assurance à *caractère indemnitaire* de prise en charge des dépenses de santé en complément des régimes sociaux obligatoires : ceci est confirmé par l'art. 9 de la loi Evin qui précise que le remboursement de frais de soins ne peut excéder le montant des frais restant à la charge de l'assuré.

548 ***a) Les niveaux de garantie*** ◊ Pour ces *« prestations en nature »*, les contrats peuvent présenter plusieurs niveaux de garantie. Des règles spéciales existent toutefois dans le cadre de la garantie complémentaire obligatoire des frais de santé des salariés imposée par la loi du 14 juin 2013, puisque l'article L. 911-7 CSS a instauré un « panier de soins » [2] minimum dont le contenu est précisé par l'article D. 911-1 CSS.

1) La garantie de base est la plus fréquemment souscrite ; elle porte sur la différence entre le remboursement de la Sécurité sociale, et le plein tarif conventionné. Selon l'article L. 911-7, II, 3° CSS, cette garantie comprend en effet « la participation de l'assuré aux tarifs servant de base au calcul des prestations des organismes de sécurité sociale, prévue au I de l'article L. 322-2

---

1. **Caractère indemnitaire des prestations en nature** : Civ., 2 mars 1970, *RGAT* 1970.523 (recours subrogatoire de l'assureur contre le tiers responsable de la maladie traumatique).

2. L'expression est issue de l'article de AS Giron, « La déconnexion juridique des paniers de soins », *RDSS* 2014, 831. Sur cette question, V. également : S. Hennion, M. Del Sol, « Chronique de protection sociale complémentaire », *Dr. soc.* 2015. 271.

pour les prestations couvertes par les régimes obligatoires », dans des limites définies par l'article D. 911-1 s. du même code. En cas d'hospitalisation, le « forfait hospitalier » est également pris en charge, sauf éventuellement le surcoût d'une chambre particulière. Sa prise en charge est obligatoire dans le cadre des contrats régis par la loi du 14 juin 2013.

2) La garantie maximum des frais réels de santé, éventuellement assortie d'un plafond de garantie. Dans le cadre de l'article L. 911-7 CSS, celle-ci comprend ainsi « Les frais exposés, en sus des tarifs de responsabilité, pour les soins dentaires prothétiques ou d'orthopédie dentofaciale et pour certains dispositifs médicaux à usage individuel admis au remboursement ».

3) La garantie intermédiaire constitue la formule compréhensive la plus raisonnable : elle prend en charge les dépassements d'honoraires des médecins conventionnés à honoraires libres (secteur II), ou non conventionnés, dans la limite d'un certain pourcentage par rapport aux tarifs conventionnés (150 %, 200 %...) ; de même la couverture est élargie en cas d'hospitalisation en secteur privé et en chambre particulière. Il faut enfin noter que pour la garantie de l'optique et du dentaire, où les tarifs conventionnés sont dérisoires et les remboursements de la Sécurité sociale symboliques ; ces contrats d'assurance peuvent prévoir des garanties très diversifiées, sous réserve du cas particulier des contrats relevant de la loi du 14 juin 2013.

549 ***L'instauration des contrats « responsables »*** [1] ◊ Afin d'éviter que les assurances maladies complémentaires ne neutralisent les effets des mesures visant à réformer l'assurance maladie, tel que le ticket modérateur ou la participation forfaitaire de l'assuré [2], la loi du 13 août 2004 a mis en place des contrats dits « responsables ». Ainsi, selon l'article L. 871-1 CSS, le bénéfice d'un certain nombre d'avantages fiscaux ou sociaux, portant notamment sur la déduction fiscale d'une partie des cotisations au régime de prévoyance, est subordonné à la conclusion de tels contrats. Ceux-ci doivent ainsi obligatoirement laisser à la charge du patient les participations forfaitaires et franchises instituées par le Code de la sécurité sociale, et ne doivent pas rembourser les pénalités financières liées au non-respect du parcours de soins coordonnés. Ils doivent également obligatoirement prendre en charge un certain pourcentage des consultations chez le médecin, des médicaments et prescriptions d'analyse, ainsi que la participation de l'assuré à deux catégories d'actes de prévention, au sein d'une liste fixée par arrêté ministériel.

550 ***b) Les modalités de prise en charge des dépenses de santé*** ◊ Comme en matière de Sécurité sociale, la prise en charge des dépenses de santé peut être faite soit sous forme de remboursement, soit en tiers payant.

---

1. Contrats « responsables » : art. 57 de la loi n° 2004-810 du 13 août 2004. Décret n° 2005-1226 du 29 septembre 2005 relatif au contenu des dispositifs d'assurance maladie complémentaire bénéficiant d'une aide et modifiant le Code de la sécurité sociale, *JO* 30 sept. 2005 p. 15663. P. Morvan, *Droit de la protection sociale*, Litec, 2007, n° 1058. S. Retif, « Les contrats "responsables" sont-ils compatibles avec le régime des aides d'états ? », *RCA* 2007, focus n° 55.

2. V. ss 412.

1) Le remboursement des dépenses de santé : la modalité normale du paiement des sinistres en assurance dommages et le remboursement des frais. Cette modalité demeure classique, mais présente pour l'assuré l'inconvénient de faire l'avance de dépenses de santé souvent lourdes, alors que les mutuelles avec lesquelles les assureurs sont en concurrence, pratiquent généralement le « tiers payant ».

2) Le tiers payant : selon cette formule, le « tiers payant » (Sécurité sociale, assureur ou mutuelle) paie directement les dépenses de santé à l'hôpital, au médecin, voire au pharmacien pour les médicaments, dispensant ainsi l'assuré de toute avance de fonds ; celui-ci n'a éventuellement à régler que ce qui n'est pris en charge par aucun organisme. La formule tiers-payant commence à être mise en œuvre par les assureurs maladie, mais suppose un système de conventions entre assureurs et dispensateurs de soins qui n'est pas sans présenter certaines difficultés.

Par ailleurs la loi Aubry du 27 juillet 1999 a assorti le régime de la protection complémentaire santé gratuite de la dispense d'avance de frais.

Dès lors les assureurs maladie-complémentaire sont, comme les mutuelles et les organismes de prévoyance, incités à adopter une stratégie beaucoup plus globale en matière de santé : pour l'avenir s'esquisse une complémentarité plus structurée entre la CNAMTS, et ses partenaires dont la subsidiarité peut s'afficher non seulement pour la complémentaire-santé contributive, mais aussi pour la complémentaire santé gratuite où les mutuelles jouent déjà un rôle actif (notamment à l'égard de certains proches démunis de ressources).

2. Le maintien des garanties de dépenses de santé [1]

551 La loi Evin du 31 décembre 1989 comporte certaines règles qui doivent être approuvées, car elles mettent fin à des interruptions de la garantie fort regrettables.

552 ***a) La garantie viagère des frais de soins (art. 6 de la loi Evin)*** ◊

1) Les contrats d'assurance maladie complémentaire comportent souvent un « *délai de carence* », imposé à l'entrée d'un assuré et pendant lequel l'assureur ne prend pas en charge certaines maladies ou certains sinistres. Cette période probatoire d'observation du risque de santé ne peut dorénavant excéder deux ans, et doit désormais être appréciée dans le respect des règles établies par la loi Evin sur la garantie des « états pathologiques » antérieurs à la souscription et des conditions strictes d'exclusions de garantie des « maladies ».

2) La « *garantie viagère* » est la clause qui permet le maintien de la garantie quelle que soit l'évolution de la santé de l'assuré : le délai de

1. **Maintien des garanties** : P. Sargos, « Le droit au maintien des prestations et des garanties dans l'assurance prévoyance collective », *JCP* 2001.I.363. L. Lautrette et D. Piau, « Le maintien des obligations d'assurance en prévoyance collective », *Dr. soc.* 2007, 853.

carence passé, l'assureur s'engage au maintien de la garantie maladie complémentaire pendant la vie entière de son assuré : aucun sinistre, aucune maladie grave ou invalidante, aucun handicap lourd, aucun seuil d'âge ne saurait alors justifier la résiliation du contrat. On voit ici que le problème des « risques aggravés » se situe seulement à la souscription du contrat d'assurance, mais ne doit pas surgir en cours de contrat.

Concrètement cela signifie que l'assureur dispose de deux ans pour observer la sinistralité d'un nouvel assuré, et estimer si celle-ci est normale. Jusqu'à l'issue de cette période il a le droit de résilier le contrat, et de proposer le cas échéant une tarification en risque aggravé. Au-delà il est tenu de conserver viagèrement l'assuré dans le contrat si celui-ci le demande.

Il convient de souligner que le droit au maintien viager après deux ans d'assurance n'est pas limité au risque maladie ; il existe aussi pour l'incapacité de travail.

La garantie viagère étant à juste titre prévue par l'article 6 de la loi Evin, seul le non-paiement des primes peut justifier une résiliation. En revanche la détérioration de l'état de santé de l'assuré est précisément l'objet de la garantie du contrat d'assurance maladie. De telles résiliations pour « aggravation de risque » constituaient naguère une véritable négation de la garantie promise.

553 ***b) La continuité de la garantie des frais de soins dans les assurances collectives (art. 4 de la loi Evin)*** [1] ◊ Lorsque le salarié quitte son entreprise, qu'il change d'emploi, qu'il soit licencié ou qu'il parte à la retraite, exclu du « groupe » il perdait en même temps la garantie du contrat collectif. Or, notamment à l'âge de la retraite, une nouvelle souscription à titre individuel était difficile, onéreuse et souvent soumise à un nouveau « délai de carence » qui ôtait toute continuité à sa garantie.

Aussi l'article 4 de la loi prévoit-il que, dans le cadre de la prévoyance collective d'entreprise, la continuité de la couverture des frais de soins est maintenue sans période probatoire ni examen médical. Les anciens salariés doivent en faire la demande dans les six mois qui suivent la rupture de leur contrat de travail, et pour ce faire, l'organisme adresse la proposition de maintien de la couverture à ces anciens salariés au plus tard dans le délai de deux mois à compter de la date de la cessation du contrat de travail ou de la fin de la période du maintien des garanties à titre temporaire. Ils ont alors droit au maintien intégral des garanties prévues par le contrat originaire, sans qu'aucune dérogation contractuelle ne soit possible.

---

1. **Continuité de la garantie** : J. Brouillet et B. Chardon, « Réflexions sur quelques aspects de la loi Evin », *Gaz. Pal.*, 6 sept. 1991, p. 2. - Civ. 1re, 30 janv. 1996, *RGDA* 1996.399 (maladie évolutive en cours lors de l'adhésion, invalidité postérieure due à la maladie évolutive ; aléa au moment de la souscription). Civ. 2e, 5 juill. 2006, *RGDA* 2006, 979 note J. Bigot. Civ. 2e, 7 janv. 2008, *JCP* (S) 2008, 1227 (impossibilité de déroger par voie contractuelle aux dispositions de l'art. 4 de la loi Evin). Civ. 2e, 17 avril 2008, *JCP* 2008, II, 10112, note L. Mayaux. Civ. 2e, 16 oct. 2008, *RGDA* 2009, 199 (même solution). Civ. 2e, 12 févr. 2009, *RGDA* 2009, 523 (idem). Civ. 2e, 25 juin 2009, *RCA* 2009, comm. n° 300. Civ. 2e, 14 janv. 2010, *RGDA* 2010, 388. Civ. 2e, 5 mars 2015, n° 13-26892, *RCA* 2015, comm. n° 162 (idem). *A rapprocher*, même solution rendue hors du champ de la loi Evin, Civ. 2e, 17 juin 2010, *RGDA* 2010, 1093.

Dans les contrats de prévoyance sociale d'entreprise à adhésion obligatoire, lorsque le contrat est rompu pour une cause autre que la retraite ou l'incapacité de travail, le droit au maintien de la garantie des frais de soins n'existe que tant que l'assuré bénéficie de revenus de remplacement ; en pratique, cela ne se vérifie qu'en cas de licenciement (prestations Assedic) et beaucoup plus rarement en cas de démission. Le droit à la continuité de la garantie n'existe pas en cas de simple changement d'emploi.

Lorsque la rupture du contrat de travail résulte du décès du salarié, les personnes qui bénéficiaient de son contrat de prévoyance peuvent demeurer garanties pendant douze mois, si elles en font également la demande dans les six mois suivant le décès.

B. Les prestations en espèces maladie-invalidité

554 Comme dans les régimes sociaux, l'assurance maladie complémentaire peut comporter des prestations en espèces dont la loi Evin a conforté le régime dans les assurances collectives.

555 ***a) Les prestations en espèces*** ◊ Le contrat d'assurance maladie comporte généralement la garantie forfaitaire de sommes d'argent. Ces prestations en espèces sont déterminées dans des limites de sommes contractuellement fixées au contrat et qui permettent à l'assuré de maintenir ses revenus en cas de maladie ou d'accident. On peut citer :

1) le paiement d'une indemnité journalière par journée d'arrêt de travail en cas d'incapacité temporaire de travail consécutive à une maladie ou un accident garanti ;

2) le versement d'une rente annuelle, ou d'un capital en cas d'accident, en cas d'invalidité permanente consécutive à une maladie et qui met l'assuré dans l'incapacité totale ou partielle de travailler (avec les mêmes problèmes de définition que pour l'accident) ;

3) une allocation forfaitaire par journée d'hospitalisation dans le cadre d'une « garantie hospitalière » spécifique.

Ces garanties peuvent être accordées soit dans le cadre de contrats individuels, soit dans celui d'assurances de groupes.

Assurances de sommes à caractère forfaitaire, ces prestations ne devraient pas pouvoir faire l'objet d'un recours subrogatoire de l'assureur (art. L. 131-2, al. 1, C. assur.).Toutefois, dans le cas particulier des indemnités journalières de maladie et des prestations d'invalidité, rappelons que la Cour de cassation admet, depuis une décision du 12 juillet 2007, le caractère nécessairement indemnitaire de ces prestations, et le droit corrélatif des régleurs à exercer un recours subrogatoire [1]. Cette faculté suppose toutefois qu'existe un tiers responsable, ce qui n'est susceptible d'être le cas que pour les maladies traumatiques et quelques maladies virales (sida, hépatite C...).

---

1. **Recours pour les indemnités journalières de maladie et les prestations d'invalidité** : v. ss 531. Civ. 2e, 12 juill. 2007, *RGDA* 2007, 830, note L. Mayaux. H. Groutel, « L'assureur de personnes, tiers payeur à part entière », *RCA* 2007, chron. n° 18.

556 ***b) Les prestations en espèces, à caractère indemnitaire*** ◊ Conformément à l'al. 2 de l'art. 131-2, C. assur. introduit par la loi du 16 juillet 1992, les assureurs peuvent dorénavant déterminer leurs prestations en espèces de manière indemnitaire : il ne devrait donc pas s'agir de « sommes » prévues dans le contrat, mais d'« indemnités » déterminées en fonction du préjudice subi, donc de la perte réelle des revenus. L'assureur dispose alors d'un recours subrogatoire en qualité de « tiers-payeur » (loi du 8 août 1994).

557 ***Le maintien des rentes dans les assurances collectives*** ◊ L'article 7 de la loi Evin prévoit que les prestations versées au titre des garanties décès ou invalidité d'un contrat groupe, quel qu'il soit, *sont maintenues* postérieurement à la date de résiliation ou de non-renouvellement du contrat, à hauteur du niveau atteint à cette date.

Le maintien des rentes au niveau atteint implique une gestion en capitalisation, et la constitution de provisions mathématiques pour des contrats qui jusqu'ici étaient gérés en France en répartition.

C. Le défi de l'assurance dépendance [1]

558 Avec l'allongement de la vie humaine, le troisième âge de la retraite active est souvent prolongé par un quatrième âge de la perte d'autonomie et de la dépendance. On estime qu'actuellement près d'un million de personnes âgées de plus de 60 ans sont plus ou moins dépendantes, leur nombre devant croître de 20 % d'ici 2019 et de 23 % entre 2030 et 2040. Les données de la dépendance sont évaluées par une dizaine de critères : la cohérence de la pensée, l'orientation temporelle et spatiale, l'hygiène corporelle par la toilette, l'habillage-déshabillage, l'alimentation aux repas, l'autonomie de l'hygiène urinaire et fécale, la mobilité des postures (levé, couché, assis), les déplacements à l'intérieur du domicile, les déplacements à l'extérieur, l'utilisation des moyens de communication à distance (téléphone, alarme...).

Chacune de ces variables peut être affectée d'une dépendance soit ponctuelle, soit permanente dont le palliatif est l'aide de tierces personnes soit dans le cadre d'un placement en institution adaptée, soit à domicile. Le coût en est toujours très élevé... voire prohibitif.

La loi n° 2001-647 du 20 juillet 2001 a substitué la prestation « *allocation personnalisée d'autonomie* » à l'ancienne prestation spécifique d'autonomie de 1997 ; elle crée un droit objectif et national d'aide à l'autonomie pour les

1. **Assurance dépendance** : Sur la tierce-personne, v. ss 130, 165, 176 ; Sur l'allocation personnalisée d'autonomie, v. ss 440. N. Gaulon, « Anticiper la dépendance : les solutions actuelles de l'assurance », *RCA* 2011, ét. n° 6. Rapport Gisserot, « Perspectives financières de la dépendance des personnes âgées à l'horizon 2025 : prévisions et marges de choix », mars 2007, http://lesrapports.ladocumentationfrancaise.fr/BRP/074000235/0000.pdf. V. Rosso-Debord, Rapport d'information n° 2647 (2009-2010) sur la prise en charge des personnes âgées dépendantes, AN 23 juin 2010. A. Vasselle, Rapport d'information n° 263 (2010-2011) sur la prise en charge de la dépendance et la création d'un cinquième risque, Sénat, 26 janv. 2011.

personnes âgées, soit à domicile, soit en établissement, la participation du bénéficiaire étant progressive en fonction de ses ressources. Des prises en charge diversifiées sont prévues : dépenses de personnel, d'accueil de jour, d'accueil temporaire, d'aides techniques, voire d'adaptation du logement.

559 Les prestations légales relatives à la perte d'autonomie laisseront toujours une voie largement ouverte à la prévoyance privée par l'assurance. Néanmoins l'ampleur encore mal évaluée du risque rend les assureurs prudents devant ce marché important, mais dont les coûts sont aussi exponentiels que les besoins.

Le rapport Gisserot, publié en mars 2007, prône une combinaison d'une augmentation de la dépense publique affectée à la dépendance, avec le développement des assurances privées sous différentes formes (individuelle, collective, épargne retraite). Le Gouvernement a présenté ses premières orientations en mai 2008, envisageant notamment de créer un cinquième risque de sécurité sociale, consacré à la dépendance, dont le financement serait assuré par un partenariat entre des fonds publics et privés. Un vaste chantier est donc ouvert.

ANNEXE 1

PRESTATIONS VERSÉES : RÉPARTITION SELON L'ORIGINE DU VERSEMENT [1]

Incapacité, invalidité, dépendance et décès

Prestations versées (régimes obligatoires, organismes complémentaires)						
(en milliards d'euros)	**2009**	**2010**	**2011**	**2012**	**2013**	**Répartition 2013**
Régimes obligatoires	21,3	21,9	22,6	22,9	23,4	54,3 %
Allocation personnalisée d'autonomie (APA)	5,1	5,2	5,4	5,6	5,8	13,5 %
Organismes complémentaires	13,1	13,1	13,0	14,0	13,8	32,2 %
Sociétés d'assurances	8,0	7,9	8,1	8,3	8,6	19,9 %
Mutuelles (1)	1,3	1,2	1,1	1,1	1,2	2,8 %
Institutions de prévoyance	3,8	4,0	3,9	4,6	4,1	9,5 %
Ensemble	**39,5**	**40,2**	**40,9**	**42,5**	**43,0**	**100,0 %**

(1) relevant du Code de la mutualité.

Soins de santé

Dépenses de soins de santé (régimes obligatoires, organismes complémentaires, ménages)						
(en milliards d'euros)	**2009**	**2010**	**2011**	**2012**	**2013**	**Répartition 2013**
Régimes obligatoires	131,9	134,9	137,8	140,9	144,6	76,2 %
Organismes complémentaires	22,9	23,7	24,5	25,2	25,8	13,7 %
Sociétés d'assurances	5,8	6,3	6,7	7,0	7,1	3,5 %
Mutuelles (1)	12,9	13,1	13,3	13,5	14,0	7,4 %
Institutions de prévoyance	4,1	4,3	4,5	4,6	4,7	2,5 %
Ménages	16,4	16,7	17,3	17,6	18,1	9,6, %
Ensemble	**171,1**	**175,2**	**179,6**	**183,6**	**188,5**	**100,0 %**

(1) relevant du Code de la mutualité.

1. Sources : FFSA – «Les assurances de personnes – Données clés 2013».

ANNEXE 2

STATISTIQUES ASSURANCES DE DOMMAGES CORPORELS

Montant (en millions d'euros)

Chiffres d'affaires dommages corporels	2002	2004	2006	2008	2009	2011	2013
CONTRATS À ADHÉSION INDIVIDUELLE	5 048	6 232	7 336	8 276	8 738	9 409	10 275
Garanties soins de santé	2 865	3 624	4 297	4 976	5 224	5 607	6 051
Garanties incapacité-invalidité-dépendance	2 183	2 608	3 038	3 300	3 514	3 801	4 225
CONTRATS COLLECTIFS	5 095	6 127	6 813	7 773	7 890	8 092	8 901
Garanties soins de santé	1 787	2 539	2 910	3 511	3 786	3 916	4 272
Garanties incapacité-invalidité-dépendance	3 308	3 588	3 903	4 262	4 104	4 177	4 628
TOTAL AFFAIRES DIRECTES	10 143	12 359	14 149	16 049	16 628	17 501	19 176
Garanties soins de santé	4 652	6 163	7 207	8 488	9 010	9 523	10 323
Garanties incapacité-invalidité-dépendance	5 491	6 163	6 942	7 561	7 618	7 978	8 853

Source : Fédération Française des sociétés d'assurances (FFSA).

Les assurances de personnes, données clés 2013.

TITRE 2

L'INDEMNISATION DES VICTIMES DANS LA RESPONSABILITÉ CIVILE DE DROIT COMMUN

560 Lorsque le dommage corporel a été causé à la victime par un tiers, l'un des principes les plus ancrés dans toutes les civilisations est celui de l'indemnisation du dommage causé par le responsable.

Le principe de la réparation intégrale du préjudice subi répond au postulat selon lequel la victime doit être remise, dans la mesure du possible, dans l'état où elle aurait été si l'accident ne s'était pas produit. C'est le droit commun de la responsabilité civile.

Cependant cet objectif de la réparation intégrale ne peut être atteint que sous certaines conditions : *ces conditions de la responsabilité civile* sont fondamentales, car elles déterminent la reconnaissance juridique de la dette de réparation du responsable.

Mais il ne suffit pas que la dette du responsable soit établie ; encore faut-il qu'il soit solvable : or cette solvabilité n'est le plus souvent acquise que par la *garantie d'une assurance de responsabilité* qui préserve avec la plus grande efficacité les droits de la victime.

Le plan de ce titre sera donc le suivant :

Chapitre 1 – *Les conditions de la responsabilité civile en droit commun*

Chapitre 2 – *Les droits de la victime dans l'assurance de responsabilité*

CHAPITRE 1

LES CONDITIONS DE LA RESPONSABILITÉ CIVILE EN DROIT COMMUN

561 ***Les fondements éthiques de la responsabilité*** [1] ◊ La responsabilité est le corollaire naturel et obligé de la liberté humaine : « être homme, c'est précisément être responsable » clamait St. Exupéry dans une formule forte et devenue célèbre de « Terre des Hommes ». Être responsable, c'est répondre de ses actes parce qu'on a sur eux un *pouvoir* de liberté et un *devoir* de maîtrise à la lumière du discernement. Répondre de ses actes suppose un magistère qui a autorité pour les juger : Dieu dans les religions, l'État dans les sociétés civiles où la règle morale devient règle juridique pour assurer la paix sociale. Dès lors le concept philosophique de responsabilité s'incarne dans une responsabilité civile et pénale lorsque les actes des citoyens portent atteinte aux droits d'autrui et à la paix publique.

562 ***Éthique de la responsabilité civile*** [2] ***: de la responsabilité à la réparation*** ◊ L'évolution du droit de la responsabilité en un droit de la réparation est une caractéristique très générale depuis la seconde moitié

---

1. **Fondements éthiques de la responsabilité :** H. Jonas, *Le principe de responsabilité : une éthique pour la civilisation technologique*, éd. du Cerf, 3e éd., 1995 ; M. Weber, *Sociologie des religions*, Gallimard, 1996 (éthique de conviction et éthique de responsabilité) ; P. Bouretz, *Les promesses du monde : philosophie de Max Weber*, Gallimard, 1996 ; P. Roubier, *Théorie générale du droit, histoire des doctrines juridiques et philosophie des valeurs sociales*, Sirey, 2e éd. 1951, G. Ripert, *La règle morale dans les obligations civiles*, LGDJ, 4e éd., 1949 ; A. Etchegoyen, *Le temps des responsables*, Agora, 1999 et *La vraie morale se moque de la morale : être responsable*, éd. du Seuil 1999 ; J.-M. Domenach, *La responsabilité, essai sur le fondement du civisme*, éd. Hatier, 1994 ; L. Engel, « Vers une nouvelle approche de la responsabilité », *Revue Esprit*, juin 1993 ; P. Ricœur, « La responsabilité essai d'une analyse sémantique », in *Le Juste*, éd. Esprit, 1995 ; J.-M. Domenach, « La responsabilité, la condition de notre humanité » in coll. Autrement-Morales n° 14 janv. 1994 ; A. Etchegoyen, « La notion de responsabilité », *Risques* n° 32, déc. 1997, p. 9 ; P. Bruckner, « Difficiles responsabilités », *Risques* n° 32, déc. 1997, p. 29 ; C. Thibierge, « Avenir de la responsabilité, responsabilité de l'avenir », *D.* 2004. Chron. 577.

2. **Éthique de la responsabilité civile :** Y. Lambert-Faivre, « L'éthique de la responsabilité », *RTD civ.* 1998. 1 ; B. Starck, *Essai d'une théorie de la responsabilité civile, considérée en sa double fonction de garantie et de peine privée*, Paris, 1947 ; A. Tunc, « Évolution du concept juridique de responsabilité », in *Métamorphoses de la responsabilité*, éd. L'Harmattan, t. 31, 1996/1 ; C. Radé, « Le principe de précaution, une nouvelle éthique de la responsabilité », *Revue juridique de l'environnement* 2000, 75. F. Terré, « Propos sur la responsabilité civile », *Archives de Philosophie du droit*, Sirey 1997, t. 22, p. 37 ; C. Thibierge, « Libres propos sur l'évolution du droit de la responsabilité », *RTD civ.*, 1999. 561 ; Y. Lambert-Faivre, « L'évolution de la responsabilité civile d'une dette de responsabilité à une créance de réparation », *RTD civ.* 1987. 1 ; G. Viney, *Le déclin de la*

du XXe siècle. En fait il existe un binôme lié par une connexité très forte entre la *responsabilité civile* orientée vers l'auteur du fait dommageable, et la *réparation* orientée vers la victime des dommages subis ; lorsque ceux-ci relèvent des dommages corporels, l'atteinte à l'intégrité physique de la personne constitue cette *summa injuria* qui met en question la paix sociale ; la responsabilité et la réparation relèvent alors des principes les plus fondamentaux du droit et la mise en jeu de la responsabilité de l'auteur des dommages est de plus en plus strictement appréciée.

Le principe de responsabilité est connexe de celui de liberté : la responsabilité est l'honneur de l'homme libre. Il appartient évidemment à la victime qui demande réparation de prouver l'imputabilité de son dommage à l'auteur du fait dommageable et d'établir que toutes les *conditions de la responsabilité civile* sont remplies.

563 ***Projets de réforme du droit de la responsabilité*** [1] ◊ Le droit de la responsabilité a connu de très fortes évolutions jurisprudentielles depuis 1804, que ce chapitre se propose de décrire, bien que les textes la régissant demeurent pour la plupart inchangés. Dans la suite des projets de réforme du droit des contrats qui devrait être adoptée au début de l'année 2016, une réforme des textes du Code civil régissant le droit de la responsabilité civile doit être envisagée, notamment afin d'intégrer les avancées considérables de la jurisprudence, et de rendre, de ce fait, notre droit plus accessible. Ainsi, l'avant-projet Catala de réforme du droit des obligations a consacré une part de ses développements à une éventuelle réforme du droit de la responsabilité. Par la suite, une proposition de loi « portant réforme du droit de la responsabilité civile », qui s'inspire assez nettement de l'avant-projet Catala, a été déposée au sénat par M. L. Béteille le 9 juillet 2010 qui n'a toutefois pas eu de suite. En 2011, une autre proposition de réforme a été présentée par un groupe de réflexion animé par M. Le Professeur F. Terré réuni sous l'égide de l'Académie des sciences morales et politiques, qui adopte des points de vue parfois assez audacieux et souvent défavorables aux victimes. Ces réformes sont toutefois, pour l'heure, restées lettre morte, sans doute par manque de volonté politique, mais elles devront très certainement être adoptées dans l'avenir tant le décalage apparaît important entre la lettre des articles 1382 s. C. civ. et l'interprétation qu'en opère la jurisprudence.

---

responsabilité individuelle, LGDJ, 1963 ; J.-L. Fagnart, « Recherches sur le droit de la réparation » in *Mélanges Dalcq*, éd. Larcier, 1994, p. 135 ; L. Cadiet, *Sur les faits et méfaits de l'idéologie de la réparation » in Mélanges Drai, « Le juge entre deux millénaires*, Dalloz, 2000, p. 495.

1. **Proposition de réforme du droit de la responsabilité** : Avant-projet Catala de réforme du droit des obligations, consultable sur le site du ministère de la justice, www.justice. gouv., Pour une analyse des dispositions de ce projet, *RDC* 1er janv. 2007, p. 7 s. Proposition de loi portant réforme de la responsabilité civile, du 9 juill. 2010, Sénat, n° 657. Ph. Brun, « Une réforme de la responsabilité civile ? », *D.* 2010. 2144. F. Terré (dir.), *Pour une réforme du droit de la responsabilité civile*, Dalloz, 2011. V. également, G. Viney, « Quelques propositions de réforme du droit de la responsabilité civile », *D.* 2009. 2944.

564 ***Éléments de la responsabilité civile et évolution du droit*** [1] ◊ Toute demande d'indemnisation en responsabilité civile suppose que la victime apporte une triple preuve : celle du *dommage* dont elle demande réparation, celle d'un *fait générateur* imputable à l'auteur du dommage, et celle d'un *lien de causalité.*

a) Le dommage

La preuve du dommage corporel et son évaluation ont fait l'objet de la première partie de cet ouvrage. Nous n'y reviendrons pas.

b) Le lien de causalité [2]

Sur le plan théorique, l'étude du lien de causalité est l'une des plus complexes, des plus abstraites et des plus insolubles du droit. On se contentera ici de rappeler les trois principales théories en présence.

1) Théorie de l'équivalence des conditions. Tous les faits qui ont été une condition du dommage – lequel résulte toujours d'un faisceau de faits et de circonstances – ont une valeur causale équivalente puisque si l'un d'eux ne s'était pas produit, le dommage n'aurait pas eu lieu.

Ne déterminer aucune « cause » par un critère sélectif, c'est en réalité laisser toute liberté aux juges du fond pour ériger en « causes » les faits qui permettent à la victime de disposer d'un très large champ de *« poursuites ».*

2) Théorie de la causalité adéquate. Seuls sont « causes » des dommages, les faits qui, selon le cours normal des choses et l'enchaînement ordinaire des causes et des effets, devaient les rendre probables.

L'idée est séduisante mais la pratique biaisée, parce qu'une fois le dommage réalisé, on peut toujours désigner un bouc émissaire, en lui faisant porter le poids de la prévisibilité. Cependant, une fois la victime indemnisée, la causalité adéquate est la plus pertinente dans la *« contribution »* de la dette entre coauteurs.

---

1. **Éléments de la responsabilité civile et évolution du droit :** F. Chabas, « Cent ans de responsabilité civile », *Gaz. Pal.*, 23-24 août 2000, p. 2 à 35 ; C. Grare, *Recherche sur la cohérence de la responsabilité délictuelle*, Nouvelle bibliothèque de thèses Dalloz, 2005. C. Radé, « Plaidoyer en faveur d'une réforme de la responsabilité civile », *D.* 2003, chron., p. 2247 ; J. F. Kriegk, « Le concept de responsabilité, victime du développement de l'État-providence ? », *Gaz. Pal.*, 12-13 juill. 2000, p. 2 ; S. Carval, *La construction de la responsabilité civile*, PUF, 2001 ; G. Viney, « L'harmonisation des droits de la responsabilité civile en Europe », in *Mélanges Y. Lambert-Faivre et D. C. Lambert*, Dalloz, 2002, p. 417.

2. **Lien de causalité :** M. Bacache, *Les obligations. La responsabilité civile extracontractuelle*, Economica, 2e éd., 2012, p. 500 s. G. Viney, P. Jourdain et S. Caraval, *La responsabilité ; conditions*, LGDJ, 4e éd., 2013, nos 322 s. ; Ph. Brun, *Responsabilité civile extra-contractuelle*, Litec, 2e éd., 2014, n° 228 s. ; P. Esmein, « Le nez de Cléopâtre ou les affres de la causalité », *D.* 1964. Chron. 205 ; B. Starck, « La pluralité des causes de dommage et la responsabilité civile », *JCP* 1970.I.2339 ; F. Chabas, « Bilan de quelques années de jurisprudence en matière de rôle causal », *D.* 1970. Chron. 113 ; J. Boré, « La causalité partielle en noir et blanc ou les deux visages de l'obligation in solidum », *JCP* 1971.I.2369 ; Y. Lambert-Faivre, « De la poursuite à la contribution : quelques arcanes de la causalité », *D.* 1992. Chron. 311 ; R. Barrot, « Remarques sur la notion de cause et ses applications », *RGAT* 1989.496 ; P. Jourdain, « De l'incertitude affectant la relation causale », *RTD civ.* 1990. 486. C. Quezel-Ambrunaz, *Essai sur la causalité en droit de la responsabilité civile*, thèse Chambéry, 2008.

3) Théorie de la proximité de la cause. Dans l'enchaînement des causes et des effets, seul le dernier fait chronologique qui a précédé l'accident en constitue la « cause »... trop simpliste pour être recevable.

En pratique, les juges du fond ont généralement beaucoup de bon sens. Sans s'encombrer de théories abstraites, ils érigent en « *cause juridique* » le ou les faits qui semblent avoir été déterminants pour engendrer le dommage. Du magma de « conditions équivalentes », ils désignent les « causes du dommage » : certaines induisent la responsabilité du défendeur par son fait personnel, le fait de la chose ou le fait d'autrui ; d'autres tendent au contraire à exonérer l'auteur du dommage. En fait l'approche pragmatique du lien de causalité par la jurisprudence tend à privilégier la causalité très large de l'*équivalence des conditions dans la poursuite*, c'est-à-dire l'action en réparation de la victime elle-même ; une fois celle-ci indemnisée, c'est la causalité plus restrictive de la *causalité adéquate qui semble guider la contribution*, c'est-à-dire les recours contributifs entre codébiteurs.

c) Le fait générateur : faute ou *no-fault* [1]

Les origines de la responsabilité juridique ont d'abord fondé la responsabilité, civile et pénale alors confondues, sur la faute. Celle-ci est susceptible de bien des gradations de la simple maladresse, négligence ou imprudence qui n'oblige qu'à indemniser la victime, à la faute intentionnelle qui emporte pénitence et sanction pénale. Cependant quel que soit son degré, chez les canonistes comme en droit romain et dans l'ancien droit, la faute demeure toujours la matrice de la responsabilité civile. On en trouve toujours l'expression dans l'article 1382 C. civ. : tout dommage oblige celui par la *faute* duquel il est arrivé à le réparer.

Cependant les temps modernes ont démontré le caractère étriqué de ce fondement qui n'accepte qu'une « *faute* » comme fait générateur d'une responsabilité juridique, alors que notre civilisation technicienne engendre tant de *risques* : aujourd'hui les risques connus ou même encore inconnus (principe de précaution) sont au cœur des débats sur la responsabilité civile.

Lorsque la faute était l'unique fondement de la responsabilité, la *summa divisio* en matière de responsabilité civile était la distribution entre responsabilité contractuelle et responsabilité délictuelle. Aujourd'hui cette

1. **Responsabilité pour faute ou sans faute** : T. Azzi, « Les relations entre la responsabilité civile délictuelle et les droits subjectifs », *RTD civ.* 2007. 227 ; L. Graton, « Le dommage déduit de la faute », *RTD civ.* 2013. 275 ; C. Radé, « Réflexions sur les fondements de la responsabilité civile », « 1. L'impasse », *D.* 1999. 313, « 2. Les voies de la réforme : la promotion du droit à la sûreté », *D.* 1999. 323 ; M. T. Calais-Auloy, « La libération du droit de la responsabilité par l'abandon de la notion de faute », *D.* 9 avr. 1998, dern. actual. ; C. Radé, « L'impossible divorce de la faute et de la responsabilité », *D.* 1998, Chron. 301 ; Ph. Le Tourneau, « La verdeur de la faute dans la responsabilité civile », *RTD civ.* 1987.505 et « Des métamorphoses contemporaines et subreptices de la faute subjective », in *Les Métamorphoses de la responsabilité*, PUF, 1997, p. 19 ; L. Engel « La fin de la faute ? », *Rev. Droits*, n° 5, 1987 ; V. Palmer, « Trois principes de la responsabilité sans faute », *RTD civ.* 1987. 825 ; A. Tunc, « Évolution du concept juridique de responsabilité », *Droit et Cultures*, 31, 1996, p. 19 ; G. Viney, « Pour ou contre un principe général de responsabilité pour faute », *Mélanges Catala*, Litec 2001, p. 555 ; « La responsabilité pour faute », colloque des Universités du Maine et de Tours, *RCA* juin 2003, p. 44 s.

classification se brouille, tandis que s'impose la distinction beaucoup plus « fondamentale » entre la responsabilité subjective fondée sur la faute, et la responsabilité objective sans faute (*no fault*).

565 ***1°) La distinction entre la responsabilité contractuelle et la responsabilité délictuelle*** [1] ◊ Bien qu'ayant été remise en cause par une partie de la doctrine contemporaine, la *summa divisio* traditionnelle en matière de responsabilité civile s'attache à la source du dommage : la *responsabilité civile contractuelle* (art. 1146 s. C. civ.) a pour objet l'indemnisation des dommages causés à un cocontractant du fait de l'inexécution, ou de la mauvaise exécution, des obligations nées d'un contrat ; tandis que la *responsabilité civile délictuelle* (art. 1382 s. C. civ.) a pour objet l'indemnisation des dommages causés à un tiers.

Théoriquement ces champs d'application sont donc parfaitement distincts, et la doctrine en a déduit le principe dit du « *non-cumul* » des deux ordres de responsabilité, qui se traduit plus exactement par une *absence d'option* de la victime qui ne peut « choisir » son régime juridique.

Cependant l'examen des chroniques de jurisprudence sur la responsabilité civile engendre la perplexité et le scepticisme sur le maintien actuel de cette *summa divisio* ; en effet, une rubrique revient de manière répétitive : « nature contractuelle ou délictuelle de la responsabilité ? », l'interrogation renouvelée traduisant le flou d'une frontière ensevelie dans une casuistique confuse où l'opportunisme des solutions l'emporte souvent sur des critères juridiques si *clairs a priori*, et si *obscurs a posteriori*.

Deux exemples en sens contraire peuvent illustrer ces tâtonnements :

• *La nature délictuelle de la responsabilité civile au pénal* [2] : de nombreux dommages causés à un cocontractant relèvent de la responsabilité délictuelle, dès lors qu'ils ont été jugés au pénal : en effet, pour la chambre criminelle de la Cour de cassation, l'action civile exercée devant les juridictions répressives est de nature délictuelle, les juges répressifs étant incompétents en matière contractuelle. Or en matière de dommage corporel, il y a souvent infraction d'atteinte involontaire à la vie ou à l'intégrité physique

1. **Distinction de la responsabilité contractuelle et de la responsabilité délictuelle** : G. Durry, *La distinction de la responsabilité contractuelle et de la responsabilité délictuelle*, Centre de recherche en droit privé et comparé du Québec, Montréal, 1986 ; G. Viney, *Introduction à la responsabilité*, LGDJ, 3e éd., 2008, n° 161 s., notamment n° 242 à 245 (critique de la distinction) ; P. Remy, « La responsabilité contractuelle : histoire d'un faux concept », *RTD civ.* 1997. 323 ; E. Savaux, « La fin de la responsabilité contractuelle ? », *RTD civ.* 1999. 1 ; P. Jourdain, « Réflexions sur la notion de responsabilité contractuelle », in « Les métamorphoses de la responsabilité », PUF Poitiers, t. 32, 1998, p. 65 ; M. Tchendjou, « La faute extracontractuelle », *Gaz. Pal.*, 5-6 avril 2000, p. 3. V. Wester-Ouisse, « Responsabilité délictuelle et responsabilité contractuelle : fusion des régimes à l'heure internationale », *RTD civ.* 2010. 419.

2. **Nature délictuelle de la responsabilité civile invoquée au pénal** : Crim. 12 déc. 1946, *D.* 1947.94 ; Crim. 10 mai 1984, *D.* 1985.256, note Penneau, *JCP* 1984.II.20303, note Dorsner-Dolivet, *Gaz. Pal.* 1984.2.710, note Chabas et, dans la même affaire de responsabilité médicale, Ass. plén., 30 mai 1986, *D.* 1987.109, note Penneau ; Civ. 3e, 18 déc.1972, *D.* 1973.272, note J. Mazeaud (faute dolosive) ; Crim. 3 mars 1993, *Bull. crim.*, n° 96, G. Viney, obs. *JCP* 1994.I.3773, n° 3 ; Crim. 26 mars 1991, *Bull. crim.*, n° 142, *JCP* 1991.IV.260.

(homicide ou blessures par imprudence) qui ouvre à la victime cocontractante la voie pénale, faisant dès lors basculer sur le terrain délictuel de nombreuses responsabilités de source contractuelle. En réalité, l'action civile constitue une extension purement civile de la compétence pénale, et ne devrait être jugée que selon les règles proprement civiles, et notamment contractuelles si la victime invoque l'inexécution par le défendeur d'une obligation découlant de leur contrat. Cette jurisprudence très critiquée de la chambre criminelle brouille encore davantage la distinction entre responsabilité contractuelle et responsabilité délictuelle.

• *La nature contractuelle de l'assistance bénévole* [1] : alors que la vie en société suppose souvent des « coups de main » informels pour aider autrui, notamment en milieu rural, il arrive que la personne spontanément secourable soit blessée dans un accident. La Cour de cassation a alors recours à la notion de « Convention d'assistance bénévole » pour assurer la réparation des dommages corporels subis à l'occasion du service rendu gratuitement : reste alors à espérer que l'assurance RC du responsable ne comporte aucune exclusion de la responsabilité contractuelle !

Cette distinction, dont les contours apparaissent flous, produit par ailleurs des effets limités, que la loi du 17 juin 2008 portant réforme de la prescription civile a encore restreint. Désormais en effet, les actions en responsabilité contractuelle ou délictuelle se prescrivent dans le même délai de dix ans dans l'hypothèse d'un dommage corporel (art. 2225 C. civ.), et de cinq ans dans les autres cas (art. 2224 C. civ.).

La majorité des régimes spéciaux d'indemnisation du dommage corporel [2] ont d'ailleurs abandonné cette distinction, soumettant les victimes à un régime d'indemnisation identique quelle que soit la nature de leur relation avec l'auteur du dommage. La Cour de cassation, dans un important arrêt d'Assemblée plénière du 6 octobre 2006, a d'ailleurs abandonné le principe de relativité de la faute contractuelle, en affirmant que « les tiers à un contrat sont fondés à invoquer tout manquement du débiteur contractuel lorsque ce manquement leur a causé un dommage, sans avoir à rapporter d'autres preuves » [3], enlevant donc au principe du non-cumul des

---

1. **Assistance bénévole** : M. Douchy, *La notion de quasi-contrat en droit positif français*, Economica, 1998 ; R. Bout, « La Convention dite d'assistance », in *Études en l'honneur de P. Kayser*, 1979, p. 158 ; L. Campion, *La notion d'assistance en droit privé*, LGDJ, 1927. **Jurisprudence** : Civ. 1re, 16 juill. 1997, *RTD civ.* 1997.944, obs. Jourdain, *JCP* 1997.IV (aide au transport d'un meuble) ; Civ. 1re, 16 déc. 1997, *RCA* 1998, n° 73 (débroussaillage des allées d'un bois) ; Civ. 1re, 13 janv. 1998, *JCP* 1998.IV.1482 (travaux ruraux) ; G. Viney, chron. RC, *JCP* 1998.I.144, n° 6. Civ. 2e, 26 oct. 2006, n° 05-19872. Civ. 2e, 13 juin 2006, n° 04-19344. Civ. 1re., 15 oct. 2014, n° 13-20.875.

2. **Abandon du principe de non-cumul des responsabilités** : dans le cadre des accidents de la circulation, v. ss 690 s., des accidents médicaux v. ss 811 s., de la responsabilité du fait des produits défectueux v. ss 911 s.

3. **Abandon du principe de la relativité de la faute contractuelle** : Civ. 1re 13 févr. 2001, *D.* 2001. Somm. 2234, obs. Delebecque ; *JCP* 2001.I. 338, obs. Viney (responsabilité délictuelle du cocontractant à l'égard tiers lésé). Ass. plén. 6 oct 2006, *D.* 2006. 2825, note G. Viney ; *JCP* 2006, II, 10181, avis Gariazzo et note M. Billiau, *RTD civ.* 2007. 123, obs. P. Jourdain. Ph. Stoffel-Munck, « Un manquement contractuel est aussi une faute délictuelle : diverses applications de la décision d'Assemblée plénière », *JCP* 2007, I, 185, n° 5.

responsabilités une large part de sa portée. Plus encore, la nature contractuelle de la responsabilité a été récemment abandonnée par la Cour de cassation dans l'exemple emblématique de la responsabilité médicale.

Les propositions de réforme du droit de la responsabilité civile (avant-projet Catala, proposition de loi Béteille) maintiennent la distinction des responsabilités contractuelle et délictuelle tout en en admettant de sérieuses entorses à cette règle, tout particulièrement dans le cadre de la réparation du dommage corporel où la victime disposerait *d'un droit d'option entre les deux régimes* (art. 1341 al. 2 de l'avant-projet Catala, art. 1386-17 de la proposition Béteille).

566 ***2°) La distinction entre la responsabilité subjective et la responsabilité objective*** ◊ Si toute responsabilité suppose l'imputabilité au responsable du dommage causé à autrui, la distinction entre la responsabilité subjective et la responsabilité objective est la plus porteuse de sens, car la première suppose l'imputabilité d'une *faute dommageable* et la seconde n'implique que l'imputabilité d'un *acte dommageable*, même non fautif. Si, conformément à la philosophie de la responsabilité la plus moderne, nous sommes responsables non seulement de nos *fautes*, mais aussi des conséquences de nos *actes*, la prédominance de la responsabilité objective en matière de dommage corporel semble inéluctable.

Cette classification repose donc sur la *nature du fait générateur* dont la charge de la preuve incombe à la victime : tantôt celle-ci doit prouver une *faute* de l'auteur responsable, *sujet* de l'acte générateur du dommage : c'est la « *responsabilité subjective* » (Section 1) ; tantôt elle doit seulement établir le *lien objectif* de causalité entre le fait générateur du responsable et le dommage : c'est la « *responsabilité objective ou causale* » (Section 2). Dans les deux domaines se pose la question des causes d'exonération de la responsabilité (Section 3).

SECTION 1. LA RESPONSABILITÉ SUBJECTIVE FONDÉE SUR LA FAUTE

567 ***Responsabilité et faute*** [1] ◊ La responsabilité subjective repose sur l'analyse du *comportement du sujet responsable*, auteur du dommage causé à

1. **Responsabilité et faute :** C. Radé, « L'impossible divorce de la faute et de la responsabilité », *D.* 1998. Chron. 301 ; Ph. Le Tourneau, « La verdeur de la faute dans la responsabilité civile », *RTD civ.* 1987.505 et « Des métamorphoses contemporaines et subreptices de la faute subjective » in *Les Métamorphoses de la responsabilité*, PUF, 1997, p. 19 ; L. Engel, « La fin de la faute ? », *Rev. Droits*, 1987, n° 5 ; V. Palmer, « Trois principes de la responsabilité sans faute », *RTD civ.* 1987. 825 ; Colloque Tours 17 janv. 2003, « La responsabilité pour faute », n° spécial, *RCA* juin 2003 et rapport de synthèse G. Durry, p. 84. – **Valeur constitutionnelle :** N. Molfessis, *Le Conseil constitutionnel et le droit privé*, LGDJ, 1997 ; Ph. Brun, « La constitutionnalisation de la responsabilité pour faute », in « La responsabilité pour faute », n° spécial, *RCA* juin 2003, p. 37. Cons. const. 9 nov. 1999 (déc. n° 99-419 DC), *JCP* 2000.I.2281, n° 1, obs. G. Viney.

autrui. La victime supporte donc une *charge probatoire* dont il faut déterminer le domaine, l'objet et les moyens de preuve et d'exonération.

A. Le domaine de la responsabilité pour faute

La faute constitue un fondement de la responsabilité aussi bien dans le domaine contractuel que dans le domaine délictuel.

568 ***1°) La faute contractuelle : l'inexécution des obligations de diligence*** [1] ◊ Pour déterminer la mauvaise exécution du contrat qui engage la responsabilité contractuelle, il convient d'analyser les obligations des parties afin de savoir exactement à quoi chacune d'elles s'était engagée. C'est en effet la référence au contenu des obligations contractuelles, « *obligations de moyens* » *ou* « *obligations déterminées* ou de résultat », qui constitue l'intérêt essentiel de la responsabilité contractuelle.

Il y a « *obligation de moyens* » lorsque le débiteur de l'obligation s'est engagé à y apporter toute *sa prudence et sa diligence* sans en garantir un résultat déterminé : c'est généralement le cas dans le domaine des activités professionnelles intellectuelles, artistiques ou financières qui ne mettent pas en jeu la sécurité des personnes. La responsabilité professionnelle encourue est alors une responsabilité pour faute.

569 ***2°) La faute délictuelle dans la responsabilité du fait personnel*** ◊

- *Art. 1382 C civ.* : « Tout fait quelconque de l'homme, qui cause à autrui un dommage, oblige celui par la *faute* duquel il est arrivé, à le réparer ».

- *Art. 1383 C. civ.* : « Chacun est responsable du dommage qu'il a causé non seulement par son fait, mais encore par sa *négligence* ou par son *imprudence* ».

La nature de la faute importe peu : intentionnelle ou dolosive, inexcusable, lourde, légère, très légère, de négligence, d'imprudence ou de simple inattention, ainsi que le « bon père de famille », lui-même peut en commettre : dès lors que la faute a causé un dommage, son auteur « fautif » en doit réparation.

B. La notion de faute

570 Issue de racines communes avec la responsabilité pénale, elle était au XIXe siècle le fondement unique et obligé de la responsabilité civile basée sur l'article 1382 du Code civil. La preuve de la faute du responsable comportait dès lors deux aspects : d'une part, l'établissement d'un comportement fautif, et d'autre part, l'imputabilité de ce comportement au responsable.

---

1. **Obligations de moyens et obligations de résultat :** Demogue, *Traité des obligations en général*, éd. Rousseau, 1992, t. 5, n° 1237 et t. 6, n° 599 ; J. Frossard, *La distinction des obligations de moyens et des obligations de résultat*, LGDJ, 1965 ; A. Plancqueel, « Obligations de moyens et obligations de résultat », *RTD civ.* 1972.334 ; Ph. Le Tourneau, *La responsabilité civile professionnelle*, Economica, 1995 ; J. Bellissent, *Contribution à l'analyse de la distinction des obligations de moyens et des obligations de résultat...*, LGDJ, 2001, thèse Tome 354.

Sur ces deux points, la jurisprudence moderne a désincarné la faute civile, la réduisant à une pure abstraction très critiquable.

571 ***1°) L'appréciation in abstracto de la faute civile*** ◊ Dire de quelqu'un qu'il a eu une conduite fautive, c'est implicitement la comparer à une conduite de référence. Tout le monde est d'accord sur cette démarche intellectuelle : la faute civile s'établit par référence à un paradigme, désigné depuis le droit romain par ce modèle un peu archaïque mais évocateur du *bonus pater familias*, toutefois évincé du Code civil par la loi n° 2014-873 du 4 août 2014 pour être remplacé par le standard plus neutre du comportement « raisonnable ».

En vérité, ce paradigme ne doit être utilisé que pour l'adulte dont la faute est induite d'une comparaison avec la conduite de l'honnête homme, comme est supposé l'être tout citoyen : le bon sens détermine cette « *faute in abstracto* ». La jurisprudence est en principe attentive à définir un paradigme à la mesure du responsable : dans la responsabilité contractuelle, elle compare la conduite d'un professionnel qualifié à celle d'un autre professionnel qualifié, et par exemple définit la faute médicale du spécialiste de manière plus sévère que celle du généraliste. Toutes les responsabilités professionnelles fondées sur la faute supposent une telle adaptation. Ainsi l'appréciation *in abstracto* de la faute civile ne se réfère pas à un paradigme univoque et totalement fictif, mais à un paradigme raisonnable de même nature, de même qualité, de même compétence que le responsable, et placé dans les mêmes circonstances.

572 ***2°) La faute sans discernement : l'abandon de l'imputabilité morale*** [1] ◊ Cependant, dans les arrêts rendus par l'Assemblée plénière le 9 mai 1984, la Cour de cassation a abandonné l'imputabilité comme élément de la faute délictuelle, en considérant que l'absence de discernement de l'auteur de la faute était indifférente à la qualification de cette dernière. Dès lors, en refusant de prendre en compte les particularismes du comportement d'un enfant en bas âge, la jurisprudence apprécie indirectement la faute civile de ce dernier par rapport au paradigme d'une personne raisonnable adulte. L'abstraction est alors discutable, notamment en ce qu'elle aboutit à des situations inéquitables qui, à l'instar des arrêts du 9 mai 1984, réduisent le droit à indemnisation de l'enfant victime en lui opposant sa propre faute. Deux hypothèses peuvent à cet égard être distinguées.

1. **Faute sans discernement ; abandon de l'imputabilité** : B. Puill, « Les caractères du fait non fautif de la victime », *D.* 1980. Chron. 157 ; J.-F. Barbieri, « L'incidence de l'art. 489-2 après une décennie ; inconscience et responsabilité dans la jurisprudence civile », *JCP* 1982.I.3057 ; G. Viney, « Réflexions sur l'art. 489-2 C. civ. », *RTD civ.* 1970.251 ; J.-J. Burst, « La réforme du droit des incapables majeurs et ses conséquences sur le droit de la responsabilité civile extra-contractuelle », *JCP* 1970.I.2307 ; H. Mazeaud, « La faute objective et la responsabilité sans faute », *D.* 1985, chron., p. 13. F. Warembourg-Auque, « Irresponsabilité ou responsabilité civile de l'infans », *RTD civ.* 1982. 329 ; G. Viney, « La réparation des dommages causes sans l'empire d'un état d'inconscience : un transfert nécessaire de la responsabilité vers l'assurance », *JCP* 1985.I.3189 ; M. Carcenac, « De la responsabilité sans faute à la faute objective », *RGDA* 1998, p. 32 ; R. Legeais ; « Un gardien sans discernement », *D.* 1984. Chron. 237.

1) L'infans, auteur du dommage[1]. La responsabilité civile de l'enfant dépourvu de discernement sous le couvert de l'art. 1382 C. civ. (*faute objective*) répond au souci de ne pas laisser la victime d'un dommage corporel sans indemnisation. Envisagé en effet du côté de la victime, le dommage, qu'il ait été causé par un enfant, ou une personne dans la force de l'âge, appelle une identique réparation. À cet égard, on évoquera la responsabilité civile de celui qui a causé un dommage à autrui sous l'empire d'un trouble mental (ancien art. 489-2 C. civ. devenu 414-3), qui a été animée par les mêmes considérations indemnisatrices. Mais le dément représente l'exception pour lequel une règle légale spécifique a été posée en 1968 et il peut apparaître déraisonnable d'en faire une référence pour la responsabilité civile. L'utilité pratique de l'évolution peut d'ailleurs soulever difficulté car l'enfant, surtout en bas âge, sera le plus souvent insolvable pour régler la dette de dommages et intérêts, à défaut d'être assuré pour son fait personnel.

Pour tous les auteurs de dommages privés de discernement en raison de leur âge (*infans*) ou d'une maladie mentale, l'évolution de la responsabilité du fait d'autrui apporte une solution beaucoup plus pertinente : il appartient à ceux qui exercent un *pouvoir* de surveillance de *répondre des actes* de ceux qu'ils doivent encadrer et surveiller. Bien entendu cette charge serait déraisonnable si elle ne faisait pas l'objet d'une *assurance obligatoire* qui devrait être imposée à tous ceux qui ont un *pouvoir institutionnel ou juridique de surveillance* et non un simple pouvoir occasionnel.

De même, sur la base de l'art. 1384, al. 2 C. civ. la jurisprudence retient la responsabilité de l'*infans* gardien d'une chose, instrument du dommage, alors que la garde est juridiquement définie par « l'usage, le contrôle et la direction » de la chose : comment une personne privée de discernement peut-elle exercer cette « garde intellectuelle » sur la chose objet du dommage ? Ici il importe de transférer la garde juridique de la chose dommageable à celui qui a pouvoir institutionnel, et *autorité* sur l'auteur du dommage privé de discernement. Il est admis que ce sont les commettants, et non les préposés, qui sont les « gardiens » des choses dommageables utilisées par ceux-ci : il est justifié d'avoir la même jurisprudence pour les parents et autres responsables des personnes privées de discernement.

Ce transfert à la responsabilité objective du fait d'autrui de la responsabilité personnelle de la personne privée de discernement permettrait de réserver à la notion de « *faute* » son sens profond dont la connotation morale demeure universelle.

---

1. **Absence de discernement de l'auteur du dommage** : Ass. plén., 9 mai 1984, 5 arrêts dont arrêt *Gabillet*, *D.* 1994.II.525, concl. Cabannes et note Chabas, *JCP* 1984.II.2056, note Jourdain, *RTD civ.* 1984, obs. Huet (responsabilité de E. Gabillet, âgé de 3 ans qui, en tombant d'une balançoire improvisée éborgne son camarade avec un bâton qu'il tenait à la main) ; Civ. 2e, 12 déc. 1984, *RTD civ.* 1986.119, obs. Huet, (responsabilité de l'enfant de 7 ans qui poussant un camarade avec violence provoque un éclatement de la rate : la Cour d'appel « n'était pas tenue de vérifier si le mineur… était capable de discerner les conséquences de son acte »). C. Lapoyade-Deschamps, « Les petits responsables », *D.* 1988. Chron. 299. R. Legeais, « Le mineur et la responsabilité », *Mélanges Cornu*, PUF, 1994, p. 253.

2) L'absence de discernement de la victime d'un dommage[1]. L'absence de discernement de l'*infans* le rend non seulement imprévisible et dangereux pour autrui, mais encore plus pour lui-même : les enfants sont les premières victimes corporelles d'accidents de la vie courante. Ici encore la jurisprudence privilégie une conception désincarnée et abstraite de la « faute » de la victime exonératoire du responsable et la privant ainsi totalement ou partiellement d'indemnisation : unanime, la doctrine critique l'iniquité d'une jurisprudence souvent beaucoup mieux inspirée dans sa construction prétorienne du droit de la responsabilité. L'inopportunité de cette solution justifie que les avants projets de réforme du droit de la responsabilité l'écartent en excluant l'effet exonératoire de la faute de la victime lorsque celle-ci est privée de discernement (art. 48 de l'avant-projet Terré, et 1351-1 de l'avant-projet Catala).

C. La preuve de la faute du responsable

573 ***La preuve de la faute de l'auteur du dommage incombe à la victime***[2] ◊ Que l'on soit dans la responsabilité subjective contractuelle pour inexécution d'une obligation de moyens ou dans la responsabilité subjective délictuelle du fait personnel de l'article 1382 C. civ., la charge de la *preuve de la faute de l'auteur du dommage*, incombe à la victime. La faute est démontrée par l'analyse d'un comportement ; celui-ci est un fait qu'apprécie souverainement le juge du fond : tous les moyens de preuve sont donc admissibles ; en revanche la Cour de cassation en contrôle la qualification.

Si la preuve de la faute est apportée par la victime, la responsabilité du défendeur peut être engagée, sous réserve que les autres conditions de la

---

1. **Absence de discernement de la victime ; jurisprudence** : Ass. plén., 9 mai 1984, 5 arrêts, *D.* 1984.II.525, concl. Cabannes, note Chabas, *JCP* 1984.II.20255, note Dejean de la Bâtie et *JCP* 1984.II.20256, note Jourdain, *RTD civ.* 1984.508, obs. Huet, G. Viney, chron. RC in *JCP* 1997.4068, p. 511 ; Civ., 7 mars 1989, *JCP* 1990.II.21403, note Dejean de la Batie (arrêt *Derguini* : partage de responsabilité à l'encontre d'une petite fille de 5 ans, tuée sur un passage protégée alors qu'affolée par l'arrivée d'une voiture elle faisait demi-tour pour revenir sur le trottoir après s'être élancée sur la chaussée : à noter que la loi Badinter du 5 juillet 1985 imposera alors l'indemnisation de l'enfant ; arrêt *Lemaire* : enfant de 13 ans électrocuté en vissant une ampoule sans avoir coupé le courant avec l'interrupteur) ; Civ. 2e, 28 févr. 1996, *D.* 1996.602, note Duquesne, *Gaz. Pal.*, 14-15 févr. 1997, note Jacques, (enfant de 8 ans cachée sous une table, se relève brusquement et heurte une personne qui transportait une casserole d'eau bouillante, « la faute d'un mineur (ici victime de brûlures) peut être retenu à son encontre même s'il n'est pas capable de discerner les conséquences de son acte ») ; Civ. 2e, 19 févr. 1997, *RCA* 1997, n° 154 (partage de responsabilité à l'encontre d'une enfant de 8 ans qui s'est approchée de trop près d'une balançoire en mouvement et a été blessée). – ***Contra*** : CA Paris, 2 avr. 2001, *RCA* 2001, n° 244, note Grynbaum (l'enfant blessé par un détonateur laissé à sa portée, qu'il a pris pour une arme factice en plastique, n'a pas commis de faute). Civ. 2e, 4 oct. 2012, n° 10-21612, *JCP* 2013, 484 (absence de faute de l'enfant de 5 ans commettant une imprudence lors d'un goûter d'anniversaire).

2. **Preuve de la faute** : Civ. 1re, 18 nov. 1997, *RTD civ.* 1998.119, obs. Jourdain, *RCA* 1998, chron. A. Cathelineau, n° 8, *D.* 1998. Somm. 197, obs. Delebecque, *Gaz. Pal.*, 12-16 juill. 1998, p. 36, note Omarjec, (assistante maternelle, obligation de moyen quant à la santé des enfants, accident anoxique, absence de preuve d'une faute).

responsabilité (préjudice et lien de causalité) soient établies. Réciproquement, le responsable peut tenter de s'exonérer par la preuve de son absence de faute.

574 ***La présomption de faute*** ◊ Malgré la liberté des moyens de preuve, la victime est souvent impuissante à établir des faits qui lui demeurent étrangers, souvent inaccessibles et cachés : l'exemple en est donné par la preuve d'une faute commise par le chirurgien alors que la victime était endormie. Aussi la jurisprudence admet-elle parfois une « *présomption de faute* » pour alléger la charge de la victime par le recours à ce qu'on appelle parfois la « *faute incluse* » lorsque la réalisation aberrante d'un dommage ne peut s'expliquer que par une faute. Les Anglo-Saxons évoquent la *res ipsa loquitur* : les choses parlent d'elles-mêmes ; ainsi la voiture n'a pu aller dans le fossé que par une faute de conduite, ou le nerf du malade n'a pu être sectionné que par une maladresse du chirurgien.

Théoriquement la présomption de faute ne change pas la nature de la responsabilité encourue, mais elle renverse seulement la charge de la preuve reportée sur l'auteur du dommage qui désire s'exonérer et se proclame non fautif : la *probatio diabolica* change de camp. Dans une responsabilité fondée sur la faute, une « *présomption de faute* » ne saurait en effet être irréfragable : l'auteur du dommage peut donc s'exonérer en *prouvant son absence totale de faute*. Si l'on n'admet pas une telle exonération, c'est que la faute n'est plus le fondement de la responsabilité encourue. La présomption de faute, si elle devient irréfragable, constitue en réalité une *responsabilité sans faute* et change la nature même de la responsabilité encourue.

D. L'abandon de la théorie de l'unité des fautes civiles et pénales

575 La théorie de l'unité des fautes civiles et pénales a été retenue pendant presque un siècle, de 1912 à 2000.

576 ***1°) L'énoncé de la théorie*** [1] ◊ Le problème posé était celui de l'identité entre la *faute civile* non intentionnelle la plus légère qui fonde le droit à

1. **Théorie de l'unité des fautes civiles et pénales : – Doctrine :** A. Chavanne, « Le problème des délits involontaires », *RSC* 1962, p. 241 ; A. Pirovano, « Faute civile et faute pénale », LGDJ 1996 ; A. Chavanni et A. Varinard, « La théorie de l'unité des deux fautes », J.M.L.-D.M. 1984, p. 363 ; C. Roca, « De la dissociation entre la réparation et la répression dans l'action civile exercée devant les juridictions répressives », *D.* 1991, chron. 85 ; P. Couvret, « La responsabilité et le nouveau Code pénal » in Métamorphoses de la responsabilité, Droit et Cultures 1996.1, p. 97, L'Harmattan ; Y. Mayaud, « De l'art. 121-3 du Code pénal à la théorie de la culpabilité en matière criminelle et délictuelle », *D.* 1997, chron., p. 37 ; D. Rebut, « De la prétendue autorité de la chose jugée des condamnations pénales en matière de faute intentionnelle » *RCA* 1997 chron. n° 12 ; H. Groutel, « Faute pénale, faute civile et assurance », *RCA* 2001, chron. n° 25.V. également « Responsabilité civile et responsabilité pénale : regards croisés » (dir. C. Corgas-Bernard et V. Wester-Houin), *RCA* 2013, dossier n° 21 à 35. P. Hennion-Jacquet, « L'indemnisation du dommage causé par une infraction : une forme atypique de réparation ? », *RSC* 2013, 517. – **Jurisprudence : arrêts de principe :** Civ., 18 déc. 1912 et 12 juin 1914, *D.* 1915.1.17 note S. L., *S.* 1914.1.249, note Morel, (« Au cas de délit d'homicide, de blessures involontaires prévu par les art. 319-320,

réparation de la victime sur le terrain délictuel des art. 1382-1383, C. civ., ou contractuel des obligations de moyens, et la *faute pénale* qui fonde les art. 221-6 et 221-7 du Code pénal, lorsqu'il y a blessure ou décès d'autrui causés par maladresse, imprudence, inattention, négligence ou inobservation des règlements. Par un arrêt du 18 décembre 1912, la Cour de cassation avait estimé que la faute pénale d'imprudence se confond avec la faute quasi-délictuelle civile : c'était le *principe de l'unité des fautes civiles et pénales* dans le domaine des infractions d'imprudence.

Dès lors les victimes ont parfois préféré agir par la voie pénale avec constitution de partie civile tant par vindicte, qu'en raison des facilités offertes par l'instruction pénale. Les magistrats se sont donc trouvés face à un dilemme : soit ils retenaient la faute la plus minime, et le responsable subissait l'opprobre d'une condamnation pénale ; soit ils rejetaient la qualification de faute, mais alors le principe de l'unité des fautes pénales et civiles ne permettait pas davantage de retenir la faute civile qui fonde la responsabilité du fait personnel, et la victime demeurait sans indemnisation.

Ce principe purement jurisprudentiel de « l'unité des fautes civile et pénale » était unanimement critiqué par la doctrine qui soulignait les finalités différentes de la responsabilité civile et de la responsabilité pénale : le domaine de la faute civile « la plus légère » est infiniment plus vaste que celui de la faute pénale qui suppose une détermination légale de l'infraction.

577 ***2°) L'abandon de l'identité de la faute civile et de la faute pénale par la loi du 10 juillet 2000*** ◊ Certains effets très critiqués de la théorie avaient déjà été abolis auparavant : ainsi une loi du 23 décembre 1980 avait heureusement supprimé « la solidarité des prescriptions civiles et pénales », en les dissociant. Puis la loi du 8 juillet 1983 sur la protection des victimes d'infraction avait introduit dans le Code de procédure pénale un article 470-1 en vertu duquel « le tribunal saisi, à l'initiative du ministère public ou sur renvoi d'une juridiction d'instruction, de poursuites exercées pour homicide ou blessures involontaires, qui prononce une relaxe, demeure compétent... pour accorder, en application des règles de droit civil, réparation de tous les dommages résultant des faits qui ont fondé la poursuite ». Cependant dans le cadre de la responsabilité civile délictuelle, ce ne pouvait plus être sur la base d'une responsabilité pour faute (art. 1382 C. civ.) mais seulement d'une responsabilité sans faute (art. 1384 s. C. civ.).

a) La loi n° 2000-647 du 10 juillet 2000 « tendant à préciser la définition des délits non intentionnels » [1]

1. Désormais l'article 4-1 du Code de procédure pénale dispose que : « l'absence de faute pénale non intentionnelle au sens de l'art. 121-3 du Code pénal

---

C. pén., la légèreté de la faute commise ne peut avoir d'autre effet que d'atténuer la peine encourue... » (1re esp.) ; « Les art. 319 et 320, C. pén. punissent le délit de blessure involontaires sans distinguer la gravité de la faute commise » (2e esp.).

1. **Loi n° 2000-647 du 10 juillet 2000 sur les délits non intentionnels (dite loi Fauchon) ; Doctrine :** Y. Mayaud, « Violences involontaires et responsabilité pénale », Dalloz (col. Dalloz

ne fait pas obstacle à l'exercice d'une action devant les juridictions civiles afin d'obtenir la réparation d'un dommage sur le fondement de l'art. 1383 C. civ. si l'existence de la faute civile prévue par cet article est établie ».

Cette disposition remédie à la dérive répressive à laquelle conduisait le principe de l'unité des fautes civiles et pénales, la condamnation pénale étant alors le support de l'indemnisation civile des victimes. Désormais la relaxe fondée sur l'absence de faute non intentionnelle n'interdit pas la reconnaissance d'une faute civile qui fonde la réparation. Cependant la connexité entre faute civile et pénale demeure dans le cas où il y a condamnation pénale fondée sur une faute d'imprudence : celle-ci constitue toujours une faute civile.

2. La loi du 10 juillet 2000 a surtout eu pour objet d'alléger la répression frappant les auteurs indirects des infractions, décideurs politiques ou hiérarchiques dont la sanction pénale ne semblait pas justifiée dans des situations où leur rôle effectif dans la genèse de l'accident était assez virtuel.

Désormais, lorsque le lien de causalité est indirect, le prévenu ne pourra être pénalement sanctionné qu'en cas de *faute qualifiée* qui résulte soit de « la violation manifestement délibérée d'une obligation particulière de prudence ou de sécurité prévue par la loi ou le règlement », soit de « la faute caractérisée et qui exposait autrui à un risque d'une particulière gravité que l'agent ne pouvait ignorer » (art. 121-3, al. 4 C. pén.).

En revanche pour les *auteurs directs de l'infraction*, la *faute d'imprudence ordinaire* demeure suffisante pour engager leur responsabilité conformément à l'art. 121-3, al. 3 du Code pénal.

b) L'application jurisprudentielle de la loi du 10 juillet 2000

La Cour de cassation a adhéré aux solutions nouvelles, en anticipant même l'application officielle de la loi. Elle a ainsi énoncé que « la déclaration par le juge répressif de l'absence de faute pénale non intentionnelle ne fait pas obstacle à ce que le juge civil retienne une faute civile d'imprudence ou

---

référence) ; Y. Mayaud, « Retour sur la culpabilité non intentionnelle... », *D.* 2000, chron., p. 603 ; Y. Mayaud et F. Desportes, « La définition des délits non intentionnels », Colloque, *Gaz. Pal.*, 29-31 juill. 2001, p. 3 ; P. Jourdain, « Faute civile et faute pénale », *RCA* juin 2003, N° spécial « La responsabilité pour faute », p. 74 ; M. Truchet, « La transformation de la notion de responsabilité civile et pénale », *Gaz. Pal.* 5-6 juill. 2002, p. 2 ; F. J. Passier et C. Charbonneau, « Commentaire de la loi sur la responsabilité pénale des élus », Petites Affiches n° 138, 12 juill. 2000, p. 4 ; C. Roca, « Nouvelle définition de l'infraction non intentionnelle... », *LPA* n° 214, 26 oct. 2000, p. 4 ; A. Dorsner-Dolivet, « Que devient le principe de l'identité des fautes civiles et pénales... », *RRJ* 2002-1, p. 199 ; J. Guigue, « Application des dispositions de la loi du 10 juillet 2000 », *Gaz. Pal.* 17-19 déc. 2000, p. 3 ; M. Tapia, « Décadence et fin éventuelle du principe d'identité des fautes pénale et civile », *Gaz. Pal.* 7-8 mars 2003, p. 2 (cf. les nombreuses références citées) ; J. D. Nuttens, « La loi Fauchon du 10 juillet 2000... », *Gaz. Pal.* 4-5 oct. 2000, p. 7 ; S. Petit, « Une nouvelle définition des délits d'imprudence », *Gaz. Pal.* 9-11 juill. 2000, p. 2 ; Ch. Desnoyer, « L'art. 4-1 C. pr. pén... l'esprit contrarié par la lettre », *D.* 2002. 979 ; M. A. Agard, « Faute pénale et faute civile : un divorce dans la précipitation » *RCA* 2001, chron. p. 16. Ph. SALVAGE, « La loi n° 2000-647 du 10 juillet 2000. Retour sur l'imprudence pénale » *JCP* 2000, I, 281.

de négligence » (Civ. 1re, 30 janv. 2001) [1], et même que « la déclaration par le juge répressif de l'absence de faute pénale non intentionnelle ne fait pas obstacle à la reconnaissance d'une faute inexcusable en application de l'art. L. 452-1 du Code de sécurité sociale » : Cette décision souligne la rupture entre la répression au pénal et la réparation au civil (comment peut-il y avoir une faute de gravité inexcusable alors qu'il n'y a même pas d'imprudence reconnue ?). Le principe de la séparation des deux ordres de responsabilité est excellent... même si certaines applications peuvent étonner.

SECTION 2. LA RESPONSABILITÉ OBJECTIVE

578 ***L'éthique de la responsabilité objective*** ◊ La *responsabilité objective ou causale* s'est dégagée de la faute comme critère et fondement de la responsabilité : c'est la responsabilité *« no-fault »* des Anglo-Saxons. Ici la victime n'a plus à analyser le comportement de l'auteur du dommage pour apporter la preuve difficile d'une « faute ». Elle doit seulement objectivement établir - outre l'existence des dommages subis, impératif catégorique de toute demande d'indemnisation - le lien de causalité qui les rattache au fait générateur.

Dans la responsabilité objective, il ne s'agit donc plus de juger le comportement d'un sujet responsable, mais d'établir un enchaînement causal de faits, de l'activité de l'auteur responsable au dommage. Conformément à l'éthique la plus exigeante de la responsabilité humaine, *la responsabilité objective établit que chacun est responsable non seulement de ses fautes, mais aussi de ses pouvoirs et de ses actes*, et qu'il doit juridiquement en assumer les conséquences dommageables.

Depuis 1990, l'évolution jurisprudentielle a été considérable, élargissant le domaine de la responsabilité objective. La responsabilité contractuelle sanctionnant l'inexécution d'une obligation déterminée (§ 1), la responsabilité délictuelle du fait des choses (§ 2) et la responsabilité délictuelle du fait d'autrui (§ 3) sont aujourd'hui des responsabilités sans faute, soulignant particulièrement la nécessité de protection des victimes de dommages corporels.

§ 1. La responsabilité objective contractuelle

579 ***Obligation contractuelle et sécurité des personnes*** ◊ Il y a *obligation déterminée* ou de résultat dans un contrat lorsque le débiteur garantit l'exécution d'une prestation précise ; en cas de défaillance, il est inutile d'analyser le comportement du débiteur ; peu importe qu'il ait, ou non,

1. **Loi du 10 juillet 2000 ; Jurisprudence :** D. N. Commaret, « La loi du 10 juillet 2000 et sa mise en œuvre par la chambre criminelle de la Cour de cassation », *Gaz. Pal.* 12-13 avr. 2001, p. 3. Crim., 5 sept. 2000, *Gaz. Pal.* 21-22 mars 2001, note J. Guigue (application rétroactive d'une loi pénale plus douce). Civ. 2e, 16 sept. 2003, *D.* 2004. 721, note Ph. Bonfils, (La relaxe de l'employeur au pénal n'est pas incompatible avec la faute inexcusable au civil).

commis une faute : l'inexécution contractuelle qui cause un dommage au cocontractant est la source de la responsabilité contractuelle. On peut penser qu'un débiteur circonspect hésitera à garantir un résultat. Mais à cet égard il faut souligner le rôle de la jurisprudence qui souvent n'hésite pas à « forcer » le contrat lorsque cela lui semble conforme à l'ordre public, à l'équité ou à la protection des victimes : il en est souvent ainsi lorsque la *sécurité des personnes* est en jeu (A).

Par attraction des règles de la responsabilité délictuelle, la jurisprudence admet parfois également qu'il puisse y avoir une responsabilité contractuelle du fait des choses ou du fait d'autrui, lorsqu'un accident survient à l'occasion de l'exécution du contrat (B).

A. Les obligations de sécurité [1]

580 La protection de la vie et de l'intégrité physique des personnes est un droit « naturel » issu de la nuit des temps et porté par toutes les civilisations, les philosophies et les religions. C'est un droit absolu de chacun auquel correspond une obligation générale de sécurité qui transcende les clivages juridiques traditionnels de la responsabilité contractuelle ou délictuelle, subjective ou objective. Cependant la matrice historique des obligations de sécurité est le domaine contractuel.

581 ***1°) L'extension des obligations de sécurité*** [2] ◊ L'obligation de sécurité, forgée dans le contexte du contrat de transport de personnes, est

---

1. **Obligation de sécurité, doctrine :** Y. Lambert-Faivre, « Fondement et régime de l'obligation de sécurité », *D.* 1994, chron., p. 81 ; G. Viney, P. Jourdain et S. Carval, « La responsabilité ; Conditions », LGDJ 3e éd. 2013, nos 499 s. ; F. Terré, P. Simler, Y. Lequette, « Les obligations », Dalloz, 10e éd. 2009, n° 568 ; P. Le Tourneau « Droit de la responsabilité et des contrats », Dalloz, 2009-2010, nos 3292 s. ; P. Jourdain, « L'obligation de sécurité ; à propos de quelques arrêts récents », *Gaz. Pal.*, 24 sept. 1993, p. 6 ; H. Groutel, « L'impérialisme de l'obligation de sécurité », *RCA* 1994, chron., n° 6 ; M. Puech, « De la mise en danger d'autrui », *D.* 1994, chron., p. 153 ; G. Martin, « Précaution et évolution du droit », *D.* 1995, chron., p. 299 ; Colloque Chambéry, nov. 1996, J. L. Halperin, P. Delebecque, G. Paisant, P. Jourdain, D. Mazeaud, G. Viney, « Le développement de l'obligation de sécurité », Travaux in n° spécial *Gaz. Pal.* 21-23 sept. 1997, p. 2 à 45 ; F. Defferard, « Une analyse de l'obligation de sécurité à l'épreuve de la cause étrangère », *D.* 1999, chron. 364.

2. **Obligation de sécurité ; jurisprudence :** arrêt de principe : Civ., 21 nov. 1911, *S.* 1912.1.73, note Lyon-Caen ; *D.* 1913.1.249, note Sarrut (transport maritime de personnes). Applications diverses : Civ. 1re, 28 avr. 1969, *D.* 1969.650, note G. C.-M., *RTD civ.* 1970.186, obs. Durry (manège forain) ; 18 févr. 1986, *RTD civ.* 1986.770, obs. Huet (entreprise d'attraction pour enfant) ; 8 oct. 1968, *JCP* 1969.II.15745, note W. R. ; *D.* 1969.157, note J. Mazeaud (remonte-pente, obl. résultat) ; 4 nov. 1992, *RTD civ.* 1993.364, obs. Jourdain (remonte-pente, obl. moyens) ; 17 mars 1993, *RCA* 1993, n° 190 (bob-luge) ; 28 oct. 1991, *RTD civ.* 1992.397 (toboggan aquatique) ; Civ. 1re, 17 janv. 1995 précité, *D.* 1995.350, note Jourdain, *RGAT* 1995.529, obs. Rémy, *RTD civ.* 1995. 631, obs. Jourdain, *RCA* 1995, n° 123 et chron., n° 16, *JCP* 1995.I.3853, n° 9, obs. G. Viney (le cerceau de Nelly brisé, obligation de sécurité de l'école, du vendeur et du fabricant) ; Civ. 1re, 4 juill. 1995, deux arrêts, *JCP* 1996.II.22620, note G. Plaisant et P. Brun, obs. Viney, *JCP* 1996.I.3944, n° 9 (applications de l'obligation de sécurité en matière de télésiège : responsabilité de l'exploitant retenue lorsque la victime a sauté de l'appareil en panne ;

généralement entendue comme ayant son seul champ d'application en matière de responsabilité contractuelle ; cette analyse réductrice doit aujourd'hui être remise en question.

Certes le contrat fait la loi des parties ; l'engagement contractuel apparaît donc comme la source juridique la plus immédiatement perçue du droit des obligations et, selon notre tradition doctrinale, l'obligation de sécurité source de responsabilité civile est par nature contractuelle, quel que soit par ailleurs le type de contrat : contrat de transport par terre, par mer ou par air, avec toutes ses extensions fantaisistes à cheval, en télésiège, en bob-luge, en remonte-pente, en toboggan aquatique, etc., contrat d'hôtellerie ou de restauration, contrat de prestation de services d'agences de voyages, etc.

Cependant la réalité d'un impératif juridique de sécurité hors du seul cadre contractuel s'induit de l'indétermination jurisprudentielle de la frontière entre responsabilité contractuelle et délictuelle et surtout du champ d'application univoque de maintes *législations modernes* ; on en donnera ici deux exemples :

1) *L'indemnisation des victimes d'accidents de la circulation* [1] mise en œuvre par la loi Badinter du 5 juill. 1985 s'applique non seulement dans le cadre classique de dommages causés à des tiers, mais encore aux victimes transportées en vertu d'un contrat de transport.

2) *L'obligation de sécurité des fabricants* [2], *obligation sui generis*, a d'abord été exprimée dans la loi française du 21 juill. 1983 dite loi Lalumière qui énonce clairement une obligation générale de sécurité dans son art. 1er : « *Les produits et services doivent*, dans les conditions normales d'utilisation, ou dans d'autres conditions raisonnablement prévisibles par le professionnel, *présenter la sécurité à laquelle on peut légitimement s'attendre*, et *ne pas porter atteinte à la santé des personnes* ». Cette obligation a été relayée par la directive européenne du 25 juillet 1985, transposée en droit français par la loi n° 98-389 du 19 mai 1998, qui prévoit la responsabilité des fabricants

---

responsabilité non retenue lorsque la victime a raté son départ) ; Civ. 1re, 21 oct. 1997, *RCA* 1997, n° 355 (« l'organisateur d'un vol en parapente et le moniteur sont tenus d'une obligation de résultat, en ce qui concerne la sécurité de leurs clients pendant le vol ») ; Civ. 1re, 29 mai 1996, *RCA* 1996, n° 344, *RTD civ.* 1997.140, obs. Jourdain (chute dans une boucherie : celle-ci n'est pas tenue à l'égard des personnes se trouvant dans son magasin d'une obligation contractuelle de sécurité) ; Civ. 1re, 10 mars 1998, *D.* 1998.505, note Mouly, *RCA* 1998, n° 182 (l'obligation de sécurité pesant sur l'exploitant d'un télésiège est de résultat pendant le trajet et n'est plus que de moyens lors des opérations d'embarquement et de débarquement) ; Civ. 2e, 2 déc. 1998, *RCA* 1999, n° 34, *RTD civ.* 1999.407, obs. Jourdain (location d'une salle pour une réception avec mise à disposition d'une cuisinière à gaz qui explose ; obligation de sécurité de moyens du bailleur) ; Soc. 28 févr. 2002, *JCP* 2002, II, 10053, concl. Benmaklouf (obligation de sécurité de résultat de l'employeur en ce qui concerne les maladies professionnelles contractées par le salarié au sein de l'entreprise). Civ. 1re, 21 juin 2005, *RCA* 2005, comm. n° 242 (obligation de sécurité de la banque : obl. de moyens). Civ. 1re, 16 mai 2006, *RCA* 2006, comm. n° 239 (organisateur de spectacle de hockey sur glace : obl. de moyens). Soc. 6 oct. 2010, *D.* 2010. 2439 (manquement à l'obligation de sécurité de l'employeur qui ne fait pas respecter l'obligation de fumer).

1. **Victimes d'accidents de la circulation :** v. ss 686 s.
2. **Victimes de produits présentant un défaut de sécurité :** v. ss 916 s.

du fait des produits défectueux, défectuosité définie par l'article 1386-4 comme résidant dans le produit n'offrant pas la sécurité à laquelle on peut légitimement s'attendre.

Ces textes de droit positif sont particulièrement explicites : les professionnels, fabricants de produits ou prestataires de services, ne doivent pas porter atteinte à la sécurité des personnes, c'est-à-dire porter atteinte à l'intégrité physique d'autrui, que la « personne » victime soit un contractant ou un tiers.

Il est clair que la responsabilité délictuelle sans faute traduit de manière très générale cette « obligation de sécurité » dont chacun est tenu à l'égard de l'intégrité physique d'autrui [1].

582 ***2°) La nature de l'obligation de sécurité, obligation déterminée*** ◊ Alors que la doctrine plaide généralement pour le caractère déterminé de l'obligation de sécurité, dite alors « de résultat », la jurisprudence opère une distinction, en ne retenant qu'une simple obligation de moyens dès lors que la victime disposait d'une certaine autonomie d'action lors de l'accident, et une obligation de résultat dans le cas contraire [2].

Cependant, à regarder de plus près les accidents en cause, il semble qu'une nouvelle analyse pourrait réconcilier les deux points de vue.

En effet la terminologie habituelle d'obligation « de résultat » est fort confuse et si un dommage corporel survient de quelque manière que ce soit, la soi-disant obligation de sécurité de résultat est présumée transgressée alors même que son objet précis n'a pas été préalablement déterminé.

Or l'existence d'une obligation de sécurité à la charge du débiteur ne signifie nullement qu'il n'y aura aucun dommage corporel, mais qu'*il n'y aura aucun dommage corporel causé par l'activité de ce débiteur* : dans toute responsabilité objective, dite encore causale, le lien de causalité est un élément essentiel qu'il ne faut jamais perdre de vue.

Cette analyse démontre qu'une obligation déterminée de sécurité autorise néanmoins l'exonération du débiteur si son activité n'est pas la cause du dommage imputable à la seule victime.

Ainsi la casuistique jurisprudentielle, peu convaincante sur la base d'une obligation de sécurité à géométrie variable, s'explique parfaitement par l'imputabilité du dommage que la victime cavalière, nageuse, skieuse etc. se cause à elle-même ; en revanche le débiteur demeure tenu d'une obligation déterminée de sécurité, et non d'une simple obligation de moyens, dès lors que son installation, son exploitation ou son activité sont la cause du dommage corporel, même si aucune faute n'est établie à son encontre.

---

1. Dans le même sens, V. Ch. Radé, « Responsabilité et solidarité : propositions pour une nouvelle architecture », *RCA* 2009, n° 3, p. 26.

2. V. par exemple, dans le cadre du transport par télésiège : Civ. 1re, 11 mars 1986, *Bull. civ.* n° 65 ; 11 juin 2002, *JCP* 2003, I, 152, n° 13, distinguant selon que l'accident à lieu lors du trajet (rôle passif de la victime : obligation de résultat) ou lors des opérations d'embarquement ou de débarquement (rôle actif de la victime : obligations de moyens). Dans le transport ferroviaire : Civ. 2e, 7 mars 1989, *D.* 1991. 1.

583 ***La nullité des clauses relatives à la sécurité des personnes*** ◊ Lorsque la loi ou la jurisprudence impose au débiteur une obligation déterminée de *sécurité* dans un souci *d'ordre public*, les parties ne peuvent pas s'en dégager par des clauses exonératoires ou limitatives de responsabilité, qui sont au demeurant prohibées par les dispositions relatives à la prohibition des clauses abusives chaque fois que la victime n'est pas dans le cadre de son activité professionnelle (art. R. .132-1, 5° C. consom.).

B. La responsabilité contractuelle cas d'utilisation d'une chose ou d'exécution par un substitut

584 L'exécution des contrats, même lorsqu'il s'agit d'obligations de moyens, suppose l'utilisation de choses et l'intervention de préposés qui peuvent causer des dommages. Peut-on pour autant, par un parallélisme avec la responsabilité délictuelle, parler de responsabilité contractuelle du fait des choses ou du fait d'autrui ? On peut en douter.

1) La responsabilité contractuelle du fait des choses [1] pourrait conceptuellement se révéler dès lors que la chose, instrument de l'exécution des obligations contractuelles provoque des dommages notamment par un vice quelconque : dans un arrêt du 17 janvier 1995 la 1re chambre civile avait reconnu clairement une *obligation contractuelle de sécurité du fait des choses*. Cette solution a été aujourd'hui abandonnée à la suite de l'adoption de la loi du 19 mai 1998 opérant transposition de la directive du 25 juillet 1985 relative à la responsabilité du fait des produits défectueux, et surtout de la position de la CJCE qui impose l'exclusivité d'application de ce texte au détriment de tous les régimes spéciaux reposant sur un même fondement [2].

2) La responsabilité contractuelle du fait d'autrui [3] est de réalité pratique constante, même si aucun texte de droit commun ne la réglemente. En effet aux « commettants » et « préposés » du Code civil de 1804 dans une économie agricole et artisanale d'ancien régime, ont succédé des entreprises (commettantes) et un personnel salarié (préposés) : il est évident que tous les contrats qui tissent l'activité économique de l'entreprise sont

1. **Responsabilité contractuelle du fait des choses** : F. Leduc, « La spécificité de la responsabilité contractuelle du fait des choses », *D.* 1996, chron., p. 164 ; Civ. 1re, 2 juin 1981, *JCP* 1982.II.19912, note Dejean de la Batie (chaise qui s'écroule) ; Civ. 1re, 19 juill. 1983, *RTD civ.* 1984.729, obs. Huet (dispositif de sécurité d'un appareil à gaz) ; Civ. 1re, 17 janv. 1995, *RCA* 1995, n° 123 et chron. Groutel, n° 16, *D.* 1995.350, note Jourdain, G. Viney obs. *JCP* 1995.I.3853, n° 9, *RGAT* 1995.674 et chron. Ph. Rémy, *RGAT* 1995, p. 529 (affaire Nelly : petite fille blessée par un éclat de cerceau mis à disposition par son école privée : celle-ci est tenue d'une obligation de sécurité du fait des choses qu'elle met à la disposition de ses clients). Com. 26 mai 2010, *JCP* 2010, 1015, comm. n° 8 Ph. Stoffel-Munck (abandon définitif de l'obligation de sécurité de résultat du vendeur professionnel).

2. **Sur l'exclusivité de la responsabilité du producteur du fait des produits** : v. ss 912.

3. **Responsabilité contractuelle du fait d'autrui**. : G. Viney, « Existe-t-il une responsabilité contractuelle du fait d'autrui ? », *RCA* n° hors série nov. 2000, p. 31. R. Rodière, « Y a-t-il une responsabilité contractuelle du fait d'autrui », *D.* 1952, chron. 79.V. pour une application discutable de cette solution : Civ. 1re, 18 juin 2014, n° 13-14843, *D.* 2014. 1625.

concrètement exécutés par le personnel à tous ses niveaux de hiérarchie et dans toutes ses compétences variées. Concrètement la mauvaise exécution contractuelle résulte donc souvent du fait de préposés. Doit-on pour autant, d'un point de vue juridique, parler de responsabilité contractuelle du fait d'autrui ? On peut en douter car le débiteur de l'obligation reste le contractant, peu important qu'il se soit substitué un tiers pour l'exécution de son obligation.

§ 2. La responsabilité délictuelle du fait des choses

585 ***La responsabilité du fait des choses, fondée sur le risque*** [1] ◊ L'article 1384, al. 1, C. civ. pose un principe général : « On est responsable non seulement du dommage que l'on cause par son propre fait, mais encore de celui qui est causé par le fait des personnes dont on doit répondre ou des choses que l'on a sous sa garde ».

Dès lors que la victime a établi la relation objective de causalité entre le fait des choses et les dommages qu'elle a subis, le défendeur est présumé responsable ; cette « présomption de responsabilité » ne doit pas être confondue avec une simple « présomption de faute ».

Les arrêts *Teffaine* du 16 juin 1896 et *Jand'heur* du 13 février 1930 ont « découvert » puis précisé le principe d'une *responsabilité générale du fait des choses* (art. 1384, al. 1, C. civ.) [2]. Elle est prolongée par la « *responsabilité du fait des animaux* » de l'article 1385 C. civ. [3] et celle de la « *responsabilité du fait des bâtiments* » prévue par l'art. 1386, C. civ. [4].

---

1. **Sur l'utilité de ce régime de responsabilité dans le droit contemporain**, V. la controverse : JS Borghetti « La responsabilité du fait des choses, un régime qui a fait son temps », *RTD civ.* 2010. 1. Ph. Brun, « De l'intemporalité du principe de responsabilité du fait des choses », *RTD civ.* 2010. 487.

2. **Responsabilité délictuelle du fait des choses ; art. 1384, al. 1, C. civ.,** « On est responsable du dommage qui est causé... par le fait des choses que l'on a sous sa garde » ; arrêt Teffaine, Civ., 16 juin 1896, *S.* 1897.I.17, note Esmein, *D.* 1897.I.433, note Saleilles et concl. avocat général Sarrut ; arrêt Jand'heur, Ch. réunies, 13 févr. 1930, *S.* 1930.1.121, note Esmein, *D.* 1930.1.57, note Ripert.

3. **Responsabilité du fait d'un animal ; art. 1385, C. civ.,** « Le propriétaire d'un animal, ou celui qui s'en sert, pendant qu'il est à son usage, est responsable du dommage que l'animal a causé, soit que l'animal fût sous sa garde, soit qu'il fût égaré ou échappé » ; arrêt Tiengou, Civ. 2e, 18 janv. 1984, *RTD civ.* 1984.724, obs. Huet ; Civ. 2e, 22 mars 1995, *RCA* 1995, n° 202 (chien en divagation) ; Civ. 2e, 18 oct. 1995, *RCA* 1995, n° 352 (jument en début de dressage, propriétaire gardien responsable du dommage causé à cavalier) ; Civ. 2e, 15 avr. 1999, *JCP* 2000.II.10317, note Antoine (cavalier blessé par la chute de son cheval effrayé par un taureau ; acceptation des risques) ; Civ. 2e, 15 mars 2001, *RCA* 2001, n° 178, obs. Groutel, *JCP* 2002.I.122, n° 3, obs. Viney (victime mordue par deux chiens : chaque propriétaire est responsable à moins qu'il ne prouve que son animal n'a pas participé à la réalisation de ce dommage). Civ. 2e, 11 juin 2009, *RTD civ.* 2009. 733 obs. P. Jourdain (prévalence de la loi Badinter sur la responsabilité du fait de l'animal).

4. **Responsabilité du fait des bâtiments ; art. 1386, C. civ.,** « Le propriétaire d'un bâtiment est responsable du dommage causé par sa ruine, lorsqu'elle est arrivée par suite du défaut d'entretien ou par le vice de la construction » ; Civ. 2e, 8 juin 1994, *RCA* 1994, n° 323 (chute

Dans tous les cas, l'évolution de la jurisprudence est marquée par une constante objectivation du régime de la responsabilité dès lors que choses (ou animal) ont *causé* des dommages à autrui.

Cependant on doit vivement regretter que la *communication d'incendie*, prévue à *l'art. 1384, al. 2, C. civ.* [1] demeure encore soumise à une responsabilité pour faute, même lorsqu'il y a des victimes corporelles.

A. Le fait de la chose, instrument du dommage

586 Il n'y a aucune détermination possible des « choses » visées par l'art. 1384, al. 1 du Code civil : toutes les tentatives de cantonnement de ce texte à des choses dangereuses ont échoué. En effet, dès qu'une chose en *position anormale* ou en *état anormal* (chose viciée ou défaut d'entretien) est facteur de *risques* elle fonde une responsabilité objective, sans faute ; en revanche la chose inerte ne présentant aucun élément de risque n'a généralement aucun rôle causal dans l'accident : il est plus difficile qu'elle soit l'instrument du dommage. La jurisprudence fonde, sur cet état de fait, une distinction au sein du régime juridique de l'action. Lorsque la chose instrument du dommage est dotée d'un certain dynamisme, et qu'elle est entrée en contact avec la victime, le fait de la chose est présumé, alors que la victime doit en apporter la preuve dans le cas contraire [2].

B. La garde de la chose : l'usage, le contrôle et la direction [3]

587 La responsabilité est attachée à la *garde de la chose*, définie par l'arrêt *Franck* du 2 décembre 1941 par « l'usage, le contrôle et la direction de la chose ».

---

d'une porte ; ruine) ; Civ. 2e, 23 mars 2000, *D.* 2001. 586, note N. Garçon (effondrement de la toiture d'une grange : l'art. 1386 C. civ. n'exclut pas que les dispositions de l'art. 1384, al. 1 soient invoqués à l'encontre du gardien non propriétaire). Civ. 2e, 22 oct. 2009, *D.* 2009. 413 (le dommage causé par la chute de pierres n'est pas dû à la ruine : arrêt réduisant à l'extrême le champ d'application de l'article 1386 C. civ.). C. Desnoyer, « La jurisprudence relative à l'articulation des articles 1386 et 1384 al. 1er du Code civil. L'instrumentalisation de la règle *Specialia generalibus derogant* », *RTD civ.* 2012. 461.

1. **Communication d'incendie : art. 1384, al. 2, C. civ.** : celui qui détient les biens « dans lesquels un incendie a pris naissance ne sera responsable, vis-à-vis des tiers, des dommages causés par cet incendie que s'il est prouvé qu'il doit être attribué à sa faute, ou à la faute des personnes dont il est responsable » ; Civ. 2e, 24 juin 1999, *JCP* 2001.II.10483, note J. Y. Maréchal (peu importe que la cause première de l'incendie ait été ou non lié à une chose).

2. **Distinction de la charge de la preuve selon la situation de la chose** : la jurisprudence est constante. Pour un rappel de cette solution lorsque la chose est inerte, V. Civ. 2e, 24 févr. 2005, *D.* 2005. 1395 ; *RTD civ.* 2005. 407, obs. P. Jourdain, mettant fin à une certaine incertitude de la jurisprudence dans le cas particulier du heurt d'une porte vitrée. Pour une illustration récente : Civ. 2e, 11 sept. 2014, n° 13-22046.

3. **Définition de la garde ; l'usage, le contrôle et la direction de la chose** : Arrêt Franck, Ch. réunies, 2 déc. 1941, *DC* 1942.25 rapport Lagarde et note Ripert, *S.* 1941.I.217, rapport Lagarde et note H. Mazeaud, *Gaz. Pal.*, 1942.2.467, rapport Lagarde et note Roubier (le voleur qui prend le pouvoir sur la chose en devient gardien et responsable) ; arrêt Gabillet, Ass. plén.,

Cette garde est en principe un *pouvoir intellectuel* et non une simple maîtrise matérielle (fût-ce celle du conducteur d'un véhicule). Cette définition, toujours admise, de la garde rend assez incompréhensible l'arrêt *Gabillet* rendu par l'Assemblée plénière le 9 mai 1984 et qui retient la *garde sans discernement* d'un enfant de trois ans qui, en tombant d'une balançoire improvisée, avait éborgné un camarade avec un bâton. Comment peut-on exercer un pouvoir intellectuel de contrôle et de direction sans avoir de discernement ?

La « garde sans discernement » comme la « faute objective » constituent de ces abstractions où se perd le droit.

La protection des victimes de dommages corporels d'une chose peut être plus efficacement assurée par la responsabilité de celui qui conserve véritablement le « pouvoir » intellectuel de direction, notamment des parents du fait de leurs enfants.

588 ***La détermination du gardien et le transfert de la garde*** [1] ◊ Le *propriétaire de la chose* est présumé en avoir la garde, qu'il peut cependant

---

9 mai 1984, *D.* 1984.525, concl. Cabannes, note Chabas, *JCP* 1984.II.20255 (1re esp.), note Dejean de la Bâtie, *JCP* 1984.II.20291, rapport Fédou, *RTD civ.* 1984.508, obs. Huet, v. ss 572 (enfant de 3 ans « gardien » du bâton avec lequel il éborgne un camarade en tombant d'une balançoire) ; Civ. 2e, 11 juill. 2002, *D.* 2002. 3297, note Y. Dagorne-Labbée, *RCA* 2002, n° 327, *Gaz. Pal.* 4-5 juill. 2003, p. 20, note V. Le Blan-Delannoy (jeu d'enfants avec un briquet dans une grange, incendie : un seul des enfants exerçait sur le briquet les pouvoirs d'usage de contrôle et de direction ; pas de garde en commun) ; Civ. 2e, 24 avr. 2003, *Gaz. Pal.*, 5-6 mai 2004, p. 41 (escalade : l'alpiniste n'est pas le gardien d'une pierre qui se détache du rocher).

1. **Détermination du gardien ; casuistique du transfert de garde :** P. Jourdain : obs. sur le « transfert de garde », *RTD civ.* 1991.345 et *RTD civ.* 1999. 630 ; Civ. 2e, 6 janv. 1993, *RCA* 1993, n° 71 (propriétaire présumé gardien ; transfert de garde non établi) ; Civ. 2e, 28 mars 1994, *RCA* 1994, n° 201 (transfert de garde d'une carabine non établi) ; Civ. 2e, 18 juin 1997, *RCA* 1997, n° 293 (gardien propriétaire d'un cheval, garde non transférée à la victime ayant reçu un coup de sabot du cheval qu'elle conduisait à la longe) ; Civ. 2e, 10 juin 1998, *RCA* 1998, n° 298, *JCP* 1999.II.10042, note Mandin (garde de l'échelle transférée à la personne qui avait elle-même pris l'initiative de monter dessus et a fait une chute) ; Civ. 2e, 11 févr. 1999, *RCA* 1999, n° 95 (propriétaire blessée par la chute de l'échelle sur laquelle était montée une autre personne en est demeurée gardienne) ; Civ. 2e, 14 janv. 1999, *RCA* 1999, n° 94 (transfert de la garde d'un chariot de magasin au client qui a été victime de son renversement) ; Civ. 2e, 11 févr. 1999, *RCA* 1999, n° 96 (l'entreprise ayant interrompu ses travaux sur un chantier depuis une dizaine de jours, la garde des madriers d'un échafaudage a été transférée au propriétaire de l'immeuble) ; Civ. 2e, 12 oct. 2000, *RCA* 2000, n° 357, *RTD civ.* 2001. 372, obs. Jourdain (fuite de carburant de cuves de stockage : propriétaire gardien de la structure) ; Civ. 2e, 7 mai 2002, *RCA* 2002, n° 251 (la propriétaire de l'escabeau sur lequel la victime est montée pour poser des rideaux, n'en avait pas transféré la garde) ; Civ. 2e, 19 juin 2003, *D.* 2003. IR. 1881 (propriétaire d'une tondeuse qui ne l'a confié à un tiers que pour un court laps de temps et dans son propre intérêt, en est demeuré le gardien) ; Civ. 2e, 28 nov. 2002, *RTD civ.* 2003. 303, obs. Jourdain (l'utilisateur de la chose en est présumé gardien lorsque le propriétaire est indéterminé) ; Civ. 2e, 23 janv. 2003, *RTD civ.* 2003. 304, obs. Jourdain (travaux de rénovation d'un immeuble ; pas de transfert de garde à l'entrepreneur, d'un détonateur dont la présence était inconnue des propriétaires) ; Civ. 2e, 18 déc. 2003, *Gaz. Pal.* 3-4 mars 2004, p. 20. Conclusions avocat gen. M. Domingo (accident mortel causé par une grue donnée en location : responsabilité de l'entreprise locataire gardienne de la chose). Civ. 2e, 19 oct. 2006, *RCA* 2007, comm. n° 15 (Accident causé par un camion citerne transportant du gaz : responsabilité de

transférer volontairement en confiant à autrui ses pouvoirs d'usage, de contrôle et de direction, par exemple en cas de prêt d'un véhicule. En cas de vol, depuis l'arrêt *Franck* (Ch. réunies, 2 déc. 1941), c'est le voleur qui, s'appropriant la garde de la chose en assume dès lors la responsabilité. En revanche, la notion de garde commune, parfois retenue par la jurisprudence, semble en net repli dans la jurisprudence de la Cour de cassation [1].

Le critère du pouvoir intellectuel permet de concilier la responsabilité du fait des choses et la responsabilité du fait d'autrui : si le dommage est causé par une chose utilisée par un préposé, c'est le *commettant qui a conservé la garde* de la chose ; du fait de l'autorité qu'il a sur le préposé dans l'exercice de ses fonctions, il conserve son pouvoir intellectuel sur les choses. Ce n'est qu'en cas d'abus de fonction que le préposé, se soustrayant à l'autorité du commettant, se saisit du pouvoir intellectuel sur la chose et en assume exceptionnellement la garde.

Si le dommage est causé par une chose utilisée par un enfant, et notamment un *infans*, la *« garde » devrait en appartenir aux parents* qui en ont le contrôle et en assument le pouvoir intellectuel. Cette « garde » directe des parents rend totalement inutile la malencontreuse innovation de la « garde sans discernement » de l'*infans* dans l'affaire *Gabillet* (Ass. plén., 9 mai 1984).

§ 3. La responsabilité délictuelle du fait d'autrui

589 ***Le renouveau de la responsabilité du fait d'autrui fondée sur un pouvoir d'autorité*** [2] ◊ Alors que, sur la base d'une exégèse restrictive des

---

l'entreprise locataire gardienne de la chose). Civ. 2e, 10 nov. 2009, *RTD civ.* 2009. 114 (garde conservée par le louer d'un quad). Civ. 2e, 15 avr. 2010, *JCP* 2010, 1015, comm. n° 7 (l'entretien courant d'un animal n'opère pas transfert de garde).

1. **Abandon progressif de la notion de garde commune** : Civ. 2e, 28 mars 2002, *D.* 2002. 3237 (refus de retenir la garde commune de la balle dans un match de base-ball) ; Civ. 2e, 13 janv. 2005, *D.* 2005. 2435 (même solution pour un match de foot). Civ. 2e, 19 oct. 2006, *JCP* 2007, II, 10030, note M. Mekki (idem au sujet de torches confectionnées en commun et ayant mis le feu à une grange).V. *contra* : Civ. 2e, 22 mai 2014, n° 13-10561.

2. **Responsabilité du fait d'autrui ; doctrine** : J. Julien, *La responsabilité civile du fait d'autrui. Rupture et continuité*, PUAM, 2001. R. Savatier, « La responsabilité du fait des choses que l'on a sous sa garde a-t-elle cours pendant une responsabilité générale du fait des personnes dont on doit répondre ? », *DH* 1933. Chron. 81 ; Legeais, « Un article à surprises ou le nouvel essai de généraliser la responsabilité civile du fait d'autrui », *D.* 1965. Chron. 131 ; G. Viney, « Vers un élargissement de la catégorie des personnes dont on doit répondre. La porte entrouverte sur une nouvelle interprétation de l'art. 1384, al. 1, C. civ. », *D.* 1991. Chron. 157 ; F. Monegier, « Le rapprochement de la jurisprudence du CE (arrêt Ingremeau, 19 oct. 1990) et de la C. cass. (arrêt *Blieck*, 29 mars 1991) en matière de responsabilité du fait des personnes soumises à la surveillance d'autrui », *RDSS* 1991.401 ; Y. Chartier, « La Cour de cassation et l'évolution du droit », *Rapport C. cass.* 1993, p. 35. ; Colloque « La responsabilité du fait d'autrui », Université du Maine, juin 2000, n° spécial, *RCA* nov. 2000 : P. Jourdain, « Existe-t-il un principe général de la responsabilité du fait d'autrui ? » p. 5, G. Durry, « rapport de synthèse », p. 63, G. Viney, « Existe-t-il une responsabilité contractuelle du fait d'autrui ? », p. 31, C. Guettier, « Existe-t-il une responsabilité administrative du fait d'autrui ? », p. 41, H. Slim, « Recherches sur la responsabilité du fait d'autrui en droit comparé », p. 52 ; M. Josselin-Gall, « La responsabilité du fait d'autrui sur le fondement de l'art. 1384, al. 1, C. civ. », *JCP* 2000.I.268 ; M. P. Blin-Franchomme, « Le critère de garde des personnes au

textes du Code civil, la responsabilité délictuelle du fait d'autrui est demeurée cantonnée pendant près de deux siècles aux domaines limitatifs de la responsabilité des parents, commettants, artisans et instituteurs du fait de leurs enfants, préposés apprentis ou élèves, et soumise à un régime encore souvent mal dégagé de la faute, deux arrêts emblématiques ont bouleversé la matière : l'arrêt *Blieck* du 29 mars 1991 a élargi le *domaine de la responsabilité du fait des personnes dont on doit répondre* tandis que l'arrêt *Bertrand* du 19 février 1997 a précisé le *régime de la responsabilité de plein droit des parents.*

Après l'ouverture vers de nouveaux cas de responsabilité du fait d'autrui initiée par l'arrêt Blieck (A), nous étudierons les deux grandes applications particulières de la responsabilité des commettants du fait de leurs préposés (B) et celle des parents du fait de leurs enfants (C), tandis que la responsabilité des instituteurs, prise en charge par l'État, demeure soumise à la preuve de la faute (D).

A. L'ouverture vers de nouveaux cas de responsabilité du fait d'autrui : l'arrêt *Blieck* [1]

590 Un siècle après avoir établi la responsabilité du fait des choses que l'on a sous sa garde, la Cour de cassation, dans l'arrêt *Blieck* du 29 mars 1991, a

regard du principe général de responsabilité du fait d'autrui », *LPA* 24 nov. 1997 ; F. Alt-Maes, « La garde, fondement de la responsabilité du fait du mineur » ; J.-P. Gridel, « Glose d'un article imaginaire inséré dans le code civil en suite de l'arrêt *Blieck* : chacun répond de plein droit du dommage causé par celui dont il avait mission de régler le mode de vie ou de contrôler l'activité », in *Mélanges P. Drai*, p. 609 ; P. Jourdain, « La responsabilité du fait d'autrui à la recherche de ses fondements », in *Études Lapoyade-Deschamps*, PUB, 2003, p. 67 ; Ph. Brun, « Le nouveau visage de la responsabilité du fait d'autrui », *ibidem*, p. 105 ; C. Radé, « La résurgence de la faute dans la responsabilité civile du fait d'autrui », *RCA* juill. 2004, Étude n° 15 ; P. Mouly « Peut-il exister une véritable responsabilité civile du fait d'autrui ? », *RCA* 2008, chron. n° 10. B. Waltz, « Regards critiques sur les critères de désignation du responsable du fait d'autrui », *RCA* 2012, ét. 9.

1. **Responsabilité du fait des personnes dont on doit répondre ; Principales applications :** Arrêt *Blieck* : Ass. plén., 29 mars 1991, *JCP* 1991.II.21673, concl. Dontenwille, note Ghestin, *D.* 1991.324, note Larroumet, *Gaz. Pal.*, 5 août 1992, note Chabas, *RCA* 1991, n° 128 et chron. Groutel, n° 9, *RTD civ.* 1991.541, obs. Jourdain (centre d'aide par le travail) ; Civ. 2e, 22 mai 1995, deux arrêts, *JCP* II.22550, note J. Mouly, *RCA* 1995, n° 289 et chron. Groutel, n° 36, *RTD civ.* 1995.899, obs. Jourdain, G. Viney, obs. *JCP* 1995.I.3893, n° 5 à 10 (associations sportives responsables des dommages causés par leurs joueurs au cours de compétitions) ; Crim. 10 oct. 1996, *D.* 1997.309, note Huyette (« la décision du juge des enfants confiant à une personne physique ou morale la garde d'un mineur en danger par application des art. 375 s. C. civ. transfère au gardien la responsabilité d'organiser, diriger et contrôler le mode de vie du mineur et donc la responsabilité de ses actes, celle-ci n'étant pas fondée sur l'autorité parentale, mais sur la garde » ; gardien association d'action éducative) ; Crim. 26 mars 1997, *D.* 1997.476, note Jourdain, *JCP* 1998.II.10015, note Huyette, G. Viney obs. *JCP* 1997.I.4070, p. 515, *RCA* 1997, n° 292 (établissement d'assistance éducative ; responsabilité de plein droit) ; Civ. 2e, 25 févr. 1998, *JCP* 1998.II.10149, note G. Viney, *RTD civ.* 1998.388, obs. Jourdain, *D.* 1998.315 concl. Kessous *RCA* 1998, n° 183 (arrêt Tosi ; *contra* : handicapé mental majeur placé sous l'administration légale de son père et demi-pensionnaire dans une institution d'aide aux enfants infirmes : administrateur légal et institution non responsables) ; Civ. 2e, 20 janv. 2000, *RCA* 2000, n° 111, note Vaillier, *D.* 2000. 571, note Huyette (la personne physique ou morale à qui le juge des enfants confie la garde d'un mineur est responsable des dommages qu'il cause

ouvert la possibilité de reconnaître de nouvelles hypothèses de « responsabilité du fait des personnes dont on doit répondre », sur la base de l'article 1384, al. 1, C. civ. En l'espèce l'arrêt retenait la responsabilité d'un centre d'aide par le travail du fait d'un handicapé mental qui avait mis le feu à une forêt.

Toute responsabilité est le corollaire d'un *pouvoir* : pouvoir sur soi-même que donne la liberté humaine dans la responsabilité du fait personnel, pouvoir sur les choses que l'on a sous sa garde, et désormais *pouvoir d'autorité* sur « les personnes dont on doit répondre » (répondre : étymologiquement *respondere* ; être responsable).

Généralement approuvée par la doctrine, cette extension du domaine de la responsabilité d'autrui était nécessaire à une époque où la faiblesse mentale due à l'âge ou au handicap et la délinquance peuvent se conjuguer pour créer des atteintes graves à la sécurité des personnes et des biens. Mais elle se révèle aussi délicate à mettre en œuvre pour déterminer *qui* doit *« répondre »* de qui, et par quels critères le *« pouvoir d'autorité »* peut être circonscrit.

D'une jurisprudence touffue, remarquable dans ses efforts de construction juridique, mais inévitablement casuistique par son élaboration prétorienne, on peut analyser les conditions de la responsabilité générale du fait d'autrui dans les deux domaines dans lesquels l'article 1384 al. 1 du Code civil est principalement mis en œuvre.

591 ***1) Est responsable du fait d'autrui celui qui a un pouvoir d'autorité sur la vie d'autrui*** ◊ Le principe de la responsabilité générale du fait d'autrui posé par l'arrêt *Blieck* en référence à l'art. 1384, al. 1 du Code civil, ne signifie pas que cette responsabilité est inconditionnelle et sans limite : la responsabilité personnelle comme la responsabilité du fait des choses sont encadrées par la jurisprudence, et on ne conçoit aucune règle de droit qui ne doive être circonscrite : qui « doit répondre » de qui ?

Celui qui « doit répondre », c'est-à-dire être responsable des actes d'autrui est d'abord celui qui est de manière juridique ou institutionnelle « responsable d'autrui » : les parents du fait de leurs enfants mineurs ont été, sur la base d'un texte spécial, les premiers responsables pour autrui spécifiques de cette catégorie.

à cette occasion, y compris aux autres enfants placés dans l'établissement) ; Crim., 28 mars 2000, *RCA* 2000, n° 354, *JCP* 2001.II.10457, note C. Rabaczewsky, *D.* 2000. Somm. 466, obs. D. Mazeaud, *JCP* 2000.I.241, n° 5, obs. Viney (responsabilité du tuteur pour le fait de son pupille mineur) ; Civ. 2e, 18 sept. 1996, *D.* 1998. 119, note J. Rebourg, *RCA* 1996, n° 379 (grand-mère et tante non responsables) ; Civ. 2e, 12 déc. 2002, *RCA* 2003, chron. Groutel, n° 4, *RTD civ.* 2003. 305, obs. Jourdain (responsabilité d'une association du fait d'une majorette) Crim. 8 févr. 2005, *JCP* 2005, II, 10049 (absence de responsabilité des grands-parents du fait d'un adolescent dont ils s'occupaient depuis la petite enfance). Civ. 2e, 26 oct. 2006, *D.* 2007. 204 (refus de la responsabilité d'un syndicat du fait de ses adhérents). Civ. 2e, 19 juin 2008, *RCA* 2008, n° 248 (exclusion de la responsabilité d'une association qui s'est vu confier une mesure d'action en milieu ouvert). Civ. 2e, 11 sept. 2008, *JCP* 2008. II. 10184 (absence de responsabilité de l'association de chasse du fait de ses adhérents).

On peut sans doute dire, de manière lapidaire, qu'on est responsable *pour* autrui quand on est responsable *de* cet autrui. C'est ce qu'implique la jurisprudence par des formules soulignant que le responsable pour autrui est celui qui a *« la responsabilité d'organiser, diriger et contrôler le mode de vie du mineur et donc la responsabilité de ses actes »* (Crim. 10 oct. 1996), d'autres arrêts précisant que cette charge de contrôle doit être *« à titre permanent »* (Civ. 2e, 9 déc. 1999, Civ. 2e, 7 mai 2003).

Ce pouvoir institutionnel sur la vie d'autrui et le contrôle de ses actes (ce qui implique un pouvoir de sanction) est notamment illustré en jurisprudence par la situation des organismes publics ou privés (associations) qui ont reçu la charge de mineurs délinquants, de personnes handicapées mentales ou socialement inadaptées, des personnes dont la faiblesse psychologique nécessite une surveillance, ou dont l'immaturité doit être encadrée (mineurs). Ce devoir de contrôle et ce pouvoir d'autorité peuvent aussi incomber à une personne physique tel le tuteur d'un mineur (Crim., 28 mars 2000).

La jurisprudence récente semble toutefois limiter l'application de l'article 1384 al. 1 aux seules personnes à qui le responsable primaire a été confié par une décision de justice, et non par voie contractuelle. Cette solution a notamment été affirmée par un important arrêt de la première chambre civile du 15 décembre 2011, qui a exclu la responsabilité d'une maison de retraite en charge d'un patient atteint de la maladie d'Alzheimer, aux motifs que « l'auteur des coups mortels était hébergé (...) en vertu d'un contrat »[1]. Cette solution peut être critiquée. Cette jurisprudence restreint tout d'abord l'application de l'article 1384 al. 1 C. civ. à des hypothèses étroites puisque si la source contractuelle du pouvoir de contrôle est exclue, seule subsistera de l'ancienne jurisprudence l'application de ce texte aux hypothèses de personnes placées auprès d'institutions *par une décision du juge* c'est-à-dire, dans la plupart des cas, des mineurs. De plus, l'étude concrète de l'effectivité du contrôle du mode de vie peut sembler un critère préférable à celui tiré d'une étude abstraite du mode de placement.

Corrélativement, la jurisprudence exonère la personne qui n'exerce qu'une surveillance ou une garde ponctuelle et occasionnelle, sans fondement juridique, telle celle de membres de famille chez lesquels l'enfant est en vacances, d'amis ou voisins où l'enfant est en visite (Civ. 2e, 18 sept. 1996), ou encore des grands-parents, qui gardaient pourtant leur petit-fils, âgé de 13 ans, depuis l'âge d'un an, sans que l'autorité parentale ne leur ait cependant été confiée (Crim. 8 février 2005). Cette exclusion, ici parfaitement justifiée en opportunité, corrobore le fait que le pouvoir d'autorité sur autrui qui fonde la responsabilité pour autrui doit être un pouvoir juridique (institutionnel ou judiciaire).

---

1. **Limitation de la responsabilité au pouvoir d'origine non contractuel :** Civ. 1re, 15 déc. 2011, *D.* 2012. 539 ; *JCP* 2012, 205. Dans le même sens, Crim. 29 oct. 2002, *RTD civ.* 2003. 101, obs. P. Jourdain. Civ. 2e, 12 mai 2005, *Bull. civ.* n° 121 ; 24 mai 2006, *RTD civ.* 2006. 779 obs. P. Jourdain.

On notera que ce resserrement de l'application de l'article 1384 al. 1 C. civ . aux personnes détentrices d'un pouvoir juridique sur autrui trouve quand même une cohérence au regard du droit des assurances puisque lui seul est de nature à justifier, voire imposer, la souscription d'assurance corrélative de cette lourde responsabilité sans laquelle la garde à risques de toutes ces personnes fragiles serait insupportable.

592 ***2) Est ponctuellement responsable celui qui encadre une activité d'autrui*** [1] ◊ La responsabilité spécifique et classique des commettants du fait de leurs préposés démontre que la responsabilité pour autrui peut être circonscrite et limitée comme le pouvoir d'autorité. Ici il ne s'agit pas d'organiser, de diriger et de contrôler à titre permanent ou habituel le mode de vie d'autrui, mais seulement de l'encadrer dans certaines activités, dont les risques justifient le contrôle d'une discipline et le respect de règles. C'est ici le domaine de la responsabilité des associations sportives du fait de leurs joueurs, des clubs de foot aux associations de majorettes (Civ. 2e, 12 déc. 2002). En revanche, la responsabilité d'un syndicat professionnel du fait de ses adhérents ne peut être retenue, car celui-ci n'a, pour la Cour de cassation, aucun pouvoir d'organisation ou de contrôle de l'activité de ses membres (Civ. 2e, 26 oct. 2006). Il en va de même dans le cas d'une association de chasse (Civ. 2e, 11 sept. 2008).

593 ***La particularité du régime juridique de la responsabilité des associations sportives*** [2] ◊ Si le domaine d'application de la responsabilité des associations sportives est aujourd'hui défini, une incertitude existait en revanche jusqu'à récemment sur les conditions de sa mise en œuvre, notamment quant au fait exigé du sportif, auteur matériel du dommage causé. Un simple fait causal de ce dernier pouvait-il suffire à engager la responsabilité de l'association, ou devait-on au contraire prouver une faute de ce dernier ? L'Assemblée plénière de la Cour de cassation, dans une décision du 29 juin 2007, a pris parti en faveur de la deuxième solution, en considérant que « les associations sportives ayant pour mission d'organiser, de diriger et de contrôler l'activité de leurs membres, sont responsables des dommages qu'ils causent à cette occasion, *dès lors qu'une faute caractérisée par une violation des règles du jeu est imputable à un ou plusieurs de leurs membres, même non identifiés* » [3]. La solution semble accentuer plus encore la dualité des régimes de responsabilité issus de l'article 1384 al. 1 C. civ. La nécessité d'une faute de l'auteur du dommage semble en effet spécifique aux associations sportives, une solution contraire devant sans doute être retenue dans le cas de la responsabilité des

1. **Sur les accidents de sport avec responsabilité civile**, v. ss 389.
2. J. P. Vial, « De la responsabilité civile des clubs sportifs », *RLDC* nov. 2013, 79.
3. **Existence d'une faute du sportif, membre de l'association responsable :** Civ. 2e, 20 nov. 2003, *JCP* 2004, II, 10017. 8 avril 2004, *D.* 2004. 2061. 13 mai 2004, *Bull. civ.* n° 232. 21 oct. 2004, *D.* 2005. 40. 13 janv. 2005, *Bull.* n° 10. Civ. 1re, 16 mai 2006, *Bull. civ.* n° 249. Ass. plén. 29 juin 2007, *D.* 2007. 2455. Civ. 2e, 8 juill. et 16 sept. 2010, *RCA* 2010 comm. n° 177 H. Groutel.

personnes exerçant un pouvoir d'autorité sur la vie d'autrui. Cette jurisprudence nous semble devoir être approuvée, car la situation particulière des associations sportives semble peu compatible avec une responsabilité détachée de toute faute de l'auteur du fait dommageable [1].

594 ***L'assurance de la responsabilité générale du fait d'autrui*** [2] ◊ Selon l'article L. 121-2 C. assur., « L'assureur est garant des pertes et dommages causés par des personnes dont l'assuré est civilement responsable en vertu de l'art. 1384 du Code civil, quelles que soient la nature et la gravité des fautes de ces personnes » : cette garantie d'ordre public ne peut faire l'objet d'une exclusion ; encore faut-il que le responsable ait souscrit une assurance de responsabilité. Le caractère stable, organisé, voire institutionnel du pouvoir conféré à celui qui est tenu responsable du fait d'autrui rend une telle souscription probable, mais il est souhaitable qu'elle soit obligatoire, et l'est d'ailleurs dans le cas particulier des associations sportives.

B. La responsabilité des commettants du fait des préposés

595 Art. 1384, al. 5 : « Les maîtres et les commettants (sont responsables) du dommage causé par leurs domestiques et préposés dans les fonctions auxquelles ils les ont employés ».

1. La responsabilité sans faute du commettant [3]

596 Il est admis depuis longtemps que la responsabilité des commettants du fait de leurs préposés ne repose pas sur une quelconque « faute » qu'ils auraient eux-mêmes commise dans le choix ou dans la surveillance des personnes dont ils doivent répondre : c'est simplement le risque de l'*autorité* que d'assumer la responsabilité des actes de subordonnés.

597 ***a) Le fait personnel fautif du préposé*** [4] ◊ L'al. 5 (responsabilité du fait d'autrui) doit être conjugué avec l'al. 2 de l'art. 1384 C. civ. (responsabilité du

1. En ce sens, v. Conclusions de l'Avocat général, sous Ass. plén. 29 juin 2007, préc.

2. **Assurance : garantie du fait des personnes dont l'assuré est responsable :** art. L. 121-2, C. assur. ; Y. Lambert-Faivre et L. Leveneur, *Droit des assurances*, Dalloz, 13e éd., 2011, n° 395 s. et les références citées ; H. Groutel, « Assurance et responsabilité du fait d'autrui » in n° spécial *RCA* nov. 2000, « La responsabilité d'autrui ; actualité et évolutions », p. 27.

3. **Responsabilité du commettant :** Doctrine : J. Antippas, « La responsabilité civile des préposés et des commettants à la lumière du droit comparé interne », *D.* 2013. 2658. D. Bakouche (dir.), « Fait du préposé et responsabilité civile », *RCA* 2013, dossier 11 à 20. Ph. Brun, *Responsabilité civile extracontractuelle*, Litec, n° 435. P. Jourdain et G. Viney, *Les conditions de la responsabilité*, n° 790 s. N. Molfessis, « La jurisprudence relative à la responsabilité des commettants du fait de leurs préposés, ou l'irrésistible enlisement de la Cour de cassation » *Mélanges Gobert*, Economica, 2004, p. 495. M. Th. Rives-Lange, « Contribution à l'étude de la responsabilité des maîtres et des commettants (pour une nouvelle approche de la question) », *JCP* 1970, I, 2309.

4. **Responsabilité du commettant pour faute du préposé :** Civ. 2e, 20 nov. 2003, *RTD civ.* 2004. 106, obs. Jourdain (accident lors d'un match de rugby : la faute du joueur, auteur du

fait des choses) pour avoir une vue synthétique de la responsabilité des commettants. Il est en effet de jurisprudence constante que si le préposé cause un dommage à autrui avec une « chose » de l'entreprise (ex. chauffeur conduisant un véhicule, ouvrier actionnant une machine) le propriétaire gardien de la chose dommageable est juridiquement le commettant, et non le préposé [1]. La responsabilité du commettant du fait du préposé (al. 5) ne concerne donc le plus souvent que la responsabilité pour faute du préposé. La pérennité d'une telle solution a toutefois été objet de discussions à la suite de l'arrêt *Costedoat* [2], puisque si la responsabilité du commettant devient une responsabilité directe, l'exigence d'une faute du préposé ne paraît plus nécessairement s'imposer. La jurisprudence récente de la Cour de cassation ne s'est toutefois pas orientée dans cette direction, en réaffirmant, au moins implicitement, la nécessité d'une faute du préposé pour engager la responsabilité du commettant (Civ. 2e, 8 avril 2004).

598 ***b) L'exonération du préposé qui agit dans le cadre de sa mission : l'arrêt Costedoat*** [3] ◊ Par un très important arrêt du 25 février 2000, l'Assemblée plénière de la Cour de cassation a assorti la responsabilité du commettant de l'exonération corrélative du préposé qui n'engage plus sa responsabilité personnelle pour faute à l'égard des tiers, dès lors qu'il a agi dans les limites de sa mission. Même si le recours du commettant *solvens* contre le préposé fautif était rarement exercé, et celui de son assureur RC interdit (art. L. 121-12 al. 3 C. assur.), sauf en cas de malveillance, le principe juridique de l'exonération du préposé corrélative de la responsabilité du commettant n'avait jamais été énoncé. Cette jurisprudence doit d'autant plus être approuvée que l'assurance RC du commettant couvre sa responsabilité à l'égard des tiers, même pour les dommages causés par une faute intentionnelle des personnes dont il doit répondre (art. L. 121-2 C. assur.).

---

dommage, est requise pour engager la responsabilité du club, du fait d'autrui sur la base de l'art. 1384, al. 1, C. civ.). Civ. 2e, 8 avr. 2004, *D.* 2004. 2601. J. Mouly, « Quelle faute pour la responsabilité civile du salarié ? », *D.* 2006. Chron. 2756.

1. **Responsabilité du commettant du fait des choses :** Peano, « L'incompatibilité entre les qualités de gardien et de préposé », *D.* 1991. Chron. 51 ; Civ., 27 févr. 1929, *DP* 1929.1.129 note Ripert, *S.* 1929.1.297 note Huguency (principe de l'incompatibilité, jurisprudence constante depuis).

2. En ce sens, v. not. C. Radé « Les limites de l'immunité civile du préposé » *RCA* 2000, chron n° 22.

3. **Exonération du préposé agissant dans les limites de sa mission :** arrêt *Costedoat*, Ass. plén. 25 févr. 2000, *JCP* 2000.II.10295 concl. Kessous, note Billau, *RCA* 2000 chron. n° 11, Groutel, n° 11, *RTD civ.* 2000. 582, obs. Jourdain, *D.* 2000. 673, note Ph. Brun, *Dr. et patrimoine*, mai 2000, p. 107, obs. Chabas, *D.* 2000. Somm. 467, obs. Ph. Delebècque, *Gaz. Pal.*, 23-24 août 2000, p. 36, note F. Rinaldi, *RCA* 2000, chron. Radé, n° 28 (« Attendu que n'engage pas sa responsabilité à l'égard des tiers le préposé qui agit sans excéder les limites de la mission qui lui a été impartie par son commettant »). Civ. 2e, 28 mai 2009, *D.* 2009. 2667, *RTD civ.* 2009. 541 (application de l'immunité civile dans le cadre des accidents de la circulation). G. Durry, « Plaidoyer pour une révision de la jurisprudence *Costedoat* (ou : une hérésie facile à abjurer) », *Mélanges Gobert*, p. 549. *adde* M. Bacache, « L'immunité du préposé », *in* O. Deshayes (dir.), *Les immunités en responsabilité civile*, PUF, 2009. C. Benoit-Renaudin, *La responsabilité du préposé*, LGDJ, 2010, 520.

599 ***Généralité du champ d'application de l'immunité*** [1] ◊ La jurisprudence *Costedoat* s'applique aujourd'hui à tous les salariés, même si ceux-ci bénéficient d'une indépendance dans l'exercice de leurs fonctions, tels les membres des professions médicales. Après avoir semblé réserver un sort particulier à ces professions, la Cour de cassation a en effet admis, dans des arrêts du 9 novembre 2004, que cette immunité devait également s'appliquer à l'égard du médecin ou de la sage-femme salariés restés dans le cadre de leur mission. La solution emporte l'approbation, dans la mesure où la responsabilité du commettant est désormais fondée sur l'imputation des risques à l'entreprise, la situation des membres des professions médicales ne présentant à cet égard aucune singularité.

De plus, la Cour de cassation semble concevoir cette solution comme un principe général du droit, puisqu'elle a accepté de l'appliquer dans le cadre de la loi Badinter, reconnaissant donc de ce fait une immunité au préposé conduisant le véhicule de son commettant (Civ. 2e, 28 mai 2009) [2].

600 ***c) Les limites de l'exonération du préposé*** ◊ La jurisprudence a expressément réservé l'immunité du salarié à la condition qu'il soit « dans le cadre de sa mission » [3]. Dans le cas contraire, ce dernier retrouve donc sa pleine responsabilité. Toute la difficulté est donc de définir la notion de dépassement des fonctions, et les critères de la faute « personnelle ». Cette notion doit-elle être caractérisée par la gravité de la faute, comme pourrait le laisser penser la jurisprudence relative aux infractions pénales commises par les salariés ? Doit-on se référer aux intentions des auteurs de l'acte, en s'inspirant du droit administratif ? La jurisprudence n'a pas, pour l'heure, défini vraiment clairement cette notion.

L'arrêt Cousin, rendu par l'Assemblée plénière de la Cour de cassation le 14 décembre 2001 a posé une première limite nécessaire à l'exonération du préposé, celle de la faute pénale intentionnelle : « Attendu que le préposé condamné pénalement pour avoir intentionnellement commis, fût-ce sur l'ordre du commettant, une infraction ayant porté préjudice à un tiers, engage sa responsabilité civile à l'égard de celui-ci » [4]. Notons que la

---

1. **Responsabilité personnelle de certains professionnels-préposés** : Civ. 1re, 9 avr. 2002, *RCA* 2002, chron. Radé, n° 13, *RTD civ.* 2002. 516, obs. Jourdain, *RTD civ.* 2002.4.377, obs. Bessière-Roques (faute technique du médecin anesthésiste) ; Civ. 1re, 13 nov. 2002, *D.* 2003. 580, note S. Deis-Beauquesne, *Gaz. Pal.*, 7-8 mars 2003, p. 42, note F. Chabas, *D.* 2003. Somm. 459, obs. Jourdain (indépendance technique du médecin salarié). Puis abandon de cette solution : Civ. 1re, 9 nov. 2004, *D.* 2005. 253, *JCP* 2005, II, 10020, rapport D. Duval-Arnould et note S. Porchy-Simon. Civ. 1re, 12 juill. 2007, *D.* 2007. 2908, réitérant la solution, mais en tirant d'étranges conclusions sur le terrain des recours entre assureurs C. Riot, « L'exercice subordonné de l'art médical », *D.* 2006, chron. 111.

2. V. ss 699.

3. **Faute personnelle du salarié** : J. Mouly, « Quelle faute pour la responsabilité civile du salarié ? », *D.* 2006. Chron. 2756. B. Puill, « Les fautes du préposé : s'inspirer des solutions du droit administratif », *JCP* 1996, I, 3939.

4. **Responsabilité civile du préposé d'une infraction pénale** : arrêt *Cousin*, Ass. plén., 14 déc. 2001, *D.* 2002. 1230, note J. Julien, *JCP* 2002.II.10026, note M. Billiau, *D.* 2002. Somm. 1317, obs. D. Mazeaud, *RTD civ.* 2002. 109, obs. P. Jourdain, *RCA* 2002, chron. Groutel,

malveillance du préposé, autorise l'assureur RC du commettant gérant à exercer un recours contre le préposé : l'assurance RC n'a pas pour fonction de garantir ceux qui causent intentionnellement un dommage. Si cette exclusion de la faute pénale intentionnelle semble justifiée, certaines solutions plus récentes de la Cour de cassation appellent davantage de réserves.

Ainsi, un arrêt de la Cour de cassation du 28 mars 2006 a élargi le champ de l'exception en admettant la responsabilité personnelle d'un salarié, titulaire d'une délégation de pouvoir, sur la base de la faute qualifiée de l'article 121-3 du Code pénal, qui ne constitue à l'évidence pas une faute intentionnelle. Par la suite, la 2e chambre civile a étendu l'exception à l'immunité du préposé à l'hypothèse d'une faute intentionnelle, indépendamment de sa qualification pénale (Civ. 2e, 20 déc. 2007), mais la chambre criminelle a refusé quant à elle de retenir une solution identique à l'égard d'une infraction pénale non intentionnelle (Crim. 27 mai 2014).

Ces exceptions doivent être appréciées avec prudence, car à trop étendre le champ des exceptions à l'immunité du salarié, on risque de vider le principe posé par la jurisprudence *Costedoat* de toute sa substance. Pour autant, la commission d'une infraction pénale ou d'une faute volontaire peut être considérée comme un risque anormal, dont l'entreprise n'a pas à supporter le coût.

2. La rupture du lien d'autorité : l'exonération du commettant en cas d'abus de fonction du préposé [1]

601 L'autorité d'un commettant à l'égard de ses préposés est discontinue : elle ne s'exerce que dans le cadre des fonctions auxquelles ceux-ci sont employés.

---

n° 4, *Gaz. Pal.* 24-26 févr. 2002, p. 29, conclusions M. De Gouttes, note Y. Monnet, et chron. S. Petit « La responsabilité civile et pénale des préposé », *Gaz. Pal.*, 31 juill.-1er août 2002, p. 2, *JCP* E 2002-275, note C. Brière, *JCP* 2002.I.124, n° 7, obs. Viney. Crim. 7 avril 2004, *RCA* 2004, comm. n° 215. Civ. 2e, 21 sept. 2004, *RCA* 2005, comm. n° 2. Crim. 28 juin 2005, *RCA* 2005, comm. n° 276, obs. H. Groutel (Rejet de la responsabilité pour une faute non intentionnelle). Crim. 28 mars 2006, *JCP* 2006, II, 10188, note J. Mouly, *RTD civ.* 2007. 135, obs. P. Jourdain (Admission de la responsabilité personnelle du préposé, titulaire d'une délégation de pouvoir, auteur d'une faute qualifiée au sens de l'article 121-3 C. pén.) Civ. 2e, 20 déc. 2007, *RCA* 2008, comm. n° 50. Crim, 27 mai 2014, n° 13-80849 (immunité du préposé ayant commis une infraction pénale non intentionnelle).

1. **Abus de fonction :** Y. Lambert-Faivre « L'abus de fonction », *D.* 1986. Chron. 143. – **Jurisprudence :** Ch. réunies, 9 mars 1960, *D.* 1960.329, note Savatier, *JCP* 1960.II.11559, note Rodière, *RGAT* 1960.195, obs. Besson ; Ass. plén., 10 juin 1977, *D.* 1977.465, note Larroumet, *JCP* 1977.11.18730, concl. Gulphe, *RTD civ.* 1977.774, obs. Durry ; Ass. plén., 17 juin 1983, *JCP* 1983.II.20120, concl. Sadou, note Chabas, *D.* 1983.134, note Denis, *RTD civ.* 1983.749, obs. Durry ; Ass. plén., 15 nov. 1985, *D.* 1986.81, note Aubert, *JCP* 1986.II.20568, note Viney, *RTD civ.* 1986.128, obs. Huet ; Ass. plén., 19 mai 1988, *Gaz. Pal.*, 30 sept. 1988, concl. D. Carter, *D.* 1988.513, note Larroumet, *RTD civ.* 1989, obs. Jourdain ; Com., 12 oct. 1993, *D.* 1994. 124, note G. Viney, *RTD civ.* 1994. 111, obs. Jourdain (dommage causé dans le cadre de la mission impartie ; entreprise responsable) ; Crim. 16 févr. 1999, *RTD civ.* 1999.409 obs. Jourdain, G. Viney, obs. *JCP* 200.I.199, n° 11 (vols perpétrés par les préposés d'une entreprise de

Dans sa vie privée et hors de ses fonctions, le préposé retrouve sa totale autonomie, sa pleine liberté et donc l'intégralité de sa responsabilité personnelle. La jurisprudence sur l'abus de fonction est marquée par un arrêt en chambres réunies et quatre arrêts en Assemblée plénière : au terme de cette évolution, il n'y a exonération du commettant que lorsque trois conditions sont cumulativement remplies ; le préposé a agi :

- hors des fonctions auxquelles il était employé,
- sans autorisation,
- à des fins étrangères à ses attributions.

La jurisprudence apprécie ces conditions avec une grande vérité, l'abus de fonctions n'étant donc qu'exceptionnellement retenu comme cause d'exonération du commettant.

C. La responsabilité de plein droit des parents du fait de leurs enfants [1]

602 Art. 1384, al. 4 (loi du 4 mars 2002) : « Le père et la mère, en tant qu'ils exercent l'autorité parentale, sont solidairement responsables du dommage causé par leurs enfants mineurs habitant avec eux ».

---

gardiennage dans les locaux qu'ils sont chargés de surveiller ; c'est dans le cadre de ses fonctions que l'acte délictueux « contraire à ses attributions » est effectué ; responsabilité de l'entreprise de gardiennage). Civ. 2e, 6 févr. 2003, *JCP* 2003, II, 10120 (prêtre commettant une infraction en dehors de ses fonctions religieuses). Civ. 2e, 16 juin 2005, *D.* 2005, IR, 1806 (responsabilité de l'entreprise du fait d'une gardienne d'une maison de retraite ayant extorqué des fonds à une pensionnaire). Civ. 2e, 29 mars 2006, *RCA* 2006, comm. n° 183 (détournement du fuel pendant le temps de travail et à l'occasion d'un transport effectué pour l'employeur : absence d'abus de fonctions). Civ. 2e, 17 mars 2011, *JCP* 2011, 448 (responsabilité d'un institut de rééducation pour les viols et agressions sexuelles commis au sein de l'établissement, le préposé ayant trouvé dans l'exercice de sa profession « les moyens de sa faute »). Civ. 2e, 12 mai 2011, *JCP* 2011, 860 note N. Rias (l'infraction pénale volontaire ne suffit pas à caractériser l'abus de fonction). Civ. 2e, 7 févr. 2013, n° 11-25583, *D.* 2013. 433 (prise en compte de la croyance légitime de la victime).

1. **Responsabilité des parents du fait de leurs enfants ; doctrine :** B. Puill, « Vers une réforme de la responsabilité des père et mère du fait de leurs enfants », *D.* 1988. Chron. 185 G. Viney, « La réparation des dommages causés sous l'empire d'un état d'inconscience : un transfert nécessaire de la responsabilité vers l'assurance », *JCP* 1985.I.3189 ; C. Lapoyade-Deschamps, « Les petits responsables », *D.* 1988. Chron. 299. C. Radé, « Le renouveau de la responsabilité du fait d'autrui ; apologie de l'arrêt Bertrand », *D.* 1997.I.279 ; F. Alt-Maes, « La garde, fondement de la responsabilité du fait du mineur », *JCP* 1998.I.154 ; A.-M. Galliou-Scanvion, « Une responsabilité civile en fin trouvable ou les voies de l'indemnisation des victimes d'enfants de parents divorcés », *Gaz. Pal.* 18-19 avr. 1997, p. 12 ; J.-C. Saint-Pau, « La responsabilité du fait d'autrui est-elle devenue une responsabilité personnelle et directe ? », *RCA* 1998, chron. n° 22 ; G. Durry, « Réflexions sur le risque pesant sur les parents du fait de leurs enfants mineurs », *Risques* n° 47, sept. 2001. D. Mazeaud, « Famille et responsabilité, Réflexions sur quelques aspects de l'idéologie de la réparation », *Mélanges Catala*, Litec, 2001, p. 569. J. C. Bizot, « La responsabilité des père et mère du fait de leur enfant mineur : de la faute au risque », *Rapport de la Cour de cassation pour 2002*, p. 157 s. F. Boulanger, « Autorité parentale et responsabilité des père et mère des faits dommageables de l'enfant mineur après la réforme du 4 mars 2002. Réflexions critiques » *D.* 2005. Chron. 2245. M. C. Le Breton, « Le fait dommageable de l'enfant : à la recherche d'une cohérence entre les différents cas de

La responsabilité des parents naguère fondée sur leur « droit de garde » relève désormais de leur *autorité parentale* (art. 372 s., C. civ.).

Alors que traditionnellement la responsabilité des parents du fait de leurs enfants était conçue comme la conséquence d'une *faute* d'éducation ou de surveillance, quatre arrêts fondamentaux l'ont fait glisser dans la catégorie des *responsabilités de plein droit* :

1) *L'arrêt Füllenwarth du 9 mai 1984* a justifié l'obligation des parents de réparer le dommage causé par leurs fils de sept ans, qui avait éborgné un camarade avec une flèche, par un attendu purement objectif et causal : « Attendu que, pour que soit présumée, sur le fondement de l'art. 1384, al. 4 du C. civ., la responsabilité des père et mère d'un mineur habitant avec eux, *il suffit que celui-ci ait commis un acte qui soit la cause directe du dommage* invoqué par la victime ».

2) *L'arrêt Bertrand, du 19 février 1997* énonce clairement que « seule la force majeure ou la faute de la victime peuvent exonérer le père de la *responsabilité de plein droit* encourue du fait des dommages causés par son fils mineur habitant avec lui », à propos d'un accident de bicyclette causé par un enfant de douze ans.

3) *L'arrêt Levert du 10 mai 2001* précise : « attendu que la responsabilité de plein droit encourue par les père et mère du fait des dommages causés par leur enfant mineur habitant avec eux n'est pas subordonnée à l'existence d'une faute de l'enfant ».

---

responsabilité », *LPA* 11 avr. 2007, 6. F. Leduc, « L'objectivation de la responsabilité parentale », *RLDC* 2008, n° spécial actes du colloque « Autorité et responsabilité », p. 5. S. Moracchini-Zeidenberg, « Le responsable du fait du mineur », *RCA* 2013, ét. 2. – **Principales étapes de la jurisprudence** : Ass. plén., 9 mai 1984, arrêt *Füllenwarth*, *D.* 1984.II.525, concl. Cabannes et note Chabas, *JCP* 1984.II.20255, note Dejean de la Bâtie, *JCP* 1984.II.20291 rapp. Fedou, *RTD civ.* 1984.508, obs. Huet ; Civ. 2e, 19 févr. 1997, arrêt Bertrand, *D.* 1997.267 note Jourdain, *JCP* 1997.II.22848 concl. Kessous, note Viney, *RTD civ.* 1997.668, obs. Jourdain, *D.* 1997. Somm. 290, obs. Mazeaud, *Gaz. Pal.* 3-4 oct. 1997, p. 14 note Chabas et 18-19 mars 1998, p. 18 note Puill, *RCA* 1997 chron. Leduc n° 9 (accident causé par un enfant de 12 ans à bicyclette, collision avec motocycliste victime ; recherche de la faute de surveillance inutile ; responsabilité de plein droit des parents) ; Civ. 2e, 10 mai 2001, arrêt *Levert*, *D.* 2001. 2851 rapport P. Guerder, note O. Tournafond, *RCA* 2001, chron. F. Leduc, n° 20, « Le spectre du fait causal », *JCP* 2001.II.10613 note J. Mouly, *RCA* 2001, chron. Groutel n° 18, *RTD civ.* 2001. 601, obs. Jourdain, *D.* 2002. Somm. 1315, obs. D. Mazeaud, *JCP* 2002.I.124, n° 6, obs. Viney (accident de recréation où un élève blesse à l'œil l'un de ses camarades ; plaquage normal sans faute lors d'une partie de rugby, « Attendu que la responsabilité de plein droit encourue par les père et mère du fait des dommages causés par leur enfant mineur habitant avec eux n'est pas subordonnée à l'existence d'une faute de l'enfant ») ; Civ. 2e, 21 juin 2001, *RCA* 2001, n° 281 (« Seule la force majeure ou la faute de la victime peut exonérer les père et mère de la responsabilité de plein droit encourue du fait des dommages causés par leur enfant mineur habitant avec eux ») ; Ass. plén. 13 déc. 2002, deux arrêts, rectifiés ass. plén. 17 janv. 2003, *D.* 2003. 231, note Jourdain et *D.* 2003. 591, note Jourdain, *Gaz. Pal.*, 30 mars-1er avr. 2003, note J. Icard et F. J. Pansier, *RCA* 2003 chron. Groutel n° 4, *Gaz. Pal.* 7-8 mars 2003, p. 52, note Chabas (... seule la faute majeure ou la faute de la victime peut exonérer les père et mère « de la responsabilité de plein droit ») ; Civ. 2e, 3 juill. 2003, *JCP* n° 10009, note R. Desgorces, *RCA* 2003, n° 253. Crim. 8 févr. 2005, *JCP* 2005, II, 10049 (maintien de la responsabilité des parents nonobstant une rupture de la cohabitation de plus de dix ans). Civ. 2e, 17 fév. 2011, *D.* 2011. 674 (appréciation de la force majeure, seule cause d'exonération de la responsabilité parentale).

4) Enfin par *deux arrêts du 13 décembre 2002, l'Assemblée plénière de la Cour de cassation* confirme solennellement cette jurisprudence : « Attendu que, pour que la responsabilité de plein droit des père et mère exerçant l'autorité parentale sur un mineur habitant avec eux puisse être recherchée, il suffit que le dommage invoqué par la victime ait été directement causé par le fait, même non fautif, du mineur ; que seule la force majeure ou la faute de la victime peut exonérer les père et mère de cette responsabilité ».

Ce changement de nature de la responsabilité des parents, naguère responsabilité pour faute, aujourd'hui responsabilité de plein droit est parfai tement justifié. Les jeunes enfants privés de discernement, comme les adolescents difficiles et immatures sont souvent inconscients du danger qu'ils font courir à autrui.

La responsabilité directe et objective des parents, assortie d'une assurance chef de famille qui devrait être obligatoire, permet seule d'indemniser les victimes, que leur responsabilité soit invoquée sur la base de l'art. 1384, al. 1 (responsabilité du fait des choses utilisées par l'enfant, dont ils devraient conservent la garde juridique), ou sur la base de l'art. 1384, al. 4 (responsabilité du fait de l'enfant).

Il est normal que les parents assument directement et personnellement la responsabilité des dommages causés par leurs enfants mineurs : grandeur et servitude de la paternité et de la maternité. L'évacuation de la faute est d'autant plus pertinente que l'attentive surveillance des *infantes* et la meilleure éducation des enfants n'empêcheront malheureusement jamais la survenance d'accidents.

603 ***La condition de la responsabilité parentale : la cohabitation*** [1] ◊ La responsabilité de plein droit, désormais supportée à la fois par

1. **Responsabilité parentale ; la condition de cohabitation :** A. M. Leroyer, « L'enfant confie à un tiers : de l'autorité parentale à l'autorité familiale », *RTD civ.* 1998. 587 ; A. Ponseille, « Le sort de la condition de cohabitation dans la responsabilité civile des père et mère du fait dommageable de leur enfant mineur », *RTD civ.* 2003. 645. **Jurisprudence redéfinissant la notion de cohabitation** Civ. 2e, 19 févr. 1997, *RCA* 1997, n° 153 (la cohabitation du mineur avec celui des parents qui exerce sur lui le droit de garde ne cesse pas ; l'autre parent est tenu d'un devoir de surveillance lors des visites) ; Civ. 2e, 20 janv. 2000, note A. Gouttenoire-Cornut, *D.* 2000. Somm. 469, obs. D. Mazeaud, *RCA* 2000, n° 146 obs. Groutel, *JCP* 2000, I, n° 241, obs. Viney, *RTD civ.* 2000. 340, obs. Jourdain (incendie causé par enfants confiés à une grand-mère pendant vacances ; « Attendu que la cohabitation de l'enfant avec ses père et mère visée par l'art. 1384 al. 4 C. civ. résulte de la résidence habituelle de l'enfant au domicile de ses parents ou de l'un d'eux ») ; Crim. 28 juin 2000, *RCA* 2000, n° 355, (responsabilité des père et mère dont la cohabitation n'a pas cessé pour une cause légitime) ; Civ. 2e, 16 nov. 2000, *RCA* 2001, n° 37, *D.* 2002, som. com. p. 1309, obs. Jourdain, *RTD civ.* 2001. 603, obs. Jourdain, *JCP* 2001.I.340, obs. Viney (incendie dans un internat provoqué par la cigarette d'un mineur de 17 ans, « le régime de l'internat ne constituant qu'une modalité d'exercice de la scolarité, n'avait pas interrompu la cohabitation ») ; Civ. 2e, 29 mars 2001, *JCP* 2002.II.10071, note S. Prigent (idem) ; Crim. 29 oct. 2002, *RTD civ.* 2003. 101, obs. Jourdain (dommage causé pendant séjour de l'enfant en centre de vacances ; cohabitation avec parents n'a pas cessé car le centre de vacances « n'est pas chargé d'organiser et de contrôler à titre permanent le mode de vie de l'enfant ») ; Civ. 2e, 5 févr. 2003, *RCA* 2004, n° 127, (enfant résidant habituellement chez ses parents, est l'auteur d'un incendie involontaire alors qu'il séjournait en vacances chez son grand-père : celui-ci n'aurait été personnellement

ceux qui ont un pouvoir de garde sur autrui (arrêt *Blieck*) et par les parents (arrêt *Bertrand*), peut susciter certaines hésitations dans les frontières à attribuer à chacun.

La responsabilité parentale découle de *l'autorité parentale* qui leur donne un pouvoir sur le mineur ; l'art. 1384 al. 4 ajoute une condition de cohabitation, dont la portée a fait l'objet d'une importante évolution jurisprudentielle. Alors que la Cour de cassation s'attachait traditionnellement à une notion matérielle de cohabitation, excluant donc la responsabilité des parents lorsque l'enfant ne cohabitait plus avec eux, même temporairement, lors du fait dommageable, elle en admet aujourd'hui une notion purement juridique, définie comme « la résidence habituelle de l'enfant au domicile des parents ou de l'un d'eux » (Civ. 2e, 20 janv. et 9 mars 2000). L'évolution est fondamentale, puisque désormais, le juge ne doit plus examiner si l'enfant cohabite effectivement avec ses parents au moment du fait dommageable, mais seulement si la résidence habituelle de l'enfant est fixée chez eux. Cette solution a le mérite de la simplicité, mais elle neutralise la condition de cohabitation, qui se confond, de fait, avec celle relative à l'exercice de l'autorité parentale. Les avants projets de réforme du droit de la responsabilité abandonnent d'ailleurs cette condition de cohabitation pour imputer la responsabilité du fait de l'enfant aux parents « exerçant l'autorité parentale » (art. 1386-7, 1° proposition Béteille, art. 1356 avant-projet Catala, art. 14 du projet Terré).

Cette condition d'une simple cohabitation muée en *pouvoir d'autorité stable* exclut la responsabilité de plein droit de tous ceux, grands-parents, oncles et tantes, amis, qui hébergent provisoirement ou non le mineur (Civ 2e, 20 janv. 2000 ; Crim. 8 févr. 2005) ; sans doute leur responsabilité pourrait-elle être recherchée s'ils ont commis une faute personnelle (ex. : armes laissées à la disposition du mineur), mais la seule responsabilité « de plein droit » est celle de l'autorité institutionnelle ou juridique stable.

• *Pour une exonération corrélative des mineurs* : la jurisprudence actuelle, confirmée par un arrêt de la deuxième chambre civile du 11 septembre 2014 [1], cumule la responsabilité de plein droit des parents *et* la responsabilité personnelle des enfants et *infans* fautifs ou gardiens d'une chose, et ce même s'ils sont privés de discernement. À l'exemple de l'arrêt *Costedoat* du 25 février 2000 sur l'exonération des préposés, il serait souhaitable que la jurisprudence exonère explicitement les mineurs qui n'ont pas commis une infraction pénale intentionnelle ; en effet si leurs parents ne sont pas assurés et insolvables, ils recevront à leur majorité la charge d'une réparation qui grèvera leur vie entière.

---

responsable qu'en cas de faute établie à son encontre). Crim, 8 févr. 2005, *JCP* 2005.II.10049 (maintien de la responsabilité des parents du fait d'un enfant de treize ans qui habitait de manière habituelle avec ses grands-parents depuis l'âge de un an, sans transfert d'autorité parentale). Crim. 6 nov. 2012, n° 11-86.857 (exclusion de la responsabilité du parent qui est seulement titulaire d'un droit de visite et d'hébergement). Dans le même sens : Crim. 29 avr. 2014, n° 13-84.207, *D.* 2014. 1620, note L. Perdrix

1. **Cumul de la responsabilité du mineur et de ses parents** : pour un rappel de la solution : Civ. 2e, 11 sept. 2014, n° 13-16897, *D.* 2014. 1823.

D. La responsabilité des instituteurs du fait de leurs élèves [1]

604 L'art. 1384, al. 5 dispose : « Les instituteurs et les artisans [sont responsables] du dommage causé par leurs élèves et apprentis pendant le temps qu'ils sont sous leur surveillance », et l'al. 7 précise : « En ce qui concerne les instituteurs, les fautes, imprudences ou négligences invoquées contre eux comme ayant causé le fait dommageable, devront être prouvées, conformément au droit commun, par le demandeur à l'instance ». Cependant la loi du 5 avril 1957 a institué une responsabilité générale de l'État, mise en jeu devant les tribunaux de l'ordre judiciaire, lorsqu'un dommage causé par un élève a son origine dans la faute d'un membre de l'enseignement.

Cependant si l'État est ainsi tenu à réparation du fait de ses agents, il faut souligner que la jurisprudence maintient en ce domaine l'*exigence d'une faute de surveillance* prouvée à la charge de l'instituteur.

SECTION 3. LES CAUSES D'EXONÉRATION

605 L'obligation d'indemnisation du défendeur tombe par la *preuve de l'absence de la faute* dans le seul cas des responsabilités pour faute [2]. Plus généralement, le défendeur peut tenter de s'exonérer en opposant à la victime une convention aménageant la responsabilité (§ 1) ou une cause d'exonération (§ 2).

§ 1. Les conventions aménageant la responsabilité [3]

606 En théorie, le principe de la liberté des conventions devrait permettre d'aménager la responsabilité encourue, par des conventions totalement ou

1. **Responsabilité des instituteurs** : Civ. 2e, 2 mars et 16 mars 1994 (deux arrêts), *JCP* 1994. II.22336, note H. Merger et C. Feddal, *RCA* 1994, n° 240, obs. Peano (preuve nécessaire d'une faute de l'instituteur) ; Civ. 2e, 16 nov. 1994, *RCA* 1995, n° 1 (faute de surveillance dans l'organisation d'une journée de ski) ; Civ. 2e, 16 nov. 1994, *RCA* 1995, n° 2 (enfant fragile blessé par un ballon dans une cour de récréation ; pas de faute de surveillance) ; Civ. 2e, 12 déc. 1994, *RCA* 1995, n° 44 (élève blessé par la fermeture d'une porte poussée par un autre enfant ; pas de faute de surveillance) ; Civ. 2e, 20 nov. 1996, *RCA* 1997, n° 43 (faute commise à l'occasion d'une sortie en canoë-kayak ; responsabilité de l'État, et non de l'association sportive du collège) ; Civ. 2e, 8 juill. 1998, *RCA* 1999, n° 376 (accident lors d'une bousculade dans un escalier de collège ; faute de surveillance) ; Civ. 2e, 5 nov. 1998, *RCA* 1999, n° 4 (séance de gymnastique, chute lors d'un exercice à la poutre ; faute de surveillance et d'imprudence) ; Civ. 2e, 30 nov. 2000, *RCA* 2001, n° 36 (interne blessé lors d'une bataille de polochons dans un dortoir ; faute de surveillance, responsabilité substituée de l'État) ; Civ. 2e, 23 oct. 2003, *D.* 2004. 728, note S. Petit et note Y. Dagorne-Labbé (faute personnelle de l'enseignant qui n'a pas écarté le danger d'un rouleau de flotteurs en bord de piscine).

2. **Exonération par preuve de l'absence de faute**, v. ss 574.

3. **Conventions exonératoires de responsabilité** : B. Starck, « Observations sur le régime juridique des clauses de non responsabilité ou limitatives de responsabilité », *D.* 1974. Chron. 157 ;

partiellement exonératoires. Cependant la suspicion à l'égard de telles dispositions a multiplié les causes de nullité, de sorte qu'il paraît aujourd'hui qu'en matière de dommage corporel c'est le principe de l'illicéité qui l'emporte. Divers arguments juridiques peuvent en effet être invoqués par la victime pour tenter d'évincer la clause exonératoire ou limitative de responsabilité.

A. La nullité des conventions relatives à la responsabilité délictuelle [1]

607 Les clauses relatives à la responsabilité délictuelle supposent que l'auteur du dommage et la victime se connaissent *avant* l'accident et aient envisagé la possible survenance du dommage. Or, tel n'est généralement pas le cas. Cependant le problème peut parfois se poser, soit dans des relations de voisinage, soit entre participants à une œuvre commune ou dans les relations précontractuelles.

La jurisprudence condamne les clauses relatives à la faute délictuelle, qu'elles soient totalement exonératoires ou seulement limitatives de la responsabilité de l'auteur du dommage : en effet *les articles 1382-1383 C. civ. sont d'ordre public.*

Les propositions de réforme du droit de la responsabilité civile prévoient de rompre en partie avec cette traditionnelle illicéité. Ainsi l'avant-projet Catala propose de reconnaître la validité de principe des clauses limitant la réparation en matière extra-contractuelle (art. 1382 de l'avant-projet), sous certaines exceptions, dont principalement la survenance d'un dommage corporel (art. 1382-1 avant-projet) ou en cas de faute (art. 1382-4). La proposition de loi Béteille, sous réserve d'une présentation un peu différente, parvient au même résultat (art. 1386-33 et 37).

B. La nullité de la clause exonératoire abusive ou contredisant la portée de l'obligation essentielle de la convention

608 ***1°) La nullité de la clause exonératoire abusive*** ◊ La loi du 10 janvier 1978 sur la protection et l'information des consommateurs comportait

Ph. Jestaz, « L'obligation et la sanction à la recherche de l'obligation fondamentale », *Mélanges Raynaud*, p. 273. G. Loiseau, « Le crépuscule des clauses limitatives de réparation », *RLDC*, mai 2007, p. 6. D. Mazeaud, « Clauses limitatives de responsabilité : les quatre saisons », *D.* 2008. 1776. Dossier *RDC* 2008, p. 979 s., « Vices et vertus du régime des clauses de responsabilité en droit positif ».

1. **Nullité des clauses relatives à la responsabilité délictuelle :** A.-S. Muzuaghi, *Le déclin des clauses d'exonération de responsabilité sous l'influence de l'ordre public nouveau*, LGDJ, 1981 ; Civ., 3 janv. 1933, *DH* 1993.113 ; Civ. 2e, 11 déc. 1952, *D.* 1953.317, note Savatier ; Civ. 2e, 17 févr. 1955, *D.* 1956.17, note Esmein, *JCP* 1955.II.8951, note Rodière ; Civ. 2e, 28 nov. 1962, *D.* 1963.465, note Borricand, *JCP* 1964.II.13710, note de Juglart, *RTD civ.* 1964.756, obs. Rodière.

des dispositions spécifiques contre les clauses abusives, et l'article 2 de son décret d'application du 24 mars 1978 édictait : « Dans les contrats de vente conclus entre des professionnels d'une part, et d'autre part des non professionnels ou des consommateurs, est interdite comme abusive... la clause ayant pour objet ou pour effet de supprimer ou de réduire le droit à réparation du non professionnel ou consommateur en cas de manquement par le professionnel à l'une quelconque de ses obligations ».

La solution traditionnelle est aujourd'hui confortée par les textes actuels relatifs aux *clauses abusives*. La loi LME du 4 août 2008 a en effet assez profondément réformé le système de lutte contre ces clauses. À son terme, des décrets en Conseil d'État déterminent deux catégories de clauses pouvant être déclarées abusives. À côté de la liste énumérant les clauses dites « grises », qui sont simplement présumées comme telles, l'article R. 132-1 C. consom. recense la liste des clauses « noires », irréfragable ment présumées abusives. Tel est notamment le cas, aux termes de l'article R. 132-1, 6° de celles ayant pour effet ou objet de « supprimer ou réduire le droit à réparation du préjudice subi par le non professionnel ou le consommateur en cas de manquement par le professionnel à l'une quelconque de ces obligations ».

Ces règles permettent donc d'évincer directement toute clause limitative visant à limiter le droit à indemnisation de la victime de dommage corporel. Elles confortent l'obligation de sécurité qui tend à sauvegarder l'intégrité physique des personnes.

609 ***2°) La nullité de la clause exonératoire contredisant la portée de l'obligation essentielle de la convention*** [1] ◊ À la suite du célèbre arrêt *Chronopost* du 22 octobre 1996, la Cour de cassation a affirmé la nullité de la clause limitative ou exonératoire de responsabilité portant sur l'obligation fondamentale de la convention, sur le fondement de l'absence de cause. Une telle technique constituait en effet selon elle la négation de l'effet obligatoire du contrat, puisque l'une des parties s'affranchit ainsi des conséquences dommageables de l'obligation la plus essentielle de ce dernier. Cette jurisprudence avait été maintenue fermement par la Cour de cassation, notamment dans une décision de sa chambre commerciale du 13 février 2007 (*arrêt Faurécia*) où la nullité de la clause limitative avait été directement prononcée du seul fait qu'elle portait sur l'obligation essentielle de la convention. Cette solution pouvait sembler excessive puisque la haute juridiction retenait la nullité de la clause du seul fait de son objet, sans s'interroger sur la portée concrète qu'elle pouvait avoir sur

1. **Nullité de la clause limitative contredisant la portée de l'obligation essentielle** : évolution jurisprudentielle : Com. 22 oct. 1996, *D.* 1997. 121, note A. Seriaux, *JCP* 1997, II, 22881, note D. Cohen (nullité de la clause *portant* sur l'obligation essentielle). Ch. Larroumet, « Obligation essentielle et clause limitative de responsabilité », *D.* 1997. Chron. 145. Com. 30 mai 2006, *D.* 2006. 1599, note X. Delpech. Com. 13 févr. 2007, *JCP* 2007. II. 10063, note Y. Serinet (arrêt *Faurecia*). CA Paris, 26 nov. 2008, *JCP* 2009, I, 123, comm. n° 11. Com. 18 déc. 2007, *D.* 2007. 154, 9 juin 2009, *RDC* 2009, 4, 1359 (amorce d'une évolution). Com. 29 juin 2010, *JCP* 2010, 787, *D.* 2010. 1832 (nullité de la seule clause *contredisant la portée de l'obligation essentielle*).

les obligations des parties. Face aux critiques doctrinales et à la résistance de la Cour d'appel de Paris, la chambre commerciale a opéré un revirement de jurisprudence par une décision du 29 juin 2010, en affirmant que « seule est réputée non écrite la clause limitative de réparation *qui contredit la portée de l'obligation essentielle souscrite par le débiteur* ». Désormais, le seul fait que la clause porte sur l'obligation essentielle ne suffit donc plus à la déclarer non écrite. Le juge doit au contraire vérifier, compte tenu notamment de l'économie de la convention, si cette dernière entre effectivement en contrariété avec l'existence même de l'engagement. L'article 1168 du projet d'ordonnance portant réforme du droit des contrats conforte cette solution jurisprudentielle.

C. L'éviction de la clause exonératoire en cas de faute lourde ou dolosive [1]

610 Les conventions sur la responsabilité relèvent évidemment le plus souvent de la responsabilité contractuelle. Les parties sont libres d'aménager le contenu de leurs obligations ; elles peuvent donc, *en théorie*, insérer dans le contrat des clauses relatives aux responsabilités qui en découlent. Cependant l'application de cette clause s'arrête évidemment lorsqu'il y a dol, et par extension lorsqu'il y a une faute lourde équipollente au dol.

• ***La faute intentionnelle ou dolosive*** se traduit soit par l'intention de nuire à son contractant, soit, de manière plus feutrée, par la volonté de ne pas exécuter le contrat : la mauvaise foi vient corrompre les relations contractuelles. La jurisprudence a, pendant une certaine période, retenu une conception extensive de la faute lourde en considérant qu'elle pouvait être retenue, indépendamment de la gravité objective de la faute, chaque fois que celle-ci consistait en l'inexécution de l'obligation *essentielle* du contrat [2]. Cette position a toutefois été clairement condamnée par un

---

1. **Faute intentionnelle ou dolosive : - Doctrine :** R. Roblot, « De la faute lourde en droit privé français », *RTD civ.* 1943. 1 ; H. Lalou, « La gamme des fautes », *DH* 1940, chron., p. 17 ; D. Nguyen-Thanh-Bourgeois, « Contribution à l'étude de la faute contractuelle : la faute dolosive et sa place actuelle dans la gamme des fautes », *RTD civ.* 1973.496 ; G. Viney, « Remarques sur la distinction entre faute intentionnelle, faute inexcusable et faute lourde », *DS* 1975, chron. 263 ; J. Cedras, « Le dol éventuel : aux limites de l'intention », *D.* 1995. Chron. 18. - **Jurisprudence :** Req., 24 oct. 1932, *DP* 1932.I.176, note L.P. ; Com., 15 juin 1959, *D.* 1960.97, note Rodière (assimilation de la faute lourde au dol) ; Civ 1re, 5 janv. 1961, *D.* 1961.341, *JCP* 1961.II.11979, *RTD civ.* 1961.487, obs. Tunc et sur renvoi, Amiens, 11 févr. 1963, *RTD civ.* 1963.725, obs. Tunc (faute lourde ou dolosive du préposé) ; Civ. 1re, 23 févr. 1994, *JCP* 1994.IV.1124 et obs. Viney, *JCP* 1994.I.3809, n° 15 (notion d'obligation essentielle ou fondamentale du contrat) ; Ass. plén. 30 juin 1998, *JCP* 1998.II.10146 note Delebecque, *RCA* 1998, n° 313, *RTD civ.* 1999.119 obs. Jourdain, G. Viney obs. *JCP* 1998.I.187, n° 28 (les dispositions exonératoires de responsabilité prévues par la loi en faveur de la Poste ne s'imposent que dans le cas où celle-ci, ou le transporteur qu'elle s'est substitué, n'a commis aucune faute lourde dans l'exécution de sa mission).

2. **Faute lourde, manquement à l'obligation essentielle du contrat ? :** Civ. 18 janv. 1984, *JCP* 1985, II, 20372 (assimilation à la faute lourde d'une simple négligence portant sur l'obligation essentielle du contrat). Chbre mixte, 22 avril 2005, *D.* 2005. 1864, *JCP* 2005, II, 10066 (la faute lourde doit nécessairement être caractérisée « par une négligence d'une extrême gravité

arrêt de la chambre mixte de la Cour de cassation du 22 avril 2005, revenant donc de ce fait à une conception classique de la faute lourde, entendue comme une faute très grave, et supposant donc une appréciation subjective du comportement de son auteur.

• ***L'assimilation jurisprudentielle de la faute lourde au dol*** s'explique généralement par le souci d'éviter l'absence de sanction, de celui qui dissimulerait sa mauvaise foi sous la désinvolture ou la bêtise ; la présomption de bonne foi s'efface alors derrière la protection de l'ordre public. Aujourd'hui la règle de la non-application des clauses exonératoires de responsabilité en présence d'une faute lourde est admise dans les domaines les plus divers.

Dans la responsabilité contractuelle du fait d'autrui, la faute dolosive ou la faute lourde du préposé dans l'exercice de ses fonctions écarte l'application des clauses de responsabilité prévues au bénéfice du commettant.

• ***L'extension de la règle aux limitations légales de responsabilité***. Dans un arrêt remarqué du 30 juin 1998, l'Assemblée plénière de la Cour de cassation a retenu l'inapplication de dispositions *légales* exonératoires de responsabilité en cas de faute lourde : si en l'espèce il ne s'agissait que du retard dans la livraison d'un colis par la Poste, nul doute que cette disposition pourrait utilement renforcer la protection de victimes d'accidents corporels éventuellement confrontées à des dispositions légales ou réglementaires, limitatives ou exonératoires de responsabilité.

§ 2. Les causes d'exonération

611 Dans toutes les hypothèses de responsabilité objective, la preuve de la faute du responsable du dommage n'est plus une condition de sa responsabilité, et réciproquement *il ne peut plus se dégager de la responsabilité de plein droit qui pèse sur lui en invoquant son absence de faute*, alors qu'il le peut théoriquement dans un régime de simple présomption de faute.

Tout le débat juridique se situe donc en dehors de la faute, le poids de la preuve s'exerçant désormais sur *l'existence du lien de causalité* entre l'acte ou l'activité du présumé responsable et le dommage subi par la victime : c'est une responsabilité causale. Aujourd'hui la jurisprudence de la Cour de cassation emploie l'expression « *responsabilité de plein droit* », particulièrement forte, pour désigner toutes les hypothèses où le droit de la responsabilité s'est dégagé de la faute.

612 ***La cause étrangère exonératoire : la force majeure*** [1] ◊ Écartée du domaine de la faute, la dialectique juridique entre la victime et le présumé

confinant au dol et dénotant l'inaptitude du débiteur de l'obligation à l'accomplissement de sa mission contractuelle »). Com. 13 juin 2006, *JCP* 2006, II, 10123. Com. 10 mars 2009, *JCP* 2009, I248, comm. n° 8 (même définition).

1. **Responsabilité de plein droit, la force majeure seule exonératoire** : P. Jourdain, « Du classique et du moins classique en matière de cause étrangère », *RTD civ.* 1990. 488 ; P.-H. Antonmattei, « Ouragan sur la force majeure », *JCP* 1996.I.3907 ; C. Caron, « La force

responsable ne peut donc s'exercer que sur le terrain de la causalité : la victime ayant établi un lien de cause à effet entre l'activité du défendeur et son propre dommage, le présumé responsable ne peut s'exonérer qu'en établissant la *cause étrangère* qui anéantit la responsabilité qui pèse sur lui.

Les trois « causes étrangères », *extérieures* à l'auteur du dommage sont le *cas fortuit*, le *fait d'un tiers* ou la *faute de la victime* ; cependant elles ne sont totalement exonératoires pour le présumé responsable que si elles présentent les caractères d'*irrésistibilité* et d'*imprévisibilité* de la *force majeure*, ainsi que l'a rappelé l'Assemblée plénière de la Cour de cassation dans une décision du 14 avril 2006 [1]. Cependant la jurisprudence très stricte ne reconnaît que de manière rarissime l'existence de la force majeure exonératoire.

613 ***1°) Le cas fortuit*** [2] ◊ *Le cas fortuit* stricto sensu, c'est la *fatalité* qui n'est imputable à personne, comme une catastrophe naturelle. Si l'arrêt *Lamoricière* du 19 juin 1951 avait curieusement partagé la responsabilité du naufrage entre la tempête et le gardien du navire (exonération partielle), il est admis aujourd'hui que le cas fortuit ayant les caractères d'*extériorité*, d'*imprévisibilité* et d'*irrésistibilité* propres à la *force majeure*, doit dès lors entraîner une *exonération totale* du défendeur.

Aujourd'hui l'expression « cas fortuit » est souvent utilisée comme synonyme de « force majeure », ce qui est regrettable, car on élude la spécificité de son origine, « act of God », par rapport au « fait d'un tiers » ou à la « faute de la victime ».

---

majeure, talon d'Achille de la responsabilité des père et mère ? », *Gaz. Pal.* 9-10 sept. 1998, p. 21 ; F. Leduc, « La cause exclusive », *RCA* 1999, chron. n° 17 ; F. Defferard, « Une analyse de l'obligation de sécurité à l'épreuve de la cause étrangère », *D.* 1999. Chron. 364 ; H. Groutel, « La force majeure introuvable », *RCA* 2003, repères n° 3.

1. **Définition de la force majeure :** Ass. plén. 14 avril 2006, *JCP* 2006, II, 10087, *D.* 2006. 1577, note P. Jourdain (la force majeure est constituée par l'événement présentant un caractère imprévisible lors de la conclusion du contrat et irrésistible lors de son exécution). P. Jourdain, « Exigence de l'imprévisibilité de la force majeure après les arrêts d'Assemblée plénière du 14 avril 2006 : Florilège d'arrêts », *RTD civ.* 2007. 574. L. Bloch, « Force majeure : le calme après l'ouragan » *RCA* 2006, chron. n° 8. Civ. 1re, 31 oct. 2008, *RTD civ.* 2009. 127, note P. Jourdain, *JCP* 2008. II. 10198 (alignement de la première chambre sur la position de l'Assemblée plénière). V. également art. 1218 de l'avant-projet d'ordonnance.

2. **Cas fortuit :** arrêt Lamoricière (exonération partielle), Com. 19 juin 1951, *D.* 1951.717, note Ripert, *S.* 1952.I.89, note Nerson, *JCP* 1951.II.6426, note Becqué (naufrage du « Lamoricière » en 1942 : 300 noyés) ; arrêt Houillères du Nord, Civ. 2e, 13 mars 1957, *JCP* 1957. II.10084, note Esmein, *D.* 1958.73, note Redouant (idem) ; Civ. 2e, 5 févr. 1992, *RCA* 1992, n° 166 (enfant tué par l'effondrement d'une carrière ; pas d'imprévisibilité pour le propriétaire responsable) ; Civ. 3e, 24 mars 1993, *RTD civ.* 1993.594, obs. Jourdain (l'état de catastrophe naturelle déclaré par l'administration ne constitue pas un cas de force majeure dès lors que les glissements de terrain invoqués étaient prévisibles) ; Civ. 2e, 6 juill. 1994, *RCA* 1994, n° 365 (glissement de terrain non exonératoire) ; Civ. 2e, 18 mars 1998, *RCA* 1998, n° 184 (le cyclone n'a pas présenté l'irrésistibilité de nature à exonérer le gardien d'une grue qui s'est écroulée) ; Crim. 1er juill. 1997, *RCA* 1998, chron. Leduc, n° 6 « Le Club Med et la Murène », *RTD civ.* 1998 obs. Jourdain (plongée sous marine, amputation de la main droite après morsure d'une murène ; mais « le caractère imprévisible et irrésistible de la présence d'une murène sur les lieux de la plongée » n'est pas démontré). Civ. 1re, 1er déc. 2005, *RCA* 2006, comm. n° 50 (absence d'imprévisibilité d'une tempête ayant poussé un bateau contre le quai).

614 ***2°) Le fait d'un tiers***[1] ◊ Si le fait d'un tiers intervient dans la genèse de l'accident, deux situations peuvent se présenter :

1) Le fait d'un tiers est constitutif de force majeure : si le fait d'un tiers est extérieur au débiteur (il n'émane pas d'une personne dont il doit répondre), *imprévisible* et *irrésistible*, il *exonère totalement le responsable* ; cause unique de l'accident, le tiers en endosse la totale responsabilité. La condition d'irrésistibilité est très strictement appréciée par la jurisprudence.

2) Le fait d'un tiers a seulement participé au dommage : s'il ne présente pas les caractères de la force majeure (irrésistible et imprévisible pour le présumé responsable), il convient alors de distinguer la poursuite, de la contribution à la dette.

La poursuite ou obligation à la dette détermine les droits de la victime à l'égard des coauteurs de son dommage : ceux-ci sont tenus *in solidum* de la réparation.

La contribution à la dette règle les recours des coauteurs entre eux : soit au prorata de leurs fautes respectives, soit par part virile s'il n'y a pas de faute, soit encore, de manière plus topique dans une responsabilité objective, en fonction de leur rôle causal respectif dans l'imputabilité des dommages.

615 ***3°) La faute causale de la victime***[2] ◊ Que la responsabilité soit de nature *contractuelle* (inexécution d'une obligation déterminée) ou de nature *délictuelle* (notamment responsabilité du fait des choses), la situation des victimes de dommages corporels dont une « faute » a joué un rôle dans la genèse et la causalité de l'accident doit être la même. Il faut à cet égard distinguer selon que la « faute de la victime » présente, ou non, les caractères de la force majeure, bien qu'un arrêt remarqué du 13 mars 2008 ait remis en cause cette solution dans le cas particulier de l'obligation de sécurité et de résultat du transporteur.

---

1. **Fait d'un tiers ; irrésistibilité :** Y. Lambert-Faivre, « De la poursuite à la contribution : quelques arcanes de la causalité », *D.* 1992. Chron. 311. - Civ. 2e, 26 mai 1992, *RCA* 1992, n° 304 (exonération du propriétaire d'une tour en ruine, du fait des blessures occasionnées par un tiers inconnu qui a descellé une pierre) ; Civ. 1re, 9 mars 1994, *RTD civ.* 1994. 871, n° 5, obs. Jourdain, *JCP* 1994.I.3775, n° 6, obs. Viney (vol à main armée non exonératoire pour hôtelier qui n'avait pas pris toutes les mesures requises pour éviter cet événement) ; Civ. 1re, 22 nov. 1994, *RCA* 1995, n° 22 (existence d'événements extérieurs imprévisibles et irrésistibles constitutifs de force majeure) ; Civ. 1re, 24 janv. 1995, *D.* 1995. 327, note Paisant (caractère exonératoire pour l'EDF d'une grève générale du secteur public, extérieure à l'entreprise) ; Civ. 1re, 6 oct. 1993, *RTD civ.* 1994. 873, n° 6, obs. Jourdain, *JCP* 1994.I.3773, n° 7, obs. Viney, *JCP* 1993.I.22154, note Waquet (grève interne à l'entreprise constitutive de force majeure par son caractère inopiné ; dérogation regrettable à l'extériorité) ; Crim. 1er oct. 1997, *RCA* 1998, n° 42 (accident mortel sur autoroute dû à l'irruption de chevaux ; l'acte de malveillance commis par un tiers qui a ouvert leur enclos, exonère le propriétaire) ; Civ. 1re, 21 oct 1997, *RCA* 1997.356, *RTD civ.* 1998. 121 obs. Jourdain (SNCF non exonérée de sa responsabilité de plein droit à l'égard d'un voyageur qui a fait une chute sur la voie ferrée à la suite de l'agression et de l'ouverture de la porte par un tiers ; l'accident aurait pu être évité par un verrouillage approprié des portières pendant la marche du train).

2. **Responsabilité de plein droit et faute causale de la victime :** G. Viney, « La faute de la victime d'un accident corporel : le présent et l'avenir », *JCP* 1984.I.3155. Civ. 1re 13 mars 2008, *RCA* 2008, chron. S. Hocquet-Berg, *D.* 2008. 1582, note G. Viney. V. ss 999.

616 ***a) La faute exonératoire de la victime doit présenter les caractères de la force majeure*** [1] ◊ Si la faute de la victime est imprévisible et irrésistible pour le responsable, *celui-ci est totalement exonéré* et la victime supporte donc sans recours son entier dommage, car *elle est la cause unique, ou « exclusive », de son propre accident.* La jurisprudence apprécie toutefois avec beaucoup de rigueur les caractères de la force majeure, et ne retient qu'assez exceptionnellement l'exonération totale du défendeur, notamment dans le cas particulier des accidents de transport ferroviaire [2]. L'avant-projet Catala de réforme du droit des obligations prévoit d'ailleurs de n'admettre l'exonération totale du fait de la faute de la victime, que si celle-ci a *volontairement recherché le dommage,* et l'exclut dans le cas des victimes privées de discernement (art. 1350 et 1351-1 de l'avant-projet).

617 ***b) La faute contributive de la victime ne présente pas les caractères de la force majeure*** ◊

1) L'indemnisation intégrale de la victime fautive [3] : l'arrêt *Desmares* rendu par la 2e chambre civile le 21 juillet 1982 avait admis que la faute de la victime ne pouvait exonérer l'auteur du dommage présumé responsable sur la base de l'art. 1384, al. 1, C. civ. que si elle présentait les caractères de la force majeure.

---

1. **Faute de la victime exonératoire :** F. Leduc, « La faute exclusive », *RCA* 1999, chron. n° 17 ; P. Jourdain, « La légitime défense, fait justificatif de la responsabilité de l'art. 1384, al. 1, C. civ. », *RTD civ.* 1992. 768 ; H. Groutel, « Les effets de la légitime défense sur la responsabilité civile », *RCA* 1992, chron. n° 24, Civ. 2e, 22 avr. 1992, *D.* 1992.353, note Burgelin, *RCA* 1992, n° 257 et chron. n° 24 ; Civ. 1re, 6 oct 1998, *RTD civ.* 1999.113 obs. Jourdain, (voyageur sans billet monté sur le marchepied d'un train quittant une gare et projeté ensuite sur la voie ferrée ; faute commise par la victime est la cause exclusive de l'accident) ; Civ. 2e, 28 oct. 2002, *RCA* 2003, n° 94 (le comportement de la victime qui a pénétré la nuit dans une propriété qu'elle ne connaissait pas ne constitue pas une faute exonératoire pour le propriétaire du fonds) ; Civ. 2e, 23 janv. 2003, *RCA* 2003, n° 95 (SNCF ; le fait pour la victime d'être descendue du train en marche n'est pas imprévisible : pas exonératoire). Civ. 2e, 1er avr. 1999, *JCP* 1999.II.10218, note N. Reboul (enfant trois ans entre dans enceinte poney-club et est mordue ; faute non exonératoire) ; Civ. 2e, 27 mars 2002, *RCA* 2003, n° 163 (client magasin fait une chute en montant sur une échelle ; imprudence fautive non exonératoire) ; Civ. 2e, 22 mai 2003, *D.* 2004. 523, note S. Beaugendre (accès fosse de lavage non fermé ; chute de la victime qui s'introduit de nuit dans local ; faute victime totalement exonératoire) ; Civ. 3e, 12 juin 2003, ibidem (location maison de vacances, noyade d'un enfant dans piscine voisine). Chbre mixte 28 nov. 2008, *JCP* 2009, II, 10011, *RTD civ.* 2009. 129 (La faute de la victime n'est exonératoire que si elle présente les caractères de la force majeure).

2. **Sévérité de l'appréciation de la faute de la victime dans le cas des transports ferroviaires :** v. ss 998 s.

3. **Indemnisation intégrale de la victime fautive : Arrêt *Desmares* :** Civ. 2e, 21 juill. 1982, *D.* 1982.II.449, concl. Charbonier, note Larroumet, *JCP* 1982.II.19861, note F. Chabas, *Gaz. Pal.*, 23 juill. 1982.11, concl. Charbonnier, *RTD civ.* 1982. 606, obs. Durry ; G. Viney, « L'indemnisation des victimes de dommages causés par « le fait d'une chose » après l'arrête de la Cour de cassation du 21 juillet 1982 », *D.* 1982, chron., p. 201 ; Arrêt *Texier*, Civ. 2e, 25 juin 1998, *D.* 1999. 416 note Lapayade-Deschamps, *RCA* 1998, n° 296, *JCP* 1998.II.10191 note Fromont-Hibrard, v. ss 997, « La faute de la victime n'exonère le gardien que si elle constitue une force majeure »... résurgence de l'arrêt Desmares ? ; Civ. 2e, 1er avr. 1999, *JCP* 1999.II.10218 note N. Reboul (idem ; enfant mordu par un poney).

2) La faute causale de la victime et l'exonération partielle [1] : par *six arrêts* rendus par la deuxième chambre civile le *6 avril 1987*, la Cour de cassation a réaffirmé le principe classique du *partage de responsabilité* en cas de faute de la victime non constitutive de force majeure : « attendu que le gardien de la chose instrument du dommage est partiellement exonéré de sa responsabilité s'il prouve que la faute de la victime a contribué au dommage ».

Toutefois, la solution de l'arrêt *Desmares* a été réitérée par un important arrêt de la Cour de cassation du 13 mars 2008, applicable uniquement dans le cadre de l'obligation de sécurité de résultat du transporteur, qui, consacrant la loi du tout ou rien, exclut l'exonération de la SNCF si la faute de la victime transportée ne présente pas les caractères de la force majeure [2].

CONCLUSION. L'ÉPOUVANTAIL AMÉRICAIN

618 ***L'objectivation de la responsabilité civile en matière de dommage corporel*** [3] ◊ Tous les systèmes juridiques, inspirés du droit romain ou de la Common Law, connaissent une évolution semblable de leur régime de responsabilité civile, d'une responsabilité pour faute axée sur la dette de responsabilité de l'auteur fautif des dommages, à une responsabilité objective axée sur la créance de réparation de la victime. Cette évolution trouve son domaine d'élection dans la réparation des accidents ayant entraîné un dommage corporel : c'est l'objet de cet ouvrage.

Devant cette évolution est cependant agité un épouvantail qui est celui de la dérive américaine qu'il faut ici démystifier car l'argument relève largement de l'ignorance ou de la mauvaise foi. Certes il est parfaitement exact de noter la dérive contentieuse de la société américaine et ses effets gravement pervers ; mais il est faux d'en attribuer la cause au droit de la responsabilité civile qui y demeure théoriquement basé sur la faute et qui connaît une objectivation simplement comparable à celle des pays européens.

En revanche ce qui est en question c'est le *système de droit judiciaire américain* qui repose sur un certain nombre de règles dont la gangrène menace la France si l'on n'est pas très vigilant.

---

1. **Faute causale de la victime et exonération partielle** : Civ. 2e, 6 avril 1987 (six arrêts) : *Gaz. Pal.*, 26 juill. 1987, p. 13, *JCP* 1987.II.20828, note F. Chabas, *D.* 1988.32, note Mouly, et *RTD civ.* 1987. 767, obs. Huet ; 28 mai 2009, *RTD civ.* 2009. 541, *D.* 2009. 26667 (retour aux solutions de l'arrêt Desmares dans le cadre de l'obligation de sécurité du transporteur ferroviaire).

2. V. ss 999 s.

3. **Évolution de la responsabilité civile** : Y. Lambert-Faivre, « L'évolution de la responsabilité civile d'une dette de responsabilité à une créance d'indemnisation », *RTD civ.* 1987.1 ; H. Cousy, « Évolution comparée des droits européens de la responsabilité », *Risques* 1992, n° 10, p. 41 ; F. Ewald, « Responsabilité, solidarité, sécurité », *Risques* 1992, n° 10, p. 9 ; H. Margeat, « Déclin, rémanence ou renaissance de la responsabilité civile », *Risques* 1992, n° 10, p. 25 ; A. Tunc, « Évolution du concept juridique de responsabilité », *Droit et cultures* 31-1996, p. 19.

619 ***Les causes judiciaires de la dérive américaine de la responsabilité civile*** [1] ◊ On peut, de manière très succincte, évoquer en particulier trois règles qui sont source de « dérive », et dont il faut se garder en France.

1) L'existence du « jury »

Aux États-Unis les décisions sur les intérêts civils sont rendues par des jurés, citoyens non-magistrats, toujours très compatissants devant les malheurs des victimes auxquelles ils s'identifient volontiers. Or nos juges du fond, même s'ils disposent d'un large pouvoir d'appréciation, sont soucieux d'évaluer la réalité de dommages dûment établis et non de préjudices phantasmatiques difficiles à cerner. Néanmoins certaines affaires très émotionnelles sortent parfois d'un cadre rationnel d'indemnisation, notamment dans les accidents très médiatisés.

2) Le système d'honoraires des avocats par partage de l'indemnité avec la victime [2]

On sait que les avocats américains sont rétribués en fonction de l'issue du procès, et à l'absence d'honoraires en cas d'échec, correspond une rémunération proportionnelle à l'indemnité octroyée, en cas de réussite (« contingency fee ») : souvent un tiers de l'indemnité parfois la moitié, si la procédure a été particulièrement longue et complexe. Certains États de l'Union ont d'ailleurs réagi contre les excès de cette pratique en fixant des limites, notamment un barème dégressif par tranche d'indemnité.

Ce système de rémunération entraîne d'abord une redoutable inflation des procès en responsabilité : en effet les victimes, ou prétendues telles, n'ont aucune raison de résister au démarchage des avocats puisqu'elles n'auront rien à débourser en cas d'échec. Par ailleurs les montants d'indemnisation sont volontiers doublés par le « jury » qui sait la part réduite qu'en percevra effectivement la victime.

• En France, les conventions d'honoraires sont fermement encadrées [3], et ces règles paraissent de nature à éviter les dérives les plus flagrantes. La pratique des avocats doit toutefois se monter vigilante en évitant de prélever des pourcentages trop élevés sur l'indemnité judiciairement fixée. La production systématique de la convention d'honoraires dans le dossier relatif aux dépenses entraînées par l'accident, et le strict contrôle des Conseils de l'ordre devraient endiguer les tentations.

---

1. **Système juridique américain :** L. Cohen-Tanugi, *Le droit sans l'État*, PUF, 1985 ; R. David, C. Jauffret-Spinosi, *Les grands systèmes de droit contemporains*, Dalloz, 11ᵉ éd., 2002 ; A. Tunc, *La responsabilité civile*, Economica, 1990 ; A. Farnsworth, *Introduction au système juridique des États-Unis*, LGDJ, 1986.

2. **Pacte de *quota litis* ; rémunération de l'avocat sur le résultat du litige :** v. ss 168 ; G. Flécheux, « La rémunération des prestations de service de l'avocat », *Gaz. Pal.*, 1988, doc. p. 92 ; Y. Lambert-Faivre, « La victime d'un dommage corporel et son avocat », *Gaz. Pal.* 3-7 sept 1999, p. 3.

3. V. ss 168.

3) L'existence de dommages et intérêts punitifs [1]

• Aux États-Unis, lorsque le responsable a commis une faute, cause du dommage subi par la victime, le jury peut accorder, en sus des dommages-intérêts compensatoires, des dommages-intérêts punitifs qui assouvissent le besoin de vengeance ressenti par des victimes gravement atteintes en punissant le coupable. Ces dommages-intérêts punitifs ne sont en principe pas pris en charge par l'assurance. Il faut cependant savoir qu'ils peuvent représenter un multiple (10 fois, 100 fois...) des dommages-intérêts compensatoires. Après une décennie d'utilisation abusive de dommages-intérêts excessifs, le problème de leur constitutionnalité est posé devant la Cour Suprême, et plusieurs États de l'Union ont d'ores et déjà adopté des lois les limitant.

• En droit français, en principe les dommages et intérêts punitifs n'existent pas. Cependant certains courants favorables à la *peine privée* sont prêts à sanctifier l'esprit de vengeance si vivace chez les victimes par une indemnisation surajoutée, alors même qu'une évaluation intégrale des préjudices subis par la victime a déjà été opérée. Ainsi, l'avant-projet Catala de réforme du droit des obligations prévoit, en l'encadrant, l'introduction en droit français de dommages et intérêts punitifs, notamment dans l'hypothèse d'une « faute lucrative » du responsable, modification ayant suscité les commentaires partagés de la doctrine [2]. Il en va de même dans la proposition de loi Béteille (art. 1386-25) ou dans le projet présenté par le groupe de réflexion réuni sous l'égide du Professeur Terré (art. 54).

• Comme on le voit, l'objectivation du droit de la responsabilité civile, qui constitue un irremplaçable instrument d'équité et de protection des victimes d'un dommage corporel, est totalement étrangère aux excès américains que d'aucuns redoutent : notre droit de la responsabilité civile devrait pouvoir les éviter.

---

1. **Dommages-intérêts punitifs :** v. ss 19, 35 ; S. Carval, *La responsabilité civile dans sa fonction de peine privée*, LGDJ, 1995 ; Ph. Conte, « Où la Cour de cassation entérine une comédie judiciaire », *RCA* 1994, chron., n° 38 ; J. Bourtomieux, « Dommages punitifs », *RGDA* 1996, n° 4. Civ. 1re, 1er déc. 2010, *D.* 2011. 423 (décision admettant l'*exequatur* au profit d'une décision étrangère ayant prononcé des dommages et intérêts punitifs sauf si le montant alloué est disproportionné par rapport au préjudice ou la gravité de la faute).

2. **Introduction des dommages et intérêts punitifs dans les projets de réforme du droit de la responsabilité :** Avant projet Catala : *RDC* 2007, n° 1, « L'avant projet de réforme du droit de la responsabilité », not. P. Jourdain « Présentation des dispositions de l'avant-projet sur les effets de la responsabilité », p. 141, Y. Lambert-Faivre, « Les effets de la responsabilité », p. 163. F. Terré, *Pour une réforme du droit de la responsabilité civile*, Dalloz, 2011.

CHAPITRE 2

ASSURANCE DE RESPONSABILITÉ ET GARANTIE DE LA VICTIME

620 ***Assurance de responsabilité et garantie*** [1] ◊ Au XIXe siècle, le droit de la responsabilité civile était fondé sur la *faute* de l'auteur du dommage : dès lors l'indemnisation de la victime sur son patrimoine avait à la fois un caractère de réparation et de punition, et l'existence même d'une assurance de responsabilité ayant pour objet de transférer la charge de la réparation du responsable à son assureur suscitait des réserves sur le terrain de l'ordre public et de la morale.

Mais dès lors que la « découverte » de l'article 1384, al. 1 du Code civil consacrait, au tournant du siècle, une responsabilité sans faute du responsable, le transfert de l'indemnisation de la victime à l'assurance allait prendre un essor rapide, irrésistible et irréversible. En effet, l'assurance de responsabilité souscrite par le responsable constitue la meilleure garantie d'indemnisation de la victime.

Aujourd'hui, à l'aube du XXIe siècle, l'évolution de la responsabilité civile et de l'assurance de responsabilité est marquée du sceau indélébile des droits de la victime.

621 ***Le contrat d'assurance de responsabilité civile*** [2] ◊ En assurance de responsabilité civile, l'objet du contrat est d'abord la *dette de réparation de l'assuré responsable souscripteur* et donc la *créance corrélative de la victime.* Il

---

1. **Assurance de responsabilité et garantie des victimes :** Y. Lambert-Faivre, « L'évolution de la responsabilité civile, d'une dette de responsabilité à une créance de réparation », *RTD civ.* 1987. 1 et « Le sinistre en assurance de responsabilité et la garantie de l'indemnisation des victimes », *RGAT* 1987, p. 193 ; « Réflexion sur la nature juridique des assurances de responsabilité », in *Mélanges Vincent*, Dalloz, 1981, p. 193 ; « Peut-on parler d'une dérive française de la jurisprudence en matière d'assurance ? », *Risques*, n° 10, avr. 1992, p. 71 ; Y. Saint Jours, « De la garantie des victimes d'accidents corporels par les générateurs de risques », *D.* 1999. Chron. 211 ; A. Comte-Sponville, « Philosophie de l'assurance », *Risques* n° 32, déc. 1997, p. 19 ; M. A. Frison-Roche, « La dialectique entre responsabilité et assurance », *Risques* n° 43, juill.-sept. 2002, p. 79, H. Groutel, « Faute et assurance », *RCA*, juin 2003, n° spécial sur la faute, p. 56 ; P. Picard et autres, « Analyses : La judiciarisation de la société française », *Risques* n° 43, sept. 2000 ; R. Leblanc et autres, « Techniques : la responsabilité civile », *Risques* n° 52, déc. 2002.

2. **Contrat d'assurance de responsabilité :** Y. Lambert-Faivre et L. Leveneur, *Droit des assurances*, Dalloz, 13e éd., 2011, n° 630 s. ; P. Veaux-Fournerie et D. Veaux, « Assurances terrestres, règles particulières à l'assurance de responsabilité », *J.-Cl. Responsabilité civile*, fasc. 511.1 à 511.7, ou *Civil* annexes, V° « Assurances », fasc. 11.1 à 11.7 ; Y. Jouhaud, « Évolution de la jurisprudence en matière d'assurance », *Risques*, n° 10, avril 1992, p. 59 ; Comité européen des assurances (CEA), « Étude comparative sur les conditions générales en assurance responsabilité générale, dans 13 pays d'Europe », juill. 1991 ; C. Delpoux, « Assurance et responsabilité : un couple en crise », *Risques*, n° 10, avr. 1992, p. 79 ; P. Peugeot, « Qu'est-ce qu'un dispositif de responsabilité ? », *Risques*, n° 10, avr. 1992, p. 87.

n'est cependant pas indifférent de mettre l'accent sur l'aspect passif ou actif de l'obligation, et l'évolution contemporaine manifeste dans de multiples domaines un double mouvement d'effacement du responsable et de prééminence de la victime : les chapitres consacrés à l'indemnisation des victimes d'accidents de la circulation, des victimes des risques technologiques ou des victimes de la violence montrent comment la technique juridique a tenté de trouver dans chaque cas une meilleure protection des victimes.

Il n'est pas question de faire ici une étude complète du contrat d'assurance de responsabilité passé entre le responsable et son assureur, à la souscription duquel la victime est étrangère. Conformément à l'objet de cet ouvrage axé sur la réparation du dommage corporel retiendront principalement notre attention la détermination de la garantie en assurance de responsabilité (Section 1) et les modalités de mise en œuvre de la garantie de l'assureur (Section 2).

SECTION 1. LA GARANTIE EN ASSURANCE RESPONSABILITÉ

622 ***La détermination des risques garantis en assurance RC*** ◊ Tout contrat d'assurance a pour objet la garantie de certains risques dont la détermination est précisée dans les clauses du contrat d'assurance : la spécificité du contrat d'assurance RC est de garantir un *risque juridique*, une *responsabilité civile* dont les règles juridiques relèvent du droit objectif. Toute assurance de responsabilité civile a un aspect passif relatif aux contours de *la responsabilité garantie* (§ 1), et un aspect actif relatif aux droits des victimes ; à cet égard le contrat d'assurance de responsabilité doit permettre de déterminer les *victimes garanties* (§ 2), *les montants d'indemnisation* couverts (§ 3) et la *durée de la garantie* (§ 4).

§ 1. La responsabilité garantie

623 L'étude de la responsabilité garantie relève d'une dialectique qui permet de déterminer positivement ce qui est inclus dans la garantie, et négativement ce qui en est exclu.

A. La détermination des risques inclus dans la garantie

624 ***a) L'activité garantie*** [1] ◊ Il n'existe pas de contrat général de responsabilité couvrant toutes les activités humaines ; celles-ci étant fort variées, le

1. **Spécificité de l'activité garantie** : Civ. 1re, 17 janv. 1990, *RGAT* 1990.186, obs. Bout (exclusion du risque professionnel dans une assurance RC chef de famille) ; Civ. 1re, 17 févr.

contrat d'assurance de responsabilité circonscrit toujours l'activité spécifiquement garantie. Certes, pour la vie privée, l'assurance « RC chef de famille » peut être incluse dans un contrat multirisques, mais même ce contrat très généraliste exclut d'une part tous les risques de la vie professionnelle, et d'autre part l'assurance-automobile qui est toujours spécifique. De même il existe pour les entreprises une assurance généraliste de responsabilité qui est « l'assurance RC exploitation » ou « assurance chef d'entreprise », mais non seulement elle exclut tous les risques spéciaux (ex. : radioactivité), mais encore elle exclut corrélativement les risques de la vie privée, et toujours les risques automobiles.

625 ***b) La nature de la responsabilité garantie*** [1] ◊ Rappelons d'abord que la *responsabilité pénale* est toujours exclue de l'assurance de responsabilité, et cette exclusion est d'ordre public.

Le contrat d'assurance de responsabilité peut couvrir une *responsabilité administrative* comme une responsabilité civile.

Pour nous en tenir à la *responsabilité civile*, on sait qu'une division classique distingue la *responsabilité contractuelle* et la *responsabilité délictuelle : la responsabilité contractuelle* a pour objet l'indemnisation des dommages causés à un cocontractant du fait de l'inexécution ou de la mauvaise exécution des obligations contractuelles (art. 1146 s. C. civ.), tandis que la *responsabilité délictuelle* a, pour objet l'indemnisation des dommages causés à des tiers (art. 1382 s. C. civ.). Cependant cette *summa divisio* est d'une qualification trop floue en droit de la responsabilité civile pour ne pas être un grave facteur d'insécurité juridique en assurance de responsabilité.

626 ***c) La détermination des responsables assurés*** [2] ◊ L'assuré est celui sur la tête duquel pèse le risque ; un risque de responsabilité civile pèse sur celui qui est susceptible d'être reconnu débiteur d'une dette de responsabilité civile soit de son propre fait (art. 1382 C. civ.), soit du fait des choses dont il a la garde (art. 1384 al. 1 C. civ.), soit des personnes dont il doit répondre (art. 1384 al. 1 s. C. civ., art. L. 121-2 C. assur.), soit du fait de l'inexécution de ses obligations contractuelles (responsabilité contractuelle, art. 1146 s. C. civ.).

Le contrat d'assurance de responsabilité couvre généralement en qualité d'assuré plusieurs personnes : par exemple dans l'assurance chef de famille non seulement celle du chef de famille lui-même pour sa propre

---

1998, *RCA* 1998, n° 176 (dénaturation de la clause relative à l'activité garantie ; cassation). Civ. 2e, 8 janv. 2009, *RGDA* 2009, 231 (le tiers exerçant l'action directe doit seulement prouver l'existence du contrat d'assurance et non le risque garanti).

1. **Nature de la responsabilité garantie : distinction entre responsabilité contractuelle et délictuelle :** v. ss 565.

2. **Responsables assurés : sur l'assurance pour compte :** Y. Lambert-Faivre et L. Leveneur, *Droit des assurances*, Dalloz, 13e éd., 2011, n° 199 ; Civ. 1re, 10 févr. 2004, *Gaz. Pal.* 30 avr.-4 mai 2004, p. 12, obs. Avocat gén. Sainte-Rose (« en vertu de l'art. L. 121.2 C. assur., la clause limitant la garantie à la part de responsabilité de l'assuré… est sans effet quand la responsabilité de l'assuré est recherchée comme civilement responsable du fait d'autrui »).

responsabilité (de son fait, du fait des choses ou du fait d'autrui en vertu de l'art. L. 121-2 C. assur.), mais aussi celle des différents membres de la famille pour couvrir la responsabilité propre de chacun d'eux. De même le contrat d'assurance-automobile garantit non seulement la responsabilité de l'assuré-souscripteur propriétaire du véhicule, mais encore celle des gardiens ou conducteurs habituels ou occasionnels du véhicule susceptible de causer un accident.

Dans ces diverses hypothèses, l'assuré-souscripteur souscrit non seulement pour lui-même, mais aussi *pour le compte* de ces autres responsables potentiels.

Le contrat d'assurance de responsabilité peut soit énumérer de manière nominale et limitative les *personnes assurées* dont la responsabilité est garantie, soit par une « *assurance pour le compte de qui il appartiendra* », rester dans une indétermination qui prendra fin le jour du sinistre (ex. : assurance-automobile).

B. Les conditions de la garantie, exclusions de risques

627 La garantie de l'assurance RC peut être subordonnée à certaines conditions qui constituent autant d'exclusions corrélatives de risques. On peut citer, à titre d'exemple, la notion « *d'accident* », les conditions de *prévention, l'exclusion de certaines fautes*, etc.

628 ***a) « L'accident », condition ambiguë de garantie*** ◊ De nombreux contrats d'assurance de responsabilité limitent la garantie de l'assureur à la survenance d'un « *accident* » défini comme un événement soudain et imprévu. Cela exclut corrélativement les dommages causés par un processus lent de dégradation ou d'intoxication. Cependant les contrats les plus modernes ont généralement renoncé à cette condition-exclusion dont l'ambiguïté peut être invoquée contre l'assureur en assurance RC.

629 ***b) Mesures de préventions et conditions de qualification*** [1] ◊ Elles sont souvent érigées en conditions mêmes de la garantie. Elles peuvent prendre des formes très variées dans les assurances de responsabilité, par exemple des conditions de compétence et de qualification (ex. : diplôme de médecin exigé pour les actes médicaux).

630 ***c) L'exclusion de certaines fautes ou de certains comportements*** ◊

1) Principe : L'exclusion légale de la faute intentionnelle [2]. Le contrat d'assurance est un contrat aléatoire : la réalisation du risque assuré ne saurait être

---

1. **Conditions de qualification :** Civ. 1re, 4 déc. 2001, *RCA* 2002, n° 117 (l'assurance de responsabilité du médecin ne joue pas lorsqu'il accomplit un acte pour lequel il n'est pas qualifié).

2. **Faute intentionnelle = dommage intentionnel causé à la victime :** Civ. 5 janv. 1970, *JCP* 1970.II.6265 (l'assuré qui, en tirant sur un malfaiteur, blesse mortellement un voisin, n'a

délibérément et intentionnellement commise par l'assuré : l'art. L. 113-1 C. assur. exclut la garantie des dommages provenant d'une faute intentionnelle ou dolosive.

Une jurisprudence nourrie existe depuis toujours sur la définition de la faute intentionnelle, qui est interprétée de façon très restrictive : l'intention ne s'applique *pas à la faute* commise (ex. : inobservation de limitations de vitesses en assurance-automobile) *mais au dommage* ; la faute intentionnelle est la volonté de causer tel dommage ; c'est le *sinistre volontaire.* En matière d'assurance de responsabilité, la jurisprudence va même plus loin : la faute intentionnelle est le dommage intentionnel commis à l'encontre de telle victime, et implique donc la volonté de créer le dommage tel qu'il est survenu (ex. : Civ. 1re, 10 déc. 1991 : un forcené alcoolique qui blesse maladroitement un passant au lieu de sa femme peut être couvert !).

Plus récemment, la Cour de cassation semble avoir redonné une certaine autonomie à la faute dolosive en la distinguant de la faute intentionnelle à laquelle elle était traditionnellement assimilée, en la définissant comme la faute volontaire et commise par l'assuré en connaissance du caractère inéluctable des conséquences dommageables de son acte, ce qui, dans l'optique de la Cour affecte l'existence de l'aléa consubstantiel au contrat d'assurance [1]. Si une telle évolution est confirmée, le champ de l'exclusion légale de l'article L. 113-1 C. assur. serait évidemment élargi.

2) L'exclusion conventionnelle de certains comportements [2]. Les assureurs désirent ne pas couvrir un comportement désinvolte et la sécurité publique elle-même a intérêt à ce que le slogan « l'assurance paiera » ne couvre pas de comportements aberrants.

Cependant la sécurité juridique des responsables assurés et la protection des victimes exigent que les exclusions en la matière soient clairement et

---

pas commis dom. int.) ; Civ 1re, 22 juill. 1985, *Gaz. Pal.* 20 déc. 1985, p. 7, obs. Piedelièvre (coups volontaires, mais blessures non voulues ; garantie) ; Civ. 1re, 10 déc. 1991, *RCA* 1992, n° 109 (assuré qui, sous l'empire de l'alcool poignarde un passant au lieu de sa femme). Civ. 1re, 13 janv. 2004, chron. Groutel, n° 8 (homicide volontaire commis par fils mineur au cours d'une rixe ; exclusion). Jurisprudence constante depuis Civ. 1re, 27 mai 2003, *RGDA* 2003, 463 (la faute intentionnelle, (...) qui implique la volonté de créer le dommage tel qu'il est survenu n'exclut de la garantie due par l'assureur à l'assuré, condamné pénalement, que le dommage que l'assuré a recherché en commettant l'infraction). Pour une illustration récente : Civ. 2e, 6 févr. 2014, n° 13-10160, *RGDA* 2014, 214. *Adde* : A. D'Hauteville, « Retour sur la distinction faute intentionnelle ou dolosive exclue de l'assurance et infraction pénale intentionnelle », *Mélanges J. Bigot*, LGDJ, 2010, p. 179 s. L. Mayaux, « La notion de faute intentionnelle de l'assuré : quelle évolution ? », in *Les grandes questions du droit des assurances*, LGDJ, 2011, p. 119. J. Bigot, L. Mayaux et A. Pelissier « Faute intentionnelle, faute dolosive, faute volontaire : le passé, le présent et l'avenir », *RGDA* 2015, 75. J. Kullmann, « L'assuré fautif : après le faisan et le malfaisant, le risque-tout » *RGDA* 2014, p. 8.

1. **Nouvelle définition de la faute dolosive** : Civ. 2e, 12 sept. 2013, n° 12-24650, *D.* 2014. 2058. D. Bakouche, « La faute dolosive exclusive de garantie », *RCA* 2013, ét. 8 ; J. Bigot, L. Mayaux et A. Pelissier, « Faute intentionnelle, faute dolosive, faute volontaire : le passé, le présent et l'avenir », préc. ; J. Kullmann, « L'assuré fautif : après le faisan et le malfaisant, le risque-tout », préc.

2. **Exclusions conventionnelles de risques** : pour une étude détaillée de cette question : Y. Lambert-Faivre et L. Leveneur, *Droit des assurances*, 13e éd., 2011, n° 416 s.

strictement circonscrites. Il faut rappeler que les *exclusions conventionnelles de risques* doivent être « *formelles et limitées dans la police* », et la jurisprudence annule toutes les clauses imprécises : les faits exclus doivent être bien circonscrits (ex. : participation personnelle de l'assuré garanti à une rixe).

3) Exception : la garantie de la faute intentionnelle des personnes dont l'assuré est responsable [1]. La responsabilité de celui qui doit répondre d'autrui est objective ; les fautes intentionnelles d'un préposé ou d'un enfant sont un incontestable aléa pour le commettant ou le parent. Seule l'assurance de responsabilité civile de celui qui doit juridiquement répondre d'autrui permet de généraliser cette lourde charge sociale ; aussi l'art. L. 121-2C. assur. dispose-t-il de manière impérative : « L'assureur est garant des pertes et dommages causés par des personnes dont l'assuré est civilement responsable en vertu de l'art. 1384 C. civ., quelles que soient la nature et la gravité des fautes de ces personnes ».

Ce texte a pour corollaire l'art. L. 121-12 al. 13 en vertu duquel : « *l'assureur n'a aucun recours* contre les *enfants*, descendants, ascendants, alliés en ligne directe, *préposés*, employés, ouvriers, domestiques et généralement toute personne vivant habituellement au foyer de l'assuré, *sauf le cas de malveillance* commise par une de ces personnes ». Il n'est toutefois applicable qu'au recours subrogatoire de l'assureur, la Cour de cassation ne l'appliquant pas quand le recours est exercé par un fonds [2].

Il en résulte que celui qui doit « répondre pour autrui » est garanti par son assurance de responsabilité. Si l'auteur direct du dommage a eu l'intention de le réaliser, cette faute intentionnelle pourrait éventuellement fonder le recours subrogatoire de l'assureur. Son exercice est toutefois souvent illusoire car l'auteur du dommage est le plus souvent insolvable. De plus, dans le cas particulier de la responsabilité du commettant, une immunité est reconnue au profit du préposé chaque fois qu'il a accompli l'acte dommageable dans le cadre de sa mission. Cette jurisprudence paraît alors de nature à bloquer, à elle seule, tout recours subrogatoire de l'assureur contre le préposé, puisque celui-ci n'est débiteur d'aucune dette, bien que la Cour de cassation adopte une solution contraire [3].

§ 2. La détermination des victimes garanties

631 ***a) Principe : l'antinomie des notions de victime garantie et de responsable assuré*** [4] ◊ Les notions de responsable et de victime sont

---

1. **Responsabilité du fait d'autrui :** v. ss 589 s.

2. **Exclusion de l'article L. 121-12 C. assur. au recours exercé par un fond** : Civ. 2e, 6 févr. 2014, n° 13-17061, *RGDA* 2014, p. 2012.

3. **Effets de l'immunité civile du préposé sur le recours de l'assureur :** Civ. 1re, 12 juill. 2007, *D.* 2007. 2908, note S. Porchy-Simon admettant le recours de l'assureur contre le préposé nonobstant l'immunité civile dont bénéficie le préposé.

4. **Qualité de victime reconnue à l'assuré non civilement responsable :** Civ. 2e, 24 mai 2006, *RCA* 2006, comm. n° 278.

antinomiques dans notre droit de la responsabilité civile : on est l'un *ou* l'autre. Aussi les contrats d'assurance excluent-ils généralement les assurés de la liste des victimes indemnisables.

Cette liste des victimes exclues doit être soigneusement pesée, car il demeure dans certains contrats d'assurance des exclusions totalement injustifiées. En matière d'assurance-automobile, la loi du 7 janvier 1981 a précisé que « les membres de la famille du conducteur ou de l'assuré sont considérés comme des tiers » (art. L. 211-1 C. assur.). Cependant, dans les assurances chef de famille, l'exclusion des dommages que peuvent se causer mutuellement les membres de la famille est toujours prévue : leur qualité de tiers est exclue ici non seulement en raison des risques de fraude dans les accidents domestiques (déguiser l'accident que l'on cause à soi-même en un accident causé par un proche), mais encore parce que tous sont aussi responsables *assurés* par le contrat.

632 ***b) Exception : où la victime garantie peut être le souscripteur du contrat*** [1] ◊ L'assurance-automobile, dans son contexte exceptionnellement protecteur des victimes, apporte ici un exemple très éclairant, car le souscripteur propriétaire du véhicule, s'il est blessé alors qu'il n'est pas conducteur responsable (par exemple, passager dans sa propre voiture) est indemnisé, le décret du 9 juin 1983 ayant abrogé l'ancienne exclusion le visant à l'art. R. 211-6 C. assur.

En effet, depuis l'arrêt *Tranchant* du 27 novembre 1979, la jurisprudence définit le « tiers » par rapport à la responsabilité encourue du fait de l'accident, et non plus par rapport à la souscription du contrat d'assurance.

§ 3. Le montant de la responsabilité garantie

633 ***Les limites et plafonds de garantie*** [2] ◊ Le montant de la dette de responsabilité est établi en fonction des seules données de droit qui permettent de déterminer et d'évaluer les dommages causés.

1. **Garantie du souscripteur en qualité de tiers victime :** Affaire *Tranchant* : Civ. 1re, 27 nov. 1979, *D.* 1980.37, note Y. Lambert-Faivre ; *Gaz. Pal.*, 30 mars 1980, note H. Margeat et A. Favre-Rochex ; *RGAT* 1980.410, obs. A. B.

2. **Limites et plafonds de garantie :** Civ. 1re, 22 mai 1991, *RCA* 1991, n° 309 (opposabilité à la victime d'une limitation du montant par année d'assurance) ; Com., 8 oct. 1991, *RCA* 1991, n° 436 (les dommages-intérêts moratoires peuvent dépasser le plafond de garantie fixé au contrat) ; Civ. 1re, 25 nov. 1992, *RCA* 1993, n° 22, *RGAT* 1993.78, obs. Maurice (art. 1254 C. civ. ; le paiement qui n'est point intégral s'impute d'abord sur les intérêts) ; Aix-en-Provence, 12 juill. 1993, *RGAT* 1994.236, obs. Bigot (notion de plafond de garantie par sinistre et par année d'assurance) ; Civ. 1re, 9 juill. 1996, *D.* 1996. 610 note Lambert-Faivre, 3 arrêts (Centre de Transfusion sanguine, limitation de garantie pour une même année d'assurance quelque soit le nombre de victimes) ; Civ. 1re, 28 avr. 1998, *RCA* 1998 chron. Groutel n° 20, *RTD civ.* 1998.920 obs. Jourdain (les intérêts alloués à la victime en application de l'art. 1153.1 C. civ. pour une période antérieure à la date de la décision qui fixe l'indemnité ont nécessairement un caractère moratoire ; à la différence des intérêts compensatoires, ils sont une dette propre de l'assureur qui s'ajoute au plafond) ; Civ. 1re, 23 nov. 1999, *D.* 2000. IR. 33 (ass. des centres de transfusion sanguine, plafond réglementaire arrêté du 27 juin 1980, *JO* 21 sept. 1980 ; plafond contractuel de 2,50 MF par une même année d'assurance

Le plus souvent le montant de la responsabilité encourue est indéterminé au moment de la souscription du contrat, voire même illimité. Or la notion d'illimité et d'infini est très répulsive pour les assureurs, et au surplus difficilement compatible avec les règles techniques de gestion de l'assurance et de la réassurance.

Dès lors les assureurs insèrent-ils le plus souvent dans leurs contrats d'assurance de responsabilité des clauses de *limitation* ou de *plafonds de garantie*, soit par événement, soit par année d'assurance. Ces limitations peuvent être fixées différemment selon les dommages : ainsi la garantie des dommages corporels peut soit être illimitée, soit n'être limitée que dans le cadre d'une enveloppe globale par « événement », tandis qu'un plafond sera fixé pour les dommages matériels, et un autre pour les dommages « immatériels ».

Il faut bien comprendre que si la créance de réparation (ou dette de responsabilité) est supérieure au plafond de garantie, elle demeure pour le surplus à la charge du patrimoine de l'assuré responsable, dont l'insolvabilité éventuelle empêchera l'indemnisation totale des victimes.

Ce problème de l'adéquation de la responsabilité encourue et de la garantie d'assurance est fort délicat. Pour l'assuré responsable, la meilleure solution est de bénéficier d'une *limitation de responsabilité*, légale, qui permettra d'ajuster une *garantie ad hoc* : ainsi s'expliquent les limitations de responsabilité édictées en matière de pollution nucléaire ou de transports aériens.

Cependant cette limitation de la responsabilité encourue et de la garantie corrélative présente un danger pour les victimes dont l'indemnisation peut demeurer incomplète si des Fonds de garantie ou d'autres systèmes collectifs d'indemnisations ne prennent pas la relève. Ainsi, dans le cas particulier des accidents médicaux, l'article L. 1142-2 CSP autorise les plafonds de garantie dans les contrats garantissant le risque médical, mais prévoit corrélativement une prise en charge par un fonds de garantie des dommages et intérêts dus par l'assuré qui dépasseraient ce plafond de garantie (art. L. 142-14 et 15 CSP) [1].

Deux problèmes d'une redoutable complexité juridique interfèrent avec l'existence d'un plafond contractuel de garantie dans les grands risques : celui du sort des intérêts légaux, et celui des plafonds de garantie « par année et par sinistre ».

634 ***a) Le sort des intérêts légaux dans les assurances de responsabilité*** [2] ◊ Le problème posé est celui de l'intégration ou de la non-intégration du montant des intérêts moratoires dans le plafond contractuel de garantie.

s'applique quelque soit le nombre de sinistres et de victimes) ; Civ. 1re, 7 déc. 1999, *RCA* 2000, n° 100 (idem pour produit dentaire défectueux). Civ. 2e, 6 mars 2008, *RCA* 2008, comm. n° 175 (opposabilité à l'adhérent d'un plafond de garantie stipulé dans une assurance de groupe).

1. V. ss 881, 887.

2. Intérêts légaux et garantie d'assurance : P. Jourdain, « Les intérêts légaux d'indemnité d'assurance : une vrai casse-tête », in *Mélanges J. Lambert-Faivre et D. C. Lambert*, Dalloz, 2002, p. 231 ; H. Groutel, « Les intérêts en assurance : le point de départ introuvable », *RCA* 1997, chron. n° 6 ; J. Kullman, « Indemnité d'assurance et intérêts au taux légal », *RGDA* 1998,

Deux textes sont à considérer : d'après l'article 1153 du Code civil, dans les obligations de sommes d'argent, les dommages-intérêts résultant du retard dans l'exécution consistent dans les intérêts au taux légal (al. 1), et ils ne sont dus que du jour de la sommation de payer ou d'un autre acte qui manifeste une interpellation suffisante (al. 3) ; en vertu de l'article L. 113-5 du Code des assurances ; lors de la réalisation du risque, « l'assureur doit exécuter dans le délai convenu la prestation déterminée par le contrat et ne peut être tenu au-delà ».

Aux termes d'une jurisprudence confuse, un arrêt rendu par la 1re chambre civile précise que : « le plafond de garantie ne pouvait s'appliquer qu'à la prestation mise à la charge de l'assureur en vertu du contrat d'assurance de responsabilité, et non aux intérêts de retard afférents à sa dette en application de l'article 1153 du Code civil ».

635 ***b) Les plafonds de garantie par sinistre et par année*** [1] ◊ En principe, dans les contrats d'assurance simples souscrits par des particuliers, l'assureur indemnise chaque sinistre successif, et si le contrat contient un plafond de garantie, il s'entend par sinistre.

Cependant ces dernières années les assureurs ont été confrontés à des « risques sériels » notamment du fait de produits défectueux ou de sinistre environnemental. Dès lors les contrats garantissant des risques industriels comprennent un mécanisme d'épuisement de la garantie par les sinistres successifs relatifs à un même fait générateur, le plafond s'entendant par année : un arrêt rendu par la première chambre civile le 3 juillet 2001 confirme l'évidence : « le plafond de la garantie fixé par le contrat d'assurance constitue la limite de l'indemnisation due par l'assureur pour une même année d'assurance, quel que soit le nombre des sinistres ou des victimes ».

Ceci admis par tous, restent une équivoque et un problème :

1) L'équivoque relative à « l'année ». Une interprétation très restrictive affecterait toutes les réclamations de victimes, quelle que soit leur date, à l'année de la première réclamation ; la liquidation des demandes d'indemnisation serait d'une part reculée aux calendes grecques, et d'autre part cette contraction de toutes les demandes (qui peuvent s'échelonner sur plusieurs années) sur une seule année, celle du fait générateur, diminuerait de manière abusive la garantie souscrite.

---

p. 662 ; H. Groutel, « Intérêts légaux et plafond de garantie dans une assurance de responsabilité », *RCA* 1992, chron. n° 36. - Civ. 1re, 14 nov. 2001, *RCA* 2002, n° 41 et chron. Groutel n° 2, *RCA* 2002, chron. Jourdain n° 3.

1. **Plafond de garantie par sinistre et par année :** J. Bigot, « Problématique de la globalisation des sinistres », *JCP* 2013, 783. F. Chapuisat, « Les plafonds de garantie et d'indemnisation des victimes », in *Mélanges Y. Lambert-Faivre et D. C. Lambert*, Dalloz 2002, p. 89. - Civ. 1re, 3 juill. 2001, *D.* 2001. 3564, note Beignier (application de l'annexe à l'arrêté interministériel du 27 juin 1980, « la garantie responsabilité civile après livraison comporte un plafond par sinistre et par année d'assurance et le montant de l'année s'épuise par tout règlement amiable ou judiciaire d'indemnités, quels que soient les dommages auxquels ils se rattachent, sans reconstitution automatique de garantie après le règlement »). Civ. 2e, 7 févr. 2013, n° 11-24154 et Com. 12 févr. 2013, n° 12-11828, *RGDA* 2013, 692 (acceptation d'une globalisation des sinistres seriels).

- En fait l'épuisement de la garantie par année s'étend généralement par année de règlement ; cependant ici encore la contraction de tous les « règlements » en un seul règlement transactionnel global de l'assureur pour toutes les victimes d'un même fait dommageable aboutit au même résultat.

- La solution qui consiste en revanche à plafonner la garantie par année selon les dates des « réclamations » de victimes serait susceptible d'étaler un même sinistre catastrophique sur plusieurs plafonds annuels. C'est aujourd'hui la seule solution juridiquement cohérente avec la loi n° 2003-706 du 1er août 2003 sur la sécurité financière qui, sous la pression de l'assureur, a réhabilité la « clause réclamation ».

2) Le problème de la protection des victimes [1]. Toute limite de garantie inférieure à la responsabilité laisse à l'auteur du dommage la charge du différentiel d'indemnisation : c'est un très gros problème pour les managers de risques industriels.

Mais dans cet ouvrage consacré au dommage corporel, donc aux victimes, c'est l'équité et la justice d'une société industrialisée à l'égard de ses victimes qu'il convient de souligner : il ne s'agit plus d'une justice commutative entre cocontractants (donnant-donnant), ni même d'une justice distributive abstraite de l'État entre les citoyens, mais de cette équité qu'exige une éthique de la responsabilité.

Actuellement, la modalité qui semble la plus opérationnelle pour conforter la garantie des victimes mal indemnisées par l'assurance, est celle des Fonds de Garantie soit institutionnels, soit occasionnels pour un sinistre d'une ampleur particulière.

§ 4. La durée de la garantie

636 ***L'importance de la durée de la garantie en assurance RC*** ◊ Le très grave problème qui se pose ici est celui de l'adéquation entre la durée de la garantie d'assurance et la durée de la responsabilité encourue par l'assuré.

A. La durée de la responsabilité

637 ***La durée ou le temps décomposé*** ◊ En droit des obligations classiques et dans les accidents soudains (ex. : accident de la circulation par collision), la créance de réparation de la victime et la dette de responsabilité de l'auteur du dommage ne sont que l'avers et l'envers d'une même médaille : le fait générateur et le fait dommageable sont simultanés et indissociables ; ils marquent l'*instant* de la naissance de la responsabilité dont le terme est déterminé par la prescription.

Cependant les risques technologiques modernes ont des relations au temps beaucoup plus complexes qui génèrent des incertitudes et ruptures de symétrie entre dette du responsable et créance de la victime.

---

1. Protection des victimes : Éthique de la responsabilité : v. ss 561.

1. Le point de départ du lien de responsabilité

638 ***a) Le fait dommageable et la créance de la victime*** [1] ◊ En droit civil, la créance en réparation de la victime naît au moment même de *la réalisation du dommage*, le jugement de condamnation du responsable étant déclaratif et non constitutif de droits ; et si à certains égards la date du jour du jugement est prise en considération, notamment pour l'évaluation des dommages-intérêts, en revanche ni la date de la manifestation du dommage, ni celle de la réclamation de la victime n'ont jamais été retenues. Dans des affaires d'intoxication par des produits ou médicaments, on peut dater le moment de réalisation du dommage par l'ingestion ou par l'exposition du produit, même si la manifestation des effets nocifs est retardée de plusieurs mois, voire de plusieurs années (affaires du sang contaminé à VIH à la suite de transfusions sanguines, du Distilbène, de la Thalidomide, de l'amiante, etc.).

La réalisation du dommage de la victime est toujours une condition substantielle de la responsabilité : sans dommage il n'y a pas de responsabilité civile. Du côté du responsable, elle ouvre la recherche vers la *cause* du dommage, c'est-à-dire le fait générateur.

639 ***b) Le fait générateur et la dette du responsable*** ◊ Il n'existe de dette de responsabilité qu'à la condition essentielle qu'un dommage ait été réalisé et que le lien de causalité relie le dommage subi par la victime à un *fait générateur imputable au responsable*, soit en raison de sa faute (responsabilité subjective), soit en raison de son activité (responsabilité objective). Ici encore le fil du temps et de la durée peut être plus ou moins ancré en amont ; la *causa proxima* est la cause la plus proche de la victime : ce peut être la vente d'un produit vicié, ou plus globalement la mise sur le marché d'un produit qui, dans la directive de 1985 sur la responsabilité des fabricants marque l'interface entre le professionnel responsable et les consommateurs victimes. On peut encore remonter dans le temps et rechercher la *causa remota*, la cause originelle du dommage.

2. L'extinction du lien de responsabilité

640 ***a) L'extinction de la créance de la victime*** ◊ *La durée de la responsabilité est établie par référence à la durée de la prescription applicable à l'action*

1. **Créance de réparation au jour de réalisation du dommage ; évaluation au jour de la réparation :** B. Starck, H. Roland et L. Boyer, *Obligations 1. Responsabilité délictuelle*, Litec, 2e éd., nos 1030 s. ; L. Mazeaud, « De la distinction des jugements déclaratifs et des jugements constitutifs de droits », *RTD civ.* 1929. 17 s. ; Derrida, « L'évaluation du préjudice au jour de sa réparation », *JCP* 1951.918 ; Ph. Brun, Responsabilité extracontractuelle, Litec, 2e éd., 2009, n° 568. P. Jourdain « La date de naissance de la créance d'indemnisation », *LPA* 9 nov. 2004, p. 49 ; Civ. 2e, 6 mars 1996, *RCA* 1996, n° 166 (évaluation à la date de la décision de la juridiction de renvoi). Crim. 8 mars 2011, n° 10-81741 (évaluation du préjudice au jour de la décision, en fonction de tous les éléments connus à cette date).

en responsabilité civile. À cet égard, notre droit, qui prévoit diverses règles de prescription, était aussi incohérent qu'ingérable avant que la réforme opérée par la loi n° 2008-561 du 17 juin 2008 portant réforme de la prescription civile ne vienne simplifier les choses [1].

- Avant la loi du 17 juin 2008, la durée de prescription des actions en responsabilité civile était en effet variable selon la nature de cette dernière.

La *prescription de droit commun*, alors *trentenaire* d'après l'ancien article 2262 C. civ., s'appliquait pour *les actions en responsabilité contractuelle*.

La prescription était en revanche de dix ans pour les *actions en responsabilité civile extra-contractuelle*, et pour toutes les actions en réparation des conséquences d'un accident médical (art. L. 1142-28 CSP). Cependant ce délai ne partait pas de l'acte dommageable, mais « de la manifestation du dommage ou de son aggravation », autant dire qu'il pouvait aller jusqu'aux calendes grecques pour des dommages corporels à évolution lente. Par un arrêt remarqué du 4 mai 2000 [2], la Cour de cassation avait précisé, avec la forme d'un principe : « en cas de préjudice corporel, *la date de consolidation* fait courir le délai de la prescription prévue à l'article 2270-1 du Code civil », solution confirmée dans le cas particulier des accidents médicaux par l'article L. 1142-28 CSP.

Enfin de *courtes prescriptions* (quinquennales, biennales, annales...) existaient dans divers domaines spécifiques.

- La loi du 17 juin 2008 a pour une large partie unifié les prescriptions dans le domaine du droit de la responsabilité. Le délai de droit commun est en effet fixé par le nouvel article 2224 C. civ. à cinq ans *pour toutes les actions personnelles*, dont font bien entendu partie les actions en responsabilité, qu'elles soient de nature contractuelle ou délictuelle. *Dans le domaine du dommage corporel*, l'harmonisation est encore plus aboutie, puisque, selon le nouvel article 2226 C. civ. :

« L'action en responsabilité née à raison d'un événement ayant entraîné un dommage corporel, engagée par la victime directe ou indirecte des préjudices qui en résultent, se prescrit par dix ans à compter de la date de la consolidation du dommage initial ou aggravé.

Toutefois, en cas de préjudice causé par des tortures ou des actes de barbarie, ou par des violences ou des agressions sexuelles commises contre un mineur, l'action en responsabilité civile est prescrite par vingt ans ».

Cette nouvelle disposition unifie donc le délai de prescription de toutes les actions en réparation du dommage corporel, en fixant par ailleurs clairement le point de départ du délai de prescription à la date de la consolidation du dommage initial ou de son aggravation.

---

1. **Loi n° 2008-561 du 17 juin 2008 portant réforme de la prescription en matière civile** : *JO* 18 juin 2008, p. 9856. S. Amrani-Mekki, « Liberté, simplicité, efficacité, la nouvelle devise de la prescription ? À propos de la loi du 17 juin 2008 », *JCP* 2008, II, 160.

2. **Point de départ de la prescription de l'action de la victime** : Civ. 2e, 4 mai 2000, *RCA* 2000, n° 221, obs. Groutel, *RTD civ.* 2000. 851, obs. Jourdain (« en cas de préjudice corporel, la date de consolidation fait courir le délai de prescription art. 2270-1, C. civ. »).

641 ***b) L'extinction de la dette du responsable*** [1] ◊ La manifestation du dommage chez la victime, ou son aggravation, sont des dates qui échappent aux prévisions des assureurs et des responsables assurés.

Aussi pour faciliter la gestion d'une garantie d'assurance d'un point de départ déterminé à un point d'arrivée fixe, certains textes organisent une extinction spécifique de la responsabilité de l'auteur du dommage : on peut citer la responsabilité de l'exploitant nucléaire qui s'éteint dix ans à compter de l'accident nucléaire (loi du 30 octobre 1968), ou encore le délai de dix ans à compter de la date à laquelle le producteur responsable a mis en circulation le produit qui a causé le dommage (Directive CEE du 25 juillet 1985 et loi du 19 mai 1998 sur la responsabilité des fabricants). Ces derniers textes dissocient la durée de la responsabilité encourue par l'auteur des dommages, de la prescription de l'action en réparation de la victime limitée à trois ans à partir du moment où elle avait connaissance de son dommage et du responsable.

Cette solution ne saurait toutefois être appliquée de façon générale dans le droit du dommage corporel, puisque le nouveau délai de prescription de dix ans instauré par la loi du 17 juin 2008, susceptible d'interruption et de suspension, n'est pas soumis à la nouvelle technique du délai butoir prévu à l'article 2232 C. civ.

B. La durée de la garantie d'assurance RC

642 ***La détermination de la garantie dans le temps*** [2] ◊ Dans cette analyse juridique du temps, le droit de la responsabilité civile ne retient pas les extrêmes en amont ou en aval, mais recherche l'interface entre responsable et victime, le pont temporel le plus étroit qui les fait se rencontrer : pour la victime, c'est la réalisation même encore cachée d'un dommage dont la révélation peut être ultérieure (ex. : contamination à VIH à la date de la transfusion sanguine) : le mal est fait, même s'il est encore inconnu ;

1. **Extinction de la dette du responsable :** M. Bruschi, *La prescription en droit de la responsabilité civile*, Economica, 1997 ; sur la responsabilité de l'exploitant nucléaire, v. ss 972 s. ; sur la directive CEE du 25 juillet 1985 et la loi française du 19 mai 1998 en matière de responsabilité du fabricant, v. ss 928 ; L. Mayaux, « L'incidence de la loi du 19 mai 1998 sur la durée de la garantie d'assurance en matière de produits livrés », *RGDA* 1999-1 p. 63.

2. **Le sinistre en assurance RC et la détermination de la garantie dans le temps :** Y. Lambert-Faivre, « Le sinistre en assurance de responsabilité et la garantie d'indemnisation des victimes », *RGAT* 1987.193 ; Y. Lambert-Faivre, « La durée de la garantie dans les assurances de responsabilité : fondement et portée de la nullité des clauses "réclamation de la victime" », *D.* 1992. Chron.. 13 ; C. Delpoux, « Assurance RC et application de la garantie dans le temps », *Risques*, n° 14, avr. 1993.59 ; G. Viney, « La clause dite de réclamation de la victime en assurance de responsabilité », *JCP* 1994.3778 ; H. Groutel, « Propos divers au sujet de la garantie dans le temps », *RCA* 1994, chron. n° 18 ; R. Raffi, « Réflexions sur le rôle du temps en assurance de responsabilité », *D.* 1998 chron. 245 ; Y. Lambert-Faivre, « La datation du fait générateur ou les arcanes du temps dans la responsabilité civile et l'assurance de responsabilité civile », *RGDA* 1998.3 p. 441 ; M. Fontaine, « La notion de sinistre dans les assurances de responsabilités et les assurances de frais », *Mélanges Y. Lambert-Faivre et D. C. Lambert*, Dalloz, 2002, p. 199. L. Mayaux, « L'étendue de la garantie dans le temps : la volonté, le juge et la loi », in *Les grandes questions de droit de l'assurance*, LGDJ, 2011, p. 129 s.

pour le responsable, c'est le dernier temps de sa maîtrise sur la cause du dommage que la Cour de cassation appelle fait générateur.

Dans les événements soudains, cette interface du fait générateur à la réalisation du dommage se résout dans l'instant. Elle éclaire la détermination du sinistre dans les assurances de responsabilité.

643 ***La définition du sinistre en assurance de responsabilité*** ◊ L'article L. 124-1 du Code des assurances, dans sa version antérieure à la loi du 1er août 2003, disposait : « Dans les assurances de responsabilité, l'assureur n'est tenu que si, à la suite du fait dommageable prévu au contrat, une réclamation amiable ou judiciaire est faite à l'assuré par le tiers lésé ». Cette définition avait conduit à une ambiguïté de la notion de sinistre référencée tantôt sur le « fait dommageable », tantôt sur la « réclamation » de la victime qui avait fondé les « clauses réclamation » en assurance de responsabilité.

La loi n° 2003-706 du 1er août 2003 sur la sécurité financière a, dans son article 80, donné une nouvelle rédaction de l'article L. 124-1, C. assur.

Art. L. 124-1 C. assur. : « Au sens du présent chapitre (sur l'assurance de responsabilité), constitue un sinistre tout dommage ou ensemble de dommages causés à des tiers, engageant la responsabilité de l'assuré, et ayant donné lieu à une ou plusieurs réclamations. Le fait dommageable est celui qui constitue la cause génératrice dommage. Un ensemble de faits dommageables ayant la même cause technique est assimilé à un fait dommageable unique ».

Si le nouveau texte définit bien le sinistre par référence au dommage, et le fait dommageable par la cause génératrice du dommage, il poursuit en insérant dans le Code des assurances un nouvel article L. 124-5.

Art. L. 124-5 C. assur. : « La garantie est, selon le choix des parties, déclenchée soit par le fait dommageable, soit par la réclamation. Toutefois, lorsqu'elle couvre la responsabilité des personnes physiques en dehors de leur activité professionnelle, la garantie est déclenchée par le fait dommageable ».

Il convient d'analyser ces deux modes de garanties, en distinguant, à la suite du législateur, les assurances de responsabilité garantissant les risques de la vie privée et celles couvrant la responsabilité civile professionnelle.

1. Assurance de responsabilité des risques de la vie privée : déclenchement de la garantie par le fait dommageable (*occurrence basis*) [1]

644 Dans l'assurance de responsabilité, c'est la *dette de responsabilité de l'assuré* – c'est-à-dire, vu du côté actif, la *créance d'indemnisation de la*

---

1. **La réalisation du dommage doit se situer pendant la période de garantie du contrat (occurrence basis) :** Civ. 1re, 16 juill. 1970, *D.* 1970.670, *JCP* 1971.II.16652, note Besson, *RGAT* 1971.87, obs. Besson ; Civ. 1re, 19 juill. 1978, *JCP* 1978.IV.299 ; TGI, Paris, 10 juin 1976, *D.* 1977.49, note A. Honorat ; Civ. 1re, 17 mai 1982, *Gaz. Pal.*, 10 avr. 1983, p. 9, note Jourdain (garantie de la responsabilité d'un dément pour les faits situés pendant la période garantie, même si la souscription du contrat était antérieure à la loi du 3 janv. 1968 sur la responsabilité des déments) ; Civ. 1re, 20 mars 1990, *RGAT* 1990, obs. Bout ; Civ. 1re, 25 oct. 1994, *JCP* 1995.II.22452, rapport P. Sargos (« il résulte de l'art. L. 124-1 C. ass. que la garantie de l'assureur joue pour tout fait entraînant la responsabilité de l'assuré commis au cours de la période où le contrat d'assurance est en cours... »).

victime – qui est l'objet de la garantie principale de l'assureur et *c'est le fait dommageable qui constitue le sinistre.*

Dans le contrat d'assurance, la détermination de la période garantie est très importante, et elle va du moment de la prise d'effet du contrat à celui de son extinction par l'arrivée du terme ou par la résiliation : bien entendu, l'événement qualifié « sinistre » doit survenir pendant cette période garantie. En principe, en assurance de responsabilité, *la survenance du dommage soudain se situe pendant la période garantie* ; il en résulte deux conséquences : même si la « réclamation » de la victime intervient au cours de la période garantie, l'assuré n'est pas couvert si le dommage est antérieur, et en revanche l'assuré est couvert dès que le fait dommageable intervient antérieurement à la cessation du contrat, même si la « réclamation » de la victime lui est postérieure. L'assurance-automobile illustre cette règle pour les accidents de la circulation.

Le critère de la réalisation du dommage *(clause occurrence basis)* est le seul susceptible de conférer une parfaite sécurité à l'assuré notamment pour sauvegarder la continuité de la garantie en cas de changement d'assureur (chaque assureur successif répond des dommages survenus pendant son contrat), et en maintenant la garantie même en cas de « *réclamation* » de la victime postérieure à la résiliation pourvu que le dommage lui-même ait été réalisé avant.

La loi du 1er août 2003 conforte cette analyse classique dans le nouvel article L. 124-5, al. 3 C. assur. : « La garantie déclenchée par le fait dommageable couvre l'assuré contre les conséquences pécuniaires des sinistres, dès lorsque le fait dommageable survient entre la prise d'effet initiale de la garantie et sa date de résiliation ou d'expiration, quelle que soit la date des autres éléments constitutifs du sinistre ».

Ce critère classique du fait dommageable-ouverture de garantie demeure la règle pour toutes les assurances RC des personnes physiques « en dehors de leur activité professionnelle », c'est-à-dire les assurances de responsabilité civile de la vie privée. Dans ce type de contrat, les clauses réclamations sont en effet expressément exclues par le législateur. Mais elles ne le sont plus pour les assurances de responsabilité professionnelle, des personnes physiques ou morales, où l'assureur peut imposer dans le contrat une « clause de réclamation ».

2. Assurance de responsabilité des risques professionnels : légalisation des clauses « réclamation de la victime »

645 ***Le fait générateur de dommages évolutifs ou sériels*** [1] ◊ *Dans les dommages évolutifs*, dont la manifestation est progressive et parfois lointaine

1. **Dommages sériels ; rétro-datation du sinistre au fait générateur technique ; limitation globale de garantie RC :** J. Bigot, « Problématique de la globalisation des sinistres », *JCP* 2013, 783. Civ. 1re, 9 juill. 1996, *D.* 1996.610, note Y. Lambert-Faivre (validité de la limitation de garantie

par rapport au fait dommageable, il peut être difficile de dater la réalisation du dommage : c'est alors une question de fait qui relève de l'appréciation du juge du fond ; celui-ci retient généralement la date de la contamination initiale (le ver est dès lors dans le fruit) ou de l'exposition au risque. Le fait générateur peut être immédiat (ex. radiation accidentelle, explosion) ou remonter dans le temps notamment dans les dommages sériels.

Pour *les dommages en série* où un même fait générateur (ex. : vice de fabrication d'un produit) atteint de multiples victimes à des dates différentes, il est généralement stipulé dans les contrats d'assurance de responsabilité que l'ensemble des réclamations rattachées à un même fait générateur constitue un seul *« sinistre »* dont la date est alors le premier dommage réalisé. Lorsque le contrat comporte une limite de garantie par sinistre, c'est donc l'ensemble des dommages qui doit être pris en compte. En cas de dommages catastrophiques toutes les conséquences d'*une même cause technique (causa remota)* sont considérées comme un seul « sinistre » par les assureurs. Cette analyse, légalisée par le nouvel art. L. 124-1-1 C. assur., est conforme à la définition de la Cour de cassation qui privilégie le *fait générateur* dans la détermination de la garantie d'assurance RC En effet l'assuré est le responsable et c'est son activité génératrice potentielle de dommage qui est l'objet du contrat d'assurance de responsabilité.

Cependant les assureurs sont allés plus loin en dissociant la survenance du sinistre du fait générateur, pour le rattacher à la réclamation de la victime : ce sont les « clauses réclamation » (clauses « claims made »), dont la saga jurisprudentielle se termine avec leur légalisation par la loi du 1er août 2003.

a. La clause « réclamation » : le dommage et la réclamation de la victime doivent se situer pendant la période garantie [1]

646 Selon cette clause, le dommage doit toujours être réalisé entre la prise d'effet et la résiliation du contrat pour être garanti, mais en outre, la réclamation de la victime doit *aussi* être manifestée avant la résiliation. Cette clause a d'abord été admise par la jurisprudence comme expression de la liberté contractuelle. Cependant la notion de *« réclamation »* de la victime

---

stipulée par la clause d'après laquelle « seront considérées comme formant un seul sinistre toutes les conséquences de dommages causées à des personnes différentes ayant leur origine dans une même faute ou un même fait générateur »). Civ. 2e, 7 févr. 2013, n° 11-24154 et Com. 12 févr. 2013, n° 12-11828, *RGDA* 2013. 692 (acceptation d'une globalisation des sinistres seriels).

1. **Clauses « réclamation de la victime » (clauses *claims made*) ; validité :** Civ. 1re, 28 oct. 1974, *D.* 1975.269, note Besson, *JCP* 1975.II.18086, note Bigot, *RTD civ.* 1975.319, obs. Durry ; Civ. 1re, 29 nov. 1978, *RGAT* 1980.398 ; Civ. 3e, 14 mai 1985, *D.* 1985.II.507, note M. Sfez, *RDI* 1986, p. 92, obs. Durry ; Civ. 1re, 3 mars 1981, *RGAT* 1982.541 ; Civ. 3e, 17 mars 1976, *JCP* 1977. II.18514, note Bigot ; Civ. 1re, 29 nov. 1979, *RGAT* 1980.398 ; Civ. 1re, 25 mars 1980, *RGAT* 1980.530 ; Civ. 3e, 4 déc. 1984, *Gaz. Pal.*, 22 mai 1985, p. 85, note Piédelièvre ; Civ. 1re, 17 juin 1986, 8 avr. 1986 et 4 mars 1986 (3 arrêts), *RGAT* 1986.477, obs. Bigot.

est floue, de la simple demande verbale à la lettre recommandée avec accusé de réception, il y a bien des nuances, et on observera que si la victime d'un dommage corporel est dans le coma, sa « *réclamation* » risque d'être reportée à une date postérieure à la résiliation du contrat : ambiguïté et hasard se conjuguent pour créer des difficultés.

Une telle clause a été de plus en plus souvent insérée dans les contrats couvrant la responsabilité des fabricants ; l'exemple en a été donné par des assureurs américains échaudés par de multiples et importants sinistres différés des années, puis surgissant de manière catastrophique sans qu'ils aient constitué des provisions techniques adéquates pour y faire face : le critère de la réclamation de la victime, « *claims made basis* » est une clause de protection... des assureurs. Cependant elle est aussi dangereuse pour les assurés responsables que pour les tiers victimes : elle crée des « *trous* » de garantie dans le temps entre les contrats successifs passés par l'assuré en cas de changement d'assureur (le dommage « *né* » sous le premier contrat et « *réclamé* » sous le second contrat demeure sans garantie), et elle dissocie la durée d'une responsabilité qui se prolonge jusqu'à la prescription de l'action de la victime, de la garantie d'assurance qui cesse dès la résiliation du contrat.

Si la finalité de l'assurance est la sécurité des assurés, si la finalité de l'assurance de responsabilité est la protection des victimes, cette clause est inacceptable.

647 1) *La condamnation judiciaire des clauses réclamation* ◊

• *L'inopposabilité aux victimes* [1] de la clause réclamation analysée comme une clause de déchéance, a été dès 1985 la première tentative de la Cour de cassation pour endiguer un dispositif aussi dangereux pour les victimes. Cependant d'une part l'analyse juridique était fausse (la déchéance, en droit des assurances, sanctionne une faute de la victime après la réalisation du sinistre), et d'autre part c'était oublier le sort des industriels responsables, qui avaient payé des primes pour être correctement assurés, et qui auraient dû supporter un recours des assureurs après indemnisations des victimes.

• *La nullité de la clause « réclamation de la victime »* [2] : Par une remarquable série de sept arrêts rendus le 19 décembre 1990, la première chambre

---

1. **Inopposabilité de la clause aux victimes** : Civ. 1re, 22 janv. 1985, *D.* 1985.216, note Y.J., *RGAT* 1985.410, obs. G. Viney ; Civ. 1re, 3 avr. 1984, Civ. 1re, 22 janv. 1985, Civ. 1re, 23 janv. 1985 (3 arrêts), *JCP* 1985.II.20509, note Durry ; Civ. 3e, 8 avr. 1987, *RGAT* 1988.103 ; Civ. 3e, 17 avr. 1991, *RCA* 1991, n° 308 ; Civ. 3e, 20 févr. 1991, *RCA* 1991, n° 156, *RGAT* 1991.162 (inopposabilité à victime agissant par action directe) ; Crim. 28 juin 1991, *RCA* 1991, n° 350 (RC médicale, notion réclamation ; plainte avec constitution de partie civile contre personne non dénommée).

2. **Nullité des clauses « réclamation de la victime » (*claims made*) : – Doctrine** : Y. Lambert-Faivre, « La durée de la garantie dans les assurances de responsabilité : fondement et portée de la nullité des clauses "réclamation de la victime" », *D.* 1992. Chron. 13 ; P. Level, « Nullité de la clause exigeant que la réclamation du tiers lésé soit formulé avant l'expiration de la police », Sem. jurid., Études et Chroniques, 1991, n° 62, p. 287 ; H. Groutel, « L'extermination des clauses limitatives dans le temps de la garantie des assurances de responsabilité », *RCA* 1991, chron. n° 4 ; C. Delpoux, « Le juge, l'assureur et le temps », *Risques*, avr. 1991, p. 211 ; G. Viney, « La clause dite

civile de la Cour de cassation devait enfin prononcer la nullité de la clause « réclamation » en des termes généraux qui leur a donné la valeur d'arrêts de principe. De 1990 à la loi du 1er août 2003, malgré les pressions des assureurs, la Cour de cassation a maintenu avec une remarquable constance cette jurisprudence en soulignant le caractère synallagmatique du contrat d'assurance : « attendu que le versement des primes pour la période qui se situe entre la prise d'effet du contrat d'assurance et son expiration a pour contrepartie nécessaire la garantie des dommages qui trouvent leur origine dans un fait qui s'est produit pendant cette période » (Civ. 1re, 3 oct. 1995). Ainsi dans l'interface temporelle entre responsable et victime, la *Cour de cassation a ancré le sinistre dans l'acte dommageable du responsable* souscripteur du contrat d'assurance, et c'est cet acte dommageable, cause génératrice du dommage qui doit se situer dans la période d'effet du contrat.

Par un arrêt du 2 juin 2004, la Cour de cassation a renouvelé son analyse classique et juste : « le versement des primes pour la période qui se situe entre la prise d'effet du contrat d'assurance et son expiration a pour contrepartie nécessaire la garantie des dommages qui trouvent leur origine dans un fait qui s'est produit pendant cette période... »

• *La cohérence entre l'obligation du responsable et le droit à réparation de la victime* [1] : l'analyse jurisprudentielle du sinistre déterminé par l'acte

---

de réclamation de la victime en assurance de responsabilité », *JCP* 1994.I.3778 ; C. Delpoux, « Assurance RC et application de la garantie dans le temps », *Risques*, n° 14, avr. 1995, p. 59 ; O. Muraire, « À propos du claims made », *Risques*, n° 20, oct. 1994, p. 155 ; G. Durry, « Du nouveau à propos de la clause réclamation », *Risques* n° 54, juin 2003. – **Jurisprudence ; le fait dommageable est la cause génératrice du dommage :** Civ. 1re, 19 déc. 1990 (sept arrêts), *JCP* 1991.II.21656, note Bigot, *RCA* 1991, n° 81 ; Civ. 3e, 3 juin 1992, *RCA* 1992, n° 285 ; Civ. 1re, 3 févr. 1995, *JCP*, éd. C.I. 1993.II.469, note Bigot, *RGAT* 1993.346 ; Civ. 1re, 28 avr. 1993, *RCA* 1993, n° 245 et 246 ; Civ. 1re, 9 juin 1993, *RCA* 1993, n° 326 ; Civ. 1re, 6 déc. 1994, *RCA* 1995, n° 72 ; Civ. 1re, 9 mai 1994, *RGAT* 1994.647, obs. Bigot, *Gaz. Pal.*, 22 févr. 1995, p. 10, concl. Sargos ; Civ. 1re, 25 oct. 1994, *RCA* 1995, n° 56 (le juge doit rechercher si les faits dommageables générateurs de sinistres se sont produits pendant la période de validité de la police) : Civ. 1re, 30 oct. 1995 et 14 nov. 1995 (3 espèces), *RGAT* 1996.1, p. 196, obs. Mayaux (le fait générateur du dommage est constitué par la livraison du produit ou la réalisation des travaux dommageables) ; Civ. 1re, 3 oct. 1995, 30 oct. 1995 et 14 nov. 1995 (3 espèces), *RCA* 1996, n° 38 et chron. Peano, n° 3 (idem) ; Civ. 1re, 3 oct. 1995, *RGAT* 1996, p. 190 (date des travaux défectueux) ; Civ. 1re, 30 janv. 1996, *RCA* 1996, n° 148 (le fait dommageable se définit comme la cause génératrice du préjudice, et non la survenance postérieure du dommage) ; Civ. 1re, 2 juin 2004, *D.* 2004 IR p. 1708 (arrêt Palais, « attendu qu'il résulte de la combinaison des art. 1131 C. civ., L. 124-1 et L. 124-3 C. assur... que le versement des primes pour la période qui se situe entre la prise d'effet du contrat d'assurance et son expiration, a pour contrepartie nécessaire la garantie des dommages qui trouvent leur origine dans un fait qui s'est produit pendant cette période... »).

1. **Cohérence entre obligation du responsable et droit à réparation de la victime :** Civ., 28 mars 1939, *D.* 1939.I.68, note Picard, *RGAT* 1939.285 (arrêt de principe liant la prescription de l'action directe contre l'assureur à la prescription de l'action en responsabilité civile) ; Civ. 1re, 20 févr. 1991, *RGAT* 1991, n° 156 (clause inopposable à la victime exerçant l'action directe) ; Civ. 1re, 16 déc. 1997, *Bull. civ.* n° 370, *JCP* 1998.II.10018 rapport Sargos, *D.* 1998.287 note Lambert-Faivre, *Risques*, n° 36, déc. 1998, p. 133, obs. Durry, *RGDA* 1998.124, obs. Mayaux, *RCA* 1998, chron. Agard, n° 15, G. Viney, chron. RC, *JCP* 1998.I.144. – **Action directe et prescription :** v. ss 675.

dommageable du responsable, maintient à juste titre la garantie d'assurance pour la durée de la responsabilité encourue, protégeant à la fois l'assuré responsable garanti et la victime tiers, conformément à une jurisprudence affirmée depuis 1939 : un arrêt de principe du 28 mars 1939 liait déjà la *prescription de l'action directe* à la prescription de l'action en responsabilité civile.

Cette nécessaire cohérence entre l'obligation du responsable et les droits de la victime avait été réaffirmée avec force dans un arrêt de la première chambre civile du 16 décembre 1997 dont le chapeau de principe énonçait : « le versement de primes pour la période qui se situe entre la prise d'effet du contrat d'assurance et son expiration a pour contrepartie nécessaire la garantie des dommages qui trouvent leur origine dans un fait qui s'est produit pendant cette période ; *que toute clause qui tend à réduire la durée de la garantie de l'assureur à un temps inférieur à la durée de la responsabilité de l'assuré est génératrice d'une obligation sans cause, comme telle illicite et réputée non écrite* ».

648 ***2) L'annulation par le Conseil d'État des clauses « réclamation » édictées par le pouvoir réglementaire : l'arrêt Beule du 29 décembre 2000*** [1] ◊ Le problème de la validité des clauses claims made s'est posé dans un contexte particulier lorsqu'il advint que le pouvoir réglementaire avait lui-même institué des obligations d'assurances avec un régime de « réclamation » : c'était le cas notamment des agences de voyages décret n° 77-363 du 28 mars 1977), des administrateurs judiciaires (décr. n° 85-1389 du 27 déc. 1985) ; des experts comptables (décr. n° 81-445 du 7 mai 1981 modifié par le décr. n° 89-937 du 22 déc. 1989) ou des courtiers d'assurance (décr. n° 90-243 du 24 sept. 1 990)...

Liée par le principe de la séparation des pouvoirs, la Cour de cassation ne pouvait remettre en cause des clauses conformes aux conditions-types réglementaires : elle s'y est soumise avec réticence.

En revanche le Conseil d'État disposait de la compétence nécessaire pour régler le problème à sa source. Saisi de la validité de la clause « réclamation »

---

1. **Clauses « réclamation de la victime » édictées par le pouvoir réglementaire** : Civ. 1re, 13 juin 1993, *Bull. civ.*, n° 277, p. 157 et *Rapport C. cass.*, 1993, p. 337, *RCA* 1993, n° 318 et chron. Groutel, n° 32, *RGAT* 1993.891 (assurance RC agents immobiliers ; validité de la clause « réclamation de la victime » conforme aux dispositions réglementaires) ; Civ. 1re, 2 mars 1994, *RCA* 1994, n° 229 (idem ; syndic copropriété, clause conforme à décret 20 juill. 1972) ; *contra* : Civ. 1re, 9 mai 1994, *RGAT* 1994.647, obs. Bigot, *Gaz. Pal.*, 22 févr. 1995, p. 10, concl. Sargos (RC avocat ; arrêté invoqué du 18 sept. 1982 n'impose pas clause, réclamation ; nullité) ; Civ. 1re, 9 mars 1999, *D.* 1999.714, note E. Séverin (limitation de la garantie dans le temps expressément autorisée par l'art. L. 667 CSP pour l'assurance des centres de transfusion sanguine). – **Annulation des clauses « réclamation » édictées par le pouvoir réglementaire** : CE, 29 déc. 2000, consorts Beule, *D.* 2001. 1265, note Y. Lambert-Faivre, « De la licéité des obligations d'assurance réglementaires, et des limitations de garantie dans le temps et en montant » ; C. Delpoux, « Durée de la garantie dans les assurances de responsabilité civile réglementées : un nouveau cas d'insécurité juridique », *RGDA* 2001, p. 33, *RCA* 2001, n° 166, note Groutel ; H. Groutel, « Nettoyage de printemps », *RCA* 2002 chron. n° 5 ; S. Bertolaso, « Une nouvelle gestion du temps dans les contrats d'assurance de responsabilité professionnelle », *JCP* 2002, Act. 264. – **Application judiciaire des annulations administratives** : arrêt *Palais*, Civ. 1re, 2 juin 2004, précité, *D.* 2004. IR. 1708.

prévue par arrêté ministériel du 27 juin 1980 relatif à l'assurance obligatoire des Centres de transfusion sanguine, et suivant les conclusions du Commissaire du gouvernement Sophie Boissard, il a expressément fait siennes les analyses juridiques de la Cour de cassation : l'arrêt *Beule* se réfère d'abord à l'art. 1131 C. civ. « L'obligation sans cause ou sur une fausse cause, ou sur une cause illicite, ne peut avoir aucun effet », puis, évoquant l'art. L. 124-1 C. assur., il a considéré que « le versement des primes pour la période qui se situe entre la prise d'effet du contrat et son expiration a pour contrepartie nécessaire la garantie des dommages qui trouvent leur origine dans un fait qui s'est produit pendant cette période » et que la clause réclamation « aboutit à priver l'assuré du bénéfice de l'assurance en raison d'un fait qui ne lui est pas imputable ; qu'une telle clause conduit à créer un avantage illicite dépourvu de cause et par conséquent contraire aux dispositions de l'art. 1131 C. civ. au profit du seul assureur qui aurait perçu des primes sans contrepartie... », en conséquence, le Conseil d'État conclut que l'arrêté du 27 juin 1980 « est entaché d'illégalité... en ce qu'il comporte une clause-type limitant dans le temps la garantie des Centres de transfusion sanguine ».

Comme on le voit, l'arrêt *Beule* était un arrêt dont la motivation de principe s'appliquait à tous les textes réglementaires qui comportaient une clause « réclamation ». Sa portée était donc considérable et sa référence explicite à l'argumentation juridique de la Cour de cassation marquait une nécessaire et heureuse convergence des jurisprudences civiles et administratives sur un problème particulièrement sensible : les clauses « réclamations » semblaient bien exterminées.

Le « nettoyage de printemps » allait suivre au printemps 2002 par une série de décrets et d'arrêtés qui ont abrogé les textes réglementaires antérieurs qui comportaient une clause réclamation pour diverses professions.

649 ***3) La réhabilitation des clauses réclamation par la loi du 1er août 2003*** [1] ***relative à la sécurité financière*** ◊ Les assureurs n'ont jamais admis la lutte judiciaire puis administrative menée contre une clause qui limitait leurs engagements dans le temps, et au lieu de rechercher avec les pouvoirs publics des mesures techniques qui maintiendraient la garantie des assurés et des victimes tout en sauvegardant l'assurabilité de risques longs (limitation corrélative des durées de prescription et des durées

1. **Loi 1er août 2003 ; réhabilitation des clauses réclamation** : J. Bigot, « Assurance de RC professionnelle, la légalisation des clauses "réclamations" »*JCP* 2003, Actu., 537. C. Charbonneau et F.J. Ponsier, « La réforme des assurances de responsabilité dans la loi relative à la sécurité financière », *Gaz. Pal.* 27-28 août 2003 ; G. Courtieu, « Assurance de responsabilité, durée de la garantie : la nouvelle donne », *RCA* 2003 chron. n° 30 ; G. Durry, « Du nouveau à propos de la clause réclamation de la victime », *Risques*, n° 54, juin 2003, p. 103. L. Mayaux, « La durée de la garantie en assurances de responsabilité depuis la loi de sécurité financière du 1er aout 2003 : les rayons et les ombres », *RGDA* 2003, p. 647. J. Rochfeld, « Sécurité financière – sécurité des assurés », *RTD civ.* 2003. 738 à 743. E. Séverin, « Assurance de responsabilité : modification du régime des garanties fondées sur la réclamation », *D.* 2003. 1699. Civ. 2e, 25 juin 2009, *JCP* 2009, 284 note L. Mayaux, *RGDA* 2009, 1239 (absence de rétroactivité de la loi du 1er aout 2003).

de garantie, complémentarité de fonds d'indemnisation-relais dans le temps, provisions techniques adéquates) ils ont utilisé leur considérable pouvoir de lobbying avec le soutien de leur allié habituel, le ministère des Finances (en principe chargé de leur « contrôle ») : le projet de loi initial ne comportait pas de dispositions sur les assurances de responsabilité, et c'est par un amendement qui, malgré la technicité du sujet, a suscité des réserves tant du rapporteur au sénat qu'à la Commission des lois, que l'article 80 de la loi a été votée, réduisant à néant la remarquable convergence jurisprudentielle de la Cour de cassation et du Conseil d'État.

Le régime de la garantie « réclamation », désormais ouverte pour toutes les assurances professionnelles, est précisé à l'alinéa 4 du nouvel article L. 124-5 du Code des assurances : « La garantie déclenchée par la réclamation couvre l'assuré contre les conséquences pécuniaires des sinistres, dès lors que le fait dommageable est antérieur à la date de résiliation ou d'expiration de la garantie, et que la première réclamation est adressée à l'assuré ou à son assureur entre la prise d'effet initiale de la garantie et l'expiration d'un délai subséquent à sa date de résiliation ou d'expiration mentionné par le contrat, quelle que soit la date des autres éléments constitutifs des sinistres. Toutefois, la garantie ne couvre les sinistres dont le fait dommageable a été connu de l'assuré postérieurement à la date de résiliation ou d'expiration que si, au moment où l'assuré a eu connaissance de ce fait dommageable, cette garantie n'a pas été resouscrite ou l'a été sur la base du déclenchement par le fait dommageable. L'assureur ne couvre pas l'assuré contre les conséquences pécuniaires des sinistres s'il établit que l'assuré avait connaissance du fait dommageable à la date de la souscription de la garantie. »

La clause réclamation résulte du « choix des parties » : en fait elle est imposée comme clause-type dans les contrats de risques industriels. Les dates de résiliations ou d'expiration de la garantie résultent également du contrat. Cependant deux aménagements importants de la garantie dans le temps sont prévus par la loi : la reprise du passé et la garantie subséquente.

b. **La clause de « reprise du passé inconnu »**

650 Pour tempérer le critère « *réclamation* » de la victime, une clause complémentaire dite de « *reprise du passé* » limite le danger d'un « *trou de garantie* » entre deux contrats successifs : l'assureur garantit alors les indemnisations « *réclamées* » au cours du contrat, même pour des « *dommages* » nés avant sa prise d'effet. Cependant les assureurs ne prennent en charge que le « *passé inconnu* », c'est-à-dire les *dommages dont l'assuré n'avait pas encore connaissance au jour de la souscription du contrat* : cette disposition, légitime au regard des principes mêmes de l'assurance qui est un contrat « *aléatoire* », conduit cependant à des investigations délicates sur la « *bonne foi* » de l'assuré et sa « connaissance » des dommages (indices, rumeurs, inquiétudes...) ; elle ne confère donc qu'une sécurité

fragile et partielle à l'assuré sur les dommages éventuellement exclus par une précédente police basée sur la « *réclamation* ». En outre la « reprise du passé » était toujours brève dans les anciens contrats 6 mois, 1 an...

L'alinéa 4 du nouvel article L. 124-5 du Code des assurances institutionnalise cette reprise du passé ; sans la limiter légalement dans le temps, à condition bien entendu que ce passé dommageable soit demeuré « inconnu » [1].

C. La clause de garantie subséquente [2]

651 Par la clause de garantie subséquente, l'assureur maintient sa garantie pour un dommage dont le fait dommageable se situe pendant le contrat et pour lequel la réclamation de la victime survient dans un certain délai après la résiliation ou l'expiration du contrat. Naguère la garantie subséquente était très limitée : 6 mois, un an, deux ans au plus : elle prenait donc fin bien avant la prescription de l'action en responsabilité civile, laissant l'assuré dans l'insécurité et les victimes sans indemnisation : elle était annulée avec la clause réclamation. Sur ce point l'alinéa 5 du nouvel article L. 124-5 du Code des assurances précise : « Le délai subséquent des garanties déclenchées par la réclamation ne peut être inférieur à cinq ans. Le plafond de la garantie déclenchée pendant le délai subséquent ne peut être inférieur à celui de la garantie déclenchée pendant l'année précédant la date de la résiliation du contrat. Un délai plus long et un niveau plus élevé de garantie subséquente peuvent être fixés dans les conditions définies par décret. »

La garantie subséquente de cinq ans constitue un réel progrès, même si elle demeure parfois insuffisante au regard d'une prescription de droit commun qui est, dans le cas du dommage corporel de dix ans à compter de la consolidation du dommage. Un décret du 26 novembre 2004 [3], insérant dans le Code des assurances les articles R. 124-2 à 4, a toutefois étendu la durée minimum de la garantie subséquente à dix ans pour une série de professions visées par le texte (administrateur de biens, avocat, notaire, huissier, constructeur, etc.), mais également dans le cas où la garantie souscrite par une personne physique pour son activité professionnelle est la dernière avant la cessation de son activité. Ce texte rejoint ainsi les dispositions spécifiques adoptées par la loi du 4 mars 2002, dans le cas particulier de l'assurance du risque médical (art. L. 251-2 C. assur). Son intérêt apparaît toutefois marginalisé depuis l'adoption de la loi du 17 juin

1. **Notion de passé inconnu** : L. Mayaux, « Etendue de la garantie dans le temps : la reprise du passé revisité », *JCP* 2010, 428, n° 4.

2. **Clause de garantie subséquente annulée avec la clause réclamation avant la loi du 1er août 2003 :** Civ. 1er, 28 avr. 1993, *RCA* 1993, n° 245 (nullité clause) ; Civ. 1er, 9 juin 1993, *RCA* 1993, n° 326 (idem) ; Civ. 3e, 4 nov. 1993, *RCA* 1994, n° 103 (nullité de la garantie subséquente pour non-paiement des primes) ; Civ. 1er, 30 mars 1994, deux arrêts, *RCA*, n° 228 et 233 et chron. Groutel, n° 18 (nullité de la clause de garantie subséquente limitée ; garantie due pour le temps de la responsabilité) ; Civ. 1re, 6 déc. 1994, *RCA* 1995, n° 72 (nullité de la clause claims made et de la clause de garantie subséquente).

3. **Décret n° 2004-1284 du 26 novembre 2006 relatif à la garantie subséquente des contrats d'assurance de responsabilité**, JO 28 nov. 2006, p. 20209.

2008 portant réforme de la prescription qui, dans le cas des dommages non corporels, a fixé par principe le délai de prescription de l'action en responsabilité à cinq ans.

652 ***Conclusion sur le retour des clauses réclamation dans la loi du 1er août 2003*** ◊ Le problème des clauses « claims made » relève d'une technique juridique complexe du droit des assurances. Cependant il est d'une importance extrême pour les victimes de dommages corporels. Certes les assurances de la vie privée et l'assurance-automobile demeureront gérées en garantie « fait dommageable ». Mais l'économie moderne est basée sur des technologies qui, mal maîtrisées, peuvent causer des dommages corporels considérables. Il est vrai que les multinationales ont, au-delà de leurs garanties d'assurances qu'ils peuvent négocier d'égal à égal avec les assureurs, des moyens financiers propres qui leur permettent de faire face à un surplus de responsabilité non assurée. Mais ce n'est pas le cas des petites et moyennes entreprises que des limites de garantie en montants et dans le temps peuvent laisser à découvert : leur insolvabilité peut les conduire à la faillite, en laissant leurs victimes sans indemnisations.

Au surplus, il faut prendre garde à la généralisation des contrats souscrits pour un an et renouvelables par tacite reconduction (avec une nouvelle prise d'effet chaque année) : la garantie subséquente de cinq ans est alors « sèche ». Les victimes de dommages corporels doivent donc impérativement faire une « réclamation » (par ex. par lettre recommandée avec accusé de réception) dès la manifestation d'un fait dommageable, sans tergiverser et sans attendre la consolidation : l'épuisement du plafond de garantie de l'assureur et la fuite du temps leur imposent cette vigilance.

SECTION 2. LA MISE EN ŒUVRE DE LA GARANTIE D'ASSURANCE RC

653 ***Les diverses modalités d'action de la victime face à l'assureur de responsabilité*** ◊ Le lien juridique de responsabilité civile existe entre le responsable auteur du dommage et la victime. Cependant, alors que le responsable est généralement couvert par une assurance de responsabilité qui comporte toujours une clause de « *défense* » de l'assuré attrait en responsabilité, de son côté la victime peut avoir souscrit une garantie d'*assurance de protection juridique* susceptible de la conforter dans son action en « *recours* » (§ 1) ; en outre un contentieux judiciaire peut dans 80 % des cas être évité ou arrêté par l'accord d'une *transaction* (§ 2) ; *in fine* si l'action en justice est nécessaire, elle peut être menée par deux voies : *l'action en responsabilité* engagée contre l'auteur du dommage *avec mise en cause de l'assureur RC* (§ 3), ou *l'action directe contre cet assureur RC* (§ 4).

§ 1. La victime et l'assurance de protection juridique

654 ***L'assurance de protection juridique*** [1] ◊ Née sous la forme d'une « défense-recours » d'abord dans le domaine de la responsabilité médicale, puis de la circulation automobile, la protection juridique (PJ) n'a pris son autonomie et son essor véritable que depuis une vingtaine d'années avec la Directive européenne du 22 juin 1987 intégrée en droit français par la loi du 31 décembre 1989.

À une époque où les *droits* subjectifs, entraînés par l'exaltation emblématique des « *droits* de l'homme » sont revendiqués *urbi et orbi*, avec une vigueur inconnue à l'époque austère où s'exprimaient surtout des décalogues de *devoirs*, la protection juridique des droits devient une ardente obligation des États de Droit. Le mode institutionnel étatique normal en est l'accès à la justice : en effet l'affrontement des droits subjectifs est source indéfinie de conflits et de litiges exacerbés au surplus par la croissance exponentielle et anarchique des textes internationaux, européens ou nationaux, légaux ou réglementaires ; nul n'est censé ignorer la loi, mais nul ne saurait aujourd'hui en maîtriser les innombrables textes.

L'accès à la justice [2] est donc une priorité absolue pour tout État démocratique. Mais la justice coûte cher : c'est pourquoi outre l'existence d'une aide juridictionnelle qui, sous conditions de ressources fixées par décret, offre une aide financière pour ceux qui ne peuvent affronter les frais d'un procès coûteux, la protection juridique peut offrir à l'ensemble des citoyens

---

1. **Assurance de la protection juridique (art. L. 127-1 à L. 127-7 C. assur.)** : Y. Lambert-Faivre et L. Leveneur, *Droit des assurances*, 13e éd., 2011, n° 648 s. ; J. Bigot, « Clair obscur sur l'assurance des frais de défense », *JCP* 2011, 62. B. Cerveau « L'assurance de protection juridique : marchés, garanties et perspectives » Ed. Argus, mai 2006. ; B. Cerveau, « La position de l'Assureur de protection juridique face à l'application des art. 700 nouv. C. pr. civ., 475-1 C. pr. pén. et L. 8-1 c. Trib. adm. », *Gaz. Pal.*, 6 août 1993, p. 19 ; J. P. Delale, H. Allemand et I. Vinstock, « L'assurance de protection juridique » in Lamy Assurances ; S. Frady, « Les apports de la Jurisprudence en matière de protection juridique », *Risques*, n° 34, avr.-juin 1998, p. 131 ; Riad-Lalex, « Les mélanges de la protection juridique », éd. *Gaz. Pal.*, 1998, notam. F. Kronsteiner, « Les conflits d'intérêts en assurance PJ » p. 51, H. Cousy, « Évolution de la société de lois vers une société de droits : nouveaux défis pour l'assur. PJ », p. 63, R. Bout, « Actualité et devenir de la PJ en France », p. 93 ; B. Cerveau, « Le risque juridique... », *Gaz. Pal.* 23-24 févr. 2001 p. 2 ; A. Covillard, « Accès au droit et protection juridique », *Gaz. Pal.* 5-6 oct. 2001 p. 47 ; X. Roux, Groupement des sociétés de protection juridique, « Le rôle de la protection juridique dans l'accès au droit et à la justice », *Gaz. Pal.* 26-27 juill. 2002 p. 28. **Réforme par la loi n° 2007-210 du 19 février 2007** : B. Cerveau, « Commentaire de la loi n° 2007-210 du 19 février 2007 portant réforme de l'assurance de protection juridique », *RGDA* 2007, 547. H. Groutel, « La réforme de l'assurance de protection juridique : une affaire (trop) rondement menée », *RCA* 2007, chron., n° 7. Ch. Jamin, « La réforme de l'assurance de protection juridique, l'aide juridictionnelle des classes moyennes et des petites entreprises » *D.* 2007, Actu. p. 565. B. Rajot, « Assurance-protection juridique : modalités du libre choix d'un avocat lorsque de nombreux assurés sont concernés », *RCA* 2009, alerte n° 19.

2. **Aide juridictionnelle** : conditions de ressources pour 2015 ; Plafonds : 941 € par mois pour aide juridictionnelle totale, ou 1 411 € pour aide juridictionnelle partielle, avec une majoration variable selon le nombre de personnes à charge.

la couverture financière pour accéder au droit et à la justice. Cette assurance était toutefois, depuis quelques années, l'objet de critiques, et la loi n° 2007-210 du 19 février 2007 en a opéré une réforme partielle, dans un sens de plus grande protection des assurés. Le caractère complémentaire de l'assurance de protection juridique et de l'aide juridictionnelle est clairement mis en exergue par la loi, puisque désormais, l'aide juridictionnelle n'est plus accordée lorsque les frais de défense sont déjà pris en compte par une assurance PJ.

• **Définition :** « Est une opération d'assurance de protection juridique toute opération consistant, moyennant le paiement d'une prime ou d'une cotisation préalablement convenue, à prendre en charge des frais de procédure ou à fournir des services découlant de la couverture d'assurance, en cas de différend ou de litige opposant l'assuré à un tiers » (art. L. 127-1, C. assur.).

Parmi les « différends » ou les « litiges » des personnes privées, ceux relatifs à l'indemnisation des dommages corporels accidentels sont sans doute parmi les plus graves ; or alors que l'auteur du dommage dispose généralement d'une assurance de responsabilité dans le cadre de laquelle il bénéficie d'une assistance juridique, expertale et financière complète et performante pour assurer sa défense face aux prétentions de la victime, celle-ci seule et désarmée ne peut compter que sur elle-même... aussi l'assurance PJ paraît-elle susceptible de rétablir l'équilibre en conférant à la victime la même assistance dans le recours qu'elle exerce contre le responsable et son assureur RC. Cette égalité des armes a été renforcée par la loi du 19 février 2007, puisqu'aux termes du nouvel article L. 127-2-3 C. assur. « L'assuré doit être assisté ou représenté par un avocat lorsque son assureur ou lui-même est informé de ce que la partie adverse est défendue dans les mêmes conditions ». Cette nouvelle disposition permet donc à l'assuré de bénéficier d'un avocat dès la phase de règlement amiable, si l'autre partie est elle-même représentée.

La victime d'un accident corporel peut disposer d'une assurance de protection juridique soit parce qu'elle l'a souscrite à titre principal, soit parce que cette garantie est annexée à un autre contrat, notamment une assurance-automobile ou une assurance sportive. Cependant si les garanties « défense-recours » sont, en droit, des assurances de protection juridique, les pesanteurs de leur ancien régime sont encore trop souvent perceptibles.

Juridiquement, le dommage corporel, c'est-à-dire le fait accidentel portant atteinte à l'intégrité physique de la victime, est l'événement qui fonde la créance d'indemnisation de la victime, donc la source du « différend » ou du « litige » ultérieur ; le caractère aléatoire du contrat d'assurance exige que le « sinistre » ne soit pas antérieur à la prise d'effet du contrat : l'accident doit se situer pendant la période d'effet du contrat, avant sa résiliation. Afin d'éviter les difficultés rencontrées auparavant quant à la définition du sinistre, la loi du 19 février 2007 a défini celui-ci comme « le refus opposé à une réclamation dont l'assuré est l'auteur ou destinataire » (art. L. 127-2-1 C. assur.).

La victime va dès lors se tourner vers son assureur PJ pour l'assister dans sa demande, son « recours ». Dès lors l'assurance PJ peut susciter deux types de difficultés qui, encore mal résolues en France, altèrent l'image d'une assurance pourtant utile : ce sont d'une part le difficile problème des conflits d'intérêts, et d'autre part celui du libre choix de l'avocat.

655 ***1°) Les conflits d'intérêts en assurance de protection juridique*** [1] ◊ La Commission des clauses abusives a naguère stigmatisé les clauses de défense-recours dans les contrats d'assurance-automobile, soulignant notamment leur caractère illusoire en raison des Conventions de règlement de sinistres inter-compagnies par lesquelles elles s'interdisent tout recours entre elles : le conflit d'intérêt était patent entre l'assuré en recours et son assureur auto qui s'était interdit tout recours par accord professionnel. Avec la loi sur la protection juridique du 31 décembre 1989, la garantie illusoire pour une prime d'ailleurs symbolique a fait place à une garantie spécifique pour une prime individualisée.

La notion de conflit d'intérêts est au centre de la Directive européenne du 22 juin 1987 notamment lorsque la partie adverse – ici l'auteur du dommage – est couverte par le même assureur : au titre d'assureur PJ de la victime, l'assureur doit tout faire pour lui obtenir l'indemnisation la plus élevée possible, mais au titre d'assureur RC de l'auteur du dommage, il a intérêt à défendre la plus faible indemnisation possible.

Pour éviter cette situation, la Directive a tenté d'organiser l'indépendance de l'assureur PJ, en imposant le règlement des sinistres par un service distinct, ou mieux, la gestion par une entreprise d'assurance distincte. Les assureurs français se sont généralement ralliés à la solution « entreprise d'assurance distincte », et c'est ainsi que les différents groupes d'assurances ont en leur sein une société affectée à la seule assurance PJ avec un personnel théoriquement distinct de celui des autres sociétés du groupe. La réalité est cependant moins limpide : en effet l'activité d'assurance est autant, et peut-être plus, que les autres secteurs de l'activité économique marquée par un mouvement de concentration considérable, avec la création de groupes qui peuvent avoir plusieurs millions d'assurés. Dans ces conditions victime et responsable peuvent très bien avoir une assurance PJ auprès de la même compagnie, que la victime interpellera en recours et le responsable en défense ; en outre la séparation juridique de la

1. **Conflits d'intérêts** : J. Kullmann, « Clauses abusives et contrat d'assurance », *RGAT* 1996, p. 1 ; Recommandation n° 89-01/CCA du 19 mai 1989 relative aux contrats d'assurance des véhicules automobiles de tourisme, *BOCC* 14 juill. 1989, *RGAT* 1990.275 ; B. Cerveau, « Assurance PJ... les modalités de gestion des sinistres », *Gaz. Pal.*, 27-28 févr. 1991, p. 10 ; F. Kronsteiner, « Le conflit d'intérêts en assurance de Protection juridique » in Riad-Lalex, *Les mélanges de la protection juridique*, éd. Gaz. Pal., 1998, p. 51 ; B. Cerveau, « Le règlement en cas de désaccord entre l'assuré et l'assureur sur la façon de régler le litige en assurance de protection juridique », *Gaz. Pal.* 24-25 janv. 1997 p. 2.

société d'assurance RC du défendeur ne doit pas occulter la communauté financière du groupe dans le cadre duquel les carrières des uns et des autres évoluent.

Dès lors, où les précautions juridiques peuvent paraître un masque un peu naïf, seule reste l'éthique professionnelle ; conscients de leur mauvaise image de marque, les assureurs ont adopté en 2003 et 2005 des « engagements relatifs aux contrats de protection juridique » [1]. Reste à les mettre en pratique...

656 ***2°) Le libre choix de l'avocat*** [2] ◊ L'une des meilleures garanties de la victime assurée en PJ est le principe du libre choix de son avocat par l'assuré, posé par l'art. L. 127-3 C. assur. en application de la Directive. La loi du 19 février 2007 a tenté de renforcer ce principe de libre choix en interdisant tout d'abord à l'assureur de proposer un avocat à l'assuré, sauf en cas de demande écrite de sa part. Elle a surtout tenté de garantir les droits de l'assuré, en permettant le recours à un avocat dès la phase amiable, et en posant le principe de libre détermination des honoraires.

a) Le recours à l'avocat dès la phase amiable [3]

La protection juridique oscille entre son courant d'aide à l'accès à la justice, et l'écueil que constituerait une incitation à la litigation : une société contentieuse comme la société américaine dans laquelle le moindre différent dégénère en procès n'est pas un modèle de société pacifiée.

De son côté l'assureur PJ a tout intérêt à obtenir la satisfaction des droits de son assuré dans le cadre d'un règlement amiable, en évitant les frais d'un procès : l'entreprise d'assurance PJ dispose d'un personnel de

---

1. **Déontologie :** Fédération française des sociétés d'assurances (FFSA), brochure « Engagements déontologiques des entreprises d'assurances », 2003 p. 53.

2. **Libre choix de l'avocat en PJ :** J. Courrouy, « Réflexions sur quelques aspects de l'assurance de protection juridique », *D.* 1992.169 et *Gaz. Pal.* 15.1.1993 ; B. Cerveau, « La rémunération de l'avocat de l'assurance de protection juridique », *Gaz. Pal.*, 25-26 sept. 1991 et « La position de l'assureur de protection juridique face à l'application de l'art. 700 NCPC », *Gaz. Pal.* 6-7 août 1993, p. 19. C. Jamin, « La réforme de l'assurance de protection juridique, l'aide juridictionnelle des classes moyennes et des petites entreprises », *D.* 2007. Actu. 565. Y. Lambert-Faivre, « La victime d'un dommage corporel et son avocat », *Gaz. Pal.*, 3-7 sept. 1999, p. 3 ; B. Cerveau, « Protection juridique : libre choix de l'avocat », *Gaz. Pal.* 27-28 sept. 2000 p. 4. Conférence de Bâtonniers, « Propositions pour l'amélioration de la pratique de la protection juridique en France », *Gaz. Pal.* 7-8 déc. 2001 ; – **Sur les honoraires de l'avocat** dans le calcul de préjudices économiques de la victime, v. ss 169.

3. **Conseil juridique, phase amiable :** B. Cerveau, « Commentaire de la loi n° 2007-210 du 19 février 2007 portant réforme de l'assurance de protection juridique », *RGDA* 2007, 547, spéc. p. 553. C. Jamin, « La réforme de l'assurance de protection juridique, l'aide juridictionnelle des classes moyennes et des petites entreprises », *D.* 2007. Actu. 565. Y. Le Cae, « Les assureurs face à la réforme des professions juridiques », *Gaz. Pal.* 17-19 avr. 1994 p. 17 ; B. Cerveau, « La prestation de Conseil Juridique effectuée par l'assureur de protection juridique », *Gaz. Pal.* 10-11 août 1994 p. 25. Phase contentieuse : Civ. 1re, 15 juill. 1999, *RCA* 1999, n° 341, *D.* 2000. Somm. 343 obs. J. Bonnard, *D.* 2001. 1057 note D. Krajeski (l'avocat ayant été saisi par l'assuré lui-même et sans l'agrément de l'assureur, celui-ci pouvait valablement invoquer une limitation de garantie, alors que, par ailleurs, celle-ci était illimitée lorsque l'assuré laissait l'assureur choisir l'avocat, ou si l'assureur agréait l'avocat que son assuré proposait).

juristes qualifiés qui peuvent en effet utilement conseiller l'assuré. L'indépendance de ces juristes des compagnies d'assurances ayant toutefois pu être mise en doute, la loi du 19 février 2007 autorise désormais le recours à un avocat, *dès la phase de règlement amiable*, si l'autre partie est elle-même représentée (art. L. 127-2-3 C. assur). Cette intervention précoce de l'avocat aura toutefois un coût, et l'assuré devra prendre garde que les honoraires ne dépassent pas le plafond de garantie prévu au contrat [1].

Par ailleurs, s'il existe, dans l'affaire en cause, un « conflit d'intérêts » entre assureur PJ et assuré, des mesures de protection sont prévues par l'article L. 127-4 C. assur. mais l'assuré-victime ne peut avoir connaissance de ce conflit d'intérêts que par l'information que doit lui en faire l'assureur (art. L. 127-5 C. assur.), et qu'il serait parfois bien en peine de découvrir seul.

b) La libre détermination des honoraires [2]

Le libre choix de l'avocat est clairement affirmé par le Code des assurances, mais, la pratique antérieure à la loi du 19 février 2007 remettait fortement en cause ce principe. Ainsi, la majorité des contrats d'assurance PJ contenait des *modalités discriminatoires* selon que l'avocat était celui proposé par l'assureur, ou librement choisi par l'assuré : dispensé de toute avance et intégralement couvert dans le premier cas, remboursé dans la limite d'un plafond dans le second cas. Ainsi les assureurs disposaient-ils de réseaux d'avocats, avec lesquels ils négociaient les tarifs, pouvant donc laisser craindre une certaine perte de l'indépendance de ces derniers.

Pour éviter de telles pratiques, le nouvel article L. 127-5-1 C. assur. dispose que « Les honoraires de l'avocat sont déterminés entre ce dernier et son client, sans pouvoir faire l'objet d'un accord avec l'assureur de protection juridique ». L'article 10 du décret du 12 juillet 2005, relatif aux règles de déontologie de la profession d'avocat, modifié par le décret n° 2007-932 du 15 mai 2007, a par ailleurs posé en principe le caractère obligatoire de la *convention d'honoraires* lorsque l'avocat est consulté dans le cadre d'un contrat d'assurance PJ, sauf urgence. Le but de ces dispositions est d'éviter que les tarifs de l'avocat ne soient négociés au préalable avec l'assureur, afin de mettre fin à la pratique des réseaux d'avocats liés aux compagnies d'assurances. Une telle réforme suffira-t-elle à briser les pratiques antérieures ? Cela n'est pas certain, d'autant plus que la possibilité d'un plafond de garantie stipulé dans l'assurance PJ reste parfaitement licite, et qu'une telle clause limitera le plus souvent la réelle liberté de choix de l'assuré.

---

1. **Inclusion dans le plafond de tous les frais de mandataire** : Civ. 2e, 6 oct. 2012, n° 10-25547, *RGDA* 2012, 431 (inclusion des frais d'assistance par le médecin expert dans le plafond).

2. **Libre détermination des honoraires par la réforme du 19 février 2007** : B. Cerveau, « Commentaire de la loi n° 2007-210 du 19 février 2007portant réforme de l'assurance de protection juridique », *RGDA* 2007, 547. H. Groutel, « La réforme de l'assurance de protection juridique : une affaire (trop) rondement menée », *RCA* 2007, chron. n° 7. Ch. Jamin, « La réforme de l'assurance de protection juridique, l'aide juridictionnelle des classes moyennes et des petites entreprises » *D.* 2007. Actu. 565.

La seule solution qui sauvegarderait une réelle liberté de choix de l'avocat serait que l'assureur PJ passe une convention d'honoraires avec l'avocat choisi par l'assuré, préalablement au déroulement du litige, et que l'assuré soit alors pleinement dispensé de l'avance des honoraires. Dans ce sens une Charte signée le 23 novembre 1995 entre les assureurs (FFSA et GSPJ) et l'Ordre des avocats à la Cour de Paris rappelait le triple principe du libre choix de l'avocat par l'assuré, de la libre fixation par l'avocat du montant de ses honoraires et de la liberté contractuelle autorisant l'assureur à stipuler des « plafonds de garantie » fixés par sinistre ou par année d'assurance ; ceux-ci n'entravent pas la liberté de choix de l'assuré comme les limitations à la prise en charge des honoraires d'avocat prévues par les « engagements déontologiques » de la FFSA en 2003 ; un paiement direct des honoraires par l'assureur à l'avocat au profit duquel l'assuré a signé une délégation d'indemnité, peut être prévu dans le contrat.

Si cette formule de paiement semble satisfaisante, en revanche les restrictions apportées à la saisine de l'avocat (c'est l'assureur qui informe l'assuré de la nécessité de saisir la juridiction compétente et de choisir un avocat), et à la libre direction du procès par l'assuré et son avocat (information obligatoire de l'assureur afin qu'il donne son accord pour chaque étape de la procédure... même pour une transaction dont il n'assume pas l'objet) sont totalement excessives dès lors qu'un plafond de garantie apporte une limite globale à l'engagement de l'assureur.

§ 2. **La transaction**

657 ***La transaction dans la réparation du dommage corporel***[1] ◊ Aux termes de l'article 2044 du Code civil, « la transaction est un contrat par lequel les parties terminent une contestation née, ou préviennent une contestation à naître... ».

Une société contentieuse où tous les différends se règlent par procès durcit les antagonismes et la sagesse populaire affirme qu'un « mauvais arrangement vaut mieux qu'un bon procès », au surplus stigmatisé par la lenteur et l'aléa des procédures judiciaires. Cependant la transaction diligentée par un assureur RC puissant et compétent face à une victime inexpérimentée et désarmée a aussi suscité bien des abus qui ont jeté une corrélative suspicion sur les transactions.

---

1. **Transaction :** Starck, Roland et Boyer, *Responsabilité délictuelle*, Litec, n° 1351 s. ; J.-P. Chauchard, « La transaction dans l'indemnisation du préjudice corporel », *RTD civ.* 1989.1 ; Y. Lambert-Faivre et L. Leveneur, *Droit des assurances*, 13e éd., 2011, n° 658 s. L. Poulet, *Transaction et protection des parties*, LGDJ, 2005. B. Mallet-Bricout, et C. Nourissat (dir.), *La transaction dans toutes ses dimensions*, Dalloz, 2006, spéc. p. 111 : S. Porchy-Simon, « Transaction et droit de l'indemnisation. Entre procès et transaction », in « L'indemnisation du dommage corporel : une réparation à géométrie variable » CNB, *Gaz. Pal.* 18 avr. 2008, p. 16 s. W. Dross et B. Mallet-Bricout, *La transaction, Propositions en vue de la réforme du Titre XV - Livre troisième du Code civil « Des transactions »*, Doc. fr., 2014.

La transaction est cependant le mode normal et toujours souhaitable en vue d'un règlement équitable des dommages corporels. Il faut en préciser la procédure et le contenu.

658 ***a) La procédure de la transaction*** [1] ◊ « La transaction est un contrat par lequel les parties terminent une contestation née, ou préviennent une contestation à naître. Ce contrat doit être rédigé par écrit » (art. 2044, C. civ).

Le but étant d'obtenir un règlement à la fois rapide, complet et équitable, la procédure en a été précisée par la loi du 5 juillet 1985 en matière d'accidents de la circulation instituant une *« procédure d'offre »* spécifique ; celle-ci a servi de modèle à l'indemnisation des victimes du terrorisme par la loi du 9 septembre 1986, aux victimes de contamination VIH par transfusion sanguine par la loi du 31 décembre 1991, et à celles d'un accident médical par la loi du 4 mars 2002.

Il serait cependant aussi simpliste qu'erroné de considérer les procédures transactionnelles et juridictionnelles exclusives l'une de l'autre : à cet égard le rapport Séverin de 1997 sur « l'accident corporel de la circulation, entre transactionnel et juridictionnel » avait donné d'utiles informations sur la prégnance judiciaire, même si le règlement se conclut *in fine* par une transaction : ainsi selon ce rapport, le taux d'affaires transigées s'élevait à plus de 88 %, mais la contribution des tribunaux judiciaires au traitement (et pas seulement au règlement) des accidents se situait au très haut niveau de 46 % de l'ensemble des accidents. Les dossiers avec procédure seraient de 63 % pour les dossiers graves (supérieurs à 150 000 F) et à 15 % des dossiers légers. Ces chiffres sont d'ailleurs corroborés par ceux fournis par la FFSA qui mentionne pour 2008, un taux de transaction de 95 %, toutefois variable en fonction du taux d'APIPP (de 97,2 % pour un taux d'APIPP compris entre 1 et 5, 73 % pour celui compris entre 30 et 50) [2]. En ce qui concerne les poursuites pénales, en fait, elles ne sont prises qu'à l'initiative du ministère public en matière d'accidents de la circulation, néanmoins les juridictions répressives rendent des décisions à l'égard de 76,5 % des victimes de dossiers graves dont elles sont saisies. Au total 34,2 % des dossiers graves et 7 % des dossiers légers font l'objet d'un règlement juridictionnel exécuté par l'assureur, et 60,4 % des dossiers graves et 76 % des dossiers légers d'un règlement transactionnel, mais ces règlements transactionnels ayant souvent été amorcés par un traitement juridictionnel.

Certes, et c'est heureux, 96 % des dossiers sont « légers ». Néanmoins ces indications statistiques démontrent avec force que, dès que l'enjeu en vaut la peine, la norme d'indemnisation équitable est recherchée dans un traitement juridictionnel du dossier.

---

1. **Transaction, procédure d'offre :** victimes d'accidents de la circulation, v. ss 741 ; victimes d'accidents médicaux, v. ss 883 ; victimes du terrorisme, v. ss 1055 ; E. Séverin, « L'accident corporel de la circulation entre transactionnel et juridictionnel », Université St. Étienne-CNRS 1997, th. dacty. p. 86, 148, 152, 169, 173.
2. FFSA : GEMA, « Assurance automobile : les sinistres corporels en 2008 », p. 12.

659 ***b) Le contenu de la transaction*** [1] ◊ En matière de dommage corporel, la transaction peut avoir un double objet : déterminer la responsabilité encourue, puis fixer le montant des dommages-intérêts.

• *La détermination des responsabilités encourues* est une question de pur droit dont les axes de réponse se trouvent dans le droit commun de la responsabilité civile, ou dans des lois spéciales telles que la loi du 5 juillet 1985 en matière d'accidents de la circulation, la loi du 19 mai 1998 pour les accidents résultants de produits défectueux, ou la loi du 4 mars 2002 pour les accidents médicaux.

• *La fixation du montant des dommages-intérêts* constitue le centre des débats, une fois réglé le préalable de l'existence d'une responsabilité : c'est l'enjeu central des discussions transactionnelles. La victime doit alors déterminer tous les chefs de préjudices soufferts et tenter de les évaluer : préjudices économiques et non économiques, actuels et futurs. La discussion peut ici être particulièrement âpre, d'autant que les assureurs avaient tendance, au moins jusqu'à l'adoption de la nomenclature Dintilhac, à éluder des chefs de préjudices pourtant reconnus par la Cour de cassation (préjudice d'agrément, préjudice sexuel), à capitaliser les pertes de revenus sur la base de barèmes de capitalisation obsolètes, et à appliquer au calcul de l'indemnisation de la victime les barèmes forfaitaires du protocole conventionnel sécurité sociale-assureurs qui lui est pourtant inopposable.

On prétend parfois que toute transaction suppose des concessions, ce qui justifierait un règlement transactionnel inférieur à un règlement juridictionnel : cela nous paraît contestable, d'une part en raison du principe de la réparation intégrale qui s'impose quel que soit le mode de règlement, d'autre part faute de concession corrélative de l'assureur : la lenteur des décisions judiciaires ne saurait devenir un argument de droit alors que le droit à réparation naît de toute façon au jour du dommage, et que des « *provisions* » peuvent utilement y remédier. L'absence de concessions de la part de l'assureur a pu conduire certaines victimes à contester la qualification de transaction de l'accord de règlement amiable prévu par la loi Badinter, afin d'autoriser sa remise en cause, notamment en ce qui concerne les sommes attribuées au titre de l'assistance tierce personne. La Cour de cassation a toutefois refusé de retenir une telle solution, considérant, aux termes d'une solution contestable sur le terrain du droit, que l'absence de concessions réciproques ne pouvait permettre de remettre en cause la transaction conclue dans le cadre de la loi Badinter [2].

---

1. **Contenu de la transaction :** sur l'évaluation des préjudices de la victime directe, v. ss 156 s., notamment v. ss 290 sur la révision des évaluations en cas d'aggravation ; sur les préjudices des victimes par ricochet, v. ss 245 s. Sur les multipropositions cf. rapport Séverin précité p. 162, 163, 164.

2. **Remise en cause de la transaction du fait de l'absence de concessions réciproques ? :** CA Aix-en-Provence, *D.* 2004. 2959, note C. Bloch. Civ. 2ᵉ, 16 nov. 2006, *JCP* 2007, II, 10032, note L. Mayaux (la transaction conclue en application de la loi du 5 juillet 1985 ne peut être remise en cause du fait de l'absence de concessions réciproques). L. Poulet, « Précisions sur l'accord de règlement amiable conclu en matière d'accident de la circulation » *RGDA*

La transaction équitable est celle dont le montant est le plus proche possible du règlement judiciaire qui constitue la norme. À cet égard il est essentiel que la victime soit assistée de conseils compétents, notamment d'un avocat. Le rapport Séverin indiquait que 41,6 % des victimes n'en restaient pas à la première proposition qui leur était faite, et que la présence d'un avocat ou d'un conseil jouait un rôle très important dans les multi propositions. Les dernières propositions sont pour l'essentiel formées après l'introduction d'une procédure judiciaire qui a permis de déterminer clairement le contexte de l'affaire.

Ces indications démontrent que si la transaction, mode non conflictuel de règlement des « différends » doit être encouragée, elle ne peut être équitable que si les deux parties sont vraiment à armes égales. La transaction, il faut le rappeler, est un contrat, et non un acte unilatéral concédé par l'assureur RC à la victime.

§ 3. L'action de la victime contre le responsable

660 ***1°) L'action de la victime contre le responsable et la direction du procès en défense par l'assureur*** [1] ◊ La responsabilité civile est la matrice du droit à réparation de la victime : l'action en responsabilité civile intentée par la victime contre l'auteur du dommage apparaît donc la démarche la plus naturelle, d'autant que d'après une jurisprudence constante « la condamnation prononcée à l'encontre de l'assuré constitue, pour l'assureur de responsabilité de celui-ci, la réalisation du risque couvert, et par le même lui est opposable ».

Cependant, si le défendeur à l'action en responsabilité civile est l'auteur du dommage, c'est son assureur RC qui est le plus intéressé par l'issue du procès dont il devra garantir la condamnation civile ; celui-ci se réserve donc d'abord la *direction du procès en défense de l'assuré responsable.* De son côté l'assuré responsable entend mettre en jeu officiellement la garantie de son assureur RC : c'est la *mise en cause ou appel en garantie.*

661 ***2°) La mise en cause par le responsable de son assureur RC devant les juridictions répressives*** [2] ◊ L'action en responsabilité et

---

2007 p. 565.S. Porchy-Simon, « La transaction et la réparation du dommage corporel : la question de la qualification des accords de règlement amiable », in *La transaction, Propositions en vue de la réforme du Titre XV - Livre troisième du Code civil « Des transactions »*, préc.

1. **Action en responsabilité civile et défense de l'assureur RC :** cf. Y. Lambert-Faivre et L. Leveneur, *Droit des assurances*, 13e éd., 2011, n° 653 s. ; sur l'opposabilité à l'assureur RC de la condamnation de l'assuré cf. n° 670 ; Civ. 2e, 12 juin 1968, 2 arrêts, *JCP* 1968.II.15584 concl. Lindon, *D.* 1969.249 note Besson (la condamnation de l'assuré réalise le risque garanti au contrat)… ; Civ. 1re, 10 févr. 2004, *RCA* 2004, n° 160 (opposabilité à l'assureur d'une condamnation prononcée contre l'assuré).

2. **Mise en cause de l'assureur devant le juge pénal :** pour une étude complète, cf. Y. Lambert-Faivre et L. Leveneur, *Droit des assurances*, 13e éd., 2011, n° 673 s. et les références citées. R. Schulz, *L'intervention de l'assureur au procès pénal : contribution à l'étude de l'action civile,*

l'action en garantie sont unies par un lien de connexité qui permet à l'assuré responsable de mettre en cause l'assureur dans l'instance en responsabilité introduite contre lui par la victime. La mise en cause de l'assureur devant les juridictions civiles ne pose pas de problème particulier. En revanche la mise en cause de l'assureur devant les juridictions répressives n'est possible que depuis la loi du 8 juillet 1983.

- *Avant 1983*, l'assureur ne pouvait jamais être mis en cause devant la juridiction répressive, alors même que celle-ci statuait sur les intérêts civils, car en vertu de l'article 3 du Code de procédure pénale, l'action civile n'était recevable que pour les chefs de dommages « qui découlent des faits, objet de la poursuite », or la garantie de l'assureur trouve sa cause dans le contrat d'assurance RC.

- *La loi du 8 juillet 1983* renforçant la protection des victimes d'infraction a profondément modifié la situation antérieure qui était pleine de complications pour les victimes.

Désormais *l'assureur de responsabilité*, et lui seul, peut être mis en cause devant une juridiction répressive lorsque la responsabilité civile de son assuré est engagée *à l'occasion d'une infraction d'homicide ou de blessures involontaires* qui a entraîné pour autrui un dommage quelconque. Dans la pratique, ces mesures concernent non seulement les assureurs automobile, mais aussi les assureurs de responsabilité professionnelle des médecins, ceux des fabricants de produits destinés à la consommation ou d'usines polluantes, dès lors que des dommages corporels provoqueront une information pénale.

662 ***a) La procédure et les exceptions de garantie invoquées par l'assureur*** [1] ◊ La mise en cause de l'assureur RC est faite par toute partie

LGDJ, 2012. – **Intervention de l'assureur au procès pénal** : Loi n° 83-608 du 8 juillet 1983 (art. 385-1, 385-2, 388-1, 388-2 C. pr. pén.). « L'assureur et le procès », actes du colloque publiés à la *RGDA* 2010, 537 s. spéc : Ph. Casson, « L'assureur dans le procès pénal », p. 549. Jean Pradel, « Un nouveau stade dans la protection des victimes d'infractions », *D.* 1983. Chron. 241 ; Jean Appietto, « Intervention de l'assureur au procès pénal », *Gaz. Pal.*, 21 nov. 1984, doc. p. 2, et *Gaz. Pal.*, 24 janv. 1988, p. 3 ; H. Margeat et J. Pechinot, « L'intervention de l'assureur au procès pénal, Commentaire de la loi du 8 juillet 1983 », *RGAT* 1985, p. 185 ; P. Bufquin, « L'intervention de l'assureur au procès-verbal », *Gaz. Pal.*, 2 oct. 1985, p. 2 ; Ph. Alessandra, « L'intervention de l'assureur au procès pénal », Economica, 1989 ; G. Chesne, « L'assureur et le procès pénal », *RSC* 1965.283 ; A. d'Hauteville, « L'intervention des assureurs au procès pénal en application de la loi du 8 juillet 1983 », *JCP* 1984, éd. CI 3139 ; R. Roujou de Boubée, « Commentaire de la loi n° 83-608 du 8 juillet 1983 renforçant la protection des victimes d'infractions », *ALD* 1984, p. 49 ; A. Maron et M. Haas, *J.-Cl. Resp. civ. et assur.*, Fasc. 512, 2013 ; C. Roca, « De la dissociation entre la réparation et la répression dans l'action civile exercée devant les juridictions répressives », *D.* 1991. Chron. 85 ; G. Durry, « Une innovation en procédure pénale : l'intervention de certains assureurs devant les juridictions de jugement », in *Mélanges Larguier*, 1993, p. 105.

1. **Exceptions de garantie invoquée par l'assureur** : Crim. 4 nov. 1987, *Gaz. Pal.*, 2 mars 1988, p. 12, note J. Appietto (l'assureur ayant introduit une instance civile en nullité du contrat d'assurance, c'est à bon droit que la juridiction répressive a déclaré irrecevable l'exception de nullité) ; Crim., 28 nov. 1989, *RCA* 1990, n° 43 ; Crim., 18 janv. 1990, *RCA* 1990, n° 131 (exception irrecevable) ; Crim., 15 déc. 1987, Argus 1988.715 (assureur mis en cause qui n'intervient pas est réputé

qui y a intérêt dix jours au moins avant l'audience. L'assureur doit se faire représenter par un avocat ou un avoué.

Si l'assureur mis en cause invoque une exception fondée sur une cause de nullité ou sur une clause du contrat d'assurance RC l'exonérant *totalement* de son obligation de garantie à l'égard des victimes (exclusion de risque, suspension du contrat...), cette exception doit être, à peine de forclusion, présentée par celui-ci avant toute défense au fond. L'exception n'est pas recevable en cas d'exonération partielle (ex. : limitation de garantie ou règle proportionnelle) ou d'exception inopposable à la victime. Si l'assureur mis en cause n'intervient pas au procès pénal, il est réputé renoncer à toute exception, sauf cependant s'il est établi que le dommage n'est pas garanti par l'assureur prétendu.

663 ***b) Les effets de la mise en cause de l'assureur*** ◊ Parmi les effets de la mise en cause de l'assureur RC au pénal en vertu de la loi du 8 juillet 1983, on en retiendra deux qui intéressent directement la victime :

• *La prorogation de compétence de la juridiction répressive sur les intérêts civils* [1] : le tribunal répressif qui prononce une *relaxe* en raison d'une absence de faute pénale et civile demeure cependant compétent pour accorder, s'il y a lieu, réparation de tous les dommages résultant des faits qui ont fondé la poursuite ; la partie civile doit en faire la demande (sur la base d'une responsabilité objective) avant la clôture des débats. Toutefois, pour éviter des abus, cette prorogation de compétence n'est possible que si les poursuites ont été exercées à l'initiative du Ministère public, ou si un renvoi a été ordonné par une juridiction d'instruction. En outre, s'il apparaît que des tiers responsables doivent être mis en cause, le tribunal répressif doit renvoyer l'affaire devant la juridiction civile compétente. La suppression de l'identité des fautes civiles et pénales par la loi du 10 juillet 2000 conforte cette prorogation de compétence.

---

avoir renoncé à toute exception, mais peut faire appel du jugement qui lui est opposable) ; Crim., 14 déc. 1989, *RCA* 1990, n° 42 et chron. Groutel, n° 2, *Gaz. Pal.*, 28 janv. 1990, p. 17, note Appietto (principe du contradictoire, mise en cause du souscripteur) ; Crim., 25 oct. 1990, *RCA* n° 429 ; Crim., 21 mars 1991, *RCA* 1991, n° 310 (ass. auto., non-garantie du conducteur non titulaire du permis de conduire requis ; inopposabilité à la victime ; irrecevabilité de l'exception soulevée par l'assureur) ; Crim. 10 oct. 1991, *RCA* 1991, n° 440 (souscripteur non poursuivi, mise en cause nécessaire) ; Crim., 8 mars 1990, *RCA* 1990, n° 222 ; Crim. 26 avr. 1990, *RGAT* 1991.566, obs. Margeat et Landel (mise en cause nécessaire du souscripteur, à peine d'irrecevabilité de l'exception) ; Crim. 28 oct. 1992, *RCA* 1993, n° 140 (nécessité de présenter l'exception de garantie avant toute défense au fond) ; Crim. 9 avr. 1992, *RCA* 1992, n° 380 (irrecevabilité de la demande de réduction proportionnelle) ; Civ. 1re, 24 janv. 1995, *RCA* 1995, n° 186 et chron. n° 20 (exception de nullité irrecevable en raison de sa tardivité devant juridiction pénale ; action de nullité possible devant le juge civil). Crim. 16 janv. 2007, *Gaz. Pal.* 31 mars 2007, p. 22 (l'assureur n'ayant pas comparu en première instance, peut soulever en appel une exception de garantie).

1. **Prorogation de compétence du juge pénal :** de Bouillane de Lacoste, « L'application des règles du droit civil en cas de relaxe du prévenu », *Gaz. Pal.* 1987.1, doc. 397 ; Crim., 23 juin 1987 ; *D.* 1987.557, note Chabas, *RSC* 1988.115, obs. Braunschweig (relaxe responsable) ; Crim., 9 avr. 1992, *RCA* 1992, n° 355 (prévenu relaxé ; appel de la seule partie civile) ; Crim. 6 nov. 2001, *RCA* 2001, n° 86 (assureur absent en première instance ; intervention en cause d'appel de l'assureur qui s'est contradictoirement expliqué sur l'indemnisation).

• *L'opposabilité à l'assureur de la décision sur les intérêts civils*[1] : la loi confirme la jurisprudence en précisant que la décision concernant les intérêts civils est opposable à l'assureur, qu'il soit intervenu effectivement au procès, ou qu'il se soit abstenu après avoir été régulièrement mis en cause.

664 ***3°) L'incompétence des autres juridictions en matière d'assurance*** ◊ Il demeure encore des règles de compétence d'attribution qui peuvent rendre l'appel en garantie ou la mise en cause de l'assureur impossible dans le procès en responsabilité civile. Ainsi l'assureur ne peut être attrait devant la juridiction administrative incompétente pour juger des litiges privés, ni devant les tribunaux paritaires des baux ruraux en cas de responsabilité d'un fermier ou d'un métayer. Enfin, si l'entreprise d'assurances est une société civile, société d'assurance mutuelle, elle ne peut être appelée en garantie, comme défendeur devant le tribunal de commerce saisi de l'action en responsabilité de la victime.

Lorsque la mise en cause de l'assureur dans le procès en responsabilité est impossible, l'assuré exercera son recours contre l'assureur par une action principale, si celui-ci conteste sa garantie.

§ 4. L'action directe de la victime contre l'assureur du responsable

665 ***L'affectation de l'indemnité d'assurance à la victime*** ◊ Plutôt que d'intenter une action en responsabilité civile contre l'auteur de son dommage, la victime peut préférer agir directement contre l'assureur du responsable, dont la solvabilité est la meilleure garantie de son indemnisation.

Selon le droit commun, la victime de l'assuré dispose contre l'assureur de « l'action oblique » de l'article 1166 du Code civil ; mais celle-ci présente l'inconvénient de faire tomber la créance d'indemnité dans le patrimoine de l'assuré sur lequel la victime subit le concours de l'ensemble des créanciers. Cette solution est inique car l'assuré ne reçoit la garantie de l'assureur que pour réparer le dommage qu'il a causé : l'indemnité d'assurance est « affectée » à la réparation du préjudice de la victime et *cette affectation* justifie un droit propre de cette victime sur l'indemnité d'assurance. Ce droit propre était reconnu sur le fondement de l'ancien article L. 124-3 C. assur. et de son interprétation jurisprudentielle, qui marquaient l'aboutissement d'une évolution constante en faveur des victimes depuis le XIXe siècle. Depuis la loi du 17 décembre 2007, cette action directe est formellement reconnue par le nouvel article L. 124-3 C. assur. aux termes duquel : « Le tiers lésé dispose d'un droit d'action directe à

---

1. **Opposabilité à l'assureur de la décision sur les intérêts civils** : Crim. 8 nov. 1988, *RGAT* 1989, p. 69, *RCA* 1989, n° 79 ; Crim. 11 oct. 1989, *RCA* 1989, n° 392 ; Crim. 12 oct. 1994, *RCA* 1995, n° 37 ; Crim. 28 mai 1997, *RCA* 1997, n° 322 (l'intervention volontaire ou forcée de l'assureur à l'instance pénale a pour objet de lui rendre opposable la décision sur les intérêts civils). Civ. 2e, 18 mars 2008, *RGDA* 2008, 776. Crim, 19 oct. 2010, *RCA* 2011, comm. n° 84 (*idem*).

l'encontre de l'assureur garantissant la responsabilité civile de la personne responsable. L'assureur ne peut payer à un autre que le tiers lésé tout ou partie de la somme due par lui, tant que ce tiers n'a pas été désintéressé, jusqu'à concurrence de ladite somme, des conséquences pécuniaires du fait dommageable ayant entraîné la responsabilité de l'assuré ».

666 ***L'action directe d'ordre public*** [1] ◊ De ce principe d'affectation, la jurisprudence a déduit l'existence d'une véritable *« action directe »* dont un arrêt de principe rendu par la Cour de cassation le 28 mars 1939 a précisé la nature en ces termes : « Si l'action de la victime d'un accident contre l'assureur est subordonnée à l'existence d'une convention passée entre ce dernier et l'auteur de l'accident et ne peut s'exercer que dans ses limites, elle trouve, en vertu de la loi son fondement dans le droit à la réparation du préjudice causé par l'accident dont l'assuré est reconnu responsable ».

Lorsque le contrat d'assurance est soumis à une loi étrangère - par exemple souscrit à l'étranger auprès d'un assureur étranger - et que le dommage se trouve occasionnellement réalisé en France (notamment en matière d'accidents d'automobile), le problème s'est posé de savoir si la victime pouvait bénéficier contre l'assureur étranger de l'action directe conférée par le droit français des assurances en saisissant un tribunal français comme les règles de compétence lui en donnent le droit. Un arrêt de la Cour de cassation du 24 février 1936 a tranché expressément la question en admettant la recevabilité de l'action directe édictée par la loi française, loin du lieu de réalisation du dommage, parce que l'action directe tend à obtenir la réparation du dommage causé à la victime par un délit commis en France et que cette réparation est assurée par la loi française « dans un intérêt d'ordre public dont l'observation s'impose aux étrangers comme aux nationaux ».

667 L'action directe a deux pôles de rattachement qui en marquent la dualité : d'une part son fondement naît du droit à réparation de la victime (A), mais d'autre part ses conditions d'exercice sont limitées par le contrat d'assurance (B).

A. L'action directe de la victime est fondée sur son droit à réparation

668 Par son fondement, l'action directe est une action en réparation du dommage subi par le tiers victime ce qui explique son régime quant aux personnes qui peuvent agir, aux conditions de la réparation, à la prescription et à la loi applicable.

---

1. **Action directe de la victime :** Gardenat, « L'action directe de la victime d'un accident contre la Compagnie d'assurances », *Sem. jur.* 1932.837 ; Lalou, « Les victimes d'accident et l'assurance du responsable », *DH* 1934. Chron. 81 ; M. Cozian, *L'action directe*, LGDJ, 1969 ; H. Moeller, « De la double nature de l'action directe », in *Études Besson*, LGDJ, 1976, p. 249. **Jurisprudence :** Civ., 28 mars 1939, *D.* 1939.1.68, note M. Picard, *RGAT* 1939.285, Berr et Groutel, *Les grands arrêts du droit de l'assurance*, p. 220 ; Req., 24 févr. 1936, *RGAT* 1936.559, *DP* 1936.1.49, note Savatier, s. 1936.1.161, rapport Gazeau, Berr et Groutel, *Les grands arrêts du droit de l'assurance*, p. 225 (caractère d'ordre public de l'action directe en France) ; Civ. 1re, 19 févr. 1985, *RGAT* 1985.406, obs. G. Viney.

1. Les personnes qui peuvent agir par l'action directe [1]

669 L'action directe ne peut être exercée que par les personnes qui peuvent agir en responsabilité :

1) *Les victimes elles-mêmes*, atteintes directement ou par ricochet, et qui invoquent un préjudice personnel ; mais aussi leurs ayants droit qui trouvent en cas de décès l'action de la victime dans la succession.

2) *Les personnes et organismes subrogés aux victimes* ou à leurs ayants droit, notamment les *tiers payeurs* de la victime d'un dommage corporel, dont la loi du 5 juillet 1985 a déterminé les conditions et les limites du recours subrogatoire.

2. Les conditions de l'action directe

670 Pour exercer l'action directe, la victime doit être créancière d'une indemnité de réparation : cette condition, absolument fondamentale, suppose que soit établie la responsabilité de l'assuré et que celui-ci n'ait pas préalablement indemnisé la victime.

a. La responsabilité de l'assuré doit être établie

671 ***1) Principe traditionnel : la mise en cause de l'assuré responsable*** [2] ◊ La créance de la victime doit être fixée dans son principe et dans son étendue, contradictoirement avec l'assuré responsable. En effet, l'objet de la garantie de l'assureur est d'abord la *dette de responsabilité* de l'assuré. Aussi trois arrêts de la chambre civile du 13 décembre 1938 avaient-ils expressément souligné la nécessité de la mise en cause de l'assuré responsable en ces termes : « *L'exercice de l'action directe exige nécessairement*, en l'absence d'un texte contraire, *la présence de l'assuré aux débats* lorsque, en dehors de toute reconnaissance de la responsabilité par l'assureur, aucune

---

1. **Personnes qui peuvent agir par l'action directe** : sur la subrogation légale des tiers payeurs en réparation d'un dommage corporel, v. ss 325 s. ; Civ. 1re, 15 janv. 1991.405 (tiers subrogés ne peuvent agir par l'action directe si la victime n'a pas été désintéressée) ; Civ. 1re, 22 juill. 1986, *RGAT* 1986.593, obs. R. Bout (action directe intentée par la victime d'un groupe de chasseurs contre leur assureur commun) ; Civ. 1re, 15 janv. 1991.405 (tiers subrogés ne peuvent agir par l'action directe si la victime n'a pas été désintéressée). Civ. 2e, 18 janv. 2006, *RGDA* 2006, 526 (exclusion de l'exercice de l'action directe par le coauteur de l'accident qui n'a pas indemnisé la victime). CE 15 mai 2013, *RGDA* 2013, 1009 (possibilité pour le personne publique d'exercer une action directe contre l'assureur)

2. **Mise en cause de l'assuré responsable dans l'action directe** : Civ., 13 déc. 1938, *DP* 1939.1.33, note M. Picard ; *RGAT* 1939.83 ; Berr et Groutel, « Les grands arrêts du droit de l'assurance », p. 147 ; Civ. 1re, 10 juin 1997, *RCA* 1997, n° 277 (l'action directe n'est pas recevable sans mise en cause de l'assuré responsable, dès lors qu'elle n'est pas impossible). – Sur la mise en cause d'un assuré responsable soumis à une procédure collective, cf. Y. Lambert-Faivre et L. Leveneur, *Droit des assurances*, Dalloz, 13e éd., 2011, n° 691. – **Sur la loi n° 2000-647 du 10 juillet 2000** et l'abandon du principe d'identité des fautes civiles et pénales, v. ss 20.

condamnation n'est préalablement intervenue contre lui, à l'effet de fixer contradictoirement entre les parties d'abord l'existence de la créance de réparation et son montant, en second lieu l'indemnité due par l'assureur et que ce dernier sera tenu de verser jusqu'à due concurrence entre les mains de la victime ».

Ainsi, la mise en cause de l'assuré responsable pouvait avoir lieu soit que la victime n'ait pas préalablement intenté une action contre lui, soit qu'ayant agi uniquement au pénal, les tribunaux répressifs n'aient pas statué sur les intérêts civils qui restent donc à fixer. Dans cette hypothèse, l'autorité absolue de la chose jugée au pénal s'impose au civil mais avec des nuances : le fait que l'assuré ait été reconnu coupable d'une faute au pénal n'exclut pas la possibilité d'un partage de responsabilité au civil ; en revanche, si la décision pénale établit que l'assuré n'a commis aucune faute, il peut néanmoins être condamné au civil sur la base de l'article 1384 du Code civil, exclusif de toute faute, ou sur la base d'une faute civile exclusive d'une faute pénale, depuis la loi n° 2000-647 du 10 juillet 2000 qui a marqué l'abandon de l'identité des fautes civiles et pénales.

672 ***2) Solution actuelle : caractère non impératif de la mise en cause de l'assuré responsable par la victime*** [1] ◊ Un important arrêt rendu par la 1re chambre civile de la Cour de cassation le 7 novembre 2000 est revenu sur la jurisprudence traditionnelle en énonçant expressément que « la *recevabilité* de l'action directe n'est pas subordonnée à l'appel en la cause de l'assuré par la victime », complétant l'évolution amorcée par un arrêt du 29 février 2000 où il était précisé que l'assuré responsable pouvait être mis en cause soit par la victime, comme il était de tradition, soit par l'assureur lui-même, ce qui était nouveau.

Il ne faudrait cependant pas en conclure que la mise en cause de l'assuré est désormais abolie ; en effet elle garde toute son utilité pour lui rendre la décision opposable au fond : aussi bien le juge lui-même, peut y pourvoir en cours d'instance.

Déjà avant l'arrêt du 7 novembre 2000, la mise en cause de l'assuré était *de facto* entravée dans certaines situations :

• *La mise en cause est inutile* [2] lorsque l'existence de la créance de réparation et son montant ont déjà été fixés judiciairement de manière définitive à

---

1. **Non-mise en cause de l'assuré responsable par la victime** : M. Robineau, « La suppression de l'obligation de mise en cause de l'assuré lors de l'exercice de l'action directe », in M. L. Demeester (dir.), *Droits des assurances ; questions d'actualité*, IDEA Univ. Orléans 2003 ; Civ. 1re, 29 févr. 2000, *RDI* 2000, p. 363, obs. Durry, *RGDA* 2000, p. 581, obs. Kullmann, *RCA* 2000, chron. Groutel n° 12 (mise en cause de l'assuré par la victime ou par l'assureur) ; Civ. 1re, 7 nov. 2000, *RCA* 2001, n° 29, chron. Groutel n° 12, *JCP* 2001.II.10456, obs. Bigot, p. 113.

2. **Mise en cause inutile ; condamnation de l'assuré déjà intervenue** : Civ., 12 juin 1968, deux arrêts, *JCP* 1968.II.15584, concl. Lindon, *D.* 1969.249, note A.B. ; Civ., 7 févr. 1973, *RGAT* 1974.68, obs. Besson, *RTD civ.* 1974. 622, n° 19, obs. Durry ; Civ. 1re, 26 juin 1984, *Gaz. Pal.*, 22 févr. 1985, p. 3, obs. Piedelièvre (constatation de la dette de responsabilité par la décision d'admission de créance par le tribunal de commerce) ; Civ. 1re, 24 nov. 1982, *RGAT* 1983.364 (opposabilité à l'assureur d'un jugement par défaut contre le responsable) ; Com., 30 janv.

l'égard de l'assuré. Certes l'assureur est un tiers et la décision civile n'a pas l'autorité de la chose jugée à son égard mais la jurisprudence considère à juste titre que *la condamnation intervenue constitue la réalisation du risque prévu au contrat*, sauf fraude (aveu-collusion avec la victime). De même, la mise en cause est inutile lorsque la responsabilité de l'assuré a été reconnue par l'assureur. Enfin, elle n'est pas nécessaire pour un référé provisoire, car cette demande n'entraîne pas une décision ayant l'autorité de la chose jugée.

• *La mise en cause de l'assuré peut être impossible* [1] en raison des règles de compétence d'attribution : si la juridiction civile saisie de l'action directe est incompétente pour juger de la question de responsabilité, elle doit surseoir à statuer afin que la juridiction compétente (tribunal administratif ou tribunal paritaire des baux ruraux par exemple) reconnaisse le principe et fixe le montant de la réparation.

b. La créance de la victime ne doit pas être éteinte [2]

673 Lorsque la créance de réparation est éteinte, que ce soit par paiement direct de l'assuré, confusion, compensation ou prescription, la *victime* perd toute action contre l'*assureur*.

674 ***1) L'extinction par paiement*** ◊ La victime n'a évidemment pas le droit de cumuler l'indemnisation de l'assuré responsable et celle de l'assureur : elle a seulement le droit en agissant contre l'un et l'autre d'obtenir l'intégralité de sa réparation. La Cour de cassation considère qu'assureur et assuré sont tenus *in solidum*, car si les dettes de chacun d'eux ont une cause différente - pour l'un le dommage, pour l'autre le contrat d'assurance - toutes deux tendent à l'extinction d'une même créance, la créance de réparation de la victime.

1990, *RCA* 1990, n° 130 (référé-provision, pas d'autorité de la chose jugée, mise en cause inutile) ; Civ. 1re, 4 juin 1991, *RGAT* 1991.631 ; Civ. 1re, 11 oct. 1994, *RCA* 1994, n° 417 et *RCA* 1995, chron. Courtieu, n° 14 (demande en référé d'une provision et de désignation d'expert, dette de l'assuré non sérieusement contestable : mise en cause de l'assuré ou de ses héritiers inutile) ; Civ. 1re, 27 avr. 1994 ; *RGAT* 1994.867, obs. Mayaux (fraude envers l'assureur ; inopposabilité à l'assureur de la décision intervenue entre l'assuré et la victime).

1. **Mise en cause de l'assuré impossible ; incompétence des tribunaux administratifs :** T. confl., 26 nov. 1973, *RGAT* 1974.226 ; Civ. 1re, 16 et 30 oct. 1984, *D.* 1986.IR.96, obs. Berr et Groutel, *RGAT* 1985.281, obs. G. Viney ; Civ., 17 juill. 1965, *JCP* 1966.II.14488, *RGAT* 1966.47 (immunité de juridiction) ; Civ. 1re, 12 oct. 1982, *RGAT* 1983.363 (succession vacante) ; Civ. 1re, 28 oct. et 13 nov. 1991, *RCA* 1992, n° 31 et chron. n° 2, *RGAT* 1991.912 (l'action directe n'est recevable sans mise en cause de l'assuré que dans la mesure où il est établi que la mise en cause est impossible) ; T. confl., 22 juin 1992, *RCA* 1992, n° 466, *RGAT* 1993.343 ; obs. Vincent (action directe relève de la compétence des tribunaux de l'ordre judiciaire). Civ. 2e, 17 juin 2010, *RCA* 2010, comm. n° 228. Civ. 2e, 16 déc. 2010, *RCA* 2011, comm. n° 120.

2. **La créance de la victime ne doit pas être éteinte :** Civ. 3e, 23 janv. 1991, *RCA* 1991, n° 114 et chron. n° 8 (prescription de l'action en responsabilité, irrecevabilité de l'action directe) ; Civ. 3e, 4 juin 1991, *RCA* 1991, n° 353 (décision curieuse où l'action directe est déclarée recevable alors que, à la suite de l'exécution provisoire, l'assureur avait versé les fonds à son assuré qui avait exécuté entre les mains des demandeurs).

675 ***2) L'extinction par prescription : la prescription applicable à l'action directe*** ◊ La prescription applicable à l'action directe pouvait être définie soit en fonction du contrat d'assurance (prescription biennale de l'article L. 114-1 C. assur.) soit en fonction de l'action en responsabilité.

• *Le principe* [1] : par son arrêt du 28 mars 1939, la Cour de cassation a expressément consacré la seconde analyse, en fondant l'action directe sur le droit à réparation du préjudice causé par le dommage : *le délai de prescription de l'action directe est celui de l'action en responsabilité.* La jurisprudence est absolument constante sur ce point.

• *La prescription de l'action directe et le retour des clauses réclamation* [2]. Cette jurisprudence, classique et considérée d'ordre public, sur la prescription de l'action directe calquée sur la prescription de l'action en responsabilité civile, fondait la nullité des clauses « réclamation » prononcée par la Cour de cassation en 1990 et par le Conseil d'État en décembre 2000.

La loi du 1er août 2003 qui a légalisé les clauses « claims made » dans les assurances de responsabilité professionnelles altère une cohérence juridique qui remonte aux fondements même de la jurisprudence relative au droit des assurances élaboré à partir de la grande loi du 13 juillet 1930.

• *L'exception* [3] : la prescription biennale propre au droit des assurances semble reprendre son empire lorsque la prescription applicable à l'action en responsabilité est très brève (ex. : prescription annale en matière de transport) : en effet la jurisprudence estime alors que l'action directe de la victime contre l'assureur peut être exercée tant que celui-ci demeure exposé au recours de son assuré.

---

1. **Principe : le délai de prescription de l'action directe est celui de l'action en responsabilité :** Civ., 28 mars 1939, *RGAT* 1939.286, *DP* 1939.1.68, note M. Picard ; Berr et Groutel, « Les grands arrêts du droit de l'assurance », p. 220 ; Civ. 1re, 10 mars 1982, *D.* 1984. IR. 33, obs. Berr et Groutel, *RGAT* 1982.501 ; Civ., 19 oct. 1982, *RGAT* 1983.361 ; Civ. 1re, 22 juill. 1986, *RGAT* 1986.595, obs. R. Bout ; Civ. 1re, 17 févr. 1993, *RCA* 1993, n° 181 ; Civ. 1re, 9 mai 1996, *RCA* 1996, n° 695 (le délai de l'action directe est celui de l'action de la victime contre le responsable) ; Civ. 1re, 3 févr. 1998, *RCA* 1998, n° 175 (l'effet interruptif de prescription résultant d'une action en justice se prolonge jusqu'à la solution du litige) ; Civ. 1re, 23 mars 1999, *RCA* 1999, n° 194 (l'action directe de la victime contre l'assureur de responsabilité peut être exercée tant que celui-ci reste exposé au recours de son assuré) ; Civ. 1re, 10 mai 2000, *RCA* 2000, n° 282 (action directe irrecevable en raison de l'expiration du délai de prescription de l'action en responsabilité) ; Civ. 2e, 13 mars 2003, *RCA* 2003, n° 169 (prescription suspendue pendant minorité victime) ; Civ. 3e, 26 nov. 2003, *RCA* 2003, n° 50 (l'action directe de la victime contre l'assureur de responsabilité se prescrit par le même délai que son action contre le responsable et peut être exercée contre l'assureur, au delà de ce délai, tant que celui-ci reste exposé au recours de son assuré). Civ. 2e, 13 sept. 2007, *RCA* 2007, comm. n° 368 (l'action de la victime contre l'assureur de responsabilité se prescrit par le même délai que son action contre le responsable). Civ. 2e, 11 juin 2009, *RCA* 2009, comm. n° 265. Civ. 2e, 10 févr. 2011, *RCA* 2011, comm. n° 193.
2. **Sur les clauses réclamation :** v. ss 645 s.
3. **Exception : prolongation du délai de prescription de l'action directe tant que l'assureur est soumis au recours de son assuré :** Civ. 1re, 11 mars 1986, *D.* 1987. Somm. 183, obs. Groutel ; Civ. 3e, 22 juill. 1987, *D.* 1988, somm. 151, obs. Groutel, *RGAT* 1988.358 ; Civ. 1re, 16 févr. 1988, *D.* 1989. Somm. 245, *RGAT* 1988.358 ; Paris, 20 sept. 1989, *RCA* 1989, n° 390.

B. L'action directe exercée par la victime dérive du contrat d'assurance RC

676 ***La compétence des tribunaux civils*** [1] ◊ Si l'action directe est *fondée* sur le droit à réparation de la victime, elle *s'exerce* néanmoins contre l'assureur débiteur d'une *obligation de garantie* née du contrat d'assurance souscrit par le responsable. À ce titre elle est d'abord soumise aux règles de compétence d'attribution et de compétence territoriale applicables au contrat d'assurance.

La victime ne peut, par l'action directe, attraire l'assureur devant un tribunal incompétent pour statuer sur les obligations nées du contrat d'assurance : les tribunaux administratifs, les tribunaux répressifs ou les tribunaux paritaires de baux ruraux sont incompétents. On sait que, depuis la loi du 8 juillet 1983, lorsque la responsabilité de l'assuré est engagée à l'occasion d'une infraction d'homicide ou de blessures involontaires, l'assureur peut intervenir ou être *mis en cause* devant la juridiction répressive. Cependant la victime ne peut pas intenter son *action directe* contre l'assureur de responsabilité devant les juges répressifs.

677 ***La preuve de l'obligation à garantie de l'assureur*** [2] ◊ L'assureur n'est pas personnellement « responsable » du dommage causé à la victime, et il n'en doit réparation qu'en raison de la *garantie* promise à son assuré par le contrat d'assurance de responsabilité. La victime doit donc établir non seulement sa créance de réparation envers l'assuré (en le mettant en cause dans l'instance, à moins qu'il n'ait préalablement fait l'objet d'une condamnation judiciaire), mais encore l'obligation à garantie de l'assureur née du contrat d'assurance. Certes, la victime ne détient pas la police d'assurance, mais généralement l'assuré responsable produit lui-même le contrat qui le garantit et les juges peuvent toujours en faire l'injonction, à lui ou à l'assureur. La victime intentant l'action directe contre l'assureur invoque la garantie dont l'assuré lui-même bénéficie : la

1. **Compétence judiciaire ; en cas de responsabilité de la puissance publique, l'action directe contre l'assureur est de la compétence judiciaire** : Civ. 1re, 16 oct. 1984, *Argus* 1985.323 ; T. confl., 4 mai 1987, *RGAT* 1988.870 ; T. confl., 14 mars 1988, *D.* 1988.I.R.145 ; T. confl., 2 mai 1988, *RDI* 1988.319 ; T. confl. 22 juin 1992, *RCA* 1992, n° 466, *RGAT* 1993.343, obs. Vincent ; Civ. 1re, 7 mars 1995, *RCA* 1995, n° 219 ; Civ. 1re, 14 mai 1996, n° 290 (action directe de la victime avec demande de provision en référé ; obligation pas sérieusement contestable de l'hôpital public responsable et de son assureur). Civ. 3e, 16 mars 2005, *RCA* 2005, comm. n° 201.CE 15 mai 2013, *RGDA* 2013, 1009.

2. **Preuve de l'obligation à garantie de l'assureur** : R. Perrot, « La charge de la preuve en matière d'assurance », *RGAT* 1961.5 ; Paris, 28 mai 1952, *RGAT* 1952.258, *JCP* 1953.II.7469 (obligation à garantie de l'assureur appréciée au jour du sinistre) ; Civ. 1re, 3 janv. 1991, *RCA* 1991, n° 113 et chron. n° 6 (décision contestable où le constat amiable passé entre le conducteur soi-disant assuré et le tiers est retenu comme preuve du contrat d'assurance envers l'assureur) ; Civ. 1re, 22 avr. 1992, *RCA* 1992, n° 281 (c'est à l'assureur contre lequel est exercée l'action directe qu'il incombe de produire la police pour vérifier l'étendue de la garantie, l'assuré étant défaillant). Civ. 2e, 8 janv. 2009, *RGDA* 2009, 231 (preuve de l'existence du contrat d'assurance mais non de la nature du risque garanti).

garantie contractuelle d'assurance s'apprécie au jour du sinistre qui la met en jeu, avec toutes les modifications qui ont pu y être apportées par avenant.

L'obligation à garantie de l'assureur naît du contrat d'assurance ; il en résulte qu'en principe l'assureur peut opposer à la victime toutes les exceptions qu'il aurait pu opposer à son cocontractant assuré, ce principe comportant néanmoins certaines dérogations.

1. Principe : l'opposabilité des exceptions à la victime [1]

678 L'article L. 112-6 C. assur. dispose : « L'assureur peut opposer au porteur de la police, ou au tiers qui en invoque le bénéfice, les exceptions opposables au souscripteur originaire ».

On peut classer ces exceptions nées du contrat en deux groupes : celles qui sont fondées sur l'existence du contrat d'assurance lui-même, et celles qui sont déterminées par l'étendue de la garantie née du contrat.

679 ***a) Les exceptions fondées sur l'existence ou la validité du contrat*** ◊ 1) La *nullité* résulte soit des conditions générales de validité des contrats, soit plus précisément en matière d'assurance des articles L. 113-6 C. assur. (irrégularité de mauvaise foi dans la déclaration des risques) ou L. 121-3 C. assur. (sur-assurance frauduleuse).

2) La *résiliation* quelle qu'en soit la cause, met fin au contrat d'assurance et dès lors l'assureur ne doit plus sa garantie à l'égard de quiconque. En assurance de responsabilité, c'est *l'événement dommageable*, qui constitue le sinistre, et qui doit se situer dans la période d'effet du contrat, antérieure à la résiliation.

680 ***b) Les exceptions fondées sur l'existence ou l'étendue de la garantie*** ◊ 1) La *prise d'effet de la garantie* peut être retardée par une clause du contrat : si un sinistre survient avant, l'assureur n'est pas tenu à garantie.

2) La *suspension de la garantie pour non-paiement des primes* [2] n'est qu'un prélude à la résiliation et le contrat existe encore. Néanmoins, la garantie

1. **Opposabilité des exceptions à la victime** : F. Chapuisat, « L'opposabilité au tiers bénéficiaire des exceptions opposables au souscripteur du contrat d'assurance », *RGAT* 1976, p. 125 ; Civ., 28 mars 1939, *RGAT* 1939.286 ; Civ. 1re, 25 févr. 1992, *RCA* 1992, n° 205 (opposabilité résiliation. Dans le même sens : Civ. 2e, 4 juill. 2007, *RCA* 2007 comm. n° 287) ; Civ. 3e, 4 nov. 1992, *RCA* 1993, n° 54 et chron. n° 5 (arrêt curieux qui déclare « inopposable » à la victime la nullité du contrat pour fausse déclaration du risque ; autorité relative du jugement d'annulation) ; Civ. 3e, 19 avr. 2000, *RCA* 2000, n° 245 (l'assureur peut opposer au tiers qui invoque le bénéfice de la police les exceptions opposables au souscripteur originaire). Civ. 2e, 4 juill. 2007, *RCA* 2007, comm. n° 287 (opposabilité de la résiliation de la police).

2. **Non-paiement des primes ; absence de compensation sur l'indemnité due à la victime** : Civ. 1re, 31 mars 1993, *RCA* 1993, n° 210 et chron. Groutel, n° 18, *RGAT* 1993.635, obs. Beauchard ; Civ. 1re, 28 avr. 1993, *Bull. civ.* n° 148, p. 99.

est suspendue *erga omnes*, même à l'égard des victimes d'accidents de la circulation (art. R. 211-13, 2° C. assur.).

En revanche, depuis un arrêt du 31 mars 1993, la Cour de cassation n'admet plus la compensation entre les primes impayées et l'indemnité due à la victime pendant la période qui précède la suspension de la garantie ; en effet la victime tiers n'est pas tenue au paiement des primes.

3) Les *exclusions de risques* [1] dessinent les contours de la garantie due par l'assureur. Elles sont opposables à tous et l'assureur peut invoquer la faute intentionnelle et toute exclusion conventionnelle licite, expressément définie dans la police.

4) *L'insuffisance de la garantie* [2] peut enfin être opposée par l'assureur quelle qu'en soit l'origine : elle peut en effet résulter soit de la réduction proportionnelle de prime en cas d'irrégularité de bonne foi dans la déclaration des risques, soit de la réduction proportionnelle de capitaux s'il s'agit d'une assurance de responsabilité à objet déterminé sous-assuré, soit d'un plafond ou d'une limitation de garantie établie par le contrat pour une responsabilité indéterminée, soit de clauses de découvert ou de franchise.

Il faut souligner qu'en cas de plafond de garantie par « sinistre », celui-ci est souvent défini comme « l'ensemble des dommages résultant d'une même cause », notamment dans les assurances RC du fait des produits. Il ne faut donc pas confondre le plafond par « sinistre » qui peut englober un grand nombre de victimes notamment dans les sinistres sériels, et un plafond par « dommage » subi par une victime. L'insuffisance de la garantie par sinistre pose des problèmes particuliers en cas de *concours de plusieurs victimes* : en principe, toutes les victimes d'un même fait dommageable ont des droits égaux et sont donc indemnisées au marc-le-franc dans la mesure de la garantie disponible. Néanmoins, si certaines victimes négligent de se faire connaître, et de réclamer à l'assureur la réparation de leur dommage, l'assureur peut valablement se libérer en

---

1. **Opposabilité à la victime des exclusions de risque :** Civ., 28 févr. 1939, *RGAT* 1939.469 ; Civ., 3 déc. 1963, *D.* 1964.609, note A.B., *RGAT* 1964.65 et Civ., 24 juin 1970 (deux arrêts), *RGAT* 1971.222 (c'est à l'assureur à prouver les limitations de garantie dans sa défense à l'action directe intentée par la victime) ; Civ., 26 avril 1972, *RGAT* 1973.51 (la non-assurance prouvée est opposable à la victime) ; Civ. 1re, 1er oct. 1980, *RGAT* 1981.201 (opposabilité de l'exclusion des conséquences de la responsabilité solidaire ou in solidum de l'assuré).

2. **Opposabilité à la victime d'une garantie partielle ;** sur les plafonds de garantie, v. ss 633 ; Civ. 1re, 15 févr. 1977, *JCP* 1977.II.18737, note Besson, *RGAT* 1977.365, *Gaz. Pal.*, 22 juill. 1977, note H.M. et A.F. (règle proportionnelle de prime) ; Civ. 1re, 28 juin 1989, *RCA* 1989, n° 349, *RCA* 1989.873 (règle proportionnelle de capitaux) ; Civ., 7 oct. 1975, *RGAT* 1976.379 (plafond de garantie) ; Civ. 1re, 22 mai 1991, *RCA* 1991, n° 309 (limitation du montant de garantie par année d'assurance) ; Civ. 1re, 7 juill. 1992, *RCA* 1992, n° 428 et chron. n° 36, *RGAT* 1992.901 (intérêts dus à la victime au-delà du plafond de garantie) ; Civ. 1re, 26 mai 1994, *RCA* 1994, n° 306 et chron. n° 26 (idem) ; Civ. 1re, 8 juin 1994, *RGAT* 1994.874, obs. Vincent (clause prévoyant l'épuisement du capital garanti au fur et à mesure des réclamations ; opposabilité) ; Civ. 1re, 9 juin 1996, *D.* 1996.610, note Lambert-Faivre, *RGAT* 1996.919, obs. Rémy (opposabilité aux victimes d'une clause limitant la garantie par année d'assurance pour l'ensemble des sinistres) ; Civ. 1re, 7 déc. 1999, *RCA* 2000, n° 100 (garantie RC produits ; plafond par « sinistre » qui englobe tous les dommages résultant d'une même erreur, malfaçon ou faute professionnelle quelconque).

versant le montant de la garantie aux seules victimes créancières qui ont agi contre lui. On sait que toute victime, dont la créance d'indemnisation n'est que partiellement couverte par la garantie de l'assureur responsabilité, dispose toujours pour le surplus de son action en responsabilité contre le responsable lui-même, tenu sur son propre patrimoine.

2. Les cas exceptionnels d'inopposabilité à la victime

681 ***a) L'inopposabilité des déchéances aux victimes*** [1] ◊ Le droit de créance de la victime naît au jour du dommage, et les exceptions nées postérieurement ne peuvent lui porter atteinte : les droits de la victime à l'égard de l'assureur du responsable sont ainsi cristallisés au jour du dommage qui constitue le sinistre en assurance de responsabilité. L'inopposabilité aux victimes des déchéances encourues par l'assuré pour une faute postérieure au sinistre, a été établie par un important arrêt de la Cour de cassation du 15 juin 1931.

Cette jurisprudence a été consacrée par la réglementation applicable aux entreprises d'assurances et l'article R. 124-1 C. assur. dispose : « Les polices d'assurance garantissant des risques de responsabilité civile doivent prévoir qu'en ce qui concerne cette garantie, aucune déchéance motivée par un manquement de l'assuré à ses obligations commis postérieurement au sinistre ne sera opposable aux personnes lésées ou à leurs ayants droit ».

L'assureur est ainsi mis dans la situation d'une caution puisqu'il doit acquitter envers la victime une dette de son assuré à l'égard duquel il ne doit plus sa garantie.

Cependant la loi du 31 décembre 1989 a soumis les déchéances, souvent édictées de manière abusive en cas de retard de l'assuré dans la déclaration du sinistre, à la condition que la faute commise par l'assuré ait causé un préjudice à l'assureur. C'est la réduire à un rôle désormais marginal.

682 ***b) L'inopposabilité de certaines restrictions de garantie dans les assurances obligatoires*** [2] ◊ Lorsque le législateur édicte une obligation d'assurance, c'est qu'il l'estime nécessaire à l'intérêt public. Dès lors il est important non seulement qu'elles soient souscrites, mais encore que leur contenu ne soit pas vidé de toute substance par des limitations de garantie et exclusions de risques diverses. Lorsque l'assurance obligatoire est une assurance de responsabilité civile édictée dans l'intérêt des victimes, le législateur peut leur rendre inopposable certaines exceptions, valables seulement à l'égard de l'assuré responsable : l'exemple le plus topique est

---

1. **Inopposabilité des déchéances aux victimes :** sur les déchéances cf. Y. Lambert-Faivre et L. Leveneur, *Droit des assurances*, 13e éd., 2011, n° 487 s. ; Civ., 15 juin 1931, *RGAT* 1931.801, DH 1931.411, Berr et Groutel, « Les grands arrêts du droit de l'assurance », p. 230 ; Civ., 2 avril 1974, *RGAT* 1975.76. Civ. 2e, 28 juin 2007, *RCA* 2007, comm. n° 288 (inopposabilité d'une convention passée entre assuré et assureur postérieurement au sinistre, même en cas d'accord entre les parties). Civ. 2e, 15 déc. 2011, *RGDA* 2012, 601.

2. **Opposabilité des exceptions aux victimes en assurance automobile :** v. ss 758.

l'article R. 211-13 du Code des assurances édicté en matière d'assurances automobile et qui énumère toutes les exceptions inopposables aux victimes d'accidents de la circulation ; dans ces hypothèses, l'assureur procède au paiement de l'indemnité pour le compte du responsable, mais peut ensuite exercer contre celui-ci une action en remboursement.

CONCLUSION

683 ***1°) Les limites de garantie et la protection des victimes*** ◊ De cette brève étude de l'assurance de responsabilité civile, il résulte que si celle-ci est un facteur essentiel de la protection des victimes par la garantie de solvabilité de l'auteur des dommages, elle ne leur offre cependant pas une protection parfaite, et ceci pour de multiples raisons, dont les principales sont les suivantes :

1. le responsable peut ne pas avoir souscrit de contrat d'assurance, même si celle-ci est obligatoire ;
2. le contrat peut comporter des exclusions de risques opposables aux victimes (non-assurance) ;
3. le montant des dommages peut excéder le plafond de garantie ;
4. la durée de la garantie d'assurance et la durée de l'action en réparation de la victime peuvent ne pas coïncider...

684 ***2°) Les obligations d'assurances RC*** ◊ Si l'on considère que la protection des victimes de dommages corporels (notamment de celles ayant un déficit fonctionnel permanent) est un objectif de sécurité et de solidarité impératif, il conviendrait de *rendre obligatoires certaines assurances RC* qui ne le sont pas encore, et qui sont pourtant d'une importance civique et sociale considérable (notamment l'assurance RC chef de famille ou l'assurance RC des fabricants et distributeurs de produits). Cependant l'obligation d'assurance elle-même est un leurre si elle ne s'accompagne pas de conditions réglementaires précises de garanties, limitant les exclusions licites, édictant un plafond de garantie minimum suffisant et imposant une durée de garantie liée à la durée de la responsabilité encourue par l'assuré.

Ainsi seraient marginalisées les hypothèses d'absence de garantie ; à titre complémentaire un « *Fonds de garantie des dommages corporels accidentels* » unifié pourrait apporter quelque cohérence [1].

1. Sur la possibilité d'un fond unifié, v. ss 26 s.

TITRE 3

LES SYSTÈMES SPÉCIFIQUES D'INDEMNISATION DES DOMMAGES CORPORELS

685 Le plus ancien système spécifique d'indemnisation en matière de dommages corporels est celui des *accidents du travail* : il relève de la Sécurité sociale, et a déjà été étudié à ce titre.

Cependant certaines catégories de victimes suscitent particulièrement l'émotion collective : c'est le cas des *victimes d'accidents de la circulation* qui ont d'une protection légale très large ; les *victimes d'accidents médicaux* bénéficient d'un régime institué par la loi du 4 mars 2002. Sous l'intitulé de « *victimes des risques technologiques* », on peut regrouper aussi bien les victimes de « produits » industrialisés, celles de la pollution, ou encore les victimes d'un accident de transport. Enfin les *victimes de la violence* – infractions ou attentats – ont droit à une protection spécifique.

Le plan de ce titre sera le suivant :

Chapitre 1 – *L'indemnisation des victimes d'accidents de la circulation*
Chapitre 2 – *L'indemnisation des victimes d'accidents médicaux*
Chapitre 3 – *L'indemnisation des victimes de risques technologiques*
Chapitre 4 – *L'indemnisation des victimes de la violence*

CHAPITRE 1

L'INDEMNISATION DES VICTIMES D'ACCIDENTS DE LA CIRCULATION

INTRODUCTION. LA SÉCURITÉ ROUTIÈRE

686 ***La mortalité de la route*** [1] ◊ Dans tous les pays industrialisés, les accidents de la circulation constituent un fléau et l'une des principales causes de la mortalité par accident.

L'évolution de la sinistralité routière est lente et difficile : certes, on a fait d'importants progrès depuis le triste score de 16 545 tués en 1972, mais la baisse sous la barre symbolique des 10 000 morts par an n'est conquise que depuis 1991, sur la base de statistiques officielles qui ne comptabilisent que les décès survenus dans les 30 jours de l'accident.

Cependant la politique volontariste de sécurité routière a démontré son efficacité ces dernières années : 7 720 tués en 2001, 5 725 en 2003, 4 838 en 2007 et 3 268 en 2013. Les statistiques sont depuis 2010 passées sous la barre symbolique de 4 000 tués, bien que les chiffres soient repartis à la hausse en 2014 avec une augmentation de 3, 7 % du nombre de tués (3 388) et de 1,7 % des accidents corporels (57 805).

Le problème de la sécurité routière est mondial : les pays les plus touchés sont les pays d'Asie et d'Afrique : l'OMS a présenté en 2009 un rapport et fait des propositions pour lutter contre l'hécatombe sur les routes : 1,2 million de morts par an dans le monde et 50 millions de blessés. Partout, la lutte contre l'insécurité routière est une question de volonté politique.

687 ***a) La prévention*** ◊ On doit constater qu'en matière de prévention, la peur du gendarme est plus efficace que la peur de tuer son prochain, et si *l'infrastructure routière* est une donnée importante qui relève de la responsabilité de l'État, les sanctions immédiates et aggravées contre les *excès de vitesse, l'alcool* ou *l'usage de stupéfiants* au volant, la lutte contre les facteurs d'inattention (*téléphones portables*), les *contrôles techniques des véhicules*, les obligations en matière de prévention individuelle (*ceintures de sécurité* même à l'arrière des véhicules, *casques*) ont été les plus dissuasives...

688 ***b) La répression*** ◊ Toutes les mesures de prévention édictées par un nombre impressionnant de textes légaux ou réglementaires ne sont efficaces que si elles sont réprimées par des sanctions sévères, rapides et certaines.

---

1. **Mortalité de la route : Statistiques :** Observatoire national interministériel de la Sécurité routière, ministère de l'équipement et des transports ; cf. annexe 1, *infra* p. 671 s.

La politique législative des dernières décennies a été marquée par une répression accrue, marquée par différentes étapes. Parmi les principales, on peut citer :

- *la création du délit de mise en danger d'autrui* aujourd'hui incriminé à l'article 223-1 C. pén. [1] ;

- *La loi du 18 juin 1999 « portant diverses mesures relatives à la sécurité routière »* [2] prévoyait que le propriétaire du véhicule, titulaire du certificat d'immatriculation est « redevable pécuniairement de l'amende encourue pour les contraventions aux vitesses maximales autorisées »... à moins qu'il n'établisse qu'il n'est pas l'auteur de l'infraction (vol du véhicule...). Ce texte, aujourd'hui codifié à l'article. L. 121-3 du Code de la route a été validé par le Conseil constitutionnel, car si en principe le législateur ne saurait instituer de présomption de culpabilité en matière répressive, à titre exceptionnel de telles présomptions peuvent être établies, notamment en matière contraventionnelle, dès lors qu'elles ne revêtent pas de caractère irréfragable, qu'est assuré le respect des droits de la défense et que les faits induisent raisonnablement la vraisemblance de l'imputabilité. De même a été validée la disposition créant le délit de grand excès de vitesse pour tout conducteur « qui, déjà condamné définitivement pour un dépassement de la vitesse maximale autorisée égale ou supérieure à 50 km/h, commet la même infraction dans le délai d'un an à compter de la date à laquelle cette condamnation est devenue définitive ». L'élément moral de l'infraction doit se référer à l'art. 121-3 C. pén. selon lequel « il n'y a point de crime ou délit sans intention de le commettre » ; en la matière c'est vouloir commettre un excès de vitesse en connaissant la réglementation qui l'interdit.

- *La loi n° 2003-87 du 3 février 2003 relative à la conduite sous l'influence de stupéfiants* [3]. Le dispositif réglementaire encadrant la « conduite après usage de substances ou de plantes classées comme stupéfiants » est étendu, notamment pour les contrôles diligentés non plus seulement après un accident mortel (loi du 18 juin 1999), ou grave (loi de 2001), mais pour tout accident de la circulation. La loi comporte également des mesures renforçant la répression d'un certain nombre de comportements au volant : institution des peines complémentaires en matière d'amende forfaitaire, extension des peines de suspension de permis de conduire, alourdissement des peines applicables à certaines contraventions.

---

1. **Délit de mise en danger** : Y. Mayaud « Risque causé à autrui », Rép. pén. ; I. Ferrari, « ... regard sur l'application par la Chambre criminelle de la loi du 5 juillet 1985 », *Rapport C. cass.* 1993, p. 195 ; M. Puech, « De la mise en danger d'autrui », *D.* 1994. Chron. 153 ; J. Pradel, « La mise en danger », in « Quelques aspects du nouveau C. pénal français », *Rev. jur. Centre Ouest*, juill. 1994, n° 14, p. 3 ; P. Couvrat, « Les infractions contre les personnes », *RSC* 1993.469.

2. **Loi n° 99-505 du 19 juin 1999, relative à la sécurité routière**, *JO* 19 juin 1999 ; Conseil constitutionnel, 16 juin 1999, *D.* 1999 p. 589 note Y. Mayaud.

3. **Loi n° 2003-87 du 3 février 2003 relative à la conduite sous l'influence de stupéfiants**, *JO*, 4 févr. 2003, p. 2103, *D.* 2003. 469 ; Décret n° 2003-293 du 31 mars 2003 relatif à la sécurité routière ; C. Charbonneau et F. J. Pansier, « Présentation du décret n° 2003-293... » *Gaz. Pal.* 25-27 mai 2003 p. 2 ; E. Pire, « Conduite automobile et usage de stupéfiants » *D.* 2003. 771.

- La loi nº 2003-495 du 12 juin 2003 renforçant la lutte contre la violence routière (loi LVR) [1]. La montée en puissance contre la violence routière a enfin abouti à la loi du 12 juin 2003 qui, conformément aux principes énoncés par un Comité interministériel du 18 décembre 2002, réforme le droit pénal de la circulation routière, notamment par une notable aggravation des peines, et par le développement de systèmes automatiques de constatations des infractions.

Parmi les multiples mesures législatives, le volet prévention est caractérisé par les dispositions relatives au permis à points, notamment par l'instauration d'un permis probatoire réduit de 12 à 6 points qui devrait inciter les jeunes conducteurs à mieux respecter le Code de la route.

- La loi n° 2007-297 du 5 mars 2007 relative à la prévention de la délinquance, qui contient diverses dispositions intéressant la sécurité routière dont notamment un réaménagement des règles du permis à points (acquisition progressive des points lors du permis probatoire, récupération des points permis, etc.).

- Les lois ultérieures ont opéré un renforcement permanent des sanctions et des mesures de sécurité routière. Parmi celles-ci on peut citer la loi n° 2011-267 du 14 mars 2011 d'orientation et de programmation pour la performance de la sécurité intérieure, dite « LOPPSI 2 », qui a opéré un renforcement des sanctions contre les comportements à risque (alcool, stupéfiants, grands excès de vitesse) et le décret n° 2012-3 du 3 janvier 2012 portant diverses mesures de sécurité routière qui a interdit les avertisseurs de radars et durcit les sanctions contre l'usage du téléphone au volant.

689 ***L'exemple des pays étrangers*** [2] ◊ La baisse du nombre de morts de 2002 (7 242) à 2014 (3 388) est encourageante. Mais l'effort doit se poursuivre, car les comparaisons du nombre de tués par millions d'habitants montrent qu'en 2010, la France était à 64 ; l'Allemagne à 44 ; les Pays-Bas à 36 ; la Suède à 28.

La mortalité de la route n'est qu'un indicateur de l'importance du droit du dommage corporel en la matière : aux tués laissant des victimes par ricochet, il faut ajouter les innombrables blessés, parmi lesquels on compte traumatisés crâniens, amputés, tétraplégiques ou paraplégiques, sans oublier tous ceux qui souffrent d'un handicap lourd ou d'une incapacité fonctionnelle permanente plus ou moins sévère : les accidents de la route sont devenus les accidents de référence en matière de dommages corporels.

Les conditions de fond du droit à indemnisation des victimes d'accidents de la circulation (Section 1) et les garanties de cette indemnisation (Section 2) seront les axes de cette étude.

---

1. **Loi n° 2003-495 du 12 juin 2003 sur la violence routière,** *JO* 13 juin p. 1943 : P. Céré, « Le virage répressif de la loi n° 2003-495 du 12 juin 2003 sur la violence routière », *D.* 2003. Chron. 2705 ; F. J. Pansier et C. Charbonneau, « Présentation de la loi », *Gaz. Pal.* 2003.
2. **Comparaisons internationales :** cf. annexe 1, tableau 2, *infra* p. 684.

SECTION 1. LES CONDITIONS DU DROIT À INDEMNISATION DES VICTIMES D'ACCIDENTS DE LA CIRCULATION

690 ***L'application du droit commun jusqu'en 1985*** [1] ◊ Jusqu'à la *loi du 5 juillet 1985*, le droit commun de la responsabilité civile était applicable aux accidents de la circulation, sur la base des articles 1382 s. du Code civil. Il laissait trop souvent la victime sans indemnité, ou avec une indemnisation partielle en cas de faute ; aussi, l'arrêt *Desmares* rendu par la deuxième chambre civile de la Cour de cassation le 21 juillet 1982 devait-il limiter l'exonération du présumé responsable sur la base de l'art. 1384, al. 1, C. civ., à la seule hypothèse d'une faute de la victime constitutive de force majeure. Cette jurisprudence alors très contestée a été abandonnée le 6 avril 1987 ; du moins a-t-elle eu le mérite de précipiter une réforme législative nécessaire, réclamée depuis deux décennies, par le Professeur Tunc [2].

691 ***La loi Badinter du 5 juillet 1985*** [3] ◊ Dans la plupart des pays, l'impact émotionnel collectif de l'hécatombe routière a conduit le législateur à élaborer un système d'indemnisation particulièrement protecteur et souvent dérogatoire du droit commun.

---

1. **Arrêt Desmares :** v. ss 617 ; Civ. 2e, 21 juill. 1982, *D.* 1982.II.449, concl. Charbonnier, note Larroumet, *JCP* 1982.II.19861, note F. Chabas, *Gaz. Pal.*, 23 juill. 1982.11, concl. Charbonnier, *RTD civ.* 1982. 606, obs. Durry ; G. Viney, « L'indemnisation des victimes de dommages causés par « le fait d'une chose » après l'arrêt de la Cour de cassation du 21 juillet 1982 », *D.* 1982. Chron. 201. - **Abandon de la jurisprudence *Desmares* :** Civ. 2e, 6 avr. 1987 (six arrêts) : *Gaz. Pal.*, 26 juill. 1987, p. 13, *JCP* 1987.II.20828, note F. Chabas, *D.* 1988.32, note Mouly, et *RTD civ.* 1987. 767, obs. Huet ; H. Margeat et J. Landel, « Desmares est mort », *Gaz. Pal.*, 13 sept. 1987, p. 2.

2. **Projet Tunc :** A. Tunc, « La Sécurité routière », Dalloz, Paris, 1966 ; « Le problème de l'indemnisation des victimes d'accidents de la circulation », *D.* 1964. Chron. 569 ; « À propos de deux cas d'espèce : nécessité d'une loi sur la réparation des accidents de la circulation », *D.* 1965. Chron. 169 ; « Le petit chat et le gros chien : pour un statut du passager victime d'un accident », *D.* 1965, chron., p. 405 ; « Le fait du piéton qui déborde du trottoir », *D.* 1965.662 ; « Sur un projet de loi en matière d'accidents de la circulation », *RTD civ.* 1967.82 ; « L'indemnisation des dommages corporels et des incapacités physiques et mentales : un projet australien », *Dr. soc.*, févr. 1975, p. 133 ; « Les causes d'exonération de la responsabilité de plein droit de l'article 1384, alinéa 1 du Code civil », *D.* 1975, chron., p. 83 ; B. Starck, « Les rayons et les ombres d'une esquisse de loi sur les accidents de la circulation », *RTD civ.* 1966. 635 ; R. Savatier, « Sécurité routière et responsabilité civile à propos du projet Tunc », *D.* 1967. Chron. 1 ; « Le projet Tunc et la réforme du droit des accidents de la circulation », numéro spécial de *Droit social*, févr. 1967 ; A. Tunc (dir.), *Pour une loi sur les accidents de la circulation*, Economica, 1981 ; A. Tunc, « Le droit français des accidents de la circulation », in *Mélanges Yushiyki Noda*, Tokyo, 1983.

3. **Loi n° 85-677 du 5 juillet 1985, dite loi Badinter :** cf. le texte de la loi in Code civil, Dalloz, après l'art. 1384 C. civ. ; G. Viney, *L'indemnisation des victimes d'accidents de la circulation*, LGDJ, 1932 ; « Dixième anniversaire de la loi Badinter, bilan et perspectives », Colloque Paris juin 1995, n° spécial *Responsabilité civile et assurance* n° 4 bis avr. 1996, éd. J. Cl. Ph. Brun et P. Jourdain (dir.), *Loi Badinter : le bilan de vingt ans d'application*, LGDJ, 2007. *Adde* F. Leduc, « Le cœur et la raison en droit des accidents de la circulation », *RCA* 2009, dossier, 4.

En France, il a fallu attendre la *loi n° 85-677 du 5 juillet 1985* dite « loi Badinter », modestement intitulée « tendant à l'amélioration de la situation des victimes d'accidents de la circulation et à l'accélération des procédures d'indemnisation », pour mettre fin aux aléas d'une jurisprudence demeurée souvent timide et divisée. La loi Badinter avait un double objet : d'une part instituer pour la première fois en France des règles d'indemnisation spécifiques pour les accidents de la circulation, et d'autre part, améliorer les procédures d'indemnisation des victimes en facilitant des transactions équitables et en limitant un contentieux long, coûteux et inutile. Ces procédures traditionnelles sont un élément essentiel de l'assurance automobile obligatoire sans laquelle les règles de responsabilité seraient illusoires.

Rarement texte de loi n'a donné lieu à une littérature juridique aussi abondante, bien que le contentieux la concernant soit aujourd'hui en nette régression. Avec le recul d'une trentaine d'années, il apparaît que si la Cour de cassation a su endiguer des interprétations trop frileuses, certaines carences de la loi, notamment à l'égard des conducteurs victimes, devraient être comblées par une ultime réforme. Bien que la Cour de cassation ait à plusieurs reprises considéré qu'une telle distinction du régime d'indemnisation n'était pas contraire au principe d'égalité [1], les projets de réforme du droit de la responsabilité présentés depuis quelques années [2] vont en ce sens puisqu'ils prévoient tous une assimilation du conducteur aux autres victimes sur le terrain du droit à indemnisation [3].

692 ***Le champ d'application de la loi : la notion d'accident de la circulation*** ◊ La loi du 5 juillet 1985 édicte des règles spécifiques à l'indemnisation des accidents de la circulation dont la notion est définie de manière extensive par trois éléments :

– *un « véhicule terrestre à moteur »* [4] : la présence d'un moteur exclut les bicyclettes, skis, planches à roulettes, etc., mais inclut tous les engins à moteur qui servent au transport des personnes ou des choses ainsi que leurs remorques. Selon l'art. L. 110-1 du Code de la route, il s'agit de « tout véhicule terrestre pourvu d'un moteur à propulsion, y compris les trolleybus, et circulant sur route par ses moyens propres, à l'exception des véhicules qui se déplacent sur des rails » ;

---

1. **Pour une synthèse des différentes QPC soulevées à ce sujet** : H. Groutel, « Le conducteur victime et la constitution : de désillusions en désillusions », *RCA*, 2014, Rep. n° 9.

2. V. ss 564.

3. **Proposition d'assimilation du conducteur aux autres victimes** : Art. 1385 s. avant-projet Catala, www.justice.gouv.fr. Art. 1386-5 de la Proposition de loi Béteille, Sénat, n° 657. Art. 25 s. Avant-projet Terré, *Pour une réforme du droit de la responsabilité civile*, Dalloz, 2011, p. 5. V. ss 736.

4. **Véhicule terrestre à moteur** : Civ. 2e, 4 mars 1998, *RCA* 1998, chron. Groutel, n° 25, *RTD civ.* 1998. 693, obs. Jourdain (la voiture électrique pour enfant est un jouet non soumis à la loi de 1985). Le véhicule terrestre à moteur est aussi défini par le nouvel article L. 211-1 C. assur. comme « tout véhicule automoteur destiné à circuler sur le sol et qui peut être actionné par une force mécanique sans être lié à une voie ferrée, ainsi que toute remorque, même non attelée ». Civ. 2e, 22 mai 2014, n° 13-10561, *RCA* 2014, n° 267 ; *RTD civ.* 2014. 665 obs. P. Jourdain (assimilation d'une tondeuse à un VTAM)

– *un « accident »* [1] vise non seulement les chocs, heurts et collisions classiques, mais aussi les incendies et explosions causés par le véhicule ou les choses transportées ;

– la notion de *« circulation »* [2] est aussi très extensive car elle comprend la circulation sur une voie privée comme sur une voie publique, et la circulation en quelque sorte *statique* d'un véhicule arrêté ou en stationnement, voire abandonné au bord d'une route, comme la circulation *dynamique* d'un véhicule en mouvement. Cependant la loi ne s'applique pas actuellement aux chemins de fer et aux tramways qui circulent sur des voies qui leur sont propres : la nouvelle mode urbaine des tramways auxquels est affectée une « voie propre », sur une chaussée côtoyée par des automobiles et traversée par des piétons crée un lourd risque d'accidents, qui nécessite une interprétation très stricte de la notion de « voie propre »... ou la suppression de cette exception légale relative aux tramways. Les projets de réforme de la responsabilité civile prévoient d'ailleurs tous une modification du champ d'application de la Loi Badinter sur ce point, puisqu'ils envisagent une extension de ce régime à tous les véhicules terrestres à moteur, *y compris les trains et les tramways* [3]. Si

1. **Accident, exclusion de l'acte volontaire** : S. Hocquet-Berg, « La notion d'accident de la circulation », *RCA* 2015, dossier, n° 7. Civ. 2e, 23 janv. 2003 *RCA* 2003, n° 105, *D.* 2003. IR. 605 ; (accident volontairement provoqué n'est pas un accident de la circulation) ; Civ. 2e, 11 déc. 2003, *RCA* 2004, n° 64, (piéton en état d'ivresse pousse volontairement cyclomotoriste sous autobus ; violences volontaires excluent accident de la circulation) ; Civ. 2e, 22 janv. 2004, *RCA* 2004, n° 134 et 138 (lorsque le dommage subi par la victime est la conséquence directe de l'action volontaire du conducteur, il ne résulte pas d'un « accident de la circulation » et doit être indemnisé au titre de la législation sur les « victimes d'infraction »).

2. **Circulation** : Civ. 2e, 8 mars 2001, deux arrêts, *RCA* 2001, n° 184 et 185 (équipement utilitaire étranger à la fonction de circulation seul en cause : pas accident circulation) ; Civ. 2e, 19 nov. 1998, *RCA* 1999, n° 36 (victime blessée par partie chenillée d'un engin automoteur qui a glissé ; déplacement même involontaire, acc. circulation) ; Civ. 2e, 31 mai 2000, *RCA* 2000, n° 295 (accident causé par pelleteuse ; CA doit rechercher si la pelleteuse était en mouvement) ; Civ. 2e, 14 déc. 2000, *RCA* 2001, n° 82 (croisement de voies sur parking centre commercial : acc. circulation) ; Civ. 2e, 25 janv. 2001, *RCA* 2001, n° 111 (autobus en arrêt prolongé sur la ligne qu'il dessert est en circulation) ; Crim. 18 déc. 2001, *RCA* 2002, n° 152 (motocross sur circuit fermé : acc. circulation) ; Civ. 2e, 12 déc. 2002, *D.* 2003. IR. 468, *RCA* 2003, n° 66 obs. Groutel (acte volontaire, poursuite de piétons avec un véhicule, le préjudice ne résulte pas d'un accident de la circulation). Civ. 2e, 20 oct. 2005, *RCA* 2006, comm. n° 351 (application de la loi à un accident causé par la rupture des tendeurs arrimant un objet au toit du véhicule). Civ. 2e, 4 janv. 2006, *D.* 2006, somm. 1939 (Exclusion de la loi au sujet d'un accident survenu dans un circuit fermé). Civ, 2e, 25 oct. 2007, *RCA* 2007, comm. n° 351 (application de la loi à un accident survenu dans un atelier de réparation). Civ. 2e, 15 janv. 2008, *RLDC* 2008, n° 2903 (application de la loi à un engin se déplaçant dans le hall fermé d'un immeuble). Civ. 2e, 7 févr. 2008, *D.* 2008. 614 (application de la loi à l'accident survenu au moment du déchargement d'un camion). Civ. 2e, 17 déc. 2009, *RCA* 2010, comm. n° 74 (accident consécutif à un accessoire nécessaire à la fonction de déplacement d'un camion grue : loi de 1985 applicable). Civ. 2e, 14 juin 2012, *D.* 2012. 1736 (application de la loi à un véhicule réalisant une cascade lors du tournage d'un film). Civ. 2e, 22 mai 2014, préc. (application de la loi à l'incendie d'une tondeuse à gazon stationnée dans un garage privé).

3. **Proposition d'inclusion des trains et tramways dans le champ de la loi Badinter** : Art. 1385 s. avant-projet Catala, www.justice.gouv.fr. Art. 1386-56 de la Proposition de loi Béteille, Sénat, n° 657. Art. 12 de la proposition de loi visant à améliorer l'indemnisation des victimes de dommages corporels à la suite d'un accident de la circulation, votée par l'Assemblée

cette modification devait être entérinée, c'est donc un pan important du droit de la responsabilité de droit commun qui basculerait dans le régime spécifique des accidents de la circulation puisque tous les accidents impliquant la SNCF, au sujet desquels la Cour de cassation a développé une jurisprudence très protectrice des victimes [1], en relèveraient désormais.

Le droit applicable aux accidents de la circulation constitue les articles 1 à 6 de la loi. On peut le synthétiser en examinant d'une part la *détermination des responsables* (§ 1), d'autre part, les *droits des victimes* (§ 2).

§ 1. La détermination des responsables

693 ***La spécificité de la loi du 5 juillet 1985*** ◊ La loi du 5 juillet 1985 édicte des règles spécifiques à l'indemnisation des victimes d'accidents de la circulation, mais ne constitue cependant pas une branche du droit indépendante : le droit spécifique doit donc s'articuler avec le droit commun qui demeure le droit général applicable à toutes les hypothèses non visées par la loi. Il en résulte en pratique que la victime d'un accident de la circulation peut agir tantôt contre un *« responsable impliqué »* dans les termes de la loi du 5 juillet 1985 (A), tantôt contre un *responsable ordinaire* dans les termes de droit commun (B).

A. L'action de la victime contre un responsable impliqué

1. Le critère de l'implication

694 L'article 1 de la loi circonscrit son application à l'indemnisation des victimes d'un accident de la circulation dans lequel est *impliqué* un véhicule terrestre à moteur. Cette notion d'*implication*, nouvelle dans notre droit, doit être précisée.

695 ***a) La notion d'implication*** [2] ◊ *Il y a implication* lorsque, sans l'intervention de ce véhicule, l'accident ne se serait pas produit. Selon la Cour de

nationale le 17 février 2010, Sénat, n° 301. Civ. 2e, 16 juin 2011, n° 10-19491 (un tramway traversant un carrefour ouvert aux autres usagers de la route ne circule pas sur une voie qui lui est propre : loi Badinter applicable).

1. V. ss 990 s.

2. **La notion d'implication ; doctrine :** F. Chabas, « Notion et rôle de l'implication du véhicule au sens de la loi du 5 juillet 1985 », *Gaz. Pal.* 1986.I.Doct., p. 64 et « Brèves remarques complémentaires sur la notion d'implication et son rôle », *Gaz. Pal.* 1986.I.Doct., p. 262 ; H. Groutel, « L'implication du véhicule dans la loi du 5 juillet 1985 », *D.* 1987. Chron. 1 ; J. Bigot, « Les trois lectures de la loi Badinter », *JCP* 1987.3278 ; H. Margeat, « Accidents de la circulation : la loi Badinter six mois plus tard ou les 7 points-clés », *Gaz. Pal.*, 9 mars 1986, Doct., p. 2 ; J. Huet, « La définition de l'implication, condition de l'obligation à réparation pour le conducteur ou gardien d'un véhicule », *RTD civ.* 1987. 330 ; P. Jourdain, obs. in *RTD civ.* 1988. 778 ; 1989, p. 99 et 763 ; R. Martin, « Retour sur la distinction du fait et du droit »,

cassation, est ainsi impliqué *tout véhicule qui est intervenu à un titre quelconque dans l'accident*. Tel est toujours le cas lorsqu'il y a *contact matériel* de la victime avec une voiture en mouvement, ou à l'arrêt. En l'absence de tout contact matériel, il peut encore y avoir implication lorsque le véhicule a joué un *rôle perturbateur*.

Il n'y a pas implication lorsque le véhicule n'a joué aucun rôle dans la réalisation de l'accident, ce qui peut être établi notamment dans des hypothèses où la victime n'a eu aucun contact avec le véhicule, et que celui-ci n'a joué aucun rôle perturbateur. La jurisprudence admet toutefois une conception très large de l'implication.

La preuve de l'implication [1] : expression d'une causalité purement matérielle, l'implication est une question de fait. En principe, et conformément

---

D. 1987. Chron. 27 ; H. Groutel, « L'extension du rôle de l'implication du véhicule », *D.* 1990, chron., p. 263 ; Ph. Conte, « Le législateur, le juge, la faute et l'implication », *JCP* 1990.I.3471 ; « Le rôle de la causalité dans la loi du 5 juillet 1985 », *Études offertes à H. Groutel*, Litec, 2006, p. 79. A. Tunc, « La notion d'implication », *Risques*, n° 6, juin 1991, p. 77 ; Raffi, « Implication et causalité dans la loi du 5 juillet 1985 », *D.* 1994. Chron. 158 ; P. Jourdain, « Implication et causalité dans la loi du 5 juillet 1985 », *JCP* 1994.I.3794 et obs. in *RTD civ.* 1988. 778 ; 1989, p. 99, 763 et 769 ; 1990, p. 507 et 59 ; 1991, p. 354 ; 1994, p. 363, 368, 625 et 627 ; 1995, p. 382. – **Jurisprudence** : cf. l'abondante jurisprudence citée *in* Y. Lambert-Faivre et L. Leveneur, *Droit des assurances*, 13e éd., 2011, précitée, n° 734 s. ; depuis 2000 on peut citer : Civ. 2e, 6 janv. 2000, *RCA* 2000, n° 80 (implication sans contact) ; Civ. 2e, 24 févr. 2000, *RCA* 2000, n° 152 (rôle dans réalisation accident ; implication sans contact) ; Civ. 2e, 18 mai 2000, *RTD civ.* 2000. 853, obs. Jourdain, *RCA* 2000, n° 261 (heurt léger au croisement de deux véhicules ; l'un légèrement endommagé poursuit l'autre avec appel de phare ; la voiture poursuivie tombe dans un fossé ; implication du poursuivant) ; Civ. 2e, 13 juill. 2000, *RCA* 2000, n° 324 (implication du véhicule dont le déclenchement de l'alarme a entraîné un accident causé par des chevaux effrayés) ; Civ. 2e, 21 juin 2001, *RCA* 2001, n° 295 (implication du véhicule arrêté, dont le conducteur est descendu sur la chaussée ; accident causé par le ralentissement d'un véhicule ; implication sans contact du véhicule arrêté) ; Civ. 2e, 27 sept. 2001, n° 361 (implication sans contact) ; Civ. 2e, 29 nov. 2001, *RCA* 2002, n° 57 (implication sans contact des véhicules immobilisés sur la chaussée, dans accident où motocycliste surpris a perdu le contrôle de son engin) ; Civ. 2e, 23 mai 2002, *RCA* 2002, n° 258 (véhicule stationné sous un arbre qui tombe sur passager qui en est descendu : implication) ; Civ. 2e, 24 avr. 2003, *RTD civ.* 2003 p. 515 obs. Jourdain (gravillons projeté sur trottoir par camion de balayage ; ultérieurement chute victime : implication du camion). Civ. 2e, 19 oct. 2006, *RCA* 2006, comm. n° 15 (absence d'implication d'un camion citerne dont seul le fonctionnement défectueux de la pompe servant au transvasement du gaz était à l'origine de l'accident). Civ. 2e, 4 juill. 2007, *RGDA* 2007, 846 (Est impliqué tout véhicule qui intervient à titre quelconque dans l'accident, même en l'absence de contact). Civ. 2e, 11 oct. 2007, *RCA* 2008, comm. n° 21 (implication de véhicules immobilisés sur la bande d'arrêt d'urgence dans l'accident du camion de pompier venu sur les lieux). Civ. 2e, 4 déc. 2008, *RGDA* 2009, 1, p. 160 (implication d'un véhicule qui avait provoqué, sans choc, la chute d'un scooter). Civ. 2e, 8 janv. 2009, *D.* 2009. 229 (implication d'un véhicule en stationnement ayant pris feu). Civ. 2e, 30 avr. 2014, n° 13-16291, *RCA* 2014, 227 (implication du véhicule projetté sur l'autre) Civ. 2e, 11 sept. 2014, n° 13-22104, (implication du premier véhicule sans lequel le deuxième accident n'aurait pu avaoir lieu).

1. **Preuve de l'implication, jurisprudence depuis 1995** : Civ. 2e, 8 févr. 1995, *RCA* 1995, n° 127 (absence de contact ; preuve de l'implication non rapportée) ; Civ. 2e, 2 avr. 1997, arrêt Poletti, *RCA* 1997, n° 226, *JCP* 1997.IV.1155 (« un véhicule intervenant à quelque titre que ce soit dans la survenance d'un accident est impliqué au sens de l'art. 1 de la loi du 5 juillet 1985 ») ; Civ. 2e, 30 sept 1998, *RCA* 1998, n° 385 (« est impliqué le véhicule dont le conducteur a perdu le contrôle, ce qui a provoqué la perte de contrôle d'un autre véhicule par son propre

à l'article 1315, al. 1, C. civ. la *victime doit rapporter la preuve de l'implication* : l'implication se trouve établie *de facto* en cas de collision ou de heurt avec le véhicule ; en revanche, lorsqu'il n'y a aucun contact avec le véhicule (ex. : éblouissement par des phares ou chute d'un deux-roues lors du dépassement d'une automobile), son « *rôle perturbateur* » doit être établi.

696 ***b) Implication dans l'accident et imputabilité des dommages*** [1] ◊ L'implication d'un véhicule terrestre à moteur a pour conséquence de déterminer l'application des dispositions de la loi du 5 juillet 1985 à l'indemnisation des victimes.

« *Implication* » n'étant pas « *causalité* », celle-ci pouvait resurgir sous le couvert de « *l'imputabilité* », avec son cortège de contentieux.

Le problème se pose en jurisprudence, notamment lorsqu'un enchaînement d'accidents (collisions en chaîne, carambolages, etc.) permet difficilement d'établir à quel véhicule est imputable le décès de telle victime. Il nous semble qu'une correcte appréhension du problème et qu'une exacte interprétation de la jurisprudence passe par la distinction classique entre, d'une part, la *poursuite* de l'action en réparation de la victime contre les responsables impliqués et, d'autre part la *contribution* entre co-impliqués.

1) Poursuite : l'implication globale de tous les véhicules dans un accident complexe [2]

Le législateur de 1985 a entendu délivrer les victimes d'accidents de la circulation des affres de la causalité, et dès lors qu'un véhicule est

---

conducteur ») ; Civ. 2e, 1er avr. 1999, *RCA* 1999, n° 214 (absence de contact : est impliqué le conducteur de tête qui commandait la manœuvre d'un groupe de motocyclettes lorsque l'accident est survenu) ; Civ. 2e, 18 mars 1999, *RCA* 1999 ; n° 173 (la seule présence d'un véhicule dans sa propre voie de circulation ne suffit pas à caractériser son implication). Civ. 2e, 12 déc. 2002, *RCA* 2003 p. 23 (charge de la preuve de l'implication revient à la victime ; appréciation souveraine par les juges du fond, des éléments apportés.).

1. **Implication dans l'accident et imputabilité des dommages** ; doctrine : M. Béhar-Touchais, « Observations sur l'exigence d'imputabilité du dommage à l'accident de la circulation », *JCP* 1991.1.3482 ; Ph. Conte, « Le législateur, le juge, la faute et l'implication », *JCP* 1990.I.3471 ; H. Groutel, « Imputabilité du dommage à un accident de la circulation », *RCA* 1991, chron., n° 26 et *RCA* 1992, chron., n° 4 ; P. Jourdain, « Implication et causalité du dommage », *RTD civ.* 1991.550 et 1992.125 ; Y. Lambert-Faivre, « De la poursuite à la contribution : quelques arcanes de la causalité », *D.* 1992, chron., p. 311 ; P. Jourdain, « Implication et causalité dans la loi du 5 juillet 1985 », *JCP* 1994.I.3794 ; R. Raffi, « Implication et causalité dans la loi du 5 juillet 1985 », *D.* 1994. Chron. 158.

2. **Poursuite : implication globale de tous les véhicules dans un accident complexe** : H. Groutel « Les accidents complexes », *in* « Accidents de la circulation : la loi Badinter aujourd'hui et demain », *RCA* mai 2012, p. 20 s. Civ. 2e, 25 mai 1995, *RCA* 1993, n° 314 (carambolage ; implication) ; Civ. 2e, 24 janv. 1996, *RCA* 1996, n° 131 et chron., n° 18 (présomption d'imputabilité). Civ. 2e, 28 juin 1995, *RCA* 1995, n° 328, *JCP* 1996.I.3944, chron. Viney, n° 20 (caractère unique d'un accident en chaîne) ; Civ. 2e, 24 juin 1998, *RCA* 1998, chron. Groutel, n° 19, *RTD civ.* 1998.922, obs. Jourdain (globalisation : dans un carambolage, chaque victime peut s'adresser au conducteur ou au gardien de l'un quelconque des véhicules impliqué, sans se préoccuper du rôle joué par ce véhicule dans la réalisation de son propre dommage) ; Civ. 2e, 6 janv. 2000, *RTD civ.* 2000. 348, obs. Jourdain, *RCA* 2000,

« impliqué dans un accident », son assureur, ou le Fonds de garantie, doit indemniser les dommages subis par la victime, sans que puissent renaître les débats byzantins sur la « causalité » et l'« imputabilité » : tous les conducteurs « impliqués » sont tenus *in solidum* de réparer les dommages subis par la victime, d'autant que le fait d'un tiers n'est exonératoire pour aucun des responsables. Tel est notamment le cas dans les accidents complexes où, selon la jurisprudence de la Cour, tous les véhicules intervenus *à quelque titre que ce soit*, doivent être considérés comme y étant impliqués, ce qui permet donc à la victime d'agir contre n'importe lequel des conducteurs.

• *Le renversement de la présomption d'imputabilité par la preuve contraire* [1] : ce n'est que dans des cas tout à fait exceptionnels où il apparaîtrait que le décès de la victime est étranger à l'accident (ex. : crise cardiaque plusieurs jours après l'accident), que le responsable pourrait s'exonérer en invoquant la cause étrangère. La jurisprudence est devenue très restrictive depuis 2000 sur cette preuve de non-imputabilité.

2) Contribution : l'imputabilité des dommages à chaque coauteur [2]

La contribution entre coauteurs impliqués doit permettre à chacun de réparer en définitive les seuls dommages qui lui sont imputables ; or si la loi Badinter détermine les conditions de la mise en jeu des responsabilités, *elle ne règle pas l'aspect passif de la détermination et de l'évaluation des dommages réparables* qui s'effectuent selon le droit commun.

Ces recours en contribution, qui n'intéressent pas directement la victime indemnisée, ne seront pas étudiés ici.

---

n° 152 (dans un accident complexe, tous les véhicules sont impliqués) ; Civ. 2e, 11 juill. 2002, n° 331 (idem) ; Civ. 2e, 15 juin 2000, *RCA* 2000, n° 365 (implication de l'autocar entré en collision avec la voiture de la victime lors d'un second choc) ; Civ. 2e, 12 oct. 2000, *RCA* 2001, n° 16 (cinq véhicules impliqués dans un accident complexe) ; Civ. 2e, 11 janv. 2001, *RCA* 2001, n° 81 (tous les véhicules intervenus dans un même accident de la circulation sont tenus d'en réparer les conséquences dommageables entre les victimes). Civ. 2e, 11 oct. 2007, *RCA* 2008, comm. n° 21. Civ. 2e, 2 oct. 2008, *RTD civ.* 2009. 335 (implication de tous les véhicules dans l'accident complexe). Civ. 2e, 17 juin 2010, *RCA* 2010, comm. n° 283 (Les collisions successives dans un même laps de temps et dans un enchainement continu constituent un accident unique). Civ. 2e, 1 juill. 2010, *JCP* 2011, 435, n° 7 (impossibilité de changer de qualité de conducteur au cours d'un accident complexe). Civ. 2e, 11 sept. 2014, n° 13-22104, préc. (deux accidents successifs traités comme un seul, puisque le second n'a été rendu possible que par la survenance du premier).

1. **Preuve de la non-imputabilité des dommages** : Civ. 2e, 24 janv. 1996, *RTD civ.* 1996.406, obs. Jourdain (dommage révélé deux ans après l'accident : imputabilité non démontrée) ; Civ. 2e, 7 févr. 1996, *RTD civ.* 1996.407, obs. Jourdain, *RCA* 1996, n° 171 et chron., n° 23 (carambolage, pas d'implication globale, imputabilités à établir) ; Civ. 2e, 6 nov. 1996, *RCA* 1997, n° 18 (imputabilité à prouver). Civ. 2e, 19 févr. 1997, *D.* 1997.384, note Radé, *RCA* 1997, n° 163, *JCP* 1998. II.1005, note Brun, *JCP* 1997.I.4070, chron. Viney (crise cardiaque dans les minutes qui ont suivi une collision ; présomption d'imputabilité) Civ. 2e, 7 avr. 2011, n° 10-30566 (pas de lien de causalité entre le préjudice subi par la victime par ricochet licencié et l'accident de la circulation).

2. **Contribution entre coauteurs** : Ph. Brun, *Responsabilité civile extra-contractuelle*, Litec, 3e éd., 2014, n° 719 s. Y. Lambert-Faivre et L. Leveneur, *Droit des assurances*, Dalloz, 13e éd., 2011, précité, n° 749 s.

2. L'application autonome et exclusive de la loi aux responsables impliqués [1]

697 La raison d'être de la loi du 5 juillet 1985 a été d'obtenir sans discussion une indemnisation rapide et efficace des victimes par les créateurs du risque de circulation. Dès lors « l'autonomie » de la loi s'impose : toute la loi, et rien que la loi ; le droit commun est totalement écarté par la spécificité de la loi du 5 juillet 1985 dont l'application doit être *exclusive du droit commun.*

Cette application *autonomiste* de la loi a été consacrée par la Cour de cassation, d'abord par quatre arrêts des 28 janvier et 4 février 1987 puis, en des termes particulièrement précis, par un arrêt du 4 mai 1987 : « Attendu que l'indemnisation d'une victime d'un accident de la circulation dans lequel est impliqué un véhicule terrestre à moteur ne peut être fondée que sur les dispositions de la loi du 5 juillet 1985, à l'exclusion de celles des articles 1382 et suivants du Code civil... »

Les responsables impliqués sont ceux dont la responsabilité est liée à un véhicule : propriétaires-gardiens, conducteurs ou passagers.

698 ***a) Le souscripteur propriétaire, conducteur ou gardien du véhicule*** [2] ◊ *Le propriétaire du véhicule* est le *responsable* le plus fréquent, soit par son fait personnel *en qualité de conducteur*, soit du fait des choses en *qualité de gardien*, soit du fait d'autrui en *qualité de commettant.*

Aussi le propriétaire est-il normalement le *souscripteur du contrat d'assurance* automobile obligatoire.

Cependant la responsabilité du propriétaire n'est pas automatique, et s'il n'est ni gardien, ni conducteur, ni commettant du conducteur, sa responsabilité personnelle n'est pas engagée. Il peut même être seulement

---

1. **Action de la victime contre un responsable « impliqué » : application autonome et exclusive de la loi du 5 juillet 1985 :** H. Groutel, "L'exclusivité de la loi du 5 juillet 1985 : entre haut et bas", *RCA* 2009, et. n° 11. Civ. 2e, 7 nov. 1985, *JCP* 1986.II.20598, note F. Chabas ; Civ. 2e, 11 avr. 1986, *Gaz. Pal.*, 3 oct. 1986, note P. Jourdain, et *JCP* 1986.II.20672, note J.-F. Barbieri ; Civ. 2e, 28 janv. et 4 févr. 1987 (4 arrêts), *D.* 1987.487, note H. Groutel ; Civ. 2e, 4 mai 1987, *Gaz. Pal.*, 19 juill. 1987, p. 8, note F. Chabas, Civ. 2e, 28 oct. 1987, *Gaz. Pal.*, 18 déc. 1987, p. 10 (pas de hiérarchie entre les actions ; dans une collision, le passager victime peut indifféremment agir contre l'un ou l'autre conducteur) ; Civ. 2e, 29 janv. 1997, *RCA* 1997, n° 161 (l'action du conducteur-victime contre le gardien du véhicule est soumise à loi 1985) ; Civ. 2e, 2 juill. 1997, *D.* 1997.448, note Groutel (idem) ; Civ. 2e, 20 janv. 2000, *RCA* 2000, n° 114 (en présence d'un accident de la circulation, les juges du fond doivent appliquer la loi de 1985, et non l'art. 1384 C. civ.) ; Civ. 2e, 23 janv. 2003, *RCA* 2003, n° 104 (idem).

2. **Souscripteur propriétaire gardien responsable :** Civ. 2e, 27 févr. 1991, *RCA* 1991, n° 164 (responsabilité du propriétaire d'un véhicule l'ayant confié à une personne sous l'empire de la boisson) ; Civ. 2e, 24 juin 1992, *RCA* 1992, n° 361 (nécessité de rechercher si le propriétaire était gardien) ; Civ. 2e, 24 févr. 1996, *RCA* 1996, n° 113 (accident provoqué par un préposé avec un véhicule de son employeur ; responsabilité du commettant) ; Civ. 2e, 5 nov. 1998, *RCA* 1998, n° 383 (le propriétaire qui ne conduisait pas le véhicule ne peut être condamné s'il n'est pas gardien) ; Civ. 2e, 5 nov. 1998, *RTD civ.* 1999. 124, obs. Jourdain (parmi les occupants du véhicule, conducteur inconnu ; mise en cause de l'assuré) Civ. 2e, 15 mars 2001, *RCA* 2001, n° 183 (conducteur-préposé dans un lieu de subordination n'est pas gardien du véhicule ; il peut demander réparation de ses préjudices à son employeur-gardien responsable). Civ. 2e, 12 juin 2014, n° 13-17452, *RCA* 2014, comm. n° 299 (vendeur du véhicule demeuré gardien durant son essai en vue de la vente).

victime s'il est simple passager dans son propre véhicule, ou même piéton blessé par un autre conducteur par exemple en dirigeant une manœuvre, à condition qu'il ne soit alors plus considéré comme gardien du véhicule.

699 ***b) Le conducteur ou le gardien non propriétaire du véhicule*** [1] ◊ Le *gardien* est celui qui a l'usage, le contrôle et la direction de la chose. Le propriétaire est présumé gardien, mais la garde peut aussi être transférée à un tiers.

Le gardien peut être le *conducteur* du véhicule ; mais la garde et la conduite peuvent aussi être dissociées. Toutefois, lorsque le conducteur est un *préposé*, les solutions ont évolué. Jusqu'en 2008, la jurisprudence considérait en effet que si la garde juridique demeurait toujours au seul commettant, le préposé pouvait être recherché en qualité de conducteur. Cette solution a changé à la suite d'un arrêt de la deuxième chambre civile de la Cour de cassation du 28 mai 2009, qui considère que *le préposé qui conduit le véhicule de son commettant dans le cadre de sa mission, bénéficie, en application des principes dégagés par la jurisprudence Costedoat, d'une immunité personnelle* [2]. Dans un tel cas, la victime ne peut donc agir que contre le seul commettant, le conducteur disposant d'une immunité du fait de sa qualité de salarié [3].

1) Le conducteur ou le gardien autorisé [4]

Le risque d'accident de la circulation est inhérent à la *conduite du véhicule*, qu'elle soit effectuée par le *propriétaire* lui-même *souscripteur* du contrat, ou par un « *gardien* » qui a les pouvoirs d'usage, de contrôle et de direction du véhicule.

Avant la loi du 5 juillet 1985, la garantie d'assurance n'était conférée qu'au conducteur ou au gardien « *autorisé* », et une très abondante jurisprudence illustrait les problèmes posés par la distinction des notions de conducteur et de gardien et la détermination de l'« autorisation ». Ces distinctions ont perdu leur importance depuis que la loi du 5 juillet 1985 maintient la garantie de l'assureur même en cas de vol.

2) Le conducteur ou le gardien non autorisé [5]

Depuis l'arrêt *Franck* du 2 décembre 1941, le voleur qui prend « l'usage, la direction et le contrôle » de la chose volée, en assume la garde... non

---

1. **Conducteur ou gardien responsable** : Civ. 2e, 8 juill. 1992, *RCA* 1992, n° 412 et chron. Groutel, n° 34 (dualité de responsables, conducteur et gardien) ; Civ. 2e, 24 juin 1999 et 10 juin 1999, deux espèces, *RCA* 1999, n° 292 (seuls son conducteur ou son gardien peuvent être déclarés responsables d'un accident de la circulation dans lequel est impliqué un VTM) ; Civ. 2e, 10 juin 1999, *RCA* 1999, n° 291 (conducteur victime seul impliqué ; action en réparation contre le gardien).

2. **Immunité personnelle du préposé dans le cadre de la loi Badinter** : Civ. 2e, 28 mai 2009, *RTD civ.* 2009. 541 note P. Jourdain, *D.* 2009. 2667 note N. Pierre. Crim. 27 mai 2014 ; n° 13-80849, *RCA* 2014, comm. n° 255.

3. V. ss 595 s.

4. **Conducteur ou gardien autorisé ; assurés** : A. Besson, « L'autorisation relative à la garde ou à la conduite du véhicule », *RGAT* 1968.5 ; J. Deschamps, « Les notions de gardien autorisé et de conducteur autorisé dans l'assurance automobile obligatoire d'après la loi française », in *Études Besson*, LGDJ, 1976, p. 83.

5. **Conduite non autorisée** : B. Legrand, « Les nouvelles obligations de garanties dues par l'assureur automobile aux victimes d'accidents de la circulation », *RGAT* 1987, p. 9 ; F. Chabas,

autorisée. Jusqu'à la loi Badinter, cette absence d'autorisation excluait le conducteur indélicat de la garantie d'assurance souscrite par le propriétaire du véhicule ; les victimes ne pouvaient être indemnisées que par le Fonds de garantie automobile.

L'article 8 de la loi du 5 juillet 1985 a modifié l'article L. 211-1 C. assur. en ces termes : « Les contrats d'assurance couvrant la responsabilité mentionnée... *doivent également couvrir la responsabilité civile de toute personne ayant la garde ou la conduite, même non autorisée, du véhicule...* ».

Cette disposition n'est cependant pas une faveur accordée au voleur car l'alinéa suivant précise : « L'assureur est subrogé dans les droits que possède le créancier de l'indemnité contre la personne responsable de l'accident lorsque la garde ou la conduite du véhicule a été obtenue contre le gré du propriétaire ».

Il faut souligner que la Directive Communautaire du 30 décembre 1983 prévoit dans son article 2-1, § 1 que l'exclusion de garantie des personnes qui n'ont été ni expressément ni implicitement autorisées à conduire le véhicule doit être inopposable aux victimes. Les dispositions de la loi Badinter sont conformes à ces prescriptions.

B. L'action de la victime contre un responsable non impliqué

700 ***L'application du droit commun aux responsables non impliqués*** ◊ La loi du 5 juillet 1985 manifeste le lien indissoluble entre un régime spécifique de responsabilité applicable aux accidents de la circulation et une assurance automobile obligatoire. Dès lors que le responsable n'est pas « impliqué » par un véhicule terrestre à moteur, donc non assuré de ce chef, il n'est plus responsable en vertu de la loi du 5 juillet 1985, mais selon le droit commun.

701 ***1°) Il existe un véhicule impliqué dans l'accident*** ◊ Un accident de la circulation dans lequel un véhicule est impliqué peut avoir, parmi ses coauteurs, un responsable selon le droit commun : par exemple, un cycliste est d'abord heurté par un piéton distrait et tombe devant une voiture qui l'écrase. Certes la victime (ici le cycliste) a intérêt à agir contre l'automobiliste impliqué et garanti par l'assurance automobile obligatoire.

« L'assureur de responsabilité devenu assureur contre le vol », *Gaz. Pal.* 1987.1, p. 216. – **Jurisprudence** : Civ. 1re, 9 juin 1993, *RCA* 1993, n° 322 et chron. Groutel, n° 31, *Rapport C. cass.*, 1993, p. 335 (recours de l'assureur contre le conducteur ; défaut de permis de conduire inopposable à passager victime ; preuve que la conduite a été obtenue contre la volonté du propriétaire) ; Civ. 1re, 17 nov. 1993, *RCA* 1994, n° 66, *RTD civ.* 1994.115, obs. Jourdain (passager voleur et victime, garantie de l'assureur du véhicule volé) ; Civ. 2e, 9 mars 2000, *RCA* chron. Groutel, n° 13, *RTD civ.* 2000. 590, obs. Jourdain (l'assureur d'un véhicule volé peut exercer un recours contre les parents du mineur qui le conduisait) ; Civ. 2e, 8 février 2011, *D.* 2011. 594 (même solution). V. également, Civ. 2e, 28 mars 2013, n° 12-17548, *RCA* 2013, comm. n° 182 (action possible contre un mineur de 13 ans considéré comme conducteur alors qu'il actionnait la clé de contact pour écouter la radio et blessait sa sœur qui se trouvait devant le véhicule).

Cependant rien ne l'empêche d'agir contre le piéton : l'action de la victime contre ce responsable de droit commun relève alors du seul droit commun des articles 1382 et suivants du Code civil.

• *La situation du conducteur victime d'un responsable non impliqué* [1] : un accident de la circulation peut être causé par la faute d'un piéton, éventuellement d'un enfant traversant en courant une chaussée et causant la chute d'un cyclomotoriste ou l'embardée d'une voiture contre un mur. Dans l'état actuel des textes qui excluent l'indemnisation du conducteur victime, la seule voie juridique qui lui est offerte est cette action de droit commun.

On est donc dans une situation croisée où, quoiqu'il s'agisse d'un accident de la circulation avec implication d'un véhicule terrestre à moteur, le conducteur est tenu d'indemniser le piéton sur la base de la loi de 1985, mais le piéton est responsable envers le conducteur sur la base du droit commun : *l'application de la loi de 1985 est autonome, mais pas exclusive.*

En pratique, cette situation insoluble n'apparaît pas satisfaisante. Elle ne pourra être levée que lorsque la loi sera enfin complétée par un dispositif d'assurance obligatoire garantissant les conducteurs victimes : dès lors la loi de 1985 pourra être à la fois « *autonome* » et « *exclusive* » dans tous les cas où un véhicule terrestre à moteur est « *impliqué* » dans un accident de la circulation.

702 ***2°) Aucun véhicule n'est impliqué dans l'accident*** ◊ L'« *implication* » d'un véhicule terrestre à moteur dans un accident de la circulation est la condition d'application de la loi du 5 juillet 1985 : les collisions entre cyclistes, les accidents entre cyclistes, piétons, patineurs à roulettes, skieurs, etc., sont donc uniquement régis par le droit commun des articles 1382 et suivants du Code civil, avec tous les partages et exonérations de responsabilité classiques.

Cependant les victimes de ces « accidents de la circulation » sans véhicule terrestre à moteur peuvent bénéficier de l'intervention du Fonds de garantie automobile qui est tenu d'indemniser les *dommages corporels « causés accidentellement par des personnes circulant sur le sol dans des lieux ouverts à la circulation publique »*. Il faut seulement souligner qu'ici encore, après avoir indemnisé la victime, le Fonds de garantie dispose d'un recours contre le responsable.

---

1. **Poursuite exercée par un conducteur victime contre un responsable non impliqué : application du droit commun** : Civ. 2e, 4 mars 1992, *RCA* 1992, n° 225, *D.* 1993.396, note Y. Dagorne-Labbé, *JCP* 1992.II.21941, note Dejean De La Bâtie (enfant traversant chaussée au feu rouge ; action de l'automobiliste contre le père de l'enfant pour dommage au véhicule) ; Civ. 2e, 17 févr. 1993, *RCA* 1993, n° 163, *RTD civ.* 1993.596, obs. Jourdain (le conducteur victime peut demander la réparation de son préjudice à un piéton, que celui-ci ait été ou non blessé dans l'accident) ; Civ. 2e, 19 janv. 1994, *RCA* 1994, n° 136, *D.* 1994.574, note Lapoyade Deschamps (le dommage causé par un piéton au conducteur d'un véhicule n'est pas soumis à la loi de 1985) ; Civ. 2e, 6 juill. 1994, *RTD civ.* 1994.876, obs. Jourdain (collision entre mineur cycliste tué dans l'accident et motocycliste blessé ; action selon le droit commun du motocycliste victime contre les parents du mineur cycliste) ; Civ. 2e, 18 mars 1998, *RCA* 1998, n° 191 (indemnisation du conducteur-victime pour dommages causés par cycliste : art. 1384, al. 1 C. civ.) ; Civ. 2e, 4 mars 1999, *RCA* 1999, n° 133 (dommages causés par piéton à conducteur victime, art. 1382 C. civ.). Civ. 2e, 15 mars 2007, *RGDA* 2007, 617 (action d'un conducteur contre un piéton : application des articles 1382 s. C. civ.).

§ 2. Le droit à indemnisation des victimes

703 ***La distinction entre les victimes conductrices et non-conductrices*** ◊ Dans un accident de la circulation, les victimes peuvent être nombreuses et avoir des qualités diverses, mais au regard de la loi du 5 juillet 1985, une distinction essentielle doit être faite entre les victimes non conductrices, très protégées, et les victimes conductrices, très pénalisées.

A. Les victimes non-conductrices

704 ***L'indemnisation intégrale des victimes, tiers non-conducteurs*** ◊ On sait que la responsabilité civile suppose un dommage causé à un « *tiers* » victime ; or l'évolution jurisprudentielle et législative de la dernière décennie a constamment élargi la notion de « tiers » bénéficiaire de l'*indemnisation intégrale* due à la victime d'un accident de la circulation, tandis que la loi du 5 juillet 1985 limitait considérablement les conditions d'exonération du responsable en cas de *faute de la victime.*

1. La détermination des victimes, tiers non-conducteurs [1]

705 Cette détermination concerne non seulement l'application des règles spécifiques de la responsabilité civile, mais surtout le champ d'application des personnes indemnisées par l'assurance automobile obligatoire : les mécanismes de responsabilité civile et d'assurance sont étroitement liés en la matière.

a. Les piétons, cyclistes et rollers [2]

706 Piétons et cyclistes représentent la catégorie des victimes *non usagers d'un véhicule terrestre à moteur*, donc des *tiers* types en matière d'accidents de la circulation.

707 ***1) L'évaluation du nombre de piétons et cyclistes victimes :*** dans les statistiques d'accidents de la circulation pour 2013, les piétons et cyclistes représentent en nombre :

- victimes-tués : 612
- victimes-blessés hospitalisées : 5 543

708 ***2) Le régime juridique de l'indemnisation des piétons et cyclistes :*** dans un système d'indemnisation dont l'élément fondamental est le *lien de causalité*, il convient de s'interroger sur le rôle causal d'un piéton *dans le dommage* qu'il subit en étant renversé par une voiture ; retenir à son encontre une

---

1. **Notion de tiers** : B. Legrand, « La loi Badinter, révolution ou bilan », *RFDC* 1985, p. 395 ; C. Larher-Loyer, « Le sort des victimes d'accidents de la circulation après la loi du 5 juillet 1985 », *D.* 1986. Chron. 205.

2. **Rollers** : M. P. Lavoillotte, « Les risques... juridiques du roller », *JCP* 2000.I.250 ; Y. Le Caë, « Rollers et droits des assurances », *Gaz. Pal.* 27/28 sept. 2000.

quelconque faute n'est pas topique dans un cadre de responsabilité causale : que distrait, il rentre dans un réverbère, un autre piéton, ou une voiture à l'arrêt, il subira au maximum quelque bosse ; qu'il soit accroché par un véhicule en mouvement, et c'est l'accident : la cause du dommage subi par le piéton est donc à l'évidence l'énergie cinétique du véhicule. Le principe de l'*indemnisation intégrale du piéton* et de ses proches victimes par ricochet, même en cas de force majeure, s'oppose aux conditions restrictives de l'indemnisation du conducteur.

709 ***3) La notion de piéton*** [1] doit être précisée, dès lors que la loi impose – conformément aux règles de la responsabilité civile – une sorte de manichéisme entre conducteurs et piétons. En effet tout conducteur est piéton avant de monter dans son véhicule et après en être descendu : la Cour de cassation a précisé cette qualité de « piéton ». Des difficultés particulières peuvent apparaître lorsqu'un conducteur est éjecté de son véhicule, et est percuté par un second. Doit-il alors avoir la qualité de piéton ? La jurisprudence semble distinguer selon les circonstances. Si le conducteur repose immobile sur le sol, même quelques brefs instants, et est ensuite percuté par un second véhicule, la qualité de piéton lui est généralement reconnue, sachant que cette qualité ne peut varier au sein d'un accident, même complexe. Si la personne est en revanche toujours dans, sur ou en contact avec le véhicule, il garde la qualité de conducteur.

b. Les passagers transportés

710 Les passagers sont certes des utilisateurs des véhicules terrestres à moteur, mais ils n'en ont pas la maîtrise assumée par le seul conducteur. Leur rôle passif les met dans la catégorie des « tiers » à protéger.

---

1. **Notion de piéton : tout conducteur descendu de son véhicule est un piéton :** P. Chambon, « Les piétons selon le Code de la route », *D.* 1979, chron. 103 ; R.F. Rastoul, « Le conducteur éjecté est-il un non-conducteur ? », *Gaz. Pal.* 26-27 juill. 2000, p. 7. **Jurisprudence :** Civ. 2e, 4 déc. 1985, *Gaz. Pal.*, 9 juill. 1986, som. 8, obs. F.C. ; Civ. 2e, 12 févr. 1986, *Gaz. Pal.*, 9 juill. 1986. som., p. 8, obs. F.C. ; Crim., 7 oct. 1986 ; Civ. 2e, 28 mai 1986, *JCP* 1986.II.20612, note F. Chabas, Civ., 20 juill. 1987, *D.* 1987.469, *RTD civ.* 1987.772, obs. Huet (motocycliste renversé à terre) ; Civ. 2e, 11 déc. 1991, *RCA* 1992, n° 95 et chron. n° 10 (victime éjectée de son véhicule au moment où elle est heurtée par une deuxième automobile) ; Civ. 2e, 24 mai 1991 et 11 déc. 1991, deux arrêts, *JCP* 1993.II.21987, note Y. Dagorne-Labbé (victime tombée de son cyclomoteur) ; Civ. 2e, 31 mars 1993, *RCA* 1993, n° 233 (décision contestable et ambiguë : concomitance entre chute motocyclette et choc avec véhicule ; qualité de conducteur conservée) ; Civ. 2e, 8 nov. 1993, *RCA* 1994, n° 11 et chron. n° 2 (incident ayant obligé le conducteur à garer son véhicule sur la voie lente d'une autoroute ; motivation inadéquate relevant l'absence de faute) ; Crim., 23 avr. 1992, *RCA* 1992, n° 321 (l'automobiliste poussant son véhicule en panne est un piéton). Civ. 2e, 29 juin 2000, *LPA* 31 oct. 2000. Civ. 2e, 21 déc. 2006, *RCA* 2007, comm. n° 87 (cyclomotoriste éjecté qui n'a pas perdu la qualité de conducteur). V. aussi, RF Rastoul, « Le conducteur éjecté est-il un non conducteur ? », *Gaz. Pal.* 2000, doct. p. 1327. Civ. 2e, 8 oct. 2009, *D.* 2009. 2488 (cyclomotoriste éjecté au sol qui conserve la qualité de conducteur). Civ. 2e, 1 juill. 2010, *JCP* 2011, 435, n° 7 (impossibilité de changer de qualité de conducteur au cours d'un accident complexe). Civ. 2e, 29 mars 2012, *D.* 2012. 2057 (Le cycomotoriste attachant son caque sur sa mobylette est conducteur). Crim. 18 nov. 2014, n° 13-80204, *RCA* 2014, comm. n° 52 (la personne ayant quitté son véhicule après une altercation n'est plus conductrice).

711 ***1) Les passagers, occupants d'un véhicule tiers*** ◊ En cas de collision, les occupants du véhicule adverse (*conducteur et passagers*) sont des tiers.

Les deux conducteurs sont coauteurs responsables *in solidum* des dommages causés à tous les passagers.

Si la cause est demeurée inconnue, chacun des conducteurs répare l'entier dommage de l'autre, et leur contribution à l'indemnisation des passagers s'effectue par moitié. Si la collision est due à leur faute respective, ils contribuent à la réparation des dommages selon le partage de responsabilité qui est effectué.

712 ***2) Les passagers à titre gratuit du véhicule impliqué*** [1] ◊ On sait que, depuis les arrêts rendus par la chambre mixte de la Cour de cassation le 20 décembre 1968, le passager à titre gratuit pouvait invoquer contre le transporteur bénévole une responsabilité sans faute sur la base de l'article 1384, al. 1, C. civ. Désormais c'est au titre de la loi du 5 juillet 1985 que le passager victime dans un véhicule impliqué a *droit à une indemnisation intégrale, comme le piéton.*

La responsabilité du conducteur à l'égard de son passager est garantie dans le cadre de l'assurance automobile obligatoire, qu'il s'agisse d'un deux-roues ou d'une voiture : un décret du 9 juin 1983 avait en effet supprimé l'exclusion des personnes transportées sur un deux-roues, et le décret n° 93-581 du 26 mars 1993 a abrogé l'art. R. 211-10-2° C. assur. qui prévoyait une exclusion de garantie des personnes transportées dans des conditions insuffisantes de sécurité.

713 ***3) Les passagers à titre onéreux*** [2] ◊ La loi Badinter vise toutes les victimes, même celles transportées en vertu d'un contrat ; on rappellera à cette occasion que, depuis un arrêt du 21 novembre 1911, « le contrat de transport comporte pour le transporteur l'obligation de conduire le voyageur sain et sauf à destination », et cette « obligation de sécurité » dégagée à l'encontre des transporteurs par rail est aussi applicable aux transporteurs par route.

Il faut souligner que si le *transporteur professionnel* de personnes est évidemment tenu de souscrire une assurance de responsabilité spécifique, en ce qui concerne le conducteur qui *transporte à titre occasionnel et non professionnel des passagers à titre onéreux*, ou « intéressés au transport », voire participant simplement aux frais du voyage, le décret du 26 mars 1993 a opportunément abrogé l'art. R. 211-10-2° qui autorisait, dans les contrats

1. **Passager à titre gratuit** : Ch. mixte, 20 déc. 1968, 3 arrêts, *D.* 1969.37 ; Y. Lambert-Faivre, « Le transport bénévole », *D.* 1969, chron. 91 et J. Boré, « Les arrêts de la Chambre mixte du 20 décembre 1969 », *JCP* 1969.I.2221 ; Civ. 2e, 16 oct. 1991, *RCA* 1991.419 (loi de 1985 ; principe de l'indemnisation intégrale du passager).

2. **Passager à titre onéreux ; obligation de sécurité du transporteur de personnes** : Civ., 21 nov. 1911, *DP* 1913.1.249, note L. Sarrut, *S.* 1912.1.73, note Ch. Lyon-Caen. **Sur l'indemnisation des victimes d'accidents de transports collectifs**, v. ss 988 s.

d'assurance automobile, l'exclusion de garantie des passagers à titre onéreux. Aujourd'hui tous les passagers à titre gratuit ou à titre onéreux, sont garantis par l'assurance du véhicule.

714 ***4) Le passager, propriétaire du véhicule*** [1] ◊ Le propriétaire d'un véhicule, souscripteur du contrat d'assurance, peut être victime alors qu'il est passager dans son propre véhicule, voire même piéton.

La notion de « tiers » est ici particulièrement ambiguë : il est en effet « partie » au contrat d'assurance automobile en qualité de souscripteur, mais depuis l'arrêt *Tranchant* du 27 novembre 1979, la jurisprudence définit le « tiers » par rapport à la responsabilité encourue du fait de l'accident et non plus par rapport au contrat : il a donc droit à une *indemnisation intégrale de ses dommages corporels, à la condition qu'il puisse agir contre un autre conducteur impliqué dans l'accident.* Si l'accident ne met en cause que son seul véhicule dont il est tout à la fois gardien et conducteur, aucune action en indemnisation n'est donc possible [2].

715 ***5) Les passagers, représentants légaux de la personne morale propriétaire du véhicule*** ◊ Les gérants, présidents-directeurs généraux et administrateurs sont assimilés aux propriétaires du véhicule de la société. Comme eux, ils sont désormais intégralement garantis en qualité de passagers victimes.

716 ***6) Les passagers, membres de la famille du conducteur ou de l'assuré*** [3] ◊ Les proches sont les « passagers » les plus habituels d'un véhicule, et pendant longtemps les conjoints, ascendants et descendants n'ont pas été considérés comme des « tiers », donc exclus de la garantie d'assurance : la déplorable affaire *Charoy* avait montré les conséquences dramatiques d'une telle analyse et une loi du 7 janvier 1981 (art. L. 211-1 al. 5 C. assur.) a heureusement mis fin à cette discrimination devenue intolérable. Aujourd'hui tous les proches du conducteur ou de l'assuré sont *intégralement*

1. **Passager, propriétaire du véhicule ; garantie des dommages corporels :** arrêts Tranchant : Civ. 1re, 27 nov. 1979, *D.* 1980.37, note Y. Lambert-Faivre, *Gaz. Pal.*, 30 mars 1980, note H. Margeat et A. Favre-Rochex, *RGAT* 1980.410, obs. A.B. et sur renvoi, Orléans, 23 avr. 1981, *Gaz. Pal.*, 23 oct. 1981 ; Civ. 1re, 23 nov. 1982, *RGAT* 1984.52 ; Civ. 2e, 3 oct. 1990, *RCA* 1990.411 et chron. n° 27, *RTD civ.* 1991.129, obs. Jourdain (le propriétaire gardien d'un véhicule, passager au moment de l'accident, peut invoquer les dispositions de la loi de 1985 contre le conducteur, même si celui-ci est un proche parent).

2. **Implication d'un seul véhicule : absence d'action du conducteur victime** : H. Groutel, « La loi du 5 juillet 1985 : 20 ans déjà et encore des incertitudes » *RCA* 2005, chron. n° 10. Civ. 2e, 13 juill.2006, *RCA* 2006, chron. n° 12, *RTD civ.* 2006. 780. Civ. 2e, 7 déc. 2006, *RCA* 2007, comm. n° 85. **V.** ss 731.

3. **Passagers, membres de la famille du conducteur ou de l'assuré ; affaire Charoy** : Civ. 2e, 17 nov. 1976, *JCP* 1877.II.8550, concl. Baudoin, *Gaz. Pal.*, 26 juin 1977, note A. Plancqueel, Argus 1977.1337, obs. G. Courtieu, *RGAT* 1977.50, obs. J.-B. (exclusion). – **Indemnisation intégrale :** loi n° 81-5 du 7 janv. 1981, *JO*, 8 janv. 1981 ; commentaires : A. Besson, *RGAT* 1981.5 ; G. Durry, Ass. fr. 1981.276 ; H. Groutel, n° spécial 4 bis 1981, supplément au JCL-*RCA* ; H. Margeat et A. Favre-Rochex, *Gaz. Pal.*, 15 juill. 1981 ; J. Bigot, « Assurance automobile : la garantie obligatoire de la famille transportée ». *JCP* 1981.1.3007.

garantis, ce qui constitue un progrès considérable par rapport aux assurances accidents corporels classiques, dont les montants forfaitaires ou indemnitaires sont souvent limités.

La Directive CEE du 30 décembre 1983 en matière d'assurance automobile impose cette même garantie obligatoire des proches du conducteur dans son article 3, en ces termes : « Les membres de la famille du conducteur ou de toute autre personne dont la responsabilité civile est engagée dans un sinistre… ne peuvent être exclus, en raison de ce lien de parenté, du bénéfice de l'assurance pour leurs dommages corporels ».

717 ***7) Les passagers salariés et préposés des responsables*** [1] ◊ *Sous l'empire de la loi du 5 juillet 1985*, le sort des *accidentés du travail*, victimes d'un accident de la route, demeurait soumis à toutes les restrictions du Code de la sécurité sociale ; la jurisprudence avait déjà limité les conséquences injustes de la loi, et dans son rapport pour l'année 1991 la Cour de cassation en suggérait la réforme. Celle-ci fut opérée par la loi n° 93-121 du 27 janvier 1993 [2] portant diverses mesures d'ordre social comporte un article 15-1 qui a introduit un article L. 455-1-1 dans le Code de la sécurité sociale : depuis le 1er mars 1993, les salariés victimes d'accidents de la circulation ayant le caractère d'accidents du travail et causés par l'employeur ou l'un de ses préposés peuvent désormais obtenir, en sus de la réparation forfaitaire des accidents du travail qui demeure inchangée, une *indemnisation complémentaire* en réparation de l'intégralité de leurs préjudices conformément à la loi du 5 juillet 1985.

2. Les conditions d'indemnisation de la victime non-conducteur fautive

718 Les fautes relevées contre les victimes non-conducteurs sont très variées : il y a les fautes d'imprudence invoquées contre les cyclistes et piétons, même si le « piéton » est un enfant trop jeune pour être conscient du danger, il y a celle des passagers qui ne bouclent pas leur ceinture de sécurité, ou qui prennent place dans une voiture surchargée ou conduite par un conducteur ivre, ou encore qui montent sur un cyclomoteur sans casque, ou sur un porte-bagages non aménagé… Pendant longtemps, la faute de la victime justifiait un partage de responsabilité qui conduisait à une indemnisation partielle, jusqu'à ce que l'arrêt *Desmares* du 21 juillet 1982 n'établisse une exonération totale du présumé responsable de l'article 1384, al. 1 du Code civil qu'en présence d'une faute de la victime constitutive de force majeure.

1. **Salariés accidentés du travail dans un accident de la circulation :** v. ss 486 s. et la jurisprudence citée. Pour une extension de cette solution dans le cas de l'accident régi par le régime de l'entraide agricole : Civ. 2e, 17 nov. 2005, *RTD civ.* 2006. 134, obs. P. Jourdain.

2. **Loi n° 93-121 du 27 janv. 1993**, art. 15-1, *JO*, 30 janv. 1993 ; H. Groutel, « L'accident du travail aux deux visages », *RCA* 1993, chron. n° 10, et « L'exclusion des dommages subis par les salariés de l'assuré », *RCA* 1998, chron. n° 21.

Pour les *dommages corporels - qui, seuls sont visés par cette étude - la loi du 5 juillet 1985 pose aujourd'hui le principe de l'indemnisation intégrale de la victime même fautive*. Mais ce principe est appliqué avec plus ou moins de rigueur en vertu d'une distinction posée par l'article 3 de la loi selon l'âge de la victime, que les projets de réforme envisagent d'ailleurs de supprimer en retenant comme seule cause d'exonération, *pour toutes les victimes*, la seule faute inexcusable, cause exclusive de l'accident [1].

a L'indemnisation des victimes fautives adultes

719 L'article 3, al. 1 de la loi dispose : « Les victimes, hormis les conducteurs de véhicules à moteur, sont indemnisées des dommages résultant des atteintes à leur personne, qu'elles ont subies, sans que puisse leur être opposée leur propre faute, *à l'exception de leur faute inexcusable, si elle a été la cause exclusive de l'accident et des cas où la victime a volontairement recherché le dommage qu'elle a subi* ». Il convient donc de distinguer la recherche volontaire du dommage et la faute inexcusable.

• *La recherche volontaire du dommage* [2] : les cas où « la victime a volontairement recherché le dommage qu'elle a subi » ne posent guère de problème théorique : le suicide ou la tentative de suicide suscite certes des difficultés de preuve de la volonté suicidaire, mais le droit de la responsabilité civile comme le droit des assurances (art. L. 113-1, C. assur.) excluent l'indemnisation et la garantie des dommages que l'on se cause intentionnellement à soi-même.

• *La faute inexcusable, cause unique de l'accident :* ce texte opère un mélange inhabituel entre la gravité de la faute (faute inexcusable) et la causalité (cause unique de l'accident), les deux éléments n'étant pas du tout superposables. Cependant c'est sur la faute inexcusable que l'analyse juridique s'est focalisée.

720 ***1) La notion de faute inexcusable de la victime*** [3] ◊ ***En matière d'accidents de la circulation***, la loi du 5 juillet 1985 inverse curieusement la

---

1. **Projets de réforme simplifiant le régime d'exonération par faute de la victime** : Art. 1385-2 avant-projet Catala, www.justice.gouv.fr. Art. 1386-58 de la Proposition de loi Béteille, Sénat, n° 657. Art. 26 de l'avant-projet Terré.

2. **Faute intentionnelle** : Y. Lambert-Faivre et L. Leveneur, *Droit des assurances*, 13e éd., 2011, n° 383 s., Civ. 2e, 24 juin 1998, *RCA* 1998, n° 309 (juges du fond apprécient souverainement les preuves leur permettant de retenir la faute volontaire de la victime) ; Civ. 2e, 31 mai 2000, *JCP* 2001.II.10577, note C. Butruille-Cardew (appréciation souveraine des Juges du fond, suicide de la victime qui avançait en regardant le véhicule qui venait sur elle ; exclusion de l'indemnisation) ; Crim. 22 mai 2002, *RCA* 2002, n° 259 (un passager-victime laisse conducteur ivre conduire à 170 km/h, en continuant à lui passer bouteille d'alcool fort à boire : la victime « n'a pas recherché le dommage qu'elle a subi »). Civ. 2e, 8 mars 2006, n° 03-17310 (recherche volontaire du dommage retenue contre une victime internée dans un centre psychiatrique, qui s'en est échappée pour tenter de se suicider).

3. **Notion de faute inexcusable** : en accident du travail, v. ss 476 s. – **Doctrine sur la « faute inexcusable, cause exclusive »** : G. Légier, « La faute inexcusable de la victime d'un accident de la circulation régie par la loi du 5 juillet 1985 », *D.* 1986, chron., p. 97 ; D. Landraud, « Remarques sur la faute et l'indemnisation des victimes d'accidents de la circulation »,

finalité de la « faute inexcusable » qui est logiquement de moraliser d'abord le comportement du responsable avant celui de ses victimes. Le régime de la faute inexcusable ne participe pleinement à la prévention que s'il implique le *responsable* dans la réparation : à cet égard on aurait aimé trouver dans la loi des dispositions concernant la *faute inexcusable du conducteur* (conduite en état d'ivresse, excès... excessif de vitesse, etc.) qui auraient permis à l'assureur de responsabilité d'exercer un recours partiel et éventuellement plafonné contre lui, après indemnisation totale de la victime. Or, de faute inexcusable du conducteur, il n'est point question.

L'expression légale « *faute inexcusable, cause unique de l'accident* » marquait cependant la volonté du législateur de n'exclure tout droit à indemnisation de la *victime* que dans des *hypothèses exceptionnelles* où son comportement a véritablement été associal : l'interprétation jurisprudentielle était donc déterminante pour l'application cohérente de la loi.

721 ***2) La définition très restrictive de la Cour de cassation*** [1] ◊ La Cour de cassation a donné une définition très restrictive de la « faute inex-

---

JCP 1982.I.3222 ; C. Mouly, « Faute inexcusable : trois notes en marge d'une interprétation (après Cass., 20 juill. 1987) », *D.* 1987, chron. 234 ; E. Bloch, « La faute inexcusable du piéton », *JCP* 1988.I.3328 ; Bernard Puill, « Gravité ou causalité de la faute de la victime en responsabilité civile », *D.* 1984. Chron. 58. ; J. Rovinski, « La faute inexcusable et exclusive du passager dans la loi du 5 juillet 1985 », *Gaz. Pal.* 12-13 févr. 1999, p. 2.

1. **Faute inexcusable de la victime, cause exclusive de l'accident non retenue ; définition restrictive** : cf. les très nombreuses décisions antérieures à 1995 référencées in Y. Lambert-Faivre et L. Leveneur, *Droit des assurances*, 13e éd. 2011, n° 781 ; Civ. 2e, 20 juill. 1987 (11 arrêts), *Gaz. Pal.* 8 janv. 1988, note F. Chabas ; E. Bloch, « La faute inexcusable du piéton », *JCP* 1988.I.3328 et les 11 arrêts cités à la suite ; Ass. plén., 10 nov. 1995, *Gaz. Pal.*, 7-11 avr. 1996, p. 6, concl. Jéol, *JCP* 1996.II.22564, concl. Jéol, note G. Viney, *RCA* 1995, n° 362, *D.* 1996.633, rapport Chartier, *RTD civ.* 1996.187, obs. Jourdain (piéton en état d'imprégnation alcoolique, de nuit, vêtu de sombre, au milieu de la route pour faire de l'auto-stop) ; Civ. 2e, 20 mars 1996, *RCA* 1996, n° 217 (passager ivre affalé sur le conducteur) ; Civ. 2e, 20 mars 1996, *RCA* 1996, n° 218 (cycliste circulant sur un trottoir, puis sur une piste cyclable à contresens) ; Civ. 2e, 6 nov. 1996, *RCA* 1997, n° 19 (piéton en complet état d'ivresse, accroupi sur la chaussée hors agglomération, de nuit par temps de brouillard) ; Civ. 2e, 19 nov. 1997, *RCA* 1998, n° 87 (victime qui, après avoir enjambé talus et glissière de sécurité, se couche sur l'axe médian de la chaussée) ; Civ. 2e, 28 janv. 1998, *RCA* 1998, n° 155 (traversée de nuit d'une route à quatre voies séparées par des rails de sécurité) ; Civ. 2e, 14 janv. 1999, *RCA* 1999, n° 66, 1re espèce (avenue à six voies traversée en dehors de tout passage protégé, à 20 m de l'entrée d'un tunnel ; mais absence de barrière de sécurité : la victime n'ayant franchi aucune barrière n'a pas commis de faute inexcusable) ; Civ. 2e, 1er avr. 1998, *RCA* 1998, n° 239 (piéton en état d'ivresse, allongé sur la chaussée, de nuit par temps de brouillard) ; Civ. 2e, 20 janv. 2000, *RCA* 2000, n° 117 (victime montée sur la trémie d'une moissonneuse-batteuse) ; Civ. 2e, 11 avr. 2002, *RCA* 2002, n° 228 (présence d'un spectateur sur la piste d'un circuit de karting ; pas faute inexcusable) ; Civ. 2e, 14 nov. 2002, *RCA* 2003, n° 36 (piéton ivre sur la chaussée d'une autoroute) ; Civ. 2e, 3 juill. 2003, *RCA* 2003, chron. Groutel, n° 24 (pas de faute inexcusable de l'animatrice d'un centre de loisirs, grièvement blessée en jouant à monter sur pare-chocs arrière d'un véhicule). Civ. 2e 5 févr. 2004, *Bull. civ.* n° 40 (pas de faute inexcusable d'un piéton qui traverse de nuit un boulevard à quatre voies, dont l'accès était protégé par un grillage). Civ. 2e, 30 juin 2005, *RCA* 2005, comm. n° 287 (pas de faute inexcusable d'un piéton qui marche de nuit sur une route départementale non éclairée). Civ. 2e, 26 mars 2015, n° 14-16141 (absence de faute inexcusable du passager, qui, dans le cadre d'une conduite accompagnée, actionne brutalement le frein à main du véhicule).

cusable de la victime, cause exclusive de l'accident » dans une série de onze arrêts rendus par la deuxième chambre civile le 20 juillet 1987 : « *seule est inexcusable*, au sens de la loi du 5 juillet 1985, la *faute volontaire d'une exceptionnelle gravité, exposant sans raison valable son auteur à un danger dont il aurait dû avoir conscience* ». Cette définition a été réitérée par un arrêt de l'Assemblée plénière du 10 novembre 1995.

Ainsi les *quatre critères* de la faute inexcusable sont : le caractère volontaire de la faute, son exceptionnelle gravité, l'absence de justification et « la conscience du danger qu'aurait dû en avoir son auteur », ce qui suppose une appréciation *in abstracto*, et non *pas in concreto*, de la conscience du danger.

Ces critères se distinguent de ceux de la force majeure dont les caractères d'imprévisibilité et d'irrésistibilité s'apprécient par rapport au *responsable*, et non par rapport à la *victime*.

Cette définition et ces critères sont très semblables à ceux définis par les chambres réunies en 1941 en matière d'accidents du travail : mais tout dépend de l'appréciation concrète qui en est faite : alors qu'en accidents du travail, la faute inexcusable de l'employeur est assez largement retenue pour améliorer l'indemnisation de la victime, en revanche, en accidents de la circulation, la faute inexcusable de la victime qui la priverait de toute indemnisation n'est retenue par la Cour de cassation que dans des cas rarissimes.

La Cour de cassation a cassé tous les arrêts des cours d'appel qui avaient, soit qualifié abusivement une faute d'« inexcusable », soit négligé de vérifier que cette faute était la « cause unique de l'accident ». Les décisions en la matière sont maintenant très nombreuses et constituent une jurisprudence ferme qui a contribué à diminuer le contentieux afférent à cette question.

Parmi les innombrables arrêts publiés, on peut d'abord noter la multitude de ceux qui ne considèrent pas comme une faute inexcusable le comportement certes imprudent, mais néanmoins très banal de la part de tout piéton pressé, étourdi ou indiscipliné qui traverse une rue en courant, ou hors d'un passage protégé, ou en se faufilant entre les voitures, ou en faisant un écart, ou en biaisant un carrefour en diagonale, etc.

D'une indulgence plus significative de la volonté de protection des victimes sont les arrêts qui maintiennent l'indemnisation même en cas de faute grave de piétons ivres ou de cyclistes très désinvoltes à l'égard du Code de la route.

722 ***3) Le caractère exceptionnel de la faute inexcusable, cause exclusive de l'accident*** [1] ◊ Si les juges du fond la retiennent plus souvent,

---

1. **Admission de la faute inexcusable, cause unique de l'accident, jurisprudence depuis 1990 :** Civ. 2e, 7 mars 1990, *RCA* 1990, n° 198 (traversée d'une route à doubles voies séparées par un terre-plein d'arbustes destiné à établir un obstacle pour les piétons) ; Crim., 28 juin 1990, *RCA* 1990, n° 330 (passager d'un fourgon de police se jetant sur la chaussée) ; Civ. 2e, 7 juin 1990, *RCA* 1990, n° 329 (bicyclette en sens interdit sur un boulevard, franchissant un feu rouge, et s'engageant sur une autre voie à contresens) ; Civ. 2e, 13 févr. 1991, *RCA* 1991, n° 137 (piéton traversant une autoroute en franchissant trois glissières de sécurité) ; Civ. 2e, 8 janv. 1992, *RCA* 1992, n° 138,

comme en témoigne le nombre de pourvois en la matière, la Cour de cassation ne la reconnaît que dans des cas tout à fait exceptionnels, notamment pour sanctionner la traversée d'autoroutes ou de voies à circulation rapide auxquelles le piéton n'a pu accéder qu'en franchissant des rambardes qui en interdisaient l'accès, l'ivresse manifeste sur une route, où le fait de se jeter sur le véhicule, ce qui peut s'interpréter comme une tentative de suicide.

Cette jurisprudence restrictive doit d'autant plus être approuvée que la *victime de dommages corporels est alors privée de toute indemnisation*, selon le système du « tout ou rien » adopté par la loi.

b. L'indemnisation des victimes « surprotégées » fautives : enfants, personnes âgées et invalides

723 L'un des objectifs de la loi Badinter a été de protéger le plus efficacement possible, les enfants, personnes âgées et invalides. Mais leur « surprotection » en qualité de « *victimes* », laisse une marge imprévue de vulnérabilité lorsqu'ils sont « *responsables* ».

724 ***1) La garantie totale des enfants, personnes âgées et invalides, victimes*** [1] ◊ Il est exact que l'impulsivité des enfants et la moindre agilité

D. 1992, som., p. 208 (piéton marchant de nuit sur autoroute) ; Civ. 2e, 20 janv. 1993, *RCA* 1993, n° 124 (décision sévère : victime en panne d'essence ayant garé son véhicule sur la bande d'arrêt d'urgence et traversant à pied, de nuit, une autoroute) ; Civ. 2e, 23 juin 1993 et Crim., 12 mai 1993, *RCA* 1993, n° 341 (victimes traversant une voie à grande circulation interdite aux piétons à proximité d'un passage souterrain pour piétons) ; Civ. 2e, 27 oct. 1993, *RCA* 1994, n° 9 (piéton ayant laissé son véhicule sur terre-plein central d'une autoroute et traversant à pied les trois voies) ; Civ. 2e, 19 janv. 1994, *RCA* 1994, n° 140 et obs. Viney, *JCP* 1994.I.3809, n° 22 (passager sautant en marche d'un ensemble routier) ; Civ. 2e, 25 oct. 1995, *RCA* 1996, n° 14 (piéton s'agrippant au toit d'une voiture en mouvement sur une aire de stationnement) ; Civ. 2e, 6 déc. 1995, *RCA* 1996, n° 90 (piéton traversant de nuit une route nationale à deux voies de circulation avec terre-plein central et glissières de sécurité) ; Civ. 2e, 10 déc. 1998, *RCA* 1999, n° 66, 2e espèce (faute inexcusable de la victime en état d'ébriété qui a traversé de nuit un boulevard interdit aux piétons et a enjambé les rails de sécurité avant de surgir brusquement devant le véhicule) ; Civ. 2e, 27 mai 1999, *RCA* 1999, n° 259 (automobiliste en panne, à pied sur la voie la plus rapide d'une autoroute, sans dispositif d'éclairage) ; Civ. 2e, 16 nov. 2000, *RCA* 2001, n° 41 (victime enjambe le parapet d'un pont et chute d'une hauteur de 7 m sur la chaussée ; suicide qualifié « faute inexcusable ») ; Civ. 2e, 5 juin 2003, *RCA* 2003, chron. Groutel, n° 24, *RTD civ.* 2003. 721, obs. Jourdain (exploitant d'une entreprise déplace avec un chariot-élévateur un véhicule stationné devant l'entrée de l'entreprise, blessant le propriétaire qui tentait de s'y opposer ; arrêt atypique qui reconnaît la faute inexcusable... en l'espèce excusable !) ; Civ. 2e, 5 févr. 2004, *RCA* 2004, n° 136 (piéton fuyant une patrouille de police et surgissant de nuit, sur un boulevard à quatre voies de circulation : faute inexcusable, cause exclusive de l'accident). Civ. 2e, 16 déc. 2004, *RCA* 2005, comm. n° 90 (faute inexcusable du piéton qui a enjambé plusieurs barrières de sécurité, avant de sauter sur une voie de grande circulation) ; Civ. 2e, 8 oct. 2009, n° 08-17189 (faute inexcusable du piéton surgissant de nuit de derrière un pilier après avoir franchi des barrières de sécurité). Civ. 2e, 7 oct. 2010, n° 09-15823 (faute inexcusable de la victime qui s'est jétée sur un véhicule circulant en contrebas). Crim. 12 mars 2013, n° 12-82420 (faute inexcusable du passager qui ouvre la porte du véhicule en marche et se place dans une situation dangereuse). Civ. 2e ; 28 mars 2013, n° 12-14522 (faute inexcusable du piéton qui se couche de nuit sur la route, dans un lieu sans éclairage).

1. **Garantie totale des victimes surprotégées :** F. Alt-Maes, « Une résurgence du passé : la présomption d'irresponsabilité de l'art. 3, al. 2 et 3, de la loi du 5 juillet 1985 », *D.* 1990. Chron. 219 ; Ass. plén., 25 oct. 1985, *Gaz. Pal.*, 20 déc. 1985, p. 3 (application aux instances en cours).

des personnes âgées et des invalides les exposent davantage aux accidents de la circulation, ainsi que l'établissent les statistiques.

L'alinéa 2 de l'article 3 n'en est pas moins déconcertant : « Les victimes désignées à l'alinéa précédent, lorsqu'elles sont âgées de moins de seize ans ou de plus de soixante-dix ans, ou lorsque, quel que soit leur âge, elles sont titulaires, au moment de l'accident, d'un titre leur reconnaissant un taux d'incapacité permanente ou d'invalidité au moins égal à 80 %, sont, dans tous les cas, indemnisées des dommages résultant des atteintes à leur personne qu'elles ont subis. »

Cette discrimination des victimes selon leur âge est contestable et un droit en miettes n'est jamais satisfaisant ; l'appréciation *in concreto* de la faute inexcusable eut été un principe aussi protecteur. Notons que la loi réserve toujours l'hypothèse du dommage intentionnel : la victime perd sa surprotection et le responsable est exonéré lorsqu'elle « a volontairement recherché le dommage qu'elle a subi » (art. 3, al. 3).

725 *2) La responsabilité des enfants, personnes âgées et invalides, responsables* ◊

– *La responsabilité de droit commun* [1] : tous les auteurs de dommages, quel que soit leur âge, sont tenus à réparer les dommages causés aux tiers, conformément au droit commun s'ils sont non-conducteurs. Comme, dans un accident, les responsabilités sont souvent croisées, il y a là une véritable lacune de la loi qui, par ces responsabilités réciproques, ressuscite l'indemnisation partielle de l'enfant fautif ; en effet on ampute l'indemnisation de ses propres dommages corporels par la réparation des dommages qu'il a causés au conducteur impliqué et à son véhicule.

On mesure ici la nécessité d'une assurance de responsabilité civile chef de famille qui garantisse correctement la responsabilité de l'enfant lui-même, comme celle de ses parents.

– *La responsabilité encourue en qualité de conducteur* [2] : un enfant peut monter sur un vélo Solex et le faire démarrer, un adolescent peut mettre en marche une voiture, une personne âgée peut régulièrement la conduire. En qualité de « conducteurs », ils sont soumis à l'art. 4 de la loi du 5 juillet 1985 qui diminue leur indemnisation en fonction de leur faute. Quant à l'enfant conducteur qui n'a pas de permis de conduire et cause des dommages à des

---

1. **Responsabilité de droit commun du non-conducteur « surprotégé » :** v. ss 700 s. ; J. Huet, « La situation des victimes surprotégées », in *RTD civ.* 1987.350 ; Nîmes, 9 oct. 1985, *Gaz. Pal.*, 13 déc. 1985 (cycliste de dix ans responsable des dommages causés au véhicule) ; Civ. 2e, 5 févr. 1992, *RCA* 1992, n° 186 ; Civ. 2e, 4 mars 1992, *RCA* 1992, *Gaz. Pal.*, 25 avr. 1993, p. 7, note Chabas (faute de l'enfant traversant chaussée au feu rouge, parents responsables du dommage causé au véhicule) ; Civ. 2e, 8 juill. 1994, *RCA* 1994, n° 364 (cycliste mineur tué dans une collision avec un motocycliste blessé ; recours de celui-ci contre les parents du cycliste tué).

2. **Responsabilité du conducteur surprotégé :** Civ. 2e, 9 juill. 1986, *Gaz. Pal.*, 11 mars 1987, p. 8 (enfant de 5 ans monté sur un vélosolex : partage de responsabilité pour sa propre indemnisation en qualité de « conducteur » !) ; Civ. 2e, 6 mai 1987, *Argus* 1987 (conductrice de plus de 70 ans) ; Civ. 2e, 25 janv. 1989, *Argus* 1989.511 (cyclomotoriste de moins de 16 ans). Civ. 2e, 28 mars 2013, n° 12-17548, préc. (enfant de 13 ans mettant en route le véhicule pour écouter la radio considéré comme conducteur).

tiers, l'exclusion étant inopposable aux victimes, celles-ci seront indemnisées par l'assureur automobile... qui se retournera ensuite contre lui ou ses parents.

C. L'indemnisation des victimes par ricochet en cas de faute

726 Deux situations doivent ici être clairement distinguées, selon que la faute a été commise par la victime directe ou par la victime par ricochet.

727 ***1°) L'opposabilité de la faute de la victime directe à la victime par ricochet*** [1] ◊ Après certaines hésitations doctrinales et jurisprudentielles, un arrêt rendu par l'Assemblée plénière le 19 juin 1981 avait consacré le principe de l'opposabilité à la victime par ricochet des exceptions opposables à la victime directe, en soulignant à juste titre que si l'action de la victime par ricochet « est distincte par son objet de celle que la victime (directe) a pu exercer, elle n'en procède pas moins du même fait originaire considéré dans toutes ses circonstances ». Ce principe général a été confirmé par la loi Badinter du 5 juillet 1985 : « Le préjudice subi par un tiers du fait des dommages causés à la victime directe d'un accident de la circulation est réparé *en tenant compte des limitations ou exclusions applicables à l'indemnisation de ces dommages* ». Il en résulte que :

- si la victime directe a droit à une indemnisation intégrale (adulte non-conducteur n'ayant pas commis de faute inexcusable, victime « surprotégée », conducteur non fautif), ses proches « victimes par ricochet » ont droit à la réparation intégrale de leurs préjudices réfléchis.

- mais si la victime directe peut se voir opposer une limitation (conducteur fautif), ou une exclusion (non-conducteur ayant commis une faute inexcusable, cause unique de l'accident), ces limitations et exclusions sont opposables aux victimes par ricochet pour l'indemnisation de leurs préjudices réfléchis.

728 ***2°) L'incidence de la faute personnelle de la victime par ricochet sur son propre droit à réparation*** [2] ◊

- *La victime par ricochet non-conducteur* : dans l'hypothèse de la faute de surveillance d'un parent dont l'enfant est blessé ou tué par une voiture, la

---

1. **Opposabilité à la victime par ricochet des exceptions opposables à la victime directe** : v. ss 271 ; Ass. plén., 19 juin 1981 (deux arrêts), *Gaz. Pal.*, 26 août 1981, note J. Boré, *RGAT* 1981.388, obs. A.B., *D.* 1981.641, note Larroumet et *D.* 1982, concl. Cabannes, note Chabas, *RTD civ.* 1981.857, obs. Durry, *JCP* 1982.II.19712, rapport Ponsard ; Civ. 2e, 18 janv. 1989, Argus 1989, p. 439 (opposabilité de la faute du conducteur, responsable pour moitié) ; Crim. 11 janv. 1990, *RCA* 1990, n° 112 ; Civ. 2e, 6 déc. 1989, *D.* 1991.295, note Ph. Durnerin, *RGAT* 1990.342 (victime directe, passager, a droit à indemnisation intégrale ; son père conducteur a droit, en qualité de victime par ricochet, à la réparation intégrale de son préjudice moral) ; Civ. 2e, 9 déc. 1992, *JCP* 1993.IV.474 (opposabilité aux proches de la faute du *de cujus*, motocycliste victime fautive exclusive). Crim. 21 sept. 2010, *RCA* 2011, comm. n° 11 (opposabilité à la victime des seules fautes opposables à la victime principale). Civ. 2e, 16 déc. 2010, *RCA* 2011, comm. n° 95 (absence de faute du conducteur ; réparation intégrale du préjudice des victimes par ricochet).

2. **Indemnisation de la victime par ricochet fautive** : Crim., 15 déc. 1987, *JCP* 1988. II.21031, note F. Chabas, *RTD civ.* 1988.783, obs. P. Jourdain ; Civ. 2e, 8 mars 1989, *D.* 1990.245,

jurisprudence n'admet pas le recours en contribution contre le parent coauteur fautif, recours qui diminuerait la réparation intégrale due à la petite victime elle-même. Mais le problème est ici différent, car il s'agit de l'indemnisation du préjudice personnel par ricochet du parent fautif, et non pas du préjudice de l'enfant, victime surprotégée.

– Dans certains arrêts, la Cour de cassation a invoqué l'art. 6, loi 5 juillet 1985 pour déclarer que le dommage de la victime par ricochet fautive devait être réparé intégralement comme celui de la victime directe ; la solution est sans doute exacte, mais le raisonnement faux : le problème n'est plus ici celui de l'opposabilité à la victime par ricochet de la faute de la victime directe, mais tout simplement de l'*incidence de la faute d'une victime non-conducteur sur son propre droit à réparation*. Pour les non-conducteurs, le principe est celui de la réparation intégrale sauf faute inexcusable cause exclusive de l'accident. La faute de surveillance n'étant assurément pas une « faute inexcusable », c'est sur la base de *l'article 3, al. 1 de la loi Badinter*, et non de l'article 6, que la solution doit être fondée.

– *La victime par ricochet conducteur* : lorsque c'est le conducteur fautif impliqué dans un accident de la circulation qui se réclame de sa qualité de victime par ricochet du fait du décès de son conjoint ou de ses enfants passagers tués dans l'accident, la Cour de cassation applique l'art. 4 de la loi Badinter relatif à l'indemnisation du conducteur dont la propre faute limite l'indemnisation puisqu'elle a affirmé dans son arrêt de principe de la chambre mixte du 28 mars 1997, que « chaque conducteur a droit à l'indemnisation des dommages qu'il a subis, directement *ou par ricochet*, sauf s'il a commis une faute ayant contribué à la réalisation de son préjudice ».

B. Les conducteurs victimes

729 ***L'exclusion du conducteur de la garantie légale*** ◊ S'il est la première victime des accidents de la circulation, le conducteur est cependant d'abord perçu par le législateur comme l'*auteur des dommages* : le *responsable*. Or on sait qu'*il n'existe pas de responsabilité juridique envers soi-même*, et dès lors, le statut juridique du conducteur apparaît en marge dans le système légal de responsabilité civile.

– Article 3, loi 5 juillet 1985 : « Les victimes, *hormis les conducteurs* de véhicules terrestres à moteur, sont indemnisées… sans que puisse leur être opposée leur propre faute… »

---

note J.-L. Aubert ; Civ. 2e, 6 déc. 1989, *RCA* 1990, n° 74, obs. Groutel ; Civ. 2e, 11 déc. 1991, *RCA* 1992, n° 94 ; Crim., 15 mars 1995, *RCA* 1995, n° 208 et chron. Peano, n° 26, *RTD civ.* 1995.642, obs. Jourdain (incidence de la faute personnelle du conducteur victime par ricochet sur l'indemnisation de ses propres préjudices réfléchis) ; Civ. 2e, 5 nov. 1998, *RCA* 1999, n° 9 (idem) ; Chbre mixte, 28 mars 1997, *D.* 1997. 294. Civ. 2e, 13 juill. 2000, *RCA* 2000, n° 340 (fils conducteur, ses parents passagers tués dans un accident : le préjudice par ricochet n'est pas exclu de l'indemnisation comme le préjudice direct du conducteur).

- Article 4 : « *La faute commise par le conducteur* du véhicule terrestre à moteur a pour effet de limiter ou d'exclure l'indemnisation des dommages qu'il a subis. »

- Article R. 211-8 C. assur. : « ... l'obligation d'assurance ne s'applique pas à la réparation des *dommages subis par la personne conduisant le véhicule.* »

Ainsi, l'évolution légale de l'indemnisation des accidents de la circulation n'a pas amélioré la situation des conducteurs qui apparaissent comme la catégorie de victimes négligées par la réforme tant sur le terrain de la responsabilité que sur celui de l'assurance.

730 ***La notion de conducteur : qualification*** [1] ◊ Le double principe de l'indemnisation intégrale du piéton et de l'exclusion éventuelle du conducteur fautif donne un intérêt considérable à des situations marginales où un conducteur est descendu de son véhicule. Pour la Cour de cassation, est *conducteur* celui qui, au volant de son véhicule, en a *conservé une certaine maîtrise.* À l'inverse, tout conducteur qui est descendu du véhicule de gré ou de force (par exemple éjecté à la suite d'un choc antérieur) devient piéton, sans qu'il ne puisse changer de qualité au cours d'un même accident, fut-il complexe. L'indemnisation du conducteur se présente fort différemment selon qu'il est seul victime de lui-même, ou victime dans une collision.

731 ***1°) Le conducteur est victime de lui-même*** [2] ◊ Le conducteur est victime de lui-même lorsque, *seul automobiliste impliqué,* il quitte la route et

1. **Qualité de conducteur ; jurisprudence depuis 1995 :** Civ. 2e, 11 janv. 1995, *RCA* 1995, n° 99 (motocycliste éjecté heurtant un second véhicule demeure conducteur) ; Civ. 2e, 6 mars 1996 et 16 avr. 1996, *RCA* 1996, n° 169 (conducteur victime éjecté de son véhicule ; obligation du juge du fonds d'apprécier les circonstances) ; Civ. 2e, 25 juin 1998, *RCA* 1998, n° 306 (concomitance de la chute de la motocyclette et du choc avec camion : victime demeurée conducteur) ; Civ. 2e, 15 avr. 1999, *RCA* 1999, n° 213 (a la qualité de conducteur celui qui est demeuré à l'intérieur de son véhicule qu'il tentait de faire redémarrer au moment de la collision.) ; Civ. 2e, 31 mai 2000, *RCA* 2000, n° 259 (le passager ayant contrôlé la vitesse et la direction du véhicule a pris la qualité de conducteur) ; Civ. 2e, 29 juin 2000, *JCP* 2001.II.10571, note D. Baillœuil, *RCA* 2000, n° 294 (l'élève d'auto-école, qui ne dispose pas des pouvoirs de commandement du véhicule, ne peut être considéré comme co-conducteur) ; Civ. 2e, 5 juin 2003, *RCA* 2003, n° 260 (conducteur éjecté, sa chute faisant partie du processus de l'accident : n'a pas perdu sa qualité de conducteur) ; Crim. 9 mars 2004, *D.* 2004 IR 1645 (le motocycliste tombé sur la chaussée et heurté par une voiture n'est plus un conducteur). Civ. 2e, 21 déc. 2006, *RCA* 2007, comm. n° 87 (cyclomotoriste éjecté qui n'a pas perdu la qualité de conducteur). Civ. 2e, 8 oct. 2009, *D.* 2009. 2488 (cyclomotoriste éjecté au sol qui conserve la qualité de conducteur). Civ. 2e, 1er juillet 2010, *RTD civ.* 2010. 792 (La qualité de conducteur ne peut varier au sein d'un même accident, même complexe). V. aussi, RF Rastoul, « Le conducteur éjecté est-il un non conducteur ? », *Gaz. Pal.* 2000, doct. p. 1327. Sur le conducteur devenu piéton, v. ss 709. Civ. 2e, 29 mars 2012, *D.* 2012. 2057 (Le cycomotoriste attachant son caque sur sa mobylette est conducteur). Crim. 18 nov. 2014, n° 13-80204, *RCA* 2014, comm. n° 52 (la personne ayant quitté son véhicule après une altercation n'est plus conductrice).

2. **Conducteur seul impliqué :** sur l'implication, v. ss 694, sur le gardien responsable assuré, v. ss 698 s. ; Civ. 2e, 19 janv. 1994, *RCA* 1994, n° 84 et chron. Groutel, n° 7, « Le conducteur victime et l'implication du véhicule », *RTD civ.* 1994.625, obs. Jourdain, « Véhicule du conducteur seul impliqué » (sauf faute prouvée contre le propriétaire ou le gardien, le

se blesse, ou se tue dans un accident. Certes il est bien « impliqué dans un accident de la circulation », mais la confusion des qualités de responsable et de victime fait obstacle à l'application classique des règles de réparation en droit commun, sauf s'il peut mettre en jeu la responsabilité du gardien.

Quoique la loi de 1985 soit une loi relative à l'indemnisation des *victimes* d'accidents de la circulation, dont les conducteurs sont les premières, l'art. R. 211-8 C. assur. dispose : « l'obligation d'assurance ne s'applique pas à la réparation des dommages subis par la personne conduisant le véhicule » ; une obligation d'assurance personnelle à caractère indemnitaire est aujourd'hui souhaitée par la doctrine unanime qui réclame une nécessaire réforme législative.

732 ***2°) Le conducteur est victime dans une collision*** ◊ Lorsque le conducteur est victime d'une collision, le problème juridique est différent car l'accident a *deux coauteurs impliqués*. Dès lors pour les *dommages subis par les conducteurs eux-mêmes*, trois situations peuvent se présenter.

733 ***a) La cause de la collision est inconnue*** ◊ Dans ce cas, il y a *indemnisation réciproque intégrale*, sur la base de l'*application exclusive* de la *loi du 5 juillet 1985* édictée pour les véhicules impliqués.

Le principe législatif de l'indemnisation intégrale des victimes d'accidents de la circulation conduit ici aux mêmes conséquences pratiques que l'application réciproque de l'article 1384, al. 1 C. civ. évoquée naguère en cas de collision de cause inconnue.

734 ***b) La cause de la collision est connue, mais le conducteur victime n'est pas fautif***[1] ◊ Le conducteur adverse est toujours tenu à réparation ; en effet il ne saurait désormais s'exonérer en prétendant que

---

conducteur victime d'un accident où son véhicule est seul impliqué ne peut se prévaloir de la loi du 5 juillet 1985) ; Crim. 29 juin 1999, *RCA* chron. Groutel n° 27, *JCP* 2000.II.10290, note S. Abravanel-Jolly, *RTD civ.* 2000.131, obs. Jourdain (conducteur d'un kart VTM seul impliqué ; loi 1985 non applicable !). H. Groutel, « La loi du 5 juillet 1985 : 20 ans déjà et encore des incertitudes » *RCA* 2005, chron. n° 10. Civ. 2e, 13 juill. 2006, *RCA* 2006, chron. n° 12, *RTD civ.* 2006. 780. Civ. 2e, 7 déc. 2006, *RCA* 2007, comm. n° 85.

1. **Indemnisation intégrale du conducteur victime non fautif** : Civ. 2e, 10 déc. 1986, *D.* 1987 IR 3 (force majeure n'est pas exonératoire) ; Civ. 2e, 3 mars 1993, *RCA* 1993, n° 198 (relaxe au pénal induit l'absence de faute civile) ; Civ. 2e, 17 mars 1993, *RCA* 1993, n° 234 ; Civ. 2e, 24 nov. 1993, *RCA* 1994, n° 53 (maintien du véhicule dans sa voie de circulation ; pas de faute) ; Civ. 2e, 8 nov. 1993, *RCA* 1994, n° 10 ; Civ. 2e, 8 déc. 1993, *RCA* 1994, n° 86 (circonstances indéterminées) ; Civ. 2e, 6 déc. 1995, *RCA* 1996, n° 84 (relaxe pénale au bénéfice du doute ; absence de faute civile) ; Civ. 2e, 12 juin 1996, *RCA* 1996, n° 315 (relaxe ; idem) ; Civ. 2e, 26 juin 1996, *RCA* 1996, n° 317 et chron. n° 35 (motocycliste qui ne pouvait percevoir les signaux d'une ambulance, non fautif : réparation intégrale) ; Civ. 2e, 19 févr. 1997, *RCA* 1997, n° 160 (relaxe au pénal ; indemnisation intégrale) ; Civ. 2e, 8 juill. 1999, *RCA* 1999, n° 324 (cyclomotoriste-victime qui a heurté une camionnette en stationnement ; brouillard intense ; pas de faute) ; Civ. 2e, 1er avr. 1999, *RCA* 1999, n° 211 (cassation de la décision qui a retenu la faute d'un motocycliste, alors que sa chute a été provoquée par une plaque inopinée de gazole sur la chaussée) ; Civ. 2e, 13 déc. 2001, *RCA* 2002, n° 95 (départ du véhicule sur la voie de gauche pour éviter un cyclomotoriste roulant de nuit sans éclairage ; pas de faute du conducteur).

le comportement du véhicule de la victime relevait de « circonstances imprévisibles et irrésistibles » constitutives de force majeure pour le responsable (ex. : perte non fautive du contrôle d'un véhicule dont la direction vient de se rompre), car en vertu de l'art. 2 de la loi de 1985, *« les victimes, y compris les conducteurs, ne peuvent se voir opposer la force majeure »*.

735 *c) Le conducteur victime a commis une faute* ◊

Art. 4, loi 5 juillet 1985 : « La faute commise par le conducteur du véhicule terrestre à moteur a pour effet de limiter ou d'exclure l'indemnisation des dommages qu'il a subis ». La faute du conducteur victime constitue donc une cause d'exonération totale ou partielle du conducteur adverse ; la charge de la preuve de la faute repose sur celui qui l'invoque comme cause d'exonération. Cependant, à la différence du partage de responsabilité classique en proportion des fautes respectives, depuis 1997 la Cour de cassation n'apprécie le droit à indemnisation du conducteur-victime que par rapport à sa propre faute, sans tenir compte du conducteur adverse qui, dans l'esprit de la loi de 1985 est moins « responsable » que « tenu à indemnisation ».

• ***Nécessité d'un rôle causal de la faute du conducteur dans l'accident*** [1] **:** Si la loi du 5 juillet 1985 a retenu le principe d'une exclusion totale ou partielle de responsabilité en cas de faute du conducteur, une question s'est posée pour savoir si cette faute devait nécessairement avoir un rôle causal dans l'accident. La deuxième chambre civile de la Cour de cassation avait en effet développé une jurisprudence particulière, dans l'hypothèse des fautes dites « de comportement » : état d'ébriété, excès de vitesse, absence de port de la ceinture de sécurité, par exemple. La deuxième chambre considérait en effet, dans une telle hypothèse, que la faute du conducteur présentant un rapport, non nécessairement avec l'accident, mais avec le dommage, son effet exonératoire devait quand même être retenu [2]. Elle consacrait ainsi une sorte de théorie de la déchéance, le conducteur étant en effet sanctionné pour son comportement fautif, même s'il n'était pas la cause directe de l'accident. Cette position a été censurée par deux arrêts de l'Assemblée plénière de la Cour de cassation du 6 avril 2007, qui rappellent *la nécessité pour les juges du fond d'établir le rôle causal de la faute du conducteur*. Ainsi si un conducteur est en état d'ébriété, ou coupable d'un excès de vitesse, mais que cet élément est indifférent à la survenance de l'accident, cette faute ne peut désormais lui être opposée.

1) Indemnisation limitée du conducteur victime en cas de fautes réciproques [3]

Le partage de responsabilité au *prorata* des fautes de chacun des conducteurs était classique en droit commun ; désormais ce n'est plus le droit

---

1. **Nécessité du rôle causal de la faute du conducteur dans l'accident :** Ass. plén. 6 avr. 2007, *D.* 2007. 1839, note H. Groutel et 2906, note Ph. Brun ; *RTD civ.* 2007. 789, obs. P. Jourdain.

2. **Prise en compte du rôle causal de la faute du conducteur dans le dommage :** Civ. 2e, 4 juill. 2002, *D.* 2003. 859, note H. Groutel ; 10 mars 2004, *Bull. civ.* n° 96., 13 oct. 2005, *D.* 2006. 425, note E. Cornut.

3. **Fautes réciproques ; indemnisation limitée du conducteur victime :** Civ. 2e, 28 janv. 1987 et 4 févr. 1987 (4 arrêts), *D.* 1987.II.187, note H. Groutel ; Civ. 1re, 8 mars 1989, *RGAT*

commun, mais la loi du 5 juillet 1985, exclusivement applicable aux actions intentées contre les conducteurs impliqués, qui doit être invoquée : l'indemnisation du conducteur fautif est « limitée » ou « exclue » en fonction de la gravité de sa propre faute.

Précisons que « *faute du conducteur victime* » obéit au même régime juridique de l'article 4 de la loi du 5 juillet 1985, *quel que soit le type de véhicule* conduit ; cyclomoteurs contre camions, pot de terre contre pot de fer : leurs conducteurs sont indemnisés à la même aune en cas de collision.

2) Indemnisation exclue du conducteur victime fautif

– Avant 1997, l'exclusion d'indemnisation en cas de faute exclusive du conducteur [1] : la Cour de cassation a d'abord aggravé le sort du conducteur victime, en estimant que sa moindre faute devient la cause unique de l'accident, exclusive de toute indemnisation, dès lors que le conducteur adverse n'a pas commis de faute.

– Depuis 1997, l'exclusion d'indemnisation en raison de la gravité de la faute du conducteur [2] : un arrêt de la chambre mixte du 28 mars 1997 a

1990.119 (faute établie, pas d'indemnisation intégrale) ; Civ. 2e, 16 oct. 1991, *RCA* 1991, n° 422 (absence de port du casque, faute limitant l'indemnisation du cyclomotoriste) ; Civ. 2e, 16 oct. 1991, *RCA* 1991, n° 421 (cyclomotoriste circulant en sens interdit ; faute limitant son indemnisation) ; Crim., 17 juin 1992, *RCA* 1992, n° 360 (conducteur victime sur un type de véhicule où le port de la ceinture de sécurité n'est pas obligatoire ; ceinture sécurité non attachée ; faute) ; Crim., 24 juin 1992, *RCA* 1992, n° 416 et chron. Peano, n° 38, *RTD civ.* 1993.142, obs. Jourdain (lorsque deux personnes se sont par leurs fautes conjuguées causé réciproquement des dommages, le partage de responsabilité qui en résulte ne peut être instauré que dans une proportion unique) ; Civ. 2e, 3 févr. 1993, *RCA* 1993, n° 161 (faute du conducteur de motocyclette limitant son indemnisation) ; Civ. 2e, 8 déc. 1993, *RCA* 1994, n° 85 (faute de chacun des conducteurs ; partage par moitié) ; Civ. 2e, 2 nov. 1994, *RCA* 1994, n° 20 (la faute commise par l'un des conducteurs a pour effet de permettre l'indemnisation partielle du dommage subi par l'autre conducteur fautif) ; Civ. 2e, 5 oct. 1994, *RTD civ.* 1995.385 (ceinture de sécurité non attachée ; faute en relation avec le dommage) ; Civ. 2e, 16 nov. 1994, *RTD civ.* 1995.385, obs. Jourdain (excès de vitesse) ; Civ. 2e, 18 déc. 1995, *RCA* 1996, n° 92. Crim. 11 janv. 2011, *RCA* 2011, comm. n° 141.

1. **Avant 1997 : faute exclusive conducteur victime ; indemnisation exclue** : F. Chabas, « La situation faite au conducteur fautif... », *Gaz. Pal.*, 2 févr. 1994, p. 8.

2. **Depuis 1997 : gravité de la faute du conducteur, critère de l'exclusion d'indemnisation** : Ch. mixte, 28 mars 1997, *D.* 1997.294, note Groutel, *RTD civ.* 1997 obs. Jourdain (appréciation souveraine par le juge du fond de la gravité de la faute qui exclut toute indemnisation) ; Civ. 2e, 1er avr. 1999, *RCA* 1999, n° 212 (appréciation souveraine des juges du fond : véhicule qui s'est déporté à gauche sur chaussée mouillée ; pas d'indemnisation) ; Civ. 2e, 5 nov. 1998, *RCA* 1999, n° 9 (la faute commise par le conducteur qui a perdu la maîtrise de son véhicule a pour effet d'exclure l'indemnisation de son préjudice par ricochet, causé par le décès de sa femme, passagère) ; Civ. 2e, 12 oct. 2000, *RCA* 2000, n° 364 (faute de la victime qui pilotait de nuit un cyclomoteur, a heurté une voiture qui a freiné brusquement pour éviter un chien ; faute jugée assez grave pour exclure toute indemnisation) ; Civ. 2e, 15 nov. 2001, *RCA* 2002, n° 59 (passage du conducteur au feu rouge : exclusion d'indemnisation) ; Civ. 2e, 11 juill. 2002 et 4 juill. 2002, *D.* 2003 p. 859 note H. Groutel (deux espèces : vive allure d'un ensemble routier de 70 tonnes à jonction de deux autoroutes, décès du conducteur ; et taux d'alcoolémie supérieur au taux légalement autorisé : indemnisations exclues) ; Civ. 2e, 10 mars 2004, *D.* 2004 IR 1069 (limitation de l'indemnisation du fait de l'état alcoolique du conducteur) ; Civ. 2e, 9 oct. 2003, *Gaz. Pal.* 30 avr.-4 mai 2004 p. 14 note

donné une nouvelle interprétation de la loi : « Attendu que, lorsque plusieurs véhicules sont impliqués dans un accident de la circulation, chaque conducteur a droit à l'indemnisation des dommages qu'il a subis, directement ou par ricochet, sauf s'il a commis une faute ayant contribué à la réalisation de son préjudice ; qu'il appartient alors au juge d'apprécier souverainement si cette faute a pour effet de limiter l'indemnisation ou de l'exclure ».

Désormais, il appartient au juge du fond d'apprécier souverainement si la faute du conducteur est d'une gravité telle qu'elle justifie une exclusion de toute indemnisation, que cette faute soit ou non la cause unique et exclusive de l'accident. L'exclusion totale de toute indemnisation ne tient plus compte des fautes des autres conducteurs. En pratique on constate une appréciation des juges du fond infiniment plus sévère que pour la « faute inexcusable » du piéton, l'indemnisation étant parfois exclue pour des fautes assez courantes (franchissement au feu rouge ; distance de freinage insuffisante avec le véhicule précédent).

3) Indemnisation limitée du conducteur fautif [1]

Depuis 1997, l'existence de fautes réciproques ou d'une faute exclusive n'a plus d'incidence : dans tous les cas le juge du fond détermine souverainement le pourcentage d'indemnisation accordée au conducteur fautif au regard de la seule gravité des fautes qu'il a commises et qui ont joué un rôle causal dans la réalisation de son dommage.

Landel (le juge n'a pas a apprécier si la faute du conducteur victime a été la cause exclusive de l'accident, mais seulement s'il a commis une faute et si cette faute est de nature à limiter ou à exclure son indemnisation). Civ. 2e, 7 oct. et 16 sept. 2010, *RCA* 2010, comm. n° 318 (la Cour d'appel n'a pas à rechercher si la faute du conducteur est la cause exclusive de l'accident). Crim. 18 nov. 2014, n° 13-85391, *RCA* 2015, comm. n° 48 (limitation du droit à indemnisation du conducteur pour une simple faute d'inattention).

1. **Faute causale du conducteur-victime ; indemnisation limitée** : G. Durry, « Statut du conducteur fautif », *Risques* n° 36, déc. 1998, p. 131 ; H. Groutel, « Nouveau régime d'indemnisation du conducteur victime ; les conditions du succès », *RCA* 1998, chron. n° 17 ; J. Mazars, « Le conducteur victime », *RCA* 2012, dossier 17. La jurisprudence est constante depuis Crim. 22 mai 1996, *Bull. crim.* n° 211, *D.* 1997.138, note Chabas, G. Viney, *JCP* 1997.I.4025 *RTD civ.* 1997.153, obs. Jourdain, *RCA* 1977, n° 17 ; H. Groutel, « Le conducteur victime rétabli dans ses droits », *D.* 1997. Chron. 18 (allure excessive d'un motocycliste par temps de pluie privée à concurrence d'un quart de la réparation de son dommage) ; Ch. mixte, 28 mars 1997 *D.* 1997.294, note Groutel, *RCA* 1997, n° 162 et chron. n° 22, *D.* 1997. Somm. 291, obs. Mazeaud, *RTD civ.* 1997.681, obs. Jourdain, *Gaz. Pal.* 9-13 mai 1997, p. 7 et obs. Appietto, p. 3 (un véhicule non identifié ralentit brusquement ; faute de celui qui le suivait de trop près et se déporte à gauche pour l'éviter, mais qui heurte un véhicule qui survenait et dont le conducteur est exempt de faute ; droit à une indemnisation du conducteur fautif blessé et dont le fils a été tué). Pour des illustrations postérieures, v. par exemple : Civ. 2e, 27 janv. 2000, *RCA* 2000, n° 116 (conducteur d'un tricycle à moteur s'engageant sur une autoroute par une voie qui lui était interdite ; collision avec camion ; faute du conducteur victime de nature à limiter ou exclure son droit à indemnisation) Civ. 2e, 4 juill. 2002, *RCA* 2002, n° 330 (taux d'alcoolémie supérieur au taux légal : faute de nature à limiter ou exclure le droit à indemnisation de la victime) Civ. 2e, 1.3 oct. 2005, *JCP* 2006. II. 10004. Crim. 19 oct. 2010, *RCA* 2011, comm. n° 61 (refus de priorité).

• Il reste à souligner que ces dispositions sur la faute du conducteur-victime sont applicables :

- *quel que soit son âge* : (il n'y a pas de « conducteur superprotégé ») ;

- *quel que soit le type de véhicule qu'il conduit* : à cet égard les fautes des cyclomotoristes et des conducteurs de voitures ou de camions relèvent du même régime juridique de l'art. 4 de la loi du 5 juillet 1985 ;

- quelle que soit la nature du dommage invoqué, dommage direct, ou dommage par ricochet.

736 ***Pour une réforme de la loi du 5 juillet 1985 et l'indemnisation des conducteurs victimes*** [1] ◊ Il faut, trente ans après le vote de la loi Badinter, parachever son œuvre en intégrant totalement les conducteurs dans le dispositif d'indemnisation des victimes d'accidents de la circulation, et en supprimant toutes les exclusions légales et réglementaires qui les visent, sens dans lequel s'orientent d'ailleurs unanimement les projets de réforme du droit de la responsabilité civile [2]. Corrélativement il faudrait ajouter à l'art. L. 211-1 C. assur. sur l'obligation d'assurance automobile un dernier alinéa : « Le contrat d'assurance automobile doit obligatoirement comporter la garantie intégrale des dommages corporels subis par le conducteur en avances sur recours. » Cette *garantie intégrale* devrait donc être effectuée en couvrant tous les préjudices économiques et extrapatrimoniaux déterminés en droit du dommage corporel ; elle renverrait en outre à l'art. R. 211-7 C. assur. qui prévoit que *l'assurance automobile doit être souscrite sans limitation de somme en ce qui concerne les dommages corporels*. En revanche les dommages matériels au véhicule doivent demeurer hors du champ de l'assurance obligatoire et leur garantie demeurer facultative comme aujourd'hui. Enfin le caractère indemnitaire ainsi garanti réserve à l'assureur un droit éventuel à subrogation contre le tiers responsable.

SECTION 2. LES GARANTIES D'INDEMNISATION DES VICTIMES D'ACCIDENTS DE LA CIRCULATION

737 L'indemnisation effective des victimes d'accident de la circulation est assurée par la complémentarité de deux mécanismes : d'une part celui de

1. **Réforme de l'indemnisation des conducteurs victimes** : cf. Colloque, Paris, juin 1995, « Dixième anniversaire de la loi Badinter sur la protection des victimes d'accidents de la circulation : bilan et perspectives », n° spécial Responsabilité civile et assurance, éd. Jurisclasseur, avril 1996 ; G. Durry, « Plaidoyer pour une meilleure réparation et prise en charge par l'assurance des dommages corporels du conducteur », *Risques*, n° 38, juin 1999, p. 104 ; G. Durry, « Une révolution réussie : l'avance sur recours », *Risques*, mars 2000 p. 94. Art. 1385 s. avant-projet Catala, www.justice.gouv.fr. Art. 1386-5 de la Proposition de loi Béteille, Sénat, n° 657. Art. 25 s. Avant-projet Terré, *Pour une réforme du droit de la responsabilité civile*, Dalloz, 2011, p. 5. J.-F. Sutter, « La question du conducteur victime vue par les assureurs », *RCA* 2012, dossier, n° 18.

2. V. ss 691.

l'assurance obligatoire (§ 1), et d'autre part celui de *Fonds de garantie* (§ 2) dont le rôle n'a cessé d'être élargi.

§ 1. L'indemnisation des victimes par l'assurance automobile

738 ***La loi du 27 février 1958 et l'assurance automobile obligatoire*** [1] ◊ Depuis le début du siècle, l'évolution du droit de la responsabilité civile s'est accompagnée d'un essor des assurances de responsabilité qui sont apparues comme les meilleures garanties d'indemnisation des victimes ; une loi du 27 février 1958, complétée par un décret d'application du 7 janvier 1959 a institué en France une *obligation d'assurance de responsabilité civile* pour la circulation des véhicules terrestres à moteur, entrée en vigueur le 1er avril 1959 : auparavant si la plupart des automobilistes étaient déjà assurés, il n'en était pas de même des véhicules à moteur à deux roues.

Ultérieurement la *loi du 5 juillet 1985* a souligné la complémentarité du droit de la responsabilité civile et de l'assurance ; les « dispositions relatives au droit à indemnisation » des victimes (art. 2 à 6 de la loi) donnent la substance de la garantie que doit offrir l'assurance automobile pour que l'indemnisation prévue soit effective et accélérée.

739 ***L'accélération du règlement des sinistres*** ◊ Elle constitue toujours un problème mal résolu et toujours mal vécu par les victimes qui doivent parfois attendre des années le règlement définitif de leurs préjudices. À cet égard, des progrès ont cependant été accomplis, notamment avec la transmission directe des procès-verbaux d'accidents de la circulation aux entreprises d'assurances par l'organisme Trans-P. V. (copie doit en être transmise à la victime) et par les dispositions des art. 514 à 526 C. pr. civ. en matière d'exécution provisoire et des art. 809 et 849 C. pr. civ. en matière de provisions.

Cependant plus le dommage corporel est grave, plus la consolidation est lente, plus le règlement est tardif.

Néanmoins la loi Badinter de 1985 a organisé une *procédure d'offre* (un peu modifiée par la loi de sécurité financière de 2003) qui, malgré certaines faiblesses, est apparue comme un modèle puisque le législateur s'en est inspiré dans la loi du 4 mars 2002 sur l'indemnisation des victimes d'accidents médicaux.

740 ***L'offre d'indemnité*** [2] ◊ Les articles 12 à 27 de la loi Badinter comportent un dispositif d'« offre d'indemnité » de l'assureur de responsabilité à la vic-

1. **Assurance automobile obligatoire** : pour une étude complète cf. Y. Lambert-Faivre et L. Leveneur, *Droit des assurances*, Dalloz, 13e éd. 2011, n° 707 à 877 et les nombreuses références citées ; dans ce chapitre nous ne citerons pour l'essentiel que la jurisprudence récente, et ne développerons que les aspects qui intéressent les victimes à indemniser.

2. **L'offre d'indemnité** : B. Legrand, « L'offre obligatoire d'indemnité à la charge de l'assureur du responsable », Colloque d'Aix-en-Provence du 7 juin 1985, Presses Universitaires

time qui était une innovation de portée considérable, d'autant que la victime demeure théoriquement un tiers par rapport au contrat d'assurance et n'a de droit contre l'assureur que par l'action directe. Cependant l'art. L. 211-9 C. assur. qui décrit la procédure d'offre a reçu une nouvelle rédaction par l'art. 83, loi du 1er août 2003 qui a transposé la 4e directive automobile.

Cette procédure spécifique peut être décomposée en huit points.

741 ***1°) L'assureur tenu de présenter une offre*** [1] ◊

a) L'assureur de la responsabilité civile automobile (art. L. 211.9 C. assur.)

La désignation en première ligne de l'assureur automobile *du responsable* conforte l'analyse de la loi comme une loi de *responsabilité civile* et non de garantie directe des victimes.

Il faut noter que seul l'assureur automobile est soumis à cette procédure spécifique : si la victime agit contre un « responsable non impliqué », tenu par les seules règles du droit commun de la responsabilité civile, l'assureur de sa responsabilité civile générale (ex. assurance RC chef de famille) répondra à l'action directe de la victime dans les termes du droit commun.

b) L'assureur « pour le compte de qui il appartiendra »

Lorsque l'assureur désigné invoque une exception de garantie légale ou contractuelle, il doit néanmoins faire une offre pour le compte de qui il appartiendra (art. L. 211-20 C. assur.), ces exceptions ne devant point retarder l'indemnisation des victimes.

c) L'assureur « mandaté » par une Convention professionnelle

Il existe de multiples Conventions professionnelles entre assureurs, rendues nécessaires pour le traitement rapide de dossiers de masse, notamment en matière de dommages aux biens. En principe ces conventions professionnelles, inopposables aux tiers (responsables-assurés ou victimes) ne concernent que le droit des assurances, mais point le droit du dommage corporel.

La réalité est cependant beaucoup moins nette, car par ces conventions les assureurs aménagent le droit et prévoient des forfaits ou des limitations dans le règlement transactionnel des sinistres sans que les victimes

---

d'Aix-Marseille, 1985 ; A. Favre-Rochex, « L'assureur et la loi du 5 juill. 1985 sur l'indemnisation des victimes d'accidents de la circulation », *RGAT* 1986.321 ; F. Dreifus-Netter, « La lutte contre l'inertie dans la loi du 5 juill. 1985 », *RGAT* 1986.519 ; A. Favre-Rochex, « Accidents de la circulation ; procédures d'indemnisation », *Gaz. Pal.*, 10 août 1994, p. 22 ; F. Maisonneuve, « La procédure d'offre » in « Dixième anniversaire de la loi Badinter », n° spécial, *RCA*, avr. 1996, p. 37 ; F. Chapuisat et J. Péchinot, « L'assurance automobile » in Lamy-Assurances ; E. Serverin, « L'accident corporel de la circulation entre transactionnel et juridictionnel », CNRS-CERCRID St. Étienne 1997.

1. **Assureur tenu de faire une offre :** Civ. 2e, 15 nov. 2001, *RCA* 2002, n° 58, (victime tierce non tenue par convention professionnelle ; offre d'indemnité peut être proposée par tout assureur d'un VTM impliqué). Civ. 2e, 3 juill. 2014, n° 13-20931, *D.* 2015. 517 (obligation de faire une offre incombant à l'assureur et non à l'assuré, qui ne peut être condamné aux pénalités de retard).

le perçoivent clairement (ex : valeur conventionnelle du « point » d'APIPP, plafonnements de recours transposés à l'indemnisation...).

En matière de dommage corporel, on se contentera de citer ici la « Convention relative aux recours corporels » (Convention CREC) où le « recours » de l'assuré (protection juridique) et le recours de l'assureur interfèrent, et surtout la « Convention d'Indemnisation et de Recours corporel automobile » (Convention IRCA). Celle-ci concerne ouvertement les victimes, puisque c'est une « convention d'indemnisation » qui désigne l'assureur mandaté pour diligenter la procédure d'offre victime par victime, parmi les assureurs de véhicules impliqués ; la convention permet de désigner un seul assureur chef de file ou « meneur de jeu » unique, dès lors que l'accident de la circulation implique au moins deux véhicules terrestres à moteur, voire plusieurs en cas d'accidents en chaîne ou de carambolage.

Ce regroupement de la procédure d'offre aux victimes entre les mains d'un assureur mandaté par les assureurs des responsables, relève d'une bonne gestion du sinistre, mais l'existence de barèmes conventionnels d'assureurs est à souligner. Pour garantir le caractère contradictoire de la procédure et l'équilibre des parties en présence, faute d'un « meneur de jeu » pour toutes les victimes, il est impérativement nécessaire que celles-ci soient assistées et conseillées avec compétence et diligence. En tout état de cause les parties tierces aux conventions professionnelles ne sont pas tenues de s'y soumettre et peuvent toujours se référer à l'offre d'indemnité de tout assureur d'un véhicule terrestre à moteur impliqué dans l'accident (Civ. 2e, 15 nov. 2001).

d) L'État, le Fonds de garantie automobile et les autres débiteurs

Les articles L. 211-21 et 22 C. assur. prévoient que l'État (qui est son propre assureur), les collectivités publiques et autres entreprises et organismes dispensés de l'obligation d'assurance (en vertu de l'art. L. 211-3 C. assur.), et le Fonds de garantie automobile (lorsqu'il n'y a aucun assureur pour le compte de qui il appartiendra : ex. conducteur non assuré ou inconnu) sont également tenus par la procédure d'offre.

742 *2°) Les victimes, créancières de l'offre (art. L. 211-9 C. assur.)* ◊

a) *C'est d'abord « la victime qui a subi une atteinte à sa personne » (un dommage corporel).* Ces victimes de dommages corporels sont donc aussi bien les « tiers », que les « conducteurs » entrés en collision, dont le partage de responsabilité en fonction des fautes complique les données du problème ;

b) En cas de décès de la victime, la nouvelle rédaction de la loi du 1er août 2003 désigne *« les héritiers »* et s'il y a lieu le *« conjoint »*. Le silence sur les *« victimes par ricochet »* pose problème dans l'application de la loi ;

c) *les tiers payeurs* sont visés également aux articles L. 211-11 et 12 C. assur. pour le montant de leur recours subrogatoire.

La loi exclut les victimes « à qui l'accident n'a occasionné que des dommages aux biens ». Les dommages matériels sont d'ailleurs réglés rapidement dans le cadre des Conventions de règlement direct (IDA).

743 *3°) L'information réciproque de l'assureur, de la victime et des tiers payeurs* ◊

a) L'information de l'assureur par la victime. L'assureur ne peut faire une offre d'indemnité convenable que s'il est correctement informé. Aussi les articles R. 211-37 s. et A. 211-11 C. assur. énumèrent-ils les renseignements que la victime directe, ses héritiers, ou les victimes par ricochet sont tenus de fournir : nom et prénoms, date et lieu de naissance, activité professionnelle et adresse de l'employeur, montant des revenus professionnels avec leurs justificatifs, description des dommages corporels avec certificat médical, description des dommages aux biens, identité des personnes à charge au jour de l'accident, immatriculation de Sécurité sociale et désignation de la caisse compétente, liste des tiers payeurs, adresse où la correspondance doit être adressée…

b) L'information de la victime par l'assureur. L'article R. 211-39 C. assur. prévoit que la correspondance de l'assureur doit être accompagnée « d'une notice relative à l'indemnisation des victimes d'accidents de la circulation dont le modèle est fixé par arrêté… »

C'est l'art. A. 211-11 C. assur. qui comporte en annexe le texte de cette notice. Elle doit être présentée par l'assureur de manière claire et lisible ; elle est de nature à apporter une aide réelle et précieuse aux victimes d'un accident de la circulation.

c) L'information de l'assureur par les tiers payeurs [1]. Les prestations *indemnitaires* directement versées par les *« tiers payeurs »* aux victimes constituent un élément de calcul des dommages subis par la victime et qui doivent en définitive être supportés par le responsable.

L'assureur du responsable doit donc recevoir une information sur le montant de ces prestations indemnitaires, d'une part, comme élément de calcul des préjudices qui sont à sa charge (*ex.* : montant des frais médicaux et d'hospitalisation), et d'autre part, pour *imputer le montant des prestations indemnitaires directement reçues par la victime en déduction de l'offre* qu'il doit lui faire.

Pour permettre l'intégration des prestations indemnitaires dans le calcul des préjudices et dépenses afférentes à l'accident et leur imputation sur l'offre faite à la victime, les articles L. 211-11 et L. 211-12 C. assur. prévoient les modalités et les délais de la production des créances des tiers payeurs qui disposent de *quatre mois* à compter de la demande de l'assureur, sous peine de la *déchéance* de leurs droits [2].

– L'article R. 211-41 C. assur. précise le contenu de la *demande de l'assureur à l'égard des tiers payeurs* en vue de la production de ses créances : toutes les informations utiles sur la victime elle-même, et le rappel explicite des articles L. 211-11 et L. 211-12 C. assur.

---

1. **Recours subrogatoire des tiers payeurs et imputation des prestations indemnitaires**, v. ss 325 s.

2. **Conditions de la déchéance des tiers payeurs :** H. Groutel, « Conditions de la déchéance des tiers payeurs (loi du 5 juillet 1985) » *RCA* 2006, chron. n° 7. Civ. 2e, 8 mars 2006, *Bull. civ.* n° 63 et 64 : l'invocation par l'assureur de la déchéance des tiers payeurs n'ayant pas respecté la production de leurs créances dans les délais légaux est subordonnée au respect par l'assureur des modalités légales de la procédure d'offre.

– L'article R. 211-42 C. assur. concerne la *réponse du tiers payeur à l'assureur* : pour chaque somme dont il demande le remboursement, il doit indiquer la disposition législative, réglementaire ou conventionnelle en vertu de laquelle cette somme est due à la victime, et si les créances réclamées ont un caractère prévisionnel ou définitif.

En pratique le jeu du « Protocole assureur-Sécurité sociale » a remplacé ces décomptes réels par des évaluations forfaitaires dans les relations assureur-Sécurité sociale ; mais ces décomptes sont bel et bien imputés sur l'indemnité versée à la victime, dont nous avons déjà étudié la situation fragile de la victime entre les deux puissances constituées d'une part par les organismes sociaux, d'autre part les assureurs de responsabilité.

744 4°) *L'examen médical préalable à l'offre* [1] ◊

a) Les modalités de l'examen médical. Les articles R. 211-43 et R. 211-44 C. assur. prévoient les modalités de l'*examen médical* pratiqué à la demande de l'assureur généralement par l'un de ses *médecins-conseils* : la victime doit être avisée quinze jours au moins à l'avance de l'identité et des titres du médecin choisi par l'assureur, de la date et du lieu de l'examen ainsi que du nom de l'assureur pour le compte duquel il est fait. Il informe en même temps la victime qu'elle peut se faire assister d'un médecin de son choix. On a vu que l'art. R. 211-34 C. assur. prévoit la désignation d'un médecin à titre d'expert par le juge des référés lorsque la victime récuse le médecin choisi par l'assureur.

Dans le cadre de la Convention IRCA, c'est l'assureur mandaté qui diligente l'examen médical et en désigne le médecin : l'avis médical est transmis à l'assureur qui doit faire une offre d'indemnisation à la victime.

b) La transmission du rapport médical. L'article R. 211-44 C. assur. impose la transmission du rapport médical dans le délai de vingt jours à l'assureur, *à la victime*, ce qui est essentiel, et le cas échéant, au médecin qui a assisté celle-ci. La pratique professionnelle qui en refuse la transmission à la victime est totalement illicite, car contraire au principe du contradictoire applicable à toute expertise médicale.

La *transmission du rapport intégral à l'assureur* contrevient au principe du secret médical ; seules les conclusions relatives à l'indemnisation devraient être transmises aux services administratifs de l'assureur.

---

1. **Examen médical :** R. Barrot, « L'examen médical préalable à l'offre d'indemnité », *Gaz. Pal.*, 27 avr. 1986, p. 2 et « Loi du 5-7-1985 et décret du 6-1-1986, médecin-conseil ou médecin expert ? » : JML 1986, p. 179 ; M. Olivier, « L'examen médical de la loi du 5 juill. 1985 : une expertise innommée ? », *Gaz. Pal.*, 1er mai 1987, p. 2 ; M. Olivier, « L'assistance technique en matière d'instruction », *Gaz. Pal.*, 23 janv. 1987, p. 4 ; P. Boulé et C. Rousseau, « La collaboration entre l'assureur et son médecin-conseil dans le règlement amiable des sinistres corporels graves », *RFDC* 1985, p. 381 ; J. Apelbaum, « Rôle du médecin-conseil assistant les victimes d'accidents au regard de la loi du 5 juill. 1985, importance de la notion "consolidation" », *Gaz. Pal.*, 25 oct. 1985, p. 7 ; J. Péchinot, « La Convention IRCA et les médecins experts », *RFDC* 20002.2 p. 149 ; A. Papelard, « Le rapport médical dans le cadre de la loi Badinter et de la mission-type » 1994 ; *RFDC* 2001.2 p. 103. – **Expertise médicale**, v. ss 61 s.

Il faut enfin souligner l'importance procédurale de la *consolidation*, notion médicale qui sert de point de départ aux délais légaux d'offre d'indemnité.

745 ***5°) Le délai de l'offre et la sanction du retard*** ◊

Toute la procédure organisée par la loi tend à une indemnisation rapide des victimes. Aussi le respect de délais rigoureux est-il essentiel.

a) Les délais impartis à l'assureur pour faire une offre [1] **:**

– *Aux victimes directes d'un dommage corporel*, le délai d'offre est de *huit mois à compter de l'accident* ou de *trois mois à compter de la demande d'indemnisation*, si la victime en présente une, à la condition que la responsabilité ne soit pas contestée et que le dommage ait été entièrement quantifié (art. L. 211-9 C. assur).

Cette offre peut avoir un caractère provisionnel lorsque l'assureur n'a pas été informé de la consolidation de l'état de la victime dans les trois mois de l'accident.

L'offre définitive d'indemnisation doit alors être faite dans un délai de cinq mois suivant la date à laquelle l'assureur a été informé de cette consolidation. On mesure ici toute l'importance du contexte médico-légal des graves incapacités.

– *Aux victimes par ricochet*, le délai d'offre est de huit mois à compter de leur demande d'indemnisation.

– Lorsque le débiteur est le *Fonds de garantie* des assurances obligatoires de dommages le délai d'offre est de huit mois à partir du jour où celui-ci a reçu les éléments justifiant son intervention (art. L. 211-22 C. assur.).

b) Les suspensions et prorogations de délais. Pour éviter l'application de sanctions injustifiées du fait du dépassement du délai d'offre d'indemnité, il

1. **Délai de l'offre :** H. Groutel, « À propos de l'offre d'indemnité... », *RCA* 1999 chron. n° 15 ; H. Groutel, « La procédure de l'offre sur tous les fronts » *RCA* 2003, n° 26 ; Crim. 28 nov. 1991, *RCA* 1992, n° 18 et chron. n° 3 (absence d'offre de l'assureur qui ne se croit pas tenu ; sanction applicable) ; Crim., 16 janv. 1992, *RCA* 1992, n° 417 et chron. Groutel, n° 35 (obligation de faire une offre, malgré l'instance engagée entre victime et responsable) ; Civ. 1re, 20 janv. 1993, *RCA* 1993, n° 125 (idem) ; Crim., 29 mars 1995, *RCA* 1995, n° 234 (instance engagée par la victime ; assureur non dispensé de faire une offre) ; Civ. 2e, 28 juin 1995 (offre tardive ; pas de remise totale de la pénalité) ; Civ. 2e, 28 févr. 1996, *RCA* 1996, nos 163 et 172 et chron. Groutel, n° 21 (absence d'offre de l'assureur qui avait estimé ne rien devoir à la victime ; sanction). Civ. 2e, 9 oct. 1996, *RCA* 1997, n° 20 (la durée des intérêts légaux doublés prend fin au jour de l'offre ; même tardive) ; Civ. 2e, 11 févr. 1999, *RCA* 1999, n° 135 (*idem*) ; Crim. 17 déc. 1997, *RCA* 1998, n° 241 (une proposition de caractère occulte, tel un échange de courriers confidentiels entre avocats, ne constitue pas une offre régulière) ; Crim. 29 févr. 2000, *Bull. crim.* 2000, n° 2-87, p. 256 (l'offre d'indemnisation définitive doit être faite à la victime, non à un avocat dont il n'est pas établi qu'il représente la victime dans la procédure). Civ. 2e, 24 févr. *RCA* 2000, n° 153 (il appartient à l'assureur tenu de faire une offre, d'en apporter la preuve). Civ. 2e, 20 oct. 2005, *RCA* 2006, comm. n° 18 ; 1 déc. 2005, *RGDA* 2006. 119. Civ. 2e, 25 janv. 2007, *RCA* 2007, comm. n° 115 (validité de l'offre faite en cours d'instance par voie de conclusions : jurisprudence constante). Crim. 16 mai 2006, *RGDA* 2006, p. 675 (l'offre faite aux héritiers doit l'être dans le même délai que l'offre faite à la victime). Civ. 2e, 25 févr. 2010, *D.* 2010. 708 (même solution). Crim. 21 sept. 2010, *RCA* 2011, comm. n° 12 (l'absence de consolidation de la victime ne dispense pas la compagnie d'assurance de faire une offre provisionnelle à la victime).

était nécessaire d'organiser des suspensions ou prorogations de délai lorsque l'assureur n'est pas en mesure, sans qu'il y ait de sa faute, de présenter son offre dans les délais prévus : c'est l'objet des articles R. 211-29 à R. 211-36 C. assur.

1) Connaissance de l'accident : lorsque l'assureur n'a pas été informé de la survenance de l'accident dans le délai d'un mois, l'art. R. 211-29 C. assur. prévoit la *suspension du délai* jusqu'à réception de cet avis.

2) Décès de la victime plus d'un mois après le jour de l'accident : *prorogation du délai* d'offre du temps écoulé entre la date de l'accident et le jour du décès diminué d'un mois (art. R. 211-30).

3) Connaissance de la situation de la victime : en cas de réponses incomplètes ou de défaut de réponse de la victime aux demandes qui lui sont faites, il y a *suspension du délai* d'offre jusqu'à réception de la réponse contenant les renseignements demandés (art. R. 211-31-32 et 33 C. assur.) [1].

4) Examen médical : lorsque la victime ne se soumet pas à l'examen médical, ou conteste le choix du médecin par l'assureur, la désignation d'un médecin expert par le juge des référés entraîne la *prorogation d'un mois* du délai d'offre (art. R. 211-34 C. assur.).

5) Victime domiciliée à l'étranger ou Outre-Mer : les délais sont prorogés d'un mois (art. R. 211-35 C. assur.).

La computation de ces délais est effectuée conformément aux articles 641 et 642 du nouveau Code de procédure civile.

c) La sanction du retard [2]. Elle est prévue par l'article L. 211-13 C. assur. : le montant total de l'indemnité offerte par l'assureur ou allouée

---

1. **Suspension du délai en cas de carence de l'assuré dans la production des documents** : Civ. 2e, 28 juin 2012, n° 11-12139, *RCA* 2012, 302.

2. **Sanction du retard, calcul de la pénalité** ; intérêt légal pour 2011 : 0,38 % ; Civ. 2e, 28 janv. 1999, *RCA* 1999, n° 134 (le doublement du taux d'intérêt légal s'applique à la rente et non au capital qui sert de base à son calcul) ; Civ. 2e, 10 juin 1999. *RCA* 1999, n° 325 (la majoration des intérêts doit porter sur la totalité des indemnités allouées par le tribunal, et non pas sur le seul solde restant dû après déduction des provisions déjà versées) Civ. 2e, 5 nov. 1998, *RCA* 1999, n° 10 (circonstances de retard non imputables à l'assureur ; pénalité réduite mais non supprimée) ; Civ. 2e, 20 avr. 2000, *RCA* 2000, n° 228 (assiette de la pénalité : la totalité de l'indemnité accordée à la victime) ; Civ. 2e, 14 déc. 2000, *RCA* 2001, n° 113 (les intérêts ne courent que jusqu'au jour où l'assureur a fait une offre au cours d'instance) ; Civ. 2e, 11 oct. 2001, *RCA*, n° 352 (pénalité ne peut concerner un préjudice de la même victime précédemment jugée) ; Civ. 8 mars 2002 (deux arrêts), *RCA* 2002, n° 229-230 (assiette de la pénalité est la totalité de l'indemnité, et non le seul solde dû après exécution provisoire jugement, la pénalité prend fin le jour où l'assureur fait offre définitive pendant l'instance) ; Civ. 2e, 13 mars 2003, *RCA* 2003, n° 175 (assiette de la pénalité : la totalité de l'indemnité alloué à la victime, avant l'imputation de la créance des organismes sociaux) : jurisprudence constante, pour un récent élargissement à l'offre tardive : Civ. 2e, 25 févr. 2010, *RGDA* 2010, n° 1, 349 ; Civ. 2e, 9 oct. 2003, *D.* 2004 p. 371 note L. Poulet (la sanction légale du doublement des intérêts légaux n'est pas contraire à l'art. 6 par. 1, CEDH sur le procès équitable) ; Crim. 24 juin 2003, *RCA* 2003, n° 265 (le point de départ des intérêts légaux doubles est la demande formulée par voie de conclusions à l'audience du trib. correct. aux débats de laquelle l'assureur était présent) ; Civ. 2e, 19 févr. 2004, *RCA* 2004, n° 135 (offre partielle de l'assureur, la sanction de l'art. L. 211-13 a pour assiette la totalité de l'indemnité allouée à la victime). Civ. 2e, 13 juill. et 5 oct. 2006, *RGDA* 2006, 945 (La pénalité pour absence d'offre a pour assiette la totalité de l'indemnité, avant déduction du recours des tiers payeurs). Civ. 2e, 29 mars 2006, *RGDA* 2007, 432 (la condamnation au doublement des intérêts doit résulter d'une

par le juge à la victime produit intérêt de plein droit au *double du taux de l'intérêt légal* à compter de l'expiration du délai et jusqu'au jour de l'offre ou du jugement devenu définitif. Cette pénalité peut cependant être réduite par le juge en raison de circonstances non imputables à l'assureur.

746 *6°) Le contenu de l'offre et la sanction de l'offre « manifestement insuffisante »* [1] ◊

a) Les éléments de l'offre : l'art. L. 211-9, al. 3 C. assur. prévoit que l'offre doit comprendre « tous les éléments indemnisables du préjudice, y compris les éléments relatifs aux dommages et aux biens lorsqu'ils n'ont pas fait l'objet d'un règlement préalablement », notamment par l'application de la Convention IDA.

Il suffit donc que la victime ait subi un dommage corporel pour que tous les chefs de préjudices indemnisables et non indemnisés soient inclus dans l'offre de transaction.

b) La sanction de l'offre « manifestement insuffisante » est fondamentale dans le dispositif légal afin d'éviter une offre purement formelle et dérisoire qui bafouerait l'esprit de la loi. L'article L. 211-14 C. assur. dispose : « Si le juge qui fixe l'indemnité estime que l'offre proposée par l'assureur était manifestement insuffisante, il condamne d'office l'assureur à verser au Fonds de garantie... une somme au plus égale à 15 pour 100 de l'indemnité allouée, sans préjudice des dommages et intérêts dus de ce fait à la victime ». La publication périodique des indemnités prévue par l'article L. 211-23 C. assur. constitue une référence pour apprécier le caractère « manifestement insuffisant » de l'offre.

747 *7°) L'élaboration de la transaction* [2] ◊

a) *Les préliminaires* en sont évoqués à l'article L. 211-10 C. assur. : à l'occasion de sa première correspondance avec la victime, l'assureur est

---

décision expresse du juge du fond). Crim 19 juin 2007, *RCA* 2007, comm. n° 273 (Indemnisation sous forme de rente : doublement des intérêts sur les seuls arrérages qui auraient dû être perçus à partir de l'expiration du délai de l'offre). Civ. 2ᵉ, 9 déc. 2010, n° 09-72393 (application de l'article L. 211-13 à l'offre manifestement insuffisante). Civ. 2ᵉ, 3 févr. 2011 (QPC), *RCA* 2011, comm. n° 97 (refus de transmettre la QPC relative à la constitutionnalité des sanctions de l'offre tardive). Civ. 2ᵉ, 3 juill. 2014, 13-20931, préc (sanction uniquement applicable à l'égard de l'assureur et non de l'assuré, non tenu de faire une offre d'indemnisation).

1. **Sanctions pour « offre insuffisante »**, TGI Créteil (référés), 15 janv. 1987 et 26 févr. 1987, *Gaz. Pal.*, 31 mai 1987, p. 18 et 19, obs. F. Chabas. Civ. 2ᵉ, 4 mai 2000, *RCA* 2000, n° 229 (le juge peut assimiler à une absence d'offre, une offre manifestement insuffisante) ; Crim. 24 juin 2003, *RCA* 2003, n° 263-264 et chron. Groutel n° 26 (les dom. int. dus à la victime pour insuffisance d'offre ne suppose pas la preuve d'un préjudice spécifique ; le versement fixé à 15 % de l'indemnité dû au Fonds de garantie se situe dans la fourchette légale). Civ. 2ᵉ, 9 déc. 2010, n° 09-72393 (application de l'article L. 211-13 à l'offre manifestement insuffisante).

2. **Transaction :** W. Dross et B. Mallet-Bricout (dir.), « La transaction, Propositions en vue de la réforme du Titre XV - Livre troisième du Code civil «Des transactions» », La Documentation française 2014, et spéc. S. Porchy-Simon, « La transaction et la réparation du dommage corporel : la question de la qualification des accords de règlement amiable ». J.-P. Chauchard, « La transaction dans l'indemnisation du préjudice corporel », *RTD civ.* 1989. 1. L. Poulet,

tenu, *à peine de nullité relative* de la transaction qui pourrait intervenir, d'informer la victime qu'elle peut obtenir sur simple demande la copie du procès-verbal d'enquête de police ou de gendarmerie et de lui rappeler qu'elle peut, à son libre choix, se faire assister d'un avocat, et en cas d'examen médical, d'un médecin. En pratique, on ne peut que déplorer que les victimes négligent de se faire assister de ces conseils.

Par leurs conseils, les avocats peuvent utilement guider les démarches de la victime dans cette procédure amiable, mais l'imputation du montant de leurs honoraires dans le coût de l'accident demeure un problème mal réglé.

b) *La protection des mineurs ou majeurs en tutelle* est prévue par l'intervention du Juge des tutelles ou du conseil de famille pour tout projet de transaction les concernant. Toute clause par laquelle le représentant légal se porterait fort de la ratification par l'incapable est nulle (art. L. 211-15 C. assur.).

c) *Un droit de dénonciation de la transaction* est donné à la victime par l'article L. 211-16 C. assur. ; il peut l'exercer par lettre recommandée avec demande d'avis de réception dans les quinze jours de la conclusion de la transaction ; toute clause par laquelle elle abandonnerait ce droit est nulle.

d) *La sanction judiciaire de la transaction jugée inique : la disqualification ?* [1]. Un arrêt de la Cour d'appel d'Aix en Provence du 14 avril 2004 avait sanctionné une transaction jugée inique en la disqualifiant pour « absence de concessions réciproques », et en l'analysant comme un simple règlement contractuel, ouvert à un complément d'indemnisation équitable. Cette position a toutefois été censurée par un arrêt de la Cour de cassation du 16 novembre 2006, considérant, aux termes d'une solution contestable, que l'absence de concessions réciproques ne pouvait permettre de remettre en cause la transaction conclue dans le cadre de la loi Badinter. Dans cet arrêt, la Cour se prononce en faveur de l'autonomie de cette transaction. L'accord de règlement amiable étant en effet qualifié par la loi de transaction, cette qualification s'impose au juge, nonobstant l'existence ou non de concessions réciproques. Le rapport annuel de la Cour de cassation pour 2006, qui analyse cette décision, est ainsi très clair sur les intentions de la Cour. Celui-ci commence en effet par souligner les enjeux pratiques fondamentaux de cette qualification pour l'avenir et le passé des accords de règlement amiable puis

---

« Transaction et protection des parties », LGDJ 2005. « La transaction dans toutes ses dimensions », B. Mallet-Bricout, et C. Nourissat (dir.), Dalloz, thèmes et commentaires, 2006, spéc. p. 111, S. Porchy-Simon, « Transaction et droit de l'indemnisation » ; Civ. 2e, 20 janv. 2010, *RCA* 2010, comm. n° 75 (la qualification de transaction implique que celle-ci ne peut être conclue avec le seul tuteur, mais impose l'accord du conseil de famille). Civ. 2e, 5 mars 2015, n° 14-13441 (nullité de la transaction conclue sans que l'assureur ait préalablement informé la victime de la possibilité de se faire assister par un avocat)

1. – **Disqualification de la transaction inique :** CA Aix en Provence 14 avr. 2004, *Gaz. Pal.* 2004 note. J. Grimaldi : absence de concessions réciproques dans une transaction « loi Badinter », disqualification, requalification en simples règlements provisionnels contractuels. Civ. 2e, 16 nov. 2006, *JCP* 2007, II, 10032, note L. Mayaux (la transaction conclue en application de la loi du 5 juillet 1985 ne peut être remise en cause du fait de l'absence de concessions réciproques). L. Poulet, « Précisions sur l'accord de règlement amiable conclu en matière d'accident de la circulation » *RGDA* 2007 p. 565. H. Groutel, « La procédure d'offre de la loi du 5 juillet 1985 et le droit commun de la transaction » *RCA* 2006, chron. n° 18.

indique que les intentions de la Cour étaient d'affirmer l'impossibilité de remettre en cause l'offre postérieurement à son acceptation. « Sans s'attarder sur l'effectivité des concessions réciproques, la Cour de cassation a ainsi clairement voulu signifier aux victimes d'accidents de la circulation que la loi du 5 juillet 1985, loi « *tendant à l'amélioration de la situation des victimes d'accidents de la circulation et à l'accélération des procédures d'indemnisation* », comme l'énonce son titre, était incompatible avec la remise en cause de l'offre acceptée qualifiée transaction par la loi » [1]. Pour parvenir à un tel but, la qualification de transaction s'imposait, peu important en quelque sorte l'existence des concessions réciproques. Il existe donc des transactions spéciales qui se détachent du droit commun notamment au regard de leurs conditions de formation

748 ***8°) Le délai de paiement de l'indemnité et les sanctions*** ◊

a) En cas de transaction, le paiement des sommes convenues doit intervenir dans le délai d'un mois après l'expiration du délai de dénonciation, soit un mois et demi après sa conclusion. Si ce délai de paiement n'est pas respecté, les sommes non versées produisent de plein droit intérêt au taux légal majoré de moitié durant deux mois, puis, à l'expiration de ces deux mois, au double du taux légal (art. L. 211-17 C. assur.).

b) En cas de condamnation judiciaire exécutoire, même par provision, le taux de l'intérêt légal est majoré de 50 pour 100 à l'expiration d'un délai de deux mois, et il est doublé à l'expiration d'un délai de quatre mois à compter du jour de la décision de justice, lorsque celle-ci est contradictoire, et dans les autres cas, du jour de la notification de la décision (art. L. 211-18 C. assur.).

749 ***Conclusion : un bilan contrasté et contesté*** [2] ◊ Deux objectifs de la loi de 1985 semblent remplis : le pourcentage des transactions s'est accru ; il est de l'ordre de 92 % et les délais de règlement transactionnels sont tombés à une vingtaine de mois en moyenne alors qu'ils sont encore à près de 40 mois pour les décisions judiciaires.

Cependant des critiques de plus en plus vives s'élèvent pour dénoncer le *pouvoir unilatéral pris par les assureurs*, le caractère contradictoire de la

---

1. Rapport annuel de la cour de cassation, www.courdecassation.fr/publications_cour_26/rapport_annuel_36/rapport_2006_2284/quatrieme_partie_jurisprudence_cour_2293/responsabilite_civile_assurances_2309/assurances_2310/accidents_circulation_10043.html

2. **Bilan contesté de la procédure transactionnelle** : M. Quenillet, « L'indemnisation du préjudice corporel : un droit à la dérive ou les effets pervers de huit ans d'application de la loi du 5 juillet 1985 », *JCP* 1994.I.3770 ; M. Quenillet-Bourrié, « L'évaluation monétaire du préjudice corporel… données transactionnelles », *JCP* 1995.I.3818 ; H. Dreyfus, « Réflexions sur l'évolution des techniques d'évaluations du dommage corporel dix ans après la promulgation de la loi Badinter », *Gaz. Pal.*, 20-21 oct. 1995, p. 5 ; F.-P. Robin, « La loi Badinter : une loi dévoyée ? », Victimologie, déc. 1995, p. 25 ; N. Neher-Schraub, « Bilan et perspectives : le point de vue du magistrat » in « Dixième anniversaire de la loi Badinter », n° spécial, *RCA*, avr. 1996, p. 14 ; F. Seuret, « Les victimes de la route mal indemnisées », 60 millions de consommateurs, n° 371, avr. 2003, p. 20. – Sur le contradictoire dans l'expertise médicale, v. ss 96 ; sur les frais et dépens pour les conseils de la victime, v. ss 169 s.

procédure transactionnelle étant devenu un leurre à toutes les étapes : la victime n'est le plus souvent assistée ni par son avocat, ni par son médecin lors de l'examen médical effectué par le seul médecin-conseil de la compagnie d'assurances du responsable, elle conclut la transaction qui lui est proposée sans mandataire dans plus de 40 % des cas, et l'opacité des statistiques d'indemnisation la laisse sans repère objectif et fiable. C'est pourquoi les associations de victimes demandent soit que la victime soit obligatoirement assistée d'un avocat ou d'un conseil dès lors que l'APIPP est supérieure à un certain taux, par exemple 10 % (... mais on ne connaît le taux d'APIPP qu'au moment de la consolidation), soit que la transaction face l'objet d'une homologation judiciaire dès que l'APIPP est supérieure à 10 %... ce qui ne représente que 15 % des blessés avec APIPP en assurance auto.

– Pour notre part, nous avons déjà exposé la nécessité d'une assistance juridique et médicale de la victime dans toute la procédure d'indemnisation, la prise en compte de son coût dans les frais consécutifs à l'accident, et suggéré les voies d'une meilleure transparence de la valeur statistique du point d'APIPP. La proposition de loi visant à améliorer l'indemnisation des victimes de dommages corporels à la suite d'un accident de la circulation, votée par l'Assemblée nationale le 16 février 2010, prévoyait ainsi certaines mesures visant à améliorer la situation des victimes dont notamment une meilleure information de ces dernières dès leur première correspondance avec l'assureur et des conditions de l'examen médical (art. 8). Ces mesures vont dans le bon sens, et on peine à comprendre pourquoi elles n'ont pas été définitivement adoptées alors même que cette proposition avait été votée à l'unanimité en première lecture à l'Assemblée nationale.

§ 2. L'indemnisation des victimes par le Fonds de garantie des assurances obligatoires de dommages (FGAO)

750 ***La création du Fonds de garantie automobile (FGA) en 1951*** [1] ◊ L'obligation d'assurance des responsables d'accidents de la circulation constitue la meilleure garantie d'indemnisation des victimes. Il peut néanmoins arriver qu'un conducteur responsable ne soit *pas assuré*, ou qu'il soit *inconnu* en ayant pris la fuite. Dès lors l'ultime recours des victimes réside dans l'intervention d'un Fonds de garantie spécifique, le Fonds de garantie automobile (FGA), crée en France dès 1951, avant même

1. **Fonds de garantie automobile** : M. Picard, *RGAT* 1951.233 et 1952.105, *D.* 1952, chron. 97 ; A. Besson, *JCP* 1952.I.1027, *JCP* 1954.I.1174 ; Sumien, *Gaz. Pal.*, 1955, Doctr. 12 ; P. Esmein, *D.* 1954, chron. 87 ; Meurisse, *Gaz. Pal.* 1954.I.58, *JCP* 1959.I.527 et 1962.I.726, *RGAT* 1963.441 ; G. Baron, *RTD civ.* 1974. 249 ; J. Lamure, H. Margeat et J. Ripol, « Les accidents de la circulation ; loi du 7 juin 1977 », *RGAT* 1981.169 ; J. Archambaud, « L'indemnisation pour le Fonds de garantie : notion d'implication et principe de subsidiarité », *RGAT*, n° spécial, 1988 sur la loi Badinter, p. 103 ; H. Groutel, « La victime face à l'assureur, au FGA et au Fonds d'indemnisation des victimes d'infractions », in « Dixième anniversaire de la loi Badinter », n° spécial, *RCA*, avr. 1996, p. 46.

que ne soit généralisée l'obligation d'assurance automobile en 1958. Sa compétence a ultérieurement été élargie, notamment par une loi du 7 juin 1977, puis par la loi Badinter du 5 juillet 1985.

751 ***Le « Fonds de garantie des assurances obligatoires de dommages » (FGAO) de 2003*** [1] ◊ La loi sur la sécurité financière du 1er août 2003 a étendu le rôle du Fonds de garantie des accidents de la circulation et de la chasse, pour en faire un Fonds de garantie financière pour les assurances obligatoires de dommages, afin « de protéger les personnes assurées, souscriptrices, adhérentes ou bénéficiaires de prestations de contrats d'assurance dont la souscription est rendue obligatoire par une disparition législative ou réglementaire, contre les conséquences de la défaillance des entreprises d'assurance agréées en France et soumises au contrôle de l'État ». Ceci ne change guère la protection des victimes d'accidents de la circulation qui étaient déjà garanties par le FGAO en cas d'absence de garantie de l'assureur.

A. Les conditions d'indemnisation de la victime

752 Complexes et souvent matière à contentieux, elles doivent être précisées quant aux victimes, aux responsables, aux accidents, et aux dommages.

1. Les conditions quant aux victimes d'accidents de la circulation

753 ***a) Les victimes garanties par le FGAO*** ◊

1) La condition de nationalité : la victime doit justifier qu'elle est française ou ressortissant d'un pays de la CEE, ou qu'elle réside en France, ou que son pays a conclu avec la France un accord de réciprocité (art. R. 421-13-1°, C. assur.).

2) La victime doit être créancière d'une indemnisation car le FGAO n'est qu'un substitut du responsable. La victime doit donc pouvoir invoquer un *« droit à réparation »* dans les termes de la législation française sur la responsabilité civile et établir qu'elle ne peut trouver une indemnisation complète à aucun titre (art. R. 421-13-2°, C. assur.).

754 ***b) Les victimes exclues*** ◊ On sait que dans notre droit *il n'existe pas de responsabilité envers soi-même* : aussi la victime responsable de son propre dommage est-elle exclue du bénéfice du Fonds de garantie (art. R. 421-2, C. assur.). En pratique, trois hypothèses sont visées :

1. **Fonds de garantie des assurances obligatoires de dommages (FGAO)** ; www.fondsdegarantie.fr. v. ss 750 s. ; Ph. Casson, « Les fonds de garantie », LGDJ 1999 ; A. Favre-Rochex et G. Courtieu, « Fonds d'indemnisation et de garantie », LGDJ ; S. Abravanel Joly, « Le Fonds de garantie des accidents de circulation et de chasse, rebaptisé Fonds de garantie des assurances obligatoires de dommages », *RCA* 2004 chron. n° 4.

1) Lorsque le dommage est causé par un véhicule terrestre à moteur impliqué, sont exclus les *dommages causés au conducteur* lui-même, dont la faute contributive a limité ou exclu le droit à réparation.

2) Lorsque le dommage est causé accidentellement *« par des personnes circulant sur le sol dans des lieux ouverts à la circulation publique »*, mais sans implication d'un véhicule terrestre à moteur (piéton renversé par une bicyclette, un cheval, un chien, une planche à roulettes, etc.), sont exclus notamment le propriétaire ou le gardien de l'animal ou de la chose au moment de l'accident ainsi que leurs ascendants, descendants et représentants légaux de la personne morale propriétaire.

3) En cas de vol d'un véhicule impliqué (ou de l'animal ou de la chose, cause de l'accident) sont exclus le voleur, ses complices, et généralement *« toutes les personnes transportées dans le véhicule ou sur l'animal »* si le FGAO peut prouver leur *connaissance du vol*. Cette exclusion a été étendue du FGAO au bénéfice de tout assureur automobile (art. L. 211-1 C. assur.).

2. Les conditions quant au responsable

755 L'intervention du FGAO consiste à prendre en charge les conséquences d'accidents mettant en jeu la responsabilité d'un auteur connu ou inconnu : l'existence d'un *auteur responsable* est donc fondamentale. Quatre situations peuvent se présenter :

756 ***a) Le responsable est inconnu*** [1] ◊ La victime doit alors établir la preuve de la responsabilité de cet inconnu et seuls les dommages corporels sont alors pris en charge par le FGAO L'hypothèse vise notamment le cas du responsable qui a pris la fuite.

757 ***b) Le responsable est connu, mais non assuré*** ◊ La non-assurance par absence de souscription d'un contrat est le cas le plus fréquent de saisine du FGAO, en raison du coût des primes. La création, par le décret du 25 août 1985, d'un certificat d'assurance apposé sur le véhicule a précisément eu pour but de réduire ces cas de non-assurance, mais le rapport annuel du fonds pour 2013 fait malgré tout état d'une augmentation de 28,4 % des hypothèses où il intervient pour défaut d'assurance depuis 2008. Avant la loi du 5 juillet 1985, la victime devait prouver l'insolvabilité du responsable, ce qui allongeait inutilement la procédure. Désormais la victime n'a plus qu'à établir la non-assurance du responsable.

• ***Contrat résilié*** : l'absence d'assurance peut résulter de la résiliation du contrat. Mais il faut rappeler que, en assurance automobile obligatoire, l'assureur ne peut résilier le contrat après sinistre que si celui-ci a été causé par un conducteur en état d'imprégnation alcoolique ou sous l'emprise de stupéfiants, ou si le sinistre a été causé par une infraction au Code de la

1. **Difficultés à prouver l'intervention d'un responsable inconnu** : Civ. 2e, 4 déc. 2008, *RGDA* 2009, n° 1, p. 160.

route entraînant une suspension du permis de conduire d'au moins un mois, ou une décision d'annulation de ce permis (art. A. 211-1-2 C. assur.).

758 ***c) Le responsable est connu, apparemment assuré, mais l'assureur peut invoquer une exception opposable à la victime*** [1] ◊ Le nombre des *exceptions opposables* aux victimes en assurance automobile est limité :

1) la *nullité du contrat*, notamment pour fausses déclarations intentionnelles dans la proposition d'assurance (art. L. 113-8 C. assur.) ;

2) la *suspension du contrat* (ex. : aliénation du véhicule) ;

3) la *suspension de la garantie* pour non-paiement des primes (art. L. 113-3 et R. 211-13-2° C. assur.) ;

4) en revanche *il n'existe plus de limitation de garantie pour les dommages corporels* : l'art. R. 211-7 C. assur. qui autorisait une limitation de garantie de 5 millions de francs par victime de dommage corporel a été modifié par les décrets D. 93-581 du 26 mars 1993 et 2007-1118 du 21 juillet 2007 : dorénavant l'assurance automobile doit être souscrite sans limitation de somme en ce qui concerne les dommages corporels. Seule la garantie des dommages matériels peut être limitée à un million d'euros par véhicule et par sinistre matériel ;

5) quant aux *exclusions de risques*, non seulement elles sont devenues très rares en assurance automobile (art. R. 211-10 C. assur.), mais encore, même autorisées à l'égard de l'assuré lui-même, elles sont généralement inopposables aux victimes depuis le décret du 7 janvier 1986 (art. R. 211-13 C. assur.) : il en est notamment ainsi de l'absence d'un permis de conduire régulier, ou du non-respect des conditions de sécurité ou de la conduite sous l'empire d'un état alcoolique ou pour conduite après usage de substances ou de plantes classées comme stupéfiants (art. L. 211-6 C. assur.).

En ce qui concerne l'adjonction d'une remorque, désormais il n'y a « *non-assurance* » que si le contrat précise les caractéristiques du véhicule, en ce sens (art. R. 211-4 C. assur.). De même, lorsque le véhicule impliqué dans un accident est un véhicule volé, c'est l'assureur du propriétaire du véhicule qui doit indemniser la victime ; il dispose ensuite d'un recours subrogatoire contre « le conducteur ou le gardien non autorisé » (loi du 5 juillet 1985, art. 8). Le Fonds de garantie n'est donc plus engagé dans de telles hypothèses.

6) Enfin la *réduction proportionnelle de prime* pour déclaration irrégulière des risques (par ex. des antécédents), applicable lorsque la mauvaise foi

1. **Assureur invoquant une exception de garantie** : Civ. 1re, 3 janv. 1996, *RCA* 1996, n° 133 (nullité du contrat d'assurance prononcée ; assureur n'est pas tenu de faire une offre pour le compte de qui il appartiendra) ; Civ. 1re, 17 nov. 1998, *RCA* 1999 chron. Groutel n° 2 (inopposabilité des exceptions à la victime et recours de l'assureur) ; Civ. 1re, 21 nov. 2000, *RCA* 2001 chron. Groutel n° 6 (exclusion de garantie pour absence de permis de conduire). Civ. 2e, 7 déc. 2006, *RGDA* 2007, 86 (assureur tentant d'opposer la nullité du contrat pour fausse déclaration sur l'identité du conducteur). Civ. 2e, 7 fév. 2008, *RCA* 2008, comm. n° 117. Crim. 24 juin 2008, *RCA* 2008, comm. n° 308.

n'est pas prouvée (art. L. 113-9 C. assur.), n'est pas opposable aux victimes en accidents de la circulation (art. R. 211-13-3° C. assur.).

759 ***d) L'assureur du responsable est insolvable*** ◊ Il est très rare que l'assureur du responsable soit insolvable, en raison du contrôle de l'État sur la solvabilité des entreprises d'assurances et les procédures d'agrément. La novation du FGA en FGAO conforte cette garantie financière.

3. Les conditions quant aux accidents

760 Il faut envisager ici le lieu et la nature de l'accident.

761 ***a) Le lieu de l'accident et la circulation internationale***[1] ◊ Le Fonds est chargé à titre principal de l'indemnisation des victimes d'accidents causés par les véhicules ayant leur stationnement habituel en France (ou à Monaco) lorsque ces accidents ont lieu en France ou sur le territoire d'un pays de l'espace économique européen[2].

762 ***b) La nature de l'accident*** ◊ La compétence du Fonds est plus large que celle de l'assurance automobile. Non seulement il couvre les accidents de chasse - qui sont hors du sujet de ce chapitre - mais encore il couvre des accidents de la circulation de toutes natures.

1) *L'accident de la circulation impliquant un véhicule terrestre à moteur* : ici le FGAO joue un rôle complémentaire et subsidiaire de celui de l'assureur automobile.

2) *L'accident de la circulation sans implication de véhicule terrestre à moteur*[3] : le champ d'intervention du FGAO avait été étendu par une loi du 7 juin 1977 aux accidents corporels résultant de la circulation sur le sol ; cette extension trop imprécise ayant donné lieu à des demandes d'indemnisations relevant de simples accidents domestiques, la loi du 5 juillet 1985 (art. L. 421-1, al. 3 C. assur.) précise, qu'en l'absence d'un responsable connu et assuré, le Fonds peut être chargé de la réparation des dommages qui *« ont été causés accidentellement par des personnes circulant sur le sol dans des lieux ouverts à la circulation publique »* : cela peut couvrir des accidents très divers causés par des bicyclettes, des patins ou des planches à roulettes, ou plus largement, tout dommage corporel accidentel subi sur la voie publique.

---

1. **Lieu de l'accident ; circulation internationale :** pour de plus amples développements sur les accords interbureaux, cf. Y. Lambert-Faivre et L. Leveneur, *Droit des assurances*, Dalloz, 13e éd., 2011, n° 873 s. et les références citées. – **Sur les accidents de la circulation à l'étranger** relevant du Fonds d'indemnisation des victimes d'infraction, v. ss 1029.

2. **Sur les possibilités d'intervention du FGAO pour un accident à l'international** : www.fondsdegarantie.fr/component/indemnisations/indemnisationsaccinter?Itemid=60

3. **Sur l'intervention du FGAO pour les accidents de voie publique non constitutifs d'un accident de la circulation** : Civ. 2e, 20 mars 2008, *RCA* 2008, comm. n° 164 (personne renversée à l'occasion d'un mouvement de foule devant un stade : FGAO compétent). Civ. 2e, 10 avr. 2008, *RCA* 2008, comm. n° 164 (même solution pour une personne bousculée par un chien divaguant dans la rue). Civ. 2e, 8 janv. 2009, *RGDA* 2009, 1, 162 (idem pour la victime collatérale d'une altercation sur la voie publique).

3) *L'accident de la circulation causé par un animal* [1] :

- *Avant la loi du 1er août 2003*, le FGAO était tenu s'il s'agissait d'un *accident de la circulation* (ce que n'est pas une morsure), causé par animal appartenant à un *tiers* et dans la mesure de sa responsabilité (ex. : chien renversant un piéton ; cheval échappé à son propriétaire causant un accident de voiture), si celui-ci n'était pas assuré ; mais en revanche le FGAO ne pouvait être tenu s'il n'y avait pas d'auteur responsable : c'était le cas de l'accident causé par du gibier sauvage, « *res nullius* » n'appartenant à aucun propriétaire. Cette exception à l'indemnisation d'une victime d'accident de la circulation par un Fonds dit de « garantie » était très critiquée.

- *La loi du 1er août 2003*, modifiée par la loi n° 2007-1774 du 17 décembre 2007 a ajouté l'alinéa suivant à l'art. L. 421-1 C. assur. : « Le fonds de garantie indemnise également, dans les conditions prévues aux 1 et 2 du présent II, les victimes ou les ayants droit des victimes de dommages nés d'un accident de la circulation causé, dans les lieux ouverts à la circulation publique, par une personne circulant sur le sol ou un animal.

Le fonds de garantie indemnise les dommages résultant d'atteintes à la personne : a) Lorsque la personne responsable du dommage est inconnue ou n'est pas assurée ; b) Lorsque l'animal responsable du dommage n'a pas de propriétaire ou que son propriétaire est inconnu ou n'est pas assuré... ».

En revanche, depuis la loi n° 2010-1249 du 22 octobre 2010, les dommages aux biens causés par un animal sauvage ne sont plus indemnisés. Le seul cas d'intervention du FGAO concerne l'hypothèse où le propriétaire responsable de l'animal ayant causé l'accident *n'est pas assuré*.

763 ***c) Le problème de l'accident de la circulation intentionnel*** [2] ◊ Conformément aux règles générales du droit de l'assurance, il faut soigneusement

1. **FGAO ; accident causé par un animal** : Crim., 29 mars 1989, *Gaz. Pal.*, 5 juill. 1989, p. 12, *RCA* 1989, n° 249 (conducteur tué dans une collision avec un cheval échappé dont le propriétaire responsable n'était pas assuré) ; Ch. mixte, 28 mai 1990 (deux arrêts), *RCA* 1990, n° 226 et chron. Groutel, n° 11 (accident causé par un chien) ; Crim., 24 oct. 1991, *RCA* 1991, n° 442 (morsure, FGA pas tenu) ; Civ. 2e, 27 mai 1999, *RCA* 1999, n° 284 (victime renversée par chiens dans l'escalier d'une bibliothèque municipale ; lieu non ouvert à la circulation ; indemnisation non par le FGA mais par CIVI).

2. **FGAO ; accident intentionnel** : Crim., 6 juin 1990, *RCA* 1990, n° 266 et chron. Groutel, n° 15 et n° 17 (garantie non due par le FGA) ; Civ. 1re, 5 juill. 1988, *Bull. civ.* I, n° 219 (FGA non tenu) ; Crim., 23 mai 1991, *RCA* 1991, n° 358 (dommages causés volontairement avec un véhicule, FGA non tenu) ; Crim., 6 févr. 1992, *RCA* 1992, n° 207 et chron. n° 18 (automobiliste fonçant sur un auto-stoppeur pour lui faire peur ; FGA dégagé) ; Civ. 2e, 6 déc. 1991, *RCA* 1992, n° 90 et chron. n° 11 (*idem*) ; Crim., 6 févr. 1992, *RCA* 1992, n° 207 et chron. n° 18, *RTD civ.* 1992.571, obs. Jourdain (fait volontaire assimilé à dommage volontaire ; FGA non tenu) ; Civ. 2e, 2 mars 1994, *RCA* 1994, n° 232 et chron. Groutel, n° 16, *RTD civ.* 1995.132, obs. Jourdain (*idem*) ; Civ., 5 août 1994, chron. Viney, *JCP* 1995.I.3853, n° 27 (exclusion du régime de la loi de 1985 pour l'action intentée par la victime contre le conducteur d'un autre véhicule n'ayant pas participé aux violences) ; Civ. 2e, 25 janv. 1995, *RCA* 1995, n° 207 et chron. n° 24 (passagère blessée par jet volontaire de pierres ; contestation sérieuse devant le juge des référés).
- **Exclusion légale de la faute intentionnelle** : Y. Lambert-Faivre et L. Leveneur, *Droit des assurances*, 13e éd., 2011, n° 383 s.

distinguer l'accident intentionnel du dommage corporel intentionnel ; il arrive cependant que la jurisprudence confonde les deux situations :

1) Il peut y avoir *accident délibéré et intentionnel*, par jeu stupide (jouer aux autos tamponneuses) ou pour tout autre motif exceptionnel (arrêter un voleur) : si le dommage corporel lui-même n'a pas été voulu, il n'y a pas d'exclusion légale par application de l'article L. 113-1 C. assur., sous réserve de l'évolution jurisprudentielle récente dans la définition de la faute dolosive [1] ; le Fonds de garantie, substitut d'un assureur, est alors tenu à garantie comme celui-ci.

2) En revanche s'il y a *volonté de causer un dommage corporel*, il y a alors exclusion légale de garantie pour le Fonds comme pour l'assureur : l'exclusion s'applique aussi bien aux dommages subis par le conducteur suicidaire, qu'à ceux subis par la victime d'une agression volontaire sur la voie publique relevant des articles 221-1 (meurtre) ou 222-7 (coups et blessures volontaires) du Code pénal : dans ces derniers cas, l'indemnisation des victimes relève non pas du Fonds de garantie des assurances de dommages, mais du Fonds de garantie des victimes d'infractions.

4. Les conditions quant aux dommages subis [2]

764 Le Fonds n'indemnise les *dommages matériels* que sous certaines conditions (identification du responsable, ou existence corrélative de dommages corporels d'une certaine gravité : art. R. 421-18-4) et dans certaines limites, fixées actuellement à un 1 120 000 euros (art. R. 421-19 C. assur.).

De telles restrictions n'existent plus en matière de *dommages corporels* qui peuvent être indemnisés par le FGAO, sans limitation de somme, pour les préjudices non économiques comme pour les préjudices économiques, et *même si l'auteur responsable est inconnu* (art. R. 420-12) : le procès-verbal établi par les agents de la force publique doit alors mentionner cette circonstance et la victime devra apporter la preuve de la responsabilité de l'inconnu. Après l'avoir indemnisée, le FGAO conserve un recours subrogatoire contre le responsable si celui-ci venait à être identifié.

B. Le principe de subsidiarité du FGAO

765 Le principe de subsidiarité de l'intervention du FGAO est la source de multiples difficultés pour les victimes. Pour en apprécier la portée, il convient de distinguer la poursuite et la contribution.

---

1. V. ss 630.

2. **Dommages corporels, réparation intégrale :** Civ. 2e, 2 févr. et 10 mars 1977, *D.* 1977.523, note H. Groutel (la victime assurée sociale n'étant pas indemnisée de ses préjudices moraux par la Sécurité sociale a un recours contre le FGA pour leur indemnisation) ; Civ. 1re, 29 janv. 1991, *RCA* 1991, n° 158 (prestation sociale non perçue par suite du défaut de paiement des cotisations ; réparation intégrale due par FGAO.).

766 *1°) Subsidiarité et poursuite du Fonds par la victime* [1] ◊

a) La subsidiarité dans la responsabilité garantie

Le Fonds ne doit sa garantie qu'en cas d'absence ou d'insuffisance d'assurance. L'article L. 421-1 C. assur. précise que le Fonds de garantie paie les indemnités qui ne peuvent être prises en charge « à aucun autre titre ».

Ainsi la victime ne peut se retourner contre le Fonds si ses dommages ont été totalement indemnisés soit par son propre assureur au titre d'une assurance de choses (ex. : assurance facultative des dommages au véhicule), soit par la Sécurité sociale ou un autre tiers payeur.

b) La subsidiarité dans l'implication depuis 1985

La notion d'implication introduite dans la loi du 5 juillet 1985 a considérablement accru les inconvénients de la subsidiarité pour les victimes. En effet, le Fonds demande sa mise hors de cause dès qu'un véhicule apparaît « impliqué », même si sur le fond, l'imputabilité des dommages à son « implication » semble douteuse ; il apparaît aujourd'hui que dès qu'un accident implique plusieurs véhicules, il suffit que l'un d'entre eux soit assuré pour que le Fonds soit mis hors de cause : le contentieux à propos de l'intervention d'un tiers *« responsable »*, avant la loi de 1985, a été encore accru avec un tiers *« impliqué »* après la loi de 1985.

Dans la poursuite, le principe de subsidiarité interdit de condamner le Fonds *in solidum* avec un tiers coresponsable. La jurisprudence rend compte de difficultés particulières lorsque la victime s'est constituée partie civile devant une juridiction répressive et qu'une condamnation du responsable non assuré a été rendue ; quoique la décision soit opposable au Fonds intervenu au procès, le principe de subsidiarité permet au Fonds de se soustraire au paiement de l'indemnisation en invoquant l'existence d'un autre véhicule impliqué. L'intérêt des victimes devrait autoriser l'exécution de la décision par le Fonds à l'égard de la victime (poursuite) quitte à permettre à celui-ci d'exercer ensuite un recours contre un coauteur « impliqué ».

1. **Subsidiarité et tiers impliqué depuis la loi du 5 juillet 1985** : J. Archambaud, « L'indemnisation par le FGA : notion d'implication et principe de subsidiarité », n° spécial *RGAT* 1988, sur la loi Badinter, p. 103 ; J. Appietto, « Fonds de garantie et loi Badinter : la détérioration du sort des victimes » ; Civ. 1re, 28 avr. 1987, *JCP* 1989.II.21216, note C. Barreau ; Crim., 24 nov. 1987, *Gaz. Pal.*, 17 avr. 1988, p. 6 ; Crim., 9 févr. 1988, *Gaz. Pal.*, 17 août 1988, p. 7 ; Civ. 2e, 14 oct. 1987, *Gaz. Pal.*, 1988, som. 251, obs. F.C. et sur renvoi Dijon, 6 juin 1989, *Gaz. Pal.*, 13 déc. 1989, note Chabas ; Civ. 1re, 10 janv. 1990 et Crim., 15 mars 1990, *RCA* 1990, n° 133 et chron. n° 6 ; Crim., 1er déc. 1987, *Gaz. Pal.*, 17 août 1988, p. 6 ; Civ. 1re, 8 nov. 1989, *RCA* 1990, n° 48 (accident antérieur à réforme de 1985 : la gardienne du véhicule, passagère endormie, est exclue de la garantie ; FGA mis hors de cause) ; Civ. 1re, 27 nov. 1990, *D.* 1991.337, note Couzinet, *RCA* 1991, n° 41 et chron. n° 1 (jugement de condamnation du responsable opposable au Fonds, mais non exécutoire à son égard car il peut invoquer l'existence d'un autre véhicule impliqué) ; Civ. 1re, 18 juin 1991, *RCA* 1991, n° 357 (*idem*) ; Civ. 2e, 4 déc. 1996, *RCA* 1997, n° 117 (principe de subsidiarité ne peut faire l'objet d'une renonciation) ; Civ. 2e, 22 janv. 2004, *RCA* 2004, n° 124, obs. Groutel (il n'appartient pas aux tribunaux de condamner le Fonds de Garantie conjointement ou solidairement avec le responsable, mais de lui déclarer opposables les condamnations prononcées). Pour un rappel de cette jurisprudence constante de la Cour de cassation, malgré une certaine résistance des juges du fond : Civ. 2e, 1 avr. 2008, *D.* 2008. 1410. Civ. 2e, 10 juin 2008, *RCA* 2008, comm. n° 308. Civ. 2e, 8 janv. 2009, *RGDA* 2009, 1, 162 (subsidiarité par rapport à la compétence des CIVI). Crim. 5 oct. 2010, n° 69-88692 (rappel du principe de subsidiarité).

Cette complexité démontre l'intérêt pour les victimes de bien cibler leur action en cas de pluralité de responsables.

767 ***2°) Subsidiarité et recours en contribution*** ◊ Le rôle de subsidiarité du Fonds lui permet d'exercer des recours s'il le peut, mais non d'en subir.

a) Les recours exercés par le Fonds [1] **:** il est possible que le responsable ne soit identifié qu'après l'indemnisation de la victime par le Fonds. Or la victime n'a plus à établir l'insolvabilité du tiers responsable non assuré pour agir contre le Fonds, et celui-ci peut tenter d'exercer ses recours contre lui.

Cependant l'article L. 421-1, III *in fine* précise que : « Les versements effectués au profit des victimes ou de leurs ayants droit et qui ne peuvent pas donner lieu à une action récursoire contre le responsable des dommages ne sont pas considérés comme une « indemnisation à un autre titre ». En effet les assurances de personnes forfaitaires ou les prestations des tiers payeurs pour lesquelles le législateur a exclu tout recours n'ont pas de caractère indemnitaire : elles se cumulent, au profit de la victime, avec l'indemnisation due par l'assureur de responsabilité ou le Fonds qui lui est substitué, et ne doivent pas être *« imputées »* en déduction sur le montant des dommages-intérêts dus à la victime [2].

b) Les recours contre le Fonds [3] **:** le principe de subsidiarité met le FGAO à l'abri de tout recours en contribution. En particulier un tiers « impliqué » ne peut se retourner contre le FGAO en prouvant que les dommages qu'il a dû réparer ne lui sont pas imputables. À l'égard du Fonds même au stade de la contribution, l'implication vaut présomption irréfragable d'imputabilité des dommages. Enfin les tiers payeurs n'ont aucun secours contre lui, ce qui diminue considérablement le coût de ses indemnités et simplifie le règlement des sinistres.

Néanmoins le Fonds peut exceptionnellement subir un recours dans le cas où l'assureur, condamné pour le compte de qui il appartiendra, puis déclaré non tenu à garantie, demande le remboursement de la somme qu'il a avancée à la victime (art. L. 421-1 et R. 421-8 C. assur.).

C. La mise en œuvre de la garantie du FGAO

768 Il convient de distinguer suivant que le responsable est inconnu, le responsable est connu mais non assuré, ou enfin que le responsable est connu et apparemment assuré, mais l'assureur oppose une exception de garantie.

---

1. **Recours exercés par le FGAO :** Civ. 1re, 13 févr. 1996, *RCA* 1996, n° 153 et chron. n° 15 (action récursoire du FGAO. contre le responsable non assuré ; transaction avec la victime inopposable, et dette de responsabilité non établie).

2. **Pour les difficultés d'application dans le cas particulier de la prestation de compensation du handicap**, v. ss 348.

3. **Recours exceptionnel contre le FGAO :** Civ. 1re, 28 avr. 1987, *D.* 1988, somm. p. 153, obs. Groutel (recours de l'assureur qui a payé indûment pour le compte de qui il appartiendra) ; Civ. 1re, 5 mai 1995, *RCA* 1995, n° 283 *(idem)* ; Civ. 1re, 15 déc. 1998, *RCA* 1999, n° 91 (art. L. 420-1 et R. 420-13 C. assur., « attendu que le principe de subsidiarité du FGAO. ne permet pas de mettre à sa charge les prestations versées à la victime ou à ses ayants droit par les organismes sociaux dont ils relèvent ») ; Crim., 27 mai 1998, *RCA* 1999, n° 29 (idem).

1. Le responsable est inconnu [1]

769 ***a) La preuve de l'existence d'un tiers responsable*** ◊ La victime doit prouver que ses dommages ont été causés par un véhicule terrestre à moteur impliqué dont le conducteur a pris la fuite et n'a pu être identifié. En vertu de l'article R. 421-3 C. ass., si l'auteur d'un accident corporel est inconnu, le procès-verbal ou le rapport établi par les agents de la force publique doit mentionner expressément cette circonstance, et il doit être adressé dans les 10 jours au Fonds de garantie.

770 ***b) La saisine du Fonds*** ◊ Le *délai de saisine* est prévu par l'art. R. 421-12 C. assur., la victime dispose de 3 ans à compter de l'accident pour adresser au FGAO la demande tendant à la réparation de son dommage

La *forme de la saisine* est précisée par l'art. R. 421-13 C. assur. : la demande d'indemnité, adressée au FGAO sous forme de lettre recommandée avec avis de réception, doit comporter notamment des indications sur la nationalité de la victime, le lieu, la date et les circonstances de l'accident, l'estimation approximative du préjudice et la preuve de l'absence d'indemnisation complète à un autre titre. À cet égard, l'art. R. 421-13 C. assur. prévoit que les tiers payeurs doivent faire connaître au Fonds le montant des prestations qu'ils ont versées.

771 ***c) L'offre d'indemnité et la transaction entre le Fonds et la victime*** ◊ Les dispositions de la loi Badinter du 5 juillet 1985 tendant à améliorer les conditions d'indemnisation des victimes sont applicables au Fonds de garantie, assimilé à un assureur.

1) L'offre d'indemnité : l'article L. 211-22 C. assur. édicte l'application au Fonds de garantie de la procédure d'offre d'indemnité. Cependant les délais prévus pour effectuer l'offre ne courent contre le Fonds qu'à compter du jour où celui-ci a reçu les éléments justifiant son intervention.

Le Fonds de garantie s'expose aux mêmes sanctions que l'assureur, s'il ne respecte pas les délais ou fait une « *offre manifestement insuffisante* ».

2) La transaction entre la victime et le Fonds peut intervenir si l'offre a été acceptée. La victime dispose d'un délai de 15 jours à compter de la conclusion de la transaction si elle veut la dénoncer.

La transaction qui peut intervenir entre le Fonds de garantie et la victime est opposable à l'auteur des dommages s'il vient à être identifié (art. L. 421-3, al. 2 C. assur.) : celui-ci a cependant le droit de contester devant le juge le montant des sommes qui lui sont réclamées du fait de cette transaction. Mais cette contestation ne peut avoir pour effet de remettre en cause le montant des indemnités allouées à la victime ou à ses ayants droit.

---

1. **Responsable inconnu :** Civ. 1re, 25 févr. 1992, *RCA* 1992, n° 208 (preuve de l'existence d'un tiers responsable non rapportée) ; Civ. 1re, 8 nov. 1994, *RCA* 1995, n° 41 (responsable inconnu ayant pris la fuite après une collision, délai de forclusion de l'art. R. 421-12 C. assur. part de l'accident ; il n'y a pas impossibilité d'agir dès lors que l'affaire était entre les mains d'un avocat) ; Civ. 2e, 4 déc. 2008, *RGDA* 2009, n° 1, p. 160 (difficulté à prouver l'implication d'un véhicule).

772 ***d) L'action en justice de la victime*** ◊ Si aucun accord n'a pu intervenir, la victime dispose d'un délai de 5 ans à compter de l'accident pour intenter une action en réparation contre le Fonds (art. R. 421-12 C. assur.).

2. Le responsable est identifié, mais n'est pas assuré

773 Le Fonds de garantie est informé que l'auteur de l'accident n'était pas assuré par le procès-verbal de gendarmerie qui doit lui être transmis dans les dix jours.

Désormais la victime n'a plus à prouver l'insolvabilité de l'auteur des dommages, mais elle doit cependant établir sa *responsabilité*, et l'action de la victime contre le FGAO suppose, comme l'action de la victime contre l'assureur de responsabilité, *la mise en cause préalable du responsable* qui est prévue par l'article R. 421-12 C. assur.

774 ***a) L'établissement de la responsabilité de l'auteur des dommages et son opposabilité au FGAO*** [1] ◊ Les victimes ou leurs ayants droit doivent avoir conclu une transaction avec le responsable ou avoir intenté une action en justice contre lui dans le délai de 5 ans à compter de l'accident (art. R. 421-12) [2].

La transaction passée entre la victime et le responsable n'est opposable au Fonds que si celui-ci (ou la société gestionnaire) l'a approuvée.

Si la victime intente une action en justice contre le responsable, elle doit adresser au FGAO soit une copie de l'acte introductif d'instance si elle a saisi une juridiction civile (art. R. 421-15, al. 2), soit une lettre recommandée l'avisant de sa constitution de partie civile devant les juridictions répressives (art. R. 421-15, al. 4). Ces formalités ont pour but de rendre opposable au Fonds de garantie les décisions judiciaires relatives à l'indemnisation et de lui permettre d'intervenir à tout moment dans la procédure pour contester la preuve ou l'étendue de la responsabilité de l'auteur du dommage et le montant de l'indemnité réclamée par la victime.

Dans cette action, le Fonds qui n'est pas lui-même « *responsable* » de l'accident, ne peut être condamné conjointement ou solidairement avec le responsable (art. R. 421-14).

---

1. **Responsabilité de l'auteur des dommages établie ; opposabilité au Fonds :** Paris, 19 nov. 1987, deux arrêts, *Gaz. Pal.*, 18 déc. 1987, p. 11 (jugement correctionnel, ayant autorité de la chose jugée, déclarant la condamnation prononcée contre le responsable non assuré opposable au Fonds de garantie ; art. R. 420-15 C. assur.) ; Crim., 20 juin 1991, *RCA* 1991, n° 356 (condamnation au profit de la victime ; appel du FGA, nouvelle évaluation à l'égard de celui-ci ; prévenu seul tenu du solde) ; Crim., 20 juin 1991, *RCA* 1991, n° 407 (idem). Civ. 2e, 1 avr. 2008, *D.* 2008. 1410. Civ. 2e, 10 juin 2008, *RCA* 2008, comm. n° 308. (L'intervention du fonds ne peut avoir pour objet sa condamnation mais a comme seul effet de rendre la décision opposable au fonds).

2. **Délai de l'article R. 421-12 C. assur. :** Civ. 2e, 1er déc. 2005, *RGDA* 2006, 107 (délai non suspendu en cas de connaissance par les héritiers du décès de la victime). : Civ. 2e, 21 déc. 2006, *RGDA* 2007, 89 (Suspension du délai du fait des troubles neurologiques subis par la victime). Civ. 2e, 25 janv. 2007, *RGDA* 2007, 342 (Refus de faire partir le délai du jour de la consolidation de l'état de la victime).

775 ***b) La saisine du Fonds de garantie*** [1] ◊ En cas de *dommages corporels*, la demande d'indemnité doit être adressée au FGAO, dans le délai d'*un an* à compter soit de la date de la transaction, soit de la date de la décision de justice passée en force de chose jugée (art. R. 421-12, al. 2 C. assur.).

3. Le responsable est assuré, mais l'assureur conteste sa garantie

776 Lorsque l'assuré est apparemment assuré, mais que son assureur oppose à la victime la nullité ou la suspension du contrat, la suspension de la garantie, une non-assurance ou une assurance partielle, il y a un danger de conflit entre l'assureur et le Fonds de garantie. Aussi le législateur a-t-il tenté de prendre les mesures propres à protéger les victimes qui doivent d'abord être indemnisées.

a. L'information du Fonds et de la victime par l'assureur [2]

777 L'assureur qui oppose une exception à la victime doit la lui notifier par lettre recommandée avec demande d'avis de réception (art. R. 421-5 C. assur.), et en informer le Fonds par le même moyen, la Cour de cassation considérant qu'il s'agit là d'une formalité substantielle.

Il avait été jugé que cette procédure applicable au cas de *nullité* du contrat d'assurance ne l'était plus si *l'existence* du contrat était contestée alors même qu'une attestation d'assurance avait été délivrée : mais l'article R. 421-5, al. 2 C. assur. impose la même procédure qu'il y ait inexistence ou nullité, afin que les droits de la victime soient sauvegardés.

b. La réponse du Fonds

Deux situations peuvent se présenter.

778 ***1) Le Fonds reconnaît le bien-fondé de l'exception*** ◊ Le Fonds de garantie peut reconnaître le bien-fondé de l'exception soit expressément,

1. **Responsable non assuré ; saisine du Fonds :** Civ. 1re, 27 nov. 1990, *D.* 1991.337, note Couzinet, *RCA* 1991, n° 41 et chron. n° 1 (condamnation du responsable opposable au Fonds ne constitue pas un titre exécutoire ; formalités, art. R. 421-13 C. assur. nécessaires).

2. **Information du Fonds par l'assureur :** Civ., 13 janv. 1970, *RGAT* 1971.103 ; Civ., 14 janv. 1976, *RGAT* 1976.541 (inexistence et nullité ; même régime) ; Civ. 1re, 4 nov. 2003, *RCA* 2004, n° 123, obs. Groutel (si l'assureur méconnaît l'art. R. 421-5 C. assur. et néglige d'informer la victime de la nullité du contrat, il est irrecevable à lui en opposer l'exception). Civ. 2e, 7 déc. 2006, *RGDA* 2007, 86 (obligation pour l'assureur contestant sa garantie de respecter strictement les formalités de l'article R. 421-5 et not. la concomitance de l'information de la victime et du FGAO). La jurisprudence sur cette question est assez abondante, V. pour des exemples récents refusant l'opposabilité de l'exception de nullité dont la victime n'a pas été informée : Civ.2e, 13 janv. 2012, n° 11-13429, *RGDA* 2012, 690. 12 déc. 2013, n° 12-24836, *RCA* 2014, comm. n° 100. Civ. 2e, 6 mars 2014, n° 12-21215, *RCA* 2014, comm. n° 213. V. également, H. Groutel, « L'assureur de responsabilité automobile et le FGAO : un combat sans merci », *RCA* 2013, ét. 7.

soit tacitement en laissant s'écouler le délai de trois mois qui lui est imparti par l'art. R. 421-6 C. assur. pour contester le bien-fondé de l'exception [1].

L'assureur est alors dégagé, sauf en cas d'insuffisance du montant de la garantie auquel cas il doit payer à la victime la totalité de l'indemnité, mais exerce ensuite son recours pour le complément contre le responsable et si celui-ci est insolvable, contre le Fonds.

779 ***2) Le Fonds conteste dans le délai de trois mois le bien-fondé de l'exception*** [2] ◊ Le Fonds de garantie qui entend contester le bien-fondé de l'exception soulevée doit en aviser l'assureur et la victime dans le délai de trois mois (art. R. 421-6 C. assur.).

• *Poursuite* : Il est nécessaire à la fois de trancher le problème de validité de la garantie, et dans tous les cas de permettre une indemnisation rapide de la victime par *un paiement effectué par l'assureur « pour le compte de qui il appartiendra »*. Les articles R. 421-7 à R. 421-9 C. assur. distinguent selon la juridiction saisie de la demande d'indemnité.

• Lorsque le procès en responsabilité est porté *devant la juridiction civile*, l'article R. 421-7 oblige la victime à mettre en cause à la fois le responsable et l'assureur afin que la validité de l'exception soir tranchée : ainsi appelé en garantie, l'assureur est tenu de procéder au paiement de l'indemnité pour le compte de qui il appartiendra. S'il n'exécute pas cette obligation, il peut y être contraint par une ordonnance rendue par le juge des référés, à la requête de la victime ou de ses ayants droit (art. R. 421-9 C. assur.).

• Lorsque le procès en responsabilité a été porté *devant une juridiction répressive* [3], ou lorsqu'une transaction approuvée par le Fonds est intervenue,

---

1. **Silence du Fonds** : Civ., 7 janv. 1970 (deux arrêts), *JCP* 1970.II.16254, note Lindon, *Gaz. Pal.* 1970.1.238, note Margeat, *D.* 1970.263, note P.P., *RGAT* 1970.546, note A.B. ; Civ., 23 oct. 1974, *D.* 1975.514, note Berr et Groutel, *RTD civ.* 1975. 553, obs. Durry (Fonds condamné à indemniser la victime pour le compte de qui il appartiendra, en attendant la décision à intervenir sur le bien-fondé de l'exception).

2. **Contestation de l'exception par le Fonds** : Civ., 7 févr. 1973, *RGAT* 1974.68 ; Civ., 19 déc. 1973, *RGAT* 1974.393, obs. Besson, *D.* 1975.140, note Berr et Groutel, *RTD civ.* 1974.828, obs. Durry ; Civ., 9 oct. 1973, *RGAT* 1974.390 ; Civ. 1re, 6 mai 1980, *RGAT* 1981.77. Contestation après le délai de 5 mois si le FGA en découvre ultérieurement la raison : Civ., 23 oct. 1974, *RGAT* 1975.411 ; Civ. 1re, 13 nov. 1991, *RCA* 1992, n° 78 (assureur ayant payé la victime pour le compte de qui il appartiendra, exerce un recours contre l'assuré ; Fonds irrecevable à soulever la prescription biennale) ; Civ. 1re, 6 oct. 1993, *RCA* 1993, n° 388 et chron. Groutel, n° 58 (réponse tardive du Fonds à l'exception invoquée par l'assureur ; le Fonds ne peut plus contester l'exception de non-assurance à l'égard de l'assureur ; mais ultérieurement, dans l'action intentée par la victime contre l'assureur, il peut soutenir son action, en raison du caractère subsidiaire de son obligation) ; Civ. 2e, 14 juin 1995, *RCA* 1995, n° 322 (les dépens ne font pas partie du paiement pour le compte de qui il appartiendra) Dans le même sens : Civ. 2e, 30 avr. 2014, n° 13-16291. Civ. 2e, 4 juill. 2013, n° 12-25096, *RCA* 2013, comm. n° 315 (contestation du FGAO pour un accident à l'étranger).

3. **Procès devant juridiction répressive** : G. Durry, « Le droit et ses conséquences, reconnu au Fonds de garantie automobile de former seul appel d'une décision répressive contraire à ses intérêts », note ss Crim., 15 oct. 1975, *D.* 1976. Jur. 446. (la décision de la juridiction répressive doit être définitive et la procédure contre le Fonds n'est pas recevable si celui-ci a interjeté appel) ; Civ., 21 mars 1972, *RGAT* 1972.549, obs. A.B. ; Paris, 7 nov. 1974, *Gaz. Pal.* 1975.1.166, note Margeat ; Civ., 15 avr. 1975 et Paris, 29 janv. 1975, *RGAT* 1976.230, obs. Bigot, *Gaz. Pal.*

la victime peut demander à l'assureur de l'indemniser pour le compte de qui il appartiendra si elle établit :

- que le montant de l'indemnité a été fixé par une décision de justice exécutoire opposable au Fonds ou par une transaction qu'il a approuvée ;
- que le FGAO a contesté l'exception conformément à l'art. R. 421-6 ;
- qu'elle serait admise à bénéficier de la garantie du Fonds si celle de l'assureur n'est pas retenue (art. R. 421-8 C. assur.).

• *Contribution* [1] : Si le bien-fondé de l'exception soulevée par l'assureur n'est pas reconnu, l'assureur qui a payé « pour le compte de qui il appartiendra », a en fait réglé pour son propre compte l'indemnisation dont il devait la garantie.

Si en revanche le bien-fondé de l'exception contestée par le Fonds est reconnu, alors l'assureur peut réclamer au Fonds le remboursement des sommes qu'il a payées pour le compte de celui-ci, mais seulement après avoir établi l'insolvabilité totale ou partielle du responsable, en raison du principe de subsidiarité.

• *Appréciation critique sur le fonctionnement du Fonds.* La procédure contre le Fonds de garantie, trop complexe, notamment devant les juridictions répressives, ne semble pas donner satisfaction. Le caractère de subsidiarité de son intervention l'incite à rechercher coûte que coûte un *« véhicule impliqué »* et *« assuré »* pour ne pas avoir à donner sa garantie lorsqu'il est mis en cause. Des procès traînent. Or le sort des victimes serait considérablement amélioré si, *dans la poursuite*, le FGAO jouait son rôle de garant sans contestation, et si la subsidiarité n'était mise en œuvre que *dans la contribution* entre organismes assureurs. À l'égal d'autres fonds [2], le FGAO poursuit donc une politique très rigoureuse à l'égard des victimes au prix de tracasseries judiciaires interminables imposées aux victimes, oubliant parfois qu'il a été créé pour faire valoir leurs droits de manière rapide et efficace.

1975.2.713, note Margeat et *RTD civ.*, obs. Durry, 1976, p. 153 ; Crim., 28 avr. 1987, *Bull. crim.*, n° 172, p. 459 ; Crim., 4 nov. 1987, *Gaz. Pal.*, 2 mars 1988, p. 12, note Appietto (condamnation de l'assureur pour le compte de qui il appartiendra, en cas de litispendance sur la nullité du contrat) ; Crim., 28 avr. 1987, *D.* 1988, som. 149, obs. Groutel ; Crim., 25 juill. 1989, *RCA* 1989, chron. Groutel, n° 51 (irrecevabilité de l'appel du FGA en l'absence d'appel du prévenu) ; Crim., 7 oct. 1992, *RCA* 1993, n° 102 et chron. n° 8 (exception invoquée par l'assureur ; compétence du juge pénal pour condamner l'assureur pour le compte de qui il appartiendra). Crim. 19 juin 2007, *RGDA* 2007, 843.

1. **Contribution :** Civ. 1re, 25 févr. 1992, *RCA* 1992, n° 160 et chron. n° 15 (exception fondée, recours contre le fonds, intérêts légaux non dus) ; Civ. 1re, 3 mai 1995, *RCA* 1995, n° 283.

2. V. par exemple au sujet de l'ONIAM : v. ss 884 s.

ANNEXE 1

MORTALITÉ ROUTIÈRE

I – Statistiques France de 1972 à 2014

Évolution du nombre de tués de 1972 à 2014 en fonction du mode de transport

Années	Autos	Cyclomotoristes et motos	Piétons	Vélos	Autres	Total
1972	8 627	2 647	3 180	728	21	16 545
1975	6 431	2 131	2 517	565	30	12 996
1980	6 699	1 271	2 200	659	35	12 510
1985	6 419	797	1 557	426	53	10 447
1990	6 295	657	1 407	401	57	10 289
1995	5 389	471	1 027	374	56	8 412
2000	5 008	431	793	255	–	7 643
2005	262	1 086	635	180	201	5 318
2010	2 062	952	485	147	204	3 992
2014	1 661	792	503	158	274	3 388

Pour les quatre dernières années, les « autres véhicules » (tracteurs, véhicules spéciaux etc.) ont été inclus dans la colonne des utilitaires qui regroupe donc les poids lourds, les camionnettes, et les ex « autres véhicules ». Ces décès sont survenus dans les six jours qui suivent l'accident.

Source : Sécurité routière, observatoire national de la sécurité routière : données consultables sur le site : http://www.securite-routiere.gouv.fr/infos-ref/observatoire/index.htm.

II – Statistiques internationales (Europe)

Pays	1990	1995	2000	2005	2010	2013
Autriche	202,6	150,5	120,3	93,8	66	54
Belgique	198,6	143	143,6	104,5	77	65
Danemark	123,5	111,6	93,4	61	46	32
Espagne	232	146,8	146,4	103,1	53	37
Finlande	130,5	86,5	76,8	72,2	51	48
France	199,2	153,2	136,4	87,9	62	50
Grèce	201,8	230,6	193	149,1	112	81
Irlande	136,5	121	109,6	96,2	47	42
Italie	124,2	122,8	111,1	94	70	58
Luxembourg	185,2	170,3	174,7	98,9	64	87
Pays-Bas	92,4	86,5	68,2	46	32	nd
Portugal	282,5	252,3		118,8	80	62
Royaume Uni	93,8	64,2	59,9	55,9	30	29
Suède	90,5	64,9	66,5	48,7	28	28
Allemagne	126,1	115,9	91,3	64,8	45	41

Nombre de tués rapportés à la population (par million d'habitants). Il s'agit de l'indicateur le plus pertinent en matière de santé ; il exprime le risque d'être tué sur la route pour un habitant d'un pays donné.

Source : Insee : victimes d'accidents de la route au sein de l'union européenne. www.insee.fr/themes/tableau.asp

ANNEXE 2

VICTIMES DE LA CIRCULATION ROUTIÈRE

I – Accidents corporels de 1955 à 2014

Année	Nombre de victimes	
	Blessés	Tués *
1955	184 387	8 058
1960	193 326	8 295
1965	302 406	12 150
1970	336 500	15 034
1975	358 722	12 996
1980	345 977	12 384
1985	281 192	10 447
1990	236 149	10 289
1995	169 815	8 412
2000	162 117	7 643
2005	108 076	5 318
2010	84 461	3 992
2014	70 607	3 388

* Jusqu'en 1966 inclus : décédés dans les 3 jours après l'accident.

À partir de 1967 : décédés dans les 6 jours après l'accident.

À partir de 2005 : décédés dans les trente jours de l'accident.

Source : Observatoire national de la sécurité routière : données consultables sur le site : www.securite-routiere.gouv.fr/infos-ref/observatoire/index.html.

II – Description des accidents corporels de la circulation

1 – Victimes d'accidents corporels de la circulation par tranche d'âge [1]

Tranche d'âge	Nombre de victimes recensées en 2013	Population au 01/01/2014	Victimes par million d'habitants	Exposition aux accidents corporels (*)
0 à 14 ans	5 339	11 751 373	454	39
15 à 24 ans	18 581	7 639 066	2 432	210
25 à 44 ans	26 411	16 221 502	1 628	141
45 à 64 ans	16 177	16 697 706	969	84
65 ans et plus	7 350	11 618 961	633	55
Age non précisé	17	–	–	–
Ensemble	73 875	63 928 608	1 156	100

(*) Victimes par million d'habitants d'une tranche d'âge / victimes par d'habitants

Base 100 : ensemble de la population

2 – Victimes d'accidents corporels de la circulation par nature d'usagers [2]

Type de véhicule dans lequel ou sur lequel se trouve la victime	Répartition des victimes			
	2000	2005	2010	2013
Aucun (piétons)	11,3 %	12,6 %	14,2 %	15,5 %
Bicyclette	3,6 %	4,2 %	4,7 %	5,3 %
Cyclomoteur et motocyclette	23,9 %	29,4 %	31,3 %	29,1 %
Voiture	57,8 %	50,1 %	44,3 %	44,1 %
Autres véhicules	3,4 %	3,7 %	5,5 %	6,0 %
Ensemble	100,0 %	100,0 %	100,0 %	100,0 %

1. Source : Rapport annuel AGIRD déc. 2014 – Dossiers réglés en 2013.
2. Source : Rapport annuel AGIRD déc. 2014 – Dossiers réglés en 2013.

3 – Exposition aux risques d'accidents corporels par âge

Age à la survenance de l'accident	Fichier Agira		Population française au 01/01/14 (1)	Exposition au risque (2)	
	Blessés avec AIPP	Décédés		Blessés avec AIPP	Décédés
Moins de 15 ans	2,0 %	4,2 %	18,4 %	11	23
De 15 à moins de 25 ans	15,9 %	22,2 %	11,9 %	134	187
De 25 à moins de 45 ans	37,1 %	24,1 %	25,4 %	146	95
De 45 à moins de 65 ans	32,2 %	18,5 %	26,1 %	123	71
65 ans et plus	12,8 %	31,0 %	18,2 %	70	170
Ensemble	100,0 %	100,0 %	100,0 %	100	100
Âge moyen	43,4 ans	47,4 ans	40,4 ans		

(1) source : INSEE – métropole

(2) Proposition de victimes indemnisées d'une tranche d'âge / proposition de français de cette tranche d'âge

4 – Répartition du nombre de victimes selon la gravité

	Répartition du nombre	Répartition en montant
Blessés légers sans APIPP	75 %	11 %
Blessés avec APIPP	24 %	78 %
dont : 1 à 5 %	19 %	19 %
6 à 20 %	3 %	17 %
21 % et plus	2 %	42 %
Décès	1 %	11 %
Ensemble	100 %	100 %

I.P. : Incapacité Permanente

Source : FFSA/DESSI : Assurances automobiles : les sinistres corporels en 2008. Janvier 2010.

III – Description des règlements [1]

1 – Modalités de règlement selon le taux d'APIPP

Taux d'AIPP	Transactions	Décisions judiciaires	
		1er degré	Appel
1	98,7	1,2	0,1
2	98,6	1,3	0,1
3	97,6	2,3	0,1
4	96,7	2,9	0,4
5	95,3	4,3	0,4
6 à 9	90,0	8,6	1,4
10 à 14	87,8	10,5	1,7
15 à 19	83,5	11,8	4,7
20 à 29	83,3	13,2	3,5
30 à 49	80,6	12,7	6,7
50 et plus	72,8	18,5	8,7
Ensemble	96,3	3,2	0,5

2 – Répartition des victimes selon la durée du règlement

Durée entre la survenance de l'accident et le règlement	Blessés avec AIPP		Décédés	
	Transactions	Décisions judiciaires	Transactions	Décisions judiciaires
Moins de 6 mois	1,0	–	8,9	1,0
6 mois à moins de 1 an	20,9	0,7	22,1	13,3
1 an à moins de 2 ans	52,2	11,8	26,8	21,4
2 ans à moins de 3 ans	15,1	18,8	17,9	18,4
3 ans à moins de 4 ans	4,7	16,6	11,1	12,2
4 ans à moins de 5 ans	2,4	14,9	4,3	14,3
5 ans et plus	3,7	37,2	8,9	19,4
Ensemble	100,0	100,0	100,0	100,0

1. Source : rapport annuel AGIRD 2014. Dossiers réglés en 2013.

3 – Durée moyenne de règlement des victimes avec AIPP par taux d'AIPP

Taux d'AIPP	Durée moyenne entre survenance de l'accident et consolidation (en mois)		Durée moyenne entre consolidation et règlement (en mois)	
	Transactions	Décisions judiciaires	Transactions	Décisions judiciaires
1	6,5	NS	10,1	NS
2	7,6	10,7	9,9	31,6
3	9,1	15,6	10,8	27,7
4	10,3	11,6	11,4	33,2
5	12,2	19,9	13,1	35,1
6 à 10	14,9	19,2	18,0	36,6
10 à 14	18,9	30,7	18,6	43,0
15 à 19	21,8	37,0	20,9	48,1
20 à 29	25,4	35,1	25,3	42,1
30 à 49	47,1	63,0	28,9	55,0
50 et plus	51,8	36,9	46,7	73,3
Ensemble	9,9	23,0	11,8	37,6

CHAPITRE 2

L'INDEMNISATION DES VICTIMES D'ACCIDENTS MÉDICAUX

780 ***L'accident médical : terminologie et définitions*** [1] ◊ L'homme est mortel, et tous les progrès de la science médicale qui constituent autant de batailles gagnées contre la maladie, se solderont toujours par cette défaite finale de la mort inéluctable.

Dès lors il convient de faire une distinction fondamentale : la maladie pathologique ou traumatique, son aggravation *« endogène »* c'est-à-dire inhérente à la maladie elle-même et le décès qui peut en résulter demeurent hors du champ de cette étude.

La loi n° 2002-303 du 4 mars 2002 a mis en place un dispositif d'indemnisation relatif à l'« accident médical, une affection iatrogène ou une infection nosocomiale ». Cette formulation a suscité bien des questionnements, et la Commission nationale des accidents médicaux (CNAMed) a tenté d'éclaircir une terminologie assez confuse.

1) *L'accident médical* est une formule juridique générique qui recouvre les différentes hypothèses dans lesquelles un dommage corporel (aggravation de l'état du patient voire décès) survient dans le cadre de l'activité médicale. Notion très large et compréhensive, l'accident médical vise aussi bien les conséquences de *l'abstention* que de *l'action* médicale. L'accident médical peut donc être défini comme un événement entraînant des conséquences dommageables, qu'il soit iatrogène (*i.e.* dû à l'activité médicale elle-même) ou qu'il résulte de la non-réalisation d'un soin nécessaire (abstention).

2) *L'affection iatrogène* renvoie au champ de la « iatrogenèse » qui s'entend des conséquences négatives d'une *action* médicale positive, excluant les abstentions d'agir. Ces affections iatrogènes vont des effets indésirables les plus bénins et les mieux acceptés aux plus graves. Les événements iatrogènes graves sont ceux qui entraînent des conséquences hors de proportion avec l'état de santé antérieur du patient. L'affection iatrogène est directement liée au traitement délivré.

3) *L'« infection nosocomiale »* est une catégorie particulière d'accident médical ; c'est une infection acquise à l'hôpital, définie comme toute maladie provoquée par des micro-organismes et contractée dans un établissement de soins par un patient ; elle apparaît au cours ou à la suite d'une hospitalisation alors qu'elle était absente lors de l'admission à l'hôpital.

1. **Terminologie** : Travaux de D. Thouvenin, D. Diderot et A. Lienhart dans le cadre de la Commission nationale des accidents médicaux, juill. 2004. P. Jourdain « L'accident médical », *RCA* 2015, dossier n° 6.

4) *L'aléa thérapeutique* est une expression que la loi du 4 mars 2002 n'a pas retenue ; elle désigne habituellement un dommage iatrogène consécutif à une *activité médicale non fautive*. Le qualificatif « thérapeutique » est d'ailleurs trop étroit, car l'accident médical non fautif peut aussi bien être la conséquence d'un acte diagnostique, préventif ou de recherche.

5) *Le risque médical* est une notion qui relève d'une étude de probabilité statistique : c'est la probabilité de survenance d'un événement indésirable consécutif à une action (iatrogène) ou à une abstention médicale. Le risque médical prend en compte aussi bien les aléas des actions médicales conduites selon les règles de l'art que les conséquences des fautes médicales.

Aujourd'hui, les accidents médicaux, fautifs ou non, sont d'autant plus fréquents et plus graves que la médecine a totalement changé de nature en quelques décennies : hier la médecine tentait de soulager, tout en étant assez impuissante à guérir ; désormais une médecine scientifique et technologique, moléculaire et génétique, mécanisée et informatisée relève le défi de faire reculer la mort.

781 ***L'efficacité médicale : les progrès démographiques*** ◊ Si la longévité absolue semble stable, en revanche l'espérance de vie à la naissance est passée :

- *pour les hommes* de 68,6 années en 1970 à 73,7 en 1995 et 78,2 en 2015 ;
- *pour les femmes* de 76,1 années en 1970 à 82,0 en 1995 et 85,1 en 2015.

Les statistiques démographiques démontrent que les Français gagnent trois mois d'espérance de vie par an, l'écart entre hommes et femmes se réduisant. Celui-ci est en effet de 6,9 ans en 2015, soit près d'un an de moins qu'il y a dix ans.

De ces progrès, on peut créditer la science médicale. La contrepartie est qu'une médecine efficace est une médecine à risques, dangereuse et agressive comme toute technologie moderne, complexe et parfois imprévisible dans ses complications et ses conséquences.

782 ***Les statistiques d'accidents médicaux*** [1] ◊ Il est difficile de trouver des évaluations globales en la matière ; l'analyse de diverses sources statistiques permet une approche de la réalité qui ne peut qu'être approximative et sous-évaluée en raison de tous les cas non déclarés et qui demeurent inconnus. Pour améliorer la connaissance de ces statistiques, un observatoire des risques médicaux, rattaché à l'ONIAM a été créé par la loi du 13 août 2004 réformant l'assurance maladie et la loi du 30 janvier 2007, modifiée par une ordonnance du 21 janvier 2010. À son terme, « Il est créé un observatoire des risques médicaux rattaché à l'Office national d'indemnisation des accidents médicaux, des affections iatrogènes et des infections nosocomiales dont l'objet est d'analyser les données relatives aux accidents médicaux, affections iatrogènes et infections nosocomiales,

1. **Statistiques d'accidents médicaux** : annexes 2 et 3, p. 785 s.

à leur indemnisation et à l'ensemble des conséquences, notamment financières, qui en découlent. Ces données sont notamment communiquées par les assureurs des professionnels et organismes de santé mentionnés à l'article L. 1142-2, par les établissements chargés de leur propre assurance, par les commissions régionales prévues à l'article L. 1142-5, par l'Office national d'indemnisation des accidents médicaux et par l'Autorité de contrôle prudentiel en application de l'article L. 4135-2 ».

Cet observatoire a notamment publié en 2014 des statistiques portant sur les dossiers communiqués par les assureurs, l'ONIAM et l'APHP sur la période 2008-2013 qui apportent un éclairage intéressant sur les accidents médicaux.

a) Les statistiques de l'ORM [1]

L'observatoire des risques médicaux a analysé dans son rapport 2014 plus de 8 600 dossiers clôturés d'accidents médicaux, dont le montant individuel est égal ou supérieur à 15 000 euros, sur la période s'écoulant entre 2008 et 2013, pour une charge globale supérieure à 1 milliard d'euros. 70 % des dossiers proviennent des assureurs, 28 % de l'ONIAM et 2 % de l'APHP.

Le nombre de dossiers transmis a été, sur cette période, très variable : 1 047 en 2008, 1 680 en 2009, 1 853 en 2010, 1 671 en 2011, 1 367 en 2012 et 967 en 2013, n'étayant donc pas l'idée d'une inflation du contentieux médical. Ces chiffres varient de plus selon l'organisme en ayant opéré la transmission. Ainsi, le nombre de dossiers indemnisés a connu une forte hausse entre 2008 et 2010 (de 550 à 1 477) pour les dossiers des assureurs, alors que le nombre de dossiers de l'ONIAM a baissé sur cette même période (461 à 352). Dans les deux cas, une baisse significative a en revanche été observée de 2010 à 2013.

Ce rapport met par ailleurs en exergue que 60 % des dossiers ont, sur cette période, été réglés par la voie amiable avec des proportions variables selon l'origine du dossier puisque si ce chiffre monte à 92 % pour les dossiers traités par l'ONIAM, il n'est plus que de 60 % pour les dossiers dont ont été saisis les assureurs. Ces derniers ont assumé, sur la période 2008-2013, 57 % de la charge totale de l'indemnisation pour un coût moyen de 96 692 euros (131 523 pour 2013), l'ONIAM en prenant à sa charge 41 % pour un coût moyen de 172 843 euros (175 134 euros en 2013).

Le montant moyen payé a connu une évolution semblable puisqu'il est passé, pour les assureurs de 96 432 euros en 2008 à 131 523 euros, après une légère décrue durant la période 2010-2011. Ces chiffres sont confortés par ceux publiés par la SHAM, qui dans son panorama du risque médical pour 2014, fait également état d'une augmentation du coût moyen du sinistre entre 2008 (178 600 euros) et 2013 (256 746 euros) malgré un certain repli en 2012.

---

1. **Rapport 2014 de l'ORM** : www.oniam.fr/indemnisation-accidents-medicaux/observatoire-des-risques-medicaux. V. extraits du rapport, annexe 3, p. 787 s.

b) L'évaluation contentieuse de la responsabilité médicale [1]

• *Proportion des réclamations donnant lieu à une action contentieuse :* Les chiffres fournis par les assureurs et l'ORM concordent : près de 40 % du contentieux est aujourd'hui réglé par la voie des CCI, 60 % continuant à relever des autres voies de réclamation (24 % pour l'amiable hors CCI et 31 % pour la voie juridictionnelle selon les chiffres de l'ORM). Toutefois, un paradoxe doit être relevé. Alors que le nombre de saisines des CCI a nettement augmenté depuis 2003, passant de 1 907 saisines cette année-là à 5 332 en 2013, le nombre d'actions en justice n'a pas corrélativement diminué d'autant. Ainsi, en 2013, la SHAM a répertorié 1 096 décisions rendues en responsabilité médicale (juridictions judiciaires et administratives confondues) contre 803 en 2008, et 754 en 2005, ce qui marque une augmentation du nombre d'actions dans lesquelles cette compagnie était impliquée. La MASCF a quant à elle répertorié 469 décisions en 2013 contre 630 en 2008, ce qui semble marquer une tendance inverse. Ainsi, il apparaît que la mise en place de procédures non contentieuses d'indemnisation n'a pas fait, de façon évidente, baisser le nombre d'actions en justice. Ainsi que le rapport annuel du GAMM pour 2009 le soulignait, « Les victimes qui saisissent les CCI ne le feraient donc pas par préférence à la voie judiciaire, mais par appréhension de cette procédure comme une nouvelle opportunité plus aisée pour obtenir une indemnisation. Ces mêmes victimes auraient peut-être renoncé à agir antérieurement à l'introduction de ce nouveau dispositif » [2]. La loi du 4 mars 2002 n'a donc, sur ce point, qu'en partie rempli ses objectifs : les procédures amiables d'indemnisation se sont certes développées, mais sans nécessairement faire baisser le contentieux dans le domaine médical. Il n'en reste pas moins que le nombre de victimes indemnisées en ressort quoi qu'il en soit amélioré, notamment à l'égard de celles qui auraient antérieurement hésité à saisir une juridiction.

• *Issue de l'action contentieuse :* selon les chiffres communiqués dans le rapport annuel de la SHAM pour 2013, la responsabilité d'un professionnel ou établissement de santé a été retenue dans 57 % des cas, et écartée dans 43 %, ce qui confirme une inversion des proportions entre les cas d'accueil de l'action et ceux où elle est rejetée, déjà observée depuis 2011. Les chiffres de la MASCF confirment cette tendance.

783 *L'évolution de la faute à la sécurité médicale* [3]

• *La faute médicale déniée :* la litanie des *« erreurs » médicales* est bien connue, des erreurs d'omissions aux erreurs d'exécution, des erreurs de

1. **Évaluation contentieuse de la responsabilité médicale :** Rapport de la SHAM pour 2014, consultable sur le site de la sham : www.sham.fr/content/download/13506/71357/version/1/file/Synth%C3%A8se+du+Panorama+Sham+2014.pdf. Panorama du risque médical en santé de la MASCF 2014 : www.risque-medical.fr/img/Synthese_panorama_du_risque_medical.pdf.

2. Rapport du conseil médical du sou médical pour l'exercice 2009, Responsabilité nov. 2010, p. 87.

3. **Erreur médicale et réactions sociologiques :** I. Illich, « Nemesis médicale », Seuil, 1975 ; F. Robin et F. Nativi, « Enquête sur l'erreur médicale », éd. La Découverte, 1987 ; L. Chauveau,

délais aux erreurs de confusions, des erreurs de connaissances aux erreurs de raisonnement, des erreurs d'étourderie aux erreurs d'ignorance etc. Mais ces « *erreurs* », terme générique pudique des causes d'accidents médicaux, étaient naguère énoncées en constat fataliste de faillibilité non fautive et non de responsabilité ; au XIXe siècle, le discours médical évoquait volontiers la responsabilité morale du médecin devant sa conscience, mais révoquait sa responsabilité civile à l'égard de la victime ; son argumentaire a longtemps cultivé le paradoxe : l'élargissement de la responsabilité médicale déresponsabiliserait le professionnel, alors qu'une quasi-irresponsabilité juridique le responsabiliserait.

• *La sécurité médicale revendiquée à la fin du XXe siècle :* les victimes et le public ne pouvaient plus admettre qu'un acte médical, destiné à guérir, engendre infirmités et mort. L'opinion publique est très réceptive à tous les ouvrages qui dénoncent les carences dans notre système indemnitaire, et la tragique affaire du sang contaminé a confirmé la gravité et l'urgence d'une évolution radicale de règles juridiques élaborées au XIXe siècle, mais qui sont devenues totalement inadaptées à la médecine scientifique du XXIe siècle.

En quelques années, l'approche du problème des accidents médicaux a totalement changé. La faute médicale demeure certes une donnée importante quand elle est avérée, car l'activité médicale demeure investie d'une mission humaine qui ne saurait tolérer des manquements techniques et éthiques de la profession, mais l'exigence publique se focalisait surtout sur la sécurité médicale et sanitaire due aux patients. La santé est quoi qu'il en soit plus que jamais au cœur des préoccupations juridiques.

784 ***La réforme de la responsabilité médicale*** [1] ◊ La sécurité sanitaire et médicale est un impératif qui doit être conjugué avec des garanties d'indemnisation raisonnables.

« Pire que le mal », Calmann-Lévy, 1989 ; P. Klotz, « L'erreur médicale, mécanismes et prévention », Maloine, 1994 ; Ph. Meyer, « L'irresponsabilité médicale », Grasset, 1993 ; B. Kouchner, « La dictature médicale : la santé n'appartient pas aux médecins », Laffont, 1996. – **Association de victimes :** AVIAM (Association victimes d'actes médicaux), ass. Le Lien ; ass. des Paralysées de France ; ass. AIDES.

1. **Réforme de la responsabilité médicale : – Articles antérieurs à la loi du 4 mars 2002 :** L. Melennec, « La responsabilité médicale doit être fondée sur la notion de risque », *RDSS* 1972, p. 271 ; G. Casac, « Indemnisation du risque thérapeutique », Concours médical, 5 nov. 1977 ; H. Margeat, « Le risque thérapeutique », *Gaz. Pal.*, 18 août 1978, p. 2 ; L. Moatti, « En l'absence de faute du médecin, n'existe-t-il pas un préjudice ? », *Gaz. Pal.*, 2 nov. 1988, p. 2 ; F. Ewald et H. Margeat, « Le risque thérapeutique », *Risques*, juin 1991, p. 9 ; G. Mémeteau, « La réforme de la responsabilité médicale et la remontée aux sources du droit civil », *Gaz. Pal.*, 14-15 oct. 1994, p. 2 ; M. Sousse, « Quelle réforme de responsabilité en matière médicale ? », *Gaz. Pal.*, 14-15 oct. 1994, p. 10 ; G. Durry, « Responsabilité médicale privée : à la croisée des chemins », *Risques* n° 42, juin 2000 ; G. Durry, « Responsabilité médicale et solidarité nationale », *Risques* n° 49, mars 2002 ; G. Vallancien et autres, « Le défi de la responsabilité civile médicale », *Risques* n° 57, mars 2004. – **Rapports antérieurs à la loi :** Médiateur de la République, Rapport 1991, *Revue du courtage*, n° 664, oct. 1992, p. 8 ; Direction des affaires civiles et du Sceau, « Rapport sur la responsabilité médicale et l'indemnisation du risque thérapeutique », 1990 ; F. Ewald, « Le problème français des accidents thérapeutiques ; enjeux et

Tous les pays riches, à technologie médicale de pointe, performante mais dangereuse, sont confrontés au difficile problème de l'indemnisation du risque médical en l'absence de toute faute prouvée du praticien.

En France, comme à l'étranger, les projets de réforme se sont succédé pendant une vingtaine d'années, avant d'aboutir à la loi du 4 mars 2002.

785 ***La loi n° 2002-303 du 4 mars 2002 « relative aux droits des malades et à la qualité du système de santé »*** [1] ◊ La loi du 4 mars 2002 est extrêmement importante : importante d'abord par son volume : 126 articles dont certains fort longs, et quelque 42 pages au *Journal officiel* ; importante surtout par son objet : *les droits des malades*, ce sont les droits de nous tous qui, un jour ou l'autre, sommes ou serons confrontés à des soins médicaux complexes et à de pénibles hospitalisations ; *la qualité du système de santé*, complément du système de « sécurité » sociale, est une garantie de *« sécurité » sanitaire* par la qualité des soins, et en prolongement une équitable indemnisation si les risques sanitaires se concrétisent en accidents médicaux.

Loi touffue, loi prolixe, qui modifie non seulement le Code de santé publique, mais aussi le Code civil, le Code pénal, le Code du travail, le Code des assurances, le Code de la sécurité sociale, celui de l'action sociale, celui de la mutualité...

---

solutions », Rapport à M. Kouchner, ministre de la Santé, sept. 1992 ; C. Chadelat, « Les rapports de l'administration relatifs à la responsabilité médicale » in ENM, « La responsabilité médicale, de la faute au risque », 1995, p. 215 ; Rapport IGAS sur « La responsabilité et l'indemnisation de l'aléa thérapeutique », 1999.

1. **Loi n° 2002-303 du 4 mars 2002 ; responsabilité médicale :** F. Blanco, « La loi du 4 mars 2002 et les commissions régionales de conciliation et d'indemnisations des accidents médicaux », PUAM 2005. Y. Lambert-Faivre, « L'Indemnisation des accidents médicaux », *D.* 2002, chron. p. 1367 ; G. Durry, « Responsabilité médicale et solidarité nationale », *Risques* 2002, n° 49, p. 113 ; C. Radé, « La réforme de la responsabilité médicale après la loi... », *RCA* 2002, chron. n° 7 ; P. Mistretta, « La loi... réflexions critiques sur un droit en pleine mutation », *JCP* 2002, n° 24, p. 1075 ; J. De Cesseau, « La loi... ou la paralysie programmée de l'activité médicale au grand dommage des patients », *Gaz. Pal.* 2002, n° 160-162, p. 12 ; A. Laude et autres : n° spécial, *LPA* 2002, n° 122 ; F. Bellivier et J. Rochfeld, « Loi n°... », *RTD civ.* 2002. 574 à 591 ; P. Jourdain, A. Laude, J. Penneau, S. Porchy-Simon, « Le nouveau droit des malades », éd. Litec 2002 ; L. Dubois, « La réparation des conséquences des risques sanitaires », *RDSS* 2002, n° 4, p. 803 ; G. Mémeteau, « La nouvelle responsabilité civile médicale : loi... », *JML-DM* 2002, vol. 45, n° 6, p. 211 ; AVIAM (Association d'aide aux victimes d'accidents médicaux), « Livret d'information sur les droits et obligations des victimes d'accidents médicaux... », oct. 2003 ; C. Bon, « Les apports de la loi du 4 mars 2002 concernant l'indemnisation des accidents médicaux », *Gaz. Pal.* 4-5 juin 2003, p. 2 ; J. Pansier, « Présentation de la loi... », *Gaz. Pal.* 10-11 janv. 2003, p. 5 ; A. Garay, « La nouvelle législation relative à la réparation des risques sanitaires », *Gaz. Pal.* 1-4 mai 2002, p. 32. C. Evin, « La philosophie de la loi du 4 mars 2002 » in Manuel CCI, éd. Études hospitalières 2004, p. 11 ; D. Truchet, « La loi du 4 mars 2002 et la prévention : une double lecture », *LPA* 19 juin 2002, n° 122, p. 43 ; J. Pansier et C. Charbonneau, « Commentaire... » *LPA* 2002, n° 52 et 53 ; Vialla (dir.) « Droit des malades et qualité du système de santé : la loi du 4 mars 2002 », n° spécial, *RGDM*, Études hospitalières, éd. 2004 ; J. Penneau, « La responsabilité des médecins », Dalloz, 3e éd., 2004. G. Fauré (dir.), « La loi du 4 mars 2002 : rupture ou continuité », PUF 2004. n° spécial de la *RDSS* 2003, n° 3. Ph. Pierre, « La responsabilité médicale à l'aune de la loi Kouchner. Esquisse d'un bilan d'étape », *RLDC* 2007, n° 35, p. 22. D. Martin, « L'indemnisation des accidents médicaux comme politique publique », *D.* 2006. 3021.

Loi attendue : alors que jadis la science médicale balbutiante était aussi inoffensive qu'inefficace, la médecine moderne est devenue une science hypersophistiquée, très performante, parfois téméraire, et souvent périlleuse : les risques médicaux se traduisent par des accidents de plus en plus nombreux, souvent médiatisés (ex : affaire du Médiator), parfois collectifs (ex. affaire du sang contaminé), et toujours traumatisants pour les victimes atteintes par l'acte qui devait guérir.

Loi votée dans l'urgence, voire une certaine précipitation, et qui a donc laissé subsister des zones d'ombre, rendant nécessaire une intervention complémentaire du législateur notamment par une première loi n° 2002-1577 du 30 décembre 2002 [1].

Pendant près de trois décennies, les projets de réforme relatifs à l'indemnisation des accidents médicaux se sont succédé. L'un des derniers en date, publié par un rapport de l'Inspection générale des Affaires sociales en 1999 semblait très prometteur ; on en retrouve plusieurs aspects dans la loi du 4 mars 2002 qui apporte une réforme bien venue et efficace.

Cependant bien des zones d'ombre subsistent, et à l'heure où cette loi va fêter ses dix ans d'application, des critiques demeurent, notamment au regard du fonctionnement des procédures amiables d'indemnisation mises en place par la loi.

786 ***L'application dans le temps de la loi du 4 mars 2002*** [2] ◊ La rédaction ambiguë de la loi du 4 mars 2002 avait donné à penser qu'elle était applicable à toutes les procédures en cours au moment de la publication de la loi, quelle que soit la date du fait générateur (avis de la Cour de cassation du 22 novembre 2002). Cependant la loi n° 2002-1577 du 30 décembre 2002 a modifié la rédaction de l'art 101 de la loi du 4 mars 2002 en disposant que celle-ci s'applique aux accidents médicaux consécutifs à des activités médicales « réalisées à compter du 5 septembre 2001 », même si elles font l'objet d'une instance en cours, à moins qu'une décision de justice irrévocable n'ait été prononcée.

787 ***Plan du chapitre*** ◊ Cette étude de l'indemnisation des victimes d'accidents médicaux doit concilier les deux modes aujourd'hui complémentaires de l'indemnisation : le mode juridictionnel qui n'a nullement été

1. **Loi n° 2002-1577 du 30 décembre 2002 :** J. Bigot, « La loi n° 2002-1577 du 30 décembre 2002 sur l'assurance de la responsabilité médicale. Une lueur d'espoir pour les « clauses réclamations », *JCP* 2003, I, 118. Y. Lambert-Faivre, « La responsabilité médicale : la loi du 30 décembre modifiant la loi du 4 mars 2002 » : *D.* 2003, doct., 361. P. Mistretta, « La loi n° 2002-1577 du 30 décembre 2002 relative à la responsabilité civile médicale. Premiers correctifs de la loi n° 2002-303 du 4 mars 2002 » : *JCP* 2003, aperçu rapide, n° 57.

2. **Application dans le temps de la loi de 4 mars 2002 :** C. Bernfeld, « Les nouvelles dispositions de la loi du 4 mars 2002 sur les accidents médicaux sont-elles applicables aux instances en cours ? », *Gaz. Pal.* 9-11 juin 2002, p. 16 ; Avis de la Cour de cassation du 22 nov. 2002, *D.* 2003. 1196 (application à toutes les procédures en cours, quelque soit la date du fait générateur).

supprimé, et dont l'expérience et l'acquis demeurent notamment dans la responsabilité pour faute ; le mode non contentieux mettant en jeu le rôle des CCI et de l'ONIAM.

Ce sujet, immense et touffu, en est devenu d'autant plus complexe : ce chapitre tentera d'exposer les voies permettant à la victime d'obtenir l'indemnisation des conséquences dommageables d'un accident médical (Section 1), les fondements (Section 2), puis les garanties de cette indemnisation (Section 3).

SECTION 1. LES MODES D'INDEMNISATION DES ACCIDENTS MÉDICAUX

788 Deux voies principales d'indemnisation sont ouvertes à la victime depuis la loi du 4 mars 2002 : celle d'un règlement amiable du litige sous l'égide des Commissions de conciliation et d'indemnisation (CCI) (§ 1), ou celle des voies juridictionnelles, judiciaires ou administratives, classiques (§ 2).

789 ***L'information préalable relative à l'accident médical*** [1] ◇ L'absence de transparence et d'information, le déni de l'accident, la rétention de renseignements sous le sceau d'un secret médical dévoyé, les entraves à enquêtes et la résistance à toute investigation ont été dramatiquement illustrés dans l'affaire du sang contaminé dans les années 1990 : c'était l'un des griefs récurrents adressés hier au système de santé par les victimes d'accidents médicaux.

Si les mentalités sont longues à changer, du moins la loi du 4 mars 2002 impose-t-elle désormais la clarté :

- ainsi l'art. L. 1413-14 CSP dispose que « Tout professionnel ou établissement de santé ayant constaté une infection nosocomiale ou tout autre événement indésirable grave lié à des soins réalisés lors d'investigations, de traitements ou d'actions de prévention doit en faire la déclaration au directeur général de l'agence régionale de santé » : étouffer le problème n'est plus la solution.

- à l'égard de l'usager du système de santé, l'art. L. 1142-4 dispose :

> « Toute personne victime ou s'estimant victime d'un dommage imputable à une activité de prévention, de diagnostic ou de soins ou ses ayants droit, si la personne est décédée, ou, le cas échéant, son représentant légal, doit être informée par le professionnel, l'établissement de santé, les services de santé ou l'organisme concerné sur les circonstances et les causes de ce dommage.
>
> Cette information lui est délivrée au plus tard dans les quinze jours suivant la découverte du dommage ou sa demande expresse, lors d'un entretien au cours duquel la personne peut se faire assister par un médecin ou une autre personne de son choix. »

---

1. **Information médicale :** v. ss 834 s.

§ 1. Les procédures devant la Commission de conciliation et d'indemnisation (CCI)

790 ***« Les Commissions de conciliation et d'indemnisation des accidents médicaux des affectations iatrogènes et des infections nosocomiales »*** [1] ◊ Au terme de l'article L. 1142-5 CSP : « Dans chaque région, une ou plusieurs commissions de conciliation et d'indemnisation sont chargées de faciliter le règlement amiable des litiges relatifs aux accidents médicaux, aux affections iatrogènes et aux infections nosocomiales, ainsi que des autres litiges entre usagers et professionnels de santé, établissements de santé, services de santé ou organismes ou producteurs de produits de santé mentionnés aux articles L. 1142-1 et L. 1142-2. »

Présidées par un magistrat en activité ou honoraire de l'ordre judiciaire ou administratif, les commissions comprennent notamment des représentants des personnes malades et des usagers du système de santé, des professions de santé, de l'ONIAM, ainsi que diverses personnes qualifiées. On a pu souligner que la « démocratie sanitaire » n'est pas forcément la plus pertinente pour étudier les problèmes complexes de responsabilité médicale, et que la place très minoritaire des juristes au sein de ces commissions peut poser quelque difficulté.

D'abord instituées au niveau régional, ces commissions ont perdu ce caractère à la suite du décret n° 2012-298 du 2 mars 2012, et sont habituellement désignées sous le terme de commissions de conciliation et d'indemnisation (CCI).

791 ***La saisine de la Commission*** ◊ D'après l'art. L. 1142-7 al, 1 CSP, la saisine des commissions est ouverte, sans limitation, à toute personne s'estimant victime d'un *dommage imputable à une activité de prévention, de diagnostic ou de soins*, ou à son représentant légal, ou, en cas de décès, à ses ayants droit. La CCI compétente est celle dans le ressort de laquelle a été effectué l'acte dommageable. Selon l'article 1142-5 al. 3 CSP, « La commission siège en

---

1. **CCI** : F. Blanco, « La loi du 4 mars 2002 et les CCI », PUAM, 2005. P. Chiaverini, E. Martinez, I. Michelangeli, « Les CCI », *Les études hospitalières*, 2004. J. Guigue, « Les CCI et les procédures d'indemnisation », *Méd. et droit* n° 74-75, 2005, p. 168. L. Helminger, « Les CCI : ni excès d'honneur, ni d'indignité » *AJDA* 2005, 1875. D. Martin, « L'apport de la jurisprudence au fonctionnement du dispositif de règlement amiable des accidents médicaux », *Gaz. Pal.* 16 et 17 nov. 2007, p. 5. P. A. Lecocq (dir.) « L'indemnisation amiable des accidents médicaux, Bilan du traitement de 15 000 dossiers par les CCI et l'Oniam et perspectives d'avenir », n° spécial de la *RGDM* 2009. G. Memeteau, « Le tango des CCI : deux pas ici, un pas par là. Un guichet ou une commission ? Une juridiction », Med. et droit 2006, p. 17. P. Mistretta, « Les CCI ou les désillusions du règlement amiable des litiges médicaux », *JCP* 2006, I, 298. P. Moreau, « Les commissions régionales de conciliation et d'indemnisation : ni placébo, ni panacée », *JCP* (A) 2006, n° 10159. « Manuel des Commissions régionales de conciliation et d'indemnisation », éd. Études hospit. 2003, cf. notam. S. Gromb, « Les CCI », p. 55, J. Saison, « Les CCI : compétences et procédures », p. 67. A. Leca, « La nature juridique des CCI », p. 89, A. Garay, « La mission de l'avocat devant les Commissions régionales », p. 119. Table ronde « Responsabilité médicale et CCI : quelle légitimité ? Quelle efficacité ? », *RGDM* 2010, n° 36, p. 86.

formation de règlement amiable des accidents médicaux, des affections iatrogènes et des infections nosocomiales et en formation de conciliation. ».

Une fois saisie, la compétence de la Commission est très libre en matière de conciliation (A), mais beaucoup plus contrainte et limitée en règlement amiable (B).

A. La conciliation

792 La conciliation [1] et la médiation sont prônées depuis longtemps pour tenter d'éviter des relations contentieuses où s'exacerbent les litiges, et après la réforme de l'hospitalisation publique et privée par une ordonnance, du 24 avril 1996, des commissions de conciliation avaient été instituées dans le cadre de chaque établissement de santé, pour « assister et orienter toute personne qui s'estime victime d'un préjudice du fait de l'activité de l'établissement, et de lui indiquer les voies de conciliation et de recours dont elle dispose » (ancien art. R. 710-1-1 CSP).

– La procédure de conciliation prévue par la loi du 4 mars 2002 et confiée aux CCI est différente, car c'est une procédure externe à l'établissement de santé mis en cause. Le texte est laconique :

« Dans le cadre de sa mission de conciliation, la commission peut déléguer tout ou partie de ses compétences à un ou plusieurs médiateurs indépendants qui, dans la limite des compétences dévolues, disposent des mêmes prérogatives et sont soumis aux mêmes obligations que les membres de la commission » (art. L. 1142-5 al. 4 CSP).

La conciliation peut se concrétiser dans un document qui constate l'accord intervenu, voire les points de désaccord qui persistent.

La procédure de conciliation mise en place est toutefois un échec. Ainsi, avec le recul de plus de dix ans, on constate que le nombre de conciliations conclues sous l'égide des CCI a été extrêmement faible (quelques dizaines par an [2]). Les patients semblent préférer la conciliation à l'hôpital, appréhendée de manière plus concrète sur les lieux même du différent. Le refus des assureurs de participer à ces procédures les rend par ailleurs de peu d'intérêt, interdisant le plus souvent au professionnel de santé mis en cause de conclure une transaction dans ce cadre. Une réforme sur ce point paraîtrait donc nécessaire.

---

1. **Conciliation :** C. Esper, « L'information du patient…, d'autres modes de règlement des litiges en cas d'accident thérapeutique », in ENM, « La responsabilité médicale de la faute au risque », 1995, p. 121 ; D. Laurent, « La conciliation médicale au CHU », *ibidem*, p. 143 ; M. Medouze, « La Commission d'information de l'usager aux Hospices civils de Lyon », *ibidem*, p. 151 ; A. Garay, « Le conciliateur à l'hôpital », *Gaz. Pal.* 1998, n° 296-297, p. 56 ; S. Chillon et P. Brossault, « Le malentendu de la conciliation médicale », *Gaz. Pal.* 15-17 juin 1999, p. 47 ; M. Harichaux, « La nouvelle conciliation médicale », *RDSS* 2000-4, p. 108. B. Rajot, « Tentative d'amélioration de l'organisation de l'information et de la conciliation dans le règlement des conflits et litiges en matière de responsabilité médicale », *RCA* 2008, alerte n° 9.

2. **Pour les données statistiques concernant les CCI :** voir les rapports annuels de la CNAMed : www.sante.gouv.fr/commission-nationale-des-accidents-medicaux-cnamed.html. En 2013, la Cnamed fait état de seulement 31 demandes de conciliation.

B. Le règlement amiable

793 *La procédure de règlement amiable* [1] comporte plusieurs étapes. Schématiquement il y a d'abord la *décision de la commission sur la recevabilité de la demande* (1), puis la CCI décidera d'une *expertise médicale* (2) afin de rendre son *avis* sur l'affaire en cause (3).

1. La décision de la CCI sur la recevabilité de la demande

794 Avant de rendre son avis sur le fond de l'affaire, la CCI, saisie par la victime, doit se prononcer sur la recevabilité de sa demande. La compétence de la commission est essentiellement conditionnée par *la gravité du dommage causé par l'acte médical*. Au terme d'une démarche parfois critiquée, le législateur a en effet pris le parti de réserver les procédures amiables d'indemnisation des dommages médicaux aux victimes les plus gravement atteintes [2].

L'article L. 1142-8 CSP dispose en effet de manière elliptique : « Lorsque les dommages subis présentent le caractère de gravité prévu… la commission émet un avis… ».

Ce « degré de gravité », indiqué à l'art. L. 1142.1.II CSP, suppose que l'accident médical a eu pour le patient « des conséquences anormales au regard de son état de santé comme de l'évolution de celui-ci, et présentent un caractère de gravité fixé par décret… ». Ce critère de gravité doit, depuis la loi n° 2009-526 du 12 mai 2009, être appréhendé « au regard de la perte de capacités fonctionnelles et des conséquences sur la vie privée et professionnelle mesurées en tenant notamment compte du taux d'atteinte permanente à l'intégrité physique ou psychique, de la durée de l'arrêt temporaire des activités professionnelles ou de celle du déficit fonctionnel temporaire ». Ce sont les décrets n° 2003-314 du 4 avril 2003, et n° 2011-76 du 19 janvier 2011, aujourd'hui codifiés à l'article D. 1142-1 CSP, qui ont

1. **Règlement amiable :** P. Desideri, « La procédure d'indemnisation amiable des dommages médicaux », *LPA*, 19 juin 2002, n° 122, p. 67 ; M. Harichaux, « Le mouvement de règlement amiable des litiges médicaux » in Manuel de droit des CCI, Études hospitalières éd. 2003, p. 17 ; C. Huriet, « Règlement amiable des conséquences des risques sanitaires : mise en place de nouvelles instances », *Gaz. Pal.* 15-17 déc. 2002, p. 49 ; P. A. Lecocq (dir.), « L'indemnisation amiable des accidents médicaux, Bilan du traitement de 15 000 dossiers par les CCI et l'Oniam et perspectives d'avenir », n° spécial de la *RGDM* 2009. P. Vayre, « Transaction extrajudiciaire : règlement amiable des complications des actes médico-chirurgicaux », *Gaz. Pal.* 19-20 juin 2002, p. 27 ; J. Saison, « L'histoire mouvementée du règlement non contentieux des litiges médicaux », *RGDM* 2002, n° 7, p. 201.

2. **CCI, compétence par critère de gravité :** sur le DFT v. ss 198 s. et sur le DFP v. ss 207 s. ; sur le critère de gravité des victimes d'infractions, v. ss 1033 s. ; G. Courtieu, « L'indemnisation des accidents médicaux : des lois perverses », *RCA* 2003, chron. n° 6 ; C. Charbonneau, « Présentation du décret du 4 avril 2003 relatif au caractère de gravité des accidents médicaux », *Gaz. Pal.* 21-22 mai 2003, p. 3.

déterminé le « caractère de gravité du préjudice ouvrant droit à réparation au titre de la solidarité nationale » :

Ainsi, selon ce texte la victime doit établir :

- soit un taux d'APIPP d'au moins 24 % correspondant à une perte de capacité fonctionnelle, déterminée en fonction d'un barème spécifique annexé à l'article D. 1142-1 CSP,

- soit, « pendant une durée au moins égale à six mois consécutifs ou à six mois non consécutifs sur une période de douze mois, d'un un arrêt temporaire des activités professionnelles ou des gênes temporaires constitutives d'un déficit fonctionnel temporaire supérieur ou égal à un taux de 50 % ». Ce second critère a fait l'objet d'une modification. Le décret du 4 avril 2003 faisait en effet seulement référence à une victime présentant *une incapacité temporaire de travail (ITT) de six mois*, consécutifs ou non sur une période d'un an. Il est à noter que l'ONIAM avait imposé une interprétation stricte, et critiquable de la notion d'ITT, en considérant *qu'elle devait s'entendre comme une pure incapacité de travail*, et ne pouvait englober le déficit fonctionnel temporaire, excluant donc de manière totalement infondée de ce critère toutes les personnes sans activité professionnelle (enfant, femme au foyer, chômeur, retraité, etc.). La notion d'ITT ayant été abandonnée en droit commun au profit de la notion de déficit fonctionnel temporaire (DFT), le décret du 19 janvier 2011 a donc modifié les textes afin de les mettre en adéquation avec cette évolution du droit commun.

À titre exceptionnel, le caractère de gravité peut également être reconnu :

1°) Lorsque la victime est déclarée définitivement inapte à exercer l'activité professionnelle qu'elle exerçait avant la survenue de l'accident médical, de l'affection iatrogène ou de l'infection nosocomiale ;

2°) Ou lorsque l'accident médical, l'affection iatrogène ou l'infection nosocomiale occasionne des troubles particulièrement graves, y compris d'ordre économique, dans ses conditions d'existence. Ce critère a, dans la pratique, une importance réelle, puisqu'il permet d'admettre au sein de la procédure de règlement amiable toutes les personnes dont les séquelles consécutives à l'accident, sans se traduire nécessairement par un taux d'APIPP élevé, ont néanmoins eu un retentissement très important sur leur vie quotidienne.

795 ***L'accès au règlement amiable verrouillé par un seuil de gravité*** ◊ Depuis le décret n° 2014-19 du 9 janvier 2014, la décision sur la recevabilité de la demande peut être prise soit par le président de la CCI (ou président adjoint) s'il apparaît « que les dommages subis ne présentent manifestement pas le caractère de gravité prévu au II de l'article L. 1142-1 », soit, dans le cas contraire, par une délibération de la commission.

Quoiqu'il en soit, la simple *recevabilité* de la demande d'indemnisation est subordonnée à un critère de gravité, or :

- d'une part, déterminer la gravité et notamment le taux d'APIPP d'un dommage corporel suppose une expertise médicale, dont par ailleurs la loi entend conforter le sérieux, la compétence et l'impartialité : mais ici la décision sur la compétence est prise *avant* toute expertise médicale. C'est en effet une décision sur pièces : la victime doit joindre des documents et pièces justificatives à l'appui de sa demande (un avis de son médecin traitant ?). Une « expertise préalable sur pièces » est certes prévue par le Code de la santé publique, mais elle est, dans les faits, très rarement pratiquée [1] : Une évaluation médicale sans médecin-examinateur et sans patient examiné parait en effet une incongruité. En cas de doute, les présidents des CCI préfèrent ainsi souvent demander l'avis informel des médecins siégeant au sein des commissions, plutôt que de diligenter une pseudo expertise qui n'apporterait que peu d'éléments d'information, et rallongerait inutilement la procédure.

– d'autre part ce « degré de gravité » est celui qui ouvre droit à la réparation par l'ONIAM au titre de la solidarité nationale, mais pas à l'indemnisation par les assurances de responsabilité médicale, où la réparation intégrale s'impose sans seuil. Comment ce seuil peut-il interférer, avant toute expertise médicale digne de ce nom, sur la recevabilité de la demande en règlement amiable par la CCI ?

Tout cela est peu cohérent : l'existence de ce seuil de gravité élimine de facto une part importante des victimes (68 % selon les chiffres du rapport 2014 de l'ORM), que la CCI ne pourra renvoyer qu'à la conciliation... ou aux procédures de droit commun. Cette compétence réduite des CCI en matière de règlement amiable peut laisser perplexe : l'immense dispositif législatif aurait très certainement gagné à admettre un nombre plus important de victimes en son sein.

2. L'expertise en accidents médicaux [2]

796 C'est *après* avoir statué sur la recevabilité de la demande, préjugeant sur pièces de la gravité du dommage, mais *avant* d'émettre son avis, que la Commission doit diligenter une expertise prévue à l'art. L. 1142-12 CSP. L'atout principal de cette expertise est sa gratuité pour les victimes, puisque, conformément à l'article L. 1142-14 al. 5 C. assur., son coût est

1. Ainsi sur 2013, une telle expertise n'a été mise en œuvre que dans 0,7 % des cas (chiffres de la CNAMed).

2. **Expertise en accidents médicaux** : J. Penneau, « L'expertise des accidents médicaux », *RDSS* 2002, p. 797 ; P. Vayre, « Incidences pratiques de la loi du 4 mars 2002 sur l'expertise technique concernant les accidents médicaux », *LPA* 19 juin 2002, n° 122, p. 87 ; C. Manouil, « Les spécificités et l'évolution de l'expertise CCI », *RGDM* 2010, n° 36, p. 115. lM. Olivier, « Modalités d'établissement de la liste nationale des experts... », *Gaz. Pal.* 14-15 févr. 2003, p. 3 ; G. Nicolas, « La loi du 4 mars 2002 et l'expertise médicale », *Gaz. Pal.* 15-17 déc. 2002, p. 51 ; P. De La Grange, « Indemnisation des accidents médicaux : accès au dossier et déroulement de l'expertise », *D.* 2003 Interview p. 693 ; M. Penneau, « Indépendance et expertise médicale », in *Mélanges Lambert*, Dalloz, 2002, p. 347 ; F.-L. et P. Vayre, « Les confins du dommage par aléa et par faute : grille pour expertise technique » *Gaz. Pal.* 2000, 82-83, p. 13. – Sur les propositions du groupe de travail du ministère de la Justice (CNAV) relatives à l'expertise médicale, cf. *supra*, annexe p. 202. « L'expertise médicale et l'indemnisation des préjudices corporels », VIIIe colloque d'Aix en Provence, 2008, les Études hospitalières, 2009.

supporté par l'ONIAM, qui sera remboursé par l'assureur du professionnel de santé si celui-ci fait une offre d'indemnisation à la victime [1].

797 ***a) La Commission nationale des accidents médicaux (CNAMed), garante de la compétence des experts*** [2] ◊ La composition de la CNAMed est assez composite : présidé par un magistrat de l'ordre judiciaire ou administratif, elle comprend des professionnels de santé, des représentants d'usages et des personnes qualifiées. Elle est chargée de « prononcer l'inscription des experts sur une liste nationale des experts en accidents médicaux après avoir procédé à une évaluation de leurs connaissances » (art. L. 1142-10 CSP). Elle est également chargée d'assurer la formation de ces experts, dont la *compétence* doit être garantie.

Les experts inscrits sur la liste de la CNAMed sont, en principe, les seuls à pouvoir être désignés par les CCI pour procéder aux expertises dans le cadre de la procédure de règlement amiable. Leur inscription sur la liste nationale est valable cinq ans, et son renouvellement est subordonné à une nouvelle évaluation des connaissances et des pratiques professionnelles.

798 ***b) La collégialité et l'indépendance des experts*** ◊ *Art. L. 1142-12 CSP* : « La commission régionale désigne aux fins d'expertise un collège d'experts choisis sur la liste nationale des experts en accidents médicaux, en s'assurant que ces experts remplissent toutes les conditions propres à garantie leur indépendance vis-à-vis des parties en présence »...

Ainsi le principe est celui d'une expertise collégiale, le rapport étant établi conjointement par les membres du collège d'experts. Un spécialiste choisi sur la liste des experts judiciaires peut en faire partie si la nature du préjudice le justifie. En revanche, si l'affaire paraît simple, la commission peut juger suffisant de nommer un seul expert choisi sur la liste nationale des experts en accidents médicaux. La pratique des CCI ne respecte pas toujours ce principe. Les expertises n'ont en effet été collégiales que dans 50 % des cas en 2013, ce chiffre étant toutefois en augmentation constante depuis 2009, les CCI ne désignant donc dans la moitié des cas, essentiellement dans un souci de rapidité, qu'un seul expert [3]. Les disparités régionales sont toutefois importantes : de 40 % d'expertises collégiales à Lyon jusqu'à plus de 60 % à Nancy.

La loi insiste sur « l'indépendance de l'expert vis-à-vis des parties en présence », ce qui doit exclure du collège d'experts aussi bien le médecin-conseil de la victime que celui de l'assureur du responsable, et exclut notamment le choix d'un expert appartenant au même établissement de santé que le médecin responsable.

---

1. **Sur l'offre d'indemnisation de l'assureur** : v. ss 883 s.
2. **Commission nationale en accidents médicaux (CNAMed)** : C. Esper, « La CNAM », in Mémeteau (dir.), *Manuel des CCI*, éd. Études hospitalières 2004, p. 135.
3. **Chiffres du rapport annuel de la CNAM pour 2009-2010** : www.cnamed.sante.gouv.fr/IMG/pdf/CNAMed_09-10.pdf

799 ***c) Le respect du contradictoire*** ◊ La loi précise que « le collège d'experts ou l'expert s'assure du caractère contradictoire des opérations d'expertise, qui se déroulent en présence des parties ou celles-ci dûment appelées. Ces dernières peuvent se faire assister d'une ou des personnes de leur choix. Le collège d'experts ou l'expert prend en considération les observations des parties et joint sur leur demande, à son rapport tous documents afférents... ».

L'assistance de la victime dans la phase d'expertise médicale est d'autant plus essentielle que les conclusions du rapport d'expertise, notamment l'existence ou non d'une faute médicale et la détermination du taux d'APIPP, conditionnent l'indemnisation. Il serait nécessaire de pouvoir garantir non seulement l'assistance médicale de la victime par un médecin-conseil de la victime librement choisi par elle, mais encore l'assistance éventuelle d'un avocat susceptible de l'éclairer, de la conseiller et de défendre juridiquement son point de vue. Cette assistance médicale et juridique de la victime génère un coût ; celui-ci est une conséquence de l'accident, donc un préjudice patrimonial qui devrait être pris en charge par le responsable ou l'organisme indemnisateur au même titre que les autres préjudices.

La loi du 4 mars 2002 ne prévoit expressément que la prise en charge du « coût des missions d'expertise » par l'ONIAM : ceci couvre les honoraires des experts nommés, mais pas celui des conseils des victimes, ce qui est regrettable car c'est bien une charge qui a pour cause l'accident.

Le rapport d'expertise doit être communiqué aux victimes : cette transmission, inhérente au caractère contradictoire de l'expertise, a trop souvent été déniée dans le cadre des expertises d'assurances, alors qu'elle devrait relever de la simple éthique médicale.

800 ***d) Le barème médical de référence*** [1] ◊ Alors qu'il existe deux barèmes médicaux publiés en droit commun, c'est le barème du Concours médical qui est devenu barème officiel de l'évaluation des accidents médicaux, par son annexion au décret 2003-314 du 4 avril 2003 relatif au caractère de gravité des accidents médicaux. Le choix de ce barème, dont les spécialistes soulignent les sous-évaluations notamment pour les séquelles des traumatisés crâniens, aurait dû s'accompagner d'une révision officielle indépendante, qui ne semble pas mise en œuvre.

3. L'avis de la Commission

801 L'expertise diligentée par la Commission lui permet d'émettre un *« avis sur les circonstances, les causes, la nature et l'étendue des dommages, ainsi que sur le régime applicable »* (art. L. 1142-8 CSP). Cet avis doit préciser si, à la date où il est rendu, la victime est consolidée ou non. Pour l'éclairer, la Commission a les plus larges pouvoirs d'investigations.

---

1. **Barèmes médicaux :** v. ss 122.

802 ***a) Contenu de l'avis*** ◊ La CCI doit rendre un avis sur les caractéristiques du dommage et sur le régime d'indemnisation applicable. Trois grands types d'avis sont donc susceptibles d'être rendus par les CCI

1re hypothèse : avis rejetant la demande de la victime. Dans plus de la moitié des cas, les CCI rendent un avis rejetant les demandes de la victime (56 % des cas selon le rapport pour 2013 de la CNAMed).

2e hypothèse : avis rattachant le préjudice de la victime à un cas de responsabilité : dans un tel cas, la CCI oriente le demandeur vers l'assureur du professionnel de santé mis en cause, qui doit alors lui faire une offre d'indemnisation dans un délai de quatre mois [1].

3e hypothèse : avis rattachant le préjudice de la victime à une indemnisation au titre de la solidarité nationale : la CCI dirige la victime vers l'ONIAM qui doit également faire une offre d'indemnisation à la victime [2].

Il est à noter que l'avis peut rattacher tout à la fois le dommage à une hypothèse de responsabilité et de solidarité nationale, conduisant donc à une répartition du poids de l'indemnisation entre, en principe, l'assureur du professionnel concerné et l'ONIAM.

803 ***b) Délai de l'avis*** ◊ Conformément à l'article L. 1142-8 al. 2 CSP, « l'avis de la commission régionale est émis dans un délai de six mois à compter de sa saisine ». Cette rapidité a été voulue par le législateur afin de renforcer l'attrait des procédures de règlement amiable, mais il est dès l'abord apparu utopique. Dans un tel délai, les CCI doivent en effet tout à la fois se prononcer sur la recevabilité de la demande, diligenter l'expertise et rendre un avis souvent complexe sur la base dudit rapport d'expert. Ce délai n'est donc pas respecté dans les faits. Ainsi, sur l'année 2007, les CCI avaient mis en moyenne 10 mois pour rendre leur avis. Cette situation de fait était préoccupante, car la rapidité de la procédure est un atout essentiel du règlement amiable, dont le non-respect pourrait en compromettre l'attrait. Des moyens supplémentaires ont donc été attribués au CCI dont l'activité est la plus soutenue (notamment les CCI couvrant la région Île de France) et le délai moyen est redescendu à 7,8 mois en 2013, tous avis confondus, mais restant quand même de 10,8 mois pour les avis positifs.

804 ***c) Absence de recours contre l'avis des CCI*** [3] ◊ Dès l'adoption de la loi, une interrogation s'est faite jour pour savoir si l'avis de la CCI pourrait faire l'objet d'un recours, notamment pour excès de pouvoir devant le juge administratif.

---

1. V. ss 883.

2. V. ss 884 s.

3. Absence de recours contre les avis des CCI : A. Leca, « Un avis de CCI est une décision administrative faisant grief », *RGDM* 2005, n° 17, p. 355. P. A. Lecocq (dir.) « L'indemnisation amiable des accidents médicaux, Bilan du traitement de 15 000 dossiers par les CCI et l'Oniam et perspectives d'avenir », n° spécial de la *RGDM* 2009, spéc. p. 211 s. D. Martin, « L'apport de la jurisprudence au fonctionnement du dispositif de règlement amiable des accidents médicaux », *Gaz. Pal.* 16 et 17 nov. 2007, p. 5. G. Memeteau, « Le tango des CCI : deux pas ici, un pas par là. Un guichet ou une commission ? Une juridiction », Med. et droit 2006, p. 17.

On pouvait en douter : cet avis administratif n'est en effet qu'une étape dans le processus de règlement amiable ; il n'a pas pour objet de chiffrer les préjudices ; il ne vaut pas « décision ». Aucun recours contre cet « avis » n'est d'ailleurs prévu par la loi ; la victime mécontente pouvant seulement mettre fin au processus de « règlement amiable » pour se tourner vers la juridiction compétente. La Commission n'apparaît en rien de nature juridictionnelle. En définitive elle n'est qu'un rouage administratif d'instruction qui joue un rôle d'aiguillage entre les deux modes d'indemnisation prévus par l'art. 1142-14 CSP : l'assureur du responsable ou l'Office national d'indemnisation des accidents médicaux (ONIAM). Une telle approche a été confirmée par un avis du Conseil d'État du 10 octobre 2007 : l'avis des CCI n'est qu'une mesure préparatoire destinée à faciliter le règlement amiable des litiges, et ne saurait faire grief. Il est donc insusceptible de tout recours, et ne lie corrélativement pas l'ONIAM [1], dernier point sur lequel la Cour de cassation s'est ralliée à la position du Conseil d'État par un arrêt du 6 mai 2010.

§ 2. Les voies juridictionnelles classiques

805 ***Une dualité juridictionnelle pour un droit univoque*** [2] ◊ Dans la tradition française, le droit privé et le droit public ont leur autonomie et leur spécificité qui se concrétisent dans la dualité juridictionnelle entre les tribunaux civils et les tribunaux administratifs.

La loi du 4 mars 2004 a réalisé *l'unification du droit* de la responsabilité médicale et de l'indemnisation des victimes d'accidents médicaux, qui était déjà annoncée par une *harmonisation* jurisprudentielle des deux ordres de juridiction. Désormais les conditions de la responsabilité médicale et les délais de prescription sont unifiés :

La prescription médicale : art. 1142-28 CSP : « Les actions tentant à mettre en cause la responsabilité des professionnels de santé ou des établissements de santé publics ou privés à l'occasion d'actes de prévention, de diagnostic ou de soins se prescrivent par dix ans à compter de la consolidation du dommage ».

P. Mistretta, « Les CCI ou les désillusions du règlement amiable des litiges médicaux », *JCP* 2006, I, 298. TA Bastia, 12 sept. 2005, *D.* 2006. 195, note J. Penneau, *JCP* 2006, II, 10047, note F. Vialla. CE (avis) 10 oct. 2007, *JCP* 2008, II, 1007, note F. Vialla et B. Apollis. *RGDM* 2008, n° 26, p. 294. Civ. 1re, 6 mai 2010, n° 09-66947 (L'avis des CCI ne lie pas l'ONIAM).

1. **Sur l'influence de l'avis des CCI sur l'ONIAM**, v. ss 891.

2. **Droit univoque de la responsabilité médicale** ; C. Radé, « L'harmonisation des jurisprudences judiciaire et administrative en matière de responsabilité médicale »..., *RCA* 2000 chron. n° 17 ; G. Mémeteau, « Les Commissions régionales : interférences avec les procédures juridictionnelles », in « Manuel de droit des CCI », éd. Études hospitalières 2004, p. 201 ; A. Lefeuvre, « De la prescription décennale en matière de responsabilité médicale », *AJDA* 2003, p. 270 ; CE 19 mars 2003, *D.* 2003. IR. 1137, *RCA* 2003, n° 209, note Guettier (prescription décennale applicable en cas d'accident médical) ; F. Dreifuss-Netter, « Feue de la responsabilité civile contractuelle du médecin ? », *RCA* 2002 chron. n° 17.

Jusqu'ici, la prescription était de trente ans en droit médical privé contractuel, et le droit administratif connaissait théoriquement une prescription quadriennale. L'unification des deux régimes par une prescription de dix ans, qui tend à devenir le droit commun moderne ainsi qu'en atteste la loi du 17 juin 2008 portant réforme de la prescription civile, est donc à approuver, bien que des règles dérogatoires subsistent dans le cas de certaines actions dirigées contre l'ONIAM [1].

L'art. L. 1142-7 al. 4 CSP précise que la saisine de la commission suspend les délais de prescription et de recours contentieux jusqu'au terme de la procédure spécifique organisée par la loi. *Pour autant la saisine de la commission n'est pas un préalable obligatoire avant tout contentieux puisque la victime doit seulement l'informer des procédures juridictionnelles relatives aux mêmes faits éventuellement en cours.*

La loi du 4 mars 2002 a laissé le processus juridictionnel d'indemnisation ouvert à la victime à tout moment : hors de toute saisine de la CCI, après un avis de la CCI dont elle récuse les conclusions, voire après des offres d'indemnisation de l'ONIAM ou de l'assureur de responsabilité qui lui paraîtraient insuffisantes : le recours juridictionnel constituera donc un test de réussite ou d'échec de la loi qui avait pour ambition de limiter la voie contentieuse.

Curieusement l'unité du régime juridique d'indemnisation applicable ne s'est pas concrétisée par l'unité juridictionnelle au profit du judiciaire, comme c'est le cas en matière d'accidents de la circulation pour les véhicules administratifs (loi du 30 octobre 1968), pour les victimes de recherches biomédicales, fût-ce à l'hôpital public (art. L. 1126-7 CSP). On doit le regretter, car le maintien de la dualité juridictionnelle peut porter atteinte à l'unité du régime juridique d'indemnisation des victimes d'accidents médicaux, par des divergences d'interprétation de la loi.

Il est donc nécessaire de reprendre brièvement les règles de compétence applicables aux deux ordres de juridiction : administrative (A) et judiciaire (B).

A. La responsabilité médicale administrative

806 ***Le secteur public hospitalier* [2] *(art. L. 6112-1 CSP)*** ◊ L'importance du secteur public en matière médicale est d'abord quantitative car

---

1. **Maintien de la prescription quadriennale dans certaines actions intentées contre l'ONIAM** : Pour une synthèse de cette question : L. Bloch, « Attention aux prescriptions médicales », *RCA* 2014, alerte, 15. CM Alves, « L'unification de la prescription médicale à l'épreuve de la prescription quinquennale », *LPA* 14 sept. 2014, 184, p. 3. CE, 23 juill. 2014, n° 375829, *AJDA* 2014, 2204, concl. F. Lambolez. Civ. 1re, 11 mars 2014, 13-10697, *RCA* 2014, comm. n° 167.

2. **Droit hospitalier** : M. Dupont, Cl. Bergoignan-Esper et Ch. Paire, *Droit hospitalier*, Dalloz, 8e éd., 2011 ; C. Esper (dir.), *Droit médical et hospitalier*, Litec (3 vol à feuillets mobiles) ; J. M. Clément, Les répercussions de la loi du 4 mars 2002 dans le champ de droit hospitalier, Éd. hospitalières, 2003 ; M. L Moquet-Anger, *Droit hospitalier*, LGDJ, 2010 ; P. Vayre, « Une nouvelle gestion du risque médical et la loi du 4 mars 2002 », *RFDC* 2003, p. 263.

celui-ci représentait en 2011, 80 % du nombre de lits ou places en hospitalisation de jour ou de nuit contre 20 % pour le privé. Elle est sans doute aussi qualitative, car les hôpitaux publics sont le lieu de la plus haute technologie médicale, des plateaux techniques les plus sophistiqués, des recherches les plus pointues, de l'efficacité scientifique la plus reconnue... avec son inévitable corollaire des risques médicaux les plus lourds. Cependant les problèmes d'organisation, de financement et d'emplois ont considérablement altéré sa réputation ces dernières années, et une inévitable réforme devra restaurer une image aujourd'hui bien dégradée.

807 ***a) La responsabilité administrative des hôpitaux publics***[1] ◊ Elle n'a été définitivement admise qu'assez tardivement : alors que les deux ordres juridictionnels revendiquaient leur compétence par un arrêt important du 25 mars 1957 (*Isaac Slimane*), le Tribunal des conflits a considéré que la *responsabilité administrative de l'hôpital couvre la responsabilité du médecin hospitalier pour les fautes commises dans son activité médicale*. La Cour de cassation, pour laquelle la faute médicale constituait jusque-là une faute personnelle, s'est inclinée à partir de 1960, et un arrêt rendu par l'Assemblée plénière le 18 juin 1963 a admis que la faute médicale du médecin hospitalier pouvait être qualifiée de « *faute de service* ». Il y a dès lors déclinatoire de compétence et renvoi devant la juridiction administrative où la victime doit recommencer un procès pour obtenir réparation. Les règles de la jurisprudence administrative s'imposent donc : depuis le célèbre arrêt « *Blanco* » du 1er février 1873, le juge administratif ne se réfère pas aux textes du Code civil pour déterminer la *faute* ; il y a *autonomie de la « faute administrative »*.

Enfin les médecins des hôpitaux publics sont dans une situation réglementaire de service public à l'égard de leurs patients, et il n'existe donc pas de relations contractuelles entre le médecin hospitalier et le patient soigné dans un établissement public de santé... sauf exceptions...

---

1. **Responsabilité des hôpitaux publics ; compétence administrative : Jurisprudence du Tribunal des conflits :** T. confl. 1er févr. 1873, *Blanco, Rec. CE* 1873, p. 71 ; T. confl. 25 mars 1957, *Isaac Slimane, Rec. CE* 1957, p. 816, *D.* 1957.395, concl. Chardeau (les fautes de service des médecins hospitaliers relèvent de la jurisprudence administrative) ; T. confl. 14 févr. 2000, *Ratinet, Rec. CE* n° 2929, *JCP* 2001.II.10584, note J. Hardy (responsabilité in solidum de l'hôpital et de l'anesthésiste) ; S. Petit, « Contributions du Tribunal des conflits, du Conseil d'État et de la Cour de cassation à l'évolution de la notion de faute de service », *Gaz. Pal.* 26-27 oct. 2001, p. 2. – **Jurisprudence administrative :** CE 8 nov. 1935, *veuve Loiseau, D.* 1935.3.15 ; CE 12 juin 1953, *Baty, D.* 1954.130, concl. Guionin. – **Jurisprudence judiciaire ; déclinatoire de compétence :** Civ. 1re, 7 juill. 1960, *Bull. civ.*, p. 310 ; Ass. plén., 18 juin 1963, *JCP* 1963.II.12454, note Pepy ; Civ. 1re, 8 févr. 1966, *Bull. civ.*, p. 72 ; Crim. 21 mai 1985, *D.* 1987. Somm. 27, obs. Penneau ; Crim. 7 oct. 1986, *D.* 1987. Somm. 422, obs. Penneau ; Civ. 1re, 13 nov. 1996, *RCA* 1997, n° 46, *Gaz. Pal.* 5-6 juin 1998, p. 5 (l'action tendant à la mise en cause de la responsabilité encourue par un centre hospitalier, dans son activité de gestionnaire d'un centre de transfusion sanguine, relève de la seule compétence des tribunaux de l'ordre administratif) ; Civ. 1re, 6 juill. 1999, *RCA* 1999, n° 342 (Cour d'appel compétente pour connaître de l'action directe intentée par la victime contre l'assureur R.C., est incompétente pour fixer la créance de réparation dont est redevable un centre hospitalier, personne morale de droit public).

808 ***b) La distinction de l'acte médical et de l'acte de soins*** [1] ◊ En application de l'art. L. 4161-1 CSP sur l'exercice illégal de la médecine, la liste des actes médicaux qui ne peuvent être pratiqués que par des médecins est fixée et les règles applicables aux professions médicales et aux auxiliaires médicaux sont déterminées. La distinction entre actes médicaux et actes de soins, précisée par l'arrêt *Rouzet* rendu par le Conseil d'État le 26 juin 1959, a eu d'importantes conséquences sur le régime de la responsabilité hospitalière.

Une très importante jurisprudence illustre la responsabilité hospitalière pour faute de soins ou pour faute dans l'organisation et le fonctionnement du service.

B. La responsabilité médicale judiciaire

809 ***La compétence des tribunaux judiciaires*** ◊ Les tribunaux judiciaires sont notamment compétents pour juger de la *responsabilité pénale de tous les médecins*, quel que soit leur statut, de la *responsabilité civile des médecins libéraux*, de celle des médecins hospitaliers dans le cadre de leur *« secteur privé »*, ou dans le cas exceptionnel de la *« faute détachable du service »* et enfin de la responsabilité civile des *établissements de soins privés* pour les fautes commises dans la mise à disposition de l'ensemble de son personnel et pour les soins exécutés par leur personnel salarié.

1. La responsabilité pénale des médecins [2]

810 ***La loi du 10 juillet 2000 et l'abandon de l'identité des fautes civile et pénale d'imprudence*** [3] ◊ Nous avons déjà noté l'importance de

1. **Faute dans l'organisation ou le fonctionnement du service :** CE, 26 juin 1959, *Rouzet*, *Rec. CE* 1959, p. 405, *D.* 1959.112, note Robert ; CE 19 févr. 1986, *Auger*, *RDSS* 1986.242, concl. Stirn (anesthésie pratiquée sans anesthésiste) ; CE, 20 janv. 1989, 2 arrêts, *RCA* 1989 ; CE, 3 nov. 1989, *RCA* 1990, n° 83 ; CE, 8 déc. 1989, *RDSS* 1991.65 (anesthésie locale pratiquée par un non-médecin) ; CE 31 oct. 1990, *RCA* 1991, n° 24. **Infections nosocomiales :** v. ss 867 s.

2. **Responsabilité pénale des médecins :** N. Carrère, « Le juge pénal et les professionnels de santé », *Gaz. Pal.* 8 janv. 2008, p. 23. D. Cartron, « Quelle place pour la victime d'un accident médical devant le juge pénal ? », *RCA* 2013, dossier, 27. M. Henneau-Hublet, « L'activité médicale et le droit pénal », Bruylant, LGDJ 1987 ; Fenech M. Véron, « La responsabilité pénale médicale » in ENM « La responsabilité médicale de la faute du risque », 1995, p. 33 ; S. Hocquet-Berg, « Places respectives et influences réciproques des responsabilités civile et pénale en droit médical », *RCA* 2013, dossier, 26. M. Vaubaillon, « La politique pénale du parquet de Paris en matière de responsabilité médicale », ibidem, p. 41 ; P. Mistretta, « Le patient non consentant et le droit pénal » et « Le médecin indifférent et le droit pénal », *Rev. pén. et droit pénal* 2010, 177 s. ; M. Veron, « La responsabilité pénale du médecin », *LPA* 1999, n° 189, p. 23. ; « La responsabilité pénale au sein de l'équipe médicale », *Dr. pénal* 2008, p. 30. – Chroniques de droit pénal médical : cf. revue *Médecine et droit*.

3. **Loi 10 juillet 2000 :** v. ss 577 ; C. Esper, « Les conséquences de la loi de 10 juillet 2000 sur la responsabilité médicale des acteurs de santé », *Méd. et dr.* 2002, n° 53, p. 6 ; P. Mistretta, « La responsabilité pénale médicale à l'aube de la loi du 10 juillet 2000 : évolution ou révolution ? », *JCP* 2002.I.149 ; S. Petit, « Une nouvelle définition des délits d'imprudence »,

la loi du 10 juillet 2000 qui dispose que l'absence de faute pénale non intentionnelle n'exclut pas la réparation civile sur le fondement de l'art. 1383 C. civ. Or le domaine de la responsabilité médicale était l'un des plus sensibles : devant une faute non intentionnelle du professionnel de santé (les fautes intentionnelles sont rarissimes), le juge était devant le dilemme soit de reconnaître la faute civile pour permettre la réparation, mais elle constituait alors *ipso facto* une faute pénale, soit de ne pas reconnaître la faute civile pour éviter son incidence pénale, et la victime était dès lors privée d'indemnisation. Désormais la faute pénale doit être caractérisée.

La responsabilité pénale a pour fonction de *prévenir* et de *punir* un *comportement antisocial*. Elle s'applique à tous les médecins du secteur public et du secteur privé. Parmi les infractions que sont susceptibles de commettre les médecins dans l'exercice de leurs fonctions, on peut citer notamment, outre la non-assistance à personne en danger [1] :

a) Les atteintes involontaires à la vie [2]

1) Art. 221-6 C. pén. : la faute pénale d'imprudence concerne d'abord *les* personnes physiques qui, manquant à leur devoir de vigilance, ont

---

Gaz. Pal. 9-11 juill. 2000, p. 2 ; Y. Lachaud, « Causalité indirecte et faute qualifiée en responsabilité médicale après la loi du 10 juillet 2000 », *Gaz. Pal.* 7-8 sept. 2001 ; J. Guigue, « Application des dispositions de la loi du 10 juillet 2000 », *Gaz. Pal.* 17-19 déc. 2000, p. 3.

1. **Omission de porter secours à personne en danger : Code pénal : Art. 223-6.** « Quiconque pouvant empêcher par son action immédiate, sans risque pour lui ou pour les tiers, soit un crime, soit un délit contre l'intégrité corporelle de la personne s'abstient volontairement de le faire est puni de cinq ans d'emprisonnement et de 75 000 euros d'amende. Sera puni des mêmes peines quiconque s'abstient volontairement de porter à une personne en péril l'assistance que, sans risque pour lui ou pour les tiers, il pouvait lui prêter soit par son action personnelle, soit en provoquant un secours. » **Doctrine :** A. Guillon, « L'omission de porter secours et la profession médicale », *JCP* 1956. I.1294 ; L. Melennec, J. Sicard, R. Tortat, « Le médecin et l'abstention délictueuse », *Gaz. Pal.*, 1977, Doct. 66 ; R. Vouin, « Le médecin devant l'art. 63, C. pén. », *RSC* 1953.352 ; A. Peytel, « Les médecins et le délit de commission par omission », *Gaz. Pal.* 1963.II.13 ; A. Toulemont, « Le délit d'abstention fautive et le médecin », *Gaz. Pal.*, 1953 ; J.-H. Soutoul, *La non-assistance de l'art. 63, al. 2, C. pén. et le corps médical*, thèse Poitiers, 1990 ; J.-H. Soutoul, *Le médecin face à l'assistance à personne en danger et à l'urgence*, éd. Maloine, 1990 ; J.-H. Soutoul et autres, « Survol de la jurisprudence concernant la non-assistance à personne en danger par le médecin », *JML-DM* 1992. **Jurisprudence :** Crim. 31 mai 1949, *JCP* 1949.II.4945, note J. Magnol ; Crim. 21 févr. 1954, *D.* 1954.224 ; Crim. 15 mars 1961, *Gaz. Pal.* 1961.II.107 ; Crim. 20 févr. 1958, *JCP* 1958. II.10805 ; Crim. 15 mars 1961, *D.* 1961.610 ; Crim. 16 et 20 mars 1972, *D.* 1972.394. Crim. 26 mars 1997, 2 espèces et Crim. 4 févr. 1998, *D.* 1999. Somm. 384, obs. J. Penneau, « L'infraction de porter secours appliquée aux médecins » ; Crim., 26 mars 1997 *RCA* 1997, n° 308 (méprise du médecin traitant sur la gravité du péril encouru par le malade) ; Crim., 19 févr. 1997, *Gaz. Pal.* 16-17 juin 1999, p. 72 (homicide par impéritie ; décès d'un patient à la suite d'erreurs médicales) ; Crim., 19 févr. 1997, *D.* 1998.236 note Legros, *JCP* 1997.II.22889 note Chevalier (décision prise par l'anesthésiste d'extuber la patiente victime d'un accident de la circulation « en désaccord avec toute logique et toute éthique médicale et contraire aux règles consacrées par la pratique »). Crim. 6 oct. 2009, *RGDM* 2010. 229.

2. **Atteintes involontaires à la vie (homicide involontaire) :** C. pén., art 221-6. « Le fait de causer, par maladresse, imprudence, inattention, négligence ou manquement à une obligation de sécurité ou de prudence imposée par la loi ou les règlements, la mort d'autrui constitue un homicide involontaire puni de trois ans d'emprisonnement et de 45 000 euros d'amende. En cas de manquement délibéré à une obligation de sécurité ou de prudence imposée par la loi ou

fait courir des risques graves à autrui, mettant ainsi en péril l'ordre public, et suscitant la réprobation sociale. À cet égard il est normal que le médecin dont l'impéritie caractérisée a causé le décès d'un patient encoure comme tout citoyen une sanction pénale. En revanche les médecins sont très choqués de subir une responsabilité pénale pour de simples erreurs dont les conséquences dramatiques justifient cependant à l'évidence une responsabilité civile : le principe de la responsabilité médicale pour faute qui sous-entend l'incompétence professionnelle est beaucoup plus traumatisant pour les médecins qu'une responsabilité objective pour risque médical.

2) Art. 221-7 C. pén. : les atteintes involontaires à la vie causées par des personnes morales [1] : on sait que l'une des innovations essentielles du nouveau Code pénal a été d'instituer à l'art. 121-2 le principe d'une responsabilité pénale des personnes morales. Le champ d'application en est large car elle s'applique aux personnes morales de droit public comme de droit privé, à but lucratif ou sans but lucratif : tous les établissements de santé et de soins notamment les hôpitaux publics et les cliniques privées sont donc concernés.

Cependant les conditions de mise en œuvre de la responsabilité pénale des personnes morales sont restrictives car l'infraction doit avoir été commise par leurs organes ou représentants, ce qui semble exclure l'infraction commise par un préposé, notamment par un médecin salarié ; en revanche cette formulation peut inclure celle d'un médecin associé.

La condition la plus spécifique de la responsabilité pénale des personnes morales est sa limitation aux seules infractions expressément visées. Or précisément elle est prévue pour les homicides et violences involontaires et les expérimentations illicites sur la personne humaine.

C'est l'article 221-7 du nouveau Code pénal qui prévoit l'application aux personnes morales de l'infraction d'atteinte involontaire à la vie.

---

les règlements, les peines encourues sont portées à cinq ans d'emprisonnement et à 75 000 euros d'amende. » **Jurisprudence** : Crim. 26 févr. 1997, *RCA* 1997, n° 309 (carences dans le suivi post-opératoire) ; Crim. 26 mars 1997, *RCA* 1997, n° 305 (chef de service n'ayant pas accompli les diligences normales lui incombant dans l'organisation de celui-ci) ; CA Nancy 6 mai 1999, *D.* 2000. 889, note Mistretta (tardiveté d'un diagnostic explicable par sa difficulté ; pas de faute pénale) ; Crim. 4 nov. 1999, *Gaz. Pal.* 21-22 juin 2000, p. 29 (Sida ; point de départ de la prescription de l'action publique : le jour du décès de la victime) ; Crim., 29 oct. 2002, *Gaz. Pal.* 3-5 août 2003, p. 11, obs. Monnet (fautes d'imprudence et de négligence en causalité directe avec le décès : délit d'homicide involontaire du chirurgien esthétique caractérisé) ; Crim. 13 nov. 2002, *Gaz. Pal.* 1-2 août 2003, p. 16, *D.* 2004. 1336, note Ph. Conte (décès d'un nouveau-né ; défaut d'accomplissement des diligences normales : homicide involontaire) ; Crim. 2 déc. 2003, *RCA* 2004, n° 75, *Gaz. Pal.* 18-19 août 2004, p. 2 (faute caractérisée du médecin régulateur du SAMU : homicide involontaire).

1. **Responsabilité pénale des personnes morales** : F. Desportes, « Le nouveau régime de la responsabilité pénale des personnes morales », *JCP*, éd. C et I, 1993, Étude n° 319 ; C. Caillé et M. Danti-Juan, *La responsabilité pénale des établissements de santé*, éd. Études hospitalières 2000. Crim. 9 mars 2010, *RCA* 2010, comm. n° 190 (responsabilité d'un CHU pour défaut d'organisation du service d'accueil des urgences).

b) Les atteintes involontaires à l'intégrité de la personne [1]

1) Art. 222-19 et 222-20 C. pén. : pour *les personnes physiques*, lorsque « l'imprudence, la maladresse ou l'inattention, négligence ou le manquement à une obligation de sécurité ou de prudence imposée par la loi ou le règlement » a causé un dommage corporel entraînant une « incapacité totale de travail de plus trois mois », le médecin comme tout citoyen encourt les peines correctionnelles corrélatives. Il faut souligner la référence pénale à la durée *d'incapacité temporaire de travail*, couramment appelée ITT, qui est inadéquate en matière pénale : seule compte l'incapacité temporaire fonctionnelle de la victime pour juger de la gravité des atteintes à l'intégrité physique.

2) Art. 222-21 C. pén. : pour *les personnes morales*, ce texte est le corollaire de l'art. 221-7 lorsqu'il n'y a pas eu décès de la victime.

2. La responsabilité civile des médecins libéraux

811 ***a) Avant la loi de 2002*** ◊

1) Le principe traditionnel : la nature contractuelle de la responsabilité médicale [2] : L'arrêt fondateur de la responsabilité médicale est celui rendu le 20 mai 1936 par la chambre civile de la Cour de cassation (arrêt *Mercier*) aux termes duquel « il se forme entre le médecin et son client un véritable contrat… et la violation même involontaire de cette obligation contractuelle est sanctionnée par une responsabilité de même nature, également contractuelle ».

Le contrat médical est de nature civile, et jamais commerciale, même dans le cadre des sociétés d'exercice libéral à formes commerciales instituées par la loi n° 90-1258 du 31 décembre 1990.

2) Exceptions : la nature délictuelle de la responsabilité médicale : elle relevait de deux situations différentes.

– *L'absence de contrat*, faute d'accord de volonté, reléguait la responsabilité du médecin dans le domaine délictuel, notamment en cas de soins donnés en urgence à une personne inconsciente ou incapable ; il en était de même en cas de nullité de contrat. Enfin il n'existait pas de contrat

1. **Atteintes involontaires à l'intégrité de la personne ; Code pénal, art. 222-19,** « Le fait de causer à autrui, par maladresse, imprudence, inattention, négligence ou manquement à une obligation de sécurité ou de prudence imposée par la loi ou les règlements, une incapacité totale de travail pendant plus de trois mois est puni de deux ans d'emprisonnement et de 30 000 euros d'amende. En cas de violation manifestement délibéré d'une obligation particulière de sécurité ou de prudence imposée par la loi ou les règlements, les peines encourues sont portées à trois ans d'emprisonnement et à 45 000 euros d'amende ».

2. **Responsabilité médicale civile :** P. Sargos, « Évolution et mise en perspective de la jurisprudence de la Cour de cassation en matière de responsabilité civile des médecins » in *Mélanges Lambert*, Dalloz, 2002, p, 375. ; « Mise en perspective conceptuelle et historique de la responsabilité médicale », *RGDM* 2010, n° 37, p. 15 ; Civ., 20 mai 1936, arrêt Mercier, *D.* 1936.I.88, concl. Matter, rapp. Josserand, note E.P. (responsabilité contractuelle) ; R. Saury, « Le contrat médical ; les aspects juridiques du colloque singulier entre le médecin et le malade », *RFDC* 1996.2, p. 117 ; Y. Lachaud, « La mise en œuvre de l'action en responsabilité médicale civile après la loi du 4 mars 2002 », *Dr. et patrimoine*, janv. 2003, p. 95 ; F. Dreifuss-Netter, « Feue la responsabilité civile contractuelle du médecin ? » *RCA* 2002 chron. n° 17 ; S. Welch, « Responsabilité du médecin : risques et réalités judiciaires », éd. Litec.

médical dans un cadre réglementaire, tel celui de la médecine du travail, ou de la médecine de contrôle de la Sécurité sociale, ni dans le cadre administratif de l'hôpital public où le patient est un usager du service public.

– *La disqualification contractuelle devant les juridictions répressives* [1] *:* nous avons déjà dénoncé la pratique des juridictions répressives qui, lorsqu'elles connaissent de l'action civile en réparation d'un dommage résultant d'une infraction, qualifient la responsabilité encourue de « délictuelle » même si elle est fondée sur un dommage causé à un contractant du fait de la mauvaise exécution des obligations contractuelles.

812 ***b) Avec l'adoption de la loi du 4 mars 2002*** ◊ Est instauré *un régime univoque de responsabilité des accidents médicaux* qui rend obsolètes ces distinctions : le nouveau régime légal s'applique en effet à tous, comme, par exemple, celui instauré par la loi du 19 mai 1998 sur la responsabilité du fait des produits défectueux. Les enjeux de la qualification contractuelle ou non de la responsabilité sont en effet devenus minimes : les hypothèses de responsabilité ou de prise en charge au titre de la solidarité nationale sont définies de façon univoque par les articles L. 1142-1 s. CSP et la prescription a été unifiée. Seuls auraient donc pu demeurer des enjeux annexes relatifs à la compétence juridictionnelle.

La Cour de cassation a toutefois tardé à prendre la mesure d'une telle évolution, puisqu'elle a, jusqu'à une époque récente, sans doute pour des questions liées à l'application de la loi dans le temps, continué à envisager la responsabilité médicale sur le classique terrain contractuel. Après quelques arrêts précurseurs, elle a toutefois opéré un revirement explicite par une décision de sa première chambre du 14 octobre 2010 [2] où elle envisage clairement la responsabilité du médecin sous le seul visa de l'article L. 1142-1, I CSP. Dans son rapport annuel pour 2010, la Cour de cassation indique ainsi nettement que « l'intérêt essentiel de l'arrêt est qu'il substitue au fondement contractuel de l'article 1147 du Code civil (...) sur lequel repose toute la responsabilité médicale depuis l'arrêt Mercier, l'article L. 1142-1, I du Code de la santé publique (...). **La Cour de cassation affirme ainsi, que pour les soins dispensés après le 5 septembre 2001, date d'entrée en vigueur de la loi n° 2002-303 du 4 mars 2002, la responsabilité des professions de santé est devenue une responsabilité légale** ». Cette solution doit être approuvée. Elle n'introduit aucun changement essentiel dans les règles de fond de la responsabilité médicale et marginalise l'irritante et inutile question de sa nature.

L'abandon de la nature contractuelle de la responsabilité ne signifie toutefois pas que le contrat médical disparaisse. La relation entre le médecin et son

1. **Qualification délictuelle devant les juridictions répressives** : v. ss 563.
2. **Abandon de la nature contractuelle de la responsabilité médicale** : Civ. 1re 14 oct. 2010 (n° 09-69195), *D.* 2010. 2682, *RTD civ.* 2011. 128. V. antérieurement, Civ 1re, 6 déc. 2007, *D.* 2007. 192. Civ. 1re, 3 juin 2010, *JCP* 2010, 1453 ; *RTD civ.* 2010. 571. Civ. 1re, 28 janv. 2010, *D.* 2010. 1522. D. Bert, « Feu l'arrêt Mercier », *D.* 2010oint de vue, p. 1801. P. Sargos, « Deux arrêts historiques en matière de responsabilité médicale », *D.* 2010. 1522.

patient reste en effet en, droit privé, de nature contractuelle, mais la responsabilité qui en découle est, elle, de nature légale [1].

3. La compétence judiciaire exceptionnelle à l'égard des médecins hospitaliers

813 Si le principe est celui de la compétence administrative pour juger de l'activité médicale hospitalière publique, néanmoins on peut relever diverses hypothèses de résurgence de la compétence judiciaire.

a) La responsabilité pénale du médecin hospitalier

Nous l'avons déjà évoquée : que le médecin ait un statut de droit privé ou de droit public, dans tous les cas sa responsabilité pénale relève des seules juridictions répressives.

b) La responsabilité civile du médecin hospitalier pour « faute détachable du service »

Le célèbre arrêt *Pelletier* rendu par le Tribunal des conflits le 3 juillet 1873 a fixé la distinction classique entre la *« faute de service »* et la *« faute détachable du service »*. La *« faute de service »* est la faute médicale qui engage la responsabilité de l'hôpital public du fait de son agent : elle relève de la seule juridiction administrative.

En revanche, la *« faute détachable du service »* engage la responsabilité *personnelle* du médecin et relève en principe des tribunaux judiciaires. Il s'agit d'une *faute* plus que lourde, d'une *gravité exceptionnelle, « inexcusable »* pourrait-on dire, en reprenant un qualificatif utilisé en matière d'accidents du travail et d'accidents de la circulation.

1) Poursuite : le choix de la victime [2]. En cas de faute personnelle du médecin détachable du service, la victime a le choix entre la voie judiciaire contre le médecin et la voie administrative contre l'hôpital public. Il faut rappeler qu'en cas d'infraction pénale, le juge répressif est compétent pour statuer sur les intérêts civils.

---

1. **Dans le même sens** : P. Jourdain, obs. *RTD civ.* 2010. 571. *Adde* : P. Sargos, « Deux arrêts historiques en matière de responsabilité médicale », *D.* 2010. 1522. Civ 1re, 6 déc. 2007, *D.* 2007. 192.

2. **Faute détachable du service** : T. confl. 30 juill. 1873, arrêt « Pelletier », Rec. CE, 1873, p. 113, concl. David ; J. Moreau, « La distinction entre la faute de service imputable à l'établissement et la faute détachable du service imputable au médecin », Entrep. méd. n° 181, avr. 1999, p. 11 ; O. Paoletti, « Point sur les notions de faute de service… et de faute détachable du service… », Entrep. méd. 17 janv. 2000, p. 12. – **Tribunaux judiciaires** : Paris, 18 nov. 1933, DH 1934, somm. 30 (intervention grave entreprise en dehors de toute urgence sans le consentement du malade) ; Civ., 28 janv. 1942, *DC* 1942.63 (expérimentation entreprise sans intérêt thérapeutique) ; Crim., 20 oct. 1958, *JCP* 1958.II.10834 (abandon d'un malade endormi dans une salle d'opération en feu) ; Crim., 25 mai 1982, *D.* 1983 IR obs. Penneau (refus du chirurgien de garde de se déplacer auprès d'une patiente blessée par balle) ; Crim., 26 mars 1992, *RCA* 1992, n° 313 ; Crim., 2 avr. 1992, *RCA* 1992, n° 314, *D.* 1992 IR 207. Crim. 30 nov. 2010, *RCA* 2011, n° 108 (absence de faute détachable du médecin régulateur du SAMU poursuivi pour non assistance à personne en danger, la faute ayant été commise pendant les fonctions et avec les moyens du service) – **Juridiction administrative** : CE, 18 déc. 1953, « Fresnais », Rec. CE 1953, p. 568 (refus d'un chirurgien de garde de se déplacer à la demande de l'interne) ; CE 4 juill. 1990, *D.* 1991. Somm. 291 (refus d'un médecin hospitalier de garde de se rendre au chevet d'une malade, malgré appels répétés ; décès) ; CE 28 déc. 2001, *Gaz. Pal.* 31 juill.-1er août 2002, p. 1, note S. Petit (faute personnelle retenue).

Il apparaît en fait que les *tribunaux judiciaires* retiennent plus facilement la *« faute détachable »* pour engager la responsabilité personnelle des médecins dès qu'il y a un *manquement grave* à des règles déontologiques ou professionnelles, alors que les *tribunaux administratifs* sont plus restrictifs en ne retenant la faute détachable que pour des fautes d'une *exceptionnelle gravité.*

2) Contribution : la compétence de la juridiction administrative [1]. Cette double compétence dans la poursuite, et l'appréciation de la faute détachable propre à chaque ordre de juridiction peut conduire à des recours contributifs, soit de l'administration contre son agent, soit du médecin condamné au civil contre l'hôpital. Ces recours qui règlent les rapports entre l'administration et son agent sont de la seule compétence des juridictions administratives. Il faut cependant noter que l'assureur de l'hôpital ne dispose d'aucun recours subrogatoire contre le médecin (art. L. 121-12, C. assur. : l'assureur ne dispose d'aucune subrogation contre les personnes dont l'assuré doit répondre) sauf malveillance volontaire de celui-ci.

c) La responsabilité civile du médecin hospitalier à l'égard de ses clients du secteur privé [2]

L'activité libérale des médecins hospitaliers (art. L. 6154-1 à L. 6154-7 CSP) autorisés à avoir une clientèle privée (secteur privé) relève des tribunaux judiciaires. Cependant les auxiliaires médicaux qui les assistent en qualité d'agent public engagent la responsabilité administrative de l'hôpital public, qui est également responsable de tous les moyens matériels fournis (plateau technique, etc.).

4. La responsabilité civile des établissements de santé privés [3]

814 ***L'hospitalisation privée*** ◊ L'exercice de la médecine libérale en groupe, dans le cadre d'une société d'exercice libéral à forme commerciale, d'une

1. **Faute détachable ; recours contributifs : – Recours de l'administration contre son agent pour faute détachable :** CE, 28 juill. 1951, « Laruelle et Delville », Rec. CE 1951, p. 464. **– Recours du médecin contre l'hôpital :** G. Mattei-Dawance, « Action récursoire du médecin pénalement condamné contre l'hôpital », *Gaz. Pal.*, 13 juin 1986, p. 2.

2. **Activité libérale dans les hôpitaux publics ; art. L. 6154-1 à L. 6154-7 CSP :** N. Demarle, « ... Confirmation de la légalité des structures médicales libérales à l'hôpital... », Entrep. méd. n° 175, 22 déc. 1998, p. 11 ; C. Nelken, « Le contrat d'activité en structure libérale à l'hôpital : l'exercice en clinique ouverte », Entrep. méd. n° 193, 2 nov. 1999, p. 9. **Jurisprudence** CE, 4 juin 1965, Hôpital de Pont-à-Mousson, Rec. CE, p. 351, *D.* 1965.476, note Piquemal (clinique ouverte de l'hôpital public) ; CE, 10 oct. 1973, Delle de Saint-Louvent, Rec. CE, p. 556 (secteur privé) ; Civ. 1re, 25 févr. 1986, *D.* 1987. Somm. 24, obs. Penneau (secteur privé) ; Crim., 7 juin 1988 et Civ. 1re, 20 juill. 1988 (2 arrêts), *D.* 1989. Somm. 312, obs. Penneau ; T. confl. 19 févr. 1990, *RCA* 1990, n° 163, *D.* 1991, somm. 352, obs. Penneau (anesthésiste ayant agi comme agent public, compétence administrative) ; Civ. 1re, 5 mars 1991, *RCA* 1991, n° 255 (secteur privé, compétence judiciaire) ; CE 3 févr. 2003, *Gaz. Pal.* 4-5 juill. 2003, note J. Bonneau (réglementation de l'activité libérale d'un médecin hospitalier). CAA de bordeaux, 18 mars 2008, *AJDA* 2008, 1839 (responsabilité de l'hôpital fournisseur du matériel).

3. **Hospitalisation privée :** G. Mémeteau, « La responsabilité hôtelière de la clinique privée », *RDSS* 1995, p. 475. G. Mémeteau, « La responsabilité médicale de la clinique privée » *RDSS* 1997, p. 96 ; P. Sargos, « La doctrine jurisprudentielle de la Cour de cassation en

société coopérative hospitalière de médecins ou d'une clinique privée relève de la compétence judiciaire. La nature juridique de la responsabilité encourue doit cependant être précisée.

• **Étendue de la responsabilité civile des cliniques privées** [1]

Indépendamment de leur *fonction hôtelière*, les établissements de santé privés passent avec leurs clients un *contrat de soins*. Ils s'engagent d'abord à fournir pour l'exécution des soins un matériel et des produits

matière d'obligations des établissements de santé privés et des personnes y exerçant leur activité », *RCA*, n° spécial juill. août 1999, p. 36 ; H. Groutel, « La responsabilité des cliniques », *RCA* n° spécial juill. août 1999, p. 27 ; Y. Lachaud, « L'Ord. du 24 avril 1996 et l'évolution de la responsabilité des cliniques du fait de l'activité des praticiens libéraux » *Gaz. Pal.* 1997, n° 297.298, p. 30. Y. Lachaud, « Les sociétés coopératives hospitalières de médecins », *Gaz. Pal.* 16-17 oct. 2002, p. 12 ; S. Porchy-Simon, « Regard critique sur la responsabilité civile de l'établissement de santé privé du fait du médecin », in *Mélanges Y. Lambert-Faivre et D. Lambert*, Dalloz, 2002, p. 361 ; F. Chabas, « La responsabilité des cliniques par défaut d'organisation », *Gaz. Pal.* 2-3 févr. 2001, p. 38 ; P. Jourdain, « La responsabilité du fait d'autrui en matière médicale », *Méd. et dr.* 2000, n° 40, p. 15 ; A. Hontebeyrie, « La responsabilité des cliniques du fait des médecins », *D.* 2004. 81 ; Le Scolan et R. Pellet, *Hôpitaux et Cliniques : les nouvelles responsabilités*, Economica, 2003.

1. **Responsabilité des établissements de santé privés de leur fait et du fait des médecins qu'ils emploient :** F. Vialla, « La responsabilité du médecin salarié », *RGDM* 2010, n° 37, p. 51 **jurisprudence :** Civ. 1re, 4 avr. 1973, *Bull. civ.* I, n° 130 (responsabilité du seul médecin) ; Civ. 1re, 4 juin 1991, *JCP* 1991.I.21730, note Savatier, *RTD civ.* 1992.123, obs. Jourdain, *D.* 1993. Somm. 24, obs. Penneau, *RCA* 1991, n° 346 (responsabilité de l'établissement privé du fait du médecin salarié) ; Crim., 5 mars 1992, *D.* 1993, somm. 24, obs. Penneau, *RTD civ.* 1993.137, obs. Jourdain, *JCP* 1993.II.22013, note F. Chabas (l'indépendance professionnelle du médecin n'est pas incompatible avec l'état de subordination qui résulte d'un contrat de louage de services avec un hôpital, commettant responsable) ; Y. Lachaud, « La responsabilité des cliniques du fait de l'activité des médecins libéraux ; vers une évolution réglementaire et jurisprudentielle ? », *Gaz. Pal.*, 12-13 juill. 1995, p. 15 et *Méd. et dr.* n° 17, 1996, p. 14 ; Civ. 1re, 26 mai 1999, *D.* 1999. 719 note E. Savatier, *JCP* 1999.II.10112 rapport P. Sargos, *RTD civ.* 1999. 634 obs. Jourdain, *D.* 1999. Somm. 386, obs. Penneau ; G. Viney, obs. *JCP* 19 janv. 2000, I.199, n° 6 ; Civ. 1re, 9 nov. 1999 *RCA* 2000, n° 60 (l'obligation de surveillance qui incombe à une clinique s'analyse en une obligation de prudence et de diligence dont les exigences varient selon l'état du patient) ; Civ. 1re, 15 déc. 1999, *RCA* 2000, n° 89 *JCP* 2000.II.10384 note Mémeteau, *JCP* 2000.I.241, n° 3, obs. G. Viney (défaut d'organisation d'une clinique qui ne peut disposer d'un médecin accoucheur dans les délais nécessaires) ; Civ. 1re, 18 juill. 2000, *RCA* 2000, n° 371, (obligation de la clinique de donner des soins consciencieux et attentifs) ; Civ. 1re, 7 nov. 2000, *RCA* 2001, n° 50, *RTD civ.* 2001. 151, obs. Jourdain, chron. Y. Lambert-Faivre, *D.* 2001. 570 (clinique tenue d'une obligation de sécurité pour les médicaments qu'elle distribue) ; Civ. 1re, 13 mars 2001, *Gaz. Pal.* 21-23 avr. 2002, p. 11 note Gency-Tandonnet, *RCA* 2001, n° 194, *RTD civ.* 2001 p. 559, obs. Jourdain (clinique responsable du dommage subi par un médecin du fait d'un préposé mis à sa disposition) ; Civ. 1re, 9 avr. 2002, *RTD civ.* 2002. 516, obs. Jourdain, *RCA* 2002, chron. RADÉ n° 13 (le médecin salarié ne bénéficie pas de l'immunité du préposé : responsabilité personnelle du chirurgien qui lèse un organe lors d'une intervention chirurgicale) ; Civ. 1re, 13 nov. 2002, *RCA* 2003, n° 50, *D.* 2003. 580, note S. Deis-Bauquesne, *Gaz. Pal.* 7-8 mars 2003, p. 42 note Chabas (clinique responsable des fautes commises par médecin salarié, mais recours de la clinique et de son assureur contre le médecin salarié « en raison de l'indépendance professionnelle intangible dont il bénéficie dans l'exercice de son art. »). Civ. 1re, 9 nov. 2004, *JCP* 2005. II. 10020, *D.* 2005. 253 (Responsabilité du seul établissement de soins du fait du médecin salarié et immunité corrélative du médecin resté dans le cadre de sa mission). Civ. 1re, 12 juill. 2007, *D.* 2007. 2908, (l'immunité du médecin salarié dans le cadre de sa mission n'empêche pas le recours subrogatoire de l'assureur de l'établissement contre l'assureur du médecin). Civ. 1re, 20 janvier 2011, n° 09-68042 (responsabilité de la clinique ne peut être engagée du fait des médecins libéraux exerçant en son sein).

sans vice ; ils répondent également de leurs fautes dans l'organisation et le fonctionnement du service.

Ils engagent aussi leur responsabilité du fait des fautes commises par le personnel auxiliaire médical salarié de l'établissement de santé pour les *actes de soins*.

En revanche il a longtemps été admis que la clinique n'engageait pas sa responsabilité du fait des fautes commises par les médecins ou chirurgiens qui y pratiquent des *actes médicaux*. Cette jurisprudence avait cependant été remise en question par un arrêt de la Cour de cassation du 4 juin 1991 : lorsque le contrat de soins a été passé entre l'établissement de santé et le patient, et qu'une faute a été commise par un médecin salarié, l'indépendance professionnelle dont jouit le médecin dans l'exercice de son art n'est pas incompatible avec l'état de subordination qui résulte d'un contrat de travail ou d'un contrat de louage de services.

Cette jurisprudence a été confirmée par un important arrêt de la 1re chambre civile du 26 mai 1999 qui, sur le rapport de P. Sargos, a clairement énoncé que « si un établissement de santé privé peut être déclaré responsable des fautes commises par un praticien à l'occasion d'actes médicaux d'investigations ou de soins pratiqués sur un patient, *c'est à la condition que ce médecin soit son salarié* ».

Cette solution a néanmoins laissé subsister, jusqu'en 2004, la question de la survivance d'une action contre le médecin salarié, soit dans le cadre d'une action de la victime, soit dans le cadre des recours. On sait en effet qu'en droit commun, depuis l'arrêt *Costedoat*, rendu par l'Assemblée plénière de la Cour de cassation le 25 février 2000 [1], le salarié resté dans le cadre de sa mission bénéficie en principe d'une immunité personnelle qui bloque toute action en responsabilité contre lui. Cette immunité devait-elle être étendue au cas particulier du médecin salarié ? La Cour de cassation a répondu par l'affirmative, dans deux décisions du 9 novembre 2004. Le médecin ou la sage-femme, salarié de la clinique, bénéficie donc d'une immunité qui interdit à la victime d'agir contre lui, ou à l'établissement d'exercer un recours à son encontre En revanche, un recours de l'assureur de l'établissement contre celui du professionnel de santé resterait envisageable, selon un arrêt contestable de la Cour de cassation du 12 juillet 2007, qui dissocie ainsi le recours subrogatoire de son objet, la dette de responsabilité.

SECTION 2. LES FONDEMENTS DE L'INDEMNISATION

815 Une des principales nouveautés de la loi du 4 mars 2002 est d'avoir diversifié les fondements permettant à la victime d'obtenir une indemnisation des

1. V. ss 598.

dommages nés de l'activité médicale, dualité dont l'article L. 1142-1 CSP se fait l'écho. Alors que la traditionnelle responsabilité pour faute demeure le principe (sous-section 1), ce texte reconnaît toutefois une indemnisation détachée de la faute au titre de la solidarité nationale (sous-section 2).

Sous-section 1. Le principe de la responsabilité médicale pour faute

816 ***La pérennité de la responsabilité médicale pour faute*** ◊

a) La jurisprudence classique de l'arrêt *Mercier* [1]

Pendant des siècles, le médecin, peu éclairé par les balbutiements d'une science naissante, n'était guère que le témoin compatissant de la souffrance humaine : son impuissance avait pour corollaire sa totale immunité ; cependant un arrêt de la Cour de cassation du 18 juin 1835 reconnaissait pour la première fois le principe d'une responsabilité médicale, alors délictuelle.

Un siècle plus tard, le fameux arrêt *Mercier* du 20 mai 1936 définissait les termes du *contrat médical*, source, jusqu'à une époque récente, de la responsabilité médicale : « Il se forme entre le médecin et son client un véritable contrat comportant, pour le praticien, l'engagement sinon bien évidemment de guérir le malade, du moins de lui donner des soins, non pas quelconques... mais consciencieux, attentifs et réserve faite de circonstances exceptionnelles, conformes aux données acquises de la Science ».

1. **Principe de la responsabilité médicale pour faute** : Cass., 18 juin 1835, *S.* 1835.399, concl. Proc. gén. Dupin ; arrêt *Mercier*, 20 mai 1936, *D.* 1936.I.88, concl. Matter, rapp. Josserand, note E.P. – **Doctrine : Ouvrages** : cf. bibliographie en annexe 1, *infra*, p. 784. **Articles** : J. Penneau, « Faute et erreur en matière de responsabilité médicale », LGDJ 1973 ; H. Mac Aleese, « La responsabilité médicale en France », in Le Droit hospitalier, XIIIe Congrès de l'IDEF, sept. 1980, Ediena, 1981, et rapport ministère Justice, juill. 1980 ; J.-M. Auby, « La responsabilité médicale en France, aspects de droit public », *RID comp.* 1976.511 ; R. Savatier, « Une faute peut-elle engendrer la responsabilité d'un dommage sans l'avoir causé ? », *D.* 1970, chron., p. 123 ; « Le droit des chances et des risques dans les assurances, la responsabilité civile dans la médecine et sa synthèse dans l'assurance de responsabilité médicale », *RGAT* 1973.457 ; « La responsabilité médicale en France, aspects de droit privé », *RID comp.* 1976.493 ; J.-O. Vioux et V. Sahuc, « Évolution de la notion de responsabilité médicale », *RFDC* 1989.287 ; V. Lamanda et F.-R. Cerruti, « La responsabilité médicale ; approche du médecin et du magistrat », *RFDC* 1992.175 ; J.-P. Almeras, « Les principes généraux de la responsabilité médicale » in n° spécial du Concours médical, 21 avr. 1990 ; « Déclaration des médecins libéraux sur le risque médical », Le Caducée, n° 390, oct. 1992 ; P. Pierre, A. Le Gallou, M.-L. Moquet-Anger, « Responsabilité médicale ; chronique de Jurisprudence », *Méd. et dr.* n° 15-1995, p. 13 ; M. et G. Bernard, « Histoire de la responsabilité médicale », *RFDC* 1997.2, p. 133 ; J. Michaud, « La notion de responsabilité médicale ; évolution actuelle », *Bull. Académie nationale de médecine* 1998-182, n° 3, p. 7 ; J. Penneau, « Les fautes médicales », *RCA* n° spécial, juill.-août 1999, p. 9 ; G. Benayoun, « Les conduites fautives en médecine générale », *RFDC* 1997-1, p. 61 ; P. Sargos, « Obligation de moyens et obligation de résultat du médecin », *Méd. et dr.*, mai-juin 1997, p. 2 ; P. Jourdain, « Nature de la responsabilité et portée des obligations du médecin », *RCA* juill.-août 1999, n° spécial, p. 4. F. Chabas, « L'obligation de moyens du médecin... », *LPA* 1999, n° 189, p. 3. F.-J. Pansier et F. Skornicki, « La faute et l'accident en matière de responsabilité médicale », *Gaz. Pal.* 1998, n° 296, p. 10. D. Berthiau, « La faute dans l'exercice médical depuis la loi du 4 mars 2002 », *RDSS* 2007, p. 772.

Ainsi le contrat médical comportait à la charge du médecin une *obligation de soins dite de moyens*, c'est-à-dire de soins consciencieux attentifs et conformes aux données acquises de la science, mais qui ne saurait garantir un résultat de guérison ; cette responsabilité médicale est une *responsabilité pour faute*.

Ce principe jurisprudentiel d'une responsabilité pour faute est toujours formellement rappelé par la Cour de cassation, et il constitue les prémices obligées de toute étude doctrinale sur la responsabilité médicale. L'article 32 du Code de déontologie (Décri. n° 95-1 000 du 6 sept. 1995) dispose : « ... le médecin s'engage à assurer personnellement au patient des soins consciencieux et dévoués, et fondés sur les données acquises de la science... ».

L'existence de la faute est une question de fait qui relève de l'appréciation souveraine des juges du fond. La jurisprudence est considérable en la matière, car si le médecin ne saurait être garant de l'efficacité du traitement et tenu d'une obligation de résultat de guérison contraire à la condition mortelle de tout patient, en revanche, comme toute personne juridiquement responsable, il doit répondre de ses fautes qui ont causé des dommages à autrui : plus précisément ses fautes peuvent soit avoir aggravé la maladie, voire provoqué le décès du patient, soit, de manière plus dubitative « compromis ses chances de guérison ou de survie ».

b) La confirmation légale de la responsabilité médicale pour faute par la loi du 4 mars 2002

Selon l'art. L. 1142-1-I CSP : « Hors le cas où leur responsabilité est encourue en raison d'un défaut d'un produit de santé, les professionnels de santé mentionnés à la quatrième partie du présent code, ainsi que tout établissement, service ou organisme dans lesquels sont réalisés des actes individuels de prévention, de diagnostic ou de soins ne sont responsables des conséquences dommageables d'actes de prévention, de diagnostic ou de soins qu'*en cas de faute*. » : C'est la jurisprudence antérieure sur la faute médicale qui se trouve validée.

Le changement de nature de la responsabilité médicale, récemment entériné par la Cour de cassation [1], n'a pas modifié ces solutions. Même s'il ne convient sans doute aujourd'hui plus de parler d'obligations de moyens, puisque cette terminologie apparaît étroitement liée à la nature contractuelle de la responsabilité, la responsabilité des professionnels de santé reste par principe fondée sur la faute.

Selon la belle formule tirée des conclusions de l'arrêt *Mercier*, le médecin a donc un « devoir de science et de conscience » : ce célèbre binôme permet d'élaborer une typologie des fautes médicales : d'une part les *fautes contre la science médicale* (§ 1) sont établies en confrontant l'acte médical exercé par le médecin à l'état des connaissances scientifiques, d'autre part les *fautes contre la conscience médicale* ou contre l'humanisme médical (§ 2) relèvent d'une transgression des devoirs imposés par la

1. V. ss 812.

déontologie, les préjudices spécifiques causés par ces fautes devant pour finir faire l'objet d'une étude particulière (§3).

Ce double respect des règles scientifiques et déontologiques était commun à l'exercice libéral ou public de la médecine, même avant l'unification, par la loi du 4 mars 2002, du droit applicable aux deux ordres de juridictions.

§ 1. Les fautes contre la science médicale

817 ### *Généralités sur la faute* ◊

• **Données acquises de la science.** L'arrêt *Mercier* de 1936 faisait référence aux « *données acquises* » de la science médicale ; la jurisprudence a parfois évoqué les « *données actuelles* » [1] de la science, comme si la maturation du progrès scientifique de « l'acquis » cédait la place à l'attrait de l'innovation scientifique « actuelle ». En fait la sagesse des juges entend surtout, par cette formule, sanctionner la « formation continue » des médecins qui doivent se tenir au courant des progrès scientifiques reconnus par les publications médicales. Cependant cette formule est aujourd'hui clairement condamnée par la Cour de cassation, qui vise en effet « les données acquises de la science à la date des soins » (Civ. 1re, 6 juin 2000).

Selon l'article R. 4127-11 CSP « Tout médecin entretient et perfectionne ses connaissances dans le respect de son obligation de développement professionnel continu », et l'article R. 4127-32 poursuit : « Dès lors qu'il a accepté de répondre à une demande, le médecin s'engage à assurer personnellement au patient des soins consciencieux, dévoués et fondés sur les *données acquises* de la science et à faire appel, s'il y a lieu, à l'aide de tiers compétents ».

• **Données de la science, RMO, « bonnes pratiques »** [2] : La référence aux données acquises de la science pose le problème de l'incidence des « références médicales opposables » (RMO) ou de la définition des « bonnes pratiques » médicales, par exemple au sein des conférences de consensus, sur la reconnaissance d'une faute médicale : il est certain que le respect d'une pratique ne saurait être exclusif de toute faute et exonératoire de

---

1. **Données de la science :** S. Hocquet-Berg, « La faute technique, faute contre la science médicale », *RGDM* 2010, n° 37, p. 35. D. Malicier, A. Miras, P. Feuglet, P. Faivre, « La responsabilité médicale : données actuelles » éd. Eska/E.A.L. ; J.-H. Soutoul, « Jurisprudence : pourquoi pas médico-prudence ? », *Méd. et dr.*, n° 13, juill. 1995, p. 1 Ph. Goni et D. Delmas, « La chirurgie sans transfusion de sang et les données de la science », *Gaz. Pal.*, 12-13 juill. 1996, p. 5 ; Civ. 1re, 28 juin 1960, *JCP* 1960.II.11787 (données actuelles) ; Civ. 1re, 14 oct. 1997, *RCA* 1998, n° 25 (traitement à l'héparine ; patiente allergique amputée des deux jambes, « les soins donnés n'ont pas été conformes aux données acquises de la science ») ; P. Sargos, « Approche judiciaire du principe de précaution en matière de relation médecin-patient », *JCP* 2000.I.226 ; Civ. 1re, 6 juin 2000, *RCA* 2000, n° 303, *JCP* 2001 note G. Mémeteau (obligation de donner des soins conformes aux données acquises de la science à la date des soins ; la notion erronée de données actuelles est inopérante) ; Civ. 1re, 19 déc. 2000, *RCA* 2001, n° 121 (l'absence de possibilités financières de la patiente ne peut autoriser un praticien à donner des soins qui ne soient pas conformes aux données acquises de la science).

2. **RMO et responsabilité médicale :** v. ss 415 et références citées, notam. P. Sargos, « RMO et responsabilité des médecins », *Méd. et dr.*, n° 28, janv.-févr. 1998, p. 9 ; M. et J. Penneau, ibid., p. 4.

responsabilité, car aucune responsabilité professionnelle n'est éludée par une référence à la réglementation ou aux « règles de l'art. ». En revanche, si un dommage a été causé par une technique plus aléatoire qu'une RMO méconnue ou ignorée, celle-ci constitue assurément la preuve d'une donnée acquise de la science.

• **La preuve de la faute technique** [1] : la charge de la preuve de la faute médicale pèse en principe sur la victime qui demande réparation de son dommage, conformément à l'art. 1315, al. 1 C. civ. Or cette preuve est particulièrement difficile en matière chirurgicale, alors que le malade est endormi au moment des faits, que l'équipe médicale demeure solidaire et que les experts médicaux, eux-mêmes médecins, sont – à tort ou à raison – souvent soupçonnés d'une certaine indulgence confraternelle dans l'appréciation des faits qu'ils ont objectivement constatés. De nombreuses victimes d'accidents médicaux se heurtent à cette difficulté de la preuve, les experts étant toujours réticents à qualifier « *faute* » la maladresse technique. C'est pourquoi la jurisprudence admet parfois des présomptions de faute [2], dont l'existence semble toutefois difficile à justifier compte tenu des termes de l'article L. 1142-1 CSP.

• **La nature de la faute** : sauf exceptions [3], une faute simple du professionnel ou de l'établissement de santé suffit à engager sa responsabilité. Cette solution classique en droit privé n'a toutefois pas toujours été celle de la jurisprudence administrative. Jusqu'en 1992, celle-ci exigeait en effet la preuve d'une faute lourde lorsque l'acte dommageable était, non un acte de soin courant, mais un acte « médical » [4]. Un revirement a été opéré par l'arrêt *Époux V.* rendu par le Conseil d'État le 10 avril 1992 [5] qui adopta le

---

1. **Preuve de la faute** : F. Du Verdier, « Aléa médical : la dérive de la faute », Trib. Ass., juill. 1994, p. 18 ; J. Guigue, « Qui juge : l'expert ou le juge ? » in « La responsabilité médicale : de la faute au risque », ENM 1995, p. 59, et *Gaz. Pal.*, 14-16 juill. 1996, p. 31 ; F. Julia, « La justice ne peut qu'être œuvre de justice », ibidem, p. 241 ; P. Biclet, « Prudence avant d'écrire le mot maladresse », *Méd. et dr.*, n° 24, 1997, p. 18 ; F.L. et P. Vayre, « Les confins du dommage par aléa et par faute grille pour expertise technique en RC médicale », *Gaz. Pal.*, 22-23 mars 2000, p. 14. **– Jurisprudence ; faute médicale non établie** : Civ. 1re, 9 déc. 1986, *D.* 1986 IR 424 ; Civ. 1re, 28 juin 1989, *RCA* 1989, n° 343, *D.* 1990.413, note Y. Dagorne-Labbé (infection contractée lors d'une arthrographie, faute non établie) ; Civ. 1re, 28 janv. 1992, affaire Boudy, arrêt n° 167 D, pourvoi rejeté contre Paris, 15 févr. 1990 (déviation de la colonne vertébrale ; P. Boudy, 15 ans, sort de l'intervention tétraplégique ; risque exceptionnel ; pas de faute prouvée) ; Civ. 1re, 25 févr. 1997, *RCA* 1997, n° 169, *Gaz. Pal.*, 27-28 avr. 1997, p. 19 (hémiplégie provoquée par un ballonnet qui s'est détaché du cathéter porteur ; pas de faute du chirurgien... en l'espèce la défectuosité de l'instrument n'avait pas été mise en cause devant la Cour de cassation).

2. **Admission de présomption de faute** : pour un exemple récent, V. Civ. 1re, 13 déc. 2012, n° 11-27347, *RCA* 2013, comm. n° 68 (l'absence d'enregistrement du rythme cardiaque du fœtus fait présumer la faute de la clinique)

3. V. ss 820.

4. **Sur cette distinction** : v. ss 808.

5. **Hôpitaux publics ; faute médicale simple** : CE, 10 avr. 1992, M. et Mme V., *JCP* 1992. II.21881, note J. Moreau, *RCA* 1992, n° 197, *RFDC* 1992.335, *AJDA*, 20 mai 1992, concl. H. Legal ; M. Penneau et M. Causeret, « La faute médicale », *JML-DM* 1994, p. 179 ; S. Fournel, « Le particularisme de la faute médicale de nature à engager la responsabilité de l'administration », *Gaz. Pal.*, 8-10 mars 1998, p. 18 ; A. Toublanc, « De la prétendue disparition de la faute lourde en responsabilité médicale administrative » *AJDA* 2004, 1173.

critère de la *faute simple* qui est à la fois celle de la « faute dans l'organisation du service », et celle applicable aux médecins libéraux devant les juridictions judiciaires : « Considérant que les erreurs ainsi commises qui ont été, selon les rapports d'expertise, la cause de l'accident constituent une faute médicale de nature à engager la responsabilité de l'hôpital ».

Au-delà de ces éléments communs, la faute de technique médicale peut intervenir à plusieurs niveaux : dans le diagnostic, le choix thérapeutique, l'exécution de l'acte médical et la surveillance opératoire ou psychiatrique.

A. La faute de diagnostic

818 ***1°) La distinction de la faute et de l'erreur de diagnostic*** [1] ◊ La distinction de la *« faute »* et de *« l'erreur »* revêt pour le médecin une connotation morale importante : la « faute » qualifie le comportement que n'aurait pas eu le paradigme du *bonus medicus* ; en revanche, l'erreur inhérente à la faillibilité humaine, guette le meilleur médecin. Cependant en droit civil, la frontière entre « la faute la plus légère » *(levissima culpa)* source de responsabilité, et l'absence de faute est très ténue, et les juristes versent volontiers « l'erreur », fût-elle humaine, dans le champ de la « faute » : le *bonus pater familias* ne se trompe pas.

L'article R 4127-33 du CSP dispose : « Le médecin doit toujours élaborer son diagnostic avec le plus grand soin, en y consacrant le temps nécessaire, en s'aidant dans toute la mesure du possible des méthodes scientifiques les mieux adaptées et, s'il y a lieu, de concours appropriés ».

1. **Responsabilité pour faute de diagnostic** : Civ. 1re, 3 févr. 1993, *RCA* 1993, n° 174 (toxoplasmose décelée tardivement) ; Civ. 1re, 26 mars 1996, *RCA* 1996, n° 229 (maladie héréditaire ; conseil génétique faux) ; Civ. 1re, 8 juill. 1997, *JCP* 1997.II.22921, rapport Sargos (deux arrêts ; persistance dans un diagnostic erroné) ; Civ. 1re, 23 juin. 1998, *RCA* 1998, n° 320 (test obligatoire à la naissance d'un nouveau-né non fait ; retard dans le diagnostic d'une maladie que n'a pu être traitée de manière précoce). CE, 16 nov. 1998, *D.* 2000. Somm. 243 (erreur de diagnostic et d'orientation du malade lors d'une hospitalisation aux urgences : faute dans l'organisation du service) ; Crim. 15 févr. 2000, *RCA* 2000, n° 193 (faute grave, erreur de diagnostic : homicide involontaire). Civ. 1re, 13 nov. 2008, *JCP* 2009, II, 10030 (faute pour avoir persisté dans un diagnostic erroné). Civ. 1re, 27 nov. 2008, *JCP* 2009, II, 10067 (faute pour ne pas avoir fait appel à un tiers compétent). Crim. 18 mars 2008, *JCP* 2008, II, 10127 (faute pour avoir commis de nombreuses négligences dans le diagnostic) ; Civ. 1re, 30 avr. 2014, n° 13-14288, *RCA* 2014, comm. 240 (principe selon lequel le second médecin consulté n'est pas tenu par le diagnostic effectué par le premier). – **Erreur de diagnostic non fautive** : P. Deschamps, « Les erreurs en matière de soins de santé : la face cachée des choses », *RGDM* 2002, n° 7, p. 47. Civ. 1re, 12 nov. 1985, *RTD civ.* 1986.764, obs. J. Huet ; Civ. 1re, 24 nov. 1987, *D.* 1989. Somm. 61, obs. Penneau ; Crim., 25 mars 1998, *RCA* 1998, n° 253 (confusion entre coliques néphrétiques et occlusion intestinale) ; CA Nancy, *D.* 2000. 889 note P. Mistretta (la tardiveté et l'erreur de diagnostic ne constituent pas une faute pénale lorsqu'elles ne procèdent pas de la négligence caractérisée, mais de la complexité des symptômes) ; CA Paris, 20 mars 2003, *Gaz. Pal.*, 5-7 oct. 2003, p. 13 (erreur de diagnostic élaboré avec soin et sans retard : pas de faute). Civ. 1re, 3 avr. 2007, Légifrance n° 05-10515 (rappel de la solution selon laquelle toute erreur de diagnostic ne constitue pas une faute). Civ. 1re, 25 nov. 2010, *RCA* 2011, comm. n° 73 (erreur de diagnostic commise par un médecin généraliste présent aux urgences non considérée comme fautive mais responsabilité engagée du fait de la non reconnaissance par le médecin de son absence de compétence).

Le devoir qui pèse sur le médecin en matière de diagnostic demeure de moyens et la jurisprudence en la matière sanctionne la *faute du médecin* qui a négligé de recourir aux moyens modernes d'investigation que lui fournissent les données de la science médicale, ou qui n'a pas fait appel à l'aide de tiers compétents. Pour éviter une telle responsabilité, les médecins ont tendance à ordonner systématiquement des examens de plus en plus sophistiqués, de plus en plus coûteux, et parfois inutiles, qui pèsent lourdement sur le budget de la Sécurité sociale... En revanche l'erreur de diagnostic ne constitue pas en elle-même une faute susceptible d'engager la responsabilité du médecin dès lors qu'il a utilisé les moyens convenables et en a interprété les résultats conformément aux données acquises de la science.

819 ***2°) Le cas particulier de la faute de diagnostic prénatal*** [1] ◊ La grande majorité des grossesses est aujourd'hui accompagnée d'examens médicaux et d'analyses qui permettent de connaître ce que naguère on n'apprenait qu'à la naissance : sexe de l'enfant, mais aussi parfois l'épreuve redoutable d'un handicap grave, qui peut être légalement éludé par un avortement médical (IMG). Lorsqu'un diagnostic prénatal erroné ignore le handicap, et que les parents découvrent à la naissance le handicap qu'ils entendaient éviter par le diagnostic prénatal, dans quelles conditions peuvent-ils demander réparation ? Successivement le Conseil d'État (affaire *Quarez*, CE 14 févr. 1997) et la Cour de cassation (Ass. plén. 17 nov. 2000, arrêt *Perruche*) ont eu l'occasion

1. **Diagnostic et naissance d'un enfant handicapé** : **Jurisprudence judiciaire** : Ass. plén. 17 nov. 2000 : *Gaz. Pal.* 24-25 janv. 2001, rapport Sargos, concl. Sainte-Rose, note Guigue, *D.* 2001 p. 332, notes Mazeaud et Jourdain et p. 316 concl. orales Sainte-Rose, *JCP* 2000.II.10438, rapport Sargos, note Chabas, *Méd. et dr.* 2001, n° 46 p. 1, obs. F Dreifuss-Netter ; *RTD civ.* 2001 p. 103, obs. Hauser et p. 336 obs. Jourdain, *RFDC* 2001, p. 61, obs. Bessière-Roques, *JCP* I.286, obs. Viney ; C. Labrusse Riou et B. Mathieu, « La vie humaine peut-elle être un préjudice ? », *D.* 2000 p. III ; G. Mémeteau, « L'action de vie dommageable » *JCP* 2001.I.279 ; B. Markesinis « Réflexions d'un comparatiste anglais sur et à partir de l'arrêt Perruche », *RTD civ.* 2001 p. 77 ; M. Fabre-Magnan, « Avortement et responsabilité médicale », *RTD civ.* 2001 p. 265 ; P.Y. Gautier, « Les distances du juge à propos d'un débat éthique sur la responsabilité civile », *JCP* 2001.I.287 ; C. Labrusse-Riou, « L'indemnisation du handicap de naissance et la question de l'eugénisme », *Mélanges Y. Lambert-Faivre et D. Lambert*, Dalloz, 2002, p. 255 ; M. Gobert, « La Cour de cassation méritait-elle le pilori ? », *LPA*, 8 avr. 2000, p. 4 ; P. Kayser, « Un arrêt de l'Assemblée plénière de la Cour de cassation sans fondement juridique », Dalloz 2001, chron. p. 1889 ; F. Leduc, « Handicap génétique ou congénital et responsabilité civile », *RCA* 2001, chron. n° 4 ; L. Aynes, « Préjudice de l'enfant né handicapé », *D.* 2001, chron. p. 492 ; M. Deguergues, « Les préjudices liés à la naissance », *RCA* n° spécial mai 1998, p. 14 ; D. Sala, « L'arrêt Perruche, un scandale qui n'a pas eu lieu », *Justices*, n° spécial, Dalloz mai 2001, p. 14 ; P. Lafage, « Enfant né handicapé : réflexions sur le devoir d'information et le droit à l'avortement », *Gaz. Pal.* 15-16 févr. 2002, p. 14 ; Y. Lambert-Faivre, « Le principe indemnitaire et l'affaire Perruche », *Méd. et dr.* 2002.54, p. 2 ; J. Bonneau, « Logique juridique et éthique : l'arrêt Perruche », *Gaz. Pal.* 25-27 nov. 2001, p. 26. –. – **Jurisprudence administrative** : CE, 2 juill. 1982, *D.* 1984.425, note d'Onorio, *Gaz. Pal.* 1983.I.193, note F. Moderne ; CE, 27 sept. 1989, *Mme Karl, Rec. CE*, p. 176, *Gaz. Pal.*, 10-11 août 1990, p. 421, concl. Fornacciari, *D.* 1991.80, note Verpeaux, *RFDA* 1991, p. 316, obs. Delvolvé, et p. 325, note Deswarte (interruption volontaire de grossesse ratée blesse le fœtus qui doit être amputé d'une jambe à la naissance ; réparation parents) ; CE, 14 févr. 1997, affaire Quarez, *JCP* 1997.II, n° 22828, note Moreau, *Gaz. Pal.*, 25-26 avr. 1997, p. 6, *RFDC* 1997.3, p. 381, obs. Bessiéres-Roque, *D.* 1997. Somm. 322, obs. Penneau ; C. Esper, « Flash de jurisprudence CE », *Gaz. Pal.*, 9-11 mars 1997.

de se prononcer dans des décisions où le droit, la morale et la compassion ont tenté une impossible conciliation. Le législateur est intervenu, par l'article 1er de la loi du 4 mars 2002, aujourd'hui codifié à l'article L. 114-5 du Code de l'action sociale et des familles selon lequel « Nul ne peut se prévaloir d'un préjudice du seul fait de sa naissance. La personne née avec un handicap dû à une faute médicale peut obtenir la réparation de son préjudice lorsque l'acte fautif a provoqué directement le handicap ou l'a aggravé, ou n'a pas permis de prendre les mesures susceptibles de l'atténuer. Lorsque la responsabilité d'un professionnel ou d'un établissement de santé est engagée vis-à-vis des parents d'un enfant né avec un handicap non décelé pendant la grossesse à la suite d'une faute caractérisée, les parents peuvent demander une indemnité au titre de leur seul préjudice. Ce préjudice ne saurait inclure les charges particulières découlant, tout au long de la vie de l'enfant, de ce handicap. La compensation de ce dernier relève de la solidarité nationale » [1]. Ce dispositif, qui visait à limiter les actions intentées contre les médecins et à mettre fin aux réactions très vives causées par la jurisprudence dite « Perruche », modifie tout à la fois les contours de la faute de diagnostic prénatal et encadre les préjudices réparables. Seule cette première question sera étudiée ici, celle relative aux préjudices réparables étant traitée dans le paragraphe spécifique consacré à ces questions [2].

820 ***a) La nécessité d'une faute caractérisée*** [3] ◊ Le nouvel article L. 114-5 du Code de l'action sociale et des familles exclut toute réparation du préjudice de l'enfant sauf dans les hypothèses tout à fait exceptionnelles où le préjudice causé l'a été directement par cette faute.

Dans le cas où le préjudice dont la réparation est demandée est celui des parents, la réparation est en revanche subordonnée à la preuve d'une *faute caractérisée*. Or, à défaut de définition législative, le sens à donner à cet adjectif a suscité l'interrogation. Cette notion peut en effet être comprise de deux façons. Elle peut tout d'abord être entendue comme renvoyant à une simple exigence de preuve de la faute. La faute caractérisée serait donc la faute

---

1. **Loi « anti-Perruche » du 4 mars 2002** : Y. Lambert-Faivre, « La loi du 4 mars 2002… I. La solidarité envers les personnes handicapées », *D.* 2002. Chron. 1217 ; F. Dreifuss-Netter, « L'amendement Perruche, ou la solidarité envers les personnes handicapées », *LPA* 19 juin 2002, n° 122, p. 3 ; J.-M. De Forges, « Handicap congénital : le dispositif "anti-Perruche" », *RDSS* 2002.4, p. 645. P. Jourdain, « Loi anti-Perruche : une loi démagogique », *D.* 2002. 891 ; F. Borguillon, « Fin de la Jce Perruche ? », *RDSS* 2002.2, p. 358 ; M.E. Boursier, « La revanche… », *LPA* 2002, n° 108, p. 4 ; M. Gobert, « Handicap et Démocratie », Commentaire 2002, n° 97, p. 29 ; L. Neyret, « Handicaps congénitaux : tout risque d'action en responsabilité civile d'un enfant contre sa mère n'est pas écarté » ; *D.* 2003 chron. p. 1711, Ph. Brun, « Le droit au présent et l'équité au futur », *RCA* 2002 chron. n° 8. Solution réitérée, pour tous les dommages antérieurs à l'entrée en vigueur de la loi, par Civ. 1re, 8 juill. 2008, *JCP* 2008.II, 10166 note P. Sargos, avis Ch. Mellottée.
2. V. ss 855 s.
3. **Définition de la faute caractérisée au sens de l'article L. 114-5 CASF** : S. Hocquet-Berg, « Le dispositif anti-perruche efficacement à l'œuvre », *RCA* 2014, ét. n° 2. Civ. 1re 16 janv. 2013, *D.* 2013. 2535 note S. Porchy-Simon ; *JCP* 2013, 375. Civ. 1re, 14 nov. 2013, n° 12-21576, *RCA* 2014, comm. n° 64. CE 9 févr. 2005, *AJDA* 2005, 743. CE, Ass. 13 mai 2011, *RFDA* 2011, 772, *AJDA* 2011, 991

démontrée par les parties, celle dont l'existence est établie, ce qui apporterait alors une précision inutile puisque la nécessaire preuve de la faute par la victime est un principe acquis, en droit de la santé, depuis l'arrêt Mercier. Mais, la notion peut toutefois être comprise autrement comme renvoyant à un degré de gravité de la faute. La faute caractérisée, bien que non assimilable à la faute lourde, serait donc une faute grave, dont l'introduction viserait, conformément aux intentions du législateur, à réaliser une élévation du seuil de la faute afin de n'engager la responsabilité, dans le cadre du diagnostic prénatal, que dans les cas les plus significatifs. Face à cette incertitude, la définition de cette faute par la jurisprudence était évidemment attendue et un arrêt de la première chambre civile 16 janvier 2013 y a apporté une intéressante contribution. En l'espèce, la Cour de cassation, reprenant une définition déjà retenue par deux décisions du Conseil d'État du 9 février 2005 et 13 mai 2011, approuve en effet une Cour d'appel d'avoir identifié une faute caractérisée en se fondant sur deux éléments spécifiques de cette faute : son intensité et son évidence. La notion *d'intensité* semble ainsi renvoyer à un critère de gravité, puisque « la faute caractérisée est en effet cette faute si grave qu'elle justifie la mise en jeu de la responsabilité civile des médecins alors même que la loi a entendu les protéger au titre de la loi anti-Perruche. Il s'agit donc d'une faute qui dépasse la faute simple pour présenter des liens de parenté avec la faute lourde » [1]. La notion d'*évidence* doit quant à elle manifester le caractère patent de la faute.

Cette définition permet ainsi de rejeter la demande des parents lorsque le professionnel de santé a commis une faute de diagnostic qui n'est pas jugée assez caractérisée pour engager sa responsabilité. Il apparaît ainsi clairement que la simple non détection de l'anomalie anatomique ou chromosomique dont l'enfant est atteint ne peut suffire à établir une faute caractérisée mais que doivent venir s'y ajouter des éléments supplémentaires [2] (mention que le membre manquant a été vu sur le compte rendu d'échographie, carence manifeste dans les examens réalisés lors du suivi de la grossesse, etc.).

821 ***b) L'application de la loi dans le temps*** ◊ Le législateur, afin d'apaiser les passions déclenchées par la jurisprudence *Perruche*, avait déclaré ce dispositif applicable à toutes les instances en cours au jour de la loi. Mais cette rétroactivité du dispositif a été condamnée par une décision de la Cour européenne des droits de l'homme du 6 octobre 2005, rapidement suivie par les juridictions internes [3], et par le Conseil

1. Ph. Mistretta, obs. sous CE 19 févr. 2003, *JCP* 2003, II, 10107, n° 13
2. **Pour une étude détaillée de la jurisprudence**, V. Obs. S. Porchy-Simon, sous Civ. 1re, 16 janv. 2013, *D.* 2013. 2535.
3. **Condamnation de la rétroactivité du dispositif anti-Perruche** : CEDH 6 oct. 2005, *JCP* 2006, II, 10061. Civ. 1re 24 janv. 2006 et CE 24 févr. 2006, *JCP* 2006, II, 10062 (alignement des deux hautes juridictions sur la position de la Cour européenne). Civ. 1re, 30 oct. 2007, *Gaz. Pal.* 26 janv. 2008, p. 6 (exclusion d'application de la loi à l'hypothèse où la « révélation du dommage » est antérieure à la loi). Civ. 1re, 8 juill. 2008, *JCP* 2008.II, 10166 (exclusion d'application de la loi à tout dommage antérieur à son entrée en vigueur).

constitutionnel [1]. Désormais, seuls les enfants handicapés nés après la loi du 4 mars 2002 devraient relever de ses dispositions, bien que le Conseil d'État ait considéré, dans des arrêts du 13 mai 2011, que seules les personnes ayant déjà intenté une action en justice au jour de l'entrée en vigueur de la loi pouvaient échapper à ses dispositions [2]. La conventionalité de fond du dispositif a en revanche été reconnue par les deux ordres de juridictions [3].

B. La faute dans le choix thérapeutique

822 ***La liberté du choix thérapeutique*** [4] ◊ Elle est l'un des principes fondamentaux de la médecine libérale, inscrit à l'art. R. 4127-8 du CSP : « Dans les limites fixées par la loi et compte tenu des données acquises de la science, le médecin est libre de ses prescriptions qui seront celles qu'il estime les plus appropriées en la circonstance. » ; il est revendiqué avec vigueur par l'ensemble du corps médical ; or la responsabilité est le corollaire de toute liberté.

La responsabilité médicale est retenue lorsque le médecin n'a pas fait un choix conforme aux données « acquises » de la science. L'affaire du médiator [5] est de nature à illustrer ce type de faute, puisque le médicament, dont l'AMM avait été accordée à destination de personnes atteintes de diabète, a été prescrit hors de cette indication initiale [6]. Un médecin peut toutefois être amené à prescrire un médicament dépourvu d'autorisation de mise sur le marché en France. Cette possibilité est aujourd'hui strictement encadrée par l'article L. 5121-12-1 du Code de la santé publique, issu de la loi

1. **Appréciation de la constitutionnalité du dispositif « anti-perruche »** : Cons. const. 11 juin 2010 (QPC n° 2010-2) *D.* 2010. 2086, obs. J. Sainte-Rose, *Gaz. Pal.* 14 oct. 2010, p. 12, *RDSS* 2010. 127 (conformité à la constitution des dispositions de fond, reconnaissance de l'inconstitutionnalité des dispositions de droit transitoire).

2. CE 13 mai 2011, n° 329290 et 317808. P. Minne « Quel régime d'indemnisation de l'enfant handicapé avant la loi du 4 mars 2002 ? », *AJDA* 2011, 399.

3. **Conventionalité de fond du dispositif** : Civ. 1re, 14 nov. 2013, préc. CE 31 mars 2014, n° 345812, *JCP (A)* 2014, 2234.

4. **Faute dans le choix thérapeutique** : A. Garay, « Choix thérapeutique et transfusion sanguine », *Méd. et dr.*, n° 9, nov.-déc. 1994, p. 139 ; G. Mémeteau, « Note sur le principe de proportionnalité en droit médical », *Méd. et dr.*, n° 5, mars-avr. 1994, p. 40 ; G. Rebecq, « Le contrôle de la prescription », Entrep. méd., n° 184, 25 mai 1999, p. 8. Civ. 1re, 13 nov. 2008, *JCP* 2009, II, 10030 (Choix fautif du traitement lié à une erreur de diagnostic). Civ. 1re, 14 oct. 2010, *RTD civ.* 2011. 135 (responsabilité *in solidum* du médecin qui avait prescrit de la catalgine à un nourrisson et du pharmacien s'étant trompé dans le dosage délivré). Civ. 1re, 16 mai 2013, 12-21338, *RCA* 2013, comm. n° 269 (obligation pour chaque médecin intervenant dans la prise en charge du patient d'assurer le suivi de ses prescriptions). Civ. 1re, 3 juill. 2013, 12-13161, *RCA* 2013, comm. n° 351 (faute pour n'avoir pas prescrit un anticoagulant nécessaire compte tenu de l'état de santé du patient).

5. V. ss 954.

6. **Problèmes posés par la prescription hors AMM** : A. Laude, « Dans la tourmente du Médiator : prescription hors AMM et responsabilités », *D.* 2011. 253. B. Rajot, « Le médiator : antidiabétique ou coupe-faim ? Indemnisation des victimes et/ou responsabilités des professionnels de santé ? Vastes discussions en perspective... » *RCA* 2011, alerte, n° 15. CE, 19 oct. 2001 : *RDSS* 2002. 251. Civ. 1re 12 juin 2012, n° 11-18327.

n° 2012-1404 du 17 décembre 2012 qui subordonne cette prescription à de strictes conditions : absence d'alternative médicamenteuse appropriée ; existence d'une recommandation temporaire d'utilisation établie par l'Agence nationale de sécurité du médicament et des produits de santé ou à défaut, décision du médecin qui juge « indispensable, au regard des données acquises de la science, le recours à cette spécialité pour améliorer ou stabiliser l'état clinique du patient » ; information renforcée de ce dernier .

Bien entendu, dans tous les cas, le médecin expert devra éclairer le juge en déterminant si le médecin est fautif d'avoir utilisé une thérapeutique ancienne obsolète, une innovation thérapeutique imprudente, mal connue et aux risques disproportionnés ou au contraire si son choix était justifié dans le contexte des faits.

La mise en œuvre de la thérapeutique choisie doit être faite sans retard, avec diligence et attention.

Les prescriptions de médicaments, faites avec vigilance, font en outre l'objet d'un contrôle obligatoire du pharmacien dispensateur (art. R. 4235-48 CSP).

C. La faute dans l'exécution de l'acte médical

823 ***La faute technique dans l'acte médical*** ◊ Le diagnostic porté, le choix thérapeutique fait, il reste à mener à bien l'action thérapeutique envisagée, et c'est là le domaine le plus classique de la faute de technique médicale ; tous les auteurs d'actes thérapeutiques peuvent voir leur responsabilité personnelle engagée de ce chef, et les exemples de fautes techniques sont multiples : infirmière qui perfore une veine au cours d'une perfusion, médecin stomatologiste ou dentiste qui fait preuve de négligence ou de maladresse dans l'exécution des soins dentaires ou la pose d'une prothèse, radiologue qui provoque une radiodermite par exposition trop prolongée aux rayons X, etc.

Lorsque l'activité médicale est exercée en équipe, notamment dans le cadre des établissements de soins privés, les fautes commises par les membres de l'équipe médicale peuvent, selon leur statut juridique respectif, engager la responsabilité du médecin, du chirurgien ou de l'obstétricien du fait d'autrui, ou la responsabilité *in solidum* des différents intervenants.

Une étude plus particulière de deux types de faits générateurs, présentant des liens parfois hésitants avec la faute, et ayant donné lieu à des jurisprudences complexes, sera ici menée. Seront donc examinées successivement l'hypothèse de la maladresse du geste chirurgical et celle du dommage causé par un produit utilisé par le professionnel de santé.

1. La maladresse du geste chirurgical [1]

824 Ce sont les *chirurgiens* qui sont les plus exposés à commettre des fautes dans la technique opératoire : *l'exactitude du geste chirurgical constitue une*

---

1. **Faute technique du chirurgien :** Civ. 1re, 7 janv. 1997, deux arrêts *Bull. civ.*, n° 6 et 7 et *Rapport annuel, C. cass.*, D. 7 janv. 1997.189, rapport P. Sargos, note Thouvenin, *RCA* 1997,

obligation évidente (ce qui n'implique pas le résultat de la guérison) : l'inattention qui laisse partiellement paralysé le malade placé dans une mauvaise position au cours de l'opération, la maladresse dans le maniement du bistouri qui sectionne un nerf ou un tendon constituent autant de fautes que le paradigme du chirurgien habile consciencieux et attentif ne saurait commettre. La jurisprudence est toutefois, sur ce point, très hésitante. La Cour de cassation a, par deux arrêts du 7 janvier 1997 rappelé que toute faute d'un médecin engage sa responsabilité, et qu'*une maladresse constitue une faute* sans qu'il y ait lien de s'interroger sur sa gravité ou son aléa ; solution confirmée par deux arrêts du 23 mai 2000, où elle a précisé que, sauf anomalie anatomique, les juges du fond ne peuvent exclure la faute du chirurgien dès lors que le praticien « porte atteinte à un organe ou à un tissu qu'il n'était pas nécessaire de toucher pour réaliser l'intervention ». C'était admettre une présomption de faute, dont la pérennité a pu sembler incertaine à la suite de l'adoption de la loi du 4 mars 2002, qui retient en effet, par principe, l'exigence d'une responsabilité pour faute *prouvée*. Des arrêts ultérieurs de la Cour de cassation (Civ. 1re, 29 nov. 2005) avaient toutefois semblé délaisser la présomption de faute, en appréciant classiquement l'inexactitude du geste chirurgical sur le terrain de la faute prouvée.

La Cour de cassation a, par deux arrêts du 18 septembre 2008, tenté de clarifier la qualification de la maladresse du geste chirurgical. Ainsi, selon ces arrêts, si l'acte médical pratiqué ne présente pas de risque spécial, notamment du fait de l'absence de particularisme anatomique de la victime, la responsabilité doit être envisagée sur le terrain *de la faute* (qui peut éventuellement être présumée). Dans les autres cas, où la lésion de l'organe, compte tenu notamment de ses particularités anatomiques, constitue un risque inhérent à l'intervention, *un aléa thérapeutique peut être retenu par le juge*. La distinction évoquée par la Cour de cassation apparaît toutefois subtile car ses critères semblent difficiles à mettre en œuvre en pratique [1]. Ces incertitudes de qualification sont préoccupantes et devraient être clarifiées car les enjeux sont, depuis l'entrée en vigueur de la loi du 4 mars 2002, essentiels puisque l'indemnisation par le biais de la faute ou de l'aléa relève aujourd'hui de régimes fondamentalement différents.

---

n° 134-135, *Méd. et dr.* 1997.24, p. 15 note A. Dorsner-Dolivet (1. hémorragie mortelle par perforation par le chirurgien de l'artère sous clavière gauche ; maladresse est une faute ; 2. chirurgien gynécologue provoque une brèche dans la cloison recto-vaginale de sa patiente ; maladresse fautive) ; Civ. 1re, 23 mai 2000, deux arrêts n° 906 et 907, (porter atteinte à un organe ou un tissu qu'il n'était pas nécessaire de toucher pour réaliser l'intervention constitue une faute technique). Civ. 1re, 29 nov. 2005, *RCA* 2006, comm. n° 59 (section du nerf médian à l'occasion d'une opération du canal carpien : absence de toute référence à une présomption de faute). Civ. 1re, 18 sept. 2008, *RTD civ.* 2009. 123 obs. P. Jourdain (deux arrêts, l'un retenant une présomption de faute dans l'hypothèse de la réalisation maladroite d'une coloscopie, l'autre la qualification d'aléa pour la lésion du nerf tibial constitue un risque inhérent à l'intervention). Civ. 1re, 20 mars 2013, 12-13900, *RCA* 2013, comm. n° 236 (faute retenue à défaut de preuve d'une anomalie anatomique rendant l'atteinte inévitable).

1. **Dans ce sens,** J. Penneau, obs. sous Civ. 1re, 18 sept. 2008, *D.* 2009. 1302 s.

2. Le dommage lié à l'utilisation d'un produit

825 Qu'il s'agisse de médicaments ou de dispositifs médicaux, le défaut de sécurité de tout produit fonde en principe la responsabilité objective du producteur, conformément à la loi du 19 mai 1998 intégrant la Directive européenne du 25 juillet 1985 dans notre droit [1]. La responsabilité du médecin ou de l'établissement de soins peut toutefois être recherchée dans deux hypothèses.

826 ***1re hypothèse : le médecin ou l'établissement de santé est l'utilisateur du produit de santé*** ◊ La responsabilité liée à l'utilisation d'un produit ou appareil de santé peut avoir une double origine : la produit peut être exempt de vice, et n'avoir causé un dommage au patient qu'en étant l'instrument d'une faute commise dans l'exécution de l'acte médical. Dans un tel cas, c'est classiquement une responsabilité pour faute technique de soins qui doit être engagée.

Lorsque le dommage a en revanche été causé par un défaut de la chose utilisée au cours de l'acte de soins, le droit positif a connu, depuis les années 1990, une évolution chaotique, sur laquelle a fortement interféré l'adoption d'un régime spécifique de responsabilité du fait des produits défectueux.

• *1re étape : L'admission d'une responsabilité contractuelle sans faute de la clinique ou du médecin* [2] *:* la jurisprudence, approuvée par la doctrine, a pendant une certaine période retenu la responsabilité du praticien pour défaut de sécurité de la chose utilisée ou fournie qui a causé un dommage au patient. Il s'agissait d'une *responsabilité contractuelle,* car c'était dans le cadre du contrat de soins que le praticien était tenu d'une *obligation de sécurité quant au matériel qu'il utilisait :* ces instruments ne devaient pas, par leur vice ou leur fonctionnement défectueux, causer un dommage

1. **Sur cette question**, v. ss 911 s.

2. **Responsabilité médicale du fait des choses utilisées ou fournies : jurisprudence antérieure :** G. Mémeteau, « Prothèse et responsabilité du médecin », *D.* 1976, chron., p. 9 ; J.-M. Auby, « Le statut des objets et appareils en droit de la santé », *RDSS* 1986, p. 1 ; G. Mémeteau, « Utilisation du matériel médical et dentaire : vers l'obligation de résultat », *Gaz. Pal.*, 24 févr. 1987. – **Jurisprudence :** ; Civ. 1re, 9 nov. 1999, *RCA* 2000, n° 61, *JCP* 2000.II.10251 note Brun, *D.* 2000. 117 note Jourdain, *Méd. et dr.* 2000.41, p. 17, note P. Villeneuve (arrêt de la table d'examen ; médecin tenu d'une obligation de sécurité de résultat pour le matériel qu'il utilise) ; Civ. 1re, 7 nov. 2000, *D.* 2001. Somm. 2236, obs. D. Mazeaud, *D.* 2001, chron. Y. Lambert-Faivre, p. 570 (l'établissement de santé est tenu d'une obligation de sécurité de résultat en ce qui concerne les produits, tels les médicaments, qu'il fournit) ; CE, 9 juill. 2003, aff. Marzouk, *RCA* 2004, n° 19 (le service public hospitalier est responsable, même sans faute, des dommages causés à ses usagers par les produits ou appareils qu'il utilise) ; CJCE, 10 mai 2001, *D.* 2001. 3065, note P. Kayser (la directive du 25 juillet 1985 relative à la responsabilité du fait des produits défectueux s'applique à la fabrication et à l'utilisation par les médecins de produits défectueux à des fins thérapeutiques). Civ. 1re 22 nov. 2007, *D.* 2008. 816, note M. Bacache, *JCP* 2008, II, 10069. CE 27 janv. 2010, n° 313568. CE 4 oct. 2010, *AJDA* 2010, p. 1912 (question préjudicielle posée à la CJUE). Cas particulier du cirurgien dentiste : obligation de sécurité résultat d'une prothèse adaptée : Civ. 1re, 29 oct. 1985, *RTD civ.* 1986. 762, obs. J. Huet – Civ. 1re, 15 nov. 1988, Bull. civ. I, n° 319

corporel au patient. Il fallait d'ailleurs souligner que cette obligation de sécurité avait un fondement juridique ambivalent, car elle pouvait relever aussi bien d'une obligation contractuelle du fait des choses intégrée au contrat médical *(utilisation d'un produit vicié)*, que d'une obligation contractuelle du fait des produits livrés lorsqu'il s'agit de la *fourniture annexe d'une chose* (prothèse, pacemaker, etc.).

La jurisprudence relative aux dentistes était ainsi particulièrement abondante ; dans un arrêt du 22 novembre 1994, la Cour de cassation énonçait : « Procédant à un *acte de fourniture d'appareil*, le chirurgien-dentiste orthodontiste est tenu à une *obligation de résultat concernant la sécurité tenant tant à la conception de l'appareil qu'à ses conditions d'utilisation* » ; le défaut de sécurité résulte du danger présenté par l'appareil, indépendamment de tout défaut. Cette obligation déterminée de sécurité était applicable dans les mêmes termes à tous les types de prothèses qu'un chirurgien ou un médecin était appelé à délivrer, et à tous produits ou instruments contractuellement fournis par le médecin, et d'ailleurs achetés par lui au fabricant, le coût en étant répercuté dans la note d'honoraires présentée au patient.

De manière très générale, l'arrêt dit « du cerceau brisé » rendu par la première chambre civile le 17 janvier 1995 [1] avait été jugé transposable à l'activité médicale : le médecin était non seulement responsable pour faute médicale *stricto sensu*, mais encore pour défaut de sécurité des choses qu'il mettait en œuvre dans l'exécution de son obligation contractuelle. Elle avait fait application de ce principe dans un arrêt du 9 novembre 1999 où une patiente s'étant blessée en descendant d'une table d'examen, la Cour de cassation avait énoncé dans un attendu de principe : « le contrat formé entre le patient et son médecin met à la charge de ce dernier, sans préjudice de son recours en garantie, une obligation de sécurité de résultat en ce qui concerne les matériels qu'il utilise pour l'exécution d'un acte médical d'investigations ou de soins ».,Bien entendu le médecin, ou son assureur, disposait ensuite d'un recours subrogatoire contre le fabricant, responsable initial du défaut de sécurité du produit.

La même *obligation de sécurité de résultat* du fait des produits ou appareils utilisés avait en outre été déclarée applicable aux établissements de santé publics (CE, 9 juill. 2003 : affaire Marzouk) ou privés (Civ. 1re, 7 nov. 2000).

• *2e étape : Interrogations sur l'interférence du régime spécifique de responsabilité du fait des produits sur la responsabilité médicale.* Des interrogations se sont faites jour sur la pérennité de la jurisprudence ci-dessus évoquée, à la suite de la directive communautaire du 25 juillet 1985 et de la loi de transposition du 19 mai 1998 relatives à la responsabilité du fait des produits défectueux [2]. Selon la Cour

1. Civ. 1re, 17 janv. 1995, *D.* 1995.350 note Jourdain, *RCA* 1995, n° 123 et chron. Groutel n° 16 (affaire Nelly ou « du cerceau brisé », l'école est contractuellement tenue d'une obligation de sécurité du fait des choses qu'elle met à disposition de ses élèves)

2. **Articulation de la responsabilité du fait des produits défectueux et du droit commun :** CJCE, 25 avr. 2002, aff. C-183/00 : *D.* 2002. Somm. 2837, obs. J.-P. Pizzio, *D.* 2003. Somm. 464, obs. Mazeaud, *D.* 2002. 2462, note Larroumet, *RTD civ.* 2002.523, obs. Jourdain, *RTD com.*

de justice de l'Union européenne, le régime spécifique de responsabilité du fait des produits est en effet un texte d'application exclusive. Celui-ci ne peut donc permettre de laisser coexister des responsabilités fondées sur le défaut du produit à la charge d'autres personnes que le producteur, sauf si celles-ci ont un fondement différent. Or, la responsabilité sans faute imposée à la charge des professionnels ou établissements de santé en ce qui concerne l'innocuité du produit semblait reposer sur le fait de ce dernier, et ne pouvoir être maintenue parallèlement à celle du producteur. En cas de défectuosité d'un produit de santé, l'action de la victime, pour les faits relevant de la directive, *devrait exclusivement être dirigée contre le producteur*, sauf si son action reposait sur un autre fondement (faute, vice caché). La Cour de justice de l'Union européenne a toutefois adopté une solution contraire dans une décision du 21 décembre 2011.

• *3e étape : Maintien d'une responsabilité de l'utilisateur du produit de santé hors du champ de la directive* [1]. Dans une décision du 21 décembre 2011, la Cour de justice de l'Union européenne, saisie d'une question préjudicielle par le Conseil d'État français, a en effet considéré que la directive 85/374/CEE du 25 juillet 1985 ne s'opposait pas à ce qu'une responsabilité spécifique du prestataire de services utilisateur du produit défectueux, comme les hôpitaux ou cliniques, soit maintenue, sous réserve d'un recours contre le producteur, conformément aux termes de la directive. Cette décision permet donc, contrairement à ce qu'avait pu penser une doctrine majoritaire, le maintien d'une responsabilité de droit commun de l'établissement de soins ou du médecin lorsque le dommage a été causé par le produit utilisé au profit du patient, sauf dans le cas tout à fait exceptionnel où ceux-ci en seraient les producteurs. La question demeurait toutefois de savoir quel serait le régime de cette responsabilité. Or, la Cour de cassation et le Conseil d'État ont donné des réponses divergentes à une telle question.

• *4e étape : Divergence de la jurisprudence sur le régime de la responsabilité de l'utilisateur du produit de santé* [2].

À la suite de la décision de la CJUE du 21 décembre 2011, on aurait pu penser que la Cour de cassation allait réactiver sa jurisprudence mise en

2002, p. 585, obs. Luby ; J. Calais-Auloy, « Menace européenne sur la jurisprudence française concernant l'obligation de sécurité du vendeur professionnel », *D.* 2002, chron., p. 2458. Dans un sens voisin, s'agissant de la responsabilité du fournisseur : CJCE 10 janv. 2006, *RTD civ.* 2006. 333, note P. Jourdain. Civ. 1re, 15 mai 2007, *D.* 2007. 1597.

1. **Réponse de la CJUE à la question préjudicielle posée par le Conseil d'État** : CE 4 oct. 2010, *AJDA* 2010, p. 1912 (question préjudicielle posée à la CJUE). CJUE, 21 déc. 2011, n° C-495/10, *AJDA* 2011. 2505, et 306, chron. M. Aubert, E. Broussy et F. Donnat ; *D.* 2012. 926, note J.-S. Borghetti ; *RTD civ.* 2012. 329, obs. P. Jourdain.

2. **Divergence de la jurisprudence sur le régime de la responsabilité de l'utilisateur du produit de santé** : L. Bloch, « Produits de santé défectueux : désordre au sommet des ordres », *RCA* 2014, chron. n° 1. Civ. 1re, 12 juill. 2012, n° 11-17.510, *D.* 2012. 2014, note M. Bacache ; *D.* 2013. 40, obs. P. Brun et O. Gout ; *RTD civ.* 2012. 737, obs. P. Jourdain ; *RTD eur.* 2013. 292, obs. N. Rias (responsabilité qui ne peut être retenue qu'en cas de faute). CE 25 juill. 2013, n° 339922, *AJDA* 2013. 1597, chron. X. Domino et A. Bretonneau ; *D.* 2013. 2438, note

place dans les arrêts des 9 novembre 1999 et 7 novembre 2000 et admettre une responsabilité sans faute de l'établissement ou du médecin utilisateur du produit de santé. Ce n'est toutefois pas en ce sens que celle-ci s'est prononcée dans un arrêt du 12 juillet 2012, puisqu'elle a retenu, au terme d'une solution vivement critiquée, la responsabilité du prestataire de services de soins utilisateur du produit défectueux *sur le seul fondement de la faute*.

De son côté, le Conseil d'État a retenu une solution contraire. Reprenant l'attendu de la jurisprudence Marzouk, celui-ci a en effet considéré que la responsabilité de l'hôpital ayant utilisé un produit défectueux, reposait *sur un régime de responsabilité sans faute*.

On doit déplorer cette divergence, et préférer la solution rendue par le Conseil d'État à l'évidence plus favorable aux victimes. On peut toutefois, pour l'avenir, se demander quelle solution prévalera car, dans les affaires citées, les faits étaient antérieurs à l'entrée en vigueur de la loi du 4 mars 2002. Or, l'influence de cette dernière, sur une question à la croisée du droit de la responsabilité médicale et de celui des produits défectueux, est incertaine. Si l'article L. 1142- 1 CSP prévoit en effet un principe de responsabilité pour faute, solution expliquant pour certains la position de la Cour de cassation qui anticiperait ainsi l'application de cet article [1], le début de ce texte prévoit dans le même temps une exception dans « le cas où leur responsabilité est encourue en raison d'un défaut d'un produit de santé », expression dont l'interprétation est depuis les origines l'objet de divergences doctrinales.

827 ***Autres hypothèses*** ◊ Les remèdes et vaccins sont achetés directement par le patient chez le pharmacien en médecine de ville ; en revanche c'est le plus souvent l'hôpital ou la clinique qui fournit les médicaments nécessaires à l'exécution de la prestation de soins : leur responsabilité peut être engagée en qualité de « fournisseur », mais seulement dans la mesure où le producteur n'a pu être identifié (art. 1386-7 C. civ.) [2].

Lorsque le médecin ou le chirurgien n'est personnellement ni « utilisateur », ni « fournisseur » du produit vicié, il n'est plus responsable du fait de la chose ; néanmoins sa responsabilité peut encore être engagée pour faute dans la prescription (ex. : connaissance du vice du produit prescrit) [3].

D. La faute de surveillance

828 De nombreux arrêts sanctionnent des fautes de surveillance dans deux domaines d'élection : la surveillance opératoire et la surveillance psychiatrique.

M. Bacache ; *D.* 2014. 47, obs. P. Brun et O. Gout ; *RDSS* 2013. 881, note J. Peigné (responsabilité sans faute du service public). – V. également dans le domaine voisin de la pose de prothèse, Civ. 1re, 20 mars 2013, n° 12-12.300, *RCA*. 2013, comm. 195, S. Hocquet-Berg.

1. V. par exemple, P. Jourdain, obs. sous CE 25 juill. 2013, préc.
2. V. ss 919.
3. V. ss 822.

1. La surveillance opératoire [1]

829 Il est relativement rare que des opérés décèdent sur la table d'opération ; l'accident le plus fréquent survient dans la phase postopératoire délicate du réveil anesthésique. L'établissement de santé public ou privé doit organiser ses services pour que cette surveillance postopératoire soit toujours assurée.

830 ***a) L'obligation de surveillance des médecins et chirurgiens*** ◊ Si, en raison de sa spécialisation reconnue par un diplôme, le médecin anesthésiste-réanimateur est tenu d'une obligation spécifique, il n'en résulte pas pour autant que le chirurgien lui-même puisse se désintéresser de son patient dès la fin de l'opération.

De nombreux arrêts retiennent la responsabilité personnelle du chirurgien en cas d'accident postopératoire.

1) La responsabilité du chirurgien du fait d'autrui [2]

La responsabilité du chirurgien du fait d'autrui a pu être justifiée par l'autorité qu'il exerce sur l'équipe qui l'assiste au cours de l'opération. La jurisprudence a ainsi, à partir de 1960, reconnu une responsabilité contractuelle du chirurgien, chef de l'équipe, du fait de ses substituts ou préposés.

Cette responsabilité du fait d'autrui est toutefois aujourd'hui en net recul. Elle est en effet aujourd'hui de plus en plus rare du fait que l'anesthésiste est dorénavant un médecin spécialiste qui noue avec le patient un lien personnel par la visite préopératoire. Sa pérennité est de plus incertaine à la suite du revirement opéré par la Cour de cassation quant au fondement contractuel de la responsabilité médicale. Cette dernière repose en effet aujourd'hui sur les articles L. 1142-1 s. CSP, qui n'envisage pas les hypothèses de responsabilité du fait d'autrui [3].

À l'hôpital public, même dans le cadre du secteur privé, les médecins anesthésistes et auxiliaires médicaux sont mis à la disposition du chirurgien par le service public, en qualité d'agents publics ; aussi par un arrêt du 20 juillet 1988, la Cour de cassation a-t-elle précisé que le chirurgien « ne pouvait être contractuellement responsable à l'égard de la patiente, des actes de ce médecin anesthésiste ».

---

1. **Surveillance postopératoire ; organisation du service :** Versailles, 8 juill. 1993, *RDSS* avr.-juin 1994, p. 268 ; Civ. 1re, 24 janv. 1995, *RCA* 1995, n° 105 (doléances auprès du personnel, absence de suite, gangrène gazeuse).

2. **Responsabilité du chirurgien du fait d'autrui :** J. Ambialet, « Responsabilité du fait d'autrui en droit médical », LGDJ 1965 ; P. Jourdain, « La responsabilité du médecin du fait d'autrui », *RCA*, n° spécial juill.-août 1999, p. 16 ; P. Sargos, « La responsabilité civile en matière d'exercice médical pluridisciplinaire », *Méd. et dr.*, n° 17, 1996, p. 17 ; M. Véron, « La responsabilité pénale au sein d'une équipe médicale », *Gaz. Pal.*, 24-26 nov. 1996, p. 2 ; P. Jourdain, « La responsabilité du fait d'autrui en matière médicale », *LPA*, 1999, n° 189, p. 29 ; H. Fabre, « Responsabilité conjointe ou partagée de l'anesthésiste et du chirurgien ou obstétricien », *Méd. et dr.* 1996.22, p. 9. **Jurisprudence :** Civ. 1re, 18 oct. 1960, *JCP* 1960.II.11846, note Savatier, *Gaz. Pal.* 1960.2.289, *RTD civ.* 1960.120, obs. Tunc (anesthésiste choisi par le chirurgien) Civ. 1re, 18 juill. 1983, *JCP* 1984.II.20248, note Chabas, *D.* 1984.149, note Penneau ; Civ. 1re, 20 juill. 1988, *JCP* 1988.IV.351, *RTD civ.* 1989.95, obs. Jourdain (pas de responsabilité contractuelle du fait d'autrui à l'hôpital public).

3. Dans le même sens : P. Jourdain, note sous Civ. 1re, 14 oct. 2010, *RTD civ.* 2011. 128.

2) La responsabilité personnelle du chirurgien

- *L'affaire Farçat*[1] : le jeune Alain Farçat, quinze ans, est décédé le 25 septembre 1973 des suites d'un arrêt cardio-respiratoire, ayant entraîné des lésions cérébrales irréversibles, survenu le 16 juillet 1973 peu après une intervention banale pour amygdalectomie.

L'attendu de l'arrêt de l'Assemblée plénière rendu le 30 mai 1986 est particulièrement net : « Attendu que si la surveillance postopératoire incombe au médecin anesthésiste pour ce qui concerne sa spécialité, le chirurgien n'en demeure pas moins tenu, à cet égard, d'une obligation générale de prudence et de diligence ; qu'en s'abstenant de rechercher si, en raison des conditions dans lesquelles il avait quitté la clinique le Docteur L... n'aurait pas dû s'assurer que le malade restait sous la surveillance d'une personne qualifiée... » (en l'espèce le chirurgien ayant quitté la clinique en même temps que l'anesthésiste, savait que l'opéré restait sans surveillance qualifiée).

– *La responsabilité personnelle du chirurgien pour défaut de surveillance*[2] : si la surveillance postopératoire incombe en premier lieu à l'anesthésiste, une faute du chirurgien peut toujours être établie et engager sa propre responsabilité. Ainsi, du début de l'anesthésie à la fin de la période postopératoire la collaboration du chirurgien et de l'anesthésiste s'impose, et le chirurgien doit vérifier l'examen du groupe sanguin (affaire *Sarrazin*), la vacuité de l'estomac du patient (affaire *Saïd*), la position correcte du malade sur la table d'opération comme les conditions de son réveil.

831 ***b) L'obligation de surveillance des anesthésistes***[3] ◊ C'est l'une des plus lourdes de la responsabilité médicale.

---

1. **Affaire Farçat** : Paris, 24 févr. 1983, *Gaz. Pal.*, 3 juin 1983 ; sur pourvoi, Crim., 10 mai 1984, *JCP* 1984.II.20303, note Dorsner-Dolivet, *D.* 1985.256, note Penneau, *Gaz. Pal.*, 23 nov. 1984, note Chabas ; sur renvoi Versailles, 4 mars 1985, *Gaz. Pal.* 1985.1.300 ; sur ce nouveau pourvoi, Ass. plén., 30 mai 1986, *D.* 1987.II.109, note Penneau, *Gaz. Pal.*, 30 juill. 1986, p. 7.

2. **Responsabilité personnelle du chirurgien pour défaut de surveillance** : H. Fabre, « Responsabilité conjointe ou partagée de l'anesthésiste et du chirurgien », *Méd. et dr.*, n° 22, janv.-févr. 1997, p. 9. : Crim., 9 nov. 1977, *Gaz. Pal.*, 19 avr. 1978, p. 5 ; Paris, 24 oct. 1983, *D.* 1984.149, note Penneau et, sur pourvoi, Crim., 10 mai 1984, *Bull. crim.*, n° 161, p. 435 ; Paris, 23 juin 1983, *Gaz. Pal.*, 15 mars 1984, p. 8 ; Crim., 23 avr. 1985, *D.* 1987. Somm. 26, obs. Penneau ; Civ. 1re, 10 févr. 1987, *D.* 1987.I.R.424 ; Paris, 21 nov. 1991, *JCP* 1992.II.21862, note C. Atias ; Civ. 1re, 21 mars 1995, *RCA* 1995, n° 214 (suintement au niveau des points de suture ; absence de surveillance postopératoire du chirurgien) ; Civ. 1re, 15 juill. 1993, n° 1153 D, *Bull. CNEMAC*, janv. 1994 (opéré surveillé par des personnes compétentes ; pas de faute du chirurgien qui ne s'est pas rendu à son chevet pendant la nuit qui a suivi l'opération) ; Civ. 1re, 20 oct. 1993, *RCA* 1994, n° 21 (arrêt cardiaque pendant l'intervention ; patient transporté trois heures après de la clinique à l'hôpital) ; Crim. 17 déc. 1997, *RCA* 1998, n° 252 (faute du chirurgien et de l'anesthésiste qui n'ont pas fait transférer la victime vers un CHU, alors que cette mesure s'imposait). Civ. 1re, 14 oct. 2010, *RCA* 2011, comm. n° 25 (absence de devoir particulier de surveillance du chirurgien pour une chute s'étant produite trois jours après l'opération). Civ. 1re, 10 déc. 2014, 13-21670, *RTD civ.* 2015. 145 (responsabilité de la clinique pour la faute de surveillance commise par l'infirmière ; absence de transfert du lien de préposition au médecin).

3. **Responsabilité des anesthésistes, doctrine** : J. Ambialet, « Responsabilité du fait d'autrui en droit médical », LGDJ 1965 ; P.-J. Doll, « Panorama de la responsabilité civile en cas de mort au

L'anesthésiste a des obligations pré-opératoires (examen du malade...), au cours de l'opération (anesthésie proprement dite) et postopératoire jusqu'au réveil total du patient.

La surveillance postopératoire exige la présence d'un médecin qualifié, et c'est précisément la spécialité de *« l'anesthésiste-réanimateur » :* il ne suffit pas de savoir endormir le malade, il faut veiller à son réveil complet et être apte à faire face à tout accident respiratoire ou cardiaque. Il est aujourd'hui admis que l'anesthésiste, même s'il est choisi par le chirurgien, passe lui-même un contrat tacite avec le patient lors de la visite qu'il effectue en général la veille de l'opération.

2. La surveillance psychiatrique [1]

832 De l'obligation de surveillance des patients dans la période postopératoire, on peut rapprocher l'obligation de surveillance des malades mentaux qui pèse sur les cliniques et établissements psychiatriques.

---

cours d'une anesthésie », *Gaz. Pal.* 1974.1, doct. p. 555 ; J.-P. Karaquillo, « Les responsabilités civiles médicales découlant de l'acte d'anesthésie », *D.* 1974.83 ; F. Leymarie, « Anesthésie et responsabilité civile des médecins en clientèle privée », *JCP* 1974.2630 ; C. Vilar, « L'évolution des responsabilités du chirurgien et de l'anesthésiste », *RTD civ.* 1974.739 ; C. Finet-Barhellion, « Le statut juridique de l'anesthésiste réanimateur », éd. Masson, 1976 ; INSERM : Enquête sur les accidents médicaux dus aux anesthésies, compte rendu au Congrès de l'Académie européenne d'anesthésiologie, Paris, 4-6 sept. 1982 ; G. Barrier, « Responsabilité : l'anesthésiste réanimateur », *Méd. et dr.*, n° 2, sept.-oct. 1993, p. 29 ; C. Winckler, « De la bonne conduite de l'anesthésie et de la prévention des accidents », *RFDC* 1997.1, p. 73 ; J. Guigue et C. Esper, « La responsabilité du fait anesthésique », *Gaz. Pal.* 23 oct. 1998, p. 3. – **Jurisprudence :** Civ. 1re, 17 mai 1970, *JCP* 1971.II.16833, note Savatier ; Civ. 1re, 9 juin 1977, *JCP* 1978.II.18839, note Savatier ; Crim., 9 nov. 1977, *Gaz. Pal.* 1978.1.223, note Doll ; Civ. 1re, 10 juin 1980, *JCP* 1981.II.19614, note Chabas ; Civ. 1re, 18 juill. 1983, *D.* 1984.149, note Penneau ; Civ. 1re, 11 déc. 1984, *Gaz. Pal.* 1986.1.296, note F.C. ; *D.* 1985 IR 464, obs. Penneau (surveillance postopératoire jusqu'à la reprise complète des fonctions vitales et notamment du transit intestinal) ; Civ. 1re, 31 mai 1989, *RCA* 1989, n° 271, obs. Groutel, *Bull. civ.*, n° 219, p. 146 ; Crim., 15 mars 1990, *RCA* 1990, n° 250 ; Civ. 1re, 9 déc. 1992, *RCA* 1993, n° 49 (absence de surveillance de l'anesthésie, arrêt cardio-vasculaire, faute) ; Crim., 3 mars 1993, *RCA* 1993, n° 237 (rachianesthésie lors d'une césarienne, corps de la patiente mal placé, faute de l'anesthésiste) ; Crim., 28 mai 1997, *RCA* 1998, n° 23 (perfusion intraveineuse de sérum glucose ; négligence de l'anesthésiste qui s'est abstenu de toute prescription sur le volume, la nature et le débit du liquide à transfuser) ; Crim., 26 nov. 1997, *RCA* 1998, n° 250 (faute de l'anesthésiste qui s'est absenté de la salle d'opération à un moment où l'intervention devenait critique) ; TGI Bobigny, 7 juill. 1999, *Gaz. Pal.*, 22-23 mars 2000, p. 41, note Bonneau (responsabilité pénale du médecin anesthésiste dans les soins postopératoires au malade). Civ. 1re, 14 oct. 2010, *RCA* 2011, comm. n° 25 (absence de devoir particulier de surveillance d'un anesthésiste pour une chute s'étant produite trois jours après l'opération). Civ. 1re, 20 janv. 2011, *RCA* 2011, comm. n° 151.

1. **Surveillance psychiatrique :** A. Dorsner-Dolivet, « Responsabilité des cliniques en raison des accidents survenus aux malades mentaux », *Gaz. Pal.*, 19 oct. 1980, p. 2 ; F. Chabas, « Remarques sur la responsabilité des médecins psychiatriques et des cliniques psychiatriques en droit privé », *Gaz. Pal.*, 9 nov. 1980, p. 2 ; Jeanson, Ghestin et Flécheux, « La responsabilité des psychiatres », Coll. Médecine légale ; F. Monéger, « Le rapprochement de la jurisprudence du CE et de la C. cass. en matière de responsabilité du fait des personnes soumises à la surveillance d'autrui » (à propos des arrêts Ingremeau, CE, 19 oct. 1990, et Blieck, Ass. plén., 29 mars 1991), *RDSS* 1991.401 ; G. Steinbach, « La responsabilité des hôpitaux psychiatriques et des cliniques »,

1) Les dommages causés par le malade mental à lui-même [1]. Cette obligation de surveillance et de sécurité est définie comme une obligation de moyens, mais la diligence exigée est d'autant plus stricte que le risque est connu ; il convient surtout d'éviter que *les malades ne subissent eux-mêmes un dommage* (tentative de suicides, évasions, blessures diverses) ; le médecin psychiatre lui-même peut être responsable lorsqu'il n'a pas prescrit les mesures de précautions nécessitées par l'état du malade.

2) Les dommages causés par le malade mental à des tiers [2]. Depuis 1968, l'article 414-3 C. civ (ex-art. 489-2) reconnaît la responsabilité personnelle du dément ; cependant cette responsabilité personnelle de l'auteur du dommage n'exclut pas dans tous les cas celle du médecin psychiatre ou de la clinique qui a laissé au dément une marge de liberté excessive. À cet égard, les traitements en milieu ouvert et les autorisations de sortie du malade doivent être donnés avec toute la prudence requise.

§ 2. Les fautes contre la conscience médicale

833 ***Humanisme médical, déontologie et éthique*** [3] ◊ L'exercice de la médecine a toujours été marqué d'importantes exigences morales et l'antique

---

RFDC 1997.1, p. 43 ; B. Louvel, « Le régime procédural de l'art. L. 351 CSP » (internement psychiatrique), *Gaz. Pal.*, 8-10 mars 1998, p. 2 ; C. Jonas, « Responsabilité du psychiatre et des établissements d'accueil du fait des actes des malades mentaux », *Méd. et dr.*, 1997, n° 23, p. 12.

1. **Dommages subis par le malade mental : – Faute de surveillance retenue :** Grenoble, 22 mai 1957, *JCP* 1957.10246, note Savatier ; Civ. 1re, 3 oct. 1967, *D.* 1968.78, *RTD civ.* 1968.160, obs. Durry ; Civ., 2 mai 1978, *JCP* 1978.II.18928, note Savatier (polyclinique non spécialisée) ; Civ. 1re, 10 juin 1997, *RCA* 1997, n° 307 (suicide du patient ; faute du médecin psychiatre qui n'a pas pris les mesures nécessaires pour que le patient ne compromette pas sa sécurité). – **Faute de surveillance non établie :** Paris, 28 oct. 1941, *Gaz. Pal.* 1941.2.547 et sur pourvoi, Civ., 6 août 1945, *Gaz. Pal.* 1945.2.312 (clinique non spécialisée) ; Rennes, 21 nov. 1955, *JCP* 1956.II.9326, note Savatier ; Civ. 1re, 17 janv. 1967, *Gaz. Pal.* 1967.1.139, *RTD civ.* 1967.649, obs. Durry ; Lyon, 17 janv. 1974, *JCP* 1974.11.17700, note Savatier ; Civ. 1re, 5 déc. 1978, *D.* 1980.353, note Penneau (traitement en milieu ouvert) ; Civ. 1re, 3 mars 1998, *RCA* 1998, n° 200 ; Civ. 1re, 13 oct. 1999, *RCA* 2000, n° 24 (fugue d'une clinique psychiatrique, drogue, décès ; obligation de moyens de l'établissement de soins en fonction de la pathologie du malade et de sa situation administrative ; patiente admise en pavillon ouvert ; faute non établie). Civ. 1re, 17 janv. 2008, n° 07-14284 (absence de faute de surveillance de l'établissement pour un patient ne présentant aucun signe de volonté suicidaire). Civ. 1re, 25 juin 2009, n° 08-15560 (absence de faute du médecin alors que rien en laissait présager un risque de passage à l'acte, le diagnostic ayant été posé correctement par le médecin psychiatre).

2. **Responsabilité de l'établissement ou du médecin pour des dommages causés par le malade mental à des tiers :** C. Jonas, « La réparation des dommages causés aux tiers par les malades mentaux : évolution et perspectives », *RDSS* 1990.1 ; Civ. 1re, 31 janv. 1961, *D.* 1961.236 (responsabilité du seul médecin retenue) ; Civ. 1re, 20 janv. 1982, *JCP* 1982.II.19877, note F. Chabas.

3. **Humanisme médical, déontologie et éthique :** v. ss 7, et sur le secret médical v. ss 99 s. ; Code de déontologie médicale : décret n° 95-1000 du 6 septembre 1995. A. Dorsner-Dolivet, « Un nouveau Code de déontologie pour les médecins », *Méd. et dr.*, n° 15, déc. 1995, p. 22 ; L. Dubouis, « Le nouveau Code de déontologie médicale : quoi de neuf ? », *RDSS* oct.-déc. 1995, p. 725 ; J.-P. Alméras et H. Péquignot, « La déontologie médicale », Litec, 1996 ; L. Derobert, « Droit médical et déontologie médicale », Flammarion, 1980 ; Ordre des médecins : travaux du

« serment d'Hippocrate » illustre le traditionnel *« humanisme médical »*. *L'éthique* est l'expression de la morale commune dans le contexte d'une époque et d'une civilisation données ; c'est ainsi que le Comité consultatif national d'éthique (CCNE) tente de répondre aux questions posées par les tentations prométhéennes de la science médicale contemporaine en indiquant les solutions moralement admissibles à notre temps. La *déontologie* exprime des règles de morale pratique dans le cadre contingent d'une activité professionnelle ; le Code de déontologie médicale s'adapte au fil des années au contexte juridique et professionnel de la pratique médicale, et aux codes de 1955, puis de 1979, a succédé un nouveau Code de déontologie médicale publié par le décret n° 95-1 000 du 6 septembre 1995, aujourd'hui codifié aux articles R. 4127-1 s. du Code de la santé publique.

Parmi les règles déontologiques qui s'imposent aux médecins, nous avons déjà étudié celles relatives au secret médical. Nous n'envisagerons donc ici que l'obligation d'information et de conseil (A) qui conditionne le consentement éclairé du patient (B), et l'obligation de continuité des soins (C).

A. L'obligation d'information et de conseil

1. Le contenu de l'obligation d'information et de conseil [1]

834 Le devoir de conseil est de l'essence même des professions libérales et le mot *« Conseil »* est devenu lui-même le titre de nombreux professionnels.

2e Congrès de Morale médicale, Paris, 1966 ; L. Cotte, « Droit médical, éthique et déontologie », Cahiers de Droit médical et éthique médicale, déc. 1988 ; C. Evin, « Les droits de la personne malade », rapport CES., 5 juin 1996 ; P. Ricœur, « La prise décision judiciaire et médicale : le juste et l'éthique médicale », *Méd. et dr.* n° 35, 1999, p. 1 ; D. Folscheid, B. Feuillet-Le-Mintier, J.-F. Mattei, « Philosophie, éthique et droit de la médecine », PUF 1997 ; G. Mémeteau, « La déontologie, norme perturbatrice de l'*auri sacra fames* », *Gaz. Pal.* 29-30 oct. 1999, p. 7 ; Colloque « Le droit des patients » mai 1997 in *Gaz. Pal.* 20-21 févr. 1998, p. 3 à 25 ; B. Hoerni, « Éthique et déontologie médicale », éd. Masson 1996 ; S. Rameix, « Fondements philosophiques de l'éthique médicale », éd. Ellipses 1996 ; N. Lery et alii, « Du droit à l'éthique : à propos de 2 915 cas examinés par la consultation spécialisée à Lyon », *JML-DM* 1997, vol. 40, n° 5, p. 366 ; J. Moret-Bailly, « Règles déontologiques et fautes civiles », *D.* 2002 chron. p. 2820 ; J. Moret-Bailly, « Les rapports entre la loi et les déontologies des professions de santé après le 4 mars 2002 », *RDSS* oct.-déc. 2003, p. 581 ; Ph. Meyer, « Histoire et philosophie de la médecine contemporaine » in Rapport. s. dir. de J. De Kervasdoué, « Le carnet de santé de la France en 2000 », p. 249 ; J. Moret-Bailly, « Les rapports entre la loi et les déontologies des professions de santé après le 4 mars 2002 », *RDSS* oct.-déc. 2003, p. 581. P. Sargos, « La révolution éthique des codes de déontologie des professions médicales et ses conséquences juridiques et judiciaires », *D.* 2007, doct., 811.

1. **Obligation d'information et de conseil :** N. Albert « Obligation d'information et responsabilité », *RFDA* 2003, 353. F. Alt-Maes, « Les deux faces de l'information médicale », Gaz. Pal 14 déc. 2003, 3 ; « La faute éthique pour défaut d'information », *RGDM* 2010, n° 37, p. 35. M. Bacache, « Le défaut d'information sur les risques de l'intervention : quelles sanctions ? », *D.* 2008. 1908. C. Corgas-Bernard, « Nouvelle approche de l'obligation d'information du médecin », *RLDC* 2008, 3016. C. Corgas-Bernard, « L'autonomie de l'obligation d'information du médecin », *RLDC* 2010, n° 75, p. 21. F. Chabas, « L'obligation médicale d'information en danger », *JCP* 2000.I.212 ; E. Credeville, « Le défaut d'information sur les risques de

Ainsi que l'a justement souligné le doyen R. Savatier, c'est la confiance dont le profane investit le professionnel initié qui fonde le *devoir de conseil* de *« celui qui sait »*. La montée du consumérisme a par ailleurs accru les exigences *« d'information »* du client devenues d'autant plus vives que la technicité et la spécificité des spécialisations les rendent assez ésotériques pour le public. En matière médicale, ces exigences qui baignent tout notre droit sont particulièrement sensibles alors que la science médicale apparaît bien hermétique aux malades qui lui abandonnent leur corps, c'est-à-dire leur personne. La loi du 4 mars 2002, sans modifier fondamentalement les contours de l'obligation d'information, l'a entérinée à l'article L. 1111-2 CSP en l'incluant symboliquement dans un titre relatif aux « droits de la personne ». La source de l'obligation est donc aujourd'hui purement légale.

L'obligation d'*information* visée ici est *préalable* à l'acte médical afin d'en éclairer le consentement ; elle trouve son prolongement après l'acte médical dans l'information *a posteriori* sur les soins donnés et la communication du dossier hospitalier par les établissements de santé (art. L. 1111-7 et R. 1111-1 s. CSP). Dans un ordre plus économique et social que proprement médical, l'art. L. 1111-3 CSP, dont le contenu a récemment été étendu par la loi n° 2011-940 du 10 août 2011 aux dispositifs médicaux, prévoit également que, à la demande du patient, une information doit lui être délivrée sur le coût des actes et les conditions de leur prise en charge par les régimes sociaux.

Le droit positif sur l'obligation d'information et de conseil préalable a été particulièrement novateur ces dernières années ; le processus déontologique peut être décomposé en quatre phases.

835 ***a) L'interrogatoire du malade par le médecin*** [1] ◊ Les questions posées au malade par le médecin vont de soi et ne posent guère de problème. Il faut cependant souligner l'importance de ces interrogations et des précisions pathologiques dont le médecin doit s'enquérir afin de prendre la mesure de toutes les prédispositions personnelles du patient :

---

l'intervention : quelles sanctions ? Non à la dérive des préjudices », *D.* 2008 p 1914. D. Roman, « Le respect de la volonté du malade : une obligation limitée ? », *RDSS* 2005. 423. P. Sargos, « L'obligation d'informer le patient », *LPA* 1999, n° 189, p. 9. B. Guimbaud, « Défaut d'information sur les risques du traitement : les conditions de l'indemnisation du patient », *RFDC* 2001.3, p. 235 ; Ch. Guettier, « L'obligation d'information des patients par le médecin ; panorama de la j[ce] administrative », *RCA* 2002 chron. n° 12 ; M. Harichaux, « Les droits à l'information et consentement de l'"usager du système de santé" après la loi du 4 mars 2002 », *RDSS* 2002.4, p. 673 ; O. Dupuy, « L'information médicale : information du patient et information sur le patient » éd. Études hospitalières 2002 ; F. Chabas, « L'information en matière de pédiatrie », *Gaz. Pal.*, 5-6 mai 2004, p. 20 ; C. Radé « L'obligation d'information et l'office du juge », *RCA* 2003, chron. n° 7.

1. **Interrogatoire du malade et responsabilité pour omission de s'informer de sa pathologie :** Civ. 1re, 13 févr. 1985, *JCP* 1985.II.20388, concl. Gulphe. Civ. 1re, 20 janv. 2011, n° 09-68042 (absence de faute d'un médecin, d'une sage femme et d'un établissement pour ne pas avoir interrogé une femme enceinte qui avait dissimulé sa séropositivité). Civ. 1re, 15 mars 2015, n° 14-13292 (faute du médein qui ne s'est pas assez renseigné sur l'état du patient avant l'intervention).

aussi l'omission de s'informer de la pathologie particulière du patient constitue-t-elle une faute susceptible d'engager la responsabilité du médecin en cas d'accident.

836 ***b) L'information du malade sur le diagnostic et les risques de la maladie*** [1] ◊ Le malade doit être clairement informé des risques qu'il court du fait de l'affection dont il souffre et de l'évolution probable de la maladie ; mal informé, il peut négliger de se soigner et le médecin peut alors voir sa responsabilité engagée.

L'article R. 4127-35 du CSP reconnaît un droit à la dissimulation du pronostic grave ou fatal, qui, jusqu'à une époque récente, relevait de la seule décision du médecin, prise en considération de l'intérêt du patient. Cette disposition a souvent été critiquée. La dignité humaine du malade exige le *droit à la vérité* sur ce qui le concerne dans son essence et son existence même, sa vie et sa mort, et le médecin a le *devoir* de l'informer totalement. Ce problème rejoint celui du « *secret médical* », dont le médecin ne saurait se prévaloir à l'encontre du malade qui en est le seul « *maître* ».

Il est néanmoins vrai que les médecins qui font preuve de beaucoup de prudence et de tact dans ces circonstances sont aptes à juger de la force ou de la fragilité psychique du malade qu'ils ont le devoir d'aider : entre un « *paternalisme* » médical trop secret et une brutalité choquante, il convient de trouver un juste équilibre dans la vérité et la dignité du malade. La révélation des maladies psychiatriques constitue à l'évidence un cas à part. Le Code de déontologie qui pose d'abord le principe du droit du malade à la vérité, et n'y apporte qu'ensuite les limites de tact et de prudence nécessaires constitue un progrès dans *une déontologie de la vérité.*

Les conditions de cette exception a au demeurant été en partie modifiées par la loi du 4 mars 2002, puisque l'article L. 1111-2 al. 5 CSP dispose désormais que « la volonté d'une personne d'être tenue dans l'ignorance d'un diagnostic ou d'un pronostic doit être respectée... ». La rédaction du texte modifie la donne car elle ne laisse plus de place à l'initiative du médecin, mais ne reconnaît la possibilité de taire certaines informations *qu'à la demande du malade.* Le code de déontologie médicale a été tardivement modifié pour entrer en conformité avec cette nouvelle solution. Désormais, l'article R. 4127-35 dispose donc que « *lorsqu'une personne demande à être*

---

1. **Information du malade sur les risques de la maladie** ; sur le secret médical, inopposable au patient : v. ss 101 ; J. Guigue et C. Esper, « Le juge judiciaire et le juge administratif se prononcent sur l'information médicale du malade... », *Gaz. Pal.* 1997, n° 297-298, p. 3 ; C. Esper, « L'information médicale du malade à l'hôpital public », *Gaz. Pal.*, 17-19 déc. 2000, p. 6. – **Jurisprudence** : arrêt Guidi, Civ. 1re, 20 janv. 1987, *D.* 1987 IR 419, obs. Penneau (information sur l'affection dont souffre le patient et l'évolution prévisible de la maladie) ; Civ., 12 juin 1985, *D.* 1987, somm., p. 25, obs. Penneau (le médecin qui n'avait pas souligné la gravité de l'affection pulmonaire décelée n'a pas été reconnu fautif) ; Civ. 1re, 16 juill. 1991, *JCP* 1992.II.21947, note Dorsner-Dolivet (obligation de renseignement sur les risques de la rubéole contractée par une femme enceinte) ; Civ. 1re 23 mai 2000, *JCP* 2000.II.10342, rapport Sargos, *D.* 2000. Somm. 470 obs. Jourdain, *RCA* 2000, n° 271 (psychose maniaco-dépressive ; limitation justifiée de l'information du patient).

tenue dans l'ignorance d'un diagnostic ou d'un pronostic, sa volonté doit être respectée, sauf si des tiers sont exposés à un risque de contamination ». La dissimulation du diagnostic n'est désormais possible que si le patient en a fait préalablement la demande.

837 ***c) L'information du malade sur les risques du traitement*** [1] ◊ Cette obligation d'information du malade est celle qui est le plus constamment rappelée par la jurisprudence (judiciaire, puis administrative) qui en a cerné les divers aspects.

• Dès l'arrêt *Teyssier*, du 28 janvier 1942, la Cour de cassation retenait la responsabilité d'un médecin qui n'avait averti son client « ni de la nature exacte de l'opération qu'il allait subir et de ses conséquences, ni du choix qu'il avait entre deux méthodes curatives ». Ce qui paraissait superfétatoire au temps du « paternalisme médical » est cependant énoncé à l'art. R. 4127-41 CSP : « aucune intervention mutilante ne peut être pratiquée sans motif médical très sérieux et, sauf urgence ou impossibilité, sans information de l'intéressé », et l'art. R 4127-35 précise « Le médecin doit à la personne qu'il examine, qu'il soigne ou qu'il conseille, une information loyale, claire et appropriée sur son état, les investigations et les soins qu'il propose. Tout au long de la maladie, il tient compte de la personnalité du patient dans ses explications et veille à leur compréhension ».

Néanmoins, si l'information sur la thérapeutique envisagée est une évidente nécessité, il appartenait à la jurisprudence de préciser la portée de cette exigence quant aux risques de l'intervention médicale.

• Dans l'arrêt *Le Quang* du 14 janvier 1982, la Cour retenait que « la patiente n'avait pas bénéficié de la *totale information* qu'elle était en droit

1. **Information du patient sur les risques du traitement**: Principales étapes de la jurisprudence : Req. 28 janv. 1942, arrêt Teyssier, *DC* 1942, p. 63 (patient doit être averti de la nature exacte de l'opération qu'il va subir) ; Civ. 1re, 21 févr. 1961, *D.* 1961.534, *S.* 1961.296, *JCP* 1961.II.12129, note R. Savatier (emploi du mot « sinusite » au lieu de « mucocèle » : obligation d'une information intelligible correcte) ; Civ. 1re, 7 févr. 1990, *D.* 1991, somm. 183, obs. Penneau (défaut d'information des risques connus d'une opération ; réparation du préjudice moral, mais pas du dommage corporel sans lien de causalité) ; Civ.1re, 7 oct. 1998, *JCP* 1998, II, 10179, concl. Sainte-Rose et note P. Sargos, *D.* 1999. 145, note S. Porchy-Simon (information sur tous les risques graves, même exceptionnels) ; CE 5 janv. 2000, Consorts Telle, *Gaz. Pal.* 28-29 juin 2000, concl. Chauvaux, *JCP* 2000.I.243, n° 6 obs. Viney (CE adopte la position C. cass. sur la portée de l'obligation d'information et la notion de perte de chance) ; Civ. 1re, 18 janv. 2000, *JCP* 2001.II.10473 note A. Dorsner-Dolivet, *D.* 2001 p. 3559 note M.L. Mathieu-Izorche, *JCP* 2000.I.243, n° 6, obs. Viney (absence de faute car « un médecin n'ait pas tenu de réussir à convaincre son patient du danger de l'acte médical qu'il demande ».) ; Civ. 1re, 18 juill. 2000, *Gaz. Pal.* 17-19 déc. 2000, p. 46, note J. Bonneau, *RCA* 2000, n° 336 (le médecin n'est pas dispensé de l'information sur la gravité du risque par le seul fait que l'intervention serait médicalement nécessaire) ; CE 15 janv. 2001, *D.* 2001. 2924, note D. Dendocker (nécessité vitale de l'acte médical, risque exceptionnel, décès : le défaut d'information n'a pas entraîné de perte de chance) ; Civ. 1re, 9 oct. 2001, *JCP* 2002.II.10045, note O. Cachard, *D.* 2001. 3470, rapport Sargos, note Thouvenin, *RCA* 2001, n° 374 (naissance en 1975 avec séquelles IPP 25 % ; absence d'information habituelle à l'époque pour un risque exceptionnel, mais application rétroactive de la jurisprudence actuelle sur l'obligation d'information, « nul ne peut se prévaloir d'un droit acquis à une jurisprudence figée ») ; Civ. 1re, 18 déc. 2002, *RCA* 2003, n° 76 (l'obligation d'information ne concerne que les risques liés à l'intervention préconisée).

d'exiger » : cette information « totale » était néanmoins limitée, car elle pouvait exclure les « risques exceptionnels » pour ne retenir que les risques « *normalement prévisibles* ».

• *L'information sur les risques même exceptionnels* [1] *:* deux arrêts du 7 octobre 1998, rendus par la première chambre civile sur les conclusions de l'avocat général J. Sainte-Rose ont écarté toute restriction « Attendu qu'hormis les cas d'urgence, d'impossibilité ou de refus du patient d'être informé, un médecin est tenu de lui donner une information loyale, claire et appropriée sur les risques graves afférents aux investigations et soins proposés, et qu'*il n'est pas dispensé de cette obligation par le seul fait que ces risques ne se réalisent qu'exceptionnellement* ». Ainsi la ligne de partage de l'information n'est plus quantitative (risques courants/risques exceptionnels) mais qualitative (risques mineurs/risques graves). Le Conseil d'État a adopté une position voisine par des arrêts du 5 janvier 2000.

La loi du 4 mars 2002 a entériné le critère jurisprudentiel, malgré une ambiguïté de rédaction de l'article L. 1111-2 CSP qui impose au professionnel de santé une information sur tous les « risques fréquents *ou graves normalement prévisibles* ». La formule est malencontreuse, car la référence aux risques « normalement prévisibles » pourrait sembler consacrer un retour à l'ancien critère quantitatif. Pour autant, une telle interprétation doit être rejetée, la notion de risque normalement prévisible devant être comprise par référence au risque connu, normalement prévisible pour un médecin « moyen ». La jurisprudence postérieure à la loi demeure d'ailleurs totalement fidèle au critère qualitatif.

Ce critère emporte l'approbation. La plupart des litiges portent en effet sur des risques graves et exceptionnels, et le patient doit en connaître la réalité pour exercer son consentement en connaissance de cause. Ainsi le patient doit être informé d'une part des risques ordinaires et fréquents

---

1. **Information sur les risques même exceptionnels** : CCNE, « Avis sur l'information à donner aux patients à propos de la possibilité de transmission de l'agent de la maladie de Creutzfeldt-Jakob par des composants du sang », oct. 1997 ; P. Sargos, « Obligation d'information et risques graves », *Méd. et dr.* 1998, n° 33, p. 14 ; C. Benayoun, « Réflexions sur le devoir d'information en matière de risques thérapeutiques » *RCA* 1999 chron. n° 9 ; T. Casagrande, « Questions-réponses sur l'information des patients : les risques exceptionnels et le refus d'être informé », *Entrep. méd.* 15 févr. 1999, p. 14 ; Civ. 1re, 27 mai 1998, *D.* 1998. 530, note Laroche-Gisserot, *RCA* 1998, n° 276 et 393 (information sur les risques graves) ; Civ. 1re, 7 oct. 1998, *JCP* 1998.II.10179 concl. Sainte-Rose, note Sargos, *RTD civ.* 1999.111, obs. Jourdain, *D.* 1999.145, note Porchy, *Gaz. Pal.* 16-17 juin 1999, p. 63 note Pansier et Bladier. La jurisprudence est absolument constante de puis cette date, v. par exemple : Civ. 1re, 15 juill. 1999, *RCA* 1999, n° 334 (*idem* : le médecin n'est pas dispensé de l'information par le fait que les risques ne se réalisent qu'exceptionnellement) ; Civ. 1re, 7 déc. 1999, *RCA* 2000, n° 92 (*idem*) ; CE, 17 mai 2000, *JCP* 2001.II.10462 note E. Savatier (la seule circonstance que les risques ne se réalisent qu'exceptionnellement ne dispense pas les praticiens de leur obligation d'information) ; Civ. 1re, 20 juin 2000, *Gaz. Pal.* 26-27 juill. 2000, p. 10, note Guigue, *RCA* 2000, n° 302, *D.* 2000. Somm. 471, obs. Jourdain (perforation intestinale lors d'une coloscopie avec ablation d'un polype ; le praticien qui n'informe pas son patient des risques graves inhérents à un acte médical prive celui-ci de la possibilité de donner un consentement éclairé ; mais absence de préjudice indemnisable car l'opération était nécessaire). Rapport annuel de la Cour de cassation 2007, partie relative aux « relations entre les personnes malades et usagers du système de santé et les professionnels », n° 1-1-1-1-1-2-1.

pour se préparer à en affronter les désagréments quasi-inévitables, et d'autre part de tous les risques graves même exceptionnels : seuls les risques à la fois mineurs et rares demeurent à juste titre hors de l'information.

• *L'information exhaustive en matière de chirurgie esthétique* [1] *:* l'information sur les risques est particulièrement requise lorsque l'intervention ne paraît pas indispensable. Le patient doit en effet être à même de « *peser les risques* » et de comparer les bienfaits espérés et les risques encourus. C'est pourquoi l'*information doit être intégrale en matière de chirurgie esthétique* : risques prévisibles tels que des cicatrices, risques graves même exceptionnels ; un arrêt du 17 février 1998 énonçait déjà que l'information doit porter sur « tous les inconvénients » qui peuvent résulter de l'intervention. La loi du 4 mars 2002 a entériné cette position, puisque l'article L. 6322-2 CSP dispose que la personne concernée doit être informée « des risques et des *éventuelles* conséquences et complications » de l'acte envisagé, information devant être accompagnée de la remise d'un devis détaillé, marquant une réelle immixtion des techniques consuméristes dans le droit médical.

L'information doit aussi porter sur les *risques d'échec* de l'opération ou du traitement. C'est important en matière de chirurgie esthétique où le résultat espéré peut être assez phantasmatique.

• *L'extension temporelle de l'information.* Même si la jurisprudence antérieure à la loi du 4 mars 2002 avait reconnu une obligation d'information postérieure à l'exécution de l'acte médical [2], portant notamment sur les risques résiduels, cette obligation a connu une extension très nette avec la loi Kouchner. En effet, aux termes du nouvel article L. 1111-2 CSP, « Lorsque postérieurement à l'exécution des investigations, traitements ou actions de

---

1. **Chirurgie esthétique, information intégrale des risques de complications et d'échecs.** C. Cormier, « La chirurgie esthétique », *RDSS* 2002, 724. P.J. Doll, « Panorama de la récente jurisprudence française concernant la responsabilité médicale en matière de chirurgie esthétique », *Gaz. Pal.* 1978.2, Doct. 647 ; P. Banzet, « Responsabilité médicale en chirurgie plastique, reconstructrice et esthétique ; le point de vue de l'expert », *Méd. et dr.*, n° 5, mars-avr. 1994, p. 29 ; H. Fabre, « Le point de vue de l'avocat », *ibidem*, p. 31 ; H. Fabre, « Chirurgie esthétique : le patient devient un consommateur averti et responsable », *Gaz. Pal.* 1997, n° 297-298, p. 33. **Jurisprudence** : Civ. 1re, 17 nov. 1969, *Gaz. Pal.* 1970.1.49, *D.* 1970.85, *JCP* 1970.II.16507, note Savatier, *RTD civ.* 1970.580, obs. Durry ; Civ. 1re, 23 mai 1973 (1re esp.), *JCP* 1975.II.1795, note Savatier ; Civ. 1re, 22 sept. 1981, *JCP* 1981.IV.384, *RTD civ.* 1982.153, obs. Durry ; Civ., 14 janv. 1992, *JCP* 1993.II.21996, note Dorsner-Dolivet, *RCA* 1992, n° 147 (greffe de peau) ; Civ. 1re, 17 oct. 1992, *RCA* 1992, n° 459 (prothèse mammaire) ; Civ. 1re, 7 oct. 1992, *D.* 1993. 589, note Dorsner-Dolivet (résultat inesthétique de prothèses mammaires ; décision raisonnée ; pas de faute du chirurgien esthétique) ; Civ. 1re, 12 déc. 1995, *RCA* 1996, n° 100 (idem) ; Civ. 1re, 17 févr. 1998, *RCA* 1998, n° 166, *RTD civ.* 1998.681 obs. Jourdain (en chirurgie esthétique, l'information doit porter « sur tous les inconvénients pouvant en résulter ») ; Civ. 1re, 26 janv. 1999, *RCA* 1999, n° 146 (le juge du fond doit rechercher si le praticien avait informé la patiente sur l'existence et l'étendue du risque). Civ. 1re, 11 juin 2009, n° 08-10642 (responsabilité de la clinique du fait du défaut de compétence d'un chirurgien esthétique). CA Paris, 29 mai 2009, *Gaz. Pal.* 22 nov. 2009, 35.

2. **Information sur les risques résiduels** : décisions de principe antérieures à la loi du 4 mars 2002 : CE 31 janv. 1964, *AJDA* 1964, 576. Civ. 1re, 25 mai 1971, *JCP* 1971, II, 16859.

prévention, des risques nouveaux sont identifiés, la personne concernée doit en être informée, sauf en cas d'impossibilité de la retrouver ».

838 ***d) Le conseil thérapeutique*** [1] ◊ Ayant présenté une information complète et loyale, il appartient alors au praticien de conseiller le patient sur la décision à prendre.

Ce conseil peut non seulement porter sur le traitement à choisir, mais il peut même aller jusqu'à *déconseiller* toute intervention dans laquelle les risques encourus sont disproportionnés aux bienfaits attendus ; il en est notamment ainsi lorsque les troubles sont mineurs ou s'il s'agit d'une opération de chirurgie esthétique contestable : le médecin a alors l'obligation de... ne *pas* donner les soins abusivement requis.

2. La preuve de l'information [2]

839 La *charge de la preuve* [3] pesait naguère sur le patient-victime qui demandait réparation du fait de la non-information alléguée (art. 1315, al. 1, C. civ.) : « *probatio diabolica* » d'une preuve négative portant au surplus sur un entretien oral sans témoins. L'arrêt *Hédreul* rendu par la 1re chambre civile de la Cour de cassation le 27 février 1997 a donc opéré un revirement de jurisprudence spectaculaire en énonçant que « le médecin est tenu d'une obligation d'information vis-à-vis de son patient et qu'*il lui incombe de prouver qu'il a exécuté cette information* » (art. 1315, al. 2, C. civ.).

• *L'alignement du Conseil d'État sur la jurisprudence judiciaire* [4] *:* par deux décisions du 5 janvier 2000, le Conseil d'État, auquel le système de preuve de l'art. 1315 C. civ. ne s'applique pas directement, a adopté la position de

---

1. **Obligation de conseil thérapeutique :** Lyon, 8 janv. 1981, *JCP* 1981.II.19699, note Chabas (opération tendant à corriger une ptôse mammaire) ; Aix-en-Provence, 16 avr. 1981, *JCP* 1983.II.19922 (opération de chirurgie esthétique « majeure » risquée, pratiquement inutile et médicalement injustifiable sur une « fraîche jeune fille... ») ; Civ. 1re, 29 mai 1984, *D.* 1985.281, note F. Bouvier, *JCP* 1984.II.20259, concl. Gulphe, *Gaz. Pal.*, 2 janv. 1985, note Dorsner-Dolivet (aortographie qui n'était « ni indispensable, ni urgente »).

2. **Forme et preuve de l'information avant 1997 :** Civ., 29 mai 1951, *D.* 1952.53, note Savatier, *S.* 1953.1.41, note Nerson, *JCP* 1951.II.6421, note Perrot, *Gaz. Pal.* 1951.2.114 (la preuve du défaut d'information pèse sur le malade) ; Civ. 1re, 11 janv. 1966, *D.* 1966.266 ; Paris, 5 mars 1987, *D.* 1987.I.R.419, obs. Penneau (écrit pas nécessaire, même pour un client « sourd » dont il n'est pas établi qu'il n'était pas en mesure d'entendre l'information) ; Civ. 1re, 4 avr. 1995, *RCA* 1995, n° 240 (preuve du défaut d'information pèse sur le patient).

3. **La charge de la preuve de l'information pèse sur le praticien :** arrêt Hédreul, Civ. 1re, 25 févr. 1997, *Gaz. Pal.* 27-29 avr. 1997, p. 22 rapport Sargos, note Guigue ; *D.* 1997. Somm. 319 obs. Penneau, *Méd. et dr.* 1997, n° 24, p. 6 commentaire Mémeteau, G. Viney, chron. *JCP* 1997.I.4025.III, C. Lapoyade-Deschamps, « Les médecins à l'épreuve », *RCA* 1997 chron. n° 8. Civ. 1re, 14 oct. 2010, *RCA* 2011, comm. n° 25 (la preuve de l'information ne peut reposer sur de simples allégations).

4. **Informations devant tribunaux administratifs :** CE 5 janv. 2000, *AJDA*. 20 févr. 2000, p. 137, *JCP* 2000.II.10271, note Moreau ; P. Fourbeur, « Le contenu et la preuve de l'information donnée aux patients de l'hôpital public », Entrep. méd., n° 198, 14 févr. 2000, p. 6 ; V. Haïm, « De l'information du patient à... », *D.* 1997, chron., p. 125. N. Albert, « Obligation d'information et responsabilité », *RFDA* 2003, 353.

la Cour de cassation : la charge de la preuve de l'information pèse sur les établissements hospitaliers et non sur les patients, et le contenu de l'information s'étend à tous les risques, même exceptionnels.

• *La preuve de l'information dans la loi du 4 mars 2002* : L'art. 1111-2 CSP précise que l'information doit être délivrée au cours d'un entretien individuel, et l'art. 1111-5 CSP ajoute :

« En cas de litige, il appartient au professionnel d'apporter la preuve que l'information a été délivrée à l'intéressé dans les conditions prévues au présent article. Cette preuve peut être apportée par tout moyen ».

La jurisprudence de la Cour de cassation et du Conseil d'État se trouve ainsi totalement confortée par la loi.

• *Le mode de preuve* [1] : les praticiens ont élaboré des fiches d'information sur les risques encourus par spécialités et types d'interventions : cette vulgarisation médicale est utile, mais un formulaire stéréotypé comportant une formule type du genre « le patient atteste qu'il a reçu toute information sur les risques de l'intervention » ne peut valoir exonération de responsabilité : en effet cette information générale sur l'intervention projetée, doit être accompagnée de toutes les explications personnalisées sur le risque et le praticien doit veiller à ce qu'elle soit appropriée à l'état du patient et *comprise par lui*. L'écrit doit par ailleurs être signé par le patient pour pouvoir avoir une quelconque valeur probatoire.

L'écrit informatif n'est d'ailleurs pas indispensable et par un arrêt du 14 octobre 1997, dont l'apport a été entériné par la loi du 4 mars 2002, la Cour de cassation a précisé que la preuve de l'information pouvait être apportée *par tous moyens*.

B. Le consentement du malade

840 ***1°) Le principe du consentement libre et éclairé*** [2] ◊ L'information correctement donnée au patient ainsi « *éclairé* », il lui incombe de prendre librement sa décision, de suivre ou non les conseils donnés, de se soigner ou pas.

---

1. **Mode de preuve de l'information** : Civ. 1re, 14 oct. 1997, *JCP* 1997.II.22942 rapport Sargos, *Méd. et dr.* 1997, n° 27, p. 1 commentaire Sargos, G. Viney, chron. *JCP* 1997.I.4068.II, *RCA* 1997, n° 374 (preuve par tous moyens ; patiente laborantine dans centre hospitalier ayant eu longs entretiens avec médecin) ; Civ. 1re, 14 oct. 2010, *RCA* 2011, comm. n° 25 (la preuve de l'information ne peut reposer sur de simples allégations) ; J. Guigue, « La preuve de l'information ne peut pas être rapportée par un écrit signé trop général » (à propos TGI Nanterre, 16 oct. 1998), Entrep. méd. n° 174, 7 déc. 1998, p. 9. Civ. 1re, 16 févr. 2013, n° 12-17423, *RCA* 2013, comm. n° 125 (signature par le patient d'un document reconnaissant en termes généraux avoir été informé : faute retenue à défaut d'une information sur les risques précis de l'acte)

2. **Principe du consentement libre et éclairé du malade** : S. Porchy, *Volonté du malade et responsabilité du médecin*, thèse Lyon, 1994 ; J.-L. Baudoin et M.-H. Parizeau, « Réflexions juridiques et éthiques sur le consentement médical », Médecine/Sciences 1987-3.8 ; J. Pierre, « Le consentement éclairé », L'information dentaire 1992.495 ; F. Chabas, « Le corps humain et les actes juridiques du droit français », Travaux de l'Association H. Capitant sur « Le corps humain et le Droit », XXVI.225 ; F. Chabas, « Vers un changement de nature de l'obligation médicale », *JCP* 1973.1.2541 ; R. Savatier, « Impérialisme médical sur le terrain du droit »,

L'évolution de la rédaction du code de déontologie et de la santé publique, de la doctrine et de la jurisprudence traduit un changement profond des mentalités et de la philosophie du droit en la matière. Le « paternalisme médical » qui donnait au praticien le pouvoir de juger lui-même du bien du malade fait place au respect de la dignité et de la liberté du patient, dont l'autonomie de la volonté s'exprime dans un consentement qui relève de l'éthique plus que du contrat, car il s'impose en droit public comme en droit privé.

Imposé par de nombreuses sources (art. R. 1147-36 CSP, art. 16-3 C. civ. art. L. 1111-4 CSP notamment), le consentement du malade exigé à la formation du contrat médical, demeure nécessaire au cours de son exécution pour *chaque acte thérapeutique* susceptible de mettre en cause son intégrité corporelle. Ce principe fondamental de l'éthique médicale est fondé sur la dignité de la personne humaine et le nécessaire respect du corps humain. Le consentement libre et éclairé exigé en droit privé, l'est également en droit administratif pour les hôpitaux publics.

D. 1952, chron. 157 ; J. Montador, « Le défaut de consentement et la responsabilité des services publics hospitaliers », *RDSS* 1971.180 ; J.-H. Soutoul, « Le consentement en droit médical ; le point de vue de l'expert », *Bull. CNEMAC*, n° 4, janv. 1994 ; D. Thouvenin, « Le rôle du consentement dans la pratique médicale », *Méd. et dr.*, n° 6, mai-juin 1994, p. 57 ; M.G. Schweitzer, « Du risque à l'aléa : questions nouvelles à propos du consentement et de la responsabilité médicale », *JML-DM* 1996, vol. 39, p. 581 ; Table ronde, « Le consentement éclairé », *RFDC* 1997-1, p. 95 ; H. Hugues, « Devoir d'information et consentement éclairé... », *RFDC* 1998.4, p. 485 ; E. Gouesse, « Consentement, aléa thérapeutique et responsabilité médicale », *Gaz. Pal.*, 16-17 juin 1999, p. 54 ; Colloque, « Consentement aux actes médicaux », Paris, 28 mai 1998, *Gaz. Pal.*, 1-5 janv. 1999, n° spécial, p. 2 à 51 ; N. Maziau, « Le consentement dans le champ de l'éthique biomédicale française », *RDSS* 1999, p. 469 ; G. Montigny *et alii*, « Étude sommaire de l'impact de l'exigence du consentement sur la responsabilité hospitalière » *JML-DM* 2000 vol. 43, n° 6 p. 501 ; Colloque Association nationale des droits des patients, Paris, sénat 12 avr. 2002, « Aspects juridiques et éthiques de la volonté dans les rapports médecin-malade », Y. Flour, rapport de synthèse in *Gaz. Pal.* 16-17 oct. 2002 p. 47. **Jurisprudence :** Civ., 29 mai 1951, *D.* 1952.2.53, note Savatier, *S.* 1953.41, note Nerson, *JCP* 1951.II.3248, note Perrot, *RTD civ.* 1951.508, obs. H. et L. Mazeaud ; Paris, 7 mars 1952, *JCP* 1952.72, note Carbonnier, et sur pourvoi, Civ., 28 déc. 1954, *D.* 1955.249, note Savatier (falsification de résultats d'analyses pour obtenir le consentement du malade) ; Civ., 27 oct. 1953, *Bull. civ.* 1953.287 ; Civ., 8 nov. 1955, *JCP* 1956. II.9014, note Savatier ; Civ., 21 févr. 1961, *JCP* 1961.II.12129, note Savatier ; Civ., 5 mars 1974, *Bull. civ.* I, n° 74 (accouchement prématurément engagé avec un « forceps acrobatique » sans le consentement de l'accouchée) ; Civ. 1re, 11 oct. 1988, *JCP* 1989.11.21358, note Dorsner-Dolivet (césarienne, ligature des trompes sans le consentement de la patiente) ; Civ. 1re, 25 juin 1991, *RCA* 1991, n° 344 ; Paris, 20 févr. 1992, *D.* 1993, somm. 30, obs. Penneau ; arrêt Dame Labidi, CE, 29 janv. 1988, *JCP* 1989.11.21222, note Mémeteau (stérilisation effectuée lors d'un accouchement par césarienne, sans nécessité thérapeutique et sans accord de l'intéressée) ; Civ. 2e, 19 mars 1997, *JCP* 1997.V.1006, *RTD civ.* 1997. 675, obs. Jourdain ; G. Viney, *JCP* 1997.I.4070, n° 29 (refus de subir une intervention en vue de la pose d'une prothèse, qui diminuerait l'importance de l'IPP, « nul ne peut être contraint, hors les cas prévus par la loi, de subir une intervention chirurgicale ») ; TA Lille, 25 août 2002, *Gaz. Pal.* 14-15 févr. 2003 p. 19 note A. Garay (transfusion sanguine, défaut de consentement du patient, injonction au médecin de ne pas y procéder). Civ. 1re, 28 janv. 2010, *Gaz. Pal.* 18 mars 2010, 10, *RCA* 2010, comm. n° 85 (indemnisation intégrale en cas d'intervention injustifiée non consentie).

841 *2°) L'urgence et la nécessité* [1] ◊

• *La médecine d'urgence* suppose une rapidité de la prise en charge, du choix et de la décision thérapeutique qui rend l'exigence éthique du consentement d'autant plus difficile que souvent le patient n'est pas en état de parler et que des proches ne sont pas toujours présents. L'obligation de porter secours à personne en danger s'impose alors.

• Un problème difficile se pose aussi lorsque, *au cours de l'opération*, le chirurgien, au vu de ses constatations, est amené à modifier la technique initialement prévue, ou à aller au-delà de ce qui était attendu. Une position stricte imposerait au chirurgien d'interrompre l'intervention, de demander au malade son consentement et de la recommencer. Très scrupuleuse de la volonté du malade, elle suppose cependant qu'il n'y a pas véritablement urgence. De manière plus nuancée, le chirurgien n'est pas en faute si, au cours de l'opération, il modifie ou amplifie l'opération prévue, dès lors qu'il y a urgence et nécessité : il est certain alors que différer l'opération et imposer au malade l'angoisse et les dangers d'une nouvelle anesthésie ne serait pas raisonnable.

Il appartient en conscience au chirurgien de résoudre ce conflit de devoirs ; de façon plus générale, il serait opportun que les chirurgiens recueillent, avant l'opération, un consentement incluant l'autorisation d'utiliser une autre technique que celle prévue en cas de nécessité. Une telle autorisation ne doit cependant être admise qu'avec modération et prudence, sans les excès d'un « *pouvoir médical* » qui, à partir du moment où un malade est venu se confier à un médecin, donnerait à celui-ci carte blanche dans le cadre d'une liberté thérapeutique totale.

• L'impossibilité physique et le consentement des proches : l'art. R. 4127-36, al. 3 CSP précise : « Si le malade est hors d'état d'exprimer sa volonté, le médecin ne peut intervenir sans que les proches aient été prévenus et informés, sauf urgence ou impossibilité ». Cette solution a été reprise par l'article L. 1114 al. 4 CSP qui prévoit toutefois une hiérarchie dans l'entourage du patient. Le praticien doit en effet prioritairement consulter la personne de confiance instituée à l'article L. 1111-6 CSP, puis la famille et à défaut, l'un des proches.

842 ***3°) Le consentement thérapeutique et la protection des incapables*** [2] ◊ Les obligations du médecin à l'égard d'un patient mineur, ou

1. **Urgence et nécessité** : P. Faugeroles, « La responsabilité du médecin de garde aux urgences », *Méd. et dr.* 1998, n° 28 p. 14 ; A. Garay, « Consentement du patient et urgences transfusionnelles » *Méd. et dr.* 2000-44 p. 16. **Jurisprudence** : Civ., 27 oct. 1953, *JCP* 1953. II.7851, *D.* 1953.658, *RTD civ.* 1984.86, obs. H. et L. Mazeaud (le chirurgien doit refermer, obtenir le consentement du malade et réopérer) ; Civ., 15 mars 1966, *JCP* 1966.IV.67 (modification licite de la technique opératoire avec autorisation tacite de la famille) ; Rouen, 17 déc. 1970, *D.* 1970.152, note critique Savatier, *RTD civ.* 1971.861, obs. favorables Durry (ablation, ayant entraîné une paralysie, d'une tumeur maligne au cou alors qu'une simple biopsie était prévue) ; Civ. 1re, 27 oct. 1982, *JCP* 1984.II.20201, note Dorsner-Dolivet, *Gaz. Pal.*, 28 mars 1984, note F. Chabas (modification de la technique opératoire primitivement envisagée sur un orteil ; nécrose ultérieure indépendante de la technique choisie).

2. **Consentement thérapeutique et protection des incapables** : M.-P. Champenois-Marnier, J. Sansot, « La loi n° 90-527 du 27 juin 1990 relative aux droits et à la protection des

majeur protégé, ont d'abord été définies par l'article. 42 du Code de déontologie de 1995 : « Un médecin appelé à donner des soins à un mineur ou à un majeur protégé doit s'efforcer de prévenir ses parents ou son représentant légal et d'obtenir leur consentement. En cas d'urgence, même si ceux-ci ne peuvent être joints, le médecin doit donner les soins nécessaires. Si l'avis de l'intéressé peut être recueilli, le médecin doit en tenir compte dans toute la mesure du possible ».

La loi du 4 mars 2002 a, dans toute la mesure du possible, ouvert à l'incapable la possibilité d'exprimer sa volonté lorsqu'il est apte à saisir la portée de l'acte médical le concernant : entre la protection des incapables et le respect de leur autonomie, il y a un juste et difficile équilibre à trouver. L'art. L. 1111-4 al. 4 CSP dispose :

« Le consentement du mineur ou du majeur sous tutelle doit être systématiquement recherché s'il est apte à exprimer sa volonté et à participer à la décision. Dans le cas où le refus d'un traitement par la personne titulaire de l'autorité parentale ou par le tuteur risque d'entraîner des conséquences graves pour la santé du mineur ou du majeur sous tutelle, le médecin délivre les soins indispensables. ».

843 ***4°) La légitimité du refus thérapeutique*** [1] ◊ Le corollaire du consentement libre et éclairé est la légitimité du refus thérapeutique clairement

---

personnes hospitalisées en raison de troubles mentaux et à leurs conditions d'hospitalisation », *ALD* 1991.123 ; T. Fossier et M. Harichaux, « La tutelle à la personne des incapables majeurs : l'exemple du consentement à l'acte médical », *RDSS* 1991, p. 1 ; T. Fossier, « Démocratie sanitaire et personnes vulnérables », *JCP* 2003. I. 135. F. Fresnal, « Le médecin et le droit des majeurs », *Gaz. Pal.* 14 oct. 2009, 287. J.-S. Cayla, « La protection des malades mentaux ; commentaire de la loi du 27 juin 1990 », *RDSS* 1990.618 ; J.-M. Auby, commentaire, *JCP* 1990.1.3463 ; J.-P. Dupat, « Le consentement anticipé aux soins pour maladies graves : un aspect de la protection des personnes âgées dépendantes », *JCP* 2002.I.369 ; J.-P. Gridel, « Le mineur en droit français : l'acte éminemment personnel », *Gaz. Pal.* 21-22 mars 2003 p. 7 ; C. Duvert, « Autorité parentale et circoncision rituelle (note ss Paris 29 sept. 2000) », *D.* 2001. 1585. G. Fauré, « Vers l'émergence d'une pré-majorité sanitaire », in *La loi du 4 mars 2002, rupture et continuité*, PUF, 2003. A. Kimmel, « L'autorité parentale à l'épreuve de la santé des mineurs », *RGDM* 2005, p. 525. J. Massip, « Les règles applicables aux actes personnels et médicaux concernant un majeur en tutelle », *Dr. fam.* 2010, ét. n° 18.

1. **Légitimité du refus thérapeutique** : A. Garay, « À propos de la réalisation de transfusions sanguine contre la volonté des patients », *Entrep. méd.*, 4 oct. 1999, p. 12 ; I. Lucas-Gallay, « Le domaine d'application du droit au refus de soins », *Méd. et dr.* 1997, n° 27 ; S. Porchy-Simon, « Le refus de soins vitaux à l'aune de la loi du 4 mars 2002 », *RCA* 2002 chron. n° 21 ; J.-P. Gridel, « Le refus de soins au risque de la mort », *Gaz. Pal.* 19-20 juin 2002, p. 3 ; S. Gromb, G. Janvier, « Transfusion sanguine et témoins de Jéhovah », *JML-DM* 1997-40, n° 5, p. 385 ; O. Yacoub, « L'art. 111-4 CSP à l'épreuve du référe-liberté », *Gaz. Pal.* 23-25 mars 2003 p. 2 ; J. Penneau, « Le médecin face au refus du patient de subir un acte médical », *D.* 2002. 2877 ; J. Bonneau, « La raison proportionnée en droit médical ou l'empirisme logique », *Gaz. Pal.* 21-22 mai 2003, p. 4. **Jurisprudence** : Civ. 1re, 12 juin 1985, précité, *D.* 1987. Somm. 25, obs. Penneau ; TGI Paris, 13 mai 1981, *JCP* 1982.II.19887, note F. Chabas (droit de refuser une intervention chirurgicale) ; Crim. 30 oct. 1974, *D.* 1975. 178, note Savatier, *JCP* 1975.II.8038, note Mourgeon, *RTD civ.* 1975.108, obs. Durry ; et sur renvoi, Lyon, 6 juin 1975, *D.* 1976.415, note Savatier, *JCP* 1976.II.18322, note L.M., *Gaz. Pal.* 1976.II.610, note D.S. (refus de transfusion sanguine) ; CE, 29 juill. 1994, arrêt *Garnier*, *RDSS*, janv.-mars 1995, p. 57, note Dubouis (médecin sanctionné pour avoir respecté le refus du malade !) ; CAA Paris, 9 juin 1998, *Gaz.*

explicité dans la loi du 4 mars 2002, qui semblait, dans sa version initiale conforter sans ambiguïté le droit absolu du patient de consentir ou de refuser les actes thérapeutiques proposés. Dans sa rédaction première, l'article L. 111-4 al. 2 CSP disposait en effet que « Le médecin doit respecter la volonté de la personne après l'avoir informée des conséquences de ses choix. Si la volonté de la personne de refuser ou d'interrompre un traitement met sa vie en danger, le médecin doit tout mettre en œuvre pour la convaincre d'accepter les soins indispensables ». C'était clair : *le refus de soins devait être respecté par le médecin.*

Pourtant le corps médical n'accepte pas facilement cette limite à son « pouvoir », qu'il estime être son « devoir » de soigner, et la jurisprudence avait tendance à biaiser avec cette règle déontologique et légale : ainsi il était prétendu qu'une fois le patient inconscient et entré dans le coma, n'étant plus en mesure d'exprimer sa volonté de refus de soins, ceux-ci pouvaient à nouveau être mis en œuvre. On invoque notamment l'hypothèse des tentatives de suicide où, sauvé contre sa volonté apparente, l'ex-suicidaire se retrouve heureux d'être en vie.

Le problème est difficile : les tentatives de suicide sont faites dans un état psychique perturbé où la volonté semble incomplète. En revanche, la volonté de refus de certains soins en raison de préceptes à caractère religieux semble plus lucide : le problème se pose avec le refus de transfusions sanguines par les Témoins de Jéhovah. Pour leur imposer un traitement qu'ils refusent, il est difficile de prétendre qu'une transfusion sanguine est un acte médical anodin, après les contaminations à VIH (sida) et VHC (hépatite C). Au surplus le non-respect de préceptes religieux peut avoir un effet pervers : celui d'un refus d'hospitalisation de patients qui – à tort ou à raison (qui en décidera ?) mettent leurs croyances au-dessus de leur sécurité médicale. Le refus de soins doit aujourd'hui être respecté comme une liberté fondamentale. Les dispositions de la loi de 2002 ayant donné lieu à des interprétations divergentes, sa rédaction a été légèrement modifiée par la loi n° 2005-370 du 22 avril 2005 qui reconnaît désormais la volonté de la personne d'interrompre « *tout* » traitement. L'article L. 1111-4 al. 2 CSP, éclairé par les travaux préparatoires de la loi de 2005, est désormais très clair : le patient est en droit de refuser tout traitement, même vital, y compris l'alimentation ou l'hydratation artificielle, et le médecin

---

Pal., 16-17 juin 1999, p. 84, note Bladier (transfusion sanguine effectuée contre la volonté exprimée du patient Témoin de Jéhovah n'est pas contraire aux droits de l'homme, en l'absence d'alternative thérapeutique pour la survie du patient) ; CE 26 oct. 2001, *RDSS* janv.-mars 2002 note L. Dubouis, *Gaz. Pal.* 16-17 oct 2002, p. 26 note J.-J. Frion ; *JCP* 2002.II.10025, note Moreau, *RCA* 2002, n° 6, note Guettier, *JCP* 2002.I.124, obs. Viney (Transfusion sanguine contre volonté Témoin de Jéhovah, décès, action des héritiers, pas de responsabilité du médecin) ; CE Ord. ref. 16 août 2002, *RCA* 2002, chron. S. Porchy-Simon n° 21, *Gaz. Pal.* 15-17 sept. 2002, p. 9, note F.J. Pansier, *D.* 2004. Somm. 602, obs. J. Penneau (respect de la liberté fondamentale de refus de soins… sauf si la vie est en danger). C. Radé, « Décès d'une femme témoin de Jehova à la suite d'une transfusion sanguine », *RCA* 2007, comm. n° 128 (impossibilité d'engager la responsabilité du médecin qui avait respecté le refus de transfusion d'une femme témoin de Jehova).

doit respecter la volonté ainsi exprimée, à condition qu'elle soit prédécédée d'une information sur les conséquences de ce choix, et que le patient réitère sa décision après un délai raisonnable de réflexion [1]. C'est là une nette avancée des droits du patient.

844 ***5°) Le consentement thérapeutique et la fin de la vie*** [2] ◊ Jusqu'à la loi n° 2005-370 du 22 avril 2005, les droits des malades en fin de vie ne faisaient l'objet d'aucune réglementation d'ensemble. Les articles R. 4127-37 et 38 du CSP apportaient certes des règles mesurées et sages en condamnant l'indéfendable acharnement thérapeutique et en préconisant des soins palliatifs pour une mort acceptée dans la dignité. La loi du 22 avril 2005 est venue entériner certaines de ces solutions, en clarifiant les procédures à respecter par le corps médical en cas de décisions d'arrêt de soins. Elle ne se prononce toutefois que sur le cas de l'arrêt du traitement, et ne contient aucune disposition sur l'euthanasie dite « active » qui ne sera pas développée dans le cadre de cet ouvrage.

La loi du 22 avril 2005, aujourd'hui codifiée au sein du Code de la santé publique, condamne tout d'abord l'obstination déraisonnable consistant en des actes « inutiles disproportionnés ou n'ayant comme d'autre effet que le seul maintien artificiel en vie », et autorise expressément le médecin à les suspendre ou ne pas les entreprendre (art. L. 1110-5 CSP), dans des termes différents selon que le patient en cause est conscient ou non.

Dans l'hypothèse où le patient est conscient, la décision d'arrêt des soins déraisonnables relève de sa seule volonté, qui doit être respectée en toutes circonstances (art. L. 1111-4 CSP).

Plus difficile apparaît en revanche l'hypothèse du patient inconscient, puisque sa volonté ne peut être recueillie au moment de la décision d'arrêt de soins.

La loi du 22 avril 2005 prévoit donc tout d'abord un certain nombre de mesures pour permettre au patient d'exprimer par avance ses décisions, en

---

1. Sur cette question, V. l'affaire Vincent Lambert : CE 14 févr. 2014, *JCP (A)*, 2014. 2284, dossier spécial de la *RFDA* 2014, p. 657 s. CE (Ass.), 24 juin 2014, *JCP (A)* 2015, 2015, n° 1.

2. **Consentement thérapeutique et fin de vie** : S. Rameix, « Du paternalisme à l'autonomie des patients ? ; l'exemple du consentement aux soins de réanimation », *Méd. et dr.*, n° 12, 1995, p. 1 ; M.F. Callu, « Autour de la mort ; variations sur "Madame se meurt, Madame est morte" », *RTD civ.* 1999. 313 ; J.-M. Carrigues, *À l'heure de notre mort*, éd. de l'Emmanuel, 2000 ; M. Abiven, *Une éthique pour la mort*, éd. Desclée de Brouwer ; « La médecine et la fin de vie », n° spécial *Courrier de l'étique médicale*, oct.-déc. 2003 ; A. Cheynet De Beupré, « Vivre et laisser mourir », *D.* 2003. Chron. 2980. **Loi n° 2005-370 du 22 avril 2005 relative aux droits des malades et la fin de vie :** D. Bailleul, « Le droit de mourir au nom de la dignité humaine : à propos de la loi relative aux droits des malades et la fin de vie », *JCP* 2005, I, 142. I. Copart, « Nouvelle loi sur la fin de vie : début d'un changement », *Dr. fam.*, juin 2005. F. Dreiffus-Netter, « Les directives anticipées de la personne : de l'autonomie de la volonté à l'autonomie de la personne », *Gaz. Pal.* 29 juin 2006 ; C. Glasson, « Le mandat de protection future : des dispositions conventionnelles pour la fin de vie », *RDSS* 2009. 890. S. Hocquet-Berg, « Le texte sur la fin de vie : une loi pour les malades ou... pour les médecins ? », *RCA* 2005, Alerte 47, p. 23. F. Vialla, « Droits des malades en fin de vie », *D.* 2005. 1797.

reconnaissant notamment la technique des directives anticipées [1]. Celle-ci a été complétée, à l'occasion de la réforme du droit des incapacités par la loi n° 2007-308 du 5 mars 2007 qui a notamment instauré un mandat de protection future régi aux articles 477 s. du Code civil [2]. Ce mandat peut porter sur la représentation de la personne, et conformément à l'article 479 al. 2 du Code civil, il « peut prévoir que le mandataire exercera les missions que le Code de la santé publique et le Code de l'action sociale et des familles confient au représentant de la personne en tutelle ou à la personne de confiance ».

La loi du 22 avril 2005 organise par ailleurs une procédure, définie à l'article R. 4127-37 CSP, aux termes de laquelle le médecin prenant en charge le patient peut décider l'arrêt des soins. La décision est ainsi prise par le médecin, après concertation avec l'équipe médicale, et sur avis motivé d'un médecin consultant. Cette décision prend en compte les souhaits du patient, connus notamment par le biais des directives anticipées, l'avis de la personne de confiance, et celui des proches. Ces avis ne s'imposent toutefois pas au médecin qui *prend seul la décision d'arrêt des soins*, et doit la motiver avant de l'inscrire dans le dossier. Le médecin doit alors sauvegarder la dignité du mourant, en dispensant des soins palliatifs.

Malgré certaines imperfections (absence de prise en compte de la situation spécifique des incapables, faible portée conférée aux directives anticipées qui n'ont qu'une valeur consultative, etc..), la loi du 22 avril 2005 présente le mérite de clarifier la situation des malades en fin de vie, en donnant une assise légale et incontestable à la décision d'arrêt des soins.

845 ***6°) La forme et la preuve du consentement du malade*** [3] ◊ Le problème de la preuve du consentement du malade est corrélatif de la preuve de l'information préalable par le médecin : *la non-information induit le non-consentement.*

Cependant la jurisprudence nouvelle sur la preuve de l'information à la charge des médecins incite ceux-ci à rédiger un schéma explicatif, ce qui est une base utile d'information personnalisée et appropriée.

En revanche un consentement écrit du patient constitue un leurre pour les médecins, car il ne saurait en aucun cas avoir un effet exonératoire de responsabilité en cas d'accident médical. Ce formalisme est donc inutile et néfaste en ce qu'il peut altérer la relation de confiance entre médecin et patient.

---

1. **Directives anticipées du patient** : F. Dreiffus-Netter, « Les directives anticipées de la personne : de l'autonomie de la volonté à l'autonomie de la personne », *Gaz. Pal.* 29 juin 2006, p. 23.
2. **Mandat de protection futur et droit de la santé** : F. Fresnal, « Le médecin et le droit des majeurs », *Gaz. Pal.* 14/10/2009, 287. C. Glasson, « Le mandat de protection future : des dispositions conventionnelles pour la fin de vie », *RDSS* 2009. 890. C. Lequillerier, « Le mandat de protection future et la personne de confiance : vers une consécration d'un consentement substitué en matière médicale ? », *Gaz. Pal.* 2007, 1578.
3. **Forme et preuve du consentement** : Savatier, « Impérialisme médical sur le terrain du droit : le permis d'opérer et les pratiques américaines », *D.* 1952, chron. 157 ; L. Portes, « À la recherche d'une éthique médicale », Masson-PUF 1954 ; J.-P. Almeras, « Le consentement par écrit », Concours médical, 1989, 659.

C. La continuité des soins

846 ***L'obligation de continuité des soins*** [1] ◊ Le médecin qui a commencé un traitement thérapeutique ne saurait l'interrompre et abandonner son malade ; l'art. R. 4127-47 du CSP précise : « Quelles que soient les circonstances, la continuité des soins aux malades doit être assurée.

Hors le cas d'urgence et celui où il manquerait à ses devoirs d'humanité, un médecin a le droit de refuser ses soins pour des raisons professionnelles ou personnelles.

S'il se dégage de sa mission, il doit alors en avertir le patient et transmettre au médecin désigné par celui-ci les informations utiles à la poursuite des soins. »

L'*interruption des soins* constitue donc une grave faute professionnelle qui engage la responsabilité du médecin.

• *Le choix d'un remplaçant qualifié* [2] *:* le *remplacement du médecin* suppose également certaines conditions, et notamment de compétence professionnelle du remplaçant. Ce problème de compétence professionnelle a déjà été évoqué à propos de la surveillance postopératoire par une personne qualifiée.

Il se pose aussi pour le remplacement d'un spécialiste : la qualité de médecin spécialiste, acquise par des études spécifiques sanctionnées par une procédure de qualification, présente une garantie pour le malade : la compétence invoquée justifie sa confiance. Aussi le médecin spécialiste commet-il une faute en se faisant remplacer par un médecin qui ne présente pas la formation professionnelle requise.

§ 3. Les préjudices réparables

847 Au-delà des différentes fautes invocables contre le professionnel de santé, la responsabilité médicale présente également certains particularismes quant aux préjudices réparables. Dans la plupart des hypothèses, le patient subit un dommage corporel ouvrant droit à la réparation des différents chefs de préjudices, conformément au droit commun [3]. Mais certains préjudices présentent une originalité. Tel est le cas de la perte de chance de guérison ou de survie (A), du préjudice lié à un défaut d'information (B) ou de ceux liés à la naissance d'un enfant handicapé (C).

---

1. **Continuité des soins** : Paris, 29 avr. 1988, *D.* 1989. Somm. 61, obs. Penneau (abandon d'un malade par un chirurgien-dentiste à la suite d'un différend).

2. **Responsabilité dans le choix d'un remplaçant non qualifié** : Paris, 21 nov. 1986, *D.* 1987.I.R.421, obs. Penneau ; Civ. 1re, 25 mai 1987, *D.* 1987. Somm. 420, obs. Penneau (anesthésiste réanimateur se faisant remplacer par une médecin en 2e année d'études pour l'obtention de cette spécialité) ; Paris, 1er juill. 1992, *D.* 1992, somm. 28, obs. Penneau (médecin remplacé condamné *in solidum* avec médecin remplaçant mal informé des conditions d'emploi d'un appareil) ; Paris, 1er déc. 1995, *JCP* 1997.II.22760, note Vray (partage de responsabilité entre le chirurgien dentiste et son jeune remplaçant auquel il avait laissé, sans urgence, une reconstitution prothétique importante et délicate).

3. V. ss 59 s.

A. La perte de chance de guérison ou de survie [1]

848 La victime d'un accident médical doit en principe établir non seulement la faute du responsable et la réalité du dommage, mais également le lien de causalité qui les unit. Toutefois, certaines fautes ont des conséquences assez hypothétiques sur le dommage corporel lui-même : le diagnostic correctement établi, l'acte de réanimation correctement exécuté, quel aurait été le cours des choses ? Face à ces incertitudes qui relèvent de la nature particulière de la responsabilité médicale, la jurisprudence a utilisé la notion de « perte d'une chance » qui, adaptée à la matière, est devenue « perte d'une chance de guérison ou de survie ». Cependant cette expression ambiguë recouvre ici deux éléments différents de la responsabilité civile : tantôt un dommage spécifique, tantôt une causalité douteuse.

849 ***1°) La perte de chance : dommage spécifique*** [2] ◊

• *Notion : la perte de chance classique* du droit de la responsabilité civile résulte de l'empêchement d'accéder à des espérances précises et réelles (réussite à un examen ou un concours, etc.). La perte de chance s'analyse

---

1. **Perte d'une chance dans le droit de la responsabilité civile** : Civ., 27 mars 1911, *DP* 1914.1.225, note Lalou (perte d'une chance de gagner un procès) ; G. Viney et P. Jourdain, « Responsabilité civile. Conditions », LGDJ, 3e éd., 2006, n° 278 à 284 et 370 à 373 ; F. Chabas, « La perte d'une chance en droit français » in « Développements récents du droit de la responsabilité civile », Centre d'études européennes, 1991, p. 131 ; L. Grymbaum, « La certitude du lien de causalité en matière de responsabilité est-elle un leurre dans le contexte d'incertitude de la médecine ? Le lien de causalité en matière de santé : un élément de la vérité judiciaire », *D.* 2008. 1928 ; P. Jourdain, « Sur la perte d'une chance », *RTD civ.* 1992.109. I. Vicarie, « La perte de chance », *RRJ* 1987, 910. P. Sargos, « La certitude du lien de causalité en matière de responsabilité est-elle un leurre dans le contexte d'incertitude de la médecine ? La causalité en matière de responsabilité ou le "droit schtroumpf" », *D.* 2008. 1935.

2. **Perte de chance de guérison ou de survie – dommage partiel** : M. Penneau, « La perte de chance : dommage aléatoire ou préjudice aléatoire d'un dommage certain », *RFDC* 1997.1, p. 11 ; G. Mémeteau, « Perte chance et responsabilité médicale », *Gaz. Pal.* 1997, n° 297-298, p. 22 ; M. Heers, « L'indemnisation de la perte d'une chance », *Gaz. Pal.*, 22-23 mars 2000, p. 7 ; M. Klein, « Perte de chance et incapacité permanente partielle », *RFDC* 2001.2, p. 141. P. Sargos, « Les affaires de responsabilité médicale devant la Cour de cassation » in « La responsabilité médicale, de la faute au risque », ENM 1995, p. 75. C. Bernfeld, « L'indemnisation de la perte de chance dans le domaine des accidents médicaux : une situation dramatique pour les victimes », *Gaz. Pal.* 2006, doctr., p. 2221. Rapport annuel de la Cour de cassation pour 2007, « La santé devant la Cour de cassation » p. 268 – **Jurisprudence judiciaire** : Civ. 1re, 31 mai 1960, *JCP* 1961. II.11914, note Savatier ; Civ. 1re, 14 déc. 1965, *JCP* 1966.II.14753, note critique Savatier, *D.* 1966.453 ; Civ. 1re, 18 mars 1969 et 27 janv. 1970, *JCP* 1970.II.16422, note Rabut, *RTD civ.* 1969.797, obs. Durry ; Civ. 1re, 17 nov. 1970, *Bull. civ.* I, n° 301, p. 247 ; TGI Montpellier, 21 déc. 1970, *D.* 1971.637, note Chabas ; Civ., 25 mai 1971, *JCP* 1971.II.16859 ; Civ. 1re, 27 mars 1973, *JCP* 1974.II.17643, note Savatier, *D.* 1973.595, note Penneau, *Gaz. Pal.* 1973.2630, note Doll ; Civ. 1re, 2 mai 1978, *JCP* 1978.II.18966, note Savatier, *D.* 1978.I.R.408, obs. Larroumet ; Civ. 1re, 24 mars 1981, *D.* 1981.545, note Penneau ; Civ. 1re, 8 janv. 1985, *D.* 1986.390, note Penneau (1re esp.) ; Paris, 19 janv. 1986, *D.* 1987.I.R., obs. Penneau (2e esp.) ; Civ. 1re, 18 janv. 1989, *D.* 1989. Somm. 315, obs. Penneau ; Civ. 1re, 24 mars 1981, *D.* 1981.545, note Penneau ; Civ. 1re, 7 juin 1989, *RCA* 1989.J, n° 313 ; Civ. 1re, 15 nov. 1989, *RCA* 1990, n° 23 ; Versailles, 21 juill. 1993, *RTD civ.* 1994. 120, obs. Jourdain (perte de chances et recours des tiers payeurs) ; Civ. 1re, 8 juill. 1997, *RCA* 1997, n° 345 et chron. Groutel, n° 29, *JCP* 1997.II.22921, rapport Sargos, *RFDC* 1997.4, p. 483, obs. Bessiéres-Roques (persistance dans diagnostic erroné ; appréciation de la fraction de préjudices

donc en un *dommage autonome, dont l'étendue précise est affectée d'un aléa.* La transposition en matière médicale est opérée notamment lorsqu'il y a aggravation ou décès parce que la pathologie du patient a été mal soignée en raison d'une faute médicale, par exemple lorsqu'un diagnostic tardif a retardé une thérapie efficace : la perte de chance de guérison ou de survie est alors un préjudice autonome par rapport au dommage corporel qui a été effectivement été subi. C'est pourquoi la Cour de cassation a rappelé dans une décision de principe du 14 octobre 2010, que « la perte de chance présente un caractère direct et certain chaque fois qu'est constatée la disparition d'une éventualité favorable, *de sorte que ni l'incertitude relative à l'évolution de la pathologie, ni l'indétermination de la cause du symptôme (...) n'étaient de nature à faire écarter le lien de causalité entre la faute commise (...) et la perte de chance de survie* ». L'incertitude sur les causes du décès est en effet ici indifférente dès l'instant où les juges constatent l'existence d'une chance de guérison ou de survie qui a été perdue.

• *Évaluation :* évaluée à un montant inférieur au dommage réel de décès ou d'aggravation de l'état du patient, par application du pourcentage de chance perdue tel que déterminé par le juge, la perte de chance est largement utilisée dans la jurisprudence judiciaire. La jurisprudence administrative admettait toutefois, jusqu'à une époque récente, une solution différente. Lorsque la perte de chance était retenue par le juge, celui-ci prononçait alors la réparation de l'entier préjudice. Le Conseil d'État, par un arrêt du 21 décembre 2007, a toutefois rejoint la position du juge judiciaire en affirmant que la perte de chance devait correspondre « à une fraction du dommage corporel déterminée en fonction de l'ampleur de la chance perdue ».

• *Dommage partiel et état antérieur* [1] *:* la réparation partielle de la perte de chance évoque singulièrement la réparation partielle due à l'état antérieur du patient. En effet l'expertise médicale doit indiquer l'*état antérieur de la victime* pour *n'imputer* au responsable *que* ce qui relève de son propre fait. Dès lors il apparaît que, lorsque les chances de survie étaient déjà entamées par la maladie originaire, et l'espérance de vie réduite, la réparation intégrale du dommage causé par l'accident thérapeutique se mesure

correspondante ; assiette recours des tiers payeurs) ; Paris, 14 mars 1997, *Gaz. Pal.*, 2-6 janv. 1998, p. 26, note Vray (erreur de diagnostic lésionnel initial ; perte de chances de non réalisation des risques d'aggravation) ; Civ. 1re, 18 juill. 2000, *D.* 2000, n° 853 note Y. Chartier, *RCA* 2000, n° 373 (l'indemnité pour perte de chance médicale ne saurait présente un caractère forfaitaire ; évaluation de la fraction des préjudices) ; Civ. 1re, 4 nov. 2003, *D.* 2004. Somm. 601 obs. J. Penneau. Civ. 1re, 14 oct. 2010, *RTD civ.* 2011. 128, P. Sargos, « Confirmation et approfondissement du nouveau fondement de la responsabilité civile médicale et de la problématique et méthodologie de la perte de chance », *D.* 2010. 2682. – **Jurisprudence administrative :** CE, 24 avr. 1964, Hôpital-Hospice de Voiron, *RDP* 1964.719, Rec. CE 1964, p. 289 ; CE, 19 mai 1971, *RDSS* 1971.525, note Moderne ; CE, 23 févr. 1972, époux Boghossian, Rec. CE 1972, p. 166 ; CE 21 déc. 2007, *AJDA* 2008.135 ; CE 14 févr. 2008, *RFDA* 2008.348, concl. T. Olson.

1. **Perte de chances-état antérieur :** Civ. 1re, 11 oct. 1988, arrêt De Gerondo, *JML-DM* 1989.359, commentaire Tietard-Froge ; Civ. 1re, 25 mai 1971 (3e esp.), *JCP* 1971.II.16859 (pas de dommage réparable si le malade était condamné et mourant) ; Civ. 1re, 20 juill. 1988, *RTD civ.* 1989.85, obs. Jourdain ; Civ. 1re, 7 juin 1989, *D.* 1991.158, note Couturier, *D.* 1991, somm. 323, obs. Aubert.

par un différentiel. L'évaluation du seul préjudice dû par l'auteur du dommage doit tenir compte de l'état préexistant de la victime et ceci est parfaitement conforme aux principes de la responsabilité civile. La solution est correcte, mais sa qualification sous couvert de « perte de chance » révèle sans doute la difficulté pour la jurisprudence de faire une évaluation concrète de l'état antérieur.

850 ***2°) Perte de chance, causalité hypothétique ?*** [1] ◊ Si le *fait générateur* (faute médicale) et le *dommage* (incapacité ou décès) sont des données connues d'une affaire de responsabilité médicale, c'est l'élément *« lien de causalité »* qui demeure souvent incertain : en effet il est parfois difficile de rattacher les complications survenues, soit à l'évolution normale de la maladie, soit à l'acte médical, fautif ou non. Dans un tel cas, toute responsabilité du médecin devrait être écartée. Mais les juges utilisent parfois de façon ambiguë la « perte de chance » de guérison ou de survie pour pallier l'incertitude du lien causal, démarche qui constitue alors un curieux jugement de Salomon, traduisant les incertitudes du juge sur la causalité : il présume celle-ci, mais diminue le dommage.

Il faut aussi noter l'hypothèse de la *causalité fautive alternative :* le dommage peut avoir plusieurs causes dont chacune est hypothétique et fautive, toute autre possibilité apparaissant exclue ; dans de tels cas, alliant la faute virtuelle et la causalité hypothétique, la jurisprudence retient cependant la responsabilité médicale.

Mi-dommage, mi-causalité, la *« perte de chance de guérison ou de survie »* demeure très largement utilisée dans la *jurisprudence* malgré les critiques de la doctrine qui demeure souvent attachée à une conception plus abrupte de la causalité.

La détermination du lien de causalité constitue une démarche déductive, donc intellectuelle, appuyée sur des indices et des présomptions ; elle est toujours délicate, et il appartient aux magistrats de déterminer si la faute médicale relevée a été *la* cause (théorie de la causalité adéquate) ou *l'une des causes* (théorie de l'équivalence des conditions) du dommage : si

---

1. **Perte de chances – causalité hypothétique :** J. Boré, « L'indemnisation pour les chances perdues : une forme d'appréciation quantitative de la causalité d'un fait dommageable », *JCP* 1974.I.2620 ; F. Chabas, « Vers un changement de nature de l'obligation médicale », *JCP* 1973.I.2541 ; R. Savatier, « Une faute peut-elle engendrer la responsabilité d'un dommage sans l'avoir causé ? », *D.* 1970, chron., p. 123 et « Le droit des chances et des risques dans les assurances... », *RGAT* 1973, p. 457. F. Descorps-Declere, « La cohérence de la jurisprudence de la Cour de cassation sur la perte de chance consécutive à une faute du médecin », *D.* 2005, doctr. 74. **Jurisprudence :** Civ 1re, 17 nov. 1982, *JCP* 1983, II, 20056 ; *D.* 1984. 305. Civ. 1re, 25 mai 1983, *JCP* 1984.II.20281, note Dorsner-Dolivet, *RTD civ.* 1984.115, obs. Durry ; Civ. 1re, 31 mai 1988, *D.* 1989. Somm. 315, obs. Penneau (dommage dû soit à une faute technique par perforation d'une veine, soit à une faute de surveillance, soit à une absence de vérification) ; Civ. 1re, 10 janv. 1990, *D.* 1991, somm. 358, obs. Penneau ; Civ. 1re, 7 févr. 1990, *RCA* 1990, n° 162, *D.* 1991, somm. 183, obs. Penneau ; Civ. 1re, 5 févr. 1991, *D.* 1991, somm. 358, obs. Penneau ; Paris, 23 janv. 1992, *D.* 1993, somm. 25, obs. Penneau ; Civ. 1re, 30 oct. 1995, *RCA* 1996, n° 25 (« Rien ne permettait d'affirmer avec certitude qu'une démarche thérapeutique différente après l'accident aurait pu modifier l'état de P.R... »).

oui, le responsable doit la *réparation de l'entier dommage* si *non*, alors le lien de causalité n'étant pas établi, la responsabilité médicale ne saurait être retenue. À la suite d'un arrêt du 17 novembre 1982, la Cour de cassation avait semblé adhérer à cette position en rappelant que la perte de chance ne pouvait servir à pallier une incertitude du lien causal. Mais la jurisprudence ultérieure est restée très ambiguë.

B. Les préjudices liés au défaut d'information

851 Il est *a priori* difficile de soutenir qu'un défaut d'information préalable est la cause d'un accident médical dommageable. Pourtant lorsque l'opération a eu des conséquences néfastes, les victimes, souvent dans l'impossibilité de prouver la faute technique, utilisent alors l'argument du défaut d'information. La jurisprudence, qui a aujourd'hui clarifié ses positions, admet la réparation de deux préjudices distincts : perte de chance de refuser l'acte dommageable et préjudice moral, tout en admettant une indemnisation complémentaire du dommage corporel au titre de la solidarité nationale.

852 ***1°) La perte de chance de refuser l'acte dommageable*** ◊

• *L'indemnisation sur le terrain de la perte de chance* [1]. Depuis un arrêt de principe du 7 février 1990, la Cour de cassation accepte d'indemniser, au titre des préjudices causés par le défaut d'information, non l'entier dommage corporel subi mais *la seule perte de chance de refuser l'acte médical*. L'incertitude existant sur ce qu'aurait été la décision du patient s'il avait été dûment informé, interdit en effet de retenir l'entier lien causal avec le préjudice final. L'évaluation de ce préjudice suppose donc que le juge détermine le pourcentage de chance que le patient avait de refuser l'acte médical. Dans un arrêt du 20 juin 2000, la première chambre civile a précisé les critères que les juges du fond devaient prendre en considération : « état de santé du patient, évolution prévisible de son état, personnalité, raisons et caractéristiques des soins proposés, effets que l'information aurait pu avoir sur son acceptation ou son refus ». L'indemnisation de la perte de chance suppose donc une appréciation *in concreto* de l'influence que l'information aurait pu avoir sur le consentement, et interdit aux juges de retenir une réparation forfaitaire (Civ. 1re, 4 juin 2005), comme une réparation de l'entier dommage corporel (Civ. 1re, 7 déc. 2004, 28 juin 2007).

• *L'absence de dommage du fait du défaut d'information* [2] : une jurisprudence bien établie estime toutefois le plus souvent que le défaut d'information sur

---

1. **Indemnisation de la seule perte de chance de refuser l'acte médical** : Civ. 1re, 7 févr. 1990, *D.* 1991, Somm. 183, note J. Penneau. 20 juin 2000, *RCA* 2000, comm n° 302. 7 déc. 2004, *RCA* 2005, comm. n° 99 (impossibilité d'une réparation de l'entier préjudice corporel). 4 juin 2005 (deux arrêts), Légifrance n° 04-14878 et 04-10909 (exclusion d'une réparation forfaitaire du préjudice). 28 juin 2007, Legifrance n° 06-13859 (impossibilité de réparation de l'entier dommage corporel) 6 déc. 2007, *D.* 2008. 192. CE 15 janv. 2001, *D.* 2001. 2924.

2. **Absence de préjudice pour défaut d'information** : N. Gombault, « Un défaut d'information n'entraîne pas de façon systématique la responsabilité du praticien », *RFDC* 1998-4, p. 491 ; Angers,

les risques est sans incidence sur le consentement du patient. Ainsi en est-il notamment lorsque l'acte était médicalement nécessaire, et qu'aucune raison ne permettait de penser que le malade en aurait refusé la réalisation. Dès lors, la perte de chance n'est que très rarement retenue en pratique.

Cette solution était source de difficultés jusqu'à une époque récente puisque la Cour de cassation affirmait que le *seul* préjudice réparable du fait du défaut d'information était la perte de chance. La faute déontologique liée au défaut d'information était donc dépourvue de sanction autonome, les prétendus droits du malade mis en exergue par la loi du 4 mars 2002 demeurant le plus souvent sans réelle sanction. Il en va aujourd'hui différemment puisque la Cour de cassation a, par un arrêt de principe du 3 juin 2010, admis la réparation d'un préjudice moral lié au défaut d'information.

853 ***2°) Le préjudice moral né du défaut d'information*** [1] ◊ La jurisprudence qui sanctionne le défaut d'information constitue une avancée remarquable de la déontologie et de l'humanisme médical : les droits de la personne et la dignité du patient exigent cette *vérité de la parole médicale*, si difficile à introduire dans l'exercice d'une médecine demeurée « paternaliste » pendant des lustres. Mais il ne faut pas substituer une demi-vérité juridique à la demi-vérité médicale : le défaut d'information qui infantilise le patient est souvent ressenti comme une atteinte à la dignité de la

11 sept. 1998, *D.* 1999. 46, note M. Penneau (arrêt sur renvoi Civ. 1er, 25 févr. 1997, affaire *Hédreul*) ; Civ. 1re, 7 oct. 1998, *RCA* 1998, n° 393, 3e espèce (l'absence de préjudice résulte de la perte de la faculté qu'aurait eu le patient, s'il avait été informé de refuser l'intervention qui était seule de nature à améliorer son état) ; Civ. 1re, 20 juin 2000, *D.* 2000, somm. p. 471, obs. P. Jourdain. CE 15 janv. 2001, *D.* 2001. 2924, note D. Dendocker (nécessité vitale de l'acte médical, décès : le défaut d'information n'a pas entraîné de préjudice) ; Civ. 1re, 13 nov. 2002, *RTD civ.* 2003. 98, obs. Jourdain, *Gaz. Pal.* 14-16 déc. 2003, p. 13, note D. Zerouki, *RCA* 2003, n° 77 (il n'est pas démontré qu'informée du risque exceptionnel tenant à l'acte chirurgical nécessaire, la patiente aurait refusé l'intervention : l'absence d'information ne lui a pas causé un préjudice indemnisable) ; Civ. 1re, 4 févr. 2003, *D.* 2004. Somm. 600 obs J. Penneau, *RCA* 2003, n° 143 (le risque réalisé était inhérent à la pose d'une sonde dont la nécessité était admise par le experts : pas de préjudice indemnisable) ; CA Paris 20 nov. 2003, *RCA* 2004, n° 76, obs. Radé (perforation lors d'une coloscopie « pertinente aux yeux de l'expert » ; « aléa technique » ; défaut d'information non causal) ; CA Paris 19 juin 2003, *Gaz. Pal.* 4-6 avr. 2004, p. 11 (accident imprévisible lors accouchement ; défaut d'information sur le risque sans lien avec le préjudice constaté ; aléa thérapeutique). Civ 1re, 6 déc. 2007, *D.* 2007. 192 (faiblesse du risque envisagé et nécessité de l'intervention : défaut d'information sans lien avec le préjudice car le patient se serait quand même fait opérer). Civ. 1re, 27 nov. 2013, n° 12-27961, *RCA* 2014, comm. n° 65 (rejet de toute perte de chance puisque même informé sur l'existence de l'aléa, le patient n'aurait pas refusé l'intervention).

1. **Défaut d'information, préjudice moral :** F. Alt-Maes, « Les deux faces de l'information médicale : vers un nouvel équilibre des relations médecin-malade après la loi du 4 mars 2002 », *Gaz. Pal.* 14-16 déc. 2003 p. 3. M. Bacache, « Le défaut d'information sur les risques de l'intervention : quelles sanctions ? », *D.* 2008. 1908. E. Credeville, « Le défaut d'information sur les risques de l'intervention : quelles sanctions ? Non à la dérive des préjudices », *D.* 2008. 1914 ; S. Hocquet-Berg, « Les sanctions du défaut d'information en matière médicale », *Gaz. Pal.*, 9-10 sept. 1998, p. 12 ; V. Haïm, « De l'information du patient à l'indemnisation... », *D.* 1997. Chron. 125 ; S. Porchy, « Lien causal, préjudices réparables et non respect de la volonté du patient », *D.* 1998. Chron. 379. C. Radé, « L'obligation d'information en matière médicale et l'office du juge », *RCA* 2003, chron. n° 7.

personne, et doit être considéré comme constitutif d'un préjudice moral spécifique, dont l'indemnisation demeure en tout état de cause à la victime. La jurisprudence a toutefois, sur ce sujet, été difficile à s'élaborer, et ne retient aujourd'hui qu'une solution en demi-mesure.

• *Le refus de principe de la réparation du préjudice moral par l'arrêt de la première chambre civile du 6 décembre 2007* [1] *:* Malgré les faveurs de la doctrine, la Cour de cassation a, dans un premier temps, fermement écarté toute possibilité d'indemnisation du préjudice moral lié au défaut d'information par un arrêt de sa première chambre civile du 6 décembre 2007. Celui-ci énonce en effet que le seul préjudice réparable à la suite du non-respect de l'obligation d'information est la perte de chance d'échapper au risque qui s'est réalisé, et casse un arrêt d'appel qui avait indemnisé le préjudice moral lié à ce défaut d'information. Cette décision apparaissait éminemment critiquable, car la Haute juridiction écartait en termes de principe la réparation du préjudice moral, qui, aux termes de son attendu, ne pouvait *jamais être retenue par les juges du fond* dans l'hypothèse du défaut d'information. Or, outre le fait qu'une telle affirmation semblait contraire au principe d'appréciation *in concreto* du préjudice, elle entraînait une grave méconnaissance des droits du patient, dont la consécration par la loi du 4 mars 2002 risquait d'apparaître comme une pure affirmation de principe.

• *L'acceptation de la réparation du préjudice moral par l'arrêt de la première chambre civile du 3 juin 2010* [2] *:* La Cour de cassation a toutefois opéré un revirement de jurisprudence par un arrêt de sa première chambre civile du 3 juin 2010. Dans cette décision, rendue sous le visa des articles 16-3 et 1382 C. civ. celle-ci a en effet affirmé que « *le non-respect du devoir d'information (...) cause à celui auquel l'information était légalement due, un préjudice, qu'en vertu du dernier des textes susvisés, le juge ne peut laisser sans réparation* ». La haute juridiction semblait donc affirmer l'existence systématique d'un préjudice qui doit être indemnisé dès que les droits du patient sont méconnus, indépendamment de l'issue de l'acte médical non consenti. Celui-ci, à l'instar des solutions retenues notamment en cas de violation de la vie privée [3], semblait donc inhérent à la violation des droits du patient.

La Cour de cassation ne précisait cependant pas la nature de ce préjudice que le juge devait « nécessairement indemniser », mais celui-ci semblait devoir être un préjudice moral. La question demeurait toutefois de savoir s'il devait s'agir d'un préjudice dit « d'impréparation », ce qui impliquerait

1. **Refus de principe du préjudice moral** : Civ. 1re, 6 déc. 2007, *D.* 2008. 192, note P. Sargos.

2. **Admission systématique de la réparation du préjudice moral** : Civ. 1re, 3 juin 2010, *JCP* 2010, n° 28-29, 788, note S. Porchy-Simon, *JCP* 2010, n° 41, 1015, obs. Ph. Stoffel-Munck, *D.* 2010. 1522, note P. Sargos ; C. Corgas-Bernard, « L'autonomie de l'obligation d'information du médecin », *RLDC* 2010, n° 75, p. 21. P. Sargos, « Deux arrêts « historiques » en matière de responsabilité médicale générale et de responsabilité particulière liée au manquement d'un médecin à son devoir d'information », *D.* 2010. 1582. Solution confirmée par Civ. 1re, 12 juill. 2012, n° 11-17510.

3. Civ. 1re, 5 nov. 1996, *JCP* 1997. II. 22805, note J. Ravenas.

donc que le risque dont le patient n'avait pas été avisé, se soit réalisé, ou d'un préjudice moral « pur » limité à la simple violation du droit [1] ? La jurisprudence ultérieure a pris parti en faveur de la première solution.

• *La limitation du préjudice réparable au seul préjudice d'impréparation* [2]. La possibilité de réparer le pur préjudice moral né du défaut d'information s'est heurtée à des réticences, certains estimant excessif de retenir la responsabilité du médecin du seul fait du défaut d'information si l'acte médical s'est par ailleurs correctement déroulé [3]. Le Conseil d'État, par un arrêt du 10 octobre 2012, a ainsi rejoint partiellement la position de la Cour de cassation, en admettant l'indemnisation d'un préjudice moral lié au défaut d'information, indépendamment de la perte d'une chance de refuser l'intervention, *mais uniquement dans l'hypothèse où le risque tû s'est réalisé*. Selon cette décision « *le manquement des médecins à leur obligation d'informer le patient des risques courus ouvre pour l'intéressé, lorsque ces risques se réalisent, le droit d'obtenir réparation des troubles qu'il a pu subir du fait qu'il n'a pas pu se préparer à cette éventualité, notamment en prenant certaines dispositions personnelles* ». C'est donc dire que le défaut d'information ne peut être sanctionné indépendamment de l'issue de l'acte médical et que le préjudice moral réparé est seulement celui d'impréparation.

La Cour de cassation, dans une décision du 23 janvier 2014, publiée au rapport annuel, a adopté une position semblable. Selon cet arrêt, « *indépendamment des cas dans lesquels le défaut d'information sur les risques inhérents à un acte d'investigation, de traitement ou de prévention a fait perdre au patient une chance d'éviter le dommage résultant de la réalisation de l'un de ces risques(...), le non-respect, par un professionnel de santé, de son devoir d'information cause à celui auquel l'information était due, lorsque ce risque se réalise, un préjudice résultant d'un défaut de préparation aux conséquences d'un tel risque, que le juge ne peut laisser sans réparation* ».

L'apport de cette décision est double. Celle-ci conditionne le préjudice réparable en cas de violation du devoir d'information à la réalisation d'un des risques de l'acte médical, caractérisant ainsi la seule indemnisation du préjudice dit d'impréparation et non d'un préjudice moral autonome ; elle admet par ailleurs sa complémentarité avec la perte de chance d'éviter le dommage. Ce faisant, la Cour place le droit à l'information dans la dépendance du droit à l'intégrité corporelle, dont il serait, bien que la Cour de cassation ait dans certains de ses arrêts antérieurs affirmé le contraire, l'accessoire. Cette solution a été généralement approuvée par la doctrine

---

1. **Sur cette distinction** : M. Bacache, « Le défaut d'information sur les risques de l'intervention : quelles sanctions ? », *D.* 2008. 1908.

2. **Réparation du seul préjudice d'impréparation** : CE 10 oct. 2012, n° 350426, *D.* 2012. 2518, Civ. 1re, 23 janv. 2014, n° 12-22.123, *D.* 2014. 590 note M. Bacache, *RCA* 2014, comm. n° 116. *RDC* 2014, 3, p. 368.

3. V. par exemple, F. Alt-Maes, « La réparation du défaut d'information médicale : métamorphoses et effets pervers », *JCP* 2013, I, 547. G. Viney, « L'indemnisation due en cas de manquement par le médecin à son devoir d'information », *JCP* 2014, 553.

qui y a vu une solution réaliste et de compromis, qui opère au surplus une harmonisation bienvenue avec celle du Conseil d'État. C'est donc une logique de droit de la responsabilité qui prédomine, avec l'exigence d'un préjudice qui ne saurait être seulement déduit de la faute, bien éloignée de la jurisprudence de la Cour inaugurée par l'arrêt du 3 juin 2010. Sauf sans doute sur le terrain probatoire, la sanction du défaut d'information se détache en effet de la théorie des droits subjectifs. On le regrettera car situer ce droit dans la simple dépendance de la protection de l'intégrité corporelle nous semble une vision en décalage avec les évolutions que ce droit a connu depuis la loi du 4 mars 2002 et les fondements que la Cour de cassation lui avait par ailleurs reconnus dans ses arrêts antérieurs [1].

854 ***3°) La complémentarité avec l'indemnisation au titre de la solidarité nationale*** [2] ◊ L'action en responsabilité fondée sur le défaut d'information résulte souvent de la réalisation d'un risque exceptionnel de l'acte médical dont le patient n'a pas été informé. L'indemnisation fondée sur la perte de chance n'est toutefois jamais intégrale et, ainsi que nous l'avons évoqué, souvent écartée par le juge. La réparation du préjudice moral reste quant à elle limitée. La question s'est donc posée de savoir si, au-delà ces indemnisations, le patient pouvait solliciter une réparation de son entier préjudice corporel *au titre de la solidarité nationale.* Depuis l'adoption de la loi du 4 mars 2002, les articles L. 1142-1 s. du Code de la santé publique ont en effet institué une indemnisation des accidents médicaux au titre de la solidarité nationale, dont la prise en charge est assumée par l'ONIAM [3]. Or, dans la mesure où le risque qui se réalise est exceptionnel, l'accident subi par le patient peut correspondre, sous réserve notamment de la gravité du préjudice subi, à la définition donnée de l'accident médical par l'article L. 1142-1. II. CSP [4].

La Cour de cassation, dans un important arrêt du 11 mars 2010 a accepté le cumul de ces deux actions. Sous le visa des articles 1142-1 et 18 du Code de la santé publique, celle-ci a en effet affirmé que « ne peuvent être exclus du bénéfice de la réparation au titre de la solidarité nationale les préjudices, non indemnisés, ayant pour seule origine un accident non fautif (........) l'indemnité allouée à M. Y... avait pour objet de réparer le préjudice né d'une perte de chance d'éviter l'accident médical litigieux, accident dont la survenance n'était pas imputable à une faute de M. X..., à l'encontre duquel avait été exclusivement retenu un manquement à son devoir d'information, la cour d'appel a violé les textes

1. **Dans le même sens** : S. Hocquet-Berg, obs. *RCA* 2014, comm. n° 116. A. Guégan, *RDC* 2014, 3, p. 368.

2. **Indemnisation complémentaire du préjudice corporel au titre de la solidarité nationale** : Civ. 1re, 11 mars 2010, *JCP* 2010, n° 14, 379 note P. Jourdain, *D.* 2010. 1119, note M. Bacache. S. Hocquet-Berg, « La place du défaut d'information sans le mécanisme d'indemnisation des accidents médicaux », *RCA* 2010, et. n° 5.

3. V. ss 884.

4. V. ss 859 s.

susvisés ». Désormais, la victime de la réalisation d'un risque exceptionnel d'un acte médical *peut donc être indemnisée de façon cumulative* :

- par le biais d'une responsabilité de droit commun fondée sur la perte de chance ou le préjudice moral, en prouvant le défaut d'information ;
- en complément de cette indemnisation, par le recours à la solidarité nationale, sous réserve toutefois que les conditions des articles L. 1142-1 s. du Code de la santé publique soient par ailleurs réunies [1].

Cette solution apparaît donc très favorable aux victimes de préjudices les plus graves, puisqu'elles pourront compléter la réparation obtenue sur le terrain du défaut d'information par une indemnisation au titre de la solidarité nationale, fondée sur l'accident médical lui-même.

C. Préjudices liés à la naissance

855 Outre la question de la faute de nature à engager la responsabilité du professionnel de santé [2], le contentieux lié à la non détection du handicap dont est porteur un enfant *in utero* a connu des développements sur le terrain des préjudices réparables. Deux hypothèses doivent à cet égard être distinguées.

856 ***1°) Le préjudice des parents (« wrongfull birth »)*** ◊ La naissance d'un enfant handicapé peut tout d'abord causer aux parents un dommage particulier qui s'ajoute aux charges normales de la maternité. Son indemnisation a été admise sans difficultés particulières, avant que l'article 1er de la loi du 4 mars 2002 ne vienne en limiter la réparation.

• **Solutions antérieures à la loi du 4 mars 2002**. L'indemnisation de ce préjudice, admise tant par la Cour de cassation que le Conseil d'État, n'a jamais soulevé de difficultés particulières [3]. Ainsi, dans l'affaire *Quarez*, le Conseil d'État a reconnu le 14 février 1997 que le non-dépistage d'une trisomie 21 après amniocentèse et examen chromosomique lors de la 17e semaine de grossesse constituait une faute qui devait « être regardée comme la cause directe des préjudices entraînés pour les parents par l'infirmité dont est atteint leur enfant ». Ainsi, à travers le préjudice des parents, la jurisprudence reconnaissait le préjudice induit par la naissance d'un enfant handicapé, notamment en coût d'entretien, mais sans pour autant affirmer directement que la naissance est en soi un préjudice. Le résultat n'était pourtant guère différent, car, dans l'arrêt *Quarez*, le Conseil d'État, par le biais de la notion de charges particulières incombant aux parents du fait du handicap, indemnisait bel et bien les conséquences même du handicap de l'enfant.

• **Solutions issues de la loi du 4 mars 2002 (art. L. 145-1 CASF) :** cette solution a été remise en cause par l'article 1er de la loi du 4 mars

1. V. ss 794.
2. V. ss 819.
3. Cf. les références citées, v. ss 819.

2002 qui dispose désormais « Lorsque la responsabilité d'un professionnel ou d'un établissement de santé est engagée vis-à-vis des parents d'un enfant né avec un handicap non décelé pendant la grossesse à la suite d'une faute caractérisée, les parents peuvent demander une indemnité au titre de leur seul préjudice. Ce préjudice ne saurait inclure les charges particulières découlant, tout au long de la vie de l'enfant, de ce handicap. La compensation de ce dernier relève de la solidarité nationale ».

Ce texte induit donc une double restriction par rapport à la jurisprudence antérieure :

– Le préjudice des parents ne saurait être indemnisé que s'ils prouvent la faute caractérisée du professionnel de santé [1].

– Les *préjudices indemnisables* sont singulièrement amputés : certes le préjudice moral des parents devant le handicap de leur enfant est sauvegardé, mais supprimer des préjudices économiques « les charges particulières découlant, tout au long de la vie de l'enfant, de ce handicap » relève d'une illusion : que les charges induites par le handicap soient intégralement couvertes par les prestations sociales promises... On sait bien que ce ne sera jamais le cas ; pourtant il résulte des obligations civiles des parents qu'ils doivent « entretenir » leurs enfants (art. 203 C. civ.) et les assister pendant toute leur vie...

857 ***2°) Le préjudice de l'enfant qui naît handicapé (« wrongfull life »)*** ◊ Beaucoup plus délicat est le problème de savoir si l'enfant lui-même peut demander réparation du fait de sa naissance avec un handicap. Il convient en effet de souligner que l'erreur de diagnostic n'est pas la cause directe de la maladie génétique, des séquelles neurologiques de la rubéole ou de la trisomie 21 qu'il portait dans son patrimoine génétique. Le handicap lui-même n'a pas pour cause directe la faute médicale. Le préjudice invoqué ne peut donc être pour l'enfant que lié à la naissance elle-même. Même handicapé, peut-on prétendre que naître est un préjudice ? La jurisprudence antérieure à la loi du 4 mars 2002 l'avait partiellement admis avant que la loi vienne mettre fin à cette jurisprudence.

• **Solutions antérieures à la loi du 4 mars 2002.** Concernant la réparation du préjudice de l'enfant, la position du Conseil d'État et de la Cour de cassation divergeaient. La haute juridiction administrative ne l'avait pas admis dans l'arrêt *Quarez* du 14 février 1997 ; en revanche l'Assemblée plénière de la Cour de cassation l'avait retenu à travers le célèbre arrêt *Perruche* du 17 novembre 2000 [2]. Dans cette affaire, une erreur de laboratoire confortée

1. Sur cette notion, v. ss 819.

2. **Affaire *Perruche*** : pour les références citées, v. ss 819 s. **Ass. plén. 13 juillet 2001, trois arrêts :** *D.* 2001 p. 2325, note Jourdain ; *JCP* 2001.II.10601, concl. Sainte-Rose, note Chabas, *Gaz. Pal.* 7-8 sept. 2001, note Guigue ; L. Demont et C. Sailly De Bella, « Réparation du préjudice de l'enfant né handicapé », *Méd. et dr.* n° 51, nov.-déc. 2001 p. 7 ; H. Slim, « La jurisprudence Perruche saisie par les conditions légales de l'interruption de grossesse pour motif médical », *RCA* 2201, chron. n° 24 ; *RFDC* 2001-3, p. 257, obs. Bessières-Roques. – **Ass. plén. 28 nov. 2001, deux arrêts :** *Gaz. Pal.* 5-6 déc. 2001, p. 26, *JCP* 2002.10018, concl. Sainte Rose, note Chabas, *RCA* 2002, n° 31 ; sur renvoi CA Paris, 5 nov. 2003, *Gaz. Pal.* 16-17 avr.

par la carence du médecin traitant devant des résultats d'analyses contradictoires, avait fait croire à l'immunité d'une femme enceinte face à la rubéole contractée par sa fille ; renonçant à l'avortement envisagé en cas de contamination, la mère donna naissance au jeune Nicolas Perruche, devenu adulte, et dont les atteintes neurologiques sont gravissimes. L'Assemblée plénière admis la réparation des préjudices de l'enfant en considérant que

« Dès lors que les fautes commises par le médecin et le laboratoire dans l'exécution des contrats formés avec Mme X avaient empêché celle-ci d'exercer son choix d'interrompre sa grossesse afin d'éviter la naissance d'un enfant atteint d'un handicap, ce dernier peut demander la réparation du préjudice de ce handicap causé par les fautes retenues. ».

Tout a été dit au sujet de l'arrêt *Perruche* ; jamais un arrêt n'avait provoqué autant de commentaires des médias, autant d'articles et d'études juridiques ou éthiques pour ou contre une décision.

Malgré les critiques doctrinales, confortées par une condamnation du Comité consultatif national d'éthique, dans un avis n° 68 en date du 29 mai 2001, intitulé « handicaps congénitaux et préjudices », l'Assemblée plénière a confirmé sa jurisprudence dans trois arrêts du 13 juillet 2001, puis deux arrêts du 28 novembre 2001.

L'indemnisation de l'enfant lui-même pour « vie dommageable », ou « vie préjudiciable » (« *wrongful life* ») pose en effet des problèmes redoutables, liés tant à la nature du préjudice réparable (naître handicapé est-il un préjudice ?) que sur celui de la causalité. Que l'on prenne en effet l'arrêt *Perruche* du 17 novembre 2000, ou les trois arrêts « post-Perruche » du 13 juillet 2001, les handicaps révélés à la naissance étaient congénitaux et antérieurs aux diagnostics qui ne les avaient pas révélés. Dès lors on pouvait être surpris de la motivation de la Cour de cassation selon laquelle les fautes de diagnostic retenues étaient la *cause* du handicap. La haute juridiction a toutefois précisé son raisonnement dans ses arrêts du 13 juillet 2001, en subordonnant l'indemnisation de l'enfant à la double preuve que *les conditions de l'interruption médicale de grossesse étaient réunies et que la mère y aurait eu recours*. Dans cette optique, l'enchaînement causal est plus compréhensible. La faute médicale a empêché la mère d'interrompre sa grossesse, et est la cause, non du handicap comme le dit malencontreusement la Cour de cassation, mais de la naissance handicapée.

Critiqué sur le plan juridique, l'arrêt *Perruche* l'était aussi sur le plan éthique : alors que l'indemnisation des parents n'avait pas soulevé d'objections majeures, l'action personnelle de l'enfant demandant réparation du préjudice d'être né handicapé soulevait bien des craintes : ne verrait-on pas un jour un enfant reprocher à ses parents de l'avoir laissé vivre au lieu de l'avoir avorté alors qu'un handicap avait été décelé à l'échographie ? Une vie, même diminuée, peut-elle constituer un préjudice ? Autant de question dont la réponse ne saurait être uniquement juridique....

2004, p. 20 note J. Bonneau (responsabilité du médecin – refus amniocentèse, droit à indemnisation acquis avant loi 4 mars 2002). *Add* : J.-S. Borghetti, « Le préjudice de vie handicapée et les nouvelles fonctions de la responsabilité », *D.* 2010. 419.

• **Solutions issues de la loi du 4 mars 2002 (art. L. 145-1 CASF) :** devant les très vives réactions suscitées par l'arrêt Perruche et la crise de l'assurance des spécialistes de la médecine pré-natale qui en a découlé, le législateur a souhaité mettre fin à cette jurisprudence. Selon l'article L. 114-5 al. 1 et 2 CASF, « Nul ne peut se prévaloir d'un préjudice du seul fait de sa naissance » ; « La personne née avec un handicap dû à une faute médicale peut obtenir la réparation de son préjudice lorsque l'acte fautif a provoqué directement le handicap ou l'a aggravé ou n'a pas permis de prendre les mesures susceptibles de l'atténuer. »

Le premier alinéa est mal rédigé, car le préjudice reconnu au jeune Perruche était d'être « né-handicapé » et non d'être « né » ; cependant les travaux préparatoires sont assez explicites, pour que la jurisprudence n'ait pas tenté d'en contourner le sens. Le second alinéa limite la réparation à la preuve de l'imputabilité du handicap à la faute médicale, ce qui en restreint les applications à des hypothèses exceptionnelles. Rappelons toutefois que ce texte n'est applicable qu'aux enfants nés après l'entrée en vigueur de la loi [1], laissant donc encore aujourd'hui subsister un contentieux résiduel appliquant les solutions de la jurisprudence Perruche, qui va toutefois en déclinant.

Sous-section 2. **L'indemnisation au titre de la solidarité nationale**

858 ***Le dommage iatrogène d'une activité médicale non fautive*** ◊ *« Primum non nocere »* : cet antique adage de la déontologie médicale trouve une résurgence dans la problématique moderne de l'accident médical non fautif, et notamment dans le cadre de « l'aléa thérapeutique ». Cette objectivation de l'indemnisation n'est pas propre à la matière médicale, car elle constitue un phénomène général, dans le droit du dommage corporel, c'est-à-dire de l'atteinte à l'intégrité physique des personnes.

Les lois des 4 mars et 30 décembre 2002 constituent une étape marquante dans la prkise en charge de l'accident médical non fautif. Celles-ci ont en effet admis, de manière novatrice, au moins en droit privé, l'indemnisation au titre de la solidarité nationale, de l'accident médical et des infections nosocomiales les plus graves.

À ces hypothèses de base, des lois successives sont en ajouter de nombreuses autres. Ainsi, la victime d'un accident médical peut aujourd'hui être indemnisée, par l'ONIAM, au titre de la solidarité nationale dans de nombreux cas :

– les vaccinations obligatoires (art. L. 3111-9 CSP) ;

– les recherches biomédicales, si la responsabilité du promoteur n'est pas engagée (art. L. 1121-10 s. CSP) ;

1. V. ss 821.

– la contamination par le virus de l'hépatite B et C, du sida ou du T-Lymphotropique humain (art. L. 1221-14 CSP et L. 3122-1 s. CSP) ;

– les dommages causés par des mesures d'urgence nécessaires pour préserver la santé publique (art. L. 3131-1et 3 et 3134-1 CSP), ou lors de soins accomplis par le professionnel hors de son champ de compétence (art. L 1142-1-1 CSP) ;

– les dommages causés par l'hormone de croissance [1] : le traitement d'enfants par une « hormone de croissance », extraite du broyage d'hypophyses animales, avait provoqué la maladie de Creutzfeld-Jacob ; l'association France-Hypophyse a été dissoute en 1997, et la loi du 30 décembre 2002 a transféré ses obligations à l'ONIAM Celui-ci peut ainsi se trouver solidairement tenu avec l'Institut Pasteur qui transformait ces extraits hypophysaires contaminés.

– Les dommages causés par le Benfluorex (art. L. 1142-24-8 al. 1 CSP)

Il ne saurait être question, dans le cadre de cet ouvrage, de traiter de façon détaillée l'ensemble de ces hypothèses. Ainsi nous concentrerons-nous sur celles qui nous paraissent avoir réalisé une avancée particulièrement significative des droits des patients, en étudiant l'indemnisation de l'accident médical correspondant à un cas d'aléa thérapeutique (§ 1), les infections nosocomiales (§ 2), avant d'évoquer sommairement les autres hypothèses d'indemnisation par l'ONIAM au titre de la solidarité nationale (§3).

§ 1. L'indemnisation de l'accident médical

859 ***Obligation de sécurité ou accident médical ?*** [2] ◊ L'évolution du droit de la responsabilité médicale s'est effectuée pas à pas : ici un arrêt du

1. **Hormone de croissance et maladie de Creutzfeld-Jacob** : v. ss 897, 898. N. Jonquet et F. Vialla, « La perversion de la solidarité nationale et la déresponsabilisation des acteurs de santé », *D.* 2002 Point de vue, p. 3211.

2. **Accident médical ou aléa thérapeutique ?** : Colloque SHAM, « Indemnisation de l'aléa thérapeutique ; utopies et réalités en France et en Europe », Lyon, 30 mars 1990, *Rev. hosp. de France*, mai-juin 1990 ; J. Bonneau, « Le risque thérapeutique », *Gaz. Pal.*, 27-31 août 1993, p. 2 ; H. Groutel, « Le risque médical : évolution de la jurisprudence récente en droit commun et en droit administratif », *Méd. et dr.* n° 4, janv. 1994, p. 12 ; S. Gromb, « Responsabilité médicale : va-t-on indemniser l'accident médical ? », *Méd. et dr.* n° 16, 1996, p. 12 ; F. Ewald, « Philosophies de l'indemnisation de l'aléa thérapeutique », in *La responsabilité médicale : de la faute au risque*, ENM, 1995, p. 223 ; C. Le Pen, « L'aléa thérapeutique », in *Encyclopédie de l'assurance*, Economica, 1997, p. 1231 ; F. Du Verdier, « L'aléa thérapeutique », *L'Assurance mutuelle* 1999.1, p. 25 ; C. Radé, « Brefs propos spéculatifs sur la reforme de la responsabilité médicale », *Risques* n° 40, déc. 1999, p. 113 ; C. Larroumet, « L'indemnisation de l'aléa thérapeutique », *D.* 1999. Chron. 33 ; A. Kimmel-Alcover, « Vers l'indemnisation de l'aléa thérapeutique ? », *LPA*, n° 155, 25 déc. 1996, et Annales Univ. Toulouse, T. XLIV, 1996, p. 219 ; Y. Lambert-Faivre, « L'exigence de sécurité et la prospective juridique en matière de responsabilité médicale », *RFDC* 1997.1, p. 7 ; Y. Lambert-Faivre, « La responsabilité médicale confrontée à l'évolution du droit et de la science », *JML-DM*, 1996, vol. 39, n° 2, p. 83 ; I. Guigue, « Aléa thérapeutique : le droit privé peut-il s'aligner sur la jurisprudence du CE ? », *Gaz. Pal.*, 22-23 mars 2000, p. 2 ; M. Larche-Mochel, J. Doignon, « Faute médicale, risque thérapeutique, aléa thérapeutique... », *JML-DM* 1996, n° 7-8, p. 584 ; G. David, « Médecine et précaution... », *Méd. et dr.* 2001-50 p. 1 ;

Conseil d'État, là un arrêt de la Cour de cassation, des encouragements quasi-unanimes de la doctrine, des lois spécifiques... en une décennie (de 1990 à 2002) les progrès ont été remarquables.

L'exigence de sécurité, qui imprègne tout le droit moderne, européen et national, est ancrée sur ce droit fondamental de chaque être humain à son intégrité physique, rappelé en France par les lois bioéthiques de 1994. Aussi la *sécurité médicale* n'est-elle qu'un aspect de la *sécurité sanitaire* qui innerve tout le Code de la santé publique. Le cadre de l'obligation de sécurité médicale a souvent été circonscrit à *l'accident médical non fautif dénommé « aléa thérapeutique »*. Son contexte est tout à fait semblable en médecine hospitalière publique ou privée, mais le particularisme français de la répartition des compétences entre juridictions administratives et judiciaires a d'abord marqué la dualité des solutions jurisprudentielles, avant que la loi du 4 mars 2002 n'établisse un droit univoque de l'indemnisation de l'aléa thérapeutique.

A. L'évolution de la jurisprudence antérieure à la loi du 4 mars 2002 [1]

860 Cette évolution a été marquée par une scission des solutions retenues par les deux ordres de juridictions : la jurisprudence administrative, naguère en retrait par rapport à la jurisprudence judiciaire a connu une évolution spectaculaire en quelques années en devenant l'élément moteur de la mutation juridique.

861 ***a) L'indemnisation de l'accident médical sans faute prouvée par la jurisprudence administrative*** [2] ◊ Cette évolution a été marquée par quelques arrêts essentiels.

P. Vayre, « Le médecin expert judiciaire face aux données acquises de la jurisprudence administrative et civile concernant l'aléa », *Méd. et dr.* 2002-54, p. 15 ; P. Jourdain, « L'accident médical », *RCA* 2015, dossier, n° 6.

1. **Évolution de la jurisprudence administrative :** Y. Gaudemet, « La responsabilité des services hospitaliers », *EDCE* 1980.53 ; A. Sekkat, « La responsabilité du service public hospitalier du fait des activités médicales », *LPA* 16-7-1990, n° 85 ; K.B. Kouass, « La responsabilité du service public hospitalier à raison d'un acte médical », *LPA* 11 févr. 1991, n° 18 ; R. Schwartz, « La responsabilité hospitalière... », *Gaz. Pal.*, 2 oct. 1991 ; D. Truchet, « La responsabilité administrative médicale », in *La responsabilité médicale : de la faute au risque*, ENM, 1995, p. 83 ; M. Morisot, « Évolution de la jurisprudence en matière hospitalière », *ibidem*, p. 95 ; S. Daël, « La responsabilité médicale sans faute des hôpitaux publics », *ibidem*, p. 113 ; D. Truchet, « Tout dommage oblige la personne publique à laquelle il est imputable à le réparer », *RDSS* 1993, p. 1 ; V. Pécresse, « Dans quel cas la responsabilité médicale des hôpitaux publics peut-elle être engagée sans faute ? », *Entrep. méd.*, n° 173, 23 nov. 1998, p. 2 ; M.-L. Moquet-Anger : chron. J[ce,] « Responsabilité médicale à l'hôpital », *Méd. et dr.*, n° 24, 1997, p. 23 ; C. Esper, « J[ce] CAA. Paris en 1998 en droit médical », *Gaz. Pal.*, 16-17 juin 1999, p. 4 ; M. Deguergue, « La responsabilité des hôpitaux publics », *RCA* hors série, juill.-août 1999, p. 20 ; D. Malicier, « Le rôle du juge adm. et de l'expert », *JML-DM* 1996, n° 7, p. 560 ; M. Heers, « La responsabilité nouvelle de l'hôpital dans la jurisprudence adm. », *JML-DM* 2000, n° 6, p. 531.

2. **Indemnisation de l'accident médical sans faute prouvée :** I. Saison, *Le risque médical : évolution de la responsabilité sans faute du service public hospitalier*, éd. L'Harmattan, 1999 ;

• *L'arrêt Gomez (Cour administrative de Lyon, 21 décembre 1990) :* le jeune Serge Gomez, 15 ans, se réveille paraplégique le 25 août 1983 à la suite d'une opération de redressement de la colonne vertébrale ; aucune « faute » n'étant établie, il est débouté par un jugement du Tribunal administratif de Lyon le 28 juin 1989, mais l'arrêt de la Cour administrative d'appel de Lyon rendu le 21 décembre 1990 opte clairement pour une responsabilité sans faute en indemnisation de l'accident médical, en soulignant néanmoins des conditions de mise en jeu strictes : en l'espèce il y avait utilisation d'une *thérapeutique nouvelle aux conséquences encore mal connues*, dont l'*adoption ne s'imposait pas pour des raisons vitales, et qui avait entraîné des complications anormalement* graves.

• *L'arrêt Bianchi (Conseil d'État, 9 avril 1993) :* le 3 octobre 1978, le sieur Bianchi recevait par injection un produit de contraste faiblement iodé, préalablement à une artériographie ; encore que l'acte médical paraisse irréprochable, une occlusion secondaire à l'artériographie, accident exceptionnel mais néanmoins inhérent à ce genre d'examen entraînait des dommages considérables : le patient est depuis lors atteint d'une tétraplégie prédominante aux membres inférieurs se traduisant par une impotence motrice ; il souffre de douleurs importantes résistant à la thérapeutique et de troubles sphinctériens et il a besoin de l'aide constante d'une tierce personne.

L'absence de faute avait conduit le Tribunal administratif de Marseille à rejeter sa demande d'indemnisation par jugement du 8 novembre 1984. Quinze ans après l'accident, le Conseil d'État franchit le pas décisif d'une responsabilité pour risque médical : « Considérant... que lorsqu'un acte médical nécessaire au diagnostic ou au traitement du malade présente un *risque dont l'existence est connue, mais dont la réalisation est exceptionnelle* et dont aucune raison ne permet de penser que le patient y soit particulièrement exposé, la responsabilité du service public hospitalier est engagée *si l'exécution de cet acte est la cause directe de dommages sans rapport avec l'état initial du patient* comme avec l'évolution prévisible de cet état, et présentant un *caractère d'extrême gravité...* ».

C. Clément, « À propos de la responsabilité sans faute d'un hôpital public pour utilisation d'une thérapeutique nouvelle », *Entrep. méd.*, n° 199, 20 mars 2000, p. 2. – **Arrêt *Gomez*** : TA Lyon, 28 juin 1989, et sur appel CA Lyon, 21 déc. 1990, *RCA* 1991, n° 151, *JCP* 1991.II.21698, note J. Moreau, *AJDA* 1991.167, *RDSS* 1991.258, note Médouze ; C. Esper, « Évolution de la responsabilité de l'hôpital public vers la prise en charge de l'aléa thérapeutique », *RFDC* 1992.185 ; D. Chabanal, « Vues nouvelles sur la responsabilité hospitalière », *Gaz. Pal.*, 21 juill. 1991. – **Arrêt *Bianchi*** : CE, 9 avr. 1993, *JCP* 1993.II.22061, note J. Moreau, *Rec. CE*, p. 127, concl. Daël, *AJDA* 1993.383 et chron. 344, *RD publ.* 1993. 1099, note Paillet, *RFDA* 1993. 573, concl. Daël, *D.* 1993. Somm. 35, obs. Bon et Terneyre, *Gaz. Pal.*, 24-25 sept. 1993, p. 28, note J. Bonneau ; R. Duclos, « Les implications de l'arrêt Bianchi pour les hôpitaux publics », *JLM-DM* 1996, vol. 39, p. 564 ; M. Pinault, « L'indemnisation de l'aléa thérapeutique », *Risques*, n° 14, avr. 1993, p. 91. – **Arrêt *Hôpital Joseph Imbert d'Arles*** : CE 3 nov. 1997, *JCP* 1998. II.10016, note Moreau, *Gaz. Pal.*, 8-10 mars 1998, p. 13, note Hermon, *D.* 1998.146, note Chrestia, *JCP adm.* 1998, n° 32, note C. Esper, *RDSS* 1998. 519, note Clément. – **Arrêt *C.H. de Seclin*** : CE 27 oct. 2000, *AJDA* 20 mars 2001 note M. Deguergue, *RFDC* 2001-2 p. 147 obs. Bessieres-Roques, *D.* 2001. 1196, concl. Chauvaux. **Arrêt *Centre hospitalier d'Aubagne*** : CE 27 oct. 2000, *Méd. et dr.* 2001, n° 48, p. 13.

• *L'arrêt Hôpital Joseph Imbert d'Arles (Conseil d'État 3 novembre 1997) :* En l'espèce il s'agissait d'un accident d'anesthésie, et du décès d'un jeune garçon de cinq ans qui subissait une « circoncision rituelle », c'est-à-dire sans motif thérapeutique. Curieusement l'arrêt du Conseil d'État se réfère cependant à la nécessité de l'acte thérapeutique, en recopiant textuellement l'arrêt *Bianchi* : « Considérant que lorsqu'un acte médical nécessaire au diagnostic ou au traitement du patient présente un risque dont l'existence est connue, mais dont la réalisation est exceptionnelle... caractère d'extrême gravité ».

Du contexte de ces arrêts fondateurs de l'indemnisation de l'aléa thérapeutique en droit administratif on peut retenir :

– que la thérapeutique peut être nouvelle aux risques mal connus (arrêt *Gomez*), comme ancienne aux risques connus mais qualifiés d'*exceptionnels* (arrêts *Bianchi* et *Hôpital Joseph Imbert d'Arles*) ;

– que les dommages doivent être « sans rapport avec l'état initial du patient comme avec l'évolution prévisible de cet état » : cette condition fondamentale doit être strictement maintenue ; elle est de l'essence même de la distinction du *dommage iatrogène* (causé par l'acte médical) et du dommage endogène (causé par l'évolution de la pathologie). La jurisprudence administrative en a toutefois retenu une interprétation large, puisqu'à travers l'affaire *Centre hospitalier de Seclin* du 27 octobre 2000, le Conseil d'État a affirmé qu'une prédisposition du patient, *non décelée avant l'accident médical*, n'interdisait pas l'indemnisation au titre de la responsabilité pour risque du centre hospitalier.

– que les dommages doivent présenter un *« caractère d'extrême gravité » :* il faut évidemment écarter les effets secondaires de toute intervention chirurgicale ou thérapie lourde : le qualificatif de *« dommages anormaux »* semble nécessaire. Quant au degré de gravité, il laisse perplexe. La jurisprudence administrative est en tout cas restée très sévère, retenant le caractère d'extrême gravité dans les seuls cas d'incapacités permanentes, estimées à des taux dépassant en général 50 %.

862 ***b) Le refus d'indemnisation de l'accident médical non fautif par la jurisprudence judiciaire*** [1] ◊ *Le refus d'une obligation de sécurité*

1. **Évolution de la jurisprudence judiciaire antérieure à la loi du 4 mars 2002 :** P. Sargos, « Réflexions sur les accidents médicaux et la doctrine jurisprudentielle de la Cour de cassation en matière de responsabilité médicale », *D.* 1996. Chron. 365 ; P. Sargos, « Obligation de moyens et obligation de résultat du médecin : bilan de la jurisprudence récente de la Cour de cassation », *Méd. et dr.*, n° 24, mai 1997, p. 2 ; P. Sargos, « Les établissements de santé privés et les médecins sont désormais tenus d'une obligation de sécurité de résultat », *Méd. et dr.*, n° 37, juill. 1999, p. 3 ; P. Sargos, « L'aléa thérapeutique devant le juge judiciaire », *JCP* 2000.I.202 ; P. Jourdain et G. Viney, « L'indemnisation des accidents médicaux : que peut faire la Cour de cassation ? », *JCP* 1997.I.4016 ; P. Jourdain, « Nature de la responsabilité et portée des obligations du médecin », *RCA*, juill.-août 1999, n° spécial, p. 4 ; P. Sargos, « Évolution et mise en perspective de la jurisprudence de la Cour de cassation en matière de responsabilité civile des médecins », *Mélanges Y. Lambert-Faivre et D. Lambert*, Dalloz, 2002, p. 375.

médicale[1]: la reconnaissance d'une obligation de sécurité médicale n'implique nullement un résultat de réussite du traitement et de guérison, car nous sommes tous mortels. C'est néanmoins une obligation déterminée de l'exercice médical car cette sécurité ne saurait être défaillante en causant un dommage iatrogène anormal. Plusieurs décisions des juges du fond[2] avaient ainsi retenu expressément une obligation déterminée de sécurité sans employer l'expression tabou « d'aléa thérapeutique », mais en renonçant à la « présomption de faute ». Ces solutions ont néanmoins été expressément condamnées par la Cour de cassation, dans l'arrêt *Tourneur* du 8 novembre 2000[3], rendu sous couvert des articles 1135 et 1147 C. civ. : « Attendu que la réparation de l'aléa thérapeutique n'entre pas dans le champ des obligations dont un médecin est contractuellement tenu à l'égard de son patient » (la victime se retrouvait néanmoins avec 95 % d'IPP !).

Selon la Haute juridiction, l'aléa relevait du hasard, juridiquement du cas fortuit exonératoire de responsabilité. L'accident médical ne remplissait donc pas les conditions de la responsabilité médicale, Au-delà de ces stricts aspects juridiques, la décision de la Cour de cassation a sans doute

---

1. **Obligation de sécurité médicale** : Y. Lambert-Faivre, « Fondement et régime de l'obligation de sécurité », *D.* 1994. Chron. 81 ; G.-J. Martin, « Précaution et évaluation du droit », *D.* 1995. Chron. 299 ; J.-H. Soutoul, « Jurisprudence : pourquoi pas médico-prudence ? », *Méd. et dr.*, n° 13-1995, p. 1 ; Y. Lambert-Faivre, « La responsabilité médicale confrontée à l'évolution du droit et de la science », *JML-DM*, 1996.2, p. 83 ; Y. Lambert-Faivre, « L'exigence de sécurité et la prospective juridique en matière de responsabilité médicale », *RFDC* 1996.4 ; J. Penneau, « Propos sur la responsabilité civile médicale sans faute prouvée », *Mélanges Y. Lambert-Faivre et D. Lambert*, Dalloz, 2002, p. 335 ; Y. Lambert-Faivre, « La réparation de l'accident médical : obligation de sécurité : oui ; l'aléa thérapeutique : non », *D.* 2001. Chron. 570 ; A. Laude, « Le consommateur de soins », *Dr. des affaires* 2000, p. 415.

2. **Obligation de sécurité ; jurisprudence judiciaire** : TGI Paris, 17 mars et 3 juin 1997, *Méd. et dr.*, n° 27, 1997, p. 4 (deux arrêts, perforation sous endoscopie et névralgie curale ; obligation de sécurité de réparer le dommage causé par l'acte médical) ; TGI Metz, 12 août 1998, *Gaz. Pal.*, 7-8 mai 1999, p. 26, et commentaire S. Hocquet-Berg, « Les médecins sont tenus d'une obligation de sécurité-résultat », *ibidem*, p. 20 ; TGI Paris, 5 mai 1997 et 20 oct. 1997, *D.* 1998. 558, note L. Boy, et sur appel de la 2e espèce, CA Paris, 15 janv. 1999, *JCP* 1999. II.10068, note L. Boy, *Gaz. Pal.*, 16-17 juin 1999, p. 74, concl. I. Terrier-Mareuil, note Guigue, et comm. F.-J. Pansier et J.-B. Bladier, « Étude de l'évolution de la responsabilité médicale au travers de l'énoncé jurisprudentiel d'une obligation de sécurité à la charge du médecin », *ibidem*, p. 66 ; Y. Lachaud, « La responsabilité des chirurgiens : de l'obligation de moyens à l'obligation de sécurité », *Méd. et dr.*, 1999, n° 36, p. 21 ; J. Guigue, « ... condamnation d'un patricien à indemniser les conséquences dommageables d'une intervention chirurgicale sur le fondement d'une obligation de sécurité », *Entrep. méd.*, n° 184, 25 mai 1999, p. 12 ; G. Viney, « L'accident médical non fautif » in chron. RC, *JCP* 1999.I.147, n° 5 ; Civ. 1re, 23 mai 2000, *Gaz. Pal.* 17-19 déc. 2000, p. 42, note J.-L. Virfolet (l'obligation principale de sécurité du médecin). D. Duval-Arnould, « Accident ou faute médicale ? - Point de jurisprudence », *JCP* 2007, I, 165. Civ. 1re, 22 nov. 2007, *D.* 2008. 816 (réitération du refus d'une obligation de sécurité de résultat).

3. **Rejet judiciaires de l'aléa thérapeutique** : Civ. 1re, 8 nov. 2000, arrêt *Tourneur*, *RDSS* 2001. 54, note L. Dubouis, *JCP* 2001.II.10493 rapport P. Sargos, note F. Chabas, *RTD civ.* 2001. 154 obs. Jourdain, *LPA* 4 déc. 2000, note S. Prieur, *RCA* 2000, n° 375, *JCP* 2001-I-340 obs. Viney, *Méd. et dr.* 2001-47 p. 2, chron. P. Mazière, *D.* 2001. Somm. 2236 obs. D. Mazeaud, *Gaz. Pal.* 17-19 déc. 2000 p. 48 note J. Bonneau. Civ. 1re, 27 mars 2001, *RCA* 2001 chron. Radé n° 13. Civ. 1re, 22 nov. 2007, *D.* 2008. 816, note M. Bacache, *JCP* 2008, II, 1069. 28 mars 2008, inédit, n° pourvoi 07-11879.

également été influencée par des considérations d'opportunité. Devait-on en effet imputer à un patrimoine privé les conséquences d'un aléa, dont la réparation est justement motivée par sa qualification de risque social ? La Cour de cassation n'a pas cru devoir franchir ce Rubicon… laissant néanmoins subsister une différence de traitement assez peu justifiée entre les victimes d'accidents thérapeutiques subis au sein des structures de soins privés ou publiques.

B. L'indemnisation de l'accident médical dans la loi du 4 mars 2002 [1]

863 Désormais, et c'était la réforme attendue depuis tant de décennies, l'art. L. 1142-1-II CSP dispose que, lorsque la responsabilité du professionnel n'est pas engagée : « un accident médical, une affection iatrogène ou une infection nosocomiale ouvre droit à la réparation des préjudices du patient au titre de la solidarité nationale, lorsqu'ils sont directement imputables à des actes de prévention, de diagnostic ou de soins, et qu'ils ont eu pour le patient des conséquences anormales au regard de son état de santé comme de l'évolution prévisible de celui-ci… ». L'énoncé de ce principe rappelle le fameux arrêt *Bianchi* de 1993 par lequel le Conseil d'État avait le premier ouvert la porte étroite de l'indemnisation pour aléa thérapeutique. L'indemnisation est toutefois soumise à des conditions assez strictes qui en limitent assez considérablement les applications.

La première est liée à une question d'application de la loi dans le temps, puisque l'indemnisation de l'accident médical par l'ONIAM suppose que celui-ci soit postérieur au 5 septembre 2001, date d'entrée en vigueur de la loi dans sa partie relative à l'indemnisation des victimes.

Par ailleurs, seule la victime principale et les ayants droit, en cas de décès de celle-ci, peuvent bénéficier de ce mécanisme. Les victimes par ricochet, si la victime principale survit, en sont donc exclues.

Le recours à l'ONIAM présente en outre un caractère subsidiaire ainsi qu'en dispose expressément l'article L. 1142-1 CSP, puisque l'indemnisation de l'accident par l'ONIAM suppose qu'aucune indemnisation ne puisse être obtenue au titre de la responsabilité d'un professionnel de santé, consacrant donc le caractère résiduel de son intervention [2].

---

1. **Loi du 4 mars 2002 :** v. ss 780 ; Sur le critère de gravité, v. ss 795 ; JM Ponier, « Quelles sont les conséquences anormales d'une activité chirurgicale ? », *AJDA* 2010, p. 2222. N. Reboul-Maupin, « L'indemnisation de l'aléa thérapeutique », *LPA* 19 juin 2002, p. 77 ; M.J. Lamar, « Aléa thérapeutique : vers une meilleure réparation », *Méd. et dr.* 2002.54 p. 7. P. Chevalier, « La gestion de l'accident médical en établissement de santé », *RDSS* 2007, 792. Civ. 1re, 20 janv. 2011, *RCA* 2011, comm. n° 151 (nécessité d'un risque inhérent à l'acte médical, ne pouvant être maîtrisé). Civ. 1re, 31 mars 2011, n° 09-17135 (exclusion de l'indemnisation de l'accident médical pour un défaut d'anormalité des conséquences de l'acte, le patient étant, du fait de ses antécédents, particulièrement exposé au risque).

2. **Pour une application implicite de cette solution au stade des recours** : Civ. 1re 10 sept. 2014, n° 13-22535, *D.* 2014. 2221, note M. Bacache ; *RCA* 2014, comm. n° 384.

Au-delà trois conditions du droit à indemnisation doivent faire l'objet de développements plus substantiels.

864 ***a) Nature de l'acte médical dommageable*** ◊ L'article L. 1142-1 CSP limite l'intervention de l'ONIAM aux hypothèses où le dommage a été causé dans le cadre de l'exécution d'« actes de prévention, de diagnostic ou de soins ». Or, la loi n'a pas défini ces notions qui ont donné lieu à des difficultés concernant notamment les actes de chirurgie esthétique. Par un arrêt de principe du 5 février 2014, la Cour de cassation avait en effet considéré que de tels actes, à la condition qu'ils soient réalisés dans leur cadre légal, entraient dans le champ de l'indemnisation au titre de la solidarité nationale. Le législateur est toutefois venu briser cette jurisprudence [1]. L'article 70 de la loi n° 2014-1554 du 22 décembre 2014, applicable à toutes les demandes d'indemnisation postérieures au 31 décembre 2014, introduit en effet un nouvel article L. 1142-3-1 dans le Code de la santé publique, au terme duquel « Le dispositif de réparation des préjudices subis par les patients au titre de la solidarité nationale mentionné au II de l'article L. 1142-1 et aux articles L. 1142-1-1 et L. 1142-15 n'est pas applicable aux demandes d'indemnisation de dommages imputables à des actes dépourvus de finalité préventive, diagnostique, thérapeutique ou reconstructrice, y compris dans leur phase préparatoire ou de suivi ». La saisine des CCI reste toutefois ouverte aux victimes dans le cadre de leur mission de conciliation.

Cette restriction emporte la plus vive critique [2]. Elle consacre une position non fondée soutenue par l'ONIAM qui repose sur une conception restrictive de l'acte de soins et dont les limites risquent de susciter d'importantes difficultés dans l'avenir. On peut ainsi se demander, à titre d'exemple, si un accouchement non dystocique, que l'ONIAM exclut du champ de la solidarité en prétendant qu'il s'agit d'un acte « naturel » [3], peut ou non être qualifié « d'acte médical ».

865 ***b) Dommage excédant un certain seuil de gravité*** ◊ La loi a posé une autre condition à l'application de la solidarité nationale : celle-ci n'est en effet due que lorsque les actes médicaux : « ... présentent un caractère de gravité, fixé par décret, apprécié au regard de la perte de capacités fonctionnelles et des conséquences sur la vie privée et professionnelle mesurées en tenant notamment compte du taux d'atteinte permanente à l'intégrité physique ou psychique, de la durée de l'arrêt temporaire des activités professionnelles ou de celle du déficit fonctionnel temporaire ».

---

1. **Inclusion jurisprudentielle de l'acte de chirurgie esthétique dans la notion d'actes de soins** : Civ. 1re, 5 févr. 2014, n° 12-29140, *D.* 2014. 697, note S. Porchy-Simon ; *RTD civ.* 2014. 394 obs. P. Jourdain ; *RCA* 2014, comm. n° 166 S. Hocquet-Berg.

2. Dans le même sens : M. Bacache, « Victimes d'actes à finalité esthétique : la porte fermée de la solidarité nationale », *RTD civ.* 2015. 212. S. Hocquet-Berg, « La solidarité nationale réduite à peau de chagrin », *RCA* 2015, ét. 2.

3. ONIAM, Les frontières de l'indemnisation des accidents médicaux par la solidarité nationale, www.sante.gouv.fr/IMG/pdf/Les_Frontieres_de_l_indemnisation_des_accidents_medicaux_par_la_Solidarite_Nationale.pdf.

Les critères de gravité conditionnant l'accès à l'indemnisation au titre de la solidarité nationale sont donc les mêmes que ceux commandant l'accès à la procédure de règlement amiable devant les CCI [1], à la différence que le seuil a ici un effet beaucoup plus radical puisqu'il affecte, non le seul choix de la procédure d'indemnisation (amiable ou contentieuse), mais l'existence même du droit à réparation. L'accident médical n'étant en effet indemnisable qu'au titre de la solidarité nationale, dans les conditions édictées à l'article L. 1142-1.II CSP, les victimes dont le dommage corporel se situe en deçà du seuil de gravité n'auront droit à *aucune indemnisation*.

Dès lors, une large part des victimes d'un accident médical est exclue de l'indemnisation légale. Certes il est justifié de mettre un seuil de gravité à la solidarité nationale, mais la barre a été fixée haut : les cas gravissimes seront couverts, et c'est bien ; mais pour la majorité des autres (68 % selon les chiffres du rapport 2014 de l'ORM), la loi retentit comme un frustrant effet d'annonce. Après plus de dix ans d'application de la loi, un abaissement de ce seuil devrait être envisagé.

866 ***c) Anormalité du dommage*** ◊ Il apparaît logique que la solidarité nationale n'intervienne pas lorsque le dommage subi par le patient est imputable, non à l'acte médical lui-même, mais à l'évolution naturelle de son état de santé. Déjà posée par la jurisprudence administrative antérieure à la loi, cette condition d'anormalité a été reprise par la loi du 4 mars 2002, l'article L. 1142-1 CSP disposant en effet que la solidarité nationale suppose que l'acte ait eu pour le patient « des conséquences anormales au regard de son état de santé comme de l'évolution prévisible de celui-ci ». Une fois cette condition posée, son interprétation a toutefois suscité des difficultés en jurisprudence, qui ne sont à ce jour qu'imparfaitement résolues.

Les deux ordres de juridiction semblent toutefois être parvenus à des solutions à peu près convergentes [2]. D'une manière générale, le dommage anormal peut être considéré comme la réalisation d'un risque non inhérent à la pathologie du patient, c'est-à-dire sans lien avec son état initial ou l'évolution prévisible de celui-ci, le risque anormal ne devant pas être en relation directe avec cet état, et le patient ne devant pas y être particulièrement exposé. Pour mener à bien cette appréciation, deux éléments peuvent être utilisés par le juge : l'état antérieur du patient, critère qui semble admis par tous, et l'importance des risques liés à l'acte, critère qui est apparu plus tardivement en jurisprudence. Selon le Conseil d'État, dans des arrêts du 2 décembre 2014, il convient donc, sur la base de ces critères, de distinguer deux hypothèses : si les conséquences de l'acte sont

1. V. ss 794.
2. **Définition jurisprudentielle de l'anormalité du dommage : principaux arrêts** : Civ. 1re, 31 mars 2011, n° 09-17135, *RCA* 2011, comm. n° 188, *D.* 2011. 2565, obs. A. Laude. CE 16 déc. 2013, n° 354268, *AJDA* 2014. 1014. Civ. 1re, 2 juill. 2014, n° 13-15750, *RCA* 2014, comm. n° 345. *D.* 2014. 2362 note M. Bacache. CE 12 déc. 2014, n° 365211 et 355052, *AJDA* 2015. 769, *JCP* 2015. 193 obs. M. Bacache.

plus graves que celles auxquelles le patient aurait été exposé sans traitement, l'anormalité est constituée. Dans le cas contraire, elle ne sera retenue que si le dommage était peu probable, ce qui suppose donc une analyse de l'incidence statistique des risques inhérents à l'acte.

§ 2. Les infections nosocomiales

867 ***Les infections nosocomiales, problème de santé publique*** [1] ◊

• *Définition* : l'infection nosocomiale, ou infection dite associée aux soins, a été définie, dans ses composantes techniques, par un rapport du CTINILS (ministère de la Santé) de mai 2007, comme toute maladie provoquée par des micro-organismes et qui survient « au cours ou au décours d'une prise en charge (diagnostique, thérapeutique, palliative, préventive ou éducative) d'un patient, et si elle n'était ni présente, ni en incubation au début de la prise en charge ». ; Les symptômes peuvent apparaître lors du séjour à l'hôpital, au moins quarante-huit heures après l'hospitalisation, soit même après sa sortie dans les trente jours suivant une intervention, ou dans les un an en cas de mise en place d'une prothèse. Un décret n° 2010-1408 du 12 novembre 2010, codifié à l'article R. 6111-6 CSP définit quant à lui, de façon beaucoup plus lapidaire les infections nosocomiales comme « les infections associées aux soins contractées dans un établissement de santé ».

Les infections bactériennes représentent plus de 90 % des infections nosocomiales. Le problème moderne des infections nosocomiales vient notamment de la résistance acquise de l'espèce bactérienne à certains antibiotiques, et plus grave encore à des bactéries multi-résistantes (BMR), qui ne sont plus sensibles qu'à un petit nombre d'antibiotiques habituellement actifs en thérapeutique.

Une des premières bactéries qui manifesta une résistance aux antibiotiques fut le staphylocoque doré, dès 1945, après l'introduction de la pénicilline. Or il apparaît que l'importance du fléau des infections nosocomiales en France vient notamment d'un défaut de « précaution » lorsque la production industrielle d'antibiotiques a démarré dans les années 50 où on connaissait déjà l'existence de mutations produisant des gènes de résistance chez les bactéries ; or au lieu de garder certaines molécules à l'abri pour les infections graves, la synergie industrie pharmaceutique-médecins a mis sur le marché toutes les molécules disponibles.

• *Évaluation statistique (en 2012)* : Selon les dernières données officielles issues de l'enquête nationale de prévalence des infections nosocomiales

1. **Infections nosocomiales, problème de santé publique** : J.-P. Almeras, « Les infections nosocomiales ; la responsabilité de l'hôpital » ; Ch. Alonso, « La responsabilité du fait des infections nosocomiales : état des lieux d'un régime en devenir », *RFDA* 2011, 329. F. Chabas, « Les infections nosocomiales : responsabilité en droit privé et en droit public », *Gaz. Pal.* 21-23 avr. 2002 p. 2 ; F. Goddefroy, « La réparation de l'aléa thérapeutique et des infections nosocomiales », *RGDM* 2010, n° 37, p. 97. D. Stingre et X. Verdeil, « Les infections nosocomiales », éd. Études hospitalières 2002 ; G. Lacœuilhe, « Les infections nosocomiales : quelles responsabilités ? », Concours méd. 2003 p. 108 ; P. Vayre, « Le risque nosocomial », *RFDC* 2004 p. 5.

publiée par le ministère de la Santé (chiffres de l'année 2012), le taux de prévalence des patients ayant acquis une infection dans un établissement est de l'ordre de 5.1 %, soit 16 024 infections recensées, le taux moyen variant avec le type d'établissement. Les infections les plus fréquentes sont les infections urinaires (30 %), les pneumopathies (17 %), les infections du site opératoire (13 %), les infections de la peau et des tissus mous (7 %) ; les bactériémies et septicémies représentent 10 %. Il est estimé que 20 à 30 % de ces cas pourraient être évités.

• *Problème de santé publique*, le système de lutte contre les infections nosocomiales a été renforcé notamment par la loi HPST du 21 juillet 2009 qui prévoit, à l'article L. 6111-2 CSP, l'obligation pour chaque établissement de santé, privé ou public, d'organiser en son sein la lutte contre les infections nosocomiales.

• *Le coût des infections nosocomiales* est considérable pour les établissements de soins, la santé publique et la sécurité sociale : elles sont responsables de 2 à 5 % des journées d'hospitalisation en court séjour, et prolongent le séjour d'un patient de 3 à 7 jours en moyenne : soit un surcoût de 600 à 1 400 euros par infection, et un total de 300 à 800 millions d'euros par an.

Cette prolongation de la durée d'hospitalisation de quelques jours n'est qu'un désagrément pour le patient, mais lorsque l'infection est grave, qu'elle entraîne opérations subséquentes, longs mois de rééducation après d'éventuelles amputations, voire décès (chiffre estimé à 4 000) le désagrément devient drame.

A. La jurisprudence sur les infections nosocomiales antérieure à la loi du 4 mars 2002

868 ***La jurisprudence administrative***[1] ◊ Dès 1960, un arrêt du Conseil d'État condamnait un hôpital pour faute après le décès d'un enfant atteint de rougeole et contaminé par la variole de son voisin de chambre (CE, 18 nov. 1960, arrêt *Savelli*). La jurisprudence pour *présomption de faute en matière d'asepsie* a été fermement énoncée par l'arrêt *Cohen* rendu par le Conseil d'État le 9 décembre 1988 ; un patient ayant subi un examen invasif avait contracté une infection méningée dont il était resté paraplégique :

---

1. **Jurisprudence administrative ; responsabilité pour infection contractée à l'hôpital :** S. Gromb, « Les infections nosocomiales : quelles responsabilités », Concours méd. 18.09.1999, p. 2184. D. Christol, « Infections nosocomiales : entre responsabilité hospitalière et solidarité nationale », *RDSS* 2007, 847. CE, 18 nov. 1960, *Savelli*, *Rec. CE* 1960, p. 640 ; CE, 9 déc. 1988, *Cohen*, *Rec. CE* 1988.431 ; CE 1er mars 1989, *Bailly*, *RCA* 1989, n° 199 ; CE 14 juin 1991, *Maalem*, *RCA* 1991, n° 300, *D.* 1992. Somm. 148 ; CE, 31 mars 1999, *D.* 2000. Somm. 241 obs. P. Bon et D. De Béchillon (contamination par le virus de l'hépatite B d'une personne non porteuse du virus avant l'intervention chirurgicale ; non utilisation de matériel jetable à usage unique ; faute dans l'organisation ou le fonctionnement du service hospitalier) ; CE, 27 sept. 2002, *RFDC* 2003.3 p. 289 obs. Bessierés-Roques (infection nosocomiale endogène, le patient étant porteur des germes infectieux ; mais la non-information sur le risque est reconnu par la « perte de chances »). CE 15 déc. 2000, *RFDA* 2001, 283 (infection nosocomiale endogène : absence d'indemnisation). CA Nancy, 5 avr. 2007, *JCP* (A), 2007, 2271, n° 11.

le Conseil d'État avait retenu une « faute dans l'organisation ou le fonctionnement du service, à qui incombe de fournir au personnel médical un matériel et des produits stériles, alors même qu'aucune faute lourde médicale, notamment en matière d'asepsie, ne peut être reprochée au praticien ». L'arrêt *Bailly*, du 1er mars 1989, qui confirme cette jurisprudence, était relatif à une infection par staphylocoque dans les suites d'une réduction chirurgicale d'une fracture fermée.

Cette présomption de faute était, dans les faits, une véritable présomption de responsabilité, car elle ne pouvait être renversée que par la preuve que le patient était porteur du germe infectieux lors de son entrée à l'hôpital, ce qui était très difficile.

869 ***La jurisprudence judiciaire*** ◊ Elle a connu une évolution parallèle à celle du juge administratif. La responsabilité pour faute [1] a d'abord été la règle en matière d'infection acquise à l'hôpital, conformément aux préceptes de l'arrêt *Mercier* qui exige des soins conformes aux données acquises de la science, dont l'asepsie moderne fait partie : stérilisation des instruments, asepsie cutanée méticuleuse avant intervention. Puis, la jurisprudence de droit privé a évolué vers un système de présomption de faute [2] notamment par le biais de l'arrêt *Clinique Belledonne* du 16 juin 1998 où la première chambre civile approuve la Cour d'appel d'avoir énoncé : « qu'une clinique est présumée responsable d'une infection contractée par le patient lors d'une intervention pratiquée dans une salle d'opération, à laquelle doit être assimilée une salle d'accouchement, à moins de prouver l'absence de faute de sa part » ; en l'espèce les conséquences d'une infection utérine nosocomiale suivie d'une péritonite généralisée, d'une septicémie, d'une nécrose ischémique des extrémités s'étaient traduites par quatorze interventions chirurgicales et de multiples amputations. Puis, par trois arrêts du 29 juin 1999, la Cour de cassation a parachevé son évolution en fondant la responsabilité objective

1. **Responsabilité pour faute :** Civ. 1re, 9 déc. 1986, arrêt *Briois*, *Bull. civ.* I, n° 290 (gangrène gazeuse apparue après injections intramusculaires ; faute d'asepsie pas prouvée, responsabilité rejetée) ; Civ. 1re, 29 nov. 1989, arrêt Matsoukis, *Bull. civ.* I, n° 366 (arthrite septique provoquée par un streptocoque après une arthrographie du genou ; la Cour d'appel a pu déduire des circonstances dans lesquelles est survenue l'infection que l'asepsie préalable n'avait pu être pratiquée de façon correcte).

2. **Présomption de faute :** P. Sargos, « La doctrine de la Cour de cassation en matière d'infection nosocomiale », *Méd. et dr.* 1999, n° 35, p. 4 ; Civ. 1re, 21 mai 1996, arrêt *Bonnici*, *D.* 1997. 287, obs. Mazeaud, et 321, obs. Penneau, *RTD civ.* 1996. 913, obs. Jourdain, *JCP* 1996.I.3985, n° 24, obs. Viney, *Gaz. Pal.* 3-4 oct. 1997, p. 8, note Hocquet-Berg ; *RCA* 1996, n° 265 et chron. Groutel, n° 29, *Méd. et dr.* 1997, n° 22, p. 6, chron. Groutel, *RFDC* 1997.1, p. 107 obs. Bessieres-Roques (clinique « présumée responsable » d'une infection contractée par un patient lors d'une intervention pratiquée dans une salle d'opération… mais exonérée par la preuve de son absence de faute d'aseptie) ; Civ. 1re, 16 juin 1998, arrêt clinique Belledonne, *JCP* 1999.II.10122, note I. Denis-Chaubet, *RCA* 1998, n° 318, *D.* 1999. 653 note V. Thomas (responsabilité de la clinique pour infection nosocomiale en salle d'accouchement) ; Civ. 1re, 7 juill. 1998, *RCA* 1998, n° 392 (présomptions graves, précises et concordantes, établissant que la contamination du patient avait eu lieu lors de son hospitalisation).

des cliniques en matière d'infection nosocomiale [1] sur une *obligation déterminée de sécurité,* qualifiée « obligation de résultat » (comme devrait l'être toute obligation tendant à garantir la sécurité des personnes, c'est-à-dire de leur intégrité physique) : dès que la preuve d'un dommage corporel causé par une infection nosocomiale était rapportée, il n'y avait plus d'exonération possible que par la preuve de la cause étrangère.

Il est intéressant de noter que si le premier arrêt énonce : « attendu que le contrat d'hospitalisation et de soins conclu entre un patient et un établissement de santé met à la charge de ce dernier, en matière d'infection nosocomiale, une obligation de sécurité de résultat dont il ne peut se libérer qu'en rapportant la preuve de la cause étrangère », la responsabilité du praticien n'est fondée que sur le défaut d'information ; dans le deuxième arrêt, chirurgien et clinique sont reconnus responsable *in solidum* de l'infection nosocomiale ; dans le troisième arrêt enfin, c'est le médecin radiologiste qui est seul reconnu responsable, la clinique n'étant en l'espèce que propriétaire de locaux loués au praticien indépendant.

B. Les infections nosocomiales dans la loi du 4 mars 2002 [2]

870 ***a) Régime initial de la loi du 4 mars 2002*** ◊ Alors que l'art. 1142-1 CSP réitère le principe classique de la responsabilité médicale pour faute dans son alinéa 1, il apportait, dans sa version originale issue de la loi du 4 mars 2002, à l'alinéa 2, l'exception suivante : « Les établissements, services et organismes susmentionnés sont responsables des dommages résultant d'infections nosocomiales, sauf s'ils rapportent la preuve d'une cause étrangère ».

---

1. **Infection nosocomiale ; obligation de sécurité de résultat :** Y. Lachaud, « L'évolution de la Cour de cassation en matière d'infection nosocomiale », *Gaz. Pal.* 29-30 août 1999, p. 3 ; F. Defferard, « Analyse de l'obligation de sécurité à l'épreuve de la cause étrangère », *D.* 1999. Chron. 364 ; C. Clément, « La responsabilité des établissements de santé du fait des infections nosocomiales », *LPA* 1999, n° 175, p. 12 ; I. Denis-Chaubet, « Infection nosocomiale : l'avènement de l'obligation de sécurité de résultat », *LPA* 1999, n° 227, p. 5 ; S. Hocquet-Berg, « Commentaire des arrêts, Civ. 1re, 29 juin 1999 en matière d'infection nosocomiale », *Gaz. Pal.* 5-6 avr. 2000, p. 13. D. Duval-Arnould, « Les infections nosocomiales-Point de jurisprudence », *D.* 2007. 1675. – **Jurisprudence :** Civ. 1re, 29 juin 1999, trois arrêts dits des staphylocoques dorés, *JCP* 1999.II.10138, rapport Sargos, *Gaz. Pal.* 29-30 oct. 1999, p. 37, note J. Guigue, *RCA* 1999, chron. Groutel, n° 20, *RFDC* 1999.3, p. 327, obs. Bessierés-Roques, *D.* 1999. Somm. 395, obs. Penneau ; G. Viney, obs. *JCP* 2000.I.199, n° 16, *Méd. et dr.* 1999, n° 37, p. 1 et chron. F. Vialla p. 4, *D.* 1999.559 note Thouvenin, *RTD civ.* 1999. 841, obs. Jourdain ; Civ. 1re, 13 févr. 2001, *RCA* 2001, n° 158 (infections nosocomiales dans le cabinet d'un praticien libéral ; obligation de sécurité de résultat) ; Civ. 1re, 27 mars 2001, *RCA* 2001, n° 195, *RTD civ.* 2001. 596, obs. Jourdain (obligation de sécurité de résultat ; mais le patient doit établir le lien de causalité entre l'acte médical et l'infection : preuve non rapportée).

2. **Infections nosocomiales, loi 4 mars 2002 :** P. Sargos, « Le nouveau régime des infections nosocomiales, loi 4 mars 2002 », *JCP* 2002 ; Actualité 276, I. Bessières-Roques « Infections nosocomiales... » *RFDC* 2003-3 p. 289 ; D. Dedoncker, « Les infections nosocomiales, la jurisprudence et la loi du 4 mars 2002 », 1re partie *Gaz. Pal.* 4-5 avr. 2003 p. 2 ; 2e partie *Gaz. Pal.* 9-10 avr. 2003, p. 2.

En matière d'infections nosocomiale, la responsabilité encourue était donc, dans tous les cas, une responsabilité objective pour risque : l'obligation de sécurité de résultat était confirmée, mais à la différence de la jurisprudence antérieure à la loi, *à la seule charge des établissements de santé.* Le professionnel exerçant à titre libéral n'étant en effet pas mentionné dans l'article L. 1142-1 al 2, sa responsabilité en matière d'infections nosocomiales ne saurait donc être engagée que sur le seul terrain de la responsabilité *pour faute.*

Sur la pression des assureurs, le régime juridique des infections nosocomiales a toutefois à nouveau été modifié par la loi du 31 décembre 2002, qui a ajouté un nouvel article L. 1142-1-1 CSP aux termes duquel : « ...Ouvrent droit à réparation au titre de la solidarité nationale : 1° les dommages résultant d'infections nosocomiales (.....) correspondant à un taux d'atteinte permanente à l'intégrité physique ou psychique supérieur à 25 % (....), ainsi que les décès provoqués par ces infections nosocomiales ».

À ces difficultés de fond, sont de plus venus s'ajouter des problèmes d'application de la loi dans le temps [1]. Certains assureurs ont en effet tenté de plaider la rétroactivité de la loi du 31 décembre 2002, qui les décharge des infections nosocomiales supérieures à 25 % d'APIPP. Cette analyse a toutefois été jugée infondée, car on ne saurait appuyer cette affirmation sur le caractère interprétatif de cette loi, qui crée un nouveau régime d'indemnisation, et ne peut donc s'appliquer qu'aux infections nosocomiales postérieures à son entrée en vigueur. Les deux ordres de juridictions ont donc clairement écarté toute rétroactivité de la loi du 30 décembre 2002.

871 ***b) Régime actuel d'indemnisation*** ◊ À la suite de ces dispositions, trois cas doivent donc désormais être distingués pour les infections nosocomiales relevant temporellement des lois du 4 mars et 30 décembre 2002 :

1er cas : Infections nosocomiales antérieures à la loi du 30 décembre 2002 : ces infections, du fait de l'absence de rétroactivité de cette loi, restent régies par les dispositions initiales de la loi du 4 mars 2002, qui prévoyait la responsabilité sans faute de l'établissement de soins, *quelle que soit la gravité de l'infection constatée.* Elles sont donc indemnisées au titre de la responsabilité de l'établissement.

2e cas : Infections nosocomiales postérieures à l'entrée en vigueur de la loi du 30 décembre 2002 et ayant causé une atteinte à l'intégrité physique évaluée à un taux inférieur ou égal à 25 % d'APIPP : celles-ci sont régies par l'article L. 1142-1 CSP et relèvent donc de la responsabilité sans faute de l'établissement au sein duquel elles ont été contractées.

---

1. **Application dans le temps des régimes d'indemnisation des infections nosocomiales :** N. Chekli, « Responsabilité médicale et infections nosocomiales : l'inapplicabilité de la loi du 4 mars 2002 aux instances en cours », *RCA* 2006, chron. n° 20. CE, 13 juill. 2007 *RDSS* 2007, 847, note D. Cristol.

3e cas : Infections nosocomiales postérieures à l'entrée en vigueur de la loi du 30 décembre 2002 et ayant causé une atteinte à l'intégrité physique évaluée à un taux supérieur à 25 % d'APIPP : Ces infections sont désormais indemnisées au titre de la solidarité nationale, c'est-à-dire uniquement par l'ONIAM (art. L. 1142-1-1 CSP), la victime ne disposant plus d'action contre l'établissement de soins [1]. L'office peut toutefois intenter un recours contre ce dernier si une faute grave, « à l'origine du dommage », consistant en un « manquement caractérisé aux obligations posées par la réglementation en matière de lutte contre les infections nosocomiales », peut être établie (art. L. 1142-21) [2]. La loi a ainsi tenté de préserver un compromis entre une indemnisation facilitée des victimes et la préservation d'une certaine vigilance des établissements de santé. Cette disposition n'en brouille toutefois pas moins les contours d'intervention de la solidarité nationale, et complique le régime d'indemnisation des infections nosocomiales.

872 ***Mode de fixation du taux d'APIPP*** ◊ La différence de régime juridique de l'indemnisation repose donc en très large partie sur le taux d'APIPP imputé à l'infection. Les modalités de fixation de ce taux apparaissent donc essentielles et dans la plupart des hypothèses, il sera fixé conformément aux règles du droit commun [3]. Un récent arrêt du Conseil d'État du 30 juillet 2014 semble toutefois en consacrer une approche originale. Dans une espèce mettant en cause une personne qui avait contracté une infection lors d'une opération de la cataracte causant la perte de l'œil, le Conseil d'État considéra en effet que compte tenu de la nature globalement peu risquée de l'intervention, le taux d'APIPP devait être fixé, non en opérant une différence entre la capacité visuelle avant intervention et celle constatée après consolidation, mais « en se référant à la capacité visuelle dont l'intervention aurait permis la récupération en l'absence de cette infection » [4].

La décision consacre une technique inédite et audacieuse de calcul du taux d'APIPP, à l'évidence extrêmement favorable aux victimes. En l'espèce, si la méthode classique conduisait en effet à lui reconnaître un taux de 6 %, celle imposée par le Conseil d'État a permis de le faire remonter au-delà des 25 %, ouvrant donc la voie à une prise en charge par l'ONIAM et à une nette revalorisation du montant de l'indemnisation, bien que cette jurisprudence demeure pour l'heure isolée.

---

1. **Indemnisation par l'ONIAM des infections les plus graves, absence d'action principale contre l'établissement** : CE 21 mars 2011, n° 334501, *RTD civ.* 2011. 555. Civ. 1re, 19 juin 2013, n° 12-20433, *RCA* 2013, comm. 311, *D.* 2013. 2670.
2. **Recours de l'ONIAM** : Civ. 1re, 18 déc. 2014, n° 13-21019, *RCA* 2015, comm. n° 60, *RTD civ.* 2015. 154 (absence de recours contre le médecin n'ayant pas informé le patient des risques d'infections qui s'était réalisé, cette faute n'étant pas à l'origine du dommage).
3. V. ss 122.
4. **Fixation du taux d'APIPP consécutif à l'infection** : CE 20 juill. 2014, n° 361824, *AJDA* 2014, 1632, *D.* 2014. 2372 obs. S. Porchy-Simon.

873 ***Caractère nosocomial de l'infection*** ◊ Dans tous les cas, *la victime doit établir le caractère nosocomial de l'infection*. Cette preuve présente des difficultés particulières dans le cas des infections nosocomiales dites « endogènes » [1], hypothèse dans laquelle le patient est porteur « sain » du germe avant son admission à l'hôpital, la migration de ce dernier étant causée par l'acte médical. Dans un tel cas, les deux ordres de juridictions ont, jusqu'en 2011, adopté des solutions contraires. La jurisprudence judiciaire a, dans cette hypothèse, toujours accepté d'indemniser le patient, en considérant que seul l'acte médical ayant rendu possible la migration du germe dans le site opératoire, l'infection en cause est bien nosocomiale. Le Conseil d'État adoptait quant à lui une solution contraire, avant d'opérer un revirement de jurisprudence par un arrêt du 10 octobre 2011 [2]. Depuis cet arrêt, le caractère endogène de l'infection n'empêche donc plus qu'elle soit qualifiée de nosocomiale. Cette circonstance ne saurait de plus constituer un cas de force majeure pour l'établissement du fait de l'absence de toute imprévisibilité et d'irrésistibilité de sa survenance.

En revanche, si le caractère nosocomial de l'infection est prouvé, sans qu'il puisse être établi avec certitude dans quel établissement la contamination a eu lieu, la Cour de cassation a, dans une telle hypothèse, retenu une présomption extrêmement favorable au patient en affirmant qu'« il appartient à chacun de ceux dont la responsabilité est recherchée d'établir qu'il n'est pas à l'origine de cette infection » [3]. La haute juridiction retient ici une hypothèse de causalité dite alternative, qu'elle avait précédemment admise dans le domaine des dommages causés par le distilbène [4].

§ 3. Autre hypothèse d'indemnisation au titre de la solidarité nationale

874 Au-delà des deux principales hypothèses des accidents médicaux et des infections nosocomiales graves, l'ONIAM s'est vu reconnaître par des lois successives une mosaïque de compétences disparates, dont certaines n'ont, à l'heure actuelle, guère connu d'application. On pense notamment à l'hypothèse envisagée à l'article L. 3134-1 du CSP imputant à l'ONIAM l'indemnisation des dommages causés par des mesures d'urgence nécessaires pour préserver la santé publique.

---

1. **Régime juridique des infections nosocomiales endogènes** : jurisprudence judiciaire constante depuis Civ. 1re, 4 avr. 2006, *Bull. civ.* n° 191 (refus de distinction entre les infections endogènes et exogènes). Jurisprudence administrative : CE 15 déc. 2000, *RFDA* 2001, 283 (infection nosocomiale endogène : absence d'indemnisation). CE 16 avr. 2008, n° 298639 (présomption du caractère endogène de l'infection), CE 2 févr. 2010, n° 320052 (idem).

2. **Abandon de la dictinction des infections endogènes et exogènes** : CE 10 oct. 2011, *CHU d'Angers*, req. n° 328500, *AJDA* 2011. 2536. CE 21 juin 2013, req. n° 347450, *AJDA* 2013. 1305 (nécessité d'une infection nouvelle).

3. **Causalité alternative en matière d'infections nosocomiales** : Civ. 1re, 17 juin 2010, *JCP* 2010, 870 obs. O. Gout. Ch Quezel-Ambrunaz, « La fiction de la causalité alternative », *D.* 2010. 1162.

4. V. ss 897.

Seule sera évoquée dans le cadre de ce paragraphe la prise en charge des accidents consécutifs à un accident de vaccination, les autres hypothèses de dommage liés au fait des produits (contamination transfusionnelle, dispositif spécifique au Benfluorex) étant étudiés dans le chapitre consacré à ces questions [1].

875 ***La responsabilité de l'État pour les vaccinations obligatoires*** [2] ◊ Lorsqu'un accident post-vaccinatoire survient alors que cette vaccination était rendue obligatoire par l'État, la jurisprudence administrative a d'abord, au-delà de la « faute prouvée », admis une « présomption de faute » dans l'arrêt *Dejoux* du 7 mars 1958. Il fallait aller plus loin, et la loi du 1er juillet 1964, retouchée par des lois du 26 mai 1975 et du 3 janvier 1985 (art. 90) a posé le principe de la responsabilité de l'État à raison des dommages imputables aux vaccinations obligatoires. La loi n° 2004-806 du 9 août 2004 a transféré cette obligation, d'indemnisation à la charge de l'ONIAM. Désormais, l'art. L. 3111-9 du Code de la santé publique dispose : « Sans préjudice des actions qui pourraient être exercées conformément au droit commun, la réparation intégrale des préjudices directement imputables à une vaccination obligatoire pratiquée dans les conditions mentionnées au présent chapitre, est assurée par l'Office national d'indemnisation des accidents médicaux, des affections iatrogènes et des infections nosocomiales institué à l'article L. 1142-22, au titre de la solidarité nationale ».

L'*obligation de sécurité* à l'égard de la population soumise aux vaccinations obligatoires autrefois assumée par l'État, l'est désormais par l'ONIAM, au titre de la solidarité nationale. Cette indemnisation est *générale* quel que soit le cadre de la vaccination, effectuée à l'hôpital ou en clientèle privée (extension de la loi de 1975). Elle est en outre applicable à tous les accidents de vaccinations survenus depuis 1964 (art. 90 de la loi de 1985) ; en effet les accidents résultant de certaines vaccinations peuvent se manifester et s'aggraver tardivement. Il y a là une responsabilité purement objective et causale, qui prend tacitement en compte le « risque de développement », au cas où une vaccination obligatoire entraînerait à terme des dommages scientifiquement imprévisibles au moment où elle a été effectuée.

---

1. V. ss 942 s.
2. **Accidents de vaccination – Vaccinations obligatoires** : CE 7 mars 1958, Dejoux, Rec. CE 1958, p. 153, *RD publ.*, 1958, p. 1087, note Waline, *S.* 1958.182, note J.G. ; F. Moderne, « La responsabilité administrative en cas d'accidents de vaccination », R. 1974.65 ; « La responsabilité généralisée de l'État a raison des accidents causés par les vaccinations obligatoires », *D.* 1975. Chron. 161 ; « Un nouveau progrès législatif dans la réparation des conséquences dommageables des vaccinations obligatoires », *Risques* 1986, p. 583 ; TA Marseille, 5 nov. 2002, *Gaz. Pal.* 13-14 août 2003 p. 30, note J. Bonneau (vaccination obligatoire contre l'hépatite C de l'employée d'une maison de retraite ; sclérose en plaque, État responsable). CE 9 mars 2007, *AJDA* 2007. 861, concl. T. Olson, *JCP* 2007. II. 10142, note A. Laude (vaccination obligatoire contre l'Hépatite B, sclérose en plaque : État responsable). Dans le même sens : CE 6 nov. 2013, n° 345696, *JCP* 2014, 2161. CE 30 déc. 2013, n° 347459, *JCP (A)* 2014, 2234, n° 9 (vaccination anti-polyomélique et tétanique). S. Gromb, « L'indemnisation des accidents de vaccination », *JML-DM* 2010. 343.

• **En matière de vaccinations non-obligatoires :**

– *La responsabilité médicale* [1] ne peut être recherchée que *pour faute*, qui peut notamment être une faute de prescription si le vaccin prescrit présente des dangers pour le patient.

– *La responsabilité sans faute du fabricant* [2] est la plus topique, dès lors que le produit était défectueux, et que le lien entre la vaccination et le produit est établi. De nombreux problèmes se posent notamment avec le vaccin contre l'hépatite B, soupçonné d'être la cause de sclérose en plaque. Cependant ce n'est plus là un problème de responsabilité médicale proprement dite, mais un problème de responsabilité du fait des produits défectueux, et cette question sera donc étudiée à ce titre.

SECTION 3. LES GARANTIES DE L'INDEMNISATION DES ACCIDENTS MÉDICAUX

876 ***Une garantie alternative par l'assurance et la solidarité nationale*** [3] ◊ La responsabilité médicale est, comme toute responsabilité professionnelle, normalement couverte par une *assurance de responsabilité.*

La loi du 4 mars 2002 ayant admis l'aléa thérapeutique comme fait causal d'un droit à indemnisation hors d'une responsabilité juridiquement établie, un fonds d'indemnisation spécifique a été créé, appelé « Office national des accidents médicaux » : l'*ONIAM*, organisme d'indemnisation au titre de la *solidarité nationale envers* les victimes graves d'accidents médicaux.

Cependant la clé initiale de répartition responsabilité-assurance RC/aléa-solidarité nationale n'allait pas faire long feu : une fronde des assureurs, très médiatiquement mise en scène, et une insupportable hausse des primes d'assurance RC médicale (jusqu'à 300 % et plus) suscitant une grève massive des professionnels de santé, conduisit le Parlement à voter dans l'urgence la *loi n° 2002-1577 du 30 décembre 2002* relative à la responsabilité médicale. La plupart des commentateurs ont été très sévères sur le lobbying souvent jugé

---

1. **Vaccinations non obligatoires : responsabilité pour faute :** CE 28 janv. 1983, *Dlle Amblard*, *Rec. CE* 1983, p. 32, *D.* 1984. IR. 153, obs. Moderne et Bon.

2. **Responsabilité du fait des produits défectueux :** v. ss 911 s.

3. **Loi n° 2002-303 du 4 mars 2002**, v. ss 780. – **Loi n° 2002-1577 du 30 décembre 2002 :** Y. Lambert Faivre, « La crise de l'assurance responsabilité civile médicale », *D.* 2003. 142, et « La responsabilité médicale : la loi du 30 décembre modifiant la loi du 4 mars 2002 », *D.* 2003. Chron. 361 ; P. Mistretta, « La loi n° 2002-1577 du 30 décembre 2002 relative à la responsabilité médicale », *JCP* 2003, n° 5, p. 165 ; Ch. Radé, « La solidarité au secours de la responsabilité », *RCA* 2003, chron. n° 5 ; L. Dubouis, « Assurance privée et responsabilité médicale... », *RDSS* juill.-sept. 2003, p. 353 ; G. Courtieu, « L'assurance obligatoire de la responsabilité médicale », *RCA* 2003, chron. n° 8 ; J. Rochfeld, *RTD civ.* 2003. 150 ; F. J. Pansier, « Présentation de la loi du 30 décembre 2002 sur la responsabilité médicale », *Gaz. Pal.* 10-11 janv. 2003, p. 5 ; G. Lacœuille, « À propos de la loi du 30 déc. 2002... » *D.* 2003. 499.

excessif des assureurs : la relève potentielle de la solidarité nationale par l'assurance privée du système de santé y a sans doute perdu sa crédibilité... *In fine*, la loi du 30 décembre 2002 a modifié la clé de répartition initialement prévue en allégeant sensiblement la part de l'assurance, et en alourdissant corrélativement celle de la solidarité. Des problèmes demeuraient toutefois, liés notamment à la reconnaissance de plafonds de garantie dans les contrats d'assurance du risque médical [1]. Pour régler ces difficultés, l'article 146 de la LFFS 2013 du 28 décembre 2012, codifié à l'article L. 426- C. assur. a créé un « fonds de garantie des dommages consécutifs à des actes de prévention, de diagnostic ou de soins dispensés par des professionnels de santé », qui vient en complément de la garantie offerte par l'assureur.

877 *Vrais et faux problèmes de l'assurance médicale* [2] ◊

• L'argument péremptoire d'un alourdissement insupportable du coût de la responsabilité médicale dû à la loi du 4 mars 2002 n'est pas fondé : l'obligation d'assurance ne modifie pas la réalité de l'exercice médical déjà assuré, et d'ailleurs une assurance obligatoire élargit un marché professionnel, donc permet une meilleure gestion des risques. Au surplus la loi du 4 mars 2002 a supprimé le spectre d'un élargissement jurisprudentiel de l'aléa thérapeutique supporté par l'assurance RC médicale pour en transférer la charge sur l'ONIAM.

• L'argument économique du coût de la responsabilité médicale dû à la technologie médicale moderne et aux risques qu'elle génère serait plus sérieux s'il était étayé par des statistiques précises.

Les assureurs invoquent des statistiques de « déclarations de sinistres » ; cependant celles-ci ne sont point topiques : en effet au moindre incident l'assuré a intérêt à faire une déclaration pour garantir sa couverture : mais le pourcentage de « déclarations » qui aboutissent à une « indemnisation » amiable ou judiciaire est limité. Il ne faut donc pas s'arrêter aux « déclarations de prudence » faites par les professionnels de santé à leur assureur, mais aux responsabilités effectivement retenues.

- Si l'on prend les statistiques de la MASCF pour 2013 qui regroupe 432 490 sociétaires professionnels de santé, 4 028 déclarations de sinistres ont été effectués sur cette année, soit 0,93 déclarations pour 100 sociétaires.

---

1. V. ss 881.

2. – **Assurances de responsabilité** : v. ss 727 s. et Y. Lambert-Faivre et L. Leveneur, *Droit des assurances*, 13e éd., 2011, n° 630 à 706. – **Assurance de la responsabilité médicale** : B. Guimbaut, « L'assurance face aux procédures d'indemnisation des accidents médicaux », *RGDM* 2010, n° 36, p. 53. F.J. Pansier, « L'obligation d'assurance des professionnels et des établissements », *LPA* 19 juin 2002, p. 93 ; E. Pellet, « L'assurance des obstétriciens et l'impéritie des pouvoirs publics », *RDSS* 2010. 94. S. Guine-Gilbert, « L'assurance RC médicale des acteurs de santé... », *RGDM* 2004, n° 12, p. 157. P. Y. Poiron, « Responsabilité médicale », *Concours médical* 26 oct. 2002, p. 2187. J. Bichot, « Le risque responsabilité civile du gynécologue obstétricien : problèmes et solutions », *RDSS* 2007. 96. « Assurance, responsabilité et santé », n° spécial de la *RDSS* 2010 (plusieurs articles). Rapport sur l'assurance responsabilité civile des professionnels de santé : ministère de la Santé 24 février 2011 consultable sur www.sante.gouv.fr/rapport-sur-l-assurance-responsabilite-civile-des-professionnels-de-sante.html.

- Si l'on prend les statistiques de la SHAM, qui assure l'essentiel des établissements de santé, 5 539 déclarations de sinistres corporels ont été enregistrées pour l'année 2014.

Il apparaît donc que la *fréquence* des sinistres reste à un niveau limité. En revanche, ce qui est exact, c'est l'accroissement du *coût moyen des sinistres*, notamment le coût des indemnisations prononcées par des condamnations judiciaires dans les dossiers reconnus fautifs ; les condamnations consécutives à des accidents de chirurgie, d'anesthésie-réanimation ou d'obstétrique représentent près de 60 % du total des indemnisations.

Le coût des dossiers les plus graves est justifié par une meilleure prise en compte de la réalité de la vie des handicapés, et les assureurs notent que la législation sur les 35 heures a encore alourdi le coût de la « tierce personne » lorsqu'elle est nécessaire.

• Néanmoins les hausses de primes qui ont mis le feu aux poudres à partir de 2002 étaient beaucoup moins liées à de purs facteurs objectifs de sinistralité médicale qu'à des facteurs extérieurs :

- *Des facteurs financiers de l'industrie des assurances* : l'effondrement de la bourse et du rendement de placements financiers parfois trop spéculatifs et les catastrophes naturelles à répétition ont gravement perturbé l'équilibre financier de l'assurance, imposant le retour à un rigoureux équilibre technique.

- *Des facteurs liés à une difficulté de mutualisation du risque médical* [1] : La particularité du marché de l'assurance RC est en effet son étroitesse. Seuls quinze opérateurs sont présents sur le marché, et les deux premiers représentent 68 % des primes pour la gynécologie et 83 % pour la chirurgie. Dans un tel contexte, la mutualisation du risque apparaît donc difficile. Cependant, dans le secteur de l'assurance médicale, l'équilibre technique ne doit pas être réalisé avec une excessive « segmentation » des risques qui méconnaît les bienfaits de leur « mutualisation » ; il n'est pas possible de faire payer aux seules spécialités à risques (chirurgiens, anesthésistes, accoucheurs-obstétriciens) le coût spécifique de leur activité : c'est pour eux financièrement insupportable et explique la fuite des médecins vers des spécialités plus tranquilles. Pourtant dès la première consultation de généraliste, le risque médical est là potentiel et diffus. Afin d'éviter une crise de l'assurance du risque médical, un décret du 7 décembre 2006 modifié en 2011, aujourd'hui codifié à l'article D. 185-1 CSS a prévu la possibilité pour certains médecins de bénéficier d'une aide à la souscription d'une assurance RC professionnelle, de la part de la Caisse d'assurance maladie. Le décret détaille les spécialités concernées (gynécologie-obstétrique, anesthésie, réanimation...) et le montant maximum des aides (de 9 800 à 25 000 euros selon les spécialités).

1. **En ce sens, V. l'étude détaillée réalisée par le rapport Johanet**, Rapport sur l'assurance responsabilité civile des professionnels de santé : ministère de la Santé 24 février 2011 consultable sur www.sante.gouv.fr/rapport-sur-l-assurance-responsabilite-civile-des-professionnels-de-sante.html, spéc. p. 1 s.

– *Des facteurs liés à l'appréciation lacunaire du risque médical* : Ainsi que nous l'avons ci-dessus évoqué, les statistiques concernant le risque médical sont lacunaires et ne permettent pas d'avoir une idée précise de la sinistralité. Devant cette incertitude, les assureurs ont donc constitué d'importantes provisions. « Le montant des primes augmente donc en fonction du provisionnement et non de la sinistralité » [1].

La situation est donc complexe. Afin d'étudier d'éventuels remèdes à cette crise, un rapport a été rendu au ministère de la Santé le 24 février 2011, effectué sous la direction de M. Johannet [2], afin d'étudier la possibilité de mise en place d'un dispositif de mutualisation plus large de l'assurance de la responsabilité civile médicale, notamment au regard de spécialités particulièrement exposées et menacées de « risque de ruine », tels les gynécologues obstétriciens. Ce rapport proposait deux principales mesures : « Créer un pool réunissant tous les assureurs RCM opérant en France avec un seuil inférieur de 5 M euros (...) et mutualiser l'ensemble des professionnels de santé libéraux et conventionnés pour les sinistres supérieurs à 3 M euros, via la création d'une surcotisation ».

L'article 146 de la LFFS pour 2012 est toutefois allé plus loin en créant un fonds d'indemnisation spécial dont le rôle était de compléter l'assurance en cas d'épuisement ou d'expiration de la garantie.

L'indemnisation intégrale des victimes d'accidents médicaux est donc aujourd'hui assurée par la conjonction d'une assurance de responsabilité civile obligatoire mais qui peut être plafonnée (§ 1), complétée par l'intervention de l'ONIAM (§ 2), et dans des cas particuliers, par celle du fonds de garantie de l'article L. 426- 1 C. assur (§3).

§ 1. La garantie de la responsabilité médicale par l'assurance obligatoire

878 ***1°) L'assurance obligatoire de la responsabilité médicale*** [3] ◊ Jusqu'à la loi du 4 mars 2002, l'assurance RC médicale n'entrait pas dans la longue liste d'une centaine d'assurances obligatoires en France.

Désormais, l'article L. 1142-2 CSP, également inséré à l'article L. 251-1 du Code des assurances, dispose : « Les professionnels de santé exerçant à

1. Rapport sur l'assurance responsabilité civile des professionnels de santé : ministère de la Santé 24 février 2011 consultable sur www.sante.gouv.fr/rapport-sur-l-assurance-responsabilite-civile-des-professionnels-de-sante.html, p. 3.

2. Rapport sur l'assurance responsabilité civile des professionnels de santé : ministère de la Santé 24 février 2011 consultable sur www.sante.gouv.fr/rapport-sur-l-assurance-responsabilite-civile-des-professionnels-de-sante.html.

3. **Assurance obligatoire** : F. J. Pansier, « L'obligation d'assurance des professionnels et des établissements », *LPA* 19 juin 2002, n° 122 p. 3 ; M. L. Demeester, « L'assurance des risques de santé et la loi du 4 mars 2002 », *RDSS* 2002. 783. « Assurance, responsabilité et santé », n° spécial *RDSS* 2010 : D. Carton, « Assurance, responsabilité et droits des victimes », p. 17 ; C. Corgas-Bernard, « L'assurance de responsabilité civile des professionnels libéraux de santé », p. 75 ; N. Gombault, « La situation le l'assurance de responsabilité civile médicale », p. 51.

titre libéral, les établissements de santé, services de santé et organismes... exerçant des activités de prévention, de diagnostic ou de soins, ainsi que les producteurs, exploitants et fournisseurs de produits de santé... sont tenus de souscrire une assurance destinée à les garantir pour leurs responsabilités civile ou administrative susceptible d'être engagée en raison de dommages subis par des tiers et résultant d'atteintes à la personne survenant dans le cadre de cette activité de prévention, de diagnostic ou de soins. ». Une obligation d'assurance est donc instituée, dont le non-respect est passible de sanctions pénales (art. L1142-25 et 26 CSP), et dont les modalités doivent être précisées.

879 ***a) Champ d'application de l'assurance obligatoire*** ◊ Il est très large car il couvre toutes les catégories de professionnels de santé, personnes physiques ou personnes morales, de droit privé ou de droit public pour les responsabilités encourues dans leur activité médicale (prévention, diagnostic, soins) ainsi que les salariés des établissements concernés, dans la mesure où ils agissent dans la limite de leurs missions, nonobstant l'indépendance professionnelle dont ils bénéficient par ailleurs.

Ce lien obligatoire noué entre une responsabilité – pour faute ou sans faute – et la souscription d'une assurance de responsabilité est très important.

Lorsqu'on prend la mesure de la jurisprudence relative à la responsabilité pour faute, aussi bien en droit administratif qu'en droit privé, et du cas des infections nosocomiales, c'est une grande majorité des accidents médicaux qui est désormais garantie par l'assurance.

• La loi du 30 octobre 2002 a apporté une exception en introduisant un alinéa 2 : « Une dérogation à l'obligation d'assurance peut être accordée aux établissements publics de santé disposant de ressources financières leur permettant d'indemniser les dommages dans des conditions équivalentes à celles qui résulteraient d'un contrat d'assurance ». Cette dérogation vise des établissements tels que l'Assistance publique – Hôpitaux de Paris (AP-HP) [1].

880 ***b) Le Bureau central de tarification*** [2] ◊ Toute « obligation d'assurance » sérieuse doit être corroborée par une « obligation d'assurer » imposée à l'assureur. Afin que l'assureur pressenti ne puisse éluder son obligation d'assurer par la fixation de primes d'assurances excessives, le Bureau central de tarification doit pouvoir fixer la prime adéquate au risque garanti : cet organisme est prévu à l'art. L. 251-1 du Code des assurances.

Le décret n° 2003-168 du 28 février 2003 a ajouté à l'art. R. 250-1 du Code des assurances relatif au Bureau central de tarification un 5°, fixant sa composition lorsqu'il statue en matière d'assurance responsabilité civile médicale.

---

1. **Exception à l'obligation d'assurance** : Arrêté du 3 janvier 2003. M. Dupont, « Un établissement de santé propre assureur : l'expérience de l'Assistance publique-Hôpitaux de Parsi », *RDSS* 2010, hors série, p. 91.

2. **Bureau central de tarification** : L. Leveneur, « L'intervention du BCT en matière d'assurance de responsabilité civile médicale », *RDSS* 2010, hors série, p. 59.

881 ***c) Montant et plafonds de garanties*** ◊ Le texte ne prévoit aucun plafond de responsabilité : le principe de la réparation intégrale est respecté ; mais l'éventualité d'un *plafond de garantie* est ouverte.

Art. L. 1142-2 CSP, al. 2 : « Les contrats d'assurance souscrits en application de l'alinéa précédent peuvent prévoir des plafonds de garantie. Les conditions dans lesquelles le montant de la garantie peut être plafonné pour les professionnels de santé exerçant à titre libéral sont fixées par décret en Conseil d'État. »

Cependant le danger d'une garantie plafonnée insuffisante est sous-jacent dans les dispositions ultérieures de l'art. L. 1142-14 al. 1 : l'assureur qui garantit le professionnel de santé devra faire : « une offre d'indemnisation visant à la réparation intégrale des préjudices subis, dans la limite des plafonds de garantie des contrats d'assurance », Pour les professionnels exerçant à titre libéral, ces plafonds sont aujourd'hui fixés à huit millions d'euros par sinistre et quinze millions par années d'assurance (art. R. 1142-4 CSP),. Ils peuvent en revanche être librement négociés entre les parties dans les autres cas.

Toutefois, en cas de sinistre très grave, le montant des indemnités allouées peut parfaitement être supérieur au plafond de garantie : l'art. 1142-14 al. 10 CSP prévoit d'ailleurs dans un tel cas une information sans délai de l'assureur au responsable, à l'ONIAM, et si le professionnel exerce à titre libéral, du fonds institué à l'article L. 426-1 du Code des assurances. Lorsque la couverture d'assurance est épuisée, c'est en effet l'ONIAM « qui est substitué à l'assureur », selon les termes de l'art. L. 1142-15CSP. Cette complémentarité de l'assurance par l'ONIAM jouant le rôle, au moins temporaire, d'un Fonds de garantie, constitue l'une des mesures les plus satisfaisantes de la loi. Elle posait toutefois des difficultés pour les professionnels de santé, notamment exerçant à titre libéral, contre qui l'ONIAM, garant temporaire de l'indemnisation, peut se retourner. C'est pourquoi l'article 146 de la loi du 28 décembre 2011 a institué le Fonds de garantie des dommages consécutifs à un acte médical [1].

882 ***d) Garantie dans le temps des assurances de responsabilité médicale*** [2] ◊

• *Contenu des dispositions*. La loi du 4 mars se contentait de prévoir une prescription de 10 ans des actions en responsabilité médicale « à dater de la consolidation » : disposition techniquement ingérable par les assureurs dont les prévisions pouvaient dériver aux calendes grecques d'une consolidation lointaine, voire impossible. La solution était de faire partir la responsabilité du professionnel de santé du fait dommageable, et de prévoir la garantie intermédiaire de l'ONIAM si la demande de la victime (dans les dix ans de la consolidation) se heurtait à la responsabilité prescrite de l'auteur du dommage (dix ans à dater de l'acte dommageable).

---

1. V. ss 887.
2. **Garantie dans le temps des assurances de responsabilité** : v. ss 636 s., sur la prescription de l'action en responsabilité médicale, v. ss 805.

Sous la pression des assureurs, la loi du 30 décembre 2002 a vu renaître le statut « réclamation de la victime » inséré à l'art. 251-2 C. assur. (art. 4 de la loi).

Art. L. 251-2. « Constitue un sinistre pour les risques mentionnés à l'article L. 1142-2 du Code de la santé publique, tout dommage ou ensemble de dommages causés à des tiers, engageant la responsabilité de l'assuré, résultant d'un fait générateur ou d'un ensemble de faits générateurs ayant la même cause technique, imputable aux activités de l'assuré garanties par le contrat et ayant donné lieu à une ou plusieurs réclamations. »

« Constitue une réclamation toute demande en réparation amiable ou contentieuse formée par la victime d'un dommage ou ses ayants droit, et adressée à l'assuré ou à son assureur. »

« Tout contrat d'assurance conclu en application de l'article L. 1142-2 du même code garantit l'assuré contre les conséquences pécuniaires des sinistres pour lesquels *la première réclamation est formée pendant la période de validité du contrat, quelle que soit la date des autres éléments constitutifs du sinistre,* dès lors que le fait générateur est survenu dans le cadre des activités de l'assuré garanties au moment de la première réclamation. »

« Le contrat d'assurance garantit également les sinistres dont la première réclamation est formulée pendant un délai fixé par le contrat à partir de la date d'expiration ou de résiliation de tout ou partie des garanties, si ces sinistrés sont imputables aux activités garanties à cette date, et s'ils résultent d'un fait générateur survenu pendant la période de validité du contrat. Ce délai ne peut être inférieur à cinq ans. »

« Le dernier contrat conclu, avant sa cessation d'activité professionnelle ou son décès, par un professionnel de santé mentionné à la quatrième partie du code de la santé publique exerçant à titre libéral, garantit également les sinistres pour lesquels la première réclamation est formulée pendant un délai fixé par le contrat, à partir de la date de résiliation ou d'expiration de tout ou partie des garanties, dès lors que le fait générateur est survenu pendant la période de validité du contrat ou antérieurement à cette période dans le cadre des activités de l'assuré garanties au moment de la première réclamation. Ce délai ne peut être inférieur à dix ans. Cette garantie ne couvre pas les sinistres dont la première réclamation est postérieure à une éventuelle reprise d'activité. Le contrat ne peut prévoir pour cette garantie un plafond inférieur à celui de l'année précédant la fin du contrat. »

« Le contrat ne garantit pas les sinistres dont le fait générateur était connu de l'assuré à la date de la souscription ».

« Lorsqu'un même sinistre est susceptible de mettre en jeu la garantie apportée par plusieurs contrats successifs, il est couvert en priorité par le contrat en vigueur au moment de la première réclamation sans qu'il soit fait application des dispositions des troisième et quatrième alinéas de l'article L. 121-4. »

On doit noter que, contrairement aux « clauses réclamation » classiques, le texte prévoit que la réclamation soit formée pendant la période de validité du contrat « quelle que soit la date des autres éléments constructifs du sinistre », c'est-à-dire même si le fait générateur lui-même n'est pas survenu pendant cette période : c'est une substitution de la date de la réclamation (*claim's made*) à la date du fait générateur (*occurrence basis*) pour la validité de la garantie dans le temps.

Cependant la loi du 30 décembre 2002 a su éviter les effets abusifs des clauses « réclamation », en instituant limites et garde-fous :

- Un tempérament classique des « clauses réclamation » est une *« clause de garantie subséquente »* ; celle-ci est fixée par la présente loi à un délai qui ne peut être inférieur à cinq ans : c'est moins que la prescription de dix ans, mais c'est mieux que les clauses habituelles dont la durée de garantie subséquente est souvent limitée à 6 mois ou un an.
- Le dernier contrat conclu, avant sa cessation d'activité ou le décès d'un professionnel de santé est assorti d'une garantie subséquente qui ne peut être inférieure à dix ans (on retrouve le délai de prescription).
- L'autre tempérament classique des « clauses réclamation » est une *« clause de reprise du passé inconnu »*, pour éviter les ruptures de continuité entre deux contrats successifs ; disposition confirmée : « Tout contrat d'assurance... garantit l'assuré contre les conséquences pécuniaires des sinistres pour lesquels la première réclamation est formée pendant la période de validité du contrat, *quelle que soit la date des autres éléments constitutifs du sinistre*, dès lors que le fait générateur est survenu dans le cadre des activités de l'assuré garanties au moment de la première réclamation ». Cette disposition semble exonérer les assureurs qui se sont retirés en 2002 du marché de l'assurance RC médicale et ont résilié leurs contrats, pour charger de cette garantie les nouveaux contrats...
- Ces aménagements ne sont évidemment pas en mesure d'éviter une solution de continuité qui peut être longue entre la fin de la garantie d'assurance et la prescription de responsabilité civile dont le point de départ a pu être repoussé aux calendes grecques de la consolidation. Heureusement l'ONIAM, et dans certaines hypothèse, le fonds de garantie institué à l'article L. 426-1 C. assur. offrent les garanties indispensables pour indemniser les victimes lorsque la garantie d'assurance responsabilité civile médicale est expirée (art. 1142-15 al. 1 et L. 1142-21-1 CSP).

• *Difficultés nées de successions de contrats d'assurance* [1]. Dès l'adoption de la loi, la doctrine avait eu l'occasion de mettre en exergue les difficultés pouvant se présenter en cas de succession dans le temps de contrats d'assurance garantissant le risque de responsabilité civile médicale. Dans un tel cas, l'article L. 251-2, alinéa 7 du Code des assurances a certes tenté de résoudre la difficulté en indiquant que lorsqu'un *« sinistre est susceptible de mettre en jeu la garantie apportée par plusieurs contrats successifs, il est couvert en priorité par le contrat en vigueur au moment de la première réclamation »* sans que ne puissent s'appliquer les règles relatives aux assurances cumulatives. Mais, toutes les difficultés ne semblent pas pour autant résolues. Celles-ci paraissent devoir se présenter tout particulièrement dans l'hypothèse où un professionnel avait conclu, avant l'adoption

1. **Difficultés en cas de succession de contrat d'assurance** : jurisprudence constante depuis Civ. 2e, 2 oct. 2008, *Jurisdata* n° 2008-045179, *JCP* 2009, II, 10001 comm. L. Mayaux.

de la loi du 30 décembre 2002, un contrat assurant sa responsabilité civile en base fait dommageable, et avait changé d'assureur après l'entrée en vigueur de la loi du 30 décembre 2002, pour conclure un contrat base réclamation de la victime. Si un sinistre intervient sous l'empire du premier contrat, mais que la victime ne demande indemnisation que sous l'empire du second, quel assureur est alors tenu à garantie ? L'application de l'article L. 251-2 al. 7 C. assur. ne semble *a priori* pas pouvoir résoudre la difficulté car cette disposition est issue de la loi About et ne devrait donc logiquement s'appliquer qu'aux contrats, qui par les règles d'application de la loi dans le temps, relèvent temporellement de ses dispositions. Or, dans le cas précité, le premier contrat, conclu en base fait dommageable, lui est justement antérieur.

Cet argument n'a toutefois pas arrêté la Cour de cassation qui depuis un arrêt de principe du 2 octobre 2008 a affirmé, sous le visa de l'article L. 251-2 al. 7 du Code des assurances et l'article 5 al. 1 de la loi n° 2002-1577 du 30 décembre 2002 que « selon le premier de ces textes, rendu applicable par le second aux contrats conclus ou renouvelés à compter du 31 décembre 2002, que lorsqu'un même sinistre est susceptible de mettre en jeu la garantie apportée par plusieurs contrats successifs, il est couvert en priorité par le contrat en vigueur au moment de la première réclamation, sans qu'il soit fait application des dispositions des quatrième et cinquième alinéas de l'article L. 121-4 du même code ». La solution est absolument constante en jurisprudence.

883 2°) La procédure d'offre instituée dans l'assurance RC médicale [1] ◊

• L'article 1142-14 CSP organise la procédure applicable à l'assureur de responsabilité lorsque la CCI a rendu son avis en estimant que la responsabilité du professionnel ou de l'établissement de santé est engagée et qu'elle est garantie dans le cadre de l'assurance obligatoire.

La procédure prévue à l'art. L. 1142-14 CSP est inspirée de la « procédure Badinter » prévue en matière d'accidents de la circulation, sans toutefois que les garanties prévues dans le cadre de cette loi, afin de préserver les droits des victimes (possibilité de dénoncer la transaction dans un délai de quinze jours notamment [2]) n'aient été transposées en l'espèce. Sous cette réserve, la procédure est la même : obligation pour l'assureur désigné par la CCI de faire une offre d'indemnisation dans les quatre mois de la réception de l'avis de la Commission ; évaluation pour chaque chef de préjudice des indemnités dues à la victime, déduction faite des prestations versées par les tiers payeurs et qui leur seront remboursées directement par l'assureur ; revalorisation des rentes indemnitaires dans les conditions prévues à l'art. L. 351-13 CSS ; l'offre a un caractère

1. **Procédure d'offre en matière d'accidents médicaux** : P. Désideri, « La procédure d'indemnisation amiable des dommages médicaux », *LPA* 19 juin 2002, 67.

2. V. ss 738 s.

provisionnel en l'absence de date de consolidation, mais dès que celle-ci est fixée, l'offre définitive doit être faite dans les deux mois.

- *L'acceptation de l'offre par la victime* vaut transaction au sens de l'art. 2044 C. civ. Le paiement doit intervenir dans le délai d'un mois à compter de la réception par l'assureur de l'acceptation de son offre, provisionnelle ou définitive, par la victime ; en cas de retard, les sommes non versées produisent de plein droit intérêt au double du taux légal à compter de l'expiration de ce délai et jusqu'au paiement effectif, voire au jour du jugement devenu définitif ; enfin l'assureur doit rembourser à l'Office d'indemnisation les frais d'expertise que celui-ci a avancés.

- *La victime peut refuser l'offre* et saisir le juge compétent : si celui-ci estime que l'offre était insuffisante, il condamne l'assureur à verser à l'Office une somme au plus égale à 15 % de l'indemnité allouée, sans préjudice des dommages et intérêts dus de ce fait à la victime.

• L'article 1142-15 CSP dispose qu'en cas de silence ou de refus explicite de la part de l'assureur de faire une offre, ou lorsque le responsable des dommages n'est pas assuré, l'ONIAM est substitué à l'assureur : la procédure d'offre est alors applicable à l'ONIAM, qui disposera toutefois de recours contre le responsable, l'assureur ou le fonds institué à l'article L 426-1 C. assur.

§ 2. La garantie des accidents médicaux par la solidarité nationale

884 ***L'ONIAM (art. L. 1142-22 CSP)*** [1] ◊ L'Office national des accidents médicaux est un établissement public à caractère administratif de l'État, placé sous la tutelle du ministre chargé de la santé. Le Président du Conseil d'administration, nommé par décret, est M. Huriet ; il est assisté de 22 membres dont 11 représentent l'État.

La gestion de l'établissement est assurée par un Directeur, qui est notamment chargé de la préparation et de l'exécution du budget et des délibérations du Conseil d'administration. Plus spécifiquement le directeur prend les décisions relatives aux offres d'indemnisation proposées aux victimes, détermine le montant des provisions à leur verser et engage les actions en justice liées aux indemnisations.

• **Financement de l'ONIAM :** en application de l'art. 1142-23 du Code de la santé publique, l'ONIAM est financé par une dotation de l'assurance-maladie, dont le montant est fixé chaque année par la loi de financement de la Sécurité sociale : en 2014 cette dotation annuelle de l'assurance-maladie a été de 118 millions d'euros et 115 millions pour 2015.

---

1. ONIAM (36 avenue du général de Gaule, 93175 Bagnolet Cedex), Rapport d'activité semestriel (www.oniam.fr) ; S. Gromb, « L'ONIAM », in Mémeteau (dir.) « Manuel des CCI », éd. Études hospitalières 2004 p. 159. D. Martin, « L'indemnisation des victimes d'accidents médicaux comme politique publique », *D.* 2006. 3021.

• **Rôle de l'ONIAM**. Le rôle de l'ONIAM dans l'indemnisation des victimes d'accidents médicaux est double :

– tantôt il est, ainsi que nous l'avons ci-dessus développé [1], directement tenu à réparation, et est donc le débiteur principal des indemnités. Tel est le cas notamment de l'indemnisation des accidents médicaux, des infections nosocomiales graves, des victimes de vaccinations obligatoires, de l'indemnisation des contaminations post-transfusionnelles à VIH ou VHC, etc.

– tantôt il apparaît comme le substitut d'un assureur, l'ONIAM *joue ainsi le rôle d'un Fonds de garantie* à l'égard de la victime lorsqu'en dépit d'une responsabilité médicale établie, l'assurance ne peut remplir son rôle. De l'art. L. 1142.15 al. 1 CSP on peut indiquer les interventions de l'ONIAM dans les hypothèses suivantes :

1) en cas de non-assurance du professionnel responsable,

2) lorsque les plafonds de garantie sont atteints et la couverture d'assurance épuisée [2], ou lorsque la garantie dans le temps de l'assureur est expirée [3], la charge finale de l'indemnisation revenant toutefois dans l'hypothèse où le responsable était un professionnel exerçant à titre libéral, au fonds de garantie instauré à l'article L 426-1 C. assur.

3) en cas de silence de l'assureur ou de refus explicite de faire une offre,

4) lorsque la garantie du contrat ne s'applique pas à l'accident médical [4] : ce cas est particulièrement prévu à l'art. L. 1142.1.1-2° CSP, ajouté par la loi du 30 décembre 2002 ; il s'agit de l'hypothèse où, en cas de circonstances exceptionnelles, un professionnel ou un établissement de santé a dû procéder à une intervention hors de son champ d'activité. En effet tous les contrats d'assurance professionnelle ne couvrent que les dommages survenus dans le cadre d'une activité pour laquelle l'assuré a les compétences, les diplômes et les qualifications réglementairement requises. Or des « circonstances exceptionnelles » peuvent imposer une action d'urgence hors de ce champ d'habilitation : il est important que cette activité soit effectivement garantie, ici par l'ONIAM.

885 ***Procédure*** ◊ Dans la plupart des hypothèses, l'ONIAM intervient dans la procédure à la suite d'une décision de la CCI, c'est-à-dire dans le cadre d'une procédure amiable. Lorsque l'ONIAM est tenu de l'indemnisation, la procédure d'offre lui est alors imposée comme à l'assureur. Soulignons que cette offre doit être faite avec *une évaluation pour chaque chef de préjudice* [5], l'ONIAM, dans une décision de son Conseil d'administration du 12 décembre 2007, ayant décidé de se référer à la nomenclature Dintilhac pour la formulation de cette offre.

---

1. V. ss 858.
2. **Plafonds de garantie** : v. ss 881.
3. **Garantie dans le temps de l'assurance RC médicale** : v. ss 882.
4. **Contrat RC médicale ; absence de qualification du médecin** : Civ. 1re, 4 déc. 2001, *RCA* 2002, n° 117 (activité de gynécologue-accoucheur ; hystérectomie non couverte).
5. **Nomenclature des chefs de préjudices d'un dommage corporel** : v. ss 155 s.

• La victime peut refuser l'offre qui lui est faite par l'ONIAM comme par l'assureur : elle peut alors, comme elle le peut à tout moment de la procédure tant qu'elle n'a pas accepté l'offre, introduire une action en justice ; l'affaire sera reprise au fond, car l'offre proposée n'est que partie d'un dispositif de règlement amiable qui n'est pas susceptible de recours en tant que tel. Néanmoins l'instruction du dossier et notamment l'expertise médicale diligentée par la CCI seront des données acquises si elles ne sont pas contestées.

• Si la victime accepte l'offre qui lui est faite, celle-ci doit lui être payée dans le mois suivant. L'acceptation de l'offre vaut transaction et la victime ne peut plus exercer une action en justice pour les chefs de préjudices dont elle a été indemnisée.

La saisine de la CCI n'étant toutefois pas obligatoire, la victime peut également mettre directement en cause l'ONIAM devant le tribunal compétent (art. L. 1142-21 CSP).

886 ***Les divers recours*** [1] ◊ Entre l'ONIAM, l'assureur RC, les responsables, divers recours conformes au droit commun peuvent être exercés pour remettre chacun dans ses droits.

L'ONIAM dispose ainsi d'un recours chaque fois qu'il n'est pas le débiteur définitif de l'indemnité, et qu'il est donc intervenu en substitution du responsable ou de son assureur (art. L. 1142-15 CSP) [2]. Tel est notamment le cas lorsque l'ONIAM vient en substitution de l'assureur ayant refusé de faire une offre, en cas de non assurance, lorsque la couverture d'assurance était épuisée ou expirée, ou, dans le cas particulier des infections nosocomiales, si l'établissement ou le professionnel de santé a commis une faute à l'origine du dommage (art. L1421-I, al. 2 CSP) [3]. Le recours aura lieu, selon les cas, contre le responsable, son assureur ou le fonds institué à l'article L. 426-1 C. assur. La mise en œuvre de ces recours apparaît particulièrement complexe lorsque la CCI rend un avis concluant à un partage de l'indemnisation entre responsabilité et solidarité nationale [4].

§ 3. L'intervention du fonds de garantie des professionnels libéraux

887 ***Raisons de la création du fonds*** ◊ Malgré les aménagements du contrat d'assurance responsabilité médicale opérés par les lois des 4 mars

1. **Recours** : J.-M. Clément, « Synthèse des difficultés », G. Mémeteau, « CCI : interférences avec les procédures fonctionnelles », et Y. Lambert-Faivre, « Les recours subrogatoires des tiers-payeurs », *in* G. Mémeteau (dir.), *Manuel CCI*, éd. Études hospitalières, 2004.

2. Sur ces différentes hypothèses, v. ss 884.

3. **Recours de l'ONIAM dans le cas des infections nosocomiales** : Civ. 1re, 18 déc. 2014, n° 13-21019, *RCA* 2015, comm. n° 60, *RTD civ.* 2015. 154, obs. P. Jourdain (nécessité d'une faute à l'origine du dommage : non application dans le cas du défaut d'information du patient).

4. **Pour une illustration récente de ces difficultés** : Civ. 1re, 10 sept. 2014, n° 13-22535, *RTD civ.* 2015. 150, obs. P. Jourdain, *D.* 2014. 2221, note M. Bacache. Civ. 1re, 18 déc. 2014, n° 13-24377, *RCA* 2015, comm. n° 101 ; *D.* 2015. 606, note M. Bacache

et 30 décembre 2002, la situation de certaines spécialités médicales était demeurée fragile, du fait de deux facteurs. Le premier est lié à la durée pendant laquelle la responsabilité du professionnel de santé peut être recherchée. On sait en effet que la prescription de l'action est désormais de dix ans à partir de la consolidation du dommage (art. L. 1142-28 CSP), mais ce délai peut être considérablement rallongé dans certaines hypothèses. Tel est par exemple le cas lorsque la victime est un mineur, et tout spécialement un enfant en bas âge. Le délai de prescription étant en effet suspendu pendant toute la minorité de l'enfant, celui-ci peut agir jusqu'à dix ans après sa majorité. De plus, le délai ne court qu'à partir de la consolidation, qui peut être tardive par rapport au jour de l'accident. Le risque est donc grand que le contrat d'assurance souscrit par le professionnel ne puisse jouer, notamment dans les hypothèses de cessation d'activité, puisque la durée de garantie subséquente prévue par le législateur, soit dix ans dans le meilleur des cas, s'avère dans cette hypothèse parfaitement inadaptée.

Le second facteur qui pouvait compromettre l'assurabilité du risque est celui du montant des dommages et intérêts pouvant être attribués à la victime. Si les plafonds de garantie, certes aujourd'hui élevés, sont dépassés, le professionnel doit en principe assumer sur son patrimoine personnel la part des dommages et intérêts excédant ce plafond. Ces deux facteurs plaçaient donc ces médecins face au risque que le contrat d'assurance ne puisse prendre en charge le montant de la condamnation, soumettant ceux-ci à ce qu'on a pu appeler un risque de « ruine » personnelle.

888 ***Création du fonds de garantie par la LFSS 2012*** ◊ Pour remédier à cette situation, le législateur a donc créé, par l'article 146 de la loi °2011-1977 du 28 décembre 2011 codifié à l'article L. 426-1 C. assur., un « fonds de garantie des dommages consécutifs à des actes de prévention, de diagnostic ou de soins dispensés par des professionnels de santé ». Ce fonds intervient au profit exclusif des professionnels de santé exerçant à titre libéral *pour tous les sinistres déclarés à partir du 1er janvier 2012*. Il est intégralement financé par une contribution annuelle des professionnels concernés, fixée, selon les spécialités, à une somme allant de 15 à 25 euros.

889 ***Modalités d'intervention du fonds*** ◊ Le fonds intervient dans deux hypothèses : en cas d'épuisement de la couverture d'assurance, c'est-à-dire lorsque l'indemnisation mise à la charge du professionnel excède les plafonds de garantie fixés par le contrat ; en cas d'expiration du délai de la couverture d'assurance mentionné à l'article L. 251-2 C. assur.

Dans ces deux cas, l'assureur de la victime, qui n'est pas tenu à garantie, ne fait en effet pas d'offre. Si la voie amiable a été choisie, l'ONIAM est alors substitué à l'assureur mais il dispose d'un recours subrogatoire contre le fonds pour rembourser l'avance faite à la victime, si les conditions de son intervention sont réunies (art. L. 1142-15 CSP). Si celle-ci a fait valoir ses droits par la voie juridictionnelle, le juge, s'il estime que les conditions d'intervention du fonds de garantie sont réunies, doit l'appeler en cause et celui-ci devient défendeur à la procédure (art. L. 1142-21 dernier al. CSP).

Dans les deux cas, le fonds est alors le débiteur définitif de l'indemnité, l'article L. 426-1 C. assur. excluant explicitement l'absence d'action récursoire du fonds contre le professionnel libéral.

CONCLUSION. OBSERVATIONS SUR LE DISPOSITIF LÉGAL ISSU DE LA LOI DU 4 MARS 2002

890 ***Un dispositif subsidiaire*** ◊ Les lois du 4 mars 2002 et du 30 décembre 2002 ont élaboré un dispositif subsidiaire d'indemnisation des accidents médicaux, qui ne se substitue ni aux recours juridictionnels devant les tribunaux administratifs ou civils, ni aux possibilités de règlement amiable avec l'assureur du responsable, sur simple réclamation de la victime au responsable et déclaration de sinistre par le responsable à son assureur.

Le dispositif de 2002 apporte aux victimes une possibilité nouvelle, supplémentaire, rapide et gratuite, d'obtenir une indemnisation qui est, au moins au niveau statistique un succès. Il présente certainement l'intérêt d'ouvrir, ainsi que nous l'évoquions ci-dessus, la voie de l'indemnisation à certaines victimes qui, avant la mise en place du dispositif n'auraient pas - par réserve envers le corps médical ou impossibilité de supporter le coût d'une procédure - sollicité une indemnisation

L'objectif est parfaitement louable, même si cette voie nouvelle ne semble pour l'heure que partiellement décourager les actions en justice, qui semblent assez paradoxalement n'avoir que peu diminué depuis la mise en place du dispositif qui est pourtant un succès [1]. La procédure de conciliation diligentée devant les CCI est quant à elle un échec avéré.

Pour le reste, le dispositif légal nous paraît présenter certains défauts à la fois institutionnels et financiers.

891 ***Les faiblesses des CCI*** ◊

1) L'inexistence juridique

Les CCI n'ont pas de personnalité morale : elles ne peuvent ni disposer des moyens nécessaires à leur fonctionnement, ni les gérer : c'est l'ONIAM qui dispose de la capacité juridique nécessaire à cette gestion, assure son financement et rémunère ses agents, même le magistrat-président de CCI.

2) L'absence de pouvoir réel

Théoriquement les Commissions sont indépendantes de l'ONIAM quant aux avis qu'elles sont amenées à donner. Cependant c'est pure fiction, car l'ONIAM garde son libre arbitre et n'est pas lié par les avis des Commissions, ainsi que l'a confirmé la jurisprudence : il peut, et revendique le droit, de refuser de faire une offre à une victime s'il estime que l'avis est mal fondé

1. V. ss 782.

ou que la saisine de la Commission n'est pas conforme à ses directives. Ainsi l'ONIAM disposant un droit de contrôle au fond sur les avis des CCI et pèse d'un poids réel sur le fonctionnement de ces dernières.

À l'évidence les CCI ne pourront jouer un rôle réellement efficace que si elles se voient conférer la personnalité juridique, si elles sont financièrement indépendantes dans leur fonctionnement, et si leurs décisions sont respectées. À notre sens elles devraient être compétentes pour évaluer le montant de l'indemnisation des victimes, et faire une offre qui pourrait alors être refusée de manière contradictoire soit par la victime, soit par l'ONIAM, avec recours devant le juge. Ce ne serait évidemment une révolution du système... qui n'est nullement à l'ordre du jour.

3) L'hétérogénéité des pratiques

Un autre problème de fonctionnement tient à l'hétérogénéité des pratiques des CCI. Ainsi, selon les commissions, les délais pour rendre les avis varient fortement, la pratique de l'expertise est tantôt collégiale, tantôt ne l'est pas, les critères de gravité du préjudice ouvrant droit à la procédure de règlement amiable ne sont pas appréciés de façon identique, etc.[1]. La Commission nationale des accidents médicaux, pourtant chargée par l'article L. 1142-10 CSP de veiller à une application homogène du dispositif, n'a pas les moyens d'assumer ce rôle du fait, notamment, d'un accès très limité aux avis des CCI.

892 *b) La politique défavorable aux victimes de l'ONIAM* ◊

• *La puissance de l'ONIAM* découle de son pouvoir financier total sur les CCI, et du cumul de fait des fonctions d'ordonnateur-payeur. En effet c'est le même organisme qui détermine le montant des indemnisations dont il devra assumer le paiement. Cette confusion est évitée d'abord évidemment dans le contentieux juridictionnel où le juge, qui fixe les condamnations, renvoie la charge du paiement à l'organisme-payeur (assureur ou Fonds d'indemnisation). Juridictions autonomes, les CIVI ont également le pouvoir réel de déterminer le montant des indemnisations dues aux victimes d'infractions, financièrement à la charge du Fonds d'indemnisation spécifique.

Certes, l'offre de l'ONIAM doit être acceptée par la victime : c'est l'accord de volonté qui donne sa valeur juridique à la transaction, et si la victime refuse l'offre, un recours juridictionnel lui est toujours ouvert.

Néanmoins, puisque la loi a créé des CCI, elle disposait de la possibilité de séparer les fonctions d'évaluation et de payeur dans le cadre même du système qu'elle instituait : c'est une occasion manquée.

• *Un pouvoir entravé* : l'ONIAM n'est cependant pas l'organisme autonome et indépendant qu'on pourrait imaginer : statutairement placé sous la tutelle du ministre de la Santé, cette tutelle est en fait assurée par la Direction de la sécurité sociale dont, au surplus, il dépend financièrement :

1. Voir les statistiques cités dans les différents rapports annuels de la CNamde, disponible sur le site internet de cette dernière : www.sante.gouv.fr/commission-nationale-des-accidents-medicaux-cnamed.html

pour l'essentiel son financement vient d'une dotation globale dont le montant est fixé chaque année par la loi de financement de la sécurité sociale (art. L. 1142-23 CSP).

Curieuse idée que d'avoir lié l'ONIAM à une dotation de l'Assurance-maladie dont on connaît depuis de nombreuses années le gouffre financier. L'indépendance d'action des institutions se résume d'abord à leur indépendance financière : on aurait pu imaginer une participation tripartite :

1) *de l'assurance maladie*, par ses prestations imputées sur l'indemnisation des victimes, mais sans recours subrogatoire ;

2) *des patients*, dont nous avions suggéré la participation sous la forme d'une cotisation d'1 euro accrochée au forfait hospitalier : s'il y a 150 millions de journées d'hospitalisation par an, cette cotisation affectée à l'ONIAM lui assurait une indépendance financière, même si des exonérations étaient nécessaires pour les longues hospitalisations ;

3) *une participation des assureurs* : prévue dans le rapport de l'IGAS de septembre 1999, mais disparue dans la législation de 2002...

• Parallèlement, l'ONIAM poursuit depuis le départ une politique défavorable aux victimes, en la justifiant par la nécessité d'une stricte gestion des deniers publics. Il a ainsi adopté une pratique systématique de pourvois en cassation pour tenter d'imposer une interprétation de la loi la plus restrictive possible et une politique de lobbying pour tenter de la faire modifier en sa faveur ainsi que le démontre l'exclusion récente des actes de chirurgie esthétique de son domaine de compétence.

893 L'organisation complexe et lourde des lois de 2002 se trouve en partie justifiée par une amélioration sensible du sort des victimes d'accidents médicaux, notamment celles d'aléas thérapeutiques, toutefois aujourd'hui indemnisées dans les seuls cas gravissimes. On peut regretter que la solidarité nationale n'ait pas été plus généreuse...

Pour les assureurs, la solution préconisée est la souscription personnelle par les patients d'un contrat *« garantie des accidents de la vie »* [1] : mais en matière d'accidents médicaux, les limitations et exclusions présentées par ces contrats à partir de 65 ans sont mal adaptées à un risque notamment encouru par les personnes âgées (rappelons que l'espérance de vie est de 75,8 ans pour les hommes et 82,9 ans pour les femmes), grandes consommatrices de prestations médicales.

Une possibilité serait peut-être la souscription à l'hôpital de contrats d'assurance de personne ad hoc avant une intervention chirurgicale, comparable à celle proposée dans les aéroports pour les voyageurs en partance, et dont la garantie, complémentaire de la loi, serait limitée aux accidents médicaux non fautifs pour une APIPP inférieure à 25 %...

---

1. **Assurance personnelle des patients ; garantie des accidents de la vie (contrats GAV) :** v. ss 527 ; B. Dufeva, « La responsabilité disparue » in « L'indemnisation des accidents médicaux ? », G. Viney (dir.), LGDJ 1997 ; C. Russo, « L'avance sur recours, une solution à l'indemnisation des victimes d'accidents médicaux ? », *D.* 2001. 3211.

ANNEXE 1

BIBLIOGRAPHIE INDICATIVE

J.-P. Alméras et H. Péquignot, *La déontologie médicale*, Litec, 1996.

J.-M. Auby (dir.), *Droit médical et hospitalier*, Litec, 2 vol. sous reliure mobile.

F. Blanco, *La loi du 4 mars 2002 et les commissions régionales de conciliation et d'indemnisation*, PUAM, 2005.

A. Castelleta, *Responsabilité médicale ; droit des malades*, Dalloz, 2004.

Ph. Chaverini, P. Martinez, *Les commissions régionales de conciliation et d'indemnisation*, Les études hospitalières, 2004.

G. Devers, *Droit, responsabilité et pratique du soin*, Lamarre, 2007.

A. Dorsner-Dolivet, *Contribution à la restauration de la faute, conditions de la responsabilité civile et pénale dans l'homicide et les blessures par imprudence : à propos de la chirurgie*, LGDJ, 1986 et *La responsabilité du médecin*, Économica, 2006.

C. Evin, *Les droits des usagers du système de santé*, éd. Berger-Levrault, 2002.

G. Faure (dir), *La loi du 4 mars 2002 : rupture ou continuité*, PUF, 2004.

S. Hocquet-Berg et B. Py, *La responsabilité du médecin*, Heures de France, 2006.

P. Jourdain, A. Laude, J. Penneau, S. Porchy-Simon, *Le nouveau droit des malades*, Litec, 2002.

A. Laude (dir.), *Lamy droit de la santé*, édition Lamy.

A. Laude, B. Mathieu et D. Tabuteau, *Droit de la santé*, PUF, 3e éd. 2012.

P. A. Lecocq (dir.), « L'indemnisation amiable des accidents médicaux, Bilan du traitement de 15 000 dossiers par les CCI et l'Oniam et perspectives d'avenir », n° spécial de la *RGDM* 2009.

D. Malicier, A. Miras, P. Fleuglet, P. Faivre, *La responsabilité médicale ; données actuelles*, éd. Eska, Lacassagne, 3e éd., 2000.

G. Mémeteau, *Cours de droit médical, Les Éditions Hospitalières, 2011.*

G. Mémeteau (dir.), *Manuel des Commissions régionales de conciliation et d'indemnisation des accidents médicaux*, éd. Études hospitalières, 2004.

J. Moreau, D. Truchet, *Droit de la santé publique*, Dalloz, 7e éd, 2009.

J. Penneau (dir.), *La responsabilité médicale : de la faute au risque*, ENM, 1995.

P. Sargos et C. Esper, *Les grands arrêts du droit de la santé*, Dalloz, 2010.

R.-J. Savatier, J.-M. Auby et H. Pequignot, *Traité de droit médical*, Librairie Technique, 1956.

D. Tabuteau (dir.), *Les droits des malades et des usagers du système de santé une législature plus tard*, éd. de la santé/Presse de sciences po, 2008.

F. Viala (dir.), *Les grandes décisions du droit médical*, LGDJ 2e éd., 2014.

G. Viney (dir. de), *L'indemnisation des accidents médicaux*, LGDJ, 1997 (actes Colloque Paris 24 avril 1997).

S. Welsch, *La responsabilité du médecin*, Litec, 2005.

Rapport annuel de la Cour de cassation 2008, *La santé dans la jurisprudence de la Cour de cassation*, Doc. fr., 2009.

« La loi Kouchner entre deux décennies », n° spécial, *Gaz. Pal.* 15 juin 2012.

« Dix ans d'application de la loi Kouchner », n° spécial, *RGDM* 2013.

La loi du 4 mars 2002 relative aux droits des malades, dix ans après, Bruylant, 2013

ANNEXE 2

RÉPARTITION DES DOSSIERS DE RESPONSABILITÉ CIVILE MÉDICALE

Selon les spécialités (statistiques MASCF)

	1994	1998	2002	2006	2009	2013
Nombre d'assurés couverts	181 164	207 442	239 214	288 163	338 532	432 495
dont Médecins	115 614	119 318	128 702	117 697	118 485	134 392
Déclarations sinistres (corporels + matériels)	3 004	3 580	2 503	2 130	3 587	4 028
dont sinistres corporels	2 404	3 134	2 413	2 104	3 413	2011
– Anesthésie	202	285	218	222	199	190
– Chirurgie, chirurgie esthétique	245	351	356 + 27	357 + 13	257 + 29	262 +45
– Obstétrique	56	73	106	80	91	
– Médecine générale, interne et du travail	274	440	539	461	388	472
– Cardiologie	17	50	57	47	68	85
– Dermatologie	32	44	74	62	68	76
– Gastro-entérologie	86	123	135	84	79	90
– Gynécologie	36	36	90	83	91	76
– Ophtalmologie	215	236	229	277	281	245
– Oto-rhino-laryngologie	59	105	90	87	91	79
– Pédiatrie	20	37	42	21	29	22
– Phlébologie – angiologie	13	10	14	13	17	15
– Pneumologie	9	17	14	9	15	20
– Psychiatrie	50	88	86	39	43	32
– Radiologie, radiothérapie	82	102	113	80	119	65

	1994	1998	2002	2006	2009	2013
- Rhumatologie - rééducation fonction.	30	46	48	37	33	31
- Stomatologie	54	82	102	66	49	67
- Dentiste	313	349	484	1 061	1 081	1 527
- Cancérologie	-	2	7	10	5	7
- Néphrologie	-	1	1	1	4	7
- Neurologie	-	13	14	16	11	7
- Réanimation	-	2	2	-	15	0

Source : rapports MASCF, http://www.risque-medical.fr/responsabilite-civile.

ANNEXE 3

SINISTRES LIÉS À L'ACTIVITÉ MÉDICALE

Extrait du rapport de l'observatoire des risques médicaux 2014 (années 2008 à 2013)

1 – Proportion des dossiers réglés à l'amiable selon leur origine

	Amiable		Juridictionnel		Global	
	Effectif	%	Effectif	%	Effectif	%
APHP	138	72 %	54	28 %	192	2 %
Assureurs	2 759	46 %	3 194	54 %	5 953	69 %
IGNAME	2 236	92 %	206	8 %	2 442	28 %
Total	**5 133**	**60 %**	**3 451**	**40 %**	**8 587**	**100 %**

2 – Proportion des dossiers ayant emprunté la voie des CCI

	Règlement	APHP	Assureurs	ONIAM	Global	Pourcentage
Amiable	Hors CCI	78	1 902	10	1 990	24 %
	CCI	60	703	2 226	2 989	37 %
	Sous-total	138	2 605	2 236	4 979	61 %
Juridictionnel	Hors CCI	50	2 437	17	2 504	31 %
	CCI	4	460	176	640	8 %
	Sous-total	54	2 897	193	3 144	39 %
Total		**192**	**5 502**	**2 429**	**8 123**	**100 %**

3 – Répartition des dossiers en fonction du taux d'APIPP

	Décès	< 25 %	=> 25 %
Acte technique fautif	368	1 777	293
	15 %	73 %	12 %
Acte non fautif (aléa)	149	1 407	789
	6 %	60 %	34 %
Infection nosocomiale	147	1 120	197
	10 %	77 %	13 %
Accident dû à la prescription ou à la délivrance de produits de santé	17	93	27
	12 %	68 %	20 %
Accident dû au matériel médical ou à un produit de santé	2	44	7
	4 %	83 %	13 %
Problème organisationnel	107	194	16
	34 %	61 %	5 %
Autre cause	347	859	165
	25 %	63 %	12 %
Total	**1 137**	**5 494**	**1 494**
	14 %	**68 %**	**18 %**

4 – Répartition des dossiers par spécialités et nature de sinistre

	Acte technique fautif	Acte non fautif (aléa)	Infection nosocomiale	Accident dû à la prescription ou à la délivrance de produits de santé	Accident dû au matériel médical ou à un produit de santé	Problème d'organisation	Autre cause
Anesthésie, Réanimation. Urgence. Régulation	176	104	18	8	6	34	153
	35 %	21 %	4 %	2 %	1 %	7 %	31 %
Anatomo-cytopathologiste	7	14	4	0	0	0	4
	24 %	48 %	14 %	0 %	0 %	0 %	14 %
Chirurgie plastique & esthétique	125	28	18	0	0	0	15
	68 %	15 %	8 %	0 %	0 %	0 %	8 %
Chirurgien-dentiste	299	4	2	1	0	0	2
	97 %	1 %	1 %	0 %	0 %	0 %	1 %
Disciplines biologiques	5	1	2	44	5	0	1
	9 %	2 %	3 %	76 %	9 %	0 %	2 %
Disciplines chirurgicales (hors obstétrique et esthétique)	1 157	1 892	1 211	28	19	96	631
	23 %	38 %	24 %	1 %	0 %	2 %	13 %
Disciplines médicales	300	158	74	39	17	48	236
	34 %	18 %	8 %	4 %	2 %	6 %	27 %

	Acte technique fautif	Acte non fautif (aléa)	Infection nosocomiale	Accident dû à la prescrip-tion ou à la délivrance de produits de santé	Accident dû au matériel médical ou à un produit de santé	Problème d'organisation	Autre cause
Infirmiers diplômés d'État	7	17	6	0	1	5	35
	10 %	24 %	8 %	0 %	1 %	7 %	49 %
Kinésithérapeute	10	0	0	0	1	3	4
	56 %	0 %	0 %	0 %	6 %	17 %	22 %
Obstétrique	167	78	23	2	2	28	110
	41 %	19 %	6 %	0 %	0 %	7 %	27 %
Pharmaciens	1	2	0	2	0	0	2
	14 %	29 %	0 %	29 %	0 %	0 %	29 %
Professions paramédicales	2	1	0	0	0	3	3
	22 %	11 %	0 %	0 %	0 %	33 %	33 %
Sage-femme	5	1	0	0	0	1	3
	50 %	10 %	0 %	0 %	0 %	10 %	30 %
Autres	132	33	89	5	1	91	163
	26 %	6 %	17 %	1 %	0 %	18 %	32 %
Total	**2 393**	**2 333**	**1 444**	**129**	**52**	**309**	**1 352**
	30 %	**29 %**	**18 %**	**2 %**	**1 %**	**4 %**	**17 %**

5 – Montant global et coût moyen par origine des dossiers

Source	Effectif	Montant global	Pour-centage global	Coût moyen 2008-2013	Coût moyen 2013
APHP	192	16 546 582 €	2 %	86 180 €	98 850 €
Assureurs	6 010	581 118 764 €	57 %	96 692 €	131 523 €
ONIAM	2 445	422 601 605 €	41 %	172 843 €	175 134 €
Total	**8 647**	**1 020 266 951 €**	**100 %**	**117 991 €**	**148 043 €**

6 – Montant global selon la nature de l'indemnisation

Société	Nature de l'indemnisation	Effectif	Montant global	Coût moyen
APHP	Amiable	138	9 290 233 €	67 321 €
	Juridictionnel	54	7 256 349 €	134 377 €
Assu-reurs	Amiable	2 759	255 128 147 €	92 471 €
	Juridictionnel	3 194	322 071 282 €	100 836 €
ONIAM	Amiable	2 236	365 435 202 €	163 433 €
	Juridictionnel	206	56 381 088 €	273 695 €
Global	Amiable	5 133	629 853 582 €	122 707 €
	Juridictionnel	3 454	385 708 719 €	111 670 €
Total		**8 587**	**1 015 562 301 €**	**118 267 €**

7 – Cas particulier des dossiers de plus de 2 millions d'euros

Source	Lieu de l'acte en cause*	Situation de la personne mise en cause	Spécialité en cause	Nature du sinistre	Année de réalisation de l'acte	Année de réclamation du sinistre	Année de règlement du sinistre	Montant total rapporté à 100 %
Assureurs	1	Professionnel	Disciplines chirurgicales**	Acte technique fautif	1991	1991	2009	2 344 540 €
Assureurs	1	Professionnel	Autres	Non renseigné	1996	1993	2009	2 348 689 €
Assureurs	2	Professionnel	Disciplines chirurgicales**	Acte technique fautif	2001	2002	2009	2 494 278 €
Assureurs	1	Professionnel	Obstétrique	Acte technique fautif	1988	1988	2010	2 647 179 €
Assureurs	2	Professionnel	Disciplines chirurgicales**	Acte technique fautif	1998	2001	2009	2 901 192 €
Assureurs	2	Autres	Obstétrique	Acte technique fautif	1998	1998	2012	4 032 686 €
Assureurs	1	Professionnel	Disciplines médicales	Acte technique fautif	1993	1996	2010	4 647 850 €
Assureurs	2	Professionnel	Obstétrique	Acte technique fautif	1981	1992	2013	2 497 112 €
Assureurs	Non renseigné	Non renseigné	Non renseigné	Acte technique fautif	2001	2001	2012	2 937 908 €
Assureurs	3	Professionnel	Obstétrique	Acte technique fautif	1993	2001	2013	7 598 180 €

Source	Lieu de l'acte en cause*	Situation de la personne mise en cause	Spécialité en cause	Nature du sinistre	Année de réalisation de l'acte	Année de réclamation du sinistre	Année de règlement du sinistre	Montant total rapporté à 100 %
Assureurs	2	Professionnel	Disciplines chirurgi-cales**	Acte technique fautif	2005	2007	2012	2 447 378 €
Assureurs	2	Professionnel	Chirurgie plastique. & esthétique	Acte technique fautif	2006	2007	2011	3 000 000 €
Assureurs	2	Professionnel	Disciplines chirurgi-cales**	Acte technique fautif	2005	2007	2013	3 263 471 €
Assureurs	2	Professionnel	Disciplines chirurgi-cales**	Infection nosocomiale	2005	2007	2015	4 405 104 €
ONIAM	2	Établissement	Disciplines chirurgi-cales**	Acte non fautif (aléa)	2003	2003	2008	2 117 610 €
ONIAM	4	Professionnel	Disciplines chirurgi-cales**	Acte non fautif (aléa)	2003	2004	2009	2 263 630 €
ONIAM	4	Établissement	Disciplines chirurgi-cales**	Acte non fautif (aléa)	2004	2009	2013	2 648 542 €
ONIAM	4	Professionnel	Disciplines chirurgi-cales**	Acte non fautif (aléa)	2002	2005	2010	2 713 687 €

Source	Lieu de l'acte en cause*	Situation de la personne mise en cause	Spécialité en cause	Nature du sinistre	Année de réalisation de l'acte	Année de réclamation du sinistre	Année de règlement du sinistre	Montant total rapporté à 100 %
ONIAM	2	Établissement	Obstétrique	Acte non fautif (aléa)	2006	2007	2012	2 761 033 €
ONIAM	4	Établissement	Disciplines chirurgi-cales**	Acte non fautif (aléa)	2008	2008	2013	2 935 276 €
ONIAM	4	Établissement	Disciplines médicales	Acte non fautif (aléa)	2002	2003	2012	3 028 056 €
ONIAM	1	Professionnel	Disciplines médicales	Acte non fautif (aléa)	2004	2005	208	3 154 955 €
ONIAM	4	Établissement	Disciplines médicales	Acte non fautif (aléa)	2003	2004	2012	3 963 387 €
ONIAM	4	Professionnel	Autres	Acte non fautif (aléa)	2007	2008	2009	6 648 618 €
ONIAM	2	Professionnel	Non renseigné	Acte non fautif (aléa)	2006	2006	2011	2 094 067 €
ONIAM	4	Établissement	Disciplines médicales	Acte non fautif (aléa)	2003	2004	2011	3 963 387 €

* Lieu de l'acte en cause :

1 : Hors établissement

2 : Établissement de santé privé à but lucratif

3 : Établissement de santé privé PSPH

4 : Établissement santé public

** hors obstétrique et esthétique

8 – Montant global annuel de l'indemnisation

Source	2008	2008	2010	2011	2012	2013	Global
APHP	1 794 661 € 1 %	2 306 514 € 1 %	2 281 944 € 1 %	3 150 788 € 2 %	3 157 507 € 2 %	3 855 168 € 3 %	16 546 582 € 2 %
Assureurs	53 037 544 € 38 %	105 011 571 € 53 %	134 201 918 € 69 %	110 754 247 € 67 %	103 013 767 € 62 %	75 099 707 € 49 %	581 118 764 € 57 %
ONIAM	85 796 393 €	92 412 452 €	59 287 756 €	50 622 988 €	61 100 817 €	73 372 198 €	422 601 604 €
Total	**140 628 608 €**	**199 730 537 €**	**195 771 618 €**	**164 528 023 €**	**167 272 091 €**	**152 336 073 €**	**1 020 266 950 €**

9 – Montant moyen annuel de l'indemnisation

Source	2008	2008	2010	2011	2012	2013	Global
APHP	49 852 €	82 376 €	95 081 €	78 770 €	126 300 €	98 850 €	86 180 €
Assureurs	96 432 €	96 076 €	90 861 €	84 288 €	102 501 €	131 523 €	96 692 €
ONIAM	186 109 €	165 317 €	168 431 €	159 694 €	181 308 €	175 134 €	172 843 €
Total	**134 316 €**	**118 887 €**	**105 651 €**	**98 461 €**	**122 364 €**	**148 043 €**	**117 991 €**

CHAPITRE 3

L'INDEMNISATION DES VICTIMES DE RISQUES TECHNOLOGIQUES

894 ***Les risques technologiques*** [1] ◊ On appelle généralement « *risques technologiques* », les accidents d'origine industrielle : dans un sens plus large, nous envisagerons ici l'indemnisation des victimes de la technologie moderne, soit du fait des *produits*, soit du fait *des catastrophes industrielles*, soit du fait des *transports collectifs*.

Le risque technologique peut être isolé et ne causer que quelques victimes, par exemple par la malfaçon d'une série limitée de produits, une émanation de gaz toxique de faible ampleur, ou un accident de transport individuel. En revanche le risque technologique catastrophique peut causer plusieurs dizaines, plusieurs centaines, plusieurs milliers, voire plusieurs centaines de milliers de victimes : le sida post-transfusionnel, Bhopal, Tchernobyl, Fukushima, l'amiante, les accidents d'avions ou de ferry-boat voire d'un paquebot mythique comme le Titanic offrent des exemples dramatiques de ces accidents collectifs, toujours fortement médiatisés.

Plan

Cet ouvrage n'étant consacré qu'aux seuls dommages corporels, nous n'étudierons pas les catastrophes écologiques et économiques telles que les marées noires dont les naufrages de l'Ericka au large des Côtes atlantiques françaises en décembre 1999 et du Prestige au large du Finistère espagnol et du Golfe de Gascogne au printemps 2003, comme naguère de l'Amoco Cadiz en mars 1978, ont offert le triste spectacle. En revanche nous nous attacherons à :

- l'indemnisation des victimes de produits défectueux (Section 1)
- l'indemnisation des victimes de catastrophes industrielles : incendies et explosions pouvant être la source de graves pollutions chimiques, voire nucléaires comme le terrible exemple de la centrale nucléaire de Fukushima le démontre. Le traumatisme causé par l'explosion de l'usine AZF de Toulouse le 21 septembre 2001 a conduit à l'adoption d'une loi n° 2003-699 du 30 juillet 2003 relative à la prévention et à l'indemnisation des

1. **Risques technologies et catastrophiques** : H. Arbouset « Le plan prévention des risques technologiques est-il un outil pertinent de sauvegarde des personnes ? », *JCP* (A) 2010, 2, p. 33. C. Lienhard, « Pour un droit des catastrophes », *D.* 1995, chron., p. 91 ; L. Daligand, « Catastrophe collective et drame individuel », Victimologie, nov. 1994, p. 22.

victimes de risques technologiques... dont les victimes de dommages corporels sont curieusement ignorées (Section 2).

- l'indemnisation des victimes de transports collectifs (Section 3).

SECTION 1. L'INDEMNISATION DES VICTIMES DE PRODUITS DÉFECTUEUX

895 La fin du XIXe siècle était scientiste : l'homme croyait en la science, source de progrès et de bonheur ; en ce début de XXIe siècle, il est devenu sceptique : le doute tempère l'optimisme en des lendemains qui chantent. Il espère toujours que les sciences et les techniques apporteront un mieux-vivre, mais il a aussi appris à s'en méfier au gré des catastrophes de ces dernières décennies : aux *risques de conception des produits* répond aujourd'hui le *principe de précaution.*

A. Les risques de conception des produits

896 Le scientisme, confiance aveugle en une science mal contrôlée est porteur d'un potentiel catastrophique considérable, car c'est la *conception* même d'un produit largement industrialisé et commercialisé qui peut se trouver viciée par la méconnaissance d'effets néfastes. Les hypothèses en sont nombreuses, et souvent source de débats passionnés, ainsi que le démontre par exemple les débats relatifs aux organismes génétiquement modifiés [1], qui a vu s'opposer les tenants d'un principe de précaution strictement appliqué, à ceux qui défendaient l'utilisation de tels produits au nom du progrès scientifique. Les catastrophes sanitaires qui sont la cause de dommages corporels ont des origines multiples : des médicaments catastrophes, à l'affaire de la vache folle en passant par l'amiante ou le tabac, les exemples en sont innombrables [2].

897 ***1°) Les médicaments-catastrophes*** ◇

- *L'affaire du sang contaminé* [3], est un cas très emblématique de catastrophe iatrogène dont, parmi bien d'autres, on peut évoquer quatre exemples.

- *La Thalidomide ou Contergan* était un tranquillisant de synthèse réalisé en 1954 par la firme allemande Grünenthal et diffusé à partir de 1957 dans de nombreux pays occidentaux, notamment en Allemagne, en Grande-Bretagne, dans les pays du Bénélux et au Canada. Il n'avait heureusement

---

1. **OGM** : Loi n° 2008-595 du 25 juin 2008 relative aux organismes génétiquement modifiés. *JO* 26 juin 2008, p. 1. *RCA* 2008, comm. n° 123, P. Trouilly. Loi n° 2014-567 du 2 juin 2014 relative à l'interdiction de la mise en culture des variétés de maïs génétiquement modifié Cons. const. 28 mai 2014, n° 2014-694, K. Le Foucher, « Le Conseil constitutionnle embarrassé par le principe de précaution », *Constitution* 2015. 117 ; A. Van Lang « Principe de précaution : exorciser les fantasmagories », *AJDA* 2015. 510.

2. **Pour une vue d'ensemble de ces questions,** « Qualité et santé : vers un nouvel ordre public sanitaire », n° spécial *RDSS* 2014, n° 6. F. Faberon, « La sécurité sanitaire, alimentaire et environnementale : entre droit et science », *RDSS* 2014, 590. J.-L. Thillier, « Les catastrophes sanitaires en matière de médecine : état des lieux et perspectives », *AJ pénal* 2014. 392.

3. **Affaire du sang contaminé** : v. ss 942 s.

pas encore obtenu l'autorisation de mise sur le marché en France lorsqu'on 1961 on établit un rapport entre le nombre croissant des malformations très graves chez les nouveau-nés et l'usage du produit par la mère enceinte.

Les victimes de la Thalidomide se chiffrent par milliers : on évoque le chiffre de 8 000 à travers le monde. En Allemagne, plus de 2 800 victimes ont obtenu en 1970 un accord de la firme pour une indemnisation de 110 millions de deutschmarks, et une loi allemande a créé une fondation en faveur des victimes.

– *Les DES ou Distilbène* [1] était un œstrogène très largement prescrit aux femmes enceintes dans les années 1950-1970 pour éviter les fausses couches ; aux États-Unis il était vendu sous son nom générique et non pas sous un nom de marque de spécialité pharmaceutique. Les enfants mis au monde étaient parfaitement sains, mais, vingt ans plus tard, un grand nombre des filles nées après ce traitement de leur mère se révélèrent atteintes d'un cancer de l'utérus : des centaines de cas dans plus de 30 États ont soulevé des demandes d'indemnisation que l'on peut chiffrer en millions de dollars.

Avec plus de dix ans de retard, le problème de l'indemnisation des victimes du Distilbène est posé en France où quelque 160 000 Françaises auraient été traitées par cette hormone de synthèse entre 1947 et 1977 : la Cour de cassation, dans une décision du 7 mars 2006, a ainsi retenu la responsabilité d'un laboratoire pharmaceutique pour n'avoir pas retiré du marché ce médicament, alors que ses risques commençaient à être connus, sur le fondement du manquement à l'« obligation de vigilance ». Les difficultés d'indemnisation sont toutefois nombreuses : un premier problème réside dans l'administration de la preuve d'un traitement très ancien dont les ordonnances ont toute chance d'avoir été perdues ; s'y ajoute la pluralité des producteurs-fabricants du DES dont l'identification de marque est difficile : aux États-Unis, la « market share liability » a conduit à une responsabilité collective de branche professionnelle dont la Cour de cassation s'est sans doute inspirée dans sa jurisprudence récente [2].

– *Le Stalinon* [3], produit pour les maladies de la peau, lancé sur le marché par une petite firme française en 1953, a provoqué la mort ou l'invalidité grave de plusieurs centaines de personnes. Il a fallu un certain nombre d'années avant que l'on mesure pleinement les effets nocifs de ce médicament. Les lésés ont constitué par la suite une communauté d'intérêts qui a obtenu la condamnation pénale du fabricant responsable et qui a défendu, sur le plan du droit civil, les intérêts des victimes. Leur indemnisation à la charge de l'assurance privée internationale a dépassé à l'époque 10 millions de francs.

1. **Affaire du Distilbène :** TGI Nanterre, 24 mai 2002, *RTD civ.* 2002 p. 528 obs. Jourdain ; Civ. 2e, 7 mars 2006, *RCA* 2006, n° 164, obs. Ch. Radé. L. Neyret, « La reconnaissance du préjudice d'exposition au Distilbène », *RDSS* juill.-sept. 2002 p. 502. Ch. Radé, « Distilbène : le laboratoire jugé responsable et coupable », *RCA* 2004, chron. 22.

2. V. ss 870, 919.

3. **Affaire du Stalinon :** T. civ. Seine, 19 déc. 1957, *D.* 1958.257, *S.* 1958.137 note Bredin et CA Paris, 3 juin 1958, *S.* 1958.336 note Bredin ; F. Golléty, « Obligations et responsabilités des fabricants de produits pharmaceutiques », *D.* 1958.71 et « La responsabilité des fabricants de produits pharmaceutiques », *S.* 1960 chron. 7.

– *L'hormone de croissance* [1], produite par broyage d'hypophyses animales et prescrite à des enfants menacés de nanisme ou dont la croissance était jugée déficiente a provoqué 111 décès iatrogènes depuis 1989 par la maladie de Creutzfeldt-Jacob, maladie à prion qu'on allait retrouver avec l'affaire de la vache folle.

Le prion est principalement constitué d'une protéine ; toutes les espèces sont dotées d'un gène du prion qui s'exprime surtout dans les cellules nerveuses ; si la protéine du prion cellulaire est normale, elle peut aussi se transformer en une conformité pathogène dite protéine du prion « scrapie », anglicisme qui renvoie à la « tremblante » du mouton. La maladie de Creutzfeldt Jacob, est une maladie dégénérative du système nerveux dont les manifestations sont proches de la maladie d'Alzheimer. Après autopsie, le cerveau infecté de la victime décédée prend un aspect spongiforme.

– *Le Médiator* [2] (benfluroex) est un médicament antidiabétique, mais qui a été prescrit comme coupe-faim jusqu'en novembre 2009. Il est soupçonné d'être à l'origine de graves vulvopathies et aurait provoqué plus de 500 décès et 3 500 hospitalisations. Au-delà des très nombreuses plaintes pénales déposées par les victimes, le gouvernement a instauré, par le biais de l'article 57 de la loi de finances modificative pour 2011 du 29 juillet 2011, une procédure spécifique d'indemnisation sous l'égide de l'ONIAM, qui laisse toutefois subsister les responsabilités de chacun [3].

898 ***2°) La vache folle : de l'ESB à la maladie de Creutzfeldt-Jacob*** [4] ◊ On connaissait depuis longtemps « la tremblante » du mouton ; puis est arrivée une épidémie d'encéphalopathie spongiforme bovine (ESB), autre maladie neurodégénérative due à un mystérieux agent transmissible, le « prion » : cette contamination résulte de la consommation massive et prolongée, notamment entre 1980 et 1990, de farines animales fabriquées à partir de carcasses de moutons infectés par l'agent de la « tremblante »... le cheptel de bovins britanniques avait sournoisement été transformé en carnivores.

Les prions sont redoutables car ils sont insensibles aux rayonnements et aux traitements thermiques qui tuent les bactéries et les virus, et même

1. **Hormone de croissance** : F. Delbeel et J.-B. Mathieu, « Le dossier noir des hormones de croissance », éd. du Rocher. Civ. 1re, 24 janv. 2006, *RCA* 2006, comm. n° 89.
2. **Affaire du Médiator** : v. ss 954 s. H. Arbousset, « Médiator, fonds d'indemnisation et droit administratif : un trio au cœur de l'actualité », *JCP* (A) 2011, n° 18, p. 3. A. Laude, « Dans la tourmente du médiator : prescription hors AMM et responsabilités », *D.* 2011. 253.
3. V. ss 955 s.
4. **Vache folle et maladie de Creutzfeldt-Jacob** : P. Beauvais et T. Billette de Villemeur, « Maladie de Creutzfeldt-Jacob et autres maladies à prion », Flammarion, médecine-sciences, 1996 ; « A new variant of Creutzfeldt-Jacob desease in United Kingdom », The Lancet, 6 avr. 1996 ; J.-Y. Nau, « Les épouvantables énigmes de la Vache folle », Le Monde 4 avr. 1996, p. 21 ; Ph. Lemaître, « Londres s'inquiète des conséquences de la maladie de la vache folle », *Le Monde* 23 déc. 1999, p. 2 ; S. Reibel, « Encéphalopathie spongiforme bovine », éd. Polytechnica ; M.L. Moinet, « Vaches folles... », *Science et Vie* n° 944, mai 1996, p. 98 ; J.-J. Duby, « L'affaire de la vache folle », *Risques* n° 27, 1996 ; J.-Y. Nau, « Le journal de la vache folle », Paris 2001, Georg. éd. ; J.-S. Cayla, « Maladie de la vache folle... », *RDSS* 2001-2 p. 267 ; M. Hirsh, Ph. Duneton et autres, « L'affolante histoire de la vache folle », éd. Balland, 1996.

une exposition de 24 heures à une température de 160° ne l'inactive pas totalement. Seuls des traitements chimiques forts, notamment à la soude, sont vraiment efficaces. Or pour des raisons d'économies et de rentabilité, à la fin des années 1970 les usines de fabrication de farines animales à base de carcasses ont abandonné les hautes températures pour un traitement à basse température...

Cependant le stade de l'épizootie allait être dramatiquement outrepassé lorsque plusieurs cas d'une variante de la maladie de Creutzfeldt-Jacob, maladie rarissime jusqu'alors, furent observés en Grande-Bretagne et exposés dans « le Lancet » en 1996. Dès lors la lancinante interrogation ne pouvait être éludée : la contamination par le prion peut-elle franchir la barrière des espèces et passer du mouton au bœuf et du bœuf à l'homme ?

En mars 1996, la France décide d'interdire totalement l'importation de viande bovine d'Angleterre; elle maintint cet embargo en décembre 1999 malgré les injonctions de la Commission européenne et la saisie de la Cour de Justice de Luxembourg. Sage « précaution », car dans le même temps Liam Donaldson, conseiller médical du gouvernement britannique, avouait avec pessimisme : « nous ne saurons pas avant plusieurs années si l'épidémie va concerner des centaines de personnes, ou des centaines de milliers... »

Depuis fin 1999, la transmission à l'homme de l'ESB est avérée pour les scientifiques. Selon les chiffres de l'Institut national de veille sanitaire, 1 475 cas de maladies de Creutzfeldt-Jacob ont été signalés en France pour 2008, cette maladie ayant causé 529 décès sur la période 2005-2008. Mais la durée d'incubation d'une vingtaine d'années, l'impossibilité de dépistage et l'absence de traitement rendent l'avenir inquiétant.

L'affaire de la vache folle démontre que l'absence de preuve scientifique d'un danger de santé publique peut se conjuguer avec un risque gravissime.

899 ***3°) L'amiante...*** [1] ◊ Les dangers de l'amiante sont maintenant bien connus et ce matériau a fait des victimes dans le monde entier. Les qualités spécifiques de l'amiante, notamment en matière d'isolation, ont entraîné son utilisation massive déjà avant la deuxième guerre mondiale, mais surtout dans la décennie d'après-guerre. Cependant à partir des années 1960, ses effets nocifs sur la santé ont été démontrés ; l'inspiration

1. **Affaire de l'amiante** : R. Lenglet, *L'affaire de l'amiante*, éd. La Découverte-Enquêtes ; F. Menegoz, P. Grosclaude, P. Arveux, M. Henry-Amar, P. Schaffer, N. Raverdy, J.-P. Daurès, « Incidence du mésothéliome dans les registres des cancers français; estimations France entière », *BEH* n° 12, 18 mars 1996 ; F. Malye, *Amiante : le dossier de l'air contaminé*, éd. Le Pré aux Clercs, 1996 ; Collectif Intersyndical Jussieu, *Danger : amiante !*, Maspéro, 1977 ; A. Guérin, « Enquête sur des assassinats au dessus de tout soupçon », *Les Temps modernes* n° 387, oct. 1978 ; F. Labrousse, « La responsabilité de l'employeur en matière d'amiante », *Préventique-sécurité* n° 31, janv.-févr. 1997, p. 89 ; C. Got, *La gestion du risque et des problèmes de santé posés par l'amiante en France*, Doc. fr., 1998 ; B. Giard, « La pollution environnementale par l'amiante », *LPA* 2001, n° 108, p. 17 ; N. Olmer-Brin et J.V. Borel, « Les voies d'indemnisation ouvertes aux victimes de l'amiante », *Gaz. Pal.* 12-14 janv. 2003, p. 9. G. Deriot et J.-P. Godefroy, « Le drame de l'amiante : comprendre, mieux réparer, en tirer les leçons pour l'avenir », Rapport d'information du Sénat 2005, n° 37.

des fibres d'amiante peut se traduire par une maladie pulmonaire mortelle, mais celle-ci se révèle après une longue période de latence qui peut atteindre trente, voire quarante ans.

- On estime qu'*aux États-Unis*, l'amiante aura provoqué, sur plusieurs décennies, plus de 100 000 morts. Les producteurs d'amiante ont, pendant vingt ans, dénié leur responsabilité, admise depuis les années 1980. Plusieurs cours d'appel fédérales ont adopté la *théorie de l'exposition continue* : pour l'assurance le sinistre est, en cas de dommages latents, rapporté à toute la période allant du contact nocif avec le produit jusqu'à la manifestation de la maladie (sinistre continu).

- *En France* on connaissait certes les dangers de l'amiante, et l'asbestose (maladie chronique due à l'inhalation de fibres d'amiante) était dès 1950 inscrite au tableau 30 des maladies professionnelles : cette insuffisance respiratoire s'aggrave en lésions pleurales, puis en cancer du poumon et de la plèvre (mésothéliome). Un décret de mars 1978 avait interdit la technique du flocage de fibres d'amiante si largement utilisé dans le bâtiment au lendemain de la deuxième guerre mondiale : mais cette interdiction n'apportait aucune solution au problème de santé publique posé par les innombrables usines, entrepôts, administrations, écoles, universités, voire hôpitaux dont le flocage passé s'effilochait en vieillissant, exposant des dizaines de milliers de personnes à une lente contamination. Malgré les retentissants procès américains, les années 1980 furent silencieuses, jusqu'en 1990 où la tour du Centre international de Recherche sur le cancer (CIRC) de Lyon fût à grands frais « désamiantée » après la découverte d'amiante dans les plafonds. Puis en 1994 éclata l'affaire du lycée professionnel de Gérardmer après le décès de six enseignants par cancer du poumon, alors qu'ils exerçaient dans un atelier au plafond recouvert d'amiante ; l'Université de Jussieu, très « amiantée » allait reprendre une compagne amorcée en 1977 : le « Collectif Jussieu », la Fédération nationale des accidentés du travail, et l'Association pour l'étude des risques du travail s'unissaient pour créer l'Association nationale des victimes de l'amiante (Andeva) en février 1996.

Peu à peu le silence français sur l'amiante faisait place à « l'affaire de l'air contaminé », comme il y avait une « affaire du sang contaminé », et le déni apporté trop longtemps par les pouvoirs publics, les industriels et les médecins du travail était révolu.

Le Bulletin épidémiologique hebdomadaire (BEH) du ministère de la Santé de mars 1996 publiait un rapport alarmant selon lequel les cancers liés à l'amiante (mésothéliomes) avaient augmenté de 25 % en trois ans entre 1979 et 1990. Ainsi, 35 000 personnes sont décédées des conséquences des risques liés à l'amiante entre 1965 et 1995. Pour l'avenir, les estimations sont de l'ordre de 2 000 à 3 000 décès par an (jusqu'à 100 000 décès d'ici 2050, pour les plus pessimistes) : douloureuse réalité après l'inertie qui avait été confortée par la longue période de latence de la maladie.

Le décret n° 96-1133 du 24 décembre 1996 a posé le principe de l'interdiction quasi-totale de l'amiante en France, en application à la fois du Code du travail et du Code de la consommation, quelques exceptions réglementées par un arrêté du 24 décembre 1996 visant les seuls cas où aucun substitut ne peut être trouvé : après l'Allemagne, l'Italie, le Danemark, la Suède, les Pays-Bas, la Norvège et la Suisse, la France était le huitième pays européen à mettre l'amiante à l'index. L'article R. 1334-15 CSP impose en outre à tout propriétaire d'un immeuble construit avant 1980 de rechercher la présence d'amiante dans ses locaux.

Enfin la Directive européenne 1999/17 CE du 26 juillet 1999 interdit la commercialisation et l'industrialisation des fibres d'amiante dans l'Union européenne ; elle est entrée en vigueur le 1er janvier 2005 dans tous les pays encore utilisateurs de ce minéral cancérigène.

900 ***D'autres produits demeurent gravement nuisibles à la santé : le tabac*** ◊ Depuis des décennies le tabac est en effet reconnu comme tel [1]. Pour autant des générations d'hommes, puis de femmes ont succombé aux charmes volatiles de la fumée. Les risques de cancers des voies respiratoires et notamment des poumons ont été de plus en plus largement médiatisés : par une loi du 10 juillet 1976, renforcée à de nombreuses reprises, les pouvoirs publics ont imposé aux fabricants une obligation d'information des dangers du tabac sur les paquets de cigarettes. Les drogués du tabac n'en ont cure... mais le jour où la délicieuse manie tourne au cauchemar, les voici (ou leurs ayants droit) au prétoire pour tenter de mettre en cause la responsabilité du fabricant (notamment la SEITA en France) du fait soit de l'absence d'information sur la nocivité du produit, soit du caractère défectueux celui-ci.

Ici il convient de restituer à chacun ses responsabilités. L'absence d'information ne saurait être sérieusement invoquée depuis au moins quarante ans, et celui qui aurait alors cessé de fumer serait depuis longtemps sauvegardé des risques du tabagisme : C'est la victime qui est l'auteur de son propre dommage, et comme il n'existe pas de responsabilité juridique envers soi-même (mais une responsabilité morale qu'il convient d'assumer), la consommation de tabac est hors de notre propos. Par ailleurs le

1. **Tabac** : CA Orléans, 10 sept. 2001, *RDSS*. janv.-mars 2002, p. 28, note A. Saillard, *Gaz. Pal.* 3-5 mars 2002, p. 25, note Petit (depuis l'âge de quatorze ans en 1963, jusqu'à quelques mois avant son décès en 1999, le défunt fumait deux paquets de cigarettes sans filtre par jour... pas de responsabilité de la SEITA pour absence d'information avant 1976) ; Civ. 2e, 20 nov. 2003, *D.* 2003. 2902, concl. R. Kessous, note L. Grynbaum, *RCA* 2004, chron. Radé, n° 5, *Gaz. Pal.* 3-4 déc. 2003, p. 21, *D.* 2004, chron. A. Bugada, p. 653, « Nul n'est censé ignorer les méfaits du tabac » *D.* 2004. Somm. 1346, obs. D. Mazeaud (même affaire que CA d'Orléans : seules les personnes qui ont subi des préjudices en raison de faits indépendants de leur volonté méritent réparation). Civ. 1re, 8 nov. 2007, *D.* 2008. 50 (rejet de la responsabilité du fait de l'absence de lien causal). **Doctrine** : B. Roques, « La dangerosité des drogues » éd. O. Jacob, 1999 ; J.-Ph. Guédon, « Lutte contre le tabagisme ; la répression au service de la prévention : loi n° 2003-715 du 31 juill. 2003 », *JCP* 2004.I.104, p. 121 ; L. Grynbaum, « Le tabac : un produit dangereux sans obligation d'information », *RCA* 2001, chron. n° 23.

tabac n'est pas un produit « défectueux », ainsi que l'a d'ailleurs reconnu la Cour de cassation, dans une décision du 8 novembre 2007, mais un produit « nocif » ce qui est différent. Par un arrêt remarqué du 20 novembre 2003, la deuxième chambre civile de la Cour de cassation a justement rejeté la responsabilité de la SEITA.

Pour autant il est un devoir des pouvoirs publics de lutter contre le tabagisme, notamment des jeunes : à leur égard l'une des mesures les plus efficaces semble être la hausse du prix du paquet de cigarettes ; ainsi que l'interdiction de fumer dans les lieux publics imposée, à partir du 1er février 2007, par un décret du 15 novembre 2006.

B. Le principe de précaution [1]

901 Le principe de précaution induit une véritable *éthique des sciences* dont Hans Jonas a été le chantre le plus vigoureux dans son ouvrage *Le principe de responsabilité.* L'exigence éthique impose l'humble reconnaissance de nos ignorances : le principe de précaution exprime la prise de conscience que nos pouvoirs excèdent nos savoirs, et que face à des dangers potentiels inconnus mais redoutables, mieux vaut s'abstenir. Alors que la prévention tend à éviter des risques connus, la précaution tend à ne pas créer des risques inconnus ; le principe de précaution est la sagesse du scientifique et du technicien qui mesure ses connaissances à l'aune de ses ignorances.

902 ***1°) Le domaine du principe de précaution*** ◊ Expression de l'antique « *prudentia* » adaptée à la modernité de l'innovation scientifique et technologique, le principe de précaution s'est évadé du droit de l'environnement où il est né, pour devenir en quelques années un principe fondamental du droit.

1. **Principe de précaution :** La bibliographie est énorme, et n'est donc pas exhaustive : H. Jonas, « Le principe de responsabilité : une éthique pour la civilisation technologique », éd. du Cerf. 1995 : H. Ph. Vissert-Hooft, « Développement technologique et responsabilité envers les générations futures », Archives de philosophie du droit t. 36, « Droit et science p. 31 ; G.J. Martin, « Précaution et évolution du droit », *D.* 1995 chron. 299 ; L. Boy : La référence au principe de précaution et l'émergence de nouveaux modes de régulation » *LPA* n° 4.1997 p. 4 ; L. Baghestani-Perrey, « Le principe de précaution ; nouveau principe fondamental régissant les rapports entre le droit et la science », *D.* 1999 chron. p. 457 ; Ph. Kourilsky et G. Viney, « Le principe de précaution », éd. O. Jacob, 2000 ; J.-P. Desideri, « La précaution en droit privé », *D.* 2000 chron. p. 238 ; P. Sargos, « Approche judiciaire du principe de précaution dans les relations médecin-patient », *JCP* 2000. I. 226 ; O. Godard, G.J. Martin, M.A. Hermitte, V. David, C. Noiville, P. Jourdain, G. Viney, « Le principe de précaution », n° spécial *LPA* n° 239, nov. 2000 ; J.-M. Favret, « Le principe de précaution ou la prise en compte par le droit de l'incertitude scientifique et du risque virtuel », *D.* 2001, chron. p. 3462 ; D. Chagnollaud, « Le principe de précaution est-il soluble dans la loi ? (à propos de l'art. 5 de la Charte de l'environnement) », *D.* 2004. Chron. 1103 ; C. Noiville, Ma Hermitte, L. Fonbastier, A. Alemanno, L. Gradoni, A. Rouyere, G. Viney, G. Brucker, F. Ewald « Le principe de précaution », Dossier spécial du Recueil Dalloz 2007, p. 1514 s. M. Verpeaux, « La charte de l'environnement, texte constitutionnel en dehors de la constitution », Environnement avr. 2005. « Le principe de précaution saisi par le droit », la Documentation française, 2006. M. Boutonnet, « Bilan et avenir du principe de précaution en droit de la responsabilité civile » *D.* 2010. 2662. A. Van Lang « Principe de précaution : exorciser les fantasmagories », *AJDA* 2015, 510.

• *En droit de l'environnement*, les textes fondateurs du principe de précaution datent de 1992 : le principe 15 posé par la Déclaration de Rio sur l'environnement dispose : « Pour protéger l'environnement, des *mesures de précaution* doivent être largement appliquées par les États selon leurs capacités. *En cas de risque de dommages graves ou irréversibles, l'absence de certitude scientifique absolue ne doit pas servir de prétexte pour remettre à plus tard l'adoption de mesures effectives* visant à prévenir la dégradation de l'environnement. »

Dans le même temps, le Traité de Maastricht proclamait dans l'art. 130 R du titre XVI (devenu l'article 174 du Traité d'Amsterdam) consacré à l'environnement : « La politique de la Communauté... est fondée sur les principes de précaution et d'action préventive » et notre droit national a intégré le principe de précaution par la loi Barnier du 2 février 1995 relative au renforcement de la protection de l'environnement : « Le principe de précaution, selon lequel l'absence de certitudes, compte tenu des connaissances scientifiques et techniques du moment, ne doit pas retarder l'adoption de mesures effectives et proportionnées visant à prévenir un risque de dommages graves et irréversibles à l'environnement à un coût économiquement acceptable » (art. L. 110-1, II, 1, C. envir.).

Enfin l'article 5 de la Charte de l'environnement, auquel la loi n° 2005-205 du 1er mars 2005 a donné valeur constitutionnelle, dispose que « lorsque la réalisation d'un dommage, bien qu'incertain en l'état des connaissances scientifiques, pourrait affecter de manière grave et irréversible l'environnement, les autorités publiques veillent, par application du principe de précaution, à l'adoption de mesures provisoires et proportionnées afin d'éviter la réalisation d'un dommage, ainsi qu'à la mise en œuvre de procédures d'évaluation des risques encourus ».

Le principe de précaution reçoit ici une consécration constitutionnelle parmi les principes reconnus dans le préambule de la Constitution. Il s'impose principalement aux autorités publiques, en leur imposant de prendre des mesures pour prévenir certains risques liés à l'environnement et la santé.

• *Le droit de la sécurité des personnes physiques* a trouvé dans le principe de précaution l'énoncé de la règle de conduite pertinente qui lui avait tant manqué dans la désastreuse affaire du sang contaminé : dès que l'on avait pu subodorer l'existence d'un risque de contamination à VIH et avant même que la preuve scientifique n'en fût apportée, il eût fallu, par précaution, n'utiliser que des produits chauffés et détruire les anciens stocks devenus suspects. De même dans l'affaire de la vache folle, le gouvernement britannique n'a pas su prendre les mesures drastiques d'abattage des troupeaux contaminés dès lors qu'existait un doute sur la transmission de l'ESB à l'homme, avant même toute certitude scientifique sur le risque de contamination inter-espèces : alors que la prévention joue dans la certitude du risque à éviter, le principe de précaution répond à l'incertitude scientifique.

Dans ces différents domaines, le droit français semble aujourd'hui avoir intégré les impératifs de précaution et de sécurité dans sa philosophie politique : la création législative de multiples « Agences de sécurité », dont on peut citer l'Agence nationale de sécurité du médicament et des produits de santé (art. L. 5311-1 s. CSP), et l'Agence nationale de sécurité sanitaire, de l'alimentation, de l'environnement et du travail (loi du 1er juillet 1998, modifiée par l'ordonnance du 7 janvier 2010), en témoigne [1].

• *Le principe précaution, principe général du droit de la responsabilité ?* L'énoncé d'un « principe », même formalisé dans des textes de droit positif, voire constitutionnel, a une portée juridique plus incitative que directement contraignante. Ce principe ne concerne de plus directement que les personnes publiques, et son influence sur le droit de la responsabilité civile a pu être controversée [2].

C'est alors à travers la jurisprudence que son effectivité devra être testée ; cependant la question est posée de l'incidence du principe de précaution sur la nature de la responsabilité encourue.

On a parfois exprimé la crainte que le principe de précaution n'entraîne une régression de notre droit de la responsabilité civile qui, d'une responsabilité objective pour risque, s'ancrerait à nouveau sur la faute : la faute de non-précaution. Nous pensons au contraire que, dans le domaine de la sécurité et de l'intégrité physique des personnes le principe de précaution conforte la responsabilité pour risque : en effet il en élargit le concept puisque ce n'est plus seulement le risque scientifiquement connu et mesurable qui est visé, mais le risque inconnu, redouté mais scientifiquement établi. Certes une faute civile, voire pénale notamment avec le délit de mise en danger, peut s'inférer de la non-précaution, mais la responsabilité pour risque n'a jamais dénié tout droit de cité à la faute : en matière d'accident de la circulation, la responsabilité objective du conducteur n'exclut pas que sa responsabilité pénale puisse être mise en jeu (atteintes involontaires à la vie art. 221.6 C. pén. ; atteintes involontaires à l'intégrité de la personne, art. 222-19 et 222-20 C. pén.) en cas de conduite délictueuse.

Le principe de précaution conforte donc la responsabilité objective tout en instituant comme fautifs des comportements d'attentisme face au risque qui, naguère, auraient pu être innocentés.

---

1. **Sur le lien entre le principe de précaution et la création des différentes agences**, Ma Hermitte, « Relire l'ordre juridique à la lumière du principe de précaution » *D.* 2007, doct. 1518.

2. **Influence du principe de précaution sur le droit de la responsabilité civile** : v. parmi les références récentes, M. Boutonnet, « Bilan et avenir du principe de précaution en droit de la responsabilité civile » *D.* 2010. 2662. MP Camproux-Duffrène « Le contentieux de la réparation civile des atteintes à l'environnement après la loi du 1er aout 2008 sur la responsabilité environnementale », *RLDC* 2010/71. E. Gaftarnik, « La responsabilité civile à l'épreuve du principe de précaution » *LPA* 13 mars 2006, p. 3. O. Gout « Les avancées discrètes du principe de précaution », *RCA* 2006, chron. n° 7. M. Boutonnet « Le principe de précaution en droit de la responsabilité civile », LGDJ, 2005, T. 444. G. Viney, « Principe de précaution et responsabilité civile des personnes privées » *D.* 2007. 1542.

903 ***2°) les difficultés liées à l'expertise scientifique du risque technologique*** [1] ◊ La mise en œuvre du principe de précaution par les politiques comme par les acteurs économiques passe par une expertise compétente et impartiale du risque. Or si la compétence scientifique ne saurait être mise en doute par un juriste, en revanche il semble que l'indépendance des experts à l'égard des firmes puissantes qui financent la recherche n'est guère garantie. En France, l'étanchéité des fonctions entre contrôleurs et contrôlés ne fait pas partie de notre culture politique comme dans les pays nordiques. En matière d'expertise scientifique la porosité entre les deux secteurs est habituelle, ainsi que l'a illustré l'affaire du Médiator. Que des scientifiques experts nationaux connus intègrent l'état-major des entreprises qu'ils expertisaient auparavant n'étonne guère, et pourtant c'est toute l'indépendance et l'impartialité de l'expertise scientifique qui est mise en question : dans ces conditions, les affirmations d'innocuité des produits et les silences officiels sur les doutes et les craintes n'offrent que peu de garantie. C'est pourquoi la loi n° 2011-2012 du 29 décembre 2011 relative au renforcement de la sécurité sanitaire du médicament et des produits de santé a prévu un principe de « transparence des liens d'intérêt », en imposant aux personnes participant à tous les organismes en lien avec la santé, d'établir une déclaration d'intérêt, préalable à leur prise de fonctions (art. L 1145-1-I CS).

On peut déplorer que les politiques ne puissent mettre en œuvre le principe de précaution qu'avec la caution des scientifiques, mais c'est inévitable en la matière. Du moins doivent-ils être éclairés de manière pertinente et objective. C'est cette information complète, sincère, impartiale et précoce qui a manqué dans toutes les grandes catastrophes technologiques des dernières décennies et que la loi de 2011 tente d'imposer.

L'indépendance de l'expert vis-à-vis du sujet de l'expertise paraît un préalable indispensable : en effet, hors de toute pression et de toute connivence, il existe forcément entre l'expert le plus indépendant et un dossier relevant de son champ de compétence, une familiarité intellectuelle qui en fait naturellement un avocat bienveillant. Il faut donc diversifier les expertises indépendantes pour les risques technologiques.

Seule une expertise scientifique indépendante permet de prendre des décisions conformes à une sage application du principe de précaution : ni refus de l'innovation, ni emballement irraisonné devant les mirages scientistes, mais accompagnement éclairé de l'évolution scientifique. On sait que le risque zéro n'existe pas dès qu'il y a activité humaine. Il faut donc accepter un risque marginal : celui du risque inconnu et impossible à connaître le jour de la mise sur le marché d'un produit, ce qui ne signifie

1. **Sur les difficultés liées à l'évaluation du risque** : MF Delhoste, « Rapport ministériel critique sur l'expertise scientifique : les juges administratifs ferment les yeux » Environnement 2007, chron n° 11. M.A. Hermitte, « Relire l'ordre juridique à la lumière du principe de précaution », *D.* 2007, doct. 1518. JL Thillier, « Crises sanitaires : nouveaux enjeux de l'expertise scientifique et de l'expert », *D.* 2014. 1928.

pas qu'il faille pour autant en laisser les victimes sans indemnisation. *Le risque soupçonné doit être éludé grâce au principe de précaution ; le risque connu doit être évité grâce à la prévention :* telle est l'exigence de la *sécurité (§ 1) alors que le risque réalisé doit donner lieu à responsabilité (§ 2).*

§ 1. Sécurité

904 ***Défauts de conception et défauts de fabrication*** [1] ◊ Le principe de précaution a pour objet l'évitement d'un risque de *conception* d'un produit ; l'obligation de sécurité a une visée plus large car elle englobe les vices de *fabrication*. Les évolutions du droit positif tendent à affirmer l'existence générale d'une obligation de sécurité des produits qui permet notamment le développement de mesures destinées à prévenir les dommages (A), ces exigences étant renforcées dans deux domaines particulièrement sensibles : ceux de la sécurité sanitaire et alimentaire (B).

A. Sécurité des produits et droit de la consommation

905 La législation consumériste, protectrice des consommateurs, s'exprime d'abord dans une *obligation de sécurité* imposée à tous les producteurs [2]. La consécration d'une obligation de sécurité, par la jurisprudence, par de multiples lois nationales et par une Directive communautaire est une réalité juridique essentielle qui constitue le fondement de la responsabilité objective des producteurs, donc de la garantie de victimes.

906 ***Consumérisme et sécurité : évolution législative*** ◊ On peut sans doute faire remonter la protection du consommateur à la grande loi du *1er août 1905* sur la répression des fraudes dans la vente des marchandises et des falsifications de produits alimentaires ; constamment améliorée, elle a été complétée par de multiples textes réglementaires. C'est néanmoins à partir des années 1970 qu'une série de lois ont expressément eu pour objet la protection des consommateurs : la forme législative en a souvent été lamentable, mélangeant dans un incohérent fourre-tout les mesures les plus disparates, dont nous n'évoquerons ici que les aspects qui concernent la protection des victimes d'accidents corporels. Ces divers textes ont souvent été modifiés, mais leurs dispositions actuelles sont

1. **Défauts de fabrication :** Affaire de Pont Saint Esprit : Nîmes, 25 avr. 1960, *D.* 1960.725 note Savatier, *RTD civ.* 1961.116, obs. Tunc et Civ. 1re, 19 janv. 1965, *D.* 1965.389, *RTD civ.* 1965.665 obs. Cornu. **Affaire du Talc Morhange :** TGI Pontoise, 11 févr. 1980 et Versailles 5 déc. 1980 ; D. Nguyen-Thanh-Bourgeois, « La sécurité des consommateurs : réflexions sur l'affaire du talc Morhange », *D.* 1981, chron. 87.

2. **Obligation de sécurité :** v. ss 580 ; Y. Lambert-Faivre, « Fondement et régime de l'obligation de sécurité », *D.* 1994, chron., p. 81 ; H. Groutel, « L'impérialisme de l'obligation de sécurité », *RCA*, 1994, chron. n° 6 ; P. Jourdain, « L'obligation de sécurité ; à propos de quelques arrêts récents », *Gaz. Pal.*, 24 sept. 1993, p. 6.

désormais insérées dans le Code de la consommation. Quelques grandes étapes peuvent ainsi être mentionnées tant en droit interne qu'européen.

1) La loi Scrivener du 10 janvier 1978 sur la protection et l'information des consommateurs [1] est la première grande loi consumériste qui a esquissé deux avancées essentielles : celle relative à l'obligation de sécurité des fabricants qui sera élargie et confirmée par la loi Lalumière de 1983, et celle relative à la protection des consommateurs contre les clauses abusives.

2) La loi Lalumière du 21 juillet 1983 relative à la sécurité des consommateurs (art. L. 221.1 s. C. consom.) est tout à fait fondamentale et constituera le centre de cette étude.

3) Les Directives du 29 juin 1992 et du 3 décembre 2001 relatives à la sécurité des produits [2]. Depuis longtemps des directives spécifiques réglementent la sécurité dans les domaines les plus variés.

La directive adoptée le 29 juin 1992 instituait ainsi une obligation générale de sécurité des produits, très directement inspirée de la loi française de 1983. Elle s'articulait autour de deux pôles : poser des exigences communautaires générales en matière de produits, et en organiser la mise en œuvre au niveau national et communautaire. Cependant son article 16 prévoyait que, sur la base de l'expérience acquise, la Commission pourrait proposer au Conseil les modifications qui apparaîtraient souhaitables. Dans la recherche d'un plus haut niveau de protection des consommateurs, la Directive 2001/95/CE du 3 décembre 2001 « relative à la sécurité générale des produits » constitue, pour des raisons de clarté, une refonte complète de la Directive de 1992 (avec une annexe de correspondance de la numérotation des articles). Cette directive établit une législation générale de la sécurité des produits, apte à combler les manques des diverses législations spécifiques. Elle a été intégrée en droit français par les ordonnances n° 2004-670 du 9 juillet 2004 [3] et n° 2008-810 du 22 août 2008

Depuis lors, on peut dire que la sécurité des personnes constitue un pôle fondamental de notre philosophie juridique et s'exprime dans le cadre des lois les plus diverses. Certes, diverses catastrophes sanitaires ou environnementales peuvent toujours illustrer des défaillances et des

---

1. **Loi Scrivener : loi n° 78-23 du 10 janvier 1978 sur la protection et l'information du consommateur** : L. Bihl, *JCP* 1978.I.2909 ; D. Nguyen-Thanh-Bourgeois, *D.* 1979, chron. 15 et « Les contrats entre professionnels et consommateurs et la portée de l'ordre public dans les lois Scrivener », *D.* 1984.I.91 ; J.-C. Fourgoux, « La publicité mensongère, modèle 1978 », *Gaz. Pal.*, 8 nov. 1978 ; J. Calais-Auloy, « L'information des consommateurs par les professionnels », in Dix ans de Droit de l'entreprise, Libr. techn., 1978, p. 979 ; Fourgoux, Mihailov et Jeannin, « Principes et pratique du droit de la consommation », éd. Delmas, 1979.

2. **Directive 92/59/CEE relative à la sécurité générale des produits**, *JOCE*, 11-8-1192, n° L. 223-24 ; Directive 2001/95/CE, *JOCE* L. 11 du 15 janv. 2002. – **Droit américain :** C. Joerges, « Le consumer product safety act » américain et sa mise en œuvre par la « consumer product safety commission », *RID comp.* 1998.1, p. 7.

3. **Ordonnance du 9 juillet 2004 intégrant la directive communautaire du 3 décembre 2001 :** G. Raymond, « une nouvelle directive européenne », CCC 2002, comm. 54. « Transposition de la directive n° 2001/95/CE du Parlement européen et du Conseil du 3 décembre 2001 relative à la sécurité générale des produits », CCC 2005, comm. n° 2.

inerties coupables, mais l'impératif de sécurité n'est plus dénié comme principe essentiel de notre culture juridique.

907 ***La loi Lalumière du 21 juillet 1983, renforcée par l'ordonnance du 9 juillet 2004, et les mesures relatives à la sécurité des consommateurs*** [1] ◊ Loi de prévention, la loi du 21 juillet 1983, modifiée par l'ordonnance du 9 juillet 2004, édicte une obligation de sécurité qui constitue le fondement juridique de la responsabilité des fabricants et distributeurs de produits ; elle fait l'objet des articles L. 221.1 et suivants du Code de la consommation, selon lequel, « Les produits et les services doivent, dans des conditions normales d'utilisation, ou dans d'autres conditions raisonnablement prévisibles par le professionnel, présenter la sécurité à laquelle on peut légitimement s'attendre, et ne pas porter atteinte à la santé des personnes ».

– Le *champ d'application* du texte vise les *produits et les services*, à l'exclusion des antiquités et des produits d'occasion, donc la fabrication mais aussi la distribution : l'obligation de sécurité pèse sur les fabricants et assimilés, mais aussi sur les distributeurs de produits.

– Le *contenu de l'obligation de sécurité* est étendu à *« l'usage anormal mais raisonnablement prévisible »* du produit par le consommateur. Ainsi la responsabilité du fabricant serait écartée par un *usage imprévisible* du produit qui donnerait à la faute causale de la victime le caractère exonératoire de la force majeure.

Parmi les dispositions qui tendent à réaliser cet objectif de sécurité, on peut retenir l'accent mis sur les mesures d'information du consommateur et de prévention.

a) L'information du consommateur

Aux termes de l'article L. 221-1-2 C. consom., le responsable de la mise sur le marché doit fournir au consommateur « les informations utiles qui lui permettent d'évaluer les risques inhérents à un produit pendant sa durée d'utilisation normale ou raisonnablement prévisible et de s'en prémunir, lorsque ces risques ne sont pas immédiatement perceptibles par le consommateur sans un avertissement adéquat ». Les pouvoirs publics peuvent imposer, par voie d'arrêtés, les mesures nécessaires pour permettre aux consommateurs d'accéder aux dites informations.

b) La prévention

1) L'article L. 221-1-2 C. consom. impose aux responsables de la mise sur le marché d'un produit une obligation de vigilance, ceux-ci devant se tenir au courant de l'évolution des risques des produits commercialisés. Lorsque le

1. **Loi Lalumière :** *loi n° 83-660 du 21 juillet 1983 relative à la sécurité des consommateurs* ; art. L. 221.1 s. C. consom. ; J. Revel, « La prévention des accidents domestiques : vers un régime spécifique de responsabilité du fait des produits ? », *D.* 1984, chron. 69 ; Bihl, « Une réforme nécessaire », *Gaz. Pal.*, 30 déc. 1983 ; Hémard et Bouloc, « Ventes, Transports et autres contrats commerciaux », *RTD com.* 1984.135 ; sous la direction de J. Ghestin, « Sécurité des consommateurs et responsabilité du fait des produits défectueux », Colloque Paris, nov. 1986, LGDJ 1987 ; V. Vigneau, « Trente ans de jurisprudence sur la notion de consommateur ».

produit ne présente plus la sécurité nécessaire, le distributeur concerné doit alors immédiatement en informer les autorités compétentes, et indiquer les mesures qu'il compte adopter pour prévenir les risques pour les consommateurs. Parmi ces mesures figure notamment le retrait du produit.

2) Les mesures de retrait du marché[1] : lorsqu'un produit présente des dangers pour la sécurité des personnes, la manière la plus efficace d'éviter qu'il ne cause des dommages corporels consiste à prendre des mesures de *retrait du marché* (art. L. 221.1-2 et 3.3° C. consom.).

Les décisions de retrait du marché peuvent être prises au terme d'une longue procédure, par décret en Conseil d'État ; en cas de danger imminent, des procédures d'urgence par arrêté ministériel sont possibles. Le retrait du marché national est d'ailleurs insuffisant si le produit dangereux se trouve simplement voué à l'exportation occulte vers d'autres pays moins stricts ; s'il ne peut être révisé par le fabricant, seule sa destruction permet une véritable protection des consommateurs.

Les ministres intéressés peuvent également ordonner la *diffusion de mises en garde* ou de précaution d'emploi ainsi que la reprise en vue d'un échange ou d'une modification ou d'un remboursement total ou partiel.

3) Des obligations réglementaires de prévention, prises par décrets en Conseil d'État par catégories de produits doivent fixer, si besoin est, « les conditions dans lesquelles la fabrication, l'importation, l'exportation, l'offre, la vente, la distribution à titre gratuit, la détention, l'étiquetage, le conditionnement, la circulation des produits ou le mode d'utilisation de ces produits sont interdits ou réglementés ».

Au surplus, de nombreuses catégories de produits sont soumises à des régimes spécifiques en raison des dangers qu'ils présentent : les produits pharmaceutiques, les produits cosmétiques, les denrées animales, les médicaments vétérinaires, les pesticides agricoles, les insecticides, les engrais, les substances vénéneuses, etc.

B. Sécurité sanitaire et sécurité alimentaire

908 La réglementation relative à la sécurité des produits est aussi hétéroclite qu'omniprésente, et par une énumération à la Prévert ou peut évoquer les jouets, les articles de puériculture, les piscines, les ascenseurs, les portes de garages, les textiles, les bicyclettes, les gommes etc. Cependant il est deux secteurs dans lesquels les pouvoirs publics secoués par les catastrophes de la dernière décennie sont particulièrement vigilants : c'est le secteur sanitaire des *médicaments* et celui des *aliments*.

909 ***1°) La sécurité sanitaire des médicaments et produits de santé***[2] ◊ Le médicament, naguère préparation artisanale, est devenu un

1. **Retrait du marché :** Civ. 2e, 7 févr. 1990, *RCA* 1990, n° 159 (l'absence de retrait des produits dangereux constitue une faute).

2. **Sécurité sanitaire des produits de santé :** J.A. Robert et A. Regniault, « Les effets indésirables des médicaments : information et responsabilités », *D.* 2004 chron. p. 510. A. Laude, « Dans la tempête du Médiator : prescription hors AMM et responsabilité », *D.* 2011. 253.

produit industriel qui doit répondre à des impératifs de qualité et de sécurité d'autant plus stricts qu'il est en soi un facteur de risque iatrogène : sa fabrication, ses effets thérapeutiques et sa tolérance doivent donc faire l'objet d'un système rigoureux de contrôle et de surveillance.

Le médicament est défini par l'art. L. 5111-1 du Code de la santé publique : « on entend par médicament toute substance ou composition présentée comme possédant des propriétés curatives ou préventives à l'égard des maladies humaines ou animales, ainsi que toute substance ou composition pouvant être utilisée chez l'homme ou chez l'animal ou pouvant leur être administrée, en vue d'établir un diagnostic médical ou de restaurer, corriger ou modifier leurs fonctions physiologiques en exerçant une action pharmacologique, immunologique ou métabolique ».

a) L'agence nationale de sécurité du médicament et des produits de santé : l'ANSM (art. L. 5311-1 à L. 5323-5 CSP)

Depuis 1996 ont été mis en place ou rénovés un grand nombre d'organismes réglementés au Code de la santé publique qui, de comités en commissions et d'instituts en agences ont tous pour objectif d'encadrer, coordonner, contrôler toutes les activités qui touchent à la santé publique, afin d'éviter un cataclysme comme celui du « sang contaminé ». Parmi ces organismes, l'Agence nationale de sécurité du médicament et des produits de santé, qui remplace depuis le 1er mai 2012 l'ancienne Agence française de sécurité sanitaire des produits de santé, a un rôle élargi à tous les « produits de santé » destinés à l'homme dont notamment médicaments, dispositifs médicaux, produits biologiques d'origine humaine, produits thérapeutiques annexes et cosmétiques (art. L. 5311.1 CSP). L'ANSM est compétente en matière d'évaluation et de police sanitaire pour tous les « produits de santé », qu'ils soient soumis à la procédure d'autorisation de mise sur le marché (AMM) ou non. Lorsqu'un produit est soupçonné de présenter un danger pour la santé humaine dans des conditions normales d'emploi, l'ANSM peut prendre des mesures de suspensions de fabrication et de commercialisation, ou fixer des conditions restrictives d'utilisation de ces produits (art. L. 5312.1 CSP).

L'Agence a également une mission d'évaluation, de vigilance, de contrôle et d'inspection pour les produits de santé.

b) L'autorisation de mise sur le marché d'un médicament (AMM) [1]

Lorsqu'un laboratoire pharmaceutique, après toutes les étapes de recherche et tous les tests nécessaires sur les animaux, puis sur l'homme, désire lancer un nouveau médicament sur le marché, il peut choisir de demander l'AMM pour la France, ou pour toute l'Union européenne.

- *L'ANSM* est l'organisme compétent pour la France : la commission d'AMM vérifie que le nouveau médicament répond aux critères de qualité, d'efficacité est de sécurité. La mise sur le marché est conditionnée par la démonstration rigoureuse et scientifiquement reconnue du rapport bénéfice/

1. A. Laude, « Dans la tourmente du médiator : prescription hors AMM et responsabilités », *D.* 2011. 253.

risque dans une indication thérapeutique donnée et pour une population donnée. L'évaluation clinique du médicament a souvent été conduite par le laboratoire pharmaceutique pendant plusieurs années avec essai thérapeutique randomisé en double aveugle pour comparer la nouvelle molécule à un placebo ou à un produit de référence. Le dossier d'AMM comprend notamment la composition qualitative et quantitative du produit, ses indications, contre-indications et effets indésirables, la description des méthodes de contrôle utilisées par le fabricant et le résultat des essais physico-chimiques, biologiques, pharmacologiques, toxicologiques et cliniques. L'autorisation est refusée dès lors que la spécialité apparaît nocive dans ses conditions normales d'emploi, que l'effet thérapeutique n'est pas suffisamment justifié ou que les procédés de contrôle ne garantissent pas la qualité du produit. L'affaire du Médiator a toutefois démontré les carences très graves de notre système de pharmacovigilance qui a donc été réformé sur ce point par la loi n° 2011-2012 du 29 décembre 2011 relative au renforcement de la sécurité sanitaire du médicament et des produits de santé [1]. Dorénavant, Le directeur de l'ANSM peut notamment suspendre ou retirer une AMM lorsque le médicament présente des défauts qui apparaîtront après sa commercialisation.

– *L'Agence européenne des médicaments*, qui fonctionne à Londres depuis le 1er mai 1995, est l'institution compétente pour délivrer une autorisation de mise sur le marché européen : la sécurité sanitaire du médicament à usage humain est garantie par une pléthorique législation communautaire.

L'Agence européenne des médicaments permet une procédure unique et centralisée d'autorisation de mise sur le marché pour toute l'Union européenne : une seule évaluation scientifique est effectuée sur les rapports d'évaluation de deux pays différents : le rapport d'évaluation du médicament établi par le « Comité des spécialités pharmaceutiques » est mis à disposition de toute personne intéressée avec les motifs de son avis favorable à la délivrance. L'Agence européenne assure également la coordination des systèmes nationaux de pharmaco-vigilance.

Si l'AMM délivrée par l'Agence européenne est valable pour tous les pays de l'Union ; l'AMM délivrée par l'ANSM pour la France peut être élargie à l'Union européenne grâce à une procédure de reconnaissance mutuelle (procédure d'enregistrement décentralisée).

910 ***2°) La sécurité sanitaire des aliments*** [2] ◊ Si la vache folle et les OGM nourrissent nos craintes, les poulets à la dioxine, le bœuf américain aux hormones, les farines animales françaises souillées de boues d'épuration, et

---

1. Loi n° 2011-2012 du 29 décembre 2011 relative au renforcement de la sécurité sanitaire du médicament et des produits de santé, v. ss 903.

2. **Sécurité sanitaire des aliments :** J. Bugnicourt, JS Borghetti, F. Collart-Dutilleul, « Le droit civil de la responsabilité à l'épreuve du droit spécial de l'alimentation : premières questions », *D.* 2010. 1099. S. Desmoulin-Canselier, « L'agence nationale chargée de la sécurité sanitaire de l'alimentation, de l'environnement et du travail : un faux-semblant de rationalisation ? », *Gaz. Pal.* 2010, 39. M.V. Jeannin, « Sécurité et insécurité alimentaire au troisième millénaire », *Gaz. Pal.* 2-4 janv. 2000, p. 69 ; M.V. Jeannin, « Sécurité et insécurité alimentaire au troisième millénaire », *Gaz. Pal.* 4 janv. 2000, p. 69.

les fromages bien de chez nous porteurs de listéria, sans oublier la grippe du poulet en Chine ou la transmission de la bactérie E. Coli par des graines germées en Allemagne, ont de manière récurrente alimenté l'actualité médiatique des dernières années. Même avec les techniques les plus modernes de réfrigération et de conservation des aliments, on sait que le risque zéro n'existe pas, et que la mondialisation de l'industrie agro-alimentaire et de la distribution diffuse les risques bien au-delà des frontières nationales.

Pour les aliments comme pour tous les autres produits, le ministre chargé de la consommation ou tout ministre intéressé, peut, « en cas de danger grave et immédiat... suspendre par arrêté pour une durée n'excédant pas un an, la fabrication, l'importation, l'exportation, la mise sur le marché à titre gratuit ou onéreux d'un produit et faire procéder à son retrait en tout lieu où il se trouve... » (art. L. 221-5 C. consom.).

Cependant la sécurité alimentaire a été renforcée par la loi n° 98-535 du 1er juillet 1998 relative au renforcement de la veille sanitaire et du contrôle de la sécurité sanitaire des produits destinés à l'homme : dans ce cadre a été créée une Agence nationale chargée de la sécurité sanitaire de l'alimentation, de l'environnement et du travail (art. L. 1313-1 s. CSP). Dans le même esprit la constitution d'une « Autorité européenne de sécurité des aliments » (EFSA) a été formellement adoptée par le Parlement européen en janvier 2002.

Toutefois si la précaution, la prévention et la sécurité s'imposent particulièrement dans le domaine alimentaire, il faut raison garder : les risques sanitaires et nutritionnels des aliments sont mieux contrôlés, voire maîtrisés, dans notre société industrielle aseptisée que dans les sociétés traditionnelles.

§ 2. **Responsabilité**

911 *Directive du 25 juillet 1985 et loi française du 19 mai 1998* ◊

a) La Directive du 25 juillet 1985 relative à la responsabilité du fait de produits défectueux [1]

Dans tous les États européens, et avant même l'élaboration de règles spécifiques relatives à la responsabilité des fabricants, la jurisprudence

1. **Directive 85/374/CEE du 25 juillet 1985 relative au rapprochement des dispositions législatives, réglementaires et administratives en matière de responsabilité du fait des produits défectueux :** *JOCE*, 7 août 1985, n° 210-29, *RGAT* 1985.652 ; J. Ghestin, « La Directive communautaire du 25 juillet 1985 sur la responsabilité du fait des produits défectueux », *D.* 1986, chron., p. 135 ; J. Cowell, « La Directive communautaire "produits" : les deux prochaines années... », *RGAT* 1986.180 ; J. Deprimoz, « Plongée dans les zones d'ombre de la Directive communautaire sur la responsabilité du fait des produits défectueux », *RGAT* 1987, p. 361 ; C. Torem et L. Focssaneanu, « La Directive du 25 juillet 1985 relative à la responsabilité du fait des produits défectueux et le droit français applicable en la matière », *JCP* 1987.I.3269 ; G. Gaspard, « Responsabilité du producteur », *Droit des affaires, Marché commun*, art. 100, éd. Jupiter, 1989 ; Y. Markovits, *La Directive CEE du 25 juillet 1985 sur la responsabilité du fait des produits défectueux*, LGDJ, 1990. G. Viney, « L'harmonisation des droits de la responsabilité civile en Europe », in *Mélanges Y. Lambert-Faivre et D. Lambert*, Dalloz, 2002, p. 417.

tendait à construire un régime de responsabilité que l'on peut qualifier d'objective à partir de textes théoriquement basés sur la faute.

Cependant le souci généralisé de protéger les consommateurs et le désir d'éviter toute distorsion de concurrence en soumettant les fabricants des divers États aux mêmes sujétions et charges de responsabilité ont conduit à l'adoption de la Directive du 25 juillet 1985 après treize années de difficiles discussions.

• **L'intégration de la Directive de 1985 dans le droit français** [1], *d'application exclusive lorsque la responsabilité est recherchée sur la base du défaut du produit* [2], a nécessité à nouveau treize années de houleux débats, un arrêt de la Cour de Justice des Communautés européennes du 13 janvier 1993 condamnant la France pour manquement à ses obligations, et la menace de lourdes sanctions financières pour aboutir à une loi de transposition médiocre car elle ne règle aucun des problèmes de fond de la matière. Néanmoins la jurisprudence anticipant l'inéluctable intégration du droit communautaire retenait depuis plusieurs années la responsabilité des fabricants pour défaut de sécurité du produit.

b) La loi du 19 mai 1998 relative à la responsabilité du fait des produits défectueux [3]

La loi du 19 mai 1998 insère dans le Code civil les nouveaux articles 1386-1 à 1386-18 sous un titre intitulé « De la responsabilité du

1. **Intégration de la Directive** : B. Mongin, « La responsabilité de l'État pour défaut de transposition d'une Directive », *Dr. et patrimoine*, n° 4.1993.60 ; A. Desmazières de Séchelles, « L'effet devant les tribunaux d'une directive communautaire non transposée : l'exemple de la directive en matière de responsabilité du fait des produits défectueux », *JCP* E 1995.I.453. – CJCE 13 janv. 1993, *D.* 1993. 566, note J.-L. Clergerie (constatation de manquement de la France).

2. V. ss 912.

3. **Loi n° 98-389 du 19 mai 1998 relative à la responsabilité du fait de produits défectueux ; art. 1386-1 à 1386-18 C. civ.** : G. Ghestin, « De la responsabilité du fait des produits défectueux » *JCP* 1998, I, n° 148 ; G. Viney, « L'introduction en droit français de la directive européenne du 25 juillet 1985 relative à la responsabilité du fait des produits défectueux », *D.* 1998, chron. p. 291 ; F.X. Testu et J.-H. Moitry, « La responsabilité du fait des produits défectueux, Commentaire de la loi n° 98-389 du 19 mai 1998 », D. Affaires 1998, suppl. au n° 125 ; J. Huet, « Une loi peut en cacher une autre : mise en perspective de la loi sur la responsabilité des produits défectueux », D. Affaires 1998, p. 1160 ; F. Chabas, « La responsabilité pour défaut de sécurité des produits, dans la loi du 19 mai 1998 », *Gaz. Pal.*, 9-10 sept. 1998, Doctr., p. 2 ; C. Larroumet, « La responsabilité du fait des produits défectueux après la loi du 19 mai 1998 », *D.* 1998, chron. p. 311 ; P. Jourdain, « Une loi pour rien ?.. » *RCA* 1998 chron. n° 16 et « Commentaire de la loi n° 98-389 du 19 mai 1998 sur la responsabilité du fait des produits défectueux », *JCP* E 1998, p. 1204 ; Y. Dagorne-Labbé, « La loi du 19 mai 1998 relative à la responsabilité du fait des produits défectueux », Defrénois 1998, p. 1265, art. 36888 ; Les produits défectueux et leur responsabilité, Dossier D. Affaires 1998, suppl. au n° 142, par F.X. Testu, A. Dietz et D. Forest ; C. Larroumet, A. Outin-Adam, D. Mazeaud, N. Molfessis, L. Leveneur, « La responsabilité du fait des produits défectueux » (loi du 19 mai 1998), *LPA* n° 155, 28 déc. 1998 ; Ph. Malinvaud, « La loi du 19 mai 1998 relative à la responsabilité du fait de produits défectueux et le droit de la construction » *D.* 1999 chron. p. 5 ; E. Fouassier, « Responsabilité du fait des produits défectueux » *Méd. et dr.*, n° 36, mai 1999, p. 2 ; C. Delpoux, « La loi française sur la responsabilité du fait des produits défectueux », *Risques* n° 34, avr. 1998, p. 129 ; G. Durry, « La responsabilité du fait des produits défectueux un pas en avant, deux en arrière », *Risques* n° 37, mars 1999, p. 119 ; M. Carcenac, « La responsabilité du fait des produits à l'heure européenne », *RGDA* 1999, p. 13 ; J.-P. Beraudo, « L'application internationale

fait des produits défectueux », responsabilité spécifique qui intègre le droit communautaire de 1985.

La transposition de la directive de 1985 dans le droit français de 1998 ne pouvait ignorer les nombreuses avancées jurisprudentielles qui, pendant plus d'une décennie, avaient élaboré une protection efficace du consommateur grâce au recours à « l'obligation de sécurité de résultat » imposée au producteur comme aux distributeurs dans la chaîne des intermédiaires. Aussi la loi française de 1998 avait-elle considéré la directive comme un seuil minimum de protection qu'elle devait dépasser pour ne pas régresser sur le plan national. La Cour de Justice des communautés européennes a toutefois entendu faire prévaloir une autre interprétation. La directive étant pour elle axée sur une logique d'unification économique du marché, son application doit être *parfaitement unifiée* entre les différents états membres. Elle ne pose donc pas un niveau minimum de protection, mais doit conduire à un droit *uniforme*. Ainsi la France a-t-elle été plusieurs fois condamnée pour une transposition trop favorable de la directive pour les consommateurs [1].

La transposition de cette directive n'a toutefois pas réalisé une unification totale du droit français régissant les dommages causés par un produit car si l'action contre le producteur a été harmonisée (A) subsiste pour tous les autres cas une mosaïque complexe de régimes dérogatoires (B).

A. La responsabilité du producteur du fait des produits défectueux

912 ***L'étude de la loi française au regard de la Directive de 1985*** ◊ *La responsabilité objective* des producteurs est traditionnellement fondée sur l'obligation générale de sécurité qui leur incombe en vertu des textes nationaux et internationaux ; elle est inhérente aux risques créés par la technologie moderne et la production de masse. Le fondement de cette

des nouvelles dispositions du Code civil sur la responsabilité du fait des produits défectueux », *JCP* 1999.I.140 ; J.-C. Montanier, « Les produits défectueux », éd. Litec 2000. A. Laude « Aperçu de jurisprudence nationale en matière de responsabilité du fait des médicaments défectueux » *RDSS* 2004, 742. M. Bacache, « La loi n° 98-389 du 19 mai 1998, 10 ans après » *RCA* 2008, chron. n° 7. J. Bigot, « Les ambiguïtés de la responsabilité et de l'assurance du fait des produits défectueux », *JCP* 2010, 1014. L. Bloch, « Pour une autre présentation de la responsabilité du fait des produits de santé » *RCA* 2009, ét. n° 12. « La responsabilité du fait des produits défectueux », Travaux du GRERCA, IRJS, 2013.

1. **CJCE, arrêts du 25 avril 2002** (France condamnée pour mauvaise transposition de la Directive), *D.* 2002. 2935, note J.-P. Pizzio, *D.* 2002. 1670, obs. C. Rondey, *D.* 2002. 2462, note C. Larroumet ; J. Calais-Auloy, « Menace européenne sur la jurisprudence française concernant l'obligation de sécurité du vendeur professionnel », *D.* 2002 chron. p. 2458 ; C. Grynfogel, « La mise en œuvre de la Directive sur la responsabilité du fait des produits défectueux », *Gaz. Pal.* 18-20 mai 2003, p. 2 ; N. Jonquet, A.C. Meillols, F. Vialla, « Les victimes de produits de santé épargnés par la CJCE », *D.* 2003. 1299 ; G. Durry, « Les déboires de la France en matière de transposition de la directive communautaire sur la responsabilité des produits défectueux », *Risques* n° 53, mars 2003. CJCE 14 mars 2006, *RTD civ.* 2006. 335.

responsabilité varie toutefois selon le moment auquel le produit défectueux a été mis en circulation, trois hypothèses devant être distinguées.

1re hypothèse : la mise en circulation du produit est antérieure à la directive du 25 juillet 1985 : la responsabilité ne peut reposer que sur l'obligation de sécurité du fabricant, fondée en droit français, sur l'article 1147 C. civ.

2e hypothèse : celle-ci est intervenue entre la date de la directive et celle de l'entrée en vigueur de la loi du 19 mai 1998 : la responsabilité est fondée sur l'article 1147 C. civ. interprété à la lumière de la directive, pour les dispositions impératives de cette dernière [1].

3e hypothèse : le produit est mis en circulation après l'entrée en vigueur de la loi du 19 mai 1998 : ce sont alors les articles 1386-1 s. C. civ. qui peuvent seuls recevoir application, la CJUE ayant en effet ici consacré le caractère exclusif d'application de la directive, bien que la question apparaisse très complexe. En effet, en vertu de son article 13, *la Directive du 25 juillet 1985* « ne porte pas atteinte aux droits dont la victime peut se prévaloir au titre du droit de la responsabilité contractuelle ou extra-contractuelle, ou au titre d'un régime spécial de responsabilité *existant au moment de sa notification* ». L'art. *1386-18 C. civ.* confirme en son alinéa 1 : « Les dispositions du présent titre ne portent pas atteinte aux droits dont la victime d'un dommage peut se prévaloir au titre du droit de la responsabilité contractuelle ou extra-contractuelle ou au titre d'un régime spécial de responsabilité », et poursuit dans l'alinéa 2 : « Le producteur reste responsable de sa faute et de celle des personnes dont il répond ». Ces textes pouvaient donc sembler autoriser la coexistence des actions fondées sur le droit commun avec le régime spécial édicté aux articles 1386. 1 s. C. civ. La CJUE, dans une décision de principe du 25 avril 2002 confirmée à plusieurs reprises, a toutefois adopté une interprétation différente [2]. Selon elle, en effet :

« La référence, à l'article 13 de la directive, aux droits dont la victime d'un dommage peut se prévaloir au titre de la responsabilité contractuelle ou extra-contractuelle doit être interprétée en ce sens que le régime mis en place par

---

1. **Interprétation du droit français à la lumière de la directive :** Civ. 1re, 15 mai 2007, *RCA* 2007, comm. n° 219, Ch. Radé, *D.* 2007. 2906, obs. P. Jourdain. Civ. 1re, 9 juill. 2009, n° 08-12777, Ch. Radé, « Vaccination anti-hépatite B et sclérose en plaque : première condamnation d'un laboratoire », *RCA* 2009, ét. n° 13.Civ. 1re, 10 déc. 2014, n° 13-14314, *RCA* 2015, comm. n° 99.

2. **CJCE, 25 avril 2002, aff. C-183/00 :** *D.* 2002, somm com., p. 2837, obs. J.-P. Pizzio, *D.* 2003. Somm. 464, obs. Mazeaud, *D.* 2002. 2462, note Larroumet, *RTD civ.* 2002.523, obs. Jourdain, *RTD com.* 2002, p. 585, obs. Luby ; Calais-Auloy, « Menace européenne sur la jurisprudence française concernant l'obligation de sécurité du vendeur professionnel », *D.* 2002, chron., p. 2458 ; « Existe-t-il en droit français plusieurs régimes de responsabilité du fait des produits ? », Études offertes à G. Viney, LGDJ 2008, p. 201. Dans un sens voisin, s'agissant de la responsabilité du fournisseur : CJCE 10 janv. 2006, *RTD civ.* 2006. 333, note P. Jourdain. Civ. 1re, 15 mai 2007, *D.* 2007. 1597. V. également, M. Bacache, « La loi n° 98-389 du 19 mai 1998, 10 ans après », *RCA* 2008, chron. n° 7. Civ. 1re, 10 déc. 2014, n° 13-14314.

ladite directive, lequel, aux termes de son article 4, permet à la victime de demander réparation dès lors qu'elle rapporte la preuve du dommage, du défaut du produit et du lien de causalité entre ce défaut et le dommage, n'exclut pas l'application d'autres régimes de responsabilité contractuelle ou extra-contractuelle reposant sur des fondements différents, tels que la garantie des vices cachés ou la faute ».

Pour la CJUE, l'art. 13 de la Directive ne permet donc pas aux législations nationales de maintenir un régime général de responsabilité ayant le même fondement (la défectuosité d'un produit) que celui de la directive : le droit commun national offrant un niveau de protection plus élevé que la Directive doit donc régresser au niveau communautaire, car la Directive n'édicte pas une norme de responsabilité minimale, mais une norme de droit uniforme pour un marché unique. Or, le droit français en la matière se caractérisait par la multiplicité d'actions interférentes [1] où la responsabilité contractuelle se diversifiait en actions spécifiques pour vices cachés (art. 1641 s., C. civ.) ou non-conformité (art. 1184, C. civ.) se normalisait en action contractuelle de droit commun (art. 1147, C. civ.) se prolongeait dans les chaînes de contrats, et se complétait par la responsabilité délictuelle (art. 1384, al. 1, C. civ.). La plupart de ces actions ne peuvent toutefois aujourd'hui plus être exercées car elles reposent sur la défectuosité du produit, et ont donc le même fondement que la directive : tel est notamment le cas de la responsabilité fondée sur l'obligation contractuelle de sécurité du fabricant ou du vendeur [2], ou de la responsabilité délictuelle du fait des choses. Seuls des régimes ayant des fondements différents, tels que la garantie

1. **Responsabilités contractuelles du vendeur-fabricant** : V. par exemple, P. Jourdain, « Les actions des acquéreurs insatisfaits ou victimes de dommages », *Gaz. Pal.*, 1er-2 juill. 1994, p. 2 ; A. Benabent, « Conformité et vices cachés dans la vente : l'éclaircie », *D.* 1994, chron., p. 115 ;

2. **Obligation de sécurité et responsabilité des vendeurs et fabricants** : P. Jourdain, « L'obligation de sécurité du fabricant et du vendeur de produit de beauté », *RTD civ.* 1991.539 ; « La consécration d'une obligation de sécurité autonome à la charge du vendeur », *RTD civ.* 1992.114 et « L'obligation de sécurité du vendeur et les chaînes de contrat », *RTD civ.* 1993.592 ; Ph. Rémy, « Nouveaux développements de la responsabilité civile », *RGAT* 1995, p. 529 (affaire Nelly) ; H. Groutel, « Obligation de sécurité et responsabilité du fait des choses : enfin ! », *RCA* 1995, chron. n° 16 (idem) ; D. Arlie, « L'obligation de sécurité du vendeur professionnel », *RJDA* 1993.69. – **Jurisprudence** : Civ. 1re, 20 mars 1989, *D.* 1989.581, note Malaurie ; Civ. 1re, 22 janv. 1991, *RTD civ.* 1991.539, obs. Jourdain ; Civ. 1re, 11 juin 1991, *RTD civ.* 1992.114, obs. Jourdain (décès suite à intoxication due à chauffage mobilhome) ; Civ. 1re, 17 janv. 1995, *D.* 1995.350, note Jourdain, *RCA* 1995, n° 123 et chron. n° 16 (affaire Nelly du cerceau défectueux) ; Civ. 1re, 27 janv. 1993, *RCA* 1993, n° 130, *RTD civ.* 1993.592, obs. Jourdain (explosion fusil au cours d'une partie de chasse ; RC contractuelle art. 1147 C. civ. non soumise à bref délai ; obligation de sécurité) ; Civ. 1re, 15 oct. 1996, *RCA* 1997, n° 28, *D.* 1997. Somm. 287, obs. Jourdain (le fabricant comme le vendeur professionnel « sont tenus de livrer des produits exempts de tout défaut susceptible de créer un danger pour les personnes... », lunettes de motocycliste brisées par choc oiseau sur autoroute ; victime énucléée) ; Civ. 1re, 27 janv. 1998, *RCA* 1998, n° 127 (victime blessée en sciant du bois avec scie circulaire ; visa d'examen technique de l'outil n'exonère pas le fabricant) ; Civ. 1re, 3 mars 1998, *JCP* 1998.II.10049 rapport Sargos, *RCA* 1998, n° 197 (arrêt précité n° 663 ; enveloppe médicament ayant provoqué abcès) ; Civ. 1re, 28 avr. 1998, *RCA* 1998, n° 246, *RTD civ.* 1998. 684, obs. Jourdain (sang contaminé à VIH ;

des vices cachés ou la faute, peuvent donc être maintenus [1]. Peuvent également être maintenus des régimes de responsabilités spécifiques contre des personnes non assimilées à des producteurs [2].

Cette responsabilité est uniforme : la traditionnelle distinction entre la responsabilité contractuelle et la responsabilité délictuelle et ses archaïques subtilités s'effaçant devant l'unicité de la notion de consommateur ; aux termes de l'art. 1386-1 C. civ. « Le producteur est responsable du dommage causé par un défaut de son produit qu'il soit ou non lié par un contrat avec la victime ».

Nous étudierons de manière conjointe les dispositions de la Directive de 1985 et de la loi de 1998 en précisant les conditions (1), les causes d'exonération (2), le régime (3) de la responsabilité spécifique du fait des produits défectueux, ainsi que les garanties de l'indemnisation (4).

1. Les conditions de la responsabilité du fait des produits défectueux

913 Les conditions énoncées par le Code civil sont relatives au dommage, au produit, au défaut de sécurité qui est le fait générateur du dommage, et à la qualité de producteur.

914 ***a) Un dommage*** ◊ Selon l'art. 1386-2 C. civ., cette responsabilité spécifique s'applique « à la réparation du dommage qui résulte d'une atteinte à la personne. Elle s'applique également à la réparation du dommage supérieur à un montant déterminé par décret, qui résulte d'une atteinte à un bien autre que le produit défectueux lui-même ». Cette franchise, imposée par le Code civil dans le cas d'atteinte aux biens, n'était pas prévue dans la version initiale de la loi du 19 mai 1998, mais a été ajoutée par une loi postérieure du 9 décembre 2004, faisant suite à la condamnation de la France par la CJCE pour mauvaises transpositions de la directive (CJCE 25 avr. 2002, affaire C-52/00). Elle a été fixée à un montant de 500 euros par un décret du 11 février 2005.

L'atteinte à la personne, qui seule nous intéresse ici, c'est le dommage corporel avec son cortège de préjudices économiques patrimoniaux, et non économiques, moraux ou extrapatrimoniaux de la victime directe, et de préjudices économiques et moraux par ricochet. La personne victime peut aussi bien être un professionnel qu'un consommateur.

---

obligation de sécurité « sans qu'il ait lieu de distinguer si les victimes ont la qualité de victimes contractantes ou de tiers ») ; Civ. 1re, 17 janv. 1995 (affaire Nelly : la petite fille au cerceau) : *D.* 1995. 350, note P. Jourdain, *RCA* 1995, n° 123 et chron. Groutel, n° 16.

1. Com. 26 mai 2010, *RCA* 2010, comm. n° 256. Civ. 1re, 10 déc. 2014, n° 13-14314 (action de droit commun fondée sur la faute possible).

2. Sur le cas de l'établissement de soins, simple prestataire de services « utilisateur » du produit, v. ss 825 s.

915 ***b) Un produit*** [1] ◊

1) Le champ d'application de la directive est très large, car le terme « produit » désigne tout meuble, même s'il est incorporé dans un autre meuble ou dans un immeuble ; il désigne également l'électricité.

Les exclusions visent :

- les matières premières agricoles et les produits de la chasse : ce sont les produits du sol, de l'élevage et de la pêche qui n'ont subi aucune transformation de caractère industriel ; cette exclusion n'est pas impérative pour les États, et n'a pas été reprise par la loi française ;
- les immeubles, dont la construction est généralement soumise à des régimes spéciaux dans les droits nationaux ;
- l'énergie nucléaire, dont les accidents sont régis par d'autres Conventions internationales, notamment les Conventions de Paris du 29 juillet 1960, et de Bruxelles du 31 janvier 1963.

2) La loi française (art. 1386-3 C. civ.) précise : « Est un produit tout bien meuble, même s'il est incorporé dans un immeuble, y compris les produits du sol, de l'élevage, de la chasse et de la pêche... » Compte tenu des problèmes de sécurité sanitaire posés par les élevages de vaches folles, de poulets à la dioxine, de bœufs aux hormones et par les organismes génétiquement modifiés (OGM) de l'agriculture, cette extension de la protection des consommateurs était indispensable.

En ce qui concerne les meubles « même intégrés dans un immeuble », il est également heureux qu'ils ne soient pas rejetés dans l'exclusion des immeubles par destination : il suffit de rappeler le drame de l'amiante, ou encore d'évoquer la nocivité des tuyauteries en plomb. Tous les produits chimiques, pharmaceutiques ou alimentaires entrent donc dans le champ d'application de la loi, *y compris les produits de santé.* On prétendait certes naguère en France que le sang et tout ce qui venait du corps humain n'était pas un vulgaire « produit », mais l'affaire du sang contaminé a fait sauter cette spécieuse argumentation : en Allemagne les « produits du corps humain » étaient d'ailleurs depuis longtemps admis comme un « produit ».

916 ***c) Un défaut de sécurité du produit à l'origine du dommage de la victime*** [2] ◊ Dans la Directive, le « défaut du produit », fait générateur de la responsabilité des fabricants, existe dès lors *« qu'il n'offre pas la sécurité à laquelle on peut légitimement s'attendre »* compte tenu des circonstances et notamment de la présentation du produit, *« de l'usage du produit qui peut en être raisonnablement attendu »*, et du moment de la mise en circulation du produit.

---

1. **Produit :** Vache folle, v. ss 898 ; amiante v. ss 899 ; produits du corps humain, v. ss 942 s. **Produits de santé :** D. Jacotot, « L'inclusion des produits sanguins labiles dans le régime du médicament », *RDSS* 1997, p. 558 ; E. Fouassier et H. van den Brink, « Produits de santé défectueux... », *Gaz. Pal.* 19-20 juin 2002, p. 11 ; N. Jonquet et autres, « Les victimes de produits de santé épargnés par le CJCE », *D.* 2003. 1299 ; CJCE 10 mai 2001 (C. 2003.99), *D.* 2001. 3065, note Kayser, *RTD civ.* 2001. 898, obs. Jourdain et p. 988 obs. Raynard.
2. **Sécurité :** v. ss 904.

L'article 1386-4 C. civ. reprend la même formulation, qui est le calque de l'art. L. 221-1 du Code de la consommation « Un produit est défectueux... lorsqu'il n'offre pas la sécurité à laquelle on peut légitimement s'attendre.

« Dans l'appréciation de la sécurité à laquelle on peut légitimement s'attendre, il doit être tenu compte de toutes les circonstances, et notamment de la présentation du produit, de l'usage qui peut en être raisonnablement attendu et du moment de sa mise en circulation.

« Un produit ne peut être considéré comme défectueux par le seul fait qu'un autre, plus perfectionné a été mis postérieurement en circulation ».

1) Le défaut de sécurité [1] relève d'une appréciation objective de la sécurité du consommateur et traduit un manquement à une obligation de sécurité qui résulte d'un défaut, d'une défectuosité du produit. Ce défaut dans la sécurité du produit peut être différent selon les circonstances.

– Ce peut d'abord être un *défaut de conception* du produit, voire inhérent à sa formule moléculaire, notamment pour les médicaments (ex. Thalidomide, Distilbène, vaccins). Ce défaut de sécurité originel est évidemment le plus dangereux car il affecte l'intégralité de la production, en causant des « dommages sériels » dont la garantie pose des problèmes spécifiques. Ce peut être également un *défaut de fabrication*, illustré par l'affaire du Talc Morhange, mais aussi dans une certaine mesure par l'affaire du sang contaminé où les méthodes de fabrication des produits sanguins (chauffage insuffisant, pool de sang de milliers de donneurs mélangés...) ont gravement accru les risques. Toutefois, la Cour de cassation a affirmé, notamment dans deux arrêts du 5 avril 2005 et 24 janvier 2006 (affaires dites du *Zyloric* et du *syndrome de Guillain-Barré*) que le simple danger présenté par un médicament ne suffisait pas à établir sa défectuosité. Il convient en effet, pour apprécier cette dernière, de prendre en compte la gravité des effets secondaires, et surtout de réaliser un bilan entre le bénéfice attendu du produit et ses effets nocifs. En revanche, la CJUE a précisé dans un arrêt du 15 mars 2015, dans laquelle étaient en jeu

1. **Défaut de sécurité** : B. Dubuisson, « La notion de défaut dans la directive et la législation des états membres (rapport de synthèse) », in *La responsabilité du fait des produits défectueux*, travaux du GRERCA, préc. p. 173 s. Civ. 1re 3 mars 1998 *JCP* 1998.II.10049 rapport Sargos, obs. Viney, chron. R.C. *JCP* 1998.I.144, n° 18, *RTD civ.* 1998.683, obs. Jourdain, *JCP* E 1998 jur. p. 1102 note Revel, *RCA* 1998, n° 197 (« Le fabricant est tenu de livrer un produit exempt de tout défaut de nature à causer un danger pour les personnes ou les biens, c'est-à-dire un produit qui offre la sécurité à laquelle on peut légitimement s'attendre » : enveloppe non digestible d'un médicament ayant provoqué abcès, puis appendicite aigüe du fait d'avoir séjourné dans l'intestin). Civ. 1re, 5 avr. 2005 (affaire du Zyloric), *JCP* 2005, II, 10085, *RTD civ.* 2005. 607 (la dangerosité du produit ne suffit pas à établir son caractère défectueux). 24 janv. 2006 (affaire de l'isoméride et du syndrome de Guillain-Barré), *RCA* 2006, comm. n° 90, Ch. Radé, *RTD civ.* 2006. 323. 7 nov. 2006, *RCA* 2007, comm. n° 61 ; *RTD civ.* 2007. 139 (lien entre la défectuosité et le défaut d'information). 9 juill. 2009, n° 08-11073, Ch. Radé, « Vaccination anti-hépatite B et sclérose en plaque : première condamnation d'un laboratoire », *RCA* 2009, ét. n° 13 (défaut lié au défaut d'information sur la défectuosité du produit). CJUE, 5 mars 2015, aff. C-503/13 et 504-13, *RCA* 2015, alerte 14.

des prothèses qui présentaient une potentialité de défectuosité détectée lors d'un contrôle de qualité *sans que ce défaut ne se soit encore manifesté*, que le produit était bien défectueux au sens de la directive [1].

– Un *défaut dans les instructions d'emplois* et les mises en garde d'utilisation ou de manipulation de produits dangereux par nature peut également constituer un défaut de sécurité. Une jurisprudence importante s'est ainsi développée sur les liens entre la défectuosité du produit et l'information du consommateur. L'absence d'information est ainsi considérée comme un élément permettant d'établir la défectuosité du produit [2].

– Enfin la *présentation du produit* peut également être fallacieuse et générer un défaut de sécurité (ex. produit dangereux ressemblant à un bonbon), ou bien encore un *emballage ou un conditionnement insuffisants* compte tenu de la nature du produit [3].

2) La preuve du défaut [4] est à la charge de la victime qui, aux termes de l'art. 1386-9 C. civ., doit comme il est classique dans notre droit de la responsabilité civile « prouver le dommage, le défaut et le lien de causalité entre le défaut et le dommage » : le défaut est le fait générateur du dommage subi par le demandeur. La victime a donc à sa charge une double preuve : celle de la défectuosité du produit, et celle de l'imputabilité du dommage au défaut, l'un ne pouvant *a priori* se déduire de l'autre. Cette preuve doit en outre être appréciée *in concreto*, la Cour de cassation ayant

---

1. CJUE, 15 mars 2015, *D.* 2015. 1247, note JS Borghetti.

2. **Défaut d'information sur les dangers et défectuosité du produit :** Civ. 1re, 21 juin 2005, *D.* 2005. 565. 24 janv. 2006 (affaire de l'isoméride), *RCA* 2006, comm. n° 90, *RTD civ.* 2006. 325. 7 nov. 2006, *RCA* 2007, comm. n° 61. P. Sargos, « L'information sur les médicaments », *JCP* 1999, I, 144. JA Robert et A. Regniaut, « Les effets indésirables des médicaments : information et responsabilité » *D.* 2004, chron. 510. Civ. 1re, 22 mai 2008, *D.* 2008, actu. p. 1544, note I. Gallmeister, *Gaz. Pal.* 24 juin 2008, 19, obs. E. Pierroux, *JCP* 2008, II, 10131, note L. Grymbaum. Civ. 1re, 4 févr. 2015, n° 13-27505 (défaut d'information sur les conditions d'utilisation d'une moto marine)

3. Pour une illustration récente : Civ. 1re, 4 févr. 2015, n° 13-19781 (défaut de présentation d'une bouteille de gaz interdisant à l'utilisateur de savoir s'il s'agissait de propane ou de butane).

4. **Preuve du défaut du produit ;** CA Versailles 2 mai 2001, *D.* 2001. Somm. 1592, *RTD civ.* 2001. 896, obs. Jourdain ; Civ. 1re, 23 sept. 2003, *RTD civ.* 2004. 101, obs. Jourdain, *JCP* 2003. II.10179, note Jonquet et autres, *JCP* 2004.I.101, n° 23, obs. Viney, *RCA* 2003, chron. Radé, n° 28, *Gaz. Pal.* 5-7 oct. 2003, p. 30 et Chron. P. Itet, *Gaz. Pal.* 4-6 avr. 2004, p. 2, *LPA* 22 avr. 2004 p. 81 chron. Mémeteau ; *D.* 2004. 898, note Y.M. Serinet et R. Mislawski, *D.* 2004, Som. com., p. 1344, obs. D. Mazeaud ; Civ. 2e, 25 mai 2004, *D.* 2004. IR p. 2008 (l'affection résultant de la vaccination contre l'hépatite B préconisée par le médecin du travail est un accident du travail). Civ. 1re, 5 avr. 2004 (affaire du Zyloric), *JCP* 2005, II, 10085 (existence d'une preuve scientifique : lien de causalité juridique admis). 24 janv. 2006 (affaire de l'Isoméride) préc. Civ. 1re, 24 janv. 2006 (affaire de l'hormone de croissance : existence d'une preuve scientifique : lien de causalité juridique admis), préc. 27 févr. 2007, *RCA* 2007, comm. n° 165 (reprise de la solution de 2003 dans le cas d'un vaccin contre l'hépatite B). Civ. 1re, 26 sept. 2012, n° 11-17738, *D.* 2012. 2853 note JS Borghetti. Civ. 1re, 10 juill. 2013, n° 12-21314, *D.* 2013. 2312 s., obs. Ph. Brun ; *RTD civ.* 2013. 852, obs. P. Jourdain. (nécessité d'une appréciation *in concreto* du défaut du produit qui ne peut être déduit de la preuve de l'imputabilité). V. également, D. Bakouche, « Les présomptions dans la responsabilité du fait des produits de santé », *RCA* 2013, ét. n° 6.

clairement affirmé dans deux arrêts du 26 septembre 2012 et 10 juillet 2013, que le défaut du produit ne pouvait se déduire d'une appréciation générale sur le rapport bénéfice-risque de celui-ci, ce dernier devant être apprécié uniquement au regard de la situation particulière de la victime.

3) Le lien de causalité entre le défaut du produit et le dommage : conformément à l'article 1386-9 C. civ., « Le demandeur doit prouver le dommage, le défaut *et le lien de causalité entre le défaut et le dommage* ». Il ne saurait donc y avoir par principe une présomption d'imputabilité du dommage au produit du fait de la simple constatation de l'existence d'un défaut. Dans un certain nombre de domaine, cette preuve pose toutefois d'importantes difficultés, ainsi que l'illustre le cas particulier des victimes de l'hépatite B.

917 ***Étude du cas particulier des victimes du vaccin contre l'hépatite B*** ◊ Le contentieux des victimes ayant déclenché une maladie de type autoimmune à la suite d'une vaccination, principalement contre l'hépatite B, a éprouvé de manière particulièrement complexe l'appréciation des conditions de mise en œuvre de la responsabilité du fait des produits défectueux puisque s'affrontent en l'espèce des doutes « scientifiques » et « juridiques » [1].

C'est en effet sur cette exigence de la « preuve du défaut de sécurité du produit » et de l'imputabilité de la maladie contractée par la victime à ce dernier que la Cour de cassation avait, dans un premier temps, mis fin aux demandes en réparation de patients dont la redoutable maladie dégénérescence de la sclérose en plaque était apparue après une vaccination contre l'hépatite B soupçonné d'en être l'origine : un arrêt de la Cour d'appel de Versailles du 2 mai 2001 avait présumé le défaut du produit et son lieu de causalité avec le dommage ; par un arrêt du 23 septembre 2003, confirmé notamment le 27 février 2007, la 1re chambre civile avait cassé cette décision en soulignant que « l'incertitude scientifique empêche de reconnaître un lien de causalité entre le vaccin contre l'hépatite B et l'apparition de la sclérose en plaques ». Une démarche identique avait été adoptée dans d'autres décisions. Pour la Cour de cassation, la responsabilité du producteur était subordonnée au fait que la victime établisse, *avec certitude*, l'existence d'un effet indésirable causé par le produit défectueux et l'imputabilité de sa maladie à ce dernier.

La Première chambre civile de la Cour de cassation avait toutefois par la suite semblé assouplir sa position, par cinq arrêts en date du 22 mai 2008, en affirmant que « Si l'action en responsabilité du fait d'un produit défectueux exige la preuve du dommage, du défaut et du lien de causalité entre le défaut et le dommage, une telle preuve peut résulter de présomptions, pourvu qu'elles soient graves, précises et concordantes » [2]. Par ces arrêts, la haute

---

1. Nous reprenons ici les expressions de M. Bacache, in « La responsabilité civile extracontractuelle », préc. n° 693 s.

2. **Arrêts du 22 mai 2008 :** Civ. 1re, 22 mai 2008 (cinq espèces) : *D.* 2008. 1544, note I. Gallmeister, *Gaz. Pal.* 24 juin 2008, 19, obs. E. Pierroux, *JCP* 2008, II, 10131, note

juridiction adopte en effet une conception plus souple des exigences probatoires, puisqu'elle admet que des présomptions, que les juges du fond apprécient de manière souveraine, peuvent permettre de retenir le défaut de sécurité du produit ainsi que l'imputabilité du dommage à ce défaut. Ainsi, dans le cas d'une personne sans antécédents et sans facteurs de risques ayant manifesté les signes de sclérose en plaque dans un court laps de temps après la vaccination, la responsabilité du producteur pourrait être envisagée.

La jurisprudence postérieure s'est toutefois révélée très décevante [1]. Ainsi, même si la Cour de cassation a admis une preuve par présomptions, cela ne s'est pas traduit concrètement par une admission du droit à indemnisation des victimes, la haute juridiction approuvant quasi systématiquement les juges du fond d'avoir refusé d'admettre la preuve du défaut du produit, ainsi que l'imputabilité du dommage au médicament. De plus, la référence constante au pouvoir souverain des juges du fond interdit de savoir quels sont les indices que la Cour de cassation entendrait voir prendre en compte.

Il apparaît donc, en l'état actuel de la jurisprudence de la Cour de cassation, le plus souvent impossible aux victimes de l'hépatite B d'engager la responsabilité du producteur du vaccin puisque ni le défaut du produit, ni l'imputabilité de la maladie à ce dernier ne sont considérés par elle établis. Cette solution est souvent critiquée, observation étant notamment faite que le Conseil d'État, saisi dans le cadre différent de l'indemnisation des victimes de vaccinations obligatoires, adopte une solution totalement différente [2].

918 ***d) La mise en circulation du produit*** ◊ La notion de *mise en circulation* [3] est précisée par l'art. 1386-5 C. civ. : « Un produit est mis en circulation lorsque le producteur s'en est dessaisi volontairement ». Le dessaisissement

---

L. Grymbaum. Ch. Radé « Vaccination anti-hépatite B et sclérose en plaque : le tournant ? » *RCA* 2008, chron. n° 8, confirmée par Civ 1re, 25 juin 2009, *RTD civ.* 2009. 723, *RCA* 2009, comm. n° 293 (rappel de la possibilité d'une preuve par présomptions). Dans le même sens en faveur des victimes du distilbène : Civ. 1re, 24 sept. 2009, *RTD civ.* 2010. 111.

1. Jurisprudence postérieure aux arrêts du 22 mai 2008 : Civ. 1re, 9 juill. 2009, n° 08-11073, Ch. Radé, « Vaccination anti-hépatite B et sclérose en plaque : première condamnation d'un laboratoire », *RCA* 2009, ét. n° 13 (unique arrêt admettant la responsabilité du laboratoire fabricant d'u vaccin hépatite B : reconnaissance de l'imputabilité du dommage au produit). 24 sept. 2009, n° 08-16097 (absence de lien causal entre la vaccination et apparition de la maladie). 25 nov. 2010, n° 09-16556, *RCA* 2011, comm. n° 24, *JCP* 2011, 79 (caractère inopérant des présomptions en l'absence d'un consensus scientifique sur le lien entre la vaccination et la maladie). 28 avr. 2011, n° 10-15289 (idem). P. Mistretta, « Hépatite B : les valses hésitations de la Cour de cassation », *JCP* 2010, act. 1201. Ph. Brun, « Raffinement ou faux-fuyants ? pour sortir de l'ambiguïté dans le contentieux du vaccin contre l'hépatite B », *D.* 2011. 316. G. Viney, « La responsabilité des fabricants de médicaments et de vaccins : les affres de la preuve », *D.* 2010. 391.Civ. 1re, 26 sept. 2012, n° 11-17738, préc. Civ. 1re, 10 juill. 2013, n° 12-21314, préc.

2. Solution constante : pour une confirmation récente : CE 6 nov. 2013, n° 345696, *AJDA* 2014, 141. V. ss 875.

3. Notion de mise en circulation : J. Confino « La mise en circulation dans la loi du 19 mai 1988... ; » *Gaz. Pal.* 3 févr. 2001, 2. CJCE, 10 mai 2001, *D.* 2001. 3065, note P. Kayer ; 9 févr. 2006, *D.* 2006. 1937, note Ph. Brun.

du produit est un acte concret qui ne doit pas être confondu avec la mise sur le marché, la livraison ou la garde. Selon une décision de la CJCE du 9 février 2006, elle implique que le produit « soit sorti du processus de fabrication mis en œuvre par le producteur, et qu'il soit entré dans un processus de commercialisation ».

La date de mise sur le marché est essentielle dans la loi et elle est *unique*. C'est la première mise en circulation qui détermine tous les délais.

Un arrêt de la CJCE du 10 mai 2001 a en outre précisé qu'un produit défectueux est mis en circulation lorsqu'il est utilisé à l'occasion d'une prestation de service, consistant en l'espèce à préparer un organe humain en vue de sa transplantation.

919 ***e) Les producteurs et distributeurs responsables*** [1] ◊ Selon *l'art. 1 de la Directive, « le producteur est responsable du dommage causé par un défaut de son produit »* : le « producteur » responsable s'entend du fabricant, de l'importateur ou du vendeur d'un produit non identifié.

• *L'article 1386-6 C. civ.* précise en l'élargissant la notion de producteur : « Est producteur, lorsqu'il agit à titre professionnel, le fabricant d'un produit fini, le producteur d'une matière première, le fabricant d'une partie composante. Est assimilée à un producteur... toute personne agissant à titre professionnel :

– qui se présente comme producteur en apposant sur le produit son nom, sa marque ou un autre signe distinctif,

– qui importe un produit dans la Communauté européenne en vue d'une vente, d'une location... ou de toute autre forme de distribution ».

• *La version initiale de l'article 1386-7 C. civ.* allait plus loin que la directive en assimilant au producteur « le vendeur, le loueur... ou tout autre fournisseur professionnel ». Ainsi, le distributeur était tenu de la même responsabilité que celle du fabricant. C'était une facilité bienvenue donnée à la victime qui connaît son vendeur, mais pas les chaînons antérieurs de la distribution jusqu'au fabricant. Une telle position a toutefois été condamnée à deux reprises par la CJUE dans ses décisions précitées du 25 avril 2002 et 14 mars 2006. Le législateur a donc dû modifier la rédaction de l'article 1386-7 C. civ. Le fournisseur n'est désormais responsable qu'à défaut d'identification du producteur, celui-ci disposant en outre d'un délai de trois mois à compter de la demande de la victime, pour désigner le producteur, s'il en ignore initialement l'identité. La CJUE a donc imposé une transposition particulièrement rigoureuse du texte, en canalisant très strictement la responsabilité sur le seul producteur. La pertinence de cette approche peut être contestée à une époque de mondialisation des échanges, où le consommateur ne connaît que son contractant le plus proche, et non pas le producteur fabricant.

• *Difficultés d'identification du producteur.* Une autre difficulté peut surgir lorsque le produit incriminé est fabriqué par plusieurs producteurs et

1. **Notion de producteur** : Civ. 1re, 4 juin 2014, n° 13-13558 (assimilation de l'importateur au producteur)

que l'identité précise de celui ayant fabriqué le produit précisément à l'origine du dommage ne peut être établie. Dans une telle hypothèse, au sujet du Distilbène qui n'entre toutefois pas dans le champ temporel de la directive du 5 juillet 1985,,la jurisprudence a pu retenir une théorie dite de la « causalité alternative » : une fois la preuve apportée par la victime de l'exposition à la molécule litigieuse, c'est à chacun des laboratoires qui a mis sur le marché le produit de démontrer *qu'il n'est pas à l'origine du dommage* [1]. Cette solution très favorable aux victimes n'a toutefois pas été, compte tenu de l'époque des faits, rendue en application des articles 1386-1 s. C. civ. *mais du droit commun*. Reste donc à savoir si la jurisprudence accepterait de l'étendre au régime spécial du fait des produits.

Dans les cas exceptionnels où la victime peut agir contre le fournisseur, un recours contre le fabricant est expressément prévu par l'art. 1386-7 al. 2 C. civ. : « Le recours du fournisseur contre le producteur obéit aux mêmes règles que la demande émanant de la victime directe du défaut. Toutefois, il doit agir dans l'année suivant la date de sa citation en justice ».

Enfin l'art. 1386-8 C. civ. prévoit que : « en cas de dommage causé par le défaut d'un produit incorporé dans un autre, le producteur de la partie composante et celui qui a réalisé l'incorporation sont solidairement responsables. »

2. Les causes d'exonération de la responsabilité des producteurs

920 Dans une responsabilité objective ou *de plein droit*, la responsabilité objective n'est généralement pas irréfragable et cède habituellement devant la preuve d'une cause étrangère au responsable dont notamment le fait d'un tiers ou la faute de la victime, auxquels il faut ajouter ici le problème si controversé du risque de développement.

921 ***a) Le fait d'un tiers*** ◊ Conformément à la Directive, la loi de 1998 insère à l'art. 1386-11 C. civ. un certain nombre de causes d'exonération qui induisent que le défaut a été introduit par quelqu'un d'autre que le producteur, notamment lorsque le producteur prouve :

1) « qu'il n'avait pas mis le produit en circulation » : c'est l'acte de mise en circulation par le producteur qui diffuse le produit défectueux sous sa responsabilité.

2) « Que, compte tenu des circonstances, il y a lieu d'estimer que le défaut ayant causé le dommage n'existait pas au moment où le produit a été mis en circulation par lui ou que ce défaut est né postérieurement » ; pour les produits alimentaires, voire certains vaccins ou médicaments,

1. **Consécration de la causalité alternative dans le cas du Distilbène** : Civ. 1re, 24 sept. 2009, *RTD civ.* 2010. 111, note. P. Jourdain, *D.* 2010. 947, note G. Maitre. Ch. Quezel-Ambrunaz, « La fiction de la causalité alternative, fondement et perspective de la jurisprudence « Distilbène » », *D.* 2010. 1162. V. ss 897.

une rupture de la chaîne du froid, ou le dépassement de la date de péremption du produit se révèlent être les faits générateurs du défaut de sécurité du produit postérieurement à sa mise en circulation.

3) « Que le produit n'a pas été destiné à la vente ou à toute autre forme de distribution ». Tel est le cas, par exemple, d'un produit volé.

4) Que le défaut est dû au fait du Prince lorsqu'il est imputable « à la conformité du produit avec des *règles impératives* d'ordre législatif ou réglementaire ». Il faut souligner le caractère impératif des règles génératrices du défaut de sécurité, ce qui est à juste titre restrictif et substituerait la responsabilité de la puissance publique à celle du producteur.

En effet il faut rapprocher de cette cause d'exonération l'art. 1386-10 C. civ. qui précède le texte et précise : « Le producteur peut être responsable du défaut alors même que le produit a été *fabriqué dans le respect des règles de l'art ou de normes existantes* [1] ou qu'il a fait l'objet d'une autorisation administrative ». Il est en effet constant dans notre droit que les règles de l'art ou les autorisations administratives ne confèrent jamais un certificat d'irresponsabilité.

Ainsi les autorisations de mises sur le marché des médicaments, les autorisations d'importer des vaches folles ou des OGM ne sauraient exonérer les producteurs ou distributeurs en cas de dommages qui révéleraient un défaut de sécurité de ces produits.

5) De même « le producteur de la partie composante n'est pas non plus responsable s'il établit que le défaut est imputable à la conception du produit dans lequel cette partie a été incorporée ou aux instructions données par le producteur de ce produit ».

Dans toutes ces hypothèses, le fait du tiers qui est intervenu exonère totalement le présumé responsable producteur auquel le défaut du produit ne peut être imputé. Cependant l'art. 1386-14 C. civ. précise : « La responsabilité du producteur envers la victime n'est pas réduite par le fait d'un tiers ayant concouru à la réalisation du dommage ». C'est le droit commun, car le fait d'un tiers n'est totalement exonératoire que s'il présente les caractères d'imprévisibilité et d'irrésistibilité de la force majeure. En revanche s'il se contente de « concourir » à la réalisation du dommage causé par le défaut de sécurité du produit, présumé responsable et tiers sont tenus *in solidum* de la réparation du dommage.

922 *b) La faute causale de la victime* [2] ◊

1) *Dans la Directive*, l'obligation de sécurité qui pèse sur le fabricant est explicitée par le sixième considérant : « Considérant que, pour protéger l'intégrité physique et les biens du consommateur, la détermination du caractère défectueux d'un produit doit se faire en fonction non pas de l'inaptitude

---

1. Règle **de l'art** : M. Zavaro, *Gaz. Pal.* 4 nov. 2000 chron. p. 3.
2. **Faute causale de la victime** : v. ss 615 ; Civ. 1re, 9 oct. 1991, *RCA* 1992, n° 22 (la faute de la victime qui ne constitue pas la cause unique de l'accident n'a pas un effet totalement exonératoire).

du produit à l'usage, mais du défaut de sécurité à laquelle le grand public peut légitimement s'attendre ; que cette sécurité s'apprécie en excluant tout usage abusif du produit, déraisonnable dans les circonstances ».

La faute de la victime ne semble donc devenir exonératoire que si les circonstances, notamment les imprudences d'utilisation, la rendent en fait imprévisible pour le fabricant par son caractère déraisonnable.

L'article 8-2 de la Directive précise que la responsabilité du producteur peut être *« réduite ou supprimée »*, compte tenu de toutes les circonstances, lorsque le dommage est causé conjointement par un défaut du produit et par la *faute de la victime* ou d'une personne dont la victime est responsable. La gravité de la faute causale de la victime peut donc justifier soit un partage de responsabilité, soit même une exonération du fabricant.

2) *L'article 1386-13 C. civ.* reprend les mêmes termes : « La responsabilité du producteur peut être réduite ou supprimée, compte tenu de toutes les circonstances, lorsque le dommage est causé conjointement par un défaut du produit et par la faute de la victime ou d'une personne dont la victime est responsable. » Cette règle conforte une jurisprudence traditionnelle de notre droit.

923 ***c) Le « risque de développement »*** [1] ◊ L'un des problèmes qui a suscité les plus vives discussions est celui du *« risque de développement »*, c'est-à-dire du défaut d'un produit qui pouvait être considéré comme irréprochable dans l'état de la science et de la technologie au moment où il a été mis en circulation, et dont le caractère défectueux s'est révélé ultérieurement, avec l'évolution des connaissances.

Ne pouvant arriver à un accord à ce sujet, les membres de l'Union européenne ont éludé le problème en ne le tranchant pas : certes l'article 7 e de la directive exonère les producteurs en cas de « risque de développement », mais l'article 15 b a laissé aux États membres la faculté de retenir leur responsabilité dans les législations nationales.

Après treize années de disputes nationales, l'art. 1386-11-4° du Code civil énonce parmi les causes d'exonération, la preuve par le producteur « que l'état des connaissances scientifiques et techniques au moment où il a mis le produit en circulation, n'a pas permis de déceler l'existence du défaut ».

Cette cause d'exonération a sonné comme une victoire des industriels et de leurs assureurs.

• *L'exonération pour risque de développement* [2] a été interprétée par une décision de la Cour de Justice des Communautés européennes du 29 mai

1. **Risque de développement** : J. Calais-Auloy, « Le risque de développement : une exonération contestable », *Mélanges Cabrillac*, Litec, 1999, p. 81. C. Delpoux, « Le risque de développement », *Risques*, n° 12, oct.-déc. 1992, p. 167 ; J.-F. Krieg, « L'obligation de sécurité : de sa maturation à l'admission du risque de développement », *Gaz. Pal.*, 23 avr. 1993, p. 2 ; G. Defrance, « Risque de développement... la pression des assureurs », Argus, 30 avr. 1993, p. 24 ; O. Berg, « La notion de risque de développement en matière de responsabilité du fait des produits défectueux », *JCP* 1996.I.3945. C. Larroumet, « La notion de risque de développement, risque du XIXe siècle », in *Clés pour le siècle*, Dalloz, 2000, p. 1589.

2. **Interprétation de l'exonération pour risque de développement** : CJCE, 29 mai 1997, *D.* 1998.488 note A. Penneau ; *JCP* 1997.I.4070, n° 31, obs. Viney.

1997 à la suite d'un recours exercé à l'encontre du Royaume Uni dont la transposition en la matière ne semblait pas conforme à la Directive. Le texte britannique énonçait que : « pour pouvoir se libérer de sa responsabilité au titre de l'art. 7 e) de la directive, le producteur d'un produit défectueux doit établir que *l'état objectif des connaissances techniques et scientifiques, y compris en son niveau le plus avancé, au moment de la mise en circulation du produit en cause*, ne permettait pas déceler le défaut de celui-ci ». Cependant cette définition très strictement entendue suppose néanmoins que « pour qu'elles puissent valablement être opposées au producteur, encore faut-il que les connaissances scientifiques et techniques pertinentes aient été accessibles au moment de la mise en circulation du produit en cause ».

La Cour rejette le recours exercé par la Commission contre de texte qui ne lui semble pas aller à l'encontre des quatre points fondamentaux suivants :

– *la charge de la preuve des circonstances exonératoires pèse sur le fabricant* ;

– *il n'existe aucune restriction quant à l'état et au degré des connaissances scientifiques et techniques à prendre en considération* ;

– la clause exonératoire de la *loi nationale ne doit pas laisser entendre que l'exonération dépend des connaissances subjectivement détenues par un producteur* normalement diligent compte tenu des précautions d'usage dans le secteur industriel en cause ;

– il appartient aux *décisions judiciaires nationales d'interpréter* les dispositions internes litigieuses de façon *conforme à la directive*.

• *L'exonération pour risque de développement était tempérée* [1] par la version initiale de l'art. 1386-12 al. 2 C. civ. qui retenait que le producteur ne peut plus s'exonérer « si, en présence d'un défaut qui s'est révélé dans un délai de dix ans après la mise en circulation du produit, il n'a pas pris les dispositions propres à en prévenir les conséquences dommageables. » En effet à tout moment de l'exploitation du produit, la vigilance doit demeurer sur son innocuité, et on a vu qu'en cas de danger une *mesure de retrait du marché* peut être diligentée. La CJCE a toutefois condamné la France pour cette disposition, qui a été supprimée par la loi du 9 décembre 2004.

Deux types de produits peuvent poser des problèmes de sécurité sanitaires particulièrement graves à l'égard desquels une exonération pour risque de développement pose des difficultés : les médicaments et les aliments.

924 ***Le risque de développement et les médicaments*** [2] ◊ La notion de risque de développement était inconnue du droit français avant la Directive

1. **Retrait du marché :** v. ss 907.

2. **Risque de développement et médicaments :** C. Maurain et G. Viala, « La nouvelle responsabilité sans faute des fabricants de produits pharmaceutiques », *RDSS* 1986.551 ; J. Huet, « Le paradoxe des médicaments et les risques de développement », *D.* 1987, chron. 73 ; J.-F. Krieg, « L'obligation de sécurité : de sa maturation à l'admission du risque de développement (à propos de la responsabilité médicale) », *Gaz. Pal.*, 23 avr. 1993, p. 2. ; F. Durquet-Turek, « La responsabilité du fait des produits en Allemagne : le problème posé par la transfusion du

de 1985, et dans un régime de responsabilité objective, la responsabilité du fabricant pour « *risque* » de développement est justifiée dans son principe : en effet le fondement de la responsabilité est précisément le risque technologique. Que le fabricant ne puisse pas déceler le défaut du produit prouve certes son absence de faute, mais celle-ci n'est pas exonératoire dans un régime de responsabilité objective qui ne cède que devant la cause étrangère ; or le « risque de développement », *inhérent au produit*, ne saurait constituer une cause étrangère constitutive de force majeure ».

Dans l'affaire du sang contaminé, la Cour de cassation a ainsi énoncé, avant que ne soient mis en place des régimes spéciaux d'indemnisation [1], que « Les centres de transfusion sanguine sont tenus de fournir aux receveurs des produits exempts de vices... ils ne peuvent s'exonérer de cette obligation de sécurité que par la preuve d'une cause étrangère qui ne puisse leur être imputée » (Civ. 1re, 12 avril 1995) ; ou encore que « Le vice interne du sang, *même indécelable*... ne constitue pas une cause exonératoire de leur responsabilité » (Civ. 1re, 9 juillet 1996). La même jurisprudence était indifféremment appliquée aux médicaments antihémophiliques à base de dérivés sanguins et aux transfusions sanguines.

La loi de transposition du 29 mai 1998 aurait pu retenir une solution identique, alors qu'elle a introduit une distinction arbitraire et circonstancielle qui ne s'explique que par le traumatisme encore si prégnant de l'affaire du sang contaminé.

– *Le principe* : les médicaments sont des produits comme les autres : au titre de la loi du 19 mai 1998 sur la responsabilité du fait des produits défectueux, les fabricants peuvent s'exonérer en prouvant le risque de développement, conformément à l'art. 1386-11-4° du Code civil et à l'interprétation donnée par la Cour de Justice de l'Union européenne. Cette exonération par risque de développement, dans le cadre du régime spécial de responsabilité du fait des produits défectueux, avait rendu encore plus aiguë la question aujourd'hui résolue de savoir si la victime conservait ou

---

sang porteur du virus du sida », *Gaz. Pal.*, 27 sept. 1992, p. 7 ; S. Welsh, « Médicament et responsabilité », *Méd. et dr.* n° 23, mars 1997, p. 18 ; M. Duneau, « Le médicament et les risques de développement après la loi du 19 mai 1998 », *Méd. et dr.* n° 34, janv. 1999, p. 23 ; A. Laude, « La responsabilité des produits de santé », *D.* 1999 chron. p. 189 ; F. Memmi, « La responsabilité du fabricant de médicament : un refus de garantir le risque de développement », *Gaz. Pal.*, 7-9 janv. 1996, p. 2. – **Jurisprudence** : Civ. 1re, 8 avr. 1986, *JCP* 1987.II.20721 note Viandier et Viala et chron. Huet précitée, *D.* 1987.73 (affaire Thorens ; association de deux médicaments ; fabricants non responsables) ; Civ. 1re, 12 avr. 1995, deux arrêts, *JCP* 1995.II.22467 note Jourdain, *RCA* 1995, n° 941 (pas de caractère d'extériorité, pas d'exonération) ; Civ. 1re, 9 juill. 1996, trois arrêts, *D.* 1996.610 note Lambert-Faivre (le vice interne du sang, même indécelable, n'est pas exonératoire) ; Civ. 1re, 9 mai 2001, *JCP* 2002.I.124, n° 4, obs. Viney (transfusion sanguine, contamination à V.I.H. : le centre de transfusion sanguine ne peut s'exonérer qu'en prouvant que les produits sanguins qu'il a fournis étaient exempts de vice). Civ. 1re, 15 mai 2007, *RCA* 2007, comm. n° 219. – **Droit comparé** : Documents de travail du Sénat ; série législation comparée, « La responsabilité du fait des produits pharmaceutiques », n° LC 18, juill. 1996.V. également, La responsabilité du fait des produits défectueux, travaux du GRERCA, préc.

1. V. ss 942.

non le droit de fonder son action sur le droit commun [1], puisque, dans ce cadre, le risque de développement n'est pas exonératoire.

- *L'exception* [2] relève de l'art. 1386-12 C. civ. : le producteur ne peut invoquer la cause d'exonération pour risque de développement « lorsque le dommage a été causé par un élément du corps humain ou par les produits issus de celui-ci » : cela peut viser les greffes, les transfusions sanguines, mais aussi tous les médicaments - et ils sont nombreux - qui ont quelque composant issu du corps humain. Cette responsabilité renforcée pour ces médicaments constitue une incitation pour que les laboratoires pharmaceutiques accentuent leurs recherches en thérapie cellulaire et thérapie génique de substitution. Cependant, compte tenu de l'incertitude de la transmission à l'homme de certaines maladies animales révélée par l'affaire de la vache folle, on comprend mal comment le fabricant de médicaments à base de cellules animales serait plus facilement exonéré que celui de médicaments à base de cellules humaines. Il n'y a aucune rationalité scientifique ou juridique dans cette distinction.

925 ***Le risque de développement et les aliments*** ◊ Naguère les aliments étaient issus de la nature : les produits de l'agriculture, de l'élevage, de la pêche, de la chasse étaient « naturels » et la notion de « risque de développement » y était totalement étrangère. Aujourd'hui, la quasi-intégralité des produits alimentaires consommés dans les pays industrialisés, et notamment dans les grandes métropoles urbaines, sont issus de techniques de conservation sophistiquées, de diverses manipulations chimiques, de l'incorporation de divers additifs (colorants, conservateurs, agents de sapidité, de texture, d'aromatisation), et d'innovations biologiques telles que les organismes génétiquement modifiés.

La loi française a intégré tous ces produits dans le champ d'application de la responsabilité du fait de produits défectueux, ce qui était indispensable. Mais les aliments, comme les médicaments peuvent entraîner des catastrophes sanitaires pour lesquelles une éventuelle exonération pour risque de développement paraît bien regrettable.

Certes le mystérieux prion de la Vache folle sera toujours difficile à mettre en cause : comment la victime pourra-t-elle prouver que tel bifteck, consommé à telle date, et acheté chez tel distributeur est à l'origine de l'apparition de la maladie de Creutsfeld-Jacob ?

Une responsabilité collective des fabricants de farines animales sera-t-elle alors mise en jeu comme celle des fabricants du Distilbène, et pourront-ils s'en exonérer ? La solution serait sans doute de considérer comme fautive leur invraisemblable utilisation de carcasses de bêtes malades...

---

1. V. ss 912 s.
2. **Exception** : produits issus du corps humain : v. ss 942 s., B. Mansart, « Le risque de développement des produits issus du corps humain » *Méd. et dr.* n° 36, mai-juin 1999, p. 11.

Quid également d'éventuels dommages sanitaires causés par la consommation d'OGM [1] ? Ici encore une exonération pour risque de développement conférerait une irresponsabilité à bon compte pour des industriels un peu trop pressés de mettre trop rapidement sur le marché des produits dont le risque sanitaire comporte bien des zones d'ombre : certes les discussions actuelles permettraient de contester l'absence de doute sur leur innocuité ; mais l'enjeu d'une possible exonération pour risque de développement suscitera alors des procès gigantesques, qu'une responsabilité de plein droit aurait dû éviter en toute justice.

En définitive, l'exacerbation et la multiplication des litiges de responsabilité seront peut-être les conséquences les plus néfastes générées par l'exonération des risques de développement, en raison du flou de la notion et de l'importance des enjeux économiques.

3. Le régime de la responsabilité du fait de produits défectueux

926 Deux aspects de la responsabilité spécifique du fait des produits défectueux pouvaient être utilement aménagés pour faciliter l'organisation de l'assurance des producteurs. Mais selon une tradition juridique classique, la responsabilité a été seule envisagée dans l'étendue de la réparation en montant et dans le temps.

927 ***a) L'étendue de la réparation en montant : le principe de la réparation intégrale*** ◊ Le principe de la réparation intégrale qui imprègne tous les droits nationaux, était tempéré dans la Directive par une faculté de limitation nationale qui n'a pas été retenue par la loi de 1998.

1) La nullité des clauses limitatives ou exonératoires de responsabilité [2]

– Quelle que soit la nature du dommage causé, l'article 12 de la Directive européenne prévoit que « la responsabilité du producteur... ne peut être limitée ou écartée à l'égard de la victime par une clause limitative ou exonératoire de responsabilité ».

Cette condamnation des clauses exonératoires ou limitatives de responsabilité dans les contrats est particulièrement *protectrice des consommateurs* face aux clauses abusives des fabricants.

– *L'article 1386-15 C. civ.* reprend cette interdiction : « Les clauses qui visent à écarter ou à limiter la responsabilité du fait des produits défectueux sont interdites et réputées non écrites ».

---

1. Sur cette question : Cons. const. 28 mai 2014, 2014-694. K. Foucher, « Le Conseil constitutionnel embarrassé par le principe de précaution », *Constitution* 2015, 117.

2. **Nullité des clauses limitatives ou exonératoires de responsabilité** : v. ss 606 s. ; clauses abusives n° 465. – **Sur les clauses entre professionnels** : Com. 3 févr. 1998, *D.* 1998 note Revel (clause d'exclusion de garantie des vices cachés valable entre deux professionnels de même spécialité). Com. 26 mai 2010, *D.* 2010. 2628, *RTD civ.* 2010. 787 (opposabilité des clauses limitatives de responsabilité à l'acquéreur).

Cependant l'alinéa 2 ajoute : « Toutefois, pour les dommages causés aux biens qui ne sont pas utilisés par la victime principalement pour son usage ou sa consommation privée, les clauses stipulées entre professionnels sont valables ».

On doit noter que cette restriction n'a jamais pour objet un dommage corporel, fût-il causé par un produit défectueux à un professionnel dans l'exercice de sa profession.

2) La faculté d'une limitation nationale globale par événement

– *Dans la Directive*, le considérant n° 17 observe que la fixation d'un plafond de responsabilité des producteurs n'est pas conforme aux traditions juridiques de la majorité des États. Cependant la directive laisse aux États membres la *faculté de déroger au principe d'une responsabilité illimitée* en instituant une limite légale à la responsabilité globale du producteur pour la mort ou les lésions corporelles causées par des articles identiques présentant le même défaut, à condition que cette limite soit fixée à un niveau suffisamment élevé pour garantir une protection adéquate des consommateurs. L'article 16-1 dispose que, si un État membre utilise cette faculté de limitation globale par événement, le plafond édicté ne saurait être inférieur à 70 millions d'Euros.

– *La loi française du 19 mai 1998* n'a pas usé de cette faculté : dans le cadre du risque de développement, une responsabilité limitée donc assurable eût été préférable à l'exonération du producteur.

928 ***b) Les limitations de responsabilité dans le temps*** ◊

1) La directive a édicté une double prescription, active et passive

– *La prescription de trois ans de l'action en indemnisation de la victime (prescription active)* : conformément à l'article 10 de la directive, les États membres doivent prévoir dans leur législation que l'action en réparation se prescrit dans un délai de trois ans « à compter de la date à laquelle le plaignant a eu ou aurait dû avoir connaissance de son dommage, du défaut du produit fait générateur de la responsabilité et de l'identité du producteur responsable. » Il paraît en effet raisonnable de laisser à la victime un délai de trois ans à partir du moment où elle possède tous les éléments juridiques qui fondent une action en responsabilité civile.

– *L'extinction de la responsabilité du fabricant par un délai préfix de dix ans (prescription passive)* [1] : selon l'article 11 de la directive, les États membres doivent également prévoir que les droits conférés à la victime s'éteignent à l'expiration d'un délai de *dix ans à compter de la date à laquelle le producteur responsable a mis en circulation le produit qui a causé le dommage*, à moins qu'une procédure judiciaire ne soit auparavant engagée par la victime.

2) La loi du 19 mai 1998 reprend ce double délai

– *Art. 1386-16 C. civ.* : « Sauf faute du producteur, la responsabilité de celui-ci, fondée sur les dispositions du présent titre, est éteinte dix ans après

---

1. **Prescription de l'action** : CJCE 2 déc. 2009, *RCA* 2010, alerte n° 2, *JCP* 2010, 268. Civ. 1re, 26 sept. 2012, n° 11-18117, *RCA* 2012, comm. n° 134 (prescirption de droit commun, soit 10 ans, pour les actions fondées sur le droit antérieur à la loi de trasposition de la directive).

la mise en circulation du produit même qui a causé le dommage à moins que, durant cette période, la victime n'ait engagé une action en justice ».

Le texte réserve le cas de *faute du producteur* qui renvoie au droit commun de la responsabilité contractuelle ou délictuelle avec ses délais de droit commun mais à partir de la manifestation du dommage.

Il faut aussi noter la précision concernant le point de départ du délai : la *mise en circulation « du produit même qui a causé le dommage »* ; instant concret et individualisé, et non pas appréciation abstraite d'une mise sur le marché ou d'une mise en circulation de produits de même série.

– *Art. 1386-17 C. civ.* : « L'action en réparation fondée sur les dispositions du présent titre se prescrit dans un délai de trois ans à compter de la date à laquelle le demandeur a eu ou aurait dû avoir connaissance du dommage, du défaut et de l'identité du producteur ».

Ces deux délais sont différents, et ont des points de départ différents : rien n'est prévu pour le cas où la victime n'est en mesure d'agir que lorsque la responsabilité du producteur est prescrite : les contaminations à VIH (virus du sida), VHC (virus de l'hépatite C) et autres prions (maladie de Creutzfeldt-Jacob) ont des délais d'incubation très longs. Pour raisonnable que soit le raccourcissement des délais de prescription, il doit impérativement être complété par des mesures d'accompagnement des victimes, qui ont ici été éludées. Cependant la loi du 4 mars 2002 sur l'indemnisation des accidents médicaux permet à l'ONIAM d'assumer cette garantie temporelle pour les produits de santé dommageables.

4. Les garanties de l'indemnisation : l'assurance RC produits livrés [1]

929 On sait que la meilleure garantie des victimes est de trouver en face d'elles un responsable solvable et assuré. Le contrat d'assurance responsabilité spécifique en la matière est appelé « assurance RC produits livrés », et relève d'une étude de *risk-management*.

Nous nous contenterons ici de souligner les lacunes qui peuvent anéantir les garanties de la victime.

1) L'assurance RC produits livrés n'est pas obligatoire [2] : une obligation d'assurance apparaît indispensable notamment pour les produits susceptibles d'entraîner des risques sériels : produits chimiques, pharmaceutiques, cosmétiques, alimentaires...

1. **Assurance RC produits livrés** : sur l'assurance de responsabilité et la garantie des victimes, v. ss 620 s. ; J. Bigot, « Les ambiguïtés de la responsabilité et de l'assurance du fait des produits défectueux », *JCP* 2010, 1014. F. Chaumet, *Les assurances de responsabilité de l'entreprise*, l'Argus 3e éd., 2001, L. Mayaux, « L'incidence de la loi du 19 mai 1998 sur la durée de la garantie d'assurance en matière de produits livrés » *RGDA* 1999, 63.

2. **Assurances obligatoires** : Y. Lambert-Faivre et L. Leveneur, *Droit des assurances*, 13e éd., 2011, Dalloz, n° 20 et ; cf. la liste des assurances obligatoires in Code des assurances, Dalloz.

2) L'exclusion des risques de développement [1] : l'entrée en vigueur de la loi du 19 mai 1998 pose de manière plus précise le problème de la garantie d'assurance :

- si le risque de développement n'est pas établi par la juridiction, une éventuelle exclusion contractuelle de la garantie d'assurance sera inopérante ;
- si en revanche le risque de développement est établi et reconnu par la juridiction saisie, le principe de l'exonération de toute responsabilité anéantira l'objet même de la garantie d'assurance ;
- ce n'est donc en définitive que dans l'hypothèse du risque de développement établi, mais non exonératoire en vertu de la loi (élément du corps humain ou produit issu de celui-ci) que l'assurance du risque de développement devrait être strictement obligatoire... : il faut rappeler que l'absence d'assurance ne délivre pas le responsable de son obligation de réparation qu'il devra alors assumer sur son propre patrimoine...

3) Les plafonds de garantie d'assurance [2] : si la loi ne prévoit aucune limitation de *responsabilité*, elle n'interdit aucune limitation de *garantie* puisque l'assurance est même facultative : or la condamnation à réparation du responsable est un leurre si celui-ci est insolvable. Certes les industriels ont en général souscrit des contrats d'assurance RC Produits : mais les plafonds de garantie en sont souvent bien trop faibles pour garantir de nombreuses victimes ainsi que l'affaire du sang contaminé l'a dramatiquement démontré. Seule une obligation d'assurance assortie d'une garantie minimum aurait pu éviter cette faille considérable.

4) La garantie d'assurance RC dans le temps [3] : conformément à la Directive, la loi du 19 mai 1998 dissocie la prescription du côté passif de la dette de réparation qui éteint la responsabilité des producteurs au terme d'un délai de dix ans après la mise sur le marché du produit, et la prescription du côté actif de la créance de la victime qui a trois ans pour agir.

La garantie d'assurance RC-produits devrait partir du jour de la mise sur le marché du produit et s'éteindre au terme du délai préfix de dix ans avec la

---

1. **Exclusion du risque de développement** : sur les exclusions cf. Y. Lambert-Faivre et L. Leveneur, *Droit des assurances*, précité, n° 416 s. ; sur le risque de développement, v. ss 923 s., F. Ewald « La véritable nature du risque de développement et sa garantie », *Risques*, n° 14, avr. 1993, p. 9 ; C. Gollier, « Le risque de développement est-il assurable ? », *Risques*, n° 14, p. 49.

2. **Plafonds de garantie** : v. ss 633, 680 ; Civ. 1re, 7 déc. 1999, *RCA* 2000, n° 100 (défectuosité de produits dentaires destinés à la fabrication de couronnes ; garantie RC produits plafonnée à 10 millions de francs par sinistre et par an ; sinistre défini contractuellement par « tous dommages résultant d'une même cause », c'est-à-dire « résultant d'une même erreur, malfaçon ou faute professionnelle quelconque » ; conformément à cette clause les dommages subis par plusieurs dentistes et leurs clients ont la même cause ; application du plafond de garantie à l'ensemble des dommages).

3. **Garantie d'assurance RC-produits dans le temps** : v. ss 642 s. ; L. Mayaux, « L'incidence de la loi du 19 mai 1998 sur la durée de la garantie d'assurance en matière de produits livrés », *RGDA* 1999, p. 63. **Jurisprudence** : Civ. 1re, 30 oct. 1995 et 14 nov. 1995, *RGDA* 1996.I.196, obs. Mayaux (la livraison des tuiles affectées d'un vice de fabrication constitue le fait générateur du dommage) ; Civ. 1re, 16 déc. 1997, *JCP* 1998.II.10018, rapport Sargos, *D.* 1998.287, note Lambert-Faivre (« toute clause qui tend à réduire la durée de la garantie de l'assureur à un temps inférieur à la durée de la responsabilité de l'assuré... est réputée non écrite »).

responsabilité du producteur. Bien entendu les mises sur le marché de lots de produits sont continues dans la vie industrielle et commerciale : les garanties d'assurance doivent donc être abondées au gré des formules de souscription habituellement mises en œuvre entre *risk-managers* et assureurs.

Il faut enfin que l'événement considéré comme le « sinistre » se situe pendant la période d'effet du contrat pour être garanti. En RC-produits où la responsabilité du producteur (côté passif) et le droit à réparation de la victime par survenance du dommage (côté actif) sont dissociés, la pratique professionnelle comme la jurisprudence et la doctrine ont longuement erré. Les assureurs qui ont prôné tantôt la même cause technique de sinistres sériels (ex. faute de conception : ex ante), tantôt la réclamation de la victime (ex-post), pouvaient situer le « sinistre » hors de la période de garantie. La doctrine et la jurisprudence ont hésité entre le défaut-fait générateur et la réalisation du dommage.

En définitive, la Cour de cassation a fondé son analyse sur la notion de *« cause génératrice du dommage »* : la livraison du produit constitue dès lors l'interface recherchée entre responsable et victime (Civ. 1re, 30 oct. et 14 nov. 1995).

La loi du 19 mai 1998, conformément à la Directive de 1985, s'ancre sur la notion de *« mise sur le marché »* du produit défectueux pour déterminer la responsabilité du producteur, la réalisation ultérieure du dommage n'en étant plus qu'une sorte de condition suspensive : l'assurance RC-produits rattachée à la responsabilité (dette) plus qu'à la réparation (créance) retrouve ici sa nature originelle d'assurance de dette.

• *Les causes d'absence de garantie* des victimes de produits relèvent aujourd'hui de deux facteurs-temps, l'un inhérent au droit de la responsabilité, l'autre au droit des assurances.

- *En droit de la responsabilité*, la loi, comme la Directive, crée une solution de continuité entre le terme de la responsabilité encourue par le producteur (dix ans après la mise sur le marché du produit) et le droit à agir de la victime (pendant trois ans) ; celle-ci peut ne rassembler les éléments de son droit à réparation que plus de sept ans, voire plus de dix ans après la mise sur le marché d'un produit (ex. Thalidomide, contamination à VIH, maladie de Creutzfeld-Jacob…).

- *En droit des assurances*, la réhabilitation des « clauses réclamation » dans les contrats d'assurance de responsabilité par la loi du 1er août 2003 relative à la sécurité financière rend encore la situation des victimes plus précaire, même si la garantie subséquente de cinq ans en limite quelque peu le danger.

B. La subsistance de régimes dérogatoires

930 Bien que la directive du 25 juillet 1985 et la loi de transposition française aient canalisé la responsabilité liée au défaut du produit vers le producteur, de nombreux régimes dérogatoires subsistent dans lesquels la technique de

responsabilité a été abandonnée pour créer, compte tenu des spécificités du produit ou de l'écho médiatique qu'ont pu avoir les dommages engendrés par ce dernier, des régimes d'indemnisation fondés sur une technique de solidarité nationale et dont la charge financière est assurée par un fonds. Dans cet ouvrage consacré à la réparation du dommage corporel, nous nous attacherons plus particulièrement à trois d'entre eux : l'indemnisation des victimes de l'amiante (1), des produits sanguins ou assimilés (2), et du Benfluorex (3).

1. L'indemnisation des victimes de l'amiante

931 L'importance des dommages causés par l'amiante ayant déjà été évoquée, reste à préciser les voies juridiques d'indemnisation pour ces victimes. Or, celles-ci sont aujourd'hui diverses : maladie professionnelle, l'asbestose peut révéler une « faute inexcusable de l'employeur » et être indemnisée *via* la législation relative aux accidents du travail et maladies professionnelles ; l'infraction constituée par le non-respect de certaines réglementations a pu permettre aux victimes d'agir devant les CIVI ; l'État peut voir sa responsabilité engagée pour son retard à mettre en œuvre des mêmes adéquates de protection ; enfin la création d'un Fonds d'indemnisation spécifique (FIVA) a apporté une ultime garantie aux victimes d'une contamination par l'amiante.

932 ***a) L'asbestose maladie professionnelle*** [1] ◊ Les victimes les plus nombreuses de l'asbestose et des mésothéliomes sont les travailleurs de divers secteurs professionnels : d'abord évidemment ceux des entreprises traitant l'amiante par flocage (avant 1978), ou déflocage, les ouvriers du bâtiment et de toutes les industries utilisant ou ayant utilisé l'amiante ou ayant travaillé dans des locaux amiantés et mal contrôlés.

Or l'asbestose est une maladie professionnelle, et l'indemnisation relève donc de la sécurité sociale : il apparaît qu'en fait la reconnaissance de la maladie, de son imputabilité aux conditions de travail, de l'exposition au risque sont très restrictives, que les taux d'invalidité permanente retenus sont très bas et que l'indemnisation demeure rare et insuffisante, malgré deux décrets n° 96-445 et 96-446 du 22 mai 1996 qui modifient le tableau 30 des maladies professionnelles : le délai de prise en charge est porté à 20 ans (asbestose) ou 40 ans (mésothéliomes) au lieu de 10 et 15 ans

1. **L'asbestose, maladie professionnelle ; jurisprudence** : CE 10 juin 1994, aff. Behn, *JCP* 1994, n° 232 note Rouault (idem) ; Soc., 22 nov. 1990, *arrêt Air liquide* n° 4357 (« la Société Air Liquide ne pouvait pas ne pas avoir conscience du danger auquel elle exposait son salarié » ; faute inexcusable, majoration rente AT) ; Soc., 3 déc. 1992, arrêt SNCF n° 4127 (idem, faute inexcusable retenue) ; Crim., 21 sept. 1993 (Entreprise Mero : responsabilité pénale pour n'avoir pas respecté Décr. n° 77-949 du 17 août 1977 relatif aux mesures d'hygiène et de sécurité pour personnel exposé aux poussières d'amiante) ; Soc., 13 juill. 1994, arrêt Eternit n° 33-18 (c'est à juste titre que CPAM a appliqué un nouveau taux de cotisation AT et MP du fait qu'un salarié était atteint d'asbestose).

auparavant et la durée d'exposition au risque réduite à 10 ans. En outre, la loi n° 98-1194 du 23 décembre 1998, modifié à plusieurs reprises, a créé une allocation de cessation anticipée d'activité au profit des travailleurs ayant contracté une maladie professionnelle liée à l'amiante, dispositif souvent désigné sous le nom de « préretraite amiante », qui ne peut être cumulé avec la perte de revenus causée par la cessation d'activité [1].

933 ***Obligation de sécurité de résultat et faute inexcusable de l'employeur*** [2] ◊ Cependant, dans le cadre des maladies professionnelles, seule la reconnaissance d'une *faute inexcusable de l'employeur*, qui a exposé sciemment la victime à un risque connu de lui peut conférer une indemnisation correcte à la victime : c'est ainsi que la chambre sociale avait reconnu dans divers arrêts que l'asbestose et le mésothéliome pleural étant inscrit ou tableau 30 des maladies professionnelles, « l'employeur aurait dû avoir conscience du danger qu'il faisait courir à son salarié en l'exposant sans protection aux poussières d'amiante » (Soc. 22 nov. 1990, *société Air Liquide* ; Soc. 3 déc. 1992, *SNCF*). Par une série d'arrêts du 28 février 2002, la chambre sociale de la Cour de cassation a franchi une nouvelle étape en considérant que, en vertu du contrat de travail le liant à son salarié, l'employeur était tenu d'une *obligation de sécurité de résultat* notamment du fait des produits fabriqués ou utilisés par l'entreprise, et que le manquement à cette obligation de sécurité constituait une *faute inexcusable* au sens de l'art. L. 452-1 CSS, lorsque l'employeur avait ou aurait dû avoir conscience du danger auquel était exposé le salarié, et qu'il n'a pas pris les mesures nécessaires pour l'en préserver. Dès lors que l'exposition du salarié à l'amiante et que la constatation médicale de la maladie sont établies, le lien de causalité est présumé et seule la cause étrangère constitutive de force majeure peut exonérer le débiteur d'une obligation de sécurité de résultat. Par ailleurs la sécurité sociale peut exercer son recours subrogatoire contre l'employeur responsable pour les prestations versées ; cependant l'employeur peut être assuré contre sa propre faute inexcusable depuis 1987.

Il faut en outre rappeler que la responsabilité pénale des employeurs peut être retenue lorsqu'ils ne respectent pas la réglementation en matière d'hygiène et de sécurité (décrets du 7 février et du 24 décembre 1996 relatifs à la protection des travailleurs contre les risques liés à l'inhalation de poussière d'amiante, applicable notamment pour les travaux de déflocage).

---

1. **Incompatibilité entre l'allocation de cessation anticipée d'activité et l'indemnisation de la perte de revenus professionnels** : Soc. 11 mai 2010, *D.* 2010. 2048, *RTD civ.* 2010. 564. Civ. 2e, 3 févr. 2011, *JCP* (S) 2011, 558.

2. **Obligation de sécurité de résultat et faute inexcusable de l'employeur** : sur l'indemnisation des accidents du travail, v. ss 445 s., notam. n° 385 s. ; P. Morvan, « Le déflocage de la faute inexcusable », *RJS* juin 2002 p. 495 ; P. Langlois, « Amiante : obligation de sécurité de résultat faute inexcusable de l'employeur », *D.* 2002 Interview p. 1285 ; Soc. 28 févr. 2002, 6 arrêts, *Gaz. Pal.* 2002 p. 3, Concl. Benmakhlouf et note S. Petit, *RCA* 2002 Repères Groutel n° 4 et arrêts n° 135 à 138, confirmé par Ass. plén. 24 juin 2005, *D.* 2005. 2375, note X. Delpech. Civ. 2e, 9 déc. 2010, *RCA* 2010, comm. n° 93 (nécessité d'une simple exposition habituelle à l'amiante et non d'une exposition permanente et continue).

934 ***Indemnisation du préjudice d'anxiété*** [1] ◊ La Cour de cassation a poursuivi sa politique favorable aux victimes de l'amiante en reconnaissant, dans une décision de principe de sa chambre sociale du 11 mai 2010, un préjudice visant à indemniser l'anxiété ressentie par les victimes exposées à l'amiante, et qui, non encore atteintes d'une pathologie précise, vivent néanmoins dans l'angoisse perpétuelle que l'une d'entre elles ne se déclare. Selon l'arrêt en effet, « les salariés (...) se trouvaient par le fait de l'employeur dans une situation d'inquiétude permanente face au risque de déclaration à tout moment d'une maladie liée à l'amiante et étaient amenés à subir des contrôles et examens réguliers propres à réactiver cette angoisse », situation constitutive d'un *préjudice d'anxiété*. La solution est évidemment très favorable aux victimes et doit à ce titre être approuvée, même si certains ont considéré que reconnaître une simple crainte comme préjudice réparable était discutable.

La jurisprudence a eu par la suite l'occasion de préciser de manière plus détaillée les conditions d'indemnisation de ce préjudice. La chambre sociale a ainsi tout d'abord fait évoluer sa jurisprudence en abandonnant la condition liée à la soumission à des examens médicaux réguliers [2]. Elle a surtout dans des arrêts postérieurs du 3 mars 2015 conditionné l'indemnisation de ce préjudice au fait que *l'entreprise au sein de laquelle travaillait le demandeur soit éligible au dispositif de l'ACAATA* [3]. Si tel est le cas, peu importe que le bénéfice de la pré-retraite amiante ait été demandé par la victime, *le préjudice d'anxiété est établi sans que la victime n'ait à prouver son angoisse*. Dans le cas contraire, la réparation de ce préjudice est exclue. Même si elle pose un critère clair permettant de déterminer dans quel cas le préjudice d'anxiété est réparable, cette solution surprend car elle renonce de fait à une appréciation *in concreto* du préjudice dont l'existence ou l'inexistence sont présumées en fonction de la seule nature de l'entreprise au sein de laquelle le salarié a travaillé. Fondée sur une appréciation purement abstraite de l'existence du préjudice, elle rompt avec les principes gouvernant, en droit commun, son évaluation.

---

1. **Indemnisation du préjudice d'anxiété** : Soc. 11 mai 2010, *D.* 2010. 2048, *RTD civ.* 2010. 564 ; *JCP* 2010, 568. Ch. Corgas-Bernard, « Le préjudice d'angoisse consécutif à un dommage corporel : quel avenir ? » *RCA* 2010, ét. n° 4. C. Corgas-bernard, « Le préjudice d'anxiété et les victimes de l'amiante : confirmation de la politique juridique de la chambre sociale de la Cour de cassation », *RCA* 2015, ét. 7. L. Gamet, « Le préjudice d'anxiété », Dr. Soc. 2015, 55. Pour d'autres applications du préjudice d'anxiété en dehors du cas de l'exposition à l'amiante : v. ss 203, 227.

2. **Absence de nécessité d'une soumission à des examens médicaux réguliers** : Soc. 4 déc. 2012, n° 11-26.294, *D.* 2012. 2973. Soc. 25 sept. 2013, n° 12-20157, *D.* 2013. 2954 note A. Guégan-Lecuyer, 2658 obs. S. Porchy-Simon ; *RTD civ.* 2013. 844, obs. P. Jourdain.

3. **Limitation du préjudice d'anxiété aux salariés ayant travaillé dans une entreprise éligible à l'ACAATA** : Soc. 3 mars 2015, n° 13-20.486, n° 13-26.175, n° 13-20.474 et n° 13-21.832, *JCP (S)* 2015, 1106, note D. Asquini-Bailleux. *D.* 2015. 968, note J. Knetsch M. Keim-Bagot, « Préjudice d'anxiété : la Cour de cassation referme la boîte de Pandore », *Dr. Soc.* 2015, 360. C. Corgas-Bernard, « Le préjudice d'anxiété et les victimes de l'amiante : confirmation de la politique juridique de la chambre sociale de la Cour de cassation », *RCA* 2015, ét. n° 7.

Dans les hypothèses où il est réparable, ce préjudice comprend, depuis des arrêts de principe de la chambre sociale du 25 septembre 2013, « *l'ensemble des troubles psychologiques, y compris ceux liés au bouleversement dans les conditions d'existence, résultant du risque de déclaration à tout moment d'une maladie liée à l'amiante* » [1]. À côté de sa composante originaire – l'inquiétude permanente face au risque de déclarer la maladie – le préjudice d'anxiété s'est donc enrichi d'une seconde composante : l'indemnisation des troubles dans les conditions d'existence créés par cette angoisse tels que privation de la possibilité d'envisager sereinement l'avenir, remise en cause des projets de vie personnelle, etc.

935 ***b) L'amiante, la santé publique et la responsabilité de l'État*** ◊ Au-delà des travailleurs exposés à l'amiante, c'est la santé publique qui est menacée dans un milieu amianté. Les usines utilisant l'amiante sont soumises à la réglementation sur les installations classées, et un arrêté du 1er mars 1993 vise spécifiquement la protection de l'environnement contre le rejet de fibres d'amiante dans l'atmosphère : ces activités industrielles ont dû cesser depuis 1996.

Dans cette perspective, la responsabilité de l'État pourrait être envisagée pour ne pas avoir pris en temps voulu les mesures de protection des citoyens contre les dangers de l'amiante, et c'est d'ailleurs en ce sens que s'est prononcée la jurisprudence administrative. La responsabilité de l'État [2] a d'abord été retenue dans 4 jugements du Tribunal administratif de Marseille du 30 mai 2000 qui ont retenu les fautes commises par les pouvoirs publics qui n'ont pris qu'avec des années de retard les mesures réglementaires de prévention d'un risque connu dès avant 1945. Ce n'est qu'en 1995 qu'un rapport d'expertise a été officiellement demandé à l'INSERM sur les risques de l'amiante, et celui-ci évaluait à près de 2000 le nombre annuel de décès dus à l'amiante en France... La carence de l'État qui n'a pas rempli ses obligations de prévention en matière de santé publique justifie donc sa responsabilité juridique. Cette condamnation de l'État, confirmée en appel, a enfin été définitivement retenue par le Conseil d'État par un arrêt du 3 mars 2004.

936 ***c) La création du Fonds d'indemnisation des victimes de l'amiante (FIVA)*** [3] ◊ C'est l'art. 53 de la loi n° 2000-1257 du 23 décembre

---

1. **Inclusion des troubles dans les conditions d'existence dans le préjudice d'anxiété** : arrêt de principe : Soc 25 sept. 2013, préc.

2. **Amiante-responsabilité de l'État** : B. Pauvert, « Mise en cause de la responsabilité de l'État pour les contaminations liées à l'amiante », *Gaz. Pal.* 9-10 févr. 2001 p. 2 ; C. Guettier, « L'État face aux contaminations liées à l'amiante », *AJDA* 2001. 529 ; – CE 3 mars 2004, *RCA* 2004, n° 234, note Guettier (carences fautives de l'État dans la prévention des risques liés à l'amiante). **Jurisprudence** : TA Marseille, 30 mai 2000, *JCP* 2000.I.280, n° 10 obs. Viney ; CAA Marseille, 18 oct. 2001, *RCA* 2002, n° 4, note Guettier, *Gaz. Pal.* 28-29 déc. 2001, p. 46 ; CE 3 mars 2004, *D.* 2004. 973, note H. Arbousset.

3. **Le FIVA** : H. Groutel, « À propos du recours subrogatoire du fonds d'indemnisation des victimes de l'amiante », *RCA* 2006, chron. n° 18. J. Hardy, « La création d'un Fonds

2000 de financement de la sécurité sociale pour 2001 qui a créé le FIVA, établissement public national à caractère administratif, doté de la personnalité juridique et de l'autonomie financière ; le décret n° 2001-963 du 23 octobre 2001 en expose l'organisation, le fonctionnement, la procédure d'indemnisation des victimes de l'amiante, et présente les actions qui peuvent être intentées contre le FIVA devant les cours d'appel.

937 ***Saisine du Fonds*** ◊ La saisine du Fonds est ouverte à toute personne dont l'exposition professionnelle ou environnementale à l'amiante a causé une atteinte à la santé, ainsi qu'à ses ayants droit. Exposition à l'amiante, et atteinte avérée à la santé doivent être établies [1] ; la reconnaissance d'une maladie professionnelle à ce titre apporte la preuve requise.

938 ***Délai de l'action*** ◊ L'art. 53 de la loi n° 2000-1257 du 23 décembre 2000 ayant créé le FIVA n'avait, de façon assez étonnante, pas précisé le délai de prescription de l'action. Toutefois, le fonds, suivi par la Cour de cassation à travers un avis du 18 janvier 2010 et des arrêts du 3 juin et 8 juillet 2010, avait estimé que la créance, dont le recouvrement était sollicité contre un organisme public, était soumise à la prescription quadriennale [2]. Cette solution, qui avait fait l'objet de vives critiques en ce qu'elle méconnaissait le fait que l'action visait ici également l'indemnisation d'un dommage corporel et aurait donc pu à ce titre être soumise à la prescription décennale de l'article 2226 C. civ., a toutefois été remise en cause par l'article 92 de la loi du 20 décembre 2010 relative au financement de la sécurité sociale. À son terme : « Les droits à l'indemnisation des préjudices mentionnés au I se prescrivent par dix ans à compter de la date du premier certificat médical établissant le lien entre la maladie et l'exposition à l'amiante. Toutefois, le délai de prescription ne court : 1° Pour l'indemnisation des préjudices résultant de l'aggravation d'une maladie dont un cer-

---

d'indemnisation des victimes de l'amiante… », *JCP* E, 5 avr. 2001, p. 605 ; S. de La Royère, « Indemnisation des victimes de l'amiante : création d'un fonds : le FIVA », *Rev. Environnement* févr. 2002, p. 26 ; G. Mor et B. Heurton, « Évaluation du préjudice corporel », préc. n° 82-13 s. N. Olmer-Brin et J.V. Borel, « Les voies d'indemnisation ouvertes aux victimes de l'amiante », *Gaz. Pal.* 12-14 janv. 2003, p. 9 ; C. Guettier, « Le Fonds d'indemnisation des victimes de l'amiante », *RCA* 2002, chron. n° 19. A. Guégan-Lécuyer, « À propos de la confrontation des offres d'indemnisation du fonds d'indemnisation des victimes de l'amiante au pouvoir judiciaire », *D.* 2006. 531. – CA Paris, 3 juin 2004, trois arrêts, *Gaz. Pal.* 30-31 juill. 2004 p. 23 (évaluation préjudices amiante). Civ. 2e, 21 déc. 2006, *RCA* 2006, comm. n° 90 (principe d'offre d'indemnisation globale du FIVA). Civ 2e, 21 déc. 2006, *RCA* 2007, comm. n° 16 (présomption d'imputabilité liée à la reconnaissance du caractère professionnel de la maladie). Civ. 2e, 20 mars 2008, *RCA* 2008, comm. n° 191 (principe d'indemnisation globale non applicable à l'action des ayants droit). Statistiques FIVA Site internet : www.fiva.fr : cf. annexe 1 *infra* p. 892.

1. **Nécessité d'une atteinte à la santé** : Civ. 2e, 20 nov. 2014, n° 13-26693, *RCA* 2015, comm. n° 47.

2. **Prescription de l'action devant le FIVA** : Cass. Avis 18 janv. 2010, *D.* 2010. 329. Civ. 1re, 3 juin et 8 juill. 2010, *D.* 2010. 2076, *RCA* 2010, comm. n° 253. Art. 92 de la loi n° 2010-1594 du 20 décembre 2010 : voir l'analyse de M. Bacache, *RTD civ.* 2011. 185. *ad* : P. Sargos, « Vers un retour au désordre de la prescription ? », *D.* 2010. 2374. Civ 2e, 16 juin 2011, n° 10-17092 opérant une première application du nouveau délai de prescription légal.

tificat médical a déjà établi le lien avec l'exposition à l'amiante, que de la date du premier certificat médical constatant cette aggravation ; 2° Pour l'indemnisation des ayants droit d'une personne décédée, quand son décès est lié à l'exposition à l'amiante, que de la date du premier certificat médical établissant le lien entre le décès et cette exposition. ». En faveur pour les victimes, ce délai de prescription a été déclaré d'application rétroactive puisque, à partir du 1er janvier 2014, les auteurs d'une demande d'indemnisation rejetée avant l'entrée en vigueur de la loi du fait de la prescription, ou leurs ayants droit, peuvent demander au FIVA de se prononcer à nouveau sur leurs demandes. Ces nouvelles dispositions sont donc globalement très favorables aux victimes, sous réserve du choix opéré par le législateur quant au point de départ du délai de prescription, qui court ici de l'établissement du certificat médical et non, comme dans le droit commun du dommage corporel, du jour de la consolidation. La date ici choisie est certes plus objective mais fixe un point de départ du délai beaucoup plus précoce.

939 ***Information sur les instances en cours et respect du principe indemnitaire*** ◊ Comme devant l'ONIAM, le demandeur doit informer le FIVA des éventuelles procédures en cours, et réciproquement doit informer la juridiction devant laquelle une action en indemnisation est intentée, de la saisine du FIVA. Dans le respect du principe indemnitaire, l'indemnisation intégrale d'un chef de préjudice par une voie ne peut être cumulée avec une demande d'indemnisation par une autre voie. La Cour de cassation, dans une décision du 21 décembre 2006, est allée plus loin, en affirmant que la victime ayant saisi le fonds devait demander devant lui la réparation de l'intégralité de ses préjudices, et ne saurait diviser sa demande entre le FIVA et le tribunal des affaires de sécurité sociale, consacrant ainsi le principe dit « d'offre d'indemnisation globale » du FIVA. Cette solution n'est toutefois pas applicable à la demande des ayants droit de la victime décédée.

Le respect du principe indemnitaire implique également que les sommes versées par les tiers payeurs soient déduites, poste par poste, des offres faites par le fonds. En ce domaine, la Cour de cassation a appliqué la même solution critiquable que dans le recours subrogatoire de droit commun en imputant les rentes invalidité sur le déficit fonctionnel permanent. Le fonds a d'ailleurs, en ce domaine, adopté une politique très active de recours puisque 496 pourvois en cassation avaient été formés par le FIVA en 2009 sur cette seule question [1].

940 ***Offre du fonds*** ◊ Le Fonds doit présenter une offre dans les six mois de sa saisine : dans ce but, il dispose de tous moyens d'investigations et d'expertise. Lorsque la maladie est susceptible d'avoir un caractère professionnel, il peut transmettre le dossier à l'organisme de sécurité sociale

1. **Imputation des créances des tiers payeurs** : v. ss 370 s. M. Develay, « L'indemnisation des victimes de l'amiante : ne plus perdre son temps à en gagner ? », *RCA* 2010, ét. n° 6.

compétent, et en cas de reconnaissance de maladie professionnelle, celui-ci indique au Fonds le montant de l'indemnisation accordée et ses modalités. Lorsque le lien entre la maladie et l'exposition n'est pas établi, le dossier peut être transmis à une Commission d'examen des circonstances de l'exposition à l'amiante (CECA). La Cour de cassation a toutefois précisé, dans une décision du 21 décembre 2006, que la reconnaissance du caractère professionnel de la maladie liée à l'amiante établissait une *présomption irréfragable d'imputabilité*, opposable au FIVA, lui interdisant alors la remise en cause de ce lien causal devant la CECA. Comme pour les accidents de la circulation ou les accidents médicaux, l'offre d'indemnisation *doit préciser l'évaluation retenue par chaque chef de préjudice, déduction faite des créances des tiers payeurs*. Les maladies de contamination sont souvent évolutives ; lorsque l'offre a été faite avant consolidation, en cas d'aggravation de l'état de santé, une offre complémentaire doit garantir l'indemnisation intégrale de la victime.

Une fois l'offre faite par le FIVA, trois hypothèses doivent être distinguées :

– Le demandeur peut accepter l'offre : *son acceptation vaut alors transaction* et désistement des actions juridictionnelles en indemnisation en cours, et rend irrecevable toute action juridictionnelle future en réparation du même préjudice.

– Le demandeur peut aussi refuser l'offre, notamment s'il la juge insuffisante : il recouvre alors toute possibilité d'agir en justice [1], soit contre le Fonds lui-même, soit contre l'employeur pour faute inexcusable, soit contre l'État devant le tribunal administratif.

– Le Fonds peut aussi refuser de faire une offre s'il estime que les conditions d'indemnisation ne sont pas remplies : le demandeur peut intenter un recours contre ce refus devant le *juge judiciaire*. Depuis, une décision du Tribunal des conflits du 18 mai 2015, ce dernier est également compétent pour l'ensemble des litiges relatifs au paiement des indemnités par le fonds [2].

Enfin le Fonds qui a indemnisé la victime dispose d'un droit de recours subrogatoire contre les personnes ou organismes responsables de l'exposition de la victime à l'amiante : ici encore les employeurs responsables et leurs assureurs, en supporteront le coût final.

Il est à noter que le FIVA s'est doté depuis 2003 d'un barème indicatif d'indemnisation, dont la pertinence est fort contestable puisqu'il s'affranchit pour partie des règles d'évaluation du droit commun [3].

---

1. V. par exemple, Civ. 2e, 18 avr. 2013, n° 12-14000, *RCA* 2013, comm. n° 224.

2. **Reconnaissance d'un bloc de compétence du juge judiciaire pour toutes les actions contre le FIVA** : T. Conflits 18 mai 2015, *AJDA* 2015, 1016 (compétence pour les litiges relatifs aux offres et sur les créances indemnitaires). Civ. 1re, 21 mai 2015, n° 14-18892.

3. **Barème indicatif d'évaluation du FIVA** : Le barème est consultable sur le site du FIVA : www.fiva.fr/fiva-pro/indemn-v.php. Pour une étude détaillée : G. Mor, « Évaluation du préjudice corporel », préc n° 82-27 s. M. Beauvois, « Les règles applicables par le FIVA et le droit commun », *Gaz. Pal.* 19 avr. 2008, 48.

941 ***Conclusion sur l'indemnisation des victimes de l'amiante et le FIVA*** ◊ Depuis sa création, le FIVA a servi 78 601 allocataires. Le rapport d'activité pour 2013 indique qu'il a reçu, sur cette année, 5 202 demandes (soit une augmentation de 8,9 % par rapport à l'année précédente). Le montant moyen du coût d'indemnisation par le FIVA est, pour 2013, de 147 939 euros pour les cancers pulmonaires et de 37 829 euros pour l'asbestose. Le FIVA a ainsi versé près de 3,9 milliards d'euros d'indemnités depuis sa création.

La création du FIVA est intrinsèquement une bonne mesure. Le financement de ce fonds est en effet assuré par une contribution de l'État et une contribution de la branche AT-MP du régime général de la sécurité sociale auxquelles s'ajoutent des ressources complémentaires pour le biais des recours subrogatoires contre les responsables.

Certaines réticences peuvent toutefois être exprimées concernant le système d'indemnisation des victimes de l'amiante. La première porte sur l'hétérogénéité des mécanismes d'indemnisation, qui a notamment été dénoncée la Cour des comptes dans son rapport annuel pour 2014 [1]. Celle-ci se manifeste par la pluralité des mécanismes juridiques permettant l'indemnisation des victimes de l'amiante qui, selon leur situation, ne sont pas prises en charge de manière identique, et dont les chefs de préjudice ne sont pas les mêmes. Rien ne justifie par exemple que le FIVA adopte une nomenclature spécifique des préjudices réparables ainsi que des barèmes médicaux d'évaluation particuliers. Le fonctionnement interne du fonds peut appeler également quelques remarques. Ainsi, le rapport de la Cour des comptes est assez critique sur son action, notamment au regard des délais d'indemnisation qui s'allongent selon elle de manière préoccupante.

2. L'indemnisation des victimes de produits sanguins

942 Des dommages peuvent être causés par différents types de produits du corps humain : tissus, organes, cellules, etc. [2]. Toutefois, le contentieux le plus important concerne les dommages causés par le sang et notre étude se concentrera donc sur cette question. La tragédie du sang contaminé par le virus sida (VIH) a en effet causé un véritable électrochoc national aussi bien en matière de responsabilité médicale que de sécurité sanitaire [3].

Pendant les années de la contamination post-transfusionnelle par le VIH, notamment de 1980 à 1985, le statut du sang en France était régi par la loi

1. Pour une critique : Rapport annuel de la Cour des comptes 2014, p. 269 s. L. Bloch, « La Cour des comptes et l'indemnisation des victimes de l'amiante », *RCA* 2014, alerte 12.

2. **Responsabilité du fait des produits issus du corps humain :** v. ss 915, 924.

3. **Sang et contamination post-transfusionnelle par le virus du sida :** R. Savatier, « De sanguine, jus », *D.* 1954, chron., p. 141 (loi de 1952 et notion de « service public du sang humain ») ; Y. Lambert-Faivre, « L'indemnisation des victimes post-transfusionnelles du sida : hier, aujourd'hui et demain », *RTD civ.* 1993. 1, Rapport de l'Inspection générale des affaires sociales, sept. 1990 ; M.-A. Hermitte, « Le sang et le droit : essai sur la transfusion sanguine », Le Seuil, 1996.

du 21 juillet 1952 instituant une sorte de « service public du sang humain » : un Centre National de Transfusion sanguine (CNTS) était complété par un réseau de quelques 180 « Centres de Transfusion Sanguine » (CTS) privés ou publics, autonomes ; cette nébuleuse était regroupée au sein de la « Fondation nationale de la transfusion sanguine » (FNTS), puis de l'établissement français du sang (EFS). La loi instaurait une obligation de sécurité à l'égard des *donneurs de sang* assortie d'une responsabilité objective garantie par une assurance obligatoire et illimitée. En revanche, elle ne contenait aucune disposition relative aux *dommages causés aux receveurs* : or ceux-ci peuvent être divers, soit en raison d'erreurs de groupage de sang, soit du fait de contaminations virales telles que le paludisme, la syphilis, l'hépatite notamment B ou C, et enfin le sida. Les victimes, receveurs de sang contaminés, peuvent d'une part mettre en jeu diverses *responsabilités*, tandis que d'autre part la garantie d'un Fonds d'*indemnisation spécifique* était créée par la loi du 31 décembre 1991, dont le champ d'intervention a depuis été étendu et les compétences transférées à l'ONIAM.

a. Panorama de l'indemnisation des victimes par la responsabilité [1]

943 La multiplicité des intervenants dans les contaminations post-transfusionnelles par le virus du sida ou autre explique la très grande complexité de la jurisprudence en la matière, avec des solutions parfois incohérentes. L'affaire dite « du sang contaminé » a, à cet égard, été la matrice des principes que nous connaissons aujourd'hui. Un bref panorama, qui ne prétendra pas à l'exhaustivité, sera ici dressé de la diversité des actions successivement reconnues par la jurisprudence et de leur pérennité.

944 ***La responsabilité des centres de transfusion sanguine*** [2] ◊ Dans l'affaire du sang contaminé, ce sont les centres de transfusion sanguine

1. **Sida et responsabilité civile** : Y. Lambert-Faivre, article précité, *RTD civ.* 1993. 1 ; D. Berra, « Responsabilités, indemnisation des dommages et sida », Actions et recherches sociales, oct.-déc. 1989 ; H. Margeat, « Séropositivité, sida et jurisprudence », *Gaz. Pal.*, 13 oct. 1991, p. 6 ; P. Jourdain, « Responsabilité civile et contamination par le virus du sida à la suite de transfusions », obs. *RTD civ.* 1992.117 ; C. Delpoux, « Contamination par transfusion sanguine : jurisprudence, loi et assurance », *RGAT* 1992.25 ; M.-L. Morançais-Demeester, « Contamination par transfusion du virus du sida : responsabilité et indemnisation », *D.* 1992, chron. 189 ; A. Holleaux, « Transfusion sanguine, séropositivité et responsabilité juridique », *LPA*, 16 oct. 1991 ; J.-M. De Forges, « Sida : responsabilité et indemnisation des préjudices résultant de contamination par transfusion sanguine », *RDSS* 1992.555 ; C. Debouy, « La responsabilité de l'administration française du fait de la contamination par le virus du sida », *JCP* 1993.I.3646 ; L. Dubouis, « Sida et transfusion sanguine : l'assouplissement des conditions classiques de mise en jeu des professions de santé », *RDSS* 1991.574 ; F. Memmi, « Sida et responsabilité civile », *Gaz. Pal.*, 25 avr. 1993, p. 2 ; H. Margeat, « Sang et droit ; l'indemnisation des victimes », *Gaz. Pal.*, 6-7 août 1993, p. 2 ; M.-L. Morançais-Demeester, « Contamination par transfusion du virus du sida : responsabilités et indemnisation ».

2. **Responsabilité des Centres de transfusion sanguine** : TGI Paris, 1er juill. 1991, *JCP* 1991.II.21762, note Harichaux ; Paris, 28 nov. 1991, *D.* 1992.85, note Dorsner-Dolivet, *JCP*

qui étaient les auteurs directs des dommages de contamination en qualité de fabricants et fournisseurs originels des produits contaminés [1]. La jurisprudence avait posé des règles très favorables aux victimes afin de favoriser leur indemnisation. Ainsi, le lien de causalité entre transfusion sanguine et contamination avait été présumé par la jurisprudence, quitte à permettre au défendeur d'établir la preuve exonératoire qu'aucun des donneurs n'était séropositif, alors qu'une obligation de sécurité de résultat de livrer un sang exempt de vice avait dans le même temps été mise à la charge des CTS [2] Cette jurisprudence est toutefois aujourd'hui caduque puisque l'Établissement français du sang, en tant que producteur, serait désormais responsable uniquement au titre de la responsabilité des produits défectueux [3].

945 ***L'exclusion de la responsabilité des établissements de santé en tant que fournisseur*** [4] ◊ Les établissements de santé, quel que soit leur statut, sont en général les simples distributeurs du sang aux patients transfusés et n'ont donc pas de réelle maîtrise sur sa qualité. La responsabilité des cliniques privées avait donc été exclue [5] par deux arrêts de la Cour de cassation du 12 avril 1995, qui confortant la responsabilité objective des centres

1992.II.21797, note Harichaux, *Gaz. Pal.*, 16 févr. 1992, concl. Benas, note J.G.M. et A. Paire ; Montpellier, 13 févr. 1992, *JCP* 1992.IV.2094 ; TGI Nice, 27 juill. 1992, *D.* 1993.38, note Vidal ; Toulouse, 5 nov. 1991, *Gaz. Pal.*, 24-25 sept. 1993, note Dorsner-Dolivet ; Aix-en-Provence, 12 juill. 1993, *D.* 1994. 13, note Vidal ; Paris, 10 juin 1994, *Gaz. Pal.*, 9-11 oct. 1994, p. 12, concl. Gizardin (la FNTS jouit d'une personnalité morale de droit privé distincte de l'État ; pas de prérogative de puissance publique ; compétence judiciaire).

1. **Transfusion sanguine et assurance :** A. Rogier, « L'assurance RC et le sida », *RFDC* 1990, p. 373 ; A. Graf, « Sida, responsabilité civile et assurance », *Risques*, déc. 1990, p. 192 ; H. Margeat, « Séropositivité, sida et jurisprudence », *Gaz. Pal.*, 13 oct. 1991, p. 6, J. Bourthoumieux, « Sida et réassurance », *Risques*, n° 13, janv. 1993, p. 181 ; M. Picard, « Assurance et transfusion sanguine », *Gaz. Pal.*, 11-12 janv. 1995, p. 16 ; A. Favre-Rochex, « La FNTS et ses assureurs, ou le procès de la connaissance », *Gaz. Pal.*, 19-21 févr. 1995 ; P. Pène et C. Tourrain, « Sida et Assurances », *Bull. Acad. méd.* 1998.182, n° 2, p. 355 à 396. – **Jurisprudence :** Civ. 1re, 18 mars 1997, *RCA* 1997, n° 245 et Repères Groutel (connaissance par les co-assureurs de la contamination post transfusionnelle par le VIH ; direction de la défense par le FNTS ; renonciation non équivoque à invoquer nullité pour aggravation de risques) ; Civ. 1re, 9 juill. 1996, *D.* 1996. 610, note Y. Lambert-Faivre, *RCA* 1996, n° 37 et chron. Groutel, n° 37 (plafond de garantie annuelle fixée à 2,5 millions de francs) ; Civ. 1re, 9 mars 1999, *RCA* 1999, chron. Groutel, n° 14, *D.* 1999.714, note Serverin (art. L. 667 CSP : limitation de la garantie dans le temps de l'assurance des CTS est expressément autorisée par un texte légal, qui n'a pas été abrogé par l'arrêté du 29 déc. 1999) ; Civ. 1re, 23 nov. 1999, *RCA* 2000, n° 66 (idem Civ. 1re, 9 juill. 1996 : application du plafond de garantie contractuel par année qui constitue la limite de l'indemnisation par l'assureur pour une même année d'assurance quelque soit le nombre de sinistres ou de victimes).
2. **Obligation de sécurité des CTS :** Civ. 1re, 12 avr. 1995, 2 arrêts, *JCP* 1995.II.22467, note Jourdain, *RCA* 1995, n° 241 ; CE, 26 mai 1995, 3 arrêts, *JCP* 1995.11.22467, note Moreau, *RCA* 1995, n° 241.
3. V. ss 919.
4. **Responsabilité des distributeurs, loi du 19 mai 1998 :** v. ss 919 s.
5. **Responsabilité des cliniques :** Civ. 1re, 12 avr. 1995, deux arrêts précités, *JCP* 1995. II.22467, note Jourdain, *RCA* 1995, n° 241, *RDSS* 1995, p. 766 (exonération).

de transfusion sanguine, avait exonéré la clinique. Une solution voisine avait été retenue par le Conseil d'État, dans trois arrêts du 26 mai 1995 [1].

La loi du 19 mai 1998 est venue entériner ces solutions. En concentrant la responsabilité du fait des produits défectueux sur le seul producteur, elle exonère en effet dans la plupart des cas les établissements de santé *seulement fournisseurs du sang contaminé*, de toute responsabilité [2].

946 ***La responsabilité des médecins prescripteurs*** [3] ◊ La prescription médicale demeure un acte purement intellectuel et non technologique et ce n'est pas la prescription de transfusion sanguine en elle-même qui a été la cause de la contamination, mais seulement l'utilisation de certains culots de sang ou produits sanguins contaminés : en bref, *la cause de la contamination n'était pas dans la prescription, mais dans le produit* dont le médecin prescripteur n'est ni le fournisseur, ni le distributeur. Ces considérations expliquent que la jurisprudence exonère généralement le médecin simple prescripteur de toute responsabilité en cas de contamination post-transfusionnelle. Cependant la prescription peut être fautive lorsqu'elle est faite sans nécessité (les transfusions sanguines de confort étaient fréquentes dans les années 1980), alors que l'état des connaissances scientifiques permettait déjà de suspecter le sang comme vecteur de contamination par le VIH ou le VHC : la responsabilité du médecin peut alors être retenue.

947 ***La responsabilité de l'auteur de l'accident initial*** [4] ◊ La responsabilité de l'automobiliste responsable de l'accident de circulation initial est fondée sur la théorie de l'équivalence des conditions et a été initialement illustrée par le célèbre arrêt *Courtellemont* rendu par la Cour d'appel

1. **Responsabilité des hôpitaux publics** : CE, 26 mai 1995, trois arrêts précités, *JCP* 1995. II.22467, note Moreau, *RCA* 1995, n° 241.
2. Également sur cette question, v. ss 825 s.
3. **Responsabilité du médecin prescripteur** : Versailles, 30 mars 1989, *JCP* 1990.II.21505, note A. Dorsner-Dolivet, *D.* 1991, somm. 182, obs. Penneau (faute médicale) ; TGI Paris, 1er juill. 1991, *JCP* 1991.II.21762, note Harichaux, *Gaz. Pal.*, 13 oct. 1991, p. 16, et Paris, 28 nov. 1991, *RCA* 1991, n° 429, *D.* 1993, somm. 30, obs. Penneau (affaire Fougerou : exonération du médecin non fautif).
4. **Sida, Hépatite C et accident de la circulation** : v. ss 151 ; **SIDA** : Paris, 7 juill. 1989, arrêt Courtellemont, *Gaz. Pal.* 1989.2.752, concl. Pichot ; Rennes, 23 oct. 1990, *Gaz. Pal.* 1991.1.232 ; Paris, 26 nov. 1991, *Gaz. Pal.*, 27 sept. 1992, p. 9 ; TGI Bobigny, 19 déc. 1990. *Gaz. Pal.* 1991.1.233 ; TGI Bordeaux, 17 févr. 1992, *RCA* 1992, n° 198 ; TGI Bordeaux, 24 avr. 1992, *RCA* 1992, n° 177 ; Dijon, 16 mai 1991, *D.* 1993.242, note Kerckhove ; Civ. 1re, 17 févr. 1993, *JCP* 1994.II.22226, note Dorsner-Dolivet, *RTD civ.* 1993.589, n° 607, obs. Jourdain, *Gaz. Pal.*, 2-3 févr. 1994, p. 15, note Memmi (imputabilité de la contamination à l'accident initial) ; Paris, 27 oct. 1995, *Gaz. Pal.*, 20-21 mars 1996, p. 15, note J.G.M. (partage de responsabilité de l'accident de la circulation applicable à l'indemnisation de la contamination) ; TGI Paris, 27 janv. 1993, n° 93-416 (affaire Courtellemont ; recours de l'assureur auto contre le CTS). **Hépatite C** : Civ. 2e, 12 juill. 2007, *RCA* 2007, comm. 317 ; 17 avr. 2008, *RCA* 2008, comm. n° 227. 14 févr. 2008, *RCA* 2008, comm. n° 137. 8 janv. 2009, *RCA* 2009 comm. n° 73. 10 nov. 2009, *RCA* 2010, comm. n° 15. – **Recours du CTS contre l'automobiliste** : Civ. 1re, 4 déc. 2001, *Gaz. Pal.*, 21-23 avr. 2002, p. 20, note C. Caseau-Roche ; cf. Y. Lambert-Faivre, « De la poursuite à la contribution : quelques arcanes de la causalité », *D.* 1992, chron. p. 311. Civ. 2e, 28 mai 2009, *RCA* 2009, comm. n° 242.

de Paris le 7 juillet 1989, depuis conforté par une jurisprudence concordante. Deux observations doivent toutefois être faites :

– la responsabilité de l'automobiliste est appréciée dans le cadre de la loi Badinter ; dès lors le partage de responsabilité peut être opposé à la victime-conducteur fautif ;

– cette solution, qui vaut dans les rapports entre la victime ne présage en rien du recours pouvant exister entre co-auteur de l'accident.

b. L'indemnisation des victimes au titre de la solidarité nationale

948 Compte tenu du nombre de victimes de contaminations post-transfusionnelles, l'affaire du sang contaminé n'ayant été que le révélateur d'un phénomène aujourd'hui beaucoup plus ample, l'indemnisation des victimes sur le fondement de la responsabilité a rapidement montré ses limites. D'abord instaurée au profit des victimes du VIH, la prise en charge de ces dernières au titre de la solidarité nationale a ainsi vu son champ d'application s'élargir à partir de l'adoption de la loi du 4 mars 2002.

1. L'indemnisation des victimes du VIH [1]

949 Au 31 décembre 1991, le nombre des victimes du VIH était évalué à plus de 5 000 personnes dont 1 200 hémophiles et environ 4 000 transfusés : l'ampleur du drame imposait le recours à la solidarité nationale par la création d'un fonds : le *fonds d'indemnisation des transfusés et hémophiles (FITH)* (art. 47 de la loi n° 91-1406 du 31 déc. 1991). Le bilan total de douze années d'activité, présenté dans le rapport annuel pour 2009, est le suivant : au 31 décembre 2003, le nombre de demandes de victimes examinées s'élevait à 5 004 (dont 3 612 transfusés et 1 392 hémophiles ou maladie de Willebrand assimilée) et les offres faites à 4 103. Depuis son origine jusqu'au 31 décembre 2003, le Fonds a versé 973 millions d'euros d'indemnités au titre du préjudice spécifique de contamination, troubles dans les conditions d'existence, préjudices économiques et frais engagés par les malades. Les engagements financiers cumulés du Fonds ont représenté 984 732 283 euros (y compris les règlements en cours). L'engagement moyen par personne contaminée ayant reçu une offre (4 103) était donc de 240 000 euros.

La loi du 9 août 2004 (art. L. 3122-1 al. 2 CSP) a toutefois substitué l'ONIAM au FITH dans un souci d'unification des fonds compétents dans

---

1. **Fonds d'indemnisation des transfusés et hémophiles (FITH)** : Y. Jouhaud, « L'indemnisation des transfusés et hémophiles victimes de contamination par le VIH ; doctrine adoptée par la Commission du Fonds d'indemnisation », *Bull. cass.*, 1er oct. 1992 ; J.-M. Pontier, « L'indemnisation des victimes contaminées par le virus du sida », *ALD* 1992.35 ; J.-P. Almeras, « L'indemnisation des victimes de transfusions », Concours médical, 4 avr. 1992.1094 ; C. Delpoux, « Loi d'indemnisation des personnes contaminées par le virus du sida », *Risques*, n° 8, déc. 1991, p. 167 ; F. Ewald, « Le fonds de l'équité », *Risques* n° 12, oct. 1992, p. 171 ; A. Sobel, « Le Fonds d'indemnisation des victimes du sang contaminé », *RFDC* 1993.3, p. 305 ; P. Pène, Ch. Tourrain, « Sida et assurances » *Bull. Acad. méd.* 1998-182, n° 2, p. 355 ; P. Casson, « Les fonds de garantie », LGDJ 1999.

le domaine médical. Depuis la reprise des obligations d'indemnisation par l'ONIAM, le contentieux semble être en nette régression. Ainsi, sur l'année 2014, l'ONIAM n'a eu à connaître que de 127 demandes, comprenant les demandes en aggravation.

• *Champ d'application de l'indemnisation légale* [1] : La loi du 9 août 2004 a donné compétence à l'ONIAM pour indemniser les victimes de transfusions sanguines ou de produits sanguins contaminés par le VIH uniquement pour celles effectuées sur le territoire français ; en revanche il n'a pas vocation à indemniser les victimes transfusées à l'étranger.

• *Procédure d'indemnisation :* la demande d'indemnisation doit être adressée par lettre recommandée avec demande d'avis de réception, dans le délai de la prescription quadriennale, le délai spécifique de l'article L. 1142-28 CSP n'ayant pas été jugée applicable à l'hypothèse où l'ONIAM intervient dans le cadre des victimes post-transfusionnelles du Sida [2].

La victime ne doit prouver que la transfusion et la contamination par le VIH ; conformément à l'article L. 3122-2 CSP, le lien de causalité est alors présumé, mais cette présomption n'est pas irréfragable et l'ONIAM peut établir que tous les donneurs étaient et demeurent séronégatifs. L'ONIAM ne dispose que d'un délai bref pour instruire le dossier, examiner si les conditions de l'indemnisation sont réunies, car il doit faire une offre à la victime dans un délai maximum de six mois. Le demandeur doit alors notifier son acceptation ou son refus. En cas d'acceptation, la somme doit être versée dans le délai d'un mois.

• *Indemnisation intégrale des préjudices* [3] : toutes les victimes contaminées directement ou indirectement par une transfusion (conjoint d'un transfusé ou d'un hémophile contaminé) ont droit à l'indemnisation intégrale de leurs préjudices, de même que les victimes par ricochet et ayants droit. Les chefs de préjudice réparable présentent toutefois quelques particularismes, puisque les victimes ont droit à indemnisation de préjudices spécifiques, dont principalement le préjudice spécifique de contamination [4].

---

1. **Sur l'indemnisation des hépatites transfusionnelles dans la loi du 4 mars 2002**, v. ss 950. Nécessité d'une contamination liée à une transfusion : Civ; 1re, 22 janv. 2014, n° 12-35023, *RCA* 2014, comm. n° 117

2. **Prescription quadriennale applicable** : Civ. 1re, 11 mars 2014, n° 13-10697, *RCA* 2014, comm. 167. Sur cette question, v. ss 805.

3. **Indemnisation intégrale des préjudices :** sur la détermination du préjudice spécifique de contamination, v. ss 223 ; sur les préjudices économiques, v. ss 156, sur les préjudices des victimes par ricochet, v. ss 245 ; Y. Lambert-Faivre, « Principes d'indemnisation des victimes post-transfusionnelles du Sida », *D.* 1993. 67 ; Civ., 20 juill. 1993, *RTD civ.* 1994.107, obs. Jourdain, *D.* 1993. 526, note Chartier, *RCA* 1993, n° 378 (préjudice spécifique de contamination VIH) ; Civ. 2e, 1er févr. 1995, *RTD civ.* 1995. 626, obs. Jourdain, *RCA* 1995, n° 126 (évaluation du préjudice spécifique de contamination). Civ. 1re, 22 janv. 2014, n° 12-35023, *RCA* 2014, comm. n° 117 (pas de prise en charge par l'ONIAM su préjudice subi par le mari lui-même séropositif et ayant contaminé sa femme à la suite de rapports non protégés).

4. Sur le préjudice spécifique de contamination : v. ss 220 s.

• *Actions en justice intentées à l'encontre du Fonds ou l'ONIAM :* la victime peut exercer une action contre l'ONIAM lorsque sa demande d'indemnisation a été rejetée, lorsqu'aucune offre ne lui a été faite dans le délai légal ou lorsqu'elle a rejeté l'offre qu'elle considère comme insuffisante. À l'inverse du droit commun [1], elle ne dispose en revanche pas d'action directe contre le fonds sans saisine amiable préalable. Cette action doit obligatoirement être portée devant la Cour d'appel de Paris., dans un délai de deux mois (art. R 3122-11 CSP).

2. L'indemnisation des victimes de l'hépatite C

950 ***Le contentieux de l'hépatite C avant les lois de 2002*** [2] ◊ En janvier 1993, le rapport Micoud sur l'hépatite C évaluait entre 100 000 et 400 000 le nombre de contaminations post-transfusionnelles à VHC (virus de l'hépatite C) ; or exclues de la compétence du Fonds d'indemnisation des contaminations à VIH par la loi de 1991, les contaminations à VHC ont continué pendant longtemps à relever du droit commun de la responsabilité civile avec ses trois éléments classiques : fait générateur – dommage – lien de causalité [3]. Cette dernière preuve, comme dans toutes les contaminations par des produits de santé, était particulièrement difficile d'autant plus que la transmission du VHC peut se faire par de multiples voies : transfusions sanguines, mais aussi infections nosocomiales (le fabricant de produits sanguins n'en est pas responsable), toxicomanie... et on estime que près de 40 % des hépatites C demeurent sans origine connue. Pour aider les victimes, la jurisprudence avait donc d'abord admis le jeu de présomptions graves, précises et concordantes de l'art. 1353

1. V. ss 885.

2. **Hépatite C post-transfusionnelle :** F. Boyer, « Pour une harmonisation des jurisprudences administrative et judiciaire en matière d'indemnisation des victimes de contamination VHC post-transfusionnelle », *Gaz. Pal.* 8 juill. 2009, p. 41. S. Gibert, « L'indemnisation par la solidarité nationale des dommages imputables à des contaminations d'origine transfusionnelle », *Méd. et Dr.* 2009, n° 97, p. 120. Y. Lambert-Faivre, « L'hépatite C post-transfusionnelle et la responsabilité civile », *D.* 1993. Chron. 291 ; S. Gromb et P. Couzigou, « Problèmes médico-légaux posés par les hépatites C », *Gaz. Pal.*, 27 févr.-1er mars 1994, p. 2 ; L. Martinet et L. Fassier, « De la nécessaire orthodoxie juridique en matière d'hépatite C post-transfusionnelle », *Gaz. Pal.* 17-19 déc. 2000, p. 31 ; D. Artus, « Hépatite C post-transfusionnelle : des voies et des réponses contentieuses désormais clarifiées », *D.* 2001. Chron. 1745 ; M. Flory-Reverberi et autres, « La maladie virale C : le virus caché à multiples facettes », *RFDC* 2002-2, p. 111 ; J. A. Robert et A. Regniault, « Les personnes atteintes de l'Hépatite C sont-elles des victimes comme les autres ? », *Méd. et dr.* 2002-52, p. 20 ; A. Chidiac, « Contentieux liés à l'hépatite C : faut-il adapter la mission de l'expert judiciaire ? », *Gaz. Pal.* 15-19 août 2003, p. 2 et *RFDC* 2004.2, p. 101. – **Jurisprudence ; responsabilité du fabricant, droit commun :** Civ. 1re, 23 nov. 1999, aff. *Heren*, *RCA* 2000, n° 48 (preuve de la contamination à HVC par produits sanguins par tous moyens, y compris présomptions) ; Civ. 1re, 28 mars 2000, aff. *Quillevere*, *RCA* 2000, n° 230 (*idem*) ; Civ. 1re, 17 juill. 2001 (2 arrêts), *RCA* 2001, n° 363, note M. A. Agard (présomption de contamination à VHC par transfusion sanguine ; « il appartient au CTS dont la responsabilité est recherchée de prouver que les produits sanguins étaient exempts de tout vice ») ; Civ. 1re, 9 mai 2001, *D.* 2001. 2149, rapport P. Sargos (*idem*).

3. V. ss 943.

C. civ., dès lors que l'antériorité de la transfusion et « l'absence de tout autre facteur de contamination » rendaient cette imputation vraisemblable : la victime était néanmoins dans une situation encore précaire, dès lors que divers séjours hospitaliers et plusieurs opérations chirurgicales avaient pu l'exposer à des contaminations nosocomiales. Cependant par deux arrêts du 9 mai 2001, puis du 17 juillet 2001, la Cour de cassation avait rendu plus stricte l'exonération du fabricant en énonçant que face aux présomptions présentées par la victime, il appartenait au fabricant « de prouver que les produits sanguins étaient exempts de tout vice », preuve extrêmement difficile compte tenu de la spécificité du VHC et de l'absence de traçabilité certaine.

951 ***La loi du 4 mars 2002 et l'hépatite C*** [1] ◊ L'indemnisation des victimes de l'hépatite C a été la grande oubliée de la loi du 4 mars 2002. Celle-ci n'avait en effet pas initialement prévu une règle spécifique permettant l'indemnisation de ces victimes au titre d'un régime relevant d'une prise en charge par la solidarité nationale. La loi du 4 mars 2002 avait certes opéré une certaine avancée en instaurant, dans son article 102, une présomption de causalité. Aux termes de cet article, en effet, « *en cas de contestation relative à l'imputabilité d'une contamination par le virus de l'hépatite C antérieure à la date d'entrée en vigueur de la présente loi, le demandeur apporte des éléments qui permettent de présumer que cette contamination a pour origine une transfusion de produits sanguins labiles ou une injection de médicaments dérivés du sang. Au vu de ces éléments, il incombe à la partie défenderesse de prouver que cette transfusion ou cette injection n'est pas à l'origine de la contamination. Le juge forme sa conviction après avoir ordonné, en cas de besoin, toutes les mesures d'instruction qu'il estime utiles. Le doute profite au demandeur...* ». Le législateur a donc ici entériné la présomption de causalité retenue par la jurisprudence antérieure à la loi [2]. Mais au-delà de cette avancée sur le terrain de la causalité, l'indemnisation restait assurée par un mécanisme de responsabilité. Dès lors, celle-ci incombait par principe à l'EFS et sa garantie aux assureurs de ce dernier, et non pas à l'ONIAM. Cette solution avait été critiquée. Compte tenu du

---

1. **Hépatite C – application loi 4 mars 2002 :** TGI Paris, Ord. réf., 22 nov. 2002, *Gaz. Pal.* 16-18 févr. 2003, note E. Drouard (imputabilité contamination présumée ; limitation de garantie dans le temps du contrat d'assurance de responsabilité : compétence du juge du fond) ; Civ. 1re, 4 mars 2003, *D.* 2003. IR. 866 (application dans le temps de l'art. 102 : transfusions passées, si contamination n'a pas donné lieu à décision irrévocable) ; Civ. 1re, 18 mars 2003, *RCA* 2003, n° 176, 2 arrêts (doute sur l'imputabilité de la contamination à la transfusion, art. 102, loi 4 mars 2002 : le doute profite à la victime demandeur) ; CA Paris 17 oct. 2003 et CA Paris 24 oct. 2002, obs. min. publ. Mme Terrier-Mareuil, *Gaz. Pal.* 5-7 oct. 2003 p. 20 s. (sursis à statuer sur garantie d'assurance) ; Civ. 1re, 1er avr. 2003, *RTD civ.* 2003 p. 506 obs. Jourdain (préjudice spécifique de contamination à VHC) ; CA Lyon, *RCA* 2004, n° 38, note Radé (pas de présomption de causalité entre transfusions en 1975 et hépatite C diagnostiquée 22 ans plus tard).

2. **Présomption de l'article 102 de la loi du 4 mars 2002 :** Parmi la jurisprudence très abondante, v. Civ. 1re, 7 févr. 2006, *RCA* 2006, comm. 117 ; 5 mars 2009, *RCA* 2009, comm. 102 (doute devant profiter au demandeur) ; 17 juin 2010, n° 09-65190, *RCA* 2010, comm. 217 (bénéfice de la présomption au seul profit de la victime).

nombre de victimes concernées, il pouvait en effet paraître étrange qu'une telle contamination ne puisse être prise en charge par solidarité nationale. La donne a toutefois été modifiée par l'article 67 de la loi du 17 décembre 2008, aujourd'hui codifié à l'article L. 1221-14 CSP, qui a étendu les compétences de ce fonds à l'indemnisation des victimes de l'hépatite C.

952 ***L'indemnisation des victimes de l'hépatite C par l'ONIAM*** [1] ◊ L'article 67 de la loi du 17 décembre 2008 a opéré une importante avancée pour le droit des victimes de l'hépatite C, en transférant à l'ONIAM, à partir du 1er juin 2010, la charge de leur indemnisation quelle que soit la date de la contamination. À partir de cette date, plus aucun contentieux ne peut donc être dirigé contre l'EFS, auquel l'ONIAM est obligatoirement substitué.

La procédure d'indemnisation a été définie par les décrets n° 2010-251 et 252 du 11 mars 2011 et est calquée sur celle des victimes du HIV. La victime, ou ses ayants droit doit justifier, dans sa demande, avoir reçu une transfusion et être contaminée par le VHC. Dès lors, « L'office recherche les circonstances de la contamination, notamment dans les conditions prévues à l'article 102 de la loi n° 2002-303 du 4 mars 2002 relative aux droits des malades et à la qualité du système de santé » (art. L. 1221-14 CSP). On remarquera donc ici que la présomption d'imputabilité invocable par les victimes du HIV n'est pas ici applicable. Si l'imputabilité de la contamination à la transfusion est toutefois admise, l'ONIAM fait une offre à la victime qui, si elle est acceptée, conduit en principe à l'indemnisation intégrale de ses préjudices, bien que l'ONIAM utilise ici un référentiel qui a été l'objet de contestations assez vives [2]. Si la victime refuse l'offre ou si l'ONIAM ne fait pas d'offre, le demandeur dispose alors d'une action en justice contre le fonds qui, en application de l'ordonnance du 1er septembre 2005 relative aux établissements publics nationaux à caractère sanitaire et aux contentieux en matière de transfusion sanguine, relève de la compétence exclusive des tribunaux administratifs.

Notons enfin que l'ONIAM, bien qu'il intervienne ici au titre de la solidarité nationale bénéficie d'un recours contre les assureurs des responsables de la contamination, soit principalement les assureurs de l'EFS [3].

953 ***Conclusion sur l'indemnisation des victimes de produits sanguins*** ◊ La compétence reconnue à l'ONIAM pour l'indemnisation des

1. **Indemnisation des victimes de l'hépatite C au titre de la solidarité nationale** : S. Gibert, « L'indemnisation par la solidarité nationale des dommages imputables à des contaminations d'origine transfusionnelle », *Med. et Dt* 2009, n° 97, p. 120. B. Rajot, « Indemnisation du préjudice résultant de la contamination par le virus de l'hépatite C par l'ONIAM : un accroissement du rôle de l'ONIAM », *RCA* 2009, alerte, p. 3. Pour une étude détaillée de la procédure et du rôle de l'ONIAM : G. Mor et M. Heurton, *Évaluation du préjudice corporel : stratégie d'indemnisation, méthodes d'évaluation*, Delmas, 2011, n° 72-17 s.

2. Ce référentiel est en ligne sur le site de l'ONIAM.

3. Sur cette question : M. Bacache, « L'indemnisation des victimes de sang contaminé : le casse-tête », *RTD civ.* 2013. 190. B. Dekeister, « Contentieux de la contamination post-transfusionnelle par le VHC et substitution de l'assureur à la solidarité nationale », *RCA* 2014, ét. n° 8

victimes de produits sanguins aurait dû avoir pour corollaire la centralisation de toutes les demandes vers ce fonds, mais aussi et surtout, une unification du régime de l'indemnisation. Or, tel n'est pas aujourd'hui le cas. Ainsi que nous l'avons vu ci-dessus, les victimes du VIH et celle du VHC ne sont pas indemnisées dans les mêmes conditions. Plus encore, l'article 72 de la loi de financement de la sécurité sociale pour 2013 (loi du 17 décembre 2012) a également donné compétence à l'ONIAM pour les contaminations sanguines par le VHB et le virus T. Lymphotropique humain. Si les demandes sont restées très rares (6 en tout en 2014), le régime d'indemnisation diffère encore, dans un tel cas, sur certains points de celui de la contamination par le VIH et du VHC, les présomptions d'imputabilité respectivement prévues à l'article 3122-2 CSP et l'article 102 de la loi du 4 mars 2002 ne leur semblant pas applicable. On a pu ici, avec raison, parler d'un véritable « casse-tête »[1], né d'une superposition de dispositions légales adoptées sans réelle réflexion d'ensemble.

Cet éclatement du droit à réparation se retrouve également dans le cas des victimes du Benfluorex où le législateur, perdant de vue le caractère général de la norme, a créé un régime d'indemnisation spécifique à un médicament particulier.

3. L'indemnisation des victimes du Benfluorex

954 Le Médiator, ou de son nom générique, Benfluorex, est un médicament commercialisé par les laboratoires Servier à partir du mois d'août 1976. L'AMM avait alors été obtenue à titre d'adjuvant dans les régimes liés au diabète, mais ce médicament a été très largement prescrit comme anorexigène. Accusé d'être à l'origine de graves vulvopathies ou d'hypertensions, qui auraient été la source de plus de 500 décès et de 3 500 hospitalisations, son AMM lui a été retirée le 30 novembre 2009, et ce médicament a fait l'objet d'un rapport de l'IGAS en date du 29 novembre 2010. Ce dernier a mis en valeur les graves carences des laboratoires producteurs qui « dès l'origine du médicament ont poursuivi un positionnement du Médiator en décalage avec sa réalité pharmacologique » mais aussi de l'agence du médicament, et plus largement du système de pharmacovigilance, ainsi que des ministres chargés de la sécurité sociale et de la santé[2]. L'affaire du Médiator a connu des développements divers : la responsabilité de l'État a pu être retenue par le tribunal administratif de Paris du fait des graves carences de l'agence du médicament dans le suivi des effets

1. M. Bacache, art. préc.
2. **Affaire du médiator,** « Enquête sur le médiator », IGAS janv. 2011, la documentation française, p. 3. V. également, A. Laude, « Dans la tourmente du Médiator : prescription hors AMM et responsabilités », *D.* 2011. 253. B. Rajot, « Le médiator : antidiabétique ou coupe-faim ? Indemnisation des victimes et/ou responsabilités des professionnels de santé ? Vastes discussions en perspective... », *RCA* 2011, alerte, n° 15. V. également une description très complète de l'enchaînement des faits et des données du problème : Rapport de la commission des finances sur le projet de loi de finances rectificative pour 2011, AN, rapport n° 3503.

secondaires de cette molécule [1], alors qu'un important volet pénal donnant lieu à des actions contre le laboratoire Servier est en cours [2].

Sur le terrain strictement indemnitaire, face au scandale créé par ces nombreuses fautes, et devant l'échec d'une indemnisation amiable par les fabricants de la molécule incriminée, le gouvernement a souhaité mettre en place un régime facilitant l'indemnisation des victimes, qui a été créé par l'article 57 de la loi de finances rectificative pour 2011 du 29 juillet 2011, dont les conditions d'application ont été précisées par le décret n° 2011-932 du 1er août 2011 [3]. Celui-ci a introduit une nouvelle section dans le Code de la santé publique, insérée aux articles L. 1142-24-1 s. qui est entrée en vigueur le 1er septembre 2011 (art. L. 1142-24-8 al. 1 CSP et R. 1142-63-1 s. CSP).

Aux termes de ce premier article « *Sans préjudice des actions qui peuvent être exercées conformément au droit commun*, la réparation intégrale des préjudices imputables au Benfluorex est assurée dans les conditions prévues par la présente section ».

Il est donc essentiel de remarquer que ce texte ne crée pas en tant que tel un nouveau régime d'indemnisation. Les responsabilités de chacun des intervenants doivent en effet être appréciées au regard des règles du droit commun : éventuelle responsabilité du fait des produits pour les fabricants [4] ou pour faute dans le cas des médecins prescripteurs [5], voire des pharmaciens ayant délivré le produit. Le texte met en revanche en place une procédure spécifique d'indemnisation, sous l'égide de l'ONIAM, afin d'accélérer et de centraliser le traitement des demandes. Un nouveau rôle est donc assigné à ce fond par le nouvel alinéa 3 de l'article L. 1142-22 CSP : celui de « faciliter et, s'il y a lieu, de procéder au règlement amiable des litiges relatifs aux dommages causés par le Benfluorex. »

a. Les conditions d'accès au dispositif

955 Aux termes du nouvel article L. 1142-24-2 al. 1 CSP, « Toute personne s'estimant victime d'un déficit fonctionnel imputable au Benfluorex ou, le cas échéant, son représentant légal ou ses ayants droit peut saisir l'Office national d'indemnisation des accidents médicaux, des affections iatrogènes et des infections nosocomiales en vue d'obtenir la réparation des préjudices en résultant ».

---

1. **Responsabilité de l'État du fait des carences de l'agence du médicament** TA Paris, 3 juill. 2014, *RFDA* 2014, 1193. S. Brimo, « La responsabilité administrative, dernière victime du Médiator ? », *AJDA* 2014. 2490.
2. **Responsabilité pénale du laboratoire producteur** : Crim. 16 déc. 2014, *AJ pénal* 2015. 258.
3. **Création d'un régime d'indemnisation spécifique** : M. Bacache, « Commentaire du décret du 1er aout 2011 relatif à l'indemnisation des victimes du Benfluorex », *RTD civ.* 2011. 805. M.-C. De Montecler, « L'indemnisation des victimes du médiator », *AJDA* 2011. 933. C. Esper, « La réparation pour les victimes du Benfluorex », *RDSS* 2012. 302. J.-M. Ponthier, « Le fonds Médiator », *AJDA* 2011. 2005.
4. V. ss 911 s.
5. V. ss 822 s.

La demande de la victime doit donc établir la réunion de plusieurs conditions.

• *1re condition : preuve de l'exposition au benfluorex :* l'indemnisation de la victime suppose tout d'abord établie la preuve que cette dernière a bien pris le médicament incriminé, ce qui compte tenu de l'ancienneté des faits, peut parfois poser des difficultés, rendant alors admissible la preuve par présomptions [1]. En revanche, aucune date de prise du médicament n'est imposée, alors que le dispositif de droit commun ne joue que pour les actes médicaux postérieurs au 5 septembre 2001 [2].

• *2e condition : existence d'un déficit fonctionnel :* Sur ce point, les conditions d'accès au dispositif diffèrent de celles habituellement imposées pour bénéficier du régime spécifique d'indemnisation mis en place par la loi du 4 mars 2002. Ainsi, l'article L. 1142-24-2 CSP exige comme seule condition que la victime invoque un déficit fonctionnel, temporaire ou permanent [3], à l'exclusion de tout autre préjudice, tel par exemple le préjudice d'anxiété [4]. Si le déficit fonctionnel existe, aucun seuil de gravité, tenant à la durée du DFT ou à l'importance d'un taux d'APIPP, n'est donc, à la différence du droit commun, exigé [5].

• *3e condition : imputabilité de l'affection au Benfluorex :* Comme bien souvent dans le domaine des dommages liés aux effets indésirables des médicaments, une importante difficulté est apparue quant à l'imputabilité de certaines affections au Benfluorex. Or, l'article L. 1142-24-2 CSP souligne la nécessité de la preuve par la victime de cette imputabilité. Le collège d'experts compétent pour instruire les demandes a adopté une position rigoureuse. Selon cette position, fondée sur une étude des données de la science, *seuls peuvent effet être considérés comme imputable à cette molécule deux types d'affections : les hypertensions artérielles pulmonaires et les valvulopathies aortiques ou mitrales*, à l'exclusion des autres pathologies cardiaques [6].

Lorsque ses conditions sont réunies, *la victime n'a donc pas à prouver le défaut du produit qui est considéré comme établi.* Elle aura alors un droit à réparation intégrale de ses préjudices (art. L. 1142-24-1 *in fine* CSP).

b. La procédure d'indemnisation

956 La victime d'une exposition au Benfluorex qui souhaite bénéficier du régime légal d'indemnisation doit saisir l'ONIAM, en précisant un certain

1. En ce sens, « Relevé de conclusions de l'assemblée générale du collège d'experts du collège Benfluorex », mars 2015, consultable sur le site de l'ONIAM : www.oniam.fr/accidents-medicaux-benfluorex-mediator, p. 1. Pour une solution voisine dans le cas du distilbène : v. ss XXX.
2. V. ss 786.
3. **Notion de DFT et de DFP** : v. ss 198 s., 207 s.
4. V. ss 934.
5. V. ss 795.
6. « Relevé de conclusions de l'assemblée générale du collège d'experts du collège Benfluorex », mars 2015, consultable sur le site de l'ONIAM : www.oniam.fr/accidents-medicaux-benfluorex-mediator. V. également, S. Moracchini-Zeidenberg, « Mediator : la bataille du lien de causalité continue », *RCA* 2013, alerte n° 6.

nombre d'éléments nécessaires pour instruire sa demande (art. L. 1142-24-2 al. 2 et R. 1142-63-7 s. CSP).

Le dossier est alors transmis à un collège d'experts, spécialement créé par la loi, et dont la composition est précisée aux articles L. 11142-24-4 al. 2 et R. 1142-63-1 CSP. Celui-ci, selon les termes de l'article L. 1142-24-4 al. 1 CSP, procède « à toute investigation utile à l'instruction de la demande, dans le respect du principe du contradictoire, et diligente, le cas échéant, une expertise, sans que puisse lui être opposé le secret professionnel ou industriel ».

Le rôle de ce collège est fortement inspiré de celui des CCI qui ont été dessaisies de l'indemnisation des victimes du Benfluorex pour de simples considérations d'opportunité (volonté d'éviter leur engorgement et de centraliser le traitement des dossiers).

Ce collège doit ainsi, à l'égal des CCI, émettre dans le délai de six mois un avis « sur les circonstances, les causes, la nature et l'étendue des dommages ainsi que sur la responsabilité du ou des exploitants du médicament et, le cas échéant, des autres personnes mentionnées au deuxième alinéa de l'article L. 1142-24-2. », avis qui est transmis à tous les intéressés, et qui ne peut être contesté qu'à l'occasion d'une action en justice. Cette première phase d'instruction se révèle très sévère pour les victimes puisqu'au regard des chiffres fournis par l'ONIAM dans son rapport annuel pour 2014, ce sont 62 % des dossiers déposés qui ont été rejetés à ce stade du fait d'un manque de preuve de l'imputabilité des affections au médicament incriminé [1].

Si l'avis est positif, les responsables désignés par le comité d'experts doivent adresser une offre d'indemnisation intégrale à la victime, dans le délai de trois mois suivant la réception de l'avis (délai plus court qu'en droit commun où il est de quatre mois). À défaut d'offre, l'ONIAM est substitué aux responsables, mais dispose bien entendu d'un recours contre ces derniers. Le juge saisi du dossier peut les condamner, en outre, à indemniser la victime, à une pénalité d'un maximum de 30 % de l'indemnité allouée.

• *Estimation du coût du dispositif.* Pour l'année 2011, le Gouvernement avait estimé qu'environ une dizaine de demandes pourrait abouti et avait donc prévu d'octroyer à l'ONIAM une dotation exceptionnelle de 5 millions d'euros (comprenant la charge de l'indemnisation et les coûts de fonctionnement). Dans le rapport de sa commission des finances, le Sénat avait quant à lui estimé que le coût total de cette indemnisation pourrait s'élever à un montant total compris entre 101 et 116 millions d'euros. Certes des recours seront exercés contre le fabricant du produit, ou les médecins prescripteurs, mais le contexte risque d'être tendu, un doute existant quant à la prise en charge du risque par l'assureur du laboratoire, puisque celui-ci ne serait pas garanti pour la fabrication d'anorexigènes [2].

---

1. S. Moracchini-Zeidenberg, « Mediator : la bataille du lien de causalité continue », *RCA* 2013, alerte n° 6

2. **En ce sens** : B. Rajot, « Le médiator : antidiabétique ou coupe-faim ? Indemnisation des victimes et/ou responsabilités des professionnels de santé ? Vastes discussions en perspective... » *RCA* 2011, alerte, n° 15.

L'ONIAM, dans son rapport pour 2014 indique avoir été saisi de 8 664 dossiers depuis la mise en place du dispositif, ce nombre ayant fortement chuté depuis 2012 pour se stabiliser autour de 25 demandes par an. Le collège d'expert a émis 3 258 avis, dont 62 % de rejet car les pathologies invoquées n'étaient pas celles reconnues comme pouvant être engendrées par le Médiator. Sur les 1 228 dossiers recevables, 911 ont donné lieu à un avis concluant à l'indemnisation. 5 400 dossiers restent encore à évaluer par le collège d'experts [1].

• *Appréciation globale sur le mécanisme d'indemnisation des victimes du Benfluorex.* Le régime mis en place par la loi du 29 juillet 2011 a pu sembler apporter une réponse à l'indemnisation des victimes de Benfluorex car elle semblait offrir des garanties à ces dernières, tout en laissant subsister les mécanismes de responsabilité dans une affaire où de très graves fautes ont été apparemment commises. Si le but est louable, on peut toutefois émettre deux réserves essentielles. La première porte sur façon dont, encore une fois, le droit à indemnisation des victimes se construit : au coup par coup, au gré de lois successives répondant à des affaires médiatiques, se traduisant à chaque fois par des mécanismes, qui obéissent dans chaque cas, à des règles juridiques différentes élaborant un canevas de régimes excessivement complexe. Cette tendance est ici poussée à l'extrême puisqu'une loi a été adoptée pour un médicament précis, alors que la problématique de la prise en charge des effets secondaires des médicaments apparaît beaucoup plus large. La seconde critique porte sur l'action de l'ONIAM dans l'indemnisation du Benfluorex dont, ainsi que nous l'avons souligné, la politique apparaît rigoureuse puisque plus de la moitié des demandeurs se sont vus, à ce jour, déboutés de leur demande d'indemnisation.

957 ***Conclusion : Pour une harmonisation de l'indemnisation des victimes de produits présentant un défaut de sécurité*** ◊ Les grands drames de la consommation, n'ont souvent pu être réglés que par l'adoption de régimes spéciaux et la création de Fonds de garantie *ad hoc* créés dans l'urgence, voire le scandale.

Aujourd'hui, les produits de santé relèvent de la garantie de l'ONIAM (accidents médicaux), mais sont régis par des règles hétérogènes et les dommages corporels dus à l'amiante sont couverts par le Fonds d'indemnisation des victimes de l'amiante (FIVA). Mais il n'est pas de bonne politique ni d'attendre une catastrophe collective pour instituer un organisme particulier qui se surajoute à la mosaïque des Fonds, ni d'adopter pour chaque produit défectueux un régime juridique avec des compétences éclatées et des conditions de fond du droit à indemnisation à chaque fois différents. Nul ne sait quel produit alimentaire, de construction, ou de simple droguerie domestique peut, demain, engendrer de nouveaux drames. Un Fonds d'indemnisation ayant

1. ONIAM, rapport d'activité 2014, « L'indemnisation des victimes d'accidents dus au Benfluorex », site de l'ONIAM : www.oniam.fr/indemnisation-accidents-medicaux/rapport-d-activite

une compétence générale pour les victimes de produits défectueux pourrait prévenir dans la sérénité, les risques futurs, en s'insérant dans une organisation collective et fédérée des Fonds existants [1]. Le législateur pourrait ainsi s'inspirer du système mis en place dans le cas du régime spécifique des victimes du Benfluorex où l'Oniam a pour rôle de faciliter l'indemnisation des victimes en instruisant à titre principal leurs demandes, et en intervenant comme garant uniquement dans l'hypothèse de carence du responsable ou de son assureur.

Un Fonds de garantie *complémentaire d'une assurance RC obligatoire*, donc n'ayant qu'un coût marginal, pourrait parachever la garantie des victimes soit en cas de non-assurance du responsable, soit face à une limitation légale de responsabilité et de garantie d'assurance, soit en cas de solution de continuité entre l'extinction de la responsabilité du producteur et la prescription de l'action en réparation de la victime, soit en cas d'expiration de la garantie d'assurance.

SECTION 2. **L'INDEMNISATION DES VICTIMES DE CATASTROPHES INDUSTRIELLES**

958 ***Risques technologiques, explosions et pollutions*** ◊ La pollution industrielle, maritime ou nucléaire, est d'abord un objet d'étude pour le droit de l'environnement, qui est hors de notre propos.

Cependant la pollution industrielle et notamment chimique avec l'accident de Bhopal en Inde le 2 décembre 1984, et la pollution nucléaire avec l'accident de Tchernobyl en Union Soviétique le 26 avril 1986 ou l'explosion de la centrale nucléaire de Fukushima le 12 mars 2011, sont devenus les symboles des grands risques technologiques.

La France, c'est l'explosion de l'usine AZF à Toulouse le 21 septembre 2001, qui a cruellement investi notre conscience nationale de tous les problèmes humains et économiques générés par une telle catastrophe.

Excluant la trop récurrente pollution des mers par les hydrocarbures, qui jusqu'ici n'implique pas le droit du dommage corporel, nous limiterons cette étude aux catastrophes industrielles chimiques (§ 1), et aux catastrophes nucléaires (§ 2).

§ 1. **Les catastrophes industrielles chimiques**

959 ***Les accidents technologiques avec dommages corporels*** ◊ Parmi les dizaines d'accidents industriels survenus dans le monde quatre accidents de référence montrent l'importance du problème : Minamata, Seveso, Bhopal, et désormais Toulouse AZF.

1. **Nécessité d'un Fonds de garantie complémentaire** : v. ss 26 s. ; sur l'ONIAM, v. ss 884, sur le FIVA, v. ss 936.

a) Minamata au Japon, années 1950 à 1968

En 1950, le groupe chimique Chisso installe une usine dans le port de Minamata qui vit traditionnellement de la pêche, et jusqu'en 1968 les rejets de chlorure de mercure vont infester la baie : la « maladie de Minamata » progresse inexorablement car le mercure a contaminé toute la chaîne alimentaire par l'intermédiaire des poissons et crustacés qui condensaient le poison ; les enfants naissent avec des membres atrophiés et les personnes contaminées souffrent de très graves troubles neurologiques. On a dénombré officiellement 778 morts et 14 000 victimes intoxiquées sur les 100 000 personnes contaminées. Ce n'est qu'en 1987 que des indemnités auraient été allouées aux victimes pour un montant total de 27 millions de francs... après trente ans de procès.

b) Seveso en Italie, le 10 juillet 1976 [1]

L'émission accidentelle de dioxine contamine 1 800 hectares. Parmi la population environnante, 735 personnes doivent être évacuées. Les dommages corporels n'ont entraîné aucun décès et les 193 cas de chloracné (brûlures de la peau) enregistrés ont été entièrement guéris. Contrairement aux craintes initiales, la catastrophe n'a causé ni cancers, ni avortements, ni malformations infantiles. Avec la sérénité que donne le recul de plusieurs années, on peut être tenté de dire que Seveso a causé plus de peur que de mal en matière de dommages corporels : cependant, cette pollution chimique accidentelle a montré qu'il faut prendre en compte non seulement la gravité réelle de l'affection, parfois bénigne en terme de santé publique, mais encore l'immense impact en terme de traumatisme psychosocial entretenu par une médiatisation alarmiste.

c) Bhopal en Inde, le 2 décembre 1984 [2]

La plus grande catastrophe industrielle de tous les temps. Dans une usine de pesticide, filiale indienne de la société américaine Union Carbide, en pleine nuit, la rupture d'un réservoir souterrain d'isocyanate de méthyle aggravée de carence humaine, produit au contact de l'air chaud un nuage toxique qui va gazer dans leur sommeil la dense population de bidonvilles qui entoure l'usine : on comptera 2 500 morts ; 200 000 personnes auraient inhalé le gaz et on craint les jours suivants que des dizaines de milliers ne soient aveugles. En fait les troubles oculaires et pulmonaires ont souvent été passagers, et le nombre des personnes sérieusement intoxiquées est évalué entre 20 000 et 50 000.

Le coût de Bhopal : il est difficile à évaluer. Le plafond de garantie de l'assurance de responsabilité souscrite par la société-mère américaine, l'Union Carbide, était de 200 millions de dollars. Or l'État indien réclamait 3 milliards de dollars de dédommagements. En 1986, le juge Keenan de New York

1. **Seveso et la dioxine** : Dr P. Lesca, « La dioxine innocente », *Le Monde*, 11 nov. 1987 ; Rapport Académie des Sciences « La dioxine et ses analogues », Technique et documentation Lavoisier, sept. 1994.

2. **Bhopal** : G. Gaspard, « L'affaire Bhopal : les leçons d'un procès », Ass. fr. 1986.422 ; décision définitive de la Cour suprême de l'Inde, Business Week, 27 févr. 1989, Argus 1989.747 ; W. Pfenningstorf, « Bhopal. The legal residue of a disaster », AIDA Newsletter, n° 36, janv. 1990, p. 569.

avait retenu la responsabilité de l'Union Carbide, mais décliné sa compétence pour fixer les dommages-intérêts des victimes indiennes. Le 17 décembre 1987, la Cour du District de Bhopal avait condamné l'Union Carbide à verser un acompte de 280 millions de dollars en attendant que soient définitivement fixés les dommages-intérêts.

La Cour suprême de l'Inde a fixé le 14 février 1989 le montant total des dommages-intérêts dus par l'Union Carbide à *470 millions de dollars*, dont 45 millions à la charge de la filiale indienne.

Les plaignants - victimes directes et ayants droit - seraient au nombre de 530 000 entre lesquels l'indemnité doit être répartie. L'indemnisation par victime décédée fixée à 14 460 $ représenterait 50 fois le revenu annuel moyen en Inde : à titre de comparaison l'indemnité par décédé est de l'ordre de vingt gains annuels aux États-Unis et moins de dix en France. Il reste cependant à savoir si les victimes de Bhopal ont reçu *effectivement* et personnellement les indemnités octroyées...

d) Toulouse, usine AZF, le 21 septembre 2001 [1]

Dans la matinée du vendredi 21 septembre 2001, exactement dix jours après l'effroyable attentat terroriste du World Trade Center à New York, une gigantesque explosion ébranle la ville de Toulouse et fait voler en éclats l'usine AZF, du groupe Total-Fina-Elf, spécialisée dans la production d'acide nitrique et de nitrates industriels. Le bilan matériel de la catastrophe est énorme : on a évoqué 600 logements détruits et 26 000 sinistrés, 50 entreprises anéanties et 392 entreprises gravement touchées : il y aurait au total quelque 70 000 victimes de dommages matériels. Mais le bilan humain est aussi lourd : 30 morts et près de 9 000 blessés.

• Un communiqué de presse de l'Institut de veille sanitaire du 30 mars 2004 a établi un *bilan des conséquences sanitaires* de l'explosion de l'usine AZF à Toulouse : la plus grande part des séquelles indemnisées concerne des traumatismes auditifs (44 %) et psychologiques (44 %). Dans les jours qui ont suivi l'explosion, on a noté un excès des cas d'infarctus du myocarde et d'événements coronaires aigus à Toulouse.

Le stress post-traumatique est classique dans ce genre de catastrophe dont l'effroyable soudaineté constitue une agression psychique d'autant plus forte qu'elle n'est précédée et préparée par aucune défense ; l'effraction de l'horreur et de la mort est totale : la répétition traumatique de l'accident se traduit par des cauchemars ; le psychisme est envahi par des images, des bruits, des odeurs qui restituent le contexte de la catastrophe. Ce stress post-traumatique, générant nervosité et irritabilité, peut persister pendant un an, deux ans, voire davantage chez les personnes les plus fragiles.

L'indemnisation des victimes devait essentiellement relever des assureurs. Cependant, les victimes se trouvaient confrontées à deux catégories d'assurances bien différentes.

---

1. **Catastrophe AZF :** C. Lienhard (dir.), « La prise en charge des victimes d'accidents collectifs, le cas de l'explosion de l'usine AZF » GIP Mission de recherche Droit et Justice oct. 2005, p. 72.T. Corr. de Toulouse, Environnement 2010, comm. n° 26.

– *Les victimes personnellement assurées en assurances de choses* : l'assurance multirisques habitation n'étant pas une assurance obligatoire, certaines victimes (notamment 15 % des locataires) n'étaient pas assurées. Cependant même les victimes ayant souscrit une assurance de biens ont subi les limites de leurs contrats : franchises, plafonds de garantie et coefficients de vétusté. les assureurs ont reçu environ 70 000 déclarations de sinistres qui ont exigé une procédure allégée spécifique (dispense d'expertise pour les dommages d'un montant inférieur à environ 1 500 euros). Les associations d'aide aux victimes se sont mobilisées pour les aider dans leurs déclarations. Les indemnisations, qu'un comité de suivi du ministère de la Justice a tenté d'accélérer sans attendre l'établissement final des responsabilités, constituent une avance sur recours contre le responsable.

– *L'indemnisation par le responsable* suppose un long processus, d'autant que l'origine technique du désastre a été difficile à cerner. Le Groupe Total-Fina-Elf est pour une grande part son propre assureur, par ses filiales captives d'assurance et de réassurance. Mal préparé à gérer une telle masse de dossier, il a dû signer avec les assureurs des conventions de recours sur indemnisations. Deux modalités se sont mises en place : les Mutuelles du GEMA travaillant avec le Comité de suivi du ministère de la Justice, et la FFSA signant un protocole d'accord avec le groupe Total-Fina-Elf.

• Le Groupe Total-Fina-Elf a les moyens financiers d'assumer ses responsabilités que l'on chiffre entre 1 et 1,5 milliard d'euros dans l'affaire *AZF*. Dès le 31 octobre 2001, une convention nationale d'indemnisation des victimes de l'explosion, complétée par huit avenants, a été signée sous l'égide de la Chancellerie, constituant une offre de transaction pour les différentes victimes. Un certain nombre d'entre elles a toutefois préféré la voie judiciaire, l'affaire se doublant d'une action pénale contre les responsables du site, qui après que la Cour d'appel de Toulouse ait reconnu la responsabilité de deux responsables de l'usine sur le fondement des homicides et blessures involontaires et destruction volontaire par explosion a vu sa décision cassée par un arrêt de la chambre criminelle du 13 janvier 2015 du fait, notamment d'un doute sur l'impartialité d'un des magistrats de la Cour [1].

La catastrophe AZF a toutefois suscité une prise de conscience qui a abouti à la *loi du 30 juillet 2003 « relative à la prévention des risques technologiques et naturels et à la réparation des dommages »*.

960 ***La loi nº 2003-699 du 20 juillet 2003 relative à la prévention des risques technologiques et naturels et à la réparation des dommages*** [2] ◊ Le titre I de la loi consacré aux risques technologiques

1. **Volet pénal de l'affaire AZF** : CA Toulouse, 24 sept. 2012, *AJ pénal* 2013, 94 (responsabilité pénale retenue), cassée par Crim. 13 janv. 2015, *D.* 2015. 157 ; *AJ pénal 2012*, 191 note Y. Mayaud. L. Bloch « AZF : la grande désillusion des victimes » *RCA* 2015, alerte 6.

2. **Loi du 30 juillet 2003 dite loi Bachelot, risques technologiques et naturels** : A. Guégan-Lécuyer, « Le nouveau régime d'indemnisation des victimes de catastrophes technologiques », *D.* 2004, chron., p. 17 ; C. Gory, « La loi du 30 juillet 2003 relative... », *RGDA* 2004 p. 21 et *Gaz.*

comporte quatre chapitres : 1. Information ; 2. Maîtrise de l'urbanisation autour des établissements industriels à risques (avec des mesures nouvelles relatives aux « installations soumises à un plan de prévention des risques technologiques ») ; 3. Mesures relatives à la sécurité du personnel ; 4. Indemnisation des victimes de catastrophes technologiques.

La maîtrise de l'urbanisation autour des établissements industriels à risques est une nécessité : Bhopal en Inde et l'usine AZF de Toulouse en ont apporté la dramatique illustration. De même la sécurité du personnel, qui relève du droit du travail, a montré ses failles dans les contaminations par l'amiante : la précaution, la prévention, la rigueur sont indispensables face aux risques modernes de la technique. Mais le dernier chapitre fièrement intitulé « Indemnisation des victimes de risques technologiques » ne concerne que les *dommages aux biens*, avec une *garantie obligatoire* subordonnée à une déclaration administrative de « catastrophe technologique » (comme en cas de catastrophes naturelles) et appliquée à tous les contrats d'assurances de biens à usage d'habitation ou aux véhicules terrestres à moteur, dans limite des valeurs déclarées et des capitaux assurés. Les centaines de logements détruits ou dévastés à Toulouse, alors que la garantie du « risque technologique » des contrats multirisques-habitation était incertaine, ont été en ligne de mire de la loi, et c'est louable. Mais quid des 30 morts et 9 000 blessés ? Il est peu admissible que la loi garantisse les biens, mais pas les personnes, que ce soit dans le cadre des catastrophes technologiques ou dans celui des catastrophes naturelles.

Face à de tels risques technologiques, et en l'absence de dispositions spécifiques, quel est aujourd'hui le droit français en matière de responsabilité et de garanties des victimes de dommages corporels ?

A. Les responsabilités en matière de catastrophe industrielle

961 ***Le principe « pollueur-payeur » de responsabilité environnementale*** [1] ◊ La réglementation européenne multiforme en matière d'en-

---

Pal. 3-4 oct. 2003, p. 3 ; M.P. Campoux-Duffrene, « Réflexion sur l'indemnisation des victimes de catastrophes technologiques », *Gaz. Pal.* 1997.1, doc., p. 337 ; J. Bigot, « La loi Bachelot et l'assurance... », *JCP* 2003.I.167.

1. **Principes européens de responsabilités :** Convention du Conseil de l'Europe sur la responsabilité civile des dommages résultant d'activités dangereuses pour l'environnement, adoptée le 8 mars 1993 ; « Livre vert sur la responsabilité pour dommage à l'environnement », Commission des Communautés européennes, 1993 ; P. Thieffry, « La responsabilité civile du pollueur : les projets communautaires et la Convention du Conseil de l'Europe », *Gaz. Pal.*, 4-5 août 1993, p. 2 ; C. Larroumet, « La responsabilité civile en matière d'environnement : le projet de Convention du Conseil de l'Europe et le livre vert de la Commission des Communautés européennes », *D.* 1994, chron., p. 101 ; G.-J. Martin, « Le livre blanc sur la responsabilité environnementale » *JCP* 2000. Actual. p. 723. **Directives :** - Directive 82/501 CEE du 24 juin 1982, dite Directive Seveso I concernant les risques d'accidents majeurs de certaines activités industrielles, *JOCE* L. 230 du 5 août 1982, modifiée en 1991, *JOCE* L. 377 du 31 déc. 1991 ; - Directive Seveso II, *JOCE* L. 10 du 14 janv. 1997 ; - Rapport de la Commission sur les accidents majeurs de 1994 à 1996, *JOCE* C.

vironnement trouve son aboutissement dans le domaine de la responsabilité, notamment dans : *la Convention de Lugano* du Conseil de l'Europe, sur la responsabilité civile des dommages résultant de l'exercice d'activités dangereuses pour l'environnement adoptée le 8 mars 1993, *le Livre vert* sur la responsabilité pour dommage à l'environnement établi en mars 1993, *le Livre blanc* adopté le 9 février 2000 par la Commission des Communautés européennes, et la Directive 2004/35/CE du Parlement européen et du Conseil, du 21 avril 2004, sur la responsabilité environnementale, dont la transposition a été opérée par la loi n° 2008-757 du 1er août 2008, en ce qui concerne la prévention et la réparation des dommages environnementaux.

Le fameux *principe « pollueur-payeur »*, inséré également dans la loi Barnier du 2 février 1995 et la « Charte de l'Environnement », est surtout énoncé pour le risque d'atteinte écologique à l'environnement ; il repose néanmoins sur le fondement de portée générale d'après lequel *la charge des sinistres doit être supportée par ceux dont l'activité génère des risques et non par les victimes* désignées par le sort pour les subir.

Le droit français ne comporte *aucune disposition légale spécifique pour les dommages corporels qui résulteraient de catastrophe industrielle ou de pollution* et qui s'ajouteraient aux préjudices écologiques propres à la matière, la loi du 1er août 2008 relative à la responsabilité environnementale n'ayant pas, sur ce point, modifié la situation. La loi ne s'intéresse en effet qu'aux seuls dommages causés à l'environnement. Ceux-ci sont définis par l'article L. 161-1.I C. envir. comme les « détériorations directes ou indirectes mesurables de l'environnement ». Les risques d'atteinte à la santé humaine, notamment du fait de la contamination des sols, sont mentionnés par la loi (art. 1, L. 1er août 2008), non pour en instaurer un système autonome de réparation, mais comme élément constitutif du dommage écologique. L'article L. 162-2 C. envir. prévoit d'ailleurs expressément qu'« une personne victime d'un préjudice résultant d'un dommage environnemental (...) ne peut en demander réparation sur le fondement du présent titre ». Il suffit donc de rappeler quelques règles de droit commun.

962 1°) *La responsabilité civile des entreprises polluantes* [1] ◊

a) Fondements de la responsabilité

Les dommages corporels causés par la pollution ne sont soumis, en droit français, à aucun régime spécifique de responsabilité. Ainsi, la victime

---

291 du 12 oct. 1999. **Ordonnance n° 2001 du 11 avril 2001** relative à la transposition de directives communautaires et à la mise en œuvre de certaines dispositions du droit communautaire dans le domaine de l'environnement : *JO* 14 avr. 2001. **Loi n° 2008-757 du 1er août 2008** : *JO* du 2 août 2008, p. 12361. MP Camproux-Duffrène « Le contentieux de la réparation civile des atteintes à l'environnement après la loi du 1er aout 2008 sur la responsabilité environnementale », *RLDC* 2010/71. B. Rajot « La responsabilité environnementale ou la reconnaissance légale du préjudice écologique » *RCA* 2008, Focus, n° 31.

1. **Responsabilité civile-pollution :** M. Boutonnet et L. Neyret, « Préjudice moral et atteinte à l'environnement », *D.* 2010. 912. M. Boutonnet, « 2007-2008 : l'année de la responsabilité civile environnementale », *RLDC* 2008/48, n° 2941. H. Cans (sous la dir), « La responsabilité

pourra fonder son action sur le droit commun : troubles de voisinage, ou droit commun de la responsabilité. Dans l'éventualité redoutable d'une véritable catastrophe chimique du type Bhopal, l'article. 1384, al. 1, C. civ. et la responsabilité du fait des choses, ou la responsabilité du fait des produits défectueux, pourront ainsi utilement être invoqués : en effet les particules, gaz, effluents ou liquides toxiques sont des « choses » soumises à la garde de l'entreprise.

La responsabilité pour faute, fondée sur les articles 1382 et 1383 C. civ. pourrait également servir de fondement à l'action de la victime, le principe de précaution étant de nature à faciliter la preuve de la faute. Alors que la prévention tend à éviter des risques connus, la précaution tend en effet à ne pas créer de risques inconnus, et la faute du pollueur pourrait être retenue pour la simple violation de ce principe [1].

Il faut enfin noter qu'en cas de *catastrophe collective*, la loi Barnier du 2 février 1995 étend aux victimes de pollutions la possibilité d'exercer *« l'action en représentation conjointe »* ouverte depuis 1992 aux associations de consommateurs.

b) Spécificité des préjudices réparables [2]

La survenance de catastrophes industrielles donne naissance à des dommages atypiques : la jurisprudence a le plus souvent pour objet des dommages écologiques ou des atteintes aux biens, dont la loi du 1er août 2008 envisage les questions de prévention et de réparation, mais dont l'étude n'est pas l'objet du présent ouvrage.

Dans le cadre du dommage corporel, la catastrophe industrielle peut toutefois donner naissance, outre les préjudices habituels, à certains dommages

---

environnementale : prévention, imputation, réparation », Dalloz, thème et commentaire 2009 : plusieurs articles dont MP Camproux-Duffrène « Les modalités de la réparation des dommages » ; F. Trébulle, « Les fonctions de la responsabilité environnementale : réparer, prévenir, punir ». V. Ribeyrol, « Où en est la réparation du préjudice écologique ? », *D.* 2010. 1804. G. Viney, « Les principaux aspects de la responsabilité civile des entreprises pour atteinte à l'environnement en droit français », *JCP* 1996.I.3900 ; G. Viney, « Le préjudice écologique », *RCA*, mai 1998, chron., p. 6 ; C. Huglo, « Les évolutions récentes du droit de la responsabilité du fait des sols contaminés par une activité industrielle », *Gaz. Pal.*, 8-9 oct. 1999, p. 12. « Les responsabilités environnementales dans l'espace européen. Point de vue franco-belge », G. Viney, Ph. Brun et X. Thunis (dir.), Bruylant, LGDJ 2005. L. Neyret, « La réparation des atteintes à l'environnement par le juge judiciaire » *D.* 2008, chron. 170. « Vers un droit commun de la réparation des atteintes à l'environnement », *D.* 2008. 2681. **Jurisprudence** : Civ. 1re, 25 nov. 1999, *RCA* 2000, n° 49 (exploitation d'un élevage industriel de volailles ; préjudices causés par des troubles anormaux de voisinage : nausées, toux, effets phychosomatiques…).

1. **Lien entre la faute civile et le principe de précaution** : v. not. M. Boutonnet, « Le principe de précaution en droit de la responsabilité civile », LGDJ 2005, « Bilan et avenir du principe de précaution en droit de la responsabilité civile », *D.* 2010. 2662., G. Viney, « Principe de précaution et responsabilité civile des personnes privées ». *D.* 2007, chron. p. 1542.

2. **Spécificité des préjudices liés aux catastrophes industrielles** : MP Camproux-Duffrène « Les modalités de la réparation des dommages » in Cans (sous la dir), « La responsabilité environnementale : prévention, imputation, réparation », Dalloz, thème et commentaire 2009. A. Guégan-Lecuyer « Dommage de masse et responsabilité civile », LGDJ 2006. P. Jourdain, « Le dommage écologique et sa réparation », in « Les responsabilités environnementales dans l'espace européen », préc. p. 144. G. Martin, « Réflexions sur la définition du dommage à l'environnement, le dommage écologique pur », *in* « Droit et environnement », PUAM 1995, p. 115.

plus spécifiques, tels les troubles psychologiques liés au caractère collectif du sinistre. La spécificité de ces préjudices, mise en exergue par les médecins experts depuis quelques années, a notamment été reconnue dans le cadre de la catastrophe de l'usine chimique AZF. La convention nationale d'indemnisation des victimes de l'explosion, prévoit en effet dans son avenant n° 7, l'indemnisation d'un préjudice spécifique défini comme « une souffrance supplémentaire durable, conséquence éventuelle du retentissement sur la personne concernée de l'aspect collectif du sinistre »[1]. L'opportunité de reconnaître un chef de préjudice autonome peut être discutée. Un tel préjudice peut sans doute être réparé par le biais des souffrances endurées, en prenant en compte la spécificité de la souffrance post-traumatique. Rappelons en outre que la nomenclature Dintilhac a justement créé un nouveau chef de « préjudice permanent exceptionnel », pour prendre en compte ces souffrances morales hors du commun, le rapport Dintilhac citant justement comme exemple d'application de ce nouveau poste, le cas les victimes de catastrophes industrielles de type AZF[2]. On peut penser que la future adoption par voie réglementaire, d'une nomenclature unifiée des chefs de préjudices réparables ne devrait pas modifier la donne[3].

963 ***2°) La responsabilité pénale en matière de pollution***[4] ◊ Cette responsabilité ne concerne pas directement la victime ; néanmoins la sévérité accrue des tribunaux répressifs tant à l'égard des responsables politiques et administratifs qu'à l'égard des dirigeants d'entreprises publiques ou privées ne peut que conforter leur vigilance en matière de sécurité, ainsi que l'a récemment démontré l'affaire de l'Erika. En effet de multiples sanctions pénales sont supposées faire respecter la réglementation multiforme en la matière. De cet aspect du problème on retiendra que si un accident grave cause des victimes corporelles, et si le fait générateur relève de l'inobservation d'une réglementation pénalement sanctionnée, les victimes peuvent aussi relever de la protection des *victimes d'infractions*.

De nouveaux prolongements sont possibles en droit pénal avec le *délit de mise en danger de la personne* : lorsque le risque causé à autrui résulte

1. **Préjudice spécifique lié au caractère collectif du sinistre** : L. Daligand, « Évaluation des nouveaux préjudices liés aux catastrophes », Journal des accidents et des catastrophes n° 1. SR Sigales-Ruiz, « Évaluation longitudinale sur les états post-traumatiques liés aux catastrophes industrielles », Journal international de victimologie, avr. 2006, n° 12. CA Toulouse 5 déc. 2006, TGI Toulouse 19 déc. 2006 et 29 mars 2007, *JCP* 2007, II, 10112, note M. Poumarède.

2. **Nomenclature Dintilhac et préjudice extrapatrimoniaux exceptionnel** : v. ss 220 et Rapport Dintilhac, p. 42.

3. **Adoption d'une nomenclature unique des postes de préjudices** : v. ss 48.

4. **Responsabilité pénale** : CA Paris, 30 mars 2010, Environnement, 2010, ét. n° 29. M. Boutonnet « L'arrêt Erika, vers la réparation intégrale des préjudices résultant des atteintes à l'environnement ? » Environnement, 2010, ét. n° 14. L. Neyret, « L'affaire Erika : moteur des responsabilités civile et pénale », *D.* 2010. 2238. *add.* V. Ribeyrol, « La marée noire dans le golf du Mexique, le temps du droit », *JCP* 2011, 157.V. également, dans le cadre de l'affaire AZF : CA Toulouse, 24 sept. 2012, *AJ pénal* 2013, 94 (responsabilité pénale retenue), cassée par Crim. 13 janv. 2015, *D.* 2015. 157 ; *AJ pénal 2012*, 191 note Y. Mayaud. RSC 2015, 115. L. Bloch « AZF : la grande désillusion des victimes » *RCA* 2015, alerte 6.

de « la violation manifestement délibérée d'une obligation particulière de sécurité ou de prudence imposée par la loi ou le règlement... » (art. 223-1 C. pén.).

Notons enfin que cet aspect pénal a été renforcé par l'adoption de la directive 2008/99/CE du Parlement européen et du Conseil du 19 novembre 2008 relative à la protection de l'environnement par le droit pénal dont le but est d'obliger les États membres à sanctionner pénalement certains comportements constitutifs d'atteintes les plus graves à l'environnement, conformément à l'objectif de protection de l'environnement prévu par l'article 174 du traité instituant la Communauté européenne (traité CE).

964 ***3°) La responsabilité de l'État du fait du manque de contrôle ?*** [1] ◊ Au-delà de la responsabilité des exploitants des sites à risque, l'affaire AZF a posé la question de la responsabilité de l'État pour manquement dans les contrôles exercés sur ces activités. À la différence de l'affaire du Médiator [2], la jurisprudence administrative a toutefois refusé de retenir, dans l'explosion de l'usine AZF, une responsabilité de l'État en considérant que celui-ci n'avait pas failli dans les contrôles exercés. Cette solution a été sévèrement critiquée car elle semble retenir une conception particulièrement lâche des obligations de l'État dans ce domaine.

B. Les garanties d'indemnisation des victimes

965 ***L'assurance RC générale des industries ordinaires*** [3] ◊ En cas de dommages graves, l'indemnisation effective des victimes dépend de la *solvabilité de l'industriel responsable.* Or la meilleure garantie de cette solvabilité est la souscription d'une assurance de responsabilité couvrant les dommages causés par la pollution. Ces contrats sont différents selon la dangerosité de l'activité de l'entreprise.

– Pour les entreprises ne présentant pas de danger particulier de pollution, celle-ci peut être garantie *par une clause spécifique* dans l'assurance de responsabilité civile générale de l'entreprise dite *« assurance RC exploitation »*, avec une garantie souvent très limitée pour les dommages matériels ; les dommages corporels, définis comme « toute atteinte corporelle subie par une personne physique », sont en principe couverts pour un montant illimité, mais il faut vérifier que la limite globale de garantie pour pollution ne leur soit pas applicable.

---

1. **Responsabilité de l'État :** CAA Bordeaux, 24 janv. 2013, *AJDA* 2013, 749 (responsabilité de l'État retenue pour faute dans le contrôle de l'activité de l'usine). CE 17 déc. 2014, *AJDA* 2015, 2501 (responsabilité rejetée : décision de la CCA de Bordeaux cassée). A. Jacquemet-Gauché « AZF : une décision explosive », *AJDA* 2015. 592. L. Bloch, art. préc. V. également : A. Franck, « Quelle place pour la solidarité nationale ? », *RDSS* 2015. 68.

2. V. ss 954.

3. **Assurance R.C. Exploitation :** L. Grymbaum (dir.), « Assurances », *Droit et pratique*, l'Argus, 2010, n° 6229 s. Gilles J. Martin : Colloque « Police et responsabilité en matières d'environnement », « Responsabilité et assurance », *Gaz. Pal.* 3-7 juin 2001, p. 51.

– Pour les installations classées, dont l'activité chimique peut faire craindre un danger de pollution sérieux, c'est une *assurance spécifique* qui doit être souscrite, et si elle n'est pas suffisante, il faudrait envisager le recours à un *Fonds de Garantie*.

966 ***1°) L'assurance pollution pour les installations classées : ASSURPOL*** [1] ◊ ASSURPOL est un groupement d'intérêt économique composé de sociétés d'assurance directe et de sociétés de réassurances. C'est un *« pool de coréassurance en quote-part »* ; les contrats apportés et gérés par les sociétés adhérentes sont cédés en quote-part au pool opérant la répartition des primes et des sinistres au *prorata* de la participation de chaque société. Le pool réunit une capacité de base, qui peut éventuellement être augmentée par des accords de rétrocession avec les pools étrangers de même nature.

Le marché d'ASSURPOL vise les quelque 500 000 installations classées, qu'elles relèvent d'entreprises industrielles (une même entreprise peut avoir plusieurs installations classées) ou des collectivités locales (décharges, élimination des déchets...). Il serait très souhaitable que l'assurance RC pollution soit obligatoire pour les installations classées, car dans la pratique il apparaît que les souscriptions d'un contrat spécifique sont limitées (il faut souligner que la loi du 30 juillet 2003 comporte une garantie obligatoire dans les contrats d'*assurances de choses*, notamment les habitations des victimes, mais non pas une obligation d'*assurance responsabilité civile* pour les entreprises responsables).

En cas de sinistre grave avec dommages corporels, il convient de préciser quelles sont les limites de garanties en montant et dans le temps, sur la base du nouveau contrat, le contrat d'assurance des risques environnementaux, dénommé « CARE ». Ce contrat comprend notamment une garantie responsabilité civile en cas d'atteintes à l'environnement, qui couvre les dommages matériels, corporels et immatériels.

En montant, la garantie maximale s'élève à 75 millions d'euros, mais, comme il est habituel en assurance RC, la garantie des dommages corporels aux tiers n'est limitée que par le plafond souscrit de la garantie contractuelle. Le contrat peut comporter certaines franchises.

L'engagement dans le temps [2] d'Assurpol se réfère à la théorie de la *réclamation* : les garanties s'appliquent aux réclamations faites à l'assureur pendant la période d'effet du contrat. Désormais ces modalités de garanties sont légalement précisées par la loi du 1er août 2003 relative à la sécurité financière.

---

1. **Assurance pollution :** L. Grymbaum (dir.), « Assurances », *Droit et pratique*, l'Argus, 2010, « L'assurance des atteintes à l'environnement », n° 6443 s. ML Demeester et L. Neyret, « Environnement », *Rép. civ. Dalloz*, 2007, n° 151 s. ; M.L. Demeester-Morançais, « L'assurance et les technique alternatives de financement des dommages environnementaux », in *Les responsabilités environnementales dans l'espace européen*, Bruylant-LGDJ, 2005, p. 438.

2. **Garantie dans le temps :** loi du 1er août 2003, v. ss 649.

967 ***2°) Catastrophes industrielles, dommages corporels et Fonds de garantie*** [1] ◊ Le contrat Assupol ne serait souscrit que par un nombre limité d'installations classées soumises à déclaration ou à autorisation, les contrats d'assurance RC exploitation comprennent souvent une exclusion des risques incendie-explosion, et les contrats d'assurance-incendie-explosion peuvent eux-mêmes comporter une exclusion des dommages corporels. Les victimes de dommages corporels sont exclues de la loi du 30 juillet 2003 et de celle du 1er août 2008... le bilan juridique des garanties d'assurances pour les victimes corporelles d'accidents industriels est désolant.

Reste l'éventualité d'une couverture par un Fonds de garantie ; las ! la déconvenue est encore pire : en effet deux lois récentes ont aménagé le Fonds de garantie, mais en excluant toujours de manière aussi incompréhensible les victimes de dommages corporels à la suite d'une catastrophe industrielle.

D'abord la *loi du 30 juillet 2003* (art. 18), si soucieuse des dommages aux biens, avait introduit dans le Code des assurances un art. L. 421-16 d'après lequel le Fonds de garantie des accidents était également chargé d'indemniser les dommages technologiques : c'est ainsi que toute personne dont l'habitation principale n'était pas couverte par un contrat d'assurance de biens (à garantie obligatoire prévue à l'art. L. 128-2 C. assur.), pouvait, en cas de catastrophe technologique être indemnisée de ses dommages matériels par le FGA, mais aucune disposition n'était cependant prévue pour les atteintes à la personne. C'était d'autant plus curieux et déconcertant que le FGA avait pour raison d'être l'indemnisation des dommages corporels lors de sa création : il était donc parfaitement outillé pour instruire des dossiers de dommages corporels.

La *loi de sécurité financière du 1er août 2003* a donné de nouvelles compétences au Fonds, en le chargeant de la garantie des assurances obligatoires de dommages : cette promotion de garantie financière des sociétés d'assurances-dommages lui a valu la nouvelle dénomination de « Fonds de garantie des assurances obligatoires de dommages » (FGAO). Mais toujours rien sur les victimes de dommages corporels : la sécurité financière et la sécurité des biens passent avant celle des personnes...

Reste l'éventualité d'un recours au Fonds d'indemnisation des victimes d'infraction : mais il faut prouver l'infraction, et l'on peut voir à travers l'exemple de la catastrophe AZF que les difficultés probatoires s'avèrent parfois insurmontables.

Il faut donc encore et toujours réclamer la compétence prioritaire d'un Fonds de garantie des dommages corporels causés par des tiers : il pourrait s'articuler autour du FGAO dont c'était la mission initiale ; à moins qu'on

---

1. **Fonds de Garantie :** Ph. Casson, *Les Fonds de garanties*, LGDJ, 1999 ; A. Favre-Rochex et C. Courtier, *Fonds d'indemnisation et de garantie*, LGDJ. – **FGA-FGAO :** v. ss 751 s. ; S. Abravanel-Joly, *RCA* 2004, chron., n° 4 ; ONIAM (accidents médicaux), v. ss 884 ; FIVA-amiante, v. ss 936 ; FGTI (terrorisme-infractions), v. ss 1052.

ne préfère regrouper tous les risques technologiques autour d'un Fonds de garantie spécifique, des produits défectueux (amiante), aux catastrophes environnementales et au nucléaire...

§ 2. L'indemnisation des victimes d'accidents nucléaires

968 ***Tchernobyl, Union Soviétique, le 26 avril 1986*** [1] ◊ Après le péché originel d'Hiroshima et de Nagasaki en 1945, l'utilisation de l'énergie atomique reconvertie à des fins pacifiques a d'abord suscité une vive méfiance des populations civiles, puis, devant la sécurité qui semblait accompagner son exploitation, la confiance en la fiabilité des installations l'a emporté sur les vieilles craintes. Cependant l'accident de Tchernobyl a ressuscité toutes les peurs.

Le samedi 26 avril 1986 à une heure du matin, la puissance du quatrième réacteur de la centrale nucléaire de Tchernobyl est brusquement multipliée par plus de cent. Le toit de la centrale explose et un panache de produits et de poussières radioactives monte à plusieurs centaines de mètres d'altitude. Le nuage radioactif allait faire le tour de l'Europe...

Vingt ans après, les conséquences de cette catastrophe nucléaire majeure sont encore difficiles à mesurer même sur le seul terrain des dommages corporels. En effet la plupart des décès consécutifs aux radiations sont des morts « stochastiques », c'est-à-dire comportant une variable aléatoire qui rend toute statistique conjecturale : tel cancer, telle leucémie est-il imputable à l'accident ou à la pathologie personnelle de la victime ?

Les chiffres de 25 morts ont été évoqués, mais on estime que, dans les 50 années après l'accident, il pourrait y avoir en plus plusieurs milliers de décès par cancer dans l'ex-URSS et quelques milliers en Europe imputables à l'irradiation supplémentaire reçue (double de l'irradiation naturelle en Russie ; le dixième en Europe). Mais ces conséquences conjecturales globales seront impossibles à identifier individuellement, donc à imputer juridiquement à l'accident de Tchernobyl.

L'OMS a adopté le 22 janvier 1991 un programme de surveillance sanitaire d'une population de 500 000 personnes en Russie, Ukraine et Biélorussie. On estime qu'approximativement 200 000 personnes ont été exposées aux radiations pendant les opérations de sauvetage, et plus de 100 000 personnes ont été évacuées après l'accident. En 2000, on chiffrait à 1 800 le nombre de cancers de la thyroïde observables notamment chez des enfants d'Ukraine, de Russie et du Belarus : « type de cancer se soigne bien, mais ce nombre peut croître dans les prochaines années ».

1. **Risque nucléaire, Tchernobyl** : H.-K. Shapar, « L'énergie nucléaire un an après Tchernobyl », Obser. OCDE, juin 1987, p. 9 ; OCDE, « Les incidences radiologiques de l'accident de Tchernobyl dans les pays de l'OCDE », rapport AEN 1987 ; Le Monde, 26 janv. 1991 (programme OMS) ; P. Tanguy, « Méthodologie et Sûreté nucléaire », *Risques*, p. 61 ; J.-M. Jacquemin, « Ce fameux nuage : Tchernobyl, la France contaminée », éd. Sang de la Terre, 2e éd. 2000.

Après l'arrêt définitif du dernier réacteur le 27 novembre 2000, le plus gros problème est la sécurisation de l'usine dont le coffrage doit être totalement refait, et la dépollution du site sur lequel des milliers d'ouvriers travailleraient.

969 ***Fukushima, Japon, 12 mars 2011*** ◊ Après un important séisme ayant eu lieu au large du Japon, un tsunami d'une ampleur considérable déferla sur les côtes ouest du pays. La centrale de Fukushima subit d'importants dégâts : les prises d'eau en mer furent endommagées, les générateurs de secours ainsi que les groupes électrogènes inondés, interdisant le refroidissement des réacteurs. À la suite de montées en pression dans l'enceinte de confinement des différents réacteurs, plusieurs explosions se produisirent dans la centrale, causant une catastrophe nucléaire au moins aussi grave que celle de Tchernobyl, même s'il est encore impossible d'en tirer un bilan précis.

970 ***Les Conventions internationales relatives à la responsabilité nucléaire*** [1] ◊ La responsabilité civile dans le cadre de l'énergie nucléaire a fait l'objet de diverses conventions internationales, qui ont été pour certaines d'entre elles codifiées dans le Code de l'environnement à la suite de l'ordonnance n° 2012-6 du 5 janvier 2012 (art. L. 597-1 s.).

a) La Convention de Paris du 29 juillet 1960, élaborée dans le cadre de l'Agence européenne pour l'énergie nucléaire de l'OCDE (Organisation européenne de coopération économique), est consacrée à la responsabilité civile dans le domaine de l'énergie nucléaire ; elle a été complétée par un protocole additionnel signé à Paris le 28 février 1964.

Un *Protocole* fait à Paris le 16 novembre 1982 porte modification de la Convention de Paris du 29 juillet 1960. Il a été publié en France par le décret n° 91-27 du 4 janvier 1991, et la ratification en a été autorisée par la loi n° 90-397 du 11 mai 1990.

b) La Convention de Bruxelles du 31 janvier 1963, complétée par un protocole additionnel signé à Paris le 28 janvier 1964, est une Convention complémentaire à la Convention de Paris du 29 juillet 1960.

c) Les protocoles de révision des Conventions de Paris et de Bruxelles du 12 février 2004, signés au siège de l'OCDE apportent des améliorations substantielles sur les montants d'indemnisation disponibles en cas d'accident nucléaire, tout en maintenant la compatibilité avec la *Convention de Vienne de 1963* relative à la responsabilité civile en matière de dommages nucléaires et au *Protocole de 1997* d'amendement de la Convention de Vienne sur la réparation complémentaire des dommages nucléaires.

Ce protocole de février 2004 comprend notamment les améliorations suivantes :

1) Sur la nature des préjudices : la révision fait désormais une référence explicite à la prise en compte des « dommages immatériels », du coût des

1. Conventions internationales OCDE : cf. documentation de l'Agence pour l'énergie nucléaire : www.oecd-nea.org/law/nlparis_conv-fr.html.

mesures de restauration de l'environnement, et des mesures de sauvegarde prises *après* la survenance d'un accident.

Parmi celles-ci il faut citer l'évacuation et l'hébergement des populations environnantes et la fermeture temporaire d'entreprises motivée par l'évacuation du personnel : ces mesures peuvent être d'un coût considérable.

Les dommages corporels ou « atteintes à l'intégrité physique ou mentale des personnes », ont toujours été au centre des préoccupations en la matière. Le débat nouveau se focalise sur le « préjudice économique pur » qui est hors de notre sujet.

2) Sur le montant de la responsabilité encourue : le montant minimum de la responsabilité de l'exploitant est porté à 700 millions d'euros ; il est limité à 70 millions d'euros pour les exploitations à faible risque, et de 80 millions d'euros pour le transport de substances nucléaires.

3) Sur le délai de prescription : la Convention de Paris prévoit un délai de prescription de 10 ans à compter de la survenance de l'accident. Pour tenir compte du long délai de latence entre l'exposition à la radioactivité et les dommages corporels subséquents (cancers...), il avait été envisagé de porter le délai de prescription à 30 ans pour les décès ou dommages aux personnes. Cependant les assureurs ont manifesté leur inquiétude sur ce point.

Ce protocole n'est toutefois toujours pas entré en vigueur, du fait de la ratification d'un nombre insuffisant d'États, liée à la réticence des assureurs à couvrir des montants de garantie nettement réévalués. Le Code de l'environnement prévoit donc deux régimes alternatifs : celui applicable à compter de l'entrée en vigueur du protocole (art. L. 597-1 à 25) et celui applicable jusqu'à cette entrée en vigueur (art. L. 597-26 à 46).

• La principale modification apportée à la Convention complémentaire de Bruxelles est l'augmentation des *trois tranches de réparation* :

- la première tranche correspondant au montant de la responsabilité de l'exploitant est portée à un montant minimum de 700 millions d'euros,
- la deuxième tranche à la charge de l'État dans lequel l'installation de l'exploitant responsable est localisée est portée à un maximum de 500 millions d'euros,
- la troisième tranche, alimentée par toutes les parties contractantes à la Convention, est portée à un maximum de 300 millions d'euros.

Le régime révisé de Paris-Bruxelles fournit donc un montant total de réparation de 1,5 milliard d'euros.

971 ***Le régime français d'indemnisation des victimes d'accidents nucléaires*** [1] ◊ Indépendamment des textes de ratification et de publication

1. **Lois françaises sur la responsabilité des exploitants nucléaires** : Loi n° 68-943 du 30 oct. 1968 relative à la responsabilité civile dans le domaine de l'énergie nucléaire, *JO*, 31 oct. 1968, *RGAT* 1969.111 ; Loi n° 90-488 du 16 juin 1990 modifiant la loi du 30 oct. 1968, *JO*, 17 juin 1990, p. 7069. – J. Hebert, « La législation de l'énergie nucléaire », *JCP* 1969.I.2232 ; « La responsabilité dans le domaine de l'énergie nucléaire », *JCP* 1965.I.1969 ; M. Lagorge, « Le régime de réparation des accidents nucléaires en France », *Rev. gén. nucléaire* 1981, p. 97 ; J. Deprimoz, « Les exploitants nucléaires face aux organismes de protection sociale ou les faux

des conventions internationales, et en nous limitant à la seule responsabilité civile des installations nucléaires, trois lois sont importantes :

1. *La loi nº 68-943 du 30 octobre 1968* relative à la responsabilité civile dans le domaine de l'énergie nucléaire, fixe les mesures qui sont laissées à l'initiative de chaque partie contractante dans les Conventions de Paris de 1960 et de Bruxelles de 1963.

2. *La loi nº 90-488 du 16 juin 1990* modifie la loi du 30 octobre 1968, notamment en opérant une actualisation financière des indemnisations.

3. *Les lois nº 2006-686 du 13 juin 2006 et nº 2006-786 du 5 juillet 2006* ont modifié la loi du 30 octobre 1968 en intégrant en droit français les modifications apportées par les protocoles de révision des conventions de Paris et Bruxelles du 12 février 2004. Toutefois l'entrée en vigueur du protocole est conditionnée à son acceptation par deux tiers des parties contractantes, ce qui n'est pas encore le cas aujourd'hui.

Ces dispositions sont aujourd'hui codifiées aux articles L. 597-1 et suivants du Code de l'environnement.

Il est en outre à noter qu'une loi n° 2010-2 relative à la reconnaissance et à l'indemnisation des victimes des essais nucléaires français a été adoptée le 5 janvier 2010 [1]. Son article 1er reconnaît ainsi un droit à réparation intégrale au profit de « Toute personne souffrant d'une maladie radio-induite résultant d'une exposition à des rayonnements ionisants dus aux essais nucléaires français et inscrite sur une liste fixée par décret en Conseil d'État conformément aux travaux reconnus par la communauté scientifique internationale ». La demande d'indemnisation doit être déposée auprès d'une commission *ad hoc*, dont le rôle est défini par l'article 4 de la loi. Ce régime très spécifique ne sera toutefois pas étudié dans le cadre de cet ouvrage où nous nous limiterons à la responsabilité du seul *exploitant* nucléaire.

A. La responsabilité civile de l'exploitant nucléaire

972 ***Le régime spécial de responsabilité de l'installation nucléaire*** ◊ *Les installations nucléaires*, qu'il s'agisse de petits réacteurs de recherche ou de centrales nucléaires industrielles, d'usines de préparation ou de fabrication de substances nucléaires, d'usines de traitement de combustibles irradiés ou d'installation de stockage de substances nucléaires, entrent

semblants d'un droit universel » : *JCP* 1985.I.3199 ; « Coopération internationale pour la couverture des dommages nucléaires aux tiers et des dommages aux installations nucléaires » : Bulletin de droit nucléaire de l'Agence pour l'Énergie nucléaire de l'OCDE, n° 32, déc. 1983 ; « Assurances risques nucléaires », *J.-Cl. Resp. civ. et assur.*, Fasc. 555, 1988 ; « Les innovations apportées par la loi n° 90-488 du 16 juin 1990 à la mise en jeu de la responsabilité civile des exploitants nucléaires », *JCP* 1990.I.3467. Ph. Brun et L. Clerc-Renaud, « Énergie nucléaire », *Rép. Civ.* Dalloz, 2009.

1. **Indemnisations des victimes d'essais nucléaires français** : H. Arbousset, « L'indemnisation des victimes d'essais nucléaires », *Dr. adm.* 2010, ét. n° 14. N. Nevejans, « Indemnisation des victimes d'essais nucléaires. – À propos de la loi du 5 janv. 2010 », *JCP* 2010, 209.

toutes dans le champ d'application de la responsabilité spécifique. En revanche ce régime exceptionnel ne s'applique pas lorsque les règles et usages du droit commun paraissent suffisants, notamment pour les risques résultant de l'utilisation industrielle, commerciale, agricole, médicale ou scientifique des radio-isotopes.

Le régime spécifique de la responsabilité nucléaire tente de concilier les intérêts contradictoires de l'industrie nucléaire dont le développement ne peut être menacé par une responsabilité illimitée pour laquelle aucune garantie financière ne serait possible, et des victimes potentielles qui doivent être protégées contre les dangers redoutés de la radioactivité.

1. La responsabilité de plein droit de l'exploitant nucléaire

973 ***a) L'action de la victime est canalisée sur l'exploitant nucléaire (art. L. 597-2 et 27 C. envir.)*** ◊ Toute la responsabilité est canalisée sur une personne, l'exploitant - et l'exploitant seul - de l'installation nucléaire dans laquelle l'accident nucléaire se produit, à l'exclusion de tout autre responsable. L'exploitant est l'entreprise bénéficiaire de la licence ou de l'autorisation administrative requise.

Lorsqu'un accident nucléaire survient au cours d'un transport de substances nucléaires, le transporteur n'est généralement pas en état de vérifier les précautions prises par l'expéditeur des matières radioactives quant à leur emballage et à l'étanchéité des récipients. Aussi c'est la *responsabilité de l'exploitant expéditeur* qui est seule retenue, et elle prend fin en principe lorsque les matières radioactives ont été prises en charge par un autre exploitant d'une installation nucléaire située sur le territoire d'un État partie à la Convention de Paris.

974 ***b) La limitation très stricte des causes d'exonération*** ◊ Il est désormais classique qu'une activité dangereuse entraîne une *responsabilité sans faute* pour le risque créé : la responsabilité de l'exploitant nucléaire est une responsabilité objective ou causale. Mais elle est singulièrement renforcée, car la « *présomption de responsabilité* » édictée est presque *irréfragable* et ne peut être renversée par la preuve d'une cause étrangère. Ainsi l'exploitant demeure responsable à l'égard des victimes même en cas d'événement fortuit constitutif de force majeure (ex. : chute d'un avion sur l'installation nucléaire), ou de faute « intentionnelle » d'un tiers (terrorisme nucléaire).

Dans le cadre du Protocole de 2004, et l'article L. 597-5 C. envir. la faute caractérisée de la victime peut toutefois lui être opposée. En effet, « Si l'exploitant responsable d'un dommage nucléaire prouve que ce dommage résulte, en totalité ou en partie, d'une négligence grave de la personne qui l'a subi ou que cette personne a agi ou omis d'agir dans l'intention de causer un dommage, cet exploitant est exonéré, dans une mesure appréciée par le juge en fonction de la gravité de la faute ou de la négligence de cette personne, de l'obligation de réparer le dommage subi par ladite personne ».

La Convention de Paris retient par ailleurs *deux autres causes exceptionnelles d'exonération* : la guerre et le cataclysme naturel de caractère exceptionnel, catastrophique et totalement imprévisible ; les garanties prévues cèdent alors la place à la solidarité nationale.

2. Une responsabilité limitée

975 ***La détermination des dommages corporels réparables et la preuve du lien de causalité*** [1] ◊ Les conséquences d'une exposition aux radiations ionisantes peuvent ne se manifester que des mois ou des années après l'événement, sous des formes de tumeurs malignes, cancers ou leucémies. Les experts médicaux peuvent alors recevoir pour mission d'établir l'origine de l'état pathologique, en fonction de laquelle le régime de la responsabilité nucléaire s'appliquera ou non.

Cependant si une exposition accidentelle à des radiations suffisantes a été antérieurement connue, il semble que la preuve du lien de causalité sera assez facile. À cet égard, les articles L. 597-12 et 37 C. envir. prévoient qu'un décret en Conseil d'État détermine une liste non limitative des affections qui, sauf preuve contraire, sont présumées avoir pour origine l'accident ; elle est fonction de l'irradiation et de la contamination reçue et du délai dans lequel l'affection a été constatée ; une présomption légale, mais non irréfragable, de causalité aurait ainsi été établie en faveur de la victime irradiée.

976 ***a) Le régime forfaitaire des accidents du travail pour les préposés*** [2] ◊ Les premières victimes de radiations accidentelles sont toujours les préposés de l'exploitation nucléaire. Or la Convention de Paris laisse aux lois nationales le soin de concilier sa législation sur les accidents du travail et les dispositions de la Convention.

L'article 16 de la loi du 30 octobre 1968 dispose à cet égard qu'elle ne déroge pas aux règles établies par les législations relatives aux assurances sociales et à la réparation des accidents du travail et maladies professionnelles.

Pour le personnel propre de l'exploitation nucléaire, l'entreprise peut souscrire des assurances de groupe qui leur assurent des prestations complémentaires de celles de la Sécurité sociale en cas d'irradiation accidentelle.

977 ***b) Les limitations de responsabilité opposables aux tiers victimes*** ◊ Comme il est fréquent dans les régimes spéciaux de responsabilité

---

1. **Irradiation, lien de causalité avec le dommage** : CE, 23 févr. 1990, *JCP* 1991.II.21661, note Y. Saint-Jours (stockage d'un élément de « cobalt 60 » dans une mairie, leucémie d'une employée, lien de causalité non établi).

2. **Sur le régime des accidents du travail** : v. ss 445 s. ; OCDE, « Évaluation et enregistrement des doses d'irradiation reçues par les travailleurs », rapport AEN 1986 ; « Études épidémiologiques de groupes de travailleurs exposés aux rayonnements », AEN 1985.

objective, des limitations de responsabilité dans le temps et en montant ont pour but de faciliter les systèmes de garanties.

978 ***1) Les limitations de responsabilité dans le temps*** ◊ Les dommages corporels causés par une contamination radioactive peuvent se manifester longtemps après l'exposition aux radiations. Aussi la Convention de Paris a-t-elle tenté de concilier le souci d'indemnisation de victimes tardivement révélées et les difficultés techniques de maintien d'une grande financière trop longue. Notre droit national combine trois délais.

979 ***La prescription de l'action de la victime : trois ans à dater de la manifestation du dommage*** ◊ La Convention de Paris prévoyait une prescription, au minimum de deux ans, donnée à la victime à compter du moment où elle a eu connaissance de son dommage et de l'exploitant responsable. Il faut souligner que les cancers et autres leucémies consécutifs à une irradiation accidentelle peuvent se manifester des années après l'accident nucléaire. La loi française de 1968, modifiée par la loi du 13 juin 2006, a porté ce délai de prescription de l'action en réparation à trois ans soit à compter du moment où la victime a eu connaissance du dommage et de l'exploitant responsable, soit à compter du moment où elle a dû raisonnablement en avoir connaissance (art. L. 597-15 et 40 C. envir).

980 ***L'extinction de la responsabilité de l'exploitant : dix ans à compter de l'accident nucléaire*** ◊ Un délai de dix ans à compter de l'accident nucléaire est fixé, à l'expiration duquel la responsabilité de l'exploitant nucléaire est définitivement éteinte si aucune action n'a été préalablement introduite devant le tribunal compétent (art. L. 597-17 et 40 C. envir.). Si les dommages ont été causés par des substances nucléaires volées, perdues ou abandonnées, le délai de dix ans part de la date à laquelle elles ont été volées, perdues ou abandonnées.

Ici, comme pour la responsabilité des fabricants, le délai préfix a pour but de faciliter la mise en œuvre de garanties financières adéquates qui doivent être maintenues pendant toute la durée prévue.

981 ***Une garantie complémentaire de l'État : quinze ans à compter de l'accident*** ◊ Lorsque l'accident survenu sur le territoire de la République française est de la compétence d'un tribunal français, l'État français assure, dans un délai maximum de *quinze ans* après l'accident, l'indemnisation des dommages dont la réparation n'a pu être demandée parce que le dommage n'est apparu qu'après l'expiration du délai de dix ans et que l'action en responsabilité contre l'exploitant lui-même est donc éteinte. L'action est alors dirigée contre l'État (art. L. 597-17 et 40 C. envir.).

982 ***2) Les limitations de responsabilité en montant*** ◊ Le corollaire de la « responsabilité de plein droit » qui facilite le recours des victimes, est une limitation du montant de la responsabilité, techniquement utile pour permettre à l'exploitant de trouver une garantie financière.

Les limitations adoptées à l'origine ont déjà été augmentées par les révisions intervenues.

– *La loi française du 30 octobre 1968* avait à l'époque fixé le montant maximum de la responsabilité de l'exploitant à *50 millions de francs* pour un même accident, quel que soit le nombre des installations de cet exploitant sur un même site. Ce chiffre, déjà faible lors de son application, était devenu totalement dérisoire. La loi du 16 juin 1990, qui est désormais codifiée à l'article L. 597-28 C. envir., a porté ces limites à 91 469 410 euros pour les grands risques, et 22 867 352 euros pour les installations à risque réduit dont les caractéristiques sont précisées par décret. Cela vise notamment les réacteurs expérimentaux à puissance thermique inférieure à cent mégawatts et les usines de préparation et de fabrication de combustibles ne contenant ni plutonium, ni uranium enrichi à plus de 20 %, chiffre qui demeure encore bien modeste par rapport aux évaluations que l'on peut faire même pour les seuls dommages corporels.

– *Le protocole de 2004* a modifié les règles en imposant désormais un seuil minimum de responsabilité fixé *à 700 millions d'euros* pour un accident nucléaire, et *70 millions d'euros* pour les installations à risque réduit (art. 597-4 C ; envir.). Son entrée en vigueur marquera donc une amélioration significative des droits des victimes.

983 ***c) La détermination de la juridiction compétente*** ◊

– *La compétence d'attribution des juridictions judiciaires :* quoique, en France, les principaux exploitants nucléaires aient un statut public ou semi-public, l'art. 17 de la loi du 30 octobre 1968 avait établi une unité de compétence juridictionnelle en retenant la *compétence des seuls tribunaux judiciaires* pour connaître de toutes les actions en responsabilité civile intentées contre eux. On trouve cette même unité de compétence en matière d'accidents de la circulation (loi du 31 décembre 1957) et en matière d'expérimentation biomédicale (loi du 23 janvier 1990).

– *La compétence territoriale du Tribunal de grande instance de Paris :* les articles L. 597-19 et 42 C. envir. précisent que, si la compétence est attribuée à un tribunal français : le *Tribunal de grande instance de Paris est seul compétent*. Cette centralisation de la compétence, que l'on trouve également en matière de terrorisme (loi du 9 septembre 1986) permet d'assurer une unité de jurisprudence en la matière.

Cependant ces textes prévoient que le Procureur de la République et le juge d'instruction du tribunal dans le ressort duquel a eu lieu l'accident nucléaire ont qualité pour accomplir les actes nécessités par l'urgence.

B. Les garanties d'indemnisation des victimes d'accidents nucléaires

984 ***Une garantie à plusieurs étages pour un risque exponentiel*** ◊ Si l'accident de Tchernobyl n'était pas soumis aux Conventions de Paris et

de Bruxelles, il a montré la difficulté d'évaluer un risque catastrophique, et la nécessité de prévoir des garanties très élevées. En France celles-ci demeurent insuffisantes si on les rapporte aux évaluations connues des dommages corporels. Le système prévu par les Conventions internationales prévoit deux niveaux de garanties.

985 ***1er niveau : la garantie de la responsabilité civile de l'exploitant nucléaire*** ◊ Pour faire face à sa responsabilité envers les victimes, l'exploitant est tenu de disposer d'une garantie financière à concurrence du montant maximum retenu pour sa responsabilité. Cette garantie financière peut prendre la forme d'une caution financière, d'avoirs liquides, ou plutôt d'une assurance qui peut se combiner avec une garantie de l'État.

– *La Convention de Paris* laisse aux États le soin de fixer les conditions de l'assurance ou des autres garanties financières que l'exploitant est tenu d'avoir : l'autorité de tutelle compétente doit notamment veiller à ce que les polices d'assurance ne contiennent pas de clauses susceptibles de les rendre inopérantes, telles qu'une suspension de garantie en cas de non-paiement des primes. Après un premier accident, la garantie financière doit intégralement être reconstituée pour que l'exploitant dispose toujours d'une garantie égale à sa responsabilité maximum.

– D'après *les articles L. 597-7 et 31 du Code de l'environnement*, la garantie financière à laquelle est tenu chaque exploitant dans la limite de sa responsabilité maximum doit être agréée par le ministre de l'Économie et des Finances. Celui-ci, sur proposition du ministre chargé de l'Énergie atomique, est habilité à donner aux exploitants d'installations nucléaires la garantie de l'État, qui se substitue alors en tout ou en partie à une assurance ou à une autre garantie financière. En cas d'assurance, l'assureur ne peut suspendre sa garantie sans un préavis de deux mois au moins donné par écrit au ministre chargé de l'énergie nucléaire.

– *La loi du 16 juin 1990* ayant porté la limite légale de responsabilité à *91 469 410 euros*, les exploitants nucléaires trouvent cette garantie d'assurance grâce à un Pool qui résulte d'une Convention de coréassurance qui regroupe toutes les compagnies d'assurances intéressées : *le Pool français d'assurance des risques atomiques, devenu ASSURATOME* [1].

Si l'indemnisation ne peut être obtenue de l'assureur ou de l'exploitant, l'État se substitue à eux, dans la limite du plafond de responsabilité.

986 ***2e niveau : les garanties complémentaires*** ◊ La Convention de Bruxelles a prévu un système de garantie des victimes au-delà de la responsabilité de l'exploitant nucléaire. Cette garantie complémentaire est elle-même à deux étages.

---

1. **Pour une présentation détaillée de son rôle et de son fonctionnement** : www.assuratome.fr

1) La garantie de l'État sur le territoire duquel l'installation nucléaire est située : ainsi qu'en dispose les articles L. 597-5 et 29 C. envir., celui-ci doit assumer la part de garantie au-delà de la limite légale de responsabilité jusqu'à *500 millions d'euros* selon la Convention de Bruxelles révisée par le Protocole signé en février 2004.

2) La solidarité internationale complémentaire : en renfort de la garantie de l'État du lieu de l'installation, c'est la solidarité interétatique des pays signataires de la Convention de Bruxelles qui supporte le financement de l'indemnisation des victimes, pour une *tranche complémentaire maximum de 300 millions d'euros dans la Révision 2004.*

Avec l'entrée en vigueur de la Révision 2004, si le montant *total* des dommages de responsabilité civile dus à l'accident nucléaire dépasse 1,5 milliard d'euros, les parties contractantes devraient déroger au principe de la réparation intégrale.

987 ***La priorité des dommages corporels*** ◊ Nous n'avons étudié ici que l'indemnisation des dommages corporels. Cependant il ne faut pas oublier qu'un accident nucléaire cause également des dommages matériels considérables par la contamination radioactive de toute la région environnante. Dans la mesure où les dommages corporels peuvent ne se manifester que plusieurs années après l'accident nucléaire, le risque est donc considérable de voir les garanties prévues par l'accident totalement absorbées par les décès immédiats et les dommages matériels, en laissant les victimes ultérieures sans indemnisation.

L'article 13 de la loi française du 30 octobre 1968, aujourd'hui codifié aux articles L. 597-14 et 38 C. envir., a pris conscience de ce problème :

« si, à la suite d'un accident nucléaire, il apparaît que les sommes maximales disponibles en application de la présente loi risquent d'être insuffisantes pour réparer l'ensemble des dommages subis par les victimes, un décret en conseil des ministres publié dans un délai de six mois à compter du jour de l'accident, constate cette situation exceptionnelle et fixe les modalités de répartition des sommes...

... Dans ce cas, les sommes disponibles prévues par la présente loi sont réparties selon les règles suivantes :

a) les dommages corporels sont réparés par priorité suivant les modalités déterminées par analogie avec la législation sur les accidents du travail ;

b) les sommes qui restent disponibles, le cas échéant, après cette première indemnisation, sont réparties entre les victimes proportionnellement aux dommages corporels restant à indemniser et aux dommages matériels subis, évalués selon les règles du droit commun. »...

Cette « priorité » conférée à l'indemnisation des dommages corporels est en effet nécessaire ; sa mise en œuvre est cependant difficile compte tenu de l'échelonnement dans le temps de leur apparition. Faudra-t-il consigner des sommes considérables pendant dix ans en maintenant en suspens les indemnisations de dommages matériels ?

SECTION 3. L'INDEMNISATION DES VICTIMES D'ACCIDENTS DE TRANSPORTS COLLECTIFS

988 ***Risques technologiques et transports collectifs*** [1] ◊ Parmi les victimes de risques technologiques, il faut compter les victimes d'accidents de transports collectifs, les modes de transport modernes utilisant souvent une technologie très avancée (avions, trains, bateaux...). Une loi n° 2006-10 du 5 janvier 2006 relative à la sécurité et au développement des transports a instauré diverses mesures pour améliorer la sécurité des modes de transport.

989 ***Les transports collectifs par route*** [2] ◊ Pour les *transports par route* (autocars...), nous avons vu que la loi Badinter du 5 juillet 1985 est applicable à toutes les victimes d'un accident de la circulation dans lequel est impliqué un véhicule terrestre à moteur, « *même lorsqu'elles sont transportées en vertu d'un contrat* ». Les voyageurs bénéficient donc de la protection accordée par la loi aux « *victimes non conducteurs* », donc d'une indemnisation intégrale, sauf « *faute inexcusable de la victime, cause unique de l'accident* » qui paraît une hypothèse d'école pour les usagers d'un transport en commun. Les victimes sont garanties dans le cadre de l'assurance automobile.

Il faut préciser qu'*aucune clause* limitative ou exonératoire de responsabilité ayant pour objet la réparation des dommages corporels provoqués par des accidents n'est admise pour les transports routiers de personnes.

Cette section sera limitée aux principes généraux de l'indemnisation des victimes de transports de personnes par accidents de chemin de fer et accidents de l'aviation civile.

§ 1. L'indemnisation des victimes d'accidents de chemin de fer

990 ***Les accidents de chemin de fer*** ◊ Les « *accidents de train* » (collisions, déraillements...) sont relativement peu nombreux, mais ils suscitent toujours une vive émotion dans l'opinion publique ; on peut citer les catastrophes suivantes :

- le 27 juin 1988, à la gare de Lyon, à Paris : 56 morts et 32 blessés,
- le 17 octobre 1991 à Melun (Seine-et-Marne) : 16 morts et 48 blessés.
- le 11 juin 2001 sur la ligne Paris-Vienne : incendie dans un wagon-lit : 12 morts.

---

1. **Transports collectifs de personnes :** I. Bernadet, I. Bon-Garcin, Y. Reinhard, *Droit des transports*, Précis Dalloz, 1re éd. 2010. L. Daligand, « Les aspects psychologiques spécifiques des accidents de trafic », *Victimologie*, déc. 1995, p. 18 ; Ch. Paulin, « Présentation de la loi n° 2006-10 du 5 janvier 2006 relative à la sécurité et au développement des transports », *JCP* (E) 2006, actu n° 92 ; *Droit des transports*, Litec 2005.
2. **Transports par route : indemnisation des victimes non-conducteurs :** v. ss 704 s.

- le 27 janvier 2003 dans le tunnel de la Biogna (Alpes Maritimes), collision entre un train français et italien : 2 morts.

- le 1er juin 2008 : accident entre un bus et un TER à Allinges (74) causant la mort de sept collégiens.

- le 12 juillet 2013 : déraillement du train Paris-Limoges en gare de Brétigny-sur-Orge (91) entraînant la mort de sept personnes.

• *Les accidents individuels* sont eux beaucoup plus fréquents : on déplore chaque année plusieurs dizaines de voyageurs tués ou blessés, essentiellement à la montée ou à la descente du train, sans qu'il y ait d'« *accident de train* » proprement dit.

• *Droit applicable* : Jusqu'à une période récente, le régime juridique des transports ferroviaires était distinct selon que ceux-ci étaient envisagés dans le domaine interne ou international. La situation a changé avec l'adoption du règlement n° 1371/2007 du Parlement européen et du Conseil du 23 octobre 2007 sur les droits et obligations des voyageurs ferroviaires, qui est entré en vigueur le 3 décembre 2009. Ce règlement s'applique en effet pour tout transport réalisé au sein d'un état de la communauté ou transnational. En ce qui concerne la responsabilité à l'égard des personnes, son article 11 dispose que : « Sous réserve des dispositions du présent chapitre, et sans préjudice du droit national octroyant aux voyageurs une plus grande indemnisation pour les dommages subis, la responsabilité des entreprises ferroviaires relative aux voyageurs et à leurs bagages est régie par le titre IV, chapitres I, III et IV, ainsi que les titres VI et VII de l'annexe I ». Le règlement opère donc un renvoi à des règles internationales relatives au contrat de transport, désignées sous le nom de « RU-CIV » [1]. Leur étude dépassant le cadre de cet ouvrage, celles-ci ne seront mentionnées que pour mémoire, au regard du droit français.

1. La nature de la responsabilité du transporteur de personnes

991 La responsabilité du transporteur de personnes peut être mise en jeu soit sur le terrain contractuel dès lors qu'il est muni d'un titre de transport régulier, soit sur le terrain délictuel.

992 ***a) La responsabilité contractuelle du transporteur de personnes*** ◊ L'obligation de sécurité est une constante de notre droit en matière de dommage corporel et notamment en matière de transport de personnes où elle a trouvé sa première illustration. Cependant entre l'obligation de sécurité contractuelle (art. 1147 C. civ.) qualifiée de résultat, et celle qualifiée de moyens, il existe une indétermination doctrinale et jurisprudentielle qu'il faudrait clarifier.

1. **Pour une étude détaillée de cette question**, I. Bernadet, I. Bon-Garcin, Y. Reinhard, « Droit des transport », Précis Dalloz, 1re éd. 2010, spéc. n° 397 s. et 637 s.

993 ***L'obligation déterminée de sécurité*** [1] ◊ *L'obligation de sécurité* du transporteur de personnes découverte par la jurisprudence par un arrêt du 21 novembre 1911 dans une espèce de *transport maritime*, a été appliquée en *transport terrestre de personnes* par un arrêt important rendu par la Cour de cassation le 27 janvier 1913 : « le transporteur de personnes est tenu de conduire les voyageurs sains et saufs à destination ». Elle est aujourd'hui corroborée par l'article 26 des RU-CIV aux termes desquelles « Le transporteur est responsable du dommage résultant de la mort, des blessures ou de toute autre atteinte à l'intégrité physique ou psychique du voyageur causé par un accident en relation avec l'exploitation ferroviaire survenu pendant que le voyageur séjourne dans les véhicules ferroviaires, qu'il y entre ou qu'il en sorte et quelle que soit l'infrastructure ferroviaire utilisée. 2. Le transporteur est déchargé de cette responsabilité : a) si l'accident a été causé par des circonstances extérieures à l'exploitation ferroviaire que le transporteur, en dépit de la diligence requise d'après les particularités de l'espèce, ne pouvait pas éviter et aux conséquences desquelles il ne pouvait pas obvier... ».

Cette obligation de sécurité a pour objet de protéger les passagers-victimes, privés en fait de toute autonomie d'action, et dont l'intégrité corporelle se trouve remise entre les mains du transporteur.

Une jurisprudence très abondante applique cette *« obligation de sécurité »* à de très nombreuses activités plus ou moins assimilées à des activités de transport, et parmi lesquelles on peut citer aussi bien les remonte-pentes que les manèges forains.

La doctrine souligne le *« forçage »* du contrat, par cette *« obligation de sécurité »* imposée par la jurisprudence aux parties ; l'accord est cependant à peu près unanime pour approuver sa finalité : l'indemnisation des victimes d'accidents corporels.

994 ***La délimitation temporelle de l'obligation contractuelle de sécurité du transporteur*** [2] ◊ Dans un premier temps, il fut admis que le contrat de transport commençait dès que le voyageur pénétrait dans la gare et n'était terminé que lorsqu'il en sortait : l'obligation de sécurité-résultat protégeait alors le voyageur pendant toutes ses allées et venues autonomes, y compris au restaurant de la gare (Civ. 1re, 17 mai 1961).

---

1. **Obligation contractuelle de sécurité** : v. ss 580 s. ; G. Viney et P. Jourdain, « Responsabilité. Conditions », LGDJ, 3e éd. 2006, n° 500 s. et les références citées ; Y. Lambert-Faivre, « Fondement et régime de l'obligation de sécurité », *D.* 1994, chron., p. 81. – **Obligation de sécurité du transporteur de personnes** : Civ., 21 nov. 1911, s. 1912.1.73, note Lyon-Caen, *D.* 1913.1.249, note Sarrut ; Civ., 27 janv. 1913, s. 1913.117 ; L. Josserand, « Le contrat dirigé », DH 1993, chron., p. 89 ; Esmein, « Transporteurs, veillez sur nous », *D.* 1962, chron. 1.

2. **Délimitation temporelle de l'obligation contractuelle de sécurité, (art. 1147 C. civ.)** : Civ., 17 mai 1961, *D.* 1961.352 (de l'entrée à la sortie de la gare) ; Civ. 1re, 1er juill. 1969, *D.* 1969.641, note G.C.M., *JCP* 1969.II.16091, concl. Lindon, note M.B. et A.R. (de la montée à la descente du véhicule) ; Civ. 1re, 22 avr. 1981, *Gaz. Pal.* 1981.2.782 (idem) ; Civ. 1re, 21 oct. 1997, *RCA* 1997, n° 356 (idem).

Dans un deuxième temps, la Cour de cassation a limité l'obligation de sécurité-résultat, celle-ci ne pesant sur le transporteur « qu'à partir du moment où le voyageur commence à monter dans le véhicule jusqu'au moment où il achève d'en descendre » (Civ. 1re, 1er juill. 1969, Civ. 1re, 21 oct. 1997).

Il en résulte que, même régulièrement titulaire d'un titre de transport, l'accident dont est victime un voyageur sur un quai de gare en attente de son train relève de la responsabilité délictuelle (v. ss 996) ce qui est restrictif, mais a permis à la Cour de cassation de faire bénéficier en permanence la victime d'un régime de responsabilité sans faute.

L'obligation déterminée de sécurité est justifiée par la protection d'une victime dépourvue d'autonomie et subissant passivement les dangers d'un transport (ex. : passager d'un train ou d'un avion) : elle ne s'estompe que si le voyageur retrouve sa pleine autonomie.

Dans une espèce où la victime était tombée sur la voie alors que l'agresseur de sa femme s'était enfui en laissant la portière ouverte, la première chambre civile de la Cour de cassation a très justement énoncé : « Vu les articles 1147 et 1148 C. civ. Attendu que le transporteur est tenu d'une obligation de sécurité de résultat envers le voyageur à partir du moment où celui-ci commence à monter dans le véhicule, jusqu'au moment où il achève d'en descendre... Attendu... que la SNCF, en sa qualité de transporteur, ne peut s'exonérer totalement de sa responsabilité que par la preuve d'une faute exclusive de la victime présentant les caractères de la force majeure, ou d'un fait imprévisible et irrésistible à l'origine exclusive du dommage... »

995 ***b) La responsabilité délictuelle du transporteur de personnes*** ◊ La responsabilité délictuelle du fait des choses (art. 1384, al. 1 C. civ.), qui offre à la victime une protection comparable à celle de l'obligation contractuelle de sécurité-résultat, est applicable d'une part aux non-contractants, d'autre part, aux voyageurs hors des limites du contrat.

996 ***L'application de la responsabilité délictuelle aux non-contractants*** [1] ◊ Les voyageurs dépourvus de billet ne sont pas engagés dans un *« contrat »* ; si leur situation irrégulière les expose à des amendes, elle ne saurait cependant les priver d'indemnisation en cas d'accident : la responsabilité du fait des choses de l'art. 1384, al. 1 C. civ. est alors applicable).

1. **Responsabilité délictuelle, art. 1384 C. civ. ; non-contractants :** Civ., 19 févr. 1992, *RCA* 1992, n° 165, *JCP* 1993.II.22170 note Casile-Hugues et Civ. 2e, 9 oct. 1996, *RCA* 1996, n° 397 (victime retrouvée blessée dans une gare, à proximité d'une voie ferrée, sans titre de transport ne saurait être privée du droit d'agir en justice ; art. 1384 al. 1 C. civ.) ; Paris 27 juill. 1997, *Gaz. Pal.* 22-23 oct. 1997, p. 15 (victime sans titre de transport descendue du train en marche ; SNCF n'est tenue par la réglementation de fermer les portières que lors de la mise en marche ; accident causé par la seule faute de la victime imprévisible et inévitable) ; Civ. 1re, 6 oct. 1998, *RCA* 1998, n° 395, *RTD civ.* 1999.113, obs. Jourdain, *JCP* 1999.II.10186, note Y. Aubrée (affaire *Derollepot ;* la faute de la victime montée, en infraction avec la réglementation ferroviaire, sur le marchepied d'un train commençant à s'élancer après le signal du départ, est la cause exclusive de son dommage).

997 ***L'application de la responsabilité délictuelle aux voyageurs hors des limites du transport : les arrêts Valverde et Texier*** [1] ◊

– Dans l'espèce présentée par l'arrêt *Valverde* (Civ. 1re, 7 mars 1989) le voyageur était descendu sur le quai (fin du transport) lorsque, prétendant avoir glissé sur une plaque de verglas, il eut les jambes sectionnées par le train. Hors du transport proprement dit, il devait prouver la faute de la SNCF qui, n'ayant pas enlevé le verglas, n'avait pas assumé son obligation de moyens, or l'existence même de ce verglas n'était pas prouvée. Par son arrêt remarqué du 7 mars 1989, la Cour de cassation établit simplement « *qu'en dehors de l'exécution du contrat de transport, la responsabilité du transporteur à l'égard du voyageur est soumise aux règles de la responsabilité délictuelle* ».

Dès lors la victime n'avait qu'à établir son dommage corporel, prouver le fait de la chose (le train en mouvement) et le lien de causalité entre les deux (celui-ci lui a broyé les jambes) pour être indemnisée.

– Dans l'affaire *Texier* (Civ. 2e, 25 juin 1998), la victime munie de son billet de transport, attendait son train en conversant avec un ami, et tournait le dos à la voie sur laquelle son pied « empiétait de 3 cm ½ » (*sic*) : happé par la main courante d'un train de marchandise, son « comportement fautif au mépris des règles les plus élémentaires de sécurité » n'est cependant pas qualifié de force majeure exonératoire : évitant même le partage de responsabilité afférent à une « faute » qui semble assez banale. Ces arrêts qui rétrécissent le champ du contrat de transport proprement dit au profit d'une responsabilité délictuelle du fait des choses illustrent le souci jurisprudentiel de l'indemnisation des victimes d'accidents de transport, et *démontrent le caractère univoque de l'obligation générale de sécurité,* née du droit naturel relatif à la protection de l'intégrité physique de la personne humaine.

998 ***c) La difficile exonération du transporteur de personnes*** [2] ◊ Que ce soit au titre d'une obligation contractuelle de sécurité (art. 1147 C. civ.) ou d'une responsabilité délictuelle du fait des choses (art. 1384 C. civ.), la responsabilité objective autorise en principe une exonération du responsable si l'accident a une cause qui lui est étrangère, notamment la faute de la victime ou le fait d'un tiers, solution reprise par l'article 26 des RU-CIV

---

1. **Responsabilité délictuelle ; voyageur hors limite transport :** Arrêt *Valverde,* Civ. 1re, 7 mars 1989, *Gaz. Pal.*, 23 août 1989, note Paire, *RTD civ.* 1989.548, obs. Jourdain ; H. Groutel, « Vers un chambardement de l'obligation de sécurité dans les contrats ? », *RCA* 1989, chron., n° 16 ; *D.* 1991.1, note Malaurie ; C. Mascala, « Accidents de gare : le déraillement de l'obligation de sécurité », *D.* 1991. Chron. 80 ; R. Nérac-Croisier, « Soliloque sur la responsabilité du transporteur de personnes », *D.* 1995. Chron. 35 ; Civ. 1re, 19 févr. 1991, *RCA* 1991, n° 392 (accident de quai lors d'une correspondance) ; Civ. 2e, 25 juin 1998, arrêt *Texier, D.* 1999. 416, note Lapoyade-Deschamps ; *JCP* 1998.II.10191, note B. Fromont-Hébrard, *RCA* 1998, n° 296 (« La faute de la victime n'exonère le gardien que si elle constitue une force majeure » résurgence de l'arrêt *Desmares* ?).

2. **Exonération du transporteur :** H. Groutel, « La force majeure introuvable », *RCA* 2003, Repères n° 4 ; S. Hocqueb-Berg, « Gardien cherche force majeure désespérément », *RCA* 2003, chron. n° 12.

qui admet l'exonération pour cause étrangère, faute de la victime, ou fait d'un tiers. Or dans les deux premières situations, la jurisprudence récente maintient avec rigueur la responsabilité du transporteur de personnes. Deux mouvements se conjuguent en effet pour limiter, voire exclure, les possibilités concrètes d'exonération du transporteur.

999 ***Limitation de l'exonération à la faute de la victime présentant les caractères de la force majeure*** [1] ◊ Par un important arrêt de principe du 13 mars 2008, rendu sous le visa de l'article 1147 C. civ., la première chambre civile de la Cour de cassation a affirmé :

« le transporteur tenu d'une obligation de sécurité de résultat envers un voyageur ne peut s'en exonérer partiellement (...) la faute de la victime, à condition de présenter le caractère de la force majeure, ne peut jamais emporter qu'exonération totale ».

Aux termes de cette décision, une distinction doit donc être faite entre deux hypothèses.

– *Si la faute de la victime ne présente pas les caractères de la force majeure, le transporteur ne peut plus être exonéré, même partiellement.*

– Dans le cas contraire, *son exonération est en revanche totale.*

La solution surprend. Elle paraît bien entendu justifiée par une volonté d'indemnisation des victimes d'accidents de transport, et peut, peut-être, être comprise comme un appel au législateur, comme l'avait été en son temps la jurisprudence *Desmares*. Si tel est le cas, on comprend toutefois difficilement la restriction de son domaine d'application. Selon la Cour de cassation, l'exclusion du rôle partiellement exonératoire de la faute de la victime ne doit en effet trouver application que dans l'hypothèse où la responsabilité du transporteur est engagée, *sur le terrain contractuel, pour manquement à son obligation de sécurité de résultat.* Or, cette restriction paraît difficile à justifier. Quel élément peut en effet expliquer que la faute de la victime ne présentant pas les caractères de la force majeure ne soit pas exonératoire dans le domaine contractuel, et le demeure dans le domaine délictuel ; qu'elle joue un rôle différent dans le domaine des obligations de résultat et de moyens ? Cette solution revient à traiter de manière radicalement différente la victime contractante des tiers au contrat, alors que l'impératif de réparation des dommages corporels paraît pourtant le même.

---

1. **Obligation de sécurité et faute victime, jurisprudence antérieure à l'arrêt du 13 mars 2008 :** Versailles, 28 oct. 1988, *D.* 1989. 234, note Estoup (pas de faute de la mère, remontée chercher son bébé après avoir descendu ses bagages et dont les jambes ont été broyées par le train reparti après quarante-cinq secondes d'arrêt) ; Civ. 1re, 21 oct. 1997, *RCA* 1997, n° 356 (SNCF, ouverture d'une portière, « la SNCF ne peut s'exonérer totalement de sa responsabilité que par la preuve d'une faute exclusive de la victime présentant les caractères de la force majeure ») ; Civ. 2e, 11 janv. 2001 *RCA* 2001, n° 122, *RTD civ.* 2001. 374, obs. Jourdain (non voyant se tient trop près du quai malgré avertissement personnel SNCF, blessée, SNCF responsable) ; Civ. 2e, 23 janv. 2003, *RCA* 2003, n° 94, 2e esp., *D.* 2003. 2465, note V. Depadt-Sebag (accompagnante descend du train qui démarre ; responsabilité SNCF, système de verrouillage insuffisant) ; Civ. 2e, 27 févr. 2003, *D.* 2003. IR. 809 (*idem*). **Arrêt du 13 mars 2008 :** Civ. 1re 13 mars 2008, *RCA* 2008, chron. S. Hocquet-Berg ; *D.* 2008. 1582, note G. Viney.

1000 ***Sévérité d'appréciation de la force majeure exonératoire*** ◊ La Cour de cassation développe par ailleurs, depuis quelques années, une jurisprudence d'une extrême sévérité à l'égard du transporteur ferroviaire, en considérant qu'en dépit de la gravité des fautes reprochées à la victime, celles-ci ne peuvent le plus souvent être considérées comme présentant les caractères de la force majeure, notamment du fait de leur absence d'imprévisibilité [1]. L'exonération du transporteur devient donc, dans les faits, tout à fait exceptionnelle. Conjuguée à la solution de l'arrêt de la première chambre civile du 13 mars 2008, cette jurisprudence conduit à une quasi-impossibilité d'exonération de la SNCF du fait du comportement de la victime. Les droits de cette dernière en sont améliorés... au moins lorsqu'elle est liée par contrat avec le transporteur.

2. Le régime d'indemnisation des victimes [2]

1001 ***La prohibition des clauses limitatives ou exonératoires de responsabilité*** ◊ ni en droit interne, ni en droit international, les clauses exonératoires ou limitatives de responsabilité ne sont admises dans le contrat de transport de personnes.

1002 Jusqu'à l'entrée en vigueur du Règlement du Parlement européen du 23 octobre 2007, des distinctions devaient être faites entre le transport international et interne. Désormais, les règles des RU-CIV s'appliquent dans tous les cas et leur article 30§2 dispose que « Le montant des dommages-intérêts à allouer en vertu du paragraphe 1 est déterminé selon le droit national... ». Or, en *droit interne*, conformément au droit commun, la SNCF doit, comme tout autre transporteur terrestre de voyageurs, indemniser *l'intégralité des préjudices subis* par la victime. Sa responsabilité est *illimitée*, et la SNCF est son propre assureur.

1003 Notons enfin que l'article 13 du Règlement, applicable pour l'heure uniquement pour les transports intracommunautaires, prévoit également le

---

1. **Sévérité d'appréciation de la force majeure** : V. par exemple Civ. 2e, 23 janv. 2003, *D.* 2003. 2465 (passager descendant d'un train en marche ; absence d'imprévisibilité). 15 déc. 2005, *Bull. civ.* n° 336 (passager en état d'imprégnation alcoolique couché sur la voie ferrée : absence d'exonération). 13 juill. 2006, *JCP* 2007. I. 115, n° 8, note Ph. Stoffel-Munck (passager déverrouillant le système de sécurité et sautant en marche : refus d'exonération). Civ. 1re, 21 nov. 2006, *RCA* 2007, comm. n° 43 (absence d'irrésistibilité d'un meurtre commis dans un wagon couchette). Civ. 2e, 21 déc. 2006 (2 arrêts), *RCA* 2007, comm. n° 45 et 46 (passager sautant du train après avoir déverrouillé le système de sécurité pour échapper aux contrôleurs : absence de force majeure. Idem pour un passager traversant la voie ferrée pour sortir de la gare). 5 avril 2007, *RCA* 2007, comm. n° 7 (absence d'imprévisibilité de la présence d'un véhicule immobilisé sur la voie ferrée ; dans le même sens, Civ. 2e, 10 nov. 2008, *RCA* 2010, comm. n° 5). Civ. 2e, 19 nov. 2009, *RCA* 2010, comm. n° 38 (absence d'imprévisibilité pour une personne descendant d'un train en marche quittant le quai). CA Rennes, 25 nov. 2009, *JCP* 2010. 435 (absence d'imprévisibilité de l'irruption d'un piéton sur la voie ferrée). *Contra* Civ. 1re, 23 juin 2011, n° 10-15811 (admission de la force majeure pour une agression dans un train que rien ne laissait prévoir).

2. **Garanties Assurances** : S. Abravanel-Jolly, « Assurance-Transport », *Rép. com. Dalloz* ; *Lamy-Assurances* et *Lamy Transports*.

principe du versement d'avances, ce qui réalise un avantage pour la victime. À son terme, « 1. Si un voyageur est tué ou blessé, l'entreprise ferroviaire (...) verse sans délai, et en tout état de cause au plus tard quinze jours après l'identification de la personne physique ayant droit à une indemnisation, toute avance qui serait nécessaire pour couvrir des besoins économiques immédiats, proportionnellement au préjudice subi. 2. Sans préjudice du paragraphe 1, l'avance n'est pas, en cas de décès, inférieure à 21 000 € par voyageur. 3. Le versement d'une avance ne constitue pas une reconnaissance de responsabilité, et l'avance peut être déduite de toute somme payée ultérieurement en vertu du présent règlement, mais elle n'est pas remboursable, sauf lorsque le préjudice a été causé par la négligence ou la faute du voyageur ou que la personne à laquelle l'avance a été versée n'était pas celle ayant droit à une indemnisation ».

§ 2. L'indemnisation des victimes d'accidents de l'aviation civile

1004 ***Les accidents de l'aviation civile*** [1] ◊ L'avion est devenu aujourd'hui l'un des moyens de transport les plus sûrs au km-voyageur, ainsi que les statistiques mondiales le montrent, malgré l'émotion soulevée par les catastrophes aériennes, le taux d'accident en moyenne mondiale est de l'ordre de 1,2 accident mortel par million d'heures de vol ; selon l'indicateur « nombre de décès par passager kilomètre transporté » (PKT), il est deux fois plus sûr que le transport ferroviaire et trente fois plus sûr que l'automobile (ce qui n'est pas le cas, il est vrai, les ULM et autres parapentes assimilés à des transports aériens)... [2]

Parmi les accidents aériens qui ont particulièrement touché la France ces dernières années, on peut citer le crash du Concorde le 25 juillet 2000, et celui d'un Boeing 737 à Charm-el-Cheikh en Égypte le 3 janvier 2004, et celui du vol Paris-Rio en juin 2009, ou encore l'accident de l'Airbus de la Germanwings dans les Alpes du sud en mars 2015.

La responsabilité du transporteur aérien n'est pas soumise aux règles de droit commun de la responsabilité civile. En effet, selon l'article L. 6421-3 C. transp., « La responsabilité du transporteur aérien titulaire d'une licence d'exploitation délivrée en application du règlement (CE) n° 1008/2008 du 24 septembre 2008 établissant des règles communes pour l'exploitation de services aériens dans la Communauté est soumise, en ce qui concerne le

---

1. **Accidents de l'aviation civile** : statistiques ministère des Transports, cf. annexe 2, tableau, *infra*, p. 895.

2. **Nature des accidents aériens** : Civ. 1re, 3 juill. 2001, *RCA* 2001, n° 330 (deux espèces : le baptême de l'air en parapente biplace est un transport aérien ; un vol réalisé en ULM consistant en une promenade aérienne est un transport aérien) ; Civ. 1re, 30 janv. 2001, *D.* 2002. Somm. 1320 obs. Delebecque, confirmé par Civ. 1re, 27 févr. 2007, *RCA* 2007, comm. n° 166 (le transport gratuit est soumis au droit du transport aérien). Civ. 1re, 27 juin 2006, comm. n° 266 (le vol en parapente relève du droit du transport aérien).

transport aérien de passagers et de leurs bagages, aux dispositions du règlement (CE) n° 889/2002 du 13 mai 2002 modifiant le règlement (CE) n° 2027/97 relatif à la responsabilité des transporteurs aériens en cas d'accident et aux stipulations de la convention pour l'unification de certaines règles relatives au transport aérien international signée à Montréal le 28 mai 1999 ». Et l'article L. 6421-4 de compléter : « La responsabilité du transporteur aérien non soumis aux dispositions de l'article L. 6421-3 est régie par les stipulations de la convention de Varsovie du 12 octobre 1929 ».

1005 ***1°) La Convention de Varsovie de 1929*** [1] ◊ La Convention de Varsovie reconnaissait l'obligation de sécurité du transporteur aérien, mais l'indemnisation des victimes y était soumise à des règles trop limitatives édictées en matière de transports aériens internationaux mais également applicables aux transports aériens internes en vertu d'une loi du 2 mars 1957. Or en 1929, à l'époque encore balbutiante de l'épopée de l'aviation civile, le système institué paraissait équilibré : à la reconnaissance d'une responsabilité objective correspondait une indemnisation limitée. Dès lors que l'avion est devenu un moyen de transport courant, banalisé et sûr, les trop strictes limitations de responsabilité concernant la réparation de dommages corporels étaient unanimement contestées.

• *Les limites édictées par la Convention de Varsovie (art. 22)* [2] l'article 22 de la Convention de Varsovie édictait le principe d'une limite de responsabilité d'ordre public en ce sens qu'elle pouvait être conventionnellement augmentée mais non diminuée par un accord entre les parties. Pour les transports internationaux le plafond initial de responsabilité était de 125 000 F-or Poincaré par passager en 1929 ; il a été porté à 250 000 F-or Poincaré soit 8 300 DTS.

1. **Convention de Varsovie du 12 octobre 1929,** « pour l'unification de certaines règles relatives au transport aérien international » ; cf. le texte de la Convention de Varsovie dans le Code de l'aviation civile. **Obligation de sécurité du transporteur aérien :** N. Loukakos, « Les accidents de sûreté et le rôle de la prévention dans le transport aérien de passagers », *RFD aérien* 1996, p. 315 ; E. Braure, « Le cadre juridique international de la sûreté du transport », *RFD aérien* 1998, p. 273 ; B. Pestel, « Le commandant de bord et la sûreté », *RFD aérien* 1997, p. 5 ; G. de Cugnac, « Responsabilité civile du transport aérien vis-à-vis des passagers transportés », *RFD aérien* 1997, p. 117 ; J.-P. Tosi, « Sources et conditions de la responsabilité du transporteur », *J-Cl. Resp. civ. et assur.* fasc. 460.1.

2. **Principe de la responsabilité limitée du transporteur aérien par la Convention de Varsovie :** J.-P. Tosi, J.-Cl. resp. civ. et assur. fasc. 460-2, « Transport aérien ; montant de la responsabilité du transporteur » ; E. Georgiades, « Comment peut se justifier, à l'heure actuelle la limitation de la responsabilité du transporteur aérien ? », *Gaz. Pal.* 1971, doc. 273 ; M. Lemoine, « Réflexion sur les régimes de responsabilité limitée en droit aérien », *RFD aérien*, 1952, p. 3 ; C. Scapel, « Vers la fin de la limitation de responsabilité du transporteur aérien de passagers », *RFD aérien*, 1996, p. 15 ; L. Baby, « Le projet de modernisation de la Convention de Varsovie... », *RFD aérien*, 1999, p. 5. J.-P. Tosi, « Responsabilité du transporteur aérien : dépoussiérons le code de l'aviation civile », *D.* 2005, chron. 719. A. Vignon-Barreau, « Promenades aériennes et vol d'agrément : attention danger ! », *RCA* 2007, chron. n° 16. – **Jurisprudence :** Civ. 1re, 13 oct. 1992, *RCA* 1992 chron. 40 (Souscription d'une assurance supérieure au plafond légal vaut stipulation implicite d'un droit à réparation supérieur à ce plafond) ; Civ. 1re, 16 juin 1998, *RCA* 1998, n° 277 (idem). Civ. 1re, 27 juin 2006, *RCA* 2006, comm. n° 266. 3 avr. 2007, *RCA* 2007, comm. n° 221 (absence d'opposabilité des plafonds de responsabilité de la Convention de Varsovie au passager sans billet).

Les limites fixées par la Convention de Varsovie étant jugées dérisoires diverses tentatives ont été faites pour les élever ; mais, de manière paradoxale, le succès même de la Convention rendait très difficile de réunir l'unanimité des signataires pour ratifier et mettre en vigueur les protocoles de révision. Les États et les Compagnies aériennes ont d'abord pris l'initiative de déterminer en ordre dispersé leur propre plafond d'indemnisation, mais alors les montants d'indemnisation constituaient un patchwork : selon la nationalité de la Compagnie aérienne et le lieu de l'accident, les indemnisations des victimes pouvaient être fort différentes.

1006 *2°) Les accords dérogatoires à la Convention de Varsovie* ◊

1) Les accords IATA (International Air Transport Association) [1] : les compagnies membres de l'IATA ont signé en 1995 et 1996 deux accords par lesquels elles s'engagent à ne pas opposer les limitations de responsabilité en cas de décès ou de blessures du passager, ou bien à indemniser le préjudice subi selon la loi nationale du passager.

De plus les compagnies signataires s'engagent à n'opposer jusqu'à concurrence de 100 000 DTS par passager aucun des moyens d'exonération de l'art. 20 de la Convention de Varsovie.

2) Les Règlements européens du 9 octobre 1997 et du 13 mai 2002 [2] : depuis le 17 octobre 1998, le droit interne français est régi par le Règlement Européen du 9 octobre 1997, modifié le 13 mai 2002, qui s'applique à tout transporteur aérien dont la licence d'exploitation a été délivrée par un État de l'Union européenne : ce texte régit donc la responsabilité du transporteur aérien communautaire en trafic intérieur, intra-européen, ou international extra-communautaire.

– La responsabilité du transporteur aérien communautaire ne peut plus faire l'objet d'une limitation pécuniaire de responsabilité, même si celle-ci est fixée par voie législative, conventionnelle ou contractuelle (art. 3, § 1 du Règlement 2027/97).

– En outre le transporteur aérien communautaire est soumis à une responsabilité stricte jusqu'à hauteur de 100 000 DTS : ainsi, jusqu'à concurrence de cette somme, le transporteur ne peut pas exclure ou limiter sa responsabilité en prouvant que lui ou ses agents ont pris toutes les mesures nécessaires pour éviter le dommage ou qu'il leur était impossible de les prendre (art. 3, § 2 du Règlement 2027/97).

– Enfin le transporteur doit, dans un délai raisonnable et au plus tard quinze jours après l'identification de la victime ou de ses ayants droit, verser une avance de 15 000 DTS permettant de faire face aux besoins immédiats, selon le préjudice subi (art. 5 du Règlement).

---

1. **Accords IATA** : Interactive Agreement on passenger liability (IIA) adopté à Kuala Lumpur le 31 octobre 1995 ; Agreement on Measures to Implement the IATA Interactive Agreement (MIA) signé à Miami en avril 1996. – **Valeur DTS** : au 2 déc. 2003, 1 DTS = 1,21 euro.

2. **Règlement CE n° 2027/97 du Conseil du 9 oct. 1997 relatif à la responsabilité des transporteurs aériens en cas d'accident**, *JOCE* L. 285/1 du 17.10.97, *RFD aérien* 1998, p. 71 ; M. Guinchard, « La réglementation européenne des transports aériens », *RFD aérien* 1998, p. 5 ; **Règlement CE n° 889/2002 du Conseil, du 13 mai 2002**, *JOCE* L. 140 du 30-05-2002.

1007 ***3°) La Convention de Montréal, signée le 28 mai 1999*** [1] ◊ Les solutions retenues par le Règlement européen du 9 octobre 1997 ont été généralisées sur le plan du droit international des transports aériens. En effet, une « Convention de Montréal pour l'unification de certaines règles relatives au transport aérien international » a été signée le 28 mai 1999 sous l'égide de l'OACI (Organisation de l'aviation civile internationale).

Les 30 signatures requises, dont celles des États-Unis et de la France, étant réunies, la Convention de Montréal, ratifiée par la France, est entrée en vigueur le 28 juin 2004. On peut en dégager les règles suivantes, concernant les dommages corporels :

1) *Régime de la responsabilité objective* [2] : « Le transporteur est responsable du préjudice survenu en cas de mort ou de lésion corporelle subie par un passager, par cela seul que l'accident qui a causé la mort ou la lésion s'est produit à bord de l'aéronef ou au cours de toutes opérations d'embarquement ou de débarquement » (art. 17).

2) Le *transporteur peut s'exonérer* en tout ou en partie de sa responsabilité s'il fait « la preuve que la négligence ou un autre acte ou mission préjudiciable de la victime ou de ses ayants droit a causé le dommage ou y a contribué » (faute de la victime, art. 20).

3) *Seuil de réparation : 113 100 DTS par passager* ; jusqu'à ce seuil, le transporteur ne peut exclure ou limiter sa responsabilité. Au-delà de ce seuil, la victime devra prouver la faute du transporteur qui peut se défendre en prouvant que le dommage n'est pas dû à une faute de lui-même, de ses préposés ou mandataires, et que les dommages résultent uniquement de la faute d'un tiers (art. 21) [3].

---

1. **Convention de Montréal de 1999 :** Texte de la « Convention pour l'unification de certaines règles relatives au transport aérien international » adoptée à Montréal le 28 mai 1999, *RFD aérien* 1999, p. 381, chroniques de A. Kotaite, S.J. Fearon, M.G. Folliot, S. Gates et autres in *RFD aérien*. **Ratification par la France :** Décret n° 2004-578 du 22 juin 2004, *JO* 22 juin 2004, p. 11205.

2. **Application de la convention aux seuls dommages causés à bord de l'aéronef :** Civ. 1re, 14 juin 2007, *RCA* 20007, comm. n° 282 (exclusion de la Convention dans le cas d'une embolie pulmonaire survenue plusieurs jours après le voyage).

3. **Comparer art. 22 Convention de Varsovie ; la faute inexcusable du transporteur aérien :** G. Briere de L'Isle, « La faute inexcusable, bilan et perspectives », *D.* 1970. Chron. 73 ; R. Rodière, « La faute inexcusable du transporteur aérien », *D.* 1978. Chron. 31 ; N. Goulet, « La responsabilité illimitée du transporteur aérien, faute lourde et faute inexcusable », *RGAT* 1960, p. 315 ; C. Bourayne, « Accidents aériens et maritime : vers une responsabilité désincarnée », *RFD aérien* 1996, p. 341. – Jurisprudence sur la faute inexcusable du transporteur aérien : Civ. 1re, 24 juin 1968, *D.* 1968. 569, *JCP* 1969.II.15704, note de Juglart et du Pontavice ; Civ. 2e, 5 mars 1964, *D.* 1964. 362, *JCP* 1964.II.13696, note de Juglart ; Civ. 1re, 5 mars 1967, *JCP* 1968. II.15350, concl. Lindon ; Civ. 1re, 18 févr. 1992, *RCA* 1992, n° 199 (pilote s'étant laissé distraire lors de l'atterrissage : faute retenue) ; Civ., 4 févr. 1986, *JCP* 1987.II.20818, note L. Boyer (faute inexcusable de ne pas avoir demandé les prévisions météorologiques) ; Civ. 1re, 25 oct. 1994, *RCA* 1995, n° 42 (faute inexcusable du pilote) ; Civ. 1re, 2 févr. 1999, *RCA* 1999, n° 109 *RFD aérien* 1999, p. 209 (vol en ULM ; deux fautes inexcusables relevées à l'encontre du pilote) ; Civ. 1re, 5 mars 2002, *RCA* 2002, n° 209 (clause du contrat d'assurance qui limite la garantie au plafond d'indemnisation prévu par la Convention ne couvre pas la faute inexcusable). Civ. 1re, 27 févr. 2007, *RCA* 2007, comm. n° 166 (faute caractérisée retenue à l'encontre du pilote).

4) Nullité de toute clause exonératoire de responsabilité (art. 26).

5) *Paiements anticipés* : En cas de dommage corporel, et s'il y est tenu par la législation de son pays, le transporteur « versera sans retard des avances aux personnes physiques » victimes, pour leurs besoins économiques immédiats : ces avances ne constituent pas une reconnaissance de responsabilité (art. 28).

6) Interdiction des dommages-intérêts punitifs (art. 29).

7) *Juridiction compétente*, au choix du demandeur : tribunal du domicile du transporteur (siège principal de son exploitation), tribunal de l'établissement ou le contrat a été conclu, tribunal du lieu de destination ou enfin tribunal du lieu du domicile de la victime (art. 33).

8) *Assurance* : « Les États-parties exigent que leurs transporteurs contractent une assurance suffisante pour couvrir la responsabilité qui leur incombe aux termes de la présente convention. Un transporteur peut être tenu, par l'État-partie à destination duquel il exploite ses services, de fournir la preuve qu'il maintient une assurance suffisante couvrant sa responsabilité... » (art. 50).

En France, les assureurs aviation sont regroupés au sein de la Commission des Assurances-Transports de la Fédération française des sociétés d'assurances. La Compagnie Air France est son propre assureur.

1008 ***Les enquêtes techniques et la responsabilité du constructeur*** [1] ◊ Tous les accidents d'avion, très médiatisés lorsqu'il y a de nombreuses victimes, font l'objet d'enquêtes techniques régies par les articles L. 1621-1 C. transp. Leur but est notamment de prévenir d'autres accidents ou incidents graves, mais elles peuvent aussi collecter des informations utiles sur l'enquête judiciaire en cours. Il se peut alors que d'autres responsabilités que celle du transporteur soient mises en cause : celle du constructeur, voire celle du propriétaire de l'aéronef, chargé de son entretien, si le transporteur n'en est pas propriétaire. Dans ces hypothèses, les responsables non transporteurs ne sont pas assujettis à la Convention de Varsovie/Montréal, et leur responsabilité est illimitée.

1009 ***Conclusion sur les accidents de transport de personnes*** ◊ Le régime juridique de l'indemnisation des victimes d'accidents de transports collectifs tend à s'unifier autour de quelques règles communes :

– l'obligation déterminée de sécurité du transporteur de personnes est partout admise.

– le principe de la réparation intégrale est souvent affecté par des clauses de limitation de responsabilité, insérées notamment dans les Conventions

1. **Responsabilité Constructeur** : Loi n° 99-243 du 29 mars 1999 relative aux enquêtes techniques sur les accidents et les incidents dans l'aviation civile, *JO* 30 mars 1999, p. 4688 ; C. Guibert et M. Venet, « Commentaires de la loi du 29 mars 1999... », *RFD aérien* 1999, p. 275 ; Civ. 1re, 25 nov. 1997, *RCA* 1998, n° 61 (la juridiction compétente pour statuer contre le constructeur d'un Airbus A 300 l'est aussi sur la demande connexe dirigée contre un transporteur aérien).

internationales. Cependant les victimes recouvrent leur droit à une réparation intégrale dès lors qu'une faute du transporteur, et particulièrement une faute inexcusable, est établie. La conséquence inévitable est alors la création d'un contentieux complexe, long, pénible et cher, par lequel les victimes tentent d'établir une telle faute pour être intégralement indemnisées. Ce régime est pervers. Les limitations légales de responsabilité devraient trouver leur correctif, non pas dans un vain contentieux, mais dans un Fonds d'indemnisation complémentaire pour les accidents collectifs de personnes.

1010 ***Conclusion sur l'indemnisation des victimes de risques technologiques : la prise en charge des victimes d'accidents collectifs*** [1] ◊ Dans le cadre du Conseil national d'aide aux victimes (CNAV) au ministère de la Justice, un groupe de travail avait reçu la mission d'élaborer un processus de prise en charge des victimes de catastrophes ou d'accidents collectifs. Le rapport du Professeur C. Lienhard présente les 15 positions du groupe de travail, assorties d'un guide méthodologique.

La notion de catastrophe ou d'accident collectif est ainsi définie :

« Il s'agit d'un événement soudain provoquant directement des atteintes graves à la personne ou aux biens de plusieurs victimes, dont l'origine, qui peut être un phénomène naturel, une intervention humaine ou la combinaison des deux, est susceptible de recevoir une qualification pénale, et nécessitant par son ampleur ou son impact la mise en œuvre de mesures spécifiques dans l'intérêt des victimes. »

Cette prise en charge doit être facilitée par la mise en place d'une cellule centrale de coordination, à l'intégration dans les « plans rouge » de la prise en charge des victimes par l'institution judiciaire et à l'organisation d'un suivi des victimes dans la durée.

1011 Les quinze propositions du groupe de travail sont les suivantes :

I – Coordonner dans l'urgence l'action des intervenants :

1. création d'une cellule de coordination au ministère de la Justice,
2. amélioration de la liaison entre le préfet et le procureur de la République,
3. renforcement du rôle des associations d'aide aux victimes,
4. affirmation du rôle de la FENVAC auprès des partenaires institutionnels,
5. élaboration de schémas-types d'intervention et d'un guide méthodologique à l'usage des acteurs de terrain.

II – Mieux informer les victimes et leur famille :

6. communication aux médias dans le respect de l'image et de la dignité des victimes,
7. mise en place d'une cellule d'accueil et d'information des familles,

1. **Accidents collectifs** : C. Lienhard, « La prise en charge des victimes d'accidents collectifs », rapport Conseil national d'aide aux victimes, ministère de la Justice, oct. 2003 ; M. F. Steinle-Feuerbach, « Victimes de violences et d'accidents collectifs », *Méd. et dr.* 2000-45, p. 1.

8. mobilisation du numéro national d'aide aux victimes en relais de la cellule de crise préfectorale,

9. organisation, à l'initiative du Parquet, d'une réunion d'information des victimes dans le mois suivant l'accident,

10. information régulière des parties civiles pendant l'instruction.

III – Améliorer la prise en charge des victimes dans la durée :

11. redéfinition des comités de suivi de victimes (composition, modalités d'organisation et de fonctionnement, mise en place au niveau local ou national, rôles et missions),

12. clarification du régime des aides d'urgence,

13. simplification des procédures d'indemnisation par les compagnies d'assurances,

14. amélioration de la prise en charge des frais de santé,

15. élaboration de règles particulières pour la préparation et l'organisation des procès.

ANNEXE 1

VICTIMES DE L'AMIANTE [1]

1 – Évaluation du nombre de dossiers nouveaux enregistrés depuis 2002

Années	Total annuel	Moyenne mensuelle	Évolution
2002	3 229	538	
2003	7 774	648	+ 20,4 %
2004	8 040	670	+ 3,4 %
2005	8 467	706	+ 5,3 %
2006	8 929	744	+ 5,5 %
2007	10 771	898	+ 20,6 %
2008	6 563	547	- 39,1 %
2009	6 645	554	+ 1,2 %
2010	6 010	501	- 9,6 %
2011	5 508	459	- 8,4 %
2012	4 414	368	- 19,9 %
2013	5 202	434	+ 17,9 %

2 – Répartition des victimes par pathologie

Pathologie	2011	2012	2013
Asbestose	168	172	166
Autres	29	4	8
Cancer broncho-pulmonaire	721	651	802
Mésothéliome	448	393	561
Plaques pleurales et épaississements pleuraux	2 459	1 975	2 253
En attente de qualification	1 683	1 219	1 412
Total	**5 508**	**4 414**	**5 202**

1. Source : rapport annuel Fiva 2013 (www.fiva.fr).

3 – Évolution du nombre d'offres aux victimes directes depuis 2003

Années	Total annuel	Moyenne mensuelle	Évolution
2003	4 687	469	-
2004	8 485	707	50,9 %
2005	8 329	694	- 1,8 %
2006	7 854	655	- 5,7 %
2007	8 898	742	13,3 %
2008	7 405	617	- 16,8 %
2009	6 180	515	- 16,5 %
2010	6 844	570	10,7 %
2011	7 125	594	4,1 %
2012	7 567	631	6,2 %
2013	7 944	662	5,0 %

4 – Délais moyens de décision depuis 2001

Délais moyens	**Catégorie**	**Constaté en 2011**	**Constaté en 2012**	**Constaté en 2013**
	Ensemble	**9 mois et 3 sem.**	**11 mois**	**10 mois et 2 sem.**
Délais de décision par type de demandeurs*	Répartition : Maladies bénignes	6 mois et 3 sem.	7 mois et 1 sem.	7 mois
	Maladies graves**	7 mois	8 mois et 1 sem.	7 mois et 2 sem.
	Ayants droit	13 mois	12 mois et 1 sem.	11 mois
Proportions délais de décisions	6 mois et moins	34 %	26 %	68 %
	Plus de 6 mois	66 %	74 %	62 %

* Décision de faire une offre ou de refuser l'indemnisation

** Dossiers de victimes vivantes seulement (hors actions successorales)

5 – Délais moyens de paiement depuis 2011

	Catégorie	Constaté en 2011	Constaté en 2012	Constaté en 2013
Délais moyens	Ensemble	**3 mois et 1 sem.**	**2 mois et 3 sem.**	**2 mois et 1 sem.**
Délais moyens de paiement de l'offre	Répartition : Maladies bénignes	2 mois	1 mois	1 mois et 2 sem.
	Maladies graves	2 mois et 1 sem.	1 mois et 3 sem.	1 mois et 2 sem.
	Ayants droit	4 mois et 1 sem.	3 mois et 1 sem.	2 mois et 2 sem.

6 – Répartition des montants versés par pathologie

Pathologie	Montant total en millions d'euros jusqu'en 2012	Dépenses 2013	Total
Maladies bénignes	941 791 657	55 140 784	996 932 441
Asbestose	134 429 516	17 831 487	152 261 004
Cancer broncho-pulmonaire	1 441 630 560	251 384 765	1 693 015 325
Mésothéliome	854 229 310	135 324 010	989 553 320
Autres pathologies	150 971 411	9 510 387	160 481 798
Total	3 523 052 455	469 191 433	3 992 243 888

7 – Estimation (en euros) des coûts moyens cumulés d'indemnisation par dossier, par pathologies depuis la création du Fiva

Pathologie prépondérante*	Statut de la victime		
	Non-décédée	**Décédée**	**Moyenne**
Asbestose	21 006	83 012	37 829
Cancer broncho-pulmonaire	96 048	168 624	147 939
Épaississements pleuraux	19 535	38 407	21 482
Mésothéliome	96 893	148 918	139 122
Plaques pleurales	18 948	30 659	19 406
Autres pathologies	23 600	95 216	41 885

* Pathologie prépondérante en cas de cumul de pathologies liées à l'amiante.

ANNEXE 2

STATISTIQUES ACCIDENTS DE TRANSPORTS DE PERSONNES

Accidents corporels des transports [1]

Nombre	1995	2000	2005	2008	2009	2013	Évolution annuelle 2000-2013
Route							
Accidents	132 949	121 223	84 525	74 487	72 315	56 812	- 6,1 %
Tués (1)	8 412	7 643	5 318	4 275	4 273	3 653	- 6,5 %
Blessés	181 403	162 117	108 076	93 798	90 934	75 851	- 6,1 %
Ferroviaire							
Accidents (y compris aux passages à niveau)	–	–	138	165	171	437	- 2,4 %
Tués (1)	–	–	79	93	76	85	- 2,7 %
Blessés	–	–	42	39	61	53	- 1,7 %
Aérien							
Accidents	117	94	68	82	69	73	- 1,9 %
Tués (à 30 jours)	98	209	60	62	74	73	- 7,8 %
Blessés	110	90	47	52	31	38	- 6,4 %
Maritime (y compris plaisance)							
Opérations de sauvetage	6 983	6 753	7 782	8 844	7 847	10 221	+ 3,2 %
Tués	164	176	141	187	219	370	+ 2,2 %
Blessés	609	624	720	687	619	822	+ 2,1 %

(1) À partir de 2005, tués dans les 30 jours qui suivent l'accident ; précédemment dans les 6 jours pour la route et lendemain pour le fer.

Sources : ONISR, FRR, BEA, DGITM/DAM.

1. Source : *Chiffres clé du transport*, mars 2015 ministre du Développement durable.

CHAPITRE 4
L'INDEMNISATION DES VICTIMES DE LA VIOLENCE

1012 ***L'État et la violence*** [1] ◊ Le dommage corporel, c'est-à-dire l'atteinte à l'intégrité physique et psychique de la personne, est toujours ressenti comme un violent traumatisme par la victime d'un accident soudain et imprévisible. Il est cependant des circonstances où ce traumatisme est aggravé par le sentiment d'avoir été victime, non de quelque fatalité, mais d'une intention particulièrement insupportable car *le dommage a été voulu.*

Pire encore, ces victimes de la violence perdent, du fait même de cette volonté du mal, toute chance d'indemnisation de leurs préjudices sur le terrain classique de la responsabilité civile : les auteurs responsables de ces dommages sont en effet souvent inconnus ou insolvables, et bien entendu aucune assurance de responsabilité ne saurait garantir leurs actes dommageables intentionnels.

Pour répondre aux préoccupations des États face à la montée de la criminalité urbaine et du terrorisme, le Conseil de l'Europe a adopté trois textes le 24 novembre 1983, une Convention relative au dédommagement des victimes d'infractions violentes, en 1985 une Recommandation n° R. (85) 11 sur la position de la victime dans le cadre du droit pénal et de la procédure pénale, et en 1987 une Recommandation n° R. (87) 21 sur l'assistance aux victimes et la prévention de la victimisation ; de son côté, l'Assemblée générale des Nations Unies adoptait à l'unanimité le 11 décembre 1985 une « déclaration des principes fondamentaux de justice relatifs aux victimes de la criminalité et d'abus de pouvoir ». Le 6 août 2004 a été publiée une Directive du 29 avril 2004 relative à l'indemnisation des victimes de la criminalité ; elle a pour objet de faciliter l'exercice des recours des victimes d'actes de violences volontaires subis à l'étranger.

Par la suite, le Conseil de l'Union européenne a adopté, le 8 juin 2011, une feuille de route « visant à renforcer les droits et la protection des victimes »,

1. **État et violence,** « Recherches sur la victimisation », Strasbourg, Conseil de l'Europe, 1985, Coll. « Études relatives à la recherche criminologique », vol. XXIII ; Déclaration des Nations Unies du 11 décembre 1985, « Principes fondamentaux de justice relatifs aux victimes de la criminalité et d'abus de pouvoir » ; ministère de la Justice, « L'indemnisation des victimes » ; J.-C. Chesnais, « Histoire de la violence », éd. Laffont, 1981 ; UNICRI « Étude internationale sur les victimes d'infractions », Lettre INAVEM, n° 44, juin 1999, p. 3 ; M.N. Lienemann : Rapport « Pour une nouvelle politique publique d'aide aux victimes », Doc. fr. 1999 ; S. Roché, « Insécurité et Libertés », éd. Le Seuil, 1994. – Directive 2004/80/CE du 29 avril 2004 relative à l'indemnisation des victimes de la criminalité, *JOCE* L 261/15 du 6 août 2004.

devant conduire à l'adoption d'une série de mesures, dont la première étape a été l'adoption de la directive 2012/29/UE du 25 octobre 2012 « établissant des normes minimales concernant les droits, le soutien et la protection des victimes de la criminalité »[1], qui « dessine un véritable statut juridique de la victime »[2] dans le procès pénal en imposant la reconnaissance d'un certain nombre de droits au profit de cette dernière dont le droit à l'information, celui d'accéder aux services d'aide aux victimes, les droits de protection et de participation au procès pénal, etc.

Le droit français sur l'indemnisation des victimes de la violence comprend deux volets : d'une part, l'indemnisation des victimes d'infractions pénales (Section 1), d'autre part, celle des victimes du terrorisme (Section 2) ; cependant les deux régimes convergent dans un unique « Fonds de garantie des victimes des actes de terrorisme et d'autres infractions » (Section 3).

SECTION 1. L'INDEMNISATION DES VICTIMES D'INFRACTIONS PÉNALES

1013 *La criminalité contre les personnes* ◊

• *Les statistiques mondiales* de morts violentes présentent la France dans un excellent rang pour les homicides, avec l'un des plus faibles taux mondiaux ; en revanche la performance est médiocre pour les suicides et les accidents de transports. Si les suicides sont hors de notre sujet, depuis 2000, notre taux d'accidents de transports, notamment d'accidents de la circulation, a notablement diminué, mais celui de la criminalité volontaire augmente d'année en année depuis plus de dix ans.

• *Les statistiques françaises*[3]. En 2013, au sein de la catégorie *« crimes et délits contre les personnes »*, on dénombrait 420 jugements concernant des homicides volontaires, 65 633 des coups et blessures volontaires, et 1 188 des viols.

• À côté de la grande criminalité volontaire, il ne faut pas oublier tous les *homicides, blessures et coups involontaires* (atteintes involontaires à la vie ; atteintes involontaires à l'intégrité physique de la personne ; délits de mise en danger...) dont les accidents de la circulation sont de grands pourvoyeurs (8 846 atteintes involontaires en 2013 dont 7 765 liées à un accident de la circulation).

---

1. **Directive 2012/29/UE du 25 octobre 2012 établissant des normes minimales concernant les droits, le soutien et la protection des victimes de la criminalité** : E. Vergès, « Un *corpus juris* des droits des victimes : le droit européen entre synthèse et innovations », *RSC* 2013. 121 s.
2. E. Vergès, « Un *corpus juris* des droits des victimes : le droit européen entre synthèse et innovations », préc.
3. **Criminalité contre les personnes** ; source : ministère de la Justice « Chiffres clés de la justice 2014 », p. 17.

1014 ***Infraction pénale et droits des victimes*** ◊ Il y a « *infraction* » dès lors qu'une action ou un comportement défini par le Code pénal est passible de sanctions pénales : or l'atteinte même involontaire à l'intégrité physique de la personne constitue souvent un délit pénal. Cependant la plupart de ces délits d'imprudence, dont les accidents de la circulation ou de la chasse offrent tant d'exemples, ne posent guère de problèmes d'indemnisation : en effet, les responsables sont le plus souvent, voire obligatoirement, assurés, et on sait qu'en règle générale seule la « *faute intentionnelle* » de l'assuré, c'est-à-dire la volonté de provoquer le dommage entraîne une exclusion légale de la garantie de l'assureur de responsabilité envers la victime.

C'est donc précisément lorsque l'infraction a été volontaire que le problème de l'indemnisation des victimes se pose avec acuité et il apparaît immédiatement que parmi toutes les victimes d'infractions pénales, il y a d'une part, celles dont l'indemnisation suit la voie normale de la responsabilité civile et de l'assurance de responsabilité, et d'autre part, celles qui ne peuvent utiliser efficacement cette voie, même si l'auteur du dommage demeure en tout état de cause « responsable » pénalement et civilement. Ce clivage et cette dualité de situation concrète entre les victimes d'infractions effectivement indemnisables selon les règles du droit de la responsabilité civile et de l'assurance, et celles démunies en pratique de tout recours, expliquent sans doute la lente élaboration d'un droit spécifique protecteur des victimes d'infractions.

• *Le droit pénal et les droits des victimes* [1] : si le droit pénal classique était uniquement orienté vers la sanction du coupable, le droit pénal moderne et le ministère de la Justice sont désormais très attentifs au second volet du diptyque pénal : les droits des victimes. Toutes les grandes lois récentes en apportent le témoignage, dont, en dernier lieu, la loi n° 2014-896 du 15 août 2014 relative à l'individualisation des peines et renforçant l'efficacité des sanctions pénales, qui a par exemple introduit dans le Code de procédure pénale un sous-titre consacré à la justice restaurative qui place la victime au cœur du procès pénal [2]...

1015 ***La victimologie*** [3] ◊ Il est étonnant qu'il ait fallu attendre une loi de 1977 pour organiser, par une procédure alors subsidiaire et insuffisante,

---

1. **Droit pénal et droit des victimes** dossier spécial de *l'AJ pénal* 2008, 349 s. « Procès, exécution : la nouvelle place de la victime » : MJ Boulay, « La victime dans le procès pénal », p. 352, S. Bouzigues, « Le juge délégué aux victimes : outil de communication ou amélioration du soutien des victimes », p. 361. M. Herzog-Evans « Les victimes et l'exécution des peines : en finir avec le déni et l'idéologie », p. 356. D. Lemarchal, « La victime et son autre », p. 349. Dossier spécial de *l'AJ pénal* 2015, n° 1 « Les droits des victimes » (plusieurs articles). « 20 ans d'indemnisation des victimes d'infractions » acte du colloque « Fonds de garantie des victimes d'actes de terrorisme et autres infractions », L'harmattan, 2013. S. Moracchini-Zeidenberg, « Le sort de la victime d'infraction en demi-teinte », *RCA* 2014, alerte n° 29. V. également, Ch. Béchu et P. Kaltenbach, « Pour une meilleure indemnisation des victimes d'infractions pénales », Rapport Sénat n° 107, 30 octobre 2013.

2. B. Sayou et R. Cariou « La justice restaurative dans la réforme pénale : de nouveaux droits pour les victimes et les auteurs d'infractions pénales », *AJ pénal* 2014, 461.

3. **Victimologie** : G. Lopez, *Victimologie*, Connaissance du droit, Dalloz, 2e éd. 2014 ; M.-P. de Liège, « Victimes, victimologie, la situation française », *RSC* 1987, p. 757 ; A. D'Hauteville,

une indemnisation des victimes les plus démunies. Celle-ci marquait cependant la prise de conscience d'un véritable problème de société : alors que le droit pénal classique et la *« criminologie »* elle-même ne s'intéressaient guère qu'au *délinquant* ; une nouvelle « science », la *« victimologie »* porte désormais son regard sur la *victime*. La voix et les droits des victimes sont désormais affirmés et intégralement reconnus. En effet les hold-up, les viols, les meurtres, les tortures, les violences, et toutes les agressions perpétrées laissent les victimes particulièrement meurtries, dans leur corps et dans leur psychisme.

1016 ***L'INAVEM et les services d'aide aux victimes*** [1] ◊ L'INAVEM (Institut National d'Aide aux Victimes et de Médiation), créé en 1986 est un organisme de liaison entre les structures ayant pour mission de venir en aide aux victimes ; il mène une action de réflexion et de recherche, diffuse l'information, organise la formation des accueillants et des médiateurs, développe l'action de médiation et suggère aux pouvoirs publics les réformes souhaitables. Les centaines de permanence des associations d'aide aux victimes, réparties sur tout le territoire, sont largement animées par des bénévoles, juristes, médecins, psychologues, étudiants, enseignants, travailleurs sociaux, retraités, mères de famille : bref, toutes les bonnes volontés qui ont acquis des compétences pour offrir l'accueil et l'écoute des victimes traumatisées, l'information et l'orientation juridique, le soutien et le suivi psychologique qui leur sont nécessaires. L'INAVEM remplit sa mission en liaison avec les services de la chancellerie et les autorités locales. La Société française de victimologie constitue son Collège scientifique. Cet institut a publié en 2014 un rapport intitulé « 40 propositions pour un droit des victimes en mouvement » où il prône notamment le recours systématique à une association de victimes pour accompagner la victime dans les différentes phases du procès pénal, le

---

« Le nouveau droit des victimes », *Rev. intern. de criminologie et de police technique*, 1984, p. 437 ; M. Delmas-Marty, « Des victimes : repères pour une approche comparative », *RSC* 1984, p. 209 ; A. d'Hauteville, « Victimes mieux aidées, victimes mieux indemnisées : des perspectives nouvelles », *RSC*1989.172 ; M. Ancel, « La défense sociale devant le problème de la victime », *RSC*1976.179 ; « Victimes et société », Travaux Ass. fr. criminologie, Grenoble, 1989 ; C. Jonas, « La victimologie : une science d'avenir ? », *Méd. et dr.* n° 9, nov.-déc. 1994, p. 152 ; M.-P. de Liège, « Actions et stratégies en faveur des victimes ; un historique de 15 ans », Victimologie, déc. 1995, p. 7 ; F. Alt-Maes, « Le concept de victime en droit civil et en droit pénal », *RSC* janv.-mars 1994, p. 35 ; R. Cario, « De l'effraction du lien intersubjectif à la restauration sociale », L'Harmattan éd. 2001 ; « Victimologie » Traité de sciences criminelles, L'Harmattan, 4e éd. 2012 ; F. Casorla, « Les victimes, de la réparation à la vengeance ? », *RPDP* 2002, p. 161 ; N° spécial de l'AJ pénal 2015, n° 1 « Les droits des victimes », not. C. Lienhard, « Droits des victimes et victimologie : une nécessaire nouvelle donne », p. 10.

1. INAVEM : Institut national d'aide aux victimes et de médiation, www.inavem.org. ; « Lettre d'information » de l'INAVEM, publication trimestrielle ; *ibidem*. M. De Kerckhov et H. Bonin, « Les associations : l'Institut nationale d'Aide aux Victimes et de Médiation », *in* « 20 ans d'indemnisation des victimes d'infractions », préc. p. 71. I. Sadowski, « La mission d'intérêt général et les mandats judiciaires confiés aux associations d'aide aux victimes », *AJ pénal* 2015, n° 1, p. 22.

renforcement de l'information et des possibilités d'expression de cette dernière, le développement des mesures de médiation, l'élargissement des compétences de la CIVI et du SARVI [1].

Le système français d'indemnisation des victimes d'infractions a aujourd'hui un double aspect : au droit commun de la responsabilité civile et pénale (§ 1) s'ajoute à titre subsidiaire une indemnisation légale qui est l'expression de la solidarité nationale (§ 2).

§ 1. L'indemnisation des victimes par le responsable de l'infraction pénale

1017 ***Plainte et constitution de partie civile*** [2] ◊ Les victimes ont le droit de déclencher les poursuites, ou de s'y associer.

– *La plainte simple :* les victimes peuvent déposer plainte auprès de toute brigade de gendarmerie ou de tout commissariat, quel que soit le lieu où l'infraction a été commise. La plainte est transmise au parquet compétent ; le procureur de la République peut la classer ou engager des poursuites.

– *La plainte avec constitution de partie civile* peut, en cas d'inaction du procureur, déclencher les poursuites pénales en saisissant le tribunal par voie de citation directe, et se constituer partie civile par lettre recommandée avec avis de réception au doyen des juges d'instruction du TGI du lieu de l'infraction ou du domicile de son auteur.

– *La constitution de partie civile* : la victime peut enfin s'associer aux poursuites déclenchées par le procureur de la République, jusqu'au jour de l'audience, en se constituant partie civile soit devant le juge d'instruction soit devant le tribunal.

En vertu de l'art. 2 du Code de procédure pénale, « l'action civile en réparation du dommage causé par un crime, un délit ou une contravention appartient à tous ceux qui ont personnellement souffert du dommage directement causé par l'infraction ».

Par ailleurs, les articles 2-2 s. C. pr. pén. reconnaissent à toute une série d'associations, selon des conditions variables, la possibilité d'exercer les droits reconnus à la partie civile. Tel est par exemple le cas des associations de lutte contre les violences sexuelles (art. 2-2 C. pr. pén.), des victimes de maltraitance et de l'enfant en danger (art. 2-3 C. pr. pén.), des victimes d'infraction (art. 2-9 C. pr. pén.), de la délinquance routière (art. 2-12 C. pr. pén.).

---

1. INAVEM « 40 propositions pour droit des victimes en mouvement », 2014.

2. **Victime partie civile au pénal :** P. Hennion-Jacquet, « L'indemnisation du dommage causé par l'infraction : une forme atypique de réparation », *RSC* 2013, 517. C. Lienhard, « Le droit pour les associations de défense des victimes d'accidents collectifs de se porter partie civile », *D.* 1996, chron., p. 314. Plus largement, *RCA* 2013, dossier n° 22 s. « Responsabilité civile, responsabilité pénale : regards croisés », not. Ch. Saint Pau « La responsabilité pénale réparatrice et la responsabilité civile punitive ? », n° 23 ; L. Raschel « L'option de la victime entre la voie civile et la voie pénale », n° 24.

En effet, dans les hypothèses où l'agresseur est connu et déféré à la juridiction pénale, le procès pénal, plus économique et plus rapide pour la victime, peut permettre son indemnisation. Lorsque l'auteur d'une infraction non intentionnelle est assuré, l'indemnisation de la victime par l'assureur de responsabilité offre le maximum de chances d'une réparation intégrale. Nous nous limiterons donc ici à la situation spécifique et plus défavorable de l'acte volontaire d'un délinquant, laissant la victime sans aucune garantie d'un assureur de responsabilité.

C'est à chaque étape de la procédure que la vigilance s'impose à la victime pour tenter de préserver ses droits.

1018 ***a) La demande immédiate de provisions*** ◊ Certaines mesures sont à prendre *d'urgence* pour assister les victimes et leurs familles. [1]

– Le *référé* peut permettre à la victime d'obtenir une *provision* à valoir sur le montant de l'indemnisation déterminé après la consolidation, à condition cependant qu'il n'y ait aucun doute sur la responsabilité, même partielle, de l'auteur du dommage. L'article 5-1 du Code de procédure pénale précise que « même si le demandeur s'est constitué partie civile devant la juridiction répressive, la juridiction civile, saisie en référé, demeure compétente pour ordonner toutes mesures provisoires relatives aux faits qui sont l'objet des poursuites, lorsque l'existence de l'obligation n'est pas sérieusement contestable ».

– Le *référé-provision* peut permettre une indemnisation totale et rapide ; il est de la compétence du Tribunal d'instance (art. 849, C. pr. civ.) ou du Tribunal de grande instance (art. 809, C. pr. civ.) selon leurs règles de compétence d'attribution respectives.

1019 ***b) Le droit de victimes d'être informées pendant la procédure pénale*** ◊ Les lois pénales successives ont, depuis 2000, tenté de favoriser l'information des victimes aux différents stades de la procédure, afin d'optimiser leur chance d'indemnisation. L'article préliminaire du Code de procédure pénale dispose d'ailleurs que « L'autorité judiciaire veille à *l'information* et à la garantie des droits des victimes au cours de toute procédure pénale » et la directive 2012/29/UE prévoit le renforcement de ces droits à tous les niveaux de la procédure pénale.

Plus spécifiquement, un décret n° 2012-681 du 7 mai 2012 a prévu la création possible, au sein de chaque tribunal de grande instance, d'un bureau d'aide aux victimes dont la mission est, d'après l'article D. 47-6-15 C. pr. pén. « d'informer les victimes et de répondre aux difficultés qu'elles sont susceptibles de rencontrer tout au long de la procédure pénale », de renseigner « les victimes sur le déroulement de la procédure pénale et les aide[r] dans leurs démarches », de les « informer… de l'état d'avancement de la procédure l[es] concernant », de leur « délivrer… toutes les informations dont celle[s]-ci

1. **Urgence** : Anne d'Hauteville, « La prise en charge des victimes en urgence », rapport CNAV 2003.

doi[vent]t être destinataire[s] en application des dispositions législatives du présent code ». En 2014, 164 bureaux étaient ouverts au sein des TGI et la loi n° 2014-696 du 15 août 2014 en impose désormais l'existence au sein de chaque TGI (art. 706-15-4 C. pr. pén.).

Les droits de la victime au stade de l'enquête. Conformément aux articles 53-1 et 75 C. pr. pén. la victime doit être informée, *dès le stade de l'enquête*, du droit d'obtenir réparation de son préjudice et de la possibilité d'obtenir l'assistance d'une association d'aide aux victimes.

Les droits des victimes pendant l'instruction : la victime d'un dommage corporel doit également être informée dès le début de l'instruction de son droit de se constituer partie civile, et être tenue au courant de l'avancement de l'enquête tous les six mois par le juge d'instruction. Elle peut demander des actes, des confrontations, des expertises, des perquisitions ou des transports sur les lieux, en faisant valoir ses arguments face à la défense ou au juge d'Instruction. La loi n° 2004-204 du 9 mars 2004 (Perben II) précise les droits des victimes ; en matière criminelle et d'atteinte à la personne, le juge d'instruction peut décider que la partie civile est assimilée au témoin en ce qui concerne le paiement des indemnités (art. 91-1 C. pr. pén.). Afin de protéger la victime, la personne mise en examen peut être soumise à l'interdiction de la rencontrer, ou de rentrer en relation avec elle de quelque manière que ce soit ; il en est de même en cas de mise en liberté.

Les droits des victimes lors du jugement : L'article 706-15 C. pr. pén. fait obligation aux juridictions d'informer la victime de la possibilité de saisir la CIVI, et le juge délégué aux victimes doit vérifier si cette information a bien été délivrée. L'article D. 48-3 C. pr. pén, issu du décret du 13 novembre 2007, prévoit par ailleurs que « Lorsqu'il n'existe pas de bureau d'aide aux victimes au sein de la juridiction et que la condamnation est rendue en présence de la partie civile, un greffier peut être chargé de recevoir cette dernière à l'issue de l'audience, assistée le cas échéant par son avocat, pour l'informer notamment des modalités pratiques lui permettant d'obtenir le paiement des dommages et intérêts qui lui ont été alloués et, s'il y a lieu, des démarches devant être effectuées pour saisir le service d'aide au recouvrement des victimes d'infractions ou la commission d'indemnisation des victimes d'infractions ainsi que du délai dans lequel elles doivent intervenir. Le greffier informe également la partie civile de sa possibilité de saisir le juge délégué aux victimes. ».

1020 *c) Les droits des victimes et l'application des peines* [1]

1) Les peines de prison et l'insatisfaction des victimes : lorsque le responsable est condamné à une peine d'emprisonnement ou à la réclusion criminelle, tous ses fonds sont versés à un « *compte nominatif* » qui comprend une « *part disponible* », et une « *masse de réserve* » affectée aux retenues de

1. M. Gicopelli, « Victimes et application des peines », *RPDP* 2007, 789. G. Royer, « La victime et la peine », *D.* 2007, doct. 1748.

l'administration pour l'entretien du prisonnier, à une *provision réservée à l'indemnisation des parties civiles* et enfin à son pécule de libération.

Les victimes peuvent soit demander le *prélèvement direct* (ou prélèvement d'office) sur la *« provision pour partie civile »* (alimentée par 10 % du salaire), soit procéder à une *saisie* sur la *« part disponible »* du prisonnier ; celle-ci est soit limitée aux seuls salaires du détenu (50 % sont saisissables), soit, par une procédure plus longue et plus coûteuse, diligentée par huissier, étendue à tout le compte du détenu, y compris les sommes dont il disposait au jour de son incarcération ou qui lui ont été versées de l'extérieur depuis.

Ces dispositions théoriques sont cependant insuffisantes. D'une part elles ne sont pas toujours exécutées, encore que l'informatisation de la gestion des services pénitentiaires facilite la mise en œuvre des mesures légales. Mais surtout elles ne peuvent être efficaces que pour les petits dommages corporels, le salaire disponible du détenu étant dérisoire ; en revanche dès que le dommage corporel est de quelque importance, toutes les mesures tendant à faire payer l'indemnisation par l'auteur de l'infraction se révèlent illusoires.

Ainsi l'expérience démontre que la prison et l'amende ne doivent pas demeurer les seules voies de la répression pénale. Le juge dispose d'une panoplie de mesures qui peuvent favoriser l'indemnisation des victimes : contrôle judiciaire, ajournement de la peine avec mise à l'épreuve, travail d'intérêt général, emprisonnement avec sursis et mise à l'épreuve, semi-liberté, placement de détenus à l'extérieur des établissements pénitentiaires...

Toutes ces mesures supposent évidemment un encadrement spécifique, mais la prise en charge des personnels judiciaires et sociaux nécessaires pour assurer le suivi correct des peines de réparation coûtent moins cher que l'emprisonnement en institution carcérale.

1021 **2) La médiation pénale** [1], recherchée par l'INAVEM, constitue une modalité d'aide aux victimes en favorisant, grâce à l'intervention d'un tiers médiateur, une solution librement négociée entre les parties à un conflit né d'une infraction. Elle tente de concilier la réparation des préjudices et la responsabilisation et, si possible, la réinsertion de l'auteur du délit. La médiation implique la gratuité pour les parties, la stricte neutralité d'un

1. **Médiation pénale** : G. Blanc, « La médiation pénale ; commentaire de la loi du 4 janv. 1993 portant réforme du C. pr. pén. », *JCP* 1994.I.3760 ; J. Faget, « Les accommodements raisonnables de la médiation pénale », *RSC* 2009, 981. C. Lazerges, « Typologie des procédures de médiation pénale », in *Mélanges Colomer*, Litec, 1993 ; D. Jullion, « La médiation judiciaire pénale ». C. Cohen, « À propos de la conciliation et de la médiation », *Gaz. Pal.*, 25-26 sept. 1998, p. 2 ; Y. Cumunel et P. Toussaint, « Le juge, l'avocat et le médiateur... en médiation judiciaire », *Gaz. Pal.*, 7-8 juill. 1999, p. 13 ; E. Dreyer, « La médiation pénale, objet juridique mal identifié », *JCP* 2008, I, 131. M. Giacopelli, « La médiation en matière pénale en France : l'exemple de la médiation réparation », *Rev. penit.* 2006, 37. n° spécial de l'AJ pénal 2011/5 sur la médiation pénale, V. not. Th. Lebéhot, « Le cadre juridique de la médiation pénale », p. 216. E. Maurel, « Le recours à la médiation pénale par le Procureur de la république », p. 219. CJUE, 21 oct. 2010, Europe 2010, comm. n° 408 (latitude du législateur dans la détermination du champ de la médiation pénale).

médiateur formé à cette tâche, l'adhésion volontaire des parties, délinquant et victime, sans laquelle rien n'est possible, la confidentialité et le respect des droits de chacun, avec notamment le libre choix d'un conseil. La loi du 18 décembre 1998 réformant la loi du 10 juillet 1991 relative à l'aide juridique, élargit le dispositif de l'aide juridictionnelle aux transactions civiles avant procès, et favorise le développement de la médiation pénale par la reconnaissance d'un droit à rétribution de l'avocat.

La médiation pénale doit évidemment s'exercer non pas en marge, mais en concertation avec l'institution judiciaire. Le Ministère public joue d'ailleurs, dans ce domaine, un rôle fondamental, puisque, conformément à l'article 41-1 C. pr. pén. celui-ci peut, avec l'accord des parties, faire procéder à une mesure de médiation, s'il lui apparaît notamment qu'une telle mesure est susceptible d'assurer la réparation du dommage causé à la victime.

L'INAVEM a proposé en 2014 un élargissement de ces mesures de médiation, en suggérant qu'elles puissent être prononcées également dans le cadre du contrôle judiciaire ou d'une mesure d'ajournement [1].

1022 **3) Le développement des « peines de réparation »** [2] : Il apparaît de plus en plus que la prison, si elle est indispensable pour protéger la société des délinquants dangereux, se révèle en revanche criminogène pour tous les délinquants occasionnels ainsi mis en contact avec les délinquants expérimentés.

Dès lors s'impose la nécessité de rechercher d'autres voies, plus constructives, qui concilient mieux la nécessaire répression des délits, et la non moins nécessaire indemnisation des victimes. Ainsi, la loi du 5 mars 2007 a mis à l'honneur la peine de sanction réparation, définie par l'article 131-8-1 C. pén. comme « l'obligation pour le condamné de procéder, dans le délai et selon les modalités fixés par la juridiction, à l'indemnisation du préjudice de la victime ». Le champ d'application de cette nouvelle forme de sanction est très large, puisqu'elle concerne tous les délits et contraventions de cinquième classe, et peut constituer une peine principale ou complémentaire. Sa mise en exergue démontre à quel point la recherche de l'indemnisation des victimes est un élément clé des politiques pénales contemporaines.

– Il reste toutefois à intégrer *ces peines de réparation* dans la mentalité collective française qui demeure très conservatrice dans ses schémas de « répression » ; il faut en particulier admettre que le concept de la « peine » qui relève du droit pénal, et celui de l'« indemnisation » qui relève du droit civil puissent être fusionnés dans le concept nouveau de « peine de réparation », qui est à

---

1. Inavem, « 40 propositions pour un droit des victimes en mouvement », préc. proposition n° 4.

2. **Développement des peines de réparation** : E. Fortis, « Janus et la responsabilité : variation sur la sanction-réparation créée par la loi n° 2007-297 du 5 mars 2007 relative à la prévention de la délinquance », *Études offertes à G. Viney*, LGDJ, 2008, 449. M. Giacopelli « Libres propos sur la sanction réparation » *D.* 2007, doct. 1551. C. Ribeyre, « La sanction réparation », *RSC* 2007, 870.

la fois rédempteur pour le délinquant s'il l'acquitte par son travail et son effort personnel, et satisfactoire pour la victime qui reçoit la réparation au moins partielle de son préjudice.

1023 **4) La modulation de la sanction pénale en fonction de l'indemnisation de la victime.** Au-delà, le droit pénal contemporain prend en compte de façon de plus en plus large l'existence effective d'une indemnisation de la victime pour moduler ou adapter la peine prononcée à l'encontre du délinquant. Ainsi, le paiement des dommages et intérêts est-il, par exemple, un des éléments permettant de bénéficier d'un sursis avec mise à l'épreuve (art. 132-45-5° C. pén.), d'une dispense de peine ou de son ajournement (art. 132-58 et 59 C. pén.). De même, les réductions de peines peuvent être modulées en fonction de l'indemnisation effective des victimes par le condamné (art. 721-1 C. pr. pén.).

Cependant les limites de ces modalités apparaissent à l'évidence lorsque les dommages corporels subis du fait de l'infraction sont importants : leur indemnisation intégrale ne peut alors relever que de la solidarité nationale.

§ 2. L'indemnisation des victimes d'infractions pénales par la solidarité nationale

1024 ***Les textes sur l'indemnisation des victimes d'infractions*** ◊ Le régime spécifique d'indemnisation des victimes d'infractions a été mis en place par plusieurs lois successives, dont principalement :

1) La loi du 6 juillet 1990 [1] : l'indemnisation des victimes d'infractions demeurait encore très limitée, tandis que les victimes d'attentats recevaient en 1986 un statut plus convenable. Cette discrimination était unanimement critiquée, et *la loi n° 90-589 du 6 juillet 1990* complétée par un décret du 21 décembre 1990, a enfin opéré un rapprochement des deux statuts avec une commune indemnisation par un « Fonds de garantie des victimes des actes de terrorismes et d'autres infractions » unique (FGTI).

1. **Loi n° 90-589 du 6 juillet 1990 :** A. d'Hauteville, « L'indemnisation des victimes d'infractions pénales », *RGAT* 1991.291 ; A. d'Hauteville, « L'esprit de la loi du 6 juillet 1990 relative aux victimes d'infractions », *RSC* 1991.149 ; P. Couvrat, « La loi du 6 juillet 1990 relative aux victimes d'infractions », *ALD* 1990.143 ; J. Favard et J.-M. Guth, « La marche vers l'uniformisation ? La quatrième réforme du droit à indemnisation des victimes d'infractions », *JCP* 1990.II.3466 ; D. Garreau et D. Laurier, « L'indemnisation des victimes d'infractions selon la loi du 6 juillet 1990 : les premières décisions de la Cour de cassation », *Gaz. Pal.*, 13 nov. 1992, p. 3 ; J.-M. Guth et A. Marou, « La loi du 6 juillet 1990 relative aux victimes d'infractions violentes », *Dr. pén.*, mai 1991, p. 1 ; J. Martin-Lassez, J.-M. Guth, « L'indemnisation des victimes de la violence », *Gaz. Pal.*, 14-15 déc. 1990, p. 16 ; P. Bonnet, « L'indemnisation des victimes de dommages résultant d'une infraction ; jurisprudence de la Cour de cassation », *Rapport C. cass.*, 1993, p. 145 ; « L'indemnisation des victimes d'infractions après la loi du 16 juill. 1990 », Ass. fr., n° 703, nov. 1994, cahiers de J[ce], n° 39 ; A. d'Hauteville, « Le droit à obtenir réparation des dommages causés par un acte de délinquance », in « Droits et libertés fondamentaux », éd. Dalloz, 1994 ; M.H. Renaut, « L'indemnisation des victimes d'infractions... », *Gaz. Pal.*, 2-4 août 1998, p. 2 ; H. Groutel, « Victimes d'infraction : panorama de jurisprudence », *RCA* mars 2000, Repères.

2) *La loi « Perben II » du 9 mars 2004*, complétée par un décret du 27 mai 2005, contient des dispositions relatives aux droits des victimes tant au cours de l'instruction que de l'application des peines. Elle modifie surtout la procédure d'indemnisation devant les CIVI, en limitant le rôle de celles-ci, notamment quant à l'évaluation des préjudices réparables [1].

3) La création du Juge délégué aux victimes (Judevi) et la loi du 1er juillet 2008 « créant de nouveaux droits pour les victimes et améliorant l'exécution des peines ». Dans la continuité des lois précédentes, différentes mesures ont été adoptées au cours des années 2007 et 2008 pour permettre une meilleure prise en charge des victimes dans le cadre du procès pénal.

Ainsi, le décret n° 2007-1605 du 13 novembre 2007 a institué un juge délégué aux victimes [2]. Outre son rôle de présidence des CIVI, celui-ci joue un rôle pivot pour assurer le respect effectif des droits de victimes d'infraction, notamment afin d'alerter les autres magistrats (juge d'application des peines par exemple) du non-respect des mesures prononcées au profit de la victime, dont, par exemple, l'absence de paiement de dommages et intérêts lorsque le prévenu a été condamné à une peine de sanction réparation.

4) Cette mesure a été complétée par *la loi n° 2008-644 du 1er juillet 2008 créant de nouveaux droits pour les victimes et améliorant l'exécution des peines* [3] qui contient notamment des dispositions visant à permettre une aide au recouvrement des dommages et intérêts pour les victimes ne relevant pas des CIVI, et une possibilité d'avance sur les sommes que la partie civile doit recevoir au titre de dommages et intérêts [4]

5) La dernière modification importante du dispositif résulte de *la loi n° 2013-711 du 5 août 2013* qui a élargi les compétences de la CIVI à de nouvelles catégories d'infractions ainsi que le champ d'application territoriale du dispositif [5].

Ce kaléidoscope de textes manque certes de cohérence, mais traduit cependant un souci continu et crescendo du sort des victimes, dont le droit pénal se préoccupait fort peu il y a quelques décennies.

Les textes relatifs à l'indemnisation des victimes d'infraction font l'objet des articles 706-3 et suivants du Code de procédure pénale ; ceux relatifs au Fonds de garantie sont codifiés aux articles L. 422-1 à L. 422-5 du Code des assurances.

---

1. V. ss 1037 s.
2. **Création du JUDEVI :** S. Bouzigue, « Le juge délégué aux victimes : outil de communication ou amélioration du soutien aux victimes ? » AJ pénal 2008/9 p. 361. J. Junillon, « Le juge délégué aux victimes », Procédures, 2007, comm. n° 27. C. Lienhart, « Le juge délégué aux victimes », *D.* 2007, chron. 3120.
3. **Loi n° 2008-644 du 1er juillet 2008 créant de nouveaux droits pour les victimes et améliorant l'exécution des peines :** *JO* 2 juill. 2008, p. 10610.
4. Sur cette réforme, v. ss 1056.
5. Sur ces questions, v. ss 1026, 1032. Application de la loi dans le temps : Civ. 2e, 26 mars 2015, n° 13-25046, *RCA* 2015, comm. n° 180.

Nous étudierons ici le champ d'application de l'indemnisation légale, les conditions et limites de l'indemnisation et la procédure d'indemnisation.

A. Le champ d'application de l'indemnisation

Le champ d'application de l'indemnisation légale est précisé par l'art. 706-3 du Code de procédure pénale quant aux accidents, quant aux dommages et quant aux victimes.

1. Le champ d'application quant aux accidents

1025 ***Application dans le temps*** [1] ◊ Les dispositions de la loi du 6 juillet 1990 s'appliquent aux faits commis antérieurement au 1er janvier 1991, à la condition qu'ils n'aient pas donné lieu à une décision d'indemnisation irrévocablement passée en force de chose jugée. L'élargissement du champ de compétence de la CIVI opéré par la loi du 5 août 2013 s'applique quant à elle pour les seules demandes postérieures à son entrée en vigueur

1026 ***a) Les accidents présentant le caractère matériel d'une infraction*** [2] ◊ Le fait générateur du dommage doit présenter le *caractère matériel*

1. **Application dans le temps de la loi du 6 juillet 1990 :** Civ. 2e, 28 avr. 1993, *RCA* 1993, n° 263 ; Civ. 2e, 7 juill. 1993, *RCA* 1993, n° 296 ; Civ. 2e, 24 nov. 1993, *RCA* 1994, n° 45 ; Civ. 2e, 8 déc. 1993, *RCA* 1994, n° 42 ; Civ. 2e, 2 mars 1994, *RCA* 1994, n° 208 ; Civ. 2e, 16 mai 1994, *Gaz. Pal.*, 23-24 déc. 1994, p. 10 ; Civ. 2e, 15 janv. 1997, *RCA* 1997, n° 127 ; TGI Bordeaux, CIVI 21 mars 2000, *RCA* 2000, n° 188 (parties civiles du procès Papon : loi 6-7-1990 non applicable à des faits antérieurs au 1-1-1976) ; Civ. 2e, 27 sept. 2001, *RCA* 2001, n° 365, *D.* 2002. 1173, note V. Mikalef-Toudic (loi applicable aux faits indemnisés antérieurement sur fondement art. 706.31 C. pr. pén. ; elle ne s'applique pas à des faits survenus en 1975) ; Civ. 2e, 13 mars 2003, *Gaz. Pal.* 7-9 sept. 2003, p. 13 (loi non applicable aux faits commis avant le 1er janv. 1976, pas d'exception pour les crimes contre l'humanité).

2. **Faits présentant le caractère matériel d'une infraction :** H. Groutel, « Faute intentionnelle, assurance de responsabilité et réglementation sur les victimes d'infraction », *RCA* 1995, chron. n° 15 ; Civ. 2e, 1er juill. 1992, *RCA* 1992, n° 402 (nécessité de rechercher si les faits présentent le caractère matériel d'une infraction pénale) ; Civ. 2e, 7 oct. 1992, *RCA* 1992, n° 444 (faits devant présenter le caractère matériel d'une infraction) ; Civ. 2e, 8 déc. 1993, *RCA* 1994, n° 43 (nature de l'infraction non précisée) ; Civ. 2e, 5 janv. 1994, *RCA* 1994, n° 130 (victime trouvée inanimée ; appréciation souveraine du président CIVI ; preuve non rapportée que les blessures résultaient d'une infraction) ; Civ. 2e, 15 févr. 1995, *RCA* 1995, n° 206 (décision CIVI doit préciser les faits constitutifs d'une infraction) ; TGI Colmar, 2 juill. 1992, *D.* 1993. 208, note Lienhard (accident d'avion du Mont-Saint-Odile ; compétence CIVI) ; Civ. 2e, 11 févr. 1998, *RCA* 1998, n° 159 (cassation d'une décision qui n'a pas mis en évidence l'intervention d'un tiers et l'élément matériel de l'infraction) Civ. 2e, 12 sept. 2002, *RCA* 2002, n° 358 (brûlures lors d'un incendie ; caractère matériel de l'infraction non établi). Civ. 2e, 4 nov. 2004, *RCA* 2005, comm. n° 20 (nécessité de prouver, dans le cadre d'une compétition sportive, la faute pénale du défendeur). Civ. 2e, 29 mars 2006, *RCA* 2006, comm. n ° 190 (assimilation de la tentative d'agression sexuelle à l'acte lui-même). Civ. 2e, 15 mars 2007, *Bull. civ.* n° 70. 25 janv. 2007, *RCA* 2007, comm. n° 118 (l'élément matériel de l'infraction commise à l'étranger doit être apprécié au regard du seul droit français). 5 avril 2007, *RCA* 2007, comm. n° 215 (obligation de préciser la nature et l'élément matériel de l'infraction). Civ. 2e, 26 mars 2015, n° 13-17257, *RCA* 2015, comm. n° 181 (exclusion quand l'infraction est justifiée par l'autorisation de la loi).

d'une infraction, appréciée dans ses éléments objectifs en dehors de toute imputabilité. La victime peut saisir la Commission compétente notamment lorsque l'auteur est demeuré inconnu, est dément, ou décédé, ou s'il y a eu prescription de l'action publique. Elle peut la saisir pendant le cours du procès pénal, car il s'agit d'un mode de réparation autonome : la victime n'a pas à attendre les délais parfois très longs d'une procédure pénale pour l'attribution d'une indemnité. Elle peut enfin la saisir alors que la procédure pénale est terminée et a fixé la dette de responsabilité du délinquant qui se révèle le plus souvent insolvable. Il convient de souligner le champ d'application immense du régime spécifique d'indemnisation des victimes d'infractions, puisque celui-ci concerne, entre autres, toutes les atteintes volontaires ou non à la personne, et les agressions sexuelles ainsi que leur tentative. Or, tous les dommages corporels volontaires ou involontaires sont susceptibles d'une qualification pénale dès lors qu'il y a eu la moindre faute ou imprudence. Il est ainsi symptomatique de constater que dans toutes les grandes catastrophes, accident de train, d'avion, lié à une manifestation sportive, une enquête pénale est ouverte et le régime d'indemnisation spécifique des victimes d'infraction est susceptible de s'appliquer.

1027 ***b) Les exclusions du champ d'application de la loi*** ◊ Le régime des lois de 1977 et 1983 instituait une subsidiarité de l'indemnisation des victimes d'infractions qui était justifiée dans la mesure où la majorité des victimes de dommages corporels sont des victimes d'accidents de la route indemnisées par l'assurance automobile obligatoire ou le FGAO, alors même que l'accident a été causé par des infractions au Code de la route. L'article 706-3 C. pr. pén. ne pose plus un principe général de subsidiarité, mais édicte trois exclusions explicites qui renvoient à des régimes spécifiques d'indemnisation, auxquels la Cour de cassation a ajouté, de façon extrêmement controversée le cas des accidents du travail.

1028 ***Le cas des accidents du travail[1] : la « valse hésitation de la Cour de cassation »*** ◊ L'article 706-3 C. pr. pén n'exclut pas les accidents du travail, dont le régime restrictif d'indemnisation est particulièrement injuste pour les victimes dans le contexte juridique général de

1. **Accidents du travail et indemnisation par les CIVI** : sur l'indemnisation des accidents du travail, v. ss 445 s., 475 ; Jurisprudence antérieure aux revirements de 2009 : Civ. 2e, 18 juin 1997, *RCA* 1997, chron. Groutel n° 21, G. Viney, obs. *JCP* 1997.I.4070, n° 37 (indemnisation par CIVI) ; Civ. 2e, 24 juin 1999, *RCA* 1999, n° 293 ; *RCA* 2000, chron. n° 15 ; Civ. 2e, 7 mai 2003 *RCA* 2003, chron. n° 23, H. Groutel ; R. F. Rastoul « L'indemnisation des accidents du travail », *Gaz. Pal.* 8 janv. 2004, p. 3 ; F. Bibal, « Accidents du travail exclus de la CIVI... », *Gaz. Pal.*, 7-9 mars 2004, p. 2. 23 oct. 2003, *D.* 2004. 834, note Y. Saint-Jours. 16 déc. 2004, *RSC* 2005, 318. 30 juin 2005, *RCA* 2005, chron. H. Groutel, n° 12 (application de la solution à un agent du service public). 21 déc. 2006, *RCA* 2007, chron. H. Groutel, n° 3 (exclusion visant également les ayants-droit de la victime). 7 févr. 2008, *JCP* 2008, II, 10056, note Ch. Radé (exclusion applicable même en cas de faute intentionnelle de l'employeur). Civ. 2e, 4 juill. 2013, n° 12-18867, *RCA* 2013, comm. n° 341 (confirmation de l'application exclusive du régime des AT). À *rapprocher* : Civ. 2e, 30 juin 2005, n° 03-19207, *RCA* 2005, ét. n° 12 (exclusion des victimes d'accident de service). Civ. 2e, 28 mars 2013, n° 11-18025 (exclusion des militaires en service).

réparation intégrale des préjudices. En revanche, l'article L. 451-1 CSS prévoit expressément qu'« aucune action en réparation des accidents et maladies mentionnés par le présent livre ne peut être exercée conformément *au droit commun*, par la victime ou ses ayants droit ». La question s'est donc posée de savoir si l'action devant les CIVI peut être considérée comme relevant du « droit commun », auquel l'article L. 451-1 CSS interdit le recours. La position de la Cour de cassation a été sur ce point très hésitante. Par un arrêt du 18 juin 1997, la deuxième chambre civile de la Cour de cassation avait en effet tout d'abord accepté d'appliquer aux accidents du travail la législation sur l'indemnisation des victimes d'infraction : les conséquences pratiques pouvaient en être considérables pour ces victimes défavorisées par le droit spécifique qui leur est applicable. Cependant, un autre arrêt du 7 mai 2003, confirmé à plusieurs reprises, avait coupé court à cette voie d'espérance, en affirmant que « les dispositions légales d'ordre public sur la réparation des accidents du travail excluent les dispositions propres à l'indemnisation des victimes d'infraction ». Si la référence au caractère d'ordre public des dispositions relatives aux accidents du travail avait ensuite disparu, la solution avait néanmoins été fermement maintenue par la Cour de cassation, suscitant les vives critiques de la doctrine. L'article 706-3 C. pr. pén. n'exclut en effet nullement les victimes d'accidents du travail du régime d'indemnisation des victimes d'infraction, posant donc la question du fondement de cette exclusion. La procédure spécifique d'indemnisation devant les CIVI peut par ailleurs difficilement être assimilée au « droit commun », dont le recours est exclu par l'article L. 451-1 CSS. La Cour de cassation a toutefois aujourd'hui infléchi sa position *dans deux hypothèses* [1] : la première concerne le cas où l'employeur ou son préposé commet *une faute intentionnelle* [2] ; la seconde est celle ou l'indemnisation est demandée par des personnes qui n'ont pas la qualité d'ayants droit *au sens de cette législation*, et qui ne peuvent donc voir leurs préjudices réparés par le biais du régime spécifique des accidents du travail [3]. Ces deux hypothèses ne sont toutefois *que des exceptions à la règle*, qui reste pour l'heure l'impossibilité du recours aux CIVI. Cette solution doit être déplorée car elle prive sans raison valable les victimes d'une voie facilitant leur indemnisation.

---

1. **Pour une étude détaillée de cette question** : v. ss 495.

2. **Possibilité d'invoquer le régime spécifique de victimes d'infraction en cas de faute intentionnelle** : Civ. 2e, 7 mai 2009, n° 08-15.738, *JCP* 2009, 1276, note Ch. Radé ; H. Groutel, « Victimes d'infractions et accidents du travail : un revirement inespéré », *RCA* 2009, ét. n° 8. Civ. 2e, 4 févr. 2010, *D.* 2010. 507. Civ. 2e, 17 févr. 2011, *RCA* 2011, 182 (extension de la solution à la faute intentionnelle du tiers). H. Groutel, « Quand la deuxième chambre civile bat sa coulpe à l'égard des victimes d'infraction », *RCA* 2009, repère 6.

3. **Possibilité d'invoquer le régime spécifiques de victimes d'infraction par les tiers** : Civ. 2e, 7 mai 2009, n° 07-19365, *JCP* (S) 2009, 1410, note G. Vachet ; H. Groutel « Victimes d'infractions et accidents du travail : un revirement inespéré », *RCA* 2009, ét. n° 8. Civ. 2e, 28 avr. 2011, n° 10-17717.

1029 ***L'exclusion des accidents régis par la loi du 5 juillet 1985*** [1] ◊ Les victimes d'accidents de la circulation, de chasse ou d'accidents causés par des animaux circulant sur la voie publique et appartenant à un tiers non assuré sont indemnisées dans le cadre de la loi du 5 juillet 1985 ou garanties par le FGAO. Cependant la jurisprudence applique le régime d'indemnisation des victimes d'infractions dès lors que l'accident de la circulation n'est plus régi par la loi du 5 juillet 1985, notamment s'il est survenu à l'étranger par la faute d'un tiers et que la loi du 5 juillet 1985 n'est pas applicable, ou encore si l'accident était antérieur à la loi de 1985, ou s'il résulte d'un acte volontaire.

1030 ***Autres exclusions*** ◊

• **L'exclusion des faits de terrorisme (art. L. 126-1 C. assur.) :** malgré l'unicité du Fonds d'indemnisation, le régime juridique de réparation des victimes du terrorisme et des victimes d'infractions demeure légalement distinct. On peut le regretter.

• **L'exclusion des victimes de l'amiante.** L'article 53 de la loi n° 2000-1257 du 23 décembre 2000 a créé un régime spécifique des victimes de l'amiante, indemnisées par un fonds spécifique, le FIVA [2]. Ainsi qu'en dispose donc l'article 706-3 1er C. pr. pén., celles-ci ne relèvent donc plus du régime spécifique des victimes d'infraction.

• **L'exclusion des victimes d'accidents de chasse** ou assimilés est par ailleurs précisée à l'article L. 706-3 C. pr. pén.

2. Le champ d'application quant aux dommages corporels

1031 Le régime légal a essentiellement été institué en faveur des victimes de dommages corporels. *Les atteintes aux biens*, limitées dans la loi de 1990 aux « vols, escroquerie et abus de confiance », ont été élargies par la loi du 15 juin 2000 à « l'extorsion de fonds » et aux « destruction, dégradation ou détérioration d'un bien » (art. 706, 14 C. pr. pén). La loi du 1er juillet 2008 « créant de nouveaux droits pour les victimes et améliorant l'exécution des peines » a en outre étendu le champ d'application de ce texte, en accordant

---

1. **Exclusion des accidents régis par la loi du 5 juillet 1985 :** Jurisprudence constante. v. à titre d'exemple : Civ. 2e, 23 juin 1993, *RCA* 1993, n° 297 (exclusion des accidents de la circulation) ; Civ. 2e, 11 juin 1998, *RCA* 1998, n° 345 (accident de la circulation antérieur à la loi de 1985) ; Civ. 2e, 11 févr. 1999, *RCA* 1999, n° 139 (victime française d'un accident de la circulation survenu en Russie) ; Civ. 2e, 8 déc. 1999, *RCA* 2000, n° 82, *D.* 2000. Somm. 472, obs. Delebecque (application de l'art. 706.3 C. pr. pén. sur l'indemnisation victimes d'infractions dès lors que la loi du 5 juillet 1985 n'est pas applicable en vertu de la Convention de La Haye du 4 mai 1971) ; Civ. 2e, 24 oct. 2002, *RCA* 2003, n° 6, Civ. 2e, 22 janv. 2004, *RCA* 2004, n° 134 et 138 (le dommage résultant d'une action volontaire du conducteur ne constitue pas un « accident de la circulation » ; sa réparation relève de la législation sur les victimes d'infractions). Civ. 2e, 17 mars 2005, *Bull. civ.* n° 71. Civ. 2e, 8 janv. 2009, *RCA* 2009, comm. n° 88. 3 mars 2011, *RCA* 2011, comm. n° 220.

2. Sur ce point, v. ss 936.

le bénéfice du régime d'indemnisation aux victimes de la destruction par incendie d'un véhicule terrestre à moteur. Dans le cas de survenance d'un dommage corporel, trois hypothèses doivent être distinguées :

• *Dommages corporels graves* [1] *:* les personnes ayant subi un préjudice résultant de faits, volontaires ou non, qui présentent le caractère matériel d'une infraction peuvent obtenir une *indemnisation intégrale* lorsque ces faits ont causé un *dommage corporel* entraînant soit la mort, soit une incapacité permanente, soit une incapacité totale de travail personnel (incapacité fonctionnelle) pendant *plus* d'*un mois*. Il est à noter que le Code de procédure pénale continue ici à utiliser les concepts d'ITT ou d'incapacité permanente totalement abandonnés en droit commun. Une réécriture du texte pourrait donc sembler souhaitable pour le mettre en conformité avec les notions actuelles du droit du dommage corporel (déficit fonctionnel temporaire ou permanent) [2].

• *Dommages corporels résultant d'agression sexuelle, de traite des êtres humains, ou d'atteinte sexuelle sur mineur de quinze ans* : l'accès à la CIVI leur est alors ouvert indépendamment de la gravité du dommage corporel subi.

• *Petits dommages corporels :* les dommages corporels n'entraînant qu'une incapacité inférieure à un mois sont soumis aux conditions et limites applicables aux victimes d'atteintes aux biens.

3. Le champ d'application quant aux victimes [3]

1032 Les lois de 1977 et 1983 réservaient l'indemnisation étatique aux victimes de nationalité française, ou de nationalité étrangère si elles justifiaient d'une carte de résident ou si elles appartenaient à un pays ayant conclu un accord de réciprocité avec la France. Cependant l'arrêt *Cowan*, rendu par la Cour de justice des Communautés européennes le 2 février 1989 a précisé qu'en vertu du principe de non-discrimination énoncé

---

1. **Exigence d'un dommage corporel grave** : Civ. 2e, 9 déc. 2010, *RCA* 2011, comm. n° 103 (exclusion du recours à la CIVI pour une personne victime de violences n'ayant pas causé une incapacité de travail). Civ. 2e, 14 mars 2014, n° 13-14162, *RCA* 2014, n° 195 (absence d'application du dispositif CIVI pour des victimes de contamination au plomb du fait de l'absence de preuve de dommages corporels graves). *Add* : Civ. 2e, 16 mai 2013, n° 12-16320, *RCA* 2013, 259 (nécessité d'un lien de causalité entre le dommage et l'infraction).

2. En ce sens : S. Bisseuil « La compétence de la commission d'indemnisation des victimes », *Dr. pén.* 2015, ét. n° 2. C. Béchu et P. Kaltenbad, rapport préc.

3. **Champ d'application quant aux victimes** : CJCE, 2 février 1989, arrêt Cowan, *JCP* 1989. II.21304, note H. Calvet et J.-G. Huglo ; H. Groutel, « L'application aux touristes de la CEE de la législation française sur l'indemnisation des victimes d'infractions », *RCA* 1989, chron. n° 11. CJCE 5 juin 2008, aff. J. Woods, *D.* 2008, act. 1767, *RCA* 2008, alerte 28. Civ. 2e, 12 févr. 2009, *RCA* 2009, 136 (incompétence des CIVI pour une victime étrangère si infraction commise à l'étranger). 16 déc. 2010, *RCA* 2011, comm. n° 105 (compétence de la CIVI pour une victime étrangère séjournant régulièrement sur le territoire français). Civ. 2e, 5 sept. 2013, n° 13-40038 (refus de transmission d'une QPC sur la différence de traitement existant entre français et étrangers). L. Bloch, « CIVI : les victimes étrangères discriminées ? », *RCA* 2013, alerte n° 29. Civ. 2e, 30 avr. 2014, n° 13-14943, *RCA* 2014, comm. n° 230 (pas de nécessité que la victime d'une infraction commise à l'étranger se soit heurtée à un refus d'indemnisation par l'assureur ou le responsable).

par l'article 7 du Traité de Rome, les ressortissants des pays de la Communauté européenne devaient bénéficier de la protection accordée par l'État français aux victimes d'infractions. Aussi l'article 706-3-3 C. pr. pén. avait-il été modifié une première fois afin que le système d'indemnisation permette d'indemniser les personnes de nationalité française, que l'infraction ait été commise en France ou à l'étranger, et les membres de la CEE ou les étrangers en séjour régulier, si l'infraction a été commise sur le territoire national Cette extension a toutefois encore été jugée insuffisante par la CJCE, sur la base du principe de non-discrimination. Dans une décision du 5 juin 2008, celle-ci a en effet estimé que le droit communautaire s'oppose à une législation, telle que la législation française, qui exclut du régime d'indemnisation des victimes d'infraction les personnes étrangères, victimes d'une infraction hors du territoire national, *du seul fait de leur nationalité*. Une nouvelle modification a donc été opérée par la loi du 5 août 2013, le dispositif étant désormais ouvert aux victimes de nationalité française, y compris si l'infraction est commise à l'étranger, et pour tous les faits commis sur le territoire national quelle que soit donc la nationalité des victimes.

• *Application aux victimes par ricochet et aux héritiers* [1] : les proches de la victime directe de l'infraction qui souffrent d'un préjudice personnel peuvent obtenir la réparation intégrale de leur propre préjudice selon les règles du droit commun. De même un avis de la Cour de cassation du 29 septembre 1998 applique le droit commun successoral à l'indemnisation des victimes d'infraction : leurs héritiers recueillent leur droit à réparation si elles sont décédées.

B. Les conditions et les limites de l'indemnisation

1033 ***La distinction selon la gravité des dommages corporels*** [2] ◊ Les conditions et les limites d'indemnisation sont différenciées selon la nature et l'importance des dommages : à l'indemnisation intégrale de tous les chefs de préjudices applicables aux dommages corporels graves, s'oppose l'indemnisation conditionnelle et limitée des petits dommages corporels.

---

1. **Victimes par ricochet** : v. ss 232 s. ; H. Groutel, « L'indemnisation des proches d'une agression sexuelle », *RCA* 1998, chron. n° 3. – **Jurisprudence** : Civ. 2e, 2 mars 1994, *RCA* 1994, n° 210 et chron. Groutel, n° 15 (femme étrangère en séjour irrégulier violée et tuée ; demande d'indemnisation du mari en séjour régulier ; préjudice propre ; indemnisation) ; Civ. 2e, 5 nov. 1998, *RCA* 1998, n° 387 (indemnisation des préjudices par ricochet des proches) ; Civ. 2e, 2 déc. 1998, *RCA* 1999, n° 38 *(idem)* ; Civ. 2e, 14 janv. 1999, *RCA* 1999, n° 138 (droit à indemnisation du préjudice personnel des parents de la victime qui a survécu) ; Civ. 2e, 15 avr. 1999, *RCA* 1999, n° 219, 2e espèce (droit à réparation du préjudice économique de l'enfant dont la mère décédée assurait l'entretien ; pas de subsidiarité : constat préalable que le père ne s'acquitte pas de son obligation est inutile). – **Héritiers** : Avis de la Cour de cassation du 29 sept. 1998, *RCA* 1999, n° 39 ; Civ. 2e, 6 janv. 2000, *RCA* 2000, n° 83 (les ayants droit de la victime agissant en qualité d'héritiers peuvent demander réparation conformément au droit commun).

2. **Distinction des régimes** : B. Penaud, « L'inégalité des victimes devant la CIVI », *RCA* 1999, chron. n° 22.

1034 ***1°) L'indemnisation des dommages corporels graves*** [1] ◊ Les dommages corporels définis comme graves conformément à l'article 706-3, 2e du Code de procédure pénale, sont ceux qui ont entraîné la mort, une incapacité permanente ou une incapacité totale de travail personnel (incapacité fonctionnelle) égale ou supérieure à un mois, ou qui ont été causés par les infractions mentionnées à l'article 706-3 2e C. pr. pén. (agression sexuelle, traite des êtres humains, ou atteinte sexuelle sur mineur de quinze ans).

a) Le principe : l'indemnisation intégrale de tous les préjudices [2]

La loi de 1977 n'indemnisait que les seuls préjudices économiques. La loi de 1983 subordonnait l'indemnisation à « l'existence de troubles graves dans les

---

1. **Dommages corporels graves** : Civ. 2e, 6 janv. 1993, *RCA* 1993, n° 80 (incapacité permanente 4 %) ; Civ. 2e, 10 juin 1999, *RCA* 1999, n° 294 (le préjudice subi par des enfants abandonnés par leur mère pénalement condamnée n'est pas indemnisable, faute d'une incapacité totale de travail) ; Civ. 2e, 29 mars 2001, *RCA* 2001, n° 187 (l'incarcération de l'auteur de l'infraction n'est pas une conséquence dommageable ouvrant droit à réparation du préjudice économique qui en résulte pour ses enfants).

2. **Réparation intégrale de tous les chefs de préjudices** : J.-P. Marcus, « La détermination de chefs de préjudices réparables au sens de l'art. 706-3 C. pr. pén. », Victimologie, nov. 1994, p. 16, H. Groutel, « L'indemnisation des victimes d'infractions : quelques précisions », *RCA* 1997, chron. n° 7. – **Jurisprudence** : Civ. 2e, 14 déc. 1987, arrêt Chalumeau, *D.* 1989.II.256, note A. d'Hauteville (indemnisation préjudices moraux) ; Civ. 2e, 28 nov. 1985, arrêt *Nouveau*, *Bull. civ.*, n° 184 (le patrimoine de la victime est indifférent) ; Civ. 1re, 11 juill. 1990, *RCA* 1990, n° 371 (régime antérieur à la loi de 1990, pas d'indemnisation du préjudice moral d'affection qui ne diminue pas les conditions de vie) ; Civ. 2e, 9 oct. 1991, *RCA* 1992, n° 13 (preuve de la diminution des revenus ; obligation de produire déclaration fiscale) ; Civ. 2e, 22 avr. 1992, *RCA* 1992, n° 403 (pas d'indemnisation pour les frais irrépétibles engagés devant la juridiction pénale, ni pour le préjudice vestimentaire) ; Civ., 31 mars 1993, *RCA* 1993, n° 228 ; Civ. 2e, 23 juin 1993, *RCA* 1993, n° 311 (évaluation selon le droit commun de la responsabilité civile) ; Civ. 2e, 7 juill. 1993, *RCA* 1993, n° 309 (pouvoir souverain juges du fond) ; Civ. 2e, 20 juill. 1993, *RCA* 1993, n° 310 (interdiction d'une évaluation « toutes causes de préjudices confondues ») ; Civ. 2e, 8 déc. 1993, *RCA* 1994, n° 82 (préjudice concubine) ; Civ. 2e, 8 déc. 1993, *RCA* 1994, n° 48 (conjoint en instance de divorce) ; Civ. 2e, 5 janv. 1994, *RCA* 1994,n° 134 (préjudice économique non établi) ; Civ. 2e, 2 mars 1994, *RCA* 1994, n° 209 (diminution des revenus professionnels) ; Civ. 2e, 8 juin 1994, *RCA* 1994, n° 327 (préjudice vestimentaire, dommage matériel non réparable) ; Civ. 2e, 5 janv. 1994 (2 espèces), *RCA* 1994, n° 131 et chron. n° 10 (frais irrépétibles du procès pénal exclus, mais frais irrépétibles de l'instance devant la CIVI inclus dans l'indemnisation) ; Civ. 2e, 12 déc. 1994, *RCA* 1995, n° 53 (assistance d'une tierce personne ; pas de réduction en cas d'assistance familiale) ; Civ. 2e, 5 janv. 1994, *RCA* 1994, n° 134 (évaluation de l'indemnité selon le droit commun) ; Civ. 2e, 20 juill. 1993, *RCA* 1993, n° 298 (honoraires d'avocat et frais d'expertise exclus) ; Civ. 2e, 23 juin 1993, *RCA* 1993, n° 312 (pas de subsidiarité ; la victime n'a pas à rechercher une indemnisation auprès d'autres débiteurs) ; Civ. 2e, 8 oct. 1997, *RCA* 1997, n° 360 (évaluation des préjudices selon le droit commun) ; Civ. 2e, 1er avr. 1999, *RCA* 1999, n° 219 (évaluation ne doit pas tenir compte de circonstances étrangères au fait dommageable) ; Civ. 2e, 7 oct. 1999, *RCA* 1999, n° 360 (pas de subsidiarité) ; Civ. 2e, 18 mai 2000, *RCA* 2000, ch. Groutel, n° 19, 2e espèce (l'indemnité allouée aux victimes d'infraction a le caractère de dommages-intérêts soumis au principe de la réparation intégrale) ; Civ. 2e, 14 nov. 2002, *RCA* 2003, n° 39 (pension d'invalidité dissimulée ; remboursement au Fonds du capital représentatif de la pension et des arrérages perçus). Civ. 2e, 8 mars 2006, *RCA* 2006, comm. n° 162 (exclusion du préjudice moral né de l'exercice des voies de recours). 25 janv. 2007, *RCA* 2007, comm. n° 119 (même solution). Civ. 2e, 3 mars 2011, *RCA* 2011, comm. n° 222 (refus d'indemnisation du préjudice moral de la petite-fille de la victime, non encore née au moment des faits, du fait de l'absence de lien causal avec l'infraction). CEDH, 25 juin 2013, n° 30812/07, *Trévalec c/ Belgique*, *D.* 2013. 2139, note O. Sabard, et 2650, obs. M. Bacache (complément d'indemnisation accordé pour la réparation des préjudices moraux en plus des sommes déjà allouées par la CIVI).

conditions de vie causés par l'infraction », et l'indemnisation des préjudices moraux demeurait incertaine. En outre le montant de l'indemnisation étatique était plafonné. La loi du 6 juillet 1990 a supprimé ce plafond qui était très inférieur aux évaluations actuelles de dommages corporels graves : désormais *tous les chefs de préjudices*, économiques et non économiques, causés par l'infraction sont indemnisables *intégralement*. En outre l'état de fortune de la victime est indifférent, et *la condition de subsidiarité est abandonnée.*

Bien entendu, le montant des prestations sociales perçues par la victime doit être déduit de l'évaluation globale des préjudices (principe indemnitaire ; art. 706-9 et 706-10 C. pr. pén.).

• *L'importance des préjudices moraux des victimes d'infractions violentes* [1]

Tous les psychiatres soulignent la réalité et la gravité des troubles post-traumatiques des victimes de la violence confrontées à la peur, à la souffrance et même au voyeurisme de notre monde médiatique où le drame d'autrui devient spectacle sous couvert d'information. Le préjudice moral se trouve ainsi aggravé par l'horreur des circonstances du dommage corporel. La jurisprudence de la Cour de cassation n'accepte toutefois pas, en général, de reconnaître dans ces circonstances le préjudice permanent exceptionnel mentionné par la nomenclature Dintilhac, l'impact particulier des circonstances de l'infraction devant être, selon elle, indemnisé par la seule majoration du poste « souffrances endurées » [2].

b) L'exception : l'incidence du comportement de la victime [3]

L'*indemnisation peut être refusée ou réduite* en raison du comportement de la personne lésée lors de l'infraction ou de ses relations avec l'auteur des faits. Cette exception peut être opposée à la veuve ou aux enfants, victimes par ricochet.

c) La déduction des prestations indemnitaires des tiers payeurs [4]

Les prestations indemnitaires des tiers payeurs, perçues directement par la victime, doivent être déduites du montant de l'indemnité (art. 706-9 C. pr. pén.) ; ici encore le droit commun est applicable.

1035 ***2°) L'indemnisation des petits dommages corporels*** ◊ La loi a maintenu de strictes conditions limitatives pour l'indemnisation des petits dommages corporels, qui sont soumis au même régime que celui des dommages matériels (causés par les vols, escroqueries et abus de confiance, extorsion de fonds ou destruction, dégradation ou détérioration d'un bien).

---

1. **Préjudices moraux ; souffrances morales** : v. ss 201, 209.
2. Sur cette question, v. ss 203 et v. ss 220 s.
3. **Incidence du comportement de la victime sur son indemnisation** : A. Schneider, « La faute de la victime devant la CIVI », *D.* 2003. 1185. Civ. 2e, 4 déc. 2008, *RCA* 2009, comm. n° 248 (nécessité d'une faute ayant contribué au dommage mais qui ne doit pas nécessairement être concomitante à l'infraction). Civ. 2e, 11 juin 2009, *RCA* 2009, comm. n° 248 (idem). Civ. 2e, 16 janv. 2014, n° 13-11113, *RCA* 2014, comm. n° 151 (rappel de la solution à l'égard de la victime et des victimes par ricochet).
4. **Déduction des prestations indemnitaires des tiers payeurs** : v. ss 325 s. ; H. Groutel, « La prise en compte des prestations sociales en matière d'indemnisation des victimes d'infraction », *RCA* 1999, chron. n° 1.

Ces limites se justifient par le fondement de solidarité nationale qui sous-tend le régime légal : cette solidarité s'impose pour les vrais traumatismes, mais beaucoup moins pour des dommages très mineurs qui peuvent relever des heurs et malheurs de la vie quotidienne.

1) La condition de ressources alignée sur l'aide juridictionnelle [1] : la victime doit, du fait de l'infraction, se trouver « *dans une condition matérielle ou psychologique grave* », et doit établir que ses ressources sont inférieures au plafond prévu pour bénéficier de l'aide juridictionnelle partielle, compte tenu de ses charges de famille (art. 706-14 C. pr. pén.). Ces plafonds sont fixés chaque année et alignés sur le taux d'évolution de la tranche la plus basse d'impôt sur le revenu ; la revalorisation est donc automatique et indiquée par simple circulaire du garde des Sceaux. Pour l'année 2015, le plafond de ressources est fixé à 1 411 euros par mois pour l'aide juridictionnelle partielle pour une personne seule, plus 169 euros par mois pour chacune des deux premières personnes à charge et 107 euros pour chacune des personnes suivantes.

2) La condition de subsidiarité [2] : source de lenteurs de procédure, la condition de subsidiarité prévue par les lois de 1977 et 1985 était vivement critiquée. Elle n'est maintenue que pour les victimes de petits dommages corporels, ou de vols, escroqueries ou abus de confiance qui doivent établir qu'elles ne peuvent obtenir à un titre quelconque une réparation effective et suffisante de leur préjudice, et qu'elles se trouvent de ce fait dans une situation matérielle ou psychologique grave. Dans ce cas, l'indemnité est alors limitée, égale au maximum au triple du montant mensuel du plafond de ressources de base relatif à l'aide juridictionnelle [3].

C. La procédure d'indemnisation

1036 ***Les commissions d'indemnisation des victimes d'infractions*** [4] ◊ La loi de 1977 avait institué des Commissions d'indemnisation des victimes

1. **Condition de ressources ; situation matérielle grave :** Civ. 2e, 14 janv. 1999, *RCA* 199, n° 102 (la situation matérielle grave du fait de l'absence d'indemnisation s'apprécie en la personne de la victime) ; Civ. 2e, 9 déc. 1999, *RCA* 2000, n° 81 (les juges du fond doivent préciser en quoi l'infraction rend la situation matérielle grave) ; Civ. 2e, 15 mars 2001 et 29 mars 2001, *RCA* 2001, n° 188 (il faut prendre en considération non le revenu imposable mais les ressources propres de la victime). Civ. 2e, 10 oct. 2002, *Bull. civ.* n° 221 (prise en compte des charges de famille pour la seule détermination des ressources, et non pour la fixation du montant maximal de l'indemnité). Civ. 2e, 16 avr. 2015, n° 13-23436, *RCA* 2015, comm. n° 204 H. Groutel (nécessité pour la victime de dommage peu grave de réunir les deux conditions de l'article 706-14 C. pr. pén.).

2. **Condition de subsidiarité :** Civ. 2e, 8 sept. 2005, inédit (comptabilité du caractère subsidiaire de la procédure d'indemnisation avec l'article 14 de la CEDH).

3. **Plafond d'indemnisation :** CIVI, Rennes, 14 janv. 1983, *JCP* 1983.II.20079, note, P. Chambon (le plafond d'indemnisation s'entend par victime, et chaque victime par ricochet peut recevoir le plafond légal) ; Civ. 2e, 28 nov. 1984, *Bull. civ.*, n° 180 (*idem*), Civ. 2e, 9 déc. 1999, *RCA* 2000, n° 85 (cassation de la décision qui alloue une indemnisation supérieure au plafond légal).

4. **CIVI :** Y. Gnansia, « La commission d'indemnisation des victimes d'infractions », *Lettre INAVEM*, n° 27, mars 1995 ; M. Jacquet, « Ce que je crois savoir sur la CIVI », *Gaz. Pal.*, 15-16 janv. 1999, p. 2 ; Ph. Melin, « La CIVI et l'appel », *JCP* 1999.I.127 ; M. Jacquet, « Les CIVI sont la mise en place d'un principe constitutionnel », *Gaz. Pal.* 9-10 août 2000, p. 4.

d'infractions (CIVI) dans le ressort de chaque Cour d'appel. La loi de 1983 les a rapprochées géographiquement et humainement des victimes en les situant dans le ressort de chaque Tribunal de grande instance. Chaque commission comprend deux magistrats professionnels et une personne qui s'est signalée par l'intérêt qu'elle porte aux problèmes des victimes (souvent dans le cadre d'associations d'aide aux victimes d'infractions). Elle est, depuis l'entrée en vigueur du décret du 13 novembre 2007, obligatoirement présidée par le Juge délégué aux victimes. Les Commissions d'indemnisation sont des juridictions civiles (art. L. 313-1 COJ) et, en tant que telles, elles doivent respecter les règles et principes fondamentaux du Code de procédure civile, notamment l'exigence de motivation de leurs décisions, la détermination de l'objet du litige, l'application de la règle de droit, le principe du contradictoire.

La loi n° 2004-204 du 9 mars 2004, et son décret d'application du 27 mai 2005 ont toutefois réformé la procédure d'indemnisation des victimes d'infractions. La loi impose en effet désormais le recours à une procédure amiable, dans laquelle le rôle des CIVI est limité, ces dernières retrouvant leur pleine compétence seulement en cas d'échec de cette procédure.

1. La procédure amiable d'indemnisation

1037 ***a) Saisine de la Commission d'indemnisation des victimes d'infractions*** ◊ La victime d'une infraction, répondant aux conditions de fond du régime d'indemnisation instauré par l'article 706-3 C. pr. pén., peut saisir la CIVI, pour obtenir indemnisation de ses préjudices. Les conditions procédurales de son action sont précisées aux articles 706-5-1 et R. 50-1 s. C. pr. pén.

La CIVI compétente est en principe celle dans laquelle demeure le demandeur. La victime doit agir dans le délai de trois ans à dater de l'infraction, mais ce délai est prolongé d'un an après la décision de la juridiction répressive lorsque des poursuites pénales sont exercées (art. 706-5 C. pr. pén.) [1].

---

1. **Caractère juridictionnel de la procédure devant les CIVI et délai de forclusion** : Civ. 2e, 1er juill. 1992, *RCA* 1992, n° 447 (relevé de forclusion, motivation insuffisante) ; Civ. 2e, 9 juin 1993, *RCA* 1993, n° 536 (absence de convocation, partie ni présente, ni représentée) ; Civ. 2e, 9 juin 1993, *RCA* 1993, n° 306 (victime invoquant aggravation ; absence de réponse) ; Civ. 2e, 23 juin 1993, *RCA* 1993, n° 304 (mention de la composition de la CIVI requise dans la décision) ; Civ. 2e, 23 juin 1993, *RCA* 1993, n° 308 (audience, caractère public du rapport du magistrat instructeur) ; Civ. 2e, 20 juill. 1993, *RCA* 1993, n° 307 (provision ; droit à indemnisation non sérieusement contestable) ; Civ. 2e, 20 juill. 1993, *RCA* 1993, n° 305 (relevé de forclusion, motivation insuffisante) ; Civ. 2e, 22 juin 1994, *RCA* 1994, n° 329 (audience, caractère d'ordre public du rapport du magistrat instructeur) ; Civ. 2e, 22 juin 1994, *RCA* 1994, n° 330 (augmentation du montant de la demande ; obligation de transmettre la requête et les pièces au fond) ; Civ. 2e, 8 juin 1994, *RCA* 1994, n° 331 (prise en considération de la provision versée par l'inculpé, ultérieurement acquitté) ; Civ. 2e, 15 févr. 1995, *RCA* 1995, n° 161 (demande non atteinte par la forclusion ; irrecevabilité d'un pourvoi immédiat) ; Civ. 2e, 28 févr. 1996, *RCA* 1996, n° 128 (condamnation par contumace n'est pas décision définitive ; pas de forclusion) ; Civ. 2e, 20 mars 1996, *RCA* 1996, n° 213 (relevé de forclusion, circonstances) ; Civ. 2e, 27 mars 1996, *RCA* 1996, n° 214 (caractère contradictoire de la procédure) ; Civ. 2e, 9 juill. 1997, *RCA* 1997, n° 336 (pas de relevé de forclusion dès lors que la

Ce délai peut en outre être prorogé (relevé de forclusion) lorsque la victime n'a pas été en mesure de faire valoir ses droits dans les délais requis ou lorsqu'elle a subi une aggravation de son préjudice ou pour tout autre motif légitime.

Lorsqu'il est saisi, le président de la Commission peut accorder des *provisions* en tout état de la procédure (art. 706-6 al. 5 C. pr. pén), et doit statuer dans le délai d'*un mois* à compter de la demande. Cette faculté est maintenue par le Code de procédure pénal, même si la CIVI n'est en principe plus compétente pour fixer le montant des indemnités.

Une fois saisie de la demande de la victime, la CIVI doit, conformément à l'article 706-5-1 C. pr. pén., transmettre cette dernière sans délai au fonds de garantie des victimes des actes de terrorisme et autres infractions, qui doit alors instruire le dossier et faire une offre d'indemnisation à la victime.

1038 *b) L'offre d'indemnisation* ◊

1) Auteur de l'offre. La pratique de l'indemnisation est hétérogène dans notre droit. L'assureur de responsabilité, le FGAO ou l'ONIAM, ont par exemple un pouvoir déterminant dans l'évaluation de l'indemnité dont ils font l'offre et qu'ils devront eux-mêmes payer à la victime ; en revanche les juridictions du fond qui fixent les indemnités ne sont évidemment jamais les payeurs.

Dans le domaine de l'indemnisation des victimes d'infraction, le Fonds de garantie n'avait, jusqu'à la loi du 9 mars 2004, aucun pouvoir sur la détermination de l'indemnité, qui était fixée par les CIVI. La loi du 16 juillet 1992 lui avait seulement conféré un droit de faire appel des décisions intervenues, appel qu'il ne pouvait exercer antérieurement : ce système où le montant de l'indemnisation est déterminé par un organe distinct du créancier et du débiteur était évidemment le meilleur.

La loi « Perben II » du 9 mars 2004 a modifié la situation. Désormais, conformément à l'article 706-5 1 C. pr. pén, le fonds « est tenu, dans un délai de deux mois à compter de la réception, de présenter à la victime une offre d'indemnisation ». Ce texte a donc pour effet de transférer de la CIVI au Fonds de garantie la fonction essentielle d'évaluation monétaire des préjudices, réduisant la CIVI à un rôle formel d'homologation. Élaborée dans le but

victime avait pu faire valoir ses droits lors d'une précédente instance où sa requête avait été déclarée irrecevable) ; Civ. 2e, 11 juin 1998, *RCA* 1999, n° 312 (le délai de forclusion n'a pas commencé à courir alors que la juridiction pénale n'a pas encore statué sur l'action civile dont elle a été saisie et qui est toujours pendante) ; Civ. 2e, 18 mars 1998, *RCA* 1998, chron. Groutel, n° 13 (suspension de la prescription de l'art. 2252 C. civ. au profit mineur) ; Civ. 2e, 27 mai 1998 ; *ibidem* (pourvoi en cassation recevable seulement sur appel institué par loi 16 juillet 1992) ; Civ. 2e, 24 févr. 2000, *RCA* 2000, n° 156 (retard injustifié de la victime à saisir le CIVI, après avoir vainement tenté des mesures d'exécution forcée) Civ. 2e, 20 avr. 2000, *RCA* 2000, n° 297 (délai de prescription suspendu pendant minorité victime) ; Civ. 2e, 12 oct. 2000, *RCA* 2000, n° 366 (inaction victime ; forclusion) ; Civ. 2e, 26 sept. 2002, *Gaz. Pal.* 22-23 nov. 2002, p. 22 (suspension de la prescription au profit des mineurs). Civ. 2e, 12 juin 2014, n° 13-19706, *RCA* 2014, comm. n° 301 (délai applicable même si le jugement a été rendu par défaut).

de simplifier le circuit procédural de l'indemnisation, la réforme peut ainsi avoir un effet pervers sur l'évaluation des indemnités, l'expérience ayant montré que les Fonds-payeurs sont toujours enclins à minimiser les préjudices. La procédure d'offre transactionnelle inaugurée par la loi Badinter est demeurée trop unilatérale dans la pratique, le caractère contradictoire apporté par des victimes juridiquement incompétentes, psychologiquement perturbées par l'infraction, souvent laissées sans avocat-conseil rend la transaction scellée par l'acceptation de la victime trop souvent insuffisante : n'est-il pas naïf de conférer au débiteur-payeur la faculté de chiffrer lui-même sa dette ? Certes la victime peut refuser l'offre, et l'on revient alors à la procédure juridictionnelle devant la CIVI, mais le bien-fondé *pour les victimes* de la réforme apportée par la loi du 9 mars 2004 peut, sur ce point, être discuté.

2) Modalités de l'offre. L'offre émanant du fond doit être faite dans un délai maximum de deux mois à compter de sa réception. Afin que la victime puisse vérifier le respect de la réparation intégrale, cette offre doit, conformément à l'article R. 50-12-1 C. pr. pén. mentionner l'évaluation retenue par le fonds de garantie *pour chaque chef de préjudice*, et le montant des indemnités qui reviennent à la victime, déduction faite du recours des tiers payeurs. Le fonds peut toutefois refuser de faire une offre, mais doit alors motiver son refus.

3) Sort de l'offre. La victime garde une totale liberté par rapport à l'offre émise par le fonds. Elle doit toutefois se prononcer dans le délai de deux mois suivant la réception de l'offre. Lorsque la victime est mineure, un avis de la Cour de cassation du 25 mars 2013 a considéré que « les représentants légaux d'un mineur ayant subi un préjudice résultant de faits volontaires ou non qui présentent le caractère matériel d'une infraction doivent recueillir l'autorisation du juge aux affaires familiales, en sa qualité de juge des tutelles des mineurs, préalablement à l'acceptation de l'offre d'indemnisation prévue par l'article 706-5-1 du Code de procédure pénale, dès lors qu'elle emporte pour le mineur renonciation à un droit » [1].

Si elle l'accepte, le fonds de garantie transmet alors le constat d'accord au Président de la commission d'indemnisation, aux fins d'homologation, acte lui conférant force exécutoire. L'étendue des pouvoirs du président de la CIVI est toutefois, dans une telle hypothèse, incertaine. Celui-ci dispose-t-il en effet d'un droit de contrôle sur l'accord qui lui est soumis, ou doit-il purement et simplement l'homologuer ? L'article 706-5-1 C. pr. pén. se contente en effet d'indiquer que le fonds « transmet le constat d'accord au président de la commission d'indemnisation aux fins d'homologation », sans préciser les pouvoirs de celui-ci, alors que l'article R. 50-12-2 du même code semble réserver le cas où il refuserait l'homologation. Des précisions seraient donc nécessaires sur ce point [2].

---

1. **Nécessité de l'accord du juge des tutelles avant l'acceptation de l'offre** : Cass. Avis, n° 12-70019, 25 mars 2013, *RCA* 2013, comm. n° 188. *AJ fam*. 2013, 309.

2. **Possibilité pour les CIVI de refuser l'homologation de l'offre ?** : V. Lasbordes de Virville, « Le rôle respectif du FGTI et des CIVI dans la procédure d'indemnisation des victimes d'infractions » *RLDC* 2007, 37, n° 2509. S. Porchy-Simon, « Réforme de 2004 et indemnisation transactionelle », *in* « 20 ans d'indemnisation des victimes d'infractions », préc. p. 125 s.

Si la victime refuse l'offre d'indemnisation, ou garde le silence pendant un délai de deux mois, la CIVI retrouve alors sa compétence, dans le cadre d'une procédure contentieuse.

2. La procédure contentieuse d'indemnisation

1039 Depuis la loi du 9 mars 2004, les CIVI ne retrouvent la plénitude de leurs fonctions que dans le cas de refus de l'offre par la victime de l'infraction, ou de refus du fonds de faire une offre. Dans un tel cas, l'instruction du dossier est poursuivie par le Président de la CIVI, ou le magistrat assesseur, et cette dernière a alors toute liberté pour décider tant du principe que du montant de l'indemnisation

• *L'autonomie des décisions des CIVI*[1] : Juridictions autonomes, les CIVI opèrent le calcul des indemnités suivant les règles du droit commun de la responsabilité civile en toute liberté et toute indépendance. Ce principe d'autonomie posé par l'art. 706-3 C. pr. pén. interdit donc à la CIVI de se déterminer par la seule référence à la décision pénale qui ne la lie pas. La victime a le droit de demander à la CIVI une « *indemnité complémentaire* » s'il advient que la décision sur les intérêts civils rendue par la juridiction répressive est supérieure à une décision antérieure rendue par la CIVI (art. 706-8 C. pr. pén.).

SECTION 2. L'INDEMNISATION DES VICTIMES DU TERRORISME

1040 ***Le terrorisme***[2] ◊ Le terrorisme est apparu, ces dernières décennies, dans les pays démocratiques d'Europe, comme une manifestation perverse et

1. **Autonomie des décisions des CIVI** : Civ. 2e, 18 juin 1986, arrêt Aubert, *Bull. civ.* II, n° 93, p. 64 : (« l'art. 706-3 C. pr. pén. institue en faveur des victimes d'infractions un mode de réparation autonome, répondant à des règles qui lui sont propres ») ; Civ. 2e, 1er juill. 1992, *Bull. civ.* II, n° 181 (CIVI ne peut se déterminer par seule référence à la décision pénale) ; Civ. 2e, 22 avr. 1992, *RCA* 1992, n° 408, *Gaz. Pal.*, 22 janv. 1993, p. 42 (simple référence à l'équité ; cassation) ; Civ. 2e, 1er juill. 1992, *RCA* 1992, n° 407, *Gaz. Pal.*, 22 janv. 1993, p. 43 (évaluation par référence à un autre jugement ; cassation ; caractère autonome de la réparation) ; Civ. 2e, 9 juin 1993, *RCA* 1993, n° 337 (CIVI pas liée par décision pénale) ; Civ. 2e, 8 déc. 1993, *RCA* 1994, n° 46 (indemnité complémentaire, art. 706-8 C. pr. pén.) ; Civ. 2e, 8 déc. 1993, *RCA* 1994, n° 47 (faute de la victime ; caractère autonome de l'appréciation) ; Civ. 2e, 24 nov. 1993, *RCA* 1994, n° 49 (décision CIVI non liée par décision pénale) ; Civ. 2e, 8 nov. 1993, *RCA* 1994, n° 7 ; Civ. 2e, 29 avr. 1994, *RCA*, n° 259 ; Civ. 2e, 5 janv. 1995, *RCA* 1994, n° 132 (montant de l'indemnité fixé par référence pure et simple à la décision de la juridiction répressive ; cassation) ; Civ. 2e, 18 déc. 1995, *RCA* 1996, n° 88 (caractère autonome de la détermination du montant de l'indemnité). Civ. 2e, 20 oct. 2005, *D.* 2005, IR, 2772. Civ. 2e, 5 juillet. 2006, *RCA* 2006, comm. n° 340 (évaluation des préjudices conformément aux règles de la responsabilité civile). Civ. 2e, 12 mai 2011, n° 10-19115 (action complémentaire en indemnisation possible devant la CIVI). Civ. 2e, 3 juill. 2014, n° 13-21991, *RCA* 2014, comm. n° 338 (l'ordonnance de non-lieu ne s'impse pas à la CIVI).

2. **Terrorisme** : R. Cario, « L'indemnisation des victimes d'actes de terrorisme », *AJ pén.* 2013, 264. A. d'Hauteville, « L'indemnisation des dommages subis par les victimes

insidieuse d'un état de guerre larvée : masque de guerre civile dans le contexte d'un terrorisme régional (irlandais, basque, corse...), de guerre étrangère dans le terrorisme international, voire de guerre de religion dans le fanatisme de l'intégrisme religieux.

- *En France*, la mémoire collective demeure marquée par le récent attentat contre Charlie Hebdo et le supermarché de la porte d'Auteuil en janvier 2015, sans oublier les prises d'otages de Français, notamment au Mali ou en Algérie, et les exécutions auxquelles elles ont parfois conduit.

- *Le terrorisme international depuis le 11 septembre 2001* [1] : le triple attentat aérien de New York, Washington et Shanksville (près de Pittsburg) a ouvert l'ère d'une sorte de troisième guerre mondiale, marquée par le spectaculaire effondrement des fameuses Twinn Towers du World Trade Center de Manhattan. Combien de morts et disparus ? un mois après la tragédie, on évoquait le chiffre de 5 970 morts ou disparus. Un an plus tard, le bilan était évalué à 2 723 morts dans le crash des deux avions sur les Twinns à New York (dont 148 passagers), 193 dans le crash sur le Pentagone à Washington (dont 68 passagers), et 45 passagers dans le crash de Shanksville : donc un total de 2 961 victimes. Par la suite, ce terrorisme a perduré marqué notamment en 2015 par une série d'attentats meurtriers perpétrés en Tunisie.

§ 1. Le régime juridique applicable aux victimes du terrorisme

1041 ***L'évolution des régimes*** ◊ L'indemnisation des victimes du terrorisme a évolué de l'exclusion à une protection qui, organisée par la loi du 9 septembre 1986, a abouti à un véritable statut par la loi du 23 janvier 1990 ; enfin des lois du 22 juillet 1996 et 23 janvier 2006 ont renforcé la répression du terrorisme.

---

d'attentats », *RGAT* 1987.329 ; G. Holleaux et F. Rudetzki, « L'indemnisation en France des victimes d'actes de terrorisme : l'histoire d'un long combat », *in* « 20 ans d'indemnisation des victimes d'infraction », préc. p. 29. A. Miron, « Le terrorisme en droit pénal international », *Gaz. Pal.* 26 nov. 2010, p. 28. ; J.-M. Pontier, « Le législateur, l'assureur et la victime », *RFDA* 1986.98 ; J.-F. Renucci, « Le renforcement de la protection des victimes du terrorisme » in « Quelques aspects des sciences criminelles », éd. Cujas, 1990 ; J.-F. Renucci, « L'indemnisation des victimes d'actes de terrorisme », *D.* 1987, chron., p. 197 ; T. Renoux, « L'indemnisation des victimes du terrorisme », *RFDA* 1987.909 ; C. Lienhard, « Aperçu rapide sur la protection juridique des victimes d'attentats terroristes », *JCP* 1996, Actual. 18.12.1996 ; F. Le Gunehec, « Aperçu rapide sur la loi du 22 juillet 1996 tendant à renforcer la répression du terrorisme », *JCP* 1996, Actual. n° 46.

1. Terrorisme international : *Population and Développent Review*, vol. 28, n° 3, sept. 2002 p. 586 s. (bilan du 11 sept. 2001) ; F. Heisbourg, *Hyperterrorisme : la nouvelle guerre*, éd. O. Jacob ; P. Boniface, *Les leçons du 11 septembre*, PUF ; E. de Maisonneuve et J. Guellec, *Un monde à repenser*, Economica ; Samuel Hutington, *Le choc des civilisations*, éd. O. Jacob, 2000 ; sur l'impact du 11 septembre et l'assurance, cf. n° spécial *Risques* n° 48 oct.-déc. 2001 ; Gilles Kepel, *La revanche de Dieu*, Seuil, 1991.

1042 ***1°) Le régime d'indemnisation institué par la loi du 9 septembre 1986*** [1] ◊ La loi du 9 septembre 1986 était d'abord une loi pénale « relative à la lutte contre le terrorisme ». Cependant l'actualité dramatique de septembre 1986 ne permettait pas d'éluder plus longtemps le problème de l'indemnisation des victimes : du 4 au 17 septembre 1986, six attentats avaient fait 9 morts et 140 blessés, le plus meurtrier étant celui de la rue de Rennes à Paris le 17 septembre. Aussi la loi mit-elle en œuvre dans son article 9 une solidarité nationale efficace pour une indemnisation rapide et complète des victimes, grâce à l'institution d'un Fonds de garantie spécifique.

1043 ***2°) Le statut institué par la loi du 23 janvier 1990*** [2] ◊ Deux améliorations ont été apportées en 1990 au statut des victimes du terrorisme.

1) *Le statut de victimes civiles de guerre* est accordé aux victimes du terrorisme par l'article 26 de la loi n° 90-86 du 23 janvier 1990. Cette mesure n'est que justice dans la mesure où le terrorisme est devenu une forme larvée de guerre de la part de certains États. Elle permet aux victimes de bénéficier de la gratuité des soins et frais d'appareillage, et d'accéder aux centres de rééducation des victimes de guerre. Elle s'applique aux actes de terrorisme commis depuis le 1er janvier 1982.

2) *Le statut de pupille de la Nation* est octroyé, par application du même texte, aux enfants devenus orphelins à la suite d'attentats terroristes.

§ 2. Le champ d'application de la garantie des victimes du terrorisme

Le champ d'application de la garantie légale est déterminé quant aux victimes, quant aux infractions et quant aux dommages.

1044 ***1°) Le champ d'application quant aux victimes*** [3] ◊ « *Les victimes* qui peuvent agir contre le Fonds de garantie sont les victimes d'actes de terrorisme commis sur le territoire national et les personnes de nationalité française, victimes à l'étranger de ces mêmes actes ainsi que leurs ayants droit, quelle que soit leur nationalité... » (art. L. 126-1 C. assur.). Le double champ d'application ainsi institué est très large : toutes les victimes d'un attentat commis en France sont garanties, qu'elles soient françaises

1. **Indemnisation des victimes du terrorisme :** cf. art. L. 126-1 et R. 126-1 s. C. assur. et art. L. 422-1, R. 422-1 s. C. assur. G. Durry, « Aspects juridiques de l'indemnisation, en France, des victimes d'actes de terrorisme », *Risques* n° 48, déc. 2001.

2. **Victimes de guerre :** cf. Code des pensions militaires d'invalidité et des victimes de la guerre ; J.-P. Mothe, « À propos du nouveau guide-barème pour la classification des troubles psychiques de guerre (décret 10 janvier 1992) », *RFDC* 1992, p. 323.

3. **Nationalité de la victime par ricochet :** Civ. 2e, 30 juin 2005, *RCA* 2005, comm. n° 247 (attentat commis à l'étranger, victime par ricochet non française : absence de prise en charge par le fonds).

ou étrangères, et les citoyens français sont garantis, que le terrorisme les frappe en France ou à l'étranger. Cette solution s'applique tant aux victimes principales qu'aux victimes par ricochet.

1045 ***2°) Le champ d'application quant aux infractions*** ◊ Il faut définir la notion d'acte de terrorisme et en préciser le temps et le lieu.

1046 ***La notion d'acte de terrorisme*** ◊ L'article 706-16 du Code de procédure pénale renvoie aux articles 421-1 s. C. pén. qui définissent les actes de terrorisme comme des infractions en relation avec « une entreprise individuelle ou collective ayant pour but de troubler gravement l'ordre public par l'intimidation ou la terreur ». Cette notion d'attentat, définie en droit pénal et pour l'indemnisation des dommages corporels, est donc plus étroite que celle habituellement retenue en assurance de biens dont les contrats garantissent, depuis 1983, les risques d'émeutes, de mouvements populaires, d'actes de terrorisme et de sabotage concerté sous le vocable « d'attentats ».

La définition légale relève le critère du but intentionnel (troubler gravement l'ordre public par l'intimidation ou la terreur) : la preuve en est généralement facilitée par les revendications tapageuses des groupes terroristes et le relais des médias. Que la cible soit la foule anonyme (attentat de la rue de Rennes de septembre 1986) ou une victime déterminée (assassinat des journalistes de Charlie Hebdo), l'impact médiatique est toujours recherché.

La notion d'attentat peut être précisée par le juge civil, compétent en matière d'indemnisation dans les litiges entre le Fonds de garantie et les victimes ; elle couvre aussi les prises d'otage, les agressions racistes revendiquées par des groupuscules, voire les agressions religieuses ayant pour but de faire plier une société démocratique devant le fanatisme...

1047 ***L'application dans le temps[1] : la date de l'infraction*** ◊ Le vote de la loi étant intervenu le 9 septembre 1986, en plein milieu d'une vague d'attentats s'échelonnant du 4 au 17, il était inadmissible de n'en faire bénéficier que les victimes postérieures à sa publication ; le principe de la non-rétroactivité nécessaire en droit pénal, conduisait à des disparités d'indemnisation injustifiables entre les victimes d'une même série d'attentats. Une rétroactivité fut d'abord établie au 31 décembre 1984 par une loi du 30 décembre 1986, puis au 1er janvier 1982 par une nouvelle loi du 25 janvier 1990. Cependant la Cour de cassation a opportunément observé que les textes relatifs à l'indemnisation insérés dans le Code des assurances ne posent aucune condition de date (Civ. 2e, 23 juin 1993), ce qui lève toute restriction pour les victimes d'attentats antérieurs à 1982.

1048 ***L'application dans l'espace : le lieu de l'infraction*** ◊ La loi s'applique à toutes les victimes, françaises ou étrangères, d'un attentat commis en France. Pour les victimes d'un acte de terrorisme commis à

1. **Application dans le temps :** Civ. 2e, 23 juin 1993, *RCA* 1993, n° 362 (textes C. assur. ne soumettent l'indemnisation des victimes du terrorisme à aucune condition de date).

l'étranger, elles peuvent également bénéficier de la loi si elles sont de nationalité française, ayant leur résidence habituelle en France, ou résidant habituellement hors de France et régulièrement immatriculées auprès des autorités consulaires. Ces restrictions n'ont pas lieu à l'égard des ayants droit qui sont indemnisés quelle que soit leur nationalité.

1049 ***3°) Le champ d'application quant aux dommages couverts*** ◊ Les attentats terroristes peuvent causer d'une part des *dommages corporels*, c'est-à-dire attenter à l'intégrité physique et psychique des personnes, d'autre part des *dommages matériels*, c'est-à-dire l'atteinte à l'intégrité des biens. Les deux types de dommages obéissent à des régimes d'indemnisation fort différents.

1050 ***Le principe de la réparation intégrale des dommages corporels*** [1] ◊ La *réparation des dommages corporels* par le Fonds de garantie est *intégrale* : cette élémentaire mesure de justice envers les victimes invalides et gravement traumatisées doit être soulignée, car elle rompt avec le parcimonieux plafonnement de l'indemnisation des « victimes d'infraction » qui existait alors. C'est dire que tous les préjudices économiques et professionnels, et tous les préjudices moraux extrapatrimoniaux, souvent considérables pour des victimes traumatisées par l'événement, doivent être correctement évalués et indemnisés. On sait que le traumatisme psychique subi par les victimes du terrorisme est particulièrement ressenti et il doit être pris en compte. Il fait d'ailleurs partie des exemples cités par la nomenclature Dintilhac des préjudices pouvant entrer dans la catégorie des « préjudices permanents exceptionnels » [2].

• *Réparation intégrale et principe indemnitaire* [3] : la règle de la réparation intégrale trouve un butoir dans le principe indemnitaire selon la formule traditionnelle « tout le préjudice, rien que le préjudice ».

Cependant un arrêt de la chambre criminelle du 20 octobre 1993 avait apporté quelque trouble en autorisant une victime dont les préjudices avaient fait l'objet d'une indemnisation intégrale par une transaction avec le Fonds de garantie, à réclamer au terroriste traduit devant la juridiction répressive une indemnité complémentaire. Certes, le principe de la relativité des transactions n'éteint en principe que la créance de la victime envers le Fonds, et non envers le tiers responsable. Cependant, si la victime a fait l'objet d'une « réparation intégrale », elle a perdu tout intérêt à agir contre quiconque. Les Fonds de garantie disposent de recours subrogatoires justifiés contre les tiers responsables. Les mécanismes juridiques cohérents mis en place par les diverses lois relatives à des Fonds d'indemnisation ne peuvent qu'être sapés

---

1. **Préjudices nés d'un dommage corporel** : v. ss 155 s.
2. **Préjudices permanents exceptionnels** : v. ss 220 s.
3. **Réparation intégrale et principe indemnitaire** : v. ss 31 ; Crim., 20 oct. 1993, *Bull. crim.* n° 301, *D.* 1994. 280, note A. d'Hauteville ; Civ. 2e, 8 juin 1994, *RCA* 1994, n° 331 (provision versée par l'inculpé ultérieurement acquitté ; montant qui sera versé par le Fonds qu'après restitution de la provision sur action en répétition de l'indu).

par les surenchères d'indemnisations présumées « intégrales » obtenues par une voie et à nouveau revendiquées par une autre voie.

1051 ***L'indemnisation des dommages matériels par l'assurance*** [1] ◊ La loi de 1986 ne vise que les « dommages corporels » et tous les préjudices qui en découlent. En principe les « dommages aux biens » sont garantis dans le cadre des « assurances de biens » (incendie et risques divers) qui, depuis 1986, couvrent obligatoirement le risque d'attentat.

Il reste que rien n'est expressément prévu pour les *effets personnels* de la victime, détériorés ou perdus lors de l'attentat (vêtements, valise, sac, bijoux...). Cependant on peut rappeler qu'en matière d'accident de la circulation, l'article R. 421-19 du Code des assurances dispose que l'indemnisation par le FGAO des dommages occasionnés à des effets personnels ne peut excéder par victime une somme fixée par arrêté du ministère de l'Économie. Sans doute ces dispositions pourraient-elles être appliquées par analogie au Fonds de garantie attentats.

SECTION 3. LE FONDS DE GARANTIE DES VICTIMES DES ACTES DE TERRORISME ET D'AUTRES INFRACTIONS

1052 ***Attentats et infractions : un Fonds de garantie unique*** [2] ◊ Après maintes hésitations, le législateur de 1986 avait décidé de créer un Fonds de garantie spécifique pour l'indemnisation des *victimes d'attentats*, mais dont la procédure était calquée sur celle de l'ex-Fonds de garantie automobile.

La loi n° 90-589 du 6 juillet 1990, et son décret d'application du 21 décembre 1990, organisant l'indemnisation intégrale des *victimes d'infractions* ont prévu la compétence d'un Fonds unique de « garantie des victimes des actes de terrorisme et d'autres infractions » (FGTI).

Ces textes sont codifiés aux articles L. 422-1 et suivants C. assur. ; les statuts du Fonds ont été approuvés par un arrêté du 3 juillet 1991.

§ 1. L'organisation et le financement du Fonds de garantie

1053 ***1°) L'organisation du Fonds*** ◊

1) La composition du Conseil d'administration : l'article R. 422-1 C. assur. (modifié par le décret du 17 février 2004) donne la composition du

1. **Indemnisation des dommages matériels causés par un attentat** : cf. Y. Lambert-Faivre et L. Leveneur, *Droit des assurances*, 13e éd., 2011, n° 352 à 366.

2. **Fonds de garantie** : G. Defrance, « Le Fonds des victimes d'attentats et d'autres infractions », *Argus* 1990.2478 ; Ph. Casson, *Les fonds de garantie*, LGDJ 1999 ; H. Groutel, « Le rôle du Fonds d'indemnisation des victimes d'infraction : permanence et changement », *RCA* 1997 chron. n° 1.V. également, « 20 ans d'indemnisation des victimes d'infraction », actes du colloque « Fonds de garantie des victimes des actes de terrorisme et d'autres infractions », préc.

Fonds : le président, nommé par arrêté conjoint des ministres de la Justice et des Finances, est choisi parmi les conseillers d'État ou les conseillers (ou avocats généraux) à la Cour de cassation, en activité ou honoraires. Quatre membres représentent les ministères de l'Économie et des Finances, de la Justice, de l'Intérieur et de la Sécurité sociale. Trois membres sont des personnes ayant manifesté leur intérêt pour les victimes du terrorisme. Enfin un membre est un professionnel de l'assurance. Le président et ses huit membres ont chacun un suppléant.

2) Le contrôle du Fonds : le Fonds est soumis au contrôle du ministre de l'Économie qui nomme un commissaire de gouvernement. Celui-ci peut assister à toutes les réunions du Conseil d'administration (art. R. 422-3 C. assur.).

Les décisions prises par le Conseil d'administration sont exécutoires dans un délai de quinze jours à dater de la décision, cependant le commissaire du gouvernement peut soit l'approuver immédiatement, soit au contraire s'y opposer. Le délai est ramené à cinq jours pour les décisions qui n'entraînent aucun engagement financier.

1054 ***2°) Le financement du Fonds*** [1] ◊ Il apparaissait inévitable que les assureurs, professionnels de la sécurité, soient impliqués dans l'affaire. Il ne faut cependant jamais oublier que les assureurs n'ont que la capacité financière que leur procure la masse des assurés par la souscription des contrats d'assurance. Suivant une logique plus financière que juridique, le législateur a choisi d'accrocher le financement du Fonds de garantie attentats à l'assurance la plus répandue dans le public : l'article L. 422-1, al. 2 C. assur. prévoit donc que « ce fonds, doté de la personnalité civile, est alimenté par un *prélèvement sur les contrats d'assurance de biens* ». Le taux de la contribution est déterminé chaque année par arrêté du ministre chargé des assurances : il est fixé à 3,30 euros par contrat (arrêté du 31 oct. 2007).

§ 2. L'indemnisation des victimes par le Fonds de garantie

1055 Il convient ici de distinguer l'indemnisation des victimes d'infractions, et celle des victimes du terrorisme.

1056 ***a) L'indemnisation des victimes d'infractions*** [2] ◊ Le montant de l'indemnisation due aux victimes d'infractions était jusqu'en 2004

1. **Financement du Fonds :** F. Queral, « Le financement du Fonds de garantie », *RFDA* 1988, p. 106 ; Contribution pour 2008 : arrêté du 31 oct. 2007, NOR : ECTE0768190A, *JO* 16 nov. 2007.

2. **Indemnisation par le Fonds des victimes d'infractions :** cf. statistiques en annexe, *infra*, p. 931 ; L. Bouchet, « Les chiffres de l'indemnisation », in *20 ans d'indemnisation des victimes d'infractions*, préc., p. 147. H. Groutel, « Fonds d'indemnisation des victimes d'infraction : questions de procédure », *RCA* 1998, n° 13 ; Paris, 24 juin 1992, *Gaz. Pal*, 13 nov. 1992, p. 8, concl. G. Benas (validité de la saisie arrêt entre les mains du Fonds de garantie, en vertu de la décision exécutoire de la Commission d'indemnisation).

préalablement établi par les Commissions d'indemnisation qui sont des juridictions civiles. Le Fonds de garantie n'était alors qu'un organisme payeur. La loi du 9 mars 2004 a changé la situation, puisque le montant de l'indemnisation est aujourd'hui en principe fixé par le fonds lui-même, les CIVI n'ayant en effet vocation à intervenir que dans l'hypothèse où la victime a refusé l'offre du fonds, ou si ce dernier n'a émis aucune offre [1]. Dans un tel cas, l'art. L. 422-4 C. assur. dispose sobrement que les indemnités allouées par les CIVI sont versées par le Fonds de garantie. Le Fonds de garantie doit ainsi verser l'indemnité allouée par la Commission d'indemnisation dans le délai d'un mois à compter de la notification de la décision (art. R. 50-24 C. pr. pén.).

En outre, la loi n° 2008-644 du 1er juillet 2008 visant à créer « de nouveaux droits pour les victimes et à améliorer l'exécution des peines » a élargi les attributions du fonds, en lui conférant un rôle d'aide au recouvrement des dommages et intérêts prononcés par la juridiction pénale (dispositif « SARVI »). Ainsi, les victimes ne pouvant bénéficier de la procédure spécifique d'indemnisation des articles 706-3 s. C. pr. pén. peuvent désormais saisir le fonds d'une aide au recouvrement des dommages et intérêts si ceux-ci n'ont pas été payés dans le délai de deux mois suivant le jour où la décision les prononçant est devenue définitive [2]. Dans les deux mois suivants la réception de la demande, et si les dommages et intérêts n'ont toujours pas été payés, le fonds peut se substituer au débiteur pour leur paiement, pour l'intégralité de la somme si ceux-ci sont inférieurs à 1 000 euros, et dans la limite de 30 % de leur montant dans les autres cas, dans la limite de 3 000 euros.

1057 ***b) L'indemnisation des victimes du terrorisme*** [3] ◊ Bien entendu les victimes d'un acte de terrorisme peuvent utiliser les *voies du droit commun civil et pénal*, déposer plainte auprès du Procureur de la République du lieu où les faits ont été commis, et si les auteurs des attentats sont identifiés et poursuivis devant un tribunal, elles peuvent se constituer partie civile et demander des dommages-intérêts en réparation de leur préjudice.

Cependant la *procédure spécifique* devant le Fonds de garantie n'étant pas subsidiaire, elle permet à la victime d'obtenir *directement* et en principe, rapidement et complètement satisfaction. Selon l'article R. 422-6 C. assur., dès la survenance d'un acte de terrorisme, le procureur de la République (ou l'autorité diplomatique ou consulaire compétente) informe sans délai le Fonds de garantie des circonstances de l'événement et de l'identité des victimes : en pratique le Parquet doit communiquer la liste des victimes au

1. V. ss 1038.

2. **Impossibilité de cumuler le recours au SARVI et la saisine de la CIVI :** Civ. 2e, 4 juill. 2013, n° 12-23621, *RCA* 2013, comm. n° 344. Civ. 2e, 6 févr. 2014, 13-11735, *RCA* comm. n° 157. V. également, N. Faussat, « Aide au recouvrement et recours », in *20 ans d'indemnisation des victimes d'infractions*, préc., p. 161.

3. **Indemnisation par le Fonds des victimes du terrorisme :** depuis 1985, 3 971 victimes d'actes de terrorisme ont été indemnisées par le fonds pour un montant total de 99,8 millions d'euros, d'après le rapport d'activité du FGTI pour 2013.

Fonds dans les 48 heures de l'attentat. Ensuite la procédure est directement inspirée de celle applicable au FGAO.

1058 ***1) La saisine du Fonds*** ◊ Conformément à l'art. R. 422-6 C. assur., toute personne qui s'estime victime d'un acte de terrorisme peut saisir le Fonds. *La demande* doit être adressée par *lettre recommandée avec avis de réception* au Fonds de garantie. La loi ne précise pas le délai de prescription. On peut néanmoins penser que l'action peut être exercée immédiatement, dans le délai de droit commun de l'action en responsabilité, fixé dans l'hypothèse des dommages corporels, et sauf exceptions, à dix ans à partir de la consolidation du dommage (art. 2226 C. civ.), bien que le rattachement du régime d'indemnisation au droit de la responsabilité civile puisse être discuté. Cette demande doit être accompagnée de tous les justificatifs concernant, non seulement l'événement, mais surtout le chiffrage de tous les préjudices invoqués avec notamment un *certificat médical* dont l'importance doit être soulignée. La victime doit informer le Fonds des prestations indemnitaires déjà reçues, notamment de la Sécurité sociale ; les prestations forfaitaires des assurances accidents corporels classiques peuvent se cumuler avec les indemnisations du Fonds, mais il faut rappeler qu'en vertu de la loi du 16 juillet 1992 les assurances de personnes souscrites « à caractère indemnitaire » ne sont pas cumulables.

La *constitution de partie civile des associations* : l'article 1er de la loi du 6 juillet 1990 sur l'indemnisation des victimes d'infractions prévoit que les associations d'aide aux victimes pourront se constituer partie civile pour les attentats terroristes (art. 2-9 C. pr. pén.).

1059 ***2) L'examen médical*** [1] ◊ La victime peut se faire assister par le médecin de son choix pour l'expertise médicale qui peut être demandée par le Fonds de garantie (art. R. 422-7 C. assur.). Le traumatisme psychique considérable manifesté par toutes les victimes d'un événement terroriste exige du médecin expert une attention toute particulière. Le syndrome post-traumatique spécifique des victimes d'attentats constitue un poste de préjudice personnel important, qui pourra être notamment indemnisé *via* le poste « préjudices permanents exceptionnels » [2]

1060 ***3) L'offre d'indemnisation*** [3] ◊ Selon les articles L. 422-2 s. qui opèrent en partie un renvoi aux dispositions régissant le FGAO, le Fonds de garantie doit faire une *offre d'indemnisation* en tenant compte de tous les chefs de préjudice, économiques ou non économiques, sous la seule déduction des prestations indemnitaires déjà reçues des tiers payeurs.

---

1. **Expertise médicale** : v. ss 61 s. ; L. Barret, *L'expertise des victimes de la violence*, CEJ, 1994, p. 1 ; L. Crocq, « Les victimes psychiques », *Victimologie*, 1994, p. 25 ; P. Bouthillon, L. Crocq, H. Julien, « Stress immédiat et séquelles psychiques chez les victimes d'attentats terroristes », *Psychologie médicale*, 1992, p. 465.

2. V. ss 220 s.

3. **Procédure devant le Fonds de garantie automobile** : v. ss 750 s. – **Sur les recours des tiers-payeurs** : v. ss 325 s.

– Dans le *délai d'un mois* à compter de la demande assortie de justificatifs, la victime d'un accident corporel ou ses ayants droit peut obtenir des *provisions*. Les victimes peuvent d'ailleurs saisir le Juge des référés.

– Dans le *délai de trois mois* à partir du jour où le Fonds a reçu la justification des préjudices invoqués, il doit faire une offre d'indemnisation à la victime. Il en est de même en cas d'aggravation du dommage ; l'article R. 422-8 C. assur. précise que « l'offre d'indemnisation indique l'évaluation retenue par le Fonds pour chaque chef de préjudice », et le montant des prestations des tiers payeurs à déduire avec copie du décompte des prestations versées.

1061 ***4) La transaction entre le Fonds et la victime*** ◊ La transaction entre le Fonds et la victime s'effectue également selon les règles prévues aux articles 18 à 21 de la loi du 5 juillet 1985 pour les victimes d'accidents de la circulation : l'article 18 impose de soumettre tout projet de transaction concernant un mineur, ou un majeur en tutelle, au juge des tutelles et au Conseil de famille ; l'article 19 permet à la victime de dénoncer la transaction dans les quinze jours de sa conclusion, par lettre recommandée avec demande d'avis de réception ; l'article 20 impose le paiement des sommes convenues dans le délai d'un mois après expiration du délai de dénonciation. Enfin des majorations de 50 %, puis de 100 % du taux d'intérêt légal sanctionnent les retards ; en outre les offres tardives ou manifestement insuffisantes peuvent ouvrir droit à des dommages-intérêts au profit de la victime selon les mécanismes prévus en matière d'accidents de la circulation.

Si la transaction entre le Fonds de garantie et la victime échoue, l'affaire sera portée au contentieux et le juge civil devra statuer sur le montant des dommages-intérêts dus à la victime.

§ 3. Le recours subrogatoire du Fonds de garantie contre les responsables d'infractions [1]

1062 La création d'un Fonds de garantie pour indemniser les victimes d'infractions et d'attentats manifeste une solidarité nationale d'autant plus efficace que toute condition de subsidiarité a heureusement été supprimée dans les relations entre victimes et Fonds *(poursuite)*.

---

1. **Recours subrogatoire du Fonds contre les responsables d'infractions** : Crim. 13 mars 1996, *RCA* 1996, n° 295 (recours du Fonds contre les auteurs des dommages ; inopposabilité de la transaction passée avec les victimes à laquelle ils n'ont pas été parties) ; Civ. 1re, 17 nov. 1999, *RCA* 2000, n° 51 (le régime du recours du Fonds en matière de prescription, est celui applicable à l'action de la victime) ; Civ. 2e, 18 mai 2000, *RCA* 2000, n° 254 (responsabilité des père et mère : le Fonds ne peut être débouté sans caractériser l'une des causes d'exonération des père et mère) ; Crim. 31 mai 2000, *RCA* 2000, n° 298 (Pour que l'action civile du Fonds soit recevable, il n'est pas nécessaire que la victime se soit constituée partie civile. Les individus coupables des différentes infractions rattachées entre elles par des liens d'indivisibilité ou de connexité sont tenus solidairement) ; Civ. 2e, 23 mai 2002, *RCA* 2002, n° 261 (l'art. 706-11 C. pr. pén. ne pose pas la constitution de partie civile de la victime comme condition du recours du Fonds) ; Civ. 6 juin 2002, *RCA* 2002, n° 294 (la constitution de partie civile du Fonds devant la juridiction pénale n'implique pas son acquiescement à la

Mais l'indemnisation de la victime par le Fonds ne saurait éteindre la dette de réparation de l'auteur de l'infraction ou de l'attentat, et celle-ci se manifeste par les recours prévus à l'art. L. 422-1 C. assur. et 706-11 C. pr. pén. : « Le Fonds est subrogé dans les droits que possède la victime contre la personne responsable du dommage ainsi que contre les personnes tenues à un titre quelconque d'en assurer la réparation totale ou partielle, dans la limite du montant des prestations à la charge desdites personnes » *(contribution)*.

Enfin une loi du 30 juillet 1987 prévoit que le Fonds de garantie peut intervenir devant les juridictions répressives, même pour la première fois en cause d'appel, en cas de constitution de partie civile de la victime ou de ses ayants droit contre le ou les responsables des faits. Il intervient alors à titre principal et peut user de toutes les voies de recours ouvertes par la loi.

CONCLUSION

1063 ***Pour un Fonds général unifié d'indemnisation des victimes de dommages corporels imputables à un tiers*** [1] ◊ La conclusion de ce chapitre s'impose comme un thème récurrent de cet ouvrage ; il existe déjà plusieurs Fonds de garantie dans notre droit : le Fonds de garantie des assurances obligatoires de dommages, l'Office National d'Indemnisation des Accidents médicaux (ONIAM) qui a absorbé le Fonds de garantie des transfusés et hémophiles contaminés par le virus du sida (FITH), le Fonds d'indemnisation des victimes de l'amiante (FIVA), et le Fonds de garantie

décision de la CIVI assortie de l'exécution provisoire) ; Civ. 2e, 10 oct. 2002 et 26 sept. 2002, *RCA* 2003, n° 40 et note Groutel (conditions du référé-provision du Fonds contre l'auteur de l'infraction) ; Civ. 2e, 5 févr. 2004, *RCA* 2004, n° 141 (le Fonds qui a versé une indemnisation allouée par une CIVI, doit disposer d'un titre exécutoire pour exercer son recours contre l'auteur de l'infraction ; celui-ci ne résulte pas du jugement rendu par la juridiction répressive qui a accordé des dommages-intérêts à la victime). Civ. 2e, 9 déc. 2010, QPC, *RCA* 2011, comm. n° 63 (rejet de la QPC soulevée par la SNCF quant à la constitutionnalité du recours du FGTI). Civ. 2e, 7 avr. 2011, *RCA* 2011, comm. n° 184 (recours admis contre la SNCF, tenue d'assurer la réparation, en cas d'agression dans un train). Civ. 2e, 3 nov. 2011, n° 10-17358, *RCA* 2012, comm. n° 11 (opposabilité au fonds de tous les moyens de défense opposables à la victime). Civ. 2e, 29 mars 2012, n° 11-14106, *RCA* 2012, comm. n° 167 (Recours possible sans nécessité qu'une juridiction du fond ait préalablement statué sur le préjudice de la victime). Civ. 2e, 17 janv. 2013, n 12-12158, *RCA* 2013, comm. n° 115 (recours possible du FGTI contre l'auteur de l'accident de la circulation ayant rendu nécessaire l'accident médical fautif). Civ. 2e, 6 févr. 2014, n° 13-17.061, *RCA* 2014, comm. n° 158 (absence d'application des immunités familiales de l'article L. 121-12 C. assur. au recours du FGTI).

1. **Thème récurrent du rôle d'un Fonds de garantie dans l'indemnisation des dommages corporels :** v. ss 750 (Fonds de garantie automobile) ; v. ss 949 (Fonds de garantie des transfusés et hémophiles) ; v. ss 948 s. (en matière de risques médicaux) ; v. ss 884 s. (en matière de dommages du fait des produits) ; v. ss 967 (en matière de pollution) ; n° 869 (attentats et infractions). – Ph. Casson, « Les fonds de garantie », LGDJ, 1999 ; F. Chapuisat et F. Chaumet, « Le juge, l'assureur de responsabilité civile et les Fonds d'indemnisation », *RGAT* 1992.787 ; H. Margeat, « La ligne démarcative entre la solidarité et l'assurance », *Gaz. Pal.*, 22 janv. 1993, p. 4. Un portail commun du FGAO et du FGTI a été mis en place : www.fondsde*garantie.fr*

des victimes du terrorisme et d'autres infractions (FGTI) ; celui-ci a une vocation sans doute beaucoup plus large que ne l'avait prévu le législateur, puisqu'il peut intervenir dès que la moindre faute d'imprudence de l'auteur du dommage corporel permet de retenir la qualification pénale d'atteinte involontaire à la vie (art. 221-6 C. pén.) ou d'atteinte involontaire à l'intégrité physique de la personne (art. 222-19 C. pén) à la seule exception expresse des accidents de la circulation, et des dommages liés à l'amiante.

Ainsi le thème majeur de cet ouvrage est la constante émergence d'un droit à indemnisation de la victime, dès lors que son intégrité physique a été atteinte et son *droit à la sécurité* violé ; il est nécessaire d'accompagner cette évolution du droit du dommage corporel par l'organisation *cohérente* d'un « Fonds de garantie des victimes d'accidents corporels imputables à un tiers », regroupant les Fonds actuellement existants, en procédant à une indispensable harmonisation des modalités d'évaluation médicale et indemnitaire, et en sauvegardant scrupuleusement les droits des victimes de dommages corporels à une juste et équitable indemnisation.

ANNEXE

INDEMNISATION DES VICTIMES D'INFRACTIONS

Situation du Fonds Infraction pour les victimes au préjudice Corporel Grave

Année de survenance	Nombre de dossiers de victimes	Estimation	Coût moyen en Euros
1976 et antérieur	99	1 803 023	18 212
1977	30	1 355 091	45 170
1978	66	1 519 699	23 026
1979	79	1 526 602	19 324
1980	94	2 839 803	30 211
1985	730	16 914 618	23 171
1990	4 261	100 972 891	23 697
1995	8 993	181 259 576	20 156
2000	8 837	243 262 989	27 528
2013	11 256	257 900 000	NC

Source : Fonds de garantie des victimes d'actes de terrorisme et d'autres infractions (FGTI). Rapport 2013.

INDEX ALPHABÉTIQUE

(Les chiffres renvoient aux numéros de paragraphe)

N.B. : Les chiffres en caractères gras indiquent les développements importants.

TABLE DES MATIÈRES

715423 (I) OSB - Pr 60g - JOU (FLE)
Imprimé en France par Jouve
1 rue du Docteur Sauvé, 53100 MAYENNE
N° 2281482P - Dépôt légal : décembre 2015